UTB 8334

Eine Arbeitsgemeinschaft der Verlage

Beltz Verlag Weinheim · Basel
Böhlau Verlag Köln · Weimar · Wien
Verlag Barbara Budrich Opladen · Farmington Hills
facultas.wuv Wien
Wilhelm Fink Verlag München
A. Francke Verlag Tübingen und Basel
Haupt Verlag Bern · Stuttgart · Wien
Julius Klinkhardt Verlagsbuchhandlung Bad Heilbrunn
Lucius & Lucius Verlagsgesellschaft Stuttgart
Mohr Siebeck Tübingen
C. F. Müller Verlag Heidelberg
Orell Füssli Verlag Zürich
Verlag Recht und Wirtschaft Frankfurt am Main
Ernst Reinhardt Verlag München und Basel
Ferdinand Schöningh Verlag Paderborn · München · Wien · Zürich
Eugen Ulmer Verlag Stuttgart
UVK Verlagsgesellschaft Konstanz
Vandenhoeck & Ruprecht Göttingen
vdf Hochschulverlag AG an der ETH Zürich

Heinz Pürer, Johannes Raabe

Presse in Deutschland

3., völlig überarbeitete u. erweiterte Auflage

UVK Verlagsgesellschaft mbH

Bibliografische Information der Deutschen Nationalbibliothek
Die Deutsche Nationalbibliothek verzeichnet diese Publikation in der
Deutschen Nationalbibliografie; detaillierte bibliografische Daten sind
im Internet über http://dnb.ddb.de abrufbar.

ISBN 978-3-8252-8334-6

© UVK Verlagsgesellschaft mbH, Konstanz 2007

Einbandgestaltung: Atelier Reichert, Stuttgart
Titelfoto: Susanne Weiß, Konstanz
Satz und Layout: Klose Textmanagement Berlin
Lektorat: LMF Lektoratsbüro Maria Fuchs, Brühl
Druck: Ebner & Spiegel, Ulm

UVK Verlagsgesellschaft mbH
Schützenstr. 24 · 78462 Konstanz
Tel. 07531-9053-21 · Fax 07531-9053-98
www.uvk.de

Inhalt

Vorwort

Die erste Auflage des vorliegenden Buchs erschien 1994 im Verlag Ölschläger unter dem Titel »Medien in Deutschland – Band 1: Presse«. Zwei Jahre später, im Frühjahr 1996, brachte der Universitätsverlag Konstanz eine durchgesehene und aktualisierte Auflage heraus. Bereits damals war es das Hauptanliegen der Autoren, den Lesern einen kompakten Überblick über das deutsche Pressewesen seit seinen Anfängen zu bieten. Die Schwerpunkte der Ausführungen lagen auf Strukturmerkmalen und Entwicklungen der deutschen Presse ab 1945 in beiden deutschen Staaten und endeten mit deren Beschreibung im wiedervereinten Deutschland in der ersten Hälfte der neunziger Jahre.

Seither sind gut zehn Jahre ins Land gegangen, in denen sich die Situation der Presse zum Teil grundlegend gewandelt hat. Das hat nicht zuletzt mit kommunikationstechnischen Entwicklungen der vergangenen Jahre zu tun. Bei Erscheinen der ersten Auflage war das Internet ein noch junges Medium, das in Europa – anders als in den USA – noch vor dem Durchbruch zu allgemeiner Akzeptanz und Verbreitung stand. So gab es in Deutschland damals noch keine Online-Ausgaben von Zeitungen und Zeitschriften; erst im Oktober 1994 startete mit dem Online-Auftritt des Wochenmagazins »Der Spiegel« das erste deutsche Online-Medium. Zur Jahresmitte 2005 gab es gerade mal fünf Online-Zeitungen, während heute für Deutschland über 600 Online-Zeitungsangebote ausgewiesen werden. Hinzugekommen sind E-Papers und von Presseverlagen betriebene Anzeigenportale. Schließlich haben die Jahre des Börsenbooms Ende der neunziger Jahre und danach die Jahre der Werbekrise im deutschen Pressewesen ihre Spuren hinterlassen und bei den Verlagen auch zu Produktinnovationen geführt. Inzwischen bieten viele von ihnen medienaffine Zusatzprodukte und mobile Dienste an und engagieren sich auch im Bereich der Briefdienstleistungen. Gleichzeitig haben ausländische Finanzinvestoren den deutschen Printmedienmarkt entdeckt.

Auch im Bereich der wissenschaftlichen Literatur zur Presse hat sich im genannten Zeitraum einiges getan. So sind in den vergangenen Jahren eine ganze Reihe von Monographien, Lehr- und Handbüchern sowie Lexika zur Presse bzw. zu den Medien erschienen, die es zu berücksichtigen und – wo sinnvoll – in die Publikation mit aufzunehmen galt. Das trifft auch für jüngere Forschungsarbeiten zu, die sich aus etwas größerer Distanz noch einmal der Presse in den ostdeutschen Bundesländern zugewandt oder sich mit Neuerungen im Pressewesen auseinandersetzt haben, die durch Entwicklungen im Bereich Internet und Multimedia ausgelöst worden sind.

All dies machte eine völlige Überarbeitung des bisherigen Bandes notwendig, die sich auch in einer gegenüber den bisherigen Auflagen geänderten Gliederung niederschlägt. Zu Beginn findet sich nun ein ins Thema einführender Abschnitt mit definitorischen Klärungen und notwendigen Differenzierungen bei Zeitungen und Zeitschriften. Es folgen kompakt angelegte historische Ausführungen vom ersten Aufkommen periodischer Druckmedien Mitte des 15. Jahrhunderts bis zur Presse im Nationalsozialismus, der ein eigener Abschnitt gewidmet ist. Der Schwerpunkt der Ausführungen liegt sodann auf Entwicklungen der Printmedien in der Bundesrepublik und in der DDR einschließlich eines Abschnitts über die Presse nach dem Ende der deutschen Teilung. In einem eigenen systematischen Kapitel werden die organisatorischen, rechtlichen und wirtschaftlichen Grundlagen der Printmedien in Deutschland sowie ihre Funktionen und ihre Nutzung erläutert. Neu hinzugekommen sind je ein eigener Abschnitt über die Situation seit 1995 sowie über den Bereich der Online-Zeitungen, E-Papers und mobilen Dienste. Ein Ausblick versucht, die Ausführungen mit Überlegungen zur künftigen Entwicklung von Zeitungen, Zeitschriften und Online-Medien abzurunden. Sofern nicht anders angegeben, befindet sich das Buch mit seinem Datenmaterial in den aktuellen Abschnitten auf dem Stand Jahreswende 2005/06; mitunter konnten auch noch Vorgänge berücksichtigt werden, die sich 2006 ereignet haben.

Eine solch grundlegende Überarbeitung legte ein arbeitsteiliges Vorgehen nahe. Auch wenn beide Autoren die gesamte Abhandlung gemeinsam verantworten und für etwaige Fehler oder Ungenauigkeiten auch gemeinsam einstehen, haben sie sich schwerpunktmäßig verschiedenen Teilen des Buchs zugewandt. Von Heinz Pürer stammen die neu hinzu gekommenen Abschnitte 9, 10 und 11 sowie die Überarbeitung von Kapitel 8. Johannes Raabe hat die historischen und zeitgeschichtlichen Abschnitte 2 bis 7 überarbeitet und das dem Buch neu vorangestellte Kapitel 1 verfasst. Auch haben die Autoren von der Mitwirkung dreier Mitarbeiter profitiert, die Teile des achten Kapitels auf der Basis der bisherigen Auflagen (mit-)überarbeitet haben: Tabea Böcking, Wolfgang Mayr und Jörn Poltz. Ihre Mitarbeit ist an den entsprechenden Stellen im Band eigens ausgewiesen. Ihnen sei an dieser Stelle ebenso gedankt wie Karin Rothstock für zahlreiche Zuarbeiten für statistisches Material und Abbildungen und Silke Ponert für umfangreiche Literaturrecherchen. Ein besonderer Dank gebührt Florian L. Mayer, dem neben aufwendigen Formatierungsarbeiten auch die graphische Gestaltung von Tabellen und Schaubildern oblag. Herzlicher Dank gilt auch der UVK Verlagsgesellschaft, insbesondere Rüdiger Steiner für die stets gute Kooperation und den langen Atem, Maria Fuchs für die gründliche und umsichtige Lektorierung des Bandes sowie Klaus M. Klose für sein Engagement und die große Sorgfalt beim Satz. Wolfgang Mayr hat auch das Register angefertigt.

Gedacht ist das vorliegende Buch für alle, die studien- oder berufsbedingt mit Massenmedien, insbesondere der Presse und ihr angegliederten Online-Medien zu tun haben. Es wendet sich aber auch an interessierte Laien, die sich über die Presse in Deutschland und ihre Entwicklung informieren oder zumindest einen Überblick verschaffen wollen.

München und Bamberg, im Februar 2007 Heinz Pürer
Johannes Raabe

1 Einführung

Die Presse ist eine allgegenwärtige Erscheinung der modernen, ausdifferenzierten Gesellschaft – sie ist im Wortsinn ein ›Allerwelts‹-Phänomen. Denn sie ist in praktisch jeder Region der Welt präsent und durchdringt alle öffentlich relevanten Bereiche der Gesellschaft (und manchmal nicht nur diese). Sie berichtet von allen Erdteilen und ist fast überall auch zugänglich und erhältlich. Und schließlich nimmt die Presse einen nicht wegzudenkenden, selbstverständlichen Platz in unserem alltäglichen Leben ein. Wir begegnen ihr – direkt oder indirekt – tagtäglich: Presseprodukte strukturieren unseren Alltag, sei es das Ritual der täglichen Zeitungslektüre, sei es die Inanspruchnahme von Programmzeitschriften bei der Planung der Freizeitgestaltung. Die Presse ist ein Teil des Lebens in der modernen Gesellschaft. Die Selbstverständlichkeit dieses Umstands führt u. a. dazu, dass wir zu wissen glauben, was gemeint ist, wenn von der ›Presse‹ die Rede ist. Die Publizistik- und Kommunikationswissenschaft kann sich mit einer solch vagen und mitunter mehrdeutigen Alltagsvorstellung nicht zufriedengeben. Sie muss den unterschiedlichen Verwendungsweisen und Bedeutungen des Begriffs Rechnung tragen und braucht als wissenschaftliche Disziplin zugleich eine begründete Vorstellung von der Presse als ihrem Gegenstand – eine Vorstellung, mit der sie in Forschung und Lehre arbeiten kann.

1.1 Zum Gegenstand ›Presse‹

Der Begriff ›Presse‹ wurde aus dem Französischen »la presse« in den deutschen Sprachschatz übernommen und geht auf das lateinische Wort *premere* und dessen Partizipialform *pressum* zurück, was auf Deutsch »drücken, bedrängen, pressen« bzw. »gedrückt, gepresst« bedeutet. Unschwer erkennt man den Zusammenhang zur notwendigen Technik des mechanischen Drucks, deren Erfindung zentrale Voraussetzung für Aufkommen und Entwicklung der Presse war (vgl. Kapitel 2.1). Heute bezeichnet ›Presse‹ die Gesamtheit aller regelmäßig erscheinenden, d. h. periodischen Druckwerke – also Zeitungen und Zeitschriften. In einem früheren Begriffsverständnis wurde der Ausdruck im weiteren Sinne als Sammelbezeichnung für alle Printmedien und ihre Produkte verwendet, mithin für alle im Druckverfahren auf Papier gebrachte und vervielfältigte Schriftwerke. Das schloss sämtliche Arten von Büchern, Broschüren, Kalendern etc. mit ein, die als nichtperiodische Druckwerke heute nicht mehr zur Presse gezählt werden.

Neben dem engeren Verständnis von Presse als periodischen Printmedien hat sich eine weitere Bedeutung im Sprachgebrauch etabliert, wobei ›Presse‹ allgemein für die gesellschaftliche Einrichtung von Öffentlichkeit herstellenden und die Allgemeinheit informierenden Massenmedien mit ihren Organisationen, Unternehmen und Akteuren steht. In diesem Fall spricht man von der ›Institution Presse‹. Dieses umfassendere Verständnis geht auf eine Zeit zurück, als es die elektronischen Massenmedien noch gar nicht gab. Es manifestiert sich etwa in dem Begriff der ›Pressefreiheit‹, der sich bis heute gehalten hat, obwohl es längst eigentlich Medienfreiheit heißen müsste.[1] Und es erklärt, warum auch Rundfunkjournalisten über ›Presseausweise‹ verfügen oder genauso wie ihre Kollegen von den Printmedien zu ›Pressekonferenzen‹ eingeladen werden.

Als eine solche gesellschaftliche Einrichtung erbringt die Institution Presse – je nach Gesellschafts- bzw. Herrschaftssystem – spezifische Leistungen für die Gesellschaft. In *autoritären Systemen* wird sie von den Herrschenden in Dienst genommen, unterliegt obrigkeitlicher Kontrolle (etwa durch Zensurmaßnahmen) und ist nicht selten vom Wohlwollen bzw. von Zuwendungen der Machthaber abhängig (sei es durch Privilegierung, sei es durch materielle Subventionierung). In *totalitären Systemen* ist die Presse auch organisatorisch dem Staats- und Parteizentralismus eingefügt und zentrales Instrument zur Durchsetzung der herrschenden Ideologie. Dabei erfolgt die Sicherstellung dieser Leistung durch möglichst lückenlose Lenkung und Kontrolle durch Staat und Partei, wie dies in Deutschland in der Zeit des Nationalsozialismus, aber auch in der DDR der Fall war (vgl. Kapitel 3 u. 6). In *pluralistischen Gesellschaften* mit parlamentarischer Demokratie und marktwirtschaftlicher Ökonomie hingegen hat sich eine liberale, ganz überwiegend privatwirtschaftlich organisierte Presse ausgebildet.

Zentrale Funktionen der Presse in politischen Systemen wie dem der Bundesrepublik Deutschland sind die gesellschaftliche Integration und das Herstellen von Öffentlichkeit (vgl. Kapitel 8.6). Demokratietheoretisch wird der Presse dabei eine ›öffentliche Aufgabe‹ zugewiesen, der sie durch Information, Beitrag zur Meinungsbildung sowie Kritik und Kontrolle nachkommen soll. Ihre Funktion, die Arbeit von Parlament, Regierung (mit ausführenden Behörden) und Justiz als den drei legitimen Gewalten des neuzeitlichen Staats kritisch zu begleiten und zu kontrollieren, hat vor allem im angloamerikanischen Raum zur Redeweise von der Presse als ›vierter Gewalt‹ (»fourth estate«) geführt.[2] Man wird mit einem solchen Ausdruck jedoch vorsichtig sein, wenn man bedenkt, dass das in den Verfassungen westlicher Demokratien zum Ausdruck kommende Prinzip der Gewaltenteilung eine solche ›vierte‹ Gewalt weder benennt noch vorsieht. Der Rang einer verfassungsmäßigen Gewalt kommt der Presse nicht zu. Gleichwohl ist ihr im politischen System (nicht nur) der Bundesrepublik eine bedeutsame Rolle zugedacht: Nach der Rechtsprechung des Bundesverfassungsgerichts gilt in Deutschland eine funktionierende Presse für die freie Meinungs- und Willensbildung als konstitutiv. Deshalb steht sie unter dem Schutz der Pressefreiheit, genießt besondere Privilegien wie den Informantenschutz, Beschlagnahme- und Durchsuchungsverbote und unterliegt neben allgemein rechtlichen Normen wie dem Presserecht oder dem allgemeinen Ordnungs- und Strafrecht keiner besonderen Kontrolle durch den Staat (vgl. Kapitel 8.5). Lediglich zur notwendigen Vielfaltssicherung hat der Gesetzgeber Maßnahmen ergriffen und angesichts von Prozessen der Pressekonzentration eine kartellrechtliche Pressefusionskontrolle eingerichtet (vgl. Kapitel 5.3).[3]

Gleichzeitig ist die Presse als ein Gewerbe anzusehen, haben sich doch in den marktwirtschaftlichen Ökonomien moderner Staaten fast ausschließlich privatwirtschaftlich organisierte Pressebetriebe herausgebildet. In solchen auf Gewinn ausgerichteten Presseunternehmen produziert der Verleger bzw. die Verlagsleitung auf eigene Kosten und eigenes unternehmerisches Risiko. Hergestellt und auf dem Markt angeboten werden mit Zeitungen und Zeitschriften Produkte mit ganz spezifischen Merkmalen, denn Presseprodukte sind

- sowohl Ware (materiell) als auch Dienstleistung (kulturell);
- besonders kurzlebig, wenn man bedenkt, dass die Zeitungsausgabe von heute morgen schon wieder veraltet ist; zugleich aber sind Zeitungen auf Periodizität und Kontinuität angelegt;
- kostenintensiv in der Herstellung und Vervielfältigung (Satz und Druck) sowie aufwendig in der Verbreitung (Vertrieb, Zustellung);
- sog. Koppelprodukte, die auf zwei Märkten abgesetzt werden – als Informations- bzw. Unterhaltungslektüre auf dem Lesermarkt und als Werbeträger auf dem Anzeigenmarkt, wobei beide Märkte miteinander verflochten sind (vgl. Kapitel 8.2).[4]

Der Zeitungswissenschaftler Karl BÜCHER sprach deshalb bereits 1915 recht pointiert von der Zeitung als einem »Erwerbsunternehmen, das Annoncenraum als Ware erzeugt, die nur durch einen redaktionellen Teil verkäuflich wird«, und folgerte, dass die Redaktion in dieser Hinsicht »für die ›kapitalistische Erwerbsunternehmung‹ nichts weiter [ist] als ein lästiger Kostenbestandteil, der gebraucht wird, um die Annoncen vor die Augen der Menschen zu bringen, auf die sie wirken können«.[5]

Das Unternehmensziel von Pressebetrieben ist die erfolgreiche Produktion und der gewinnbringende Absatz von Zeitungen oder Zeitschriften. Dazu sind Presseverlage in die Funktionsbereiche Redaktion, Anzeigenwesen, Vertrieb, kaufmännische Verwaltung und Technik gegliedert. Die Redaktion ist mit ihrer hierarchischen Struktur, der Ressortdifferenzierung und mit Koordinationseinrichtungen wie der Redaktionskonferenz oder – neuerdings – dem Newsdesk selbst wieder eine arbeitsteilige Organisation, in der Redakteure die publizistischen Inhalte, den sog. redaktionellen Teil, erstellen und verantworten (vgl. Kapitel 8.1).

Presseerzeugnisse stehen in publizistischem Wettbewerb (und in ökonomischer Konkurrenz als Werbeträger) mit den elektronischen Massenmedien Hörfunk und Fernsehen, zunehmend auch mit dem Internet und dessen Online-Angeboten. Entgegen immer wieder geäußerter Befürchtungen haben neu aufkommende Massenmedien die Printmedien nicht verdrängt. Doch führen notwendige Anpassungsprozesse zu Funktionsverschiebungen einzelner Mediengattungen in Abhängigkeit von Marktveränderungen und sich wandelnden Mediennutzungsbedürfnissen. Im Vergleich zu anderen Medien zeichnet Presseprodukte, wie Jürgen WILKE im Anschluss an eine Erörterung von Fritz EBERHARD herausgestellt hat, vor allem die hohe Verfügbarkeit (Disponibilität) aus: Sie lassen sich Dank ihrer ›Speicherung‹ als gedrucktes Wort (und damit gegenüber den elektronischen Massenmedien geringerer Flüchtigkeit) leicht transportieren und aufbewahren. Entsprechend kann ihre Rezeption zu selbst gewählter Zeit an beliebigem Ort entsprechend eigener Nutzungsbedürfnisse selektiv, in freier Abfolge und in selbst bestimmtem Tempo erfolgen. Ihre publizistischen Stärken liegen in der Hintergrundberichterstattung, der vertiefenden Erörterung aktueller politischer Themen und in der Einordnung in komplexere Sinnzusammenhänge.[6]

Die Beschäftigung mit der Presse kann aus zwei unterschiedlichen Blickwinkeln erfolgen: Während mikroperspektivische Betrachtungen sich mit konkreten Zeitungs- oder Zeitschriftenbetrieben, dem Verbreitungsgebiet eines bestimmten Printmediums oder der

Ökonomie des Presseverlags beschäftigen (Mikroökonomie), gilt das größere Interesse der Struktur der Presse in einer Gesellschaft, einem Land oder einer Region. Solche Makrobetrachtungen können sowohl aus publizistischer Perspektive erfolgen, etwa wenn es um Fragen der Vielfalt oder auch der Qualität redaktioneller Angebote geht, als auch aus medienökonomischer Perspektive. Letztere fragt nach den Presseunternehmen als Wettbewerbsteilnehmern auf relevanten (Teil-)Märkten, nach Konzentrations- und Monopolbildungstendenzen oder Marktzutrittsbarrieren auf diesen Märkten. Sie sieht Presseprodukte als wirtschaftliche Güter an, die sich dadurch auszeichnen, dass sie nicht nur hinsichtlich ihrer publizistischen Leistung um Leser bzw. Abonnenten konkurrieren, sondern eben zugleich auch untereinander und mit den übrigen Massenmedien im Wettbewerb als Werbeträger (vgl. Kapitel 8.2).

1.2   Begriffsbestimmungen und notwendige Unterscheidungen

Heute gibt es eine schier unüberschaubare Fülle unterschiedlicher Erscheinungsformen der periodischen Presse. Die große Vielfalt und Heterogenität der verschiedenen Pressetypen macht begriffliche Differenzierungen und Abgrenzungen notwendig. Die wichtigste Unterscheidung ist diejenige zwischen Zeitungen und Zeitschriften, die im alltäglichen Sprachgebrauch zumeist nicht trennscharf erfolgt und sich zudem oft vordergründig am Erscheinungsbild orientiert. Deshalb ist auf die Bestimmung von Zeitung und Zeitschrift sowie ihre Abgrenzung voneinander im Folgenden genauer einzugehen.

1.2.1   Zur Bestimmung der Zeitung

Der Begriff ›Zeitung‹ bezeichnet eine Pressegattung, wird aber allgemein auch für das konkrete Zeitungsexemplar, eine einzelne Ausgabe, jeweilige Titel oder das Zeitungsunternehmen bzw. den Verlag verwendet, etwa wenn man sagt, dass jemand bei dieser oder jener Zeitung arbeitet. Die Publizistik- und Kommunikationswissenschaft versteht unter Zeitungen mehrmals wöchentlich erscheinende Presseorgane, die in ihrer Berichterstattung jüngstes Gegenwartsgeschehen aus einem prinzipiell unbeschränkten Spektrum möglicher Themen auswählen, redaktionell bearbeiten bzw. aufbereiten und an ein nicht begrenztes Publikum verbreiten. Damit vereinigt die Zeitung die nach Otto GROTH konstitutiven Grundmerkmale der Aktualität (größtmöglicher Gegenwartsbezug), der Periodizität (regelmäßiges Erscheinen), der Universalität (unbegrenzte thematische Vielfalt) und der Publizität (öffentliche Zugänglichkeit für jedermann).[7]

Das Kriterium der *Aktualität* bedeutet zunächst in der zeitlichen Dimension die Vermittlung jüngsten Gegenwartsgeschehens in (werk-)täglicher Folge. Unter den Printmedien ist die Zeitung folglich auch das aktuellste Medium. Aktualität birgt in sich aber auch noch das Kriterium der Bedeutung (Relevanz), wie Klaus MERTEN herausgearbeitet hat, weil sie keine Eigenschaft der berichteten Ereignisse *an sich* ist, sondern stets im Bezug zu den Erwartungen der Berichtenden wie auch der Leser zu sehen ist. Es handelt sich folglich, so WILKE, um »eine relative Größe, die sich aus der Spannung zwischen dem Inhalt einer Aussage und dem Bewusstsein des jeweiligen Empfängers ergibt. Damit ist Aktualität auf die menschliche Aufmerksamkeitsstruktur zurückzuführen, die eine sinnvolle Reduktion der vielgestaltigen, komplexen Wahrnehmungseindrücke steuert. Die Regeln, nach denen diese Steuerung erfolgt, sind offenbar nicht nur physiologisch und psychologisch, sondern in gewissem Maß auch sozial normiert.«[8] Henk PRAKKE bestimmt Aktualität entsprechend als das Produkt aus Relevanz und Neuigkeitswert.[9]

Mit dem Merkmal *Periodizität* ist die regelmäßige Erscheinungsweise gemeint. Die allermeisten Zeitungen in Deutschland erscheinen heute werktäglich, also fünf- bis sechsmal pro Woche in einer morgendlichen Ausgabe (deren Andruck freilich bereits am Vorabend erfolgt). Immerhin 11 Prozent aller Zeitungen bringen inzwischen eine siebte (Sonntags-) Ausgabe heraus. Bis vor wenigen Jahren gab es aber auch eine Reihe vor allem kleinerer und kleinster Zeitungen mit geringerer Erscheinungshäufigkeit: Noch 2001 erschienen in Deutschland zwei Titel nur zweimal wöchentlich; 2004 brachten es sieben Titel, darunter etwa »Der Heimatbote« aus Schöllkrippen im Spessart, auf ein dreimaliges Erscheinen pro Woche. Zum Vergleich: In den fünfziger Jahren wurden in Deutschland noch mehr als 100 kleinere Zeitungen mit weniger als vier Ausgaben pro Woche herausgegeben. Dennoch gelten diese Titel als ›Tageszeitungen‹, werden hierzu doch alle Zeitungen gezählt, die mindestens zweimal wöchentlich erscheinen.[10] In der Zeit der Weimarer Republik und unmittelbar nach der Wiedererrichtung des Pressewesens nach 1945 gab es Tageszeitungen, die in zwei tageszeitlichen Ausgaben (morgens und mittags oder abends) herauskamen. Zeitungstitel wie die Münchner »Abendzeitung« oder die Hamburger bzw. Berliner »Morgenpost« erinnern mit ihrem Namen noch an diese Zeit. Mit der Etablierung des Hörfunks, der eine noch aktuellere Berichterstattung ermöglichte, bzw. nach der Wiederaufnahme des Sendebetriebs 1945/1946 stellten die Zeitungen jedoch ihr mehrmals tägliches Erscheinen wieder ein.

Das Kriterium der *Universalität* bezeichnet das prinzipiell unbegrenzte Themenspektrum der Berichterstattung und damit die thematische Vielfalt der Tageszeitung, »mit der sie den mannigfachen Bereichen und Interessen des menschlichen Lebens Raum gibt«.[11] Diese Vielfalt manifestiert sich in den Sparten und Rubriken der Zeitungen, sowie in der Redaktionsgliederung in Ressorts, wie sie sich in den letzten Jahrzehnten des 19. Jahrhunderts herausgebildet hat. Dazu gehören die Politik-Ressorts (Innen- und Außenpolitik), Wirtschaft, Feuilleton bzw. Kultur, Sport, Lokales sowie häufig die Zeitungteile Chronikales und Vermischtes. Ressortgrenzen verwischen in jüngerer Zeit zusehends; durch die starke Verflechtung von Politik und Wirtschaft etwa ist es mitunter schwierig, hier trennscharfe Abgrenzungen vorzunehmen. Auch lässt sich beobachten, dass in den vergangenen Jahrzehnten neue Ressorts (bzw. Themenseiten) wie Umwelt, Wissenschaft oder Medien hinzugekommen sind (vgl. Kapitel 8.1).

Als geradezu konstitutives Kriterium der Tageszeitung ist das Merkmal der *Publizität* zu nennen, das freilich auch auf andere Medien zutrifft. Gemeint ist damit die allgemeine Zugänglichkeit. Die Zeitung ist ein Medium, das sich an eine breite, im Prinzip nicht begrenzte Öffentlichkeit wendet – auch wenn sie etwa im Fall einer konkreten Regionalzeitung de facto eingeschränkt ist, insofern ihre Verbreitung schon rein vertriebstechnisch begrenzt ist. Durch das prinzipielle Kriterium der Publizität ist aber in jedem Fall das Grundrecht des Einzelnen auf Information gewährleistet, demzufolge niemand vom Zugang zur

Presse bzw. zu den Massenmedien ausgeschlossen werden darf. Publizität stellt also primär eine qualitative Kategorie dar. Als quantitatives Kriterium ist Publizität dann zu sehen, wenn es um die tatsächlich erzielte Reichweite einer Tageszeitung geht. Diese Reichweiten werden seit vielen Jahren regelmäßig erhoben (z. B. durch Media-Analysen) und dienen vor allem der werbetreibenden Wirtschaft als Entscheidungshilfen bei der Erarbeitung von Streuplänen für die Anzeigenwerbung (vgl. Kapitel 8.3).[12]

Alle hier genannten Merkmale der Tageszeitung treffen in modifizierter Weise auch auf andere Medien wie Hörfunk, Fernsehen und Zeitschriften zu. Im Unterschied zu Hörfunk und Fernsehen gilt – wie erwähnt – für Tageszeitung und andere Printmedien jedoch zusätzlich das Merkmal der *Disponibilität*. Denn Presseerzeugnisse können bequem unabhängig von Ort und Zeit genutzt werden. Auch kann der Leser das Tempo der Informationsaufnahme und die Auswahl der Inhalte individuell frei bestimmen.

Die kurze Erörterung dieser Grundmerkmale macht deutlich, dass tägliche Ausgaben, ein typisches Erscheinungsbild wie Holzschliffpapier (als das klassische Zeitungspapier), Bogenfalzung im Zeitungsformat oder eine entsprechende Benennung allein noch keine Zeitung ausmachen: Wochenzeitungen und eigenständige Sonntagstitel, täglich herausgegebene Organe mit thematischer bzw. fachlicher Ausrichtung wie der Frankfurter Wirtschaftstitel »Börsen-Zeitung« oder die ebenfalls in Frankfurt erscheinende »Ärzte Zeitung«, aber auch Schüler- und Studentenzeitungen, Amts- sowie Anzeigenblätter werden pressetypologisch den Zeitschriften zugerechnet (siehe hierzu weiter unten).

Auch innerhalb der Gattung (Tages-)Zeitung sind begriffliche Differenzierungen üblich und notwendig. So unterscheidet man Zeitungen nach

- der Vertriebsart,
- dem Verbreitungsgebiet,
- politischer Unabhängigkeit oder politischer bzw. weltanschaulicher Ausrichtung,
- der journalistisch-redaktionellen Aufbereitung der Inhalte,
- Format und Aufmachung.

Zur Unterscheidung nach Vertriebsart: Nach Art des Vertriebs unterscheidet man zwischen Abonnement- einerseits und Kauf- bzw. Straßenverkaufszeitungen andererseits. *Abonnementzeitungen* werden, wie ihr Name sagt, primär im festen Bezug abgesetzt. Dabei treffen Zeitungsverlag und Kunde vertraglich längerfristige Bezugsvereinbarungen in Form von Halbjahres- oder Jahresabonnements, bei denen ein im Vergleich zum Einzelverkauf deutlich günstigerer Bezugspreis gewährt wird. Vor allem aber bedeutet der Bezug einer Abonnementzeitung, dass der Vertrieb des täglichen Zeitungsexemplars in Form der Zustellung an den Haushalt erfolgt. Dies geschieht in der Regel durch verlagseigene Austräger oder solche kooperierender Zeitungsverlage. In Deutschland werden rund zwei Drittel aller Zeitungsexemplare im Abonnement abgesetzt, bei den lokalen und regionalen Tageszeitungen beträgt dieser Anteil sogar mehr als 90 Prozent.[13]

Straßenverkaufszeitungen, oft auch einfach Kaufzeitungen genannt, werden hingegen komplett oder ganz überwiegend im Einzelverkauf abgesetzt, der heute in erster Linie über das Pressegrosso abgewickelt wird und vor allem an Kiosken, in Geschäften oder über Zeitungsständer bzw. Zeitungsboxen, die sog. stummen Verkäufer, erfolgt. Die Bezeichnung verweist auf frühere Absatzformen durch Straßenverkäufer, die den Titel, die Schlagzeile oder die (Extra-)Ausgabe laut auf Straßen und öffentlichen Plätzen ausriefen und so um Käufer warben. Noch heute fallen diese Zeitungen durch ihre Aufmerksamkeit und Effekt heischende Aufmachung mit oft reißerischen Schlagzeilen auf. Es verwundert nicht, dass alle Titel der Straßenverkaufszeitungen der Boulevard-Presse zuzurechnen sind. Weil das einzelne Kaufzeitungsexemplar den Leser erst am Erscheinungstag finden und gewinnen muss, ist diese Vertriebsform mit einem höheren verlegerischen Risiko verbunden. Denn bei der Festlegung der Druckauflage muss die potentielle Nachfrage gedeckt, zugleich aber aus Kostengründen die Remittendenzahl so niedrig wie möglich gehalten werden, d. h. der Anteil unverkaufter und an den Verlag zurückgehender Exemplare (vgl. Kapitel 8.2).[14]

Einen dritten Zeitungstypus stellen schließlich *Gratiszeitungen* dar, die – ausschließlich durch Anzeigenerlöse finanziert – unentgeltlich an die Leser abgegeben und weder im Einzelverkauf noch im Abonnement vertrieben werden. Mitunter werden sie auch ›Verteilzeitungen‹ (Walter J. Schütz) genannt, weil sie kostenlos an Interessierte verteilt werden.[15] Dazu liegen sie entweder als freie Stapelauslagen oder in Zeitungsboxen an U-Bahn-Haltestellen, Bahnhöfen, Kiosken oder Lebensmittelgeschäften zur freien Entnahme aus oder werden tatsächlich per Handverteilung an mögliche Leser ausgegeben. Während es in deutschen Ballungsräumen, vor allem Köln und Berlin, ab 1998 nur vorübergehend Gratiszeitungen gab, die 2001 nach Rechtsstreitigkeiten und wegen mangelnden ökonomischen Erfolgs wieder eingestellt wurden, sind der vom norwegischen Medienkonzern Schibsted in mehreren europäischen Ländern platzierte Titel »20 Minuten« und die Gratiszeitung »Metro« der schwedischen Modern Times Group wirtschaftlich überaus erfolgreich. So erscheint »Metro« inzwischen mit mehr als 60 Ausgaben (in 15 Sprachen) in den Metropolen 19 verschiedener Länder Europas, Nord- und Südamerikas sowie Asiens (vgl. Kapitel 9.3). Diese Gratistitel finden ihre Leserschaft in einem stark urbanen, mobilen, oft jüngeren und tendenziell eher weiblichen Publikum. Da die Verteilung von Gratiszeitungsexemplaren nicht zuletzt darauf abzielt, Leser auf dem Weg zur Arbeit oder von dort nach Hause zu finden, werden Gratiszeitungen – vor allem in der Schweiz – auch als ›Pendlerzeitungen‹ bezeichnet.[16]

Zur Unterscheidung nach Verbreitung: Hinsichtlich des Verbreitungsgebiets lassen sich Zeitungen in Lokalzeitungen (früher auch ›Heimatzeitungen‹ genannt), Regionalzeitungen sowie überregional bzw. national verbreitete Blätter unterteilen. Titel der *Lokal- und Regionalpresse* finden ihre Verbreitung überwiegend im lokalen Raum eines Landkreises, einer Stadt bzw. Gemeinde oder gar im sublokalen Raum eines Stadtteils. Zumeist handelt es sich dabei um Abonnementzeitungen; lediglich in Berlin, Hamburg, Köln, München und Dresden gibt es lokale Boulevard-Zeitungstitel (vgl. Kapitel 9.6). Mit rund drei Viertel der gesamten Tageszeitungsauflage bilden die lokalen und regionalen Abonnementzeitungen das Rückgrat der deutschen Tagespresse. Zu den Titeln der *überregionalen Tagespresse* gehören neben der Kaufzeitung »Bild« die Abonnementzeitungen »Frankfurter Allgemeine Zeitung«, »Die Welt«, »Süddeutsche Zeitung« und »Frankfurter Rundschau«, wobei die letzten beiden überregional angeboten werden, den Großteil ihrer Auflage jedoch im regionalen Verbreitungsgebiet absetzen. In jüngeren pressestatistischen Zählungen gehören daneben »Die Tageszeitung« (taz), »Neues Deutschland«, »Handelsblatt«, »Financial Times Deutschland« sowie – mit deutlich geringeren Auflagen – die »Tagespost« und die »Junge Welt« zu den überregionalen Tageszeitungen. Mitunter werden auch Tageszeitungen wie »Der Tagesspiegel«, Berlin, oder die »Stuttgarter Zeitung«, deren publizistische Bedeutung über das eigene Verbreitungsgebiet hinausreichen, zu den überregionalen Titeln gerechnet. Für die großen Abonnementzeitungen mit überregionaler Bedeutung hat sich auch die Bezeichnung ›Qualitätszeitungen‹ eingebürgert, die – obwohl der Qualitätsbegriff vage und nur schwer zu operationalisieren ist – inzwischen auch in der wissenschaftlichen Presseforschung verwendet wird.[17]

Besondere Bedeutung kam und kommt bis heute den *Lokalzeitungen* zu, zumal das Lokale der am stärksten genutzte redaktionelle Teil der Zeitung ist und in der Themenpräferenz der Leser weit vor den übrigen Zeitungsinhalten rangiert, wie regelmäßig durchgeführte Leserbefragungen, z. B. durch das Institut für Demoskopie Allensbach (IfD), belegen. Entsprechend hoch ist auch die Aufmerksamkeit der Forschung für den Bereich der Lokalpresse. Das zeigt sich nicht zuletzt an der ausführlichen Diskussion der Folgen von Pressekonzentrationsprozessen im Lokalen und das Anwachsen lokaler Pressemonopole (vgl. Kapitel 5.2). Für das seit Jahrzehnten feststellbare und weiterhin ungebrochene *Interesse am Lokalteil* gibt es mehrere Gründe:[18]

- Die Berichterstattung aus dem Bereich des Lokalen ist für den Bürger offensichtlich von größerer Bedeutung als diejenige über nationales oder internationales Geschehen. Denn in der Lokalkommunikation geht es um den »Austausch in der Nahwelt«,[19] die stärker als alle anderen gesellschaftlichen Lebensbereiche die persönliche Erfahrungswelt des Zeitungslesers tangiert und durchdringt.
- Damit verbunden gehören die handelnden oder betroffenen Personen des lokalen Geschehens, über die im Lokalteil berichtet wird, nicht selten zum Kreis der dem Leser bekannten oder gar nahestehenden Personen. Häufiger als bei allen anderen Sparten der Zeitung wird sich der Leser des Lokalteils zudem selbst zu den Betroffenen zählen.
- Auch gilt für den Raum kommunaler Öffentlichkeit, dass er dem Bürger in aller Regel die größten politischen Partizipationsmöglichkeiten bietet. Informiertheit über örtliches Geschehen und lokalpolitische Themen bilden hierfür eine wichtige Voraussetzung.
- Bedeutsam ist die lokale Information zudem für Gesprächsthemen in der persönlichen Kommunikation im Umfeld von Arbeit und Beruf, ›auf der Straße‹ etc., womit sie einen wesentlichen Beitrag zur Integration des Einzelnen in die kommunale Gemeinschaft leistet.
- Aber auch für zukünftiges Geschehen ist der Lokalteil der Zeitung für den Leser von großer Bedeutung. Das gilt für den gesamten Serviceteil, Veranstaltungskalender und Hinweise auf Freizeitangebote im lokalen Raum, nicht zuletzt aber auch für lokale Geschäfts- und Kleinanzeigen.
- Schließlich ist die Bedeutung des Lokalen in der Forschung sozialpsychologisch auch als eine Art Rückzug des Bürgers aus einer hochkomplexen und kaum verstehbaren globalen Welt »in eine scheinbar verständlichere, weniger bedrohliche Kontaktprovinz« gedeutet worden.[20]

In großstädtischen Ballungszentren, in denen die persönliche Kommunikation über lokale Themen starken Einschränkungen unterworfen ist, muss im Lokalteil der Zeitung eine wichtige Kommunikationsbrücke zur Information der Bürger über einen Stadtteil und dessen lokale Belange gesehen werden. Dies umso mehr, als sich gezeigt hat, dass die konkurrierenden Massenmedien Hörfunk und Fernsehen im Bereich des (Sub-)Lokalen nur bedingt geeignet sind, die Bevölkerung mit Informationen über das politische Geschehen vor Ort zu versorgen.[21]

Einen Sonderfall der lokalen Tageszeitung stellt schließlich der selten gewordene Typus des *Lokalanzeigers* dar, der sich in seiner tagesaktuellen Berichterstattung ausschließlich auf das Geschehen in der lokalen Erscheinungsregion bezieht – also ohne einen überörtlichen redaktionellen Teil erscheint. Erst vor wenigen Jahren sind kleine örtliche Tageszeitungen in solche Lokalanzeiger umgewandelt worden, wie der zweimal wöchentlich erscheinende »Griesheimer Anzeiger« in Hessen oder der »Dithmarscher Kurier« aus der Gemeinde Burg in Schleswig-Holstein. Letzterer wird der Tageszeitung »Dithmarscher Rundschau«, die in der Kreisstadt Heide erscheint, als örtliche Beilage beigefügt.[22]

Zur Unterscheidung nach politischer Ausrichtung bzw. Bindung: Was die politische oder weltanschauliche Ausrichtung bzw. Bindung betrifft, so unterscheidet man zwischen unabhängigen Tageszeitungen und *Parteizeitungen*. Heute erscheinen – im Unterschied zur zweiten Hälfte des 19. Jahrhunderts und der Zeit der Weimarer Republik (vgl. Kapitel 2.5) – die allermeisten deutschen Tageszeitungen parteiunabhängig. Die Zeitung »Neues Deutschland«, ehemals Zentralorgan der SED und heute PDS-nahe »Sozialistische Tageszeitung« (so der Untertitel), bildet hier die vielleicht letzte Ausnahme. Auch unabhängige Zeitungen können weltanschaulichen bzw. parteipolitischen Richtungen durchaus nahestehen, werden jedoch nicht wie Parteiblätter von politischen Parteien herausgegeben. Presseforscher unterscheiden bei den Parteizeitungen grundsätzlich zwischen

- Zeitungen, die offizielles Organ einer Partei sind, sich in deren Besitz befinden oder finanziell vollständig von ihr getragen werden und inhaltlich als deren Sprachrohr fungieren (partei-eigene bzw. parteigebundene Presse im engeren Sinne),
- Zeitungen im politisch-publizistischen Umfeld einer Partei, die – formal eigenständig – häufig mit Parteimitgliedern oder -anhängern im Redaktionspersonal inhaltliche oder programmatische Ziele der Partei unterstützen und vertreten (parteiverbundene Presse), sowie
- Zeitungen, die dauerhaft oder vorübergehend in ihrer publizistischen Ausrichtung einer Partei gesinnungsmäßig nahestehen und »durch bloßes (doch deutlich artikuliertes) Sympathisantentum die Zielsetzung der Partei mehr oder weniger prononciert vertreten« (Parteirichtungszeitungen).[23]

Anzumerken ist in diesem Zusammenhang, dass sich die Vielfalt der Presse natürlich nicht an pressetypologischen Unterscheidungen orientiert. Vielmehr ist gerade die Parteipresse ein gutes Beispiel für die fließenden Übergänge zwischen (Tages-)Zeitungen und Zeitschriften. So änderten bereits im 19. Jahrhundert Parteiblätter immer wieder ihre Erscheinungsweise: Aus Tages- wurden nicht selten Wochenzeitungen oder zweiwöchentlich bzw. monatlich erscheinende Zeitschriften – und umgekehrt. Das gilt selbst für die traditionsreiche sozialdemokratische Parteizeitung »Vorwärts«, deren zuletzt monatliches Erscheinen unter dem Titel »Vorwärts. Sozialdemokratisches Magazin« auf Beschluss des SPD-Parteivorstands

1989 nach 116-jähriger, oft bewegter Blattgeschichte wegen hoher finanzieller Verluste eingestellt wurde (vgl. Kapitel 5.4).

Zur Unterscheidung nach dem journalistisch-redaktionellen Konzept: Wenn bei der begrifflichen Differenzierung nach Zeitungstypen auch die Unterscheidung nach der journalistisch-redaktionellen Aufbereitung der Inhalte genannt wurde, so verweist dies in besonderer Weise auf *Boulevard-Zeitungen*, die im Zusammenhang mit der Vertriebsform des Einzel- bzw. Straßenverkaufs bereits kurz angesprochen wurden. Es handelt sich dabei um einen Zeitungstyp, der in Aufmachung, redaktioneller Gestaltung und Inhalten von plakativem Stil, großen Balkenüberschriften mit reißerischen Schlagzeilen, zahlreichen, oft großformatigen Fotos und einer einfachen, stark komprimierten Sprache gekennzeichnet ist. Vor allem optische Aufmachung und Schlagzeilen sollen Blickfang und damit Kaufanreiz für potentielle Leser sein. Die Beiträge appellieren an Neugier und Sensationslust und zielen durch schockierende, dabei leicht konsumierbare Sex-and-Crime-Storys, (vermeintliche) Skandale, Promi-Dramen sowie kuriose Geschichten auf die Emotionen der Leser. Auch gibt es in Boulevard-Zeitungen nur eine begrenzte Gliederung nach Sparten, mit besonderem Gewicht auf dem Sportteil.

Die historischen Wurzeln der Boulevard-Presse reichen bis in die Zeit vor der Französischen Revolution zurück. Boulevards, Pariser Promenaden mit Straßencafés und flanierendem Publikum, waren Quelle und Umschlagplatz neuester Informationen, Meinungen, Gerüchte und Klatsch, auf die auch die ersten Boulevard-Titel setzten. Ihr unterhaltender Charakter bedeutet nicht, dass es sich um unpolitische Presseorgane handelt(e); im Gegenteil zielten sie von Beginn an auch auf Meinungsmache und wurden immer wieder zur gezielten Erregung und Mobilisierung der Öffentlichkeit eingesetzt. Sie erschienen überwiegend mittags und abends, nicht selten auch drei-, viermal täglich.

Größtes und bekanntestes Boulevard-Blatt in Deutschland ist seit inzwischen mehr als 50 Jahren die im Springer-Verlag erscheinende »Bild«-Zeitung, die – nach Auflagenverlusten in den vergangenen Jahren – mit rund 3,6 Mio. Exemplaren in über 30 Regionalausgaben täglich heute knapp zwölf Mio. Leser erreicht. Mit zum Teil fragwürdigen Recherchemethoden und kampagnenartigen Geschichten ist sie immer wieder auch Objekt der Kritik geworden; nicht selten wird ihre Berichterstattung vom Deutschen Presserat gerügt. Sie dominiert den insgesamt rückläufigen Markt der Straßenverkaufszeitungen mit seinen rund 5,4 Mio. Exemplaren deutlich. Dass die Boulevard-Presse in den letzten 20 Jahren an Bedeutung eingebüßt hat, dürfte nicht zuletzt daran liegen, dass entsprechende Unterhaltungsbedürfnisse zunehmend durch Boulevard-Formate im Fernsehen abgedeckt werden.[24]

Zur Unterscheidung nach Format: (Tages-)Zeitungen lassen sich schließlich nach dem *Erscheinungsformat* differenzieren, in dem sie herausgegeben werden. Im deutschen Sprachraum kennt man im Wesentlichen drei klassische, historisch gewachsene und eingebürgerte Formatgrößen:[25]

- das ›nordische Format‹ (400 x 570 mm) als das größte, in dem beispielsweise die »Frankfurter Allgemeine Zeitung« oder die »Süddeutsche Zeitung« sowie die Wochenzeitung »Die Zeit« erscheinen,

- das ›rheinische Format‹ (360 x 530 mm) als mittlere Größe, Kennzeichen zahlreicher Regionalzeitungen wie »Stuttgarter Zeitung« oder ›Thüringer Allgemeine«,
- das ›Berliner Format‹ (315 x 470 mm) als kleinste der klassischen Größen deutscher Tageszeitungen – ein Format, das beispielsweise »Badische Zeitung« und »Die Tageszeitung« (taz) gewählt haben.

In jüngerer Zeit ist mit dem aus dem angelsächsischen Raum stammenden kleinen ›Tabloid-Format‹ (285 x 400 mm) eine weitere Zeitungsgröße dazugekommen. Es wurde zunächst bei Zeitungen in Spanien, Holland, der Schweiz und Österreich, dann auch in Deutschland übernommen. Da es halb so groß wie das nordische Format ist, spricht man – sprachlich nicht ganz korrekt – auch vom ›halbnordischen Format‹. Früher wurde es in erster Linie für Beilagen von Qualitätszeitungen im nordischen Format verwendet, da sie sich gut in deren Ausgaben einlegen lassen. Inzwischen erscheinen vermehrt Zeitungsneugründungen in dieser Größe. So ist das Tabloid-Format zum optischen Kennzeichen eines neuen Tageszeitungstyps geworden, der sich offensichtlich neben den klassischen Zeitungstypen am Markt der Tagespresse etablieren kann. Zunächst hatten britische Qualitätszeitungen (mit unterschiedlichem Erfolg) den Versuch gestartet, durch kleinere Tabloid-Versionen neben ihren herkömmlichen Ausgaben zusätzliche Leserschichten zu erschließen. Inzwischen finden offenbar auch in Deutschland *Kompaktzeitungen* bzw. *-ausgaben* wie »Welt kompakt«, Zielgruppenzeitungen wie »20 Cent« und kostenlose ›Infozeitungen‹ wie »FTD kompakt« und »News am Abend«, die alle im Tabloid-Format erscheinen, ihr Publikum (vgl. Kapitel 9.5). Kompaktzeitungen zeichnen sich neben dem Format durch vergleichsweise kurze, prägnante und politisch möglichst neutrale Artikel, klare Gliederung der Inhalte und eine graphisch ansprechende Aufmachung aus, wodurch dem Leser – ohne zeitlichen Lektüre-Aufwand – ein kompakter Überblick über das aktuelle Geschehen gegeben werden soll. Während Titel wie »Welt kompakt« sich durch ihr redaktionelles Konzept von den traditionellen Kaufzeitungen absetzen wollen, haben andere wie »20 Cent« oder »News« (mittlerweile eingestellt) eindeutig Boulevard-Zeitungscharakter. Ähnlich wie Gratiszeitungen erreichen Kompaktzeitungen ein jüngeres, stark beruflich eingebundenes und tendenziell eher weibliches Publikum. Da sie überwiegend im Einzelverkauf, mit einem vergleichsweise geringen Entgelt, aber durchaus auch im Abonnement abgesetzt werden, verwischen hier zusehends klassische Unterscheidungen der Tageszeitung nach ihrer Vertriebsform.[26]

Zu den pressestatistischen Einheiten: So wichtig die erläuterten Unterscheidungen von Tageszeitungen nach Vertriebsart, Verbreitungsgebiet, politischer Unabhängigkeit, redaktioneller Aufbereitung sowie Format und Aufmachung sind, für genauere Analysen der Tagespresse reichen sie nicht aus. Denn dazu ist es notwendig zu wissen, wie die Besitzverhältnisse bei den Zeitungsunternehmen sind, wie es um die redaktionelle Eigenständigkeit der Zeitungsinhalte bestellt ist und welche Form der Kooperation verschiedene Tageszeitungen eingegangen sind. Andernfalls wäre es auch nur schwer möglich, Aussagen über die Chancen publizistischer Vielfalt der Tagespresse in einer Stadt oder einer Region zu machen. Zu diesem Zweck hat der Pressestatistiker Walter J. SCHÜTZ, der seit 1954 durch regelmäßige Stichtagssammlungen Veränderungen in der Struktur der deutschen Tagespresse erforscht, eine Einteilung von Tageszeitungen in folgende Kategorien eingeführt:[27]

- publizistische Einheit,
- (redaktionelle) Ausgabe,
- Verlage als Herausgeber bzw. Verlage als wirtschaftliche Einheiten.

Unter *publizistischen Einheiten* versteht man redaktionell selbständige Tageszeitungen mit Vollredaktionen. Dazu gehören alle Blätter, die den gesamten redaktionellen Teil (und damit sämtliche Ressorts) wie auch den Anzeigenteil selbständig erarbeiten und verantworten. SCHÜTZ charakterisiert publizistische Einheiten als die publizistisch wie verlegerisch zusammengehörenden Ausgaben einer Tageszeitung, die in den wesentlichen Teilen, insbesondere im politischen Teil, übereinstimmen.[28] Anders ausgedrückt: Alle Zeitungsausgaben einer publizistischen Einheit haben, unabhängig von ihrer verlegerischen Struktur, den gleichen Zeitungsmantel. Folglich ist es durchaus möglich, dass eine publizistische Einheit von mehreren Verlagen zusammen herausgegeben wird.

Als *(redaktionelle) Ausgabe* bezeichnet man Zeitungen, die in ihrer Berichterstattung eindeutig Bezug auf ihr vorwiegendes Verbreitungsgebiet nehmen. In erster Linie geschieht dies natürlich in den Lokal- und Regionalteilen dieser Zeitungen, die dann durch die Übernahme der übrigen redaktionellen Beiträge aus einer Vollredaktion, in der Regel vom sog. Stammblatt, vervollständigt werden. In älterer Literatur zur Presse findet man für den Terminus ›Ausgabe‹ übrigens auch die Bezeichnungen ›Mutation‹ oder ›Kopfblatt‹. Die Ausgabe bildet die kleinste pressestatistische Einheit.[29]

Unter der pressestatistischen Kategorie *Verlage als Herausgeber*, die der Ermittlung der Verlagsstruktur dient, lassen sich alle redaktionellen Ausgaben zusammenfassen, bei denen im Impressum der gleiche Verleger oder Herausgeber erscheint. Die Kategorie *Verlage als wirtschaftliche Einheiten* hingegen umfasst alle Verlage als Herausgeber, die »in bestimmten Bereichen der Zeitungswirtschaft kooperieren (z. B. Druck, Vertrieb, Anzeigenverbund), wenn diese Zusammenarbeit über die Zugehörigkeit zu Anzeigenringen und Anzeigengemeinschaften hinausgeht«.[30]

Um den Sachverhalt an einem konkreten Beispiel zu erklären: Die bayerische Tageszeitung »Nürnberger Nachrichten« mit Sitz in Nürnberg erscheint als Regionalzeitung mit 25 Lokalausgaben. Eine dieser Ausgaben ist der »Altmühl-Bote« im Süden Mittelfrankens, der eine eigene Lokalberichterstattung für seinen primären Verbreitungsraum (die Stadt Gunzenhausen und den Altlandkreis) enthält, den politischen Teil bzw. den Zeitungsmantel jedoch von den »Nürnberger Nachrichten« übernimmt. Diese stellen folglich die publizistische Einheit dar, der »Altmühl-Bote« hingegen die redaktionelle Ausgabe. Herausgegeben wird die publizistische Einheit vom »Verlag Nürnberger Presse Druckhaus Nürnberg GmbH & Co«. Herausgeber ist Bruno Schnell, der gemeinsam mit Klaus Birkenboll, Michael Becker und Dieter Vitzthum auch die Geschäftsleitung der Verlagsgesellschaft innehat. Diese Geschäftsführung gilt auch für den »Altmühl-Boten«, der von dem Nürnberger Zeitungsverlag in Pressegemeinschaft mit der Gunzenhäuser »Buchdruckerei und Verlag Emmy Riedel« herausgegeben wird.[31]

Abschließend sei darauf hingewiesen, dass man Zeitungen inzwischen auch nach dem jeweiligen (Träger-)Medium unterscheiden könnte. Denn neben gedruckten Zeitungsexemplaren gibt es seit 1995 auch Online-Ausgaben von Tageszeitungen. Heute verfügen die meisten Tageszeitungen über eigene Online-Auftritte im Internet (vgl. Kapitel 10.2). Und seit 2000 gibt es in Deutschland mit der »Netzeitung«, deren Redaktion ihren Sitz in Berlin hat, auch die erste Tageszeitung, die ausschließlich im Internet erscheint, also über keine Printausgabe verfügt.[32] Von den inzwischen klassischen Online-Auftritten von Zeitungen sind ihrerseits die E-Paper-Ausgaben zu unterscheiden, die gewissermaßen digitale Faksimile-Versionen einer gedruckten Zeitung mit elektronischen Zusatzfunktionen darstellen und online abrufbar sind (vgl. Kapitel 10.3). Diese Unterscheidung in Print- und elektronische Ausgaben gilt freilich nicht nur für (Tages-)Zeitungen, da auch zahlreiche Zeitschriften längst nicht mehr nur in gedruckter Form zugänglich sind.

1.2.2 Zur Bestimmung der Zeitschrift

Erstmals taucht der Begriff ›Zeitschrift‹ – als deutsche Bezeichnung für das französische oder englische *journal* – in der zweiten Hälfte des 17. Jahrhunderts im Sinne von ›Schrift der Zeit‹ zur Bezeichnung von chronikartigen Sammlungen auf. Lange Zeit wurden Ausdrücke wie ›Wochen-‹ oder ›Monatsschrift‹, ›Chronik‹, ›Magazin‹, ›Journal‹, ja selbst ›Zeitung‹ synonym zur Bezeichnung von Zeitschriften verwendet. Die heute geläufige Trennung in Zeitung einerseits und Zeitschrift andererseits hat sich gar erst in den letzten Jahrzehnten des 19. Jahrhunderts durchgesetzt.[33]

Im nur schwer überschaubaren Feld des Zeitschriftenwesens fällt eine pressetypologische Systematisierung schwer, werden doch sämtliche Produkte periodischer Presse zu den Zeitschriften gezählt, die höchstens wöchentlich und mindestens halbjährlich erscheinen. Früher waren sogar einmal jährlich erscheinende Periodika wie Jahrbücher eingeschlossen. Entsprechend fallen unter Zeitschriften so unterschiedliche Periodika wie Illustrierte, Wochenzeitungen, wissenschaftliche Journale, die meisten Parteiorgane, Kirchenblätter, Mitgliederorgane, Werks- und Kundenblätter, die periodische Amtspublizistik, Obdachlosen-Zeitungen, literarische und Kulturzeitschriften, aber auch etwa Schüler- und Studentenzeitungen. Sie differieren in Papier- und Druckqualität, Ausstattung und Format, können geheftet, gebunden, geklebt oder nur gefaltet sein und variieren hinsichtlich ihres Umfangs von wenigen Seiten bis hin zu mehrhundertseitigen Ausgaben. Hinzu kommt, dass sie sich in ihren Aufgaben und Zielen, ihrer Reichweite, den Bedingungen ihrer Produktion und hinsichtlich der publizistischen Funktionen zum Teil beträchtlich unterscheiden.

Von daher ist eine alles umfassende und zugleich präzise positive Bestimmung der Zeitschrift praktisch nicht möglich. Eine relativ allgemeine Definition liefert Emil DOVIFAT, wenn er die Zeitschrift als ein »fortlaufendes und in regelmäßiger Folge erscheinendes Druckwerk« bestimmt, »das einem umgrenzten Aufgabenbereich oder einer gesonderten Stoffdarbietung (…) dient. Danach bestimmt sich ihre Öffentlichkeit, ihre Tagesbindung, ihr Standort, die Mannigfaltigkeit ihres Inhalts und die Häufigkeit ihres Erscheinens.«[34] In der Regel erfolgt eine Bestimmung der Zeitschrift negativ in Abgrenzung zur Tageszeitung: Denn Aktualität, Periodizität, Universalität und Publizität können in modifizierter Form und unterschiedlichem Ausmaß auch für Zeitschriften gelten. Michael SCHMOLKE bringt dies auf den Punkt, wenn er formuliert: »Die Zeitschrift (...) bietet entweder thematische Vielseitigkeit unter Verzicht auf primäre Aktualität oder Fachlich-Aktuelles unter Verzicht auf Universalität.«[35]

Die Presseforschung hat wiederholt Anstrengungen unternommen, das vielfältig ausgeprägte Zeitschriftenwesen zu typologisieren. Diese Versuche fielen angesichts der breiten Palette verschiedener Zeitschriften auch ganz unterschiedlich aus. Solche Typologien
zur Gliederung des Zeitschriftenwesens orientieren sich an deren Inhalten (Thematik), der
Erscheinungshäufigkeit, der Leserschaft bzw. Zielgruppe, den Strukturmerkmalen, den herausgebenden Organisationen und den (intendierten) Funktionen der jeweiligen Titel. Doch
gelingt keiner dieser Typologien eine komplette Systematisierung aller zugehörigen Pressetitel; stets bleiben Grenzfälle und Restkategorien.[36] Allgemein akzeptiert ist die Unterscheidung in

- *Publikumszeitschriften* oder auch ›Populärzeitschriften‹, die hinsichtlich der Bandbreite
  des Spektrums sowie Auflagenhöhen und Reichweiten der Titel das größte Zeitschriften-
  kontingent der deutschen Presse bilden; früher verwendete man dafür auch die Bezeichnung ›Unterhaltungs-‹ oder ›Freizeitzeitschriften‹ (Beispiele wären Titel wie »Stern«,
  »Bunte«, »Spiegel«, »Focus«, »Brigitte«, ›TV Spielfilm«);[37]
- *Fachzeitschriften,* die sich – inhaltlich begrenzt auf jeweilige Sachbereiche – primär an
  (Berufs-)Spezialisten wenden und in Deutschland mit rund 3.600 Titeln die mit Abstand
  titelreichste Zeitschriftengattung bilden, die nur schwer zu überblicken ist; zu unterscheiden ist dabei zwischen berufs- und sachbezogenen Fachzeitschriften einerseits, wissenschaftlichen Fachzeitschriften andererseits; Publikationen der Standes- und Verbandspresse hingegen gehören per definitionem nicht dazu (Beispiele für Fachzeitschriften
  wären »Das Musikinstrument«, »Textilwirtschaft«, »Arzt und Krankenhaus«, »Publizistik«, »Medien und Kommunikationswissenschaft«);[38]
- *Verbands- und Vereinszeitschriften* bzw. Mitgliederorgane von Parteien, Verbänden und
  Vereinen, die sich an ihre eigenen Mitglieder und/oder an eine breitere Öffentlichkeit
  wenden, um ihre Interessen und verbandspolitischen Positionen nach innen und außen
  zu vertreten (Beispiele wären hier die Mitgliederzeitschrift »ADAC Motorwelt«, die mit
  über 13 Mio. verbreiteten Exemplaren die auflagenstärkste Zeitschrift Deutschlands darstellt, aber auch die vom Deutschen Journalisten-Verband herausgegebene berufsständische Zeitschrift »Journalist« oder das »Deutsche Ärzteblatt«, das Standesorgan der
  Bundesärztekammer und der Kassenärztlichen Vereinigung);
- *Kunden- und Werks- bzw. Betriebszeitschriften,* zu denen Publikationen sowohl für Kunden als auch für Mitarbeiter von Unternehmen gehören; sie sind folglich Instrumente
  der internen wie externen Unternehmenskommunikation (z. B. »BM Bayernmotor« bei
  BMW, »SiemensWelt«);
- *Amtsblätter,* worunter alle periodischen Veröffentlichungen der Amts- bzw. Behörden-
  publizistik mit aktuellen Informationen, amtlichen Verlautbarungen und anderen Mitteilungen zumeist kommunaler, aber auch staatlicher Körperschaften fallen, die sich an
  Mitarbeiter der Verwaltung wie auch – sei es gegen Entgelt, sei es kostenlos – an die breite
  Öffentlichkeit wenden können; Letztere müssen funktional als Instrumente kommunaler
  bzw. staatlicher Öffentlichkeitsarbeit gelten (etwa »Rathaus-Umschau« oder ›Gemeinde-
  blatt«), die teilweise bereits durch entsprechende Informationsangebote im Internet sub-
  stituiert werden;
- *Titel der Insertionspresse,* die einerseits kostenlos abgegebene, allein durch das Anzeigengeschäft finanzierte Anzeigenblätter, andererseits gegen Entgelt angebotene Offertenblät-

ter (mit kostenlosen Kleinanzeigen) umfasst; Letztere bilden mangels publizistischer Leistung einen Sonderfall und lassen sich nur schwer zuordnen;[39]

• *Alternative Zeitschriften*: Mitunter findet man als eigenständige Kategorie alle nicht tagesaktuell erscheinenden Periodika der Alternativpresse aufgeführt, die – mit vergleichsweise einfacher Druck- und Satztechnik und ohne kommerzielle Zielsetzung – zur Herstellung von ›Gegenöffentlichkeit‹ beitragen (wollen), wie wöchentlich erscheinende Stadtteil-Zeitungen, Umwelt- und Randgruppen-Zeitschriften, Stadtmagazine, aber auch ›autonome Blätter‹ (periodisch erscheinende Schriften für das Umfeld der sog. autonomen Szene). Die Titel der Alternativpresse haben jedoch seit Mitte der achtziger Jahre stark an Bedeutung verloren oder sind in der Zwischenzeit in der privat-kommerziellen Presse aufgegangen (vgl. Kapitel 5.3 u. 5.4).

Zu den Publikumszeitschriften: Auf die Gattung der Publikumszeitschriften ist an dieser Stelle genauer einzugehen, weil sie mit knapp 1.300 meist überregionalen Kauftiteln ganz unterschiedliche Zeitschriftentypen auf sich vereinigt.[40] An erster Stelle ist hier das breite Spektrum der *General-Interest-Titel* zu nennen. Dazu gehören die hochauflagigen klassischen Illustrierten (wie »Stern« oder »Bunte«), Nachrichtenmagazine (»Spiegel«, »Focus«) und politische Magazine (»Cicero«), das starke Segment der Frauenzeitschriften (»Frau im Spiegel«, »Brigitte«, »Joy«), aber auch die Titel der populären Programmzeitschriften, die nicht selten Millionenauflagen erreichen (wie »TV Today«, »Hörzu«, »Auf einen Blick«).

Daneben gehören hierzu aber auch die *Special-Interest-Titel*, worunter man inhaltlich sachbezogene Zeitschriften versteht, deren Zielgruppe nicht Spezialisten, sondern allgemein alle an einem bestimmten Themengebiet Interessierten sind – wobei die Grenzen zur Fachpresse mitunter fließend sind. Das Segment umfasst Modezeitschriften (z. B. »Vogue«, »Burda Modemagazin«), Computerzeitschriften (etwa »c't« oder »PC-Welt«), Eltern- sowie Kinder- und Jugendzeitschriften, die Titel der Sport- und der Motorpresse (wie »Kicker«, »Tennis-Magazin« und »Auto Motor und Sport«), populärwissenschaftliche Magazine und Zeitschriften aus dem Bereich Kunst und Kultur, Lifestyle-Magazine, Erotikzeitschriften, Titel der Wirtschafts- und Finanzpresse, Zeitschriften aus dem Bereich Wohnen und Design. Dazu gehören aber auch monothematische Zeitschriften, die weniger auf Aktualität angelegt sind, in der Regel auch im Buchhandel vertrieben werden und von denen einzelne Ausgaben oft noch Jahre nach der Erstveröffentlichung neu aufgelegt werden (z. B. »Merian«, »Geo Special«).

Mitunter findet man daneben auch noch die (Sub-)Gruppierung der *Very-Special-Interest-Titel* aufgeführt, die sich – oft mit entsprechend niedrigen Auflagen – an kleine Zielgruppen bzw. Spezial-Publika wenden, ohne dass es sich dabei um Fachzeitschriften handeln würde. Exemplarisch seien hier der monatlich erscheinende »Modelleisenbahner«, der im Eigenverlag in Breisach herausgegebene Monatstitel »Hanf!« oder das im Mannheimer Huber-Verlag erscheinende »Tätowier-Magazin« genannt.

Pressetypologisch werden selbst Wochenzeitungen zu den Publikumszeitschriften gerechnet, auf die im Folgenden gesondert eingegangen wird.

Die Gattung der Publikumszeitschriften bildet also in sich bereits ein heterogenes Feld. Weil sich viele Zeitschriftentitel nicht eindeutig einem einzigen Typus zuordnen lassen, müssen die Grenzen zwischen verschiedenen Pressetypen und -gattungen als fließend angesehen werden. Das gilt auch für die übergeordnete Unterscheidung aller Zeitschriften in zwei Gruppen, der zufolge Titel entweder den *Unterhaltungszeitschriften* (unterhaltend/informativ) oder den *Zielgruppenzeitschriften* (unterrichtend/informierend) zuzuordnen sind. Bilanzierend ist festzuhalten, dass es bislang keine allgemein konsentierte Zeitschriftentypologie gibt, die alle Aspekte berücksichtigt. Sie erscheint angesichts der angesprochenen Vielfalt und Heterogenität auch so gut wie unmöglich. Schließlich sei darauf hingewiesen, dass der Presseforscher Andreas VOGEL für eine Verwendung des Ausdrucks ›Populärpresse‹ anstelle von Publikumszeitschriften plädiert. Denn erstens würden alle Zeitungen und Zeitschriften ihr Publikum finden, so dass der Ausdruck Publikumszeitschriften ziemlich inhaltsleer erscheine, und zweitens seien mit dem Populären als dem Bekannten, Beliebten und Allgemeinverständlichen wichtige Merkmale des zu bezeichnenden Pressetyps genannt. VOGEL zufolge haben die Titel der Populärpresse vor allem die Funktion, »den Lesern durch eine redaktionell erarbeitete Themenmischung Erlebnisse zu verschaffen und Orientierung zu ermöglichen«.[41]

Zu den Wochen- und Sonntagszeitungen: Auch *Wochenzeitungen* werden pressetypologisch zu den Publikumszeitschriften gezählt, selbst wenn sie hinsichtlich ihres Formats, Papiers und Druckbilds sowie infolge fehlender Heftung Zeitungen gleichen.[42] Sie weisen oft die gleiche thematische Breite wie Tageszeitungen auf, sind in aller Regel aber weniger aktuell und häufiger politisch bzw. weltanschaulich richtungsbestimmt. Ihre Bedeutung ergibt sich jeweils aus ihrem publizistischen Anspruch, oft eigenständigen Profilen und ihrer Rolle als Meinungsführermedien, wie bei der Hamburger Wochenzeitung »Die Zeit« (vgl. Kapitel 5.4).[43] Hinsichtlich ihrer weltanschaulichen Positionierung lassen sich unabhängige, politische, parteipolitische und konfessionelle Wochenzeitungen unterscheiden, bezüglich ihrer Verbreitung überregionale und lokal-regionale. Letztere verschreiben sich, sofern sie nicht von Kirchen und Glaubensgemeinschaften herausgegeben werden, in aller Regel nicht politisch-weltanschaulichen Richtungen, sondern berichten allgemein aus ihrem Verbreitungsgebiet. Zu den Wochenzeitungen müssen schließlich die eigenständigen *Sonntagszeitungen* gerechnet werden, die ihrerseits von den auch sonntags erscheinenden siebten Ausgaben von Tageszeitungen zu unterscheiden sind, wie die folgende Auflistung zeigt. Denn im Anschluss an Doris BRÄNDLE lassen sich in Deutschland die folgenden sechs Produkttypen von am Sonntag erscheinenden Presseorganen ausmachen:[44]

- überregional verbreitete Abonnement-Sonntagszeitungen (»Welt am Sonntag«, »Frankfurter Allgemeine Sonntagszeitung«),
- die überregional verbreitete Kauf-Sonntagszeitung (»Bild am Sonntag«),
- die regional oder lokal verbreitete Abonnement-Sonntagszeitung als in der Regel siebte Ausgabe einer Tageszeitung (wie die »Lübecker Nachrichten am Sonntag« oder der Sonderfall des Titels »Sonntag aktuell«, der in vier unterschiedlichen Regionalausgaben insgesamt 48 südwestdeutschen Tageszeitungen als siebte Ausgabe dient),
- die regional bzw. lokal verbreitete Kauf-Sonntagszeitung (wie der »Berliner Kurier am Sonntag«),
- national oder regional verbreitete Sonntagszeitungen von Kirchen und Glaubensgemeinschaften (»Katholische Sonntagszeitung für Deutschland«, Köln; »Evangelische Sonntagszeitung«, Frankfurt am Main),

- national oder regional verbreitete Sonntagstitel mit spezifischer thematischer Ausrichtung und entsprechenden Inhalten (wie der Titel »Euro am Sonntag«, München).

Weil die überregional verbreiteten Titel »Bild am Sonntag«, »Welt am Sonntag« und »Frankfurter Allgemeine Sonntagszeitung« von Redaktionen erstellt werden, die gegenüber den Tageszeitungsredaktionen von »Bild«, »Welt« und »FAZ« unabhängig sind, müssen sie eigentlich den Wochenzeitungen zugerechnet werden, selbst wenn man in ihrem redaktionellen Teil auch tagesaktuelle Berichterstattung findet.[45]

Zu den Anzeigen- und Offertenblättern: Eine Pressegattung eigener Art, die jedoch pressetypologisch zu den Zeitschriften gehört, stellen die Titel der Insertionspresse dar. Die größte Gruppe bilden hier die Anzeigenblätter, hinzu kommen die Titel der käuflich gegen Entgelt zu erwerbenden *Offertenblätter*. Beispiele für solche Offertenblätter sind die zwei- bis dreimal wöchentlich erscheinenden Titel »Der heiße Draht«, Hannover, mit 16 Ausgaben in west- und ostdeutschen Städten, der Münchner Titel »Kurz und fündig«, »AbisZ« in Bremen oder »Zweite Hand« in Berlin. Ihr Inhalt besteht fast ausschließlich aus nach Rubriken geordneten, privaten Kleinanzeigen, die man kostenlos schalten kann. Offertenblätter finanzieren sich sowohl aus gewerblichen Anzeigen als auch aus Vertriebserlösen, d. h., sie müssen käuflich erworben werden. *Anzeigenblätter* hingegen werden kostenlos an die Haushalte des Verbreitungsgebiets abgegeben und finanzieren sich entsprechend allein aus den Anzeigeneinnahmen privater und gewerblicher Inserate. Auch enthalten sie im Unterschied zu den Offertenblättern in der Regel einen redaktionellen Teil, selbst wenn dieser hinsichtlich Umfang, Aktualität und redaktioneller Qualität oft bescheiden ausfällt. Auch findet sich darin ein auf den Erscheinungsort bezogener Serviceteil mit Vereinsnachrichten, Hinweisen auf Veranstaltungen, das örtliche Kinoprogramm, Apotheken- und ärztliche Notdienste etc.

Aufgrund ihrer mangelnden publizistischen Leistung bilden Anzeigenblätter – außer mitunter in ländlichen Regionen – kein Substitut für die örtliche Lokalzeitung, wie von den Zeitungsverlegern in den sechziger und siebziger Jahren befürchtet. Um Anzeigenverlusten bei ihren Tageszeitungen vorzubeugen, gingen Zeitungsverleger zunächst gegen Anzeigenblattverlage vor, kauften dann nicht selten Anzeigenblätter auf oder gründeten sie selbst – oft in lokaler Konkurrenz zu bestehenden Titeln. So befinden sich heute etwa zwei Drittel aller Anzeigenblätter im Besitz von Tageszeitungsverlagen. Die meisten von ihnen werden einmal pro Woche herausgegeben, überwiegend mittwochs oder donnerstags. Heute erscheinen in Deutschland 1.350 Anzeigenblätter mit einer Gesamtauflage von rund 86 Mio. Exemplaren. Die Auflagen einzelner Titel reichen dabei von einigen hundert bis zu über 1 Mio. verteilter Exemplare (vgl. Kapitel 5.4 und 9.6).[46]

Zur konfessionellen Presse: Quer zur Trennung in Zeitungen und Zeitschriften liegen – ähnlich wie die Parteizeitungen – auch die Titel der konfessionellen Presse, die hier bei den Zeitschriften angesprochen werden, weil sie in den meisten Fällen nicht der Tagespresse zuzuordnen sind. Sie lassen sich weder der Gattung der Vereins- und Verbandszeitschriften zuschlagen, da es ihnen nicht so sehr um Mitgliederunterrichtung oder Interessensvertretung nach außen geht, noch sind sie problemlos unter den weltanschaulichen Pressetiteln zu subsumieren; insofern nehmen sie eine Sonderstellung in der Presselandschaft ein. ›Konfessionelle Presse‹ steht dabei für Presseorgane der beiden großen Kirchen und kirchennahe unabhängige, aber christlich-weltanschaulich geprägte Pressetitel. Den Kern der konfessionellen Presse bilden die 25 Bistumsblätter und die örtlichen Pfarrbriefe der katholischen Kirche sowie die 15 Kirchenzeitungen bzw. Sonntagsblätter und die örtlichen Gemeindebriefe der evangelischen Kirche (vgl. Kapitel 9.6). Konfessionelle Pressetitel dienen in unterschiedlichem Maße der Information und Öffentlichkeitsarbeit, Verkündigung und Mission, Gemeindekommunikation, der kirchlichen Lehre, allgemeinen Glaubens- und Lebenshilfe sowie der publizistisch-kritischen Begleitung politischen und gesellschaftlichen Lebens. Sie erfüllen damit unterschiedliche Funktionen, die nur von einer breiten Palette publizistischer Organe wahrgenommen werden kann, zumal sich konfessionelle Pressetitel an inner- wie außerkirchliche Öffentlichkeit wenden.[47]

Obwohl kirchliche und reformatorische Druckschriften Vorläufer der periodischen Presse sind, kam die konfessionelle Presse erst im 19. Jahrhundert in Form von Sonntagszeitungen, Tageszeitungen und Kulturzeitschriften auf und erlebte in der zweiten Hälfte des 19. Jahrhunderts eine regelrechte Blüte (vgl. Kapitel 2.5). Prominente Pressetitel in der Bundesrepublik wurden die katholische politische Wochenzeitung »Rheinischer Merkur«, in der 1980 die evangelische Zeitung »Christ und Welt« mit aufging, und das evangelische »Deutsche Allgemeine Sonntagsblatt«, das im Jahr 2000 eingestellt wurde. An eine breite Öffentlichkeit wendet sich auch das monatlich erscheinende Magazin »Chrismon«, das als Beilage verschiedenen deutschen Tageszeitungen beigefügt wird und eine Auflage von 1,5 Mio. Exemplaren erreicht. Insgesamt besteht die konfessionelle Presse aus einer Vielzahl unterschiedlich großer kirchlicher Amts- und Nachrichtenblätter, Wochenschriften und Magazinen, Verbands-, Kultur- und (theologischen) Fachzeitschriften, Frauen- und Jugendtiteln, Ordens-, Missions- und Diakonieschriften sowie Informationsdiensten (vgl. Kapitel 9.6). Zur katholischen Presse im weiteren Sinne gehören auch die Katholische Nachrichten-Agentur (KNA), das Katholische Institut für Medieninformation (KIM) sowie die publizistischen Aus- und Weiterbildungseinrichtungen IFP (Institut zur Förderung des publizistischen Nachwuchses) und KMA (Katholische Medienakademie). Auf protestantischer Seite wären hier das Gemeinschaftswerk der evangelischen Publizistik (GEP), die Evangelische Medienakademie/cpa, die Evangelische Journalistenschule Berlin sowie schließlich die Nachrichtenagentur epd (Evangelischer Pressedienst) mit zusätzlichen Branchendiensten wie »epd medien« zu nennen.[48]

Abschließend scheint der Hinweis angebracht, dass die erläuterte pressetypologische Systematik nicht sklavisch zum Gliederungsprinzip der folgenden Abhandlung zum Thema ›Presse in Deutschland‹ gemacht wurde. Auch wenn Wochenzeitungen und Nachrichtenmagazine typologisch zu den Publikumszeitschriften gehören und auch Anzeigenblätter eine Zeitschriftengattung darstellen, wurden diese drei Pressetitel-Gruppen in den weiteren Ausführungen nicht einfach den Zeitschriften zugeschlagen, sondern aus Gründen der Übersichtlichkeit und zur besseren Verständlichkeit in den verschiedenen Abschnitten eigens ausgewiesen.

Ausführungen zur Presse in Deutschland können sich jedoch nicht auf Zeitungen und Zeitschriften als zentrale Materialobjekte der Presseforschung beschränken. Daneben ist auf die unerlässlichen Zulieferorganisationen einzugehen, welche Nachrichtenagenturen für die

Presse (wie für Hörfunk und Fernsehen) darstellen – zumal deren Vorläufer, Schreibstuben und Korrespondenzdienste, das Aufkommen und die Entwicklung der periodischen Presse von Beginn an begleiteten (vgl. Kapitel 2.2 u. 2.3). Deshalb ist im Folgenden kurz auf Funktion und Bedeutung von Nachrichtenagenturen einzugehen.

1.2.3 Nachrichtenagenturen

Nach einer inzwischen klassischen Definition von DOVIFAT versteht man unter Nachrichtenagenturen Unternehmen, »die mit schnellsten Beförderungsmitteln Nachrichten zentral sammeln, sichten und (in der Regel gegen Entgelt, Anm. d. A.) festen Beziehern weiterliefern«.[49] Von zentraler Bedeutung ist für Agenturen die Technik der Nachrichtenübermittlung, wie auch die veraltete Bezeichnung ›Telegraphenbüros‹ belegt. Diese Übermittlung erfolgte in der Zeit der ersten Korrespondenzbüros mittels Briefpost oder (berittener) Boten, in der Zeit der sog. Gründeragenturen durch Brieftauben, mit Schiffen und der Eisenbahn sowie nach Erfindung des Telegraphen mittels Fernschreiber, später auch Telefon und Fax (vgl. Kapitel 2.6). Inzwischen findet die Übertragung überwiegend digitalisiert per Satellit sowie über das Internet statt (vgl. Kapitel 8.4). Heute gibt es weltweit etwa 180 Nachrichtenagenturen, die sich (a) nach ihrer Größe, Verbreitung und dem Umfang der Nachrichtenproduktion, (b) nach ihrer Organisations- und Rechtsform sowie (c) nach ihrem inhaltlichen bzw. thematischen Agenturangebot unterscheiden lassen.[50] Die Differenzierung nach Größe und Verbreitung kennt Weltagenturen, internationale, regionale und nationale Agenturen:

- *Weltagenturen* sind in der Regel in über 80 Ländern der Erde vertreten, arbeiten oft mit mehreren tausend Beschäftigten und beliefern mit ihren Diensten in verschiedenen Sprachen mehr als 1.000 Kunden rund um den Globus. Zu den Weltagenturen gehören die amerikanische Nachrichtenagentur Associated Press (AP), die britische Agentur Reuters und die französische Agence France-Presse (AFP); früher zählte man auch United Press International (UPI) aus den USA sowie bis zum Auseinanderbrechen der Sowjetunion die amtliche sowjetische Nachrichtenagentur TASS (heute ITAR-TASS) dazu.
- *Internationale Agenturen* arbeiten normalerweise mit mehr als 40 Auslandskorrespondenten und mehrsprachig – auch für den internationalen Nachrichtenmarkt, wo sie zum Teil mit den Weltagenturen konkurrieren. Hier wären die Deutsche Presse-Agentur (dpa), die italienische Nachrichtenagentur ANSA oder die lateinamerikanische Dritte-Welt-Agentur Inter Press Service (IPS) zu nennen. Bis zur Wende in Osteuropa gehörte auch die wegen ihrer Bedeutung für die blockfreien Staaten international vertriebene jugoslawische Agentur Tanjug dazu.
- Als dritter Typus werden häufig *regionale Agenturen* angeführt, die ihre Dienste über die Landesgrenzen hinaus in geographisch abgegrenzten Gebieten verbreiten, in denen sie den Nachrichtenmarkt dominieren können, wie beispielsweise die ägyptische Middle East News Agency (MENA) oder die auf Barbados beheimatete Caribbean News Agency (CANA).
- *Nationale Agenturen* stellen zahlenmäßig den Großteil der Agenturen und sammeln und verbreiten ihr Material in der Regel innerhalb der eigenen Landesgrenzen. Für ihre Auslandsberichterstattung nehmen sie – wie regionale Agenturen auch – die Dienste der

großen Agenturen in Anspruch. Beispiele für nationale Agenturen sind etwa die Austria Presse Agentur (APA) in Österreich oder die Schweizerische Depeschenagentur (SDA).[51]

Was die Organisations- bzw. Rechtsform anbelangt, lassen sich Nachrichtenagenturen in Ländern mit einer freien, d. h. nicht staatlich kontrollierten Presse in drei Kategorien einteilen: erstens private, erwerbswirtschaftliche und entsprechend gewinnorientierte Unternehmen (diese sind jedoch relativ selten; prominentestes Beispiel ist UPI), zweitens Genossenschaften (wie AP) oder Unternehmen mit direkter Kontrolle bzw. Leitung durch die sie tragenden Presse- und Rundfunkunternehmen, etwa in Form einer GmbH (wie dpa) und schließlich drittens Unternehmen mit speziellem Statut (wie die öffentlich-rechtlich organisierte Agentur AFP). Auch gibt es Mischformen zwischen Aktiengesellschaft und Genossenschaft (Reuters). In einigen Ländern jedoch sind Nachrichtenagenturen nach wie vor quasi-staatliche Institutionen, die unter der Kontrolle der Regierung stehen und nicht selten der Anleitung der Medien im Sinne der jeweiligen Machthaber dienen. Als solche staatlichen bzw. quasi-staatlichen Agenturen gelten heute noch die chinesische Xinhua China News Agency sowie die kubanische Nachrichtenagentur Prensa Latina.[52]

Hinsichtlich des inhaltlichen bzw. thematischen Angebots der Dienste werden Universalagenturen von Spezialagenturen unterschieden. Während Erstere in ihren Diensten bzw. ihrem Agenturmaterial ein prinzipiell unbegrenztes Themenspektrum abdecken, offerieren Letztere ein begrenztes Angebot, sei es, dass sie sich thematisch auf ein bestimmtes Sachgebiet beschränken (wie Wirtschafts-, Finanz- oder Sportdienste), sei es dass sie in ihrer Agenturarbeit eine spezifische Sichtweise auf politische und gesellschaftliche Ereignisse einnehmen (wie das bei kirchlichen Nachrichtenagenturen der Fall ist).

Kunden von Nachrichtenagenturen sind neben Zeitungen und Zeitschriften öffentlich-rechtliche Hörfunk- und Fernsehanstalten, privat-kommerzielle Rundfunkanbieter, Internetdienste, aber auch Behörden, Unternehmen und Privatleute. Der Absatz des Agenturmaterials erfolgt in aller Regel im Abonnement, wobei sich der Abonnementpreis der Medienkunden nach Auflage bzw. Reichweite ihres Mediums richtet. Aufgrund der Vielzahl und Unterschiedlichkeit der Agenturkunden sind die Korrespondenten und Mitarbeiter von Nachrichtenagenturen auf strikte politische Neutralität und objektive Berichterstattung verpflichtet. Entsprechend gestiegenen Ansprüchen an möglichst schnelle Informationsübermittlung und im Zuge technischer Innovationen (verbesserte Funk- und Satellitenübertragungstechnik, Digitalisierung und Einführung des Internets) potenzierten sich Übertragungsumfang und -schnelligkeit in den vergangenen Jahren. Zugleich wandelte sich mit den technischen Möglichkeiten und den Ansprüchen der Kunden die Arbeit des Agenturjournalismus. Zum einen gingen die klassische Vorort-Recherche und die Suche nach Informationsquellen gegenüber der Selektion und Aufbereitung zugelieferter Informationen bedeutungsmäßig zurück. Zum anderen wird heute nicht mehr so sehr Nachrichten-Rohmaterial geliefert als vielmehr unterschiedliches, auf Kundengruppen und jeweilige Medien zugeschnittenes, fertig aufbereitetes Informationsmaterial. So kamen zu den klassischen Agenturmeldungen in Textform Ton-, Bilder-, Film- und Feature-Dienste hinzu. Diese Entwicklung ging einher mit zahlreichen Gründungen von Tochterfirmen im Medienbereich und Beteiligungen an gemeinschaftlichen Bilder- und Film-Pools.[53]

Aus historischen, aber auch wirtschaftlichen Gründen ist Deutschland mit neun größeren Nachrichtenagenturen weltweit der Markt mit der höchsten Agenturdichte. Die größte deutsche Nachrichtenagentur, die Deutsche Presse-Agentur (dpa), verfügt über einen weit verzweigten Kundenstamm. Alle redaktionell selbständigen Tageszeitungen, alle öffentlich-rechtlichen Sender sowie die großen privat-kommerziellen Rundfunkstationen beziehen in der Bundesrepublik dpa-Dienste. Das Angebot von dpa nutzen konkurrierende und kooperierende Nachrichtenagenturen ebenso wie internationale Zeitungen und ausländische Rundfunksender. Vom Service der Agentur machen Hunderte von Direktkunden in aller Welt Gebrauch, darunter Regierungen, Parlamente, Parteien, Gewerkschaften, Verbände und Unternehmen. Auch das Generalsekretariat der UN und der Internationale Währungsfonds finden sich darunter (vgl. Kapitel 8.4).[54]

Daneben haben sich am deutschen Agenturmarkt verschiedene Spezialagenturen etabliert, darunter die Wirtschafts- und Finanzdienste dpa-AFX, ein gemeinsames Unternehmen der dpa, der britischen AFP-Tochteragentur AFX News und der Austria Presse Agentur (APA), sowie Dow Jones-vwd als deutscher Wirtschaftsdienst des US-Informationskonzerns Dow Jones. Dow Jones-vwd ist aus der früheren Nachrichtensparte der Vereinigten Wirtschaftsdienste (vwd) hervorgegangen.[55] Hinzu kommen die kirchlichen Nachrichtenagenturen epd (Evangelischer Pressedienst) mit Sitz in Frankfurt und die in Bonn beheimatete KNA (Katholische Nachrichten-Agentur), die nicht nur kirchliche Nachrichten bringen, sondern Berichterstattungsschwerpunkte auch in den Bereichen Gesellschaft, Kultur, Medien, Bildung, Dritte Welt und Entwicklungspolitik haben. Beispielsweise gibt der Evangelische Pressedienst auch den Branchendienst »epd medien« heraus. Nationaler und internationaler Sport schließlich sind die Themen des »Sport-Informations-Dienst« (sid), der seinen Sitz in Neuss hat.[56]

In den vergangenen Jahren ist das Geschäft mit Nachrichten noch härter geworden. Denn im Zuge der Digitalisierung, der Informationsverbreitung übers Internet und infolge der wirtschaftlichen Krise der Zeitungen und Zeitschriften ist auch das Geschäft der Nachrichtenagenturen unter Druck geraten und hat zu Sparmaßnahmen, Umstrukturierungen in der Arbeitsorganisation und Personalabbau geführt (vgl. Kapitel 8.4).

1.3   Beobachtung und Erforschung der Presse

Seit ihrem Aufkommen, inzwischen also über einen Zeitraum von 500 Jahren, ist die Presse immer wieder Gegenstand kritischer und später auch systematischer Beobachtung gewesen. Die Anfänge der wissenschaftlichen Beobachtung der Presse reichen zurück bis in die zweite Hälfte des 17. Jahrhunderts. Doch hatte sie Vorläufer. Anfangs waren es vor allem normativ wertende Abhandlungen über den drohenden Sittenverfall, der durch die Zeitungsinhalte ausgelöst würde, Pamphlete über die Gier nach Neuigkeiten und Kuriosa sowie Kritik an der Zugänglichkeit von Presseerzeugnissen für jedermann. Hinzu kommt eine lange Tradition der Sprachkritik an Zeitungs- und Zeitschriftentexten. Bereits 1549, über 50 Jahre vor Erscheinen der ersten periodischen (Wochen-)Zeitungen, hatte der französische Mönch Putherbeus in Paris eine Kritik an der Sensationsberichterstattung veröffentlicht.[57] Überhaupt gehörte die Kirche von Beginn an zu den Skeptikern der sich ausbreitenden Presse, fürchtete sie doch die Erosion der Unantastbarkeit kirchlicher Lehrinhalte und den sittlich-moralischen Verfall der Gesellschaft durch die ungehinderte Verbreitung von Neuigkeiten und Meinungen (vgl. Kapitel 2.4).

So beteiligten sich an der Diskussion um Nutzen und Schaden, Gebrauch und Missbrauch der periodischen Presse anfangs vor allem Priester und Theologen, dann aber auch Pädagogen, Staats- und Polizeirechtler sowie Historiker. Ahasver Fritsch (1676) und Johannes Ludwig Hartmann (1679) wetterten in ihren Schriften gegen die neue Zeitungssucht und warnten vor deren schädlichen Folgen, während Christian Weise (1685) und Daniel Hartnack (1688) wenig später die Zeitung positiv beurteilten und deren Nutzen für alle Arten der Welterkenntnis herausstellten. WILKE erblickt in den Schriften dieser Autoren eine Phase frühwissenschaftlicher Zeitungstheorie.[58] 1690 schrieb Tobias Peucer die erste zeitungskundliche Dissertation. Und nur fünf Jahre darauf erörtert Kaspar von Stieler unter dem Pseudonym »der Spate« in seiner systematischen Abhandlung »Zeitungs Lust und Nutz« (1695) »Notwendig- und Nutzbarkeit« der Zeitung und ihrer Lektüre für verschiedene gesellschaftliche Teilbereiche wie Herrscherhof, Militär, Kaufleute, Kirche, Universitäten und die bürgerlichen Stände. Dabei differenziert er nach sozialen Anlässen: beim Betreiben von Handel und Gewerbe, in Kriegszeiten sowie als Konversationsstoff und zur Förderung der Geselligkeit »beym Trunke und Zusammenkunften«.[59]

Genau 100 Jahre später beschreibt der Publizist und frühe Pressehistoriker Joachim von Schwarzkopf in seiner Monographie »Ueber Zeitungen« (1795) Entstehung und Frühzeit der Zeitung sowie deren Funktion und Bedeutung im 18. Jahrhundert.[60] Mitte des 19. Jahrhunderts wendet sich der Literaturhistoriker Robert E. Prutz in seiner »Geschichte des deutschen Journalismus« (1845) den Zeitungen und Zeitschriften zu und betont die nicht zu unterschätzende Bedeutung der Presse für die moderne Gesellschaft: Die periodische Presse ermögliche es, die »Gesamtheit unserer Entwicklung (…) leichter zu begreifen und [ist] in ihrem Verständnis bei weitem fruchtbarer (…) als wenn nur ein einzelnes Werk, eine abgesonderte Dichtung dargeboten wird«. Gleichzeitig überwindet er die Fixierung auf das Materialobjekt zugunsten einer funktionalen Betrachtungsweise. So stellt sich ihm die Presse bzw. der Zeitungs- und Zeitschriftenjournalismus in der »Mannigfaltigkeit seiner Organe (…) als das Selbstgespräch dar, welches die Zeit über sich selber führt«.[61] Doch lassen sich selbst im letzten Drittel des 19. Jahrhunderts noch Abhandlungen finden, die der Presse insgesamt ablehnend gegenüberstehen. In einem Überblick über die frühe Zeitungskunde weist Hans BOHRMANN auf zwei für damals typische Strömungen hin, die sich aus ganz unterschiedlichen Richtungen fundamental-kritisch mit der Presse auseinandersetzten: die »wissenschaftlich unbeachtliche«, aber von einer Reihe von Autoren vertretene antisemitische Ansicht, Zeitungen seien ein gefährliches jüdisches Agitationsmittel (eine These, auf die die Nationalsozialisten später immer wieder rekurrieren sollten), sowie die »katholisch fundierte Ansicht«, Zeitungen seien als simplifizierende und Sensationen schürende Instrumente einer kirchenfeindlichen Liberalisierung und fortschreitenden Säkularisierung der Gesellschaft abzulehnen (vgl. Kapitel 2.5).[62]

Fortan aber überwiegt das Bemühen um eine wissenschaftliche Analyse der Presse. Zu den frühen Arbeiten der allmählich entstehenden Zeitungswissenschaft ist die Monographie »Kultur und Presse« (1903) des Wiener Kulturjournalisten Emil Löbl zu zählen. Sie stellt den

Versuch einer systematischen und kritischen Darstellung des modernen Zeitungswesens dar, die der Eigenständigkeit der Presse als kulturellem Phänomen der modernen Gesellschaft Rechnung trägt.[63] Weitaus einflussreicher für die theoretische Auseinandersetzung mit der Zeitung waren zehn Abhandlungen zur Presse, die der Nationalökonom Karl Bücher ab 1906 publiziert und 1926 in dem Band »Gesammelte Aufsätze zur Zeitungskunde« (wieder-)veröffentlicht hat. Darin entfaltet er eine normative Zeitungslehre, die das Wesen der modernen Zeitung und ihre Kulturbedeutung als Einrichtung zum Austausch geistiger und materieller Güter für die Gesellschaft und ihre Teilsysteme erörtert. Erstmals findet sich in dieser Zeitungslehre auch eine Kritik der einseitigen Ausrichtung privatwirtschaftlicher Presseunternehmen auf Profitmaximierung. So setzt sich Bücher in scharfer Form mit der Gefährdung einer immer stärker dem Gewinnstreben unterworfenen, kapitalistischen Presse und deren Instrumentalisierung durch Regierung und Wirtschaft auseinander.[64] Und schließlich dürfen die monumentalen Arbeiten des Journalisten und Wissenschaftlers Otto Groth nicht unerwähnt bleiben: das vierbändige und mehr als 2.700 Seiten umfassende Werk »Die Zeitung. Ein System der Zeitungskunde« (1928–1930), »Die Geschichte der deutschen Zeitungswissenschaft« (1948), die laut BOHRMANN eine Art »Dogmengeschichte des Nachdenkens über die öffentlichen Medien« darstellt, und das siebenbändige, zum Teil Jahre nach Groths Tod herausgegebene Werk »Die unerkannte Kulturmacht. Grundlegung der Zeitungswissenschaft (Periodik)« (1960–1972). In diesen Bänden geht es Groth neben der theoretischen Fundierung der Zeitungskunde auch um die Entfaltung einer systematischen Kommunikationsgeschichte.[65]

In der Presseforschung der ersten Hälfte des 20. Jahrhunderts standen neben pressehistorischen Studien vor allem definitorische und klassifikatorische Bemühungen im Vordergrund der noch jungen Zeitungswissenschaft. Von eher deskriptiven Arbeiten abgesehen wurde dabei vor allem mit hermeneutisch-quellenkritischen Methoden der Geisteswissenschaften gearbeitet. In den fünfziger und sechziger Jahren aber vollzog sich mit dem Wandel zur Publizistik- und Kommunikationswissenschaft die Hinwendung zu einem sozialwissenschaftlichen Selbstverständnis. In der sozialwissenschaftlich ausgerichteten Kommunikationsforschung erfolgen Presseanalysen – wie erstmals in Max Webers 1910 formulierten Vorschlägen zu einer Zeitungs-Enquête angeregt – mithilfe empirisch-analytischer Methoden.[66]

Seither umfasst das weite Aufgabengebiet der Presseforschung aktuelle und historische Analysen von periodischen Printmedien auf der Mikro- wie auf der Makroebene unter publizistischen, politischen, rechtlichen, ökonomischen oder soziokulturellen Gesichtspunkten. Ihre Studien tragen damit zur weiteren Erforschung der Entstehung und Geschichte von Zeitungen und Zeitschriften, ihrer Strukturen, Funktion(en) und deren Wandel bei. Oder sie nutzen diese Medien als Quellen historischer und zeitgeschichtlicher Forschung und zur Analyse von Massenkommunikations- bzw. politisch-gesellschaftlichen Prozessen. Zu den Forschungsfeldern gehören die Analyse von Pressemärkten bzw. deren Strukturen, Verlags-, Einzelmedien- und Redaktionsstudien, oft vergleichend angelegte Presseinhaltsanalysen, der weite Bereich der Leserschafts- und Nutzungsforschung (vgl. Kapitel 8.3) sowie Studien der Wirkungs- und schließlich der Innovationsforschung. Zu diesen Zwecken werden entweder Totalerhebungen oder Stichprobenuntersuchungen, Spektrumsanalysen oder exemplarische Fallstudien durchgeführt. Zu den Desideraten der Presseforschung gehören

nach wie vor funktionale Presseanalysen, aber auch Studien zur Rezeptions- und Lesege-
schichte.[67]

Betrachtet man die Arbeiten der Presseforschung der vergangenen Jahrzehnte, so fällt auf,
dass es – von wenigen Ausnahmen abgesehen – bis heute beim weitgehenden Nebeneinander pressegeschichtlicher Analysen mit historisch-quellenkritischer Methodik und empi-
risch-sozialwissenschaftlichen Untersuchungen zu gegenwärtigen Entwicklungen der Presse
geblieben ist (WILKES Untersuchung zur »Nachrichtenauswahl und Medienrealität in vier
Jahrhunderten« von 1984 bildet eine solche Ausnahme). Auch fällt auf, dass der Bereich der
Tagespresse wesentlich besser erforscht ist als das weite Feld der Publikums- und vor allem
der Fachzeitschriften. Hinsichtlich einer detaillierten Analyse der Geschichte und Entwicklung der Presse profitiert die Forschung inzwischen von einer Vielzahl historischer Studien
und einer in den vergangenen Jahren wachsenden bibliographischen Lexikalisierung, wie
sie die 1957 gegründete Zentrale Wissenschaftliche Einrichtung (ZWE) »Deutsche Presseforschung« an der Universität Bremen vorantreibt. Zu den wichtigsten Institutionen historischer Presseforschung in Deutschland gehört neben der Bremer Forschungseinrichtung
auch das 1926 ins Leben gerufene Institut für Zeitungsforschung der Stadt Dortmund.[68]
Bei Analysen zur gegenwärtigen Situation der Presse in Deutschland kann die Kommu-
nikations- und Medienforschung auf eine schier unüberschaubare Fülle ermittelter Daten
zurückgreifen. Allerdings darf nicht übersehen werden, dass ein Großteil dieser Daten in der
Praxis und für die Praxis erhoben worden ist. Denn auch die Teilnehmer des Pressemarkts
selbst haben ein vitales Interesse an der aktuellen Beobachtung der Presse. So finden sich
neben wissenschaftlichen Untersuchungen Formen der Presseforschung durch unabhängige Forschungsinstitute, kommerzielle Auftragsforschung, verbandseigene Analysen sowie
Erhebungen der Pressewirtschaft selbst. Vor allem bei der Erforschung und Beschreibung
jüngster Entwicklungen der Presse kommt die Publizistik- und Kommunikationswissenschaft gar nicht umhin, auf solche Daten zurückzugreifen.[69]

1.4 Zur Anlage der Abhandlung

Das vorliegende Buch gibt einen Überblick über die historische Entwicklung und die gegenwärtige Situation der Presse in Deutschland. Die Beschränkung auf die deutsche Presse
erfolgt zunächst aus pragmatischen Gründen, handelt es sich doch um eine Medienlehre
Presse, die sich in erster Linie an Studierende kommunikations- und medienwissenschaft-
licher Studiengänge in Deutschland richtet. Und auch wenn Medien und Kommunikation
natürlich »nicht auf einzelne Länder oder Nationen beschränkte Phänomene« sind:[70] Eine
Darstellung der internationalen Presseentwicklung mit Strukturbeschreibungen aller Pres-
sesysteme unter Berücksichtigung der Besonderheiten in den verschiedenen Ländern wäre
ein allzu ausuferndes Unterfangen. Für die Fokussierung auf Deutschland spricht jedoch
auch, dass in Deutschland als dem ›Mutterland‹ der Zeitungen Mitte des 15. Jahrhunderts
die Technik des Drucks mit beweglichen Lettern erfunden wurde und Anfang des 17. Jahrhunderts die ersten periodischen (Wochen-)Zeitungen aufkamen. Allerdings fallen Entstehung und frühe Entwicklung der periodischen Presse in eine Zeit, als der moderne National-

staat noch gar nicht geboren war. Entsprechend muss eine Beschreibung der Entwicklungen jener Zeit immer wieder auch den Blick auf die Situation in europäischen (Nachbar-)Ländern und dortige Entwicklungen werfen.

Die Presse in Deutschland verdient jedoch aus mindestens zwei weiteren Gründen besonderes Augenmerk: Zum einen entstand hier aufgrund der territorialen Zersplitterung des Deutschen Reichs eine Zeitungslandschaft mit einer regionalen Tiefengliederung, die im Hinblick auf ihre Titelvielfalt und die ausgeprägte Lokalpresse zu einem weltweit einmaligen Pressesystem führte. Zum anderen erlebte die deutsche Presse mit mehreren Kriegen, mit der rigiden Instrumentalisierung durch die Nationalsozialisten und durch die Pressepolitik der Alliierten nach Ende des Zweiten Weltkriegs gleich mehrere einschneidende Zäsuren in ihrer Entwicklung, die in ihrem Ausmaß und ihren Folgen in der übrigen Pressegeschichte ohne Beispiel sind. Das gilt im Prinzip auch noch einmal für die Situation der ostdeutschen Presse nach dem Zusammenbruch der DDR. Von daher ist die gegenwärtige Struktur der Presse in Deutschland auch Ergebnis und Spätfolge tief greifender Einschnitte und Umbrüche in der Geschichte ihrer Entwicklung.

Für die Presse in Deutschland gilt damit in besonderer Weise, was der Soziologe und Zeitungsjournalist Robert E. Park bereits 1923 in seiner »Naturgeschichte der Zeitung« so formuliert hat: »Die Presse, wie sie heute existiert, ist nicht (…) ein von irgendeiner kleinen Gruppe lebender Menschen bewusst geschaffenes Produkt. Sie ist im Gegenteil das Resultat eines historischen Prozesses, an dem zahlreiche Einzelne beteiligt waren, ohne vorauszusehen, was letztlich das Ergebnis ihrer Mühen sein sollte. [Sie ist] (…) ein nicht ganz rationales Produkt. Niemand hat sich bemüht, sie gerade zu dem zu machen, was sie ist. Trotz aller Bemühungen einzelner und Generationen von Menschen, sie zu kontrollieren und zu einer Sache ganz nach ihrem Herzen zu machen, hat sie nicht aufgehört, zu wachsen und sich auf ihre eigene, nicht vorhersehbare Weise zu verändern.«[71] Mithin ist die Struktur der deutschen Presse als das Ergebnis eines komplexen historischen Prozesses zu begreifen – eines Prozesses, der immer wieder von verschiedenen technischen, politischen, sozialen und wirtschaftlichen Faktoren beeinflusst wurde.[72]

Dieser Prozess wird in den folgenden Abschnitten in seinen Grundzügen nachgezeichnet. Die einzelnen Kapitel sind so gehalten, dass sie jeweils auch eigenständig gelesen werden können. Dadurch ergeben sich gelegentlich Redundanzen im Gesamttext; sie wurden jedoch auf ein Minimum reduziert und, wo sie unvermeidlich schienen, zugunsten einer abgerundeten Darstellung in einzelnen Abschnitten in Kauf genommen. Querverweise auf andere Kapitel und ein umfangreicher Quellen- und Anmerkungsapparat sollen eine vertiefende Lektüre und ein weiterführendes Studium der Materie erleichtern. Zu diesem Zweck wurden, wo es sinnvoll erschien, auch Internetadressen von presserelevanten Websites in den Anmerkungen ausgewiesen. Ein umfangreiches Schlagwort- und Namensregister ermöglicht die gezielte Suche innerhalb der Ausführungen. Bei Zitaten wurden Hervorhebungen und deren Rechtschreibung übernommen; sofern Hervorhebungen im Original im Fettdruck gesetzt waren, wurden sie aus formalen Gründen auf Kursivsatz umgestellt. Die Textierung erfolgt, von der Übernahme wörtlicher Zitate aus anderen Quellen abgesehen, geschlechtsneutral.

Zunächst folgen die Ausführungen einer chronologischen Ordnung. So gibt Kapitel 2 einen kompakten Überblick über die Anfänge der Presse und ihre historische Entwicklung vom 15. bis zum 20. Jahrhundert. Das schließt Erörterungen über Erfindung und Bedeutung der Drucktechnik mit ein (vgl. Kapitel 2.1). Die Darstellung der Entwicklung der periodischen Presse illustriert deren zunehmende Ausdifferenzierung vor allem im 18. und 19. Jahrhundert. Diskutiert werden dabei auch die verschiedenen Voraussetzungen, die das Entstehen einer modernen (Massen-)Presse ermöglicht und geprägt haben. Ein Abschnitt über die Entwicklung des Nachrichtenwesens und das Entstehen moderner Nachrichtenagenturen beschließt diesen Teil (vgl. Kapitel 2.6). Weil die Zeit des Nationalsozialismus wie erwähnt einen tief greifenden Einschnitt in die Entwicklung der deutschen Presse bedeutete, ist ihr mit Kapitel 3 ein eigener Abschnitt gewidmet. Hier werden nicht nur die Ideologie der NS-Pressepolitik und die verschiedenen Kontroll- und Lenkungsmaßnahmen der Nationalsozialisten vorgestellt, sondern auch die schrittweise Aushöhlung der Presse durch ihre Gleichschaltung und die sukzessive Einverleibung in die NS-Presse beschrieben. Nicht erst mit den letzten Jahren des Zweiten Weltkriegs erscheint diese Entwicklung als ein Prozess des fortschreitenden Siechtums der deutschen Presse, dessen Schlusspunkt das Totalverbot jeglicher Presseerzeugnisse durch die alliierten Besatzungsmächte nach der Kapitulation der Deutschen bildet. Dieses Verbot und die anschließende Pressepolitik der Alliierten bedeuteten zunächst das Ende aller historischen Traditionen der deutschen Presse. Kapitel 4 nennt die pressepolitischen Zielvorstellungen und die Lizenzpraxis der jeweiligen Besatzungsmächte und erläutert die Entwicklung des Wiederaufbaus der Presse in den verschiedenen Besatzungszonen.

Kapitel 5 setzt mit der Erteilung der Generallizenz im Jahr der Gründung der Bundesrepublik Deutschland ein und knüpft damit an die im vorausgehenden Abschnitt erläuterten Prozesse an. Aus der Konkurrenz der ehemaligen Lizenzpresse und den Pressetiteln der sog. Altverleger, die bis 1949 vom Zeitungsgeschäft ausgeschlossen waren, führt die Entwicklung hin zu einer beispiellosen Konzentration am Markt der Tagespresse. Die Diskussion um die publizistischen Folgen dieser Pressekonzentration insbesondere im lokalen Raum haben Öffentlichkeit und Politik über Jahre beschäftigt. Deshalb ist dieser wissenschaftlichen wie kommunikationspolitischen Debatte ein eigener Teilabschnitt gewidmet (vgl. Kapitel 5.3). Das Kapitel enthält überdies eine Strukturbeschreibung der bundesdeutschen Presse vor der Wiedervereinigung.

Einen eigenständigen Abschnitt bildet die Presse in der DDR, womit sich Kapitel 6 auseinandersetzt. Auch hier ergänzen sich die Erläuterung der Funktionen einer politisch instrumentalisierten Presse und Lenkungs- und Kontrollmaßnahmen von Staat und Partei mit der Beschreibung der Struktur der DDR-Presse und ihrer Entwicklung bis 1989. Die politischen Entwicklungen nach dem Fall der innerdeutschen Grenze und die Konsequenzen für die Medien im Gebiet der in Auflösung befindlichen DDR werden zu Beginn von Kapitel 7 nachgezeichnet. Nach der Wiedervereinigung ist hier die Privatisierung der ehemaligen SED-Bezirkszeitungen durch die Treuhand-Anstalt von besonderer Bedeutung, deren Folgen die Struktur der Tagespresse in den fünf neuen Bundesländern nachhaltig geprägt haben (vgl. Kapitel 7.2). Ihre Diskussion mündet in die Beschreibung der Struktur der deutschen Presse in den alten und neuen Bundesländern nach dem Ende der deutschen Teilung.

Eine Abhandlung zur Presse in Deutschland kann sich jedoch nicht in der chronologischen Darstellung der wichtigsten Stationen der Presseentwicklung erschöpfen. Deshalb wird mit Kapitel 8 ein eigener Buchabschnitt eingerückt, der sich mit den Grundlagen und Rahmenbedingungen der Presse in Deutschland beschäftigt. Er enthält systematische Darstellungen zur Struktur von Zeitungsunternehmen und zur Redaktionsorganisation (Kapitel 8.1), erörtert die Grundlagen der Pressewirtschaft (Kapitel 8.2) und führt in die Reichweiten- und Nutzungsforschung bei Printmedien ein, wobei aktuelle Veränderungen in der Zeitungsnutzung auf Basis jüngster Mediennutzungsdaten angesprochen und kritisch diskutiert werden (Kapitel 8.3). Ein Teilkapitel widmet sich den Nachrichtenagenturen in Deutschland (Kapitel 8.4). Der vorletzte Abschnitt fasst die Grundlagen des deutschen Presserechts zusammen und stellt Geschichte und Arbeit des Deutschen Presserats als dem Selbstkontrollorgan der deutschen Presse vor (Kapitel 8.5). Eine Diskussion der zentralen Funktionen der Presse in Deutschland rundet diese systematischen Ausführungen ab (Kapitel 8.6).

Die gegenwärtige Struktur der Presse in Deutschland auf Basis der Entwicklungen der letzten Jahre beschreibt Kapitel 9. In diesen Zeitraum fallen die durch die Krise am Werbemarkt ausgelösten Probleme von Presseunternehmen, vor allem im Bereich der Tagespresse (Kapitel 9.4). Die Zeitungsverleger haben versucht, diesen Schwierigkeiten mit verschiedenen Maßnahmen entgegenzutreten (Kapitel 9.5). Deren Erörterung folgt abschließend eine detaillierte Schilderung der gegenwärtigen Struktur des deutschen Pressewesens (Kapitel 9.6). Neben dem Wandel der wirtschaftlichen Rahmenbedingungen fallen in den genannten Zeitraum aber auch Veränderungen, die sich aus technischen Entwicklungen im Bereich des Internets, der Online-Medien und des Mobilfunks ergeben haben. In Kapitel 10 werden die neuen Kommunikations- und Verbreitungsmöglichkeiten vorgestellt, die die Situation der Printmedien nachhaltig und wohl dauerhaft verändert haben. Soweit Befunde über die Nutzung dieser neueren Kommunikationsangebote vorliegen, werden diese jeweils mit ausgewiesen.

Kapitel 11 schließlich resümiert die angesprochenen und sich abzeichnenden Veränderungen im deutschen Pressewesen und versucht einen Ausblick auf mögliche künftige Entwicklungen zu geben. Wenn in diesem und in den vorausgegangenen gegenwartsbezogenen Abschnitten zur Presse in Deutschland vermehrt von der Suche nach neuen Erlösquellen, von Marktdurchdringung, Zielgruppenorientierung, Markenbildung, crossmedialer Verwertung und Synergieeffekten die Rede ist, so spiegelt sich darin auch eine spezifische Entwicklung der vergangenen Jahre wider: Sie wird in Zeitungs- und Zeitschriftenbetrieben als immer umfassendere Ökonomisierung der Medienproduktion erlebt und ist von außen als fortschreitende Kommerzialisierung der Presse zu begreifen. Diese Entwicklung betrifft Zeitungen und Zeitschriften gleichermaßen und durchdringt längst nicht mehr nur die kaufmännischen Bereiche von Presseverlagen, sondern macht auch vor den Redaktionen und den Konzeptionen zur Blattgestaltung nicht Halt. Doch was die Zukunft der Presse anbelangt: Kennzeichen der technischen Entwicklung mag eine weiter fortschreitende Digitalisierung der Herstellung von Printprodukten und die Konvergenz von Kommunikationsformen sein; hinsichtlich der Verkaufsförderung zeichnet sich eine weiter zunehmende Zielgruppenorientierung und die vermehrte Nutzung von Verbundvorteilen ab und redaktionell könnte die Entwicklung hin zu einer noch umfangreicheren crossmedialen Produktion und Verwertung gehen. Doch wird der Erfolg von Zeitungen und Zeitschriften auch in Zukunft letztlich von ihrer publizistischen Leistung abhängen.

2 Pressegeschichte des 15. bis 20. Jahrhunderts

Die Anfänge des Zeitungswesens sind aufs engste mit der Erfindung des Buchdrucks verknüpft. Im deutschen Sprachraum setzt die Geschichte der gedruckten Medien deshalb im Allgemeinen mit Johann Gensfleisch zur Laden (genannt Johannes Gutenberg) ein, der in Mainz um 1445 das Drucken mit beweglichen Lettern erfand. Vor dieser Zeit gab es bereits einfache Druckapparate; weit verbreitet im europäischen Raum war jedoch das Vervielfältigen von Schriften und Büchern durch Aufmalen mit Pinseln sowie durch (wiederholtes) Abschreiben mit Federkielen. Dies geschah anfangs in erster Linie durch Mönche in den Schreibstuben der Klöster, wo vorwiegend Ablassbriefe, Gebetstexte und Bibeln, aber auch – wie an den zumeist kirchlichen Universitäten – philosophische, theologische und andere frühwissenschaftliche Abhandlungen vervielfältigt wurden. Die Texte waren ganz überwiegend in lateinischer Sprache verfasst, was einerseits den Leserkreis stark einschränkte, andererseits einen Länder- und Sprachräume überschreitenden Austausch beförderte. Vor allem bei Bibeln und Gebetbüchern entstanden oft kunstvolle Einzelarbeiten und prächtige Handschriften, wie sie beispielsweise aus dem Kloster St. Gallen in der Schweiz bekannt sind. In diesem Zusammenhang kann der Einfluss der Kirche auf Fixierung und Weitergabe der Kulturtradition im Mittelalter nicht hoch genug eingeschätzt werden.[1]

2.1 Zur Erfindung der Drucktechnik

Das Drucken war zu Lebzeiten Johannes Gutenbergs durchaus schon bekannt. Frühe Druckerzeugnisse aus der Zeit vor 1500 nennt man metaphorisch ›Wiegendrucke‹ (oder aus dem Lateinischen eingedeutscht ›Inkunabeln‹), weil sie aus der Zeit stammen, in der die Druckerkunst gewissermaßen noch in der Wiege lag. Bei Drucken ab 1500 spricht die Forschung dagegen von ›Frühdrucken‹. Darüber hinaus findet man in der Literatur den Begriff ›Akzidenzdruck‹, der für nichtperiodische Gelegenheitsdrucke beschränkten Umfangs verwendet wird. Zu den frühen Druckwerken gehören vor allem Einblattdrucke und einseitig bedruckte Blockbücher (meist religiösen Inhalts). Ihre Herstellung erfolgte mit Hilfe von Druckstöcken, wobei die Texte und Bilder in Holztafeln geschnitzt wurden (Xylographie, von griechisch *xylon*: Holz). Neu war also nicht das Drucken auf Papier an sich. Revolutionär war die Erfindung einer Drucktechnik, die auf der Reproduktion gleichförmiger Buchstaben für eine ebenmäßige Schrift beruhte und bei der die zu druckenden Texte aus den reproduzierten Einzelbuchstaben sowie Buchstabengruppen zusammengesetzt wurden. Diese 1452 abgeschlossene Erfindung setzte sich aus folgenden fünf Bestandteilen zusammen:

- einem Gießinstrument für Lettern (Buchstaben) und Silben- bzw. Buchstabenkombinationen (Ligaturen) aus Metall,
- einem Instrument für das Setzen mit Winkelhaken (in den die Zeilen aus einzelnen Buchstaben eingefügt wurden) und dem sog. Satzschiff, einer druckseitengroßen Platte mit Rahmen aus Metall (der die Zeilen zusammenhielt),
- einer funktionsgerechten Druckerpresse mit Pressspindel, Tiegel (bzw. Balken) und Karren (bzw. Presstisch),
- aus Druckfarbe, die sich von der chemischen Zusammensetzung her für die Haftung auf Metall (den Lettern) ebenso eignen musste wie auf Bedruckstoff,
- aus dem Bedruckstoff selbst, der in der Regel aus Papier war, aber auch aus anderen Stoffen bestehen konnte.

Papier, das das Pergament als Bedruckstoff weitgehend ablöste, kam durch die Araber über China nach Europa. Die erste Papiermühle im deutschen Sprachraum ist Ende des 14. Jahrhunderts in Nürnberg bekannt. Um 1440 soll es bereits zehn Papiermühlen in Deutschland gegeben haben. Die im Vergleich zu Pergament wesentlich billigere Herstellung von Papier erfolgte zunächst aus Hanf, Flachs oder Lumpenschiefer, erst sehr viel später aus Holzschliff (vgl. Kapitel 2.5). Die Druckerpresse wurde aus Öl-, Trauben-, Tuch- und Papiermacherpressen entwickelt. Die ersten gedruckten Medien waren Flugblätter und Flugschriften, denen jedoch sehr rasch das Buch folgte. Bei solch frühen Büchern handelte es sich um bedruckte Einzelblätter, die zwischen zwei Deckel aus Buchenholz gelegt und geleimt wurden. Zu den ersten bedeutenden Druckwerken gehörte die von Johannes Gutenberg gedruckte Pelpliner Bibel. Beim Hochdruck als dem klassischen Buchdruck sind die druckenden Teile erhaben und spiegelverkehrt gegossen, so dass sie sich, mit Farbe bestrichen, seitenrichtig am Bedruckstoff abdrucken. Daneben wurde ebenfalls im 15. Jahrhundert auf der Basis des Kupfer- und Stahlstichs der Tiefdruck entwickelt. Er eignet sich vorzüglich für die Wiedergabe von Bildern sowie – in der modernen Form – für hochwertigen Farbdruck. Höchst erstaunlich ist, dass Gutenbergs Druckverfahren, von technischen Verbesserungen abgesehen, im Prinzip über 350 Jahre gleich blieb. Erst in der ersten Hälfte des 19. Jahrhunderts sollte das Gutenbergsche Prinzip des Flächendrucks der Handpresse (Fläche gegen Fläche) durch den Zylinderdruck (Zylinder gegen Fläche) abgelöst werden, was 1814 zum Einsatz der ersten Schnellpressen führte und dann – nur 50 Jahre später – zur Erfindung der Rotationspresse (Zylinder gegen Zylinder). Auch sollte zu jener Zeit auf der Basis der 1796 von Alois Senefelder entdeckten Lithographie der Flachdruck entwickelt werden, der im 20. Jahrhundert seine Ausreifung zum Offsetdruck erfuhr und heute, auch in der Zeitungsproduktion, das meistgenutzte Druckverfahren darstellt (vgl. Kapitel 2.5).[2]

Bereits kurz nach Gutenbergs Erfindung breitete sich die Druckkunst rasch im alten Reichsgebiet und den Nachbarländern aus. Frühe Druckorte neben Mainz waren Bamberg, Straßburg, Nürnberg, Augsburg, Venedig, Rom und Basel. Es folgten Druckereien in Paris, Holland, Spanien und England, wenig später auch in Dänemark und Schweden. Rudolf STÖBER zufolge gab es um 1500 in etwa 60 deutschen Städten bereits rund 300 Druckereien.[3]

Die Erfindung der Drucktechnik war mit engeren und weiteren, auch gesamtgesellschaftlichen Folgen verbunden, bei denen sich dreierlei voneinander unterscheiden lassen:

kulturtechnische Folgen, die direkt mit dem Druckerwesen zusammenhängen; publizistische Folgen, welche die Herstellung und Erscheinungsweise von Druckwerken betreffen, und schließlich gesamtgesellschaftliche kulturelle Folgen, die durch Druckschriften und deren Verbreitung ausgelöst oder befördert worden sind.[4]

Zu den *mit dem Druckerwesen selbst zusammenhängenden, kulturtechnischen Folgen* gehörte zunächst die mit der Ausbreitung von Druckschriften einhergehende Vereinheitlichung von Schreibweisen und damit zusammenhängend die allmähliche Standardisierung der Schriftsprache, was sich in der Etablierung von Schreibregeln niederschlug. Stärker technischer Natur war die Entwicklung von Schrifttypen für die Texte des Humanismus und der Renaissance. In Italien entstand der Schrifttyp der Antiqua, in Deutschland jener der Fraktur. Auf der Basis dieser beiden Schrifttypen wurden in der Folge zahlreiche andere Schriftarten entwickelt. Und mit dem Aufkommen der Punktmanier (1 Punkt = 0,376 mm) in der ersten Hälfte des 18. Jahrhunderts gelang die Vereinheitlichung der Schriftgrößen und Schrifthöhen, die bis dahin willkürlich verwendet worden waren. Schließlich entstanden gegen Ende des 18. Jahrhunderts zudem einheitliche Druckformate: Das Buch- oder Bogenformat ergab bei seiner Faltung (besser: Falzung) stets gleiche Seitenverhältnisse. Druckschriften in der Größe eines halben Druckbogens wurden dabei als Folio oder Großfolio bezeichnet, Quart stand für den geviertelten, Oktav für den geachtelten Bogen. Auch ist im Zusammenhang mit den Folgen, die das Druckerwesen selbst betreffen, darauf hinzuweisen, dass sich mit den Tätigkeiten des Stempelschneidens, Schriftgießens und Holzschneidens Fertigkeiten herausbildeten und verfestigten, die in den selbständigen Beruf des Druckers mündeten. Ab etwa 1500 und mit dem Fortschreiten einer zunehmend arbeitsteiligen Wirtschaft kamen die Berufe des Verlegers und dann auch des Buchhändlers hinzu.

Was die *publizistischen, d. h. die Herstellung und Erscheinungsweise von Druckwerken betreffenden Folgen* anbelangt, so ist zunächst darauf zu verweisen, dass mit der massenhaften Vervielfältigung eine nicht gekannte Verbreitung von Schriften und Büchern einherging, die zu einer deutlichen Steigerung in der Reichweite der kommunizierten Inhalte führte. Deren Adressatenkreis war immer weniger stark begrenzt, so dass in dieser Entwicklung der Keim zur allmählichen Entstehung und Etablierung einer Öffentlichkeit liegt, die kirchliche und politische Eliten, Machtzirkel, Regionen und Standesgrenzen übergreifen sollte. Zugleich ermöglichte die Beschleunigung der Vervielfältigung durch (im Vergleich zu Abschriften) kürzere Produktionszeiten eine annähernd zeitgleiche Verbreitung und Rezeption von Schriften und ihrer Inhalte. Dabei sanken durch drucktechnische Herstellung die Produktionskosten, was schon bald zum Verfall bisheriger Preise – etwa für Bibeln – führte und dadurch zusätzlich zu rascherer Verbreitung (und Popularisierung) beitrug. Durch höhere Auflagen verringerte sich gleichzeitig das Risiko, dass Schriften und die mit ihnen verbreiteten Ideen für die Nachwelt verloren gingen. Ihre Verbreitung in einer gedruckten Fassung hieß also zugleich eine deutlich bessere Konservierung, was zur Weiterverbreitung, Überlieferung über größere Zeiträume und damit zur Traditionsbildung beitrug. Zugleich leistete die identische Reproduktion von Texten einen Beitrag zur Standardisierung und beförderte damit auch die Entstehung kanonisierter Texte.

Bei den publizistischen Folgen sind schließlich noch zwei Entwicklungen anzuführen, auf die in den kommenden Ausführungen noch zurückzukommen sein wird: Denn die Drucktechnik erlaubte die aktuelle Herstellung gegenwartsbezogener Schriften in kürzeren Erscheinungsintervallen – eine Voraussetzung für das Aufkommen einer periodischen Presse. Die zweite resultierte aus dem Problem des unerlaubten oder verfälschenden Nachdrucks von Druckschriften. Aus Sorge vor Raubdrucken bemühten sich Drucker schon bald um Schutzrechte wie Privileg und Imprimatur, aus denen später das Urheberrecht hervorgehen sollte. Die Erfindung des Buchdrucks hatte aber auch sehr bald restriktive Maßnahmen zur Folge: nämlich Zensurmaßnahmen, mit denen Kirche und weltliche Obrigkeit versuchten, der ungehinderten Zirkulation von Information, Ideen und Meinungen Einhalt zu gebieten bzw. deren Verbreitung durch Kontrolle enge Grenzen zu setzen, worauf im Abschnitt über Zensur und Pressefreiheit näher eingegangen wird (vgl. Kapitel 2.4).

Mit den *gesamtgesellschaftlichen kulturellen Folgen* sind weitreichende Entwicklungen angesprochen, die durch die Verbreitung von Druckwerken bzw. deren Inhalten ausgelöst, angeschoben oder zumindest stark befördert wurden. Sie können hier nicht im Einzelnen ausgeführt, sollen aber der Vollständigkeit halber zumindest erwähnt werden: So ist die Reformation Martin Luthers und deren Ausbreitung ohne das gedruckte Wort ebenso undenkbar wie das Heraustreten der Gesellschaft aus der geistigen Abhängigkeit der Kirche und ihrer Lehre. Letzteres hatte seinerseits Auswirkungen auf Entstehung und Entwicklung der modernen Naturwissenschaften sowie für Renaissance, Humanismus und die Zeit der Aufklärung. Schließlich ist hier auch der Umstand anzuführen, dass es ohne die Verbreitung von Druckschriften wohl kaum so früh und so rasch zu einem immer größer werdenden lesefähigen Publikum gekommen wäre, das sich die neue Kulturtechnik ja eigens aneignen musste. Denn die neuen Leserschichten, die nicht zuletzt durch zunehmend in der Volkssprache verfasste kleinere belehrende Schriften erschlossen wurden, kamen nicht mehr nur aus Klerus und höfischem Adel, sondern – zumindest gilt dies für die städtische Bevölkerung – auch aus Handel und Handwerk.[5]

Was die Entstehung der Presse anbelangt, sollten nach der Erfindung des Drucks mit beweglichen Lettern noch einmal gut 150 Jahre vergehen, bis die ersten Zeitungen im Sinne aktueller und periodischer Druckmedien für die Öffentlichkeit aufkamen. Auf der anderen Seite hat es bereits vor Gutenbergs Erfindung zeitungsähnliche Schriften und Drucke gegeben, in denen Neuigkeiten sowie eigens beschaffte oder gesammelte Nachrichten weitergegeben wurden. Sie werden in der Regel als Vorläufer oder Frühformen der Presse aufgefasst, weshalb im Folgenden kurz darauf einzugehen ist.

2.2 Vorläufer und Frühformen der Presse

Korrespondenzen, Brief-Zeitungen, geschriebene Zeitungen, Flugblätter und Flugschriften, ›Newe Zeitungen‹ und ›Meßrelationen‹ bilden frühe Formen der Mitteilung von Nachrichten; Erstere noch handschriftlich verfasst, Letztere zunächst im Holzdruckverfahren, dann mittels der Gutenbergschen Drucktechnik angefertigt. Eine exakte Abgrenzung erweist sich als schwierig: Zum einen gab es eine Fülle unterschiedlicher Schriften und Drucke, wobei die Übergänge zwischen den verschiedenen Formen durchaus fließend sind. Zum Zweiten erfolgten genauere typologische Unterscheidungen erst nach und nach; mitunter wurden entsprechende terminologische Festlegungen erst Jahrhunderte später getroffen. Zum

Dritten lassen sich auch Funktionsverschiebungen innerhalb der verschiedenen Arten von Schriften und Druckwerken beobachten. Vor diesem Hintergrund weist Jürgen WILKE darauf hin, dass ihre Kennzeichnung als Vorläufer und Frühformen der Presse eine retrospektive Sichtweise ist, die ihrer ursprünglichen Rolle damals nicht ganz gerecht werde. »Andererseits ist diese Einstufung auch nicht deplatziert, weil bestimmte Druckmedien nach der Entstehung der periodischen Presse tatsächlich ihre vorherige Bedeutung einbüßten, wenn sie auch nicht völlig verschwanden. Unter bestimmten Umständen konnten sie sogar eine Wiederbelebung erfahren.«[6]

Korrespondenzen und geschriebene Zeitungen: Nicht zu Unrecht hat man das allmähliche Entstehen der Zeitung aus dem Briefverkehr erklärt. Denn neben privaten Mitteilungen konnten eigentlich interne Korrespondenzen auch Teile mit Berichten über Neuigkeiten enthalten. Seit dem Mittelalter waren es neben Gesandten bzw. Diplomaten vor allem Kauf- und Handelsleute, die über die Landesgrenzen hinaus Kontakte pflegten und regelmäßig Informationen per Brief austauschten. Große Handelshäuser verfügten über ein ausgedehntes Korrespondentennetz, über das sie Nachrichten aus den Handelszentren in ganz Europa bezogen. Sie begannen, Geschäftskorrespondenzen Absätze anzufügen, in denen über »Kriegsereignisse, politische und religiöse Vorgänge, Entdeckungen, aber auch über Sensationelles und Kurioses« berichtet wurde.[7] Diese angehängten Teile wurden mit der Zeit umfangreicher, so dass ihre Verfasser vermehrt dazu übergingen, sie der persönlich adressierten Korrespondenz auf separaten Zetteln beizufügen. Da diese Beilagen, die bereits mit Überschriften wie ›Novitates‹ oder ›Zeytung‹ betitelt waren, keinerlei private oder geheime Informationen enthielten, konnten sie vom Empfänger abgeschrieben und seinerseits weitergegeben werden. Für solche beigefügten Mitteilungen haben sich die Begriffe ›Brief-Zeitung‹, aber auch ›Zeitungsbrief‹ eingebürgert. Der italienische Kaufmann Dantini soll um 1400 eine Korrespondenz von 140.000 Briefen mit solchen Nachrichten hinterlassen haben. Und die (heute noch in Sammlungen erhaltenen) legendären ›Fugger-Zeitungen‹ des Augsburger Handelshauses Fugger, die vor allem an einflussreiche Geschäftspartner aus Wirtschaft und Politik verschickt wurden, reichten bis ins 17. Jahrhundert.

Traditionelle Knotenpunkte für den Nachrichtenverkehr waren die Poststationen, die erwähnten Handelshäuser, höfische Kanzleien, aber auch Klöster. Ab 1571 entstanden erste eigene Korrespondenzbüros, in denen Brief-Zeitungen 20- bis 25-mal abgeschrieben und die handschriftlichen Kopien an feste Bezieher weiterversandt wurden. Im Laufe des 16. Jahrhunderts schlossen Fürsten, Adelige, Diplomaten und Agenten eigens Vereinbarungen über einen geregelten Austausch von Brief-Zeitungen. In der Zeit der Reformation wird Wittenberg zu einem der Zentren für einen solchen Austausch und Philipp Melanchton zu dessen zentraler Figur. Typisch für diesen Vorläufer der Zeitung ist, dass er Informationen enthielt, die oft zu speziell, aber auch zu unspektakulär waren, als dass sie in den zeitgleich verbreiteten Einblattdrucken vorgekommen wären, die sich bereits an eine breitere Öffentlichkeit wendeten.[8]

Deshalb sind die Brief-Zeitungen von den sog. geschriebenen Zeitungen zu unterscheiden. Während Erstere, wenn nicht persönlich adressiert, so doch zumindest für einen internen Empfängerkreis bestimmt und nicht ohne weiteres zugänglich waren, erreichten die geschriebenen Zeitungen einen größeren Leserkreis. Erfüllten die Nachrichtenteile in den

Korrespondenzen lediglich das Zeitungskriterium der *Aktualität*, so trifft auf die geschriebenen Zeitungen daneben auch das Kriterium der (zumindest prinzipiellen) *Publizität* zu. Auch begann damit die erwerbsmäßige Vervielfältigung und Verbreitung von Nachrichten gegen Entgelt. Ihre Blütezeit erlebten die geschriebenen Zeitungen in der ersten Hälfte des 16. Jahrhunderts, mithin zu einer Zeit, als es auch schon gedruckte Nachrichtenverbreitung gab. Sie konnten sich, ähnlich wie Flugblätter und Flugschriften, der Verfolgung durch kirchliche und weltliche Zensurbehörden leichter entziehen als umfangreichere Druckwerke. Weil ihre Verfasser handschriftliche Versionen vorzogen, wenn sie wegen brisanter Inhalte Ärger mit den Zensurbehörden befürchteten, konnte sich die geschriebene Zeitung auch nach der Etablierung gedruckter Zeitungen bis ins späte 18. Jahrhundert halten, besonders in Zeiten und Regionen verschärfter Zensur.[9]

Flugblätter und ›Newe Zeitungen‹: Etwa ab 1400 gab es Einzel- oder Gelegenheitsdrucke, die – zunächst noch im Holzdruckverfahren hergestellt – nur aus einem Blatt bestanden, das neben dem Text zumeist auch eine Illustration enthielt (welche im Holzschnitt, ab der Wende zum 17. Jahrhundert dann auch als Kupferstich angefertigt wurden). Einblattdrucke waren weit verbreitet und dienten nicht nur publizistischen Zwecken, sondern hatten auch religiöse, amtliche, naturkundliche oder literarische Inhalte; nicht selten in Vers- oder Liedform. Zu diesen Einblattdrucken gehört auch der Typ des Flugblatts, das – zumeist mit einer Illustration – in knapper Form über Tagesereignisse, Kriege und Kuriosa unterrichtete. Es war schnell und kostengünstig herzustellen, erschien zumeist ohne Angabe des Verfassers oder Druckers und wandte sich an den ›gemeinen Mann‹ auf der Straße, d. h. eine breitere Öffentlichkeit. Dies war nicht zuletzt möglich, weil Flugblätter (und -schriften) damals nicht nur selbst gelesen, sondern durch lautes Vorlesen auch auf Plätzen und Versammlungen verbreitet wurden. Flugblätter sind als eine frühe Vorform der Sensationspresse bezeichnet worden: zum einen aufgrund ihrer Neugier heischenden Überschriften, der Bebilderung und den kurzen, oft auf Unterhaltung zielenden Texte; zum anderen, weil sie bereits auf der Straße und auf öffentlichen Plätzen vertrieben wurden. Da Flugblätter aber auch für »Beiträge zur aktuellen Meinungsbildung (Polemik, Aufruf, Stellungnahme, Warnung)« verwendet wurden, spielten sie (wie auch Flugschriften) in der Zeit der Reformation eine zentrale Rolle und sollten als massenhaft und systematisch eingesetztes Mittel zur Propaganda und für Werbezwecke durch all die Jahrhunderte bis heute fortbestehen.[10]

Ab der Wende vom 15. zum 16. Jahrhundert entstanden aus der Verschmelzung von Einblattdrucken mit den Nachrichtenblättern der Postmeister die sog. ›Newen (neuen) Zeitungen‹. Das waren nichtperiodische Ein- oder Mehrblattdrucke mit aktuellen Inhalten, die gewerbsmäßig verkauft wurden. Im Unterschied zum Flugblatt, das über ein einzelnes Ereignis berichtete, bestanden sie oft aus mehreren, aneinandergereihten Nachrichten. Neben aktuellen Berichten enthielten sie auch amtliche Bekanntmachungen, Mitteilungen über Friedensschlüsse oder Verträge sowie mitunter durchaus polemische Beiträge. Die 1502 erschienene »Newe Zeytung von Orient und Auffgange« ist das älteste nachweisbare Neuigkeitsblatt mit dem Wort ›Zeitung‹ im Titel. Dabei geht der erstmals um 1300 bezeugte Begriff ›zîdunge‹ bzw. ›zeytung‹ auf das mittelniederrheinische Wort ›tîdinge‹ zurück, was so viel wie Nachricht, Neuigkeit, Mitteilung bedeutet. Die Verwendung des Worts Zeitung in diesem ursprünglichen Sinn hat sich im Übrigen bis ins 19. Jahrhundert erhalten.

Abb. 1: Titelseite einer »Newen Zeitung« (1561)

»Newe Zeitung« aus 1561 (Druck von Georg Kreydlein). Bericht in Wort und Bild über Grausamkeiten »in dem Krieg gegen ›Lyfland‹ [Lettland], in dem Iwan IV. im Jahr 1560 an die Ostsee vorgestoßen war«.

Quelle: Zeyttungen! Zeyttungen! Zeyttungen! Sehr grewliche/erschröckliche/unerhörte/wahrhaftige newe Zeyttungen aus den Kindertagen der Zeitung, Berlin: Axel Springer o. J., Beispiel 6.

›Neue Zeitungen‹ sind bis etwa 1700 nachweisbar; ihre Anzahl wird auf bis zu 10.000 geschätzt, von denen rund die Hälfte das Wort ›Zeitung‹ auch im Titel führte. Weil die Berichterstattung der späteren periodischen Presse auf Formen und Muster der ›Neuen Zeitungen‹ zurückgreifen sollte, bezeichnet Erich STRASSNER sie als »Wurzel der modernen Zeitungen«.[11] Im Übrigen wurden ›Neue Zeitungen‹ in der zweiten Hälfte des 16. Jahrhunderts mitunter von den Druckern durchnummeriert, so dass man angesichts der (unvollständigen) Reihen solcher Blätter von einer Verstetigung in der Nachrichtenproduktion gesprochen und sie auch als sog. Serienzeitungen bezeichnet hat. Jedenfalls lässt sich in der zunehmenden Regelmäßigkeit der Erscheinungsweise eine Vorstufe zur periodischen Presse sehen.[12]

Flugschriften: Auch wenn in der Literatur mitunter nicht zwischen Flugblatt und Flugschrift unterschieden wird, so stellt Letztere doch eine eigene publizistische Gattung dar, weil sich beide sowohl der Form als auch ihrer Funktion nach deutlich voneinander unterscheiden. Flugschriften waren zumeist vier- bis 16-seitige, nicht gebundene und im Vergleich zum Flugblatt kleinformatigere Druckwerke (im Quartformat). Sie erschienen ganz überwiegend in deutscher Volkssprache. Durch ihren größeren Umfang boten die zumeist nur auf der Titelseite illustrierten, häufig monothematischen Flugschriften mehr Raum für diskursive Ausführungen. Sie eigneten sich deshalb besonders für kontroverse religiös-konfessionelle wie politische Abhandlungen oder Pamphlete und wurden gezielt als Mittel der Meinungsbeeinflussung und Propaganda genutzt. Entsprechend kam ihnen gerade in Umbruchs- und Krisenzeiten eminente Bedeutung zu, etwa in der Zeit der Reformation, im Zuge der Angst vor Eroberungen durch die Türken, bei den Bauernkriegen und im Dreißigjährigen Krieg; sowie – Jahrhunderte später – im Zusammenhang der Ereignisse um die Französische Revolution (Jakobinische Flugschriften) und für die Publizistik im Deutschland des Vormärz, also vor der Revolution 1848.

Nach 1500 und insbesondere ab 1517 erlebte die Flugschrift einen rasanten Aufschwung in der Anzahl ihrer Titel. Ihr Verkauf erfolgte überwiegend durch wandernde Händler, sog. Kolporteure, auf Märkten und Messen; allerdings wurden (vor allem propagandistische) Schriften auch kostenlos abgegeben. Für die ersten drei Jahrzehnte des 16. Jahrhunderts wird ihre Gesamtzahl auf 10.000 geschätzt, was bei einer Durchschnittsauflage von 1.000 Stück mit insgesamt 10 Mio. Exemplaren für eine unglaublich hohe Verbreitung in jener Zeit spricht. Zudem wurden viele von ihnen nachgedruckt, so wie Luthers Reformationsschriften, von denen einige Auflagen von bis zu 4.000 Stück erreichten und innerhalb weniger Jahre in bis zu 20 Ausgaben erschienen. Neben Flugschriften, die der kritischen oder polemischen Erörterung eines Themas dienten, erschienen jedoch auch solche, die lediglich eine Ansammlung mehrerer ›Neuer Zeitungen‹ darstellten und damit inhaltlich bereits den ›Meßrelationen‹ ähnelten, auf die im Folgenden einzugehen ist.[13]

›Meßrelationen‹: Das Erscheinen von ›Meßrelationen‹ Ende des 16. Jahrhunderts markiert den Übergang zur Epoche der periodisch gedruckten Publikationen. Sie verdanken ihren Namen dem Umstand, dass sie zwei- bis dreimal jährlich zu den großen Handelsmessen jeweils in den Messestädten Köln, Frankfurt, Leipzig und Straßburg herauskamen und über das Geschehen der Zwischenzeit berichteten (lateinisch *relatio*: zurücktragen, hinführen, Bericht). Neben der für damalige Verhältnisse vergleichsweise großen thematischen Vielfalt (*Universalität*) und der öffentlichen Zugänglichkeit (*Publizität*) erfüllten ›Meßrelationen‹ damit auch bereits das Kriterium der *Periodizität*. Auch sie erschienen ungebunden, zumeist in Heftform und mit beträchtlich schwankenden Umfängen (im Durchschnitt etwa 100 Seiten). Ihre Auflagen werden auf wenige hunderte pro Ausgabe geschätzt. Als erste Messrelation gilt die 1583 in Köln gedruckte und auf der Herbstmesse in Frankfurt angebotene »Relatio historica« des Michael von Aitzing. Inhaltlich handelten ›Meßrelationen‹ vor allem vom politischen und militärischen Geschehen der zwischen den Messen gelegenen Monate, während Sensationen und Kuriosa in den Hintergrund treten. Als Quellen für ihre Berichte, die in chronologischer Reihenfolge abgedruckt wurden, dienten ›Neue Zeitungen‹, aber auch Berichte von Postmeistern, Kaufleuten und Reisenden. Die Fülle des Nachrichtenmaterials zwang zur Straffung der Texte und zum Verzicht auf Details, worin einer der Gründe dafür liegen dürfte, dass sie vielfach in Archiven gesammelt und aufbewahrt wurden. Aufgrund des geringen Aktualitätsgrads der Texte stellen die ›Meßrelationen‹ weniger einen Vorläufer der (Wochen-)Zeitung dar als vielmehr eine frühe Form der Chroniken und Jahrbücher. So überrascht es auch nicht, dass der Niedergang der ›Meßrelationen‹ mit dem Aufkommen wöchentlich erscheinender Zeitungen in der ersten Hälfte des 17. Jahrhunderts einherging. Denn das Interesse an aktuellerer Unterrichtung über für die Allgemeinheit relevantes Geschehen, das Publikationen mit kürzeren Erscheinungsintervallen erforderlich machte, wuchs in jener Zeit stetig an.[14]

2.3 Entstehung und Entwicklung der periodischen Presse

Im Folgenden wird auf das Aufkommen und die Entwicklung der periodischen Presse in Deutschland eingegangen. Dabei ist es sinnvoll, sich zunächst den Zeitungen zuzuwenden, nicht zuletzt weil Zeitschriften erst ein gutes halbes Jahrhundert nach den ersten periodischen Zeitungen aufkamen und dann auch eine Entwicklung genommen haben, die sich von derjenigen der Zeitungen durchaus unterscheidet. Dabei fokussiert die Beschreibung der Entwicklung der frühen Presse in Deutschland zunächst auf die Zeit des 17. und 18. Jahrhunderts. Denn erst die politischen, wirtschaftlichen und nicht zuletzt technischen Veränderungen im 19. Jahrhundert sollten dazu führen, dass es zu einer Modernisierung und Ausdifferenzierung des deutschen Pressewesens kam, die in die Entstehung der modernen Massenpresse mündete (vgl. Kapitel 2.5).

2.3.1 Zeitungen

Bis vor wenigen Jahren wurde die Geschichte des Pressewesens im Sinne eines periodischen Erscheinens von Zeitungen mit dem Jahr 1609 in Verbindung gebracht; es galt weltweit als das Geburtsjahr der Zeitung, da es den frühesten Zeitpunkt darstellte, für den das Erscheinen zweier regelmäßig einmal pro Woche herausgebrachter Zeitungen zweifelsfrei belegt ist. Inzwischen haben neuere pressehistorische Forschungsarbeiten nachweisen können, dass einer der beiden Titel bereits vier Jahre früher bestanden haben muss,[15] so dass die Zeitung unlängst, im Jahr 2005, ihr 400-jähriges Bestehen feiern konnte. In diesem Zusammenhang ist jedoch darauf zu verweisen, dass es keineswegs als gesichert gelten kann, dass mit dem jüngsten historischen Beleg tatsächlich der Hinweis auf die allererste Zeitung verbunden ist, da längst nicht alle Zeitungen bis heute erhalten geblieben sind; WILKE zufolge muss eher von erheblichen Verlusten für die Nachwelt ausgegangen werden.[16] Gleichwohl hat eine Darstellung der Zeitungsgeschichte heute mit diesen ersten beiden Titeln einzusetzen.

Abb. 2: Titelseite der Straßburger »Relation« (1609)

Quelle: Schöne, Walter: Die Relation des Jahres 1609. Leipzig: Otto Hassowitz 1940, o. S.

Vermutlich ab Oktober 1605 erschien in Straßburg im Elsass die »Relation aller fürnemmen und gedenckwürdigen Historien« – oder kurz »Relation«. Das geht aus einem (erfolglosen) Ersuchen des Avisenschreibers und Druckers Johann Carolus an den Straßburger Rat hervor, für die bereits bestehende Herausgabe seiner gedruckten Zeitung ein Privileg zu erhalten, das es anderen Druckern der Region unter Strafe verbieten würde, ebenfalls Zeitungen herauszugeben. Fünf Jahre später, im Jahr 1609, kam in der Nähe Braunschweigs erstmals der Wolfenbütteler »Aviso« heraus (dessen Druckort lange umstritten war). Beide Zeitungen wurden im wöchentlichen Erscheinungsrhythmus aufgelegt, womit sie im Unterschied zu den ›Meßrelationen‹, die ebenfalls das Kriterium der *Periodizität* erfüllten, zugleich das der *Aktualität* aufwiesen – jedenfalls nach damaligen Maßstäben, richtete sich die Nachrichtenlage zu jener Zeit doch nach den wöchentlich einlaufenden Korrespondenzberichten (Dabei konnten die in den Berichten geschilderten Ereignisse noch einmal vier bis sechs Wochen alt sein). Beide Zeitungen, »Relation« wie »Aviso«, waren im Quartformat gedruckt und hatten üblicherweise vier (»Relation«) bzw. acht eng bedruckte Seiten (»Aviso«) Umfang, auf denen sie in chronologischer Reihenfolge und unter Angabe des Herkunftsorts und -datums sieben bis acht Korrespondenzen abdruckten – wobei die einzelnen Korrespondenzen ihrerseits mehrere Meldungen umfassen konnten. Der ganz überwiegende Teil der Nachrichten bestand aus Meldungen über das politische und militärische Geschehen (Kriegsgeschehen, Waffenstillstands- oder Friedenserhandlungen, Ständekonflikte, Erbfolgestreite), weshalb sie von Johannes WEBER als die ersten politischen Zeitungen betrachtet werden.[17] Man wird mit einer solchen Klassifizierung jedoch vorsichtig sein, wenn man bedenkt, dass die Zeitungen jener Zeit (wegen der obrigkeitlichen Zensur) so gut wie keine Nachrichten über das politische Geschehen im eigenen Land bzw. Fürstentum enthielten und eine kritische Politikberichterstattung überhaupt noch nicht kannten.

Rasch breiteten sich Zeitungen in Europa aus, wobei Deutschland das Zentrum des neuen Mediums blieb. Nur kurze Zeit nach dem Erscheinen von »Relation« und »Aviso« gab es erste (Wochen-)Zeitungen auch in Basel (1610), Frankfurt (1615), Berlin (1617), Hamburg (1618), Stuttgart, Freiburg, Danzig (1619), Köln und Antwerpen (1620), London (1621), Wien (1922), Zürich, Königsberg (1923) und Paris (1631). Der Pariser Zeitungstitel war übrigens die französische »Gazette«, die von dem Arzt Théophraste Renaudot auf Veranlassung von Staatskanzler Richelieu herausgegeben wurde. Für Kurt KOSZYK verrät sie schon mit ihrem Namen »Gazette«, »der auch ›Klatschmaul‹ bedeutet, eine bis heute gültige Nähe der Presse zu Klatsch und Tratsch.«[18] Ab 1624 sind zweimal wöchentlich erscheinende Blätter (in Nürnberg und Augsburg) dokumentiert. Und lange bevor sich bei den Zeitungen eine tägliche Erscheinungsweise durchsetzen sollte, erschien 1650 in Leipzig die erste echte Tageszeitung. Es handelt sich um die sechsmal wöchentlich edierten »Einkommenden Zeitungen« von Timotheus Ritzsch, die bereits ab 1635 viermal und ab 1336 fünfmal pro Woche erschienen waren. Nachdem die »Einkommenden Zeitungen« 1652 eingestellt worden waren, brachte Ritzsch ab 1660 die »Neu-einlauffende(n) Nachrichten von Kriegs- und Welthändeln« sogar an sieben Tagen in der Woche heraus.

Die Zeitung war ein urbanes Phänomen, zumal Druckereien nach dem Reichsabschied von 1570 nur in fürstlichen Residenz- und Universitätsstätten sowie in freien Reichsstädten erlaubt waren. Hinzu kam, dass insbesondere Handelszentren ein günstiges Umfeld für die Zeitungsherstellung boten. So erschienen die 60 Zeitungen, die es um 1640 bereits gab, alle

Quelle: Schöne, Walter: Der Aviso des Jahres 1609. Leipzig: Otto Hassowitz 1939, o. S.

in damals politisch wie wirtschaftlich bedeutsamen (Haupt-)Städten. In der zweiten Hälfte des 17. Jahrhunderts häuften sich die Zentren, in denen mehr als eine Zeitung erschien; Hamburg brachte es in dieser Zeit gar auf fünf gleichzeitig herausgegebene Zeitungen.[19]

Der Inhalt der Zeitungen war im 17. Jahrhundert weitestgehend Sache der Drucker, die – ähnlich den Postmeistern – Nachrichtensammler, Drucker und Verleger in einer Person waren. Erst später tauchten nebenberufliche Korrespondenten auf. Es waren dies vor allem Diplomaten und Kaufleute, die politische Korrespondenzen an die Höfe sowie Handelsnachrichten verschickten.[20] Redaktionelle Leistungen kannten die Zeitungen des 17. Jahrhunderts ohnehin noch nicht – allenfalls bei der Berücksichtigung und Auswertung anderer Nachrichtenblätter. Ansonsten wurden Korrespondenzberichte und Meldungen einfach in der Reihenfolge ihres Eintreffens ohne Überschriften oder Hervorhebungen untereinander gesetzt. Deshalb fällt auf, dass es beim »Nordischen Mercurius« ab 1665 bereits eine Gliederung der Inhalte und einzelne, voneinander abgesetzte Beiträge gab. Wenig später kamen die ersten Zeitungen auf, die mit eigenem Redakteur arbeiteten, wie die »Altonaische Relation« (ab 1673), der »Relations-Courier« in Hamburg (ab 1674) oder die »Relation aus dem Parnasso« (1787). Hinsichtlich der redaktionellen Leistung konnten sie jedoch mit dem »Nordischen Mercurius« nicht konkurrieren, dessen Nachrichten vom Herausgeber, dem Dichter Georg Greflinger, nicht nur nach Herkunftsorten sortiert und eigens redigiert wurden, sondern der zudem auch selbst Artikel schrieb, so dass man in ihm einen der ersten frühen Journalisten sehen kann.[21]

Über die wirtschaftliche Struktur eines Zeitungsbetriebs von damals liegen übrigens Informationen vor – zumindest was die Kostenseite betrifft: »Aus der erhaltenen Buchführung einer Basler Zeitung kennt man deren Gestehungskosten im Jahre 1697 genau. Danach gab der Herausgeber 15 Prozent seines Budgets für Abonnements anderer Zeitungen, andere Quellen und Manuskripte aus, 30 Prozent für die redaktionelle Bearbeitung, 42 Prozent für den Drucker, 8 Prozent fürs Papier und 5 Prozent für Zensurgebühren.«[22]

Zu Beginn des 17. Jahrhunderts, also zum Zeitpunkt des Aufkommens von Zeitungen, war Europa bereits mit einem Netz von Korrespondenzstädten überzogen. Frühe Nachrichtenzentren in Europa waren Wien, Augsburg, Köln, Antwerpen, Hamburg, Danzig und Breslau. Korrespondenz- und Ereignisorte waren jedoch nicht identisch: Wien hatte damals bereits besondere Bedeutung als Umschlagplatz für Meldungen aus dem Balkan. Augsburg war Korrespondenzort für Berichte aus Süddeutschland, Italien, der Schweiz und – über Venedig – aus dem Orient. Köln war Umschlagplatz für französische, spanische und niederländische Berichte sowie – über Antwerpen – für Nachrichten aus England. In Hamburg liefen alle Nachrichten aus dem Norden zusammen. Danzig und Breslau schließlich hatten besondere Bedeutung für Meldungen aus dem Ostraum.[23] Auch gab es in jener Zeit bereits ein gut organisiertes Botenwesen mit sowohl berittenen als auch fahrenden Boten privaten wie amtlichen Ursprungs. Beim Aufkommen eines solchen Botenwesens waren die sog. Ordinari-Boten der (Stadt-)Behörden von Bedeutung, die neben offiziellen und offiziösen Mitteilungen auch private Briefe und Nachrichten mitbeförderten. Da Sendungen mit privaten Boten jedoch schneller ihr Ziel erreichten, setzten diese sich gegenüber den Ordinari-Boten durch.

Eine erste, von Franz von Taxis unter der Schirmherrschaft der Habsburger geschaffene Boten- bzw. Postlinie verband bereits 1500 Wien mit Brüssel. 1543 kam eine Nord-Süd-

Linie von den Niederlanden über Worms nach Mailand hinzu. Der Begriff ›Post‹ geht übrigens auf die italienischen Pferdepoststationen (lateinisch *positor statio*: feste Stationen) jener Zeit zurück. Bereits 1515 ernannte Kaiser Karl V. Franz von Taxis zum Hauptpostmeister der niederländischen Post. Die aus Bergamo stammende Familie Taxis (italienisch: Tassi) hatte sich schon in Italien durch ihre zuverlässigen Kurierdienste für Höfe, Handel und Kirche in besonderer Weise ausgewiesen. 1595 stattete Rudolf II. das Unternehmen Taxis (später Thurn und Taxis) mit dem Reichsregal zur Beförderung von Nachrichten und Briefen sowie Personen und Gütern aus. 1615 wurde das Amt des Generalpostmeisters ein Lehen und damit ein erbliches Monopol. In der Folge verschwanden zwar (per Verbot) die Ordinari-Boten, es entstanden aber – auf landesherrlicher Ebene – Konkurrenzunternehmen, was in der Gesamtfolge zu schnellerer Nachrichtenübermittlung und zu mehr Korrespondenzorten führte.[24]

Zusammenfassend lassen sich für die Entstehung und Entwicklung von Zeitungen im 17. Jahrhundert die folgenden Gründe angeben:

- die Erfindung und Weiterentwicklung des Buchdrucks und seine wirtschaftliche, d. h. auf Gewinn gerichtete Nutzung durch Drucker,
- die Bereitschaft von Personen, ihr Wissen um Ereignisse aus Mitteilungsfreude, aus Gefälligkeit oder – zunehmend – gegen Entgelt als Information an andere weiterzugeben (woraus die schrittweise Institutionalisierung eines kontinuierlichen Nachrichtenhandels entstand),
- der allmähliche Aufbau eines regelmäßigen und geordneten Botenwesens (aus dem sich über das im Eigentum des Hauses Thurn und Taxis befindlichen ›Reichsregal‹ in der zweiten Hälfte des 19. Jahrhunderts die Post entwickeln sollte),
- die Entstehung von Nachrichtenzentren, wobei die deutschen Länder aufgrund ihrer zentralen Lage in Europa und wegen ihrer vielfältigen Beziehungen zu zahlreichen Nachbarstaaten Vorteile hatten und sich schon früh Nachrichtenknotenpunkte bzw. Informationszentren (Augsburg, Köln, Hamburg etc.) herausbildeten,
- die territoriale Zersplitterung und der deutsche Partikularismus im (alten) Deutschen Reich mit seinen Rivalitäten zwischen Kaiser und den Ländern, weltlichen und kirchlichen Fürstentümern sowie den freien Reichsstädten (die sich jeweils eigene Zeitungen zu sichern suchten und in ihrem Gegeneinander eine reichseinheitliche Zensurgesetzgebung und -praxis unmöglich machten),
- die geistig-weltanschauliche Konstellation der angehenden Neuzeit mit ihrem Bedürfnis nach immer mehr und immer kontinuierlicherer Information (also das Vorhandensein gesellschaftlicher Gruppen, denen an einem periodischen Nachrichtenbezug gelegen war),
- nicht zuletzt die politische Situation mit ihren konfessionellen, weltanschaulichen, politischen und militärischen Auseinandersetzungen, die viel Konflikt- und Nachrichtenstoff abgaben, der sich in den Zeitungen niederschlug (weshalb man auch vom »Krieg als Mutter der Zeitungen« gesprochen hat).[25]

Ende des 17. Jahrhunderts gab es 60 bis 70 deutschsprachige Zeitungen mit einer durchschnittlichen Auflage von 300 bis 400 Exemplaren je Ausgabe sowie mit einer geschätzten Leserschaft von 200.000 bis 250.000 Personen. Das deutsche Zeitungswesen war bereits

damals von einer beachtlichen Vielfalt und einem erstaunlichen Regionalismus gekennzeichnet, der später zu der für Deutschland typischen, ausgeprägten lokal/regionalen Tiefengliederung der Zeitungslandschaft führen sollte. Doch bereits diese frühe Vielfalt führte
dazu, dass es im Deutschen Reich des 17. Jahrhunderts mehr Zeitungen gab als im gesamten übrigen Europa zusammen.[26]

Anzeigenwesen und Intelligenzblätter: Von Bedeutung für die Entwicklung des deutschen
Zeitungswesens war ferner das gegen Ende des 17., Anfang des 18. Jahrhunderts sich etab-
lierende Anzeigenwesen. Die erste dokumentierte Zeitungsanzeige findet sich bereits 1622
in Johann Carolus' »Relation«, wenn auch in Form einer Nachricht und ohne vom übrigen
Nachrichtenteil abgesetzt zu sein. Beworben wurde das Erscheinen eines Traktats (wie überhaupt Buchanzeigen die früheste und lange Zeit wichtigste Werbung in Zeitungen darstellten). Ab Mitte des 17. Jahrhunderts nimmt der Anteil der in Zeitungen aufgenommenen
Anzeigen zu. Auch reine Anzeigenblätter gab es in Deutschland wohl schon seit den 1670er
Jahren. Und in Frankreich hatte der bereits erwähnte Herausgeber der »Gazette«, Théophraste Renaudot, mit den »Feuilles du bureau d'adresse« schon 1633 ein Blatt geschaffen,
das in erster Linie aus abgedruckten Anzeigenlisten bestand, wie er sie in seinem Kontor
für Warenhandel, Dienstleistungen, Stellenvermittlungen und Rechtsberatung ausliegen
hatte.[27]

In Deutschland versuchte der Staat, das Anzeigenwesen an sich zu ziehen und zu mono-
polisieren, und dies aus drei Gründen: Zum einen sollte dies der Wirtschaftsförderung durch
Überwindung von Handelshemmnissen dienen; zum Zweiten durfte er sich von den Einnahmen einen nicht unbeträchtlichen finanziellen Nutzen versprechen, und zum Dritten
bedeutete die Verstaatlichung auch eine Kampfansage an die mächtigen Zünfte und Gilden
zugunsten des weiteren Ausbaus der Macht des absolutistischen Staats.[28] Entsprechend entstand vor allem in Preußen ein staatliches ›Intelligenzwesen‹, das auch die Herausgabe eigener ›Intelligenzblätter‹ vorsah. Diese (heute völlig andere Assoziationen weckende) Bezeichnung leitet sich vom lateinischen *intellegere* her, was so viel wie ›einsehen in …‹, ›Einsicht
nehmen in …‹ bedeutet.

Im Laufe der Zeit schälten sich jedoch zwei unterschiedliche Erscheinungsformen des
Intelligenzblatts heraus, über die STÖBER schreibt:
- »Im ersten Fall reglementierte der Staat die Inhalte, garantierte die Abonnenten und war
  wesentlich am Gewinn beteiligt. Beispielhaft war dieser Typ im preußischen Intelligenz-
  blattwesen ausgeprägt.
- Der zweite Typus war erheblich weiter verbreitet, er war weniger scharf reglementiert,
  garantierte Abnehmer gab es so wenig wie Gewinnabführungen jenseits der üblichen
  Besteuerung.«[29]

Erstere waren mithin so etwas wie amtliche Publikationsorgane, die das Monopol der (Erst-)
Veröffentlichung von Anzeigen besaßen und fast ausschließlich amtliche Bekanntmachungen und bezahlte Anzeigen enthielten. Öffentliche Amtspersonen, Pfarrer, Lehrer u. a.
mussten sie aufgrund einer Art Zwangsverpflichtung beziehen. Die Verbreitung politischer
Nachrichten in solchen Intelligenzblättern war untersagt. In diesem Zusammenhang ist der

Hinweis vielleicht nicht uninteressant, dass das staatliche Anzeigenmonopol für Intelligenz-blätter, der sog. Insertionszwang, in Preußen erst 1850 abgeschafft wurde.[30]

Von größerer publizistischer Relevanz aber dürften die zwar staatsnahen, aber weniger reglementierten Intelligenzblätter sein, bei deren inhaltlicher Gestaltung schon viel stärker der Nutzen für den Leser im Vordergrund stand. In immer größerem Umfang enthielten sie – vor allem in der zweiten Hälfte des 18. Jahrhunderts – aus frühen volksaufklärerischen Bemühungen heraus neben kommerziellen Anzeigen auch belehrende Artikel, Erzählungen und Fabeln, allerlei nützliche Ratschläge für den Alltag und praktische Beiträge zu Gesund-heitsthemen, Ackerbau und Bildung. Überhaupt bemühten sie sich besonders um die von den Zeitungen bis dahin vernachlässigte Landbevölkerung. Mitunter gab es in diesen Intel-ligenzblättern auch bereits eine Art Lokalberichterstattung, mit der sie ihre Leser-Blatt-Bin-dung zu steigern suchten.[31] Von daher überrascht es nicht, dass sich viele von ihnen später zu regulären Zeitungen entwickelten; der immer noch häufig vorkommende Begriff ›Anzeiger‹ in heutigen Lokal- und Regionalzeitungen verweist auf diese Tradition.

Ansonsten unterschieden sich die Zeitungen im 18. Jahrhundert in Erscheinungsbild, Umfang, Aufmachung und Inhalten nicht wesentlich von jenen des vorausgegangenen Jahr-hunderts. Allenfalls bei der Erscheinungshäufigkeit gingen sie mit der Zeit zu drei oder vier Ausgaben pro Woche über – vor allem in großen Städten mit einem ausreichenden Informa-tionsumschlag und einem hinreichend finanzkräftigen Publikum. Dies galt in besonderer Weise für die wirtschaftlich bedeutsame, von Handelsleuten und dem aufkommenden Bür-gertum geprägte, freigeistige Hansestadt Hamburg. Sie brachte es in jener Zeit nicht nur zu blühender Zeitungsvielfalt, sondern hatte mit dem »Hamburgischen unpartheyischen Cor-respondent« eine für die damalige Zeit geradezu ›moderne‹ Zeitung, die mit einer Auflage von 25.000 bis 30.000 Exemplaren auch außergewöhnlich hohe Verbreitung erzielte.

1731 führte man beim »Hamburgischen unpartheyischen Correspondent« als festen Zei-tungsbestandteil den von einem Redakteur eigens betreuten sog. ›Gelehrtenartikel‹ ein, der von den übrigen Inhalten abgesetzt wurde. Man hat darin eine erste redaktionelle Gliede-rung und eine frühe Form des allmählich aufkommenden Feuilletons erblickt, bei dem spä-ter, durch einen Querstrich vom politischen Teil der Zeitung abgesetzt, ›unter dem Strich‹ literarische, künstlerische und gesellschaftspolitische Themen abgedruckt wurden.[32] Poli-tisch bedeutsam waren Blätter wie die von Christian Friedrich Daniel Schubart zunächst in Augsburg, dann in Ulm herausgegebene »Deutsche Chronik« oder die Nördlinger Zeitung »Das Felleisen«, dessen Redakteur Wilhelm Ludwig Wekhrlin sich als »Spion des Publikums sowie Sittenrichter und Advokat der Menschheit« verstand. Beide Zeitungen enthielten neben Nachrichten und literarischen Teilen bereits in größerem Umfang obrigkeitskritische und politisch räsonierende Beiträge, die Schubart wie Wekhrlin Ärger mit den Zensurbehör-den, Haftstrafen und – im zweiten Fall – die Einstellung des Blatts einbrachten.[33]

Überhaupt ging Ende des 18. Jahrhunderts mit der bürgerlichen Aufklärung ein Politi-sierungsprozess einher, der u. a. auch vom Ruf nach mehr Pressefreiheit getragen war (siehe hierzu weiter unten Abschnitt 2.4). Zunächst wurde eine Liberalisierung des deutschen Pressewesens durch die 1810 erlassenen Zensurgesetze Napoleons in den von Frankreich besetzten Reichsgebieten noch einmal verhindert. Nach der Niederschlagung der napoleo-nischen Herrschaft aber kam es in den deutschen Ländern Nassau, Sachsen-Weimar-Eisen-ach, Württemberg und Bayern ab 1814 erstmals zur Einführung einer (wenn auch noch begrenzten) Pressefreiheit. Zwar wurde wenig später durch die Karlsbader Beschlüsse von 1819 erneut in den Staaten des Deutschen Bundes eine strenge Zensur eingeführt. Doch waren die Vorkämpfer der Pressefreiheit, die Repräsentanten des Vormärz und der Jungdeutschen, auch mit strengen Zensurmaßnahmen nicht mehr zum Schweigen zu bringen. Die Umbruchzeit von 1830 bis zur Märzrevolution von 1848 war von politischer Stagnation und Repression bei gleichzeitig starker sozialer Dynamik bestimmt. In dieser Zeit zogen liberale, demokratische und sozialistische Literaten und Publizisten in gesellschafts- und systemkritischen Artikeln gegen soziale Ungerechtigkeiten, die restaurative Obrigkeit und für bürgerliche Freiheitsrechte zu Felde.

Zu den prominenten Vertretern dieses frühen Meinungsjournalismus, die politische Kommentare zu einem neuen, künftighin unverzichtbaren Element des Pressejournalismus machten, zählten auch Joseph Görres und der junge Karl Marx. Görres hatte bereits im zweiten Jahrzehnt des 19. Jahrhunderts politische Meinungsbeiträge in dem von ihm herausgegebenen »Rheinischen Merkur« eingeführt, worin man den Ursprung des Leitartikels als meinungsbildende journalistische Stilform gesehen hat. Und unter Marx entwickelte sich die »Rheinische Zeitung« 1842 zu einem Blatt, das wegen seiner obrigkeitskritischen und für Meinungs- und Pressefreiheit eintretenden Beiträge auch als die ›erste politische Zeitung Deutschlands‹ bezeichnet worden ist. Die staatlichen Behörden wollten das nicht hinnehmen: Nur zehn Monate nach Marx' Eintritt in die Redaktion wurde die »Rheinische Zeitung« wie so viele oppositionelle Blätter seit Anfang der 1830er Jahre ein Opfer obrigkeitlicher Zeitungsverbote.[34]

Doch weist WILKE zu Recht darauf hin, dass man darüber nicht die Mehrzahl der deutschen Zeitungen jener Zeit vergessen darf, die sich wie in den Jahrzehnten zuvor jeder politischen Einmischung enthielten und »es bei der herkömmlichen sachlich-neutralen Berichterstattung bewenden [ließen], wenn sie nicht sogar zur abhängigen, ja servilen Presse gehörten und ihre Leser obrigkeitsgefällig unterrichteten«.[35]

2.3.2   Zeitschriften

Das Zeitschriftenwesen entfaltete sich in Deutschland als zweite große Gattung periodischer Presse neben den Zeitungen ab dem ausgehenden 17. Jahrhundert. Mitunter zählt man ›Meßrelationen‹ und Flugschriften zu ihren historischen Vorläufern. ›Meßrelationen‹, die eigentlich Vorformen von Chroniken und Jahrbüchern sind, kommen als Kandidaten infrage, weil sich auch unter den frühen Zeitschriften Periodika finden, die einem solchen Prinzip der Nachrichten- und Informationssammlung über einen größeren Zeitraum entsprechen. Daneben aber waren für Zeitschriften die ausführlichere Erörterung, die Reflexion und das Räsonnement konstitutiv. Eine solche Funktion kam jedoch nicht den ›Meßrelationen‹, sondern vor allem monothematischen Flug- bzw. Streitschriften zu. Überhaupt bildete sich die Gattung Zeitschrift erst allmählich aus, wobei die Grenzen zu Zeitungen einerseits, zu (Jahr-)Büchern andererseits immer wieder fließend waren. Die Verwendung des Begriffs ›Zeitschrift‹ im heutigen Sinne ist ohnehin erst ab Mitte des 18. Jahrhunderts bezeugt, als Titelbezeichnung gar erst seit 1788. Frühere Zeitschriften wurden Journal, Magazin, Monatsschrift, Sammlung(en) oder ähnlich genannt.[36]

Die fließenden Übergänge und Zwischenformen bei verschiedenen Pressegattungen lassen sich an einem frühen Pressetitel des ausgehenden 16. Jahrhunderts illustrieren, der – noch vor den ersten Zeitungen erschienen – pressetypologisch an der Schnittstelle zwischen Avisen, ›Meßrelationen‹ und den erst später aufkommenden Zeitschriften zu verorten ist. Es handelt sich dabei um die »Historische Relatio« bzw. »Historische Erzöhlung« des Verlegers Samuel Dilbaum und des Druckers Leonhart Straub, die 1597 in Rorschach am Bodensee erschien, weshalb sie auch als »Rorschacher Monatsschrift« bekannt ist; mitunter wurde als ihr Name gar – unsinnigerweise – die erste Titelzeile »Annus Christi« (im Jahre des Herrn) angegeben, die lediglich auf das Erscheinungsjahr verweist. Auf der Titelseite bebildert, enthielt die monatlich herausgegebene Druckschrift auf zehn bis zwölf Seiten eine Zusammenstellung von ›neuen Zeitungen‹, die bereits in verschiedenen Abschnitten nach geografischer Herkunft geordnet waren. Auch wurden einzelne Nachrichten bereits mit Erläuterungen versehen und durch schlagzeilenartige Marginalien voneinander abgesetzt. Diese Schrift stellt jedoch eine frühe Ausnahmeerscheinung dar, von der zudem nur Ausgaben aus dem ersten Erscheinungsjahr überliefert und keine Nachahmer bekannt sind.[37]

Als erste Zeitschrift im engeren Sinne gilt das 1665 erstmals in Paris erschienene »Journal des Sçavans«, dem noch im gleichen Jahr in London die »Philosophical Transactions« folgten, womit die Tradition der *Gelehrtenzeitschriften* begründet wurde. Dies waren in der Regel monatlich herausgegebene, universalwissenschaftliche Periodika mit wissenschaftlichen Abhandlungen, kürzeren Berichten und – von Beginn an – zahlreichen Buchrezensionen. Die erste in Deutschland herausgegebene Gelehrtenzeitschrift waren die in lateinischer Sprache verfassten »Acta Eruditorum« (Taten bzw. Berichte der Gelehrten), die Otto Mencke ab 1682 in Leipzig herausbrachte. Das Lateinische, damals Wissenschaftssprache, stand für die Internationalität der Gelehrtenwelt. Mencke hatte für seine Zeitschrift nicht nur freie Mitarbeiter im Ausland gewonnen, sondern fand auch Abonnenten in ganz Europa; allein 50 Exemplare der »Acta Eruditorum« sollen nach London gegangen sein. Aus den Gelehrtenzeitschriften entwickelten sich im Laufe der Zeit neben allgemeinwissenschaftlichen (Populär-)Zeitschriften auch die wissenschaftlichen Fachzeitschriften sowie Literatur- und Rezensionsorgane.[38]

Etwa zur gleichen Zeit kamen die ersten *historisch-politischen Zeitschriften* auf, die sich an ein gebildetes höfisches, aber auch städtisches Publikum wandten. Als deren »Archetyp« bezeichnet WILKE den vierteljährlich erscheinenden »Götter-Both Mercurius«, der ab 1674 (mit dem erfundenen Erscheinungsort »Wahrburg«) in Nürnberg herausgegeben wurde und mit fiktiven Reiseschilderungen des Götterboten kritische Diskussionen zu aktuellen Themen enthielt. Er gilt als die älteste überlieferte deutsche Zeitschrift. Und nur sechs Jahre nach Gründung der »Acta Eruditorum« gab dessen früherer Mitarbeiter Christian Thomasius 1688 in Leipzig die sog. »Monats-Gespräche« heraus, die – in deutscher Sprache verfasst – den Übergang von der Gelehrten- zur literarisch-kritischen Zeitschrift markieren. Denn zum einen wandten sich die »Monats-Gespräche« über Gelehrte hinaus an ein gebildetes Publikum, zum anderen handelten sie neben wissenschaftlichen auch von belletristischen Werken ihrer Zeit, und dies in Gesprächsform mit ungewohnt unterhaltsamem, mitunter ironisch-kritischem Sprachduktus. In der Folge entstanden zahlreiche Titel, deren vorherrschendes Stilmittel die literarische Form des Dialogs war. Ein großer Publikumserfolg waren hier David Fassmanns »Gespräche in dem Reiche der Todten« (ab 1718), in deren fiktiven Gesprächen sich in der Regel ein unlängst Verstorbener mit Gesprächspartnern aus der klassischen Antike über Themen der Zeitgeschichte austauschte. Schon gegen Ende des 17. Jahrhunderts stieg die Anzahl historisch-politischer Publikumszeitschriften deutlich an, deren Inhalt aus der ausführlicheren Erörterung politischer Ereignisse der Zeit bestand (wie später auch die »Staats-Anzeigen« von August Ludwig Schlözer, 1782 oder die »Deutsche Chronik« von Christian Schubart, 1774).[39]

Ebenfalls im letzten Drittel des 17. Jahrhunderts kommt aus dem Verlangen der Lesekundigen nach belehrend-unterhaltsamer Lektüre die Gattung der *Unterhaltungszeitschrift* auf. Eine der ältesten deutschsprachigen Zeitschriften, die von Johann Frisch unter dem bezeichnenden Titel »Erbauliche Ruh-Stunden« ab 1676 in Hamburg herausgegebene Wochenschrift, war ein frühes Unterhaltungsjournal. Auch hier wurde die Form des fiktiven Dialogs genutzt, wenn auch eher in der erzieherischen Absicht, über Tugenden und Torheiten, Nützliches und Lehrreiches zu reflektieren. Damit weisen die »Erbaulichen Ruh-Stunden« bereits hin auf einen Typus der Unterhaltungszeitschrift, der in der ersten Hälfte des 18. Jahrhunderts zur dominierenden Form der Unterhaltungspresse werden sollte: die *Moralischen Wochenschriften*. Diese überaus erfolgreichen Zeitschriften widmeten sich – nach englischen Vorbildern wie dem »Tatler« (1709), dem »Spectator« (1711) oder dem »Guardian« (1713) – der sittlich-moralischen Belehrung und Unterhaltung eines gebildeten, erstmals auch jüngeren und weiblichen Publikums. Ihre Blütezeit erlebten sie um die Mitte des 18. Jahrhunderts. Titel wie »Der Vernünftler« (1713), »Der Patriot« (1724), »Der Biedermann« (1727), »Der Jüngling«, »Der Weltbürger«, »Der Gesellige«, »Geschmack und Sitten«, »Der Glückselige«, »Der Rechtschaffene« u. a. m. lassen unschwer auf Inhalte und Intentionen dieser von der europäischen Aufklärung beeinflussten Blätter schließen. »Die vernünftigen Tadlerinnen« (ab 1725), deren Titel auf den englischen »Tatler« verweist, wenden sich – von Johann Christoph Gottsched unter Angabe fingierter weiblicher Autoren herausgegeben – bereits dezidiert weiblichen Lesern zu. Überhaupt war für die Moralischen Wochenschriften die ›fiktive Verfasserschaft‹ charakteristisch, bei der der Autor ungenannt blieb bzw. anonym in Gestalt einer Titelfigur auftrat. Seit 1725 sind übrigens auch erste illustrierte Zeitschriften bekannt. Im letzten Drittel des 18. Jahrhunderts etablierten sich im Feld der Zeitschriften mehr und mehr Frauenzeitschriften, Modejournale und humoristische Blätter.[40]

Auch die *Fachzeitschriften* entstanden zu Beginn des 18. Jahrhunderts. Als eine Sonderform der (medizinischen) Fachzeitschrift gilt jedoch gemeinhin das wesentlich früher erschienene Periodikum »Miscellanea curiosa medico-physika«, das bereits ab 1651 in Jahresbänden herausgegeben wurde. Die Fachzeitschrift löste infolge der zunehmenden Differenzierung und Spezialisierung der Wissenschaftsbereiche die universalen Gelehrtenzeitschriften ab, wobei zunächst theologische und juristische Fachzeitschriften ediert wurden. Ihnen folgten philosophische, historisch-geographische, naturwissenschaftliche und medizinische, volkswirtschaftliche, kulturelle und pädagogische Zeitschriften.[41]

Von besonderer Bedeutung, vor allem für die Aufklärung und die damit verbundenen politisch-gesellschaftlichen Prozesse, waren die *literarischen Zeitschriften*, deren Entstehung ab 1730 mit der vorklassischen und klassischen Dichtung einhergeht. Sie beförderten nicht nur die stark anwachsende literarische Produktion in Deutschland, sondern hatten mehr und mehr auch eine Orientierungs- und Selektionsfunktion angesichts der immer unübersichtlicheren Literaturlandschaft zu übernehmen. 60 Jahre nach ihrem Aufkommen gab es

Abb. 4: Titelseite der Zeitschrift »Frankfurter gelehrte Anzeigen« (1772)

1. Anfänge und Entwicklung der Zeitschriften im 17. und 18. Jahrh. 321

Frankfurter
gelehrte
Anzeigen.

vom Jahr 1772.

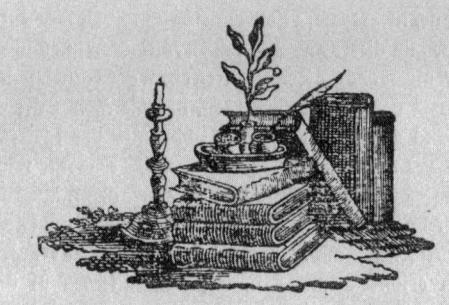

Frankfurt am Mayn
bey den Eichenbergischen Erben.

Abb. 51.
Titelblatt zu den „Frankfurter gelehrten Anzeigen" (1772).

Schottenloher, Flugblatt und Zeitung. 21

Quelle: Schottenloher, Karl: Flugblatt und Zeitung, Berlin: Verlag Richard Carl Schmidt & Co 1922, S. 321.

in Deutschland bereits über 300 literarische Zeitschriften. Erwähnt seien die »Beyträge zur Critischen Historie der Deutschen Sprache, Poesie und Beredtsamkeit« (ab 1732), der »Neue Büchersaal der schönen Wissenschaften und der freyen Künste« (ab 1745) sowie die »Allgemeine Deutsche Bibliothek« Friedrich Nicolais (ab 1765), die »zur führenden ›Rezensionsanstalt‹ der deutschen Aufklärung« wurde.[42] Als Herausgeber und Mitarbeiter solch literarischer Zeitschriften fungierten berühmte Dichter und Schriftsteller wie Lessing, Voss, Schiller, Herder, Goethe, Humboldt, Fichte, Hölderlin, Kleist, Klopstock und die Brüder Schlegel. Literarische Zeitschriften unterlagen wegen ihres Umfangs weitgehend nicht der Zensur. Sie spielten eine Vorreiterrolle im geistigen Kampf gegen den absolutistischen Staat sowie für die Erringung von Freiheitsrechten, so auch der Pressefreiheit. Gegen Ende des 18. Jahrhunderts ist ihre Öffnung hin zur kulturpolitischen Zeitschrift zu beobachten.[43] Ebenfalls in diesem Zeitraum entstanden erste Standes-, Verbands- und Berufszeitschriften, die in der Folge eine weitere Entfaltung und Ausdifferenzierung erfuhren. Um die Wende vom 18. zum 19. Jahrhundert kamen in zunehmendem Maße (literarisch-)politische Zeitschriften hinzu, die als Mittel der politischen Meinungsbildung und Diskussion vor allem in der Zeit des Vormärz und im Kampf um Pressefreiheit von Bedeutung waren, da umfangreichere Druckwerke – im Unterschied zu den Zeitungen – nicht der strengen Pressezensur unterlagen (vgl. Kapitel 2.4).[44]

Insgesamt zeichneten sich die Zeitschriftentitel des 18. Jahrhunderts nicht selten vor allem durch ihre Kurzlebigkeit aus. Bis 1790 verzeichnet Joachim KIRCHNER nicht weniger als 3.494 Titel, deren durchschnittliche Auflage von 500 bis 1.000 Exemplaren so niedrig war, dass sie oft kaum überlebensfähig waren. Nicht einmal die Hälfte aller Titel brachte es auf ein mehr als dreijähriges Erscheinen – auch wenn manche von ihnen über Jahrzehnte einen festen Platz in der deutschen Zeitschriftenlandschaft des 18. Jahrhunderts innehatten.[45]

2.4 Zensur und der Kampf um Pressefreiheit

Pressefreiheit, also die Garantie des Schutzes der Presse vor Eingriffen durch Obrigkeit bzw. Staat, stellt eine Errungenschaft moderner Gesellschaften dar, die in Deutschland noch keine 200 Jahre alt ist. Entsprechend unterlagen vor allem die gedruckten Medien Buch, Zeitung und – wenn auch mit Abstrichen – die Zeitschrift von ihrem Aufkommen an über mehr als drei Jahrhunderte zunächst den mitunter rigiden Bemühungen der Obrigkeit, sie zu kontrollieren. Man sagt wohl nicht zuviel, wenn man feststellt, dass das deutsche Pressewesen dadurch lange Zeit in seiner Entwicklung gehemmt und behindert worden ist.

2.4.1 Kirchliche und weltliche Zensurpolitik

Schon die Begleitumstände der Entstehung von Druckerzeugnissen ab Mitte des 15. Jahrhunderts waren alles andere als günstig. Denn bereits 25 Jahre nach Erfindung des Drucks mit beweglichen Lettern begegnete ihnen die Kirche mit neu geschaffenen Mitteln und Formen der Kontrolle. Das wichtigste Instrument dieser Kontrolle war die Zensur, bei der die

Schriften vor Drucklegung vorgelegt werden mussten und ihre Inhalte von eigens einge-richteten Stellen überprüft wurden (Vorzensur). Wo es gelang, diese Zensur zu umgehen, griff die Obrigkeit zu Repressiv- und Strafmaßnahmen. Der Kirche ging es dabei primär um die Unantastbarkeit des Glaubensguts und der kirchlichen Lehre sowie das Vorgehen gegen einen vermeintlich drohenden sittlich-moralischen Verfall. Schon bald nach der Erfindung des Buchdrucks mit beweglichen Lettern setzten solche Formen obrigkeitlicher Kontrolle ein. Bereits 1475 wurde an der Universität Köln eine (kirchliche) Druckzensur ausgeübt, 1485 wurde auf ein Dekret des Fürstbischofs von Mainz hin eine erste Zensurkommission errichtet (von der später auch das Zeitungswesen der Stadt Frankfurt betroffen war). 1487 folgte in Form einer sog. päpstlichen Bulle von Papst Innozenz VIII. die erste päpstliche Zensurverordnung, und das Konzil von Trient führte 1564 den ›Index librorum prohibi-torum‹ ein. Dieses Verzeichnis verbotener Bücher gab der kirchlichen Zensurpolitik eine dauerhafte Form; es sollte übrigens erst 400 Jahre später, nämlich 1966, von Papst Paul VI. außer Kraft gesetzt werden.[46]

Die anfänglich rein kirchliche Zensur wurde zunehmend subsidiär von weltlichen In-stanzen übernommen. Mit der weltlichen Zensur waren vor allem politische Absichten der Staatsräson verbunden, auch wenn im 16. und 17. Jahrhundert kirchliche und weltliche Zensurpolitik mitunter Hand in Hand gingen und im Nachhinein oft gar nicht voneinan-der getrennt werden können. Dabei spielten die Vorgänge um Reformation und Gegenre-formation eine wichtige Rolle. So war beispielsweise die Unterdrückung reformatorischer Flug- und Streitschriften immer wieder Ziel der ›Reichsabschiede‹ seit dem Reichstag zu Nürnberg 1524. Zuvor schon war mit dem (kaiserlichen) Wormser Edikt von 1521 die welt-liche Präventivzensur eingeführt worden. Es gilt als das erste gegen Druckschriften erlas-sene Reichsgesetz.[47]

Als wichtigste Institutionen der Zensur auf Reichsebene dienten dem Kaiser die Bücher-kommission zu Frankfurt und der Reichshofrat zu Wien: Zu den Aufgaben der Bücher-kommission gehörte »die Visitation der Bücherstände zu Messezeiten, die Kontrolle, ob die Händler ein Verzeichnis und die Druckerlaubnis für ihre Bücher nachweisen konn-ten, (…) die Durchsetzung der kaiserlichen Druckprivilegien, die Konfiszierung verbote-ner Schriften und die Nachkontrolle der erschienenen Schriften.«[48] Doch die Bücherkom-mission unterstand den Weisungen und der Aufsicht des Reichshofrats in Wien. Es war dies ein kaiserliches Regierungs- und Gerichtsorgan, das auf die Einhaltung der Reichsbe-stimmungen durch die Landesherren zu achten bzw. deren Missachtung zu ahnden hatte. Doch das ›Reichsregal‹ (das kaiserliche Hoheitsrecht) über das Druckwesen hatte der Kaiser mit den Landesherren zu teilen, denen er auch Ausführung und Durchsetzung der Gesetze weitgehend überlassen musste. Und die Länder hatten, ebenso wie viele Städte, eigene Zen-surbehörden. In Reichsstädten oblag die Zensur dem Kämmerer oder einem Syndikus, in fürstlichen Residenzen Geheimen Räten, Sekretären oder Kanzleibeamten, und in Univer-sitätsstädten war dies nicht selten Aufgabe von Professoren.

War die Frankfurter Kommission zumeist mit katholischen (mitunter gar päpstlichen) Kommissaren besetzt, gab es in den protestantischen Reichsgebieten Stände, die »ihre schüt-zende Hand über Drucker und Publizisten [hielten], wenn sie den Eindruck hatten, diese würden von den kaiserlichen Institutionen (…) benachteiligt.«[49] Dass das Zensurwesen trotz mehrfacher Verschärfung und Ausdehnung obrigkeitlicher Kontrolle oftmals nicht in der gewünschten Weise griff, lag also vor allem an den unterschiedlichen Interessen und den Kompetenzstreitigkeiten zwischen Kirchenfürsten, Kaiser und den Landesherren. Überdies schwächte die territoriale Zersplitterung des Reichs jeden kontrollierenden Zentralismus. Erschwerend kam schließlich hinzu, dass durch die Fülle der in der Reformationszeit entstehenden Schriften eine eingehende Präventivzensur praktisch unmöglich oder nur sehr eingeschränkt möglich war. Deshalb ging man in der Folge dazu über, außer dem Druck auch das Lesen zu verbieten. So entstanden neben dem kirchlichen Leseverbot auch ›Indices‹, die von örtlichen, also weltlichen Behörden herausgegeben wurden.[50]

Im Jahr 1530 wurde eine allgemeine Impressumspflicht eingeführt. Und in der ›neuen Polizeiordnung‹ des Augsburger Reichstags von 1548 wurden erstmals Strafen für den Druck unzensierter Bücher festgelegt. Sie reichten von Geldbußen bis hin zum Verbot der Berufsausübung für Drucker und galten auch für den Druck von Büchern ohne Impressum.[51] Außerdem wurde in Augsburg auch die Beschlagnahme unerlaubter Druckerzeugnisse verfügt. Selbst staatliche Behörden, die in diesen Angelegenheiten fahrlässig handelten, mussten mit Strafen rechnen. Dieses Kontrollsystem der Pressezensur hatte im Prinzip bis zur Auflösung des deutschen Reichs im Jahr 1806 Bestand. Ziel der weltlichen Kontrollmaßnahmen war es primär, Informationen aus dem eigenen Herrschaftsgebiet einzuschränken oder zu unterbinden. Innenpolitische Nachrichten, wie wir heute sagen würden, fehlten in den Zeitungen lange Zeit fast völlig; die Zeitungen beschränkten sich weitgehend auf den bloßen Abdruck von Nachrichten über das Geschehen außer Landes. Meinungsbeiträge waren nicht zugelassen, vielmehr berichteten die Zeitungen bis zur Wende vom 18. zum 19. Jahrhundert weitgehend unparteiisch.[52]

Im Laufe der sich über mehr als drei Jahrhunderte erstreckenden Pressekontrolle wurden folgende Maßnahmen entwickelt und angewandt:

* die Schaffung von Zensurkommissionen,
* Verzeichnisse verbotener Bücher,
* Vorzensur (Maßnahme zur Prüfung von Schriften vor der Drucklegung),
* Nachzensur (Kontrolle von bereits gedruckten und im Handel zugänglichen Druckwerken),
* Impressumspflicht zur Identifikation von Druckwerken,
* Bindung der Herausgabe von Zeitungen und Zeitschriften an Konzessionen und Privilegien, die auch wieder entzogen werden konnten,
* Kautionszwang, d. h. die Verpflichtung, Geld bei der Zensurbehörde zu hinterlegen,
* Zeitungssteuern (die sog. Stempelsteuer),
* Beschränkungen von Berufszulassungen für Drucker,
* Berufsverbote für Drucker und Entzug von Druckkonzessionen,
* Geldbußen, Kerkerstrafen sowie schließlich der Landesverweis,
* Untersagung bestimmter Inhalte und Aussageformen,
* Einziehen einzelner Ausgaben von Zeitungen und Zeitschriften,
* Beschränkungen der Erscheinungshäufigkeit periodischer Druckwerke,
* Verbot von Zeitungen und Zeitschriften,
* Beförderungs-, Verkaufs- und Erwerbsverbote von Druckwerken,
* Verbot des Besitzes periodischer Druckwerke (›Indices‹),
* erhöhte Beförderungsgebühren für Druckschriften.[53]

Privilegien kamen schon bald nach den Anfängen der periodischen Zeitungen auf, weil es in größeren Städten rasch zu harten Konkurrenzkämpfen zwischen den einzelnen Blättern gekommen war. So begannen Herausgeber von Zeitungen, sich an den Rat ihrer Stadt, den Landesherren oder nach Wien an den Kaiser zu wenden, um ihre Zeitung privilegieren zu lassen. Natürlich privilegierte die weltliche Obrigkeit eher ihr zugetane und genehme Titel. Mit einem solchen Privilegium ausgestattet, war eine Zeitung vor allem gegen Nachdruck geschützt – wenngleich dies nicht heißt, dass nicht trotzdem plagiiert wurde. Häufig bedeutete das Privilegium gewissermaßen die ›Absegnung‹ des örtlichen Zeitungsmonopols durch die Obrigkeit, was das Zeitungswesen in einer Region mitunter nachhaltig lahmlegen konnte. Das gesamte erste Jahrhundert vom Erscheinen der periodischen Presse an war von Privilegienstreitigkeiten gekennzeichnet. So tauchten nicht selten Zeitungen mit unberechtigten bzw. erfundenen Privilegienvermerken auf. Auch wurde versucht, durch ähnliche oder gar gleichlautende Titel diese Art der Zensur zu unterlaufen. Oder die Konkurrenten privilegierter Zeitungen versuchten, der Ahndung einer verbotenen Herausgabe durch ständige Titelkündigungen bzw. -änderungen zu entgehen.[54]

Auf das Privilegienwesen folgte im Laufe der Zeit mehr und mehr der *Kautions- bzw. Konzessionszwang*. Eine Kaution war zu entrichten, um überhaupt die Konzession zur Herausgabe einer Zeitung bekommen zu können. Im Wesentlichen erfüllte der Kautionszwang folgende Funktionen:

- Die Kaution, d. h. das Hinterlegen einer bestimmten Geldsumme bei der Zensurbehörde, war Voraussetzung für die Herausgabe von Zeitungen und brachte dem Fürst bzw. dem Staat Geld.
- Sie ermöglichte es, bei Pressdelikten (Gesetzesverstößen oder ›unliebsamer‹ Berichterstattung) verhängte Geldstrafen auch wirksam werden zu lassen und einzutreiben.
- Sie trug gleichzeitig dazu bei, dass wegen des hinterlegten Geldes die Berichterstattung gegenüber dem Fürsten bzw. dem Staat nicht zu kritisch war.
- Sie funktionierte schließlich als eine Art Reglementierung des Berufszugangs (zumal in der Zeit vor der Trennung in Journalisten und Verleger), weil nur wohlhabendere, eher gesellschaftlich Integrierte das notwendige Geld aufbringen konnten, um eine Konzession zu erhalten.[55]

2.4.2 Die Forderung nach ›Preßfreiheit‹

Im Vergleich zu England (Aufhebung der Zensur 1695), dem jungen Amerika (Pressefreiheit bereits 1776 in der ›Bill of Rights‹ des Staats Virginia) und Frankreich (Aufhebung der Zensur 1789) setzte in Deutschland die Diskussion über die Pressefreiheit relativ spät, nämlich erst im letzten Viertel des 18. Jahrhunderts ein. Unter dem Eindruck der Französischen Revolution geschah dies in einem Umfeld, in dem der Kaiser wie auch die Kurfürsten die Zügel der Kontrolle und Zensur erneut anzogen. Lediglich in den Herzogtümern Schleswig und Holstein verfügte 1775 ein Gesetz des dänischen Königs erstmals vorübergehend »uneingeschränkte Freyheit der Presse.«[56] Dieser Vorgang blieb jedoch einzigartig. Die sich in den achtziger Jahren des 18. Jahrhunderts ausbreitende Diskussion um Pressefreiheit hatte zunächst mit der Forderung begonnen, der Willkür der Pressezensur ›gerechte‹ Grenzen zu setzen. Ihr folgte die vermehrte Forderung nach Meinungs- und ›Preßfreiheit‹, die in verschiedenen gesellschaftlichen Kreisen mit unterschiedlichen Akzenten geführt wurde. Innerhalb der Diskussion lassen sich dreierlei, ideengeschichtlich (aber nicht notwendig zeitlich) aufeinanderfolgende Begründungen unterscheiden:

- Pressefreiheit als Gnadenerweis (im Sinne einer Gunstgewährung des absolutistischen Fürsten gegenüber den Untertanen, womit er seine ›Größe‹ bzw. ›Großherzigkeit‹ unter Beweis stellte),
- Pressefreiheit aus Zweckmäßigkeit (Erlass eines entsprechenden Gesetzes, weil es einer Regierung für die politisch-gesellschaftliche oder auch wirtschaftliche Entwicklung des Landes opportun erschien),
- die am weitesten gehende Forderung nach Pressefreiheit als einem individuell einklagbaren Menschenrecht (das aus dem Naturrecht abgeleitet wurde und zugleich ein Abwehrrecht gegenüber dem Staat darstellte).[57]

Obwohl die Auseinandersetzungen um Pressefreiheit zu einer noch schärferen Zensurpolitik – bis hin zur Verbrennung von Druckerzeugnissen – führten, ließ sich die Debatte um ›Preßfreiheit‹ nicht mehr zum Verstummen bringen. Die Ereignisse der Französischen Revolution waren den staatlichen Autoritäten im Reich Menetekel und Anlass zu noch repressiverer Pressepolitik, den Publizisten jedoch zugleich Vorbild und Ansporn im Kampf um ihre Rechte. Mit der Auflösung des Deutschen Reichs 1806 endete zwar die jahrhundertealte kaiserliche Aufsicht über das Buch- und Pressewesen, zugleich aber hatte Napoleon in den besetzten Ländern des Reichs ein zentralistisches, gut wirksames Pressekontrollsystem geschaffen.[58] Napoleons Einstellung zur ›Großmacht Presse‹, wie er sie einmal genannt hat, unterschied sich grundsätzlich von der negativen Pressepolitik des Absolutismus: Als Erster verfolgte er eine aktive Pressepolitik und ersetzte in Frankreich, wo bis 1810 Pressefreiheit herrschte, Zensur durch Propaganda.

Was die besetzten Gebiete Deutschlands anbelangte, fand Napoleon in den bestehenden Zensursystemen allerdings ein willkommenes Instrument zur politischen Repression. Darüber hinaus versuchte er, unmittelbar auf die Nachrichtenträger selbst Einfluss zu nehmen, und verbot in allen Rheinbundstaaten und in Norddeutschland sämtliche Zeitungen bis auf jeweils einen Titel pro Departement, der dann ausschließlich die Berichte des Pariser »Moniteur« nachdrucken durfte. Gleichzeitig kam es in den deutschen Ländern erstmals zu einer Annäherung zwischen der Presse und den Regierungen, die gleichermaßen unter der französischen Vorherrschaft gelitten hatten und Freiheit wiedererlangen wollten. Es folgte unter Förderung zunächst der russischen, dann auch der preußischen Regierung ab 1813 eine Welle von Zeitungs-Neugründungen und eine Lockerung der Zensur in fast allen deutschen Staaten. Dadurch sollte die Presse in ihren Bemühungen unterstützt werden, die patriotische Stimmung des Volks (gegen Frankreich) zu verstärken. Dies führte zu einem Aufblühen der politischen Publizistik im zweiten Jahrzehnt des 19. Jahrhunderts.[59]

Nach der Befreiung von der französischen Vorherrschaft hatte ein Teil der deutschen Einzelstaaten (Nassau, Sachsen-Weimar-Eisenach, Württemberg und Bayern) erstmals in unterschiedlichem Ausmaß so etwas wie Pressefreiheit eingeführt. Man sprach damals von ›vernünftiger Preßfreiheit‹ und meinte damit eine grundsätzliche Bejahung der Pressefreiheit, wobei gleichzeitig gesetzliche Einschränkungen für notwendig und richtig gehalten wurden. Selbst die Bundesversammlung stellte 1815 Pressefreiheit und die Sicherung der Rechte von Schriftstellern und Verlegern in Aussicht; eine endgültige Regelung blieb jedoch einem späteren Bundesgesetz vorbehalten.[60]

Der Umbruchphase im frühen 19. Jahrhundert, die von der Auflösung der Ständegesellschaft, der Etablierung einer bürgerlichen Öffentlichkeit, von Landflucht, einem aufkommenden Industrieproletariat sowie der Verbreitung liberaler und republikanisch-konstitutioneller Ideen gekennzeichnet war, begegneten die konservativen Regierungen Preußens und Österreichs – unter der Federführung Metternichs – mit einer restaurativen Politik, die auf die unbedingte Wahrung politischer Stabilität ausgerichtet war. Sie richtete sich gegen die aufkommenden Turner- und Burschenschaften, Universitäten und vor allem gegen die liberale wie auch die patriotische Presse in den deutschen Staaten.

Das ›Wartburg-Fest‹ mit seinem glühenden Patriotismus 1817, die zunehmenden Unruhen an den Universitäten, die Ermordung des konservativen Publizisten Kotzebue sowie die zunehmenden Armenaufstände in deutschen Städten gaben den Vorwand und Ausschlag dazu, die angekündigten Gesetze zur Pressefreiheit nicht auszuführen. Stattdessen kam es 1819 zur Verabschiedung der ›Karlsbader Beschlüsse‹, wonach in den Staaten des Deutschen Bundes eine strenge Vorzensur aller Druckschriften unter 20 Bogen (was – je nach Format – 160 bis 320 Seiten Umfang entspricht!) wieder eingeführt wurde. Zahlreiche Zeitungstitel wurden verboten, Publizisten verfolgt und verhaftet und einige Verleger mit fünfjährigem Berufsverbot belegt.[61] In dieser Zeit durften die Zeitungen weder über die Tätigkeit der Zensur berichten noch zensierte Textstellen kenntlich machen. Obrigkeitshörige Blätter hatten jedoch enorme Auflagenverluste hinzunehmen und mussten daraufhin zum Teil sogar ihr Erscheinen einstellen. Zur gleichen Zeit kam es auch zur Gründung erster Exilblätter emigrierter Literaten und Publizisten sowie zu einem verstärkten Bezug ausländischer (vor allem französischer) Zeitungstitel in Deutschland.[62]

In der Zeit des Vormärz, nach der französischen Julirevolution von 1830, verschärfte sich auch in den deutschen Staaten die revolutionäre Stimmung. Der Radikalisierung der liberalen und republikanischen Opposition und der Euphorie des ›Hambacher Festes‹, auf dem über 20.000 Menschen mit vaterländischen und liberalen Parolen mehr Volkssouveränität forderten, folgte eine noch striktere Durchsetzung der strengen Zensurmaßnahmen. Und die Aufhebung der Zensur in Baden 1832 währte nicht einmal fünf Monate. Die ›Jungdeutschen‹, Schriftsteller und Publizisten der liberalen Presse, begegneten der verschärften Kommunikationskontrolle mit Strategien zur Umgehung der Zensur: Viele griffen zu den Mitteln anonymer oder pseudonymer Veröffentlichung, fiktiver Verlagsort-Angabe oder einer häufigen Änderung des Zeitungstitels. Beliebt waren in jener Zeit auch Artikel, die ihre zum Teil scharfe Systemkritik in Parabeln, fiktiven Erzählungen und feuilletonistischen Essays ›versteckten‹ oder gar die vorgenommenen Zensureingriffe durch entsprechende Leerstellen im Text offenlegten. Auch erlebten politische Flugschriften, die sich besonders gut der staatlichen Kontrolle entziehen konnten, eine nochmalige Blütezeit. Nachdem sich in den vierziger Jahren der politische und soziale Druck noch einmal verstärkt und die revolutionäre Situation sich weiter zugespitzt hatte, brachte die bürgerliche Revolution vom März 1848 die lang erhoffte Wende: Die Ausnahmegesetzgebung von 1819 wurde aufgehoben, der Zwang zur Präventivzensur war zu Ende.[63]

2.4.3   Deutsche Pressepolitik nach 1848

Artikel 4 des Gesetzes betreffend die Grundrechte des deutschen Volks, das im Dezember 1848 von der in der Frankfurter Paulskirche tagenden Nationalversammlung verabschiedet wurde, garantierte zunächst die Pressefreiheit in umfassender Weise. Die darauffolgenden Pressegesetze zeichneten sich jedoch erneut durch eine restaurative Pressepolitik aus. Zwar ließ sich eine Vorzensur nun nicht mehr durchsetzen, doch enthielten die Gesetze erneut präventive und repressive Bestimmungen wie Konzessions- und Kautionszwang, fiskalische Maßnahmen (Stempelsteuer), Eingriffe der Post beim Zeitungsvertrieb und – in der Ära Bismarck – verstärkt inhaltliche Einflussnahmen, die sich allerdings unter strenger Geheimhaltung vollzogen, da behördliche Einflussnahmen auf die Presse in der aufkommenden liberalen Ära als nicht opportun galten.[64]

Das Reichspressegesetz vom 1. Juli 1874 hob die landesrechtlichen Beschränkungen der Pressefreiheit auf, erlaubte jedoch in Paragraph 30 besondere gesetzliche Bestimmungen für Zeiten von Kriegsgefahr und Aufruhr. Bismarck machte von dieser Bestimmung nach Erlass des Sozialistengesetzes von 1878 auch Gebrauch und ging gegen die sozialdemokratische Presse vor: 42 Parteiblätter mussten vorübergehend eingestellt werden. 1914, mit Beginn des Ersten Weltkriegs, stand die Presse unter einer strengen Militärzensur (Veröffentlichungsverbote, inhaltliche Presseanweisungen), die zu heftiger parlamentarischer Kritik führte, aber erst mit Kriegsende aufgehoben wurde.[65]

Artikel 118 der Weimarer Verfassung von 1919 enthielt schließlich ausdrücklich das Zensurverbot und die Gewährung der Meinungsfreiheit, jedoch keinen expliziten Schutz der Pressefreiheit; dieser war geschwächt durch das in Artikel 48 enthaltene Notverordnungsrecht des Reichspräsidenten. In den zwanziger Jahren tat sich des Weiteren der Problembereich der ›inneren Pressefreiheit‹, also der Abgrenzung der Rechte und Pflichten von Verlegern und Redakteuren auf; er wurde jedoch bereits damals keiner Lösung zugeführt (vgl. Kap. 5.2 u. 8.5).[66]

2.5   Modernisierung und Ausdifferenzierung der Presse im 19. Jahrhundert

Auch wenn sich das deutsche Pressewesen weiter ausgeweitet und diversifiziert hatte, sahen die Zeitungen (und großteils auch die Zeitschriften) an der Wende zum 19. Jahrhundert hinsichtlich Erscheinungsbild, Umfang, Aufmachung und Inhalten nicht viel anders aus als 100 Jahre zuvor. Die große Veränderung trat nicht mit Beginn des 19. Jahrhunderts ein. Das verhinderten die damaligen politischen und gesellschaftlichen Bedingungen. Bei den Zeitungen setzte der Modernisierungsschub ab Mitte des 19. Jahrhunderts ein und sollte in den darauffolgenden Jahrzehnten eine zusätzliche Dynamik gewinnen. Bei den Zeitschriften sind entsprechende Entwicklungen jedoch bereits in der ersten Hälfte des 19. Jahrhunderts zu beobachten – sei es, dass die unpolitischeren Titel unter ihnen weniger unter der Zensur zu leiden hatten, sei es, dass frühe Populärtitel unter den Zeitschriften auf ein neues und rasch zunehmendes Publikumsinteresse stießen, das die Zeitungen in den politisch unruhigen Jahren vor 1848 kaum befriedigen konnten. Diese Entwicklungen im Zeitschriftenwesen werden nach den Ausführungen zu den Zeitungen in einem eigenen Abschnitt erläutert. Im Anschluss daran soll wenigstens kurz darauf eingegangen werden, dass und wie die tiefgreifenden Veränderungen in der deutschen Presse an der Schwelle zum 20. Jahrhundert auch zum Entstehen erster Pressekonzerne führten.

2.5.1 Zeitungen

Ab Mitte des 19. Jahrhunderts kam es zu einer Modernisierung des Zeitungswesens, die sowohl mit einer größeren Verbreitung als auch einer Ausdifferenzierung des Zeitungsangebots verbunden war und um die Wende vom 19. zum 20. Jahrhundert zur Entstehung der modernen Massenpresse führte. Die folgenden politisch-rechtlichen, wirtschaftlichen, technischen und kulturellen Faktoren begünstigten diese Entwicklung:

- Zu den *politisch-rechtlichen Faktoren* zählt zweifellos die Aufhebung der Zensur 1848, wenngleich damit zunächst nur vorübergehend eine Liberalisierung des Pressewesens verbunden war. Zu nennen ist daneben die Aufhebung des Intelligenz- bzw. Insertionszwangs 1850, deren ökonomische Auswirkungen auf das Pressewesen in der zweiten Hälfte des 19. Jahrhunderts nicht zu unterschätzen sind. Eine Zäsur bedeutete auch das 1874 vom Reichstag verabschiedete Reichspressegesetz, das einen rechtlichen Rahmen für das Pressewesen festlegte und alle Zensur- und Präventivmaßnahmen untersagte. Allerdings konnte der Reichstag (mit einfacher Mehrheit) weiterhin die Pressefreiheit einschränken oder aufheben. Auch war das Reichspressegesetz durch das Ausnahmerecht des Sozialistengesetzes teilweise außer Kraft gesetzt. Doch führten das politisch aufgeladene Klima und das rasche Entstehen politischer Parteien zum Aufkommen einer vielfältigen Gesinnungs- respektive der Parteipresse. [67]
- Die rasch wachsende Wirtschaft der ›Gründerzeit‹ mit ihren stark expandierenden Arbeitsmärkten – und nun sind *ökonomische Gründe* angesprochen – hatte eine allgemein steigende Kaufkraft zur Folge, was eine wichtige Voraussetzung für den regelmäßigen Bezug von Zeitungen (und den Erwerb der darin angebotenen Waren) darstellte. Auch erweiterte die Aufhebung des staatlichen Anzeigenmonopols, des Intelligenz- bzw. Insertionszwangs, die Erlösmöglichkeiten der Zeitungen durch kontinuierliche Anzeigenwerbung um ein Vielfaches. Des Weiteren ist hier auf das mit zunehmender Industrialisierung steigende Interesse an allgemeinen Nachrichten zu verweisen. In diesem Zusammenhang ist auch die Entstehung und Entwicklung der ›Generalanzeiger‹-Presse ab etwa 1870 einzuordnen, denn durch deren Einrichtung eines ausgebauten Anzeigenteils in den Zeitungen wurde das Medium Zeitung zu einem billigen Massenprodukt, mit dem auch völlig neue Leserschichten erschlossen werden konnten. [68]
- Als die ersten bedeutsamen *technischen Gründe* für die Entwicklung der Massenpresse lassen sich die Erfindung der Schnellpresse (1811), des Prinzips der Stereotypie (1829), der industrialisierten Papierverarbeitung (Rollen statt Bögen) und des Holzschliffs in der Papierherstellung sowie der Einsatz von (dampf-)maschinenbetriebenen Rotationspressen (ab 1872) angeben – Neuerungen, durch die eine bedeutend schnellere Produktion

und enorme Auflagensteigerungen ermöglicht wurden. Die Erfindung der Zeilensetzmaschine durch Ottmar Mergenthaler 1884 verbesserte zusätzlich die Setzleistungen in den Zeitungsdruckereien und ließ neben den Auflagen auch die Umfänge der Zeitungen stark anwachsen. Darüber hinaus ermöglichten die Eisenbahn (ab 1835) und die damals neuen Kommunikationsmittel Telegrafie (ab 1849) und Telefon (nach 1876) rasche Kommunikationsverbindungen und schnellen Nachrichtenaustausch, sodass in der Folge Nachrichtenbüros entstanden – die Vorläufer der heutigen Nachrichtenagenturen (vgl. Kapitel 2.6).[69]

- Schließlich sind mit wachsender Bildung und Alphabetisierung und der damit steigenden Lesefähigkeit der Bevölkerung *kulturelle Gründe* genannt. Erstmals erreichten Zeitungen und Zeitschriften den überwiegenden Teil der Bevölkerung – auch in ländlichen Regionen. Das rapide wachsende Interesse der Gesellschaft an Information aus allen Bereichen der zunehmend differenzierten Gesellschaft ging einher mit dem gleichzeitigen Anstieg der Informationsmenge und einer Verkürzung ihrer Umschlagszeiten in den Medien. Diese Entwicklungen wiederum trugen mit dazu bei, dass sich im letzten Drittel des 19. Jahrhunderts in den Zeitungsredaktionen unterschiedliche Ressorts herausbildeten, die sich auch in der Unterteilung der Zeitung in verschiedene ›Zeitungsbücher‹ (wie den allgemeinen Politikteil, Wirtschafts-, Kultur-, Sportteil und das Regionale bzw. Lokale) niederschlug. Auch die Professionalisierung des Journalistenberufs und die Ausdifferenzierung redaktioneller Arbeitsrollen gehört in diesen Zusammenhang.[70]

Bereits nach der Beseitigung der Zensur im Jahr 1848 »schossen« neue Zeitungen »wie Pilze aus der Erde«,[71] wobei zwischen 1848 und 1850 viele Zeitungen aus der Zeit des Vormärz eingestellt werden mussten und selbst Neugründungen aufgrund eines übersättigten Zeitungsmarkts oft nicht überlebten. So zeugte die Flut neuer Zeitungen – wie Koszyk pointiert formuliert hat – »weniger von einem gesunden politischen Leben als von einem ungesunden publizistischen Eifer«.[72] Hinzu kam der baldige Rückfall in vormärzliche Methoden repressiver Pressekontrolle. Ein Vierteljahrhundert später waren die Bedingungen günstiger: Nach Verabschiedung des Reichspressegesetzes 1874 kam es erneut zu einem Gründungsboom bei den Zeitungen, der ihre Zahl von etwa 1.300 im Jahr 1862 auf über 2.400 in 1881 ansteigen ließ. In den 1890er Jahren betrug diese Zahl rund 3.400 und sollte mit über 4.200 Titeln am Vorabend des Ersten Weltkriegs 1914 ihren Höchststand erreichen. Allerdings hatten zur Jahrhundertwende gerade mal 11 Prozent dieser Zeitungen eine Auflage von über 5.000 Exemplaren. Neun von zehn Titeln waren folglich kleinere oder Kleinstzeitungen. Der Anteil solcher Kleinzeitungen, die pro Ausgabe bis zu 1.000 Stück absetzen konnten, betrug immerhin 42 Prozent aller Zeitungstitel. (Bei diesen Zahlenangaben muss jedoch berücksichtigt werden, dass in damaligen Pressezählungen nicht immer zwischen selbständigen Zeitungen, lokalen Ausgaben sowie identischen Blättern mit lediglich lokal geändertem Titelkopf unterschieden wurde.)[73]

Gegen Ende des 19. Jahrhunderts gab es im deutschen Pressewesen im Wesentlichen die folgenden drei Zeitungstypen: die von politischen Parteien und anderen weltanschaulichen Gruppierungen herausgegebenen Titel der Gesinnungs- bzw. Parteipresse; den politisch neutralen, in besonderer Weise das Lokale (und das Anzeigenwesen) pflegenden Typ des Generalanzeigers sowie schließlich einige über die Region hinaus verbreitete Qualitätszeitungen mit publizistischem Renommee, die sich durch eine ausführliche politische, wirtschaftliche und kulturelle Berichterstattung auszeichneten und – obschon in der Regel Meinungsblätter mit jeweiliger politischer Ausrichtung – parteiunabhängig waren. Prominenteste Vertreter wären hier die 1856 gegründete »Frankfurter Zeitung«, die »Norddeutsche Allgemeine Zeitung« (später in »Deutsche Allgemeine Zeitung« umbenannt) sowie das 1871 von Rudolf Mosse gegründete »Berliner Tageblatt«.[74]

Zur Parteipresse: Im Zuge der Parlamentarisierung der Gesellschaft und der Politisierung weiter Gesellschaftskreise kam es in der zweiten Hälfte des 19. Jahrhunderts mit den Parteizeitungen zur Ausbildung eines bis dahin unbekannten Pressetyps. Parteizeitungen waren dabei sowohl Motor der parteipolitischen Entwicklung als auch selbst Ergebnis und Folge dieser Entwicklung. Denn auf der einen Seite wurde die Idee der Parteienbildung in der Presse gefordert und befördert; auch bildeten sog. Comité-Zeitungen nicht selten die Keimzelle späterer Parteigründungen. Auf der anderen Seite entdeckten die jungen Parteien in Presseorganen ein notwendiges Sprachrohr und gründeten oder erwarben in großer Zahl Tageszeitungen. Der Glaube an die organisierende Kraft der Presse, mit deren Hilfe sich die Parteien an ihre Anhänger wenden, Positionen bekannt geben und neue Mitglieder werben konnten, war stark ausgeprägt.

Als Überbegriff wird mitunter der Ausdruck der ›Gesinnungspresse‹ bevorzugt, weil es drei Arten der Parteipresse zu unterscheiden gilt: (a) Zeitungen der parteieigenen bzw. parteigebundenen Presse, die in Parteibesitz oder -auftrag als deren offizielles Sprachrohr agierten (Parteizeitungen im engeren Sinne); (b) Zeitungen der parteiverbundenen Presse, die formal eigenständig im Umfeld einer Partei deren inhaltliche und programmatische Ziele unterstützten, sowie schließlich (c) Parteirichtungszeitungen, die in ihrer Grundhaltung einer Partei gesinnungsmäßig nahestanden und deren Positionen und Ziele publizistisch unterstützten.[75]

Was das Aufkommen und die Blüte der Parteipresse anbelangt, so bildete sich nach einer Phaseneinteilung von KOSZYK ab 1850 zunächst vor allem die *konservative Presse* heraus. Prominenteste Titel waren hier die von Bismarck 1848 mitbegründete »Neue Preußische Zeitung« (wegen des Eisernen Kreuzes als Titelemblem auch »Kreuz-Zeitung« genannt), die 1866 ins Leben gerufene »Post« der konservativen Reichspartei und die »Deutsche Tageszeitung« im Besitz des (völkisch-antisemitischen) Bundes der Landwirte. Rechtskonservative Parteizeitungen waren ganz überwiegend kleine und Kleinstzeitungen, häufig in Form von Kreisblättern.[76]

In einer zweiten Phase folgte ab etwa 1860 die immer mächtiger werdende *liberale Presse*, wobei es sinnvoll ist, zwischen (konservativ) nationalliberalen und linksliberalen Blättern zu unterscheiden. Zur Ersteren sind die bereits 1848 gegründete Berliner »National-Zeitung« (ab 1810 dann »Acht-Uhr Abendblatt«), die »Kölnische Zeitung« und die »Münchner Neuesten Nachrichten« zu zählen, die alle Vertreter einer gemäßigt liberalen Parteirichtungspresse waren. Zu den linksliberalen Blättern, die der Deutschen Fortschrittspartei nahestanden, werden immer wieder die »Frankfurter Zeitung«, die »Vossische Zeitung«, die »Berliner Volkszeitung« und das »Berliner Tageblatt« gerechnet – allesamt großstädtische Tageszeitungen, in deren Artikeln zwar eine bürgerlich-liberale Gesinnung zum Ausdruck kam, die aber auch der überregional bedeutsamen Qualitätspresse zugeordnet werden können; nicht zufällig sind es vor allem diese Titel, die fünf- oder sechsstellige Auflagenzahlen erreichten.

Die *Zentrumspresse*, d. h. die Presse der Zentrumspartei und des politischen Katholizismus in Deutschland, verfügte mit der 1869 gegründeten »Kölnischen Volkszeitung« und dem zwei Jahre später gegründeten Zentralorgan »Germania« nur über zwei überregional bedeutsame Zeitungstitel. Die 288 katholischen Regional- und Lokalzeitungen, die ihr gegen Ende des 19. Jahrhunderts zuzurechnen sind, waren jedoch wirtschaftlich schwach und kaum überlebensfähig, weshalb zu ihrer Stärkung 1878 ein eigener Presseverein und ein Korrespondenz-Dienst gegründet worden waren.

Die positive Wende für die *sozialistische bzw. sozialdemokratische Presse* erfolgte erst nach der Vereinigung des Allgemeinen Deutschen Arbeitervereins und der Sozialdemokratischen Arbeiterpartei 1875 zur Sozialistischen Arbeiterpartei (SAP; ab 1890 Sozialdemokratische Partei Deutschlands), nachdem sie zuvor lediglich zwei Wochenzeitungen besessen hatte. 1877 kommt sie auf 42 Zeitungen, darunter auch der durch Zusammenlegung kleinerer Parteiorgane entstandene »Vorwärts«, der 1891 das Zentralorgan der SPD wird. Zuvor aber bereitete das Sozialistengesetz von 1878 der sozialdemokratischen Presse das Aus: Ihre Blätter wurden verboten; fast alle Partei-Tageszeitungen mussten ihr Erscheinen einstellen. Danach mussten SPD-Anhänger verbotenerweise mit eingeschmuggelten Exemplaren der in Zürich (später London) herausgegebenen Exilzeitung »Socialdemokrat« beliefert werden. Doch auch nach Aufhebung des Sozialistengesetzes 1890 vollzog sich der (Wieder-)Aufbau der sozialdemokratischen Parteipresse eher zäh: Ihre Blätter, die vergleichsweise eng in die Parteiorganisation eingebunden waren, verzichteten aus einer antikapitalistischen und kommerzkritischen Haltung weitgehend auf Anzeigen, was sie immer weiter in die finanzielle Abhängigkeit der Partei trieb. Von der sozialistischen Presse spaltete sich nach dem Ende des Ersten Weltkriegs die *kommunistische Parteipresse* ab.[77]

Insgesamt machten die parteigebundenen, Parteien nahestehenden und Parteirichtungszeitungen 1912 die Hälfte aller deutschen Pressetitel aus. Unter ihnen dominierten zahlenmäßig mit 608 Titeln die der (links-)liberalen Presse, gefolgt von 547 rechts-konservativen Zeitungen; der Block aus Zentrum und katholischer Presse umfasste 454 Zeitungen, der Sozialdemokratie hingen 74 Titel an. WILKE verweist jedoch darauf, dass die Tageszeitungen mit hohen Auflagen in der Regel der parteilosen oder der liberalen Presse zuzuordnen waren. So brachten es allein die zehn parteilosen unter den damals 16 Tageszeitungen mit großer Verbreitung auf eine gemeinsame Auflage von mehr als einer Mio. Exemplaren. Dieser Sachverhalt spiegelt sich in der unterschiedlichen Verbreitung von Titeln der Parteipresse wider: »Die Auflagen waren im Prinzip umso niedriger, je enger ein Blatt an eine Partei(linie) gebunden war, und umso höher, je unabhängiger sie sich gaben und über Gleichgesinnte hinaus ein breiteres Lesepublikum ansprechen wollten.«[78] Denn mehr und mehr konkurrierten sie mit den Titeln der aufkommenden Generalanzeiger-Presse um Gunst und Aufmerksamkeit der Leser.

Zur Generalanzeiger-Presse: Mit der Entstehung dieses neuen Zeitungstyps holte die Presse in Deutschland insbesondere ab den 1880er Jahren den Durchbruch zur modernen Massenpresse nach, der in den Vereinigten Staaten, Frankreich und England bereits in den dreißiger Jahren des 19. Jahrhunderts vollzogen worden war. Dort waren es die ›penny papers‹

bzw. die Titel der ›Grande Presse‹ gewesen, die überwiegend über kommerzielle Anzeigen finanziert, mit Niedrigstpreisen völlig neue Leserschichten erschlossen und rasch ungeahnt hohe Auflagen erreichten. Die Etablierung der Generalanzeiger-Presse bedeutete auch hierzulande den entscheidenden Schritt zur »Zeitung für alle« (Emil DOVIFAT).[79]

Als erste deutsche Zeitung des neuen Pressetyps gilt jedoch der bereits 1845 in Leipzig erschienene »General-Anzeiger für Deutschland. Organ für allen Verkehr, Handel und Wandel«, der dezidiert an die Tradition der (nicht staatsnahen) Intelligenzblätter anknüpfte.[80] Die Generalanzeiger-Titel versuchten überparteilich und politisch neutral zu sein, verstanden sich als generelles Mitteilungsorgan und bemühten sich, als »Lokalanzeiger« mit ausführlicher örtlicher Berichterstattung wie auch mit lokalen Anzeigen eine enge Leserbindung in ihrem vornehmlichen Verbreitungsgebiet zu erreichen. Auch zeichneten sie sich in ihrem redaktionellen Teil durch unterhaltende Zeitungsteile, (Fortsetzungs-)Romane und Erzählungen aus.

Was sie von der übrigen Presse aber vor allem anderen unterschied, war die völlig neue Finanzierungsgrundlage. Denn während die traditionellen Pressetitel ihre Einnahmen in erster Linie aus dem Bezugspreis bzw. der Abonnementgebühr (also den Vertriebserlösen) hereinholten, waren es beim Generalanzeiger umgekehrt die Anzeigenerlöse, die zur hauptsächlichen Finanzierungsquelle wurden. Das erlaubte den Verlegern die Abgabe der Zeitung zu Niedrigstpreisen. Anfangs wurden sie mitunter sogar kostenlos oder gegen ein geringes Zustellgeld (von 10 Pfennigen pro Monat) abgegeben. Damit erreichten sie hohe Verbreitung und gewannen neue Leserschichten hinzu, was sie umso attraktiver für Inserenten machte, die für überregionale wie lokale Geschäftsanzeigen gewonnen wurden. Private Kleinanzeigen waren für Abonnenten mitunter umsonst, was zur weiteren Stärkung der Leser-Blatt-Bindung beitragen sollte. Hinzu kamen in jenen Jahren sinkende Papierpreise und – technisch bedingt – enorme Steigerungen der Druckkapazitäten.[81]

Vor allem in urbanen Mittelzentren sowie in den Großstädten wurde der Generalanzeiger zum Erfolgsmodell. Beim »Berliner Lokal-Anzeiger«, der von August Scherl 1883 als Wochenblatt gegründet wurde und zwei Jahre später zu täglicher Erscheinungsweise überging, überschritt die Auflage noch vor der Jahrhundertwende die Marke von 200.000 Exemplaren, allein 150.000 davon konnten im Abonnement abgesetzt werden. Der Verleger Wilhelm Girardet brachte Generalanzeiger in sieben deutschen Städten heraus, und der sog. Generalanzeiger-König August Huck gründete, kaufte oder beteiligte sich an Generalanzeigern von München bis Oldenburg, die zusammen eine Auflage von 700.000 Stück ergeben haben sollen. Allein Leopold Ullsteins »Berliner Morgenpost« verkaufte 1903 250.000, 1914 gar über 400.000 Exemplare täglich.[82]

Dabei war das Ansehen der Generalanzeiger-Presse alles andere als gut. Widerstand regte sich nicht nur bei den Verlegern der etablierten Presse, die sich 1894 eigens im Verein deutscher Zeitungs-Verleger (VDZV) organisierten, um eine »Regelung des durch Preisschleuderei verdorbenen Anzeigengeschäfts« zu erreichen und gegen die Gruppe der »politisch physiognomielosen, billigen Anzeigengeschäftsblätter« vorzugehen. Selbst die politischen Parteien beteiligten sich an dieser kritischen Auseinandersetzung. Sie verlor jedoch an Schärfe, als auch Traditionsverleger vermehrt auf das Generalanzeiger-Prinzip zurückzugreifen begannen und sich umgekehrt immer häufiger Titel der Generalanzeiger-Presse einer Politisierung ihrer Zeitungsinhalte öffneten (ohne in allen Fällen das Neutralitätsprinzip aufzugeben).[83]

Zu Beginn des 20. Jahrhunderts erschien mit Ullsteins »BZ am Mittag« 1904 auch die erste Boulevardzeitung, wie überhaupt in jenen Jahren eine weitere Ausdifferenzierung des Zeitungswesens mit einer beeindruckenden Titelvielfalt erfolgte. So gab es 1914 ca. 4.200 Zeitungen mit einer geschätzten Auflage von 18 Mio. Exemplaren. Während des Ersten Weltkriegs stieg die Auflage vorübergehend sogar auf 25 Mio. an. 1926, im Vorfeld der Weltwirtschaftskrise, ging die Titelzahl auf 3.250 zurück; die Auflage betrug nun ca. 20 Mio. Exemplare. Vor der nationalsozialistischen Machtergreifung – 1932 – gab es wieder über 4.700 Titel mit einer gemeinsamen Auflage von 18,6 Mio. Exemplaren. Dabei bekannte sich beinahe die Hälfte der in der Weimarer Republik existierenden Tageszeitungen offen zu einer politischen Richtung, war also der Gesinnungspresse oder den Parteizeitungen zuzuordnen.[84]

Deutschland war somit auch zu dieser Zeit das titelreichste Zeitungsland Europas. Allerdings relativiert sich diese äußerst beachtliche Titelvielfalt, wenn man sich die Struktur des Pressewesens in der Zeit der Weimarer Republik genauer vergegenwärtigt. Aus heutiger Sicht nämlich müssen viele der damaligen Titel als Zeitungsausgaben (und nicht als selbständige publizistische Einheiten) gesehen werden. Zwar hatte die Presse den Ersten Weltkrieg im Wesentlichen unbeschadet überstanden, sie geriet jedoch schon bald in wirtschaftliche Schwierigkeiten. Insbesondere viele kleine Zeitungen mit Auflagen unter 5.000 Exemplaren mussten ihr Erscheinen einstellen, auch wenn kleinere Zeitungen mit bis zu 10.000 Exemplaren weiterhin typisch für das deutsche Pressewesen blieben.

Die Zeitungen dieser politisch unruhigen Zeit waren einer zweifachen Bedrohung ausgesetzt: Zum einen gerieten sie mehr und mehr unter den Einfluss staatlicher Kontrolle. Zum anderen führte eine weitere Verschlechterung der wirtschaftlichen Verhältnisse zu einer Beschleunigung des Pressekonzentrationsprozesses. Immer weniger Blätter konnten sich selbständig finanzieren, und so gerieten immer mehr von ihnen in publizistische wie wirtschaftliche Abhängigkeiten. Die parteipolitischen Presseorgane wurden finanziell von den großen Parteien unterstützt. Die bürgerliche Presse dagegen – und hier vor allem kleinere Titel – musste sich aus Kostengründen zunehmend der Matern- und Bilderdienste für ihre redaktionellen Teile bedienen, was die publizistische Vielfalt zusätzlich einschränkte. Hinter diesen Diensten stand weitgehend der Hugenberg-Konzern, der seinen Einfluss auf die Provinzpresse zudem über eine Anzeigen-Gesellschaft zur Vergabe von Inseratenaufträgen und durch Finanzierungsgesellschaften vergrößerte (vgl. weiter unten u. Kap. 2.6).[85]

2.5.2 Zeitschriften

Auch wenn die Zeitschriften (und hier vor allem die literarisch-politischen Blätter) zu Beginn des 19. Jahrhunderts ebenso wie die Zeitungen unter den politischen Umwälzungen und Repressionen der napoleonischen und der vormärzlichen Zeit zu leiden hatten, kam es in Teilen des Zeitschriftenwesens bereits im ersten Drittel des 19. Jahrhunderts zu einem Modernisierungsschub, der bei den Zeitungen erst Jahrzehnte später einsetzen sollte. So erschien ab 1833 nach englischem Vorbild das »Pfennig-Magazin der Gesellschaft zur Verbreitung gemeinnütziger Kenntnisse«, ein Ableger des gleichnamigen Londoner Magazins, das von der dortigen ›Society for the Diffusion of Useful Knolwedge‹ zwei Jahre zuvor gegründet worden war. Es wurde zum Prototyp der *illustrierten Massenpresse,* da es sich – zum Tiefpreis von einem Groschen pro Ausgabe – auf acht reichlich bebilderten Seiten Samstag für Samstag der unterhaltsamen und gefälligen Unterrichtung aller Bevölkerungsteile über Entwicklungen und Fortschritte im Bereich der Technik und anderen Wissensgebieten widmete. Auf politische und religiös-konfessionelle Inhalte wurde komplett verzichtet. 1834 ging das Magazin in den Besitz des Verlags F. A. Brockhaus über, der damit damals bereits »Mehrfachverwertungen beabsichtigte und als ›Abfallprodukt‹ ein Lexikon herausbrachte.«[86] Schon im ersten Erscheinungsjahr erreichte das »Pfennig-Magazin« eine Auflage von 35.000 Stück; spätere Auflagen von angeblich 100.000 Exemplaren sind umstritten. Weitere erfolgreiche illustrierte Wochenschriften stellten die Leipziger »Illustrirte Zeitung« (ab 1843) und – als berühmteste Vertreterin dieser Gattung – die »Berliner Illustrirte Zeitung« (ab 1891) dar, die ebenfalls Holzschnitte (und später Fotografien) für zahlreiche Abbildungen nutzten, im Unterschied zum »Pfennig-Magazin« aber wöchentlich über das aktuelle Geschehen informieren und dieses Tagesgeschehen mittels ebenso aktueller Bilder anschaulich machen wollten. Bis zum Ende des 19. Jahrhunderts erreichte die »Berliner Illustrirte Zeitung« eine Auflage von über 40.000 Exemplaren.[87]

Noch erfolgreicher wurden ab 1850 die *Familienzeitschriften,* die rasch zum bedeutsamsten Typus der Unterhaltungszeitschriften avancierten. Sie knüpften in mancherlei Hinsicht an die Tradition der Moralischen Wochenschriften an, insofern auch sie unterhalten, Nützliches darbieten und die guten Sitten fördern wollten. Auch mühten sie sich um Jung und Alt, Gebildete wie weniger Gebildete, männliche wie weibliche Leser aus möglichst allen Schichten der Bevölkerung. Politik und tagesaktuelles Geschehen kamen in den anfangs spärlich ausgestalteten und kaum bebilderten Familienzeitschriften so gut wie nicht vor. Erstmals 1852 wurden von Karl Gutzkow im Leipziger Brockhaus-Verlag die »Unterhaltungen am häuslichen Herd« herausgegeben. Nur ein Jahr später gründete der Verleger-Redakteur Ernst Keil den Familientitel »Die Gartenlaube«, der zum Prototyp der Gattung und zugleich zur erfolgreichsten Familienzeitschrift werden sollte. »Mit dem Bild von der ›Gartenlaube‹ hatte der Verleger (…) ein treffendes Symbol für die Abgeschiedenheit des häuslichen Glücks gefunden, dem er mit seiner Zeitschrift zu dienen suchte.«[88] Mit teilweise illustrierten Geschichten, mit Erzählungen, Schilderungen von Sitten und Gebräuchen in nah und fern, Lehrreichem aus Medizin und den Naturwissenschaften erreichte das Blatt ein immer größer werdendes Publikum. Schriftsteller wie Theodor Fontane, Wilhelm Raabe oder Theodor Storm schrieben für die »Die Gartenlaube«. 1874 erreichte sie die für damalige Verhältnisse schwindelerregend hohe Auflage von 400.000 Exemplaren. Nach dem Tod Ernst Keils 1878 jedoch musste sie mehrfach den Verlag wechseln und verlor innerhalb weniger Jahre dreiviertel ihrer Leserschaft. Mit fast identischer inhaltlicher Mischung war 1864 in Bielefeld der christlich-katholische Familientitel »Daheim« an den Start gegangen. Er verstand sich als bewusste Konkurrenzgründung zu der areligiösen »Gartenlaube«, sollte jedoch nie ähnlich erfolgreich werden. Und in Stuttgart gab der Verleger Eduard Hallenberger mit der »Illustrirten Welt« und »Zu Hause« gleich zwei Familienblätter heraus. Für die zweite Hälfte des 19. Jahrhunderts weist STÖBER insgesamt 182 Neugründungen von Familienzeitschriften-Titeln aus; bis 1930 sollten weitere 131 Titel hinzukommen.[89]

Abb. 5: Titelseite der Familienzeitschrift »Die Gartenlaube« (Nr. 12/1895)

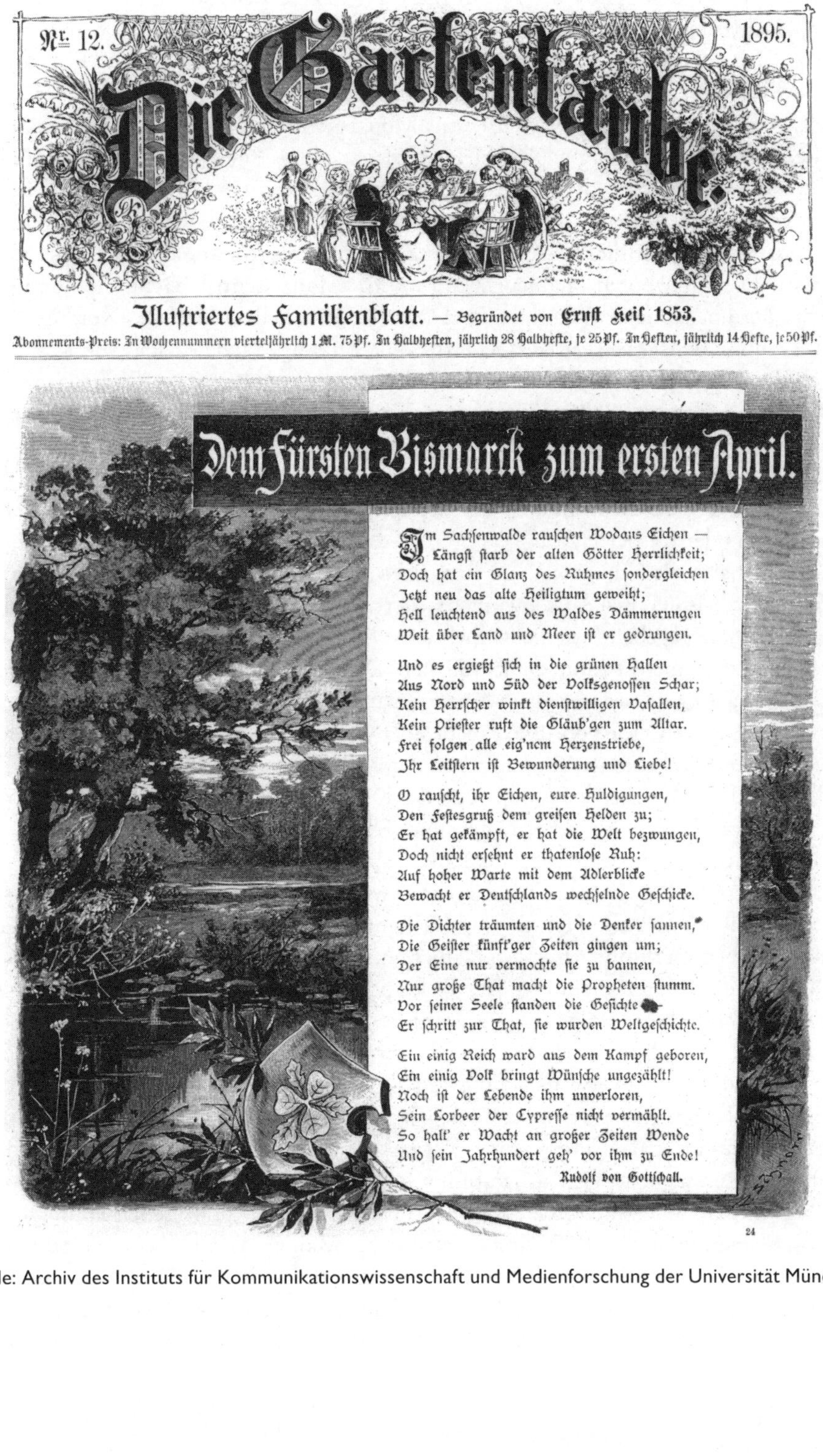
Nr. 12. Die Gartenlaube. 1895.

Illustriertes Familienblatt. — Begründet von Ernst Keil 1853.

Abonnements-Preis: In Wochennummern vierteljährlich 1 M. 75 Pf. In Halbheften, jährlich 28 Halbhefte, je 25 Pf. In Heften, jährlich 14 Hefte, je 50 Pf.

Dem Fürsten Bismarck zum ersten April.

Im Sachsenwalde rauschen Wodans Eichen —
Längst starb der alten Götter Herrlichkeit;
Doch hat ein Glanz des Ruhmes sondergleichen
Jetzt neu das alte Heiligtum geweiht;
Hell leuchtend aus des Waldes Dämmerungen
Weit über Land und Meer ist er gedrungen.

Und es ergießt sich in die grünen Hallen
Aus Nord und Süd der Volksgenossen Schar;
Kein Herrscher winkt dienstwilligen Vasallen,
Kein Priester ruft die Gläub'gen zum Altar.
Frei folgen alle eig'nem Herzenstriebe,
Ihr Leitstern ist Bewunderung und Liebe!

O rauscht, ihr Eichen, eure Huldigungen,
Den Festesgruß dem greisen Helden zu;
Er hat gekämpft, er hat die Welt bezwungen,
Doch nicht ersehnt er thatenlose Ruh:
Auf hoher Warte mit dem Adlerblicke
Bewacht er Deutschlands wechselnde Geschicke.

Die Dichter träumten und die Denker sannen,
Die Geister künft'ger Zeiten gingen um;
Der Eine nur vermochte sie zu bannen,
Nur große That macht die Propheten stumm.
Vor seiner Seele standen die Gesichte —
Er schritt zur That, sie wurden Weltgeschichte.

Ein einig Reich ward aus dem Kampf geboren,
Ein einig Volk bringt Wünsche ungezählt!
Noch ist der Lebende ihm unverloren,
Sein Lorbeer der Cypresse nicht vermählt.
So halt' er Wacht an großer Zeiten Wende
Und sein Jahrhundert geh' vor ihm zu Ende!

Rudolf von Gottschall.

24

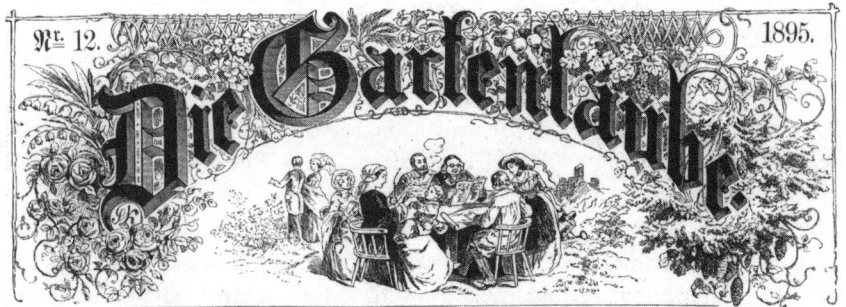

Quelle: Archiv des Instituts für Kommunikationswissenschaft und Medienforschung der Universität München.

Im Zuge der noch nicht abgeschlossenen Ausdifferenzierung des Zeitschriftenwesens erfreuten sich in der zweiten Hälfte des 19. Jahrhunderts weitere Zeitschriftentypen einer wachsenden Nachfrage, auf die an dieser Stelle zumindest hingewiesen werden soll. So entwickelten sich ab 1850 *kulturpolitische Revuen*, zu denen etwa das von Robert E. Prutz und Wilhelm Wolfsohn edierte »Deutsche Museum« (ab 1851), die konservative »Berliner Revue« (ab 1855) oder die gediegenen »Westermanns Monatshefte« (ab 1856) gehören (die übrigens nach dem Zweiten Weltkrieg wiederbelebt werden sollten). Einen weiteren Typus bildeten die *Rundschauzeitschriften*, die im kleineren Format und mit textlastigen Seiten auf publizistisch gehobenem Niveau Politik-, Wissenschafts- und Kulturberichterstattung miteinander verbanden. Ein früher Vertreter dieses Zeitschriftentyps war das bereits 1841 gegründete Blatt »Die Grenzboten«, namengebend war die Monatsschrift »Deutsche Rundschau« (ab 1874). Darüber hinaus wären hier Titel anzuführen wie Paul Lindaus »Nord und Süd«, Maximilian Hardens investigatives Magazin »Die Zukunft«, »Die Fackel« von Karl Kraus, die rechtskonservative »Tat« in Leipzig oder das Berliner »Tage-Buch« von Stefan Grossmann und Leopold Schwarzschild. Prominentester Titel unter ihnen aber war die liberale »Weltbühne«, die von Siegfried Jacobsohn, Carl von Ossietzky und vorübergehend auch Kurt Tucholsky geleitet wurde. Tucholsky schrieb allein über 1.500 Artikel für das Blatt – wenn auch oft unter damals nicht unüblichen Pseudonymen wie Peter Panther, Theobald Tiger, Ignaz Wrobel oder Kaspar Hauser.[90]

Daneben hatte die Stimmung um und nach der Revolution von 1848 den *Satirezeitschriften* einen beispiellosen Aufschwung beschert. Zwar hatte es auch hier Vorläufer aus der Zeit des Vormärz gegeben (wie die Münchner »Fliegenden Blätter«). Die Zahl ihrer Gründungen nach 1848 aber ist kaum zu überblicken. Das gilt vor allem für Berlin, wo innerhalb weniger Monate nicht weniger als 35 satirische und humoristische Blätter aus dem Boden schossen, wenngleich viele von ihnen nicht über die Probenummern hinauskamen. Langlebiger und weithin bekannt wurden neben den »Fliegenden Blättern« der Berliner »Kladderadatsch«, der »Münchener Punsch« und der KPD-nahe »Eulenspiegel« in Stuttgart (alle ab 1848), der von Tucholsky in Berlin geleitete »Ulk« (ab 1872) sowie das zunächst in Hamburg, später Stuttgart verlegte sozialdemokratische Witzblatt »Der wahre Jacob« (ab 1874). Das mit Abstand erfolgreichste Satireblatt aber wurde der Münchner »Simplicissimus« (ab 1896), für den Autoren wie Heinrich und Thomas Mann, Frank Wedekind und Ludwig Thoma schrieben. Berühmt waren jedoch nicht nur die Autoren der satirischen Blätter, sondern auch ihre Zeichner, die mit spitzer Feder politisch-satirische Zeichnungen beisteuerten und der politischen Karikatur zu ungeahnter Blüte verhalfen.[91]

Schließlich ist an dieser Stelle auch auf die *kirchlich-konfessionelle Presse* des 19. und frühen 20. Jahrhunderts zu verweisen. Einen ersten Aufschwung hatte die katholische Presse ab den 1830er Jahren erlebt. Vor allem in den katholischen Zentren Mainz, Freiburg und im bayrischen Raum erschienen immer mehr kirchliche Zeitschriften. Zwischen 1815 und 1847 kamen insgesamt 92 neue Titel auf, darunter neben den klassischen wissenschaftlich-theologischen Blättern zunehmend Zeitschriften für den Laien, der praktischen Seelsorge sowie periodisch edierte religiöse Erbauungsliteratur. Der Mainzer »Katholik« (ab 1821) begründete die große Tradition wöchentlicher Kirchenblätter für die katholische Bevölkerung. Das wichtigste Organ der konservativ-katholischen Publizistik waren die 1838 erstmals herausgegebenen »Historisch-politischen Blätter für das katholische Deutschland«, die »sich in den

Dienst der Selbstbehauptung gegenüber dem insbesondere von Preußen begünstigten Protestantismus« stellten.[92] So verfügte auch der Protestantismus zu jener Zeit bereits über eine ganze Reihe von regionalen Monatstiteln und zumeist wöchentlich erscheinenden, lokalen ›Kirchen- und Schulblättern‹. Zu den wenigen überregional bedeutsamen Zeitschriftentiteln gehörten die »Evangelische Kirchenzeitung« (ab 1827) und die »Zeitschrift für Protestantismus und Kirche« (ab 1838), mit der die evangelische Presse kurz nach dem ersten Erscheinen der »Historisch-politischen Blätter für das katholische Deutschland« auf diese reagierte. Und während der katholische Arbeiterführer Adolph Kolping 1854 mit den »Rheinischen Volksblättern für Haus, Familie und Handwerk« ein volkstümliches Blatt für die kirchlich-praktische Lebenshilfe herausbrachte, erwuchsen aus der Arbeit der (evangelischen) Inneren Mission um Johann Heinrich Wichern Titel wie das »Volksblatt für Stadt und Land«.[93]

Auch die Kirchen hatten sich also schon bald der gewandelten publizistischen Techniken und Mittel bedient. Dies gilt in besonderer Weise für den Protestantismus, dessen »prote[s]tantisches Prinzip als die Polarität zwischen positiver Weltgestaltung und kritischem Protest (…) sich als die Triebkraft der vielfältigen Erscheinungsformen der evangelischen Presse« erwies.[94] Dagegen war, wie Michael SCHMOLKE herausgearbeitet hat, das Verhältnis des Katholizismus zur Presse von einer »eigentümlichen ›Gebrochenheit‹« bestimmt: »Die katholische Obrigkeit (…) war einerseits *gegen* die Pressefreiheit, weil sie als schlimmste Ausgeburt des kirchenfeindlichen Liberalismus galt, und andererseits *für* die Pressefreiheit, weil sie den einzigen Weg erschloss, sich in der Öffentlichkeit gegen die Schikanen des säkularisierten Staates zur Wehr zu setzen. (…) Sie war *gegen* das Zeitungslesen und wollte es im Beichtstuhl behandelt wissen, und zugleich sprach sie sich wieder und wieder *für* ›gute‹ Lesestoffe aus – sie sollten nur nicht im Gewand der periodischen Presse daherkommen. (…) Hier verdammten Bischöfe die Presse, dort unterstützten sie die Gründung katholischer Blätter, und bald begannen sie auch, sich der Presse zu bedienen, wo und wann es ihnen opportun erschien.«[95]

Die zweite Hälfte des 19. Jahrhunderts bot der konfessionellen Presse deutlich mehr Entfaltungsmöglichkeiten und führte zu einem stetigen Anwachsen ihrer Pressetitel. Auch wenn die nachfolgenden Daten aufgrund unterschiedlicher Statistiken für katholische und evangelische Blätter nicht vergleichbar sind, veranschaulichen sie dennoch die rasante Entwicklung: So kletterte die Zahl der katholischen Zeitungen und Zeitschriften von 126 Titeln im Jahre 1871 auf 289 im Jahr 1890. Und zwischen 1903 und 1932 wuchs allein die Zahl katholischer Tageszeitungen von 325 auf 603; ihren Anteil an der damaligen Gesamtauflage der deutschen Tagespresse hat man auf rund 12 Prozent geschätzt.[96] Die evangelische Presse hingegen verfügte praktisch über keine Tageszeitungen; dafür kam sie 1892 auf 238 Zeitschriftentitel. Das Zentralarchiv für das evangelische Schrifttum wies 1928 in einer Erhebung zur gesamten evangelischen Presse 1.928 eigenständige Titel mit einer gemeinsamen Auflage von 17 Mio. Exemplaren aus, die jedoch in den Folgejahren und nach der Machtergreifung durch die Nationalsozialisten rapide zurückgehen sollte.[97]

Wie rasch sich ab 1800 das gesamte Zeitschriftenwesen entwickelt hatte, geht aus der folgenden Zusammenfassung verschiedener Zeitschriftenstatistiken hervor: 1806 gab es in Deutschland ca. 1.000 Zeitschriften. 1892 wurden bereits 3.500 Zeitschriftentitel mit einer Jahresauflage von 600 Mio. Exemplaren gezählt. 1914 erschienen ca. 7.000 Zeitschriften mit einer Jahresauflage von 1,6 Mrd. Exemplaren. Der Erste Weltkrieg hatte eine Verringerung der Titel zur Folge. Den Tiefpunkt erreichte die Zeitschriftenproduktion im Jahr 1923 mit nur 3.700 Zeitschriftentiteln. Vor der nationalsozialistischen Machtergreifung, im Jahr 1932, gab es 7.650 Zeitschriften, von denen gegen Ende des NS-Regimes (1944) gerade mal 458 Titel überlebt hatten.[98]

2.5.3 Das Aufkommen erster Pressekonzerne

Mit dem Aufkommen der Massenpresse entstanden erstmals Großverlage, die auch Zeitschriften verlegten und – durch die Möglichkeit, Fotos zu drucken – neue Pressetypen wie die Illustrierte (und die Boulevardzeitung) hervorbrachten. Dazu zählten die Verlage Mosse, Ullstein, Scherl, Girardet und etwas später Hugenberg.[99]

Rudolf *Mosse* begann 1867 in Berlin mit einer Annoncen-Expedition und baute das Mosse-Imperium auf (z. B. »Berliner Tageblatt«, das humoristische Magazin »Ulk«, die »Handels-Zeitung«, »Berliner Morgen-Zeitung«, »Giesserei-Zeitung« u. a. m.). Der Verlag Mosse wurde (nach seinem Konkurs 1932) 1933 von den Nationalsozialisten übernommen. Leopold *Ullstein* kam 1877 über Papiergeschäfte in das Presseverlagswesen und gab Zeitungen und Zeitschriften heraus. Zu den Zeitungen gehörten Titel wie die »Deutsche Union«, die später mit der »Berliner Zeitung« verschmolz, ferner die »Berliner Abendpost« sowie »Morgenpost – Neues Berliner Lokalblatt«, die Wochenschrift »Berliner Illustrirte Zeitung« und die den Tageszeitungen damals schon beigefügten, wöchentlichen illustrierten Beilagen (Supplements). Der Ullstein-Verlag entwickelte sich zu einem der größten Presseimperien Europas, ehe er 1934 vom nationalsozialistischen Regime übernommen wurde. Die Familie Ullstein war jüdischer Herkunft und fiel daher unter die von den Nationalsozialisten betriebene Ausschaltung ›jüdischer Elemente‹. Der 1952 neu gegründete Ullstein Verlag wurde später von Axel C. Springer übernommen. August Hugo Friedrich *Scherl* verlegte zunächst Billigromane. Zu den von ihm später herausgebrachten Zeitungen und Zeitschriften gehörten der anfangs nur wöchentlich erschienene (und übrigens zunächst kostenlos abgegebene) »Berliner Lokal-Anzeiger«, die »Illustrierte Gartenlaube« sowie der »Hamburger Correspondent«. Wilhelm *Girardet* startete seine Verlagskarriere als Herausgeber bzw. Verleger von Gratisblättern, die hauptsächlich über Annoncen finanziert wurden. Aus diesen Anzeigenblättern entwickelte Girardet Zeitungen, in die auch – vorwiegend lokale – Nachrichten aufgenommen wurden: Blätter des Generalanzeigertyps. Solche Zeitungen gab Girardet in Leipzig, Hamburg und Düsseldorf heraus. Die Gründung des heute noch existierenden »Züricher Tagesanzeigers« geht übrigens ebenfalls auf ihn zurück.

Im Zusammenhang mit der Entstehung deutscher Pressekonzerne kann Alfred *Hugenberg* nicht unerwähnt bleiben, der als Finanzexperte mit exzellenten Verbindungen zur Schwerindustrie großen Einfluss auf die deutsche Presse ausüben sollte. Dazu gründete er 1917 eine Anzeigengesellschaft zur Vermarktung des enormen Anzeigenpotentials der Schwerindustrie. Zudem übernahm Hugenberg über verdeckte Mehrheitsbeteiligungen den 1914 in eine Finanzkrise geratenen Scherl-Konzern, ohne dass die Öffentlichkeit zunächst davon erfuhr. Nach dem Ersten Weltkrieg wurde er zum Kopf der deutsch-nationalen Presse, kaufte Provinzzeitungen auf und gründete mit der VERA Verlagsanstalt GmbH ein Beratungsunternehmen für Zeitungen in Finanzschwierigkeiten, über die er sich durch Kreditgewährungen Kontrolle verschaffte. Mit Matern-Korrespondenzen der konzerneigenen Wipro versorgte er zudem zahlreiche Blätter mit deutschnationalen und industriefreundlichen Beiträgen. 1927 sicherte sich Hugenberg schließlich eine Mehrheitsbeteiligung an der Universum-Film AG (Ufa), Deutschlands größtem Filmunternehmen, und gliederte seinem Imperium darüber hinaus einen Bilderdienst sowie mit der Telegraphen-Union (TU) eine Nachrichtenagentur an. Erst spät und auf enormen öffentlichen Druck gestand er, ein Gegengewicht zu den bestehenden Pressemächten (v. a. Ullstein und Mosse) bilden zu wollen. Dabei nutzte er auch sein Mandat als Reichstagsabgeordneter und später als Parteivorsitzender der Deutschnationalen Volkspartei – unter Hitler wurde er vorübergehend gar Wirtschafts- und Ernährungsminister –, bevor er sich nach Auflösung der Deutschnationalen Partei durch die nationalsozialistische Regierung aus der Öffentlichkeit zurückzog. Sein Konzern wurde schrittweise von den Nationalsozialisten aufgekauft und dem NS-Presseimperium einverleibt.[100]

2.6   Entwicklung des Nachrichtenwesens

Die Geschichte des organisierten Nachrichtenwesens reicht zurück bis ins Altertum. Damals diente das Signalwesen allerdings vorwiegend militärischen Zwecken. Berühmt wurde beispielsweise die uns überlieferte Meldung von der Einnahme Trojas: Dabei hatte man sich sog. Signalfeuer-Stafetten bedient, mit deren Hilfe die Erfolgsmeldung über eine Distanz von 500 km von Kleinasien nach Griechenland übermittelt worden sein soll.[101] In der frühen Zeit der periodischen Presse waren Nachrichtenübermittlung und organisierte Nachrichtensysteme – wie bereits erwähnt – aufs engste mit der Entwicklung des Post- und Botenwesens, später mit dem Korrespondenzwesen verknüpft.

2.6.1   Die Zeit der Gründeragenturen

Der bedeutendste Entwicklungsschub für das Nachrichtenwesen kam mit der Erfindung der elektrischen Telegrafie und des Morse-Alphabets in den vierziger Jahren des 19. Jahrhunderts.[102] Zuvor schon hatte die wirtschaftliche und politische Entwicklung das Bedürfnis nach einer möglichst raschen Nachrichtenübertragung verstärkt; der Schnelligkeit kam noch größere ökonomische Bedeutung zu. Der verschärfte Nachrichtenwettbewerb wurde nach wie vor zwischen der Post einerseits und eigenen Kurieren größerer Zeitungen andererseits ausgetragen. In den dreißiger Jahren des 19. Jahrhunderts kam die Beförderung durch Dampfschiff und Eisenbahn hinzu. Auch hatte sich – vor allem in Frankreich und den USA – der ›Chappesche Fernschreiber‹ etabliert, ein sog. optisches Telegrafensystem, bei dem Informationen mittels beweglicher Balken von (jeweils bemannter) Signalstation zu Signalstation über hunderte von Kilometern weitergegeben wurden. Bis in die zweite Hälfte des letzten Jahrhunderts wurden schließlich auch Brieftauben als besonders schnelles, kostengünstiges und damit lukratives Mittel der Nachrichtenübertragung eingesetzt. Noch bedeutsamer dürften zur damaligen Zeit jedoch die ›lithographierten Korrespondenzen‹

gewesen sein; eine Art Vorläufer der Materndienste, wie sie der badische Publizist Eduard Singer seit 1830 verwendet hatte, um damit eine ganze Reihe von Abonnenten zu bedienen. Im letzten Drittel des 19. Jahrhunderts wurden überall neue Korrespondenzbüros gegründet; Otto GROTH spricht von nahezu 1.000 verschiedenen Korrespondenzen vor Ausbruch des Ersten Weltkriegs.[103]

Obwohl der erste erfolgreiche Telegrafieversuch (durch Samuel Morse) bereits 1837 in den USA stattfand, dauerte es noch über sieben Jahre, bis das Telegrafenwesen für den privaten Nachrichtenverkehr freigegeben wurde und somit auch für das Pressewesen nutzbar gemacht werden konnte. In Deutschland entstand unter Werner Siemens 1848 die erste größere Telegrafenlinie (zwischen Berlin und Frankfurt); ein Jahr später veröffentlichten die »Kölnische Zeitung« und die »National-Zeitung« in Berlin die ersten telegrafisch übermittelten Nachrichten. Auch wenn anfangs die Leistungsfähigkeit dieser Telegrafenlinien begrenzt und das Übersenden von Meldungen per Telegramm zudem teuer war, revolutionierte diese Erfindung das Nachrichtenwesen. Sie verhalf auch den ersten drei großen europäischen Pressebüros dazu, sich als moderne Nachrichtenagenturen zu etablieren. Zu diesen sog. Gründeragenturen gehörten Havas (später AFP) in Paris, das Unternehmen Bernhard Wolffs (WTB) in Berlin und das von Paul Julius Reuter in London. In den USA entstand 1848 als Pendant die Harbour News Organisation, die später in Associated Press (AP) umbenannt wurde und als erste Agentur die Organisationsform einer Genossenschaft wählte.[104] Einer ›klassisch‹ gewordenen Definition DOVIFATS zufolge versteht man unter Nachrichtenagenturen Unternehmen, »die mit schnellsten Beförderungsmitteln Nachrichten zentral sammeln, sichten und (in der Regel gegen Entgelt, Anm. d. A.) festen Beziehern weiterliefern«.[105]

Das erste klassische Nachrichtenbüro wurde von dem französischen Kaufmann Charles *Havas* nach Übernahme der Correspondence Garnier 1835 in Paris gegründet. Hansjoachim HÖHNE nennt ihn den Ersten, der »kollektive Zeitungsberichterstattung im großen Stil« betrieb.[106] Dabei konzentrierte sich Havas auf die Sammlung, Übersetzung und den Vertrieb von Auslandsnachrichten (an französische Zeitungen und Kunden in den Nachbarländern), für deren schnellen Transport er die verschiedensten Beförderungsmittel – ab 1840 etwa eine regelmäßige Brieftaubenpost zwischen Paris, London und Brüssel – einsetzte. In der zweiten Hälfte des 19. Jahrhunderts konzentrierte sich Havas neben Nachrichten aus den südwest- und südeuropäischen Metropolen vor allem auf Meldungen aus den französischen Kolonien in Nordafrika und Südamerika. Während des Zweiten Weltkriegs wurde Agence Havas von den deutschen Besatzern verboten und aufgelöst. Ihre Nachfolgerin sollte die 1944 gegründete, anfangs staatliche, später öffentlich-rechtlich organisierte Agence France Press (AFP) werden.[107]

1858 gründete der aus Kassel stammende frühere Havas-Mitarbeiter Paul Julius *Reuter* in London die Agentur Reuters Telegram Company, die zunächst die Londoner Tagespresse durch ihren ausländischen Telegrafendienst in erster Linie mit Nachrichten vom europäischen Kontinent versorgte. Als lukratives Geschäft erwiesen sich vor allem die Börsen-, Geschäfts- und Banknachrichten, deren Übermittlung Reuter separat zum politischen Nachrichtengeschäft schon bald in ganz Europa organisierte. Ab 1865 drängte das in eine Aktiengesellschaft umgewandelte Unternehmen, das sich jetzt Reuters nannte, vor allem auf den Ausbau von Kabellinien in den Ländern des britischen Empire (Ostindien, Naher und Mittlerer Osten, China, Australien, Südafrika sowie Nord- und Südamerika). So gelang es Paul Julius Reuter, London zum wichtigsten Nachrichtenumschlagplatz zwischen den Kontinenten zu machen und sein Unternehmen schon bald zur größten Nachrichtenagentur auszubauen. In der zweiten Hälfte des 20. Jahrhunderts expandierten vor allem die Wirtschafts- und Finanzdienste der treuhänderisch kontrollierten Aktiengesellschaft. In der zweiten Hälfte des 20. Jahrhunderts sollte das Unternehmen, gemessen am Umsatz, die größte Agentur der Welt werden.[108]

Bereits neun Jahre vor Reuter – und damit nur ein Jahr nach Aufhebung der Pressezensur – hatte der Berliner Arzt und Publizist Bernhard Wolff 1849 das erste telegrafisch arbeitende Nachrichtenbüro der Welt gestartet. Anfangs war das privatwirtschaftlich organisierte »Telegraphische Correspondenzbureau (B. Wolff)« nur zur internen Nachrichtenbeschaffung für die »Berliner National-Zeitung« gedacht gewesen, deren Geschäftsführer Wolff war. Es entwickelte sich jedoch – trotz verschiedener Gründungen ähnlicher Büros in deutschen Städten – zum einzigen Nachrichtenunternehmen, das seine Dienste auf das gesamte Gebiet des Deutschen Bundes ausdehnen konnte; wobei die zahlreichen Grenzen deutscher Kleinstaaten einer raschen Ausbreitung sehr im Weg standen. Den Versuchen Havas' und vor allem Reuters, auf dem lukrativen deutschen Nachrichtenmarkt Fuß zu fassen, begegnete man mit dem Entzug von Konzessionen, mit der finanziellen Unterstützung des Wolff-Büros durch Bankiers aus deutschnationalen Kreisen sowie durch eine (geheime) vertraglich geregelte Unterstützung Wolffs durch die preußische Regierung. Im Zuge dieser Protektion wurde Wolff's Telegraphisches Bureau, kurz WTB, im Gebäude der Staatlichen Telegraphenverwaltung untergebracht und seinen politischen Depeschen eine unentgeltliche Vorzugsbehandlung durch die Post zugesichert. Das WTB seinerseits verpflichtete sich, wichtige Behörden nachrichtendienstlich zu versorgen und alle Telegramme politischen Inhalts einer vorherigen Kontrolle durch besondere Beamte unterziehen zu lassen. Obwohl sich das WTB 1874 durch Umwandlung in eine Aktien-Gesellschaft (mit Rückzahlung staatlicher Vorschüsse) dem unmittelbaren Zugriff durch die Regierung etwas entziehen konnte, blieb es aufgrund seiner Monopolstellung und der »freiwilligen (…) Rücksichtnahme auf die Interessen des Reiches« ein zentrales offiziöses Instrument Bismarck'scher (und später reichsdeutscher) Pressepolitik.[109]

Die Konkurrenzsituation der Gründeragenturen wich aus wirtschaftlichen Zwängen mehr und mehr verschiedenen Kooperationsformen. Nach mehreren Absprachen über gegenseitigen Nachrichtenaustausch kam es 1870 zum folgenreichen ersten ›Kartellvertrag‹ zwischen den drei europäischen Agenturen Reuters, Havas und WTB, in den später auch AP mit einbezogen wurde. Danach wurde die Welt gewissermaßen in vier Einflusszonen aufgeteilt, wobei jeweils eine Agentur das Recht exklusiver Nachrichtensammlung und -verbreitung zugestanden bekam: Havas für die Mittelmeerländer und für Mittel- und Südamerika, Reuters im Wesentlichen für die Staaten des British Commonwealth und den Fernen Osten, Associated Press für Nordamerika mit Kanada. Zum Kompetenzgebiet von WTB wurden neben Deutschland, Österreich-Ungarn und der Schweiz auch Skandinavien, Russland, Osteuropa und die europäische Türkei. Wolff begnügte sich also mit einer kontinentalen Rolle, während Havas und Reuters ein Weltnachrichtennetz aufbauten. Die Auswirkungen dieser Aufteilung reichen im organisierten Nachrichtenwesen bis in die Gegenwart hinein. Die deutschen Nachrichtenagenturen haben den damals in Kauf genommenen (internationalen) Wettbewerbsnachteil auch später nicht überwinden können, so dass sie bis heute nie zu den Weltagenturen zählten.[110]

2.6.2 Das deutsche Nachrichtenwesen ab 1871

Wolff konnte sich – nach dem Rückzug vom kapitalaufwendigen Engagement in anderen Erdteilen – dem weiteren Ausbau seines Nachrichtenbüros im Inland widmen. Für die nationale Konkurrenz wurde er durch die Protektion der Regierung und den umfassenden Service mit internationalen Nachrichten uneinholbar. Die 1871 erfolgte Gründung des Deutschen Reichs, der damit verbundene Wegfall der Territorialgrenzen und der folgende nationale wirtschaftliche Aufschwung (enormer Bedeutungszuwachs der Berliner Börse und steigende Nachfrage im Ausland nach Meldungen aus Deutschland) begünstigten die Expansion des WTB-Nachrichtendienstes. Wolffs Unternehmen war um eine konsequente Dezentralisierung bemüht, um – trotz hoher Telegramm-Ferntarife – verstärkt auch die Provinzpresse als Agenturkunden zu gewinnen. Vor allem nach dem Bau der ersten Telefon-Fernleitungen 1887 (elf Jahre nach Erfindung des Telefons durch den Amerikaner Graham Bell) ließen sich auch kleinere Regionalzeitungen schnell und vor allem billiger mit telefonischen Meldungen aus den rund 40 Zweigbüros im Land versorgen, von denen jedes durch eigene ›Schnelltelegraphen‹-Leitungen mit dem Berliner Büro verbunden war. Beträchtliche Gewinne warf auch der sog. Depeschentransmissionsdienst ab, den vor allem ost- und außereuropäische Handelsfirmen abonnierten, um Geschäftstelegramme zeit- und kostengünstiger als die staatlichen Telegrafenlinien zu übermitteln.[111]

Auch zu Beginn des 20. Jahrhunderts wurde WTB – insbesondere aus Industrie- und Handelskreisen, aber auch von Politikern – oft heftig kritisiert. Beanstandet wurden neben der starken Verbreitung amtlicher und halbamtlicher Meldungen (Vorwurf der ›Hofberichterstattung‹) und dem direkten Einfluss des Auswärtigen Amts bei allen außenpolitisch relevanten Meldungen vor allem die mangelhafte und kaum auf deutsche Bedürfnisse zugeschnittene Auslandsberichterstattung sowie die fehlende Widerspiegelung deutscher Interessen und Sachlagen bei Meldungen über Deutschland in der ausländischen Presse.

Diese Unzufriedenheit führte zur Gründung zweier ernst zu nehmender Konkurrenten von WTB. Durch den Ankauf mehrerer kleiner deutscher Nachrichtenbüros (u. a. Hirsch's Telegraphisches Büro) entstand 1913 in Berlin die Telegraphen-Union Internationaler Nachrichtendienst GmbH (TU), hinter der rechtskonservative Politiker und vor allem Großindustrielle standen. Sie wollten eine von ausländischen Einflüssen unabhängige Nachrichtenagentur. Um jedoch auch ausländische Nachrichten anbieten zu können, kooperierte die TU mit einer Reihe Agenturen, wie beispielsweise United Press (der späteren United Press International, UPI), die ebenfalls nicht an das Kartellvertragsnetz angeschlossen waren.

Aus dem 1914 von Industrie, Handel und Banken gemeinsam mit dem Auswärtigen Amt gegründeten Deutschen Überseedienst (DÜD), der als rein journalistischer Nachrichtendienst das Ausland mit Nachrichten aus und über Deutschland versorgen sollte, ging 1919 die Transocean GmbH (TO) hervor, nachdem DÜD während des Ersten Weltkriegs von der Reichsregierung beschlagnahmt worden war. Überhaupt wurden alle privaten Agenturen des Reichs während der Kriegsjahre der Regierung unterstellt, unter staatliche und militärische Kontrolle gebracht und zur Kriegspropaganda eingesetzt. Transocean war weltweit das erste Pressebüro, das seine Nachrichten drahtlos verbreitete; es versorgte auf diese Weise zahlreiche Zeitungen in Nord- und Südamerika wie auch im Fernen Osten mit seinem Agenturmaterial.[112]

Die Telegraphen-Union war bereits 1916 unter den Einfluss des Großindustriellen Alfred Hugenberg geraten, zu dessen Presseimperium neben Zeitungen und Zeitschriften auch Korrespondenzen, Anzeigenbüros, Filmgesellschaften wie die ufa, Verlagsberatungs- sowie Finanzierungs- und Kreditgesellschaften gehörten. Zudem saß Hugenberg auch im Aufsichtsrat bei Transocean und hielt (zusammen mit zwei weiteren Anteilseignern) auch an WTB einen Aktienanteil von über 47 Prozent. 1918 erwarb er die Aktienmehrheit an der Telegraphen-Union und baute (mit den Finanzmitteln seines Presseimperiums und durch Beteiligungsgesellschaften der Schwerindustrie) ihre Stellung im In- und Ausland vor allem durch den Zukauf kleinerer Korrespondenzen und Parlamentsdienste aus. Politisch ging die TU von den Kräften der rechtskonservativen Opposition im Umkreis Hugenbergs gegen den Weimarer Staat vor.[113] Im Dezember 1933 sollte das bereits halbstaatliche Wolff'sche Telegraphen-Bureau und die Telegraphen-Union zusammengelegt werden; aus der Fusion entstand das nach außen privatwirtschaftlich organisierte, de facto aber komplett verstaatlichte und für die NS-Pressepolitik vereinnahmte Deutsche Nachrichtenbüro (DNB). Gleichzeitig endete mit WTB auch die Zeit der internationalen Kartellverträge zwischen den Gründeragenturen. Während damit im internationalen Nachrichtenwesen das Prinzip der Informationsfreiheit und des freien Nachrichtenaustauschs (d. h. zugleich des freien und harten Wettbewerbs) anerkannt wurde, sollte das deutsche Agenturwesen jedoch endgültig unter die totalitäre Herrschaft des Nationalsozialismus geraten (vgl. Kap. 3.2).[114]

3 Presse im Nationalsozialismus (1933 bis 1945)

Nationalsozialismus und Zweiter Weltkrieg stellten zweifellos den tiefsten Einschnitt in die seit Jahrhunderten gewachsene deutsche Pressetradition dar. 1932, also vor der nationalsozialistischen Machtergreifung durch Adolf Hitler, gab es in Deutschland rund 4.700 Zeitungstitel (Tages- und Wochenzeitungen) sowie über 7.000 Zeitschriftentitel. Hingegen war die Zeitungslandschaft ein Jahr vor dem Ende des Zweiten Weltkriegs – 1944 – auf knapp 900 Titel zurückgegangen.[1] Diese Reduktion war keineswegs allein auf Kriegsumstände und daraus resultierende ökonomische und technische Probleme zurückzuführen; ihre Ursache lag vielmehr in der von den Nationalsozialisten gezielt betriebenen Kommunikations- und Medienpolitik. Unmittelbar nach seiner Machtübernahme im Januar 1933 hatte das nationalsozialistische Regime nämlich damit begonnen, die Presse teilweise aus- und sukzessive gleichzuschalten.

Andererseits ist darauf hinzuweisen, dass die deutsche Presse gegen Ende der Weimarer Republik zwar vielfältig, aber alles andere als robust war. Anfang der dreißiger Jahre waren für sie vor allem folgende Pressetypen charakteristisch: eine durch Inflation (bis 1923) und die politische Krisensituation (ab 1930) geschwächte Heimatpresse in der Provinz mit niedrigen Auflagen; eine vielfältige Parteipresse (mit parteieigenen Zeitungen oder parteienunterstützenden sog. Parteirichtungszeitungen), die zusammen rund die Hälfte aller Zeitungstitel jener Zeit ausmachten, sowie meinungsführende Titel der bürgerlich-demokratischen Presse wie »Frankfurter Zeitung«, »Deutsche Allgemeine Zeitung«, »Vossische Zeitung« oder das »Berliner Tagblatt«.[2] Ob Heimatpresse, Parteizeitungen oder Qualitätspresse, die meisten Titel waren wirtschaftlich kaum überlebensfähig bzw. auf Querfinanzierung oder Subventionen angewiesen, womit sie (wenn sie nicht in Großverlagen erschienen oder von Parteien unterstützt wurden) in die Abhängigkeit der Großindustrie gerieten. Den größten Einfluss übte dabei Alfred Hugenberg aus, der (wie erwähnt) über die Jahre ein weit verzweigtes und zum Teil verdecktes Presseimperium aufgebaut hatte und insbesondere die schwächelnde Provinzpresse mit Matern- und Korrespondenzdiensten (wie der Wipro), Anzeigenunternehmen (ALA) und Holding-Gesellschaften (Vera) in publizistische wie wirtschaftliche Abhängigkeit gebracht hatte. So bot die Verfassung der deutschen Presse zu Beginn der dreißiger Jahre »einen willkommenen Ansatzpunkt für pressepolitische Maßnahmen des NS-Staates.«[3] Nach Kurt Koszyk war ihr Zustand am Ende der Weimarer Republik nur ein Abbild des politisch-gesellschaftlichen Zusammenbruchs, der konsequent zu den Verhältnissen der Zeit des Nationalsozialismus führte.[4]

3.1   Medienpolitische Ziele der Nationalsozialisten

Der Nationalsozialismus war als politische Ideologie mit antidemokratischen, nationalistischen, antisemitischen und völkischen Elementen schon bald nach dem Ende des Ersten Weltkriegs aufgekommen. Er blieb bis 1930 jedoch nur eine von mehreren politisch extremistischen Erscheinungen in Deutschland. Zur Verwirklichung der nationalsozialistischen Machtansprüche war es notwendig, möglichst alle Teile der Bevölkerung und sämtliche Bereiche des gesellschaftlichen und politischen Lebens in die ›Bewegung‹ zu integrieren. Den Medien kam hierbei zentrale Bedeutung zu, wobei anzumerken ist, dass im Rundfunk (Hörfunk) das wichtigste Instrument zur Beeinflussung der Öffentlichkeit erkannt wurde. Die Nationalsozialisten sahen in der Presse primär ein Mittel der Staatsführung, um machtpolitische Ziele zu verwirklichen. Als eines der zentralen Instrumente der Propaganda sollte die Presse zum einen der Massenbeeinflussung bzw. der Erziehung der Deutschen im Sinne der nationalsozialistischen Ideologie dienen. Zum anderen sollte sie zur Manipulation der öffentlichen Meinung hinsichtlich des Deutschlandbilds im Ausland instrumentalisiert werden.

Diese Zielsetzungen versuchte man durch eine systematische Gleichschaltung und möglichst lückenlose Presselenkung zu erreichen, wobei sich vier Ebenen der Presselenkung unterscheiden lassen: eine institutionelle, eine rechtliche, eine ökonomische und eine inhaltliche – eine Unterteilung, die auf Karl-Dietrich ABEL zurückgeht (auch wenn dort die institutionelle und die rechtliche zu einer Ebene zusammengefasst werden).[5] Natürlich lassen sich diese Ebenen nicht trennscharf voneinander abgrenzen, zumal die institutionelle Ebene eng mit den zentralen Akteuren der NS-Pressepolitik verknüpft war, die etwa bei den wirtschaftlichen Maßnahmen oder auch auf der Ebene der inhaltlichen Presselenkung als handelnde Personen in den Vordergrund rückten. Auch beruhten die wichtigsten Ereignisse auf der ökonomischen Ebene ihrerseits auf Gesetzen und Verordnungen und sind folglich mit der rechtlichen Ebene eng verzahnt. Gleichwohl erscheint die Ebenendifferenzierung für eine übersichtlichere Darstellung der oft miteinander zusammenhängenden Ereignisse und Maßnahmen durchaus hilfreich.

3.2   Ebenen nationalsozialistischer Presselenkung

3.2.1   Institutionelle Ebene

Die Bedeutung, die Adolf Hitler den Medien beimaß, wird bereits daran sichtbar, dass er – 1933 gerade erst an die Macht gekommen – drei ›Reichsleiter‹ mit Medienkompetenzen berief: Otto Dietrich als ›Reichspressechef der NSDAP‹, Max Amann (Direktor des Zentralverlags der NSDAP und Verleger des »Völkischen Beobachters«) als ›Reichsleiter für die Presse‹ (Parteipresse) und Joseph Goebbels – für den Reichspropagandaleiter der Partei wurde im März 1933 eigens das *Reichsministerium für Volksaufklärung und Propaganda*

(RMVP) geschaffen. Der Kompetenzbereich des Propagandaministeriums war so ausgerichtet, dass es »sich schlechthin um alle Gebiete zu kümmern« hatte, »auf denen eine geistige Einwirkung auf die Nation möglich« war.[6] So zentralisierte man in diesem Ministerium bis dahin verteilte Aufgabenbereiche. Es waren dies: (1) vom Innenministerium die gesamte politische Aufklärung sowie die Überwachung der Medien und der Kunst; (2) vom Außenministerium Auslandsaufklärung, internationale Kunst und Sportwesen. Aus dem Bereich des Wirtschaftsministeriums gingen (3) das Ausstellungs- und Messewesen und vom Postministerium (4) die Verwaltungskompetenzen für den Rundfunk an das RMVP über. Nach dem Vorbild des Propagandaministeriums wurden in allen 45 Gaubezirken eigene Landesstellen, die späteren Reichspropagandaämter, eingerichtet. Erklärtes Ziel der Propagandapolitik Goebbels' war es, »dass die Presse so fein organisiert ist, dass sie in der Hand der Regierung sozusagen ein Klavier ist, auf dem die Regierung spielen kann.«[7]

Im September 1933 wurde zudem die *Reichskulturkammer* (RKK) gegründet, eine berufsständische Zwangsorganisation, deren Präsident ebenfalls Goebbels war. Sie untergliederte sich in sieben Einzelkammern, die je für Presse, Rundfunk, Film, Theater, Musik, Bildende Künste oder Schrifttum zuständig waren. Die Reichskulturkammer ersetzte gewissermaßen eine explizite Vorzensur: Durch möglichst lückenlose personelle Kontrolle der Journalisten verhalf sie dazu, eine rigorosere Verbotspolitik von Presseerzeugnissen zu vermeiden, was den Eindruck einer gleichgeschalteten Öffentlichkeit noch verstärkt und damit dem Ansehen des nationalsozialistischen Deutschland im Ausland zusätzlich geschadet hätte.[8]

Zum Präsidenten jener Unterorganisation, die speziell für die Presse zuständig war, der *Reichspressekammer*, wurde Max Amann ernannt. Ihr waren alle 13 publizistischen Fachverbände, darunter als die beiden wichtigsten der Reichsverband der Deutschen Presse und der Verein Deutscher Zeitungsverleger, einverleibt. Letzterer wurde 1934 gleichgeschaltet und in *Reichsverband der Deutschen Zeitungsverleger* umbenannt. Ihm oblag es – unter Amann als erstem Vorsitzenden – zu gewährleisten, dass die Zeitungsverleger »den an sie von Partei und Staat zu stellenden Voraussetzungen als Gestalter nationalsozialistischer Gesinnungspresse genügen« und die »Voraussetzungen wirksamer Pressearbeit im Innern der Presse selbst und nach außen« sicherstellen. Vor allem aber hatte der Verlegerverband die Vorarbeiten für die einschlägigen Anordnungen der Reichspressekammer zu leisten und ihre Durchführung zu überwachen.[9] Mithilfe solcher Anordnungen sollte Amann später versuchen, das deutsche Verlagswesen unter seine Kontrolle zu bringen.

Präsident des *Reichsverbands der Deutschen Presse*, der öffentlich-rechtlichen Standesorganisation der Presse-Journalisten, wurde NSDAP-Reichspressechef Otto Dietrich. Noch wichtiger aber war, dass Hitler ihn 1937 zum ›Pressechef der Reichsregierung‹ ernannte. Damit stand er der *Presseabteilung der Reichsregierung* vor, zu deren Hauptaufgaben die »Unterrichtung und Lenkung der deutschen Tageszeitungen« gehörte. 1939 wurde schließlich eigens ein ›Zeitschriften-Dienst‹ zur Lenkung des deutschen Zeitschriftenwesens gegründet.[10]

Abb. 6: Organisation von Presse und Propaganda im Nationalsozialismus*

* Entnommen aus den Akten des »Wilhelmstraßen-Prozeß« des Militärgerichtshofes IV, Nürnberg, Fall II, Doc. No. NG-3971 (im Geheimen Staatsarchiv Preußischer Kulturbesitz, Berlin, Rep. 335). Das Schema wurde von dem ehem. Leiter der Abt. ›Deutsche Presse‹ im Propagandaministerium, Hans Fritzsche, während seiner Inhaftierung in Nürnberg 1947 aus dem Gedächtnis aufgezeichnet und trägt seine Unterschrift. (Zur Einschätzung dieses Schriftstückes als historische Quelle vgl. oben S. I, Anm. 2, der vorliegenden Studie.)

Quelle: Abel, Karl-Dietrich: Presselenkung im NS-Staat, Berlin: Colloquium 1968, S. 108/109.

3.2.2   Rechtliche Ebene

Gesetze, die die Presse- und Meinungsfreiheit einschränkten, hatte es bereits in der Zeit der Weimarer Republik gegeben: Da war zunächst das Gesetz *Zum Schutz der Republik* von 1922, nach dessen Durchführungsverordnungen die Reichsregierung gegen Ausschreitungen der revolutionären und staatsfeindlichen Parteipresse vorgehen konnte. Vor allem aber sind hier die in den Krisenjahren von 1931 und 1932 (unter Rückgriff auf Art. 48 der Weimarer Verfassung) erlassenen *Pressenotverordnungen* zu nennen. Danach konnten Zeitungen, deren Artikel nach Ansicht des Staats bzw. der Partei die öffentliche Ordnung und Sicherheit gefährdeten, bis zu acht Wochen (Zeitschriften sogar bis zu einem halben Jahr) verboten werden. Diese Bestimmungen wurden später auch auf Verleumdung bzw. Beschimpfung von Staatsbeamten, öffentlichen Einrichtungen und Hoheitssymbolen ausgedehnt. Auch gab es eine Verfügung, wonach Behörden eine amtliche Richtigstellung oder Widerlegung angeblich unbegründeter Anschuldigungen und (behaupteter) falscher Darstellungen – ohne Entgegnung oder redaktionelle Anmerkung – verlangen konnten. Doch den Propaganda-Experten der Nationalsozialisten reichten diese Einschränkungen noch nicht aus.[11]

Schon bald nach Hitlers Machtergreifung, im Februar 1933, folgten zwei weitere Notverordnungen. Die Verordnung *Zum Schutze des deutschen Volkes* ermöglichte nicht nur weitere Eingriffe in die Presse- und Versammlungsfreiheit, sie bot zudem eine Handhabe für erste Verfolgungen politischer Gegner, indem sie detailliert Durchführung und Begründung der Beschlagnahme und des Verbots von Druckschriften festlegte. Die zweite, unmittelbar nach dem Reichstagsbrand erlassene Verordnung *Zum Schutz von Volk und Staat* setzte schließlich offen alle suspendierbaren Grundrechte außer Kraft: die Freiheit der Person, das Recht auf freie Meinungsäußerung, aber auch Presse-, Vereins- und Versammlungsfreiheit sowie die Unverletzlichkeit des Brief-, Post- und Fernsprechgeheimnisses; zusätzlich wurde das Strafmaß für entsprechende Vergehen verschärft.[12]

Als das wichtigste Instrument der nationalsozialistischen Presselenkung aber muss das *Schriftleitergesetz* vom 4. Oktober 1933 angesehen werden, das am 1. Januar 1934 in Kraft trat und mit dem die Presse-Journalisten selbst gleichgeschaltet werden sollten. Die Reglementierung des ›Schriftleiters‹ (Redakteurs) und seiner Tätigkeit erfolgte darin im Hinblick auf folgende Punkte:

- die Festlegung der öffentlichen Aufgabe des Journalisten (und seine Verpflichtung auf diese Aufgabe),
- die persönlichen und ›politischen‹ Voraussetzungen des Journalisten,
- die Zulassungsbestimmungen zur Berufsausübung,
- die Regelungen des Verhältnisses zum Verleger,
- die Verpflichtung auf die Verhinderung unliebsamer Presseinhalte,
- die Bestimmungen zur Berufsgerichtsbarkeit.[13]

Die Verpflichtung des Journalisten auf die öffentliche Aufgabe befreite den Journalisten scheinbar aus der Abhängigkeit des Verlegers. In einer Stellungnahme zu dem Gesetz hatte Goebbels betont: Man stehe mit dem Schriftleitergesetz an einem entscheidenden Wendepunkt in der Entwicklung der öffentlichen Meinung in Deutschland. An die Stelle des Verlegers sei der Staat getreten, dem der Journalist verantwortlich sei. Es sei das souveräne Recht des

Staats, die öffentliche Meinung, wenn nicht zu kontrollieren, so doch in ihrer Gestaltung zu überwachen. Auf diese Weise waren Journalisten eindeutig an Parteilinie und staatliche Pressepolitik gebunden. Es war eine ›Gleichschaltung‹ der Journalisten selbst, indem sie des Rechts der freien Meinungsäußerung gegenüber dem Staat beraubt und zu beamtenähnlichen Trägern der öffentlichen Aufgabe gemacht worden waren. Die Gleichsetzung des Journalistenberufs mit dem öffentlichen Dienst ermöglichte es – statt zu Zensur und Zeitungsverbot – zum Mittel des Berufsverbots zu greifen. Das hing aufs engste mit den Voraussetzungen zusammen, die Journalisten zu erfüllen hatten, sowie mit den Zulassungsbestimmungen zum Beruf des Schriftleiters.[14]

Den Beruf des Journalisten – und nun sind *die persönlichen und politischen Voraussetzungen* angesprochen – durfte nur ausüben, wer die deutsche Reichsangehörigkeit besaß, nachweislich »arischer Abstammung« und nicht mit einer »Person nicht-arischer Abstammung« verheiratet war, sowie die Fähigkeit zur Bekleidung öffentlicher Ämter nicht verloren hatte. Schriftleiter konnte des Weiteren nur sein, wer das 21. Lebensjahr vollendet hatte, geschäftsfähig und fachmännisch ausgebildet war (Nachweis einer einjährigen Ausbildung bei der Schriftleitung einer deutschen Zeitung) und wer über die »Eigenschaften« verfügte, die »die Aufgabe der geistigen Einwirkung auf die Öffentlichkeit« erforderte. Damit wurden u. a. alle Personen jüdischer Herkunft vom Journalismus ausgeschlossen; es bedeutete dies eine »Austrocknung« der geistigen Elite, da zahlreiche Publizisten jüdischer Abstammung waren.[15] Unmittelbar nach Inkrafttreten des Schriftleitergesetzes erhielten etwa 1.300 Journalisten Berufsverbot. Insgesamt wurden unter den Nationalsozialisten rund 2.000 deutsche Journalisten und Publizisten ins Exil getrieben, von denen viele auch nach dem Ende des Dritten Reichs nicht mehr nach Deutschland zurückkehrten. Viele Journalisten und Verleger wurden inhaftiert oder kamen in Konzentrationslager.[16]

Die *Zulassungsbestimmungen zur Berufsausübung* legten fest, dass eine Berufszulassung nur auf persönlichen Antrag und durch Eintragung in die Berufsliste der Schriftleiter erfolgen konnte, wodurch eine lückenlose Kontrolle des Berufszugangs erreicht wurde. Die Eintragung erfolgte durch die Leiter der Presse-Landesverbände, seit 1938 allerdings erst nach Zustimmung durch die jeweiligen NS-Gauleiter, die die ›politische Zuverlässigkeit‹ der Antragsteller bestätigen mussten. Gleichzeitig wurde jeder Journalist mit Aufnahme in die Berufsliste auf die Mitgliedschaft in der berufsständischen Organisation des Reichsverbands der Deutschen Presse zwangsverpflichtet.

Ein eigener Passus im Schriftleitergesetz enthielt explizite *Regelungen des Verhältnisses zwischen Journalist und Verleger*, durch die auch ihre Aufgabenbereiche voneinander abgegrenzt wurden. Der Verleger hatte danach eigentlich nur noch finanzielle und technische Kompetenzen. Zwar kam ihm formal auch das Recht zu, den Hauptschriftleiter zu benennen und vom Journalisten »die Innehaltung von Richtlinien für die grundsätzliche Haltung der Zeitung« zu verlangen. Weil aber die Journalisten nicht den Verlegern, sondern dem Staat gegenüber verpflichtet waren, hatten sie die Verantwortung für den Inhalt eines Blatts indirekt an die staatliche Kontrollinstanz, das Propagandaministerium, abtreten müssen. Das Schriftleitergesetz verbot schließlich allen Verlegern, die das Regime nicht unterstützten, ihre verlegerische Tätigkeit.[17]

Mit der *Verpflichtung auf die Verhinderung unliebsamer Presseinhalte* sollte jegliche Berichterstattung unterbunden werden, die das Deutsche Reich oder Volk schwächen und die »Ehre eines Deutschen« verletzen könnte. Sie muss als mögliches Instrument gegen eine den Nationalsozialisten unliebsame Berichterstattung angesehen werden. Der entsprechende Abschnitt des Schriftleitergesetzes verpflichtete jeden Journalisten, aus den Zeitungen alles fernzuhalten, was »eigennützige Zwecke mit gemeinnützigen in einer die Öffentlichkeit irreführenden Weise« vermenge, was geeignet sei, »die Kraft des deutschen Reichs nach außen oder im Innern, den Gemeinschaftswillen des deutschen Volks, die deutsche Wehrhaftigkeit, Kultur oder Wirtschaft zu schwächen«, was gegen »die Ehre und Würde eines Deutschen« verstoße, Ehre oder Wohl eines anderen widerrechtlich verletze, seinem Beruf schade, ihn lächerlich mache oder aus anderen Gründen »sittenwidrig« sei. Und in den Erläuterungen dazu hieß es, die Vorschrift wolle »Behinderungen und Durchkreuzungen« der von der Regierung verfolgten Politik durch die Presse unmöglich machen.[18]

Schließlich legte das Schriftleitergesetz in den *Bestimmungen zur Berufsgerichtsbarkeit* fest, dass der Reichsverband der Deutschen Presse Berufsgerichte zu unterhalten habe. Ihre Mitglieder wurden vom Propagandaminister ernannt. Bei Berufsvergehen konnten Journalisten durch diese standeseigene Berufsgerichtsbarkeit abgemahnt (1. Stufe), mit Ordnungsstrafen bis zur Höhe des Einkommens belegt (2. Stufe) oder aus der Berufsliste ausgeschlossen werden (3. Stufe), was de facto einem Berufsverbot gleichkam. Als Berufsvergehen galt beispielsweise, die »politische Zuverlässigkeit« durch einen Verstoß gegen Anordnungen des RMVP oder Beschimpfung der NSDAP zu verletzen, durch Schulden, Trunkenheit, aber etwa auch den persönlichen Umgang mit jüdischen Mitbürgern gegen die Auflage »sittengerechten Verhaltens« verstoßen zu haben. Für die Tätigkeit als Schriftleiter ohne eine Eintragung in die Berufsliste konnte man mit Gefängnis bis zu einem Jahr bestraft werden. Für die unerlaubte Beschäftigung eines Journalisten konnte ein Verleger bis zu drei Monate inhaftiert werden.

Auch wenn das Schriftleitergesetz als das sichtbarste und wirksamste rechtliche Instrument der nationalsozialistischen Presselenkung angesehen werden muss, erwiesen sich die praktischen Folgen des Gesetzes jedoch als den Lenkungsabsichten der Nationalsozialisten zum Teil zuwiderlaufend. So heißt es bei ABEL: »Alsbald nach der Verabschiedung des Gesetzes, das vom NS-Regime als eines der wirksamsten Instrumente autoritärer Presselenkung gemeint war, sollte sich jedoch erweisen, dass in der Praxis infolge der zahlreichen Beschränkungen, die das Gesetz der journalistischen Arbeit auferlegte und sie damit lähmte, nun notwendigerweise eine weitere Vielzahl von neuen, spezifizierten Lenkungsmitteln geschaffen werden musste: die vom Propagandaministerium veranstalteten verschiedenen ›Pressekonferenzen‹ und die Fülle von immer detaillierter werdenden ›Presseanweisungen‹«,[19] auf die im Folgenden noch einzugehen sein wird.

Im Übrigen ist darauf hinzuweisen – auch wenn damit die rechtliche Ebene der Maßnahmen zur Presselenkung verlassen wird –, dass die Nationalsozialisten mit dem Ergebnis der im Schriftleitergesetz fixierten einjährigen Ausbildung für künftige Redakteure, d. h. mit der Praxis des verpflichtenden Redaktionsvolontariats, alles andere als zufrieden waren. Deshalb versuchten sie stärkeren Einfluss darauf zu nehmen, machten in »Richtlinien für die praktische Ausbildung« inhaltliche Vorgaben, wählten die Betriebe aus, in denen ein Volontariat erfolgen durfte, und legten fest, dass alle Volontariatsverträge vom Reichsverband der Deutschen Presse genehmigt werden mussten. Ab 1936 sollten Anwärter grundsätzlich nur noch aus der Hitler-Jugend (HJ) rekrutiert werden und eine vorgeschriebene

Zeit beim Arbeitsdienst und beim Militär absolviert haben. Das Studium der Zeitungswissenschaft und journalistische Fortbildungskurse wurden politisch-ideologisch auf NS-Kurs gebracht und organisatorisch in das berufsständische Kontrollsystem eingebunden. Schließlich mussten zum Ende des Volontariats dreimonatige Zusatzkurse in der 1936 eigens gegründeten Reichspresseschule absolviert werden, in der es weniger um fachliche Qualifizierung, als vielmehr um politisch-ideologische Erziehung und Charakterschulung ging. Wilhelm Weiß, Leiter des Reichsverbands der Deutschen Presse und Hauptschriftleiter (Chefredakteur) des »Völkischen Beobachters«, wollte dadurch »im Nachwuchs das Gefühl für Berufsmoral, für Anstand und Disziplin, für Charakter und Gemeinschaftsgeist« wecken und so »anständige Charaktere, politische Menschen und tüchtige Journalisten erziehen«. Allerdings wurde die Reichspresseschule mit Beginn des Kriegs 1939 infolge eines Erlasses des RMVP zur Konzentration »auf kriegswichtige Aufgaben« geschlossen und aufgelöst.[20]

3.2.3   Wirtschaftliche Ebene

Auf der ökonomischen Ebene versuchten die Nationalsozialisten eine möglichst lückenlose Kontrolle der deutschen Presse durch Inbesitznahme der Presseverlage in mehreren Enteignungswellen. Die Planung und Durchführung dieses verlegerischen Lenkungs- und Konzentrationsprozesses oblag dem Vorsitzenden des Reichsverbands deutscher Zeitungsverleger und Präsidenten der Reichspressekammer, Max Amann (vorher bereits NSDAP-Geschäftsführer, Direktor des Zentralverlags der NSDAP und seit 1933 Reichsleiter für die Presse der NSDAP). Ziel war es, möglichst alle deutschen Zeitungsverlage in den Besitz der nationalsozialistischen Partei zu bringen.[21]

Grundlage für diese völlige Ausblutung des deutschen Verlagswesens waren zunächst die bereits erwähnten Notverordnungen, mit denen die Linkspresse unterdrückt und ausgeschaltet wurde; ebenso aber auch das Reichskulturkammergesetz (mit seinen Durchführungsverordnungen) und die darauffolgenden Anordnungen der Reichspressekammer: Diese sog. *Amann-Anordnungen* vom 24. April 1935 bildeten das Instrumentarium zur Inbesitznahme auch bürgerlicher Verlage:

- Die »Anordnung zur Wahrung der Unabhängigkeit des Zeitungsverlagswesens« verwehrte allen Verlagen, die in der Form von Aktien- oder Kommanditgesellschaften, GmbHs, Genossenschaften oder Stiftungen betrieben wurden, die Zugehörigkeit zum Verlegerverband, was deren Verbot gleichkam. Auch wurden alle jüdischen Verleger ausgeschlossen. Zudem wurde die Herausgabe von mehr als einer Zeitung pro Verlag verboten, und es war nicht länger erlaubt, eine Zeitung von außen zu subventionieren.
- Die »Anordnung zur Beseitigung der Skandalpresse« traf alle Verleger, deren Pressepublikationen den Nationalsozialisten »Anstoß zu erregen« oder »der Würde der Presse zu schaden« schienen. Zusätzlich wurde verboten, Zeitungen inhaltlich auf einen konfessionell, beruflich oder interessenmäßig bestimmten Leserkreis abzustimmen, was für über 400 Zeitungen das Ende bedeutete.
- Schließlich konnten mit der »Anordnung über Schließung von Zeitungsverlagen zwecks Beseitigung ungesunder Wettbewerbsverhältnisse« alle Zeitungsbetriebe zwangsge-

schlossen werden, die »nach gesunden verlegerischen Grundsätzen« eine höhere Auflage gebraucht hätten, als aufgrund der örtlichen Verhältnisse zu erreichen war.[22]

Hinter dem vorgeschobenen Motiv der Pressekonzentration aber stand das Bemühen, die Konkurrenz zu den oft kurz vor dem Ruin stehenden Verlagen der nationalsozialistischen Gaupresse auszuschalten. Denn der größte Teil des konfiszierten Eigentums zwangsgeschlossener Verlage wurde zu Spottpreisen an die Gaupresse verkauft, wenn sie nicht einfach Grundstücke, Druckereien und Redaktionsräume der von Amann verbotenen Presseverlage übernahmen. Dabei sollten die systematischen Zeitungsaufkäufe und -übernahmen unauffällig vonstatten gehen, sie wurden daher nicht bekannt gegeben. Statt dessen hatte man eine ganze Reihe scheinbar neutraler Holding- und Finanzierungsgesellschaften gegründet, durch die ›Reichstreuhänder‹ Max Winkler in Amanns Auftrag Zeitungsaufkäufe vornahm, deren wahre Auftraggeber getarnt blieben.[23] Bei der überwiegenden Mehrheit der nach dieser Enteignungswelle noch bestehenden großen und bekannten Zeitungen wurde der in München ansässige NSDAP-Zentralverlag Miteigentümer, indem er – oft unter Androhung der Verlagsschließung – mindestens 51 Prozent der Verlagsanteile erwarb.

Als weitere ökonomische Lenkungsmittel wären die Papierkontingentierung (ab 1937) zu nennen, die auch zur politischen Steuerung der Auflagenhöhe benutzt wurde; ebenso das im März 1941 erlassene Verbot der Auflagensteigerung von Zeitungen. Schließlich beschränkte die Reichspressekammer gegen Ende des Zweiten Weltkriegs die erlaubten Zeitungsumfänge auf maximal vier (August 1944) bzw. maximal zwei Seiten (März 1945).[24]

Auch das deutsche Zeitschriftenwesen fiel – zeitlich etwas verzögert – den ökonomischen Maßnahmen nationalsozialistischer Presselenkung zum Opfer. In diesem Zusammenhang muss jedoch angemerkt werden, dass durch eine Anordnung vom 4. Januar 1934 die illustrierte Massenpresse dem Bereich des Zeitungswesens zwangszugeordnet worden war, so dass sie ohnehin denselben Bestimmungen wie die Tagespresse unterlag.[25]

3.2.4   Inhaltliche Ebene

Im Mittelpunkt des inhaltlichen Lenkungssystems der Nationalsozialisten stand die tägliche *Pressekonferenz der Reichsregierung*, wie sie Goebbels schon kurz nach der Machtergreifung eingerichtet hatte. An dieser Konferenz (unter Vorsitz des stellvertretenden Reichspressechefs oder des Leiters der Abteilung Presse im RMVP) durften nur eigens ausgewählte Journalisten und Regierungsvertreter teilnehmen. Auf den jeweils mittags einberufenen Veranstaltungen ergingen an die Presse (wie auch an den Rundfunk) bis ins Detail gehende Weisungen und Verbote bezüglich der Berichterstattung, und zwar in drei verschiedenen Vertraulichkeitsstufen: einmal Mitteilungen zur wortwörtlichen Verwendung; zum Zweiten vertrauliches Material zur indirekten Verwendung ohne Quellenangabe und schließlich drittens Weisungen mit streng vertraulichem Charakter, bei denen die Verletzung der Geheimhaltungspflicht als Landesverrat schwer bestraft wurde. Die Anleitungen enthielten genaue sog. *Sprachregelungen* darüber, in welcher Tendenz Ereignisse herausgestellt werden sollten; auch wurde vorgegeben, in welchem Umfang sie behandelt werden sollten. Dazu gehörten selbst Details wie die Größe der Überschriften und die Platzierung bestimmter

Beiträge. Auch gab es Anweisungen darüber, zu welchen Ereignissen keine Eigenrecherche erlaubt war und welche Themen vollständig zu unterdrücken waren. Alle vertraulichen Weisungen mussten übrigens in den Redaktionen unter Verschluss gehalten und spätestens zum Monatsende vor Zeugen und unter Anlegen eines Protokolls vernichtet werden. Man schätzt, dass von 1933 bis 1945 etwa 80.000 bis 100.000 solcher inhaltlicher Weisungen an die Presse ergangen sind.[26]

Ab 1940 kam den sog. *Tages- und Wochenparolen* immer mehr Bedeutung zu, die ebenfalls auf der Pressekonferenz ausgegeben wurden. Mit deren Einführung waren alle Erklärungen aus anderen Ministerien für die Presse nichtig, solange sie nicht in die – als geheim eingestuften – Tagesparolen aufgenommen worden waren. Die darin enthaltenen Direktiven legten alles fest, »was Politik, Kunst, Kultur, Partei, aber auch Pferderennen, ›Führer‹-Bilder, Hebammen, Leibesübung, Gemüseanbau usw. betraf. Es gab im Dritten Reich kaum ein Lebensgebiet, das in derartigen Parolen nicht erfasst wurde.«[27] Schließlich wurden auf diesen Konferenzen häufig Rügen (oft unter Androhung von Strafmaßnahmen) an einzelne Zeitungen erteilt, die sich nicht genau an die tags zuvor ausgegebenen Richtlinien gehalten hatten.

Daneben gab es zum einen die der Reichspressekonferenz vorgeschaltete sog. *Ministerkonferenz*, die vormittags von Goebbels selbst vor hohen Funktionären des Propagandaministeriums, der Ministerialbürokratie, der nationalsozialistischen Partei und einzelnen bevorzugten Presseleuten (wie beispielsweise den Chefs der Nachrichtenagenturen) abgehalten wurde. Zum anderen gab es – vor allem im Laufe der Kriegsjahre – zunehmend *Sonderkonferenzen*, auf denen mündliche Anweisungen aufgrund aktueller politischer und militärischer Entwicklungen des Tags weitergegeben wurden. Und schließlich veranstaltete das Auswärtige Amt eine eigene *Auslandspressekonferenz*, mit der – unter Umgehung des RMVP – versucht wurde, einen eher sachlichen Informationsaustausch mit den ausländischen Journalisten zu pflegen.[28]

Zur inhaltlichen Presselenkung im Nationalsozialismus gehört auch die Maßnahme vom Dezember 1933, die beiden großen Nachrichtenagenturen, das halbstaatliche Wolffsche Telegraphen-Bureau (WTB) und die Hugenbergs Besitz entzogene Telegraphen Union (TU), zusammenzulegen und als neue Gesellschaft das *Deutsche Nachrichtenbüro* (DNB) zu gründen. Offiziell privatwirtschaftlich organisiert, befand sich die Agentur vom ersten Tag an im unmittelbaren Besitz des Staats und war zudem der Pressestelle der Reichsregierung direkt unterstellt. Einerseits war das DNB durch die Gestaltung von Nachrichten und deren verpflichtende Weitergabe aktiv am Lenkungsprozess der Medien beteiligt, andererseits erhielt es von der Ministerkonferenz des RMVP die Richtlinien für Nachrichtenfärbung und -formulierung, so dass es diesem Prozess selbst unterworfen war. Gelegentlich formulierte Goebbels persönlich DNB-Nachrichten, die dann als sog. Auflagenmeldungen verbreitet wurden und von den Zeitungen zwingend (und oft im Wortlaut) abgedruckt werden mussten.

Jeweils nach dem Grad der Geheimhaltung verbreitete das DNB sein Material auf verschiedenfarbigem Papier: Den ›grünen« Dienst mit unbedenklichen Nachrichten gab es für alle Zeitungsredaktionen. Der ›gelbe‹ Dienst enthielt Propagandakampagnen und typische NS-Hintergrundthemen. Die ›blaue‹ Ausgabe diente der vertraulichen Unterrichtung von ausgewählten Journalisten, die Hintergrundinformationen (z. B. aus dem Ausland) bekommen sollten. Streng vertrauliche Informationen für einen kleinen Kreis hoher Presseleute gab es auf ›rotem‹ Papier. Schließlich ist noch das ›weiße‹ Material (unter besonders strenger Geheimhaltung) zu erwähnen, das nur für wenige besonders hohe Staats- und Parteifunktionäre bestimmt war. So versorgte die unter Kontrolle des Propagandaministeriums gebrachte Agentur nicht nur Presse und Rundfunk mit den vom RMVP freigegebenen bzw. von dort ausgegebenen Agenturmaterial, sondern belieferte umgekehrt auch die obersten Reichs- und Parteibehörden mit amtlichen, inoffiziellen, vertraulichen und streng geheimen Informationen.[29]

Die neben dem DNB wichtigste, ebenfalls in Staatsbesitz übergegangene Nachrichtenagentur Transocean wurde zum besonders subtilen Propaganda-Instrument der Reichsregierung. Der 1915 gegründete Auslandsnachrichtendienst, der über all die Jahre politisch wie finanziell vom Auswärtigen Amt abhängig gewesen war, wurde 1933 dem Reichspropagandaministerium unterstellt. Fortan nutzte Goebbels die Agentur, in deren Meldungen keinerlei nationalsozialistische Terminologie vorkommen durfte, gezielt, um im Ausland quasiunabhängige Meldungen zu lancieren.[30]

Das deutsche Zeitschriftenwesen wurde übrigens durch die Abteilung ›Zeitschriftenpresse‹ des RMVP, dort abgehaltene Pressekonferenzen, die staatliche ›Zeitschriften-Information‹ (ZI) und den 1938 gegründeten, offiziösen »Zeitschriften- und Wochendienst« separat gelenkt. Es darf an dieser Stelle nicht unerwähnt bleiben, dass die nationalsozialistische Regierung noch vor Kriegsbeginn, nämlich am 26. August 1939, die Militärzensur einführte. Darüber hinaus besaß das Oberkommando der Wehrmacht (in Abstimmung mit dem Propagandaministerium) das Monopol der militärischen Berichterstattung. Erstmals in der Geschichte der Kriegsberichterstattung kam es zum Aufbau und Einsatz spezieller Militäreinheiten für den journalistischen und propagandistischen Einsatz im Kampfgebiet: den sog. Propagandakompanien (PK).[31]

3.3   Phasen der Aus- und Gleichschaltung

Die unmittelbar nach der Machtergreifung Hitlers einsetzende Aus- und Gleichschaltung der deutschen Presse ging in mehreren Wellen vor sich. Zunächst wurden im Frühjahr 1933 die kommunistischen und sozialdemokratischen Blätter unterdrückt und enteignet. Ende der zwanziger Jahre hatten der SPD-Presse über 200 Zeitungen (davon 75 Nebenausgaben) mit einer Gesamtauflage von 1,3 Mio. Exemplaren angehört. Infolge der Wirtschaftskrise hatten auch einige der SPD-Verlagsbetriebe geschlossen werden müssen. Doch gab es 1932 immerhin noch 135 sozialdemokratische Titel und etwa 50 kommunistische Zeitungen (Gesamtauflage der KPD-Presse: rund 650.000 Exemplare), wobei etwa die Hälfte Nebenausgaben anderer KPD-Titel waren.[32] Im Hinblick auf die vom Reichspräsidenten erlassenen Notverordnungen hatte Goebbels am 15. Februar 1933 in seinem Tagebuch notiert: »Jetzt haben wir auch eine Handhabe gegen die Presse, und nun knallen die Verbote, dass es nur so eine Art hat.«[33] Kurz darauf wurden kommunistische und sozialdemokratische Zeitungen pauschal verboten und ihre (oft gut ausgestatteten) Druck- und Verlagshäuser von der SA besetzt. Eine Woche vor der Reichstagswahl, also schon Ende Februar 1933, waren praktisch alle sozialdemokratischen und kommunistischen Zeitungen ausgeschaltet.

Mit dem Verbot der übrigen Parteizeitungen ab Mitte 1933 begann die vollständige Gleichschaltung der Presse. Von den rund 600 Zeitungen, die allein 1933 ihr Erscheinen einstellen mussten, sind etwa 100 Titel der bürgerlichen Presse zuzurechnen. Im Dezember 1933 wurde zudem die Gründung neuer Zeitungen generell verboten.[34]

Die zweite Enteignungswelle erfolgte, nachdem das deutsche Pressewesen 1934 in eine schwere Strukturkrise geraten war. Das lag zum einen an dem Umstand, dass vor allem kleinere und mittlere Zeitungen den ungleichen Konkurrenzkampf mit den (massiv von Staat und Partei unterstützten) NS-Blättern kaum überleben konnten. Zum anderen gingen die Auflagenzahlen mit dem rapide sinkenden Anzeigenaufkommen zurück, nachdem die inhaltliche Presselenkung eine Zeitungslandschaft mit immer langweiligeren und zunehmend eintönigen Artikeln hervorgebracht hatte, der die Leser in Scharen davonliefen: Allein 1934 sank die Gesamtauflagenhöhe der Presse um eine Mio. Exemplare. So begründete man die Amann-Anordnungen offiziell auch mit ökonomischen Auswirkungen der Strukturkrise. Ziel sei es, durch Schließung oder Zusammenlegung die Zahl der Zeitungen herabzusetzen und damit wieder gesunde wirtschaftliche Verhältnisse im Zeitungsgewerbe herzustellen. Tatsächlich aber ging es dem Regime um die konsequente Verringerung der privateigenen Presseerzeugnisse und damit gleichzeitig um die Ausschaltung der Konkurrenz für die quantitativ und auch qualitativ oft sehr schwache NSDAP-Presse.

Dabei hatten die Nationalsozialisten bei dieser Enteignungswelle neben den konfessionellen Zeitungen vor allem den Typus des Generalanzeigers im Visier. Denn es war die Generalanzeiger-Presse, deren Zeitungen (mit mehr als 15.000 Exemplaren Auflage) zwar nicht einmal 8 Prozent der deutschen Zeitungstitel, aber über 60 Prozent ihrer Gesamtauflage ausmachten, während die NS-Parteipresse zu jener Zeit nur 25 Prozent der Gesamtauflage erreichte. Die Anwendung dieser Anordnungen führte 1935/36 zu einer Welle von Schließungen, Zwangsfusionen und Notverkäufen von Zeitungsverlagen sowie zu deren verdeckter Übernahme in den NS-Pressetrust durch neugegründete Verlagsgesellschaften. Etwa 500 bis 600 Zeitungen fielen dieser Aus- und Gleichschaltungswelle zum Opfer. Doch nicht bei allen Blättern geschah dies auf Anordnung aus Berlin. Denn hinzu kam, worauf Norbert FREI hinweist, dass sich nationalsozialistisch gesinnte Zeitungsverleger in der Provinz – oft mit unlauteren Mitteln – daranmachten, konkurrierende bürgerliche Heimatzeitungen auszuschalten bzw. zu übernehmen.[35] Ab 1939 diente den Nationalsozialisten als weiteres Mittel zur Unterdrückung der bürgerlichen Konkurrenzverlage zudem auch die kriegswirtschaftlich begründete Maßnahme des Papierentzugs.[36]

1941 begann die dritte Welle der Aus- und Gleichschaltung der Presse in Form einer Stilllegungsaktion, die von der Reichspressekammer durchgeführt und mit Kriegserfordernissen begründet wurde. Sie traf 550 Zeitungen, darunter vor allem ortsgebundene Heimatzeitungen mit ganz geringer Auflage sowie zwölf zum Teil prominente Titel der ehemaligen Zentrumspresse. Ihr folgten noch zwei weitere Stilllegungsaktionen, die mit der Zuspitzung der kriegswirtschaftlichen Notlage und immer verzweifelteren Mobilisierungsmaßnahmen zusammenhingen: Der einen fielen im Frühjahr 1943 etwa 950 private Zeitungen zum Opfer, deren Bezieher der Parteipresse zugewiesen wurden. Unter ihnen befanden sich so renommierte Titel wie die »Frankfurter Zeitung« oder die »Münchener Zeitung«. Die letzte Stilllegungsaktion schließlich erfolgte im Herbst 1944.

Exakte Zahlenbelege zur deutschen Tagespresse gibt es aus den Monaten vor dem Ende des Dritten Reichs nicht mehr. Bekannt ist, dass bei dieser letzten Gleichschaltungsaktion die meisten der noch in Privatbesitz befindlichen Zeitungen verschwanden. Indem in fast 20 Großstädten des Deutschen Reichs (selbst in Berlin und in Wien) die jeweils noch bestehenden Zeitungstitel zu einem einzigen ›zusammengeschlossen‹ wurden, blieben – von ganz wenigen Ausnahmen abgesehen – nur die NS-Zeitungen bestehen. Ab Januar 1945 wurde auch der Umfang der NS-Blätter auf dreimal wöchentlich vier Seiten, sonst zwei Seiten reduziert. Oron J. HALE schreibt: »Sie ähnelten Flugblättern mehr als Zeitungen und brachten kaum etwas anderes als den Heeresbericht, Bekanntmachungen und Anordnungen, unrealistische Betrachtungen zur militärischen und politischen Lage und propagandistische Aufrufe.«[37]

3.4   Die NS-Parteipresse

Eine Sonderstellung im deutschen Pressewesen von 1933 bis 1945 nimmt die nationalsozialistische Parteipresse ein. Dabei muss zwischen prominenten NS-Titeln wie dem »Völkischen Beobachter«, dem »Angriff«, dem »Stürmer« oder etwa dem »Illustrierten Beobachter« einerseits und der nationalsozialistischen Provinz- bzw. Gaupresse andererseits unterschieden werden.

3.4.1   Die NS-Gaupresse

Die nationalsozialistische Gaupresse war bereits ab 1925 ein zunehmend gewichtiges Pendant zum NSDAP-Zentralorgan »Völkischer Beobachter«, wenngleich sich die Partei in den Jahren vor 1930 eher schwer mit dem Aufbau einer eigenen Provinzpresse tat: Es standen weder ausreichende finanzielle Mittel noch genügend Journalisten zur Verfügung. Als Charakteristika dieser frühen NS-Zeitungen nennt Franz HARTMANN: kein Kapital, keine Dauerabonnenten, keine Anzeigen; die Redaktion untergebracht in ein oder zwei Räumen mit geliehenem Mobiliar; ein einziger Telefonanschluss und ein Vertrag mit einem sympathisierenden Drucker, der Kredit gab. Diese Blätter hatten weder einen Nachrichtendienst noch eine Lokalberichterstattung, ihre zwei, drei oft ehrenamtlichen Mitarbeiter waren nur selten journalistisch vorgebildet oder im Verlagswesen erfahren.[38] Entsprechend schlecht waren diese sog. Kampfzeitungen der Bewegung in der Regel gemacht: primitiv in der Aufmachung, rüde in ihren Schmähungen und praktisch ohne wirklichen Informationswert. Es kam häufig vor, dass sie vorübergehend verboten wurden. Außerdem muss man berücksichtigen, dass der Aufbau des größten Teils der nationalsozialistischen Pressepropaganda dezentralisiert vonstatten ging, zumal den Gau- und Bezirksleitungen auch die Finanzierung der für die ›Bewegung‹ werbenden Blätter oblag. Nicht selten betätigten sich Gauleiter als Herausgeber eigener ›Kampfblätter‹, um sich damit Prestige und Macht in ihrem Einflussbereich zu sichern. Das führte oft zu erheblichen Differenzen zwischen der zentralen Propagandaleitung in München und der parteilichen Pressearbeit vor Ort.

1928 umfasste die nationalsozialistische Gaupresse bereits 37 Zeitungstitel, davon fünf Tageszeitungen, 31 Wochenzeitungen und eine Halbmonatsschrift. Dabei muss differenziert werden zwischen 19 amtlichen Parteiorganen, die das Hoheitsabzeichen (den Reichsadler mit dem Hakenkreuz) im Zeitungskopf führen durften, und sonstigen nationalsozialistischen Blättern. Letztere waren zwar von der Parteileitung »offiziell anerkannt«, genossen aber nicht die gleichen Rechte wie amtliche Organe. Die Herausgabe aller nationalsozialistischen Zeitungen unterlag der Genehmigung der Parteileitung, auch mussten alle Schriftleiter von ihr bestätigt werden. Alle Schriftleitungen hatten sich an die Parteilinie und die Anweisungen der Propagandaleitungen zu halten; andernfalls mussten sie mit dem Entzug der Anerkennung als Parteiorgan oder mit dem Boykott der Zeitung rechnen. Sie durften keine Anzeigen von jüdischen Firmen aufnehmen. Darüber hinaus waren sie verpflichtet, ein Exemplar jeder Ausgabe an die Propaganda-Abteilung zu schicken, die es einer sorgfältigen Prüfung (auch des Anzeigenteils) unterzog. Neben zum Teil harten Auseinandersetzungen zwischen der NS-Propagandaleitung und den einzelnen Parteiblättern kam es immer wieder zu heftigen Streitigkeiten zwischen konkurrierenden NS-Titeln in einzelnen Regionen, so dass Hitler sich in einem Rundschreiben im Herbst 1928 genötigt sah, diese parteiinternen Angriffe zu untersagen und offen mit dem Parteiausschluss zu drohen.[39]

Der Durchbruch der NS-Gaupresse gelang 1930. In zahlreichen Großstädten konnten neue NS-Zeitungen gegründet werden, viele bestehende Titel wurden von Wochen- in Tageszeitungen umgewandelt. Zudem hatte Hitler ab 1929 für seine Partei finanzielle Unterstützung von Interessengruppen erhalten, die hinter Hugenberg standen. Angesichts der einsetzenden Wirtschaftskrise hätte das allein jedoch bei weitem nicht ausgereicht, um die oft maroden Kleinbetriebe der NS-Gaupresse vor dem Ruin zu bewahren. Die NS-Parteizeitungen konnten nur überleben, weil ihnen nach der nationalsozialistischen Machtübernahme wieder Bankkredite gewährt wurden und weil nun auch verstärkt nationalsozialistische Zeitungen abonniert und bei ihnen Anzeigen aufgegeben wurden. Hinzu kam, dass ihnen im Frühjahr 1933 Sach- und Geldwerte der beschlagnahmten Zeitungsbetriebe aus dem Besitz von SPD und KPD zuteil wurden.

Gleichzeitig erforderte die Machtergreifung Hitlers eine grundlegende Neuausrichtung der propagandistischen Zielvorgaben für die NS-Parteipresse. Hatte sie sich vor der Machtergreifung Hitlers durch einen oft ungezügelten Hetzkampf gegen den Staat und alle seine Institutionen hervorgetan, so wurde von ihr nun plötzlich bedingungslose Loyalität und Bejahung aller Entscheidungen der Reichsregierung verlangt.[40] Des Weiteren begann Otto Dietrich die Sonderstellung der NS-Parteipresse auszubauen. Bereits 1932 war mit der Nationalsozialistischen Korrespondenz (NSK) ein eigenes parteiamtliches Nachrichtenbüro eingerichtet worden, das insbesondere die Parteipresse mit nationalsozialistischen Nachrichten und Informationen versorgte. Daneben förderte Dietrich die Gaupresseämter der Partei, denen es oblag, die bürgerliche Presse mit Informationen zur NS-›Bewegung‹ zu versorgen. Schließlich schützte er alle Parteizeitungen auch vor möglicher Kritik hoher Partei- und Regierungsfunktionäre, indem er missbilligende Äußerungen gegenüber NS-Titeln als parteischädigend einstufte und verbot und ›Sonderanweisungen‹ für einzelne Parteiorgane nur über die zentrale Pressestelle der NSDAP weitergegeben werden durften.[41]

1934 ließ Max Amann als Reichsleiter für die Presse der NSDAP die geschäftliche und finanzielle Lage aller Gauzeitungen durch den ›Reichstreuhänder‹ Max Winkler und dessen

Cura Revisions- und Treuhand-GmbH überprüfen. Gleichzeitig sorgte Amanns ›Stabsleiter‹ Rolf Rienhardt dafür, dass die Gauzeitungen dem persönlichen Einfluss führender Parteifunktionäre entzogen und sog. Gauverlagsgesellschaften unterstellt wurden. Für diese Gauverlagsgesellschaften gründete man als Holdinggesellschaft die Standarte GmbH (deren Leitung ebenfalls Rienhardt oblag), die Bankkredite aus dem beschlagnahmten Vermögen der Gewerkschaften vermittelte und zusätzlich Kapital aus dem Eher-Verlag erhielt. Dabei wurden die Gewinne der Standarte GmbH zur Unterstützung besonders finanzschwacher Parteiorgane verwendet. Letztliches Ziel dieser Aktionen war es, die einzelnen Parteizeitungs-Verlage unter die Aufsicht des Eher-Verlags zu bringen.

Zur Erweiterung der Gauverlage wurde 1939 die Herold Verlags-GmbH gegründet, die als Auffangorganisation für bürgerliche Zeitungen fungierte, die der Gleichschaltung zum Opfer gefallen waren. Zum gleichen Zweck richtete man auch die Vera Verlagsgesellschaft (für die Generalanzeiger-Presse) und die Phönix GmbH (für Heimatzeitungen und katholische Presseorgane) ein. Auf diese Weise steigerte Amann mit Hilfe seiner Mitarbeiter Rienhardt und Winkler im Laufe der Jahre den Anteil der NSDAP-Parteizeitungen am Gesamtbesitz deutscher Zeitungen von 2,5 Prozent (1933) bis zum Ende des Dritten Reichs auf 82 Prozent.[42]

3.4.2 Der Zentralverlag der NSDAP

Die Franz Eher Nachfolger Verlags-GmbH war von Beginn der nationalsozialistischen Bewegung an in den Händen Adolf Hitlers und dann seiner Partei, und sie sollte im Laufe der Jahre zum bis dahin größten Pressetrust der Welt werden. Der Verlag selbst war jedoch älter. Bereits um die Jahrhundertwende erwarb der Verleger Franz Eher den »Münchener Beobachter«, ein lokales Wochenblatt, das seit 1887 erschien und mehrfach den Besitzer gewechselt hatte; nach 1918 – nach Ehers Tod – war es in »Völkischer Beobachter« umbenannt worden. Die Erben des Verlegers verkauften die Zeitung an den rechtsradikalen Freiherrn von Sebottendorf, bevor Zeitung und Verlag 1920, am Rande des Bankrotts, von der NSDAP erworben wurden. Offiziell gingen die Anteile zunächst an den (treuhänderischen) NS-Arbeiterverein über und dann 1921 an den Vorsitzenden dieses Arbeitervereins, Adolf Hitler. Als gleichzeitiger Aufsichtsratsvorsitzender der Verlags-GmbH hatte Hitler in allen Belangen die alleinige Vollmacht, die er erst nach der Machtübernahme 1933 an Max Amann übertrug, der schon 1922 Direktor des Eher-Verlags geworden war.[43]

Da der Verlag über keine eigenen Druckmöglichkeiten verfügte, wurde die Druckereibetrieb M. Müller und Sohn, München, zur Druckerei für den Eher-Verlag, in der neben dem zentralen Parteiorgan »Völkischer Beobachter« und Hitlers »Mein Kampf« eine ganze Reihe weiterer parteiamtlicher Zeitschriften sowie von den Nationalsozialisten geförderte Bücher hergestellt wurden. 1925 erhielt der Franz Eher-Verlag als Zentralverlag der NSDAP auf Hitlers Wunsch eine der Partei gegenüber unabhängige Stellung, so dass Amann den Verlag fortan führen konnte, ohne Eingriffe von Seiten höherer NSDAP-Funktionäre fürchten zu müssen. Doch war die finanzielle Situation in den ersten Geschäftsjahren des Verlags oft prekär. Ohne die Verkaufserlöse von Hitlers »Mein Kampf« hätte das Unternehmen, das doch in erster Linie das amtliche Parteiorgan herausbringen wollte, wohl kaum überleben können. Die Situation verbesserte sich zunächst Anfang der dreißiger Jahre, als Hitler Gelder aus der Großindustrie aufgetan hatte, die auch dem Eher-Verlag zugute kamen, und dann entscheidend mit den einschneidenden Veränderungen des Jahres 1933.[44]

Nachdem Amann als Direktor des Zentralverlags der NSDAP von Hitler zusätzlich zum Reichsleiter der Presse der NSDAP ernannt worden war, reorganisierte er die NS-Gaupresse und stellte sie unter die Aufsicht des Eher-Verlags. Mit den zusätzlichen Vollmachten als erster Vorsitzender des gleichgeschalteten Reichsverbands der Deutschen Zeitungsverleger und als Präsident der Reichspressekammer ausgestattet, erwarb Amann mit seinen Mitarbeitern Rienhardt und Winkler 1935 etwa 100 größere Zeitungsverlage, die dem Eher-Verlag zugeführt wurden, was dem Zentralverlag der NSDAP eine zentrale, wenn nicht die dominierende Stellung im deutschen Verlagswesen verschaffte. Bereits 1934 hatte Winkler damit begonnen, die Zeitungen des Berliner Mosse-Verlags, der als jüdisches Familienunternehmen schon 1933 in die Liquidation getrieben worden war, über verdeckte Anteilseigner zu übernehmen. Auch kaufte er Deutschlands größtes Verlagshaus für Zeitungen, Zeitschriften und Bücher auf: den in jüdischem Familienbesitz befindlichen Ullstein-Verlag. Neben der umfangreichen Buchproduktion gehörten zu dem Unternehmen auch so große Zeitungen wie die »Berliner Morgenpost«, die »B.Z. am Mittag« und die »Berliner Illustrirte« sowie die traditionsreiche »Vossische Zeitung« (mit Auflagen von zusammen über 3,6 Mio. Exemplaren). Während die »Vossische Zeitung« noch im März 1934 eingestellt werden musste, wurden die anderen Titel dem Eher-Verlag einverleibt. Aus dem Ullstein-Verlag wurde 1937 der Deutsche Verlag gebildet, der zwei Jahre später die bedeutende, überregional erscheinende »Deutsche Allgemeine Zeitung« übernahm. Der Deutsche Verlag wurde nach dem Eher-Verlag das größte und einträglichste Unternehmen des Pressetrusts der NSDAP.[45]

Zudem strebten Amann und seine Mitarbeiter nach einer Zentralisierung der Anzeigenwerbung. Der Eher-Verlag übernahm zu diesem Zweck die Ala Anzeigen GmbH aus dem Hugenberg-Konzern, nachdem der zweite große deutsche Anzeigenkonzern, die Mosse-Annoncen-Expedition, nicht zuletzt durch den Boykott jüdischer Unternehmen bereits Konkurs angemeldet hatte. Damit war der Einfluss Hugenbergs in der deutschen Zeitungslandschaft deutlich zurückgedrängt. Der Eher-Verlag war nun Marktführer im Anzeigenwesen, und die parteieigenen Blätter konnten ausreichend mit überregionalen Anzeigen versorgt werden. Über die Phönix GmbH, die zwei Eher-Tochtergesellschaften gehörte, erwarb der Zentralverlag der NSDAP 1935 mehr als 200 Titel aus dem Umfeld der konfessionellen Presse.

Die Vera Verlagsanstalt aus dem Hugenberg-Konzern, die 1935 zusammen mit Beteiligungen Hugenbergs an 14 Zeitungstiteln vom Eher-Verlag aufgekauft worden war, diente der Verwaltung der in den NS-Pressetrust eingebrachten Titel der Generalanzeiger-Presse. Prominenteste Opfer dieser Aufkäufe waren der Girardet-Verlag (zu dem die »Essener Allgemeine Zeitung«, der »Hamburger Anzeiger«, die »Düsseldorfer Nachrichten« und der »Generalanzeiger für Wuppertal« gehörten), der Pressekonzern Huck (mit Zeitungen in Mannheim, München, Dresden, Breslau, Stettin und Kassel), der Stuttgarter Zeitungsverlag (mit Zeitungen in Stuttgart, Hannover und Königsberg) sowie der Verlag Knorr und Hirth in München, mit dem die »Münchener Neuesten Nachrichten«, die »Münchener Illustrierte Presse« und der legendäre »Simplicissimus« in Parteibesitz übergingen.

1937 gehörten dem NS-Pressetrust bereits 122 Verlage, die etwa 230 Zeitungen mit über 350 Lokalausgaben herausbrachten. Nach Amanns Schätzungen hatte sich die Gesamtauflage der Parteipresse in den fünf Jahren seit 1932 verzwanzigfacht.[46]

Mit der territorialen Expansion des Dritten Reichs ab 1938 erweiterte auch der Eher-Konzern seinen Besitz und Einfluss durch Zeitungsaufkäufe in Österreich, dem annektierten Sudetenland und dem Protektorat Böhmen und Mähren. 1939 wurde auch die Presse in Oberschlesien, in Westpreußen und in der Provinz Posen Opfer der Pressepolitik der Partei. Im Inland gerieten so angesehene Blätter wie die »Frankfurter Zeitung«, die »Deutsche Allgemeine Zeitung« (aus dem Stinnes-Konzern) und die »Berliner Börsenzeitung« unter Kontrolle des Eher-Konzerns. 1944 wurden auch noch die verbliebenen Hugenberg-Blätter dem NS-Pressetrust zugeführt. Auf dem Höhepunkt seiner Macht, 1943/44, kontrollierte der Zentralverlag der NSDAP Franz Eher Nachfolger Verlags-GmbH mit allen Tochtergesellschaften rund 150 Verlage, beschäftigte (nach einer Schätzung HALEs) etwa 35.000 Personen und erzielte Jahresreingewinne bis zu 100 Mio. Reichsmark. Er verlegte neben Tageszeitungen auch Zeitschriften und Illustrierte sowie Bücher, wobei die Gesamtauflage allein der Tageszeitungen die 20-Millionen-Grenze überstieg.[47]

3.4.3 Der »Völkische Beobachter«

Der »Völkische Beobachter« war nicht nur offiziell das zentrale Parteiorgan der NSDAP, sondern zugleich das ›Flaggschiff‹ der nationalsozialistischen Presse. Zudem war er die erste deutsche Tageszeitung, die (mit ihren fünf Nebenausgaben) eine Millionenauflage erreichen sollte. Die Zeitung hatte schon existiert, bevor Adolf Hitler über die Gründung seiner Partei nachdachte. Ursprünglich war sie aus dem »Münchener Beobachter«, einer kleinen Vorstadtzeitung, hervorgegangen, die als Organ der vaterländischen Thule-Gesellschaft bereits eine völkische Politik mit rechtsradikaler Tendenz verfolgt hatte.[48]

Im Dezember 1920 hatte Adolf Hitler gemeinsam mit drei weiteren Gesellschaftern den »Völkischen Beobachter« samt dem Eher-Verlag, dessen Kernstück er bildete, erworben. Ab 1921 war Hitler, inzwischen Vorsitzender der NSDAP, Alleineigentümer der Zeitung. Zum Geschäftsführer wurde Max Amann bestellt, der das Blatt mit nur etwa 7.000 Abonnenten übernahm. Dietrich Eckart war erster Hauptschriftleiter, der jedoch schon 1923 durch Alfred Rosenberg ersetzt wurde. Anfangs erschien der »Völkische Beobachter« zweimal wöchentlich mit vier bzw. sechs Seiten pro Ausgabe, ab 1923 dann als Tageszeitung. Das »Kampfblatt der nationalsozialistischen Bewegung Großdeutschlands«, wie sich die Zeitung im Untertitel nannte, wurde von Hitler zu einem Propagandablatt gemacht, das sich mit seinen vier Redaktionsmitarbeitern dem Antiparlamentarismus, dem Nationalismus und dem Antisemitismus verschrieb. Aufgrund seiner antisemitischen Ausfälle wurde es in den ersten Jahren seines Erscheinens mehrfach verboten. Auch spielte die Zeitung eine bedeutende Rolle bei der Vorbereitung von Hitlers ›Novemberputsch‹ (1923). Damals hatte das Blatt bereits eine Auflage von 30.000 Exemplaren. Nachdem der Putschversuch gegen die Reichsregierung gescheitert war, wurde der »Völkische Beobachter« am 9. November 1923 (ebenso wie die Partei) verboten und eingestellt.

Erst am 24. März 1925, nachdem Hitler aus der Haft entlassen war, wurde der »Völkische Beobachter« als Organ der neuorganisierten NSDAP (wieder-)begründet. Hitler übte von nun an auch die Funktion des Herausgebers aus. Vorübergehend erschien das Blatt zweimal wöchentlich, einen Monat nach Wiedererscheinen dann erneut als Tageszeitung. Praktisch musste man wieder von vorn anfangen; die Auflage betrug gerade 4.000 Exemplare und erreichte auch 1929 noch nicht den Stand aus der Zeit vor dem Verbot 1923.[49]

Der »Völkische Beobachter« verstand sich, wie seinem Untertitel zu entnehmen war, als ›Kampfblatt‹ und damit als ein Mittel für Agitation und Propaganda. So bediente sich das für einen möglichst weiten Leserkreis (den ›kleinen Mann‹) gedachte Parteiorgan auch eines ausgeprägten Propaganda- und Kampfstils, der Übersteigerungen und Superlative erforderte: Die Texte zeichneten sich vor allem durch schreiende Überschriften, reißerische Aufmachung, Zusammenballungen von Schlagworten und auf Gefühle abzielende Phrasen aus; im Ton waren sie grob, aggressiv und zynisch. Die Vermittlung quasi-religiöser Empfindungen war dem Kampfblatt ebenso wichtig wie die Einwirkung auf das Gemüt der Leser mittels pseudoheroischer und mystischer Elemente. Vor allem in den Anfängen der wiederbegründeten Zeitung trat Hitler immer wieder selbst als Leitartikler in Erscheinung. Auch wurden zahlreiche seiner Reden im »Völkischen Beobachter« abgedruckt. Das Massenblatt enthielt kaum Auslandsberichterstattung, sondern konzentrierte sich auf die propagandistische Durchsetzung der Ziele der NSDAP, insbesondere auf den Kampf gegen politische Feinde im Inland wie auch gegen jene von außen. Das politische Geschehen, und damit die Geschichte des Dritten Reichs, kam nur in propagandistischer Verzerrung zum Ausdruck.[50]

Abb. 7: Die Pressemacht der NSDAP

Jahr	Zeitungen	davon NSDAP	Auflage in Millionen	
			gesamt	davon NSDAP
1932	4703	94	26,0	1,0
1939	2288	200	16,0	6,1
1944	977	352	25,1	20,7

Quelle: Meyn, Hermann: Massenmedien in Deutschland, Konstanz: UVK 2004, S. 36.

Ab 1930 gelang es vor allem Verlagsleiter Amann, den »Völkischer Beobachter« auf wirtschaftlichen Erfolgskurs zu bringen. Ab 1927 erschien das Zentralorgan der NSDAP in zwei Ausgaben (Bayernausgabe, Reichsausgabe), ab 1930 kam eine Berliner Ausgabe hinzu, die sich so gut verkaufte, dass die Gesamtauflage von 40.000 innerhalb eines Jahres auf über 120.000 im Jahre 1931 anstieg. Hatte die Zeitung in den Anfangsjahren nur durch den Verkauf von Hitlers »Mein Kampf« überleben können, so konnte man bereits 1932 fast vier Mio. Reichsmark aus der Kasse des Zentralorgans zum Wahlkampf der Partei beisteuern. Anfang 1933 wurde zusätzlich eine eigene Redaktion des »Völkischen Beobachters« (mit Druckerei) in Berlin eingerichtet und das Parteiorgan um eine »Norddeutsche Ausgabe« erweitert. Gleichzeitig wurden die beiden Ausgaben im Süden in »Münchener Ausgabe« und in »Süddeutsche Ausgabe« umbenannt.[51]

Mit dem Machtantritt der NSDAP änderten sich auch Funktion und Aufgabe des »Völkischen Beobachters«: Da Partei und Staat weitgehend identisch waren, wurde er nun auch staatsoffizielles Organ. Am 1. Mai 1933 übernahm Rosenberg von Hitler die Funktion des Herausgebers. In der Zentralschriftleitung hatte Rosenberg Wilhelm Weiß zur Seite gestellt bekommen, der dann ab 1938 die Funktion des Hauptschriftleiters übernahm. Dieses Amt übte Weiß bis zur Einstellung des Blatts Ende April 1945 aus.

Im März 1938, nach dem Einmarsch Hitlers in Österreich, wurde schließlich als fünfte eine Wiener Ausgabe herausgebracht. Gedruckt wurden die Ausgaben in München, Berlin und Wien. 1939 erreichte die Gesamtauflage des »Völkischen Beobachters« fast 750.000, zwei Jahre später sogar knapp 1,2 Mio. Exemplare. Dabei sollte jedoch nicht vergessen werden, dass Parteifunktionäre zwangsverpflichtet waren, das offizielle Parteiorgan zu abonnieren, um dadurch die Bewegung zu unterstützen. Nach der Übernahme der Staatsmacht war ein Abonnement auch für Beamte und Regierungsfunktionäre praktisch ein Muss.[52]

Insgesamt war die NS-Presse, und ihr voran der »Völkische Beobachter«, eine macht- und unheilvolle propagandistische Begleitmaschinerie zu den Kampfhandlungen des Zweiten Weltkriegs. Am 30. April 1945 verließ die letzte Nummer des »Völkischen Beobachters« als Einblattdruck im unveränderten Großformat die Münchner Druckpresse. Ausgeliefert wurde das Blatt jedoch nicht mehr.[53]

Abschließend sei darauf hingewiesen, dass die Presselenkung in der Zeit des Nationalsozialismus nicht alle Zeitungen gleichermaßen traf. Der Grund hierfür liegt weniger im Widerstand einzelner traditionsreicher Blätter gegenüber dem Regime, sondern vielmehr in dem Umstand, dass die Nationalsozialisten über Jahre hinweg dem Ausland gegenüber den Eindruck einer totalen Presselenkung vermeiden wollten. So waren es auch die großen und international beachteten Tageszeitungen, die – trotz aller Rügen durch die Reichspressekonferenz – dem Lenkungssystem gegenüber einen gewissen Freiraum genossen. Allen voran muss hier die (Hitler verhasste) demokratische »Frankfurter Zeitung« genannt werden. Und nachdem sich das liberale »Berliner Tageblatt« und die traditionsreiche »Vossische Zeitung« nicht halten konnten, wurden in gewissem Umfang auch große bürgerliche Titel wie die nationalkonservative »Deutsche Allgemeine Zeitung« oder etwa die Zeitschrift »Deutsche Rundschau« Blätter mit einem – wenn auch begrenzten – Freiraum. Selbst dem von den Nationalsozialisten 1940 gegründeten Wochenblatt »Das Reich«, bei dem eine Reihe Journalisten des »Berliner Tageblatts« und der »Vossischen Zeitung« unterkamen, wurde eine größere Freizügigkeit zugestanden als anderen Pressetiteln. Dies darf jedoch nicht darüber hinwegtäuschen, dass solche Presseorgane von Goebbels und seinen Mitarbeitern aufs Schärfste überwacht wurden, um im Ausland den Anschein einer gewissen Pluralität des deutschen Pressewesens zu wahren, ohne dass diese Blätter im Inland (aus Sicht der Nationalsozialisten) zu viel Schaden anrichten konnten.[54]

Damit ist auch bereits einer jener Gründe angesprochen, die dafür verantwortlich waren, dass der Versuch der Nationalsozialisten, die Presse durch lückenlose Lenkung und Kontrolle für ihre Propagandazwecke einzuspannen, nicht zur kompletten Gleichschaltung der Presse und nicht dauerhaft zu den erhofften Propaganda-Erfolgen führte. Dies verhinderte

Abb. 8: Titelseiten des »Völkischen Beobachters« vom 10. März 1920 und vom 19. Februar 1943

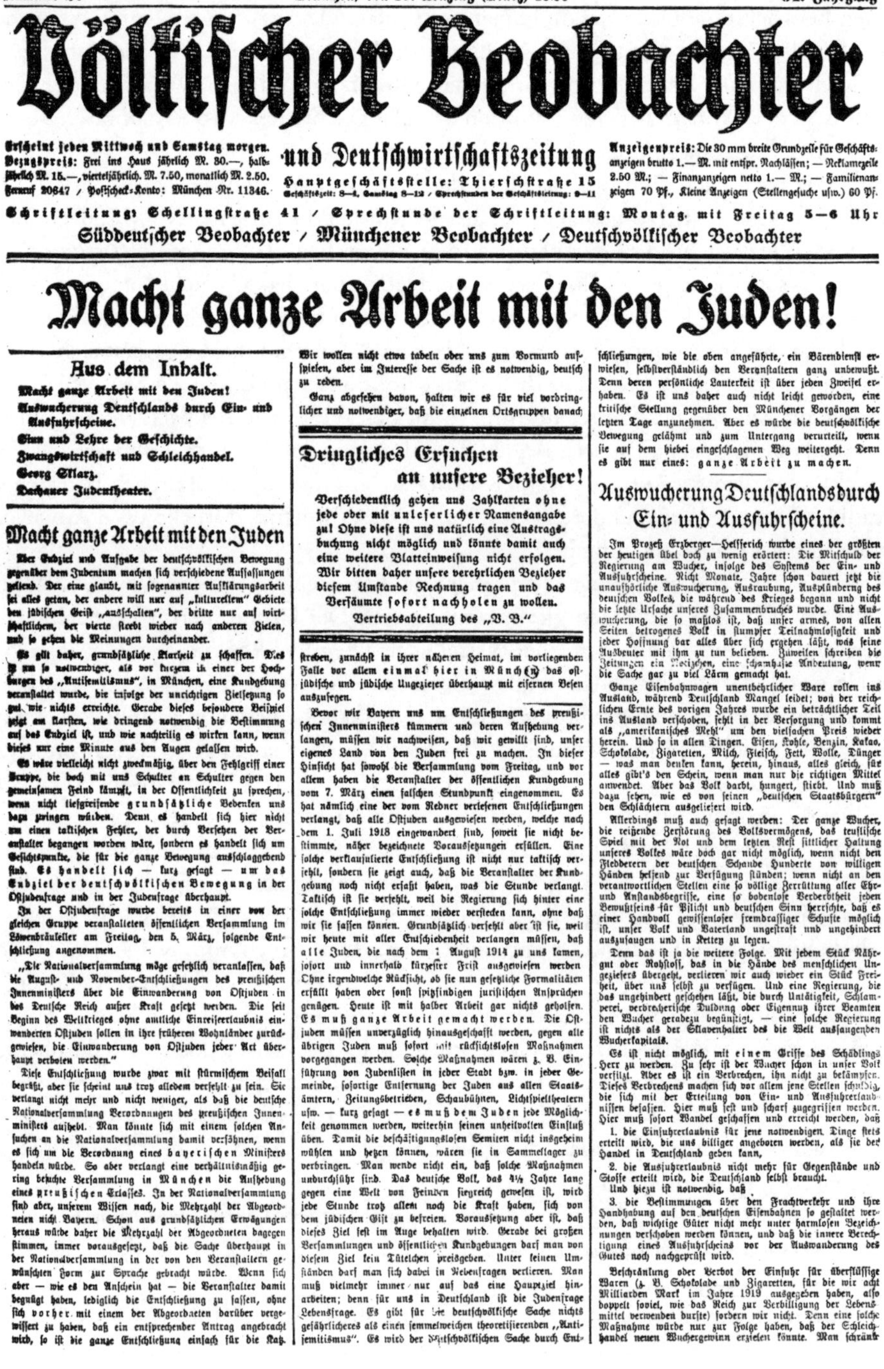

Mittwoch-Ausgabe

Einzelnummer 25 Pfg.

Nummer 20 — München, den 10. Lenzing (März) 1920 — 34. Jahrgang

Völkischer Beobachter

und Deutschwirtschaftszeitung

Erscheint jeden Mittwoch und Samstag morgen. Bezugspreis: Frei ins Haus jährlich M. 30.—, halbjährlich M. 15.—, vierteljährlich. M. 7.50, monatlich M. 2.50. Fernruf 20647 / Postscheck-Konto: München Nr. 11346.

Hauptgeschäftsstelle: Thierschstraße 15
Geschäftszeit: 8–4, Samstag 8–12 / Sprechstunden der Geschäftsleitung: 9–11

Anzeigenpreis: Die 30 mm breite Grundzeile für Geschäftsanzeigen brutto 1.— M. mit entspr. Nachlässen; — Reklamezeile 2.50 M.; — Finanzanzeigen netto 1.— M.; — Familienanzeigen 70 Pf., Kleine Anzeigen (Stellengesuche usw.) 60 Pf.

Schriftleitung: Schellingstraße 41 / Sprechstunde der Schriftleitung: Montag mit Freitag 5–6 Uhr

Süddeutscher Beobachter / Münchener Beobachter / Deutschvölkischer Beobachter

Macht ganze Arbeit mit den Juden!

Aus dem Inhalt.

Macht ganze Arbeit mit den Juden!
Auswucherung Deutschlands durch Ein- und Ausfuhrscheine.
Sinn und Lehre der Geschichte.
Zwangswirtschaft und Schleichhandel.
Georg Stlarz.
Dachauer Judentheater.

Macht ganze Arbeit mit den Juden

Über Endziel und Aufgabe der deutschvölkischen Bewegung gegenüber dem Judentum machen sich verschiedene Auffassungen geltend. Der eine glaubt, mit sogenannter Aufklärungsarbeit sei alles getan, der andere will nur auf „kulturellem" Gebiete den jüdischen Geist „ausschalten", der dritte nur auf wirtschaftlichem, der vierte strebt wieder nach anderen Zielen, und so gehen die Meinungen durcheinander.

Es gilt daher, grundsätzliche Klarheit zu schaffen. Dies ist um so notwendiger, als vor kurzem in einer der Hochburgen des „Antisemitismus", in München, eine Kundgebung veranstaltet wurde, die infolge der unrichtigen Zielsetzung so gut wie nichts erreichte. Gerade dieses besondere Beispiel zeigt am klarsten, wie dringend notwendig die Bestimmung auf das Endziel ist, und wie nachteilig es wirken kann, wenn dieses nur eine Minute aus den Augen gelassen wird.

Es wäre vielleicht nicht zweckmäßig, über den Fehlgriff einer Gruppe, die doch mit uns Schulter an Schulter gegen den gemeinsamen Feind kämpft, in der Öffentlichkeit zu sprechen, wenn nicht tiefgreifende grundsätzliche Bedenken uns dazu zwingen würden. Denn es handelt sich hier nicht um einen taktischen Fehler, der durch Versehen der Veranstalter begangen worden wäre, sondern es handelt sich um Gesichtspunkte, die für die ganze Bewegung ausschlaggebend sind. Es handelt sich — kurz gesagt — um das Endziel der deutschvölkischen Bewegung in der Ostjudenfrage und in der Judenfrage überhaupt.

In der Ostjudenfrage wurde bereits in einer von der gleichen Gruppe veranstalteten öffentlichen Versammlung im Löwenbräukeller am Freitag, den 5. März, folgende Entschließung angenommen.

„Die Nationalversammlung möge gesetzlich veranlassen, daß die August- und November-Entschließungen des preußischen Innenministers über die Einwanderung von Ostjuden in das Deutsche Reich außer Kraft gesetzt werden. Die seit Beginn des Weltkrieges ohne amtliche Einreiseerlaubnis eingewanderten Ostjuden sollen in ihre früheren Wohnländer zurückgewiesen, die Einwanderung von Ostjuden jeder Art überhaupt verboten werden."

Diese Entschließung wurde zwar mit stürmischem Beifall begrüßt, aber sie scheint uns trotz alledem verfehlt zu sein. Sie verlangt nicht mehr und nicht weniger, als daß die deutsche Nationalversammlung Verordnungen des preußischen Innenministers aufhebt. Man könnte sich mit einem solchen Ansuchen an die Nationalversammlung damit versöhnen, wenn es sich um die Verordnung eines bayerischen Ministers handeln würde. So aber verlangt eine verhältnismäßig gering besuchte Versammlung in München die Aufhebung eines preußischen Erlasses. In der Nationalversammlung sind aber, unserem Wissen nach, die Mehrzahl der Abgeordneten nicht Bayern. Schon aus grundsätzlichen Erwägungen heraus würde daher die Mehrzahl der Abgeordneten dagegen stimmen, immer vorausgesetzt, daß die Sache überhaupt in der Nationalversammlung in der von den Veranstaltern gewünschten Form zur Sprache gebracht würde. Wenn sich aber — wie es den Anschein hat — die Veranstalter damit begnügt haben, lediglich die Entschließung zu fassen, ohne sich vorher mit einem der Abgeordneten darüber vergewissert zu haben, daß ein entsprechender Antrag angebracht wird, so ist die ganze Entschließung einfach für die Katz.

Wir wollen nicht etwa tadeln oder uns zum Vormund aufspielen, aber im Interesse der Sache ist es notwendig, deutsch zu reden.

Ganz abgesehen davon, halten wir es für viel vordringlicher und notwendiger, daß die einzelnen Ortsgruppen danach

Dringliches Ersuchen an unsere Bezieher!

Verschiedentlich gehen uns Zahlkarten ohne jede oder mit unleserlicher Namensangabe zu! Ohne diese ist uns natürlich eine Austragsbuchung nicht möglich und könnte damit auch eine weitere Blatteinweisung nicht erfolgen. Wir bitten daher unsere verehrlichen Bezieher diesem Umstande Rechnung tragen und das Versäumte sofort nachholen zu wollen.

Vertriebsabteilung des „V. B."

streben, zunächst in ihrer näheren Heimat, im vorliegenden Falle vor allem einmal hier in München das ostjüdische und jüdische Ungeziefer überhaupt mit eisernen Besen auszufegen.

Bevor wir Bayern uns um Entschließungen des preußischen Innenministers kümmern und deren Aufhebung verlangen, müssen wir nachweisen, daß wir gewillt sind, unser eigenes Land von den Juden frei zu machen. In dieser Hinsicht hat sowohl die Versammlung vom Freitag, und vor allem haben die Veranstalter der öffentlichen Kundgebung vom 7. März einen falschen Standpunkt eingenommen. Es hat nämlich eine der vom Redner verlesenen Entschließungen verlangt, daß alle Ostjuden ausgewiesen werden, welche nach dem 1. Juli 1918 eingewandert sind, soweit sie nicht bestimmte, näher bezeichnete Voraussetzungen erfüllen. Eine solche verklausulierte Entschließung ist nicht nur taktisch verfehlt, sondern sie zeigt auch, daß die Veranstalter der Kundgebung noch nicht erfaßt haben, was die Stunde verlangt. Taktisch ist sie verfehlt, weil die Regierung sich hinter eine solche Entschließung immer wieder verstecken kann, ohne daß wir sie fassen können. Grundsätzlich verfehlt aber ist sie, weil wir heute mit aller Entschiedenheit verlangen müssen, daß alle Juden, die nach dem 1. August 1914 zu uns kamen, sofort und innerhalb kürzester Frist ausgewiesen werden. Ohne irgendwelche Rücksicht, ob sie nun gesetzliche Formalitäten erfüllt haben oder sonst spitzfindigen juristischen Ansprüchen genügen. Heute ist mit halber Arbeit gar nichts geholfen. Es muß ganze Arbeit gemacht werden. Die Ostjuden müssen unverzüglich hinausgeschafft werden, gegen alle übrigen Juden muß sofort mit rücksichtslosen Maßnahmen vorgegangen werden. Solche Maßnahmen wären z. B. Einführung von Judenlisten in jeder Stadt bzw. in jeder Gemeinde, sofortige Entfernung der Juden aus allen Staatsämtern, Zeitungsbetrieben, Schaubühnen, Lichtspieltheatern usw. — kurz gesagt — es muß dem Juden jede Möglichkeit genommen werden, weiterhin seinen unheilvollen Einfluß üben. Damit die beschäftigungslosen Semiten nicht insgeheim wühlen und hetzen können, wären sie in Sammellager zu verbringen. Man wende nicht ein, daß solche Maßnahmen undurchführbar sind. Das deutsche Volk, das 4½ Jahre lang gegen eine Welt von Feinden siegreich gewesen ist, wird jede Stunde trotz allem noch die Kraft haben, sich von dem jüdischen Gift zu befreien. Voraussetzung aber ist, daß dieses Ziel fest im Auge behalten wird. Gerade bei großen Versammlungen und öffentlichen Kundgebungen darf man von diesem Ziel kein Tütelchen preisgeben. Unter keinen Umständen darf man sich dabei in Nebenfragen verlieren. Man muß vielmehr immer nur auf das eine Hauptziel hinarbeiten; denn für uns in Deutschland ist die Judenfrage Lebensfrage. Es gibt für die deutschvölkische Sache nichts gefährlicheres als einen semmelweichen theoretisierenden „Antisemitismus". Es wird der deutschvölkischen Sache durch Entschließungen, wie die oben angeführte, ein Bärendienst erwiesen, selbstverständlich den Veranstaltern ganz unbewußt. Denn deren persönliche Lauterkeit ist über jeden Zweifel erhaben. Es ist uns daher auch nicht leicht geworden, eine kritische Stellung gegenüber den Münchener Vorgängen der letzten Tage anzunehmen. Aber es würde die deutschvölkische Bewegung gelähmt und zum Untergang verurteilt, wenn sie auf dem hiebei eingeschlagenen Weg weitergeht. Denn es gibt nur eines: ganze Arbeit zu machen.

Auswucherung Deutschlands durch Ein- und Ausfuhrscheine.

Im Prozeß Erzberger—Helfferich wurde eines der größten der heutigen Übel doch zu wenig erörtert: Die Mitschuld der Regierung am Wucher, infolge des Systems der Ein- und Ausfuhrscheine. Nicht Monate, Jahre schon dauert jetzt die unaufhörliche Auswucherung, Ausraubung, Ausplünderng des deutschen Volkes, die während des Krieges begann und nicht die letzte Ursache unseres Zusammenbruches wurde. Eine Auswucherung, die so maßlos ist, daß unser armes, von allen Seiten betrogenes Volk in stumpfer Teilnahmlosigkeit und jeder Hoffnung bar alles über sich ergehen läßt, was seine Ausbeuter mit ihm zu tun belieben. Zuweilen schreiben die Zeitungen ein Notizchen, eine schamhafte Andeutung, wenn die Sache gar zu viel Lärm gemacht hat.

Ganze Eisenbahnwagen unentbehrlicher Ware rollen ins Ausland, während Deutschland Mangel leidet; von der reichlichen Ernte des vorigen Jahres wurde ein beträchtlicher Teil ins Ausland verschoben, fehlt in der Versorgung und kommt als „amerikanisches Mehl" um den vielfachen Preis wieder herein. Und so in allen Dingen. Eisen, Kohle, Benzin, Kakao, Schokolade, Zigaretten, Milch, Fleisch, Fett, Wolle, Dünger — was man denken kann, herein, hinaus, alles gleich, für alles gibt's den Schein, wenn man nur die richtigen Mittel anwendet. Aber das Volk darbt, hungert, stirbt. Und muß dazu sehen, wie es von seinen „deutschen Staatsbürgern" den Schlächtern ausgeliefert wird.

Allerdings muß auch gesagt werden: Der ganze Wucher, die reißende Zerstörung des Volksvermögens, das teuflische Spiel mit der Not und dem letzten Rest sittlicher Haltung unseres Volkes wäre doch gar nicht möglich, wenn nicht den Fledderern der deutschen Schande Hunderte von willigen Händen helfend zur Verfügung stünden; wenn nicht an den verantwortlichen Stellen eine so völlige Zerrüttung aller Ehr- und Anstandsbegriffe, eine so bodenlose Verderbtheit jeden Bewußtseins für Pflicht und deutschen Sinn herrschte, daß es einer Handvoll gewissenloser fremdrassiger Schufte möglich ist, unser Volk und Vaterland ungestraft und ungehindert auszusaugen und in Ketten zu legen.

Denn das ist ja die weitere Folge. Mit jedem Stück Nährgut oder Rohstoff, das in die Hände des menschlichen Ungeziefers übergeht, verlieren wir auch wieder ein Stück Freiheit, über uns selbst zu verfügen. Und eine Regierung, die das ungehindert geschehen läßt, die durch Untätigkeit, Schlamperei, verbrecherische Duldung oder Eigennutz ihrer Beamten den Wucher geradezu begünstigt, — eine solche Regierung ist nichts als der Sklavenhalter des die Welt aussaugenden Wucherkapitals.

Es ist nicht möglich, mit einem Griffe des Schädlings Herr zu werden. Zu sehr ist der Wucher schon in unser Volk verfilzt. Aber es ist ein Verbrechen, ihn nicht zu bekämpfen. Dieses Verbrechens machen sich vor allem jene Stellen schuldig, die sich mit der Erteilung von Ein- und Ausfuhrerlaubnissen befassen. Hier muß fest und scharf zugegriffen werden. Hier muß sofort Wandel geschaffen und erreicht werden, daß

1. die Einfuhrerlaubnis für jene notwendigen Dinge stets erteilt wird, die uns billiger angeboten werden, als sie der Handel in Deutschland geben kann,
2. die Ausfuhrerlaubnis nicht mehr für Gegenstände und Stoffe erteilt wird, die Deutschland selbst braucht.

Und hiezu ist notwendig, daß

3. die Bestimmungen über den Frachtverkehr und ihre Handhabung auf den deutschen Eisenbahnen so gestaltet werden, daß wichtige Güter nicht mehr unter harmlosen Bezeichnungen verschoben werden können, und daß die innere Berechtigung eines Ausfuhrscheins vor der Auswanderung des Gutes noch nachgeprüft wird.

Beschränkung oder Verbot der Einfuhr für überflüssige Waren (z. B. Schokolade und Zigaretten, für die wir acht Milliarden Mark im Jahre 1919 ausgegeben haben, also doppelt soviel, wie das Reich zur Verbilligung der Lebensmittel verwenden durfte) fordern wir nicht. Denn eine solche Maßnahme würde nur zur Folge haben, daß der Schleichhandel neuen Wuchergewinn erzielen könnte. Man schränkt

Münchener Ausgabe
50. Ausg. 56. Jahrg. Einzelpreis München 15 Rpf., Berlin Auswärts 20 Rpf. ∴

„Freiheit und Brot!"

Münchener Ausgabe
München, Freitag, 19. Februar 1943

VÖLKISCHER BEOBACHTER

Kampfblatt der nationalsozialistischen Bewegung
Großdeutschlands

Der Appell Dr. Goebbels' an alle Deutschen

Nun, Volk, steh auf und Sturm brich los!

Volksentscheid für den totalen Krieg

Dem Führer verschworen

fu-Bericht unserer Berliner Schriftleitung

Berlin, 18. Februar

Zehn Fragen an die deutsche Nation

Die Rede des Reichsministers Dr. Goebbels im Berliner Sportpalast lautet:

Stalingrad war und ist der große Alarmruf des Schicksals an die deutsche Nation

Das im Nationalsozialismus erzogene, geschulte und disziplinierte deutsche Volk kann die volle Wahrheit vertragen

Die drei Thesen unseres Kampfes

1

der entscheidende Kampf dieses gigantischen Weltringens

Uns kann der Kreml nichts vormachen

Das Abendland ist in Gefahr

(Schluß auf Seite 4)

Quelle: Noller, Sonja/von Kotze, Hildegard (Hrsg.): Facsimile Querschnitt durch den Völkischen Beobachter, München, Bern, Wien: Verlag Scherz 1976, S. 31 u. 196.

101

bereits der »Lenkungswirrwar« (ABEL), der durch die weiter oben angesprochenen Ämter-häufungen und die personelle Verklammerung von Partei- und Staatsapparat gewisserma-ßen vorprogrammiert war. Zu den daraus resultierenden Kompetenzstreitigkeiten kamen Rivalitäten, Animositäten und Eitelkeiten der beteiligten Akteure. Amann (dessen Macht nicht zuletzt auf dem guten persönlichen Verhältnis zu Hitler beruhte) geriet wiederholt in Konflikt mit Goebbels. Und im »Kleinkrieg der Presseanweisungen« (Jürgen WILKE) kon-terte Dietrich ab 1940 die Aktionen des Propagandaministers in der Ministerkonferenz nicht selten auf der anschließenden ›Tagesparolen-Konferenz‹. Hinzu kamen die Machtkämpfe, die Amann und sein Stabsleiter Rienhardt mit den örtlichen Gauleitern und deren Gaupres-seämtern ausfochten.[55]

Dafür, dass der totalitäre Anspruch der NS-Pressepolitik und Propaganda nicht auf Dauer die von den Nationalsozialisten gewünschten Ergebnisse zeitigte, lassen sich zusam-menfassend folgende Gründe anführen:

- die organisatorischen und personellen Konflikte bei der Implementierung und Durch-führung der Lenkungs- und Kontrollmaßnahmen,
- der Versuch der Nationalsozialisten, zumindest nach außen den Eindruck einer Vielfalt der Presse aufrechtzuerhalten, weshalb von den Zeitungen ein unterschiedliches Maß an Anpassung verlangt wurde,
- unterschiedliche Propagandastrategien (während Hitler Anhänger einer direkten Propa-ganda war, favorisierte Goebbels Formen indirekter Propaganda),
- der Glaubwürdigkeitsverlust, die Eintönigkeit und der wirtschaftliche Niedergang der Tagespresse, begleitet von einem rapide gesunkenen Publikumsinteresse bis hin zu Lek-türeverweigerung und Zeitungs-Abbestellungen. [56]

Letztlich war, wie Rudolf STÖBER herausgearbeitet hat, die über die gelenkte Presse verbrei-tete Propaganda nur solange erfolgreich, wie die Bevölkerung an den Erfolg Hitlers und der Nationalsozialisten glaubte. Das galt für die Vorkriegsjahre, in denen Hitlers Popula-rität stetig anstieg, und bis nach dem Sieg über Frankreich 1940, als diese Popularität wohl ihren Höhepunkt erreicht hatte. Spätestens ab 1942, als die Erfolgsmeldungen abnahmen und das Grauen des Kriegs überhandnahmen, kann auch die NS-Propaganda nicht mehr als erfolgreich bezeichnet werden.[57]

Im Übrigen muss an dieser Stelle erwähnt werden, dass das nationalsozialistische Regime nicht nur Presselenkung betrieben hat. Auch das gesamte sonstige Schrifttum wurde streng kontrolliert und der Rundfunk gleichgeschaltet. Dessen Gleichschaltung ging jedoch rascher vor sich als jene der Presse, da der Rundfunk bereits seit 1932 unter staatlicher Auf-sicht stand und die neun regionalen Sendegesellschaften bereits 1933 aufgelöst und als Reichssender gemeinsam mit der Reichsrundfunkgesellschaft dem RMVP unterstellt wor-den waren. Neu war die totale Politisierung sämtlicher Programme des Hörfunks durch den Auftrag an die Rundfunkmitarbeiter, via Radio ausnahmslos nationalsozialistische Politik zu propagieren. Lediglich die Gleichschaltung des Mediums Film verlief anders. Autoritäre Tendenzen in Spielfilmen waren bereits vor der NS-Machtergreifung deutlich ausgeprägt. Das nationalsozialistische Regime erkannte zudem leider richtig, dass der Film dann am nachhaltigsten NS-Propaganda betrieb, wenn er dies hinter der Maske scheinbar unpoli-tischer Unterhaltung oder im Gewand der nationalen Geschichte tat.[58]

4 Der Wiederaufbau des Pressewesens nach 1945

Mit dem Zusammenbruch des Nationalsozialismus und der Kapitulation der Deutschen gegenüber den Alliierten des Zweiten Weltkriegsx am 7. Mai 1945 wurde auch der deutschen Presse ein definitives Ende gesetzt. Vom Tag der Kapitulation an sollte ein dreimonatiger »Black-out« für die Presse in Deutschland gelten. Grundlage hierfür war das bereits am 24. November 1944 von der Alliierten Militärregierung für die Westzonen erlassene Gesetz Nr. 191, welches das »Drucken, Erzeugen, Veröffentlichen, Vertreiben, Verkaufen und gewerbliche Verleihen« von Zeitungen, Zeitschriften und Büchern sowie von Plakaten, Schallplatten und Filmen untersagte. Darüber hinaus umfasste das Gesetz auch generelle Verbote für das Betreiben von Agenturen, Nachrichten- und Bilddiensten, Funk, Hörfunk und Fernsehen sowie von Theatern und Kinos – ja sogar Opern, Konzerte, Jahrmärkte und Zirkusvorstellungen waren untersagt.[1]

Verbunden mit dem generellen Verbot sämtlicher Druckwerke (und der übrigen Medien) durch die Siegermächte war der historisch einmalige »Versuch (…), ein entwickeltes Mediensystem zu beseitigen und nach neuen Prinzipien zu entwickeln«.[2] Beim Wiederaufbau des Pressewesens nach dem Zweiten Weltkrieg spielten die Besatzungsmächte also eine zentrale, wenn nicht die entscheidende Rolle.

4.1 Pressepolitische Vorstellungen der Alliierten

Die westlichen Alliierten (USA, Großbritannien und Frankreich) hatten sich bereits in den letzten Kriegsjahren Gedanken über den Aufbau eines demokratischen Informationswesens in Deutschland gemacht. Die prinzipiellen Übereinkünfte der Alliierten, wie mit einem besiegten Deutschland zu verfahren sei, gingen zurück auf die Konferenzen der sog. Anti-Hitler-Koalition, die Konferenzen von Casablanca (Januar 1943), Teheran (November 1943), Jalta (Februar 1945) und Potsdam (Juli 1945). Die dort getroffenen Entscheidungen für eine alliierte Besatzungspolitik standen unter den »drei großen D«: der Demilitarisierung, der Denazifizierung und der Demokratisierung. So wurden zuallererst die NSDAP verboten, alle Tätigkeiten und Befugnisse des Reichsministeriums für Volksaufklärung und Propaganda (RMVP) außer Kraft gesetzt und die Gesetze aus der Zeit des Nazi-Regimes für ungültig erklärt.[3]

Denazifizierung und Demokratisierung bildeten auch die Schlüsselbegriffe der alliierten Pressepolitik. Die westlichen Besatzungsmächte waren sich darüber einig, eine neue deutsche, demokratisch zuverlässige Presse zu schaffen, die keine Bindung mehr an die Pressetradition des Dritten Reiches haben sollte. Zum einen bedeutete dies, dass überhaupt keine der bis dahin existierenden Zeitungstitel in die Nachkriegs-Zeitungslandschaft übernommen werden sollten. Zum anderen hieß das, dass alle Personen, die in der Zeit von 1933 bis 1945 in der nationalsozialistisch gelenkten Presse verantwortlich tätig gewesen waren (sei es als Redakteure, als Publizisten oder als Verleger), künftig von der Mitwirkung in der Presse ausgeschlossen sein sollten. Der Neuaufbau des deutschen Pressewesens war Bestandteil des alliierten Programms zur politischen »Umerziehung« (der sog. »re-education«). Er sollte in einem Lizenzsystem und nach dem Vorbild der westlichen Demokratien (der jeweiligen Siegermächte in ihren Besatzungszonen) erfolgen. Für eine solche Presse »neuen Typs«, wie die Alliierten es nannten, wurden auch inhaltliche Prinzipien formuliert. So waren sich die für die alliierte Pressepolitik Verantwortlichen darin einig, dass deutsche Journalisten künftig zu einer strengen Trennung von Nachricht und Meinung in allen Sparten der neuen Zeitungen zu verpflichten seien.[4]

Nach den Vorstellungen der Alliierten sollte der Neuaufbau des deutschen Pressewesens in folgenden drei bzw. vier Etappen ablaufen:[5]

- Für die erste Etappe war ein totales Erscheinungsverbot für Druckerzeugnisse jeglicher Art, dazu die Schließung aller Druckereien und Verlagshäuser sowie die Auflösung aller noch bestehenden Redaktionen vorgesehen.
- In der zweiten Etappe sollten lediglich Militär- bzw. Heeresgruppenzeitungen durch die Besatzungsmächte selbst herausgegeben werden. Zuständig hierfür sollte die einzelne Militärregierung der jeweiligen Besatzungszone sein.
- In der dritten Etappe war nach dem Plan der Siegermächte die Vergabe von Lizenzen für das Herausgeben von Zeitungen und Zeitschriften an nationalsozialistisch nicht vorbelastete Verleger und Journalisten vorgesehen, die das Vertrauen der jeweiligen Militärregierung besaßen. Diese neuen Zeitungen sollten ursprünglich der Vorzensur, dann der Nachzensur durch die Militärbehörden unterliegen. Es sollte also zunächst eine deutsche Presse unter militärischer Kontrolle aufgebaut werden.
- Eine letzte und möglicherweise von der eigentlichen Lizenzphase abzugrenzende Etappe ist in der alliierten Kontrolle aller personellen und technischen Fragen im Publikationsbereich zu sehen, mit der ein allfälliges Wiederaufleben nationalsozialistischen Gedankenguts unbedingt verhindert werden sollte. Am Ende dieser Etappe war die Übergabe der Presse (wie der übrigen Medien) in deutsche Hände vorgesehen.

Gemeinsames Ziel der alliierten Lizenzpolitik war nicht nur, das deutsche Volk vom Nationalsozialismus und Militarismus zur Demokratie umzuerziehen, sondern auch bewusst den Föderalismus zu fördern, indem – zunächst – lokale und regionale Presseorgane geschaffen bzw. lizenziert wurden. Man kann hier bereits vorwegnehmen, dass diese Forcierung einer dominanten Regional- bzw. Lokalpresse das Entstehen einer überregional bzw. national verbreiteten Presse stark beeinträchtigte.

4.2 Militärzeitungen und Nachrichtendienste der Alliierten

Einheitliche Vorstellungen für den zeitlichen Ablauf des Programms zum Neuaufbau des deutschen Pressewesens gab es nicht. Auch gingen die Meinungen der für die Presse Verantwortlichen in den jeweiligen Militäradministrationen darüber auseinander, wie diese Pressepolitik im Einzelnen zu realisieren sei. Das zeichnete sich bereits in der Zeit der Herausgabe von Heeresgruppen- bzw. Militärzeitungen ab. So begannen beispielsweise die Amerikaner bereits im August 1945 mit der Umsetzung ihrer Lizenzpolitik, während in der britischen Besatzungszone die Ära der Militärzeitungen bis in das Jahr 1946 anhalten sollte.[6]

Vorläufer solcher Militärzeitungen hatte es übrigens schon zu Kriegszeiten gegeben. Es waren dies deutschsprachige Flug und Nachrichtenblätter, wie sie vor allem von den Amerikanern und den Briten gegen Ende des Kriegs über deutschen Gebieten abgeworfen oder während des Vormarschs der Alliierten (als sog. »Mitteilungen«) unter der Bevölkerung verteilt worden waren. Die Mitarbeiter aus der Abteilung für psychologische Kriegsführung (»Psychological Warfare Division«, kurz PWD), die für die »Mitteilungen« zuständig waren, stellten dann auch die Redaktionsteams für die ein- bis zweimal wöchentlich erscheinenden Heeresgruppen- bzw. Militärzeitungen, mit denen der deutschen Bevölkerung erstmals wieder regelmäßig aktuelle Informationen zugänglich gemacht werden sollten. In diesen Besatzungsblättern sollten nach dem Willen der Alliierten übrigens ausschließlich Weltnachrichten und Besatzungsbefehle für die deutsche Bevölkerung abgedruckt werden.[7]

Vor allem Briten und Amerikaner begannen schon früh (zum Teil noch vor Beendigung des Zweiten Weltkriegs) mit der Gründung einer ganzen Reihe von sog. »Heeresgruppenzeitungen« für die deutsche Bevölkerung, an deren Redaktionen von Beginn an auch unvorbelastete Deutsche beteiligt waren, die jedoch von der jeweiligen alliierten Heeresgruppe herausgegeben wurden. Als Quellen für überregionale Nachrichten in diesen vorübergehend 13 regionalen Zeitungen mit einer Gesamtauflage von über acht Mio. Exemplaren mussten das Informationsnetz der amerikanischen Soldatenzeitungen sowie der »Allied Press Service« (APS) aus dem Haus der BBC in London genügen. Die Heeresgruppenblätter hatten von daher ein eher bescheidenes Informationsangebot, das – abgesehen von wenigen Lokalnachrichten und Bekanntmachungen der örtlichen Militärkommandanten – in allen Zeitungen weitgehend das gleiche war.[8]

Schon bald nach Kriegsende gründeten die Alliierten eigene Nachrichtenagenturen in den jeweiligen Besatzungszonen. Die zunächst ausschließlich von den Militärs verwalteten Nachrichtendienste der westlichen Zonen mussten in der Anfangszeit ihr Material zum APS nach London senden, von wo aus es – geprüft und zensiert – zur Nachrichtenverbreitung in den Heeresgruppenzeitungen der Besatzungsmächte freigegeben wurde. Erst 1946 wurden allmählich Lizenzen für diese Agenturen erteilt, die in der Folge als halbmilitärische Einrichtungen unter deutscher und alliierter Beteiligung arbeiteten. Die Übergabe der drei Nachrichtenunternehmen der Westzonen in deutsche Hände erfolgte dann 1947/48; sie blieben jedoch bis 1949 weiterhin unter alliierter Pressekontrolle.

Im Einzelnen waren dies die folgenden Agenturen: die von den Amerikanern gegründete »Deutsche Allgemeine Nachrichtenagentur« (DANA) mit Sitz in Bad Nauheim, aus der sich die »Deutsche Nachrichtenagentur« (DENA) entwickelte; der von den Briten in Hamburg errichtete »German News Service«, der ab Dezember 1945 »Deutscher Pressedienst« (dpd) hieß, sowie die in Baden-Baden ansässige »Rheinische Nachrichtenagentur« (RHEINA) der Franzosen, aus der im März 1947 die neugegründete »Südwestdeutsche Nachrichtenagentur« (SÜDENA) hervorging. In Berlin wurde im Juli 1945 das »Sowjetische Nachrichten-Büro« (SNB) als Militärbehörde der Sowjetischen Besatzungsmacht eingerichtet, dessen Funktion über die normale Tätigkeit einer Agentur hinausging, indem es auch gezielt als Informant für die sowjetische Militäradministration arbeitete. Als im Oktober 1946 von den Sowjets der »Allgemeine Deutsche Nachrichtendienst« (ADN) als deutsches Unternehmen gegründet wurde, verlor das SNB an Bedeutung und wurde schließlich eingestellt. Über diese Agenturen kontrollierten die Besatzungsmächte zusätzlich das gesamte Informationsangebot für die neuen Presseorgane (wie auch den Rundfunk) in ihren jeweiligen Besatzungszonen.[9]

Schon in den ersten Nachkriegsmonaten mussten die oft kurzlebigen Militärzeitungen größeren Besatzungsblättern weichen, die sich zu regelrechten »Zonenorganen« entwickelten. So hatte jede Besatzungsmacht nach der Aufteilung Deutschlands in die vier Besatzungsgebiete für den Bereich ihrer Besatzungszone ein eigenes Organ: Das US-Militär gab (nach dem Erscheinen zwölf kurzlebiger Heeresgruppenblätter in verschiedenen Städten des eigenen Besatzungsgebiets) ab dem 17. Oktober 1945 für die gesamte amerikanische Zone »Die Neue Zeitung« heraus, die Sowjets edierten bereits ab dem 15. Mai 1945 die »Tägliche Rundschau«, die Briten folgten (nach der Herausgabe einer ganzen Reihe eigener Heeresgruppenzeitungen) am 2. April 1946 mit der Besatzungszeitung »Die Welt«, die als Modellzeitung ein publizistisches Vorbild für die neue deutsche Presse sein sollte, und die französischen Besatzer gaben seit dem 26. September 1945 die »Nouvelles de France« heraus, allerdings erst ab 1947 in einer deutschsprachigen Ausgabe.[10]

Von Beginn der alliierten Pressepolitik an war den verantwortlichen Planern der Siegermächte der Widerspruch zwischen der angestrebten Umerziehung des deutschen Volks zur Demokratie und der autoritären Verordnungspraxis der Militäradministration bewusst. Die Hinführung zu einer eigenverantwortlichen, demokratisch verpflichteten deutschen Presse hatte über ein dichtes Netz ausformulierter Direktiven zu erfolgen. Dabei schlugen die jeweiligen Besatzungsmächte sehr bald verschiedene Wege ein.[11]

Ein anschauliches Beispiel hierfür ist der Fall der »Aachener Nachrichten«. Aachen war die erste deutsche Großstadt, die von den Alliierten besetzt wurde, und die »Aachener Nachrichten« die erste unter alliierter Regie erscheinende deutsche Zeitung. Sie startete nach dem Willen der »Supreme Headquarters Allied Expeditionary Force« (S.H.A.E.F.) und dessen Team britisch-amerikanischer Presseoffiziere unter Leitung des österreichischen Emigranten Hans Habe als vierseitige Wochenzeitung bereits ein Vierteljahr vor Kriegsende am 24. Januar 1945 und war damals weder den Heeresgruppen- noch den Lizenzzeitungen zuzuordnen. Mit der Herausgabe und Redaktion des Blatts, das von Anfang an strenger Militärzensur unterlag, hatte man einen Deutschen, den sozialdemokratischen Drucker Heinrich Hollands, betraut. Erst fünf Monate nach der ersten Ausgabe wurden die »Aachener Nachrichten« in eine Lizenzzeitung umgewandelt; die Pressekontrolle über das Blatt fiel – nach der Grenzziehung der einzelnen Besatzungszonen – an die Briten.[12]

Abb. 9: Die Besatzungszonen und die deutschen Länder bis 1949

Quelle: Dollinger, Hans, Vogelsang, Thilo: Deutschland unter den Besatzungsmächten, München: Desch 1967.

4.3   Lizenzpolitik der einzelnen Besatzungsmächte

Den wichtigsten Abschnitt beim Neuaufbau der Presse in Deutschland nach dem Ende des Zweiten Weltkriegs stellt die Etappe der Lizenzierung von neuen Zeitungen durch die Alliierten dar. Bei der Vergabe solcher Lizenzen zur Herausgabe von Zeitungen verfuhren die jeweiligen Besatzungsmächte unterschiedlich:

Die *Amerikaner* strebten in ihrem Besatzungsgebiet (Bayern, Hessen, der nördlichen Hälfte des heutigen Baden-Württemberg sowie Bremen) überparteiliche Blätter an. Von daher vergaben sie für jede von ihnen lizenzierte Zeitung Lizenzen an mehrere Personen unterschiedlicher politischer Herkunft oder Nähe. Typisch für diese von den Amerikanern bevorzugte Form der Gruppenzeitung war auch, dass die Lizenzträger ein exakt festgelegtes Verbreitungsgebiet zugeteilt erhielten, in welchem die Zeitung zunächst ohne Wettbewerber verbreitet werden konnte. Dadurch wurden bereits damals Lokalmonopole geschaffen. Bis Ende 1945 gab es in der gesamten amerikanischen Zone knapp 50 solcher Gruppenzeitungen ohne Mitbewerber. Erst im Laufe des Jahres 1946 ließen die Amerikaner zunächst zumindest in Großstädten wie Frankfurt, München, Stuttgart und Kassel auch Zweitzeitungen zu, wodurch ein erster publizistischer Wettbewerb aufkam.

Die erste von den Amerikanern lizenzierte deutsche Zeitung war die »Frankfurter Rundschau« (1. August 1945), deren sieben Lizenzträger aus drei verschiedenen politischen Lagern sich Herausgeberschaft und Chefredaktion zu teilen hatten. Die am 6. Oktober 1945 mit der Lizenznummer 1 lizenzierte »Süddeutsche Zeitung« hatte vier Lizenzträger. Von allen Lizenznehmern in der US-amerikanischen Besatzungszone gehörten 46,5 Prozent der SPD an, 40 Prozent der CDU bzw. CSU, 6,6 Prozent den Liberalen sowie 2,2 Prozent den Kommunisten.[13]

Dieses amerikanische Modell (zu dem anfangs auch die Briten tendiert hatten) wurde von den Deutschen schon bald nach seiner Einführung auch öffentlich kritisiert, weil es der deutschen Mentalität so wenig entsprach. Aber die Amerikaner wollten die Prinzipien ihres eigenen politischen Systems zumindest in ihrem Einflussbereich modellhaft auf das zu schaffende deutsche System übertragen, und setzten sich damit zumindest während der Lizenzierungsphase auch durch.[14]

In der britischen Zone (Niedersachsen, Nordrhein-Westfalen, Hamburg, Schleswig-Holstein) hielt – wie erwähnt – die Ära der Militärzeitungen noch bis 1946 an. Die *Briten* genehmigten sodann mehrheitlich sog. »Parteirichtungszeitungen«. Diese Blätter sollten jeweils den Standpunkt einer Partei vertreten, ohne jedoch von ihr abhängig zu sein. Um zu verhindern, dass sich diese Zeitungen zu reinen Parteiorganen entwickelten, erteilten die Briten die Lizenzen nicht unmittelbar an die Parteien, sondern nur an einzelne Personen, die Mitglieder oder Sympathisanten von Parteien waren. So unterschieden sich diese Parteirichtungszeitungen sehr wesentlich von den Parteizeitungen des ausgehenden 19. Jahrhunderts bzw. der Weimarer Republik. Im Gegensatz zu den Amerikanern ließen die Briten jedoch gleich Konkurrenz aufkommen. Ab Mitte 1946 konkurrierten in fast allen Städten der britischen Zone drei bis fünf Zeitungen miteinander. Ein Spezifikum in der britischen Zone war, dass dort die Papierzuteilung an die Parteirichtungszeitungen proportional zu den Wahlergebnissen erfolgte. De facto kann hier also nicht von einer freien Konkurrenz

Faksimile-Nachdruck der ersten SZ-Ausgabe

Preis 20 Pfg.

Süddeutsche Zeitung

MÜNCHNER NACHRICHTEN AUS POLITIK · KULTUR · WIRTSCHAFT UND SPORT

1. Jahrgang / Nummer 1   Lizenz Nr. 1 der Nachrichtenkontrolle der Militärregierung Ost   Samstag, 6. Oktober 1945

Zum Geleit

Neue Regierung Bayerns unter Dr. Högner

Dr. Högners Programm

Dr. Högner, der neue Ministerpräsident

Kein Wahlrecht für Nazis

General Patton scheidet aus Bayern

Frankfurt, 3. Okt. (Radio)

Eisenhower greift ein

Ein Brief Roosevelts

Spanien außerhalb der Gemeinschaft der Nationen

Keine Einigung der Außenminister

Ausführlicher Bericht Bevins im Unterhause am nächsten Dienstag

London, 4. Okt. (Radio)

Weltgewerkschaftsbund tagte

Paris, 4. Okt. (Radio)

Linksruck in Frankreich

Paris, 2. Oktober (Radio)

In den Vereinten Nationen in Amerika

Abkehr — Einkehr

Von Edmund Goldschagg

Quelle: Faksimile-Nachdruck der ersten SZ-Ausgabe, München: Süddeutscher Verlag, o.J.

der Zeitungen untereinander gesprochen werden. Zu den von den Briten zugelassenen Zeitungen gehörten beispielsweise für die SPD die »Westfälische Rundschau« (Dortmund), die »Neue Ruhr-Zeitung« (Essen), die »Hannoversche Presse« u.a.; von den Briten lizenzierte CDU-Zeitungen waren »Die Kölnische Rundschau«, die »Rheinische Post« (Düsseldorf) oder etwa die »Aachener Volkszeitung«. 1948 lizenzierten die Briten nachträglich nicht parteigebundene Zeitungen, nachdem die parteiorientierten Titel bei der deutschen Bevölkerung nicht gut ankamen, wie Befragungen im Sommer 1947 ergeben hatten. Zu diesen politisch unabhängigen Zeitungen gehörten u.a. die »Westdeutsche Allgemeine Zeitung« (WAZ) sowie Axel Springers »Hamburger Abendblatt«.[15]

In der französischen Besatzungszone (mit dem südlichen Teil des heutigen Baden-Württemberg, dem Saarland und Rheinland-Pfalz) gab es keine einheitliche Entwicklung. Die *Franzosen* vergaben zunächst ähnlich wie die Amerikaner Lizenzen für unabhängige Lokalzeitungen. Ab 1947 gab es auch Lizenzen für parteipolitisch orientierte Blätter, die sich jedoch zu Parteizeitungen im eigentlichen Sinne des Wortes entwickelten und nicht – wie in der britischen Zone – nur Parteirichtungszeitungen waren. Zu den von den Franzosen lizenzierten Zeitungen gehörten u.a. das (nicht mehr existierende) »Badener Tageblatt«, die in Mainz erscheinende »Allgemeine Zeitung«, der »Südkurier« in Konstanz, die »Schwäbische Zeitung« in Leutkirch sowie die »Neue Saarbrücker Zeitung« (heute »Saarbrücker Zeitung«).[16] Auch die französische Besatzungsbehörde machte weniger gute Erfahrungen mit der Parteipresse, reagierte jedoch im Unterschied zu den anderen Westalliierten vor allem mit rigiderer Kontrolle und Beschränkungen in der Papierzuteilung. Auch beschwerte sie sich wiederholt bei Briten und Amerikanern über eine besatzungskritische Berichterstattung in Titeln von deren Lizenzpresse, etwa in der Wochenzeitung »Die Zeit« oder der »Süddeutschen Zeitung«.[17]

Die *Sowjets* ließen in den von ihnen besetzten Gebieten auf die Dauer nur Parteizeitungen zu. Sie bevorzugten dabei die KPD (später SED) und benachteiligten die sozialdemokratischen und bürgerlichen Blätter gegenüber der kommunistischen Presse u.a. erheblich durch sehr knappe Papierzuteilungen. Die erste von der Sowjetischen Militäradministration herausgegebene Zeitung war das KP-Blatt »Deutsche Volkszeitung«, aus dem 1946 gemeinsam mit dem SPD-Organ »Das Volk« die SED-Zeitung »Neues Deutschland« hervorging. Es folgten Berliner Zeitungstitel wie die »Neue Zeit« (CDU), »Der Morgen« (LDPD) oder das »Bauern-Echo« (DBD), die zu Zentralorganen der späteren Blockparteien werden sollten. Hinzu kamen große SED-Regionalzeitungen mit zahlreichen Neben- und Lokalausgaben.[18] Die gleich nach Kriegsende zugelassenen sechs nicht parteigebundenen Zeitungen hatten ohnehin mit den Kommunisten kooperierende (und später der SED angehörende) Lizenzträger und wurden zwischen 1948 und 1951 zwangsweise eingestellt.[19] Als auffälligstes Merkmal der Pressepolitik der Sowjets nennt Kurt Koszyk die dauerhafte Beschlagnahme und Enteignung allen verlegerischen Eigentums, so dass es in der SBZ nie zur Auseinandersetzung zwischen Lizenz- und neu auf den Markt drängenden Altverlegern kommen konnte (vgl. Kap. 5.1 und 6.5).[20]

Abb. 11: Anzahl der bis 1948 lizenzierten Zeitungen

Besatzungszone	Zeitungen	Ausgaben
amerikanische Zone	56	112
britische Zone	53	387
französische Zone	29	174
sowjetische Zone	21	80
Berlin	19	–
	178	*753*

Erstellt nach Koszyk, Kurt: Die deutsche Presse 1945–1949, in: Wagner, Hans (Hrsg.): Idee und Wirklichkeit des Journalismus. Festschrift für Heinz Starkulla, München: Olzog 1988, S. 61–74, hier: S. 70 f.

Aus Abbildung 11 geht die Anzahl der von den Besatzungsmächten bis 1948 lizenzierten Zeitungen hervor. Insgesamt waren dies 178 Blätter, die in 753 Ausgaben erschienen. Die Amerikaner lizenzierten zwar die meisten Tageszeitungen, die größte Ausgabenvielfalt gab es mit Abstand jedoch in der britischen Zone. Die geringste Titelvielfalt wies die Presselandschaft in den sowjetisch besetzten Gebieten auf.

So richtig und wichtig es von den Besatzungsmächten war, in Deutschland nach dem Krieg ein ausdifferenziertes, demokratisches Informations- respektive Pressewesen zu errichten, so sehr kann man die Schwächen und Mängel der Lizenzpresse nicht übersehen:[21]

- Infolge Papiermangels waren vor allem in der ersten Zeit der Lizenzpresse Erscheinungsweise und Umfang der Zeitungen eingeschränkt. Zahlreiche Blätter erschienen lediglich zwei- bis dreimal wöchentlich und hatten nur begrenzte Umfänge von sechs bis acht Seiten. Daraus resultierten u. a. auch sehr geringe Möglichkeiten, Anzeigen in diese Blätter aufzunehmen.

- Die Lizenzpresse war de facto keine wirklich freie Presse. Die Amerikaner und etwas später auch die Franzosen und Briten verzichteten zwar auf ihr Recht, Publikationen vor der Veröffentlichung zur Zensur einzusehen; alle Zeitungen mussten jedoch am Erscheinungstag den Besatzungsbehörden, im Regelfall den Presseoffizieren, gleichsam zur Nachzensur vorgelegt werden.

- Die Lizenzpresse war vor allem für die überregionale Berichterstattung geraume Zeit nahezu ausschließlich auf Nachrichtenmaterial der Alliierten angewiesen, das aus deren eigenen, halbmilitärischen Agenturen kam. Die Zeitungen konnten folglich ihre Leser weitgehend nur so informieren, wie es die Alliierten wünschten. Auch war es den Lizenzzeitungen nicht gestattet, sich frei über die Besatzungsmächte und deren Politik zu äußern. Die »Süddeutsche Zeitung« beispielsweise wurde im ersten Jahr ihres Erscheinens (zwischen Oktober 1945 und Oktober 1946) insgesamt 22 Mal gerügt.[22] Auch gab es für Zeitungen mit kritischer Berichterstattung gegenüber den Besatzungsmächten vorübergehend gekürzte Papierzuteilungen, so dass diese Zeitungen nur mit verringertem Umfang erscheinen konnten.

- Die Vergabe von Gruppenlizenzen (durch die Amerikaner) führte innerhalb der Zeitungen nicht selten zu Konflikten und Interessenkollisionen der Lizenznehmer untereinander. So grotesk es klingen mag, aber in zahlreichen solcher Fälle mussten die Besatzungsmächte als Streitschlichter eingreifen.
- Einen Zeitungsaustausch über die Zonengrenzen hinweg gab es nur in den von den westlichen Alliierten besetzten Gebieten sowie in Berlin, das selbst in vier Zonen aufgeteilt war. Dort funktionierte auch der Zeitungsaustausch mit den Sowjets. Hingegen ließ die sowjetische Besatzungsmacht in den von ihr okkupierten Gebieten keinen Zeitungsaustausch mit den anderen Zonen zu, obwohl das Kontrollratsgesetz Nr. 55 den Vertrieb aller Lizenzorgane in allen vier Zonen vorsah.

Die westlichen Alliierten waren 1945 – wie erwähnt – bei ihren Lizenzierungsplänen von dem Gedanken ausgegangen, in Deutschland eine Presse »neuen Typs« zu etablieren: nämlich Zeitungen, die als Nachrichtenmittel wie auch als Instrument der öffentlichen Meinungsbildung der Demokratie zu dienen hatten. Das umfasste weit mehr als nur die strikte Trennung von Nachricht und Meinung. Selbst die Aufgabe des Verlegers erschien nach dieser Vorstellung in einem anderen Licht. Dabei trat das unternehmerische Moment zurück hinter das Moment der gemeinwohl-verpflichteten Aufgabe, eine Zeitung herauszugeben. Diese neue Konzeption hatte in den ersten drei Nachkriegsjahren tatsächlich auch einen neuen Pressetypus hervorgebracht: Es war dies die Form des klassischen »Nachrichtenblattes«, das – parteinah oder überparteilich – vorwiegend politische, soziale und wirtschaftliche Informationen enthielt und stark von der Idee der Umerziehung der Öffentlichkeit zur Demokratie bestimmt war. Dass sich die Umsetzung dieser streng öffentlich verpflichteten Idee auf Dauer nicht durchsetzen konnte, bestätigt auch Günter KIESLICH, wenn er schreibt: »Mit zunehmender Stabilisierung des sozialen Lebens (…) aber lockerte sich nicht nur die ursprüngliche Konzeption, sondern es wandelte sich auch das innere und äußere Gesicht der Zeitungen. Vor allem sollte sich zeigen, dass die ›ideale‹ Vorstellung vom nicht-kapitalistischen, nur der Aufgabe dienenden Verleger nicht mehr in die veränderte Wirklichkeit passen wollte«.[23]

Abb. 12: Liste ausgewählter Tageszeitungen, die von den Besatzungsmächten lizenziert wurden (Auflagenzahl von 1948/49)

Von den Amerikanern lizenzierte Zeitungen (Auswahl)		
Zeitungstitel (Erscheinungsort)	Auflage	Erste Ausgabe
Frankfurter Rundschau	186.650	01.08.1945
Stuttgarter Zeitung	155.850	18.09.1945
Weser-Kurier (Bremen)	125.000	19.09.1945
Der Tagesspiegel (Berlin)	240.000	27.09.1945
Süddeutsche Zeitung (München)	285.200	06.10.1945
Nürnberger Nachrichten	190.000	11.10.1945
Donau-Kurier (Ingolstadt)	66.700	11.12.1945
Passauer Neue Presse	103.400	15.02.1946
Frankfurter Neue Presse	164.000	15.04.1946
Der Mannheimer Morgen	86.200	06.07.1946
Stuttgarter Nachrichten	138.450	12.11.1946
Münchner Merkur	171.800	13.11.1946
Die Abendzeitung (München)	36.600	16.06.1948

Von den Briten lizenzierte Zeitungen (Auswahl)		
Zeitungstitel (Erscheinungsort)	Auflage	Erste Ausgabe
Braunschweiger Zeitung	100.000	08.01.1946
Aachener Volkszeitung	87.000	22.02.1946
Rheinische Post (Düsseldorf)	282.200	02.03.1946
Volksblatt (Berlin)	50.000	05.03.1946
Westfälische Rundschau (Dortmund)	338.500	20.03.1946
Telegraf (Berlin)	400.000	22.03.1946
Hamburger Allgemeine Zeitung	138.000	02.04.1946
Kieler Nachrichten	130.000	03.04.1946
Flensburger Tageblatt	82.000	06.04.1946
Rhein-Ruhr-Zeitung (Essen)	130.000	14.05.1946
Sozialdemokrat (Berlin)	90.000	03.06.1946
Niederdeutsche Zeitung (Hamburg)	100.000	10.02.1947
Westdeutsche Allgemeine (Bochum, Essen)	250.000	03.04.1948
Hannoversche Allgemeine Zeitung	98.100	25.08.1949

Von den Franzosen lizenzierte Zeitungen (Auswahl)		
Zeitungstitel (Erscheinungsort)	Auflage	Erste Ausgabe
Saarbrücker Zeitung	200.000	27.08.1945
Südkurier (Konstanz)	165.000	07.09.1945
Die Rheinpfalz (Neustadt, Ludwigshafen)	220.000	29.09.1945
Der Kurier (Berlin)	200.000	12.11.1945
Schwäbische Zeitung (Leutkirch)	156.000	04.12.1945
Badische Zeitung (Freiburg)	220.000	01.02.1946
Trierische Volkszeitung	85.000	10.04.1946
Rhein-Zeitung (Koblenz)	250.000	24.04.1946
Allgemeine Zeitung (Mainz)	250.000	03.05.1947
Schwabenecho (Oberndorf)	45.000	01.08.1947

Von den Sowjets lizenzierte Zeitungen (Auswahl)		
Zeitungstitel (Erscheinungsort)	Auflage	Erste Ausgabe
Berliner Zeitung	500.000	21.05.1945
Neue Zeit (Berlin)	100.000	22.07.1945
Der Morgen (Berlin)	125.000	03.08.1945
Volksstimme (Dresden)	–	11.09.1945
Norddeutsche Zeitung (Schwerin)	20.000	04.03.1946
Thüringer Volk, Das Volk (Weimar)	450.000	09.04.1946
Mitteldeutsche Tageszeitung (Halle)	450.000	17.04.1946
Märkische Volksstimme (Potsdam)	130.000	20.04.1946
Neues Deutschland (Berlin)	500.000	23.04.1946
Leipziger Zeitung	100.000	07.05.1946
Tribüne (Berlin)	300.000	26.11.1946

Erstellt nach Koszyk, Kurt: Pressepolitik für Deutsche 1945–1949, Berlin: Colloquium 1986, S. 472 ff. (Auflagenzahlen gerundet).

Die westlichen Besatzungsmächte hatten – auch was die äußere Struktur anbelangt – in Deutschland ein Pressewesen errichten wollen, das Analogien zu den Presselandschaften aufweisen sollte, wie sie in den eigenen Ländern der Besatzungsmächte vorfindbar waren. Dieses Ziel wurde nicht erreicht. Durch ihre Lizenzpolitik entstand im Vergleich zu der Zeit vor dem Zweiten Weltkrieg dennoch eine veränderte Zeitungslandschaft: An die Stelle einer – bis 1932 – gut ausgeprägten lokalen Standortpresse vor allem kleinerer und mittelgroßer Zeitungsunternehmen traten nun in Form der Lizenzpresse regionale und großregionale Zeitungen mit höherer Durchschnittsauflage als früher.[24] So resümiert Walter J. SCHÜTZ:[25]

- Die kleinen festgelegten Verbreitungsgebiete der relativ großen Zeitungen in der US-Zone waren der regionalen Verwurzelung förderlich; der fehlende Wettbewerb allerdings hat bis heute die Zeitungsdichte eher niedrig gehalten.
- In der britischen Zone waren die zu großen Verbreitungsgebiete vor allem für die Parteirichtungszeitungen wirtschaftlich weniger tragfähig; in den nördlichen Bundesländern war folglich auch das Zeitungssterben in den fünfziger und sechziger Jahren größer. Die Zeitungsdichte hingegen ist in den Gebieten der Bundesrepublik, die früher zur britischen Zone gehört hatten, auch gegenwärtig noch vergleichsweise hoch.
- Wenn man von den im Gebiet der alten Bundesrepublik bis heute noch existierenden Titeln ausgeht, so kann man feststellen, dass es (von wenigen Ausnahmen wie der »Frankfurter Allgemeinen Zeitung« abgesehen) kaum eine größere Zeitung gibt, die nicht direkt ihre Wurzeln in einer Lizenzzeitung aus den Jahren 1945 bis 1948 hat. Dies trifft beispielsweise auch für überregional verbreitete Blätter wie »Süddeutsche Zeitung«, »Frankfurter Rundschau«, »Westdeutsche Allgemeine Zeitung« und »Die Welt« zu. Es kann kein Zweifel darüber bestehen, dass die Zeitungslandschaft der Bundesrepublik in ihrer Grundstruktur von der Lizenzpolitik der Besatzungsmächte geprägt ist.

Wie die Tages- und Wochenzeitungen unterlagen auch die Zeitschriften nach dem Zweiten Weltkrieg einer Lizenzierungspflicht, bedurften also der Genehmigung durch die Besatzungsmächte. Das Instrument der Lizenzierung diente, wie bereits erwähnt, einerseits der kontrollierten Demokratisierung des gesamten Pressewesens, andererseits aber auch »der sparsamen Verwaltung der drucktechnischen Möglichkeiten und der knappen Papier-Bestände«.[26] Dennoch entfaltete sich das Zeitschriftenwesen in den westlichen Besatzungszonen relativ rasch: Immerhin soll es 1949 bereits 1.537 Titel mit einer Gesamtauflage von 37,5 Mio. Exemplaren gegeben haben.[27] Die vielfältige Differenzierung dieses Pressesektors setzte jedoch eigentlich erst mit dem beginnenden Wirtschaftsaufschwung ab den frühen fünfziger Jahren ein.

Nebenbei sei darauf hingewiesen, dass auch die Media-Forschung ein Erbe der Besatzungsmächte ist: Bereits 1945 gab es erste Leserbefragungen, um die Zufriedenheit der Leser mit den Zeitungen zu erkunden. Aus diesen Umfragen entwickelte sich (nicht nur im Printmedienbereich, sondern auch im Rundfunk) die Reichweitenforschung, die seit den frühen fünfziger Jahren vor allem im Interesse der werbungtreibenden Wirtschaft regelmäßig Daten über die Reichweite einzelner Medien und die Struktur der Leserschaft von Tages- und Wochenzeitungen, Magazinen, Illustrierten und Fachzeitschriften ermittelt (vgl. Kap. 8.3).[28]

Die Aufhebung des Lizenzzwangs wurde bereits am 30. September 1948 durch die amerikanische Militärregierung angekündigt. Offiziell endete die Lizenzpresse in der am 29. Mai 1949 gegründeten Bundesrepublik Deutschland jedoch erst aufgrund des Gesetzes Nr. 5 der Alliierten Hohen Kommission, das am 21. September 1949 in Kraft trat.[29] Mit ihm wurde der Presse in der noch jungen Bundesrepublik Deutschland die Generallizenz erteilt, auch wenn die US-Militärregierung zuvor bereits in einzelnen Bundesländern den Lizenzzwang aufgehoben hatte. Erstmals geschah dies am 1. Juni 1949 in Baden-Württemberg, nachdem dort ein Landespressegesetz verabschiedet worden war. Tags darauf erschien mit der »Leonberger Kreiszeitung« dann auch die erste deutsche Tageszeitung ohne Lizenz.[30]

5 Presse in der Bundesrepublik Deutschland (bis 1989)

Die Entwicklung der Presse in der Bundesrepublik vor der Wende in der DDR im Jahr 1989 und der Wiedervereinigung Deutschlands 1990 lässt sich grob in drei Phasen einteilen: eine *Aufbauphase*, die über die Aufhebung der Lizenzpflicht hinaus bis etwa 1954 andauert, die *Phase der Pressekonzentration* von 1954 bis 1976 sowie eine daran anschließende *Phase der Konsolidierung* der bundesdeutschen Presse. Ohne die (nicht zuletzt wirtschaftliche) Bedeutung des Zeitschriftenwesens unterschätzen zu wollen, wird man sagen müssen, dass dabei der Entwicklung der Tagespresse größere Bedeutung zukommt, weshalb sie im Folgenden im Mittelpunkt der Ausführungen steht.

5.1 Lizenzzeitungen und Presse der Altverleger (1949 bis 1954)

Die Generallizenz war, wie erwähnt, am 21. September 1949 erteilt worden. Damit war es jedem Deutschen, der im Zuge der Entnazifizierung nicht als Beschuldigter oder Belasteter eingestuft worden war, erlaubt, eine Zeitung herauszugeben, ohne dafür eigens eine Genehmigung einholen zu müssen. Von diesem Recht machten sofort all jene Gebrauch, die von den alliierten Besatzungsmächten keine Lizenz erhalten hatten. In erster Linie waren das die sog. Altverleger, Verlagseigner also, die bereits vor 1945 Zeitungen herausgegeben hatten und deswegen – unabhängig von ihrer persönlichen politischen Haltung – von der Lizenzvergabe grundsätzlich ausgeschlossen waren. Allerdings konnten sie, wenn ihre Druckereien während der Besatzungszeit an Lizenztitel verpachtet worden waren oder diese Titel im Lohndruck durch die Altverleger hergestellt wurden, »nicht unbeträchtliche Beträge für den Tag X, die Rückkehr auf den Markt, zurücklegen«.[1]

So kam es 1949 innerhalb weniger Wochen zu einer regelrechten Flut von Zeitungsneugründungen, so dass den 165 Lizenzzeitungen rasch knapp 600 Altverlegerzeitungen gegenüberstanden, was zu einem erbitterten Auflagenkrieg führte. Genaue Zahlen über diese Neuzutritte am Markt der Tageszeitungen gibt es nicht, da zahlreiche Neu- und Wiedergründungen nach wenigen Wochen oder Monaten bereits wieder scheiterten.[2] Dennoch gab es im Herbst 1951 im Verbreitungsgebiet der ehemaligen amerikanischen Besatzungszone insgesamt 462 Zeitungstitel, in dem der britischen Zone 410 und im früheren französischen Besatzungsgebiet 130. Ihre gemeinsame Auflage betrug 13 Mio. Exemplare.[3]

Zur Herausgabe einer Zeitung in einem privatwirtschaftlich organisierten Pressewesen braucht der Verleger als Unternehmer Kapital und Produktionsmittel. Solange jedoch Lizenzzwang bestanden hatte, war die entscheidende Voraussetzung des Verlegerdaseins nicht Eigentum, sondern die Lizenzurkunde. Während die Altverleger, die in der Regel über ausreichend Kapital verfügten, sich um Herausgeberrechte bemühen mussten, fehlten den Lizenzträgern häufig Kapital und Besitz. Mit Aufhebung der Lizenzpflicht aber und mit der Einführung uneingeschränkter Gewerbefreiheit war es für Altverleger wie für die ehemaligen Lizenzträger in erster Linie der ökonomische Druck, der über die Existenz ihres Zeitungsverlags entschied.[4]

Im Konkurrenzkampf zwischen den neuen Zeitungen der Altverleger und den Lizenzzeitungen erwies sich die Lizenzpresse dennoch als sehr widerstandsfähig. Offensichtlich hatte dieser Zeitungstyp seine Leserschaft gefunden und sich inzwischen fest etabliert. Die Altverleger waren daher insofern benachteiligt, als sie das an die lizenzierten Zeitungen verloren gegangene Verbreitungsgebiet erst wieder zurückgewinnen mussten. Um einigermaßen rentabel arbeiten zu können, kam es schon bald zu Zusammenschlüssen von neugegründeten Zeitungen verschiedener Altverleger. Zu den wiederbegründeten Zeitungen der Altverleger gehörten neben kleineren Heimatblättern, der sog. Standortpresse, auch Regionaltitel wie »Kölner Stadt-Anzeiger«, »Solinger Tagblatt«, »Remscheider Generalanzeiger«, »Filder-Zeitung«, »Oldenburger Tagblatt«, »Hanauer Anzeiger«, »Münstersche Zeitung«, »Landshuter Zeitung«, »Straubinger Tagblatt« oder etwa »Reichenhaller Tagblatt«. Die mit Abstand erfolgreichste Altverlegerzeitung stellt zweifellos die später überregional verbreitete »Frankfurter Allgemeine Zeitung« dar.[5]

Insgesamt ist die Phase des Wiederaufbaus des Zeitungswesens in Deutschland für das Gebiet der Bundesrepublik im Jahr 1954 weitgehend abgeschlossen – selbst wenn es auch danach noch vereinzelte Versuche gegeben hat, neue Zeitungen zu gründen. Nach der von Walter J. Schütz 1954 erstmals durchgeführten Tageszeitungs-Stichtagszählung gab es zu jenem Zeitpunkt 225 selbständige Tageszeitungen im Sinne publizistischer Einheiten, die in 1.500 redaktionellen Ausgaben erschienen und zusammen von 624 Verlagen herausgegeben wurden.[6]

Im gleichen Jahr wurde auch der *Bundesverband Deutscher Zeitungsverleger* (BDZV) gegründet, dessen Vorläufer, der Verein Deutscher Zeitungsverleger (VDZV), bereits seit 1894 als Dachverband der Verleger deren berufsständische Interessen untereinander und nach außen vertreten hatte, bis er 1933 als Reichsverband von den Nationalsozialisten gleichgeschaltet worden war. Schon bald nach dem Zusammenbruch des Dritten Reichs waren – unter alliierter Aufsicht – neue berufsständische Vereinigungen auf regionaler wie auf Landesebene entstanden, an denen sich auch führende Verleger des ehemaligen VDZV beteiligten. Sie schlossen sich 1948 zur Arbeitsgemeinschaft für Pressefragen e. V. zusammen, aus der 1949, nach Aufhebung des Lizenzzwangs, der wiederbegründete *Verein Deutscher Zeitungsverleger* als Dachorganisation der Altverleger hervorging. Die Vertreter regionaler Verlegerverbände ehemaliger Lizenzträger reagierten hierauf noch im gleichen Jahr mit dem Zusammenschluss zum *Gesamtverband der Deutschen Zeitungsverleger*. Doch schon bald erkannten die Vertreter beider Verlegergruppen, dass der Gegensatz zwischen Altverlegern und ehemaligen Lizenzträgern und die daraus hervorgegangene Existenz zweier Bundesorganisationen der Verfolgung ihrer gemeinsamen Interessen eher abträglich war.

So entstand nach fünf Jahren anfänglich harter Konkurrenz zwischen VDZV und dem »Gesamtverband« – und nach zum Teil zähen Verhandlungen – aus der Fusion beider Berufsverbände am 14. Juli 1954 der BDZV, der seither die Gesamtheit der deutschen Zeitungsverleger repräsentiert. Zu den selbstgestellten Aufgaben des Bundesverbands gehören insbesondere:

- die Wahrung der Unabhängigkeit der Zeitungen,
- die Wahrung der publizistischen Aufgabe der Verleger,
- die Wahrung und Förderung des Ansehens der Zeitungsverlage in der Öffentlichkeit und ihre Vertretung gegenüber Regierung, Parteien, Behörden und Organisationen,
- die Wahrung ›angemessenen‹ Wettbewerbs und die Bekämpfung unlauterer Werbung sowie ›aller Methoden eines Verdrängungswettbewerbs‹,
- die Förderung der Ausbildung des Nachwuchses in den Zeitungsverlagen,
- die Führung von Verhandlungen in sozialrechtlichen Angelegenheiten und der Abschluss von Tarifverträgen,
- die Erteilung von Auskünften und die Erstellung von Rechtsgutachten in grundsätzlichen Fragen des Zeitungswesens,
- die Pflege internationaler Beziehungen.[7]

Über diese selbstgestellten Aufgaben hinaus gehören zu den Grundmotiven verlegerischer Organisationsbildung in erster Linie die Vermeidung bzw. Begrenzung gewinnbeeinträchtigender Konkurrenzverhältnisse zwischen den einzelnen Verlagen sowie die Sicherung von deren wirtschaftlicher Existenz durch Gruppenbildung. Aber auch die dezidierte Abwehr jeglicher staatlicher Maßnahmen, die die privatwirtschaftliche Organisationsform in Frage stellen oder die verlegerische Verfügungsgewalt einschränken könnten, wären hier zu nennen. Und schließlich kann nicht übersehen werden, dass es den Verlegerverbänden immer auch um die Abwehr von Tarif- und Mitbestimmungsforderungen der in den Verlagen Beschäftigten wie auch der Journalisten ging.[8]

5.2 Die Phase der Pressekonzentration (1954 bis 1976)

Auf den 1954 abgeschlossenen Prozess des Wiederaufbaus der deutschen Presse folgte eine Phase der Konzentration, die das gesamte Pressewesen erfassen und über 20 Jahre andauern sollte. Auch wenn es ab dem Ende der siebziger Jahre um die kommunikationspolitische Diskussion zur Pressekonzentration wieder stiller wurde, so sind Konzentrationszustände und -prozesse bis heute ein wichtiges und brisantes Thema, zumal sie sich längst nicht mehr ausschließlich auf den Markt der Printmedien beschränken. Vielmehr ist in den vergangenen Jahrzehnten eine umfassende Medienkonzentration in Gang gekommen, bei der Print- und Funkmedien von wenigen großen nationalen und vermehrt auch internationalen Medienkonzernen zunehmend dominiert werden.

5.2.1 Zum Problem der Konzentration im Pressewesen

Auch wenn die medienökonomischen Grundlagen der Presse in einem eigenen Abschnitt behandelt werden (vgl. Kapitel 8.2), erscheint es sinnvoll, an dieser Stelle wenigstens kurz in die Problematik der Pressekonzentration einzuführen. Unter *Konzentration* ist – nach Karl Hugo Pruys – ganz allgemein das »Ergebnis quantitativer Veränderungen wirtschaftlicher Größen bzw. Einheiten« zu verstehen: nämlich ein »Zusammenschluss (Fusion) oder überproportionales Wachstum von Unternehmen auf Kosten kleinerer Betriebe mit der Folge einer Konkurrenzverminderung am Markt«.[9] Von Bedeutung ist vor allem die Zunahme der Konzentration im Sinne eines fortschreitenden Konzentrations*prozesses*. Solche Prozesse werden entweder (a) durch eine Verringerung der Anbieterzahl bestimmter Presseprodukte etwa infolge von Aufkäufen oder Fusionen (externes Wachstum) oder (b) durch ein überproportionales Größenwachstum einzelner Anbieter (internes Wachstum) ausgelöst. Als Ursachen von Konzentrationsvorgängen gelten Kostensteigerungen bei Personal- und Investitionsausgaben, Rohstoffverteuerungen sowie der Anpassungsdruck hinsichtlich technischer Entwicklungen.[10]

Konzentration kann dabei in unterschiedlichen Formen auftreten, die von losen Formen der Kooperation und Organisation (darunter auch Redaktionsgemeinschaften und Anzeigenringe, verdeckte Beteiligungen bzw. Kapitalverflechtungen) über Zusammenlegungen (Fusionen) und Aufkäufen von Betrieben bis hin zu Monopolen auf jeweiligen Teilmärkten reichen. Zu unterscheiden ist in jedem Fall zwischen *ökonomischer* Konzentration und *publizistischer* Konzentration (als Reduktion redaktioneller bzw. ›journalistischer‹ Einheiten). Denn nicht jede Form von Konzentration im wirtschaftlichen, also verlegerischen Bereich bedeutet automatisch auch eine Verringerung des publizistischen Angebots. Auch gibt es Hinweise darauf, dass im Bereich der Presse publizistische Konzentration im Prinzip ohne wirtschaftliche Konzentration vorkommen kann. Während die ökonomische Konzentration vor allem wettbewerbs- bzw. kartellrechtliche Fragen aufwirft, sind mit der publizistischen Konzentration stärker kommunikationspolitische und demokratietheoretische Überlegungen verknüpft.

Eine gängige, relativ pragmatische, aber für pressestatistische Zwecke durchaus brauchbare Differenzierung von Pressekonzentration unterscheidet publizistische Konzentration, Verlags- und Auflagenkonzentration:[11]

- *Publizistische Konzentration* wird dabei verstanden als die Verringerung der Zahl publizistischer Einheiten und (redaktioneller) Ausgaben. Sie entsteht vor allem durch Zusammenlegen oder Einstellen von Redaktionen wie von Publikationen, betraf zwischen 1954 und 1976 in der Bundesrepublik Zeitungen und Zeitschriften gleichermaßen (und ist seit dem Ende der achtziger Jahre übrigens auch im privaten Rundfunk zu beobachten).
- *Verlagskonzentration* bezeichnet die Verringerung der Zahl der Verlage, die Zeitungen oder Zeitschriften herausgeben. Sie wird primär durch Verlagsfusionen sowie durch Auflösung von Verlagen verursacht. Im Zuge der Verlagskonzentration entsteht eine immer kleinere Zahl von expandierenden Verlagen bzw. Pressekonzernen, die sich zu (teilweise internationalen) Großunternehmen weiterentwickeln und als ›Medien-Multis‹ im Print- wie im Funkmedienbereich aktiv sein können.
- Der Terminus *Auflagenkonzentration* bezeichnet schließlich die zunehmende Vereinigung der Auflagenanteile eines Zeitungs- oder Zeitschriftentyps bei einem bzw. wenigen Verlagen.

Als Beispiel für Auflagenkonzentration wäre etwa der Springer-Verlag zu nennen, der am Höhepunkt der Pressekonzentrationsphase mit den Tageszeitungen »Bild«, »Welt«, »B.Z.« u. a. einen Anteil von über 30 Prozent, an der Straßenverkaufspresse gar einen Anteil von

83 Prozent der Gesamtauflage erreichte und zudem auch im bundesdeutschen Zeitschriftenwesen bereits damals zu den Marktführern gerechnet werden musste.[12]

Zudem ist es wichtig, zwischen *absoluter* und *relativer Konzentration* zu unterscheiden. Der Stand der absoluten Konzentration ergibt sich aus der Anzahl der am Markt vorhandenen selbständigen Verlagsunternehmen, für die absolute publizistische Konzentration entsprechend aus der Anzahl redaktioneller Einheiten. Unter relativer Konzentration hingegen versteht man die Marktverteilung von Merkmalsträgern wie Auflagenhöhe, Umsatz bzw. Kapitaleinsatz oder etwa die Zahl der Beschäftigten und damit die (relativen) Marktanteile jeweiliger Presseunternehmen bzw. Pressetitel. Für Konzentrations*prozesse* bedeutet dies, dass mit einer starken »*absoluten* Konzentration (...) das *Ausscheiden* (unrentabler) Unternehmen, mit *relativer* Konzentration das *ungleichmäßige Wachstum* der (verbleibenden) Unternehmen gekennzeichnet« wird.[13]

Nicht unumstritten ist, ab wann man im Bereich der Presse von Konzentrationsvorgängen sprechen soll. Während die einen in verschiedenen Formen von Kooperationen zwischen Presseunternehmen Möglichkeiten sehen, weiter gehende Verlagskonzentrationen zu verhindern, weil die Selbständigkeit der beteiligten Unternehmen gewahrt bleibt, erblicken andere in solchen Kooperationen eine gefährliche, weil verdeckte Variante von Konzentration oder zumindest eine Übergangsstufe zur Konzentration.[14]

Zählt man lediglich die Zahl selbständiger Presseunternehmen, ohne deren verlegerische, wirtschaftliche oder redaktionelle Verbindungen untereinander zu berücksichtigen, so erhält man für Mitte der siebziger Jahre laut Pressestatistik des Statistischen Bundesamts mit 1.186 Zeitungstiteln eine relative Vielfalt am Pressemarkt. Unter Berücksichtigung der redaktionellen Kooperationen jener Zeit schrumpft diese Zahl jedoch auf 121 publizistische, also redaktionell selbständige Einheiten. Zugleich hat sich der Anteil *selbständiger* Presseverlage, die sich zur gemeinsamen Wahrnehmung von Anzeigenabwicklung, Werbung, Druck, Vertrieb usw. zusammengeschlossen haben, von etwa einem Viertel Anfang der fünfziger Jahre auf über die Hälfte aller Zeitungsverlage Mitte der siebziger Jahre erhöht.[15]

Als einer der Gründe für Pressekonzentration und das Entstehen großer Medienkonzerne wird immer wieder publizistisches Machtstreben – und damit eine potenziell größere Einflussnahme auf politische Prozesse – genannt.[16] Allerdings wird man sagen müssen, dass für Formen der Kooperation und Konzentration im Pressewesen wohl in erster Linie wirtschaftliche Gesichtspunkte maßgebend sind. Dazu gehören

- eine größere Konjunkturanfälligkeit von Zeitungen und Zeitschriften durch ein verändertes Verhältnis von Vertriebs- und Anzeigeneinnahmen zugunsten der Anzeigenerlöse;
- die natürliche Konkurrenz der Zeitung zu Hörfunk und Fernsehen (Vorzug der Aktualität) sowie zu Illustrierten und Magazinen (Vorzug gestalterischer Attraktivität); sowie
- die Konkurrenz der Zeitungen zu anderen Medien, nicht zuletzt zu Anzeigenblättern, im Kampf um Werbekunden.[17]

Diese Situation hat in den fünfziger Jahren zu einer verschärften Konkurrenzsituation der Zeitungen untereinander geführt, in der rentabler arbeitende Presseunternehmen sich eher durchsetzen können, was größere Verlage insofern begünstigt, als sie gegenüber ihren weniger großen Konkurrenten verschiedene Wettbewerbsvorteile besitzen – die sich zudem gegenseitig verstärken können (vgl. Kapitel 8.2). So sind es in erster Linie die kleineren Presseverlage, denen der entstandene Verdrängungswettbewerb am Zeitungsmarkt zu schaffen macht.[18] Dabei reichen die Ursachen der Pressekonzentration bis in die Zeit der Aufbauphase nach dem Ende des Zweiten Weltkriegs zurück. Manfred KNOCHE zufolge sind manche Konzentrationsentwicklungen durch die Pressepolitik der Alliierten und den wirtschaftlichen Aufbau des Zeitungsgewerbes bereits vorgeprägt worden.[19]

Was die Folgen der Pressekonzentration anbelangt, sind es neben den ökonomischen (die ab einem bestimmten Ausmaß aus wirtschaftspolitischen bzw. wettbewerbsrechtlichen Gründen bedenklich erscheinen) vor allem die *publizistischen Folgen*, die in der kommunikationspolitischen Debatte eine zentrale Rolle gespielt haben. Die These, wonach eine Vielzahl publizistischer Organe und Titel auch publizistische Vielfalt der Meinungen im demokratischen System bedeutet, ist immer wieder kritisch hinterfragt worden. Unbestritten ist aber, dass mit der Pressekonzentration in der Regel eine Verringerung des publizistischen Wettbewerbs einhergeht. Publizistischer Wettbewerb aber gilt zumindest als Voraussetzung für die Vielfalt der Informationen und Meinungen in der Presse, »die ihrerseits eine Voraussetzung für die Selektionsmöglichkeiten der Leser bildet«.[20] Mit Verringerung der äußeren Vielfalt reduzieren sich also für das Publikum auch die Möglichkeiten, aus einem vielfältigen Informationsangebot auszuwählen. Zugleich reduzieren sich damit potentiell die Chancen einer pluralistischen politischen Meinungs- und Willensbildung – die zu ermöglichen eine der wichtigsten Aufgaben der Massenmedien in demokratischen Systemen ist. Andererseits garantiert äußere Presse- bzw. Medienvielfalt allein nicht zwingend auch schon publizistische Vielfalt.[21]

Besonders intensiv wurde die Diskussion um die publizistischen Folgen der Konzentration im Bereich der Lokalpresse geführt; zum einen, weil in der Phase der Pressekonzentration die Zahl der sog. *Ein-Zeitungs-Kreise* – Gebiete also, in denen die Leser keine Wahlmöglichkeiten zwischen mindestens zwei Zeitungen vor Ort haben – drastisch zunahm; zum anderen, weil man damit eine möglichst umfassende und vielseitige Information ausgerechnet auf einem Felde gefährdet sah, wo sich der Einzelne mehr als sonst an der Gestaltung öffentlicher Angelegenheiten beteiligen kann.[22]

Streitpunkt der Debatte um die Brisanz *lokaler Pressemonopole* war vor allem, ob Zeitungen, die ein Lokalmonopol errungen hatten, in ihrer redaktionellen Leistung nachlassen und ihre Kritik- und Kontrollfunktion vernachlässigen würden. Dazu lagen divergierende Forschungsergebnisse vor, die zudem aufgrund unterschiedlicher Untersuchungsanlagen oft nicht vergleichbar waren. Allerdings lässt sich festhalten: Zumindest theoretisch können Monopolzeitungen in ihren publizistischen Leistungen nachlassen, ohne deshalb Leser (und in der Folge auch Anzeigenkunden) an eine örtliche Konkurrenz zu verlieren. Aufgrund fehlender Alternativen in Ein-Zeitungs-Kreisen kann der Leser zudem kaum überprüfen, ob die örtliche Zeitung ihre Informations- und Kontrollfunktion im lokalen Bereich vernachlässigt. Und schließlich entfällt mit dem Fehlen lokaler Konkurrenz für die Zeitungsjournalisten die Möglichkeit, sich mit den Kollegen der anderen Redaktion(en) zu messen, etwa im Hinblick auf das Aufgreifen bestimmter Themen, Argumentation und Schlussfolgerungen in Kommentaren zu Kontroversen in der lokalen Öffentlichkeit oder auch die Berücksichtigung zusätzlicher Quellen und Informanten.[23]

Diese Überlegungen werden jedoch relativiert durch den ab den achtziger Jahren beobachteten Wandel im Lokaljournalismus und einen in vielen Ein-Zeitungs-Kreisen veränderten lokalen Medienmarkt. Denn zum einen gelang es Bürgerinitiativen und kommunalen Bewegungen, bis dahin vernachlässigte Themen und Positionen – nicht selten in kritischer Distanz zu den kommunalen Behörden – in die öffentliche Diskussion einzubringen, deren Behandlung in der Lokalpresse dann nicht länger ausgespart werden konnte. Zum anderen ist lokalen Monopolzeitungen mit Einführung des privaten Rundfunks durch lokale und regionale Hörfunksender, aber auch durch vermehrt aufgekommene Anzeigenblätter (sofern sie einen nennenswerten redaktionellen Teil aufweisen) zum Teil eine neue Form journalistischer Konkurrenz erwachsen, die sich auch auf die publizistische Leistung der lokalen Zeitungsredaktionen ausgewirkt hat.[24]

Zu erwähnen ist schließlich die Problematik des Zusammenhangs zwischen Pressekonzentration und der Gefährdung der *inneren Pressefreiheit* (vgl. Kapitel 8.1 u. 8.5). Die Abgrenzung der Kompetenzen von Verlegern und Chefredakteuren auf der einen und den übrigen redaktionellen Mitarbeitern (Journalisten) auf der anderen Seite wurde aus dreierlei Gründen zum Gegenstand der Konzentrationsdebatte: Zum einen wurde durch Konzentration redaktioneller Einheiten eine größere Abhängigkeit der Journalisten vom jeweiligen Verleger befürchtet, dem im Zuge der sog. Leitungsbefugnis für ein Presseunternehmen die publizistische Grundsatzkompetenz (zur Bestimmung der ›Blattlinie‹) zukommt. In der Folge nehme die Meinungsfreiheit des einzelnen Redakteurs ab, wenn die (theoretische) Möglichkeit wegfalle oder geringer werde, in die Redaktion eines Konkurrenzverlags zu wechseln. Journalisten würden sich dann den Vorgaben des Verlegers noch stärker anpassen (müssen).[25]

Zum zweiten wollte man durch eine Stärkung der Mitwirkungs- und Mitbestimmungsrechte einer rückläufigen Meinungsvielfalt durch Pressekonzentration entgegenwirken. Dahinter steht die These, dass der Rückgang in der Vielfalt des Informationsangebots am Pressemarkt und eine aufkommende publizistische Einseitigkeit dadurch aufgefangen werden könnte, dass eine Vielfalt der Meinungen *innerhalb* eines Presseorgans gewährleistet wird.[26]

Und schließlich drittens erblickte man auch Auswirkungen auf die Beschäftigungssituation von Journalisten. Befürchtet wurde, dass durch Konzentration immer mehr journalistische Arbeitsplätze verloren gehen würden. Empirischen Studien zufolge kam es durch die Pressekonzentration zwar nicht zu einschneidenden Veränderungen am journalistischen Arbeitsmarkt; es ließen sich jedoch deutliche (wenn auch nicht direkt auf Konzentrationsvorgänge rückführbare) Verschiebungen innerhalb dieses Arbeitsmarkts in Richtung Public Relations feststellen – eine Entwicklung, die in den letzten 20 Jahren noch weiter zugenommen hat.[27]

5.2.2 Die Entwicklungen am Pressemarkt

Was nun die beobachtbaren bzw. messbaren Konzentrationsvorgänge im Bereich der Tageszeitungen betrifft, so reduzierte sich die Zahl der publizistischen Einheiten in der Bundesrepublik zwischen 1954 und 1976 von 225 auf 121, also um annähernd die Hälfte. Davon waren in besonderer Weise Zeitungen mit einer Auflage unter 40.000 Exemplaren, d. h. kleinere Lokalzeitungen, betroffen. Ihre Zahl ging zwischen 1954 und 1976 von 121 auf 30 zurück, wobei ihr Anteil an allen publizistischen Einheiten von 53,7 auf 24,7 Prozent sank. Ihr Anteil an der gesamten Verkaufsauflage reduzierte sich gar von 15,4 auf weniger als 4 Prozent.

Gleichzeitig stieg die Zahl der publizistischen Einheiten mit einer Auflage von über 150.000 Exemplaren von 18 auf 42, so dass deren Marktanteil von 8,0 auf 34,7 Prozent anwuchs. Vor allem aber steigerte sich ihr Anteil an der Gesamtauflage von 37,2 auf 75,5 Prozent, verdoppelte sich also, und stellt seither rund dreiviertel der Verkaufsauflage aller Tageszeitungen.

Neben den publizistischen Einheiten ging im gleichen Zeitraum – wie aus Abbildung 13 ersichtlich – die Zahl der Zeitungsausgaben zurück, nämlich von 1.500 im Jahr 1954 auf 1.229 im Jahr 1976. Stärker noch nahm die Zahl der Verlage als Herausgeber ab, und zwar von 624 auf 403.[28]

Abb. 13: Der Pressekonzentrationsprozess in Zahlen (1954 bis 1989)

Kenngrößen	1954	1964	1976	1985	1989
Publizistische Einheiten	225	183	121	126	119
Redaktionelle Ausgaben	1.500	1.495	1.229	1.273	1.344
Verlage als Herausgeber	624	573	403	382	358
Verkaufte Auflage (in Mio.)	13,4	17,3	19,5	20,9	20,3

Erstellt nach Schütz, Walter J.: Deutsche Tagespresse 1991, in: Media Perspektiven 2/1992, S. 82.

Dem Pressekonzentrationsprozess fielen im Bereich der Tageszeitungen also vorwiegend kleinere Objekte zum Opfer. Symptomatisch für diese Entwicklung war (und ist), dass sich im Zuge des Konzentrationsprozesses die Zahl der *Ein-Zeitungs-Kreise* drastisch vermehrte. 1954 gab es 85 solcher Gebiete mit nur einer Tageszeitung, 1976 waren es bereits 156. Während zu Beginn der Pressekonzentrationsphase 8,5 Prozent der westdeutschen Wohnbevölkerung in Ein-Zeitungs-Kreisen lebten, war es 1976 mit 32,7 Prozent bereits knapp ein Drittel aller Bundesbürger. Vor der Wiedervereinigung der beiden deutschen Staaten betrug die Zahl der Ein-Zeitungs-Kreise 160, womit in 49 Prozent, also fast der Hälfte aller Kreise bzw. kreisfreien Städte der alten Bundesländer, nur noch eine Tageszeitung erschien.[29]

Abb. 14: Ein-Zeitungs-Kreise in der Bundesrepublik 1954 und 1976

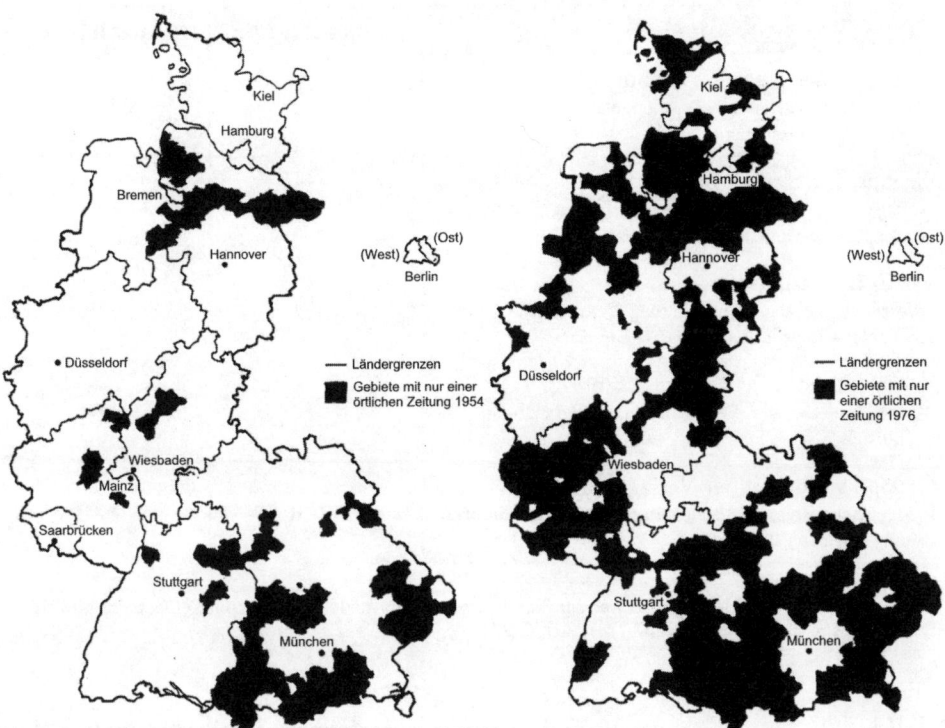

Quelle: Bericht der Bundesregierung über die Lage von Presse und Rundfunk in der Bundesrepublik Deutschland (1978) – Medienbericht – (BT-Drucksache 8/2264), hrsg. vom Presse- und Informationsamt der Bundesregierung, Bonn 1978, S. 16 f.

Als marktführende *(Tages-)Zeitungskonzerne* kristallisierten sich in den sechziger Jahren fünf große Presseverlage heraus: der Springer-Verlag, Hamburg, die Westdeutsche Allgemeine Zeitungsgruppe (WAZ-Gruppe) mit Hauptsitz in Essen, die Gruppe Stuttgarter Zeitungsverlag, der Verlag M. DuMont Schauberg, Köln, und der Süddeutsche Verlag in München. 1980 konzentrierten diese fünf Pressekonzerne immerhin 45,5 Prozent der Gesamtauflage aller bundesdeutschen Tageszeitungen auf die in ihren Häusern erscheinenden Produkte.[30]

Abb. 15: Die fünf größten Tageszeitungsverlage der Bundesrepublik 1976

Verlag/Verlagsgruppe	Auflage in Mio.	Anteil in %
Axel-Springer Verlag, Hamburg (Bild, Welt, B.Z., Hamburger Abendblatt, Berliner Morgenpost u.a.)	5,653	28,74
Gruppe Stuttgarter Zeitungsverlag (Stuttgarter Zeitung, Stuttgarter Nachrichten, Südwestpresse, Rheinpfalz, Schwarzwälder Bote u.a.)	1,301	6,61
WAZ-Gruppe, Essen (Westdeutsche Allgemeine Zeitung, Westfälische Rundschau, Neue Ruhr-Zeitung, Westfalenpost u.a.)	1,171	5,96
Verlag DuMont-Schauberg, Köln (Kölner Stadtanzeiger, Express Köln, Express Düsseldorf u.a.)	0,756	3,84
Gruppe Süddeutscher Verlag, München (Süddeutsche Zeitung, Abendzeitung München, Abendzeitung Nürnberg u.a.)	0,488	2,48

Erstellt nach Diederichs, Helmut H.: Daten zur Pressekonzentration in der Bundesrepublik Deutschland 1976/77, in: Media Perspektiven 5/1977, S. 267–281, hier: S. 278 f.

Ähnliche Konzentrationsprozesse machten sich auch im Bereich des sehr heterogenen Zeitschriftenwesens bemerkbar. Zwar ist dieses Feld für den Zeitraum von 1954 bis 1976 pressestatistisch nicht so gut erfasst wie das der Tageszeitungen, doch liegen zumindest für den Markt der Publikumszeitschriften kontinuierlich erfasste Daten vor. Wie aus Abbildung 16 ersichtlich, bildeten sich damals bereits jene großen *Zeitschriftenverlage* heraus, dis heute den Bereich der Publikumszeitschriften dominieren, nämlich der Heinrich Bauer Verlag, der Springer-Verlag und Gruner und Jahr/Bertelsmann – alle in Hamburg – sowie der Burda-Konzern (mit der Burda GmbH und der Aenne Burda KG) in Offenburg.[31]

Abb. 16: Die vier größten Zeitschriftenverlage der Bundesrepublik 1976

Verlag/Zeitschriftenkonzern	Auflage in Mio. (ungewichtet)	Anteil in % (ungewichtet)	Anteil in % (gewichtet) *
Heinrich Bauer Verlag, Hamburg (Quick, Neue Post, Neue Revue, Playboy (dt.), Praline, Bravo, TV-Hören und Sehen, Tina, Fernsehwoche, Auto-Zeitung u.a.)	15,98	21,33	32,94
Axel-Springer Verlag, Hamburg (Hörzu, Funk-Uhr, meine geschichte, Zack u.a.)	6,39	8,54	13,28
Burda-Konzern, Offenburg (Bunte, Freundin, Bild und Funk, burda-Moden u.a.)	13,85	18,48	12,08
Gruner & Jahr, Hamburg (Stern, Brigitte, Gong, Geo, Capital, Schöner wohnen u.a.)	5,67	7,58	8,16

* Bei den gewichteten Daten geht die jeweilige Erscheinungshäufigkeit der Zeitschriftentitel (Monatszeitschriften, 14-tägig erscheinende Titel und Wochenzeitschriften) pro Monat als Gewicht mit ein.

Erstellt nach Diederichs, Helmut H.: Daten zur Pressekonzentration in der Bundesrepublik Deutschland 1976/77, in: Media Perspektiven 5/1977, S. 267–281, hier: S. 270 f.

In dieser Phase des deutschen Pressewesens kam es auch zu Auflagenverschiebungen innerhalb des Zeitschriftenmarkts: die Gesamtauflage der Illustrierten ging zurück, die Auflagen der Frauenzeitschriften, bunten Wochenblätter (>yellow press<) und vor allem der Programmzeitschriften nahm relativ stark zu. 1975 gab es in der Bundesrepublik immerhin 3.838 Zeitschriften, die eine Gesamtauflage von 118,69 Mio. Exemplaren pro Erscheinungsintervall hatten und es auf einen gemeinsamen Umsatz von 4,766 Mrd. DM brachten.

Interessanterweise bildete sich im Zuge des Entstehens dominanter Großverlage eine Art publizistische Aufgabenteilung heraus. So entstanden damals auf der einen Seite Pressekonzerne, die sich auf das Verlegen bzw. Herausgeben von Tageszeitungen beschränkten, und andererseits Verlagshäuser, die ausschließlich Zeitschriften publizierten. Die einzige diesbezügliche Ausnahme bildete in dieser Phase des bundesdeutschen Pressewesens der Springer-Verlag, der sowohl Tageszeitungen (»Bild«, »Welt«, »Hamburger Abendblatt«, »B.Z.« u. a.) als auch Wochenblätter (»Bild am Sonntag«, »Welt am Sonntag«) und Zeitschriften (»Hörzu«, »Funk Uhr« u. a.) herausgab. Erst nach der Wiedervereinigung und mit der Übernahme ostdeutscher Zeitungstitel durch westdeutsche Verlage sollten ab 1991 auch andere westdeutsche Zeitschriftenverlage im Tageszeitungsgeschäft tätig werden (vgl. Kapitel 7.2).[32]

Abb. 17: Der Zeitschriftenmarkt der Bundesrepublik 1975

Zeitschriftenart	Anzahl der Titel	verkaufte Auflage pro Nummer	Umsatz pro Jahr in Mio. DM
Publikumszeitschriften	590	65.224	2.790,0
Verbandszeitschriften	198	15.547	121,5
Fachzeitschriften (allg.)	1.020	8.806	637,4
Konfessionelle Zeitschriften	205	7.867	136,9
Kundenzeitschriften	76	6.114	83,9
Wissenschaftliche Fachzeitschriften	852	3.022	428,0
Politische Wochenblätter	75	1.825	190,5
Amtliche Blätter	108	464	20,6
Anzeigenblätter	198	24	147,3
Sonstige	247	6.784	96,8
Mehrfachangaben	269	3.013	113,0
	3.838	*118.690*	*4.765,9*

Quelle: Kepplinger, Hans Mathias: Massenkommunikation, Stuttgart: Teubner 1982, S. 62; nach Daten aus dem Medienbericht der Bundesregierung, Bonn 1978, S. 20 f.

Der größte Konzentrationsschub im deutschen Pressewesen war in den sechziger Jahren zu verzeichnen und wurde von den Zeitungsverlegern – fälschlicherweise, wie sich herausstellen sollte – primär auf die Existenz des noch jungen Konkurrenzmediums Fernsehen zurückgeführt. Nachdem ab Weihnachten 1952 erstmals ein regelmäßiges Fernsehprogramm ausgestrahlt und dann 1954 offiziell das Erste Deutsche Fernsehen der ARD gegründet worden war, breitete sich das neue Medium Anfang der sechziger Jahre rasch aus. Im April 1963 hatte das bereits 1961 gegründete Zweite Deutsche Fernsehen (ZDF) seinen Sendebetrieb aufgenommen; wenig später, ab 1964, folgten sukzessive die Dritten Fernsehprogramme. Die Verlegerschaft vermutete Ursachen der Konzentrationsvorgänge im neuen Wettbewerbsverhältnis mit dem Fernsehen: Die Befürchtung war, dass das Fernsehen den Zeitungen nicht nur als Zuschauer gewonnene Leser wegnähme, sondern vor allem auch Anzeigenaufkommen (insbesondere im Bereich der Markenartikelwerbung) absorbiere und es in der Folge zu einem Verdrängungswettbewerb durch Umverteilungsprozesse im Gesamtwerbeaufkommen zulasten der Printmedien komme. Mit der Denkschrift »Pressefreiheit und Fernsehmonopol« des BDZV wurde der Gesetzgeber aufgefordert, geeignete Schritte gegen die Wettbewerbsverzerrung zu unternehmen.[33]

Beide Annahmen erwiesen sich als nicht bzw. als nur begrenzt zutreffend. So konnte, was den Lesermarkt anbelangt, in der Zeit zwischen 1954 und 1976 im Gegenteil ein markantes Ansteigen der Gesamtauflage der Tageszeitungen von 13,4 Mio. Exemplaren auf 19,6 Mio. Exemplare verzeichnet werden. Von diesem Auflagenanstieg profitierten vor allem die Straßenverkaufszeitungen, zu deren auflagenstärkster sich die vom Springer-Verlag im Jahr 1952 gestartete »Bild«-Zeitung entwickelte. Sie erreichte 1976 – am vorläufigen Ende der Konzentrationsphase – eine Auflage von knapp 4,49 Mio. Exemplaren und gewann damit einen Marktanteil von annähernd 75 Prozent der Auflage der Straßenverkaufspresse und gleichzeitig 23 Prozent der Gesamtauflage aller deutschen Tageszeitungen.[34]

Bemerkenswerterweise hat das Aufkommen von Boulevard-Zeitungen in den fünfziger und sechziger Jahren das Lesen regionaler Abonnementzeitungen nicht reduziert. Vielmehr liest »eine zunehmende Zahl von Personen (…) seit dem Aufkommen von Kaufzeitungen mehr als eine Zeitung pro Tag«.[35] Die infolge des Konzentrationsprozesses entstandenen großen lokalen und regionalen Abonnementzeitungen konnten ihre Auflage stabilisieren und sich sehr gute regionale Marktpositionen verschaffen. Abbildung 18 gibt diesen für das Phänomen Pressekonzentration typischen Prozess wieder: Die Zahl der publizistischen Einheiten verringert sich, während die Auflage der verbleibenden, durch Kooperation und Konzentration am Markt gefestigten Zeitungen deutlich ansteigt. Mit dem Auflagenanstieg war eine Ausweitung der Leserschaft verbunden, wie sich an den Reichweitendaten für Tageszeitungen aus jenem Zeitraum ablesen lässt. Zwar sind die entsprechenden Ergebnisse der Leserschaftsforschung aufgrund unterschiedlicher Erhebungsmethoden, anfangs mangelnder Systematisierung und bis in die siebziger Jahre recht ungenauer Messinstrumentarien mit großer Vorsicht zu interpretieren; doch lässt sich anhand der Daten der verschiedenen Leser- bzw. Media-Analysen jener Zeit ein Trend erkennen, wonach die Reichweiten vom Ende der sechziger Jahre bis etwa 1980 kontinuierlich ansteigen, dann wieder leicht zurückgehen und seit Mitte der achtziger Jahre auf relativ hohem Niveau verharren.[36]

Auch die Entwicklung im Anzeigenbereich widerlegte die Befürchtungen der Zeitungsverleger. Zwar wurden mit dem Marktzutritt des ZDF ab 1963 nicht nur Steigerungen im Anzeigenaufkommen, sondern allmählich auch deutliche Umschichtungen im Gesamtwerbeaufkommen festgestellt. Durch das überproportionale Ausmaß des Werbewachstums jedoch konnten Zeitungen und Zeitschriften ihre führende Position am Gesamtwerbeaufkommen problemlos halten.[37] Es stellte sich heraus, dass diese verschärfte Werbekonkurrenz nicht so sehr zwischen Print- und Funkmedien ausgetragen wurde, sondern dass sich vielmehr ein *intra*mediärer Wettbewerb um das Anzeigenaufkommen zwischen auflagenstarken und auflagenschwachen Zeitungen und Zeitschriften auszuwirken begann, dem Letztere nicht selten zum Opfer fielen.[38]

Hinzu kommt, dass Presseprodukte (sofern sie nicht kostenlos verteilt werden) auf zwei Märkten abgesetzt werden: auf dem der Leser und dem der Anzeigenkunden. Während auf dem Lesermarkt die Vertriebserlöse erschlossen werden, bildet der Markt der Inserenten die Voraussetzung für die Anzeigenerlöse. Nun hat sich in jenen Jahren die Erlösrelation zwischen Vertrieb und Anzeigen in immer größerem Ausmaß zugunsten der Anzeigenerlöse verschoben. Finanzierten sich Anfang der fünfziger Jahre die Tageszeitungen noch überwiegend aus dem Vertrieb und erst in zweiter Linie aus dem Anzeigengeschäft, so kehrten sich die Verhältnisse in der Zeit der Pressekonzentrationsphase praktisch um: 1976 setzten sich die Einnahmen der Abonnementzeitungen nur noch zu etwa einem Drittel aus dem Vertriebserlös und zu rund zwei Dritteln aus Anzeigengewinnen zusammen. Selbst bei den Straßenverkaufszeitungen ging der Anteil des Vertriebserlöses am Gesamterlös innerhalb von nur acht Jahren von über 80 Prozent (1956) auf weniger als 55 Prozent im Jahr 1964 zurück.[39]

Abb. 18: Die Entwicklung der publizistischen Einheiten und der Auflagen (1954 bis 1990)

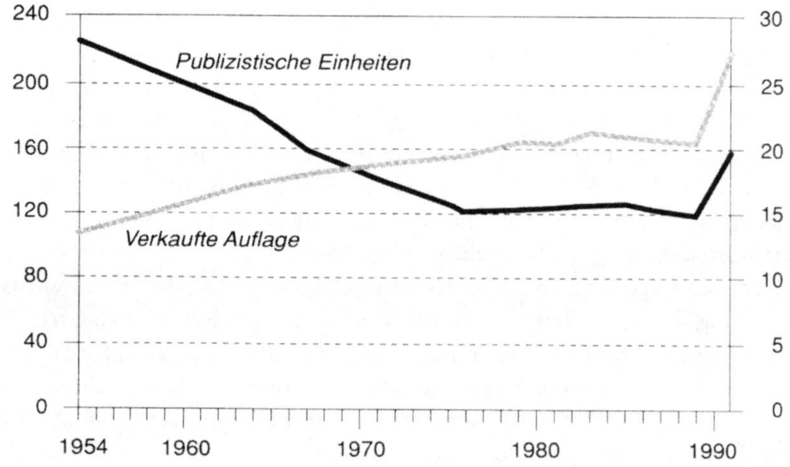

Erstellt nach Schütz, Walter J.; Deutsche Tagespresse 1991, in: Media Perspektiven 2/1992,S. 74–107.

Abb. 19: Entwicklung des Werbeaufkommens und seine Verteilung auf die Werbeträger (1970 bis 1980)

Erfasste Netto-Werbeumsätze ausgewählter Werbeträger in Mio. DM sowie prozentualer Anteil am Gesamtaufkommen (ohne Produktionskosten) [1]

Medium	1970	1972	1974	1976	1978	1980
Tageszeitungen	2.182,1 65,2 %	2.705,2 53,7 %	2.827,8 44,3 %	3.554,0 46,3 %	4431,1 45,9 %	5.289,4 42,7 %
Wochen- und Sonntagszeitungen	–	–	99,7 1,6 %	124,5 1,6 %	164,6 1,7 %	204,8 1,7 %
Publikums-zeitschriften	–	–	1.036,5 16,2 %	1.283,4 16,7 %	1.789,0 18,5%	2.026,0 16,4 %
Fachzeitschriften	–	–	–	–	–	1.034,7 8,4 %
Fernsehen	525,3 15,7 %	633,1 12,6 %	735,8 11,5 %	861,2 11,2 %	993,4 10,3 %	1.118,7 9,0 %
Hörfunk	158,3 4,7 %	183,6 3,6 %	215,6 3,4 %	206,7 2,7 %	297,7 3,1 %	398,4 3,2 %
Direktwerbung	–	982,9 19,5 %	900,0 14,1 %	988,6 12,9 %	1.180,0 12,2 %	1.320,3 10,7 %
Sonstiges [2]	482,5 14,4 %	530,8 10,5 %	572,1 9,0 %	658,4 8,6 %	806,5 8,3%	997,7 8,1 %
	3.348,2	**5.035,6**	**6.387,5**	**7.676,8**	**9.662,3**	**12.390,0**

– noch nicht erhoben

[1] Daten nur eingeschränkt vergleichbar, da sich Erhebungsbasen, Klassifizierungen und Analysemethoden im erfassten Zeitraum noch veränderten.

[2] Adressbücher, Anschlagwerbung, Kinowerbung.

Erstellt nach Materialien aus den ZAW-Jahrbüchern 1974/1975, 1975/1976, 1980 und 1983, hrsg. vom Zentralverband der deutschen Werbewirtschaft (ZAW), Bonn 1974 ff.

Abb. 20: Erlösrelationen der Tageszeitungen im Wandel (1954 bis 1989)

Jahr	Vertrieb	Anzeigen*	Fremdbeilagen	Sonstiges
1954	53,0 %	46,6 %	–	0,4 %
1964	35,3 %	63,9 %	–	0,8 %
1967	35,5 %	63,9 %	–	0,6 %
1970	29,8 %	69,5 %	–	0,7 %
1975	33,7 %	62,5 %	2,9 %	0,9 %
1978	31,4 %	63,3 %	4,7 %	0,6 %
1985	34,8 %	64,0 %	–	1,2 %
1989	35,6 %	56,2 %	7,5 %	0,7 %

* Sofern der Anteil der Fremdbeilagen nicht eigens ausgewiesen wird, ist er in den Anzeigenerlösen mit enthalten.
Erstellt nach dem Medienbericht 85, hrsg. vom Presse- und Informationsamt der Bundesregierung (BT-Druck-sache X/5663), Bonn 1985, S. 182; Zeitungen 87, hrsg. vom BDZV, Bonn: BDZV 1987, S. 64, und Zeitungen 90, hrsg. vom BDZV, Bonn: BDZV, S. 73; sowie Rutsatz, Karl-Heinz: Die wirtschaftliche Situation deutscher Tages-zeitungen, in: Media Perspektiven 3/1980, S. 160.

Tageszeitungen wurden also verstärkt von Anzeigenerlösen abhängig und damit tendenziell konjunkturabhängiger, was für größere Abonnementzeitungen weniger problematisch war als für kleinere Regional- und Lokaltitel. Schließlich wurden vor allem für große Tageszei-tungen durch die veränderte Situation auch höhere Gewinnspannen durch das Anzeigen-geschäft möglich. Nur wo die Anzeigenerlöse rückläufig waren, also bei den auflagenschwä-cheren Zeitungen und Zeitschriften, hatte der Pressekonzentrationsprozess oft gravierende Folgen. Denn »eine Senkung der Produktionskosten ist häufig nur auf Kosten der Qualität der Zeitung möglich und führt (…) zum Verlust von Absatz. Eine Erklärung für die Über-legenheit konzentrierter Zeitungsverlage besteht darin, dass sie die notwendig langfristigen Entscheidungen über die Sanierung einer Zeitung finanziell besser tragen können.«[40]

Abbildung 21 veranschaulicht die Verteilung unterschiedlicher Verlage bzw. publizisti-scher Einheiten am Pressemarkt, wobei der abnehmende Wert des in der rechten Spalte ange-gebenen Gini-Koeffizienten verdeutlicht, dass die *relative* Konzentration bereits nach 1964 abnahm. Denn von diesem Zeitpunkt an verringerte sich der Wettbewerbsdruck für die ver-bleibenden publizistischen Einheiten, insofern deren Auflagenhöhen sich einander anzuglei-chen begannen, sodass die Differenz in den Größenunterschieden zurückging.[41]

Abb. 21: Leichter Rückgang der relativen Pressekonzentration nach 1964

Jahr	Zahl der publizistischen Einheiten	Verkaufte Auflage (in Tausend)	Gini-Koeffizient
1954	225	13.365,3	0,557
1964	183	17.318,3	0,600
1967	158	18.042,8	0,588
1976	121	19.534,1	0,538
1985	126	20.936,2	0,541
1989	119	20.284,8	0,511

Erstellt nach Schütz, Walter J.: Deutsche Tagespresse 1991, in: Media Perspektiven 2/1992, S. 74–107, hier: S. 85.

5.2.3 Kommunikationspolitische Vorstellungen und Maßnahmen

Die mit dem Phänomen der Pressekonzentration schon bald aufgekommene öffentliche Diskussion und damit einhergehende Befürchtungen und Klagen der Verleger zogen in den sechziger Jahren eine Reihe kommunikationspolitischer Enqueten nach sich. Drei Kommissionen versuchten, das Phänomen Pressekonzentration zu ergründen: die sog. Michel-Kommission, die Günther-Kommission sowie schließlich die Kommission des Deutschen Presserats.[42]

Michel-Kommission: Im Jahr 1964 setzte das Bundesinnenministerium nach einem Antrag aus dem Parlament und auf Beschluss des Bundeskabinetts die Kommission zur Untersuchung der Wettbewerbsgleichheit von Presse, Funk/Fernsehen und Film ein. Das aus sieben Mitgliedern bestehende Gremium, das nach seinem Vorsitzenden Ministerialdirektor a. D. Dr. Elmar Michel auch kurz Michel-Kommission genannt wurde, legte 1967 seinen Abschlussbericht vor. Die Hauptergebnisse der Untersuchung lassen sich wie folgt zusammenfassen:[43]

- Rundfunk und Presse ergänzen sich in publizistischer Hinsicht, und auch auf dem Werbemarkt bestehen nur geringe intermediäre Wettbewerbsbeziehungen.
- Weder die Entwicklung des Fernsehens allgemein noch speziell die des Werbefernsehens kann als Erklärung für die wirtschaftlichen Probleme der Presse dienen. Deswegen sollte die Lösung dieser Probleme auch nicht mit der Gestaltung der Rundfunkverfassung in Verbindung gebracht werden.
- Der Vorwurf der Wettbewerbsverzerrung durch Hörfunk und Fernsehen wird von den Verlegern zu Unrecht erhoben. Zum einen beschränkt sich Werbung im Fernsehen auf überregionale Werbung, zum anderen zeigt sich, dass das Gewicht bei der Tageszeitungs-Werbung auf anderen Produktgruppen liegt.

- Zwar besteht im Bereich der Markenartikelwerbung erhebliche Werbekonkurrenz zwischen Illustrierten und dem Fernsehen, doch ist der Wettbewerb im Anzeigengeschäft zwischen Illustrierten und Zeitungen weit intensiver.
- Insgesamt spielt der *inter*mediäre Wettbewerb zwischen Print- und Funkmedien gegenüber dem *intra*mediären Wettbewerb der Druckmedien untereinander eine untergeordnete Rolle. Durch das Fernsehen ist das gesamte Werbeaufkommen rasch gewachsen, wovon alle Medien profitiert haben.
- Schließlich wird die Idee eines ›Verlegerfernsehens‹, verbunden mit der Forderung der Verleger nach Beteiligung am öffentlich-rechtlichen oder Zulassung von privatem Rundfunk, zurückgewiesen.

In einer Stellungnahme zum Bericht der Michel-Kommission im Jahr 1968 schloss sich die damalige Bundesregierung der Einschätzung der Enquete-Kommission an und stimmte auch den am Ende des Berichts gezogenen Schlussfolgerungen weitgehend zu.[44]

Günther-Kommission: Im Mai 1967 wurde von der Regierung auf Antrag der beiden großen Bundestagsfraktionen die Kommission zur Untersuchung der Gefährdung der wirtschaftlichen Existenz von Presseunternehmen und der Folgen der Konzentration für die Meinungsfreiheit in der Bundesrepublik Deutschland, kurz Pressekommission, eingesetzt. Der aus 16 Mitgliedern bestehenden Enquete gehörten Repräsentanten der Verleger, der Journalisten, des Pressevertriebs, der Rundfunkanstalten und des öffentlichen Lebens an. Vorsitzender der Kommission war Dr. Eberhard Günther, der damalige Präsident des Bundeskartellamts (daher auch Günther-Kommission).

Nach einem knappen Jahr legte die Kommission ihren ›vorläufigen Bericht‹ vor. Sie kam darin zu dem Ergebnis, dass die wirtschaftliche Lage der deutschen Presse unterschiedlich sei und daher einer differenzierten Beurteilung bedürfe. Nach Einschätzung der Kommission war die Pressefreiheit der Bundesrepublik durch die Pressekonzentration zu jenem Zeitpunkt noch nicht beeinträchtigt; gleichwohl wurde sie aufgrund der Entwicklung im Zeitungs- und Zeitschriftenwesen als ›bedroht‹ bezeichnet. Als Steuerungsmaßnahmen gegen eine zu hohe Pressekonzentration empfahl die Kommission:[45]

- Maßnahmen zur Förderung der Wettbewerbsfähigkeit wie steuerliche Begünstigungen auf Investitionsrücklagen und Anzeigenumsätze; die Gewährung zinsverbilligter Kredite für Innovationen im redaktionellen Bereich; Investitionshilfen und -prämien; die Ermäßigung von Postgebühren; die Sicherung des Anzeigenaufkommens durch Maßnahmen gegen kostenlose Anzeigenblätter.
- Konzentrationshemmende Maßnahmen durch gesetzliche Begrenzung von Marktanteilen. Danach war bei Tageszeitungen eine *Gefährdung* der Pressefreiheit bereits gegeben, wenn ein Presseunternehmen (Mehrheitsbeteiligungen zusammengefasst) über Marktanteile in Höhe von 20 Prozent verfügt; eine *Beeinträchtigung* der Pressefreiheit sollte ab einem Marktanteil von 40 Prozent vorliegen. Ähnliche Regelungen waren auch für Publikumszeitschriften vorgesehen.
- Daneben sollte durch staatliche Förderung die Schaffung von Marktgegengewichten erleichtert werden (etwa durch die Gewährung von Krediten zur ›kooperativen Selbsthilfe‹ kleinerer Presseverlage).

- Presserechtliche Maßnahmen durch entsprechende gesetzliche Bestimmungen in den Landespressegesetzen, wonach die Verlage zur Offenlegung der Besitzverhältnisse (inklusive Kapitalverflechtungen) sowie zur Kennzeichnung des von anderen Zeitungen übernommenen Zeitungsinhalts verpflichtet werden sollten.
- Maßnahmen zur Sicherung der inneren Pressefreiheit durch tarifvertraglich festzuhaltende Regelung des Verhältnisses zwischen Verleger und Redaktion, durch Förderung der Aus- und Fortbildung (Ausarbeitung von Richtlinien für die Volontärsausbildung) sowie durch Schaffung einer einheitlichen Alters- und Hinterbliebenenversorgung und eines sog. Härtefonds.
- Schließlich allgemeine Empfehlungen wie der Vorschlag staatlicher Förderung von Zeitungen mit einer Auflage unter 100.000 Exemplaren; die Senkung der Mehrwertsteuer und ermäßigte Postgebühren für alle Zeitungen; die Anregung von wissenschaftlichen Untersuchungen zu Fragen der publizistischen Vielfalt und des Beitrags der Presse zum Meinungsbildungsprozess; die Verpflichtung der Bundesregierung zur Veröffentlichung von jährlichen Berichten über die Lage der deutschen Presse; die Bildung einer gemeinsamen Kommission von Presse und Rundfunk zur Erörterung gemeinsamer Probleme.

Kommission des Deutschen Presserats: Auch der Deutsche Presserat hat – gemäß der selbstgestellten Aufgaben – die Konzentrationsvorgänge im Pressewesen aufmerksam verfolgt und 1965 eine Kommission für Fragen der Konzentration im deutschen Pressewesen eingerichtet. Deren Mitglieder kamen aus dem Verlagswesen, verschiedenen Chefredaktionen sowie aus der Publizistikwissenschaft. Ihr kam es vor allem auf eine genaue Bestandsaufnahme der Struktur des deutschen Pressewesens an, und so wurden für jedes Bundesland eigene Länderberichte angefertigt. Obwohl nur teilweise veröffentlicht, stellten sie – gemeinsam mit den Arbeiten der Michel-Kommission, den von SCHÜTZ durchgeführten Stichtagsanalysen und anderen pressestatistischen Erhebungen – wichtige Grundlagen für die medienpolitische Diskussion sowie für weitere Untersuchungen zur Struktur des Pressewesens in der Bundesrepublik Deutschland dar.

Die zum Teil besorgniserregenden Konzentrationsvorgänge im deutschen Pressewesen sowie die Berichte und Empfehlungen der diversen Kommissionen haben in den darauffolgenden Jahren die politische Öffentlichkeit und die Medien zweifellos für dieses Thema sensibilisiert. Auch haben in der Folge die politischen Parteien, Gewerkschaften und Kirchen, die Zeitungsverleger sowie die Journalistenverbände in zahlreichen Grundsatzerklärungen, Medienpapieren und anderen Deklarationen zur Thematik Stellung genommen; konkrete medienpolitische Maßnahmen ließen zunächst jedoch auf sich warten.[46] Erst in den siebziger Jahren wurden von der sozial-liberalen Koalitionsregierung einige Vorschläge der Günther-Kommission aufgegriffen und medienpolitisch umgesetzt.

Medienberichte der Bundesregierung: Von 1970 an erschienen (ursprünglich in Vierjahresabständen, später unregelmäßiger) die »Berichte der Bundesregierung über die Lage von Presse und Rundfunk in der Bundesrepublik Deutschland«, wobei der 1970 erstmals veröffentlichte Report lediglich als ›vorläufiger Zwischenbericht« gedacht und angelegt war. Der erste vollständige Medienbericht erschien 1974, weitere folgten 1978 und 1985. Stellten die ersten Medienberichte in ihrem Kern Fortschreibungen der deskriptiven Teile des

Michel-Berichtes sowie der von Schütz kontinuierlich durchgeführten pressestatistischen Erhebungen dar (die sich weitgehend auf Zustandsbeschreibungen von Presse und Rundfunk beschränkten), so wurden in spätere Berichte auch Fragen des journalistischen Berufsstands, Themen wie Nachrichtenwesen, Film und Buch sowie Überlegungen zu den neuen Kommunikations- und Medientechnologien und zur internationalen Medien- und Kommunikationspolitik aufgenommen. Die »Medienberichte« werden jeweils vom Bundesminister des Innern und vom Bundesminister für Wirtschaft in Verbindung mit dem Presse- und Informationsamt der Bundesregierung erarbeitet und veröffentlicht. (Der letzte Bericht erschien 1998; ein neuer ist derzeit in Bearbeitung und soll noch 2007 der Öffentlichkeit vorgelegt werden.)[47]

Pressestatistik-Gesetz: Die gesetzliche Grundlage für eine jährlich zu erarbeitende Pressestatistik wurde 1975 vom Deutschen Bundestag beschlossen. Dieses Gesetz verpflichtete die Verleger zu detaillierten Angaben über Titel und Erscheinungsweisen der verlegten Zeitungen und Zeitschriften, über die Rechtsform des Verlagsunternehmens, die Zahl der Mitarbeiter, Kosten- und Erlösstrukturen, Verkaufsauflagen, Bezugs- und Anzeigenpreise, Umsatz nach Umsatzarten. Ziel dieses Gesetzes war es, zuverlässiges Datenmaterial über Struktur und wirtschaftliche Lage des Zeitungs- und Zeitschriftenwesens in der Bundesrepublik zu erhalten, um Entwicklungen und Konzentrationsvorgänge rechtzeitig erkennen zu können. Zugleich erhoffte man sich von diesem Material Entscheidungshilfen für wirtschaftliche Maßnahmen zur Wahrung der Vielfalt des Informationsangebots zu erhalten. Die einzelnen Pressestatistiken wurden jährlich vom Statistischen Bundesamt in Wiesbaden erarbeitet. Sie waren nicht identisch mit den unregelmäßig veröffentlichten Medienberichten der Bundesregierung; allenfalls flossen Ergebnisse dieser Pressestatistiken in die Medienberichte ein. (Das Pressestatistik-Gesetz ist übrigens 1996 vom Kabinett unter Bundeskanzler Helmut Kohl vorübergehend ausgesetzt und im Jahr darauf per Gesetzesbeschluss gänzlich aufgehoben worden.)[48]

Gesetz zur Pressefusions-Kontrolle: 1976 entschloss sich die sozialliberale Regierung, das Gesetz gegen Wettbewerbsbeschränkungen zu ändern und im Rahmen des Kartellrechts eine Pressefusions-Kontrolle einzuführen, die die Besonderheiten des Pressemarkts berücksichtigt. Während das allgemeine Kartellrecht bis dahin nur Zusammenschlüsse von Unternehmen mit einem Gesamtumsatz von 500 Mio. DM erfasst hatte (ein Volumen, das die an Pressefusionen beteiligten Unternehmen damals gewöhnlich nicht erreichten), wurde mit der Herabsetzung des sog. Aufgreifkriteriums für Pressefusionen die Erfassungsgrenze auf einen Umsatz von 25 Mio. DM herabgesetzt. Seither also sind Zusammenschlüsse von Presseunternehmen ab einem gemeinsamen Umsatz von 25 Mio. DM – das entsprach 1978 etwa einer Zeitungsauflage von 70.000 bis 80.000 Exemplaren – beim Bundeskartellamt anzeigepflichtig. Das Bundeskartellamt hat mehrere Möglichkeiten, auf beabsichtigte Zusammenschlüsse von Presseunternehmen zu reagieren:[49]

• Es kann die *Zustimmung* zum Zusammenschluss *verweigern*, wenn durch die Fusion eine marktbeherrschende Stellung entsteht oder sich verstärkt.

- Es kann die *Zustimmung erteilen*, wenn die beteiligten Unternehmen nachweisen können, dass sich durch die Fusion die Wettbewerbsbedingungen verbessern und die Vorteile unvermeidliche Nachteile überwiegen.
- Und es kann die *Zustimmung an Bedingungen knüpfen*, also mit Auflagen verbinden – etwa derart, dass sich die betreffenden Redaktionen verpflichten müssen, selbständige Lokalteile zu erhalten.

Mit dem Gesetz zur Pressefusions-Kontrolle sollte vor allem ein Beitrag zur Erhaltung der lokalen Zeitungsvielfalt geleistet werden. Das Bundeskartellamt hat in der Folge zahlreiche Fälle aufgegriffen und beabsichtigte Zusammenschlüsse von Presseunternehmen untersagt. Zwischen 1973 und 1990 wurden vom Bundeskartellamt 237 Fälle geprüft, 21 davon wurden mit Untersagungsverfügungen abgeschlossen. Ob dadurch den Konzentrationsvorgängen jedoch wirksam entgegengetreten werden konnte, ist umstritten. Vordergründig könnte dieser Eindruck entstehen, zumal nach 1976 eine vorübergehende Konsolidierung im Pressewesen zu beobachten war und weitere große Pressekonzernbildungen nicht auftraten.[50] In den letzten 20 Jahren sind es ohnehin eher die aus großen Presseverlagen hervorgegangenen Medienkonzerne mit zum Teil beträchtlichen Beteiligungen am privaten Rundfunk, wie in Deutschland etwa der Bertelsmann-Konzern oder das Medien-Imperium Springer/Kirch, die die Konzentrationswächter auf den Plan gerufen haben.

Wirtschaftliche Maßnahmen: Um die Vielfalt im Pressewesen nach Möglichkeit zu erhalten, wurden auch verschiedene wirtschaftliche Hilfen gewährt. Zu entsprechenden Maßnahmen entschloss sich die Bundesregierung, nachdem der BDZV 1972 sein »Memorandum zur wirtschaftlichen Lage der deutschen Tageszeitungen« vorgelegt hatte. Im Rahmen des vom Staat initiierten Hilfsprogramms gab es zunächst finanzielle Erleichterungen im Postzeitungsdienst wie auch Vergünstigungen durch Verringerung des Mehrwertsteuersatzes für Vertriebserlöse auf 50 Prozent. Hinzu kamen – nach einer Aufstockung des ERP-Kreditfonds (dem ursprünglich von den Amerikanern nach 1945 gestarteten European Recovery Program) – speziell für kleinere und mittlere Zeitungsverlage ab 1968 günstige Darlehen für längerfristige technische und bauliche Investitionen und ab 1974 innerhalb eines Soforthilfeprogramms spezielle Kredite aus Mitteln der Kreditanstalt für Wiederaufbau, die ebenfalls kleineren Presseunternehmen zugute kamen. Schließlich wurden zu den ERP-Krediten ab 1975 auch noch zusätzliche Zinszuschüsse vergeben.[51]

Diese Fördermaßnahmen für weniger große Presseverlage waren nicht unumstritten. Diskutiert wurde vor allem, inwieweit sie unter dem Gesichtspunkt des Gleichheitsgrundsatzes nicht allen Presseorganen zuzubilligen wären. Auch fürchtete man, dass derart selektiv vergebene staatliche Finanzhilfen mit dem Risiko verbunden wären, Zeitungen am Leben zu erhalten, die ohnehin nur einen geringen Beitrag zur Vielfalt und Vielfältigkeit des Informationsangebots leisten (könnten).[52]

Entwurf eines Presserechts-Rahmengesetzes: Im Hinblick auf eine Sicherung der Informations- und Meinungsvielfalt im Pressewesen griff die sozial-liberale Regierung auf die Idee eines sog. Presserechts-Rahmengesetzes zurück. Dem Vorhaben lagen die bereits erwähnten, schon in den sechziger Jahren angestellten Überlegungen zugrunde, dass die für eine demokratische Meinungs- und Willensbildung so wichtige Vielfalt, wenn schon nicht durch äußere Vielfalt am Markt, so doch zumindest durch ein möglichst breites Spektrum von Meinungen *innerhalb* einer Zeitung gewährleistet werden sollte. Dazu waren rechtliche Regelungen zur Binnenstruktur der Presse und zur inneren Pressefreiheit vorgesehen. Da die Gesetzgebungskompetenz für Pressegesetze in der Bundesrepublik grundsätzlich Ländersache ist, musste der Bund für ein entsprechendes Vorhaben von seinem Recht Gebrauch machen, Rahmenvorschriften über die allgemeinen Rechtsverhältnisse der Presse zu erlassen. Ein solches Presserechts-Rahmengesetz war bereits in den Regierungserklärungen von 1969 und 1973 angekündigt worden; erstmals vorgelegt wurde der Entwurf eines Gesetzes über die allgemeinen Rechtsverhältnisse der Presse dann 1974.[53]

Im Wesentlichen sah der Entwurf folgende Regelungen zur Mitbestimmung in Presseunternehmen vor: Die Wahl und Errichtung von Redaktionsvertretungen; deren Mitwirkung (Anhörung) bei der Ergänzung oder Änderung der allgemeinen publizistischen Ausrichtung eines Presseorgans (der sog. Blattlinie, die grundsätzlich in die Kompetenz des Verlegers fällt); ihre Anhörung bei der Festlegung von Einzelrichtlinien durch den Chefredakteur; ihre Mitwirkung (Anhörung) bei der Berufung und Abberufung des Chefredakteurs durch den Verleger, bei personellen Maßnahmen in der Redaktion (Einstellung, Versetzung, Entlassung) und nicht zuletzt bei der Erstellung des Redaktions-Etats.[54]

Bei den Journalistenverbänden fand der Entwurf breite Zustimmung. Die Zeitungsverleger sahen darin jedoch eine Verletzung des Betriebsverfassungsgesetzes, das ihnen durch die darin enthaltenen Tendenzschutzbestimmungen das Recht einräumt, die Blattlinie festzulegen und die Redaktionen auf die Einhaltung der Blattlinie zu verpflichten. In der Öffentlichkeit blieb der Gesetzentwurf, von dem im Innenministerium noch weitere Fassungen erarbeitet wurden, umstritten, so dass es zu keiner Verabschiedung des Gesetzes kam. Zwar führte man in einigen Zeitungs- und Zeitschriftenredaktionen ohne gesetzliche Regelungen und außerhalb tarifvertraglicher Vereinbarungen *Redaktionsstatuten* ein; die Effizienz solcher Statuten war jedoch unter den Journalisten umstritten, und ihre Gültigkeit in der Mehrzahl der betroffenen Redaktionen nur von kurzer Dauer.[55]

Tarifvertrag für Volontäre: Tarifvertragliche Regelungen zwischen Zeitungsverlegern und Journalistenverbänden über die Volontärsausbildung kamen gar erst 22 Jahre nach dem entsprechenden Vorschlag der Günther-Kommission zustande.[56] Nach langwierigen und zähen Verhandlungen einigte man sich 1990 auf Rahmenregelungen für das zweijährige Redaktionsvolontariat. Sie garantieren dem in die Redaktion eintretenden Volontär u. a. eine ein- bis zweiwöchige systematische Einführung zu Ausbildungsbeginn, die Aufteilung des Volontariats auf drei Ressorts (Lokales, Politik/Nachrichten sowie ein wählbares drittes Ressort), die Teilnahme an außerbetrieblichen, weitgehend vom Arbeitgeber bestimmten Bildungsmaßnahmen von mindestens vier Wochen (nach Möglichkeit im ersten Ausbildungsjahr) und zwei Wochen Bildungsurlaub im Verlauf des weiteren Volontariats. Auch dürfen seither selbst kleine Zeitungsredaktionen mit nur wenigen Redakteuren Volontäre ausbilden; maximal darf bei je drei Redakteuren ein Redaktionsvolontär ausgebildet werden.[57]

Abschließend sollen hier noch einmal die unterschiedlichen Bewertungen aus den Debatten um Pressekonzentration gegenübergestellt werden: Prinzipiell wird davon ausgegangen, dass in hochkonzentrierten Presse- bzw. Medienmärkten die für die demokratische Meinungs- und Willensbildung so wichtige Meinungsvielfalt bedroht sein kann. Je weniger publizistische Organe es in einer Region gebe, umso schwieriger sei es, tatsächliche Informationsvielfalt und wirklichen Meinungspluralismus sicherzustellen. So plausibel diese These scheint; zu ihrer fundierten Abstützung fehlte und fehlt es an einschlägigen empirischen Belegen. Vor allem im Hinblick auf lokale Pressemonopole liegen für die hier erörterte Phase der Pressekonzentration widersprüchliche und kaum verallgemeinerbare empirische Befunde vor.

Auf der anderen Seite wird die Position vertreten, dass es nicht darum gehen kann, rein äußere (Titel-)Vielfalt der Presse um jeden Preis zu bewahren, zumal eine Viel*zahl* an redaktionellen Einheiten nicht per se auch schon publizistische Viel*falt* bedeutet. Berücksichtigt man darüber hinaus, dass die einzelnen Presseorgane in ganz unterschiedlichem Maße publizistische Leistungen erbringen, ist nicht mehr jedes einzelne Opfer des Pressekonzentrationsprozesses auch zwingend zu beklagen. Denn dann sind es vor allem Zeitungen mit geringer publizistischer Leistung, die sich am Pressemarkt nicht behaupten können (so dass die Tageszeitungsleser nach deren Einstellung stattdessen in aller Regel ein höherwertiges Produkt erhalten).[58]

Häufig wird in diesem Zusammenhang von Forschern der Prototyp des kleinen Lokalblatts angeführt, das aus einer Kleinstredaktion mit wenigen Mitarbeitern besteht und in der Regel nur einen Agentur- bzw. Pressedienst bezieht. Eingehendes Nachrichtenmaterial wird nur geringfügig bearbeitet; es fehlt an Zeit und Redakteuren, die (journalistisch oft unzulänglichen) Beiträge freier Mitarbeiter zu redigieren bzw. umzuschreiben. Eigeninitiierte Recherche und eine umfassende Kommentierung, mit der solche Zeitungen einen Beitrag zur Meinungsbildung leisten würden, sind Mangelware; nicht selten werden die Zeitungsseiten mit PR-Artikeln aufgefüllt.

Umgekehrt gilt, dass Zeitungen mit höherer Auflage eben auch die größere publizistische Leistung erbringen. Sie weisen einen ausführlicheren redaktionellen Teil auf, besitzen einen besseren Informationsapparat (z. B. durch ein eigenes Korrespondentennetz und einen ausgebauten Reporterstab sowie mehrere Agenturquellen) und sind – zumindest im Prinzip – aufgrund größerer Distanz zu den einzelnen Anzeigenkunden auch unabhängiger. Selbst der journalistische Arbeitsmarkt profitiert von Konzentrationsvorgängen, insofern größere redaktionelle Einheiten sich auch mehr Mitarbeiter für einzelne Spezialgebiete leisten können.[59]

Aus dieser Perspektive ist von der Konzentrationsentwicklung in der Presse der Bundesrepublik auch als von einem ›Gesundschrumpfungsprozess‹ gesprochen worden.[60] Das bezieht sich nicht nur auf weggefallene kleine Zeitungen, deren Leser fortan ein anderes, leistungsstärkeres Blatt bezogen, sondern umfasst auch Zusammenschlüsse solch kleiner Zeitungen und Kooperationen mit größeren Blättern, zumal Lokalzeitungen durch Übernahme redaktioneller Teile im Hinblick auf die publizistische Leistung deutlich an Profil gewinnen können.

Die Gegner einer solchen Argumentation räumen zwar ein, dass die publizistische Leistung auflagenstärkerer Zeitungen größer ist als die kleinerer Blätter. Sie halten jedoch dagegen, dass Tageszeitungen in lokaler Alleinstellung ihre Kontrollaufgaben im lokalen Umfeld vernachlässigen können und nicht selten Politikern, sonstigen Amtsträgern, Behörden und kommunalen Lobbys gegenüber eine weniger kritische Haltung einnehmen. Sie laufen eher Gefahr, bestimmte Themen zu favorisieren bzw. andere herunterzuspielen oder gar zu unterdrücken, einseitig Meinung zu machen und sich mit lokalen Mächten zu arrangieren. Zudem haben Journalisten in solchen Zeitungen keine Möglichkeit zu vergleichen, Konkurrenzbereiche ausfindig zu machen und Defizite der eigenen Berichterstattung zu erkennen, um daraufhin die eigene redaktionelle Leistung zu steigern. Schließlich sind Journalisten in Ein-Zeitungs-Kreisen grundsätzlich stärker vom Verleger abhängig, gibt es für sie doch nicht die Möglichkeit, notfalls zur lokalen Konkurrenz zu wechseln.

Zeitungen in regionaler Monopolstellung können in viel stärkerem Maße Macht ausüben, nicht nur im Hinblick auf politische Entscheidungsprozesse in der Region, sondern auch auf dem Leser- und Anzeigenmarkt (etwa durch eine nicht durch Konkurrenz regulierte Preispolitik in Sachen Abonnements und Inserate) und schließlich auch gegenüber Lokalblättern in dieser Region, wenn solche kleineren Zeitungen druck- und vertriebstechnisch auf die regionale Monopolzeitung angewiesen sind oder – z. B. durch den Bezug des Mantels – von ihr abhängig sind.[61]

Vor allem aber wirken sich die genannten Nachteile auf die Informationsmöglichkeiten der Leser aus, die nicht (mehr) zwischen verschiedenen Zeitungen am Ort wählen können. Weitere Konzentrationen am Pressemarkt müssen deshalb wegen der Notwendigkeit einer (außen-)pluralistischen Presse für die demokratische Meinungs- und Willensbildung abgewehrt werden.[62]

Die Kritik an den wirtschaftlichen Folgen der Pressekonzentration schließlich erfolgte in jenen Jahren immer wieder auch aus kapitalismus-kritischer Perspektive. Dabei wird herausgestellt, dass die »Vorteile« der Konzentration im Bereich der Presse für Großverlage nicht so sehr in der kostensenkenden Rationalisierung des Herstellungsprozesses liegen als vielmehr in der Festigung der Position am Absatzmarkt und vor allem in der wirkungsvollen Verteilung der Risiken. Das gilt insbesondere für die großen Zeitschriftenverlage, die durch eine Vielzahl an eigenen Titeln eine starke Stellung gegenüber dem Handel haben und im Anzeigengeschäft, etwa durch Koppelung mehrerer Organe, Werbekunden mit großen Lesermärkten gewinnen können. So ist es vor allem die Konzentration des Kapitals, die zum Problem der »Monopolisierung von Information und Unterhaltung im Sektor der Massenmedien« führt.[63]

Um dem in den sechziger und siebziger Jahren befürchteten Verdrängungswettbewerb nach Möglichkeit zu entgehen, entschlossen sich kleinere und mittlere Presseverlage zu wirtschaftlichen Kooperationen:

- im redaktionellen Bereich durch die Bildung von Zeitungsringen, Gemeinschaftsredaktionen sowie gemeinsame Korrespondenten und Auslandsbüros;
- auf dem Anzeigensektor durch Tarifgemeinschaften, Anzeigenringe oder die Zusammenlegung von Anzeigenteilen;
- im technischen Bereich durch gemeinsame (elektronische) Satzherstellung und Druckgemeinschaften;
- im Vertrieb schließlich durch die Kooperation bei (Haus-)Zustellung und Versand.[64]

In manchen Fällen stellten derartige Kooperationsformen, wie erwähnt, allerdings nur Vorstufen zu späteren Konzentrationen dar.

5.3 Die Phase der Konsolidierung (1976 bis 1985)

Auf die Jahre der Konzentration im Pressewesen der Bundesrepublik Deutschland folgte in der Zeit zwischen 1976 und 1985 eine Phase der Konsolidierung. Sie war gekennzeichnet durch einen leichten Wiederanstieg der Zeitungseinheiten und -ausgaben bei anhaltendem Zuwachs der Gesamtauflage aller Tageszeitungen. Lediglich die Anzahl der Verlage als Herausgeber ging in diesen Jahren noch weiter zurück. Die großen Regionalzeitungen allerdings konnten ihre Position festigen und die marktführenden Zeitungs- und Zeitschriftenverlage ihre Stellung am Pressemarkt teilweise noch weiter ausbauen. In diese Zeitspanne fällt darüber hinaus die aufkommende Beteiligung zahlreicher Presseverlagshäuser an dem ab 1984 zugelassenen Privatrundfunk und – auch das ist hier zu erwähnen – die Einführung der Redaktionselektronik, die nicht nur für die Zeitungsproduktion, sondern auch für die in der Zeitungsherstellung Beschäftigten nicht ohne Folgen war.[65]

Tageszeitungen: Seit 1976 stellten Aufkäufe oder Fusionen in der bundesdeutschen Tagespresse eher die Ausnahme dar. Selbst die Zahl der publizistischen Einheiten stieg Ende der siebziger, Anfang der achtziger Jahre wieder leicht an. So gab es 1985 insgesamt 126 selbständige Tageszeitungen, die in 1.273 redaktionellen Ausgaben erschienen. Gegenüber 1976 bedeutete dies ein Plus von fünf publizistischen Einheiten und von immerhin 54 redaktionellen Ausgaben. Dabei lassen sich die zusätzlichen Ausgaben zumindest zum Teil auf das Bemühen zurückführen, zu groß geratene Einzugsgebiete durch Aufteilung zu splitten, um eine bessere Lokalberichterstattung zu ermöglichen.

Von den in jenen Jahren neu hinzugekommenen redaktionellen Einheiten, wie etwa den »Schongauer Nachrichten« seit Anfang 1985, behielten übrigens einige selbständig gewordene kleinere Blätter neben der Titelseite auch die übrigen ersten Zeitungsseiten dem Lokalgeschehen vor und platzierten den aktuellen politischen Teil mit überregionalen Nachrichten noch hinter den Regionalnachrichten und dem landesweiten Teil.[66] Auch die verkaufte Auflage stieg in dieser Phase des bundesdeutschen Pressewesens von 19,5 Mio. Tagesexemplaren auf 21,2 Mio. in 1983 an. Der dann einsetzende leichte Rückgang auf 20,9 Mio. Stück pro Tag im Jahr 1985 ging nicht zu Lasten der Abonnementpresse, sondern lässt sich eindeutig auf einen Rückgang der Straßenverkaufspresse zurückführen.[67]

Die Zahl der Zeitungsunternehmen, bei SCHÜTZ in der Kategorie ›Verlage als Herausgeber‹ erfasst, verringerte sich allerdings weiter: Sie sank im angesprochenen Zeitraum von 403 auf 382 Unternehmen. Deshalb verwundert es nicht, dass auch die (Netto-)Zeitungsdichte bis 1985 noch einmal leicht abnahm. Gleichzeitig entstanden durch den Wegfall von Wettbewerbszeitungen drei weitere *Ein-Zeitungs-Kreise*, so dass sich deren Zahl auf 157 im damaligen Bundesgebiet erhöhte. Auch nahm der Anteil an bundesdeutschen Großstädten mit nur einer Abonnementzeitung zu: 1985 erschien in 22 Großstädten nur eine regionale Tageszeitung (ohne Straßenverkaufsblätter), darunter Städte wie Augsburg, Göttingen, Heidelberg, Karlsruhe, Kassel und Wuppertal sowie die Landeshauptstädte Kiel, Mainz und Saarbrücken. Für die Wettbewerbsregionen war (und ist) übrigens charakteristisch, dass der Marktanteil der jeweils führenden Tageszeitung beträchtlich größer ist als der des nächsten

Konkurrenten, was der Erstzeitung eine wettbewerbliche Überlegenheit und mithin eine stabile Marktposition sichert.[68]

Überhaupt konnte die Mehrzahl der größeren Tageszeitungen im damaligen Bundesgebiet in jenen Jahren ihre Position am Pressemarkt festigen. Das gilt auch für die fünf führenden Tageszeitungsverlage, die sich seit 1984 alle auch am privaten Rundfunkmarkt engagierten. Es sind dies – wie bereits 1976 – der Berliner Springer-Verlag, die Westdeutsche Allgemeine Zeitungsgruppe in Essen, die Verlagsgruppe Stuttgarter Zeitung/Rheinpfalz/Gruppe württembergischer Verleger in Stuttgart, der Kölner Verlag M. DuMont Schauberg und die Gruppe Süddeutscher Verlag/Friedmann in München (siehe auch Abbildung 15 in Kapitel 5.2.2).[69] Gemeinsam erreichten sie 1985 einen Marktanteil von 46,94 Prozent. Bei den Straßenverkaufszeitungen hielt Springer mit »Bild« allein schon 82,3 Prozent, der Verlag M. DuMont Schauberg über 7,5 Prozent, und die fünf größten Kaufzeitungsverlage zusammen 97 Prozent der gesamten Auflage aller Straßenverkaufszeitungen.[70]

Sonntagszeitungen: Sie konnten zwischen 1976 und 1985 durch den Marktzutritt verschiedener sonntags erscheinender Blätter (die den Abonnenten mehrerer Tageszeitungen als zusätzlicher, nicht eigens berechneter Service zugestellt werden), deutlich zulegen. Die erste solche Sonntagszeitung war das 1979 gestartete Blatt »Sonntag Aktuell«, das den Lesern mehrerer Tageszeitungen im südwestdeutschen Raum seither gewissermaßen als siebte Ausgabe ihrer Abonnementzeitung geliefert wird. Nachdem weitere Verlage diesem erfolgreichen Konzept gefolgt waren, erschienen 1985 bereits über 7 Prozent aller Tageszeitungen im damaligen Bundesgebiet siebenmal pro Woche.[71]

Zeitschriften: Uneinheitlicher gestaltete sich die Entwicklung der bundesdeutschen Zeitschriften. Einigermaßen verlässliches Datenmaterial liegt lediglich für den Gesamtmarkt der Zeitschriften vor, der sich bereits während der Zeit der Konzentration in der Tagespresse innerhalb von nur 13 Jahren von 5.187 Titeln (1954) auf 10.937 (1967) verdoppelt hatte. Ende der sechziger Jahre soll es sogar 12.774 Zeitschriften mit einer geschätzten Gesamtauflage von 258 Mio. Exemplaren pro Erscheinungsintervall gegeben haben.[72] Dabei muss berücksichtigt werden, dass die Ergebnisse pressestatistischer Bemühungen im Zeitschriftenbereich mit Vorsicht zu interpretieren sind, da sich hier die Kategorien und Typologisierungen im Verlauf jener Jahre immer wieder änderten und weiter differenzierten. Das gilt selbst für den am besten erfassten Teilmarkt der Publikumszeitschriften. Doch lassen sich zumindest Grundtendenzen zur Entwicklung der Zeitschriftenpresse zwischen 1976 und 1985 angeben.

Am stärksten zugenommen hat die Anzahl der den Zeitschriften zugeordneten *Anzeigenblätter.* Sie hat sich laut Bundesverband Deutscher Anzeigenblätter (BVDA) von 250 Titeln (1975) auf 952 (1985) fast vervierfacht. Ihre Gesamtauflage kletterte im gleichen Zeitraum von 11,5 auf über 49 Mio. Exemplare.[73]

Aber auch die *Fachzeitschriften* konnten im genannten Zeitraum deutlich zulegen, und zwar nicht nur in der Titelvielfalt, die 1983 über 1.600 verschiedene Titel erreichte, sondern auch mit einem Auflagenwachstum von durchschnittlich 13.700 (1976) auf 39.300 (in 1983), wobei vor allem die Periodika der Bereiche ›Bildung und Erziehung‹ sowie ›Handel und Dienstleistungen‹ kräftige Zuwachsraten verzeichneten.[74]

Am meisten Beachtung fand – wie schon früher – die Entwicklung am Markt der *Publikumszeitschriften*. Er war im genannten Zeitraum vor allem dadurch geprägt, dass fast alle marktführenden Zeitschriftenverlage mit Neugründungen und innovativen Konzepten auf den Markt stießen. Charakteristisch für die Mehrzahl der neuen Periodika waren nicht nur größere Aktualität und die Vermengung von Frauen-, Gesellschafts- und anderen Themen mit Serviceteilen wie Rundfunkprogrammen, Ratgebern etc., sondern vor allem die zum Teil erheblich niedrigeren Verkaufspreise. Auflagengewinne durch Neuerscheinungen waren von deutlichen Verlusten bei traditionellen Publikumszeitschriften-Titeln begleitet. Und auch bei den beträchtlichen Erhöhungen der Verkaufsauflage schlugen vor allem die Niedrigpreiszeitschriften zu Buche, die deutlich größere Marktanteile gewannen. Ausgelöst hatte die ›Abwehr-Neugründungen‹ von Niedrigpreistiteln der Großverlage übrigens der wesentlich kleinere Gong-Verlag mit dem sehr erfolgreichen Blatt »die 2«.[75]

Die vier führenden Zeitschriftenverlage der Bundesrepublik konnten im genannten Zeitraum ihre Marktstellung im Wesentlichen halten. Lediglich dem Springer-Konzern gelang es, auch am Zeitschriftenmarkt noch weiter zu expandieren. Marktführer blieb der *Heinrich Bauer-Verlag*, der 1985 trotz leichter Einbußen mit einer gewichteten Gesamtauflage von 17,7 Mio. Exemplaren einen Anteil von 32,04 Prozent am Markt der Publikumszeitschriften hielt. Auflagenverluste bei traditionellen Titeln wie der »Neuen Revue« und vor allem »Quick« konnten durch die Neugründung »Auf einen Blick« mit einer Auflage von über zwei Mio. verkauften Exemplaren weitgehend aufgefangen werden. Vor allem dem *Springer-Verlag* gelang es Anfang der achtziger Jahre, mit der Einführung von preisgünstigen Zeitschriften, die konzeptionell zwischen Frauen- und Programmzeitschriften angesiedelt waren, seine Gesamtauflage in die Höhe zu treiben, wobei Springers Marktanteil an den Publikumszeitschriften allein von 1982 bis 1984 von 13 auf 17 Prozent anstieg. Erfolgreichste Neugründung jener Zeit war das wöchentlich erscheinende Blatt »Bild der Frau«, das mit einer verkauften Auflage von 2,57 Mio. Stück allein schon annähernd 5 Prozent der Auflagenanteile am bundesdeutschen Zeitschriftenmarkt auf sich vereinigte. Damit ließen sich die zum Teil enormen Auflagenverluste bei den klassischen Programmzeitschriften »Hörzu« und »Funk Uhr« mehr als wettmachen. Leichte Einbußen hingegen hatten die *Burda-Gruppe* (gewichtete Gesamtauflage 5,7 Mio. bzw. 10,4 Prozent Marktanteil) sowie *Bertelsmann/Gruner und Jahr* (2,8 Mio. gewichtete Auflage bzw. 5 Prozent Marktanteil) hinzunehmen. Dies lag in erster Linie an den Auflagenrückgängen bei den klassischen Illustrierten »Bunte« aus dem Burda-Verlag und dem im Hause Gruner und Jahr erscheinenden »Stern«, der ein Auflagenminus von über 13 Prozent hinzunehmen hatte.[76]

Alternativpresse: Schließlich fallen in den genannten Zeitraum auch zahlreiche Neugründungen der sog. Alternativpresse, eines damals neuen Pressetyps, der sich aus der Kritik an den etablierten Medien und deren traditioneller Berichterstattung herausgebildet hatte. Aufgekommen Anfang der siebziger Jahre mit den alternativen Bewegungen (später Neue Soziale Bewegungen genannt) verstanden sie sich als Alternative zu den ›bürgerlichen Medien‹ und zielten darauf ab, ›Gegenöffentlichkeit‹ herzustellen. Vorübergehend erschienen in den meisten Städten laienjournalistische Alternativblätter, in Ballungszentren oft nebeneinander bürgerinitiierte Stadtteil- und Vorort-Zeitungen, lokalbezogene Volksblätter (wie das »Kölner Volksblat)«, subkulturell-linke Szene-Blätter (etwa der 1976 in Frankfurt gegründete »PflasterStrand«) sowie Stadtmagazine (wie die 1972 gestarteten Titel »Tip« in Berlin und »Oxmox« in Hamburg).

Da das Erscheinen dieser Titel häufig nach wenigen Jahren wieder eingestellt wurde und sie zudem oft Titel und Erscheinungsweise änderten, gibt es über die quantitative Entwicklung der Alternativpresse, auch wenn sie das Bild der lokalen Publizistik jener Jahre entscheidend mitprägten, kaum verlässliche Zahlen. Das »Verzeichnis aller Alternativzeitungen« gab 1983 insgesamt 350 Titel an, deren Druckauflagen sich meist zwischen 500 und 3.000 Stück bewegten. Lediglich Stadtmagazine in größeren Ballungsräumen erreichten zum Teil fünfstellige Auflagen. Anderen Erhebungen zufolge stieg die Zahl der Titel von 235 im Jahr 1979 kontinuierlich auf 587 Titel 1986 und (später sogar auf über 1.000 Titel), was aber nicht zuletzt auf den weiten Begriff der Alternativpresse und eine unzureichende Typologisierung zurückzuführen ist.[77]

Schwieriger noch sind Angaben zur Auflagenhöhe, da Zählungen jener Zeit den unterschiedlichen Erscheinungsrhythmus der verschiedenen Publikationen nicht in Rechnung stellten. Gestützt auf unterschiedliche Quellen gibt Christina HOLTZ-BACHA für Anfang der achtziger Jahre eine Gesamtauflage aller Alternativpresse-Titel von rund 1,6 Mio. Exemplaren an, wovon rund die Hälfte allein auf Stadtmagazine entfällt.[78] Unbestritten ist, dass Mitte der achtziger Jahre ein deutlicher Rückgang der Alternativpublizistik zu beobachten war.

Als einzige überregional erscheinende Tageszeitung dieses Spektrums startete im Jahr 1979 in Berlin die links-alternative »Tageszeitung« (taz). Sie begann mit einer Druckauflage von 63.000 Exemplaren, von denen 7.000 im Abonnement abgesetzt werden konnten; der Gesamtverkauf über den Kioskvertrieb betrug anfangs jedoch nur ein Fünftel der ausgelieferten Exemplare. Bis 1985 stieg die Zahl der Abonnenten auf 27.000, in den drei darauffolgenden Jahren gar auf 37.000 (vgl. Kapitel 5.4).[79]

Exkurs: Zur Einführung elektronischer Produktionssysteme

Der in den Jahren bis 1985 feststellbare leichte Anstieg von Zeitungseinheiten und -ausgaben wurde u. a. auf die positive wirtschaftliche Entwicklung im hochkonzentrierten Zeitungsmarkt, daneben aber auch auf die Einführung elektronischer Produktionssysteme in der Zeitungsherstellung zurückgeführt.

Florian FLECK nennt dreierlei Erfordernisse, denen man mit der Einführung der neuen Techniken der Zeitungsherstellung begegnen wollte:

- die raschere Herstellung der Zeitung zur Wahrung der Aktualität, vor allem angesichts der noch schnelleren Nachrichtenmedien Hörfunk und Fernsehen;
- eine den gewachsenen Ansprüchen der Leser und Inserenten entsprechende Ausführung hinsichtlich der optischen Blattgestaltung und Druckqualität, zumal der Leser als gleichzeitiger Konsument von Illustrierten und Fernsehen durch deren farbige Bilder zunehmend verwöhnt werde;
- das unternehmerischen Zielsetzungen entsprechende Erfordernis, die Zeitung auch zukünftig unter dem Gesichtspunkt optimaler Kostenminimierung herzustellen.[80]

Die Verlegerschaft hatte sich nicht zuletzt zu dieser umwälzenden technischen Neuerung entschlossen, da sie zu Recht – trotz zunächst relativ hoher Investitionskosten – eine finanzielle Entlastung im kostenintensiven Bereich von Satz und Druck erwartete. Denn mit der elektronischen Zeitungstechnik wurde es möglich, die Texterfassung bzw. den schrittweise von den Setzereien in die Redaktionen zu verlagern, wo nun die Redakteure am Bildschirm ihre Texte verfassten und per Tastendruck zur weiteren Produktion freigaben.

Die für die Zeitungsproduktion erforderlichen Arbeitsschritte konnten dadurch gegenüber dem wesentlich aufwendigeren und arbeitsintensiven früheren Bleisatzverfahren von zehn auf sechs Schritte reduziert werden. Durch die weitere Integration der Druckplattenherstellung und -steuerung in die elektronischen Systeme wurde es wenig später möglich, die Zeitungsproduktion auf vier Arbeitsschritte (Schreiben, Redigieren und Umbrechen in der Redaktion sowie das Drucken in der Technik) zu reduzieren. Mit Hilfe der elektronischen Redaktionssysteme ist es zudem möglich geworden, Außenredaktionen online ins System einzubinden, am Bildschirm mit Agenturen und anderen externen Informationssystemen und Datenbanken zu kommunizieren und die (später vollständig digitalisierte) Bildverarbeitung am Computer zu bewerkstelligen.[81] Gleichzeitig ist es mit der Einführung des Lichtsatzes gelungen, die Leistung des Satzsystems gegenüber dem Fotosatz noch einmal zu vervielfachen, wie Abbildung 22 veranschaulicht.

Abb. 22: Der Wandel der Zeitungstechnik und die Leistung der Satzsysteme

Jahr	Satzsystem	Zeichen/Stunde
1440	Handsatz (Gutenberg)	1000 – 1500
1886	Manueller Maschinensatz (Mergenthaler)	5000 – 6000
1939	Lochbandgesteuerter Maschinensatz, Perforatorsatz (TTS)	8000 – 9000
1950	Fotosatz	1 – 5 Millionen
1970	Lichtsatz (optische Texterfassung OCR)	13 Millionen
1985	Lichtsatz (weiterentwickelt)	30 Millionen

Quelle: Pürer, Heinz: Presse in Österreich, Wien: Verband Österreichischer Zeitungsherausgeber und Zeitungsverleger 1990, S. 37.

Die Einführung elektronischer Redaktionssysteme bei der Zeitungsherstellung ist mit einschneidenden Veränderungen für zahlreiche Medienmitarbeiter verbunden gewesen. Besonders betroffen war die Berufsgruppe der Setzer und Metteure, deren Arbeit weitgehend von Redaktionscomputern übernommen wurde. Die Zahl der Mitarbeiter im gesamten graphischen Gewerbe, die zwischen 1974 und 1982 ihren Arbeitsplatz verloren, beläuft sich nach Angaben der IG Druck und Papier von 1983 auf 36.000 Personen, wobei sich der Arbeitskräfteabbau besonders nach jeweiligen Innovationsschüben bemerkbar machte.[82] Die Journalisten wiederum mussten neben redaktionellen Aufgaben nun auch technische Arbeiten der Texterfassung, Korrektur und oft auch Textgestaltung übernehmen. Damit war insbesondere für ältere journalistische Mitarbeiter eine gravierende Änderung des Berufsbilds verbunden, was in jenen Jahren nicht selten für Unruhe in der Belegschaft sorgte und zu Arbeitskonflikten und Streiks führte.

Um die mit der Einführung elektronischer Produktionsverfahren verbundenen Konsequenzen für die Mitarbeiter in einigermaßen geordneten Bahnen zu halten und vor allem um die Gefahren sozialer Probleme für die Betroffenen so weit wie möglich aufzufangen, wurde 1978 zwischen Zeitungsverlegern und Journalistenverbänden ein eigener Tarifvertrag über die Einführung und Anwendung rechnergesteuerter Texterfassungssysteme (der sog. RTS-Vertrag) vereinbart. Er enthielt u. a. Bestimmungen zur Arbeitsplatzsicherung und zum Kündigungsschutz für ältere Fachkräfte aus dem Druck, Regelungen für Weiterbildungs- und Umschulungsmaßnahmen von Mitarbeitern aus dem technischen Bereich in andere Tätigkeitsfelder eines Presseverlagshauses, aber auch Bestimmungen für die journalistisch-redaktionelle Arbeit mit Redaktionscomputern. Mitte der achtziger Jahre war in den Pressebetrieben der Bundesrepublik die Umrüstung von der herkömmlichen auf die neue Zeitungstechnik weitgehend abgeschlossen.[83]

Abb. 23: Arbeitsschritte bei konventioneller und bei elektronischer Zeitungsproduktion

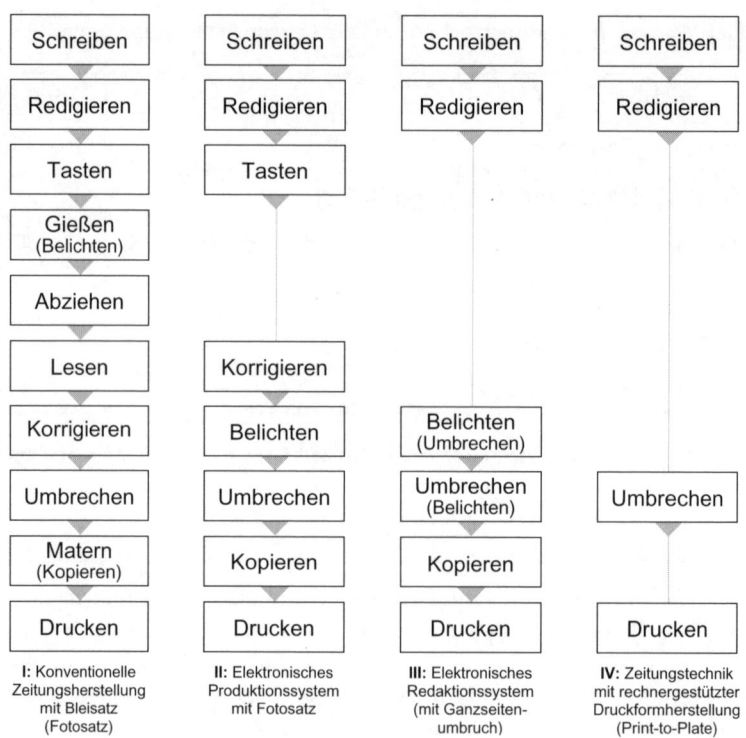

Quelle: Weischenberg, Siegfried: Journalismus in der Computergesellschaft. Informatisierung, Medientechnik und die Rolle der Berufskommunikatoren, München, New York: Saur 1982, S. 54.

Im Nachhinein hat sich gezeigt, dass trotz des durch die technische Entwicklung bedingten Rückgangs der in der Zeitungstechnik tätigen Mitarbeiter die Anzahl der in Pressebetrieben Beschäftigten insgesamt nicht abgenommen hat. Waren es vor Einführung der elektronischen Redaktionssysteme in den bundesdeutschen Presseverlagen etwa 95.000 Beschäftigte, die weder der Verlagsleitung noch dem Redaktionsbereich zuzuordnen waren, so stieg deren Zahl bis 1990 auf knapp 110.000 an.[84]

5.4 Die Presse vor der Wiedervereinigung

War das Pressewesen in den ersten Jahren der Bundesrepublik noch im Entstehen begriffen und in den sechziger und siebziger Jahren dann einem tiefgreifenden Wandel unterworfen, so gilt für die Zeit seit Anfang der achtziger Jahre, dass sich die Struktur der Presse im Gebiet der Bundesrepublik bis zu Wende und Wiedervereinigung 1989/90 nicht mehr wesentlich verändert hat, auch wenn nach 1985 die Konzentration wieder leicht zunahm, was sich in der Zahl der publizistischen Einheiten niederschlägt, die in jenen Jahren von 126 auf 119 zurückging.[85]

5.4.1 Struktur der Tagespresse

Kennzeichen der bundesdeutschen Tagespresse 1989 war ein vielfältiges und in seiner Gesamtheit auch auflagenstarkes Angebot an täglich verkauften Zeitungen, so dass auf 1.000 Bundesbürger 400 Tageszeitungsexemplare kamen. Nach der Stichtagszählung von Schütz gab es zu dieser Zeit 119 publizistische Einheiten, die in 1.344 Ausgaben erschienen und zusammen von 358 Verlagen herausgegeben wurden. Dieses Tageszeitungsangebot erreichte eine Gesamtauflage von 20,5 Mio. Exemplaren in vorwiegend fünf- oder sechstägigem Rhythmus.[86]

Damit war Deutschland trotz aller Konzentrationsprozesse in den Jahrzehnten zuvor auch Ende der achtziger Jahre das titelreichste Zeitungsland Europas, wobei die Vielfalt vor allem durch die große Zahl an regionalen und lokalen Ausgaben hervorgerufen wurde. Mit 113 publizistischen Einheiten entfiel der weitaus größte Anteil auf Abonnementzeitungen, von denen zu jener Zeit 108 regional und lokal verbreitet waren; ihnen standen lediglich fünf publizistische Einheiten der überregionalen Presse gegenüber. Alle Abo-Zeitungen zusammen verfügten 1989 über eine gemeinsame Auflage von rund 15,2 Mio. Exemplaren. Die damals bestehenden sechs Straßenverkaufszeitungen erreichten eine verkaufte Gesamtauflage von 5,6 Mio. Stück, wobei die »Bild«-Zeitung als die einzige national verbreitete Boulevard-Zeitung Anfang 1990 allein 4,4 Mio. Exemplare für sich verbuchen konnte.[87]

Angaben des BDZV zufolge erzielten diese Tageszeitungen 1989 einen Gesamterlös von 11,84 Mrd. DM, wobei in jenen Jahren knapp zwei Drittel der Erlöse aus dem Anzeigen- und Beilagengeschäft stammten und nur noch ein Drittel aus dem Zeitungsvertrieb erwirtschaftet wurde.[88]

Das Pressewesen der Bundesrepublik vor der Wiedervereinigung zeichnete sich durch einige markante Strukturmerkmale aus, die zumindest in Umrissen wie folgt beschrieben werden können:

Tageszeitungs-Großverlage: Bereits für die alte Bundesrepublik ist das Nebeneinander von Tageszeitungs-Verlagshäusern unterschiedlichster Größenordnung charakteristisch. Dabei stand der geringen Anzahl dominierender Großverlage eine große Zahl mittlerer und auch sehr kleiner Zeitungsbetriebe gegenüber. Zu den großen Zeitungsverlagsunternehmen sind jene bereits genannten Verlage und Verlagsgruppen zu zählen, die sich schon in der Phase der Konzentration als marktführende Unternehmen herausgebildet hatten und die ihre Marktposition in den darauffolgenden Jahren weiter verfestigen konnten, nämlich die Verlagskonzerne Springer, die WAZ-Gruppe, die Süddeutsche Verlagsgruppe, die Gruppe M. DuMont Schauberg sowie die Stuttgarter Zeitungsverlagsgruppe.[89]

Als größter deutscher Tageszeitungsverlag hielt der *Springer-Verlag* 1989 mit einer Gesamtauflage von 5,42 Mio. Exemplaren einen Marktanteil von 26,68 Prozent am Tageszeitungsmarkt. Zwar hatte er bis Ende der achtziger Jahre erhebliche Absatzeinbußen bei der »Bild«-Zeitung hinzunehmen: Allein von 1987 bis 1989 verringerte sich die Zahl ihrer Käufer um fast eine halbe Million. Der Anteil des Konzerns am Tageszeitungsmarkt sank jedoch nicht so dramatisch, weil Springer durch verschiedene Beteiligungsgeschäfte an Zeitungen in Schleswig-Holstein dort zu einer marktbeherrschenden Position kam. Ihm waren neben »Bild«, »Welt«, »Hamburger Abendblatt«, »Berliner Morgenpost«, »B.Z.«, »Bergedorfer Zeitung«, »Elmshorner Nachrichten«, »Lübecker Nachrichten« und »Pinneberger Tageblatt« nun auch die »Kieler Nachrichten«, das »Ostholsteinische Tageblatt« sowie die »Segeberger Zeitung« zuzurechnen.[90] Das Film- und Rundfunk-Engagement des Springer-Konzerns umfasste 1990 neben Sat.1, 35 Prozent an APF (Aktuell Presse Fernsehen) sowie – über die Kirch-Gruppe – Anteile an Pro 7 und dem ersten deutschen Pay-TV-Kanal Premiere. Daneben hielt Springer zu jenem Zeitpunkt Beteiligungen an zahlreichen Film- und Fernsehgesellschaften sowie bei landesweiten Hörfunkprogrammen in Schleswig-Holstein, Hamburg, Niedersachsen, Bayern, Hessen und Nordrhein-Westfalen. Überdies war Springer durch verschiedene Beteiligungen zu jener Zeit bereits am österreichischen Printmedienmarkt aktiv.[91]

An zweiter Stelle lag auch 1989 die Essener *WAZ-Gruppe* mit der größten bundesdeutschen Abonnementzeitung, der »Westdeutschen Allgemeinen Zeitung«, die mit 47 Ausgaben auf eine Auflage von über 660.000 verkauften Exemplaren kam. Zusammen mit der »Westfälischen Rundschau«, der »Neue Ruhr/Neue Rhein Zeitung«, »Westfalenpost« und dem »Iserlohner Kreisanzeiger« ergab dies eine gemeinsame Auflage von rund 1,22 Mio. Stück, was einem Marktanteil von 6 Prozent entsprach. Daneben war die WAZ-Gruppe Ende der achtziger Jahre als Gesellschafter an dem privaten Fernsehprogramm RTLplus sowie über die Tele West am landesweiten Privatfunk in Nordrhein-Westfalen beteiligt. Und auch die WAZ-Gruppe engagierte sich inzwischen am Tageszeitungsmarkt in Österreich.[92]

Die *Verlagsgruppe Süddeutscher Verlag/Friedmann Erben* mit ihrem Flaggschiff »Süddeutsche Zeitung« konnte sich durch Mehrheitsbeteiligungen an der »Frankenpost« (Hof) und der »Neuen Presse« (Coburg) auf Platz drei der größten Tageszeitungsverlage vorschieben, nachdem sie zuvor schon Anteile an den der Verlagsgruppe zugerechneten Titeln »Donau

Kurier« sowie »AZ« München und »AZ« Nürnberg hielt. Der Marktanteil von 3,56 Prozent in 1989 entsprach einer verkauften Gesamtauflage von 722.000 Exemplaren. Zu jenem Zeitpunkt war die Süddeutsche Verlagsgruppe an APF und über die Mediengesellschaft der Bayerischen Tageszeitungen auch am privaten Hörfunk in Bayern beteiligt.[93]

Es folgte an vierter Stelle die *Verlagsgruppe M. DuMont Schauberg* (»Kölner Stadt-Anzeiger«, »Express« Köln und Düsseldorf) mit einer verkauften Auflage von insgesamt 658.000 Exemplaren bzw. einem Marktanteil von 3,25 Prozent. Rang fünf nahm die – leicht zurückgefallene – *Stuttgarter Zeitungsverlagsgruppe* ein, deren Zeitungen es 1989 zusammen auf eine Auflage von 638.000 brachten, was 3,15 Prozent des bundesdeutschen Tageszeitungsmarkts entsprach. Dazu mussten neben der »Stuttgarter Zeitung«, den »Stuttgarter Nachrichten« und der »Rheinpfalz« aufgrund von Beteiligungen oder Kooperationen auch die »Leonberger Kreiszeitung«, die »Südwest Presse«, die »Rundschau für den Schwäbischen Wald«, die »Geislinger Zeitung« und die »Waiblinger Kreiszeitung« gezählt werden.[94]

Zu den zehn größten Tageszeitungsverlagen gehörten darüber hinaus die Verlagsgruppe Münchener Zeitungsverlag (»Münchener Merkur«, »tz«, »Westfälischer Anzeiger« Hamm u. a.); die aus der Frankfurter Societäts-Druckerei (»Frankfurter Neue Presse« u. a.) und der Fazit Stiftung Verlagsgesellschaft (»Frankfurter Allgemeine Zeitung«) hervorgegangene Frankfurter Verlagsgruppe sowie die Rheinisch-Bergische Verlagsgruppe in Düsseldorf mit der »Rheinischen Post«. In der Gruppe der marktführenden zehn Tageszeitungsverlage behaupten konnte sich auch die in Hannover ansässige und ebenfalls im Privatfunk aktive Verlagsgruppe Madsack/Gerstenberg, zu der neben der »Hannoverschen Allgemeinen Zeitung« und der »Neuen Presse« Hannover zwölf weitere Zeitungen (u. a. in Göttingen, Hildesheim und Wolfsburg) hinzuzurechnen sind, sowie schließlich die Verlagsgruppe Ruhr Nachrichten/Florian Lensing-Wolff mit Stammsitz in Dortmund, mit den »Ruhr Nachrichten«, der »Münsterschen Zeitung« und 40 Prozent an der »Recklinghäuser Zeitung«.[95]

Abb. 24: Die zehn größten Tageszeitungsverlage der Bundesrepublik Deutschland 1989

Verlag/Verlagsgruppe	Gesamtauflage	Marktanteil in %
Verlag Axel Springer	5.423.897	26,68
Zeitungsgruppe WAZ	1.219.039	6,02
Süddeutsche Verlagsgruppe	721.954	3,56
Verlagsgruppe DuMont-Schauberg	658.165	3,25
Stuttgarter Zeitungsverlagsgruppe	638.259	3,15
Gruppe Münchener Zeitungsverlag	601.717	2,97
Frankfurter Verlagsgruppe	495.779	2,44
Rheinisch-Bergische Verlagsgruppe	414.749	2,05
Verlagsgruppe Madsack / Gerstenberg	393.527	1,94
Ruhr-Nachrichten / F. Lensing-Wolff	285.316	1,41
	10.852.402	**53,47**

Erstellt nach Röper, Horst: Daten zur Konzentration der Tagespresse in der Bundesrepublik Deutschland im I. Quartal 1989, in: Media Perspektiven, 6/1989, S. 325–338.

Diese zehn Verlagsgruppen vereinigten 1989 mit insgesamt 53 Prozent über die Hälfte des gesamten bundesdeutschen Zeitungsmarkts auf sich. Dabei fällt auf, dass die Tageszeitungen aus dem Hause Springer mit einer täglichen Auflage von über 5,4 Mio. Exemplaren einen ebenso großen Marktanteil erzielten wie die neun nächstgrößten Tageszeitungsverlage zusammengenommen.[96]

Die Tageszeitungen in den einzelnen Bundesländern: Aus Abbildung 25 ist ersichtlich, wie sich die Zeitungsvielfalt der bundesdeutschen Tagespresse im Jahr 1989 auf die jeweiligen Bundesländer verteilte. Als besonders zeitungsreich erwiesen sich dabei hinsichtlich der publizistischen Einheiten und redaktionellen Ausgaben die Länder Nordrhein-Westfalen, Bayern und Baden-Württemberg. Die für Hamburg ausgewiesene hohe Verkaufsauflage ist darauf zurückzuführen, dass die gesamte Auflage der »Bild«-Zeitung mit ihren 24 Ausgaben im alten Bundesgebiet pressestatistisch zu Springer, Hamburg, gerechnet wurde und deshalb unter den verkauften Auflagen in dem hanseatischen Stadtstaat auftauchte. Würde man zu den Tageszeitungen in Hamburg von »Bild« lediglich die verkaufte Auflage der Hamburger Ausgabe (mit 442.000 Exemplaren) rechnen, ergäbe sich für den Stadtstaat eine Gesamtauflage von rund 990.000 täglichen Exemplaren. Die Titelvielfalt in Nordrhein-Westfalen erklärt sich aus dem Umstand, dass allein die Westdeutsche Allgemeine Zeitungsgruppe mit Sitz in Essen über fünf Tageszeitungen im Sinne publizistischer Einheiten verfügte, die zusammen in über 130 Ausgaben erschienen. Zu den relativ zeitungsarmen Ländern gehörten das Saarland, das mit der »Saarbrücker Zeitung« (und ihren 14 Ausgaben) nur eine publizistische Einheit aufwies, sowie Rheinland-Pfalz mit nur fünf selbständigen Tageszeitungen.[97]

Abb. 25: Bestand der Tagespresse in den einzelnen Bundesländern 1989

Bundesland	publizistische Einheiten	redaktionelle Ausgaben	verkaufte Auflage (in Mio.)
Baden-Württemberg	17	213	2,34
Bayern	24	267	2,96
Berlin	6	12	0,71
Bremen	3	26	0,36
Hamburg	5	45	4,84
Hessen	13	122	1,53
Niedersachsen	12	121	1,51
Nordrhein-Westfalen	27	420	4,59
Rheinland-Pfalz	5	58	0,77
Saarland	1	14	0,20
Schleswig-Holstein	6	46	0,48
	119	**1.344**	**20,29**

Erstellt nach Schütz, Walter J.: Die redaktionelle und verlegerische Struktur der Tagespresse 1989, in: Media Perspektiven 12/1989, S. 812–826.

Regional- und Lokalpresse: Die Zeitungslandschaft der Bundesrepublik war (und ist), wie erwähnt, vom Nebeneinander weniger dominierender Regionalzeitungen mit hohen Auflagen und vielen Ausgaben (wie der Ulmer »Südwest Presse« mit zu jenem Zeitpunkt mehr als 40 lokalen Ausgaben) und zahlreichen recht kleinen Tageszeitungen geprägt. Zu den kleinsten 1989 erfassten Tageszeitungs-Ausgaben in der Bundesrepublik gehören etwa die »Schaumburg-Deister-Zeitung« aus dem niedersächsischen Rodenberg mit einer verkauften Auflage von nur 800 Stück (1990 zugunsten des »Schaumburger Wochenblatts« eingestellt), das damals mit 1.200 Exemplaren erschienene Blatt »Reutlinger Nachrichten/Pfullinger Zeitung« in Baden-Württemberg, und in Bayern der in Starnberg dreimal wöchentlich herausgebrachte »Land- und Seebote« (verkaufte Auflage 1.100) sowie der »Ammersee Kurier« in Dießen, der Ende der achtziger Jahre mit 1.800 Exemplaren nur zweimal pro Woche erschien.[98]

Die Ausgabenvielfalt der regional und lokal informierenden Tagespresse darf jedoch nicht darüber hinwegtäuschen, dass 1989 in vielen Regionen nur eine Tageszeitung erschien. Mit 160 solchen *Ein-Zeitungs-Kreisen* gab es zu diesem Zeitpunkt bereits in knapp 49 Prozent aller Kreise bzw. kreisfreien Städte eine lokale bzw. regionale Monopolsituation, wovon mit über 22 Mio. Bundesbürgern 36,5 Prozent der Bevölkerung betroffen waren.[99]

Überregionale Abonnementpresse: Die Bundesrepublik verfügte vor der Wiedervereinigung über nur wenige Tageszeitungen mit überregionaler Verbreitung: die »Süddeutsche Zeitung« (SZ), die »Frankfurter Allgemeine Zeitung« (FAZ), die »Frankfurter Rundschau« (FR), »Die Welt« sowie die »Tageszeitung« (taz). Alle fünf Zeitungen haben auch einen »lokalen Bezugspunkt«, so dass etwa die »Frankfurter Allgemeine« und »Die Welt« neben der Deutschlandausgabe auch eigens eine Ausgabe mit Lokalteil für den Erscheinungsort herausbringen. Eine Sonderstellung nehmen die »Frankfurter Rundschau« und die »Süddeutsche Zeitung« insofern ein, als beide Titel zwar auch bundesweite Verbreitung finden, der überwiegende Teil ihrer täglichen Auflage jedoch regional, d. h. im Einzugsgebiet ihres Erscheinungsorts, abgesetzt wird.[100]

Abb. 26: Die überregionalen Tageszeitungen der Bundesrepublik Deutschland 1989

Titel	verkaufte Auflage
Süddeutsche Zeitung (München)	379.962
Frankfurter Allgemeine Zeitung	360.835
Die Welt (Bonn)	222.261
Frankfurter Rundschau	194.643
die tageszeitung, taz (Berlin)	63.030
	1.220.731

Erstellt nach IVW-Auflagenliste IV/1989, hrsg. von der Informationsgemeinschaft zur Feststellung der Verbreitung von Werbeträgern e. V. (IVW), Bonn o. J. (1989).

Deutschlands überregionale Tageszeitungen decken weltanschaulich durchaus unterschiedliche Richtungen ab. Aufgrund ihrer publizistischen Bedeutung für die Presse der alten Bundesrepublik, deren Entwicklung sie über all die Jahre (mitunter kritisch) begleitet und selbst mitgeprägt haben, sollen sie an dieser Stelle kurz charakterisiert werden:

Die »*Süddeutsche Zeitung*« (SZ) wurde am 6. Oktober 1945 gegründet. Die von den amerikanischen Besatzungsmächten lizenzierte Zeitung hatte ein vierköpfiges Lizenzträger-Gremium, das von Beginn an eine parteipolitisch und weltanschaulich unabhängige Tageszeitung herausbringen wollte. Als auflagenstärkste der überregional verbreiteten Tageszeitungen – 1989 betrug die verkaufte Auflage 373.000 Exemplare täglich – ist sie jedoch zugleich immer auch ›Heimatblatt‹ geblieben: Sie war nicht nur die erste Lokal- und Regionalzeitung im süddeutschen Raum, die von den Amerikanern nach 1945 die Lizenz erhielt; auch heute noch verkauft sie rund zwei Drittel ihrer Auflage in Oberbayern (insbesondere im Münchner Großraum).[101] Ihre Blattlinie wurde ab 1951 wesentlich von Chefredakteur Werner Friedmann geprägt und später von dessen Nachfolger in der Chefredaktion, Hermann Proebst (1960 bis 1970), wie folgt umrissen: »Gegenüber der jeweiligen Regierung loyal, aber wach und kritisch, bewegt sie sich im allgemeinen etwas links von der Mitte; aufgeschlossen und tolerant, jedoch nie indifferent.«[102] Gelobt wurde und wird an der »Süddeutschen« vor allem die Qualität ihrer Reportagen, mithin die ›Seite drei‹ sowie das ›Streiflicht‹, die tägliche Glosse auf der Titelseite. Auch wenn sich die SZ nicht durchgängig einem bestimmten politischen Spektrum zuordnen lässt, so ragt doch das Merkmal der Liberalität am stärksten heraus. Es zeigt sich nicht nur in dem Bemühen, innerhalb der Meinungsartikel verschiedene Positionen zu Wort kommen zu lassen, sondern auch am Grad der Selbständigkeit und Entscheidungsfreiheit der jeweiligen Leitartikler wie der einzelnen Ressorts. Die gängigste Klassifizierung – so ein Redakteur der Zeitung – als ›links-liberal‹, sei allenfalls die am wenigsten falsche Vereinfachung.[103]

Die erst nach der Erteilung der Generallizenz 1949 gegründete »*Frankfurter Allgemeine Zeitung*« (FAZ) verzichtete von Anfang an auf die Nennung eines Chefredakteurs. Über Jahrzehnte wurde die international renommierte Zeitung stattdessen von einem fünfköpfigen Herausgeber-Kollegium geführt, das für das Politische zuständig ist (und de facto die Aufgaben einer Chefredaktion wahrnimmt), sowie von zwei Geschäftsführern. Zu ihren Lesern zählt die »Frankfurter Allgemeine«, die 1989 in einer Auflage von knapp 355.000 erscheint,[104] nach eigenen Angaben überwiegend leitende Angestellte aus Verwaltung und Behörden, Führungspersonal von Betrieben sowie Selbständige. Von allen überregionalen Abonnementzeitungen verfügt sie über das mit weitem Abstand aufwendigste Korrespondentennetz im In- und Ausland. Besonderen Wert legt die »FAZ« in ihrer Berichterstattung vor allem auf Themen der nationalen und internationalen Politik sowie der Wirtschaft, wobei die in der Wirtschaftsberichterstattung verfolgte, konsequent marktwirtschaftliche Politik sich in der gesamten Blattlinie der Zeitung niederschlägt. Besondere Anerkennung wurde dem bisweilen sehr anspruchsvollen Feuilleton der »Frankfurter Allgemeinen«, aber auch dem 1980 gegründeten, freitags beigefügten farbigen »FAZ-Magazin« zuteil (das 1999 aus Kostengründen endgültig einstellt werden sollte). Die Tradition und konservativen Werten verpflichtete, aber parteipolitisch unabhängige »Zeitung für Bürgertum und Business«, wie Rolf Martin KORDA sie charakterisierte, lässt sich – verglichen mit den vier anderen überregionalen Titeln – weltanschaulich zwischen »Süddeutsche Zeitung« und »Die Welt« einordnen.[105]

Die drittgrößte der fünf überregional verbreiteten Tageszeitungen, »*Die Welt*«, wurde 1946 in Hamburg von der britischen Militärregierung als überparteiliche Tageszeitung und ›national paper‹ mit deutscher Redaktion gegründet. »Die Welt«, immerhin sieben Jahre lang in britischem Besitz, war geplant als Musterbeispiel einer demokratischen Zeitung. Ihr tatsächlicher Erfolg lag zum einen an dem liberalen, weltoffenen Programm, zum anderen am (von den Briten vermittelten) Anschluss an das Nachrichtennetz der Londoner »Times«, was ihr eine schnelle, umfassende und zuverlässige Informationsleistung auch über das Ausland ermöglichte. Bis 1949 brachte sie es auf eine Spitzenauflage von über 1.000.000 verkauften Exemplaren. Mit dem Wegfall der Lizenzpflicht und dem starken Anstieg der (neu gegründeten) Regionalzeitungen sank ihre Auflage jedoch rapide auf 170.000, so dass sie 1953 verkauft und dabei vom Springer-Verlag erworben wurde.[106] Erst unter Springer als Verleger wurde die »unabhängige Zeitung für Deutschland« (so ihr Untertitel) zu dem streng konservativen Blatt, das ihr späterer Chefredakteur Herbert Kremp als »staatsloyal und verfassungstreu« kennzeichnete. Kremp weiter: »Die Orientierung am atlantischen und europäischen Westen und an der wirtschaftlichen Selbstverantwortung besitzt für sie den Rang von Lebenswerten.«[107] Das bleibende Engagement der Zeitung gilt der Freiheit und Einheit ganz Deutschlands als ›Vaterland‹, der Aussöhnung mit Israel, der sozialen Marktwirtschaft und der strikten Ablehnung jeglichen Totalitarismus. 1989 erreicht »Die Welt« eine Auflage von rund 220.000 Exemplaren.[108]

Sieben Lizenznehmer erhielten von der amerikanischen Besatzungsmacht 1945 zusammen die Genehmigung, die »*Frankfurter Rundschau*« (FR) herauszugeben. Doch schon bald war die Zeitung in Händen von nur noch zwei Herausgebern: dem Kommunisten Arno Rudert und dem Sozialdemokraten Karl Gerold. Gerold, als Autorität anerkannte, wenn auch nicht immer unumstrittene ›Vaterfigur‹ der FR, firmierte von 1954 bis 1973 als alleiniger Herausgeber, Verleger und Chefredakteur und prägte entscheidend Image und Blattlinie der »Rundschau«.[109] Seit 1975 gehörte die Zeitung zu zwei Dritteln einer unveräußerlichen Stiftung, so dass nicht einfach der Besitzer gewechselt und die politische Linie des Blatts geändert werden konnte; eine Blattlinie, die die FR selbst als »links-liberale Grundhaltung« bezeichnet. Sie tritt »für eine ständige Reform unseres Gemeinwesens ein, um es im Zuge der gesellschaftlichen Entwicklung moderner, liberaler und sozial gerechter zu gestalten«, heißt es in den journalistischen und gesellschaftspolitischen Leitlinien des Blatts, die auch Teil des Anstellungsvertrags von FR-Journalisten sind. Die überwiegend in der Region vertriebene Zeitung erschien 1989 mit einer Auflage von 198.000 in drei Ausgaben: einer Deutschland-Ausgabe, einer Stadt-Ausgabe für Frankfurt und Umgebung sowie der täglichen Abendausgabe »FR am Abend« (deren Umschlagseiten wie eine Boulevard-Zeitung aufgemacht sind, weil sie nur im Straßenverkauf des Frankfurter Raums angeboten wird). Die »Rundschau« lehnt nicht nur jeden ›Verlautbarungs- und Generalanzeigerjournalismus‹ ausdrücklich ab, sondern möchte mit einem engagierten Journalismus die notwendige Öffentlichkeit für eine breite Mitbestimmung der Bürger in der Demokratie herstellen. Sie will dazu beitragen, öffentliche Gewalten und private Mächte zu kontrollieren, tritt für die Rechte von Minderheiten ein und lehnt Gewalt als Mittel innenpolitischer Umgestaltung wie auch als Instrument zwischenstaatlicher Beziehungen ab. Mit einer solchen publizistischen Linie erlebte die FR ihre Blütezeit in den sechziger Jahren, als sie vor allem ihren Absatz im studentischen Umfeld steigern konnte. Auch heute noch ist das überregionale FR-Publikum deutlich jünger als die Leserschaft der FAZ oder der »Welt«.[110]

Unter den überregional verbreiteten Tageszeitungen stellt die in Berlin erscheinende »*Tageszeitung*« (taz) einen Zeitungstyp eigener Art dar:[111] Die Zeitung, 1979 von mehr als zwei Dutzend Initiativgruppen der undogmatischen Linken als Alternativblatt gegründet, war ursprünglich der Idee radikaler Basisdemokratie verpflichtet. Als Gesamtprojekt das größte deutsche selbstverwaltete Unternehmen ohne Unternehmer, mit einer Redaktion ohne Leitungsstrukturen und gleichgestellten Mitarbeitern mit niedrigem Einheitslohn galt es, anstehende Entscheidungen – unter kategorischem Ausschluss des Delegationsprinzips – nach streng demokratischem Prinzip im täglich abgehaltenen ›Plenum‹ auszufechten. Auch inhaltlich ging die »taz« neue Wege. Ludwig MAASSEN schreibt: »Beim Start hatte die ›taz‹ durch Frechheit, Originalität und Witz überrascht. So unbequem für Behörden, Politiker, Polizei und Justiz war wohl noch keine Tageszeitung gewesen.«[112] Im Laufe der Zeit näherte sich ihre Erscheinung mehr und mehr derjenigen herkömmlicher Tageszeitungen an: Das Layout wurde mehrfach geliftet, die Einteilung in die klassischen Zeitungssparten hielt Einzug; auch wurden Chefredaktion und Ressortleiter eingeführt und das Prinzip des Einheitslohns über Bord geworfen. Bis Ende der achtziger Jahre hat sie sich zu einer recht professionell gemachten, linken Tageszeitung gewandelt und stellt ein aktuelles Informations- und Diskussionsforum verschiedener Gruppierungen der deutschen Linken wie sozialer Bewegungen dar, das in die bürgerliche Öffentlichkeit hineinwirkt. Einzigartig war (und ist nach wie vor) die – immer wieder auch sehr unsichere – Finanzierung der »Tageszeitung«: Lebte die übrige Tagespresse jener Zeit von Erlösen, die zu gut zwei Dritteln aus dem Anzeigenwesen stammten, so finanziert(e) sich die »taz« überwiegend aus den Vertriebserlösen; ihre Anzeigenannahmen machten 1989 gerade 10 bis 15 Prozent ihrer Gesamteinkünfte aus. Nach Angaben der damaligen IVW-Auflagenliste wurden 1989 von der »taz« täglich fast 69.000 Exemplare verkauft, davon etwas über die Hälfte im Abonnement.[113] Ihre Berichterstattung ist stark auf Themen der Innenpolitik, der Umwelt- und Energiepolitik, auf die Bereiche Soziales, gesellschaftliche Gleichstellung der Frau sowie Schutz von Minderheiten gerichtet. Außenpolitisch ist eine Präferenz für Themen der Dritten Welt nicht zu übersehen. Mit der »Tageszeitung« gelang übrigens die einzige in der (alten) Bundesrepublik erfolgreiche Tageszeitungs-Neugründung der letzten Jahrzehnte.[114]

Es gab in der Bundesrepublik vor der Wiedervereinigung über die genannten Titel hinaus täglich erscheinende, überregional angebotene Zeitungen. Sie werden jedoch in der Pressestatistik nicht den Tageszeitungen zugeordnet, weil sie infolge ihrer inhaltlichen Spezialisierung das Kriterium der Universalität nicht erfüllen. Das galt (bis 2001) auch für das prominenteste Beispiel, das in Düsseldorf erscheinende »Handelsblatt« der gleichnamigen Verlagsgruppe Handelsblatt (mit »Wirtschaftswoche« und »DM«), welche seit ersten Anteilskäufen 1970 sukzessive in den Besitz der Holtzbrinck-Verlagsgruppe übergegangen ist. Das bereits 1946 unter der britischen Militärregierung gegründete »Handelsblatt« erschien seit 1959 ›börsentäglich‹, also von Montag bis Freitag, und hatte sich mit einer Auflage von knapp 120.000 Verkaufsexemplaren 1989 zu Europas größter deutschsprachiger Wirtschafts- und Finanzzeitung entwickelt. Die täglich erreichten Leser hat man gar auf mehr als eine halbe Million geschätzt, da jedes Exemplar von fünf bis sechs Lesern genutzt würde.[115] Nach den

Worten ihrer vormaligen Mitherausgeber Georg von Holtzbrinck und Friedrich Vogel tritt die Zeitung »für die Erhaltung der Grundsätze einer freien Wirtschaftsordnung ein, aufgebaut auf der Freiheit des Unternehmertums«. Ihre Grundlinie sei liberal in der Erkenntnis, dass nationale, europäische und Weltwirtschaft »des Liberalismus bedürfen, um zwei wesentliche Güter zu sichern: den höchstmöglichen wirtschaftlichen Ertrag und die persönliche Freiheit.«[116]

Der Pressestatistiker Walter J. SCHÜTZ sah im »Handelsblatt« aufgrund der dominierenden Wirtschaftsberichterstattung bis 2001 eine täglich erscheinende Fachzeitschrift. Obwohl das anfangs tatsächlich als wöchentlich erscheinende Zeitschrift gestartete Blatt seit Anfang der siebziger Jahre eigene Ressorts wie Politik oder Kultur aufbaute und »abgesehen vom Sport und dem klassischen Feuilleton (...) das volle Leserinteresse ab[deckte]«,[117] sollte es erst in die Stichtagssammlung zur deutschen Tagespresse mit aufgenommen werden, nachdem es infolge des im Jahr 2000 erfolgten Marktzutritts des Konkurrenten »Financial Times Deutschland« das thematische Spektrum seiner Berichterstattung noch einmal deutlich ausweitete.[118]

Typischer für den Zeitschriften zuzurechnende, werktäglich erscheinende Fachblätter waren Ende der achtziger Jahre zwei Titel, die auf Mediziner als Abonnenten abzielten. Sowohl in der »Ärzte Zeitung« mit einer verbreiteten Auflage von 48.500 (1989) als auch in dem (1991 eingestellten) Blatt »Neue Ärztliche/Allgemeine Zeitung für Klinik und Praxis« (verbreitete Auflage rund 52.000)[119] ist der Versuch zu sehen, eigene Tageszeitungen für eine spezielle Berufsgruppe herauszugeben. Sie befass(t)en sich in ihrer Berichterstattung überwiegend mit medizinischen und gesundheitspolitischen Themen. Einen Sonderfall stellt schließlich auch noch die in Würzburg verlegte »Deutsche Tagespost« dar, die sich – dienstags, donnerstags und samstags erscheinend – trotz ihrer vergleichsweise geringen Auflage als katholische Tageszeitung für Deutschland versteht.[120]

Straßenverkaufspresse: Vorwiegend im Einzelverkauf an Kiosken, in Verkaufsständern (den sog. stummen Verkäufern), in Schreibwaren- und Papiergeschäften werden die Straßenverkaufs- oder Boulevard-Blätter vertrieben, die das äußere Erscheinungsbild der bundesdeutschen Presse Ende der achtziger Jahre vor allem in den städtischen Ballungszentren stark mitbestimmen. Zu den 1989 erscheinenden Straßenverkaufszeitungen gehörten neben der »Bild«-Zeitung der »Express« in Köln und Düsseldorf, die »B.Z.« (Berlin), die »Abendzeitung« mit einer Münchner und einer Nürnberger Ausgabe, die »tz« (München) sowie die »Morgenpost« in Hamburg, während die Frankfurter »Abendpost/Nachtausgabe« im Dezember 1987 ihr Erscheinen trotz einer Auflage von über 126.000 einstellte. Die verbliebenen Kaufzeitungen verfügten 1989 mit ihrer gemeinsamen Auflage von rund 5,6 Mio. Exemplaren über einen Marktanteil von knapp 27,3 Prozent an der Gesamtauflage aller Tageszeitungen der alten Bundesrepublik.[121]

Abb. 27: Die Straßenverkaufszeitungen der Bundesrepublik Deutschland 1989

Titel	verkaufte Auflage
Bild (Hamburg)	4.328.228
Express (Köln/Düsseldorf)	434.086
B. Z. (Berlin)	292.780
Abendzeitung (München/Nürnberg)	249.572
tz (München)	170.256
Hamburger Morgenpost	158.366
	5.633.288

Erstellt nach IVW-Auflagenliste IV/1989, hrsg. von der Informationsgemeinschaft zur Feststellung der Verbreitung von Werbeträgern e. V. (IVW), Bonn o. J. (1989).

Die einzig überregional verbreitete Boulevard-Zeitung »Bild« aus dem Springer-Verlag erschien 1989 bundesweit in 24 Ausgaben und erreichte – trotz eines Auflagenverlusts gegenüber 1987 von fast einer halben Million – eine tägliche Auflage von 4,29 Mio. Exemplaren. Damit konzentrierte »Bild« immer noch einen Marktanteil von über 21 Prozent aller Tageszeitungen und rund 77 Prozent der Straßenverkaufszeitungen in Deutschland auf sich.[122] Knapp 12 Mio. Leser wurden von Deutschlands führender Kaufzeitung 1989 täglich erreicht.

Die 1952 gegründete »Bild«-Zeitung hat die bundesdeutsche Presse geprägt wie kaum eine andere. Sie war gleichsam die gedruckte Antwort auf das Fernsehen, hatte als Vorbild angelsächsische Zeitungen wie den »Daily Mirror« und war mit einem Kaufpreis von anfangs 10 Pfennig auch besonders billig. Und sie ist hinsichtlich ihrer Machart und ihres Einflusses auch so umstritten wie kaum eine andere deutsche Zeitung. Das beweisen nicht nur die gegen den Springer-Verlag gerichteten Studentenproteste von 1968, sondern beispielsweise auch die Auseinandersetzung Günter Wallraffs mit »Bild«, der unter dem falschen Namen Hans Esser vorübergehend als »Bild«-Journalist in Hannover gearbeitet hatte, um aufzudecken, wie das Blatt Informationen erfand oder zurechtbog und wie es mit den ›Opfern‹ seiner Sensationsberichterstattung umging.[123] Kritiker werfen dem Blatt vor, die Welt und ihre Probleme zu stark zu vereinfachen, was vielfach bis zur Verfälschung des Nachrichtenkerns gehe. Zudem würden unwichtige Themen aufgebauscht, andere – relevantere, aber unliebsame – Themen hingegen heruntergespielt oder gar unterdrückt. Auch verletze »Bild« nicht nur bewusst die journalistische Sorgfaltspflicht, sondern bewege sich bei den Methoden der Nachrichtenbeschaffung zuweilen außerhalb der Legalität. Wiederholte Verstöße gegen den Persönlichkeitsschutz brachten der Zeitung zudem den Vorwurf der Verletzung der Menschenwürde ein. So verwundert es nicht, dass kein anderes deutsches Blatt so häufig vom Deutschen Presserat gerügt worden ist wie die »Bild«-Zeitung. Die Leser des Blatts ficht das nicht weiter an. Sie stellen heraus, dass »Bild« über wichtige Ereignisse kurz und bündig informiere, dass sie ausführlicher als andere über das Sportgeschehen berichte, hohen Unterhaltungswert aufweise und vor allem – zudem in leicht verständlicher Sprache – ausspreche, was das Volk denke.[124]

Abb. 28: Titelseite der ersten Ausgabe der »Bild«-Zeitung vom 24. Juni 1952

Quelle: Axel Springer Verlag, Berlin.

Wie alle redaktionellen Mitarbeiter des Springer-Verlags haben sich auch die Journalisten von »Bild« in besonderer Weise jenen vier Leitsätzen unterzuordnen, die Axel Springer 1967 formulierte. Darin forderte er »das unbedingte Eintreten für die Wiederherstellung der deutschen Einheit in Freiheit«, die »Aussöhnung zwischen Juden und Deutschen« (inklusive der »Unterstützung der Lebensrechte des israelischen Volks«), die »Ablehnung jeglicher Art von politischem Extremismus« und die »Bejahung der freien Marktwirtschaft«.[125]

Ein Vergleich der in den achtziger Jahren insgesamt stagnierenden Auflagenentwicklung von Abonnement- und Straßenverkaufszeitungen zeigt, dass die Boulevard-Blätter zwischen 1950 und 1985 ungleich stärkere Zuwächse verzeichnen konnten als die Abonnementzeitungen. Die Gründe für diese unterschiedliche Entwicklung lagen nicht zuletzt in den Rezeptionsgewohnheiten, die sich mit der Gewöhnung an das Medium Fernsehen in großen Teilen der Bevölkerung zwischen 1950 und Ende der achtziger Jahre deutlich gewandelt hatten.

Abb. 29: Auflagenentwicklung der Abonnement- und Straßenverkaufszeitungen im Vergleich 1950 bis 1990

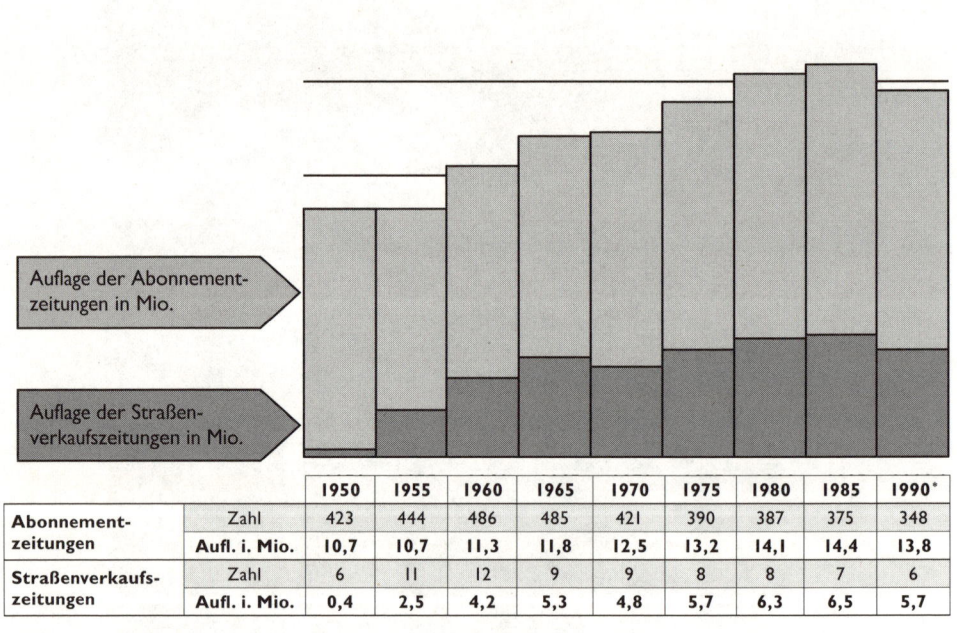

		1950	1955	1960	1965	1970	1975	1980	1985	1990*
Abonnement-zeitungen	Zahl	423	444	486	485	421	390	387	375	348
	Aufl. i. Mio.	10,7	10,7	11,3	11,8	12,5	13,2	14,1	14,4	13,8
Straßenverkaufs-zeitungen	Zahl	6	11	12	9	9	8	8	7	6
	Aufl. i. Mio.	0,4	2,5	4,2	5,3	4,8	5,7	6,3	6,5	5,7

* Eigene Berechnungen aufgrund der Meldungen an die IVW, Stand II/90.
Quelle: Zeitungen 90, hrsg. vom BDZV, Bonn: BDZV 1990, S. 341.

Partei-Tageszeitungen: Im Gegensatz zu anderen europäischen Ländern verfügte die Bundesrepublik vor der Wiedervereinigung – bis auf zwei unbedeutendere linke Parteiblätter – über keine Tageszeitungen politischer Parteien mehr. Die nach dem Ende des Dritten Reichs von den britischen und französischen Besatzungsmächten lizenzierten sog. Parteirichtungszeitungen waren entweder nie im direkten Zugriff politischer Parteien oder hatten im Laufe der Zeit trotz ihrer Nähe zu parteipolitischen Gruppierungen den Charakter unabhängiger Tageszeitungen angenommen.[126] Auch fielen einige der parteinahen Blätter dem Pressekonzentrationsprozess zum Opfer. Ende 1989 existierten nur noch die kleinauflagigen Partei-Tageszeitungen »Die Wahrheit« und »uz. unsere zeit«. Das in Berlin bis Ende 1989 erschienene Blatt »Die Wahrheit«, Organ der »Sozialistische Einheitspartei Westberlins« (SEW), war 1955 gegründet worden und kam ab 1967 viermal, nach 1973 eine Zeit lang sogar sechsmal pro Woche heraus. Die »Sozialistische Tageszeitung Westberlins«, wie sie sich in ihrem Untertitel nannte, erreichte eine Auflage von 15.000 Exemplaren. Den Titelwechsel in »Neue Zeitung« am 1.12.1989 überlebte die Zeitung nur um wenige Tage: Am 6. Dezember 1989 erschien sie zum letzten Mal und wurde dann für immer eingestellt.[127] Die »uz. unsere zeit«, 1973 gegründet und ab dem darauffolgenden Jahr als Tageszeitung in Neuss herausgegeben, war eigentlich ein Ableger der kommunistischen Wochenzeitung »UZ« (Auflage 60.000), die 1968 in Duisburg gegründet und von dem DKP-Vorsitzenden Kurt Bachmann herausgegeben wurde. Die vom DKP-Parteivorstand edierte kommunistische Tageszeitung aus Neuss, deren Auflage zwischen 25.000 und 40.000 schwankte, erschien ab 1990 wieder als Wochentitel und sollte später, dann mit Sitz in Essen, sogar nur noch in 14-tägigem Erscheinungsrhythmus aufgelegt werden.[128]

Auch die übrigen Parteiblätter, die es in der Bundesrepublik vor der Wiedervereinigung noch gab, waren wöchentlich, monatlich oder in noch größeren Intervallen erscheinende Organe. Zu ihnen gehörte neben den Wochenblättern »Bayernkurier« (CSU, Auflage 160.000) und dem CDU-Organ »Deutsches Monatsblatt« (Auflage 40.000) auch die SPD-Mitgliederzeitschrift »Vorwärts. Sozialdemokratisches Magazin«, die damals in einer Auflage von 820.000 hergestellt und kostenlos an die Parteimitglieder vergeben wurde. Sie hatte ihren Titel von der traditionsreichen sozialdemokratischen Parteizeitung »Vorwärts« erhalten, deren Erscheinen auf Beschluss des Parteivorstands nach 116-jähriger, oft bewegter Blattgeschichte wegen hoher finanzieller Verluste im April 1989 eingestellt worden war.[129]

Das Verschwinden der Parteizeitungen in modernen Massendemokratien hat verschiedene Ursachen. Zunächst haben sich die politisch-ideologischen Gegensätze zwischen den traditionellen, großen Parteien verringert: Sie sind Volksparteien bzw. Parteien der Mitte geworden, deren Programme sich immer weniger voneinander unterscheiden, was einer parteipolitisch polarisierten Presse verständlicherweise den Nährboden entzieht. Damit zusammenhängend ist in den vergangenen Jahrzehnten die Zahl der Parteimitglieder ständig rückläufig gewesen, aus der sich die überwältigende Mehrheit der Leserschaft parteipolitischer Organe rekrutiert(e). Weil gleichzeitig potentielle Leser außerhalb der Parteien sich heute weniger denn je ideologisch bevormunden lassen wollen, laufen Parteizeitungen mit einseitig parteipolitisch orientierter Berichterstattung Gefahr, als anachronistischer Medientyp zu gelten.

Weitere Gründe für den Rückgang der Parteipresse sind im veränderten Verhältnis von Politik und Medien zu sehen. War es früher notwendig, eigene Foren für die politisch interessierte Öffentlichkeit zu schaffen, so hat mit der Etablierung des Fernsehens noch einmal eine Popularisierung des politischen Geschehens stattgefunden. Damit einhergehend wurden nicht nur politische Programme und Entscheidungen in noch stärkerem Maße zum selbstverständlichen Bestandteil allgemeiner Nachrichten; gleichzeitig sind auch Politiker und Parteien mehr denn je auf starke Medienpräsenz bedacht und wenden sich über Rundfunk und Tageszeitungen direkt an eine möglichst breite Öffentlichkeit. Der Abdruck eines parteipolitischen Programms oder Politikerinterviews in einer Parteizeitung würde sich in dieser Hinsicht eher als Umweg erweisen. Schließlich gilt es zu bedenken, dass Parteizeitungen aufgrund rückläufiger Leserzahlen auch für Inserenten in zunehmendem Maße uninteressant wurden, was ihren Stand am Pressemarkt zusätzlich verschlechterte.

Das allmähliche Aussterben der Parteipresse ist übrigens nicht nur in Deutschland zu beobachten. Auch in den meisten anderen europäischen Ländern befindet sie sich auf dem Rückzug. Andererseits ist nicht zu übersehen, dass es in der Schweiz, in Frankreich, Großbritannien, Italien, Griechenland, Spanien und Portugal sowie in den skandinavischen Ländern nach wie vor durchaus prominente Parteizeitungen gibt, die im Spektrum der veröffentlichten Meinung eine nicht unwichtige Rolle spielen. Dass es Parteiblätter mit ähnlicher Bedeutung in der Bundesrepublik nicht (mehr) gibt, dürfte nicht zuletzt mit den Zäsuren durch den Untergang der Weimarer Republik, die nationalsozialistische Diktatur und das Ende des Zweiten Weltkriegs zusammenhängen: Denn weder die deutschen Parteien noch deren Organe konnten auf Kontinuitäten bauen bzw. an ungebrochene Traditionen anknüpfen, wie sie für ähnliche Institutionen im europäischen Ausland das Fundament bildeten und teilweise noch bilden.[130]

Hauptstadt-Presse: Ähnlich wie bei der Parteipresse unterschied sich das deutsche Pressewesen vor der Wiedervereinigung auch im Hinblick auf das Vorkommen einer Hauptstadt-Presse deutlich von der Presse anderer europäischer Länder wie Frankreich (mit Titeln wie »Le Monde«, »Le Figaro« u. a. in Paris), Großbritannien (»Times«, »Guardian«, »Independent« in London), Italien (z. B. Roms »La Repubblica«) oder Spanien (»El Pais«, »Diario« in Madrid). Denn mit Ausnahme der seit 1953 zum Springer-Verlag gehörenden, eigentlich in Hamburg beheimateten Tageszeitung »Die Welt«, die 1993 ihren Standort in die neue Hauptstadt Berlin verlegen sollte, erschienen in Bonn als der damaligen Bundeshauptstadt keine überregionalen oder gar über die Nationalgrenzen hinaus beachteten Tageszeitungen; deren Sitz fand sich vielmehr in Großstädten wie Frankfurt, München oder Berlin. In Bonn selbst gab es mit dem »General-Anzeiger« nur eine selbständige regional verbreitete Tageszeitung und daneben das Lokalblatt »Bonner Rundschau«, das seinen Zeitungsmantel jedoch von der »Kölnischen Rundschau« bezog.[131] Natürlich unterhielten alle überregional verbreiteten und viele regionale Tageszeitungen der Bundesrepublik Redaktionsbüros oder Korrespondentensitze in Bonn. Doch erst mit dem Umzug des Parlaments und der Regierung nach Berlin als neuer Bundeshauptstadt sollte sich die Situation ändern, selbst wenn sie bis heute nicht mit derjenigen in den genannten europäischen Staaten vergleichbar ist (vgl. Kapitel 9.6).

Ausländer-Presse: Für die über 4,5 Mio. vor der Wiedervereinigung in der Bundesrepublik lebenden Ausländer hatte sich ab den siebziger Jahren eine eigene periodische Presse entwickelt. Diese Zeitungen bestanden (und bestehen) entweder aus selbständigen Publikationen oder aus in der Bundesrepublik erstellten Deutschland-Ausgaben von auflagenstarken Titeln der jeweiligen Heimatländer. Darin sollten die Leser in der eigenen Muttersprache über das aktuelle Geschehen in Deutschland wie auch über Vorgänge in den Heimatländern unterrichtet werden.[132]

Für die türkischen Arbeitnehmer, die als die größte Gruppe zu jener Zeit etwa ein Drittel aller Ausländer in der Bundesrepublik ausmachten, erschienen als die wichtigsten Organe 1989 drei Tageszeitungen in der Landessprache, die jeweils Tochter-Ausgaben großer türkischer Tageszeitungen waren und alle drei in Frankfurt redigiert wurden: das Massenblatt »Hürriyet« (deutsch: »Freiheit«), das eine Auflage von über 100.000 erreichte (und dessen Mutterblatt mit über einer halben Million Auflage die größte Zeitung der Türkei darstellt), die republikanisch-liberale Zeitung »Milliyet« und das rechtskonservative Blatt »Tercüman«, die 1988 mit einer gedruckten Auflage von je 36.000 erschienen. Für Mitbürger aus dem ehemaligen Jugoslawien erschien neben den beiden Tageszeitungen »Vecernji List« und »Vjesnik«, die Verkaufsauflagen um die 20.000 erzielten, mit »Sportske Novosti« auch die Deutschland-Ausgabe einer vormals serbisch-kroatischen, dann kroatischen Sport-Tageszeitung. Griechen konnten Ende der achtziger Jahre in Deutschland zwischen den beiden Titeln »Akropolis« und »Makedonia« wählen, und für in Deutschland lebende Spanier erschien zu dieser Zeit eine Deutschland-Ausgabe der spanischen, zweimal wöchentlich erscheinenden Zeitung »La Region«. Neben den Tageszeitungen hatten sich übrigens auch einige Wochen- und Monatsschriften für in Deutschland lebende Ausländer am Pressemarkt etabliert, deren wichtigste an dieser Stelle zumindest genannt werden sollen: die Frankfurter italienische Wochenzeitung »Corriere d'Italia«, das wöchentlich erscheinende portugiesische Blatt »Dialogo do Emigrante« in Mainz sowie die türkische Wochenzeitung »Hafta Sonu« aus dem Hürriyet-Verlagskonzern.[133]

5.4.2 Wöchentlich erscheinende Zeitungen

Neben der Tagespresse gab es in der Bundesrepublik auch wöchentlich erscheinende Zeitungen, die weniger aufgrund ihrer Auflagenstärke als vielmehr durch ihren publizistischen Anspruch und die eigenständigen Profile ihrer jeweiligen Titel eine gewichtige Rolle in der Publizistik der alten Bundesrepublik spielten. Es sind dies weltanschaulich, konfessionell oder (partei-)politisch geprägte Wochenzeitungen, Sonntagszeitungen sowie »Der Spiegel«, der als wöchentlich erscheinendes Nachrichtenmagazin pressetypologisch zwar eigentlich den Zeitschriften zuzurechnen ist, als wöchentlich erscheinendes Nachrichtenmagazin aber in gewisser Weise eine Sonderstellung innerhalb der nichttagesaktuellen Presse einnimmt. Daneben soll im Zusammenhang der einmal pro Woche erscheinenden Pressetitel auch auf die Gattung der Anzeigenblätter eingegangen werden, deren Bedeutung ab Mitte der siebziger Jahre stark anstieg, sowie auf die ebenfalls zunehmend bedeutsameren und zum Teil immer eigenständigeren Supplements.

Wochenzeitungen: Die in der Bundesrepublik Ende der achtziger Jahre bestehenden Wochenzeitungen nahmen (und nehmen) im Gesamterscheinungsbild der deutschen Presse eine Zwischenstellung ein: In ihrem äußeren Erscheinungsbild den Zeitungen ähnlich, sind sie ihren publizistischen Merkmalen nach doch eher den Zeitschriften zuzurechnen.[134] Während die Anzahl ihrer Titel in der alten Bundesrepublik seit den frühen siebziger Jahren erheblich zurückging, konnte ihre Gesamtauflage bis etwa 1985 kontinuierlich gesteigert werden und ging erst in den darauffolgenden Jahren wieder leicht zurück. Die Mehrzahl dieser Wochenzeitungen ist eher weltanschaulich festgelegt bzw. richtungsbestimmt und dient »weniger der aktuellen Berichterstattung als der Hintergrundinformation und der tagesübergreifenden Meinungsbildung«.[135]

Neben der wohl renommiertesten Wochenzeitung »Die Zeit« (von der noch die Rede sein wird) hatte – und hat – auch die christlich orientierte Zeitung »Rheinischer Merkur – Christ und Welt«, die 1989 eine Auflage von über 104.000 erreichte, einen festen Platz in der bundesdeutschen Publizistik. Der Titel des 1946 gegründeten Blatts verweist auf die Fusion des konservativen, CDU-nahen »Rheinischen Merkur«, der 1974 mehrheitlich von sieben katholischen Bistümern erworben wurde, mit der evangelischen Wochenzeitung »Christ und Welt« im Jahr 1980.[136] Der Blattname »Rheinischer Merkur« aber knüpfte an ältere Traditionen an: Es war Joseph Görres, der 1814 unter dem gleichen Titel die erste deutsche Zeitung gründete, die in der kurzen Zeit ihres Bestehens europäisches Ansehen erwerben sollte.[137] Selbst wenn der »Merkur« im Laufe der Zeit nicht mehr so streng konfessionell ausgerichtet war wie in den ersten Jahrzehnten seines Bestehens, so fand (und findet) er seine Leserschaft doch vorwiegend unter konservativeren Katholiken. Er wurde 1989 von dem Gründungsmitglied, langjährigen Chefredakteur und zeitweiligen Alleinherausgeber, dem Kommunikationswissenschaftler Otto B. Roegele, gemeinsam mit Hans Maier, Christa Meves, Axel Freiherr von Campenhausen, Roman Herzog und – dann ab 1994 – Wolfgang Bergsdorf herausgegeben. Für ein eher liberales, protestantisches Publikum schrieb das Hamburger Pendant, die christliche Wochenzeitung »Deutsches Allgemeines Sonntagsblatt«. Gesellschafter des Verlags waren die evangelischen Landeskirchen und die Evangelische Kirche in Deutschland (EKD). Obwohl das Blatt immer wieder für seine publizistische Qualität gelobt wurde – 1977 erhielt sein Kulturmagazin den Alfred-Kerr-Preis für Literaturkritik –, blieb es stets ein Zuschussbetrieb. Auch gingen die Auflagenzahlen in den Jahren vor 1990 leicht auf etwa 110.000 zurück.[138] Es sollte im Jahr 2000 endgültig eingestellt bzw. in das Monatsmagazin »Chrismon« überführt werden, das in ausgewählten Tages- und Wochenzeitungen als Beilage erscheint. Zu den religiösen Wochenschriften gehör(t)en des Weiteren das vor allem in Bayern verbreitete und in Würzburg erscheinende katholische Blatt namens »Die Allgemeine Sonntagszeitung« mit einer Auflage von etwa 18.000 Exemplaren sowie die in Bonn ansässige »Allgemeine Jüdische Wochenzeitung«, die vom Zentralrat der Juden in Deutschland herausgegeben wird und 1989 – nach Verlagsangabe – eine Auflage von 10.000 erreichte.[139]

Den überregional verbreiteten (partei-)politisch ausgerichteten Wochenzeitungen müssen Ende der achtziger Jahre außer dem bereits erwähnten »Bayernkurier« der CSU, der 1989 mit einer Auflage von über 156.000 erschien, auch zwei rechtsnationale Titel zugerechnet werden: die »National-Zeitung« (Auflage nach Verlagsangaben 100.000) und die »Deutsche Wochen-Zeitung« (Auflage etwa 25.000), die beide – zumindest mit dem Anspruch nationaler Verbreitung – in München erschienen. Gerhard Frey, Vorsitzender der Deutschen Volks-Union (DVU), fungierte übrigens nicht nur als Herausgeber der »National-Zeitung« und Mitherausgeber des anderen ultrakonservativen Blatts, sondern hielt zudem an der »National-Zeitung« eine 100-prozentige Beteiligung, in deren Impressum er zugleich als Chefredakteur geführt wurde.[140] Daneben erschien in der alten Bundesrepublik eine Reihe von Wochenzeitungen verbandspolitisch organisierter Gruppen wie etwa der Vertriebenenverbände.

Einen eigenen Typ überregionaler Wochenzeitung stellte (und stellt) die in Trier 1989 mit einer Auflage von etwa 100.000 Exemplaren erschienene Publikation »Das Parlament« dar. Obwohl von der Bundeszentrale für politische Bildung herausgegeben und aus Mitteln des Bundeshaushalts finanziert, stellte sie weder offiziell noch inoffiziell ein Sprachrohr der Bundesregierung dar. Schwerpunkte der Berichterstattung liegen in der ausführlichen Darstellung von Bundestagsdebatten und der Kommentierung aktueller politischer Vorgänge. Besondere Beachtung fand »Das Parlament« nicht zuletzt wegen seiner Beilage »Aus Politik und Zeitgeschichte«, worin als einer Art Fachzeitschrift auch zahlreiche wissenschaftliche Aufsätze aus den Bereichen Politikwissenschaft und Soziologie, nicht zuletzt aber auch der Kommunikationswissenschaft erscheinen.[141]

Gesondert zu erwähnen ist auch die »Deutsche Handwerkszeitung«, die ohne eine bundesweite Ausgabe doch im gesamten Bundesgebiet vertrieben wurde. Mit einer damals wöchentlichen Gesamtauflage von 309.000 Exemplaren war sie bundesweit durch mehr als 20 regionale Ausgaben präsent, die jeweils von der Handwerkskammer der Erscheinungsregion herausgegeben werden.[142]

Schließlich gab es neben den erwähnten überregionalen Wochenzeitungen in der Presselandschaft der Bundesrepublik vor der Wiedervereinigung auch eine ganze Reihe regional bzw. lokal verbreiteter Wochenzeitungen, deren Titelanzahl auf rund 150 geschätzt wurde. Dazu gehörten nicht nur wöchentlich erscheinende Lokalanzeiger und regionale Wochenschauen, sondern auch die klassischen Kirchenzeitungen, katholische Bistumsblätter und Wochenzeitungen anderer Religions- und Gesinnungsgemeinschaften.[143]

Die bekannteste und auch im Ausland angesehenste deutsche Wochenzeitung war (und ist) unangefochten das Hamburger Wochenblatt »Die Zeit«. Es war u. a. Gerd Bucerius, der spätere Alleinbesitzer der »Zeit«, dem die Briten im Februar 1946 die Lizenz zu einer Wochenzeitung erteilten, die sich mit den Besatzungsmächten schon bald kritisch und ohne Berührungsängste auseinandersetzen sollte. Nach einem dramatischen Auflageneinbruch infolge der Währungsreform um fast die Hälfte der verkauften Exemplare, von Auseinandersetzungen im Kreis der Anteilseigner und Richtungskämpfen in der Chefredaktion sollte die Herausgabe des Blatts über Jahre ein Minusgeschäft bleiben. Die Einstellung der defizitären Wochenzeitung konnte Bucerius letztlich nur abwehren, indem er (nach dem Verkauf seines und des elterlichen Hauses) die »Zeit« über Jahre hinweg querfinanzierte: Dazu kaufte er nach heftigen Streitereien mit dem »Stern«-Gründer, Herausgeber und Chefredakteur Henri Nannen dessen Anteile an der erfolgreichen Illustrierten und wurde zu deren Mehrheitseigner. »Die Zeit« übernahm fortan Vertrieb und Anzeigenverwaltung der Illustrierten und konnte so ihr Defizit »aus Werklohn plus kräftig sprudelnden Gewinnen decken«.[144] So abgesichert entwickelte sie sich ab Ende der fünfziger Jahre zum großen liberalen Meinungsblatt.[145] ›Liberal‹ bedeutete dabei stets zweierlei: Zum einen war damit eine Unabhängigkeit gemeint, die nach den Militärregierungen der Alliierten auch die Regierung Adenauer zu spüren bekommen sollte. Schon früh trat »Die Zeit« für Entspannungspolitik und die Verständigung mit den Ländern des Ostblocks ein; die Diskussionen um politische und gesellschaftliche Veränderungen Ende der sechziger Jahre begleitete das Blatt mit einem engagierten und reformfreudigen Kurs. Und gegen Ende der Regierung Schmidt ging »Die Zeit« deutlich auf Distanz zur sozial-liberalen Koalition und befürwortete den Regierungswechsel. Zum anderen bedeutete ›liberal‹ für die Hamburger Wochenzeitung immer auch, sich als eine Zeitung zu verstehen, in der für unterschiedliche Meinungen Raum ist. Dem Vorwurf, »Die Zeit« bestehe eigentlich aus drei Zeitungen: dem Politik-Ressort (›gedämpfte Mitte‹), dem ›linken‹ Feuilleton und der ›eher konservativen‹ Wirtschaft, entgegnete der ehemalige Chefredakteur Theo Sommer einmal, das sei »auch gar nicht so unlogisch«: »Man kann Politik nur aus der Unabhängigkeit der Mitte machen, ein gutes Feuilleton sicherlich nur von links, wo das Herz schlägt, und eine gute Wirtschaft nur von rechts, wo (...) die Brieftasche sitzt.«[146] 1989 wurde das ›publizistische Flaggschiff‹ unter den Wochenzeitungen, wie MAASSEN »Die Zeit« genannt hat, von den langjährigen Chefredakteuren Marion Gräfin Dönhoff und Theo Sommer sowie Ex-Bundeskanzler Helmut Schmidt herausgegeben. Es erreichte vor der Wiedervereinigung eine Auflage von fast 500.000 Exemplaren und erzielte eine Reichweite von knapp 1,5 Mio. Lesern.[147]

Sonntagszeitungen: Der ursprünglich aus Großbritannien stammende Medientyp der Sonntagszeitung war in Deutschland nie sonderlich ausgeprägt. Überdies ist die Abgrenzung gegenüber den Wochenzeitungen nicht ganz einfach, da sich beide in ihren charakteristischen Merkmalen recht ähnlich sind. Sowohl die klassischen Wochen- als auch die Sonntagszeitungen weisen in ihren redaktionellen Inhalten über das tagesaktuelle Geschehen hinaus und bringen mehr Hintergrundberichte, themenbezogene Artikel oder Serien, nicht selten auch Feuilletonistisches. Während jedoch die klassischen Wochenzeitungen sehr viel stärker auf die klassischen Themenbereiche Politik, Wirtschaft und Kultur ausgerichtet sind, findet man in Sonntagszeitungen mehr Artikel zu Themen aus dem Nahraum, dazu Berichte und Reportagen aus den Bereichen Mode und Freizeit, Unterhaltendes sowie einen häufig ausführlichen Ratgeber- und Serviceteil. Eine Ausnahme bildeten (und bilden) die beiden überregional verbreiteten Sonntagszeitungen »Bild am Sonntag« (1989er Auflage 2,37 Mio.) und »Welt am Sonntag« (371.000), die beide im Springer-Verlag erscheinen. Auch wenn sie nicht als die jeweils siebente Ausgabe von »Bild« und »Die Welt« zu sehen sind, weil sie redaktionell eigenständig erstellt werden, weisen ihre Inhalte de facto doch die typischen Merkmale einer Tageszeitung auf – wenn auch mit mehr Seiten Unterhaltung und ausführlicherer (Wochenend-)Sportberichterstattung. Daneben gab es vor der Wiedervereinigung an die 30 siebenmal wöchentlich erschienene Tageszeitungen, d. h. Titel mit einer eigenen Sonntagsausgabe.[148] Auch gab es Zeitungen, die von Dienstag bis Sonntag erschienen, montags dagegen nicht. Eine Sonderstellung unter den Sonntagszeitungen nahm schließlich, wie erwähnt, die Zeitung »Sonntag Aktuell« ein, die – redaktionell selbständig erarbeitet – einer größeren Anzahl von Tageszeitungen im südwestdeutschen Raum als siebente Ausgabe diente. Sie erreichte 1989 die stolze Auflage von 871.000 Exemplaren.[149]

Sonderfall »Der Spiegel«: Eine Sonderstellung in der bundesdeutschen Presselandschaft nimmt das wöchentlich erscheinende Hamburger Magazin »Der Spiegel« ein. Pressetypologisch wie auch von seiner äußeren Erscheinungsform eigentlich den Zeitschriften zuzuordnen, wird man es im Hinblick auf seine redaktionellen Inhalte eher zu den Wochenzeitungen zählen. Ursprünglich dem britischen Magazin »News Review« und dem US-amerikanischen Nachrichtenorgan »Time« nachempfunden, repräsentiert »Der Spiegel« den Typ des klassischen Nachrichtenmagazins, wie es ihn auch in Frankreich (»L'Express«), Italien (»Espresso«) oder etwa Österreich (»Profil«) gibt.

Abb. 30: Titelseite der ersten Ausgabe des Magazins »Der Spiegel« vom 4. Januar 1947

Quelle: Spiegel-Verlag, Hamburg.

»Der Spiegel« war 1947 aus dem schon bald nach Kriegsende von der britischen Militärregierung herausgegebenen Wochenmagazin »Diese Woche« hervorgegangen.[150] 1952 zogen Redaktion und Verlag von Hannover nach Hamburg um. Historische Entwicklung, politische Linie und publizistischer Erfolg des Blatts, das wegen seiner politischen Tendenz, der stets kritischen Berichterstattung, einem mitunter hämischen Sprachgebrauch und oft bewusst einseitiger Nachrichtengebung immer auch umstritten war, sind vom Gründungstag an (bis zu seinem Tod 2002) aufs engste mit dem Namen Rudolf Augstein verknüpft. Er war nicht nur einer der drei Lizenznehmer und von Beginn an Chef der politischen Redaktion, sondern später gleichzeitig Verleger, Herausgeber und Chefredakteur des »Spiegel«. Seinen Worten zufolge sollte das Blatt »Kehrseiten beleuchten und politische Illusionen zum Platzen bringen«, wobei es im Zweifelsfall »auf der linken Seite des politischen Spektrums« stünde. Seine Redakteure sollten sich »für die Freiheit des Einzelnen und gegen die Übermacht staatlicher und gesellschaftlicher Apparate« engagieren.[151] Zu den journalistischen Eigenheiten des Magazins gehört(e) die offene Vermischung von Fakten und Wertungen, die Verarbeitung politischer Ereignisse zu personenbezogenen Storys sowie die legendär gewordenen ›Spiegel-Gespräche‹, ausführliche Interviews zu aktuellen politischen Kontroversen. Teil seines publizistischen Selbstverständnisses war stets auch der programmatische Kampf gegen Machtmissbrauch und Korruption, den die »Spiegel«-Redakteure nicht nur mit großem Recherche-Aufwand und mitunter hohen Geldbeträgen für Exklusiv-Informationen, sondern auch mit einem klaren Bekenntnis zum investigativen Journalismus austrugen. Viele der größeren Polit-Skandale der Bundesrepublik waren erst durch Veröffentlichungen des Hamburger Nachrichtenmagazins ins Rollen gekommen. Dazu gehören etwa die Affäre um die ›Neue Heimat‹, die Flick-Parteispenden-Affäre und die Barschel-Pfeiffer-Affäre.

Der pressegeschichtlich wie politisch heikelste Vorfall betraf den »Spiegel« selbst, ereignete sich 1962 und ist als ›Spiegel-Affäre‹ in die Geschichte der Bundesrepublik eingegangen: Nach mehreren Enthüllungskampagnen gegen den damaligen Verteidigungsminister Strauß und einem kritischen militär- und bündnispolitischen Artikel zu Überlegungen des Verteidigungsministeriums in Sachen atomare Bewaffnung der Bundeswehr (»Bedingt abwehrbereit«) besetzten Spezialisten des Bundeskriminalamts und der Polizei – unter dem Vorwurf des Landesverrats – die Redaktionsräume im Hamburger Pressehaus. Zentnerweise wurden Akten beschlagnahmt, das Redaktionsarchiv geschlossen und eine ganze Reihe von »Spiegel«-Mitarbeitern, darunter auch Rudolf Augstein und der damalige Verlagschef Hans Detlev Becker, verhaftet. Die Öffentlichkeit im In- und Ausland wertete die Aktion als Schlag gegen die Pressefreiheit, vor Gericht wurde der Landesverrats-Vorwurf abgewiesen; es kam zur Regierungskrise, letztlich sogar zum Ende der damaligen bürgerlichen Koalition aus Union und Freidemokraten.[152]

Neben dem journalistischen Selbstbekenntnis zum Enthüllungsjournalismus kennzeichnete den »Spiegel« seit jeher die eigene Darstellungsform wichtiger Artikel (›Spiegel-Storys‹), deren Kriterien bereits im Statut von 1949 detailliert festgelegt wurden, und ein über die Jahre hinaus verfestigter Sprachduktus, der als »Spiegel-Sprache« von Publizisten, Kommunikations- und Sprachwissenschaftlern mitunter heftig kritisiert worden ist.[153] Auch der Umstand, dass die meisten »Spiegel«-Artikel nicht namentlich gekennzeichnet werden, gehört zur Blattlinie. Eine weitere Besonderheit des Hamburger Nachrichtenmagazins besteht in dem bestens ausgestatteten Dokumentationszentrum, dem schon legendären »Spiegel«-Archiv, das in Europa seinesgleichen sucht. Bis auf den heutigen Tag gilt das Magazin als eines der wichtigsten publizistischen Leitmedien in der Bundesrepublik, dessen Meinung zwar nicht notwendig geteilt, dessen Themen aber von Journalisten anderer Medien stets aufgegriffen worden sind.

Eine Besonderheit ist schließlich auch in der Eigentumsstruktur des »Spiegel« zu sehen. Das Unternehmen war viele Jahre im Besitz von Rudolf Augstein und John Jahr (später Richard Gruner); zeitweilig war Augstein sogar Alleineigentümer. Ende der achtziger Jahre gehörten 25 Prozent der Anteile Augstein selbst, knapp 25 Prozent hielten Gruner und Jahr/Bertelsmann und 50 Prozent gehörten nominell den rund 700 Mitarbeitern als am Besitz beteiligten Unternehmensangestellten. Im Jahr der Wiedervereinigung sollte es dem »Spiegel« gelingen, mit seiner verkauften Auflage die Millionengrenze zu überschreiten: Mit 1.050.000 verkauften Exemplaren erreichte das Blatt rund 5,3 Mio. Leser. Allein 120.000 Exemplare setzte der Spiegel-Verlag im Ausland ab, und das in rund 160 Ländern der Erde.[154] Dass das Blatt mit seiner publizistischen Linie nie unumstritten war, hatte dem verlegerischen Erfolg keinen Abbruch getan. Das galt aufgrund der hohen Reichweite unter meinungsführenden sowie kaufkräftigen Lesern mit formal hohem Bildungsstand auch für das Anzeigengeschäft. So formulierte Bode ZEUNER bereits in den Siebzigern: »Der ›Spiegel‹ braucht nicht nur Anzeigen, die Hersteller von Gütern des gehobenen Konsums brauchen auch den ›Spiegel‹, denn nirgends finden sie ein Publikum dieser Güteklasse, nirgends können sie mit weniger Streuverlusten inserieren.«[155]

Alternativpresse: Die Alternativpresse in Deutschland hat ab der zweiten Hälfte der achtziger Jahre an Bedeutsamkeit eingebüßt (ihre Blütezeit wird auf den Zeitraum von 1976 bis 1980 datiert). Relativ starke Verbreitung hatten ihre Titel vor allem in Großstädten und Ballungszentren. Genaueres Zahlenmaterial zur alternativen Tagespresse lag, sieht man einmal von der Berliner »Tageszeitung« (taz) ab, praktisch nicht vor. Verlässlichere Daten hingegen gab es zum Zeitschriftenmarkt der Alternativpresse. Das in unregelmäßigen Abständen erschienene »Verzeichnis der Alternativmedien«, das von der ArbeitsGruppe AlternativPresse der Bonner Universität gemeinsam mit dem Frankfurter »Informationsdienst zur Verbreitung unterbliebener Nachrichten« (ID) herausgegeben worden ist, wies für die alte Bundesrepublik im Jahr der Wiedervereinigung 1990 insgesamt über 1.200 Zeitschriftentitel aus. Mit 44,5 Prozent wurden fast die Hälfte von ihnen zwischen 1985 und 1989 gegründet. Rund zwei Drittel der alternativen Zeitschriften erschienen monatlich bis vierteljährlich. Und rund 80 Prozent aller Titel lagen im Auflagenbereich bis 5.000 Exemplare, während die übrigen 20 Prozent höherauflagiger Titel immerhin 80 Prozent der Gesamtauflage ausmachten. Sie wurde vom ID-Archiv mit 7,68 Mio. Exemplaren angegeben.[156] Dabei sollte berücksichtigt werden, dass die Statistik des ID-Archivs den Begriff der Alternativpresse eher weit fasste. So verzeichnete sie in der Gruppe der auflagenstärksten Titel auch die Stadtmagazine, deren Zugehörigkeit zu den Alternativmedien ab Ende der achtziger Jahre zunehmend zweifelhaft erschien. Vor allem wegen ihrer stark gestiegenen (Selbst-)Kommerzialisierung, dem Prinzip der Profitmaximierung und der hohe Anzeigenabhängigkeit müssten sie eigentlich von der Alternativpresse ausgeschlossen werden, wie an der definitorischen Bestimmung Kurt WEICHLERS deutlich wird: »Zur Alternativpresse zählen Zeitschriften und Zeitungen, die von demokratisch strukturierten Redaktionskollektiven in selbstverwalteten Betrieben nach dem Kostendeckungsprinzip, d. h. ohne Profiterzielung und unter Verzicht auf Anzeigen produziert werden. Bei in der Regel periodischer Erscheinungsweise verfolgen sie das Ziel der Herstellung von Gegenöffentlichkeit zur traditionellen Presse.«[157] Damit wird auch einsichtig, dass der zahlen- und auflagenmäßige Rückgang der Alternativpresse nicht unbedingt Folge der Einstellung alternativer Publikationen war. Oft konnten sie aufgrund ihrer Entwicklung hin zur professionellen, anzeigen- und gewinnorientierten Zeitung einfach nicht länger zur Alternativpresse in Deutschland gezählt werden.[158]

Supplements: Diese den Zeitungen kostenlos beigefügten Hefte waren ursprünglich aus dem Versuch der Zeitungsverleger entstanden, in den Werbemarkt der Illustrierten einzudringen. So entwickelten sich (nach amerikanischem Vorbild) seit Ende der sechziger Jahre aus zum Teil unregelmäßig erscheinenden und bisweilen wenig interessant gemachten Beilagen der Tageszeitungen immer eigenständigere Magazine. Zumeist farbig, in Heftformat und im Kupfertiefdruck auf Papier von höherer Qualität hergestellt, fanden sie nicht nur das Interesse der Leser, sondern vor allem auch der Werbungtreibenden. Denn vom Verlegerischen her ist das Zeitungssupplement in erster Linie als Medium mit verändertem Werbeumfeld interessant, das durch die Bekanntheit des Trägerobjekts (der Zeitung, der es beigefügt wird) Inserenten lockt, die in mehrfarbigen Anzeigen insbesondere für Markenartikel werben möchten. Redaktionell bedeutete der Trend zu mehr Supplements eine Diversifizierung der Tageszeitung, wobei bislang vernachlässigte Zielgruppen an die Zeitung herangeführt und generell die Leser-Blatt-Bindung erhöht werden sollte.[159]

1970 startete Gerd Bucerius – damals gegen den Widerstand der Redaktion – das seinerzeit viel beachtete und geschätzte »Zeit-Magazin«, das jedoch nach knapp 30 Jahren 1999 wegen zu hoher Kosten wieder eingestellt wurde. Ihm sollten zahlreiche Supplements regionaler wie überregionaler Tageszeitungen folgen, von denen das 1980 erstmals der FAZ beigefügte »Frankfurter Allgemeine Magazin« eine ganze Reihe von Preisen für Artikel, Fotos und seine graphische Gestaltung gewann. Nachdem auch das FAZ-Magazin 1999 aus Kostengründen eingestellt wurde, hat von den großen klassischen Zeitungsmagazinen nur das der Freitagsausgabe der SZ seit 1990 beigefügte »Süddeutsche Magazin« bis heute überlebt. Denn der Trend ging bereits ab den achtziger Jahren in Richtung spezieller, monothematisch ausgerichteter Beilagen. So hatte beispielsweise die »Westdeutsche Allgemeine Zeitung« nach der Einführung ihrer Beilage »Freizeit und Reise« drei regelmäßig beigefügte Supplements. Vor der Wiedervereinigung gab es in Deutschland sowohl wöchentliche als auch monatliche und unregelmäßig erscheinende Zeitungssupplements, die als Hochglanz-Modebeilagen, Literatur-Supplements, Jugendillustrierte, Rätselzeitungen, Öko-Beilagen und Senioren-Hefte ganz unterschiedliche Zielgruppen ansprachen.

Eine eigene, nicht weniger erfolgreiche Beilagenvariante bilden die sog. *Programm-Supplements.* Die ersten dieser Programmbeilagen wie etwa der »10 Pf-Funk« oder die »Funk-Glocke« entstanden bereits Ende der vierziger Jahre, waren noch in Schwarzweiß auf Zeitungspapier gedruckt und veröffentlichten ausschließlich das Hörfunkprogramm. In den sechziger Jahren startete ein Nürnberger Foto-Großversand mit dem Projekt »Radio und Television« das erste Programm-Supplement heutigen Zuschnitts, das als »rtv« 30 Jahre später zahlreichen Tageszeitungen in ganz Deutschland beigefügt wurde und 1989 eine Auflage von über 3,9 Mio. erreichte.[160] Weitere große Titel dieser Supplement-Variante waren (und sind): die »Bunte Wochenzeitung« (BWZ) der »Westdeutsche Allgemeine Zeitung« (WAZ) mit 1989 1,36 Mio. verkauften Exemplaren pro Ausgabe, die »Illustrierte Wochenzeitung« (IWZ) im südwestdeutschen Raum und »Prisma«, das als »das Wochenmagazin zur Zeitung« – so der Untertitel – zahlreichen Zeitungen Nordrhein-Westfalens beigefügt wurde. Programm-Supplements enthalten weniger eigenredaktionelle Beiträge und treten mit ihren ausführlichen Wochenprogramm-Übersichten für Fernsehen und Hörfunk in Konkurrenz zum ohnedies hart umkämpften Markt der (preisgünstigen) Programmzeitschriften.[161] Das einzige Programm-Supplement, das 1989 einer wöchentlich erscheinenden Illustrierten beilag, war das »Stern TV-Magazin«. Allein die vom BDZV 1989 erfassten und ausgewiesenen zwölf (überregionalen und Programm-)Supplements erreichten eine gemeinsame Auflage von fast 13,5 Mio. Exemplaren und erzielten einen jährlichen Anzeigenerlös von zusammen über 200 Mio. DM.[162]

Anzeigenblätter: Angesichts ihrer großen Zahl und ihrer hohen Gesamtauflage waren die Anzeigenblätter in der Presselandschaft der alten Bundesrepublik nicht zu übersehen (und sind es auch heute nicht). Vor der Wiedervereinigung wies der BVDA über 1.000 verschiedene Titel mit einer Gesamtauflage von über 55 Mio. Exemplaren pro Erscheinungsintervall aus. In über 90 Prozent der Fälle erscheinen diese Anzeigenblätter einmal wöchentlich und werden den Haushalten des Erscheinungsgebiets kostenlos zugestellt; am häufigsten mittwochs und donnerstags. Aufgrund ihrer breiten Streuung erzielen sie eine nahezu 100-prozentige Haushaltsabdeckung. Ihr Inhalt besteht zum weitaus größeren Teil aus gewerblichen Geschäfts- und privaten Kleinanzeigen. Darüber hinaus enthalten sie aber auch einen (je nach Konzeption des Anzeigenblatts) mal ausführlicheren, mal knapperen Anteil redaktioneller Artikel zum Lokalgeschehen und Angebote zur Freizeitgestaltung, dazu verschiedene Serviceteile (wie Veranstaltungshinweise, Informationen über Marktzeiten, Sammelaktionen, ärztliche Notdienste oder etwa Gottesdienste). In seiner heutigen Erscheinungsform gibt es das Anzeigenblatt seit Anfang der fünfziger Jahre; die starken Titel- und vor allem Auflagenzuwächse setzten jedoch erst Mitte der siebziger Jahre ein.[163]

Abb. 31: Die Entwicklung am Markt der Anzeigenblätter (1975 bis 1990)

Jahr	Zahl der Titel	Auflage in Mio.
1975	250	11,5
1980	703	32,5
1985	952	49,3
1990	1.035	53,9

Erstellt nach Zeitungen 90, hrsg. vom BDZV, Bonn: BDZV 1990, S. 345.

Als typisches Lokalmedium stellten Anzeigenblätter schon bald einen potenten Konkurrenten zur Lokalzeitung dar, vor allem wenn sie aufgrund ihrer redaktionellen Beiträge über ein »werbefreundliches Umfeld für die Anzeigen« verfügten.[164] Aus diesem Grund (und um den lokalen Werbemarkt noch besser auszuschöpfen) beteiligten sich zahlreiche Tageszeitungsverleger an Gratisanzeigern, versuchten diese aufzukaufen oder gaben solche Blätter neben ihrer Zeitung selbst heraus. Einer Schätzung zufolge kamen Ende der achtziger Jahre 70 Prozent der Gesamtauflage aller Anzeigenblätter aus Verlagshäusern, die auch Tageszeitungen herstellten.[165]

1989 wurden 70 Prozent aller Haushalte der Bundesrepublik von Anzeigenblättern erreicht. Das Problem dieses Werbeträgers lag deshalb auch nicht so sehr in seiner Reichweite als vielmehr in der Gefahr einer zu niedrigen Leser-Blatt-Bindung, da dem Leser Inserate als einziger Lesestoff zu wenig waren. »Auf lange Sicht kann ein Anzeigenblatt ohne Akzeptanz bei seinem Publikum nicht existieren. Es besitzt nur dann einen echten Werbewert, wenn sein Inhalt Beachtung findet, da dann davon ausgegangen werden kann, dass auch die Anzeigen zumindest überflogen werden«.[166] Die den Markt der Anzeigenblätter mehr und mehr dominierenden Tageszeitungsverlage verhinderten jedoch »ein übermäßiges publizistisches Erstarken« der Anzeigenblätter, denn »durch eine Verbesserung des redaktionellen Aufbaus des Werbeträgers oder intensiverer Versorgung sublokaler Räume würde der häufig im gleichen Verlagshaus erscheinenden lokalen Tageszeitung geschadet. Eine Stärkung des kostenlosen Anzeigenblatts hätte nicht selten eine Schwächung der Tageszeitung zur Folge.«[167]

Da Anzeigenblätter ihre Umsatzbasis ausschließlich im Inseratengeschäft finden, ist es für sie von grundlegender Bedeutung, der werbetreibenden Wirtschaft die Höhe ihrer Auflage sowie ihre zuverlässige Verteilung glaubwürdig zu dokumentieren. Deren Vorbehalte gründeten nämlich vor allem in der mangelnden Überprüfbarkeit angegebener Daten, der geringen Markt-Transparenz und seiner hohen Fluktuationsrate. Aus diesem Grund wurden im Jahr 1985 die Voraussetzungen für regelmäßige Auflagenkontrollen durch unabhängige Wirtschaftsprüfer geschaffen. Sie erfolgten seither durch die Auflagenkontrolle der Anzeigenblätter (ADA) und wurden ab 1990 durch regelmäßige Verbreitungsanalysen ergänzt.[168]

5.4.3 Zeitschriften

Das Zeitschriftenwesen der Bundesrepublik vor der Wiedervereinigung zeichnete sich insgesamt durch hohe Titelvielfalt und ein breit gefächertes Angebot aus. Auch wenn es pressestatistisch nicht so gut erfasst ist wie das Zeitungswesen, zeigen die regelmäßig erhobenen Grunddaten der amtlichen Pressestatistik zumindest die Größenordnung dieses Presseteilmarkts. Für 1989 weist diese Zeitschriftenstatistik (in der allerdings Wochenzeitungen und Anzeigenblätter mit enthalten sind) insgesamt 7.831 Titel mit unterschiedlichstem Erscheinungsrhythmus aus, die zusammen eine Auflage von etwas über 309 Mio. verbreiteten Exemplaren pro Ausgabe erreichten.[169]

Nach der Anzahl der Titel machten dabei mit über 3.200 Titeln die Fachzeitschriften (inklusive wissenschaftlicher Periodika) den größten Anteil aus, deren Inhalt spezialisiert ist und die sich »in der Regel an einen kleinen, meist begrenzten Leserkreis wenden.«[170] Folglich erreichen diese Zeitschriften oftmals auch nur geringe Auflagen.

Die eigentlich größte Zeitschriftengruppe – und nach der Titelvielfalt die zweitgrößte – stellten die *Publikumszeitschriften* dar; sie kamen 1989 auf eine Gesamtauflage von über 112 Mio. Exemplaren. Dazu zählen nicht nur die klassischen Illustrierten und Rundfunk-Programmzeitschriften, sondern auch alle Zeitschriftentitel der Regenbogenpresse, dazu Frauen- und Modemagazine, Jugendzeitschriften, Sport- und Motor-, Freizeit- und Hobby-Zeitschriften, Gesundheitsmagazine etc. Mit der Bezeichnung ›Publikumszeitschriften‹ soll dabei zum Ausdruck gebracht werden, dass sich die dieser Gruppe zugehörigen Titel an eine sehr breite, nicht durch Beruf, Bildung oder Mitgliedschaft begrenzte Leserschaft wenden. Ihr Inhalt ist also »gar nicht oder doch nur insoweit eingeschränkt, dass er auch von Nicht-Fachleuten und Außenstehenden noch verstanden werden kann«.[171] Über die Publikums-zeitschriften liegen für Ende der achtziger Jahre vergleichsweise genaue Informationen vor, da sie alle der Informationsgemeinschaft zur Feststellung der Verbreitung von Werbeträ-gern (IVW) angeschlossen sind.

Innerhalb der Gruppe der Publikumszeitschriften zählten 1989 die *Programmzeitschriften* zu den auflagenstärksten Organen. Einige ihrer Titel erreichten verkaufte Auflagen in mehr-facher Millionenhöhe, wie die größte unter ihnen, die Programmzeitschrift »Hörzu« aus dem Springer-Verlag mit 3,1 Mio. verkauften Exemplaren, »TV Hören und Sehen« (Hein-rich Bauer-Verlag) mit einer Auflage 2,45 Mio., die »Funk Uhr« (Springer) mit zwei Mio. und die Programmzeitschrift »Gong« aus dem Gong-Verlag mit 1,1 Mio. Exemplaren pro Ausgabe. Unter den *Illustrierten* war der größte Zeitschriftentitel »Der Stern« aus dem Hause Gruner und Jahr, der 1989 mit seiner Auflage von 1,35 Mio. fast acht Mio. Leser erreichte. Ihm folgten Heinrich Bauers »Neue Revue« und das Burda-Flaggschiff »Bunte« mit je einer Mio. Auflage sowie die ebenfalls beim Bauer-Verlag erscheinende (und 1992 dann einge-stellte) Illustrierte »Quick« mit etwa 750.000 Exemplaren. Auch *Frauen- und Modezeit-schriften* erreichten beachtliche Auflagen, wie etwa »Bild der Frau« (Springer) mit 1,97 Mio., »Tina« (Bauer) mit 1,54 oder »Burda Moden« mit 1,13 Mio. Exemplaren. Aber auch so man-cher Titel der *Jugendzeitschriften* fand sich unter den großen deutschen Zeitschriften der alten Bundesrepublik; allen voran die »Bravo« aus dem Hause Bauer, wovon 1989 immerhin 980.000 Exemplare pro Ausgabe verkauft wurden.[172] Der Markt der Publikumszeitschriften in der Bundesrepublik – das ist bereits aus diesen Beispielen ersichtlich – war auch vor der Wiedervereinigung von den vier großen Verlagen Bauer, Springer, Burda und Gruner und Jahr/Bertelsmann beherrscht, die sich bereits in den sechziger und siebziger Jahren zu den Giganten der Branche entwickelt hatten. Ihr gewichteter Anteil an diesem Markt betrug 1988 etwa 66 Prozent.[173]

Die nach Auflagenhöhe und Umfang der Leserschaft mit Abstand größte Zeitschrift der alten Bundesrepublik war (und ist) die »ADAC Motorwelt«. Die an alle ADAC-Mit-gliederhaushalte kostenlos zugestellte Zeitschrift brachte es 1989 auf eine Auflage von 9,15 Mio. Exemplaren und erzielte eine bundesweite Reichweite von 27,8 Prozent, das entspricht knapp 13,6 Mio. Lesern. Vier Jahre später, das sei an dieser Stelle vorweggenommen, sollte die »ADAC Motorwelt« im Gebiet der alten und der neuen Bundesländer mit 11,3 Mio. Exemplaren rund 17,7 Mio. Personen erreichen.[174]

Neben den Fach- und den Publikumszeitschriften stellten laut amtlicher Pressestatistik die *Verbandszeitschriften* die drittgrößte und die *Amtsblätter* mit ihren kostenlos verteilten Kommunalblättern die viertgrößte Zeitschriftengruppe dar.[175]

Die pressestatistisch erfassten Zeitschriftenverlage der alten Bundesrepublik erzielten 1989 einen Gesamtumsatz von knapp 12,65 Mrd. DM. Die Erlöse stammten dabei zu über 48 Prozent aus den Anzeigen; rund 40 Prozent brachte der Zeitschriftenvertrieb ein. In diesen Verlagen wurden 1989 etwas über 94.500 beschäftigte Mitarbeiter gezählt, von denen offiziell über 10.000 als freie Mitarbeiter geführt wurden. Diese hohen Mitarbeiterzahlen in Zeitschriftenverlagen relativieren sich jedoch, wenn man bedenkt, dass die größte Gruppe der Beschäftigten mit fast 38.000 die Zusteller ausmachten, gefolgt von kaufmännischen und gewerblichen Mitarbeitern (ca. 33.500) und an dritter Position von den redaktionell Beschäftigten (insgesamt 11.450).[176]

Der weitaus größere Teil der Zeitschriften wurde 1989 im Abonnement vertrieben, wobei es bei einzelnen Zeitschriften zum Teil erhebliche Unterschiede im Verhältnis Abonnement und Einzelverkauf gab. Fachzeitschriften wurden zu knapp 96 Prozent, Publikumszeitschriften zu 42 Prozent und konfessionelle Blätter etwa zu mehr als 97 Prozent im Abonnement bezogen. Dies erfordert geeignete Vertriebswege. Die mit Abstand bedeutendste Rolle spielte dabei der Postzeitungsdienst: Er beförderte 1989 über 84 Prozent der im Abonnement abgesetzten Zeitschriften. Die Zustellung durch verlagseigene Vertriebssysteme machte dagegen nur 7,6 Prozent, die durch Lesezirkel gar nur 3,1 Prozent der Zustellung aller im Abonnement vertriebenen Zeitschriftenexemplare aus.[177]

Abschließend sei zu den Ausführungen über das Zeitschriftenwesen in der alten Bundesrepublik darauf hingewiesen, dass sich die Publikumszeitschriften, insbesondere die Illustrierten, Ende der achtziger Jahre ernst zu nehmenden Problemen gegenübersahen. In diesem Zeitschriftensektor mit besonders hoher Abhängigkeit von Werbeeinnahmen war der Anzeigenmarkt über viele Jahre heiß umkämpft. Zudem erwuchs vor allem den auflagenstarken Titeln durch die sich zunehmend durchsetzenden *Special-Interest-Zeitschriften* Konkurrenz im Bereich der Anzeigen für Markenartikel, Dienstleistungen und Konsumgüter. Auch das sich ab Mitte der achtziger Jahre ausweitende Privatfernsehen mit seinem ständig wachsenden Werbeangebot drängte im Kampf um Inserenten in die bisherige Illustrierten-Domäne. Hinzu kam, dass die Auflagen bei den Publikumszeitschriften bereits seit 15 Jahren stagnierten oder sogar rückläufig waren. Auch wenn viele dieser Titel infolge der Wiedervereinigung erneut (zumindest geringe) Auflagenzuwächse verzeichnen sollten (vgl. Kapitel 7.2 u. 7.3),[178] kann dies nicht darüber hinwegtäuschen, dass die hochauflagigen Publikumszeitschriften, vor allem die klassischen Illustrierten, ihren Zenit seit Mitte der achtziger Jahre wohl überschritten haben.

6 Presse in der DDR

Das Pressewesen in der DDR wies eine ganze Reihe von Strukturmerkmalen auf, die sich zum Teil erheblich von denen der bundesdeutschen Presse unterschieden. Das liegt nicht zuletzt daran, dass ein enger Zusammenhang zwischen der jeweiligen politischen Ordnung eines Landes und dessen Mediensystem besteht. Zum Verständnis der Presse im ostdeutschen Staat soll deshalb zunächst auf deren Stellung im politischen System und auf die Funktionen eingegangen werden, die sie (und die übrigen Medien) innerhalb des Systems zu erfüllen hatte. In diesem Kontext muss dann auch angesprochen werden, wie die politische Führung die Erfüllung der Funktionen der Presse (wie auch des Rundfunks) zu gewährleisten versuchte. Es erscheint sinnvoll, sich im Anschluss daran den konkreten Merkmalen und Spezifika der Pressestruktur im ostdeutschen Staat zuzuwenden. Einen eigenen Abschnitt bilden schließlich die Arbeitsmöglichkeiten von Journalisten im jeweils anderen Teil Deutschlands unter Berücksichtigung der offiziellen Regelung dieser Bedingungen im Zusammenhang mit dem 1972 zwischen beiden deutschen Staaten geschlossenen Grundlagenvertrag.

6.1 Die Stellung der Presse im System der DDR

Im Gegensatz zu pluralistischen Systemen westlicher Demokratien mit konkurrierender Willensbildung waren die Massenmedien der DDR – und im Besonderen die Presse – eingebunden in das monistische System des ostdeutschen Staats. Nach innen kam ihnen eine wichtige Steuerungs-, nach außen eine nicht minder bedeutsame Repräsentationsfunktion zu. Die Presse der DDR stellte im Grunde genommen ein Herrschaftsmittel der Machtelite dar. Neben dem Partei- und dem Staatsapparat, den Massenorganisationen und den Blockparteien waren die Massenmedien »eine der tragenden Säulen der SED-Herrschaft«.[1] Die Presse war (wie auch der Rundfunk) von staatlichen Organen weisungsabhängig, der Berufszugang der Journalisten staatlich kontrolliert und der Nachrichtenstrom zentral gesteuert und verbreitet durch die Monopolagentur der DDR, den Allgemeinen Deutschen Nachrichtendienst (ADN). Die Presse und die übrigen Medien stellten Instrumente der politischen Führung durch die Sozialistische Einheitspartei Deutschlands (SED) dar. Sie waren notwendig als ›Transmissionsriemen‹, derer sich die Partei bediente, »um ihre Beschlüsse, Werte und Verhaltensvorschriften der Bevölkerung mitzuteilen«.[2]

Dabei waren Meinungs- und Pressefreiheit auch in der Verfassung der DDR offiziell festgeschrieben. So lautete Artikel 27 der 1968 in Kraft getretenen (zweiten) Verfassung der DDR:

(1) Jeder Bürger der Deutschen Demokratischen Republik hat das Recht, den Grundsätzen dieser Verfassung gemäß seine Meinung frei und öffentlich zu äußern. Dieses Recht wird

durch kein Dienst- oder Arbeitsverhältnis beschränkt. Niemand darf benachteiligt werden, wenn er von diesem Recht Gebrauch macht.

(2) Die Freiheit der Presse, des Rundfunks und des Fernsehens werden gewährleistet.

Zunächst fällt auf, dass die Pressefreiheit (im weiteren Sinne) in der DDR-Verfassung von 1968 gegenüber der Fassung von 1949 ihre Schranken nicht mehr in den ›für alle geltenden Gesetzen‹ fand, sondern in den ›Grundsätzen‹ der Verfassung. Zu diesen verfassungsmäßig verankerten Grundsätzen gehörten u. a. »die führende Rolle der Partei, der ›demokratische Zentralismus‹, die Ausübung der politischen Macht durch die ›Werktätigen‹ sowie das unwiderrufliche Bündnis mit der UdSSR«.[3] Ein generelles Zensurverbot, das in der ersten Verfassung noch festgeschrieben war, findet sich in der Fassung von 1968 nicht mehr.

Unmittelbar in diesen Zusammenhang gehört auch, dass Pressefreiheit in der DDR nicht als ›Menschenrecht‹, sondern als ›Bürgerrecht‹ garantiert war. Dies wirft ein Schlaglicht auf einen Umstand, der auch für die Stellung der Presse und der übrigen Medien im System der DDR von fundamentaler Bedeutung ist, nämlich auf ein grundlegend unterschiedliches Rechtsverständnis in liberalen und in sozialistischen Gesellschaften: Nach *liberalem Verständnis*, das die Grundlage pluralistischer Demokratien westlichen Typs bildet, dient die Rechtsordnung im Wesentlichen der Regulierung bestehender gesellschaftlicher Verhältnisse. Dabei orientiert sie sich an einer möglichst großen Bewegungsfreiheit ihrer Bürger (auch und gerade gegenüber dem Staat). Die ›geistige Verfassung‹ der Gesellschaft hingegen fällt nach diesem Verständnis weitgehend in den Gestaltungsbereich der Einzelnen bzw. der Gemeinschaft und ist damit vom Grundsatz her ›staatsfrei‹. Einer solchen Rechtsordnung geht im Prinzip also die Gesellschaftsordnung voraus.

Grundverschieden davon ist jedes Verständnis, wonach die Rechtsordnung gewissermaßen die Grundlage der zu gestaltenden Gesellschaftsordnung bildet. Klaus WESTEN schreibt: »Rechtsordnungen (…), die die gesellschaftlichen Verhältnisse und die Lebensordnung der Menschen erst begründen wollen, werden sich zumeist dort finden, wo ein außerhalb des Rechtlichen liegender integrierender Faktor die Gesellschaftsordnung prägt, sei es eine Religion, eine Weltanschauung, eine Ideologie oder ein sonstiger Kodex.«[4] Das gilt auch für das *sozialistische Verständnis* der Rechtsordnung. Denn das sozialistische Recht »gibt sich zumindest den Anschein, als wenn es die von ihm zu regelnden Verhältnisse zugleich auch erst einmal konstituieren müsste. (…) Das Recht wird damit selbst zunächst und in erster Linie zu einem Instrument zur Gestaltung gesellschaftlicher Verhältnisse.«[5] Damit ist das System, in dem ein solches Rechtsverständnis vorherrscht, als totalitär zu bezeichnen. Der Ausdruck ›totalitär‹ wird dabei nicht in einem wertenden Sinne gebraucht, sondern – im eigentlichen Wortsinn – meint ›alles umfassend‹. Denn die ideologische Grundidee, die der gesellschaftlichen Ordnung vorausgeht, umfasst auch alle gesellschaftlichen Wirklichkeitsbereiche. Deren Ausgestaltung – und damit beispielsweise auch die Gestaltung der ›geistigen Verfassung‹ der Gesellschaft – wird zu einer zentralen Aufgabe des Staats.

In der DDR war diese Grundidee, die zugleich auch das Fundament der Rechtsordnung bildete, die marxistisch-leninistische Weltanschauung. Gegenüber anderen sozialistischen Rechtsordnungen, für die das auch galt, kam in der DDR eine besonders starke Betonung des Gemeinschaftsgedankens hinzu. Sowohl die Gemeinschaftsorientierung als auch die ideologische Fundierung der gesamten Gesellschaftsordnung bestimmte das System der

DDR entscheidend. Denn daraus ergab sich der grundsätzliche Primat des Politischen, in dessen Licht auch die folgenden Ausführungen zu sehen sind.[6]

Die genannte ideologische Grundausrichtung führte im System der DDR zu einem Verständnis von Pressefreiheit, die nicht Freiheit vom Staat bedeutete, sondern die Freiheit der Presse, am Aufbau bzw. der Verwirklichung einer Gesellschaft nach marxistisch-leninistischer Vorstellung mitzuwirken. Im Wortlaut offizieller Definition war sie »die Freiheit der Arbeiterklasse, ihre Presse ungehindert herausgeben zu können und sie als kollektiven Agitator, Propagandisten und Organisator der sozialistischen Ideologie voll entwickeln zu können.«[7] Von daher ist zu verstehen, dass auch die Inhalte der Massenmedien in marxistisch-leninistischem Sinne politisch stark aufgeladen waren und dass sich diese Politisierung auf sämtliche Bereiche der Berichterstattung erstreckte, also nicht nur auf Ökonomie und politisches Geschehen, sondern darüber hinaus auf die Bereiche Kultur, Erziehung und Unterhaltung. Es gehörte zur zentralen Aufgabe des Staats, über die Gewährleistung der politischen Umsetzung zu wachen.[8]

Verstöße gegen die Grundsätze, die die sozialistische Pressefreiheit beschränkten, galten als ›konterrevolutionär‹ und waren unter zum Teil harte Strafen gestellt. Zwar gab es in der DDR keine Pressegesetze, aber nach dem ab 1968 geltenden Strafrecht gab es Strafgesetze, die die Arbeit der Presse in der DDR tangierten. »Kriegshetze und Kriegspropaganda«, »faschistische Propaganda«, »Völker- und Rassenhetze«, »staatsfeindliche Hetze«, »öffentliche Herabwürdigung« sowie »Beeinträchtigung staatlicher oder gesellschaftlicher Tätigkeit« waren als Verbrechen unter Freiheitsstrafen gestellt. So bildete das Strafgesetzbuch die »eigentliche Grundlage für die Verfolgung jeglicher oppositioneller Meinungsäußerungen in Wort und Schrift«.[9]

Mit der Verfassungsreform von 1974 wurde das Prinzip des demokratischen Zentralismus als ›Prinzip des Staatsaufbaus‹ festgeschrieben, was zur Folge hatte, dass alle Institutionen und Organisationen, die über Massenmedien verfügten, auch verfassungsmäßig der marxistisch-leninistischen Partei untergeordnet waren.[10]

Die wesentliche Aufgabe der Medien in der DDR bestand darin, die gesellschaftliche Wirklichkeit im sozialistischen Sinne mittels spezifischer journalistischer bzw. künstlerischer Ausdrucksformen darzustellen oder, um es anders zu formulieren, »keinerlei Missbrauch der Massenmedien für die Verbreitung der bürgerlichen Ideologien zu dulden« und die Tätigkeit der Massenmedien »bei der Verbreitung der marxistisch-leninistischen Ideologie, als Foren des schöpferischen Meinungsaustauschs der Werktätigen bei der Organisierung des gemeinsamen Handelns der Bürger für die gemeinsamen sozialistischen Ziele voll zu entfalten«.[11]

6.2   Politische Funktionen der Presse

Die Funktionsbestimmung, wonach die Massenmedien Aufgaben der Agitation, Propaganda und Organisation wahrzunehmen haben, war von Lenin bereits zu Beginn des 20. Jahrhunderts für die damalige Sozialdemokratische Arbeiterpartei und ihre Presse entwickelt worden. Agitation und Propaganda zielten dabei auf das Bewusstsein, die Organisationsfunktion hingegen auf kollektives Handeln der Menschen ab. Im Einzelnen lassen sich Propaganda, Agitation und Organisation wie folgt beschreiben:

Propaganda beabsichtigte die langfristige, politisch-ideologische Erziehung durch die systematische Darlegung und Erläuterung sozialistischer Ideale und Theorien. Die marxistisch-leninistische Propaganda als politische und wissenschaftliche Propaganda war darauf gerichtet, »die theoretische Aneignung der gesellschaftlichen Wirklichkeit durch die Werktätigen zu fördern, bei ihnen ein wissenschaftliches Weltbild, systematisierte politische Anschauungen, Moralauffassungen etc. auszubilden«. Propaganda war gleichsam »methodischen Anforderungen wissenschaftlicher Arbeit unterworfen: vollständige, allseitige, streng logische Beweisführung«. Die besondere Wirksamkeit der Propaganda wurde in ihrer »Streitbarkeit« (Polemik) gesehen und darin, »wie die Beziehungen zwischen Verstand und Gefühl beachtet werden«.[12] Propaganda vermittelte also allgemeine Einsichten in Theorie und Grundwahrheiten des Marxismus-Leninismus sowie Strategien und Taktiken ihrer Durchsetzung.[13]

Agitation war eine spezifische Form der sozialistischen Berichterstattung, durch die – zu einem beträchtlichen Teil von der SED bzw. vom Staat inszenierte und vorgegebene – Ereignisse bewusst parteilich ausgewählt und in der politischen Linie der marxistisch-leninistischen Lehre gedeutet wurden. Agitation sollte »auf die praktisch-geistige Aneignung der gesellschaftlichen Wirklichkeit durch die Werktätigen und damit auf ihre Aktionsbereitschaft im alltäglichen Leben und Kampf« hin wirken. Die spezifische Methode der Agitation »ist als Aufrütteln und Anspornen zu charakterisieren. (...) Sie wendet sich in starkem Maße an die Gefühle der Menschen, geht auf ihre Stimmungen ein, appelliert an ihre Begeisterungsfähigkeit und ihren Haß«.[14] Agitation zielte also darauf ab, aktuelle, auf der Basis von Parteibeschlüssen fußende Normen und Handlungsappelle im Sinne der marxistisch-leninistischen Weltanschauung zu verbreiten.[15]

Mit der Funktion der *Organisation* sollten die Menschen schließlich zum ständigen Auf- und Weiterbau des Sozialismus mobilisiert werden. Die organisatorische Funktion des sozialistischen Journalismus bestand in der »Einwirkung auf die kollektive praktische Tätigkeit der Partei, der Klasse und der Massen«. Das »Wörterbuch der sozialistischen Journalistik« benennt zwei Wege organisierenden Wirkens: Zum einen im Medium der Zeitung selbst, die als Institution »organisationsbildend und -stabilisierend« wirkt; zum anderen durch die vom sozialistischen Journalismus verbreiteten Presseinhalte: »Er übermittelt den Massen regelmäßig und umfassend Informationen, die erforderlich sind, um für die Verwirklichung der Politik der Partei zielbewußt, koordiniert und zweckmäßig handeln zu können«.[16] Dabei setzte die dritte, die organisatorische Funktion des sozialistischen Journalismus, die beiden ersten Funktionen voraus, also das propagandistische und agitatorische Wirken des Journalismus.[17]

Neben den genannten politischen Funktionen hatte die Presse (und der Rundfunk) in der DDR noch eine weitere, kulturpolitische Aufgabe zu erfüllen. Zum einen sollte die Presse »differenzierte, geistig-kulturelle Bedürfnisse« entwickeln und zum anderen dazu beitragen, »die politische Kultur der Werktätigen zu erhöhen, (...) weltanschauliche und Allgemeinbildung sowie in bestimmtem Maße auch fachliche Bildung« zu vermitteln. Darüber hinaus hatte sie »täglich in anschaulicher Weise, anhand vieler lebendiger Beispiele, das sozialistische Menschenbild« zu illustrieren.[18]

6.3 Journalisten und journalistische Ausbildung im Sozialismus

Der Funktion der Presse als Herrschaftsinstrument entsprach in der DDR auch die Rolle des (politischen Presse-)Journalisten: Es oblag ihm, den Parteibeschlüssen der SED Massenwirksamkeit zu verschaffen und sich kämpferisch *für* den Sozialismus und *gegen* dessen Gegner zu engagieren. Seine Aufgabe war es, mit allen zur Verfügung stehenden Kräften auf die Veränderung der gesellschaftlichen Wirklichkeit im sozialistischen Sinne mittels spezifischer journalistischer bzw. künstlerischer Mittel hinzuwirken. »Wer in der DDR Journalist wurde, wußte, daß er sich in den Dienst der Einheitspartei begab und eine staatstragende Aufgabe übernahm. Journalist konnte nur werden, wer die Ideologie der Herrschenden teilte.« Das Bekenntnis zum Sozialismus bildete eine wichtige »Voraussetzung für jede journalistische Berufslaufbahn in der DDR«.[19]

6.3.1 Prinzipien des Journalismus

Oberste Prinzipien für den Beruf des Journalisten im Sozialismus stellten die ›Parteilichkeit‹, die ›Wissenschaftlichkeit‹ und die ›Massenverbundenheit‹ dar, die im Folgenden kurz erläutert werden sollen.[20]

Parteilichkeit meinte nicht etwa (SED-)Parteizugehörigkeit. In der DDR konnten auch Personen journalistisch tätig sein, die keine Parteimitgliedschaft besaßen, sich systemkonform verhielten und sich ansonsten nicht gegen die Partei auflehnten. Mit dem Prinzip der Parteilichkeit war vielmehr die ›Parteinahme‹ für die Interessen der Arbeiterklasse bzw. für diejenigen aller Werktätigen gemeint.[21] Dennoch war der einzelne Journalist über dieses Prinzip der Parteilichkeit in die unauflösliche Verbindung zwischen Presse und Partei vollständig integriert. Kritik am politischen System der DDR war kaum oder nur in äußerst eingeschränktem Maße möglich. Wo Kritik geübt wurde, war sie ›nach unten‹, nicht etwa nach oben gerichtet.[22]

Unter *Wissenschaftlichkeit* verstand der sozialistische Journalismus das »wissenschaftliche Herangehen an die Erfüllung seiner gesellschaftlichen Aufgaben, das durch die sozialökonomische Stellung der Arbeiterklasse und den wissenschaftlichen Charakter ihrer Ideologie bedingt ist«.[23] Wissenschaftlichkeit wurde als Ausdruck und Bedingung der Parteilichkeit gesehen. Laut »Wörterbuch der sozialistischen Journalistik« waren für die Pressetätigkeit drei grundlegende Aspekte im Zusammenhang mit Wissenschaftlichkeit von Bedeutung: die vorbildhafte Anwendung des Marxismus-Leninismus als Grund- und Erkenntnismethode der journalistischen Arbeit, um auch die Massen zu einer selbständigen wissenschaftlichen Analyse politischer Ereignisse zu befähigen; die Verbreitung des Marxismus-Leninismus als gesellschaftliche Theorie und Grundlage der Politik der Partei sowie die wissenschaftliche Einsicht, dass auch der (sozialistische) Journalismus Gesetzmäßigkeiten unterliegt und der Beherrschung jener Methoden und Regeln bedarf, die den Journalisten zu seiner gesellschaftsbezogenen Arbeit im Sinne des Marxismus-Leninismus befähigen.[24]

Das Prinzip der *Massenverbundenheit* verpflichtete den Journalisten dazu, als Teil der Volksmassen zu denken, zu fühlen und zu handeln und nie den Kontakt zu ihnen zu verlieren. Denn die »Massenverbundenheit ergibt sich aus dem Charakter der Wechselbeziehungen zwischen der Partei als dem Führer der Massen und den Massen als den Hauptakteuren und Schöpfern der Geschichte«.[25] Massenverbundenheit bedeutete jedoch nicht, dass sich der Journalist oder die Presse an den Interessen der Massen zu orientieren hatte, zumal nach Auffassung des Marxismus-Leninismus die Partei der Arbeiterklasse »per definitionem immer die objektiven Interessen der Massen vertritt, also von einer Interessenidentität zwischen Partei und den fortschrittlichen Klassen und Schichten auszugehen ist«. Massenverbundenheit hieß durchaus auch Mitarbeit der Massen in der Presse. Durch diese Mitarbeit der Massen sollten aber »keinesfalls Inhalte in die Presse gelangen, die der Politik der SED grundsätzlich widersprechen«.[26] De facto hatten die Journalisten der DDR also »nicht die Bevölkerung gegenüber den Regierenden, sondern die Regierenden gegenüber der Bevölkerung« zu vertreten.[27] Im Prinzip der Massenverbundenheit war nicht zuletzt aber auch ein moralischer Appell an den (sozialistischen) Journalisten zu sehen, »der ihn hindern soll, seine bevorzugte Bewusstseinslage (…) auszunutzen und sich über die ›Bevölkerungsmehrheit‹ zu erheben«.[28] Schließlich steckte im Prinzip der Massenverbundenheit auch ein innerjournalistisches Korrektiv im Sinne einer Verpflichtung aufs Kollektiv, in dessen Schutz er arbeiten, auf dessen Kritik er achten und das ihn vor ›Entgleisungen‹ bewahren sollte.

Zur Rolle der Leserbriefe im Pressewesen der DDR: Für den Ausdruck der Massenverbundenheit in der Praxis hatte auch der *Abdruck von Leserbriefen* eine herausragende Bedeutung. Wie eine über den Zeitraum von 40 Jahren (1949 bis 1989) durchgeführte Inhaltsanalyse von Leserbriefen aus den vier DDR-Tageszeitungen »Neues Deutschland«, »Junge Welt«, »Leipziger Volkszeitung« und »Schweriner Volkszeitung« ermittelte, gab es in den Zeitungen der DDR ›organisierte‹ und ›spontane‹ Leserbriefe. Inhaltlich befassten sich die Leserzuschriften primär mit privaten und lokalen Problemen, erst in zweiter Linie mit nationalen, deutsch-deutschen und internationalen Fragen – und Letzteres vor allem im »Neuen Deutschland« und in der »Jungen Welt«. Die Leserbriefe nahmen mehrheitlich Bezug auf zuvor veröffentlichte Themen in den Zeitungen, zum geringeren Teil waren persönliche Erfahrungen der Anlass. »Die meisten abgedruckten Briefe enthalten neutrale Stellungnahmen, d. h. Meinungsäußerungen ohne eindeutige Wertungen. An zweiter Stelle folgen Fragen«.[29] Auch gab es (in geringerer Zahl) ›kritische Leserbriefe‹ und solche, in denen Lob oder öffentliche Danksagungen ausgesprochen wurden. Die mit Abstand größte Anzahl der Verfasser abgedruckter Leserbriefe waren Privatpersonen, als Leserbriefschreiber fungierten aber auch betriebsangehörige Werktätige, Volkskorrespondenten und Funktionäre. Leserbriefe erfüllten im Wesentlichen drei Funktionen: Sie »dienten der Partei als ›Barometer‹ der Stimmungen in der Bevölkerung und als Informationsquelle über die Lage in der DDR«. Sie wurden zweitens »von der Partei auch eingesetzt, um ihre Politik durch zustimmende Stellungnahmen aus der Bevölkerung bestätigen zu lassen«. Schließlich, drittens, »waren Leserbriefe für die Bürger der DDR eine Möglichkeit, sich zu Problemen des täglichen Lebens zu äußern und Unzufriedenheit und Kritik mitzuteilen. Allerdings beschränkte sich diese Kritik nahezu ausschließlich auf konkrete Mißstände in der Versorgungslage auf der örtlichen Ebene«.[30]

Für die Betreuung der Leserzuschriften gab es eigene Leserbrief-Redaktionen bzw. »Abteilungen für Massenverbindungen«, die in zahlreichen Zeitungen zu den personell am besten besetzten Abteilungen gehörten. Aufgabe dieser Redaktionen war es neben redaktionellen Tätigkeiten vor allem, die Leserbriefschreiber zu betreuen und jeden Leserbrief persönlich zu beantworten. In zahlreichen Redaktionen gab es Leserbriefpässe und -laufzettel, »um Angaben über die Einsender, die Inhalte und Anliegen der Briefe sowie den Gang ihrer Bearbeitung festzuhalten. Auf der Grundlage dieser Verfahren wurden von den Abteilungen regelmäßig Leserpostanalysen angefertigt, die nicht nur dem Chefredakteur und dem Redaktionskollegium, sondern darüber hinaus auch der örtlichen und zentralen Parteileitung der SED bzw. dem Zentralrat der Freien Deutschen Jugend (FDJ) oder dem Bundesvorstand des Freien Deutschen Gewerkschaftsbunds (FDGB) zur Verfügung gestellt wurden«.[31] In diesem Zusammenhang soll nicht unerwähnt bleiben, dass die Leserbrief-Redaktionen bzw. Abteilungen für Massenverbundenheit bei außergewöhnlichen oder anonymen Meinungsäußerungen dem Ministerium für Staatssicherheit (MfS) bzw. seinen Bezirksverwaltungen berichtspflichtig waren. Das galt übrigens auch für jene Lokalredakteure, die Volkskorrespondenten betreuten. Wie Leserbrief-Redakteure bzw. Leiter der Abteilungen ›Massenverbindungen‹ aus DDR-Zeitungen nach der Wende zugaben, hat es im Hinblick auf die Veröffentlichung von Leserbriefen Tabu-Themen gegeben. Dazu gehörten etwa Leserbriefe zur Umweltverschmutzung, zur Ausreiseproblematik, kritische Zuschriften zum Leistungsprinzip oder zum demokratischen Zentralismus.[32] Noch kurz vor dem Zusammenbruch der DDR, im Oktober 1989, schrieb der ostdeutsche Ökonom Jürgen Kuczynski: »Was das geistige Leben betrifft, so ist zu sagen: Vor allen Dingen fehlen der Meinungsstreit und die Kritik. Die öffentliche Diskussion von Widersprüchen ist aber die Voraussetzung dafür, sie zu lösen. Wenn wir unsere Presse von vor 40 Jahren ansehen, so war sie damals entschieden lebhafter und lebendiger als heute. Die Briefe, die gegenwärtig (…) abgedruckt werden, sind langweilige Zustimmungen ohne eigene Überlegungen zum Problem.«[33]

6.3.2 Journalistenausbildung in der DDR

Um die in Presse und Rundfunk tätigen Journalisten mit dem notwendigen politisch-ideologischen Fundament sowie dem erforderlichen Ressort- bzw. Fachwissen und profunden handwerklichen Fertigkeiten auszustatten, gab es in der DDR fest vorgeschriebene Wege der Journalistenausbildung. Auch war der Berufszugang in den Journalismus streng geregelt und die Berufsbezeichnung ›Journalist‹ gesetzlich geschützt. Sie durfte nur von Personen geführt werden, die sie an der Sektion Journalistik der Karl-Marx-Universität Leipzig mit dem Abschluss ›Diplomjournalist‹ bzw. ›Journalist mit Hochschulbildung‹ erworben hatten, sowie von Absolventen der Fachschule für Journalistik des Verbands der Journalisten der DDR.[34]

1958 wurden in der DDR Grundsätze für die journalistische Ausbildung verabschiedet, die im Wesentlichen aus zwei Komponenten bestanden: einer politisch-ideologischen und einer fachlichen Qualifikation. Die Bestätigung dieser Grundsätze fand ihren Ausdruck darin, dass 1965 die *Fachschule für Journalistik der Deutschen Demokratischen Republik* mit Sitz in Leipzig staatlich anerkannt und dem Verband der Deutschen Journalisten überantwortet wurde. Formal war diese Ausbildung so angelegt, dass nach einem Jahr Redaktionsvolontariat eine dreijährige Ausbildung an der Fachschule selbst anschloss, die eine fundierte politisch-ideologische Schulung, eine (ressortbezogene) Fachausbildung sowie eine praktisch-handwerkliche Schulung umfasste. Dabei wurden die eher theoretischen Ausbildungsabschnitte von Dozenten der Fakultät bzw. Sektion für Journalistik der Karl-Marx-Universität Leipzig übernommen, während die praktisch-handwerkliche Schulung durch erfahrene Medienpraktiker erfolgte. Die Fachschule für Journalistik bot zusätzlich einen Fernstudienlehrgang an und nahm auch Aufgaben der Weiterbildung für (bereits berufstätige) Journalisten wahr. Häufig machten sog. Volkskorrespondenten von der Möglichkeit Gebrauch, sich an der Fachschule für Journalistik zum Journalisten ausbilden zu lassen.[35]

Der zweite Weg in den Journalismus führte über das Diplomstudium Journalistik an der *Sektion Journalistik der Karl-Marx-Universität Leipzig*. Zulassungsvoraussetzung war neben dem Abitur der Nachweis eines einjährigen Volontariats in einer Presse-, Hörfunk- oder Fernsehredaktion. Geschätzt wurden auch Praxiserfahrungen in einem Produktionsbetrieb, günstigstenfalls ein Facharbeiterbrief. Eine feste Parteibindung sowie der Nachweis der aktiven Mitarbeit in der FDJ oder einer anderen Massenorganisation waren von Vorteil. Die Regelstudienzeit betrug vier Jahre: ein Jahr *Grundstudium*, das sich der Aneignung theoretischer Kenntnisse in Bezug auf sozialistische Gesellschaftstheorie, wissenschaftliche Arbeitsmethoden und auf Grundkenntnisse des Journalismus bezog; zwei Jahre *Fachstudium*, das auf die unmittelbar journalistische Ausbildung in Theorie und Praxis gerichtet war, sowie ein medienspezifisches und fachjournalistisches *Spezialstudium*.[36] Im Zuge der Fachausbildung konnten sich die Studierenden auf Ressorts (Innenpolitik, Außenpolitik, Wirtschafts- und Landwirtschaftspolitik, Wissenschaftspolitik, Kulturpolitik) spezialisieren.

»Um der Forderung nach erhöhter Praxisnähe nachzukommen, entwickelte man an der Sektion Journalistik ein spezielles Übungssystem, wo die Studenten unter praxisähnlichen Bedingungen journalistische Arbeiten produzieren« konnten.[37] In der Regel war den Absolventen des Diplomstudiengangs nach Beendigung des Studiums ein Arbeitsplatz im Journalismus sicher; er wurde üblicherweise von der Abteilung Agitation im Zentralkomitee der SED oder vom Presseamt beim Ministerrat der DDR zugewiesen. Dass Absolventen den Arbeitsplatz ihrer Wahl bzw. eine Wunschstelle bekamen, war also eher die Ausnahme.[38]

Das Journalistik-Studium war, wie Wolfgang KIRKAMM – selbst Absolvent der Sektion Journalistik – herausstellt, unter den Studierenden nicht unumstritten.[39] Kritik wurde nicht nur an der »Kluft zwischen dem Universitäts-Ideal und der journalistischen Praxis« und im Hinblick auf »das unzureichende praktische journalistische Training« geübt. Bemängelt wurden auch die »krampfhaften Versuche (…), das Handwerk Journalismus philosophisch verquast nach Marx/Engels/Lenin zur Wissenschaft befördern zu wollen«. Weitere Kritikpunkte waren die einseitige Fremdsprachenausbildung (Russisch), die Fixierung auf wissenschaftliche Erkenntnisse aus der Sowjetunion (während die westdeutsche und amerikanische Kommunikationsforschung kaum beachtet wurden) und das strikte Ausblenden jeglicher soziologischen Forschung.[40]

6.3.3 Der Verband Deutscher Journalisten (VDJ)

Der Großteil der Journalisten in der DDR war im *Verband Deutscher Journalisten* (VDJ) organisiert: 1989 waren dies von insgesamt rund 10.000 in der DDR journalistisch Tätigen über 9.100.[41] Die 1945 als Verband der Deutschen Presse gegründete Institution wurde 1953 eine selbständige Organisation, die sich 1959 den Namen VDJ gab. Der Aufbau des VDJ entsprach der Verwaltungsgliederung der DDR. Mitglieder waren Print- und Funkjournalisten, Pressezeichner, Karikaturisten, Pressereferenten sowie Lektoren, Wissenschaftler und Studenten der Journalistik. Nach Angaben des VDJ waren Anfang der achtziger Jahre fast die Hälfte der Journalisten bei Tages- und Wochenzeitungen oder Zeitschriften, knapp 18 Prozent im Rundfunk oder bei der Nachrichtenagentur ADN beschäftigt; je 8 Prozent waren Betriebszeitungs- und Betriebsfunkredakteure bzw. Freischaffende.[42]

Die Aufgaben des VDJ bestanden vor allem darin, die Medienpolitik des Staats und der SED zu unterstützen, die Fachschule für Journalistik im Sinne der politisch-ideologischen Zielsetzungen des Staats verantwortlich zu führen, für Erfahrungsaustausch über Berufsfragen und für journalistisch relevante Informationen sowie für systemkonforme und -bestärkende Aus- und Weiterbildungsmaßnahmen über Redaktions-, Medien- und Parteigrenzen hinweg zu sorgen. Auf internationaler Ebene arbeitete der VDJ eng mit ›Bruderverbänden‹ aus anderen sozialistischen Ländern zusammen. Ein Schwerpunkt seiner außenpolitischen Aktivitäten lag in der Ausbildung von Journalisten aus ›befreundeten Ländern‹ der Dritten Welt, die in zum Teil mehrmonatigen Lehrgängen am *Internationalen Institut für Journalistik ›Werner Lamberz‹* durchgeführt wurden.[43]

6.3.4 Freie Journalisten und Volkskorrespondenten

Im Regelfall waren DDR-Journalisten in einem *festen Arbeitsverhältnis* tätig. Die berufliche Existenz der kleinen Gruppe ›freier Journalisten‹, die es in der DDR gab, war von einer Reihe Schwierigkeiten begleitet. Zunächst konnte man nicht einfach als ›freier Journalist‹ zu arbeiten beginnen, sondern musste bei einer Kommission des Journalistenverbands eine entsprechende Zulassung als ›Freischaffender‹ beantragen. Auch verdiente man erst einmal keinerlei Geld und war von daher auf Themen angewiesen, die man für bestimmte Printmedien recherchieren und schreiben durfte. Hinzu kamen Abhängigkeit und mangelnde soziale Absicherung, wie Hannes Bahrmann schreibt: »Den wenigen, durch enge Zulassungskriterien Tolerierten, blieben eher bedeutungslose Themen vorbehalten wie Mode, Haushaltstips oder andere Themen im Ratgeberbereich. Die Bezahlung war mehr oder minder schlecht, die soziale Absicherung miserabel und die Gefahr, durch willkürlich verhängtes Beschäftigungsverbot ins soziale Aus zu geraten, jederzeit gegeben.«[44]

Eine eigene Funktion wie auch einen eigenen Status hatten die sog. Volkskorrespondenten (VK). Das »Wörterbuch der sozialistischen Journalistik« kennzeichnete 1981 Wesen und Aufgabe des unentgeltlich für die Medien tätigen Volkskorrespondenten wie folgt: »Ständiger, fest organisierter, ehrenamtlicher journalistischer Mitarbeiter, der eine Redaktion der sozialistischen Presse, den Rundfunk oder das Fernsehen regelmäßig aus seinem Arbeits- und

Lebensbereich über die Entwicklungen des politischen, ideologischen, wirtschaftlichen und kulturellen Lebens informiert sowie Beiträge selbst schreibt bzw. Aktionen (…) mit vorbereitet und durchführt.«[45] Die SED war bemüht, besonders qualifizierte und leistungswillige Personen für diese Tätigkeit zu gewinnen. Sie sollten nicht nur für Betriebszeitungen arbeiten, sondern sich auch in anderen publizistischen Medien für Partei- und Staatstreue, Planerfüllung, hohe Arbeitsleistung und sozialistischen Wettbewerb einsetzen. De facto leisteten sie wohl auch wichtige Informations-Hilfsdienste. Das oben zitierte Wörterbuch nennt sie zudem »wichtige Helfer der Rezipienten- und Wirkungsforschung«. Die Zusammenarbeit von Zeitungs-, Hörfunk- und Fernsehredaktionen mit Volkskorrespondenten wurde als eine wichtige politische Funktion gesehen. Auswahl, Betreuung und »Sicherung der Wirkung« oblagen der Leitung der Partei. Daneben wurde der Volkskorrespondent von seiner journalistischen Institution »betreut und regelmäßig in vielfältigen Formen angeleitet und geschult«. In der DDR soll es 1989 etwa 20.000 Volkskorrespondenten gegeben haben.[46]

6.4 Medienlenkung in der DDR

Die Massenmedien der DDR waren in das System des demokratischen Zentralismus eingebunden. Die politisch-ideologische Richtlinienkompetenz für die ›Anleitung‹ der Massenmedien lag beim Politbüro der SED. Verantwortlich für die Lenkung von Presse und Rundfunk war die *Abteilung für Agitation und Propaganda beim Zentralkomitee der SED*, die selbst dem Politbüro unterstand. Zentrales Leitungsorgan bzw. staatliches Lenkungsamt war das *Presseamt beim Vorsitzenden des Ministerrats*, das sich zugleich als zentrales staatliches Organ zur Entwicklung und Koordinierung der Informationsarbeit des Ministerrats verstand. Dem Presseamt war »wiederum der *Allgemeine Deutsche Nachrichtendienst (ADN)* unterstellt, dessen Nachrichtengebung für alle Redaktionen die wichtigste Arbeitsgrundlage« war.[47] Zu erwähnen sind in diesem Kontext der Medienlenkung außerdem das *Staatliche Komitee für Rundfunk* und das *Staatliche Komitee für Fernsehen*, bei denen Kontrollaufgaben für die Funkmedien lagen. Schließlich ist darauf hinzuweisen, dass auch die *Post* der DDR aufgrund des staatlichen Monopols für den Pressevertrieb Kontrollaufgaben wahrnahm.[48]

6.4.1 Organisation und Umfang der Medienlenkung

Die zentrale Lenkung von Presse und Rundfunk in der DDR erfolgte sowohl durch inhaltliche Anweisungen als auch durch institutionell wahrgenommene Aufgaben. Die Anleitungen an die SED-Zeitungen und an die Zeitungen der Massenorganisationen FDJ und FDGB sowie die Anleitungen an Rundfunk und Fernsehen erfolgten in wöchentlichen Sitzungen durch das Zentralkomitee (ZK), zu denen alle Chefredakteure zu erscheinen hatten. Die Vorgaben des ZK enthielten neben strikt zu beachtenden Argumentationsanweisungen oft bis ins Detail gehende Anleitungen für Formulierungen, Aufmachung und Platzierung von Beiträgen; Abweichungen wurden zum Teil hart geahndet. In den Anweisungen wurde auch die Linie der Presseinhalte für die kommende Woche festgelegt und bestimmt, worüber mit welcher Priorität zu berichten war. Es gab von oben verordnete langjährige Vorauspläne und Vierteljahrespläne zur Festlegung der Schwerpunkte für die journalistische Arbeit. Die Plandirektiven enthielten auch monatliche Leitartikelpläne mit entsprechenden Agitationsschwerpunkten. Mit diesen Vorgaben wurde eine Art ›geistiger Vorlauf‹ für die Arbeit in Presse und Rundfunk geschaffen, die zu stark einheitlichen Zeitungsinhalten der Presse in der DDR führte.[49]

Auf staatlicher Ebene koordinierte das Presseamt beim Vorsitzenden des Ministerrats die von der SED ausgegebenen Richtlinien zur Medienlenkung. Als zentrales, weisungsberechtigtes Organ zur Entwicklung und Koordinierung der Öffentlichkeitsarbeit des Ministerrats und somit zur Informierung der Öffentlichkeit veranstaltete das Presseamt Pressekonferenzen und -besprechungen zur Erläuterung der Politik des Ministerrats.[50] Darüber hinaus gab das Presseamt mehrmals wöchentlich Presseinformationen heraus, die von den Redaktionen bezogen werden mussten. Die von Zentralkomitee und Presseamt vorgenommenen Presseanleitungen wurden wie folgt begründet: »Um dem Leser ein richtiges Bild von der objektiven Wirklichkeit in ihren Zusammenhängen zu vermitteln, wird die Auswahl der zu veröffentlichenden Nachrichten, ihre Plazierung, die Zusammenstellung der einzelnen Fakten innerhalb einer Nachricht sowie die Wortwahl und Überschriftengestaltung parteilich vorgenommen«.[51] Sowohl im SED-Zentralkomitee als auch beim Presseamt gab es ›Auswertungsabteilungen‹, die alle Veröffentlichungen einer gründlichen Nachzensur unterzogen. Des Weiteren gehörten zum System der Pressekontrolle in den Redaktionen und Verlagen »die stets präsenten inoffiziellen Mitarbeiter des Ministeriums für Staatssicherheit«, die ihre Kollegen überwachten, Informationen weiterleiteten und häufig das Erscheinen von unerwünschten Beiträgen verhinderten.[52] Nach BAHRMANN waren Journalisten in der DDR auf diese Weise »eingezwängt in ein festes Korsett aus rigiden Anweisungen, die ihr Tun bestimmten.« Er führt aus: »Dutzende Themen waren in einer ständig aktualisierten Liste von der SED-Führung vollkommen tabuisiert worden. Jedes Ministerium hatte ein Bündel von Weisungen für seine Dienststellen erlassen, die alles mit einem Geheimnisschutz belegte. In den Betrieben blieb Journalisten jede Einsicht in interne Abläufe verwehrt, fand sich kaum ein Kombinatsdirektor bereit, Informationen über den realen Zustand der Wirtschaft auch nur vage zu beschreiben. Jeder Schritt zu weit wurde mit Sanktionen belegt. Die Meldung erfolgte oft über interne Kommunikationsstränge und landete parallel nicht selten bei der Behörde, die in der DDR das Monopol für Recherchen besaß: dem Ministerium für Staatssicherheit.«[53]

Abb. 32: Anleitung der Massenmedien in der DDR

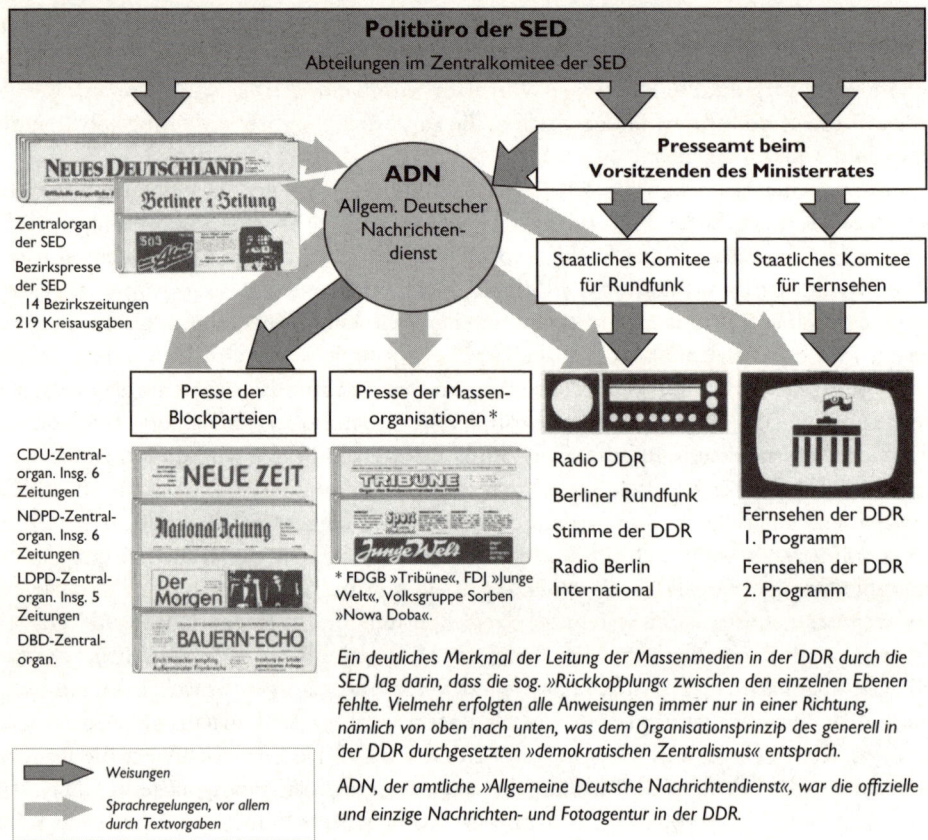

Erstellt nach Gesamtdeutsches Institut: Zahlenspiegel Bundesrepublik Deutschland / Deutsche Demokratische Republik. Ein Vergleich, hrsg. vom Bundesministerium für innerdeutsche Beziehungen, Bonn: Bundesministerium für innerdeutsche Beziehungen 1988, S. 26.

Zur Lizenzpflicht: Ein wichtiges Kontrollinstrument stellte auch die *staatliche Lizenzpflicht* für Presseorgane dar. Die Lizenzvergabe für sog. zentrale Presseerzeugnisse wurde vom Presseamt beim Ministerrat der DDR wahrgenommen, jene für örtliche Presseerzeugnisse vom Vorsitzenden des betreffenden Rats des Bezirks. Die Lizenz war in der DDR die gesetzliche Voraussetzung zur Herausgabe, Herstellung und zum Vertrieb einer Tages- oder Wochenzeitung, Betriebszeitung, Zeitschrift, eines Nachrichten- oder Pressedienstes sowie anderer periodischer Presseerzeugnisse. Der Lizenznehmer – im Regelfall der Herausgeber eines Presseorgans – war für die inhaltliche Linie seines Presseprodukts verantwortlich und hatte gemeinsam mit dem Chefredakteur dafür einzustehen, »daß der Inhalt und die Herstellung des Presseerzeugnisses der sozialistischen Verfassung der DDR und den anderen geltenden Rechtsnormen entsprechen«.[54] Bei Verstößen konnten Geldstrafen oder der Lizenzentzug der beanstandeten Publikation verfügt werden.[55]

Zur Materialkontingentierung: Im Zusammenhang mit der zentralen Presselenkung in der DDR ist auch die *staatliche Zuteilung und Kontingentierung aller wichtigen Materialien* wie Papier und Druckfarbe sowie von Druckkapazitäten zu erwähnen. SED-Zeitungen wurden dabei bevorzugt, was auch organisatorisch kein Problem darstellte, unterstand die Zentrale Druckerei-, Einkaufs- und Revisionsgesellschaft (ZENTRAG) doch dem Zentralkomitee der SED. Der ZENTRAG wiederum gehörten auch alle SED- und FDJ-Zeitungsverlage an. Sie erbrachte in ihren 90 Druck- und Verlagszentren 90 Prozent der Druckkapazität der DDR. Die Deutsche Werbe- und Anzeigengesellschaft (DEWAG), der Monopolbetrieb für Wirtschaftswerbung in der DDR, der u. a. die Verteilung von Anzeigen auf Presseorgane vornahm, befand sich ebenfalls im Verfügungsbereich der SED.[56]

Zur Rolle der Post: Auch die Post hatte ihren Anteil am staatlichen Kontrollsystem der Presse. Die *Deutsche Post* besaß das staatliche Vertriebs- und Beförderungsmonopol für alle Presseerzeugnisse des In- und Auslands und betrieb selbst die Zeitungskioske. Damit nahm sie Handelsfunktionen wahr, indem sie Verlagsprodukte ankaufte und an die Leser weiterveräußerte. Der Postzeitungsvertrieb durfte jedoch nur solche in- und ausländischen Presseprodukte befördern, die in der jährlich neu herausgegebenen und regelmäßig aktualisierten Postzeitungsliste aufgeführt waren. »Zuständig für die Genehmigung war das Presseamt, das nur in wenigen Fällen der allgemeinen Einfuhr wissenschaftlicher, kirchlicher oder kommunistischer Publikationen aus dem westlichen Ausland zustimmte«.[57] Generell war der Vertrieb westdeutscher Tageszeitungen verboten. Sie wurden vom Presseamt beim Ministerrat der DDR sorgfältig ausgewertet und durften ansonsten nur von einer privilegierten Führungsschicht gelesen werden.[58] Der Postzeitungsvertrieb der DDR als Dienstzweig der Deutschen Post wurde 1949 gegründet. Die zentrale Stelle des Postzeitungsvertriebs war das Zeitungsvertriebsamt Berlin, das unmittelbar dem Ministerium für Post- und Fernmeldewesen unterstand. Es fasste sämtliche Bestellungen der örtlichen Dienststellen des Postzeitungsvertriebs zusammen, lenkte den Versand und nahm die Abrechnung vor.[59]

6.4.2 Ziel und Inhalte der Medienlenkung und -anleitung

Ziel der Medienlenkungspolitik war es zum einen, die Bevölkerung politisch-ideologisch gegen alle Formen des Antikommunismus zu immunisieren, zu denen eine bürgerliche Ideologie, Nationalismus, Sozialdemokratie, Revisionismus und der Maoismus gerechnet wurden. Zum anderen sollten durch ökonomische Agitation die (Über-)Erfüllung der wirtschaftlichen Planziele wie Steigerung der Produktionsleistung, der Arbeitsproduktivität oder Senkung des Materialverbrauchs propagiert werden. Die parteilichen Darstellungen in den Medien der DDR glichen insgesamt eher »dogmatischen Wunschinterpretationen (…) statt Widerspiegelungen der gesellschaftlichen Wirklichkeit und ihrer Problematik«.[60] Die Kluft zwischen Agitation und Wirklichkeit in den Massenmedien musste deren Glaubwürdigkeit auf Dauer nachhaltig beeinträchtigen.

Die zentralistische Medienlenkung führte überdies dazu, dass die (politischen) Nachrichtenseiten der Zeitungen der DDR inhaltlich weitgehend identisch waren. Auch gab es für Journalisten absolute Tabus in Bereichen wie interne Parteientscheidungen, politische

Strafjustiz der DDR sowie beim Thema »Mauer und Stacheldraht«. Eigene Beiträge konnten politische Redakteure nur auf direkte Anweisung durch das Zentralkomitee verfassen. Je weiter ein Beitrag allerdings von der unmittelbaren Tagespolitik entfernt war, desto größer wurden die Spielräume für den einzelnen Journalisten, was deren Nutzung deshalb jedoch nicht unpolitisch machte. Kritik ließ sich allenfalls dann durchsetzen, wenn sie auf subjektives Fehlverhalten zielte und objektive, systemimmanente Probleme nicht ansprach.[61]

Im Kontext der dargelegten Lenkungsziele und -maßnahmen gegenüber Presse und Rundfunk sei kurz auch auf inhaltliche Aspekte der Medienlenkungspolitik eingegangen. Ein erster inhaltlicher Schwerpunkt war das Herausstellen der allseitigen Integration der DDR in die sozialistische Staatengemeinschaft. In der Berichterstattung über das Verhältnis zu diesen ›befreundeten‹ Staaten kam der Sowjetunion besondere Bedeutung zu, zumal ihr – zumindest bis Mitte der achtziger Jahre – eine Vorbildrolle zugeschrieben wurde.[62] Mit der Ära Gorbatschow und den von ihm angestrebten Reformen verblasste dieses Vorbild zusehends. Das ging so weit, dass den Parteioberen nicht genehme sowjetische Zeitschriften vom Postzeitungsdienst entweder nicht ausgeliefert wurden, wie das Anfang 1989 mit der Moskauer Zeitschrift »Neue Zeit« geschah, oder, wie im Fall der Zeitschrift »Sputnik«, verboten und aus der Postzeitungsliste gestrichen wurden. »Sputnik« hatte sich wiederholt kritisch mit dem Kommunismus auseinandergesetzt und über die sowjetischen Reformen berichtet, was die internationale Zeitschrift ab Mitte der achtziger Jahre zum begehrten und schnell vergriffenen Lesestoff in der DDR gemacht hatte. Nach 1985 wurden zudem wiederholt Aufführungsverbote für sowjetische Filme verordnet.[63] Ein weiterer inhaltlicher Schwerpunkt der Medienpolitik waren Vorgaben zur Berichterstattung über den Westen. Zwar normalisierte sich diese im Laufe der Jahre, insofern ihr Nachrichtenstil sachlicher wurde; doch beschränkten sich ihre Inhalte laut Wilfried Schulz nach wie vor im Wesentlichen auf das Krisen-Geschehen im ›Kapitalismus‹, wobei Negativbilder eigener Korrespondentenberichte über den Westen um eigens zusammengestellte Zitate aus westlichen Zeitungen ergänzt wurden. Was die Darstellung von Ereignissen und politischen Entscheidungen in der DDR und anderen sozialistischen Staaten anbelangte, so gehörte zu den inhaltlichen Lenkungsdirektiven auch die Anweisung zur Wiedergabe von Stellungnahmen westlicher kommunistischer Parteien und solcher Stimmen aus dem Westen, die positiv über diese Ereignisse und Entscheidungen berichteten.[64]

6.4.3   Bedeutung und Aufgabe des ADN

Die Nachrichtenagentur Allgemeiner Deutscher Nachrichtendienst (ADN) trug die Verantwortung für die gesamte politische Berichterstattung der DDR. Sie wurde am 10. Oktober 1946 »auf Initiative der antifaschistisch-demokratischen Zeitungen und des Rundfunks gegründet«.[65] 1953 erfolgte die Umwandlung in eine staatliche Institution. Ab diesem Zeitpunkt war der vom Zentralkomitee der SED gesteuerte ADN dem Presseamt beim Vorsitzenden des Ministerrats der DDR unterstellt und von seinen Weisungen abhängig. 1956 erfolgte der Zusammenschluss mit der 1952 gegründeten Bildagentur Zentralbild, die mit 4,5 Mio. Fotos über ein hervorragendes und historisch bedeutsames Bildarchiv verfügte. Die Leitung des ADN oblag einem Generaldirektor, der vom Vorsitzenden des Ministerrats berufen wurde. Die Mitarbeiter des ADN waren bei ihrer Tätigkeit zu parteilicher Information und zur Durchsetzung der Politik der SED verpflichtet.[66]

Die Dienste des ADN umfassten tägliche Inlandsdienste, Auslandsdienste, Sonderbulletins und Spezialdienste, einen Fotodienst, Tageszusammenfassungen zu wichtigen Ereignissen, Dokumentationen, Grafiken, einen DDR-Reportagedienst, einen Artikeldienst mit Beiträgen von ADN-Korrespondenten sowie ein Frauen-, Wissenschafts- und Technik-Bulletin. Für das Ausland wurde vom ADN ein drahtloser Dienst in deutscher, englischer, französischer, russischer, spanischer und arabischer Sprache ausgestrahlt.[67]

Neben seiner Berliner Zentralredaktion unterhielt der ADN in allen 14 Bezirksstädten der DDR Redaktionsbüros. Hinzu kamen Korrespondentenbüros in 62 Staaten, bei der UNO in New York sowie in Genf. Der ADN unterhielt Verbindungen zu 68 Nachrichtenagenturen in aller Welt, wobei er besonders enge Beziehungen zur sowjetischen Nachrichtenagentur TASS sowie zu den Agenturen der anderen sozialistischen Länder hatte. Der ADN trat auch auf dem Nachrichtenmarkt der Bundesrepublik auf. 1982 zählte er insgesamt 1.300 Mitarbeiter, davon rund 600 Journalisten.[68]

Der ADN hatte mehrere Aufgaben zu erfüllen. Seine wichtigste Funktion bestand darin, »Presse, Rundfunk und Fernsehfunk in der Deutschen Demokratischen Republik aktuell und parteilich in Wort und Bild über alle wichtigen und interessanten Ereignisse auf politischem, wirtschaftlichem, kulturellem, sportlichem und sonstigen Gebieten« zu unterrichten.[69] Nachrichtengebung, also Auswahl, Wertung und Verbreitung, wurde verstanden als Agitation durch Tatsachen. Oder, wie es die ehemalige ADN-Generaldirektorin Deba Wieland formulierte: Es galt auf die Bürger der DDR einzuwirken, dass sie »anhand konkreter Tatsachen besser verstehen und klarer erkennen, wo Freund und Feind ist, dass es ihnen leichter fällt, Partei zu ergreifen für die Sache der Arbeiterklasse, des Friedens und des Sozialismus«.[70] Der ADN benutzte Nachrichtenmaterial zahlreicher anderer (Vertrags-)Agenturen, das ausgewertet und gefiltert an die Redaktionen von Presse und Rundfunk weitergegeben wurde. Er diente zudem als offizielles Sprachrohr der DDR-Führung für Erklärungen, die entweder für die DDR selbst oder auch nur für die Bundesrepublik Deutschland bestimmt waren. Auch wenn den von ADN verbreiteten Meldungen nur selten Verfälschungen nachzuweisen waren, so wurde doch »manipuliert und desinformiert«, und zwar – so Gunter HOLZWEISSIG – »vorzugsweise durch Verkürzung« bzw. »parteilich« vorgenommene Bearbeitungen von Nachrichten.[71]

Der ADN lieferte Nachrichten und Kommentare für das gesamte Mediennetz der DDR. Der Ablauf der politischen Berichterstattung sah in der Praxis so aus, dass am Morgen der ADN via Fernschreiber die zu erwartenden Beiträge an die Redaktionen mitteilte. Parallel dazu erging telefonisch eine Empfehlung des DDR-Presseamts an die jeweiligen Chefs vom Dienst, wie die Beiträge aufzumachen, zu gestalten und zu platzieren waren. Die Chefs vom Dienst gaben diese Anweisungen an die Mitarbeiter weiter.[72] Von daher wichen die Inhalte des politischen Teils der Zeitungen in der DDR kaum voneinander ab.

6.5   Struktur der Presse in der DDR

Die Grundstruktur des Pressewesens der DDR wurde bereits 1945/46, in den Monaten nach dem Ende des Zweiten Weltkriegs, festgelegt und war – nicht anders als in den westlichen Besatzungszonen – Ausdruck und Folge der Besatzungspolitik des Siegermächte. Auch die sowjetische Besatzungsmacht führte in dem von ihr besetzten Teil Deutschlands schon bald nach dem Publikationsverbot für die gesamte deutsche Presse ein Lizenzsystem für Zeitungsneugründungen ein. Wichtigstes Kennzeichen sowjetischer Lizenzierungspraxis war der Umstand, dass die Konzession zur Herausgabe von Zeitungen und Zeitschriften nicht an Privatpersonen vergeben wurde, sondern nur an Parteien und sog. Massenorganisationen. Dabei wurde von Anfang an die Kommunistische Partei Deutschlands (KPD) bzw. ab 1946 die SED und ihre Massenorganisationen bevorzugt. Ohne Lizenz durfte in der DDR bis zur Wende im November 1989 keine Zeitung oder Zeitschrift herausgegeben werden.[73]

Noch im Mai 1945 begann der Wiederaufbau des Pressewesens in der sowjetischen Besatzungszone mit der Gründung der Besatzungszeitung »Tägliche Rundschau«, die ursprünglich als ein Organ gedacht und angelegt war, das in ganz Deutschland Verbreitung finden sollte, jedoch vornehmlich von der Bevölkerung in der sowjetisch besetzten Zone gelesen wurde. Im Juni 1945 folgte die Gründung der »Deutschen Volkszeitung« (DVZ) als Zentralorgan der damaligen KPD. Auch die darauffolgenden Zeitungsneugründungen hatten als Lizenznehmer die in der späteren DDR zugelassenen Parteien: So beispielsweise im Juli 1945 das SPD-Zentralorgan »Das Volk« und das CDU-Zentralorgan »Neue Zeit« sowie im August 1945 »Der Morgen«, das Parteiorgan der Liberal-Demokratischen Partei (LDPD).

Ab Oktober 1945 wurden die ersten Lizenzen für Zeitschriften der entstehenden Massenorganisationen (FDGB, FDJ etc.) erteilt. Die erste Illustrierte der sowjetischen Besatzungszone, die »Neue Berliner Illustrierte« (deren nicht-kommunistischer Vorläufer die 1889 vom Ullstein-Verlag gegründete »Berliner Illustrirte« war), kam ebenfalls noch im Oktober 1945 heraus. Einige als Zeitschriften lizenzierte Titel der Massenorganisationen erschienen später (teils unter geändertem Namen) als Tageszeitungen. Bereits im Frühjahr 1946 gab es in der sowjetisch besetzten Zone mit dem Titel »Der Rundfunk« die erste illustrierte Wochenschrift mit Rundfunkprogramm. Und mit der Ausgabe vom 23. April 1946 erschien erstmals die Tageszeitung »Neues Deutschland«, das Zentralorgan der neu gegründeten SED; sie entwickelte sich zum Flaggschiff aller SED-Zeitungen und erreichte später eine Auflage von über einer Mio. Exemplaren. Die erste und einzige DDR-Tageszeitung mit Boulevard-Charakter war die »BZ am Abend«, die 1949 in Berlin gegründet worden war.

Nach der 1952 in Ostdeutschland erfolgten Abschaffung der alten Ländereinteilung und der Bildung von 14 Verwaltungsbezirken gaben die Bezirksleitungen der SED anstelle der bis dahin erschienenen Landeszeitungen sog. Bezirksorgane heraus.[74] Sie entwickelten sich im Weiteren als ›SED-Bezirkszeitungen‹ zu auflagenstarken Regionalzeitungen, denen – mit ihren zahlreichen Lokalausgaben – eine flächendeckende Lokalberichterstattung gestattet war und die übrigens nach der Wiedervereinigung – wenngleich unter anderer verlegerischer Führung – ihre dominante Marktposition weiter halten konnten. Einige von ihnen gehören bis heute zu den auflagenstärksten Tageszeitungen in Deutschland.[75]

Mit den Zeitungstypen Betriebszeitung und Dorfzeitung sind in der DDR zwei Arten von Presseorganen wiedererstanden, die bereits in der Weimarer Republik als kommunistische Blätter eine politisch wichtige Funktion für Arbeiter und Bauern hatten. Während es *Betriebszeitungen* bis zur Wende in der DDR gab, wurden die zwischen 1953 und 1960 herausgebrachten wöchentlich bis monatlich erscheinenden *Dorfzeitungen* aufgrund eines Beschlusses des Politbüros des Zentralkomitees der SED 1960 eingestellt. Nach offizieller Begründung hatten sie ihre Funktion »mit dem Sieg der sozialistischen Produktionsverhältnisse auf dem Lande« erfüllt und wurden fortan durch Kreiszeitungen ersetzt. »Als Führungsinstrumente der Partei bei der sozialistischen Umgestaltung der Landwirtschaft unterstützten die Dorfzeitungen den Zusammenschluss der Bauern zu landwirtschaftlichen Produktionsgenossenschaften und trugen zur Festigung des Bündnisses zwischen Arbeiterklasse und werktätiger Bauernschaft bei.«[76] Vor ihrer Einstellung gab es 600 Dorfzeitungen mit einer gemeinsamen Auflage von etwa einer halben Million Exemplaren pro Erscheinungsintervall.

Nach Angaben der Sektion Journalistik an der Karl-Marx-Universität Leipzig gab es 1988 in der DDR insgesamt 1.812 Presseerzeugnisse, die sich auf die einzelnen Pressetypen wie folgt verteilten:[77]

- 39 Tageszeitungen (9,7 Mio. Aufl.),
- 30 Wochen- und Monatszeitungen (9,5 Mio. Aufl.),
- 667 SED-Betriebszeitungen (2 Mio. Aufl.),
- 508 Zeitschriften (21,4 Mio. Aufl., davon 321 Fachzeitschriften),
- 176 zentrale Mitteilungsblätter,
- 4 Kreiszeitungen,
- 354 regionale Mitteilungsblätter,
- 34 Wochenzeitungen und Zeitschriften der Kirche und religiöser Gemeinschaften (377.000 Aufl.).

6.5.1 Tageszeitungen in der DDR

Die Tagespresse der DDR wies besondere Strukturmerkmale auf, die sich seit der 1952 erfolgten Regionalgliederung in 14 Bezirke und der damit verbundenen Umstrukturierung im Pressewesen bis zum Ende der DDR kaum mehr änderten. Sie werden im Folgenden unter den jeweiligen Zeitungstypen der DDR-Tagespresse abgehandelt. Lediglich für alle Tageszeitungen geltende Strukturmerkmale sollen vorab bereits angesprochen werden.

Angesichts einer Gesamtbevölkerung von knapp 17 Mio. Einwohnern gehörte die DDR mit täglich 9,7 Millionen verbreiteten Tageszeitungsexemplaren zu den Ländern mit einer enorm hohen Zeitungsdichte. So kam auf mehr als jeden zweiten DDR-Bürger ein Zeitungsexemplar, während dieses Verhältnis in der alten Bundesrepublik mit rund drei Einwohnern pro Zeitungsexemplar deutlich niedriger lag. Zu den Besonderheiten der Struktur der Tagespresse in der DDR gehörte auch, dass bis 1975 DDR-Tageszeitungen in der Regel mit Sonntagsausgaben erschienen. Nach 1975 wurden diese Zeitungen jedoch – nicht zuletzt infolge anhaltender Papierknappheit – auf einen sechstägigen Erscheinungsrhythmus umgestellt. Allenfalls erschienen sie in der Folge samstags mit erweiterten Wochenendbeilagen.

Zu den SED-Tageszeitungen: Die führende Rolle im Gesamtbestand der Tagespresse nahmen die Tageszeitungen der SED ein. Von den insgesamt 39 täglich erscheinenden Zeitungen in der DDR wurden allein 17 Titel von der SED herausgegeben, darunter das Zentralorgan »Neues Deutschland«, die Boulevard-Zeitung »BZ am Abend« sowie 14 (bzw. 15, wenn man die »Berliner Zeitung« hinzuzählt) Bezirkszeitungen. Die 17 SED-Blätter erschienen in insgesamt 215 Ausgaben. An der Gesamtauflage aller Tageszeitungen hatten die SED-Zeitungen (inklusive »BZ am Abend«) einen Anteil von 6,83 Mio., das entspricht 70,4 Prozent. Mit einer solchen Gesamtauflage dominierten sie deutlich gegenüber der übrigen DDR-Tagespresse.[78]

Das *SED-Zentralorgan* »Neues Deutschland« war mit einer täglichen Auflage von 1,1 Mio. Exemplaren die zweitgrößte Tageszeitung der DDR. Das »führende journalistische Organ der DDR« unterstand direkt der Weisungsbefugnis des zuständigen ZK-Sekretärs und Leiters des »Presseamts beim Vorsitzenden des Ministerrats«, Joachim Herrmann, der beim »Neuen Deutschland« (wie auch bei der Fernseh-Nachrichtensendung »Aktuelle Kamera«) »keine wesentliche Entscheidung ohne die Direktive Erich Honeckers traf«.[79]

Eine Besonderheit der DDR-Tagespresse stellt die »BZ am Abend« als die einzige Straßenverkaufszeitung in der DDR dar. Sie wird zumeist den SED-eigenen Zeitungen zugerechnet und muss als ein Blatt, das im parteieigenen Berliner Verlag erschien, zumindest als SED-nah eingestuft werden. Die »Abendzeitung für die Hauptstadt der DDR und die umgebenden Kreise« erreichte eine Auflage von über 200.000 täglichen Exemplaren.[80]

Die großen *SED-Bezirkszeitungen*, die mit zusammen über 5,2 Mio. Exemplaren allein schon über die Hälfte der Gesamtauflage der DDR-Tagespresse ausmachten, waren sowohl dem ZK als auch der jeweiligen Bezirksleitung der SED unterstellt. So waren diese 14 Bezirkszeitungen doppelter Kontrolle unterworfen: »Über beide Kanäle kamen von der Parteispitze ausgehende Anweisungen zur redaktionellen Linie, zur Behandlung zentraler Materialien und anderer Themen. Nahm die Form in den letzten Jahren auch Empfehlungscharakter an, so war die Breite des Spielraums immer von Einstellung oder Courage der mittleren Parteiebenen und Chefredakteure abhängig und wurde nur (...) in der Provinz (differenziert) genutzt«.[81] Dennoch gehörten die SED-Bezirkszeitungen zu jenen Presseorganen, die trotz uniformer politischer Berichterstattung in ihren sonstigen Inhalten ein relativ breites Themenspektrum anboten. Dies auch deshalb, weil die Bezirkszeitungen Presseorgane waren, die sich von ihrem politischen Auftrag her bewusst an Leser aller sozialen Schichten, verschiedener gesellschaftlicher Tätigkeiten und unterschiedlichen politischen Bewusstseins wendeten.[82] Die Lokalteile dieser Zeitungen waren mit einem Umfang von nur einer Seite täglich jedoch eher dürftig. Das mag nicht zuletzt am geringen Stellenwert gelegen haben, den der demokratische Zentralismus dem Lokalen beimaß, was möglicherweise in der Lokalberichterstattung seinen Niederschlag fand. Immerhin aber boten sie den Lesern regelmäßige Informationen über das lokale Geschehen aus ihrem Kreis. Vermutlich – das kann hier vorweggenommen werden – ist in diesem Lokalbezug einer der Gründe zu sehen, warum sich die Bezirkszeitungen der SED nach dem Ende der DDR bewähren konnten und heute zu den auflagenstärksten Tageszeitungen in den neuen Bundesländern gehören.[83]

Die größte SED-Bezirkszeitung stellte die »Freie Presse« in Karl-Marx-Stadt mit einer Auflagenhöhe von über 660.000 täglich verbreiteten Exemplaren dar. Sie war damit in den

Abb. 33: Titelseite des SED-Zentralorgans »Neues Deutschland« vom 15. August 1961

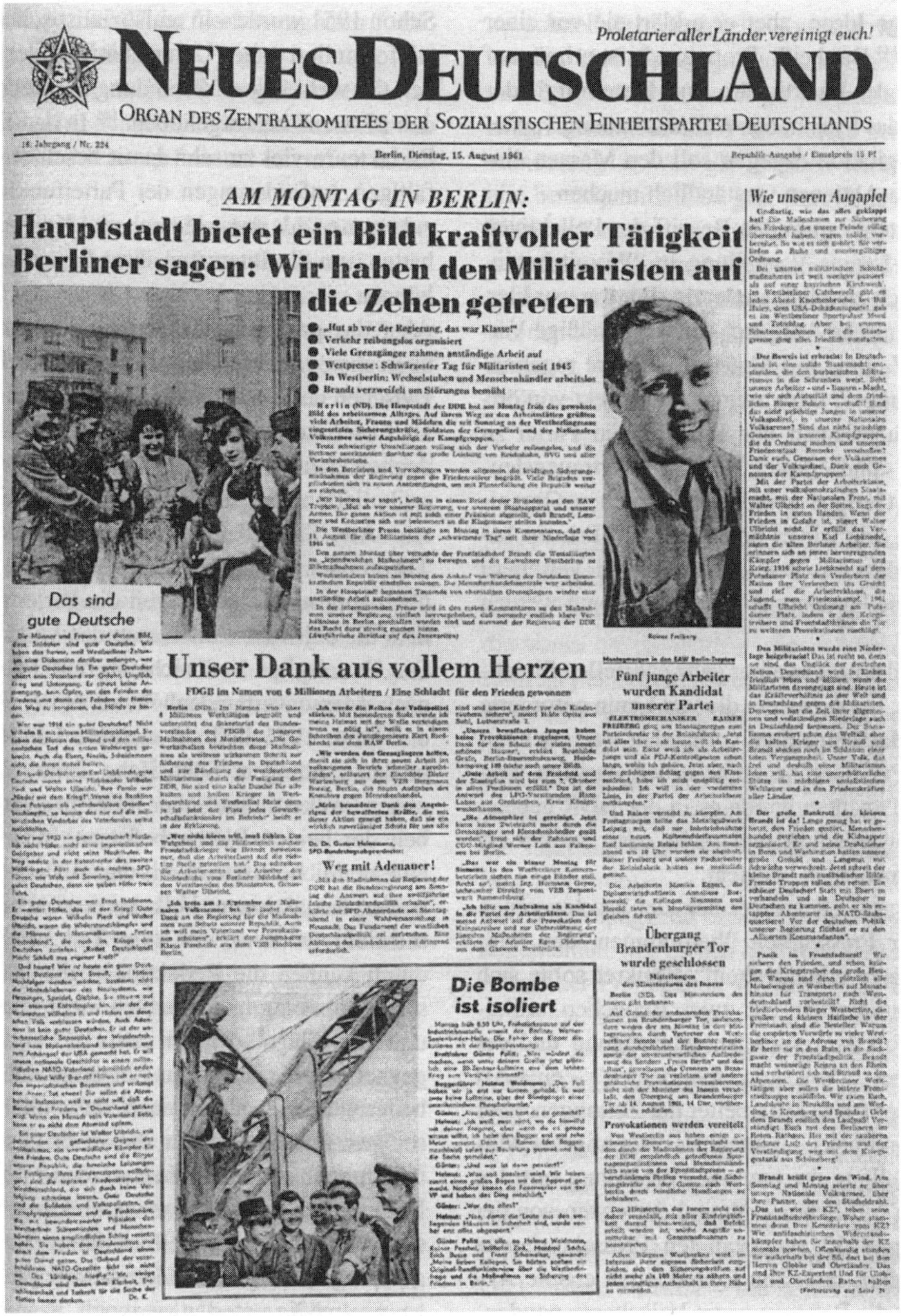

Proletarier aller Länder, vereinigt euch!

NEUES DEUTSCHLAND

ORGAN DES ZENTRALKOMITEES DER SOZIALISTISCHEN EINHEITSPARTEI DEUTSCHLANDS

16. Jahrgang / Nr. 224 — Berlin, Dienstag, 15. August 1961 — Republik-Ausgabe / Einzelpreis 15 Pf

AM MONTAG IN BERLIN:

Hauptstadt bietet ein Bild kraftvoller Tätigkeit
Berliner sagen: Wir haben den Militaristen auf die Zehen getreten

- „Hut ab vor der Regierung, das war Klasse!"
- Verkehr reibungslos organisiert
- Viele Grenzgänger nahmen anständige Arbeit auf
- Westpresse: Schwärzester Tag für Militaristen seit 1945
- In Westberlin: Wechselstuben und Menschenhändler arbeitslos
- Brandt verzweifelt um Störungen bemüht

Das sind gute Deutsche

Wie unseren Augapfel

Unser Dank aus vollem Herzen

FDGB im Namen von 6 Millionen Arbeitern / Eine Schlacht für den Frieden gewonnen

Fünf junge Arbeiter wurden Kandidat unserer Partei

Weg mit Adenauer!

Übergang Brandenburger Tor wurde geschlossen

Provokationen werden vereitelt

Die Bombe ist isoliert

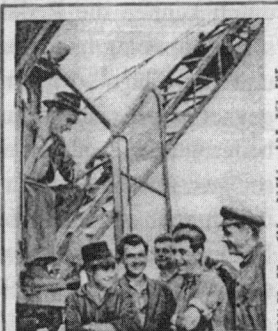

Quelle: Dussel, Konrad: Deutsche Tagespresse im 19. und 20. Jahrhundert, Münster: Lit 2004, S. 191.

Jahren der Teilung Deutschlands die auflagenstärkste Regionalzeitung beider deutscher Staaten.

Umstritten ist immer wieder die Einordnung der im Ostteil Berlins erschienenen »Berliner Zeitung« (Auflage: 425.000) als 15. Bezirkszeitung. Sie unterschied sich von den Bezirkszeitungen zunächst dadurch, dass sie keine eigenen Lokalausgaben hatte, während die SED-Bezirksorgane mit 8 (»Freies Wort«, Suhl) bis 23 Lokalausgaben (so die »Freie Presse«, Karl-Marx-Stadt, oder die »Freiheit«, Halle) erschienen. Auch wird sie in DDR-Publikationen nicht der SED-Presse zugeordnet.[84] Andererseits ist sie – wie die »BZ am Abend« – im SED-eigenen Berliner Verlag erschienen und stellte somit zumindest eine SED-nahe, regional erscheinende Tageszeitung der DDR dar.

Zu den Zeitungen der Blockparteien: Neben der SED gab es in der DDR die vier Blockparteien Demokratische Bauernpartei Deutschlands (DBD), Christlich-Demokratische Union (CDU), Liberal-Demokratische Partei Deutschlands (LDPD) sowie die National-Demokratische Partei Deutschlands (NDPD). Diese vier Parteien gaben insgesamt 18 Zeitungen heraus, wobei jede Blockpartei ihr eigenes Zentralorgan hatte. In Anbetracht der Gesamtzahl von 39 Tageszeitungen in der DDR mag diese Titelvielfalt beachtlich erscheinen. Ihre Bedeutung darf jedoch nicht überschätzt werden, da es sich bei diesen Blättern mit einer gemeinsamen Auflage von 834.000 Exemplaren um relativ kleine Tageszeitungen handelte. So betrug ihr Anteil an der Gesamtauflage aller Tageszeitungen der DDR gerade mal 8,6 Prozent.

Die höchste Verbreitung von Blockpartei-Zeitungen erreichten die fünf von der *Liberal-Demokratischen Partei Deutschlands* (LDPD) herausgegebenen Tageszeitungen mit einer Gesamtauflage von 275.000. LDPD-Zentralorgan war das in Berlin erscheinende Blatt »Der Morgen«.

Die *Christlich-Demokratische Union* (CDU) verfügte über sechs Zeitungen, von denen das Zentralorgan der CDU, die »Neue Zeit«, mit 113.000 Exemplaren die größte Tageszeitung aller Blockparteien darstellte. Die täglich erscheinenden Blätter der CDU erreichten eine Gesamtauflage von 266.700.

Von der *National-Demokratischen Partei Deutschlands* (NDPD) wurden sechs parteieigene Zeitungen mit einer Gesamtauflage von 198.400 Exemplaren herausgegeben, deren Zentralorgan »National-Zeitung« eine Auflage von rund 55.000 aufwies.

Die *Demokratische Bauernpartei Deutschlands* (DBD) verfügte mit dem »Bauern-Echo« über nur eine Zeitung, die mit ihren fünf Lokalausgaben eine tägliche Auflage von 94.000 Exemplaren erreichte.

Obwohl auch diese Zeitungen der Blockparteien Tageszeitungen mit eindeutig regionaler Verbreitung waren, konnten sie sich »in der Lokalberichterstattung kaum profilieren [und] lediglich in den Bezirkshauptstädten (…) gewisse lokale Schwerpunkte ihrer Berichterstattung setzen«.[85] Die Zeitungen der Blockparteien unterstanden formal den eigenen Parteivorständen. »Kürzere Instruktionswege zeitigten hier manchmal das Kuriosum besserer, zeitgerer Informiertheit ihrer Journalisten über Aktivitäten der Partei- und Staatsführung. Der Spielraum dieser Parteiblätter war allerdings kaum größer als in der SED-Presse«.[86]

Abb. 34: Struktur der DDR-Tagespresse 1988

Zeitungstyp	Zeitungstitel	Anzahl der Ausgaben	Auflagenhöhe in Tsd. Exempl.
SED-Presse	Neues Deutschland	Berlin- und Republikausgabe	1.100,0
	Berliner Zeitung		425,0
	Ostsee-Zeitung (Rostock)	11 Lokalausgaben	292,0
	Schweriner Volkszeitung	11 Lokalausgaben	201,3
	Freie Erde (Neubrandenburg)	14 Lokalausgaben	201,5
	Märkische Volksstimme (Potsdam)	14 Lokalausgaben	347,5
	Neuer Tag (Frankfurt)	11 Lokalausgaben	210,5
	Lausitzer Rundschau (Cottbus)	15 Lokalausgaben	291,1
	Volksstimme (Magdeburg)	20 Lokalausgaben	450,7
	Freiheit (Halle)	23 Lokalausgaben	584,5
	Sächsische Zeitung (Dresden)	20 Lokalausgaben	565,7
	Leipziger Volkszeitung	13 Lokalausgaben	483,5
	Freie Presse (Karl-Marx-Stadt)	23 Lokalausgaben	660,9
	Das Volk (Erfurt)	15 Lokalausgaben	401,2
	Volkswacht (Gera)	13 Lokalausgaben	237,5
	Freies Wort (Suhl)	8 Lokalausgaben	177,5
DBD-Presse	Bauern-Echo	mit 5 Ausgaben für je 2 – 4 Bezirke	94,0
CDU-Presse	Neue Zeit, Zentralorgan		113,0
	Der Demokrat (Rostock, Schwerin, Neubrandenburg)		18,2
	Märkische Union (Cottbus, Frankfurt, Potsdam)		3,7
	Die Union (Dresden, Karl-Marx-Stadt, Leipzig)		63,0
	Der neue Weg (Halle, Magdeburg)		37,1
	Thüringer Tageblatt (Erfurt, Gera, Suhl)		31,7
LDPD-Presse	Der Morgen, Zentralorgan		61,7
	Norddeutsche Zeitung (Schwerin, Rostock, Neubrandenburg)		23,1
	Liberal-demokratische Zeitung (Halle, Magdeburg)		57,0
	Sächsisches Tageblatt (Dresden, Leipzig, Karl-Marx-Stadt)		65,2
	Thüringer Landeszeitung (Erfurt, Gera, Suhl)		68,0
NDPD-Presse	National-Zeitung, Zentralorgan		55,5
	Brandenburgische Neueste Nachrichten (Potsdam, Cottbus)		22,5
	Norddeutsche Neueste Nachrichten (Rostock, Schwerin, Neubrandenburg)		38,8
	Mitteldeutsche Neueste Nachrichten (Leipzig, Halle, Magdeburg)		20,5
	Sächsische Neueste Nachrichten (Dresden, Karl-Marx-Stadt)		29,0
	Thüringer Neueste Nachrichten (Erfurt, Gera, Suhl)		32,1

Zeitungstyp	Zeitungstitel	Auflagenhöhe in Tsd. Exempl.
übrige zentrale Presse	Tribühne (Organ des FDGB)	414,2
	Junge Welt (Organ der FDJ)	1.381,0
	Deutsches Sportecho	185,0
	Nowa Doba (Tageszeitung in obersorbischer Sprache)	2,0
	Bz am Abend (Abendzeitung Berlin und Umgebung)	203,7

Quelle: Grubitzsch, Jürgen: Presselandschaft der DDR im Umbruch. In: Media Perspektiven 3/1990, S. 142; erstellt in Anlehnung an: Das journalistische System der Deutschen Demokratischen Republik im Überblick. Lehrheft der Sektion Journalistik der Karl-Marx-Universität, Leipzig 1988, S. 29 ff.

Zu den Zeitungen SED-naher Massenorganisationen: Massenorganisationen waren Verbände in der DDR, mit deren Hilfe die SED versuchte, »alle sozialen Gruppen und Schichten der Gesellschaft, anknüpfend an deren spezifische soziale Situation, Interessen und Aktivitäten, zu organisieren«. Sie sollten »ihre Mitglieder sowohl für das Erreichen der von der Partei in deren Beschlüssen und in den Volkswirtschaftsplänen gesetzten Zielen mobilisieren, als auch diesen die Möglichkeit bieten, ihre spezifischen Interessen organisiert und kontrolliert vertreten zu können«.[87] Im Kontext dieser Aufgaben kam den verhältnismäßig auflagenstarken Tageszeitungen, die von den SED-nahen Massenorganisationen herausgegeben wurden, besondere Bedeutung zu.

So erreichte die »Junge Welt«, die Zeitung der FDJ, mit 1,38 Mio. Exemplaren die höchste Auflage aller Tageszeitungen in der DDR; sie hatte damit eine höhere Verbreitung als das SED-Zentralorgan »Neues Deutschland«. Der Erfolg dieser äußerst systemkonformen Tageszeitung war auf ihre inhaltliche Mischung aus »offiziell verordneter politischer Information und jugendgemäßem Journalismus über Sport, Mode, Musik, Tanz, Sexualität« zurückzuführen.[88] Die »Junge Welt«, das sei hier bereits vorweggenommen, erreichte unmittelbar nach der Wende vorübergehend sogar eine Auflage von 1,6 Mio. Exemplaren. Danach musste das ehemalige FDJ-Organ jedoch so schwere Auflageneinbußen hinnehmen, dass es heute mit etwas über 14.000 Exemplaren keine nennenswerte Bedeutung hat.

Das Organ des FDGB, die Tageszeitung »Tribüne«, war mit ihrer Auflage von 414.000 Exemplaren ebenfalls eine der großen Tageszeitungen der DDR. Schließlich ist in dieser Tageszeitungs-Gruppe noch das »Deutsche Sportecho« (Auflage: 185.000) zu erwähnen, das enge Verbindungen zum »Deutschen Turn- und Sportbund« (DTSB) hatte. Sowohl die »Tribüne« als auch das »Deutsche Sportecho« mussten jedoch nach der Wiedervereinigung aufgrund enormer Leserverluste 1991 eingestellt werden.[89]

Abschließend sei noch die DDR-Tageszeitung »Nowa Doba« erwähnt, die insofern eine Besonderheit war, als sie als einzige deutsche Minderheiten-Tageszeitung nicht in deutscher, sondern in sorbischer Sprache erschien. Sie war – mit einer Auflage von nur 2.000 Exemplaren – die Tageszeitung für die sorbische Minderheit in der DDR.

6.5.2 Zur wirtschaftlichen Situation der SED-Tagespresse

Über die wirtschaftliche Lage der Tageszeitungen in der DDR liegen kaum Informationen vor. Bekannt ist, dass das Tageszeitungsabonnement einer Bezirkszeitung monatlich 3,15 Mark und ein im Freiverkauf erworbenes Exemplar 0,15 Mark kostete. Mit dieser Preisgestaltung konnten die Kosten der Tageszeitungen verständlicherweise nicht gedeckt werden. Vielmehr stellten alle Zeitungen der DDR Zuschussbetriebe dar, die auf staatliche Subventionen dringend angewiesen waren. Zahlen gibt es heute immerhin zur damaligen Situation der SED-Presse: Eine nachträgliche Offenlegung der SED-Finanzen wies für das Jahr 1989 für alle Presseorgane der SED (inklusive Zeitschriften) einen Subventionsaufwand von 332 Mio. Mark aus.[90] Eine Bezirkszeitung musste – je nach Herstellungsverfahren, Anzahl der Lokalausgaben und Anzeigenaufkommen – mit 13 bis 20 Mio. Mark pro Jahr subventioniert werden. Das Bewusstsein, subventioniert zu werden, wirkte parteibindend auf Redakteure und den technischen Stab. Besonders subventionsbedürftig war das »Neue Deutschland«, von dem zehntausende von Exemplaren kostenlos als sog. Dienstexemplare im gesamten DDR-Gebiet abgegeben werden mussten.[91]

Aus einer im Frühjahr 1990 veröffentlichten Übersicht gehen durchschnittliche Kosten- und Erlösrelationen hervor, wonach die *Kosten* für die Herstellung (Satz, Druck, Papier) den überwiegenden Kostenanteil ausmachen. (Den für DDR-Zeitungen ausgewiesenen Produktionskosten in Höhe von 77 Prozent stehen rund 43 Prozent Herstellungskosten an den Gesamtkosten bei bundesdeutschen Tageszeitungen des Vergleichszeitraums gegenüber.) Bei den *Erlösen* fallen die vergleichsweise niedrigen Anzeigenerlöse von 21 Prozent (gegenüber rund 56 Prozent bei westdeutschen Tageszeitungen) auf. Nach diesen Kosten- und Erlösrelationen ergab sich ein Subventionsbedarf von über 36 Prozent, der aus Staats- bzw. Parteimitteln gedeckt werden musste.[92]

Abb. 35: Kosten- und Erlösanteile von SED-Zeitungen[*]

Kosten	Herstellung	77 %
	Redaktion	23 %
Erlöse	Vertrieb	41,1 %
	Anzeigen	21,0 %
	Sonstiges	1,25 %

[*] Subventionsbedarf: 36,65 %

Erstellt in Anlehnung an Grubitzsch, Jürgen: Presselandschaft der DDR im Umbruch, in: Media Perspektiven 3/1990, S. 151.

6.5.3   Die übrige periodische DDR-Presse

Das Zeitschriftenwesen der DDR lässt sich pressetypologisch nur schwer ordnen. Schlüssige Zuordnungen nach einzelnen Zeitschriftentypen, die bereits für das Zeitschriftenwesen der alten Bundesrepublik nicht einfach sind, erscheinen im Bezug auf die verschiedenen nicht-tagesaktuell erschienenen Pressetitel der DDR kaum möglich. Die bereits erwähnte Zusammenstellung von DDR-Presseorganen, die 1988 von der Sektion Journalistik der Karl-Marx-Universität Leipzig angefertigt wurde, weist unter dem nicht-tagesaktuellen periodischen Schrifttum 30 Wochenzeitungen und Illustrierte, 508 Zeitschriften bzw. Fachzeitschriften aus, dazu 667 Betriebszeitungen, 34 Wochenzeitungen und Zeitschriften der Kirchen und religiöser Gemeinschaften, 176 zentrale und 354 regionale Mitteilungsblätter sowie vier Kreiszeitungen. Diese Presseorgane wurden von der SED, den Massenorganisationen, den Blockparteien, von gesellschaftlichen Organisationen bzw. Berufsvereinigungen sowie in seltenen Fällen auch von privaten Verlagen herausgegeben. Insgesamt dominierten bei den DDR-Zeitschriften, Wochen- und Monatszeitungen Titel mit technisch-naturwissenschaftlicher Thematik sowie solche aus den Bereichen Politik, Gesellschaft, Staat, Rechts- und Wirtschaftswissenschaften. Im Unterschied zu den Tageszeitungen, die einer einheitlichen Medienlenkung unterworfen waren, unterlagen die wöchentlich oder monatlich erscheinenden Presseorgane in der DDR – je nach Auflagenhöhe und Zielgruppen – zum Teil recht unterschiedlicher Kontrolle durch Staat und Partei; doch ausgenommen war von der Medienkontrolle und -anleitung wohl kein Presseorgan: »Selbst die Sportpresse erfuhr Sprach- und Maßregelungen.«[93]

Zu den Illustrierten und Zeitschriften: Während die Tagespresse vor allem infolge der Anleitung der politischen Berichterstattung ein auch inhaltlich eher einförmiges und mitunter wenig ansprechendes Erscheinungsbild abgab, waren die Wochenillustrierten und Zeitschriften in der DDR durchaus bemüht, »durch Varianten in Inhalt und Aufmachung verschiedene Leserschichten anzusprechen«.[94] Diese Wochen- und Monatstitel hatten sich zum Teil zu regelrechten Massenblättern entwickelt; allen voran die Funk- und Fernseh-Programmillustrierte »FF-dabei«, die mit ihrer wöchentlichen Auflage von 1,48 Mio. Exemplaren das auflagenstärkste Presseerzeugnis der DDR war und die aufgrund ihrer ausführlichen und bebilderten Programmhinweise zum Radio- und Fernsehprogramm der DDR großer Beliebtheit erfreute. Auch die Frauen-Illustrierte »Für Dich«, das ebenfalls im Berliner Verlag hergestellte Organ des Demokratischen Frauenbunds, gehörte zu den Massenblättern. Es schrieb vor allem über Frauen im Produktions- und Arbeitsprozess und hatte eine Auflage von rund 930.000 Exemplaren wöchentlich. Zu den auflagenstarken Wochenblättern gehörte auch die »Neue Berliner Illustrierte« (Auflage: 732.000), die stärkeren Propaganda-Charakter erkennen ließ und deren politische Berichterstattung stark von (oft eher einseitig aufbereiteten) außenpolitischen Themen bestimmt war. Schließlich sei an dieser Stelle auch das Familienblatt »Wochenpost« (Auflage: 1,24 Mio.) genannt.[95]
    Ein sehr kritisches Urteil fällt Wilfried SCHARF im Hinblick auf die Inhalte der Wochenzeitungen und Illustrierten der DDR. Für ihn waren sie »unterhaltend (mit freundlichen Bildern von der heilen Welt des Sozialismus), erzieherisch (wobei der erhobene Zeigefinger

schließlich voller Optimismus in die richtige Richtung weist) und staatstragend (ihre Kritik richtet sich nicht an die Politiker, sondern an die Bürger)«.[96]

Weitere Wochen- und Monatsschriften: Zwei Titel eigener Art waren das »Magazin« und die Satirezeitschrift »Eulenspiegel«. Die populäre Monatsschrift »Magazin« (Auflage: 568.000) zeichnete sich nicht nur durch ihre breite Themenpalette aus, die neben Literatur, Bildender Kunst und Reiseimpressionen auch Beiträge über Minderheiten u. a. umfasste. Vor allem bestach sie durch die Qualität ihrer Feuilletons, Essays und Reportagen. Die Wochenzeitung »Eulenspiegel« fiel in erster Linie durch ihren satirischen Charakter auf, durch Humor und Sarkasmus der Beiträge, aber auch durch mehr oder weniger satirisch aufbereitete antiwestliche Propaganda sowie durch ihre Berichte über Versorgungsprobleme in der DDR. Dieser Wochentitel, der es auf 490.000 verbreitete Exemplare brachte, kann zweifellos als kritische Instanz der DDR-Publizistik gesehen werden, wenngleich sich seine Kritik – wie generell kritische Inhalte in DDR-Medien – eher gegen einzelne Personen oder Betriebe, kaum aber gegen das politische System der DDR und hohe Partei- oder Staatsfunktionäre richtete.[97] Die beiden Zeitschriften »Magazin« und »Eulenspiegel« jedenfalls konnten trotz ihrer beachtlichen Auflagen dem regen Leserinteresse nicht entsprechen und waren jeweils schon bald nach Erscheinen vergriffen.[98]

Abb. 36: Ausgewählte Publikumszeitschriften der DDR

Titel	Auflage
FF-dabei*	1.484.000
Wochenpost*	1.243.000
Für Dich*	937.600
Neue Berliner Illustrierte	794.100
Das Magazin	568.500
Eulenspiegel	492.600
FF-Programm*	177.000
Horizont	130.100
Die Weltbühne	31.600

* erschienen im Berliner Verlag

Erstellt in Anlehnung an: Das journalistische System der Deutschen Demokratischen Republik. Lehrheft der Sektion Journalistik der Karl-Marx-Universität, Leipzig 1988, S. 50 f.

»An die gebildeten Kreise« wendete sich mit 19.000 verkauften Exemplaren die kulturpolitische Wochenzeitung »Sonntag«, das Organ des ›Kulturbunds‹, der Massenorganisation der Intelligenz, sowie die renommierte und traditionsreiche »Weltbühne« (Auflage: 30.000), eine intellektuell ausgerichtete Wochenschrift, die sich als »legitime Erbin Carl von Ossietz-kys« verstand.[99]

Über die beachtliche Auflage von mehr als sieben Millionen Exemplaren verfügten die 18 in der DDR vorhandenen *Kinder- und Jugendzeitschriften*, die allesamt vom Zentralrat der FDJ herausgegeben wurden und überwiegend in dem in Berlin ansässigen Verlag Junge Welt erschienen; darunter auch so auflagenstarke Titel wie »Neues Leben« (Auflage: über 500.000) oder »Practic« (über 300.000).[100]

Zu den SED-Betriebszeitungen: Besonderen politischen Stellenwert in der DDR hatten die Betriebszeitungen der SED, die an die Tradition der entsprechenden, von der KPD in der Zeit der Weimarer Republik herausgebrachten Organe anknüpften. Betriebszeitungen waren »Presseorgane der kommunistischen und Arbeiterparteien zur politischen Massenar-beit in Großbetrieben« und spielten eine wichtige Rolle bei der politischen Organisierung der Werktätigen.[101] 1988 gab es in der DDR über 600 solcher SED-Betriebszeitungen mit einer Gesamtauflage von zwei Mio. Exemplaren. »Immerhin entfiel damit auf jeden vierten Beschäftigten in Industrie, Nachrichten- und Verkehrswesen sowie großen Institutionen regelmäßig ein Exemplar einer Presse, die von den jeweiligen Parteileitungen verantwor-tet wurde.«[102] Die Betriebszeitungen erschienen in der Mehrzahl wöchentlich oder 14-tägig und wurden von Betrieben mit mindestens 1.000 Beschäftigten herausgegeben. Die SED verfolgte mit ihren Betriebszeitungen (wie in größeren Betrieben auch mit dem ›Betriebs-funk‹) die folgenden Absichten: Zum einen waren sie fester Bestandteil der politisch-ide-ologischen Führungstätigkeit der Parteiorganisationen der SED. Zum Zweiten war es ein Spezifikum der Betriebszeitungen, »daß sie die Hauptfragen der Parteipolitik stets anhand der Geschehnisse, Probleme, Meinungen, Fragen und Taten aus dem Bereich des betref-fenden Betriebes« behandelten. Drittens hatten sie »im Rahmen der politischen Massenar-beit der Parteiorganisation in hohem Maße zur bewußten Erfüllung und Überbietung der Planziele durch alle Arbeiter, Angestellten und Angehörigen der Intelligenz« beizutragen. Viertens erwuchsen ihnen besondere Verpflichtungen »innerhalb der Lenkung des sozia-listischen Wettbewerbs auf qualitative Faktoren des Wirtschaftswachstums, der Gemein-schaftsarbeit von Arbeitern, Ingenieuren und Wissenschaftlern bei der Beschleunigung des wissenschaftlich-technischen Fortschritts und der durchgehenden Rationalisierung«. Nicht zuletzt – und damit fünftens – wurden Betriebszeitungen als Forum, als »unerläßliche Tri-büne der Arbeiter des Betriebskollektivs« gesehen.[103]

Zur kirchlichen Presse in der DDR: In der DDR gab es 34 Wochenzeitungen und Zeit-schriften der Kirchen und anderer religiöser Gemeinschaften mit einer Gesamtauflage von rund 370.000 Exemplaren. Von dieser Gesamtauflage entfielen 146.000 auf die sieben kirch-lichen Wochenzeitungen, von denen fünf evangelische und zwei katholische Titel waren. Die konfessionelle Presse sollte als ein Beweis für tatsächliche Religionsfreiheit und die guten Beziehungen zwischen Kirche und sozialistischem Staat dienen. Angesichts des Umstands, dass Ende der siebziger Jahre noch fast die Hälfte der knapp 17 Mio. DDR-Bürger Mit-glieder einer Kirche waren, muss die Gesamtauflage kirchlicher Organe jedoch als äußerst niedrig bezeichnet werden. War es in den ersten Nachkriegsjahren immerhin noch möglich gewesen, zumindest in bescheidenem Umfang kirchliche Wochen- und Monatszeitungen aus Westberlin und den grenznahen Gebieten der Westzonen zu beziehen, so wurde ein solcher Vertrieb zum 1. Juni 1949 verboten.[104]

Dass das Verhältnis zwischen Kirche und Staat in der DDR nicht unproblematisch war, ist bekannt. Das schloss natürlich den Bereich der kirchlichen Publizistik mit ein. Es sollte aber nicht übersehen werden, dass die Kirchen in der DDR nach Artikel 39 der DDR-Verfassung die einzigen Großorganisationen des ostdeutschen Staats darstellten, die offiziell nicht sozialistisch und zudem staatsfrei waren. Alle sonstigen Institutionen und Organisationen, die über Massenmedien verfügten, waren dadurch, dass der demokratische Zentralismus mit der Verfassungsreform von 1974 zum ›Prinzip des Staatsaufbaus‹ erklärt worden war, auch verfassungsmäßig der marxistisch-leninistischen Partei untergeordnet. Damit aber »wurden die konfessionellen Presseorgane zu den einzigen Massenmedien in der DDR, die nicht von direkten inhaltlichen Vorgaben und personalpolitischen Einflußnahmen der SED betroffen (waren)«.[105] So konnten von der Kirche auch die Redakteure und Mitarbeiter kirchlicher Presseorgane in eigener Verantwortung ausgewählt und ausgebildet werden. Über vernünftige Ausbildungsstätten für ihre Presseleute verfügten die Kirchen jedoch nicht. Vielmehr bemühten sie sich um die Vermittlung journalistischer Grundkenntnisse in Schnellkursen und Wochenendseminaren.[106]

Der verfassungsmäßig zugestandene Freiraum schützte die konfessionellen Wochenzeitungen und Zeitschriften nicht vor strenger staatlicher Kontrolle und Repressalien. Dazu gehörten Beschränkungen bei den Auflagenhöhen und Papierkontingentierungen. Auch war die Einbindung der Kirchenzeitungen in das staatliche Subventionssystem darauf angelegt, Wohlverhalten gegenüber Staat und Partei zu evozieren. Darüber hinaus wurden Kirchenzeitungen auch beim Vertrieb behindert: Sie durften weder an Kiosken verkauft noch an Kirchentüren an ihre Leser abgegeben, sondern nur im Abonnement vertrieben werden, wobei die Deutsche Post kirchlichen Verlagshäusern die komplette Auflage abnahm und die einzelnen Exemplare den Haushalten zustellte; auch die Verwaltung der Abonnentenadressen fiel dabei von den kirchlichen Verlagen an die Post.[107]

Wichtigstes Mittel der Pressekontrolle war eine strenge Vorzensur kirchlicher Pressetitel. Sie sorgte dafür, dass die Redaktionen ihre relative Unabhängigkeit nicht ›überstrapazierten‹. Erlaubt war den konfessionellen Presseorganen ohnehin lediglich die Verbreitung von Themen mit rein christlichen bzw. kirchlichen Inhalten. »Kein einziges Exemplar der Kirchenpresse konnte ohne Zustimmung des Presseamts beim Vorsitzenden des Ministerrats in Umlauf gebracht werden. So war es möglich, die Auslieferung zu unterbinden bzw. die Redakteure zur Selbstzensur zu zwingen. Den Kirchenblättern drohten Maßregelungen, wie z. B. die Beschlagnahme der gesamten Ausgabe, wenn gesellschaftliche Themen zum Ausdruck kamen. (…) Nach der Veränderung der beanstandeten Stellen mußte die gesamte Auflage neu gedruckt werden.«[108] Ansonsten blieb den vorzensierten Kirchenzeitungen nur die Möglichkeit, brisantere Inhalte in Form von Zitaten hoher Geistlicher oder Theologen aus dem (westlichen) Ausland zu verbreiten. Es muss an dieser Stelle jedoch darauf hingewiesen werden, dass nicht alle kirchlichen Presseorgane sich gleichermaßen als im (versteckten) Widerstand gegenüber Staat und System der DDR sahen. Gemäß der Vorstellung von »Kirche im Sozialismus« gab es auch kirchlich firmierende Wochen- und Monatsschriften, die so parteitreu und systemkonform arbeiteten, dass ihnen neben finanzieller Unterstützung des Staats auch der Verkauf am Kiosk eingeräumt wurde. Auskunft über Zensurmaßnahmen an kirchlicher Publizistik in der DDR gibt der Beitrag »Kampfplatz Kirchenpresse« von Marlies MÜHLEGGER-REISENAUER und Tabea BÖCKING.[109]

Als die Kirche ab Mitte der achtziger Jahre zunehmend Heimstätte und Forum Andersdenkender und politischer Reformer wurde, nahm der Druck auf die periodischen Organe kirchlicher Publizistik erneut zu. Es kam vermehrt zu Herstellungs- und Vertriebsverboten bei den zu jener Zeit immerhin 34 Pressetiteln von Kirchen und Religionsgemeinschaften mit einer Gesamtauflage von 376.000 Exemplaren.[110]

Zur oppositionellen Presse in der DDR: Nicht gänzlich von der Kirchenpresse zu trennen sind die politischen Zeitungen und Zeitschriften der DDR, die ab Mitte der achtziger Jahre im Untergrund hergestellt und verbreitet wurden und deren politische und publizistische Bedeutung zum Ende der DDR-Zeit nicht unterschätzt werden darf. Ihre Nähe zur eigentlichen Kirchenpublizistik ist zunächst in dem Umstand begründet, dass die meisten dieser Blätter im Schutzraum der Kirche hergestellt und herausgegeben wurden. Allerdings gab es auch prominente Titel der ›Untergrundpresse‹, die »außerhalb der partiellen Legalität des kirchlichen ›Daches‹« erschienen.[111] Die Vielfalt oppositioneller Presseorgane erschwert es, gemeinsame Charakteristika dieser Zeitungen und Zeitschriften zu benennen. Was sie einte, war die Opposition gegenüber Staat und Partei sowie der Wunsch, »gegen die geistige Öde, gegen das Vakuum« anzugehen, »das der bürokratische Sozialismus hinterlassen hatte, als er im Kampf um die Köpfe de facto aufgegeben hatte«.[112] Damit verbunden wird man der oppositionellen DDR-Presse nicht gerecht, wenn man ihr unterstellt, sie habe ›Gegenöffentlichkeit‹ in einer hermetisch abgeriegelten DDR herstellen wollen. Diese Aufgabe hatten – nach ostdeutschem Verständnis von Gegenöffentlichkeit – über Jahre die westdeutschen Rundfunkstationen übernommen. Auch ging es nicht um eine politisch ›rechte‹ bzw. westlich orientierte Opposition gegen ein ›linkes‹, sozialistisches System. Die politische Grundhaltung der oppositionellen Blätter orientierte sich einerseits an den neuen sozialen Bewegungen in der Bundesrepublik und andererseits an ›Glasnost‹ und ›Perestroika‹ in der Sowjetunion der Ära Gorbatschow und ist von daher zutreffend als Richtung des ›dritten Wegs‹ bezeichnet worden.[113]

Zu den von der Untergrundpresse primär aufgegriffenen Themen gehörten anfangs vor allem der Umweltschutz, Menschenrechts- und Friedensthemen, das Thema Antifaschismus sowie die ausführlichere Behandlung osteuropäischer Frage- und Problemstellungen. Ab Anfang 1989 kamen mehr und mehr Abhandlungen über Bürgerrechte und Demokratievorstellungen, aber auch speziell Meinungsartikel zur Zukunft der DDR, zur Wiedervereinigung und zum Thema ›Stasi‹ hinzu. Die Bedeutung des Ökologiethemas in der frühen oppositionellen Presse lässt sich vor allem darauf zurückführen, dass es politisches und publizistisches Engagement erlaubte, ohne dass man sich deswegen zwangsläufig den Vorwurf der Systemfeindlichkeit einhandeln musste. Zeitungs- und Zeitschriftennamen wie »Umweltblätter«, »Löwenmaul« (als Organ des Umweltbunds Ökolöwe) oder »Materialien für Umweltschutz« zeugen von der Bedeutung der Ökothemen.[114]

Unterschieden werden müssen die Oppositionsorgane zum einen nach den Erscheinungsgebieten Berlin, Raum Leipzig und ›ländlichen Regionen‹. Denn auf dem Land waren die Kontrollen penibler und die Strafmaße höher als im Schatten der Kirche im Leipziger Raum oder im Großstadt-Milieu der Hauptstadt, durch deren Mitte zudem die Grenze zum Westen verlief und täglich spürbar war. Zum anderen muss die Untergrundpresse getrennt werden nach Titeln, in denen sich die eher bürgerliche Opposition formierte, zum Zweiten nach eher links-intellektuell orientierten Titeln und zum Dritten nach Organen wirklicher Untergrundkämpfer, die sich zum Teil streng anti-intellektuell gaben. Schließlich erscheint es sinnvoll, die einzelnen Zeitungen und Zeitschriften nach ihrer Nähe zur Kirche einzuteilen in Organe, zu denen die Kirche auch offiziell stand und die sie schützte; solche Blätter, in denen Oppositionelle den ›Schutzraum Kirche‹ nutzten, um überhaupt schreiben zu können (die jedoch mit der Kirchenleitung nicht selten in ernsthafte Konflikte gerieten), sowie einige wenige Untergrundtitel, die sich ausdrücklich auch von der Kirche distanzierten, um keiner gesellschaftlichen Institution gegenüber rechenschaftspflichtig zu sein.[115]

Die wichtigsten Organe der Untergrundpresse waren die kirchlich firmierenden »Streiflichter«, die bereits ab 1981 in der Regel monatlich mit sehr unterschiedlichem Seitenumfang und einer Auflage von rund 400 Exemplaren in Leipzig erschienen; der ab 1986 monatlich erscheinende »Grenzfall« (Ost-Berlin) als die »erste politische Untergrundzeitung der DDR«; die in der Ost-Berliner Zionskirche hergestellten »Umweltblätter« (1986–1989), die – bei monatlicher Erscheinungsweise – bis zu 30 Seiten Umfang und 2.000 Stück Auflage erreichten; die seit 1987 edierten kirchennahen »Kontakte« aus Leipzig sowie die beiden erst in der Zeit der Wende aufgekommen und prominent gewordenen Bürgerrechtsblätter »neues forum« (bis Januar 1990) und »Die Andere« (ab Januar 1990), deren wöchentliche Auflage 10.000 Stück betrug. Die meisten von ihnen, das sei hier vorweggenommen, überlebten die politischen Umwälzungen nach 1989 nicht.[116]

6.6   Werbung in der DDR

Kommerzielle Werbung hat es in der DDR nur in recht bescheidenem Ausmaß gegeben. Sie erschien als »Restposten des kapitalistischen Systems (...), der geduldet, niemals aber gefördert werden sollte, da sie mit einer Verschwendung des volkswirtschaftlichen Vermögens gleichgestellt wurde.«[117] Das heißt jedoch nicht, dass das Thema ›Werbung‹ im ostdeutschen Staat tabuisiert gewesen wäre; Werbung hatte lediglich eine andere Funktion als in westlichen Systemen: Als ziel- und zweckgerichtetes Mittel zur Beeinflussung von Menschen war sie methodischer Bestandteil von Agitation und Propaganda, die als ein Monopol der Partei und der von ihr kontrollierten Organe und Einrichtungen das gesamte gesellschaftliche Leben und seine Teilbereiche zu durchdringen hatte. Jürgen BEHNKE nennt als wichtigstes Prinzip sozialistischer Werbung ›Parteilichkeit‹ und führt aus: »Ihre Kommunikationsfunktionen werden dazu benutzt, bewußt die Einheit von Ökonomie, Politik, Ideologie, Kultur und Bildung herzustellen.«[118] Aufgaben und Ziele jeweiliger Werbung, die mit vorübergehenden kampagnenartigen Einsätzen angestrebt wurden, waren von der SED vorgegeben. Entsprechend war es verboten, für Ideen oder Ziele zu werben, mit denen die Partei nicht übereinstimmte.[119]

Wirtschaftswerbung konnte und musste in einem System wie dem der DDR mit planwirtschaftlichen Vorgaben und einer administrativ vorgenommenen Verteilung der Produktionsgüter auch gar nicht den gleichen Stellenwert haben wie in einer freien Marktwirtschaft.

Dennoch ergab sich aus der örtlichen und zeitlichen Distanz zwischen Produktion und Absatz bzw. Konsum wie in jedem Wirtschaftssystem die Notwendigkeit zur Werbung – schon aus Gründen der Lagerhaltungskosten. Auch wurde im Zuge des allmählichen Abrückens von der orthodoxen Zentralplanwirtschaft begrenzt das marktwirtschaftliche Prinzip von Angebot und Nachfrage als wirtschaftspolitisches Instrument eingesetzt. Grundlage der kommerziellen Werbung waren die vom Ministerium für Handel und Versorgung vorgegebenen sog. Jahresgrundorientierungen zur warenbezogenen Werbung, deren Leitlinien von den Leitungsorganen der Wirtschaft auf Landes- und Bezirksebene präzisiert und danach zu konkreten Verkaufs- und Werbekonzepten ausgearbeitet wurden. Die einzelnen Handelsfirmen hatten anhand dieser Konzepte Werbepläne für jeweils ein Jahr zu erstellen. Die zentralistische Organisation der Werbung in der DDR war auf die beiden Agenturen Deutsche Werbe- und Anzeigengesellschaft (DEWAG) und Gesellschaft für Werbung und Auslandsmessen (Interwerbung) aufgeteilt, wobei die SED-geleitete DEWAG für wirtschafts- und gesellschaftspolitische Werbung im Inland, die Interwerbung hingegen für Werbung im Ausland und für die Werbung ausländischer Kunden in der DDR zuständig war.[120]

Bei Erläuterungen zur Werbung in der DDR muss also zwischen Binnenwerbung und Werbung im Bereich des Außenhandels unterschieden werden. Da der Absatz von Produkten im Ausland – zumindest teilweise – der offenen Konkurrenz am Weltmarkt unterlag (was für den Import und Export innerhalb des sozialistischen Staatenbunds so nicht galt), war Werbung für Exportgüter sehr wohl von Bedeutung. Dabei wurde nicht nur in Presseorganen (wie z. B. dem »Neuen Deutschland«) geworben, die auch in westliche Staaten vertrieben wurden, sondern auch – oft mit ganzseitigen Anzeigen – in westlichen Printmedien. Werbung rangierte »auf den äußeren Märkten (…) aus Gründen der Devisenbeschaffung und des Außenprestiges von jeher weit vorn. Hier wurde sowohl mit anderen Maßstäben gemessen als auch mit anderen Finanzmitteln gearbeitet.«[121]

Kommerzielle Binnenwerbung diente primär der Sortimentsdarstellung. Ihr einzelwirtschaftliches Ziel war die ›Absatz- und Marktbearbeitung‹ der volkseigenen Betriebe und Kombinate der DDR. Die verschiedenen Werbeträger wurden dabei in unterschiedlichem Ausmaß genutzt. Maßnahmen der Wirtschaftswerbung erstreckten sich auf Anzeigen in den Printmedien, auf Plakate, Werbefilme im Fernsehen sowie Schaufenstergestaltung, Leuchtreklamen und Werbereisen. Werbung im Hörfunk gab es dagegen nicht. Ausnahmen für Radiowerbung gab es lediglich jedes Jahr während der Leipziger Messe, wo der Sender Leipzig die sog. Messewelle ausstrahlte, in deren Rahmen auch ausländischen Ausstellern Werbezeiten für Produkt- und Firmenwerbung in mehrsprachigen Werbespots eingeräumt wurde.[122]

In den Tageszeitungen der DDR, die im Regelfall sechs bis acht Seiten umfassten, nahm Anzeigenwerbung schon aus Platzgründen eine untergeordnete Rolle ein. Ihr kamen dabei vor allem zweierlei Funktionen zu: die *Beeinflussung* zum Kaufentscheid bei schwerverkäuflichen, oft auch minderwertigen Produkten; zum anderen echte Produkt*information* zu leisten, »allerdings für Produkte, die nicht ohne weiteres erwerbbar waren (z. B. Autos und Bücher)«.[123] Das galt auch für die Konsumwerbung in Illustrierten, Zeitschriften und Magazinen, in denen vergleichsweise viel und zudem oft farbig geworben wurde. Insgesamt aber glichen die Anzeigenschaltungen der volkseigenen Betriebe und Kombinate »entweder potemkinschen Dörfern, oder, wegen der Monopolstellung, überflüssiger Imagewerbung«.[124]

Das Bild der Werbung wurde in der DDR durch die Werbung in den elektronischen Westmedien geprägt, und verständlicherweise beeinflussten diese Werbespots langfristig die Produktvorstellungen, -wünsche und -maßstäbe vieler Menschen, ohne dass diese Produkte jedoch von den Bürgern der DDR erworben werden konnten.

6.7   Mediennutzung in der DDR

Über Reichweite und Nutzung der Presse- und Rundfunkmedien in der DDR liegen vergleichsweise wenige gesicherte Daten vor. Immerhin geht aus einer 1988 von westdeutschen Forschern publizierten Studie hervor, welchen Stellenwert das Lesen von Zeitungen, Zeitschriften oder Büchern sowie die Rundfunknutzung im Rahmen der Freizeitbeschäftigung in der DDR einnahmen – wobei in den Ergebnissen leider weder zwischen der Nutzung verschiedener Printmedien noch zwischen Radiohören und Fernsehen unterschieden wurde.[125] Aus der Untersuchung geht hervor, dass zwischen 1966 und 1985 Radiohören bzw. Fernsehen als Freizeitbeschäftigung zunahm. So stieg die Rundfunknutzungsdauer bei den männlichen Mediennutzern von 84 auf 113 Minuten täglich, während deren Zeitaufwand fürs Lesen von täglich 30 auf 19 Minuten zurückging. Bei den weiblichen Mediennutzern waren die Werte ähnlich, nur insgesamt etwas niedriger.

Im Jahr 1985 wurde unter 205 Umsiedlern aus der DDR in die Bundesrepublik eine Umfrage zur Mediennutzung durchgeführt. Im Rahmen dieser Studie wurden erstmals Daten zur Nutzung und Beurteilung westdeutscher Medien in der DDR erhoben. Es bestätigte sich, dass bundesdeutsche Hörfunk- und Fernsehprogramme in weiten Teilen der DDR empfangen werden konnten und auch intensiv genutzt wurden. Keinen TV-Westempfang gab es lediglich in der Region um Dresden sowie in den Gebieten um Greifswald. In diesen von der innerdeutschen Grenze relativ weit entfernten östlichen und südöstlichen Landesteilen der DDR war die Bevölkerung beinahe ausschließlich auf den Empfang von Fernsehprogrammen der DDR angewiesen.[126] Etwas besser stellte sich die Situation im Hörfunk dar. Denn hier konnte man in Regionen, in denen westdeutsche UKW-Programme nicht zu empfangen waren, zumindest auf Mittelwelle Westradio hören. Das galt selbst für die südöstliche Region der DDR (wenn auch mit deutlich schlechterem Empfang), die wegen ihres Abgeschnittenseins von den bundesdeutschen TV- und den meisten Radioprogrammen von DDR-Bürgern als ›Tal der Ahnungslosen‹ bezeichnet wurde. Schließlich aber verbesserte sich der Zugang zu den Westmedien Mitte der achtziger Jahre noch einmal erheblich, da die Ausstrahlung über Satellit nicht nur die Empfangsmöglichkeit optimierte, sondern durch Privatinitiativen auch »das Tor zu Antennen- und Kabelgemeinschaften [öffnete]«.[127]

Bereits bei der 1985 durchgeführten Umfrage gab mit 82 Prozent eine überraschend große Mehrheit der Befragten an, Westprogramme regelmäßig genutzt und gezielt westdeutsche Informationsprogramme (Nachrichtensendungen, politische Magazine) gesehen zu haben. Neben dem Interesse an politischen Informationssendungen war bei den ehemaligen DDR-Bürgern – auch was das Unterhaltungsbedürfnis anbelangt – eine starke Westmedienorientierung zu beobachten. Den Nachrichtenprogrammen von ARD und ZDF wurden nach Angaben der Befragten hohe Glaubwürdigkeit beigemessen. Das öffentlich-rechtliche Fernsehprogramm wurde überwiegend als ›vielfältig‹ und ›offen‹ eingeschätzt. Auch die Ergebnisse zur Hörfunknutzung verwundern nicht: Der Umfrage zufolge wurden vor allem die Hörfunkprogramme von RIAS Berlin und die des Bayerischen Rundfunks, des Deutschlandfunks und des Senders Freies Berlin genutzt, was im Wesentlichen den terrestrischen Empfangsmöglichkeiten in der DDR entsprach.[128] Für die hier referierten Ergebnisse der Studie ist allerdings zu berücksichtigen, dass sie kein repräsentatives Bild für die Mediennutzer in der DDR abgeben, sondern nur für Zuwanderer und Ausreisewillige aus der DDR »statistische Exaktheit und Gültigkeit (…) beanspruchen [können].«[129] Man darf annehmen, dass Umsiedler aus der DDR in die Bundesrepublik möglicherweise ein insgesamt höheres Interesse am Empfang von Westmedien hatten als die übrigen Bürger der DDR.

Im Oktober 1989 wurden erstmals Fernsehnutzungsdaten seitens der DDR selbst bekannt gegeben. Es waren dies die zu der DDR-Fernseh-Nachrichtensendung »Aktuelle Kamera« ermittelten Einschaltquoten. Sie stiegen der Studie zufolge von 8 Prozent vor dem Sturz Honeckers sprunghaft auf 46 Prozent danach an.

Bundesdeutsche Zeitungstitel waren in der DDR offiziell nicht erhältlich. Handel, Vertrieb und Besitz westdeutscher Zeitungen sowie ihre Lektüre waren verboten und standen unter Strafe. Eingeführt wurden lediglich kommunistische Zeitungen westlicher Länder sowie eine Auswahl unpolitischer Fachzeitschriftentitel. Darüber hinaus gab es vielleicht noch so etwas wie einen ›Schwarzmarkt‹ westlicher Pressetitel im Zuge des deutsch-deutschen Besucherverkehrs, der jedoch wegen des geringen Umschlags kaum von Bedeutung gewesen sein dürfte. Generell waren also die Bürger der DDR hinsichtlich der Printmedien ausschließlich auf Zeitungen und Zeitschriften aus der DDR sowie auf prominente Pressetitel aus befreundeten sozialistischen Ländern angewiesen. Erst 1987, nach dem Besuch Erich Honeckers in der Bundesrepublik, wurde das Einfuhrverbot für Printmedien aus der Bundesrepublik etwas gelockert. Von diesem Zeitpunkt an durften Mode-, Sport-, Hobby- und andere (Fach-)Zeitschriften mit der Post in die DDR geschickt oder von Reisenden mitgebracht und eingeführt werden.[130]

Eine Studie aus jüngerer Zeit nutzte die Methode medienbiographischer Tiefeninterviews, um detaillierteren Aufschluss über die Gepflogenheiten und Motive der DDR-Bürger bei der Mediennutzung zu erhalten. In der Darstellung der zentralen Befunde betont Michael MEYEN, dass das Fernsehen – mit Abstand das beliebteste Medium in der DDR – als Alltagsmedium genutzt wurde, das in erster Linie der Unterhaltung und Entspannung durch Unterhaltungsshows, Spiel- und Tierfilme sowie Serien diente und von dem man sich – wie von den übrigen Medien – vor allem eine Strukturierung des Alltags erhoffte. Das Bedürfnis nach Unterrichtung über wichtige Ereignisse und politische Information folgte erst an zweiter Stelle.[131] Interessanterweise korrespondiert dabei das vernichtende Urteil der DDR-Mediennutzer über Informationsangebot und Glaubwürdigkeit von Nachrichten und politischen Sendungen des Ostfernsehens nicht mit einer entsprechend hohen Wertschätzung für die Informationssendungen des Westens: Man sah die Nachrichten von ARD und ZDF nicht, weil man sie für besonders glaubwürdig hielt, sondern um neben der Ost-Propaganda auch einen anderen Blickwinkel auf das aktuelle Geschehen zu bekommen; eine »interessenfreie«, »objektive« Berichterstattung hielt ein großer Teil der Befragten für unmöglich. Überdies hätte das Westfernsehen mangels Kenntnis über das Leben in der DDR kaum so etwas wie Orientierungshilfe im Alltag bieten können. »Die westdeutschen Hörfunk- und TV-Programme haben allenfalls im Spätsommer und Frühherbst 1989 eine mediale Öffentlichkeit in der DDR herstellen können, mit Berichten über Demonstrationen und Fluchtmöglichkeiten und indem sie diejenigen zu Wort kommen ließen, die sich dann zur Opposition formierten. Vorher, in den sog. normalen Zeiten, waren die Westmedien für die allermeisten DDR-Bürger kein vollwertiger Ersatz.«[132]

Was die Nutzung von Zeitungen und Zeitschriften in der DDR anbelangt, bestätigen die Befunde der Untersuchung die dominante Position der SED-Bezirkszeitungen, befriedigten diese in ihrer Berichterstattung doch noch am ehesten das besonders große Leserinteresse an »Gerichtsberichte[n], Anzeigen und Lokalberichterstattung (in dieser Reihenfolge)«, wenn auch Letzteres nur dienstags bis samstags mit lediglich einer Lokalseite. Der Bedarf an Illustrierten und Unterhaltungszeitschriften konnte in der DDR nie gedeckt werden; stets gab es mehr Interessenten als Zeitschriftenexemplare. Deshalb war die tägliche Zeitungslektüre mitunter Ersatz für die nicht erhaltene Zeitschrift. Gelesen wurde zumeist nachmittags oder abends, bevor der Fernseher eingeschaltet wurde, zumal die Auslieferung über die Post außerhalb der großen Städte oft erst mittags erfolgte und eine Zustellung am darauffolgenden Tag keine Seltenheit war. Und auch hier darf der Alltagsnutzen nicht unterschätzt werden, so dass von der täglichen Zeitungslektüre nicht auf Zustimmung zu den (politischen) Zeitungsinhalten geschlossen werden darf, wie Meyen hervorhebt, wenn er als ein Nutzungsmotiv formuliert: »Zeitungen bieten einen Schutz- und Rückzugsraum, sie helfen über die Einsamkeit hinweg und über eine ›leere‹ Viertelstunde. Man hat etwas in den Händen und kann sich ausruhen, ohne sich dafür entschuldigen zu müssen.«[133]

6.8   Exkurs: Möglichkeiten und Grenzen deutsch-deutscher Berichterstattung

Das Thema ›Arbeitsmöglichkeiten westdeutscher Journalisten in der DDR‹ war über den gesamten Zeitraum der Teilung Deutschlands ein heikles Kapitel. Während DDR-Journalisten jederzeit und ohne Genehmigung in die Bundesrepublik und nach Westberlin reisen und von dort ungehindert berichten konnten, wurde den in der DDR tätigen Journalisten der Bundesrepublik nur sehr begrenzte Bewegungsmöglichkeit zugestanden und ihre Berichterstattung auf vielfache Weise behindert. Die DDR-Führung tat sich mit der Frage der deutsch-deutschen Berichterstattung vor allem aus zwei Gründen schwer.

Zum einen kämpfte die DDR seit ihrer Gründung im Oktober 1949 um die westliche (und bundesdeutsche) Anerkennung als eigenständiger Staat und dessen völkerrechtliche Anerkennung. Daher betrachtete sie die Bundesrepublik als ›Ausland‹, während man in Bonn auch nach der Teilung am Fortbestand der Einheit der deutschen Nation und an der Wiederherstellung auch der staatlichen Einheit festhielt und darauf beharrte, deutsch-deutsche Angelegenheiten nicht als Fragen und Probleme der Auslandsbeziehungen zu akzeptieren. Nach DDR-Vorstellung galten für bundesdeutsche Journalisten jedoch die Bestimmungen für die Zulassung und Arbeit von Auslandskorrespondenten in der DDR.[134]

Zum anderen konnte die DDR kein Interesse daran haben, dass ihre von Anfang an strenge Kontrolle der DDR-Medien durch eine unzensierte und zudem aus der Perspektive des »Klassenfeinds« erfolgte Berichterstattung bundesdeutscher Hörfunk- und Fernsehsender unterlaufen wurde, deren Ausstrahlung über die innerdeutsche Grenze hinaus von der DDR-Führung nicht verhindert werden konnte. Stärker noch als ein »verfälschtes« Bild der DDR im (westlichen) Ausland fürchtete man nämlich die Folgen bundesdeutscher Berichterstattung für die eigene Bevölkerung, die in 90 Prozent des ostdeutschen Staatsgebiets Westsender empfangen konnte.[135]

Bereits 1969 – zu einem Zeitpunkt, als sich die internationale Anerkennung der DDR als eigenständiger Staat abzuzeichnen begann – war von der DDR eine Verordnung in Kraft gesetzt worden, die die Akkreditierung *ausländischer* Journalisten regelte. Bei den Auseinandersetzungen, zu denen es zwischen der Bundesrepublik und der DDR wegen der Behinderung westdeutscher Journalisten immer wieder kam, berief sich das »Presseamt beim Vorsitzenden des Ministerrats« auf das völkerrechtliche Nichteinmischungsgebot. Bonn seinerseits konnte und wollte dies nicht akzeptieren, weil es sich bei der Berichterstattung westdeutscher Journalisten in der DDR nicht um fremde, sondern deutsche Angelegenheiten handelte und weil zudem das Prinzip der Nichteinmischung sich lediglich auf andere Staaten und deren Organe, nicht aber auf Einzelpersonen oder gar Journalisten bezieht.[136]

Die westdeutschen Hörfunk- und Fernsehkorrespondenten waren nach den verschiedenen Rundfunk-Staatsverträgen auf die Vermittlung eines objektiven und umfassenden Bildes der *gesamten* deutschen Wirklichkeit verpflichtet. Während westdeutsche Pressejournalisten zur Unterrichtung der Bundesbürger aus der DDR berichteten, mussten Rundfunkjournalisten sich stets darüber im Klaren sein, dass ihre Berichterstattung aus der DDR gerade auch von den Bürgern dort aufmerksam verfolgt wurde, zumal die entsprechenden Ereignisse oft von den DDR-Medien gar nicht erwähnt wurden. Aus diesem Grund kam es immer wieder zu Arbeitsbehinderungen westlicher Rundfunk- und Fernsehkorrespondenten durch die Behörden der DDR. Auch musste ein westdeutscher Korrespondent stets mitbedenken, »ob eine Veröffentlichung Informanten schaden oder DDR-Behörden zu bestimmten, nicht gewollten Entscheidungen provozieren konnte. Vorsicht mußte er auch gegenüber unbekannten Informanten walten lassen.«[137]

Bedeutsam für die Arbeitsmöglichkeiten der Journalisten im jeweils anderen deutschen Staat war der deutsch-deutsche »Vertrag über die Grundlagen der Beziehungen zwischen der Bundesrepublik Deutschland und der Deutschen Demokratischen Republik«, der am 21. Dezember 1972 in Berlin unterzeichnet wurde und ein halbes Jahr später in Kraft trat. Denn im Zusammenhang mit dem sog. *Grundlagenvertrag*, der auf einvernehmliche Regelungen in den Beziehungen zwischen den beiden deutschen Staaten zielte, spielte für den deutsch-deutschen Journalismus der ›Briefwechsel vom 8. November 1972 über Arbeitsmöglichkeiten von Journalisten‹ eine wichtige Rolle, der zwischen den damaligen Staatssekretären Egon Bahr (Bundesrepublik) und Michael Kohl (DDR) stattgefunden hatte. Insbesondere ging es dabei um eine für beide Seiten akzeptable Regelung der Berichterstattung von westdeutschen Journalisten in der DDR und von ostdeutschen Journalisten in der Bundesrepublik. Im entscheidenden Passus des ›Briefwechsels‹ gewährte die DDR Journalisten aus der Bundesrepublik »im Rahmen ihrer geltenden Rechtsordnung (…) das Recht zur Ausübung der beruflichen Tätigkeit und der freien Information der Berichterstattung«.[138] Da man diesen

›Briefwechsel‹ (und die sich daran anschließenden ›Erklärungen‹) als Teil des Grundlagen-vertrags betrachtete, wurde damit erstmals ein rechtlicher Rahmen für die journalistische Tätigkeit im jeweils anderen Staat geschaffen. Danach wurde den Presseleuten beider deut-scher Staaten das Recht zur beruflichen Niederlassung als ständiger Korrespondent sowie zur Tätigkeit als Reisekorrespondent im jeweils anderen Staat eingeräumt. In Ost-Berlin waren bis zum Herbst 1989 rund 20 ständige Korrespondenten aus der Bundesrepublik und West-Berlin akkreditiert, in Bonn sechs ständige Korrespondenten aus der DDR.[139]

Voraussetzung für die Tätigkeit als *ständiger Korrespondent* in der DDR war die Akkre-ditierung und Niederlassung in Ost-Berlin sowie die Anerkennung und Einhaltung von DDR-Recht. Akkreditiert wurden ständige Korrespondenten auf Ersuchen der sie entsen-denden Zeitung, Zeitschrift, Agentur etc. von der Hauptabteilung Presse des Ministeriums für Auswärtige Angelegenheiten der DDR. Überhaupt war ab 1972 für bundesdeutsche Jour-nalisten nicht mehr das Presseamt beim Vorsitzenden des Ministerrats zuständig, sondern die entsprechende Abteilung des Außenministeriums. Ständige Korrespondenten erhielten in der Regel für die Dauer von jeweils einem Jahr einen Presseausweis und ein Visum zur mehrmaligen Ein- und Ausreise. Sie waren berechtigt, Presseerzeugnisse und technisches Gerät für ihre dienstliche Tätigkeit in die DDR einzuführen und hatten ab 1976 ein Recht auf bevorzugte Grenzabfertigung für sich und ihre Familien. Sie erhielten für ihre Privat- und Dienstwagen besondere amtliche Kennzeichen, die gleichzeitig eine sofortige Identifi-kation durch die DDR-Sicherheitsorgane erlaubten. Auch durften als ständige Korrespon-denten akkreditierte Journalisten technische Mitarbeiter aus der Bundesrepublik oder aus der DDR in ihren DDR-Büros beschäftigen.[140]

Reisekorrespondenten mussten die Einreise und eine befristete Aufenthaltserlaubnis jeweils für ein konkretes journalistisches Vorhaben beim »Ministerium für Auswärtige Angelegen-heiten der DDR« beantragen, wobei es ins Ermessen des Ministeriums gestellt war, diese Anträge zu akzeptieren oder abzulehnen. Zudem wurde das Ministerium für Staatssicherheit über sämtliche Korrespondentenanträge informiert. Reisekorrespondenten erhielten keinen für die DDR gültigen Presseausweis, sondern lediglich sog. Pressekarten, »deren Gültigkeit entsprechend dem genehmigten Vorhaben festgelegt wurde«.[141]

Einschränkungen ergaben sich für westdeutsche Korrespondenten bereits durch eine ganze Reihe gesetzlicher Bestimmungen nach der Korrespondentenverordnung von 1973. Dabei wurde eine freie Berichterstattung vor allem durch eine DDR-Bestimmung beein-trächtigt, wonach ausländische Journalisten bei der Ausübung ihrer Tätigkeit durch die Abteilung Journalistische Beziehungen des Außenministeriums ›unterstützt‹ werden soll-ten. In der Praxis war die Recherche in allen staatlichen Einrichtungen, Genossenschaften und volkseigenen Betrieben bei der genannten Abteilung genehmigungspflichtig. Ebenso musste man dort eine spezielle Erlaubnis für Interviews mit ›führenden Persönlichkeiten‹ einholen. Darüber hinaus waren alle ausländischen Korrespondenten verpflichtet, die Abtei-lung Journalistische Beziehungen über Reisen außerhalb der ›Hauptstadt der DDR‹ vorab zu unterrichten.[142]

Bei den eingeschränkten Arbeits- und Recherchemöglichkeiten waren für die in der DDR tätigen bundesdeutschen (und anderen westlichen) Korrespondenten vor allem die folgenden Informationsquellen von Bedeutung:[143]

- die Medien der DDR selbst, obwohl man bei der Auswertung ihrer Inhalte die strenge Medienanleitung immer mitberücksichtigen musste; sie galten dennoch als traditionelle Nachrichtenquelle über Ereignisse aus dem ostdeutschen Staat;
- die Abteilung Journalistische Beziehungen im DDR-Außenministerium als der offizielle und unumgehbare Ansprechpartner;
- der Freundes- und Bekanntenkreis oder eventuelle Verwandte der Korrespondenten, die vor allem – was nicht unterschätzt werden sollte – über den Alltag der Menschen in der DDR berichten konnten;
- Straßeninterviews mit DDR-Bürgern als deren Ventil und Chance, »Tabus der eigenen Medien zu durchbrechen«. [144]

Die bürokratischen Behinderungen bundesdeutscher Journalisten in der DDR wurden 1979 durch eine neue Durchführungsbestimmung noch verschärft. Danach wurde die Genehmigungspflicht auf jegliche journalistische Recherche- und Berichterstattungstätigkeit in allen »gesellschaftlichen Einrichtungen und Institutionen sowie [auf] Interviews und Befragungen jeder Art« ausgedehnt. Wollten die Korrespondenten Ost-Berlin verlassen, um in der übrigen DDR zu arbeiten, so mussten sie jetzt die Abteilung Journalistische Beziehungen spätestens 24 Stunden vor Antritt der Reise »unter genauer Angabe des Reiseziels und des Reisegrunds« informieren.[145] Die beabsichtigte Reise konnte dann erforderlichenfalls nicht genehmigt und somit verhindert werden.

Diese neuen Bestimmungen waren nicht zuletzt gegen die Berichterstattung aus dem Bereich der Kirchen (›gesellschaftliche Einrichtungen‹) sowie gegen allgemeine Straßenbefragungen und Interviews mit oppositionellen Schriftstellern, Künstlern und anderen engagierten Persönlichkeiten gerichtet, die in den achtziger Jahren in zunehmendem Maße Kritik am System der DDR übten. Generell zielten die strengeren Kontrollmaßnahmen darauf, »die Schwelle für persönliche Kontakte zu erhöhen und so die private Kommunikation der publizistischen Verwertung zu entziehen«.[146]

Das Ministerium für Auswärtige Angelegenheiten hat mehrfach angebliche Verstöße von westdeutschen Korrespondenten gegen die ostdeutsche Korrespondentenverordnung mit den in der Durchführungsverordnung vorgesehenen Maßnahmen geahndet. So wurden Korrespondenten des »Spiegel« (1975), der ARD (1976), des ZDF (1979) und des »Stern« (1983) wegen böswilliger Verletzungen der Rechtsvorschriften der DDR oder anderer Vergehen ausgewiesen. Auch kam es wiederholt zu Übergriffen ostdeutscher Sicherheitskräfte gegen westliche Journalisten, Fernsehteams und Reporter, bei denen es offensichtlich um die völlige Unterbindung der Berichterstattung über bestimmte Ereignisse ging. Daran änderten Proteste der Bundesregierung ebenso wenig wie ein anlässlich des Honecker-Besuchs 1987 vereinbartes Kommuniqué, in dem »die große Bedeutung einer umfassenden sachlichen Information durch Presse, Funk und Fernsehen für die weitere Entwicklung gutnachbarlicher Beziehungen« unterstrichen wurde.[147]

Bei den von der DDR-Führung angeordneten und von den Kontrollorganen praktizierten Repressions- und Sanktionsmaßnahmen gegen Journalisten aus der Bundesrepublik lassen sich folgende Formen der Arbeitsbehinderung und der Bestrafung für unliebsame Berichterstattung unterscheiden:[148]

- die sog. Verwarnung für ›leichte Verstöße‹ gegen gesetzliche Grundlagen der Medienbe-richterstattung ausländischer Journalisten in der DDR;
- gezielte Pressekampagnen ostdeutscher Medien gegen westdeutsche Journalisten und ihr berufliches Selbstverständnis bzw. ihre journalistische Arbeitsweise;
- der Ausschluss von Pressekonferenzen, der als ›vorübergehende Nichtzulassung‹ vorwie-gend in den sechziger Jahren stattfand;
- die Vorzensur, beispielsweise das 1978 ausgesprochene Verbot für Rundfunkjournalisten der ARD, Filmaufnahmen mit DDR-Schriftstellern zu machen;
- die Ausweisung, wie sie im Fall von Korrespondenten des »Spiegel«, der ARD, des ZDF und des »Stern« vorgenommen wurden;
- das Mittel der Büroschließung, eine beispielsweise 1978 gegen den »Spiegel« vorgenom-mene Sanktion nach dessen kritischer Berichterstattung über Zwangsadoptionen in der DDR, was als Einmischung in die inneren Angelegenheiten der DDR ausgelegt wurde.

Mit einer neuen Korrespondentenverordnung und der entsprechenden Durchführungsver-ordnung hatte die Regierung Modrow Ende November 1989 die Einschränkungen für west-deutsche Journalisten gelockert. Rund fünf Wochen später, am 9. Januar 1990, wurden offi-ziell sämtliche Restriktionen für die Tätigkeit ausländischer Korrespondenten aufgehoben und die zentrale Genehmigungspflicht für journalistische Vorhaben abgeschafft. Eine freie deutsch-deutsche Berichterstattung war ab 1. Juni 1990 möglich, als die Pflicht zur Akkre-ditierung bundesdeutscher Journalisten in Ost-Berlin gänzlich abgeschafft wurde.[149]

Die Situation der Presse in der DDR resümierte Jürgen GRUBITZSCH, Professor für Jour-nalistik an der Karl-Marx-Universität Leipzig, im Frühjahr 1990 wie folgt: »Die Presse der DDR war über vier Jahrzehnte integrierender Bestandteil autoritärer Machtstrukturen des Herrschaftssystems der SED. Sie erfüllte die zugewiesene Rolle angesichts äußerer und inne-rer Faktoren in wechselndem Maße. Von außen wirkten nicht nur zunehmende Reichwei-ten elektronischer Medien, sondern Entspannungspolitik, Reisemöglichkeiten für Teile der DDR-Bevölkerung und das sich im Westen durchsetzende neue Demokratieverständnis, gegen das ein Abschotten, zumal nach Gorbatschows Amtsantritt, immer weniger ausrich-tete. Wachsende Unzufriedenheit erfasste auch viele Journalisten, bewirkte Um- und Neu-denken, auch wenn sich das – was spätere Analysen erhärten werden – nur sehr verschämt und vorsichtig öffentlich äußerte. Es zu übersehen, ließe die Wende in manchem unver-ständlich erscheinen. Die Kommunikation, die diese Presse vermittelte, lief durch eine Ein-bahnstraße. Die häufig geforderte und etikettierte Pflege des Erfahrungsaustauschs zielte auf Zustimmung und systemgerechte Motivierung. Kritischer journalistischer Geist sah sich von Verbotsschildern umstellt. Gewöhnung und Gefahrenbewusstsein führten auch ohne offizielle Zensur dazu, dass die Schere im Kopf funktionierte. Gewöhnung an Vorhandenes, Fehlen von Alternativen schufen auf der anderen Seite eine ›treue‹ Leserschaft, von der die Mehrheit wohl auch lange Zeit an die Realisierung sozialistischer Ideale glaubte und für sie im täglichen Leben einstand. Umso herber dann die Ernüchterung.«[150]

7 Das Ende der deutschen Teilung und die Presse

Mit dem Ende der deutschen Teilung nach der politischen Wende in der DDR im Herbst 1989 und deren Beitritt zur Bundesrepublik am 3. Oktober 1990 erlebte die deutsche Presse (wie auch die übrigen Medien) eine Zäsur wie seit den Jahren vor der Gründung der Bundesrepublik nicht mehr. Denn das Ende des SED-Regimes bedeutete auch das endgültige Aus für die staatlich gelenkten und kontrollierten Massenmedien der DDR und führte zu einem rasanten Umbruch der Presselandschaft in Ostdeutschland. Die politischen Ereignisse und die medienpolitische Entwicklung jener Zeit sollen eingangs kurz angeführt und ihre Folgen für die Presse in der ehemaligen DDR erläutert werden. Sie führten zu einer wechselvollen Entwicklung am ostdeutschen Pressemarkt, die zunächst mit einer Fülle von Neugründungen ostdeutscher Zeitungen und Zeitschriften, Kooperationen mit Westverlagen sowie eigenen publizistischen Angeboten westdeutscher Presseverlage in Ostdeutschland begann. Weil die ostdeutsche Presse dabei von Beginn an der ungleichen verlegerischen wie publizistischen Konkurrenz mit westdeutschen Blättern und »den Selbstheilungskräften eines – zunächst nicht vorhandenen – Markts überlassen« wurde,[1] setzte rasch ein Konzentrationsprozess ein, der ein massenhaftes Zeitungs- und Zeitschriftensterben nach sich zog. Eine Schlüsselrolle bei dieser Entwicklung (und den längerfristigen Folgen) spielte die Treuhand-Anstalt, der die Privatisierung von DDR-Volkseigentum und damit die Veräußerung der ehemaligen SED-Presse oblag. Ihre Verkaufspolitik, deren konkrete Umsetzung und die Konsequenzen werden in einem eigenen Abschnitt angesprochen, bevor auf übrige Entwicklungen der Presse in den neuen Bundesländern eingegangen wird. Im dritten Teilkapitel werden die Gesamtstrukturen der Presse im wiedervereinigten Deutschland beschrieben. Dabei vermittelt die Situation Mitte der neunziger Jahre auch einen Eindruck von den allmählich stabilisierten Verhältnissen eines konsolidierten, gleichwohl hoch konzentrierten Pressemarkts in den neuen Bundesländern.

7.1 Umbrüche zwischen Wende und Wiedervereinigung

Der Presse- und Medienwandel während und nach der politischen Wende in der DDR ist nur vor dem Hintergrund der Ereignisse Ende der achtziger Jahre zu verstehen. Politische und zeitgeschichtliche Eckdaten der Entwicklung sind dabei eng mit den medienpolitischen Entscheidungen und Veränderungen am Medienmarkt verknüpft. Es erscheint deshalb sinnvoll, den Ausführungen zur Entwicklung der Presse zwischen Wende und Wiedervereinigung zumindest einen knappen Überblick über die wichtigsten politischen und zeitgeschichtlichen Ereignisse dieses Zeitraums voranzustellen.

7.1.1 Politische und medienpolitische Entwicklung im Überblick

Bereits ab Anfang der achtziger Jahre hatte sich die DDR-Führung nicht nur enormen wirtschaftlichen Problemen, sondern in zunehmendem Maße einer aufkommenden Opposition gegenübergesehen, auch wenn diese zunächst noch überwiegend im Untergrund agierte.[2] Ab etwa 1985 hatte es erste offene Auseinandersetzungen zwischen Staat und Partei auf der einen und Oppositionellen (vor allem Künstlern und Intellektuellen) auf der anderen Seite gegeben. Auch war es in den darauffolgenden Jahren zur Gründung neuer Parteien und Bürgerbewegungen gekommen. Trotz zahlreicher Verhaftungen, Berufsverbote und Ausweisungen war es weder der Partei noch dem Staatsapparat gelungen, die aufkeimende und sich formierende politische Opposition wirksam zu unterdrücken. Hinzu kamen die ab 1985 auftretenden, immer schwerwiegenderen Differenzen mit der politischen Führung der Sowjetunion, die unter Michail Gorbatschow auf Reformkurs gegangen war, von deren Unterstützung die DDR jedoch Zeit ihres Bestehens abhängig gewesen war. Einem solchen Reformkurs hatte die DDR-Führung jedoch nicht folgen wollen.[3]

Zu wichtigen politischen Ereignissen in der Zeit der Wende: 1989 setzte eine Ausreisewelle von DDR-Bürgern ein, die im Spätsommer des Jahres an der ungarisch-österreichischen Grenze mit Tausenden von Flüchtlingen einen ersten Höhepunkt erreichte. Ihr folgte Anfang Oktober 1989 die Massenausreise von mehreren hundert DDR-Bürgern, die über die Zwischenstation der von DDR-Bürgern besetzten deutschen Botschaft in Prag in die Bundesrepublik kamen. Die Medien der DDR wurden angewiesen, über diese Ereignisse nicht zu berichten. Das galt auch für die ab Anfang Oktober 1989 vor allem in Leipzig und Berlin stattfindenden Demonstrationen für Reformen, die die Sicherheitskräfte der DDR zunächst zu unterbinden versuchten. So wurde die Hörfunk- und Fernsehberichterstattung westdeutscher Rundfunksender in dieser Zeit für die DDR-Bürger zur entscheidenden Informationsquelle über die Vorgänge im eigenen Land. Überhaupt wird man sagen müssen, dass Hörfunk und Fernsehen der Bundesrepublik für die Wende in der DDR sicherlich eine nicht zu unterschätzende Rolle gespielt haben.[4] Die DDR-Führung bemühte sich zwar, im Zuge der Anfang Oktober 1989 durchgeführten Feierlichkeiten anlässlich des 40-jährigen Bestehens der DDR von den internen Problemen abzulenken, doch ließ sich die ›friedliche Revolution‹ nicht mehr abwenden.[5]

Selbst in den über Jahre hinweg streng kontrollierten DDR-Medien wurden kritische Stimmen gegen das System laut. Vor allem Organisationen wie der Schriftstellerverband der DDR und Repräsentanten der Kirche sprachen sich mehr oder weniger prononciert für politische Reformen aus. Dem steigenden Druck konnte sich die SED schließlich nicht mehr entziehen. Am 18. Oktober 1989 wurde Erich Honecker von der SED von seinen Pflichten als Staatsrats- und Parteivorsitzender der SED entbunden – offiziell trat er »aus gesundheitlichen Gründen« zurück. Gemeinsam mit Honecker verlor u. a. auch der für die Anleitung der Massenmedien verantwortliche Sekretär für Agitation und Propaganda, Joachim Herrmann, seinen Posten. Mit seiner Ablösung wurde dieses Amt abgeschafft, die Agitationskommission und die Abteilung Agitation beim Zentralkomitee der SED wurden aufgelöst. Damit war der zentralen Anleitung der Massenmedien ein Ende gesetzt.[6]

Nachfolger Honeckers im Amt des Staatsratsvorsitzenden und des SED-Generalsekretärs wurde Egon Krenz. Am 7. November 1989 trat die DDR-Regierung unter Ministerpräsident Willy Stoph geschlossen zurück. Nachdem auch das Politbüro der SED nur einen Tag später zurückgetreten war, wurde am 9. November offiziell mitgeteilt, dass ab sofort Reisefreiheit für alle DDR-Bürger bestehe. Damit fiel die Mauer, jenes 1961 als ›antifaschistischer Schutzwall‹ errichtete Symbol der deutschen Teilung. Am 13. November 1989 wurde Hans Modrow als Nachfolger von Willy Stoph von der Volkskammer der DDR zum neuen Ministerpräsidenten bestellt. Bereits am 6. Dezember erklärte Krenz seinen Rücktritt als Vorsitzender des Staatsrats der DDR; nur vier Tages später, am 10. Dezember 1989, wurde er auch im Amt des SED-Generalsekretärs vom neu gewählten Parteichef der SED (vorübergehend SED-PDS), Gregor Gysi, abgelöst. Bereits zum 1. Dezember hatte die Volkskammer den Führungsanspruch der SED aus der Verfassung der DDR gestrichen. Die Staatsgeschäfte übernahm Modrow, der bis zu den ersten freien Wahlen am 18. März 1990 als Ministerpräsident im Amt blieb und bei der Ministerpräsidentenwahl der Volkskammer am 12. April von Lothar de Maizière (CDU-Ost) als Regierungschef abgelöst wurde. De Maizière vertrat die DDR als ihr letzter Regierungschef von April 1990 bis zur überraschend schnell herbeigeführten Wiedervereinigung der beiden deutschen Staaten am 3. Oktober 1990.[7]

Der Zeitraum zwischen Wende in der DDR und Wiedervereinigung lässt sich mit den politischen Führungsfiguren der DDR jener Monate in drei Abschnitte unterteilen: die kurze, nur wenige Wochen dauernde Ära Krenz, in der zum letzten Mal ein SED- und Staatsratsvorsitzender als ›erster Mann‹ den Staat führte und repräsentierte; die fünf Monate währende Ära der Regierung Modrow, mit der die staatliche Führungsrolle auf den Ministerpräsidenten übergegangen war, sowie die knapp ein halbes Jahr dauernde Ära de Maizière bis zur Wiedervereinigung.

Zu den medienpolitischen Entwicklungen: In der kurzen Phase des Wirkens von Egon *Krenz* als Staatsrats- und Parteivorsitzendem kam Bewegung in die Medien der DDR. Presse und Rundfunk berichteten zum Teil ausführlich über die zur Tradition gewordenen ›Montagsdemonstrationen‹. Zahlreiche Verbände vor allem aus dem künstlerischen und kulturellen Bereich forderten eine wirkungsvolle Absicherung der Informations- und Meinungsfreiheit. Für das Medienwesen war statt der Abteilung für Agitation und Propaganda nun die Abteilung für Informationswesen und Medienpolitik unter Herrmann-Nachfolger Günter Schabowski zuständig. Dieser setzte an die Spitze des Presseamts beim Vorsitzenden des Ministerrates den früheren Leiter der Hauptabteilung Presse im Außenministerium und jetzigen Regierungssprecher Wolfgang Meyer, der das Presseamt wenig später in Presse- und Informationsdienst der Regierung der DDR umbenannte.[8]

In der Ära von Ministerpräsident Hans *Modrow* fielen mehrere wichtige medienpolitische Entscheidungen: Eine neue Verordnung über die Tätigkeit von ausländischen Presseorganen und deren Korrespondenten gewährte Arbeitsbedingungen, die internationalen Standards entsprachen – also ohne die bis dahin erfolgten Restriktionen. Westdeutsche Firmen erhielten die Möglichkeit, mit Anzeigen in DDR-Printmedien zu werben. Die SED gab ihren Monopolanspruch auch im Blick auf Presse und Rundfunk auf und trennte sich von den meisten ihrer Parteizeitungen und -zeitschriften. Die zu über 70 Prozent im Besitz der SED befindlichen Verlage wurden durch GmbH-Gründungen in ›Volkseigentum‹ umgewandelt.[9] Die Chefredakteure bisheriger SED-Presseorgane wurden ausgewechselt. Der Minis-terrat erklärte, dass allen demokratischen Parteien der freie Zugang zu den Medien garantiert sei. Eine Kommission zur Ausarbeitung eines Mediengesetzes wurde konstituiert, ein vorläufiges Gesetz (der sog. Medienbeschluss) verabschiedet und ein Gremium eingesetzt, das den Übergang zu einem demokratisch-pluralistischen Mediensystem überwachen sollte. Bundesdeutsche Zeitungen und Zeitschriften wurden zum Verkauf an DDR-Kiosken zugelassen. Eine Verordnung über die Registrierung von Presseerzeugnissen löste die restriktive Lizenzierungspflicht ab. Darüber hinaus entfielen ab dem 1. April 1990 die bisherigen Subventionen für Presseerzeugnisse, womit erhebliche Preissteigerungen verbunden waren, die die Existenz vieler ehemaliger Titel der DDR-Presse bedrohten.[10]

In der Ära *de Maizière*, der die erste frei gewählte Regierung der DDR als Ministerpräsident anführte, wurde zunächst das Ministerium für Medienpolitik geschaffen, das »den Weg in eine freie und vielfältige Medienlandschaft« bahnen sollte.[11] Insbesondere sollte das neu eingerichtete Ministerium unter dem Theologen und Kirchenzeitungsmann Gottfried Müller das geplante Mediengesetz ausarbeiten. Anfang Mai erließ die Regierung eine Verordnung über den Vertrieb von Presseerzeugnissen, womit verhindert werden sollte, dass der Pressevertrieb in der DDR durch westdeutsche Großverlage dominiert und monopolisiert würde. Ein Ende Mai 1990 eingerichteter, aus 13 Mitgliedern bestehender Ausschuss Presse und Medien sollte Entwürfe der Mediengesetzgebungskommission beraten und gemeinsam mit dem Medienkontrollrat die Einhaltung der Bestimmungen des ›Medienbeschlusses‹ überwachen. Im Juni 1990 erfolgte auf Beschluss der Volkskammer die Umwandlung des Allgemeinen Deutschen Nachrichtendiensts (ADN) in eine Gesellschaft mit beschränkter Haftung (die dann im Frühsommer 1991 von der Treuhand-Anstalt an den Deutschen Depeschendienst (ddp) verkauft werden sollte). Auch wurde ab Ende Juni 1990 ein Rundfunküberleitungsgesetz auf den Weg gebracht und am 13. September 1990 noch verabschiedet.

Doch schon Ende August hatte die Volkskammer den Beitritt der DDR zur Bundesrepublik beschlossen und nur eine Woche später, am 31. August 1990, war in Berlin der Einigungsvertrag unterzeichnet worden. So kam das Rundfunküberleitungsgesetz nicht mehr zum Tragen. Und auch das ursprünglich geplante Mediengesetz wurde infolge des am 3. Oktober 1990 erfolgten Beitritts der DDR zur Bundesrepublik nicht mehr realisiert. Stattdessen entstanden nach der Wiedervereinigung in den fünf neuen Ländern je eigene Landespresse- und Landesmediengesetze.[12]

7.1.2 Die Realisierung der Pressefreiheit

Zu den zentralen Losungen des im Herbst 1989 einsetzenden Umbruchs in der DDR gehörte die Forderung nach den demokratischen Grundrechten der Informations-, Meinungs- und Medienfreiheit. Auf einer Großdemonstration am Berliner Alexanderplatz am 4. November 1989 (also nur wenige Tage vor dem Fall der Mauer) verlangte man das uneingeschränkte Recht auf freie Meinungsäußerung gemäß Artikel 19 der UN-Menschenrechts-Charta, freien Zugang zu den Medien, um sich umfassend über nationales und internationales Geschehen informieren zu können, sowie unabhängige, von staatlicher Lenkung und Kontrolle freie und allein dem Bürgerwohl verpflichtete Massenmedien.[13] Diese Forderungen mündeten in den Ruf nach personeller Erneuerung in den DDR-Medien. Auch kam die Vorstellung eines Mediengesetzes auf, das die errungenen Freiheiten rechtlich absichern sollte. Denn Meinungs- und Pressefreiheit in der DDR, wie sie laut Artikel 27 der DDR-Verfassung gewährt wurden, waren keine Abwehrrechte des Einzelnen oder der Presse gegenüber dem Staat gewesen. Überdies waren die Kommunikationsgrundrechte in der DDR durch sog. Verfassungsgrundsätze eingeschränkt, zu denen die Anerkennung der Führungsrolle der Partei, die politische Machtausübung durch die ›Werktätigen‹ und das Prinzip des demokratischen Zentralismus gehörten (vgl. Kap. 6.1).[14]

Zur Mediengesetzgebungskommission: Im Dezember 1989 bildete die Regierung Modrow eine Kommission mit dem Auftrag, ein Mediengesetz für die DDR auszuarbeiten, der neben Vertretern der zuständigen Ministerien auch Delegierte der am runden Tisch vertretenen Parteien und Gruppierungen, Kirchen, publizistischen Berufsverbände sowie mehrere wissenschaftliche Experten angehörten.[15] Zur Erarbeitung eines Mediengesetzes einigte man sich auf folgende vier Grundsätze:
- Garantie der Grundrechte und Freiheiten im Bereich der Information,
- Gewährleistung der Unabhängigkeit der Medien von Regierung und Staat,
- Sicherung des öffentlichen Auftrags der Medien zur Befriedigung der Informations-, Kultur- und Bildungsbedürfnisse der Bevölkerung,
- Ausschluss künftiger Monopolbildung im Medienbereich.[16]

Keine Einigung erzielte man im Hinblick auf die konkreten Konturen einer neuen Medienordnung. Immerhin legte man hinsichtlich des Gesetzgebungsverfahrens fest, dass in einem ersten Schritt ein Beschlussentwurf erarbeitet werden sollte, der durch den runden Tisch bestätigt und erst danach von der Volkskammer verabschiedet werden sollte. Dieser sog. Beschluss der Volkskammer über die Gewährleistung der Meinungs-, Informations- und Medienfreiheit (Medienbeschluss) sollte den Charakter eines Vorschaltgesetzes haben und das Medienrecht der DDR bis zur Verabschiedung eines endgültigen Gesetzes regeln.[17]

Zum Medienbeschluss: Der Beschluss folgte im Wesentlichen den »völkerrechtlichen Vorgaben zur Sicherung der Menschenrechte im Bereich von Information und Kommunikation« und enthielt insgesamt 17 Bestimmungen (darunter Regelungen zur Überführung der DDR-Rundfunkanstalten und des ADN in Volkseigentum sowie Bestimmungen zur künftigen Organisation des Rundfunks, die hier nur am Rande erwähnt werden).[18]

Im Hinblick auf die *Sicherung der bürgerlichen Grundrechte* wurden Bestimmungen zu folgenden Punkten erlassen: das Recht auf freie Meinungsäußerung und Informationsfreiheit, aus dessen Wahrnehmung niemandem Nachteile entstehen dürften; das Recht auf wahrhaftige, vielfältige und ausgewogene Information durch die Massenmedien; der Schutz der Menschenwürde und der Persönlichkeitsrechte in der Medienberichterstattung; das Recht aller gesellschaftlichen Gruppen und Minderheiten auf angemessene Darstellung in den Medien; das Recht auf Gegendarstellung; das Verbot jeglicher Gefährdung des Schutzes von Kindern und Jugendlichen.

Die Bestimmungen zur *Gewährleistung der Unabhängigkeit der Medien* umfassten u. a.: das Verbot jeglicher Zensur; die Garantie der Unabhängigkeit und Staatsferne für Hör-

funk, Fernsehen und ADN als künftige Anstalten des öffentlichen Rechts; die Auskunftspflicht staatlicher, parteipolitischer und gesellschaftlicher Organisationen und damit die
Stärkung der Informationsrechte der Journalisten; das Recht der Journalisten, nicht gegen
eigene persönliche Überzeugung berichten oder kommentieren zu müssen; die Gewährleistung von Informanten- und Quellenschutz sowie des Urheberrechts; schließlich ein Mitbestimmungsrecht bei der Erarbeitung und Durchsetzung von Statuten für journalistische
und künstlerische Mitarbeiter.

Hinsichtlich der *Pflichten der Massenmedien* fanden sich im Beschluss unter anderem folgende Bestimmungen: ein Verbot, Medien für Kriegshetze, zu Gewaltaufruf, zur Bekun-
dung von Glaubens-, Rassen- und Völkerhass sowie für militaristische, faschistische, revan-
chistische und andere antihumanistische Propaganda zu missbrauchen; die Verpflichtung,
Veröffentlichungen auf Wahrheit, Inhalt und Herkunft zu überprüfen und die Persönlichkeitsrechte des einzelnen zu respektieren; die Forderung an die Medien, dem »Meinungspluralismus ungehindert öffentlichen Ausdruck zu verleihen« sowie die Aufforderung an die
Medien, sich Statuten zu geben, die ihre Programmatik und Struktur regeln.

Weitere Bestimmungen des Medienbeschlusses enthielten spezielle Regelungen zu *Herausgabe und Vertrieb von Presseerzeugnissen*, wie das Recht für alle natürlichen und juristischen Personen, Zeitungen, Zeitschriften und andere Publikationen herauszugeben; die
Aufhebung der Lizenzpflicht für Printmedien (durch bloße Registrierung ersetzt); die Schaffung eines öffentlich kontrollierten Fonds für Druck- und Papierkapazitäten zur Sicherung
der Chancengleichheit; die Verpflichtung des Postzeitungsvertriebs zum Vertrieb inlän-
discher Druckerzeugnisse ab 500 Exemplaren; die Zulässigkeit des Eigenvertriebs von Presseerzeugnissen durch die Herausgeber.

Zu den Bestimmungen zur *Umsetzung und Gewährleistung der gefassten Beschlüsse* gehörte
vor allem die Idee, einen sog. Medienkontrollrat einzurichten, um die Durchführung des
Medienbeschlusses sicherzustellen. Die Mediengesetzgebungskommission wurde beauf-
tragt, in dem erwähnten zweiten Schritt Vorschläge für ein Mediengesetz zu erarbeiten, das
jedoch erst nach der Verabschiedung einer neuen Verfassung erlassen werden sollte. Einst-
weilen sollte der Ministerrat die bis dato geltenden Rechtsvorschriften auf ihre Vereinbarkeit mit dem Medienbeschluss überprüfen.[19]

Insgesamt fand der Medienbeschluss bei allen politischen Gruppierungen Zustimmung
und wurde als wegweisend für die demokratische Umgestaltung der DDR-Medienland-
schaft in ein dezentralisiertes und pluralistisches Mediensystem begrüßt. Inhaltliche Defizite wies der Beschluss hinsichtlich kartell- und wettbewerbsrechtlicher Bestimmungen
(›Anti-Monopol-Klausel‹) sowie möglicher Regelungen zum Vertrieb ausländischer Presseerzeugnisse auf. Auch die Möglichkeit von privatem Rundfunk fand im Medienbeschluss
keine direkte Erwähnung.[20] Zu dem zweiten Schritt, der Erarbeitung und Verabschiedung
eines Mediengesetzes, kam es wegen der rasch herbeigeführten Wiedervereinigung der beiden deutschen Staaten nicht mehr.[21] Damit fiel nach nun geltendem Bundesrecht die Gesetz-
gebung für Presse und Rundfunk in die Kompetenz der künftigen Länder.

Zum Medienkontrollrat: Gemäß Ziffer 12 des Medienbeschlusses wurde ein Medienkontrollrat gebildet, um die Durchführung der Bestimmungen aus dem Beschluss der Volkskammer sicherzustellen.[22] Das aus 24 Vertretern der politischen Parteien, Bürgerbewegungen,

Kirchen und der jüdischen Gemeinde pluralistisch zusammengesetzte Aufsichtsgremium, das sich am 13. Februar 1990 konstituierte, nahm im Wesentlichen drei Funktionen wahr: Zum einen sollte es überwachen, dass die im Medienbeschluss verankerten Meinungs-, Informations- und Medienfreiheiten unangetastet blieben und gegenüber Regierungsstellen ggf. Handlungsbedarf signalisieren (*appellative* Funktion). Daneben oblag ihm die Berufungsbestätigung für Intendanten bei Hörfunk und Fernsehen und den ADN-Direktor sowie die Genehmigung von Auslandsbeteiligungen an DDR-Medien (*exekutive* Funktion). Schließlich sollte es Bestimmungen für die Zulassung von Rundfunkwerbung erarbeiten und bei der kritischen Begleitung der Ausarbeitung der Mediengesetze »Anstöße für die gesetzgeberische Tätigkeit« geben (*legislative* Funktion).[23]

So sollte der Medienkontrollrat eine Art Wächteramt wahrnehmen, »Meinungsvielfalt und Auswahlfreiheit für den souveränen Medienbürger (...) schützen und den Weg der Medien in die Staatsferne« begleiten.[24] Die meisten Schritte auf diesem Weg betrafen Regelungen im Bereich der elektronischen Medien; im Printmedienbereich forderte er angesichts des massiven Eindringens einiger westdeutscher Verlage mit verlagseigenen Vertriebssystemen erfolgreich ein »offenes, wettbewerbsneutrales und verlagsunabhängiges Vertriebssystem«.[25] Eine entsprechende Verordnung wurde vom Medienministerium im Mai 1990 erlassen. Vier Monate später wurde der Medienkontrollrat angesichts der bevorstehenden Wiedervereinigung aufgelöst.

7.1.3   Veränderungen in der ostdeutschen Presselandschaft

In den wenigen Monaten vom Ende der SED-Herrschaft im Herbst 1989 bis zur Wiedervereinigung im Oktober 1990 erlebte die Presselandschaft der DDR einen Umbruch, der ohne Beispiel ist und nach dem Zusammenbruch des politischen Systems der DDR erosionsartig einsetzte. Das gilt zum einen für die Veränderungen bei den *früheren DDR-Zeitungen und Zeitschriften* und umfasst dort neben der Umstellung auf marktwirtschaftliche Unternehmensführung mit all ihren Folgen auch die Auswechslung des (leitenden) Redaktionspersonals sowie in vielen Fällen Änderungen der Titel und Untertitel. Von besonderer Bedeutung für die Bürger waren die Veränderungen bei den Zeitungs- und Zeitschriften*inhalten*, nachdem der parteiliche Verlautbarungsjournalismus aus den Blättern verbannt und die über Jahre tabuisierten Themen zu Problemen der Gesellschaft und ihrer Bürger offen angesprochen werden sollten. Die Umbruchsituation gilt aber über einzelne Zeitungen und Zeitungstypen hinaus für den gesamten *ostdeutschen Pressemarkt*, der in jenen Monaten von zahlreichen Neugründungen, angestrebten Verlagskooperationen, Übernahmeversuchen sowie Bemühungen westdeutscher Presseverlage bestimmt war, eigene Presseprodukte in Ostdeutschland abzusetzen. Veränderungen gab es schließlich auch beim *Pressevertrieb*, nachdem das Vertriebsmonopol der Deutschen Post aufgehoben war und neue rechtliche Regelungen erst gefunden werden mussten.

Der Pressemarkt der DDR in Bewegung

In einer ersten Phase begannen westdeutsche Zeitungs- und Zeitschriftenverlage, ihre Presseerzeugnisse in die DDR zu liefern. Vorübergehend gab es Patenschaftsabonnements von Bürgern aus der Bundesrepublik für DDR-Bürger sowie Gratisabonnements westdeutscher Zeitungen für öffentliche Einrichtungen wie Bibliotheken und Archive in der DDR, wobei sich vor allem fehlende Vertriebswege und eine mangelnde Infrastruktur als Problem erwiesen. Zudem war anfangs eine Genehmigung bzw. Registrierung für den Vertrieb von (West-)Zeitungen in der DDR notwendig.[26]

Bald begannen westdeutsche Verlage in grenznahen Gebieten und in ostdeutschen Partnerstädten mit der Herausgabe lokaler Nebenausgaben westdeutscher Blätter für Gemeinden der DDR.[27] In dieser Phase gab es redaktionelle Kooperationen in Form gegenseitigen Artikelabdrucks und telefonisch-redaktioneller Absprachen. In einzelnen Fällen wurde (in grenznahen Regionen) auch Personal ausgetauscht, um redaktionsbezogene Erfahrungen einzubringen sowie technische und kaufmännische Kenntnisse zu vermitteln. Die Verlegerverbände der Bundesrepublik hatten ihre Mitglieder ausdrücklich dazu aufgerufen, ostdeutschen Publizisten und Verlegern technische Hilfestellung zu geben und dabei auch Satz-, Druck- und Kopiermaschinen zur Verfügung zu stellen.

In einer dritten Phase kam es zu neuen Verlagsgründungen (vor allem westdeutscher Verlage) in Ostdeutschland.[28] Zwischen November 1989 und Mai 1990 starteten neun selbständige Tageszeitungen, so dass sich der Gesamtbestand der Tageszeitungen in der DDR vorübergehend von 39 auf 48 erhöhte.[29] Die Startbedingungen waren jedoch äußerst ungünstig: Zum einen waren diese Zeitungen, sofern sie nicht in der Bundesrepublik hergestellt wurden, auf unzureichend vorhandene und völlig veraltete Satz- und Druckkapazitäten der ehemaligen SED-Verlage angewiesen. Zum anderen stand Druckpapier zumeist nicht in ausreichenden Mengen zur Verfügung.[30]

Nach der Anfang 1990 erfolgten Überführung der früheren SED-Bezirkszeitungen in Volkseigentum begannen einige westdeutsche Verlage, mit diesen Zeitungen zu kooperieren. Solche Kooperationen wurden – zu jener Zeit noch ohne jegliche rechtliche Grundlage – zumeist in der Absicht eingegangen, die betreffenden ostdeutschen Blätter später zu erwerben.[31] Damit veränderte sich zwischen 1989 und 1991 auch die Situation am gesamtdeutschen Pressemarkt im Hinblick auf die traditionelle Trennung zwischen (Tages-)Zeitungs- und Zeitschriftenverlagen. Während es in der Bundesrepublik Deutschland bis 1990 mit dem Springer-Verlag lediglich einen großen Verlagskonzern gab, der sowohl Tageszeitungen als auch Zeitschriften herausgab, wurden nach der Wende vor allem auch große westdeutsche Zeitschriften-Verlagshäuser wie Bauer, Burda und Gruner und Jahr am ostdeutschen Zeitungsmarkt aktiv (wobei Gruner und Jahr mit der »Hamburger Morgenpost« vorher schon zumindest eine Tageszeitung besaß).[32]

Kooperationen und Joint Ventures westdeutscher Verlage gab es auch mit den Zeitungen der ehemaligen Blockparteien. Die Übernahmegeschäfte des Springer-Verlags umfassten beinahe die gesamte ehemalige LDPD-Presse; jene der Verlagsgesellschaft der »Frankfurter Allgemeinen Zeitung« bis auf eine Ausnahme die gesamte ehemalige CDU-Presse. Der Heinrich Bauer-Verlag engagierte sich (u. a.) bei zwei NDPD-Organen, die WAZ-Gruppe bei einer Zeitung der LDPD und der Süddeutsche Verlag bei einem CDU-Organ.[33] Mitte

Mai 1990 gab es nach Angaben des Medienministeriums 26 DDR-Zeitungen, die mit west-deutschen Verlagen kooperierten oder Kooperationen bzw. Fusionen anstrebten.[34] Im Juni 1990 war gar von 100 geplanten Kooperationen bzw. Fusionen die Rede, wobei sich diese hohe Zahl auf verschiedenste Formen der Zusammenarbeit »von der technischen oder per-sonellen Hilfestellung über die Beteiligung (...) bis hin zur langfristig angelegten Fusion« bezog.[35] Die DDR-Verlage erachteten solche Fusionen und Kooperationen aus wirtschaft-lichen Gründen (z. B. wegen des dringenden Investitionsbedarfs für Modernisierung) als notwendig.[36] Für die bundesdeutschen Verlage bedeutete der ostdeutsche Markt ein vielver-sprechendes neues Absatzgebiet.

Einigen westdeutschen Verlagen gelang es noch 1990, ostdeutsche Tageszeitungen zu erwerben. Der spektakulärste Fall war die Übernahme des kompletten Berliner Verlags für 235 Mio. DM durch die Medienkonzerne Gruner und Jahr und Maxwell (kurz vor der Wie-dervereinigung) im September 1990. Das zu dieser Zeit im Besitz der PDS als Rechtsnach-folgerin der SED befindliche Verlagsunternehmen besaß Zeitungen und Zeitschriften mit einer Gesamtauflage von ca. 10 Mio. Exemplaren – darunter mit der »Berliner Zeitung« und dem einzigen DDR-Boulevard-Titel »BZ am Abend« zwei der größten Tageszeitungen der ehemaligen DDR, die »Wochenpost«, die auflagenstarke Programmzeitschrift »FF dabei«, die »Neue Berliner Illustrierte« und die »Freie Welt«.[37]

Zahlreiche bundesdeutsche Tageszeitungen versuchten, auch ohne eigene DDR-Aus-gaben Leser im Osten zu gewinnen und ihr Verbreitungsgebiet dorthin auszuweiten. So verkauften Anfang 1990 beispielsweise »Bild« durchschnittlich 61.000, die »Süddeutsche Zeitung« 10.000, die »Hamburger Morgenpost« 27.000 und die »Frankfurter Allgemeine Zeitung« 24.000 Zeitungsexemplare pro Tag. »Der Spiegel« konnte in Ostdeutschland zu dieser Zeit von jeder Nummer 17.000 Exemplare und »Burda Moden« 13.000 pro Erschei-nungsintervall absetzen.[38] Im August 1990 wurden insgesamt rund 350 Pressetitel westdeut-scher Zeitungs- und Zeitschriftenverlage im Gebiet der formal noch bestehenden DDR angeboten.[39] Doch sowohl den überregionalen Titeln aus der Bundesrepublik wie auch den Lokalausgaben westdeutscher Blätter für die DDR war eher wenig Erfolg beschieden. Schon 1990 zeichnete sich ab, dass die DDR-Leser aufgrund ihrer besonderen politischen, sozialen, aber auch materiellen Situation andere Interessen und Informationsbedürfnisse hatten als bun-desdeutsche Zeitungsleser. Große Erfolge konnten anfangs dagegen die Boulevard-Zeitungen erzielen, auch wenn diese Erfolge nicht von Dauer sein sollten (vgl. Kap. 7.2 u. 7.3).[40]

Die Entwicklung verschiedener Pressetypen

Im Folgenden sollen in groben Zügen die Veränderungen nachgezeichnet werden, die sich für die unterschiedlichen DDR-Printmedien ergaben. Dazu gehören neben den Tages- und Wochenzeitungen auch Presseorgane wie die ehemaligen SED-Betriebszeitungen, die den Zusammenbruch des alten Systems fast ausnahmslos nicht überlebten. Schließlich sind auch die am ostdeutschen Pressemarkt neu hinzugekommenen Anzeigenblätter anzusprechen, die sich noch vor der Wiedervereinigung im Gebiet der früheren DDR etablieren konnten.

Zu den parteieigenen Zeitungen: Bereits Anfang November 1989 reichten vereinzelt Chef-redakteure der SED-Tageszeitungen ihr Rücktrittsgesuch ein und wurden ausgewechselt. Ihnen folgten in den Wochen darauf (bis auf eine Ausnahme) alle übrigen Chefredakteure und Verlagsleiter der SED-eigenen Zeitungen. Auch andere altgediente DDR-Journalisten schieden aus den Redaktionskollegien aus. Die leitenden Stellen wurden nun mit Personen besetzt, die das Vertrauen der Redaktionen genossen. Doch selbst wenn die neuen Chefre-dakteure als ›liberaler‹ eingestuft wurden, so hatten sie doch »zu SED-Zeiten die redaktio-nelle Arbeit der jeweiligen Blätter zum Teil in leitenden Positionen mitgestaltet«.[41]

Mitte Januar beschloss das Parteipräsidium der SED angesichts der desolaten Finanzsi-tuation der Partei und der öffentlichen Kritik an ihrem Pressemonopol, elf von 16 zur SED-eigenen ZENTRAG gehörende Zeitungsverlage und 21 von 26 parteieigenen Druckereien abzugeben und bis Ende Juni 1990 in ›Volkseigentum‹ zu überführen. Nachdem die Par-tei somit ihren monopolistischen Führungsanspruch im Medienbereich aufgegeben hatte, erklärten sich bis Ende Januar 1990 mit Ausnahme des »Neuen Deutschland« (sowie der im Berliner Verlag erschienenen Blätter »Berliner Zeitung« und »BZ am Abend«) alle SED-Zei-tungen für parteiunabhängig.[42] Das »Neue Deutschland« hatte Anfang Dezember den offi-ziellen Anspruch, Organ des Zentralkomitees der SED zu sein, aufgegeben und nannte sich für zwei Wochen »Zentralorgan der Sozialistischen Einheitspartei Deutschlands«, bevor es ab 18. Dezember 1989 nur noch als »sozialistische Tageszeitung« (so der Untertitel) erschien.[43] Die Mehrzahl der SED-Tageszeitungen (wie auch die der Blockparteien) wechselte in jenen Monaten – zum Teil mehrfach – ihre Zeitungstitel und Untertitel, um ihre Unabhängig-keit von Staat und Partei auch formal zum Ausdruck zu bringen. Bei den neuen Titeln ehe-maliger SED-Bezirkszeitungen dominierten fortan Regionalbezeichnungen als Hinweis auf das jeweilige Erscheinungs- oder Verbreitungsgebiet.[44]

Zwei ehemals SED-eigene große Regionalzeitungen wurden noch vor der Wiederverei-nigung von westdeutschen Verlagen aufgekauft. Es sind dies die damals mit einer täglichen Auflage von über 650.000 Exemplaren in Chemnitz erscheinende »Freie Presse«, die von der Ludwigshafener Medien Union/Rheinpfalz übernommen wurde, sowie die »Mitteldeutsche Zeitung« (ehemals »Freiheit«) in Halle, die – ebenfalls mit über einer halben Million Exem-plaren täglich – an den Tageszeitungs-Konzern M. DuMont Schauberg bzw. an den zuge-hörigen »Kölner Stadt-Anzeiger« fiel.[45]

Zu den Zeitungen der Bürgerbewegungen: Bereits im November 1989 war es mit dem »Weimarer Wochenblatt« zur Gründung der ersten unabhängigen Lokalzeitung gekommen; ihre erste Nummer erschien noch in hektographierter Form.[46] In der Folge brachten poli-tische Gruppierungen wie Bürgerbewegungen und neue Parteien insgesamt etwa 30 neue (Wochen-)Zeitungen heraus. Mit der »Neuen Erfurter Zeitung« erhielt dabei am 23. Novem-ber die Bürgerbewegung »Neues Forum« ihr erstes eigenes Blatt. Der Höhepunkt der Zei-tungsneugründungen war Ende 1989, Anfang 1990. Zu den frühen regionalen und loka-len Neugründungen gehörten die beiden Rostocker Zeitungen »Bürgerrat« (Startauflage 25.000 Exemplare) und »Plattform« (Auflage: 50.000), der »Mecklenburger Aufbruch« aus Schwerin (Auflage: 80.000) sowie das ebenfalls in Schwerin erscheinende Blatt »Aufbruch 89«. Zu den überregionalen Titeln zählten beispielsweise die in Berlin herausgegebene Zei-tung »Die Andere« (Startauflage 100.000 Exemplare), »Das Blatt« (Auflage: 250.000) sowie im Berliner Anbau-Verlag eine eigene DDR-»taz« (Auflage: 60.000) in Kooperation mit der westdeutschen Zeitungsverlagsgesellschaft »Die Tageszeitung« (taz).[47]

Die Zeitungen der Bürgerbewegungen und anderer politischer Gruppierungen nahmen in der Zeit der Wende eine demokratiepolitisch wichtige Aufgabe wahr. Es ging ihnen darum, unverfälschte Informationen zu veröffentlichen und Missstände offen anzuprangern. Dabei stellten sie die notwendige Öffentlichkeit zur Bewältigung derjenigen Probleme her, die der gesellschaftliche Umbruch selbst aufwarf. Trotz dieser gesellschaftspolitischen Bedeutung musste ein Großteil dieser neu herausgegebenen Zeitungen ihr Erscheinen bereits nach wenigen Wochen oder Monaten wieder einstellen. Im Nachhinein werden als Ursachen hierfür vor allem Kapitalmangel und fehlende Professionalität von Redaktionen und Verlagen genannt. Auch politische Uneinigkeit und Streitigkeiten innerhalb der Bürgerbewegungen sowie mangelnde Flexibilität hinsichtlich sich verändernder Leserbedürfnisse mögen zu dem raschen Zeitungssterben beigetragen haben. Überdies hatten die etablierten Tageszeitungen damit begonnen, selbst Themen der Bürgerbewegungen aufzugreifen oder deren führenden Köpfen Raum zur Selbstdarstellung zu geben. Teilweise gingen Blätter der Bürgerbewegungen sogar in traditionellen Zeitungstiteln auf.[48]

Zu den Zeitungen der ehemaligen Blockparteien und Massenorganisationen: Auch wenn der Fortbestand der Zeitungen der früheren Blockparteien und der Massenorganisationen der DDR zum Zeitpunkt der Wiedervereinigung noch nicht als gesichert gelten konnte, muss die Entwicklung dieses Pressetypus nach dem Zusammenbruch des DDR-Regimes insgesamt doch überraschen. Denn mit einem Marktanteil von nicht einmal 9 Prozent hatten die 14 regionalen Zeitungen und die vier Zentralorgane der Blockparteien CDU, LDPD, NDPD und der Deutschen Bauernpartei vergleichsweise geringe Überlebenschancen. Im Verhältnis zu den SED-Bezirkszeitungen erreichten sie eher bescheidene Auflagen und befanden sich zum Zeitpunkt der Einführung eines privatwirtschaftlichen Markts in nachrangiger Wettbewerbssituation.[49]

Erstaunlich schnell hatten die Blockparteien für die meisten ihrer Blätter westdeutsche Interessenten gefunden, die die Mehrzahl der Titel über 1990 hinaus weiterführten. So stieg bei fünf von sechs früheren CDU-Organen der Verlag der »Frankfurter Allgemeinen Zeitung« ein; einzig »Die Union« aus Dresden kooperierte mit dem Münchener Süddeutschen Verlag. (Das ehemalige Blockpartei-Blatt ging nach der Wiedervereinigung in den »Dresdner Neuesten Nachrichten« auf.) Vier von fünf ehemaligen LDPD-Blättern begannen Kooperationen mit dem Springer-Verlag (der diese Organe nach der Wiedervereinigung auch übernahm). Lediglich drei der sechs NDPD-Zeitungen mussten ihr Erscheinen zwischen Mai und Juli 1990 einstellen. Eine davon, die »Thüringischen Neuesten Nachrichten«, ging in der »Thüringischen Landeszeitung« auf, die als ehemalige LDPD-Zeitung bereits 1990 in Kooperation mit der WAZ-Gruppe erschien. Von drei verbliebenen NDPD-Titeln sollten nach Kooperationen mit dem Bauer-Verlag später eine Zeitung an den Berliner »Tagesspiegel«, die zweite an den Burda-Verlag fallen, die dritte wurde vom Springer-Konzern gekauft.[50]

Wenig Kaufinteresse fanden hingegen die auflagenstarken überregionalen Tageszeitungen der Massenorganisationen wie das FDJ-Organ »Junge Welt« oder die Gewerkschaftszeitung »Tribüne« des FDGB. Wie auch die Zeitungen der Blockparteien hatten sie nach der Wende dramatische Auflagenrückgänge zu verkraften. Bei der ehemals auflagen-stärksten DDR-Tageszeitung, der »Jungen Welt«, ging die tägliche Auflage noch vor der Wie-dervereinigung um fast 75 Prozent von über 1,5 Mio. auf rund 400.000 Exemplare zurück. Auch die »Tribüne« und ehemalige Blockpartei-Zeitungen wie »Neue Zeit«, »Bauern-Echo«, »Der Morgen« und die »Berliner Allgemeine« verloren innerhalb weniger Monate Zigtau-sende von Käufern bzw. Lesern. Als Gründe hierfür nennen Christoph MÜLLERLEILE und Volker SCHULZE den Mitgliederschwund bei DDR-Parteien und -Organisationen, die all-gemeine Hinwendung zur unabhängigen Presse und drastische Preiserhöhungen nach dem Subventionswegfall. Hinzu kam sicherlich, dass vor allem die überregionalen Blätter eine vergleichsweise geringe Leser-Blatt-Bindung aufwiesen. Das frühere CDU-Organ »Mär-kische Union« versuchte übrigens im März 1990 seine Existenz durch die Umstellung von täglicher auf wöchentliche Erscheinungsweise zu sichern.[51]

Zu den Straßenverkaufszeitungen: Schon bald nach der Öffnung der innerdeutschen Grenze hatte sich bei den Boulevardzeitungen »ein lebhafter publizistischer und verlege-rischer Wettbewerb« angekündigt.[52] Waren es anfangs lediglich im Gebiet der DDR ver-triebene und abgesetzte Exemplare westdeutscher Straßenverkaufszeitungen, die die enorme Nachfrage nach diesem Zeitungstyp im Osten Deutschlands belegten, so wurde dieser Trend 1990 durch mehrere erfolgreiche Gründungen von Lokal- und Regionalausgaben westdeutscher Titel bestätigt.

Bereits im Februar 1990 brachte der Springer-Verlag mit einer eigenen »Bild«-Ausgabe für Mecklenburg die erste (von später insgesamt neun) Regional- bzw. Lokalausgaben der »Bild«-Zeitung im Gebiet der künftigen neuen Bundesländer heraus; im März folgten Aus-gaben für Thüringen sowie Sachsen und Sachsen-Anhalt. Im selben Monat fasste die »Ham-burger Morgenpost« (Gruner und Jahr) mit einer Mecklenburger Lokalausgabe namens »Morgenpost« im Osten Fuß. Ihr folgte als eigenständige publizistische Einheit (aber in Part-nerschaft mit der »Hamburger Morgenpost«) am 11. Juni die »Dresdner Morgenpost«, von der später als Lokalausgaben auch ein Chemnitzer und Leipziger Boulevard-Blatt heraus-gegeben wurden, die beide ihren Zeitungsmantel aus Dresden bezogen. Im Juni 1990 star-tete in Halle der »Neue Presse Express«, eine regionale Boulevard-Zeitung, die der Kölner Pressekonzern M. DuMont Schauberg gemeinsam mit der Verlagsgruppe Madsack (Han-nover) aus der Taufe gehoben hatte, die zeitweilig in fünf Ausgaben erschien – und später, nach dem Ausstieg Madsacks im Frühjahr 1991, in »Mitteldeutscher Express« umbenannt werde sollte.[53]

Schon Ende Januar 1990 war in Leipzig unter dem Titel »Wir in Leipzig« die erste ost-deutsche Boulevardzeitung im Sinne einer eigenständigen publizistischen Einheit gegrün-det worden. Sie erschien in Partnerschaft mit dem westfälischen Verleger Mathias Finck, dessen Emsdettener Sport-bei-uns-Verlag bis dato lediglich Anzeigenblätter (»Wir in Det-ten«, »Wir in Greven«, »Wir in Rheine« u. a. m.) herausgegeben hatte. »Wir in Leipzig« war am Pressemarkt als wöchentlich erscheinende Straßenverkaufszeitung angetreten und wurde drei Monate später in eine Tageszeitung umgewandelt. Weitere drei Monate später brachte »Wir in Leipzig« fünf zusätzliche Lokalausgaben im Großraum Leipzig heraus. Die ostdeut-sche Straßenverkaufszeitung sollte sich jedoch gegen das zusehends den ostdeutschen Bou-levard-Markt dominierende Konkurrenzblatt »Bild« auf Dauer nicht wehren können; nach enormen Auflagenrückgängen musste »Wir in Leipzig« im Oktober 1991 schließlich komplett eingestellt werden.[54] Durch den bereits angesprochenen Verkauf des Berliner Verlags an Gruner und Jahr mit Maxwell war auch der DDR-Boulevard-Titel »BZ am Abend« in westdeutsche Verlegerhände gefallen (sie wurde Ende 1990 in »Berliner Kurier am Abend« umbenannt).[55] Weitere Boulevardzeitungs-Neugründungen sollten – wie im folgenden Kapitel zu zeigen sein wird – nach der Wiedervereinigung der beiden deutschen Staaten folgen.

Zu den Wochenzeitungen und Zeitschriften: Noch unübersichtlicher als am Tageszeitungsmarkt gestaltete sich das Geschehen bei den Wochen- und Monatstiteln im Osten Deutschlands, die überdies nur schwer von den bereits angesprochenen, oft ebenfalls wöchentlich erscheinenden Zeitungen der Bürgerbewegungen zu trennen sind. Auch die nicht-tagesaktuelle DDR-Presse hatte 1989/90 zunächst enorme Auflagenverluste zu verzeichnen, die bei einer ganzen Reihe von Wochen- und Monatszeitschriften das baldige Einstellen des Titels nach sich zogen. Gerade für die qualitativ weit unterlegenen ostdeutschen Zeitschriftentitel gilt, dass die Einführung eines freien Wettbewerbs und das Setzen auf die Selbstheilungskräfte des Markts »fast zwangsläufig« zu deren Aus führen musste – zumal die Konzentration der DDR-Publikumspresse auf zwei staatliche Verlage, die rasch in die Krise gerieten, die Situation zusätzlich erschwerte.[56]

Insgesamt wenig Erfolg war westdeutschen Wochenzeitungen, Magazinen und Publikumszeitschriften mit dem Absatz ihrer Westprodukte in den späteren neuen Bundesländern beschieden, auch wenn Titel wie »Der Spiegel« in den ersten Monaten nach dem Fall der Mauer ein deutliches Auflagenplus verzeichnen konnten (das nicht allein auf neue Leser im Osten zurückgeführt werden darf). Daneben wurden von westdeutschen Verlagen vor allem im Bereich der Wirtschaftspresse eigene Ost-Ausgaben herausgegeben. Da sich dieser Prozess weit über das Datum der Wiedervereinigung hinaus erstreckte, wird hierauf in einem entsprechenden Abschnitt des folgenden Kapitels eingegangen.

Letztlich zum Scheitern verurteilt war das Konzept, westdeutschen Publikationen zusätzliche redaktionelle Teile für Ostdeutschland beizufügen. Solche Beihefte gab es vor allem 1990, doch fanden sie nicht die erhoffte Resonanz. Sie wurden nicht zuletzt deshalb wieder eingestellt, weil die Erstellung solch beigefügter redaktioneller Teile sehr kostenintensiv war. Die eigentliche Rechnung, nach der Etablierung am Ostmarkt auf den zusätzlichen redaktionellen Teil zu verzichten und von Westdeutschland aus ein gesamtdeutsches Produkt abzusetzen, ging in keinem der Fälle wirklich auf.[57]

Ostdeutsche Zeitschriftenunternehmen wie der Verlag Junge Welt, der Verlag Zeit im Bild oder der Verlag für die Frau fürchteten noch vor der Wiedervereinigung, dass sie gegen das übermächtige Angebot der westdeutschen Großverlage Gruner und Jahr, Springer, Burda und Bauer nicht würden ankommen können. Hoffnungen einzelner Publikumszeitschriften wie der »Neuen Berliner Illustrierten«, die seit 1975 mit relativ hohen Standards bis zu 800.000 Leser erreichte, durch Joint Ventures mit Westverlagen nicht nur ihre Existenz, sondern auch ihre Identität bewahren zu können, sollten sich nach der Wiedervereinigung in den meisten Fällen nicht erfüllen.[58]

Einzelne Osttitel versuchten, durch andere Themengebiete und neue redaktionelle Konzepte ihr Überleben zu sichern. Beispiel hierfür ist die »Freie Welt«, die sich zu DDR-Zeiten (mit einer Auflage von 360.000 Stück) dem Thema deutsch-sowjetische Freundschaft ver-schrieben hatte und mit dieser Konzeption über 80 Prozent der Auflage im freien Verkauf absetzen konnte. Nach hohen Leserverlusten versuchte sie es 1990 mit einer Mischung aus Tourismusblatt und »Geo«-Konkurrenz, musste jedoch bereits im darauffolgenden Früh-jahr ihr Erscheinen einstellen. Einstellungsgründe waren auch hier hohe Auflagenverluste, nachdem sich durch den Wegfall staatlicher Subventionen die Verkaufspreise vervielfacht hatten, sowie die Unterlegenheit ostdeutscher Magazine und Zeitschriften gegenüber West-titeln, was Druck- und Papierqualität sowie Layout-Standards anbelangt.

Neu auf dem Markt erschienen in der Zeit zwischen Wende und Wiedervereinigung par-teieigene oder parteinahe Publikationen wie das Monatsblatt »Chance«, »Der neue Sozial-demokrat« (14-täglich) oder die PDS-Wochenzeitung »UNZ Unsere Neue Zeitung«, nach-dem sich Partei-Tageszeitungen mit Ausnahme des »Neuen Deutschland« nicht am Markt hatten halten können. Sie erreichten jedoch durchweg nur einen Bruchteil der Auflagen früherer Parteiorgane.[59]

Zu den ehemaligen SED-Betriebszeitungen: Nachdem die früheren Betriebszeitungen von den ehemaligen Herausgebern der SED aufgegeben worden waren, sollten sie unter der Leitung der jeweiligen Kombinatsdirektoren und Betriebsleiter weitergeführt werden. Die neuen Verantwortlichen fürchteten jedoch nicht nur enorme finanzielle Belastungen der frü-her stark subventionierten Betriebszeitungen, sondern wussten zudem nicht recht, welche publizistische Zielrichtung sie mit ihren Zeitungen fortan einschlagen sollten. Nach Anga-ben von Jürgen GRUBITZSCH waren bereits drei Monate nach dem Mauerfall etwa ein Drit-tel von ihnen eingegangen. Andere versuchten, sich durch Umstellung auf 14-tägliche oder vierwöchige Erscheinungsweise am Markt zu halten.[60] Wie viele dieser ehemaligen SED-Betriebszeitungen die Wiedervereinigung überlebten, ist nicht bekannt.

Zu den Lokalanzeigern und lokalen Anzeigenblättern: Die titelmäßig größte Gruppe aller Presseneugründungen im Osten Deutschlands bildet der Typus des *lokalen Anzeigers und Amtsblatts*, der nach der Neugliederung der Gemeinde- und Stadtverwaltungen ab Mitte 1990 aufkam. In diesen von kommunalen Behörden oder in deren Auftrag herausgegebenen Blättern fand sich neben amtlichen Bekanntmachungen und Mitteilungen der Parteien, Vereine und Kirchen auch ein Anzeigenteil. Ihre Zahl sollte nach der Wiedervereinigung noch einmal stark ansteigen, so dass auf diese Blätter im nächsten Kapitel erneut einzuge-hen sein wird (vgl. Kap. 7.2).

Dasselbe gilt auch für *Anzeigen- und Offertenblätter*, die von westdeutschen Verlagen seit Ende 1989 im Gebiet der DDR herausgegeben wurden. Während im alten Bundesgebiet ein Großteil der Anzeigenblätter als Nebengeschäft von Tageszeitungsverlagen herausgege-ben werden, wurden im Osten viele nicht im Tageszeitungsgeschäft engagierte West-Unter-nehmen aktiv. Die unentgeltlich abgegebenen Wochenblätter wiesen anfangs nur geringen Umfang und kaum redaktionelle Beiträge auf. Bei dem Versuch, sich am Markt zu etab-lieren, kam ihnen der oft geringe Seitenumfang der Tageszeitungen in der Konkurrenz um Inserenten und Privatanzeigen entgegen. Auch dieser Pressetypus und seine weitere Ent-wicklung wird im entsprechenden Abschnitt des folgenden Kapitels noch einmal kurz ange-sprochen (vgl. Kap. 7.2).[61]

7.1.4   Die Aufhebung des Preismonopols für Presseprodukte

Am 13. Februar 1990 hob der gerade erst konstituierte Medienkontrollrat der DDR das staatliche Preismonopol für Zeitungen und Zeitschriften auf. Zudem entfiel mit Wirkung zum 1. April ein Großteil der vom Staat für die Presse (und übrigens auch für den Rundfunk) gewährten Subventionen. Mit der Freigabe der Preise für Presseerzeugnisse wurde die weitere Entwicklung vieler DDR-Pressetitel nachhaltig gelähmt. Die Zeitungspreise stiegen um mehr als das Dreifache: Im Einzelverkauf kostete die Zeitung nun zwischen 0,40 und 0,50 DM anstatt wie bis zu diesem Zeitpunkt 0,15 DM, und der Bezugspreis für ein Abonnement stieg auf 8,50 bis 12,80 DM.[62] Damit lag das Preisniveau der DDR-Zeitungen zwar immer noch deutlich unter jenem westdeutscher Zeitungen, dennoch zog der Preisanstieg eine Flut von Abo-Abbestellungen nach sich, die für die Mehrzahl der Blätter nicht ohne schwerwiegende Folgen blieb. Die damals noch allein für den Zeitungsvertrieb zuständige Post registrierte in den Monaten Februar und März 1990 3,6 Mio. Kündigungen von insgesamt 16,6 Mio. Zeitungs- und Zeitschriftenabonnements. Als Gründe hierfür wurden neben den Preiserhöhungen die politische Vergangenheit vieler Blätter und – wenn auch nur zu einem geringen Teil – die Konkurrenz westdeutscher Blätter angegeben.[63] Besonders hart von den Abo-Kündigungen waren das PDS-Organ »Neues Deutschland« sowie die Zeitungen der ehemaligen Massenorganisationen der DDR »Junge Welt« (FDJ) und »Tribüne« (FDGB) betroffen. Bis Juni 1990 hatten sie bereits weit mehr als die Hälfte ihrer Leser verloren.[64]

Die Konkurrenz zwischen ost- und westdeutschen Presseerzeugnissen verschärfte sich, als westdeutsche Verlage eine ausschließlich für Zeitungen und Zeitschriften der DDR geschaffene Schutzregelung umgingen, der zufolge die Preise für westdeutsche Produkte in der DDR das Dreifache des DM-Verkaufspreises (in Ost-Mark) betragen sollten, um die Konkurrenzfähigkeit der DDR-Zeitungen einigermaßen zu sichern. Einige Presseverlage aus der Bundesrepublik versuchten jedoch, ihre Zeitungen zum Originalpreis, also eins zu eins in Ost-Mark abzusetzen, um auf dem ostdeutschen Pressemarkt Fuß zu fassen.[65]

7.1.5   Das Problem eines geregelten Pressevertriebs

Als westdeutschen Verlagen zum ersten Mal der Absatz ihrer Presseprodukte in der DDR möglich wurde, zeigten sich ihnen schnell die Grenzen der damals bestehenden Vertriebsmöglichkeiten. Presseerzeugnisse waren in der DDR fast ausschließlich im Abonnement vertrieben worden, wofür die Deutsche Post das Monopol innegehabt hatte. 85 Prozent der Gesamtauflage aller Zeitungen und Zeitschriften waren den Abonnenten über den Postzeitungsdienst direkt zugestellt worden; nur 15 Prozent hatten den Leser im Einzelverkauf über 4.500 Postschalter und 1.500 sonstige Verkaufsstellen erreicht. Um die DDR flächendeckend versorgen zu können, wären – wie westdeutsche Verlage errechneten – rund 25.000 solcher Verkaufsstellen notwendig gewesen. (Zum Vergleich: Im – flächenmäßig freilich größeren – Gebiet der alten Bundesrepublik gab es 1990 über 90.000 Verkaufsstellen).[66]

Noch bevor das in der DDR bestehende Einfuhrverbot für bundesdeutsche Presseprodukte am 26. Januar 1990 aufgehoben wurde, ergriffen die westdeutschen Medienkonzerne Bauer, Burda, Gruner und Jahr und Springer die Initiative, in Ostdeutschland ein eigenes

Vertriebssystem aufzubauen. Die vier Großverlage einigten sich am 23. Januar 1990 mit der DDR-Post auf ein gemeinsames Unternehmen zum Pressevertrieb in der DDR. Geplant war eine Vertriebsgesellschaft als Joint Venture mit je 50-prozentiger Beteiligung. Aus Kapazitätsgründen sollten vorerst nur rund 80 Titel aus der Bundesrepublik in die DDR geliefert werden. Die Proteste der nicht-beteiligten Westverlage richteten sich zum einen gegen die Auswahl der Titel, bei der sie eine Bevorzugung von Presseprodukten der vier Großverlage befürchteten. Zum anderen wurde kritisiert, dass eine solche Regelung die Meinungsvielfalt in der DDR schon im Ansatz einschränken würde und dahinter der Versuch dieser Medienkonzerne stünde, das Vertriebssystem in der DDR unter ihre Kontrolle zu bringen. Schließlich wurde das Inkrafttreten des Abkommens zwischen den vier westdeutschen Großverlagen und der DDR-Post vom runden Tisch verhindert.[67]

Die genannten vier Medienkonzerne begannen daraufhin, eigene Vertriebssysteme für ihre Produkte in der DDR aufzubauen. Obwohl sie sich daneben für ein flächendeckendes Nebeneinander von Grossisten einsetzten, fühlten sich Verleger aus der DDR benachteiligt. Ende April 1990 formulierte der Verband der Zeitungs- und Zeitschriftenverleger der DDR in einem Aufruf: »Entgegen ihren Beteuerungen, am Wachsen eines Grossistenmodells in der DDR interessiert zu sein, verweigern sie die Belieferung entstehender Grossos mit ihren Druckerzeugnissen. Vom brutalen Verdrängungswettbewerb vor Ort gar nicht zu reden.«[68] Der Medienkontrollrat hatte bereits auf die Notwendigkeit eines offenen, wettbewerbsneutralen und verlagsunabhängigen Vertriebssystems hingewiesen. Eine entsprechende Regelung, die Verordnung über den Vertrieb von Presseerzeugnissen in der DDR, wurde am 2. Mai 1990 vom Ministerium für Medienpolitik der DDR erlassen.[69] Gemäß der Verordnung durften folgende Vertriebseinrichtungen Presseerzeugnisse in der DDR vertreiben:

- der Postzeitungsdienst,
- private Pressegrossisten mit Firmensitz in der DDR,
- Verlage, die ihren Firmensitz in der DDR hatten (Eigenvertrieb zur Abonnementbelieferung),
- Vertriebsunternehmen mit Firmensitz in der DDR (Abonnementbelieferung mit einem einzelnen Presseerzeugnis),
- Handelseinrichtungen und Gewerbetreibende, sofern sie von der Deutschen Post (der DDR) oder den Pressegrossisten beliefert wurden.

Die Verordnung favorisierte ausdrücklich verlagsunabhängige Grosso-Unternehmen. Gemäß § 3 Abs. 1 durften sich Unternehmen, »deren Geschäftstätigkeit ganz oder teilweise im Verlag von Zeitungen und Zeitschriften besteht, (...) weder unmittelbar noch mittelbar im Großhandel mit Zeitungen und Zeitschriften betätigen oder sich an Unternehmen, die einen solchen Großhandel betreiben, beteiligen«. In Absatz 2 desselben Paragraphen war jedoch die Möglichkeit zur Ausnahmeregelung bereits formuliert: Eine Beteiligung von Zeitungs- oder Zeitschriftenverlagen am Pressegroßhandel war zulässig, »wenn in einem Territorium der Vertrieb von Presseerzeugnissen nicht bedarfsdeckend gewährleistet« wäre.[70]

Die vier westdeutschen Großverlage hatten inzwischen zwölf Vertriebsfirmen in der DDR mit sog. Vierteilhaberschaft gegründet. Sie hielten gemeinsam 25 Prozent der Gesellschafteranteile, weitere 25 Prozent hielten andere bundesdeutsche Tageszeitungs- und Zeitschriftenverlage. Den gleichen Prozentanteil erreichten die beteiligten DDR-Verlage, während die verbleibenden 25 Prozent ein DDR-Grossist als geschäftsführender Gesellschafter hielt. Unter Berufung auf die in der Verordnung zum Pressevertrieb enthaltene Ausnahmeregelung stellten die vier Großverlage Ende Juli beim Medienminister der DDR den Antrag auf Genehmigung zum Pressegroßhandel. Die Zulassung dieses Vertriebsmodells wurde jedoch vom Minister für Medienpolitik im September 1990 untersagt, weil ein Belieferungsnotstand (der die Ausnahmeregelung gerechtfertigt hätte) nicht zu erkennen gewesen sei. Zu jenem Zeitpunkt hatten sich in der DDR bereits 16 verlagsunabhängige Pressegrossisten etabliert.[71]

Nach der Wiedervereinigung sollte es nach mehreren Verhandlungsphasen zwischen Bundeskartellamt und den Großverlagen zu einer Kompromisslösung kommen, so dass im Gebiet der ehemaligen DDR ein Mischsystem entstand, das sich durch ein Nebeneinander verlagsabhängiger und unabhängiger Grossisten auszeichnete. Von insgesamt 19 Grosso-Betrieben arbeiteten Anfang der neunziger Jahre neun mit Verlagsbeteiligung, in sieben Fällen handelt es sich um verlagsunabhängige Grossisten; drei Vertriebsgebiete wurden westdeutschen Grossisten zugeschlagen. Dies bedeutete einen deutlichen Unterschied zwischen der Organisation des Pressegroßhandels in den neuen und jenem in den alten Bundesländern (wo von 81 Grosso-Unternehmen zu jener Zeit nur sechs eine Verlagsbeteiligung aufwiesen).[72]

Durch den Kompromiss konnte zwar der Anteil der Großverlage am ostdeutschen Presse-Grosso verringert werden, dennoch ließen sich – so Jürgen WILKE – »Bedenken gegen das Mischsystem wegen der Gefahr eines wettbewerbswidrigen Einflusses der beteiligten Verlage und des möglichen Verstoßes gegen die Prinzipien eines neutralen, die Pressevielfalt nicht schädigenden sowie die üblichen Marktgebräuche wahrenden Pressevertriebs nicht ausräumen.«[73] Die in den neuen Bundesländern bestehenden 19 Vertriebsgebiete wurden so aufgeteilt, dass sich die neun Verlagsgrossisten in strukturell stärkeren Gebieten (etwa 60 Prozent der Wohnbevölkerung), die verlagsunabhängigen dagegen in strukturschwachen Gebieten (ca. 40 Prozent der Wohnbevölkerung) befanden.[74]

Erfreulicher sollte sich nach der Wiedervereinigung die Zahl der Presseverkaufsstellen in Ostdeutschland entwickeln. Gemäß einer Einzelhändler-Strukturanalyse des Presse-Grosso-Verbands vom Frühjahr 1992 betrug die Zahl der stationären Presse-Einzelhändler zu diesem Zeitpunkt bereits über 15.500. Damit war in den neuen Bundesländern in erstaunlich kurzer Zeit eine Händlerdichte von immerhin zwei Dritteln des westdeutschen Niveaus erreicht.[75]

7.1.6 Zur Entwicklung der berufsständischen Organisationen

Im Zusammenhang mit den tiefgreifenden Umwälzungen zwischen Wende und Wiedervereinigung sind auch Veränderungen anzusprechen, die die publizistischen Berufs- und Arbeitnehmerverbände in Ostdeutschland betrafen. Die beiden berufsständischen Vertretungen der Bundesrepublik, die IG Medien (heute unter dem Dach der Gewerkschaft ver.di) und der Deutsche Journalisten-Verband (DJV), hatten bereits frühzeitig Kooperationsgespräche mit dem Verband Deutscher Journalisten (VDJ) in der DDR aufgenommen. Als im April 1990 der erste deutsch-deutsche Journalistentag zum Erfahrungsaustausch zwischen west- und ostdeutschen Journalisten stattfand, hatte sich die VDJ-Zentrale bereits für eine Kooperation mit der Fachgruppe Journalismus der IG Medien entschieden, auch wenn deren organisatorische Ausgestaltung zu jenem Zeitpunkt noch nicht feststand. Daraufhin beschloss der DJV seinerseits den Aufbau von fünf eigenständigen DJV-Büros in der DDR, um dort möglichst rasch neue Mitglieder zu werben.[76] Ab Juni 1990 konstituierten sich fünf neue DJV-Landesverbände in den späteren Ländern des DDR-Gebiets. Als erste DDR-Gewerkschaft trat die ostdeutsche IG Druck und Papier mit Wirkung zum 1. Oktober 1990 der bundesdeutschen IG Medien bei. Der Journalistenverband der DDR aber konnte sich zu einem solchen Schritt nicht entschließen. Daher beschloss der VDJ Ende Juni 1990 seine Auflösung zum 30. September des Jahres und stellte seinen Mitgliedern frei, sich für einen Beitritt zur IG Medien oder einen der neuen Landesverbände des DJV zu entscheiden.[77] Die Zeitungsverleger organisierten sich ähnlich den westdeutschen Zeitungsverlagen in verschiedenen Landesverbänden. Bis Juni 1990 hatten sich bereits vier Verlegerverbände in Brandenburg, Thüringen, Sachsen und Sachsen-Anhalt konstituiert.[78]

7.2   Entwicklung der Presse in den neuen Bundesländern

Die am 3. Oktober 1990 erfolgte Wiedervereinigung der beiden deutschen Staaten hat nicht, wie man annehmen könnte, zu einem ›gemeinsamen‹ Pressemarkt in Deutschland geführt. Die Struktur des Pressemarkts in den neuen Bundesländern unterscheidet sich bis heute wesentlich von derjenigen in den alten Ländern. Nach einer vorübergehenden Phase großer Pressevielfalt setzte ab Mitte 1991 ein umfassender Pressekonzentrationsprozess ein. Die 14 ehemaligen SED-Bezirkszeitungen erwiesen sich unter ihrer neuen verlegerischen Struktur als Marktführer, neben denen es andere Tageszeitungen schwer hatten, sich erfolgreich zu behaupten. So hat sich eine lokale Pressevielfalt in den neuen Ländern nicht dauerhaft entwickeln können. Insgesamt lässt die Entwicklung des Zeitungswesens in der ehemaligen DDR Parallelen zu jenem Prozess erkennen, der 1949 nach der Erteilung der Generallizenz im Pressewesen der neugegründeten Bundesrepublik zu beobachten war (vgl. Kap. 5.1). Bekanntlich war es damals durch die presseunternehmerischen Aktivitäten der Altverleger zu einem Boom von Zeitungsgründungen gekommen. Die neuen Titel hatten es jedoch auch damals sehr schwer, sich neben den Lizenzzeitungen in deren angestammten Verbreitungsgebieten zu behaupten. Wie 40 Jahre später in den neuen Bundesländern waren damals Zeitungsfusionen und Schließungen von Pressebetrieben die Folge – der Prozess der Pressekonzentration kam in Gang (vgl. Kap. 5.2).

In den alten Bundesländern hatten sich Anfang der neunziger Jahre im Bereich der Tageszeitungen kaum Veränderungen ergeben; hier geriet lediglich der Markt der Wochenzeitungen und Zeitschriften in Bewegung. Von daher nehmen die folgenden Ausführungen zur Entwicklung in den neuen Bundesländern vergleichsweise breiten Raum ein. Sie werden durch einen eigenen Abschnitt über Veränderungen des Berufsverständnisses und der Berufspraxis ostdeutscher Pressejournalisten in der Zeit nach der Wende ergänzt. Erst im Anschluss daran wird dann auch auf Entwicklungen eingegangen, die sich am westdeutschen Pressemarkt nach der Wiedervereinigung ergaben.

7.2.1 Zwischenbilanz nach dem Übergang

Die Medienlandschaft in den neuen Bundesländern unterlag im Herbst 1990 immer noch starkem Wandel. Dies galt insbesondere für das Pressewesen, dessen Strukturen sich unter ganz anderen Bedingungen entwickelten als Hörfunk und Fernsehen. Denn für das Rundfunkwesen waren durch gesetzgeberische Maßnahmen nach Artikel 36 des Einigungsvertrags, nach dem 1991 abgeschlossenen Rundfunk-Staatsvertrag sowie aufgrund der Rundfunkgesetzgebung der einzelnen Länder ordnungspolitische Rahmenbedingungen für dessen weitere Entwicklung geschaffen worden, während die Entwicklung im Bereich der Presse weitgehend von »ordnungspolitischer Abstinenz und vom Glauben an die Selbstheilungskräfte des Markts bestimmt« gewesen sind.[79] Und dies nicht so sehr *trotz*, sondern auch *infolge* der Entscheidungen der Treuhand-Anstalt, zu deren Aufgabe einer treuhänderischen Verwaltung und Privatisierung ehemaliger DDR-Staatsbetriebe auch die kontrollierte Privatisierung quasi-staatlicher bzw. SED-eigener Presseunternehmen gehörte. Mit den Entscheidungen der Treuhand-Anstalt und den Folgen für die Struktur der Tagespresse in den neuen Bundesländern beschäftigt sich weiter unten ein eigener Abschnitt.

Bis zum Frühjahr 1991 wiesen die neuen Bundesländer auch im Bereich der Tagespresse eine Zeitungsvielfalt auf, wie es sie im Gebiet der ehemaligen DDR nie gegeben hatte und wie sie in den alten Bundesländern seit Jahrzehnten nicht mehr existierte. Infolge des intensiven Engagements von Westverlagen kam es zu einer deutlichen Erweiterung des lokalen Tageszeitungsangebots. So entstanden im Gebiet der ehemaligen DDR zwischen November 1989 und Juni 1991 26 neue Verlage, die zusammen 61 redaktionelle Zeitungsausgaben, vorwiegend Lokalausgaben, herausgaben. Zur Jahresmitte 1991 brachten 21 Westverlage 43 redaktionelle Ausgaben in Ostdeutschland auf den Markt.[80]

In diesem Zusammenhang muss darauf hingewiesen werden, dass 1990 und 1991 der Pressemarkt im Osten noch so starken Veränderungen unterworfen war, dass die in jenen Monaten durchgeführten Presseerhebungen den Charakter von Momentaufnahmen haben. Ständige Neugründungen und gleichzeitige Einstellungen von Zeitungen bzw. Zeitungsausgaben erklären die zum Teil erheblich voneinander abweichenden pressestatistischen Angaben der unterschiedlichen Studien. Anhand der Quellen lässt sich deshalb zu jener Zeit oft nur die Größenordnung, nicht jedoch die genaue Anzahl von Zeitungstiteln, -verlagen und redaktionellen Ausgaben bestimmen.[81]

Durch Neugründungen von Tageszeitungsverlagen entstanden in den neuen Bundesländern elf neue publizistische Einheiten; die übrigen neuen Verlage übernahmen den Zeitungsmantel ihrer Vollredaktionen in den alten Bundesländern. Als lokale bzw. regionale Abonnementzeitungen wurden in Brandenburg der »Oranienburger Generalanzeiger« und der »Cottbuser General-Anzeiger«, in Mecklenburg-Vorpommern das »Greifswalder Tagblatt«, in Thüringen die »Tagespost« und die »stz. Südthüringer Zeitung« gegründet. Einen Sonderfall stellte die sechste publizistische Einheit dar: Sie bestand aus sechs Zeitungsverlagen in drei neuen Bundesländern, für die von der früheren SED-Bezirkszeitung »Märkische Allgemeine« (früher: »Märkische Volksstimme«) – separat vom Mantel des Mutterblatts – ein eigener gemeinsamer Zeitungsmantel erstellt wurde. Zusätzlich zu diesen sechs publizistischen Einheiten starteten fünf Straßenverkaufszeitungen als Vollredaktionen mit Sitz in den neuen Bundesländern. Der Typ der zu DDR-Zeiten in Ostdeutschland weitgehend unbekannten Boulevard-Zeitung erfuhr für kurze Zeit einen beachtlichen Aufschwung. Die neuen Straßenverkaufszeitungen »Super!Zeitung«, »Wir in Leipzig«, »Dresdner Morgenpost«, »Neue Presse Express« (bzw. später »Mitteldeutscher Express«), »Super Ossi« und der aus dem DDR-Blatt »BZ am Abend« hervorgegangene »Berliner Kurier am Abend« erreichten zusammen mit den neun Ost-Ausgaben der »Bild«-Zeitung vorübergehend einen Marktanteil von über 20 Prozent.

Im hier betrachteten Zeitraum bis Juli 1991 wurden von den elf neuen publizistischen Einheiten zwei wieder eingestellt. Die vom Ostberliner Verleger Helfried Schreiter am 15. Februar 1991 neugegründete Boulevard-Zeitung »Super Ossi« (Startauflage 300.000) erschien bereits gut einen Monat später am 22. März 1991 zum letzten Mal. Und der »Cottbuser General-Anzeiger« – unter den neuen lokalen bzw. regionalen Abonnementzeitungen das einzige Blatt, das gänzlich ohne westdeutsche Unterstützung oder Beteiligung gegründet wurde – musste sein Erscheinen schon Ende Mai 1991 wieder einstellen.[82]

Das größte Angebot an Tageszeitungen in Ostdeutschland gab es einer von Walter J. Schütz erstellten Pressestatistik zufolge im ersten Halbjahr 1991. Anfang 1991 setzten sich die 42 ostdeutschen publizistischen Einheiten aus 34 bereits in der DDR existierenden und acht neuen selbständigen Tageszeitungen zusammen. Sie erschienen in zusammen 325 redaktionellen Ausgaben, von denen allein 265 auf Ausgaben früherer DDR-Zeitungen entfielen. Sie wurden durch 33 redaktionelle Ausgaben westdeutscher Mutterblätter zur Verbreitung in den neuen Bundesländern ergänzt. Zusammen ergaben sich somit 358 redaktionelle Ausgaben für Ostdeutschland, die von 56 Verlagen herausgegeben wurden. Gegenüber Ende 1989 (37 publizistische Einheiten, 291 Ausgaben, 38 Verlage) bedeutete dies eine beachtliche Steigerung des tagespublizistischen Angebots.[83]

Berlin wurde nach der Wiedervereinigung zur zeitungsreichsten Stadt Deutschlands. Zur Jahresmitte 1991 gab es in der nun vier Mio. Einwohner zählenden Stadt insgesamt 16 Tageszeitungen: sechs Westberliner Blätter sowie zehn Ostberliner Zeitungen, darunter die neugegründete »Super!Zeitung«, Tageszeitungen der ehemaligen SED bzw. PDS und der Massenorganisationen sowie überregional verbreitete Organe der ehemaligen Blockparteien.[84]

Trotz der Zunahme des publizistischen Angebots verringerte sich die verkaufte Auflage der Tageszeitungen von 9,8 Mio. 1989 auf geschätzte 7,5 Mio. Exemplare im ersten Quartal 1991 (IVW-geprüfte Daten lagen zu diesem Zeitpunkt für viele Ostzeitungen noch nicht vor). Das entsprach einem Auflagenrückgang von annähernd 25 Prozent. Von der Gesamtauflage von 7,5 Mio. Exemplaren entfielen dabei auf die ehemaligen DDR-Zeitungen rund 5,3 Mio.; die neuen Tageszeitungen und die Auflagengewinne von Titeln aus dem Westen erreichten zusammen ca. 2,2 Mio. Exemplare.[85] Rechnet man die Auflagenverluste der ehemaligen DDR-Zeitungen separat, ergibt sich ein Auflagenrückgang von etwa 46 Prozent, von dem alle ehemaligen DDR-Tageszeitungen betroffen waren:

• Von den 18 Zeitungen der ehemaligen Blockparteien existierten zum Zeitpunkt der Wiedervereinigung noch 15 Titel; ein weiterer, die »Märkische Union«, war im März 1990 zur Wochenzeitung umgewandelt worden. Bis zur Jahresmitte 1991 stellten zwei weitere Titel ihr Erscheinen ein: der »Demokrat« (vormals CDU-Organ) und der »Morgen«, das ehemalige Zentralorgan der LDPD. Nach Verlagsangaben erreichten die verbliebenen zwölf Titel im zweiten Quartal 1991 eine Gesamtauflage von knapp 340.000 Exemplaren, was einem Auflagenrückgang von fast 60 Prozent gegenüber 1989 entspricht.

- Besonders groß waren die Auflageneinbrüche beim ehemaligen SED-Zentralorgan »Neues Deutschland« (nunmehr PDS) sowie bei den Zeitungen der ehemaligen Massenorganisationen »Junge Welt« (FDJ) und »Tribüne« (FDGB), die vor der Wende zusammen einen Marktanteil von gut 30 Prozent gehalten hatten. Sie büßten bis zur Jahresmitte 1991 nahezu 90 Prozent ihrer ursprünglichen Auflage ein. Das »Deutsche Sportecho« (ehemaliges Organ des DTSB), das ab 1990 mit dem Springer-Verlag kooperierte, wurde im April 1991 eingestellt.
- Die Tageszeitung der sorbischen Minderheit »Nowa Doba«, die Anfang 1991 ihren Titel in »Serbske Nowiny« umbenannte, kam vorübergehend nur dreimal wöchentlich heraus. Ab Juni 1991 erschien »Serbske Nowiny« dann wieder fünfmal wöchentlich, wenn auch mit der äußerst geringen Auflage von etwa 1.500 Stück.
- Von den beiden Zeitungen des Berliner Verlags, der bereits vor der Wiedervereinigung an Gruner und Jahr mit Maxwell verkauft worden war, erschien die »Berliner Zeitung« im zweiten Quartal 1991 mit noch etwa 70 Prozent ihrer früheren Auflage. Zum »Berliner Kurier am Abend« (ehemals »BZ am Abend«) kam im April 1991 die Neugründung »Berliner Kurier am Morgen« mit einem eigenen Mantel. Zusammengenommen erreichten beide Straßenverkaufszeitungen eine Auflage von 236.000 Exemplaren, was einem Zuwachs von 15 Prozent gegenüber 1989 entspricht.[86]
- Als erfolgreich (trotz feststellbarer Auflagenverluste von durchschnittlich 18 Prozent) erwiesen sich die 14 ehemaligen SED-Bezirkszeitungen. Schon zu DDR-Zeiten hatten sie mit ihren insgesamt über 200 Lokalausgaben einen Marktanteil von 90 Prozent und waren damit auf dem regionalen Tageszeitungsmarkt praktisch Monopolisten (vgl. Kap. 6.5).[87] Ihr Erfolg auch nach der Wiedervereinigung beruhte nicht nur darauf, dass es ihnen gelang, noch aus DDR-Zeiten bestehende Leser-Blatt-Bindungen aufrechtzuerhalten. Die Zementierung ihrer dominanten Marktposition muss auch als Folge der Verkaufspolitik der Treuhand-Anstalt gesehen werden.

7.2.2 Die Verkaufspolitik der Treuhand-Anstalt

Die Treuhand-Anstalt, die gemäß Artikel 25 des Einigungsvertrags für die wettbewerbliche Neustrukturierung und Privatisierung ehemaligen DDR-Volkseigentums zuständig war, trat die Rechtsnachfolge als Eigentümerin der zu jenem Zeitpunkt volkseigenen Zeitungen in Ostdeutschland an. »Sie fühlte sich an die Absprachen zwischen Ost- und Westverlagen aus der Übergangszeit nicht gebunden, sondern setzte neue Verhandlungen und Verkäufe nach einem modifizierten Versteigerungsverfahren an.«[88]

Schon vor der Wiedervereinigung waren – wie erläutert – die beiden Zeitungen des Berliner Verlags (»Berliner Kurier am Abend«, »Berliner Zeitung«) und mit der Chemnitzer »Freien Presse« und der »Mitteldeutschen Zeitung« aus Halle zwei der großen ehemaligen SED-Bezirkszeitungen an Westverlage gefallen. Zehn der zwölf verbleibenden Bezirkszeitungen wurden sodann im Dezember 1990 von der Treuhand-Anstalt zum Verkauf ausgeschrieben. Die ehemaligen SED-Bezirkszeitungen mit ihren für westdeutsche Maßstäbe extrem hohen Auflagen und zahlreichen Lokalausgaben in riesigen Verbreitungsgebieten waren für westdeutsche Kaufinteressenten besonders attraktiv. Mit insgesamt über 8.000

Beschäftigten und einem erwarteten Verkaufserlös von 850 Mio. DM standen sie im Zentrum des Veräußerungsprozesses. Von knapp 40 bundesdeutschen Verlagshäusern wurden bei der Treuhand über 80 Kaufangebote hinterlegt. Im April 1991 fiel die Entscheidung, als die Treuhand ausgewählten Bewerbern ein Kaufangebot machte.[89] Als Vergabekriterien galten

- die Höhe des gebotenen Kaufpreises,
- die von den Interessenten vorgelegten Sanierungs- und Investitionskonzepte sowie
- die Zusicherung zum Erhalt von Arbeitsplätzen.

Abbildung 37 gibt Aufschluss darüber, wie die Treuhand im Einzelnen entschied und an welche westdeutschen Verlage sie die ehemaligen SED-Bezirkszeitungen verkaufte. Dabei gibt Horst RÖPER die Eigentumsverhältnisse der »Sächsischen Zeitung« noch mit 51 Prozent für Gruner und Jahr und 49 Prozent »Rheinische Post/Westdeutsche Zeitung« an. Doch führte die rechtliche Klärung der Ansprüche, welche die SPD auf sieben von der Treuhand angebotene Zeitungen erhoben hatte, wenig später zu neuen Eigentumsverhältnissen bei der »Sächsischen Zeitung«: Die SPD erhielt den Zuschlag für eine 40-prozentige Beteiligung, die restlichen 60 Prozent wurden Gruner und Jahr zugesprochen.[90]

Bei den Entscheidungen über den Verkauf der Zeitungen ließ sich die Treuhand von folgenden Regelungen leiten: Erstens sollte jeder Bewerber nicht mehr als eine Zeitung erwerben dürfen bzw. an nicht mehr als einer Zeitung beteiligt sein und zweitens sollten die Verbreitungsgebiete der erwerbenden und der zu verkaufenden Zeitungen nicht aneinandergrenzen. Doch die Treuhand hielt sich selbst nicht immer an diese Vorgaben: So kam der Springer-Verlag zu Beteiligungen an drei ehemaligen SED-Zeitungen (»Leipziger Volkszeitung«, »Ostsee-Zeitung« und »Nordkurier«) und die Stuttgarter Zeitungsgruppe an zwei Titeln (»Freie Presse« und »Märkische Oderzeitung«). Überraschenderweise erhielt auch Gruner und Jahr zusätzlich zu seiner je 50-prozentigen Beteiligung an den beiden Zeitungen des Berliner Verlags noch die Mehrheitsbeteiligung für die »Sächsische Zeitung«.[91]

Die Übernahmepraxis bei der Privatisierung der ehemaligen SED-Bezirkszeitungen war jedoch nicht ausschließlich auf die Verkaufspolitik der Treuhand zurückzuführen. Sie war auch das Ergebnis aggressiver Unternehmenspolitik der Westverlage, wie die Auseinandersetzung zwischen der WAZ-Gruppe und der Treuhand um zwei thüringische Bezirkszeitungen zeigt, die als ›Ostthüringer Zeitungskrieg‹ in die Geschichte einging.[92] Die »Thüringer Allgemeine« und die »Ostthüringer Nachrichten« hatte die Treuhand vom Verkaufsverfahren ausgeschlossen, weil die WAZ-Gruppe bereits an beiden Zeitungen beteiligt war und man zunächst die rechtliche Zulässigkeit der Beteiligungsverträge überprüfen wollte. Da die 50-prozentige Beteiligung der WAZ an der »Thüringer Allgemeinen«, die schon zu Zeiten der Regierung Modrow vereinbart worden war, nicht mehr rückgängig gemacht werden konnte, wollte die Treuhand in Übereinstimmung mit dem Bundeskartellamt eine weitere Mehrheitsbeteiligung der WAZ an den »Ostthüringer Nachrichten« verhindern. Mit der von der Treuhand schließlich vorgeschlagenen Kompromisslösung einer Minderheitsbeteiligung von 24,9 Prozent war der WAZ-Konzern nicht einverstanden. Anfang Juli 1991 brachte er eine ›neue‹ Zeitung mit dem Titel »Ostthüringer Zeitung« auf den Markt, für die der eigens gegründete Verlag WAZ-Investitionsgesellschaft GmbH & Co KG als Herausgeber auftrat. Sie sollte als eigenständiges Presseunternehmen gelten, obwohl sie mit nahezu demselben

Abb. 37: Privatisierung der ehemaligen SED-Zeitungen nach der Entscheidung der Treuhand

Alter Titel, Verlagsort	Auflage 1988 in Tsd. Ex.	Neuer Titel	Auflage 1991 in Tsd. Ex.	Neuer Besitzer
Berliner Zeitung	425	–	304*	Gruner+Jahr 50% / Maxwell 50%
BZ am Abend, Berlin	204	Berliner Kurier am Abend	130	Gruner+Jahr 50% / Maxwell 50%
Neues Deutschland, gesamte DDR	1.100	–	128*	eigenständig / PDS
Bezirkszeitungen:				
Freie Erde, Neubrandenburg	202	Nordkurier	160*	Augsburger Allgemeine / Kieler Nachrichten / Schwäbische Zeitung je 33,3%
Freie Presse, Chemnitz	661	freie presse	586	Die Rheinpfalz, Ludwigshafen
Freies Wort, Suhl	178	–	142*	Neue Presse, Coburg
Freiheit, Halle	585	Mitteldeut- sche Zeitung	527	Kölner Stadt-Anzeiger
Lausitzer Rundschau, Cottbus	291	–	276	Saarbrücker Zeitung
Leipziger Volkszeitung	484	–	380	Springer Verlag / Hanno- versche Allgemeine je 50%
Märkische Volks- stimme, Potsdam	348	Märkische Allgemeine	265	Frankfurter Allg. Zeitung
Neuer Tag, Frankfurt/Oder	211	Märkische Oderzeitung	184	Südwest Presse, Ulm
Ostsee-Zeitung, Rostock	292	–	238	Lübecker Nachrichten
Sächsische Zeitung	566	–	513	Gruner+Jahr 51% / Rheini- sche Post und Westdeut- sche Zeitung zus. 49%
Schweriner Volks- zeitung	201	–	171	Burda-Verlag
Volksstimme, Magdeburg	451	–	375	Bauer-Verlag
Volkswacht, Gera	238	Ostthüringer Nachrichten	210	WAZ, Essen 24,9%
Das Volk, Erfurt	401	Thüringer All- gemeine	350	WAZ, Essen 50%
Gesamtauflage	*6.838*		*4.939*	

*Auflagenzahl nach ivw 1/91, ansonsten nach Verlagsangaben.

Quelle: Röper, Horst: Die Entwicklung des Tageszeitungsmarktes in Deutschland nach der Wende in der ehe- maligen DDR, in: Media Perspektiven 7/1991, S. 422.

Mitarbeiterstab, denselben Druckeinrichtungen, den früheren Abonnenten und fast dem gleichen Erscheinungsbild praktisch identisch mit den ehemaligen »Ostthüringer Nachrichten« war. Die Treuhand leitete rechtliche Schritte ein und die Auseinandersetzung endete schließlich mit einem Vergleich zugunsten des WAZ-Konzerns: Dies ermöglichte ihm eine 40-prozentige Beteiligung an der »Ostthüringer Zeitung«; weitere 40 Prozent hielt fortan die »Mainzer Allgemeine Zeitung« und 20 Prozent wurden einer Mitarbeiter-Beteiligungsgesellschaft zugesprochen. Für die ›leere Verlagshülse‹ der alten »Ostthüringer Nachrichten« musste die WAZ-Gruppe der Treuhand einen zweistelligen Millionenbetrag zahlen.[93]

Im Übrigen hat die Treuhand-Anstalt bei ihren Verkaufsentscheidungen auch gegen die zweite Regelung, angrenzende Verbreitungsgebiete der erwerbenden und der zu erwerbenden Zeitungen nicht zuzulassen, mehrfach verstoßen. In Bezug auf die Zeitungen der Blockparteien galten beide Vorgaben übrigens nicht, so dass hier in aller Regel Kooperationen in Eigentumsübertragungen mündeten.[94] An der Verkaufspolitik der Treuhand wurden im Allgemeinen vor allem drei Aspekte kritisiert:

- Alle Zeitungen wurden als Ganzes mit ihren jeweiligen Ausgaben und ihrer Gesamtauflage komplett verkauft.
- Die meisten Zeitungen wurden an nur einen neuen Eigentümer verkauft; nur in zwei Fällen wurde der Besitz auf je zwei und in einem Fall auf drei Verlagspartner aufgeteilt.
- Bis auf eine Ausnahme wurden nur westdeutsche Großverlage als Käufer akzeptiert.[95]

Im Hinblick auf den letzten Kritikpunkt an der Verkaufspolitik der Treuhand ist fairerweise ein Argument dagegenzuhalten, das in der Diskussion jener Tage offensichtlich etwas zu kurz gekommen ist. Es läuft auf die Frage hinaus, welche Alternativen der Treuhand-Anstalt bei der Privatisierung der großen DDR-Tageszeitungstitel tatsächlich zur Verfügung standen. Denn aufgrund des enormen Kapitalbedarfs für den Erwerb der zum Verkauf stehenden Objekte, der Notwendigkeit aufwendiger Investitionen (wegen der völlig veralteten Technik) und der erforderlichen Zusage zum Erhalt der infragestehenden Arbeitsplätze waren praktisch nur wirklich große Verlagshäuser in der Lage, ehemalige SED-Bezirkszeitungen zu erwerben; kleinere Zeitungsverlage oder ostdeutsche Bewerber wären zu einem solchen finanziellen Kraftakt wohl kaum in der Lage gewesen (oder ein entsprechendes Engagemant wäre mit zu großen Finanzierungsrisiken verbunden gewesen) und mussten notgedrungen das Nachsehen haben. So konnte die Treuhand durch das Geschäft mit den westdeutschen Großverlagen einen Verkaufserlös von insgesamt rund 1,5 Mrd. DM und zusätzlich Investitionszusagen in einer Größenordnung von weiteren 1,3 Mrd. DM erzielen. Auch verwies die Treuhand-Anstalt auf den enormen Zeitdruck, unter dem die Entscheidungen getroffen werden mussten, da jeder Monat Verzögerung wegen ausbleibender Investitionen und anhaltender Auflageneinbrüche Millionenverluste bedeutete.[96] Auch stellt sich die Frage, ob es sinnvoll gewesen wäre, die Zeitungen wegen ihrer teils sehr großen Verbreitungsgebiete zu filetieren, zumal man damit möglicherweise in gewachsene Kommunikationsräume mit ihren je eigenen Gegebenheiten und Strukturen eingegriffen hätte.

Gleichwohl leitete die Treuhand durch diese Veräußerungspraxis folgenschwere Entwicklungen nicht nur für den ostdeutschen Pressemarkt ein.[97] Eine unter publizistischen Aspekten durchaus wünschenswerte Aufteilung der großen Verbreitungsgebiete der ehemaligen SED-Bezirkszeitungen und ihrer ungewöhnlich hohen Auflagen auf mehrere Teilverlage stand bei der Treuhand offensichtlich nicht zur Debatte. Die aus der Diskussion über die Pressekonzentration in der Bundesrepublik bekannten Besonderheiten des Pressemarkts und ihre möglichen Gefahren schienen bei den Entscheidungen der Treuhand ebenfalls keine Rolle gespielt zu haben.[98] Zwar hatten sich Bundeskanzler Kohl, Innenminister Schäuble und Staatssekretär Waffenschmidt in den Monaten zuvor für eine »mit dem alten Bundesgebiet kompatible, vielfältige, dezentralisierte ostdeutsche Printmedienlandschaft« ausgesprochen; doch versäumten sie es laut Arne KAPITZA, »auf dem Pressemarkt der neuen Bundesländer gleiche Wettbewerbsbedingungen zu fördern«.[99]

Zusammengefasst gilt für den ostdeutschen Pressemarkt, dass durch die Treuhand-Entscheidung die wesentlichen Strukturen des von der SED geschaffenen Markts wohl dauerhaft erhalten bleiben. Das spiegelt sich auch in der regionalen Gliederung der ostdeutschen Tagespresse wider, wie RÖPER herausstellt: »Während die alten DDR-Bezirke längst aufgelöst sind, bleibt im Zeitungsmarkt diese Gliederung im Wesentlichen bestehen«.[100] Beate SCHNEIDER schließlich bilanzierte 1992 in ihrer Untersuchung zur ostdeutschen Presse, dass die Verkaufspolitik der Treuhand-Anstalt zu einer »äußerst bedenklichen Verzerrung des gesamtdeutschen Pressemarktes« geführt habe und führt aus: »Sechs der zehn größten deutschen Regionalzeitungen erscheinen nunmehr auf dem Gebiet der früheren DDR. Sie befinden sich im Besitz der größten westdeutschen Verlage. Weder das Amt für Wettbewerbsschutz der DDR noch das Bundeskartellamt mit seinen jahrzehntelangen Erfahrungen in der Pressefusionskontrolle haben dieser Entwicklung entgegengewirkt.«[101]

Abb. 38: Die zehn auflagenstärksten Tageszeitungen in den alten und neuen Bundesländern 1991

Titel	Auflage in Tausend
Bild	4.745
Westdeutsche Allgemeine	653
fp. Freie presse (Chemnitz)	602
Mitteldeutsche Zeitung (Halle)	510
Sächsische Zeitung (Dresden)	500
Frankfurter Allgemeine Zeitung	391
Süddeutsche Zeitung	389
Super!Zeitung*	370
Volksstimme (Magdeburg)	363
LVZ. Leipziger Volkszeitung	360

* im Juli 1992 eingestellt

Erstellt nach Schütz, Walter J.: Deutsche Tagespresse 1991, in: Media Perspektiven 2/1992, S. 101.

7.2.3 Der Konzentrationsprozess am Markt der Tagespresse Ost

Das System der Tagespresse der ehemaligen DDR wurde durch die Arbeit der Treuhand-Anstalt also privatisiert, aber nicht entflochten oder gar pluralisiert. Nachdem die früheren DDR-Zeitungen an neue Besitzer übergegangen waren, spätestens aber ab Jahresmitte 1991 (also bereits ein dreiviertel Jahr nach der Wiedervereinigung), setzte in den neuen Bundesländern ein umfassender Pressekonzentrationsprozess ein, von dem mit Ausnahme der 14 ehemaligen SED-Bezirkszeitungen und der Zeitungen des Berliner Verlags alle Tageszeitungsgruppen erfasst wurden.[102] Er führte dazu, dass die ostdeutsche Presselandschaft von einer im Vergleich zur Presse im alten Bundesgebiet hohen Besitzkonzentration bei gleichzeitig niedriger Zeitungsdichte bestimmt ist. Doch darf man die Ursache hierfür nicht allein in den Treuhand-Entscheidungen suchen. Als weitere zentrale Gründe für das Zeitungssterben vor allem kleinerer Blätter sowie von Zeitungstiteln kleinerer Verlage wären anzuführen:[103]

- die Marktaufteilungsstrategien der westdeutschen Großverlage,
- Portoerhöhungen der Post sowie deren sukzessiver Rückzug aus der Frühzustellung,
- die langwierige Umstellung auf eine geregelten, zudem nicht verlagsunabhängigen Pressevertrieb,
- konservative Lesegewohnheiten und eine geringe Kaufkraft der ostdeutschen Leserschaft.

Die Zahl der *überregional verbreiteten Tageszeitungen* ging auf zwei selbständige Titel zurück, wobei von den ehemaligen vier Zentralorganen der Blockparteien mit Einstellung der »Neuen Zeit« im Jahr 1994 nicht eine überlebt hat. Von den ehemals 14 Blockpartei-eigenen Regionalzeitungen existierte Mitte der neunziger Jahre nur die »Thüringische Landeszeitung« (44.500) noch als eigenständige publizistische Einheit – und auch dies aufgrund diverser Kooperationen auf unterschiedlichen Geschäftsfeldern nur in enger Verbindung mit der »Thüringer Allgemeinen« und der »Ostthüringer Zeitung« des WAZ-Konzerns. Und die »Potsdamer Neuesten Nachrichten« überlebten zwar die erste Konzentrationswelle nach der Wiedervereinigung, übernahmen jedoch im Mai 1993 den Mantel der niedersächsischen »Kreiszeitung Syke« und gehören heute zum »Tagesspiegel«, Berlin. Die übrigen Zeitungen wurden vorher bereits von ihren westdeutschen Besitzern entweder eingestellt oder den ebenfalls erworbenen, ehemaligen SED-Bezirkszeitungen angegliedert: So übernahm die dem Burda-Verlag gehörende Tageszeitung »Norddeutsche Neueste Nachrichten« (früher NDPD) ab Juli 1991 den Mantel der »SVZ-Schweriner Volkszeitung«, die sich ebenfalls im Besitz von Burda befindet. Madsack und Springer lösten die Eigenständigkeit ihrer gemeinsamen Titel »Hallesches Tageblatt« (früher »Liberaldemokratische Zeitung«, LDPD) und »Dresdner Neueste Nachrichten« (vormals »Sächsische Neueste Nachrichten«, NDPD) auf und ordneten sie der auch Madsack/Springer gehörenden ehemaligen SED-Bezirkszeitung »Leipziger Volkszeitung« zu.[104] Ende 1995 jedoch sollte auch das »Hallesche Tageblatt« komplett eingestellt werden.

Daneben gaben westdeutsche Zeitungsverlage die *Ost-Ausgaben* ihrer westdeutschen Titel auf, nachdem sie den Zuschlag für eine der Bezirkszeitungen erhalten hatten.[105] Andere (Ost-)Ausgaben westdeutscher Zeitungen und Ausgaben von im Osten neugegründeten Zeitungen konnten in dem dann einsetzenden Verdrängungswettbewerb nicht bestehen,

Abb. 39: Auflagenveränderungen ausgewählter Tageszeitungen der DDR bzw. der neuen Bundesländer 1989 bis 1995 (in Tausend)

Titel	1989	1991	1993	1995
Zeitungen der SED und der Massenorganisationen				
Neues Deutschland	1.101,8	118,6	85,0	78,5
Junge Welt (FDJ)	1.500,3	158,0	50,8	19,2 [2]
Tribüne (FDGB) [1]	413,6	50,0	–	–
Deutsches Sportecho (DTSB) [1]	185,1	–	–	–
(Ehemalige) Zentralorgane der Blockparteien				
Neue Zeit (CDU-Ost) [1]	114,0	25,0	39,4	–
Deutsches Landblatt (früher Bauern-Echo, DBD) [1]	94,2	22,0	–	–
Der Morgen (LDPD) [1]	63,0	–	–	–
National-Zeitung (NDPD) [1]	56,0	–	–	–
(Ausgewählte ehemalige) SED-Bezirkszeitungen				
Freie Presse	663,7	602,0	510,6	479,3
Berliner Zeitung	439,1	301,7	263,8	237,5
Thüringer Allgemeine (früher Das Volk)	404,1	330,0	300,5	300,5
Märkische Allgemeine (früher Märkische Volksstimme)	350,8	265,0	242,7	228,1
Ostsee-Zeitung	295,2	232,1	222,4	217,1

[1] inzwischen eingestellt
[2] Verlagsangabe, da nicht IVW-gemeldet.

Erstellt nach Schütz, Walter J.: Der Zeitungsmarkt in den neuen Ländern. In: Zeitungen 91, Bonn: BDZV 1991, S. 113–118; Presse- und Informationsamt der Bundesregierung – Medienreferat: Zei-tungen in den neuen Bundesländern (Stand: 15. Juli 1993), Bonn: vervielf. Ms. o. J. (1993); Schütz, Walter J.: Deutsche Tagespresse 1995 (Stand 15. Mai 1995), vervielf. Ms., o. O., 1995.

da »die Quasi-Monopole der ehemaligen SED-Riesen (…) den publizistischen Wettbewerb weitgehend [erdrückten].«[106] So verringerte sich die Zahl der nach der Wende neu herausgegebenen Ausgaben von Westzeitungen für die Verbreitung in Ostdeutschland von 33 Anfang 1991 auf 23 im August 1992. Und die Zahl der Ausgaben neu entstandener selbständiger Ost-Zeitungen, die Anfang 1991 mit 60 Ausgaben ihren Höchststand erreicht hatte, ging bis Mitte 1992 auf 37 zurück.[107] Als zentrale Ursachen für dieses Zeitungssterben benennt SCHNEIDER die Preispolitik der westdeutschen Großverlage im Vertriebs- und Anzeigengeschäft sowie die in Ostdeutschland zu jener Zeit vorherrschenden technischen Herstellungsbedingungen für Tageszeitungen. Daneben spielte aber auch die relativ ausgeprägte Leser-Blatt-Bindung bei den großen Regionalzeitungen der ehemaligen DDR-Bezirke und ein daran orientiertes Nutzungsverhalten der ostdeutschen Leser zweifellos eine nicht zu unterschätzende Rolle.

Verschärft wurde der ohnehin harte Wettbewerb in den neuen Bundesländern in den darauffolgenden Jahren durch *deutlich niedrigere Bezugspreise* für Zeitungen in Ostdeutschland, zumal dadurch auch der Erlösanteil aus dem Vertrieb deutlich geringer ausfiel als bei vergleichbaren Presseprodukten in den alten Bundesländern. Hinzu kam, dass in Gebieten, in denen mehrere Tageszeitungen um die Leserschaft konkurrierten, die auflagenstarken *Regionalzeitungen* von ihren Besitzern zu Billigpreisen angeboten wurden, mit denen kleinere Zeitungsbetriebe nicht Schritt halten konnten. Manche Verlagsunternehmen arbeiteten zudem mit *gesplitteten Vertriebs- und Anzeigenpreisen*, um Konkurrenz vom Markt zu verdrängen oder angestammte Verbreitungsgebiete zu erweitern. Den Preiskampf konnten nur Großverlage länger durchhalten, zumal das Anzeigenaufkommen in Ostdeutschland nicht ausreichte, um Defizite bei den Vertriebserlösen auszugleichen. Die Verluste der neugegründeten Zeitungstitel reichten in Einzelfällen in den zweistelligen Millionenbereich und beliefen sich mindestens auf 1,5 bis 3 Mio. DM jährlich.[108]

Dadurch, dass die Treuhand-Anstalt Verlage und Druckereien nicht entflochten, sondern zusammen verkaufte, entstand *kleineren Tageszeitungen* in nachrangiger Wettbewerbsposition ein zusätzlicher Nachteil: Viele von ihnen waren auf Druckereien der ehemaligen SED-Bezirkszeitungen angewiesen und mussten häufig den Nachteil geringerer Aktualität durch frühere Andruckzeiten in Kauf nehmen; andere mussten ihre Zeitungsexemplare in Westdeutschland herstellen lassen, wodurch sich lange Vertriebswege und hohe Transport- und Lohnkosten ergaben.[109]

Die beschriebenen Konzentrationsentwicklungen hatten schon bald auch den Markt der *Straßenverkaufszeitungen* erfasst, so dass deren Angebot in den neuen Bundesländern von vorübergehend fünf eigenständigen Boulevard-Titeln auf einen einzigen schrumpfte. Die Treuhand hatte den Madsack-Konzern zum Partner Springers bei der »Leipziger Volkszeitung« gemacht, woraufhin Madsack die Partnerschaft mit M. DuMont Schauberg beim »Neuen Presse Express« auflöste, was zur Einstellung von vier Ausgaben des »Neuen Presse Express« führte. Die Ausgabe Halle erhielt den Namen »Mitteldeutscher Express« und wurde bis zu dessen Einstellung im April 1995 in alleiniger Regie von M. DuMont Schauberg herausgegeben.[110] Die einzige heute noch bestehende publizistische Einheit bei den Straßenverkaufszeitungen ist der »Berliner Kurier«, der mit drei Ausgaben Mitte der neunziger Jahre eine Auflage von knapp 320.000 Stück erreichte.[111] Die Zeitung, die in der Hochphase der Straßenverkaufspresse Ost in einer Morgen- und einer Abendausgabe erschienen war, musste den »Berliner Kurier am Abend« (hervorgegangen aus der »BZ am Abend«) im Juli 1992 einstellen, während aus dem 1991 gegründeten, mit eigenem Mantel herausgegebenen »Berliner Kurier am Morgen« der heutige »Berliner Kurier« wurde. Bereits im Oktober 1991 war auch das Boulevard-Blatt »Wir in Leipzig« mit all seinen Ausgaben eingestellt worden. Die »Super!Zeitung«, auf die im Folgenden noch gesondert eingegangen wird, folgte mit ihrer Einstellung im Juli 1992. Die »Dresdner Morgenpost« schließlich, ehedem auch eine eigenständige Straßenverkaufszeitung, gehört heute mit ihrer Chemnitzer Ausgabe zum »Berliner Kurier«, der bis Herbst 2005 im Besitz von Gruner und Jahr war, der nach dem Tod Maxwells dessen Anteile am »Berliner Kurier« (wie auch bei der »Berliner Zeitung«) ganz übernehmen konnte.[112] Mittlerweile hat Gruner und Jahr den Berliner Verlag an eine ausländische Investorengruppe verkauft (vgl. Kapitel 9.6).

Abb. 40: Zur Entwicklung des Zeitungsmarkts in den neuen Ländern 1989 bis 1992

	31.12. 1989	Veränderung im 1. Hj. 1990		1.7. 1990	Veränderung im 2. Hj. 1990		1.1. 1991	Veränderung im 1. Hj. 1991		1.7. 1991	Veränderung im 2. Hj. 1991		1.1. 1992	Veränderung 1-7 1992		1.8. 1992
		+	-		+	-		+	-		+	-		+	-	
Abonements-zeitungen																
Verlage	37	+17	-3	51	+6	-4	53	+3	-2	54	-	-8	46	-	-7	39
Publizistische Einheiten (Vollredaktionen)	36	+4	-2	38	+4	-3	39	+1	-3	37	-	-8	29	-	-3	26
Ausgaben	290	+51	-26	315	+53	-27	341	+12	-18	335	+9	-50	294	+4	-23	275
Straßenverkaufs-zeitungen																
Verlage	1	+2	-	3	-	-	3	+4	-2	5	-	-	5	-	-2	3
Publizistische Einheiten (Vollredaktionen)	1	+2	-	3	-	-	3	+4	-2	5	-	-	5	-	-2	3
Ausgaben	1	+11	-	12	+5	-	17	+4	-6	15	+3	-	18	+5	-4	19
Alle Tageszeitungen																
Verlage	38	+19	-3	54	+6	-4	56	+7	-4	59	-	-8	51	-	-9	42
Publizistische Einheiten (Vollredaktionen)	37	+6	-2	41	+4	-3	42	+5	-5	42	-	-8	34	-	-5	29
Ausgaben	291	+62	-26	327	+58	-27	358	+16	-24	350	+12	-50	312	+9	-27	294

Quelle: Zeitungen 92, herausgegeben vom Bundesverband Deutscher Zeitungsverleger, Bonn: BDVZ 1992, S. 296.

Die Dynamik des Pressekonzentrationsprozesses in Ostdeutschland offenbart sich beim Blick auf die Entwicklung der publizistischen Einheiten und redaktionellen Ausgaben in den neuen Bundesländern. Die publizistischen Einheiten stiegen zwischen 1989 und 1991 von 37 auf 42 an, gingen 1992 rapide auf 29 zurück und betrugen drei Jahre später nur noch 21. Die redaktionellen Ausgaben, die von 291 Ende 1989 auf 358 Anfang 1991 angestiegen waren, sollten bis Mitte der neunziger Jahre auf 244 Ausgaben zurückgehen.[113] Überlebt haben den genannten Konzentrationsprozess folgende Gruppen von Tageszeitungen:
- die beiden Zeitungen des Berliner Verlags (»Berliner Zeitung«, »Berliner Kurier«),
- eine überregionale Tageszeitung (das »Neue Deutschland«),
- 14 ehemalige SED-Bezirkszeitungen,
- die redaktionell selbständige frühere Blockpartei-Zeitung »Thüringische Landeszeitung« (ehemals LDPD) und das ursprüngliche FDJ-Organ »Junge Welt«,
- die Zeitung der sorbischen Minderheit »Serbske Nowiny«,
- eine Neugründung (»stz. Südthüringer Zeitung«).

Nach dem Wegfall von 13 Regionalzeitungen der ehemaligen Blockparteien, der Einstellung von ostdeutschen Lokalausgaben westdeutscher Zeitungen und dem Zeitungssterben neugegründeter Osttitel wurde die Position der ehemaligen SED-Bezirkszeitungen auf dem Pressemarkt in den neuen Bundesländern marktbeherrschend. Von der Gesamtauflage aller selbständigen ostdeutschen Tageszeitungen von knapp 4,5 Mio. Mitte der neunziger Jahre hielten die 14 großen Regionalzeitungen gemeinsam mit der »Berliner Zeitung« einen Marktanteil von über 89 Prozent. Die restlichen knapp 11 Prozent teilten sich die Titel »Neues Deutschland« und »Junge Welt« (zusammen 2,2 Prozent), die Boulevardzeitung »Berliner Kurier« (7,2 Prozent) und die »Thüringische Landeszeitung« gemeinsam mit der »stz. Südthüringer Zeitung« (1,5 Prozent).[114]

Damit entstand in den neuen Bundesländern ein hochkonzentrierter Tageszeitungsmarkt, in dem publizistischer Wettbewerb kaum noch möglich war und Neugründungen nahezu keine Marktzutrittschancen mehr haben sollten.[115] Für die Bürger in den neuen Bundesländern war (und ist) diese Situation insofern nachteilig, als die Auswahlmöglichkeiten beim tagespublizistischen Angebot schon bald nach der Wiedervereinigung stark eingeschränkt waren: Verfügte 1991 noch gut die Hälfte aller Landkreise über mindestens zwei konkurrierende Tageszeitungen mit ortsbezogener Berichterstattung, wovon immerhin gut 62 Prozent der Bevölkerung profitierten, insofern sie zumindest im Prinzip auf zwei Lokalzeitungen zurückgreifen konnten, so waren fünf Jahre später bereits 60 Prozent der Bevölkerung ohne solche Wahlmöglichkeit. Im Zuge dieser Entwicklung fiel auch das Verhältnis von Ein- zu Mehr-Zeitungs-Kreisen in den neuen Bundesländern ab 1992 noch ungünstiger aus als im übrigen Bundesgebiet: In fast zwei Dritteln aller ostdeutschen Kreise und kreisfreien Städte erschien 1995 lediglich je eine regionale Abonnementzeitung mit lokalbezogenem Informationsangebot – und in allen Fällen war dieses Presseunternehmen mit regionaler Monopolstellung eine ehemalige SED-Bezirkszeitung. Dieser Anteil der Ein-Zeitungs-Kreise sollte bis Ende der neunziger Jahre auf über 70 Prozent ansteigen.[116]

Abb. 41: Publizistische Einheiten in den neuen Ländern 1995

	Ausgaben	Auflage in Tausend
Berlin (Ost)		
Berliner Zeitung	5	237,5
Berliner Kurier	3	319,9
Neues Deutschland	2	78,5
Junge Welt [2]	2	19,2
Brandenburg		
Märkische Allgemeine (Potsdam) [1]	16	228,1
Lausitzer Rundschau (Cottbus) [1]	16	197,8
Märkische Oderzeitung (Frankfurt/Oder) [1]	11	159,1
Mecklenburg-Vorpommern		
Ostsee-Zeitung (Rostock) [1]	12	217,1
Schweriner Volkszeitung [1]	11	169,1
Nordkurier (Neubrandenburg) [1]	12	146,8
Freistaat Sachsen		
Freie Presse (Chemnitz) [1]	21	479,3
Sächsische Zeitung (Dresden) [1]	22	423,5
LVZ. Leipziger Volkszeitung [1]	16	376,2
Serbske Nowiny [2]	1	1,5
Sachsen-Anhalt		
Mitteldeutsche Zeitung (Halle) [1]	20	416,5
Volksstimme (Magdeburg) [1]	18	318,9
Thüringen		
Thüringer Allgemeine (Erfurt) [1]	17	300,5
Ostthüringer Zeitung (Gera) [1]	19	178,3
Freies Wort (Suhl) [1]	12	116,3
Thüringische Landeszeitung (Weimar)	5	44,5
stz. Südthüringer Zeitung (Barchfeld)	3	21,0
21 publizistische Einheiten	**244**	**4.449,6**

[1] ehemalige SED-Bezirkszeitungen
[2] Verlagsangabe, da nicht IVW-gemeldet.

Erstellt nach Schütz, Walter J.: Deutsche Tagespresse 1995. Ergebnisse der dritten gesamtdeutschen Zeitungsstatistik, in: Media Perspektiven 6/1996, S. 324–336.

7.2.4   Exkurs: Das Boulevard-Blatt »Super!Zeitung«

Unter den in den neuen Bundesländern erfolgten Zeitungsneugründungen erregte jene der ostdeutschen Straßenverkaufszeitung »Super!Zeitung« die größte Aufmerksamkeit. Ihre erste Nummer erschien am 2. Mai 1991; knapp 15 Monate später, am 24. Juli 1992, wurde ihr Erscheinen wieder eingestellt. Die »Super!Zeitung« ging auf eine gemeinsame Initiative des westdeutschen Burda-Verlags mit dem australischen Medienkonzern des Verlegers Rupert Murdoch zurück. Für die Herausgabe dieser Zeitung und weiterer (geplanter) Presseprodukte wurde eigens eine Verlagstochter gegründet, die News-Burda-GmbH, an der beide Verlage mit je 50 Prozent beteiligt waren.[117]

Die Neugründung von »Super!« resultierte aus der Überlegung, dass von der Bevölkerung der neuen Bundesländer zwar westdeutsche Konsumprodukte, nicht aber westdeutsche Zeitungen angenommen würden. Einschlägige Erfahrungen in Ostdeutschland hatte Burda bereits mit dem illustrierten Wochenmagazin »Super Illu« und der Programmzeitschrift »Super TV« machen können. Diese Titel, deren Inhalte ganz auf Vorstellungen und Bedürfnisse ostdeutscher Leser zugeschnitten sein sollten, hatten sich 1990 innerhalb kurzer Zeit sehr erfolgreich entwickelt. Murdoch ging gar davon aus, dass sich auf dem deutschen Boulevard-Zeitungs-Markt durchaus ein zweites national verbreitetes Boulevardblatt etablieren könne. Für den Fall, dass der Marktzutritt glücken sollte, war nach Aussagen des Chefredakteurs ein ganzes ›Super-Imperium‹ geplant: »Super Illu«, »Super!Zeitung«, »Super TV«, »Super-Frau«, »Super-Auto«, »Super-Sonntag«, »Super-Sport« etc.[118] Zunächst aber galt es, den Markt der überregionalen Straßenverkaufszeitungen in den neuen Bundesländern nicht allein dem Springer-Verlag zu überlassen. Zwar war die »Bild«-Zeitung Anfang 1991 doch nicht mit einer eigenen »Bild-Ost« herausgekommen, gründete in Ostdeutschland jedoch ab März 1990 sukzessive neun Regionalausgaben, die ihren Mantel von der Hamburger Zentralredaktion bezogen.

Erste konzeptionelle Arbeiten für »Super!« wurden Mitte 1990 unter der Regie des von Springer gekommenen Boulevard-Journalisten Günter Prinz und des Verleger-Beraters Franz Josef Wagner in Angriff genommen. »Super!« sollte die erste farbige Tageszeitung Deutschlands mit gänzlich digitalisierter Seitenherstellung sein, eine Tagesillustrierte für ostdeutsche Leser im handlichen Tabloid- bzw. Kleinformat (in dem auch die zum Murdoch-Konzern gehörende erfolgreiche britische Tageszeitung »Sun« erscheint). Inhaltlich sollte es sich in Anlehnung an die Erfahrungen mit »Super Illu« um eine Mischung aus Sex, Crime, Lebenshilfe und politischen Kontroversen (vor allem im Hinblick auf das Verhältnis der alten zu den neuen Bundesländern) handeln. Um das Blatt im Vierfarbdruck herstellen zu können, wurde in Berlin-Vogelsdorf eigens eine neue Druckerei errichtet, zu der Murdoch vier Druckmaschinen beisteuerte.[119]

Am 2. Mai 1991 kam »Super!« zum – wie der »Spiegel« es nannte – ›Kampfpreis‹ von nur 30 Pfennig erstmals auf den ostdeutschen Markt. »Der Burda-Verlag hat es gewagt, den Medienriesen Springer herauszufordern und gegen seinen Zeitungsgiganten ›Bild‹ die neue ›Super!‹-Zeitung zu setzen,« hieß es in einer Ankündigung des Blatts in der »Super Illu«.[120] Der ›Zeitungskrieg‹ von Burda mit Springer schlug sich auch in einem – so Gernot WERSIG – »rotierenden Personalkarussell« zwischen »Bild« und »Super!« durch Abwerbeaktionen und Kündigungen zahlreicher Redaktionsmitarbeiter nieder. Mit den leitenden Journalisten wechselten damals mehrfach ganze Teams einzelner Redaktionsabteilungen zur Konkurrenz.[121]

Innerhalb von nur zwei Monaten erzielte »Super!« eine Auflage von 420.000 Exemplaren. Dreimal konnte 1991/92 sogar die Schwelle von einer halben Million täglichen Exemplaren überschritten werden.[122] Der Zeitung wurde vorgeworfen, diesen Erfolg durch einen Gefühlsjournalismus erreicht zu haben, der Volksverhetzung und Spaltung betreibe, indem er Aggressionen der Bürger im Osten Deutschlands gegen den Westen täglich durch Neid- und Hassgefühle schüre. »Super!« würde so zur Destabilisierung der sozialpsychologischen Prozesse der Vereinigung beitragen.[123] Aufsehen erregten Schlagzeilen der »Super!Zeitung« wie »Angeber-Wessi mit Bierflasche erschlagen. Ganz Bernau freut sich« oder »West-Frau lachte über nackten Ossi. Kehle durchgeschnitten. Vorher nannte sie ihn Schlappschwanz«.[124]

Für ihre Blattlinie erntete »Super!« harsche Kritik von allen Seiten. Keine zwei Monate nach dem Start des Blatts waren bei der Pressekammer des Landgerichts Berlin rund 20 Klagen anhängig; bis dahin war es bereits mehrfach zum Abdruck von Gegendarstellungen verpflichtet und eine einstweilige Anordnung mit Zwangsgeld erlassen worden. Eine Studie zur Berichterstattung in »Bild«, »Berliner Kurier« und »Super!« kam zwar zu dem Befund, dass isolationistische und desintegrative Tendenzen auch in den beiden anderen Zeitungen zu beobachten waren, allerdings bei keiner anderen Zeitung so aggressiv wie bei dem Blatt des Burda-Verlags.[125]

Doch konnten weder die zweifelhafte Blattlinie noch der Versuch der publizistischen Gegensteuerung die »Super!Zeitung« vor dem einsetzenden Niedergang bewahren. Zum einen brachte sie es nicht auf das erhoffte Anzeigenaufkommen, dessen Erlöse eine solide ökonomische Basis für ihr Überleben bedeutet hätten. Die werbetreibende Wirtschaft zeigte sich äußerst zurückhaltend, in dem umstrittenen Blatt zu inserieren. Zum anderen hatten sich die Regionalausgaben der »Bild«-Zeitung inzwischen am ostdeutschen Lesermarkt etabliert – die zudem im Unterschied zu »Super!« in den neuen Ländern über ein eigenes ausdifferenziertes Vertriebsnetz verfügte. Die Auflagenverluste konnten durch eine Änderung des redaktionellen Konzepts nicht mehr aufgefangen werden; eine Anhebung des Kaufpreises von 30 auf 40 Pfennige verfehlte dieses Ziel ebenso. Auch die Herausgabe einer eigenen Ausgabe für Westberlin (ab Mai 1992) führte nicht zur erhofften Besserung. Schließlich zog sich der australische Verleger Murdoch angesichts hoher Verluste aus dem Joint Venture zurück. »Super!« stellte – ohne vorherige Ankündigung gegenüber den angestellten Journalisten – das Erscheinen überraschend am 24. Juli 1992, nur knapp 15 Monate nach der Gründung, wieder ein. Die Verluste wurden von Branchenkennern mit rund 300 Mio. DM beziffert.[126]

7.2.5 Zeitschriften und übrige nicht-tagesaktuelle Presse

Anders als im Bereich der Tagespresse verlief die Entwicklung im Zeitschriftenwesen der neuen Bundesländer sowie bei der übrigen nicht-tagesaktuellen Presse. Während westdeutsche Tageszeitungen in Ostdeutschland kaum Akzeptanz gefunden hatten, stießen westdeutsche Zeitschriften und Illustrierte in Ostdeutschland auf etwas mehr Resonanz. Umgekehrt kamen für den Osten konzipierte, preisgünstige Monatstitel teilweise überraschend gut bei westdeutschen Lesern an.

Zu den Publikumszeitschriften: Das Zeitschriftenwesen in den neuen Bundesländern setzte sich nach einer Phase des Übergangs aus folgenden Zeitschriftengruppen zusammen:[127]
• traditionelle Osttitel,
• neugegründete ostdeutsche Zeitschriften,
• ›Ost-Ableger‹ von Westtiteln,
• Neugründungen von Westverlagen für Ostdeutschland,
• im Osten vertriebene Westtitel.

Bereits im ersten Jahr nach der Wiedervereinigung mussten *Zeitschriften mit DDR-Vergangenheit* im Konkurrenzkampf mit Illustrierten und Zeitschriften aus den alten Bundesländern zum Teil beträchtliche Auflageneinbußen hinnehmen. Betroffen hiervon waren der Großteil der Zeitschriften des traditionsreichen und ehemals SED-eigenen Berliner Verlags, der nach der Wende an die Joint-Venture-Partner Gruner und Jahr und Maxwell gefallen war, bevor er 1992 gänzlich in den Besitz von Gruner und Jahr überging. Betroffen davon waren daneben auch die Zeitschriften des ehemaligen DDR-Großverlags Junge Welt (dann Heinrich Bauer). Viele der von diesen Verlagen herausgegebenen Zeitschriften verloren »zwischen der Hälfte und drei Viertel ihrer Abonnenten«.[128] Drastische Auflagenverluste zwischen 1989 und 1991 hatten selbst Blätter wie die vormals in Millionenauflage erscheinende Programmzeitschrift »FF dabei« (von 1,48 Mio. auf 560.000) oder »Das Magazin« (von 568.500 auf 102.000) hinnehmen müssen. Drei Zeitschriftentitel, die zu DDR-Zeiten durch hohe Auflagen aufgefallen waren, wurden hingegen ganz eingestellt: »Für Dich« (1989 immerhin 937.000), »Horizont« (1989 noch 130.000) und die prominente »Neue Berliner Illustrierte« (vor der Wende noch 794.000 Auflage). Ein Großteil der Periodika der früheren Pionier- und FDJ-Literatur wurde ebenfalls vom Markt verdrängt.[129] Etwas anders verlief zur gleichen Zeit die Entwicklung der Wochen- und Monatsblätter des in DDR-Zeiten schon großen Zeitschriftenunternehmens Verlag für die Frau. Das Unternehmen war nach der Wende vom Gong-Verlag erworben worden, der die traditionellen Titel (»Guter Rat!«, »Deine Gesundheit«, »Sibylle«, »Modische Maschen« etc.) neu gestaltete und trotz zum Teil beträchtlicher Auflagenverluste zu halten versuchte. Während die Frauenzeitschrift »Sibylle« Anfang 1995 eingestellt wurde, blieb das Verbrauchermagazin »Guter Rat!« mit einer verkauften Auflage von 133.000 Exemplaren vergleichsweise erfolgreich.

Insgesamt wurde auf dem Markt der Publikumszeitschriften etwa die Hälfte aller früheren DDR-Titel eingestellt; knapp 12 Prozent gingen in anderen Titeln auf, während 8,5 Prozent unter anderem Namen weitergeführt wurden. Die übrigen 30 Prozent früherer DDR-Zeitschriften erhielten sich als eigenständige Titel.[130]

Als erfolgreich erwiesen sich Zeitschriftentitel, die von ostdeutschen Verlagen in enger Zusammenarbeit mit westdeutschen Titeln herausgegeben wurden, wie die vom Ostberliner Transpress-Verlag und dem Stuttgarter Verlag Motor-Presse edierte Zeitschrift »Auto/ Der deutsche Straßenverkehr«. Sie erreichte 1991 eine Auflage von über 600.000 Exemplaren und ließ damit zu diesem Zeitpunkt alle Auflagen westdeutscher Motor-Kaufzeitschriften hinter sich. 1995 kam sie immerhin noch auf eine verkaufte Auflage von 341.000 Exemplaren.[131] Ohne jegliche westliche Unterstützung hatte auch der »Eulenspiegel« überlebt, dessen Auflage sich zwar von 492.000 (vor der Wende) auf 142.000 (im Jahr 1991) erheblich reduziert hatte, sich seither jedoch auf einem Niveau von über 100.000 Exemplaren halten konnte. Damit etablierte sich der »Eulenspiegel« neben den aus der alten Bundesrepublik bekannten Titeln »Titanic« (Berlin) und »Kowalski« (Hamburg) als drittes deutsches Satiremagazin.[132]

Trotz der prekären Entwicklung bei den traditionellen Osttiteln fand sich unter den Zeitschriften-Neugründungen in den neuen Bundesländern eine Fülle von Titeln, die völlig ohne oder im Wesentlichen ohne Beteiligung westlicher Verlage erfolgten. Zu solchen *neugegründeten Osttiteln* gehörten vor allem Wirtschafts-, Bau- und Technikzeitschriften, Kultur- und Reisezeitschriften, Ratgeber- und Frauenzeitschriften sowie eine Reihe alternativer Wochen- und Monatsblätter. Von den etwa 40 Neugründungen existierten jedoch im Herbst 1991 nur noch etwas mehr als die Hälfte.[133]

Was die sog. *Ost-Ableger von Westtiteln* anbelangt, so handelte es sich um westdeutsche Fachzeitschriften, die nach der Wende mit ihren ›Ost-Ablegern‹ versuchten, dem Bedarf ostdeutscher Unternehmen und Kleinbetriebe an Finanz- und Investitionsberatung sowie Know-how-Vermittlung in Sachen Anpassung an die Marktwirtschaft Rechnung zu tragen. Zu diesen Titeln gehörten damals Ost-Ausgaben von »Wirtschaftswoche«, »Capital«, »DM« und ähnlichen Zeitschriften, die »Starthilfe für Existenzgründungen, Karriereplanungen durch Umschulung und konkrete Unternehmensführungstips« anboten.[134] Dazu sind auch spezielle Sonderausgaben westdeutscher Titel sowie Supplements in Westzeitschriften zu zählen, die – eigens für Ostdeutschland erstellt – den Blättern in jenen Monaten beigefügt worden waren. Durch Anpassung des redaktionellen Angebots an den Informationsbedarf in den neuen Ländern ließen sich die Absatzchancen dieser Titel zumindest vorübergehend deutlich verbessern. Der Versuch allerdings, sich mithilfe solcher Sonderbeilagen am ostdeutschen Markt längerfristig zu etablieren, muss im Nachhinein als eher erfolglos bewertet werden.[135]

Als vierte Zeitschriftengruppe sind schließlich *Neugründungen von Westverlagen für Ostdeutschland* zu erwähnen. Dazu gehörten vor allem Illustrierte und Programmzeitschriften wie »Super TV« und »Super Illu« (beide Burda und Gong-Verlag) oder »Unsere Illustrierte« (Bauer). Diese speziell auf den ostdeutschen Lesermarkt zugeschnittenen Zeitschriften konnten sich in den neuen Bundesländern zunächst rasch durchsetzen und erzielten 1991 Auflagen zwischen 700.000 und knapp 900.000 Exemplaren. Nach Phasen des Auflagenrückgangs pendelte sich die Auflage von »Super Illu« 1995 bei rund 560.000, diejenige von »Super TV« bei etwa 440.000 verkauften Exemplaren ein. Unerwarteten Erfolg konnten für den Ostmarkt konzipierte Niedrigpreis-Versionen westdeutscher Zeitschriftenkonzepte verbuchen: So war Gruner und Jahr, der auch die Zeitschrift »Schöner wohnen« verlegt, im Juli 1990 in den neuen Bundesländern mit dem Monatstitel »Neues Wohnen« gestartet, dessen ostdeutscher Vorläufer »Kultur im Heim« die Wende nicht überlebt hat. »Neues Wohnen«, die auf den ostdeutschen Markt zugeschnittene ›Sparversion‹ des Hamburger Originals, entwickelte sich nach anfänglichen Schwierigkeiten so gut, dass der Verlag das Produkt in die alten Bundesländer ›re-importierte‹ und ab 1991 auch an westdeutschen Kiosken anbot. Von den 1995 über 170.000 verkauften Exemplaren pro Nummer dürfte der Westanteil bei über 70 Prozent gelegen haben. Dasselbe Konzept hatte man daraufhin auch bei der Ost-Ausgabe von »Eltern«, der Zeitschrift »Mein Kind und ich« (141.000 Auflage) angewandt, die fast zum halben Preis des Originals später ebenfalls in ganz Deutschland angeboten wurde. Der bundesweite Erfolg solcher Niedrigpreis-Titel, die offensichtlich bei West- und Ostdeutschen gleichermaßen gut ankommen, galt auch für die presigünstigen unter den hochauflagigen TV-Programmzeitschriften.[136] Als ebenfalls äußerst erfolgreich in der ostdeutschen Lesergunst erwiesen sich Programm-Supplements, die den regionalen Tageszeitungen beigefügt wurden. Marktführer unter ihnen wurden die beiden Titel »Tele Prisma« (als Ostpendant zu »Prisma«) sowie »rtv Ost«, die trotz leichter Auflageneinbußen Mitte der neunziger Jahre stolze 2,08 Mio. bzw. 1,84 Mio. Stück pro Ausgabe absetzten.[137]

Daneben gelang auch zahlreichen *westdeutschen Zeitschriften* der erfolgreiche Absatz ihrer Ausgaben in den neuen Ländern, wodurch sie ihre Gesamtauflage zumindest vorübergehend steigern konnten. So setzten zahlreiche Westtitel wie »Funk Uhr«, »Bravo«, »Bravo Girl«, »Mädchen«, »Praline«, »Freizeit Revue«, »GlücksRevue«, »Wochenend« oder etwa »Auto Bild« bis 1992 zwischen 10 und 25 Prozent ihrer Auflage im neuen Bundesgebiet ab; danach war die Tendenz allerdings wieder rückläufig. Die beiden im Osten erfolgreichsten Westtitel waren die Billig-Illustrierte »Blitz-Illu«, die 1993 mit 225.000 von 534.000 Exemplaren über 40 Prozent ihrer Auflage allein im Osten Deutschlands absetzte, sowie die Programmzeitschrift »Auf einen Blick«, die 1993 mit über 750.000 Exemplaren ein Viertel ihrer Gesamtauflage (rund 2,8 Mio. Exemplare) an ostdeutsche Leser verkaufte. Marktführer in diesem Segment wurde der Heinrich Bauer-Verlag, der seine Zeitschriftenauflage dank des Absatzes in den neuen Ländern von 19,9 Mio. 1990 auf 24,5 Mio. Exemplare 1992 steigern konnte. Ihm folgten die westdeutschen Medienkonzerne Springer, Burda sowie Gruner und Jahr mit Zuwächsen zwischen 700.000 und 900.000 verkauften Exemplaren.[138]

Dagegen schienen es die klassischen westdeutschen Illustrierten und (politischen) Magazine relativ schwer zu haben, sich auf dem ostdeutschen Markt festzusetzen. So verkaufte etwa »Der Spiegel« Ende 1992 nur 57.000 und die »Bunte Illustrierte« 65.000 Exemplare in den neuen Ländern – gerade mal je 5 Prozent der Gesamtauflage. Auch der »Stern« brachte es mit 135.000 Exemplaren in Ostdeutschland nur auf rund 8 Prozent. An diesen Verhältnissen änderte sich bis Mitte der neunziger Jahre kaum etwas: »Spiegel«, »Focus« und »Stern« setzten 1995 lediglich 4 bis 6 Prozent ihrer Auflage im Osten ab.[139]

Insgesamt dominierten also im ostdeutschen Markt der Publikumszeitschriften ostdeutsche Zeitschriften sowie von Westverlagen speziell für die neuen Bundesländer gegründete Wochen- und Monatstitel. Aber auch manchen westdeutschen Zeitschriften gelang es vergleichsweise gut, sich in den neuen Ländern zu etablieren; zumindest deutlich besser als Tageszeitungen aus dem Westen, die mit ihren Produkten nach dem Fall der Mauer im Osten Fuß fassen wollten. Insofern hat es im Bereich des Zeitschriftenwesens eher Anzeichen für ein allmähliches Zusammenwachsen des west- und ostdeutschen Pressemarkts gegeben als bei den Tageszeitungen, deren Lokalgebundenheit (im Westen wie im Osten) ein solches Zusammenwachsen bis heute erschwert.

Zu den Fachzeitschriften: Auch wenn immerhin zehn ostdeutsche Fachzeitschriften-Verlage mit gut 100 (von ehemals über 400) Titeln die Wende überlebten, dominierten in diesem Segment des ostdeutschen Pressewesens Mitte der neunziger Jahre eindeutig Westtitel. Einige Ost-Fachtitel konnten sich retten, indem sie sich einer Verschmelzung mit einem westdeutschen Pendant nicht widersetzten. Besonders hart traf es die wissenschaftlichen Zeitschriften der ehemaligen DDR, die sich nun nicht nur gegen entsprechende Pendants aus den alten Bundesländern behaupten mussten, sondern für die nach dem Ende des Ostblocks der gesamte osteuropäische Markt zusammengebrach. Lediglich in Ungarn, Polen und Tschechien gelang es einigen ostdeutschen Fachzeitschriften-Verlagen, enormen Umsatzeinbußen durch Tochtergründungen oder Joint Ventures mit dortigen Presseunternehmen zu begegnen.[140]

Zu den Wochenzeitungen: Das Gros der in der Zeit der Wende gegründeten ostdeutschen Zeitungen mit wöchentlicher Erscheinungsweise überlebte die ersten Jahre nach der Wiedervereinigung der beiden deutschen Staaten nicht. Das gilt vor allem für Titel der Bürgerbewegungen und neuer Parteien, deren Entwicklung bereits im vorangegangenen Kapitel ausführlicher angesprochen wurde. Die wenigen Wochentitel, die sich am Markt halten konnten, taten dies ausnahmslos mit eher bescheidenen Auflagen.[141] Als nicht recht gelungen muss auch der Versuch der ostdeutschen Wochenzeitung »Wochenpost« gewertet werden, seine Verbreitung auf die alten Bundesländer auszudehnen. Das seit 1953 in der DDR erschienene Blatt, das noch 1988 über 1,2 Mio. Exemplare pro Nummer absetzen konnte, versuchte es nach den enormen Auflagenverlusten in der Zeit der Wende und einem weiteren Auflagenrückgang in den darauffolgenden Monaten im Februar 1993 nach groß angelegter Werbekampagne mit einer ersten gesamtdeutschen Ausgabe. Während das Interesse bei den westdeutschen Lesern nach anfänglicher Neugier (vorübergehend ein Fünftel der Leserschaft) rasch stark zurückging, hatte die »Wochenpost« im Gegenzug ebenso viele Stammleser aus dem Osten verloren. 1996 sollte sie mit dem Hamburger Blatt »Die Woche« des Zeitschriftenverlegers Thomas Ganske zusammengehen, in dem sie als eine Art Beilage Seiten reserviert bekam, die »Wochenpost«-Redakteure redaktionell eigenständig gestalteten. Hinter dieser Art Fusion konnte man umgekehrt den Versuch erkennen, ostdeutsche Leser für die westdeutsche Wochenzeitung zu gewinnen; ein Versuch, der angesichts der Einstellung der »Woche« im Jahr 2002 als nicht wirklich erfolgreich einzustufen ist.[142]

Zu den Amtsblättern und Lokalanzeigern: Diese von Gemeinden und Lokalverwaltungen herausgegebenen Blätter bildeten die größte Gruppe aller Neugründungen in den ostdeutschen Bundesländern; sie kamen vor allem ab 1991 auf, nachdem in den fünf neuen Ländern die Kreisgebietsreform sowie Neustrukturierung der Gemeinde- und Stadtverwaltungen sukzessive abgeschlossen waren. Ihr Inhalt besteht neben amtlichen Bekanntmachungen aus Informationen über das Gemeindeleben, Vereins- und Parteimitteilungen, kirchlichen Bekanntmachungen, aber auch lokalen Anzeigen. Genauere Angaben über die Anzahl dieser Kommunalblätter zu Beginn der neunziger Jahre gibt es nicht. Beate SCHNEIDER, Wiebke MÖHRING und Dieter STÜRZEBECHER geben für 1996 die Gesamtzahl von 1572 lokalen Amts- und Mitteilungsblättern in den neuen Ländern an, die ganz überwiegend in Kooperation mit Verlagen hergestellt werden (die den nicht-amtlichen Teil und die Anzeigenakquisition übernehmen), während nur ein kleiner Teil in völliger Eigenregie der herausgebenden Gebietskörperschaften erscheint.[143]

Zu Anzeigen- und Offertenblättern: Zu den erfolgreichsten Pressetypen in Ostdeutschland nach dem Fall der Mauer gehörte zweifellos der Typus des lokalen Anzeigen- und Offertenblatts. Während Anzeigenblätter in der alten Bundesrepublik mehr als 20 Jahre brauchten, um sich neben den Tageszeitungen als eigenständiges und wichtiges Lokalmedium zu etablieren, schafften die bereits vor der Wiedervereinigung aufgekommenen ostdeutschen Neugründungen dies in einem Zeitraum von weniger als drei Jahren. Bereits 1990 erschienen (die in der DDR völlig unbekannten) Offertenblätter in allen Regionen der neuen Bundesländer. Ihre Zahl erreichte 1991 die Marke von 200 Titeln. Sie boten vor allem in der Übergangszeit Zeitungsverlagen die Chance, das Anzeigengeschäft auszubauen und das lokale Informationsangebot zu erweitern – zumal die Tageszeitungen mit ihrem geringen Seitenumfang zu jener Zeit in der Regel nur eine Lokalseite und kaum Platz für Anzeigenwerbung aufwiesen. Daneben versuchten Westverlage wie Gruner und Jahr mit der Gründung ostdeutscher Anzeigenblatt-Unternehmen in Regionen vorzudringen, in denen sie bis dato verlegerisch nicht tätig waren. Überhaupt wurde der Großteil der Anzeigenblätter im Osten Deutschlands von westdeutschen Unternehmern gegründet, die ansonsten nicht im (Tages-)Zeitungsgeschäft aktiv waren.

1992 erreichten die Anzeigenblätter in den neuen Bundesländern nach über 200-prozentiger Steigerung gegenüber dem Vorjahr einen Gesamtumsatz von rund 250 Mio. DM. Der Bundesverband Deutscher Anzeigenblätter (BVDA) wies für Mitte 1993 in den neuen Bundesländern 270 Offertenblätter mit einer Gesamtauflage von etwa 17 Mio. Exemplaren aus. Auch wenn die Ertragslage im Osten Deutschlands für Anzeigenblatt-Verleger geringer als im Westen der Republik war, hatten 1993 immerhin rund 22 Prozent aller Anzeigenblätter Deutschlands ihren Sitz in den neuen Bundesländern. Bis 1996 sollte sich das Gesamtangebot auf 516 ostdeutsche Lokal-/Regionalausgaben von Anzeigenblättern erhöhen, die von 97 Verlagen herausgegeben werden und eine gemeinsame Auflage von über 21 Mio. Exemplaren erreichen (und damit mehr als viermal so viele Exemplare wie die Tageszeitungen in Ostdeutschland).[144]

Vor diesem Hintergrund kann es nicht verwundern, dass die Anzeigenblätter in Ostdeutschland auch höhere Reichweiten als die Tageszeitungen erzielen. Bedenklich stimmt vor allem, dass 86 Prozent der Leser ihr Anzeigenblatt gerade auch wegen der Informationen über das lokale Geschehen schätzen; selbst bei den regelmäßigen Tageszeitungslesern beträgt der Anteil derjenigen, die das Anzeigenblatt als regelmäßigen Lieferanten lokaler Informationen nutzen, stattliche 65 Prozent. SCHNEIDER et al. sehen hier mittelfristig die Gefahr, dass ostdeutsche Tageszeitungen einen Teil ihrer Leser an die Konkurrenz der kostenlosen Anzeigenblätter verlieren könnten.[145]

7.2.6 Redaktionelle Struktur und Inhalte der Ost-Zeitungen

Verständlicherweise hatte es trotz entsprechender Bemühungen vieler Zeitungen doch geraume Zeit gedauert, bis inhaltliche Veränderungen gegenüber der alten DDR-Presse in der redaktionellen Struktur der Zeitungen erkennbar wurden. Nach einer 1991 im Auftrag des Innenministeriums durchgeführten inhaltsanalytischen Untersuchung der ostdeutschen Tagespresse[146] hatte sich zunächst vor allem der Seitenumfang dieser Zeitungen gegenüber früher geändert. Auch wenn die Umfänge im Einzelnen unterschiedlich stark zunahmen, hatten sie sich im Durchschnitt doch beträchtlich erweitert. Offensichtlich war es schon bald nach der Wende möglich gewesen, den Mangel der bis dahin kontingentierten Produktionsmittel Papier, Farbe etc. sowie der Druckkapazitäten zumindest teilweise zu beseitigen. Während die DDR-Tageszeitungen in der Regel einen Umfang von sechs bis zwölf Seiten täglich hatten, wuchsen die Umfänge im ersten Halbjahr 1990 relativ rasch auf durchschnittlich 16 Seiten an.[147]

Ein beachtlicher Anstieg im Anzeigenaufkommen führte auch zu Veränderungen beim Text-Anzeigenverhältnis, wovon vor allem die großen regionalen Tageszeitungen profitierten, die aus den ehemaligen SED-Bezirkszeitungen hervorgegangen waren. Von Ausnahmen abgesehen, betrug das Text-Anzeigenverhältnis bei den in der Studie analysierten Zeitungen drei zu eins. Am stärksten erweiterten die Regionalblätter der ehemaligen Blockparteien ihr redaktionelles Angebot.

Auch konnte bereits im ersten Halbjahr 1990 eine langsame, aber kontinuierliche und deutlich erkennbare Erweiterung der Lokalteile zahlreicher Tageszeitungen festgestellt werden. Das Lokale hatte in den Zeitungen der DDR – nicht zuletzt wegen des das öffentliche Leben beherrschenden politischen Zentralismus – vergleichsweise geringe Bedeutung und machte dienstags bis samstags in der Regel nur eine knappe Seite aus (montags erschienen die Tageszeitungen der DDR gänzlich ohne Lokalteil). 1991 hatten die Lokalteile der analysierten Zeitungen ihren Umfang mit durchschnittlich zwei Seiten immerhin verdoppelt; wobei die umfangreichsten Lokalteile durchweg in Tageszeitungen zu finden waren, die aus Westdeutschland stammten und für ostdeutsche Regionen eigene Lokalausgaben herausgaben. Mitte der neunziger Jahre hatte sich der Umfang des Lokalteils auf durchschnittlich vier Seiten noch einmal verdoppelt und machte damit immerhin ein Viertel des gesamten redaktionellen Teils aus. Dabei zeigte sich ein Phänomen, das auch aus der Tagespresse der alten Bundesländer bekannt ist: Zeitungen mit lokaler Konkurrenz, also einem Wettbewerber im Berichterstattungs- bzw. Verbreitungsgebiet, haben im Durchschnitt zwei Seiten mehr Lokalberichterstattung als Zeitungen in Alleinanbieterposition; dasselbe gilt für die (lokale) Sportberichterstattung. »Umfangreiche Lokalberichterstattung wird also bewusst als strategisches Moment im Wettbewerb eingesetzt. Vor allem neugegründete Titel, sämtlich auch Wettbewerbstitel, zeigen mit einem fast doppelt so starken Lokalteil deutliches Bemühen, auf diesem Wege Leser zu gewinnen.«[148]

Die auflagenstarken Regionalzeitungen, die aus den ehemaligen SED-Bezirkszeitungen hervorgegangen waren, hatten dagegen keine sonderlich ausgeprägte Lokalberichterstattung. Sie hoben sich von den übrigen Zeitungen eher durch die hohe Anzahl an Service- und Ratgeberbeiträgen ab. Mit der Themenrangfolge Gesundheit, Hobbys, Auto, Finanzen, Sicherheit entsprachen sie laut SCHNEIDER den Interessen und dem Beratungsbedarf der Ostdeutschen, wie sie in der Allensbacher Werbeträger-Analyse/Ost ermittelt worden waren. Die ehemaligen Bezirkszeitungen schienen erkannt zu haben, dass Informations- und Beratungsbedarf »gerade in Zeiten völliger Neuorientierung in einer ungewohnten Gesellschaftsordnung von überragender Bedeutung für die Bevölkerung« sind.[149]

In der Wirtschaftsberichterstattung war das Bemühen zu erkennen, sich neu zu orientieren, zumal zu DDR-Zeiten Wirtschaftsberichte »lediglich aus Erfolgsmeldungen und Produktionspropaganda« bestanden hatten.[150] Die Zeitungen taten sich diesbezüglich jedoch offensichtlich schwer. Am ehesten steigerten noch die überregional verbreiteten Tageszeitungen ihre Wirtschaftsberichterstattung. Ähnliches galt der Inhaltsanalyse zufolge auch für die Kulturberichterstattung, die von der Mehrzahl der Zeitungen nur äußerst langsam ausgeweitet wurde.[151]

Im Hinblick auf die Themen Vergangenheitsbewältigung, Arbeitslosigkeit und Finanzierung der deutschen Einheit wurden die analysierten Zeitungen einer Sonderauswertung unterzogen. Mit Abstand am prominentesten vertreten war der Themenkomplex Arbeitslosigkeit, der vor allem in den ehemaligen Bezirkszeitungen dominierte. Dabei rückten die Journalisten – unter Berücksichtigung lokaler Gegebenheiten – mehr die sozialen Aspekte der Arbeitslosigkeit in den Mittelpunkt ihrer Berichterstattung, während strukturelle Probleme infolge jahrzehntelang verfehlter Wirtschaftspolitik weitgehend ausgespart blieben. Solche Strukturprobleme wurden eher in neugegründeten Zeitungstiteln angesprochen. Das Thema Finanzierung der deutschen Einheit wurde beinahe ausschließlich aus ostdeutschem Blickwinkel beleuchtet; »in einen gesamtdeutschen Zusammenhang wurden politische und gesellschaftliche Fragen äußerst selten gestellt«.[152] Im Zusammenhang mit dem Thema Vergangenheitsbewältigung dominierte die Berichterstattung über den Staatssicherheitsdienst sowie die Auseinandersetzung mit dem ›alten System‹, dessen Verantwortlichen und dem Schaden, der durch ihre Politik entstanden war. Auffällig an der Berichterstattung hierzu war, dass sich die Mehrzahl der Zeitungen – zumindest im Analysezeitraum – beim Thema Stasi einer expliziten Wertung enthielt.[153]

Auf der anderen Seite erbrachte eine vergleichende Inhaltsanalyse ost- und westdeutscher Tageszeitungen aus dem Jahr 1994, dass sich Ost- und Westtitel in ihrer politischen Berichterstattung nicht wesentlich unterschieden: Hinsichtlich der Ressortgliederung, der Verwendung journalistischer Darstellungsformen und der Berücksichtigung der Themen, Ereignisse und der politischen Akteure waren kaum Unterschiede auszumachen. Immerhin zeigten sich die Ostzeitungen mit weniger und kürzeren Kommentaren sowie seltener expliziten Stellungnahmen weniger meinungsfreudig, kritisierten häufiger implizit oder durch Fremdzitate. Demgegenüber enthielten sie mehr Nachrichten und Berichte, die jedoch durchschnittlich kürzer waren als die Beiträge in Westzeitungen. Was die Trennung von Nachricht und Meinung anbelangt, waren sich die Zeitungen aus Ost und West mit einer relativ objektiven Berichterstattung recht ähnlich. Allerdings hielt Winfried SCHULZ in der Auswertung der Befunde das Problem eines reinen Verlautbarungsjournalismus in den Zeitungen der neuen Länder für ausgeprägter als in jenen der alten Bundesländer.[154]

7.2.7 Mediennutzungstrends in den neuen Ländern

Ein Vergleich der Printmediennutzung vor und nach der Wende ist angesichts der unzureichenden Datenlage kaum möglich. Wie im Abschnitt zur Mediennutzung in der DDR angesprochen, kam man aufgrund früherer Befunde zum Nutzungsverhalten aus DDR-Zeiten immerhin zu dem Schluss, dass die Rede vom ›Leseland DDR‹ zumindest seit den siebziger und achtziger Jahren eher ein kultivierter Mythos war (vgl. Kap. 6.7). Denn das Leseverhalten der DDR-Bürger befand sich schon seit längerem in einem Wandlungsprozess: Die aufgewendete Zeit für die tägliche Zeitungslektüre lag deutlich niedriger als gemeinhin angenommen und ging im Laufe der Jahre weiter zurück. Bereits ab den siebziger Jahren hatte das Fernsehen Platz eins in der Rangliste der Freizeitinteressen eingenommen und das Lesen damit von seiner bis dahin führenden Position verdrängt.[155]

Den frühen Versuch einer systematischen Ermittlung des Mediennutzungsverhaltens in den neuen Bundesländern unternahm bereits 1990 die Langzeitstudie ›Massenkommunikation‹, die in der Bundesrepublik seit 1964 in regelmäßigen Abständen die Mediennutzung der Bundesbürger erforscht. Sie legte 1991 die Ergebnisse einer Untersuchung vor, in der für das Jahr 1990 die Mediennutzung in Ost- und Westdeutschland ermittelt und vergleichend analysiert wurde.[156] Diese und andere Studien deuten darauf hin, dass die Medien im Alltag der ostdeutschen Bundesbürger einen höheren Stellenwert hatten: Sie nutzten die tagesaktuellen Medien Fernsehen, Hörfunk und Tageszeitung zeitlich länger und regelmäßiger, und auch die Nutzung von nicht-tagesaktuellen Medien war extensiver. Obwohl die Ostdeutschen 1990 über ein geringeres Maß an Freizeit verfügten, verbrachten sie einen deutlich höheren Anteil davon – mit 49 Prozent fast die Hälfte – mit der Nutzung aktueller Medien. Als Gründe für diese starke Medienzuwendung der Ostdeutschen wurden ein erhöhtes Informationsbedürfnis durch die politisch ereignisreiche Zeit sowie die gesellschaftliche Umbruchsituation und die Unsicherheit angeführt, die für die Bevölkerung damit verbunden war. Hinzu kamen neben einem zeitlich anders strukturierten Tagesablauf als in Westdeutschland auch andere, vor allem häuslichere Freizeitgewohnheiten bzw. möglicherweise ein Mangel an attraktiven Alternativen der Freizeitgestaltung.[157]

Abb. 42: Reichweite und Zeitaufwand für die Mediennutzung 1990 in den alten und neuen Bundesländern

Medium	BRD-West	BRD-Ost
Reichweite (%):		
Fernsehen	81	90
Hörfunk	79	86
Tageszeitung	71	78
mindestens eins davon	*98*	*99*
Zeitaufwand im Wochendurchschnitt (Std:Min):		
Fernsehen	2:15	2:51
Hörfunk	2:50	3:02
Tageszeitung	0:28	0:33
Zeitaufwand gesamt	*5:21*	*6:09*

Quelle: Kiefer, Marie-Luise: Massenkommunikation 1990, in: Media Perspektiven 4/1991, S. 251.

Fernsehen, Hörfunk und Zeitung hatten in den neuen Bundesländern höhere Reichweiten und wurden von den Ostdeutschen auch zeitlich intensiver genutzt. So erreichten die Tageszeitungen dort 1990 eine Reichweite von 78 Prozent (in Westdeutschland zum gleichen Zeitpunkt 71 Prozent). Mit einer Lesedauer von 33 Minuten pro Tag wurden Zeitungen von den Ostdeutschen im Durchschnitt täglich um fünf Minuten länger genutzt als von den Westdeutschen. Im Hinblick auf die Mediennutzung im Tagesverlauf, auf Medienbindungen, politisches Interesse, den Medien zugeschriebene Objektivität und Glaubwürdigkeit sowie im Hinblick auf Themenpräferenzen gab es 1990 zum Teil beträchtliche Unterschiede zwischen Ost- und Westdeutschen. So verteilte sich die Zeitungslektüre in Ostdeutschland über den ganzen Tag, war also zeitlich entzerrt, während die Westdeutschen die Zeitung im gleichen Untersuchungszeitraum vornehmlich zwischen 7.00 und 10.00 Uhr lasen. Die persönliche Medienbindung an Fernsehen, Hörfunk und Tageszeitung war in Ostdeutschland höher als im Westteil der Republik, allerdings war bei der Tageszeitung der Anteil derjenigen, die sie >sehr stark< (und nicht nur >stark<) vermissen würden, im alten Bundesgebiet höher. Hätten sich die ostdeutschen Mediennutzer für eines der drei Medien entscheiden müssen, hätten sie am ehesten auf die Tageszeitung verzichten wollen. Hinsichtlich der den Medien zugeschriebenen Objektivität und Glaubwürdigkeit lag die Tageszeitung bei West- wie Ostdeutschen an dritter und damit letzter Stelle. Allerdings hielten die Mediennutzer in den neuen Bundesländern das Fernsehen für noch glaubwürdiger und die Zeitung für weit weniger glaubwürdig als ihre westlichen Mitbürger. Im Vergleich von West- und Ostzeitungen aber gaben die Ostdeutschen an, Letztere für objektiver und glaubwürdiger zu halten.

Im Hinblick auf inhaltliche Präferenzen bei der Zeitungslektüre dominierte bei den Ost-Lesern der politische Teil der Tageszeitungen, bei den Westdeutschen hingegen das Lokale.[158] Politische Inhalte wurden, wie aus einer weiteren, unmittelbar nach der Wiedervereinigung in Ost und West durchgeführten Rezeptionsstudie hervorgeht, von den neuen Bundesbürgern durchschnittlich häufiger und insgesamt aufmerksamer genutzt.[159] Diese Befunde korrespondieren mit der Erkenntnis, dass in Ostdeutschland der Wunsch nach politischer Orientierung stärker und das Interesse an Politik in jener Zeit größer war als in Westdeutschland.[160]

Trotz aller Unterschiede im Nutzungsverhalten und der Bewertung aktueller Medien bei West- und Ostdeutschen – die neben den angeführten Gründen auch auf spezielle Funktionszuweisungen der neuen Bundesbürger an die Medien zurückzuführen waren[161] – gab es strukturelle Ähnlichkeiten in der Nutzung elektronischer Medien, die sich auch auf die Zuwendung zur Tageszeitung auswirkten: In beiden Teilen Deutschlands ließ sich zwischen eher informationsorientierten und eher unterhaltungsorientierten Nutzern differenzieren. Eine starke Unterhaltungsorientierung war beim östlichen Vielseher mit Vorliebe für westdeutsche Privatprogramme festzustellen; seine sozialstrukturellen Merkmale ähnelten den Befunden zu diesem Mediennutzungstypus im Westen. Die politische Informationsorientierung war in Ost- und Westdeutschland dagegen am deutlichsten bei Zuschauern ausgeprägt, die öffentlich-rechtliche Sender bevorzugten. Im Unterschied zu dieser letzten Gruppe lasen die starken Nutzer privatkommerzieller Rundfunksender Ost wie West auch weniger Zeitung.[162]

Im Unterschied zu den älteren Mediennutzern begann sich das Mediennutzungsverhalten ostdeutscher Jugendlicher in den Jahren nach der Wende zunehmend dem gleichaltriger Westdeutscher anzugleichen. Zwischen Wende und Wiedervereinigung hatten in Ostdeutschland noch deutlich mehr Jugendliche Illustrierte und Tageszeitungen gelesen; danach zeichnete sich schon bald ein auffälliges Nachlassen der Printmediennutzung und damit eine Anpassung an westliche Lektüremuster ab: 1992 gab es unter ihnen signifikant weniger Intensivnutzer von Zeitungen und Illustrierten und dafür mehr Vielnutzer von audiovisuellen Medien.

Besonders attraktiv waren für Jugendliche in den neuen Bundesländern allerdings westdeutsche Jugendzeitschriften: »Bravo« als Spitzenreiter unter ihnen hatte im März 1990 auf Anhieb etwa drei Viertel aller Jugendlichen in Ostdeutschland regelmäßig erreicht und wurde auch 1992 noch von über 70 Prozent gelesen. Stärker als geschlechts-, alters- und bildungsabhängige Unterschiede zeigte sich dabei ein Gruppeneffekt: Bei Jugendlichen, die festes Mitglied einer oder mehrerer informeller Freizeitgruppen waren (52 Prozent), lagen die Leseraten der vier (meistgelesenen) Jugendblätter deutlich höher als bei den übrigen Jugendlichen.[163] Illustrierte aus dem Westen hatten bei den jungen Ost-Lesern hingegen weniger Erfolg; höchstens 5 Prozent von ihnen wurden von diesen westdeutschen Titeln regelmäßig erreicht. Der speziell für Ostdeutschland konzipierte Titel »Super Illu« dagegen wurde von 25 Prozent aller Jugendlichen über 14 Jahre gelesen.[164]

Insgesamt kann als Fazit der Lektüremuster und des Mediennutzungsverhaltens der Menschen in den alten und neuen Bundesländern festgehalten werden, dass das Publikum der Zeitungen und Zeitschriften auch 1995 noch »weitgehend in die beiden Leserschaften von ostdeutschen beziehungsweise westdeutschen Produkten gespalten« war.[165] Aufgrund unterschiedlicher inhaltlicher Gestaltung der Pressetitel Ost und West sowie der spezifischen Nutzungsmuster in den alten und neuen Bundesländern konnten die Printmedien kaum einen Beitrag zur demokratiepolitisch wünschenswerten Integration des wiedervereinigten Deutschlands leisten. Vielleicht sollte diese Aufgabe eher dem Fernsehen vorbehalten bleiben, zumal die TV-Programme die Bevölkerung in West und Ost gleichermaßen erreichen und zudem relativ identisch genutzt werden. Die ostdeutschen Bundesbürger, die ja bereits vor der Wende zu den Zuschauern der öffentlich-rechtlichen Programme Westdeutschlands gehörten, halten das Fernsehen zudem für sehr glaubwürdig und objektiv; die Zuschauerbindung ist hoch. Insofern vermag das Fernsehen unter Umständen einen vergleichsweise größeren »Beitrag zur deutsch-deutschen Integration zu leisten und zu helfen, dass der ›äußeren‹ Vereinigung der Deutschen die ›innere‹ folgt«.[166]

7.2.8 Journalismus Ost zwischen Kontinuität und Wandel

Bei den tiefgreifenden Umwälzungen, denen die ostdeutsche Presse durch Wende und Wiedervereinigung ausgesetzt war, müssen auch die Veränderungen mit in Betracht gezogen werden, die sich für die Journalisten im Osten Deutschlands ergaben. Das umfasst zum einen die Konsequenzen, die sich für journalistische Berufsauffassungen und Rollenverständnisse ergaben; Konsequenzen, die die Pressejournalisten der ehemaligen DDR zum Teil als tiefe Einschnitte in ihre berufliche Vita erleben mussten. Das umfasst zum anderen aber auch berufsstrukturelle Veränderungen und Zäsuren am Arbeitsmarkt der in den Medien Tätigen. Denn der Zusammenbruch des Systems der DDR bedeutete nicht nur das Aus für einen von Staat und Partei zentral gelenkten und rigide kontrollierten Berufsstand und dessen journalistische Praxis, sondern auch die Öffnung des Arbeitsmarkts in diesem Berufsfeld. Diesen Wandel »hat der Journalismus in der DDR sozusagen in voller Fahrt bewältigt, nämlich ohne dass die Produktion in Presse und Rundfunk unterbrochen worden wäre. Die Zeitungen sind Tag für Tag weiter erschienen, wenngleich oft mit nervös-hektischen Änderungen von Titel, Impressum und Layout, das Rundfunkprogramm wurde weiterhin rund um die Uhr ausgestrahlt.«[167]

Bereits im Frühjahr 1990 entstanden erste explorative Studien, um die damalige Befindlichkeit ostdeutscher Journalisten zu ergründen.[168] Ihre Ergebnisse erbrachten keine harten und verallgemeinerbaren empirischen Befunde, lieferten aber mithilfe von Leitfadengesprächen erste Erkenntnisse über beobachtbare Veränderungen im Denken und Handeln der Journalisten in dieser Übergangsphase – und sie beleuchteten dabei erstmals Probleme, die mit dem Wandel des Aufgaben- und Berufsverständnisses verbunden waren. Die befragten DDR-Journalisten gaben an, dass ihnen die Trennung von den alten SED-Werten, die ›innere Abkehr vom System‹, relativ leichtgefallen sei, da »Widersprüche der sozialistischen Gesellschaft« bereits vor der Wende realisiert worden seien.[169] ›Schockartiger‹ wurde von den Befragten dagegen die Orientierungslosigkeit erlebt, die mit dem Zusammenbruch des gesamten Wertesystems verbunden war: »Zu vieles war gleichzeitig im Flusse. Orientierungspunkte gab es nicht. Eine richtige öffentliche Diskussion hat nicht stattgefunden, eine Meinungsführerschaft gab es nie. Man hing in der Luft.«[170] Auf die Euphorie über die gewonnene Freiheit und die kurze »Phase des Aufbruchs und der politischen Utopie«, in der es um einen »dritten Weg« zwischen Kapitalismus und Sozialismus ging, folgte sehr rasch die Ernüchterung.

So unterschiedlich die Veränderungen von den Journalisten auch erlebt und bewältigt wurden, schon bald kristallisierten sich in erstaunlicher Übereinstimmung der verschiedenen Statements die Defizite des früheren DDR-Journalismus heraus. Am schmerzlichsten vermisst wurden professionelle Recherchekenntnisse und notwendiges Sach- und Ressortwissen, die in der ideologisch überfrachteten Journalistenausbildung nur unzureichend vermittelt worden waren (vgl. Kap. 6.3). Besondere Schwierigkeiten bereitete es in der Umbruchphase, plötzlich ›eigenverantwortlich‹, ›problemorientiert‹ sowie ›unter (Zeit-) Druck‹ arbeiten zu müssen. Als wichtigste journalistische Fähigkeiten wurden nun ›Analysevermögen‹, ›Herstellen von Zusammenhängen‹ und der ›Umgang mit Menschen‹ gesehen.[171]

Doch was die Umstellung auf die Funktionen und Aufgaben des Journalismus im politischen System der Bundesrepublik anbelangt, ist rückblickend ein insgesamt erstaunlich rasch vollzogener Wandel im Berufs- und Aufgabenverständnis zahlreicher Journalisten der ehemaligen DDR zu konstatieren. Mit einher ging die frühe Angleichung an das Berufsverständnis ihrer westdeutschen Kollegen: Die Massenmedien waren von vielen ehemaligen DDR-Journalisten schon bald nach der Wende primär als ›kontrollierendes Regulativ‹, als ›vierte Macht‹ im Staat verstanden worden. Bei den wichtigsten journalistischen Rollenvorstellungen wurde schon sehr bald – wie von westdeutschen Journalisten auch – vor allem die ›Möglichkeit, Mißstände aufzudecken und zu kritisieren‹, genannt. Auch in ihren allgemeinen politischen Grundhaltungen wiesen ostdeutsche Journalisten 1992 nach Befunden der journalistischen Berufsforschung hohe Übereinstimmungen mit jenen ihrer westdeutschen Kollegen auf.[172]

Abb. 43: Anzahl der festangestellten Journalisten in den neuen Bundesländern 1992

Medientyp	Sozialenquete	Journalisten in Deutschland
Zeitungen	3.468	2.800
Zeitschriften	394	250[1]
Rundfunkanstalten	763	600
Nachrichtenagenturen	267	150
sonstige Medientypen[2]	nicht erhoben	unbedeutend
	ca. 4.900	*3.800*

[1] In der Kategorie Zeitschriften sind auch Fachzeitschriften und alternative Stadtmagazine mitgezählt (s. Weischenberg/Löffelholz/Scholl 1993: 24 f.).
[2] Darunter fallen Anzeigenblätter und (meist themenspezifische) Mediendienste.
Anmerkung: Die Daten der "Sozialenquete"-Studie sind entnommen aus Schönbach (1992: 134): Stand ist Februar 1992. Der Stand der Daten von "Journalismus in Deutschland" ist Oktober 1992. Diese Zahlen sind gerundet. In beiden Studien sind Volontäre eingeschlossen.
Quelle: Scholl, Armin: Ist der Ost-West-Vergleich im Journalismus obsolet geworden? In: Mahle, Walter A. (Hrsg.): Journalisten in Deutschland. Nationale und internationale Vergleiche und Perspektiven, München: Ölschläger 1993, S. 87; Korrektur gegenüber Original nach Rücksprache mit dem Autor.

Wende und Wiedervereinigung brachten für den (Presse-)Journalismus in Ostdeutschland berufsstrukturelle Veränderungen, deren Ausmaß nicht exakt zu erfassen war. Über zahlreiche Strukturveränderungen und Wanderungsbewegungen hinaus ist zu berücksichtigen, dass »ein journalistischer Arbeitsplatz zu DDR-Zeiten (…) etwas völlig anderes [war] als ein journalistischer Arbeitsplatz im Jahr 1992.«[173] Dennoch lassen sich anhand der Beschäftigtenzahlen aus jener Zeit zumindest die Dimensionen des Umbruchs aufzeigen. Die Zahl der 1989 in der DDR in Presse, Hörfunk und Fernsehen sowie bei ADN tätigen Journalisten wurde – je nach Erhebung – mit 9.000 bis 10.000 Personen angegeben, von denen rund 8.500 vor der Wende hauptberuflich journalistisch tätig waren.[174] Für das Jahr 1992 wiesen die beiden in Hannover und Münster unabhängig voneinander durchgeführten und methodisch unterschiedlich angelegten Journalismus-Studien für die neuen Bundesländer 3.800 (Münster) bzw. 4.900 (Hannover) festangestellte Journalisten aus.[175] Gegenüber 1989 war die Zahl der Festangestellten folglich stark zurückgegangen.

Ursachen für den Verlust journalistischer Arbeitsplätze sind vor allem in der Schließung von Betriebszeitungen und Zeitschriften, in der Personalreduktion der Rundfunkanstalten im Zuge der ›Abwicklung‹ des DDR-Rundfunks, in politisch bedingten Entlassungen sowie in dem Umstand zu sehen, dass es unter den ehemaligen DDR-Journalisten auch Berufswechsler gab. 1992 suchten in Ostdeutschland (mit Hilfe der Arbeitsverwaltung) über 1.500

Journalisten einen Arbeitsplatz.[176] Rund zwei Drittel bemühte sich dabei um eine Festanstellung im Journalismus; nur ein Fünftel war zum Berufswechsel bereit. Die Aussichten auf eine Festanstellung im Printmedienbereich waren angesichts fortschreitender Pressekonzentration jedoch anhaltend schlecht. Besonders schwer hatten es ältere, wenig mobile und politisch stark vorbelastete Journalisten sowie ehemalige Betriebszeitungsredakteure.[177] Als typische Mobilitätsphasen erwiesen sich immerhin der Wechsel vom freien zum festangestellten Journalisten, vom Bild- zum Wortjournalisten sowie – seltener – vom Redakteur einer Werkzeitung zu dem einer Tageszeitung.[178] Fortbildungsmaßnahmen, wie sie ab 1990 angeboten worden waren, wurden vorwiegend zur Vertiefung journalistisch-handwerklicher Fähigkeiten und Fertigkeiten, zur Erweiterung des (ressortbezogenen) Sachwissens und zur Stärkung des beruflichen Selbstvertrauens genutzt. Auch konnte festgestellt werden, dass sich der Weiterbildungsbedarf auf planerisch-gestaltende Aufgaben und Entscheidungs- sowie Managementfragen ausdehnte. Insgesamt schien die Mobilitätsbereitschaft ostdeutscher Journalisten allerdings eher gering. »Aufstiegsüberlegungen [wurden] durch ein verständliches Streben nach Sicherheit und Beständigkeit, nach einem sicheren Arbeitsplatz und vor allem finanzieller Absicherung überlagert.«[179] Das weite Feld der Öffentlichkeitsarbeit wie auch das der Werbung, die in den alten Bundesländern weiter expandierten und vielen Medienjournalisten gut dotierte und sichere Arbeitsplätze boten, stellten für ostdeutsche Redakteure aus den klassischen Medien über Jahre offensichtlich keine echte Alternative dar.[180]

Schlüsselt man die Gesamtzahl der festangestellten ostdeutschen Journalisten Anfang der neunziger Jahre nach den Mediengattungen auf, so arbeiteten die meisten von ihnen bei Tageszeitungen: Ihr Anteil wurde mit 70,7 (Münster) bzw. 74,3 Prozent (Hannover) angegeben, wobei die ›übergroße Mehrheit‹ dieser Tageszeitungsredakteure für eine der 15 marktbeherrschenden Regionalzeitungen in den neuen Bundesländern arbeitete. (Sie beschäftigten allein 43 Prozent aller ostdeutschen Redakteure und Volontäre.) Die übrigen 25 bis 30 Prozent festangestellter Journalisten verteilten sich auf Zeitschriften, Rundfunkanstalten und Nachrichtenagenturen.[181] Im Hinblick auf Berufsstruktur und Herkunft der in Ostdeutschland tätigen Journalisten erbrachte die ›Sozialenquete‹:[182] Über 60 Prozent der Journalisten in den neuen Bundesländern waren bereits vor der Wende in der DDR journalistisch tätig. Weitere 21 Prozent stammten aus den neuen Bundesländern, hatten vorher aber nicht journalistisch gearbeitet. Etwa 18 Prozent kamen aus Westdeutschland, um als Redakteure in den neuen Bundesländern zu arbeiten, der überwiegende Anteil von ihnen in leitenden Positionen. (Der Anteil der ›West-Importe‹ in Führungspositionen sollte sich jedoch als deutlich geringer erweisen als ursprünglich angenommen.) Die Berufsgruppe der früheren DDR-Journalisten war mit rund drei Fünfteln folglich die mit Abstand größte Gruppe unter den in Ostdeutschland tätigen Journalisten. Allerdings war diese berufsstrukturelle Kontinuität bei einzelnen Mediengattungen unterschiedlich stark ausgeprägt: Am höchsten war sie bei Tageszeitungsredakteuren, vor allem bei Journalisten der ehemaligen SED-Bezirkszeitungen, in deren Redaktionen es keinen nennenswerten Personalabbau gab. Annähernd drei Viertel ihrer Redakteure waren bereits in DDR-Medien tätig, zumeist in der gleichen Redaktion. Eine mit über 80 Prozent noch höhere Kontinuität im Personalbereich ist lediglich bei den wenigen früheren DDR-Zeitschriften zu verzeichnen, die die Entwicklung der Presse nach der Wende überlebten.[183]

Ein Vergleich zwischen Journalisten in Ost- und Westdeutschland zeigt, dass es deutliche Unterschiede zwischen beiden Gruppen gab, auch wenn sie SCHNEIDER et al. zufolge nicht grundsätzlicher Natur waren.[184] Auffallend ist zunächst, dass in den neuen Bundesländern der Frauenanteil im Journalismus mit 36 Prozent deutlich höher ausfiel als in Westdeutschland (rund 25 Prozent). Während im Westen allerdings der Anteil der Journalistinnen mit der Dauer der Berufstätigkeit stetig zurückgeht, bleiben ostdeutsche Journalistinnen offensichtlich weitaus länger berufstätig als ihre westdeutschen Kolleginnen. Das mit 37,2 Jahren etwas niedrigere Durchschnittsalter der Journalisten in ostdeutschen Redaktionen deutete darauf hin, dass nach der Wende vor allem ältere Kollegen aus dem Journalistenberuf ausgeschieden waren. Nochmals durchschnittlich rund vier Jahre jünger waren die ursprünglich aus den alten Bundesländern stammenden Ost-Journalisten; 1992 war etwa jeder Dritte von ihnen noch nicht einmal 30 Jahre alt.

Aufgrund der strikten Ausbildungswege für Journalisten in der DDR waren fast die Hälfte der 1992 in Ostdeutschland tätigen Journalisten Absolventen des Journalistik-Studiengangs in Leipzig, weitere 10 Prozent waren an der dortigen Fachschule ausgebildet worden. Gleichzeitig aber war mit fast 30 Prozent ein erschreckend hoher Anteil der ostdeutschen Redakteursstellen mit Personen ohne jede journalistische Ausbildung besetzt. Offensichtlich standen in der Umbruchphase der Medien nach der Wende nicht genügend qualifizierte Journalisten zur Verfügung, um neu entstandene oder vakant gewordene Redakteursstellen zu besetzen.[185]

Bei der Einschätzung der eigenen Lebens- und Berufssituation gaben die hauptberuflichen Journalisten in den neuen Bundesländern an, »ihre persönliche Lage habe sich alles in allem eher verbessert«, auch wenn sie 1992 im Durchschnitt rund ein Viertel weniger verdienten als ihre Westkollegen (ein Einkommensgefälle, das sich mit zunehmenden Berufsjahren zudem vergrößerte). Das Beschäftigungsverhältnis wurde von vier Fünfteln für ›sehr sicher‹ oder ›sicher‹ gehalten, wobei sich Männer sicherer (82 Prozent) fühlten als Frauen (76 Prozent). Ein Arbeitsplatzwechsel wurde hingegen mehrheitlich als ›eher schwierig‹ beurteilt und skeptisch betrachtet. Mit der sozialen Sicherung waren knapp zwei Drittel der Journalisten aus den neuen Ländern ›zufrieden‹. Die Arbeitssituation wurde ambivalent eingeschätzt: Einerseits stimmten vier Fünftel der Aussage zu: »Journalisten können heute selbstbestimmter arbeiten« (wobei die Selbstbestimmung vor allem in Printmedien als sehr groß eingestuft wurde); andererseits meinten zwei Drittel: »Heute herrscht mehr Ausbeutung in den Medien« und die Medien arbeiten nur noch, »um Profit zu machen«.[186]

Insgesamt war im journalistischen Berufsstand, seinen Strukturmerkmalen und in den Rollenvorstellungen festangestellter Redakteure in den neuen Bundesländern gegenüber der Zeit vor der Wende eine relativ hohe Kontinuität zu verzeichnen. Änderungen in der Berufsstruktur waren weniger stark ausgeprägt als vermutet und überdies auch auf das Ausscheiden ehemaliger DDR-Journalisten, auf Seiteneinsteiger aus anderen Berufen sowie auf ›Westimporte‹ in den Ost-Redaktionen zurückzuführen.

Auch die Einstellungen zum Journalismus, Berufsauffassungen und Berufsmotive (an vorderster Stelle ›Missstände aufdecken und kritisieren‹) schienen sich nur graduell von jenen der westdeutschen Kollegen zu unterscheiden. Einzig bei der Einschätzung des eigenen Berufs gingen die Befunde deutlich auseinander, äußerten doch »Journalisten, die für Medien in Ostdeutschland arbeiten, (…) noch erheblich mehr Begeisterung über ihren

Beruf als ihre Kollegen in den alten Bundesländern«.[187] So empfanden über 40 Prozent der ostdeutschen Journalisten das Ansehen des Berufsstands als besondere Attraktion; von den westdeutschen Befragten teilte diese Ansicht nur jeder zehnte Journalist. Ansonsten wiesen die Antworten west- und ostdeutscher Journalisten hohe Übereinstimmung auf. Triftige Erklärungsmuster für diese Homogenität trotz unterschiedlicher politischer und professioneller Sozialisation konnten die Studien damals nicht erbringen. Ein möglicher Grund immerhin könnte sein, dass es »im Westen wie im Osten, relativ unabhängig von den jeweiligen Handlungsmöglichkeiten, Personen mit ähnlichen Motiven und Rollenvorstellungen in den Journalismus« zog.[188]

7.3 Der Pressemarkt im vereinten Deutschland

Neben den geschilderten Entwicklungen in den neuen Bundesländern sind zum Schluss dieses Kapitels Vorgänge anzusprechen, die das gesamte deutsche Pressewesen betrafen. In den alten Bundesländern hatten sich im Bereich der Tagespresse – nicht überraschend für einen seit Jahren hochkonzentrierten Zeitungsmarkt – seit 1989 keine gravierenden Veränderungen ergeben. Im Großen und Ganzen wies die Tageszeitungslandschaft in Westdeutschland in den neunziger Jahren jene Strukturen auf, wie sie im Kapitel über die Presse der Bundesrepublik vor der Wiedervereinigung dargestellt wurden. In Bewegung geriet dagegen der Markt der Wochenzeitungen und der wöchentlich erscheinenden Magazine und Publikumszeitschriften. Bevor auf diese Änderungen eingegangen wird, soll jedoch zumindest in groben Zügen die Situation der deutschen Tageszeitungen im wiedervereinten Deutschland beschrieben werden.

7.3.1 Situation der Tagespresse

Im Februar 1992 legte SCHÜTZ eine erste gesamtdeutsche Zeitungsstatistik vor, die die Stichtagssammlung von 1991 ergänzen und fortschreiben sollte. Dieser pressestatistischen Erhebung zufolge gab es in Deutschland ein Jahr nach der Wiedervereinigung insgesamt 158 publizistische Einheiten, die in 1.673 Ausgaben erschienen und von 410 Zeitungsunternehmen herausgegeben wurden. Ihre gemeinsame Auflage betrug 27,3 Mio. Exemplare.[189]

Abb. 44: Die deutsche Tagespresse 1991

Bundesland	publizistische Einheiten	redaktionelle Ausgaben *	Auflage in Tausend
Baden-Württemberg	17	214	2.373,1
Bayern	24	277	3.064,5
Berlin	14	31	2.099,0
Brandenburg	6	50	743,4
Bremen	3	26	359,6
Hamburg	5	53	5.316,6
Hessen	14	123	1.592,3
Mecklenburg-Vorpommern	5	39	608,0
Niedersachsen	12	131	1.607,8
Nordrhein-Westfalen	26	418	4.591,0
Rheinland-Pfalz	5	59	775,3
Saarland	1	14	197,1
Sachsen	9	72	1.759,1
Sachsen-Anhalt	4	46	938,9
Schleswig-Holstein	6	47	489,9
Thüringen	7	73	823,7
	158	*1.673*	*27.339,3*

* herausgegeben von 410 Verlagen

Erstellt nach Schütz, Walter J.: Die redaktionelle und verlegerische Struktur der deutschen Tagespresse 1991, in: Media Perspektiven 2/1992, S. 131–152.

Die *überregional verbreiteten Abonnementzeitungen* mit Standort in den alten Bundesländern konnten zu dieser Zeit einen geringen Auflagenzuwachs verzeichnen, der unter anderem auf die Ausweitung des Verbreitungsgebietes in den neuen Ländern zurückzuführen ist. Auch der schon länger zu beobachtende Auflagenanstieg bei den westdeutschen lokalen und regionalen Abonnementzeitungen setzte sich zwischen 1989 und 1991 weiter fort, »wobei der Mehrverkauf höher [lag] als der zusätzliche Absatz von Ausgaben dieser Zeitungen in den neuen Ländern«.[190] *Straßenverkaufszeitungen* konnten im Osten zwar beachtliche Verkaufserfolge verzeichnen, sahen sich beim Absatz in den alten Ländern jedoch mit einem anhaltenden Abschwung konfrontiert. So ging ihre Auflage von 1980 bis 1993 um 12 Prozent auf 5,7 Mio. verkaufte Exemplare zurück.[191]

Von den genannten 158 selbständigen Tageszeitungen entfielen auf die alten Bundesländer 118. Ende 1989, Anfang 1990 waren die beiden Parteiblätter »Neue Zeitung« (früher »Die Wahrheit«, das Organ der Sozialistischen Einheitspartei Westberlin, SEW) und »uz. unsere zeit« (DKP) aus den täglich erscheinenden Zeitungen der Bundesrepublik ausgeschieden. Während Erstere ihr Erscheinen ganz eingestellt hatte, wurde die »uz« ab diesem Zeitpunkt nur noch einmal pro Woche herausgegeben. Diesen Einstellungen stand mit dem 1989 erfolgten Start des »Emsdettener Tageblatts« das äußerst seltene Beispiel einer erfolgreichen Tageszeitungs-Neugründung gegenüber. Mit der Übernahme eines großen Teils der Leser der »Emsdettener Volkszeitung« (nach deren Verkauf an die Dortmunder »Ruhr Nachrichten«) gründete der Erfolg des »Emsdettener Tageblatts« jedoch auf außergewöhnlichen Startbedingungen. Andere Marktzutrittsbemühungen, wie der Versuch der Münchner »Abendzeitung«, ab 1990 neben der Nürnberger auch mit einer Augsburger Stadtausgabe zu erscheinen, erwiesen sich als letztlich nicht erfolgreich. Überhaupt unterlag die Zahl der redaktionellen Ausgaben in den alten Bundesländern Schwankungen. Auch ging die Zahl der herausgebenden Verlage im genannten Zeitraum von 358 auf 349 zurück. Dieser 1991 eruierte Gesamtbestand an Tageszeitungen sollte jedoch nicht von Dauer sein. Einer von SCHÜTZ Mitte 1995 erstellten Zeitungsstatistik zufolge verringerte sich die Zahl der publizistischen Einheiten auf 135, jene der Ausgaben auf 1.614. Die Gesamtauflage lag mit 25 Mio. Exemplaren um rund 2,3 Mio. niedriger als noch 1991.[192] Dieser Rückgang des Tageszeitungs-Gesamtangebots war fast ausschließlich auf Zeitungseinstellungen bzw. die Schließung von Zeitungsbetrieben in den neuen Bundesländern zurückzuführen.

Zum Gesamtbild der Zeitungslandschaft: Infolge der Wiedervereinigung veränderte sich das Gesamtbild der deutschen Tageszeitungslandschaft. So gab es nun neben den *überregionalen Tageszeitungen* aus den alten Ländern (»Frankfurter Allgemeine Zeitung«, »Süddeutsche Zeitung«, »Die Welt«, »Frankfurter Rundschau«, »die Tageszeitung«) mit dem ostdeutschen Titel »Neues Deutschland« insgesamt sechs überregional verbreitete Abonnementzeitungen, nachdem die »Neue Zeit« wie erwähnt eingestellt worden war (und die »Junge Welt« in späteren Pressezählungen nicht mehr zu den überregionalen Tageszeitungen gezählt wurde).[193] Der Lesermarkt dieser Zeitungen wuchs jedoch nicht zusammen. So wurden die Westtitel in den neunziger Jahren nach wie vor überwiegend in den alten Bundesländern gelesen, während die Osttitel praktisch ausschließlich in den fünf neuen Ländern verbreitet waren.[194] Auch konnte die Lücke, die die vom Markt verschwundenen überregionalen Osttitel hinterließen, nicht durch überregional verbreitete westdeutsche Qualitätszeitungen aufgefüllt werden.[195] Zu den sechs *Straßenverkaufszeitungen* der alten Bundesrepublik kam als siebte der lokal verbreitete Titel »Berliner Kurier« hinzu. Damit blieb die »Bild«-Zeitung das einzige Boulevard-Blatt mit nationaler Verbreitung. Sie erschien nach Auflagenverlusten Anfang der neunziger Jahre 1995 in 35 Ausgaben mit einer gemeinsamen Auflage von 4,4 Mio. Exemplaren in den alten und neuen Ländern. Die insgesamt 122 *regionalen und lokalen Abonnementzeitungen*, die sich auf 103 Zeitungen in den alten und 19 in den neuen Bundesländern verteilten, erschienen Mitte der neunziger Jahre in zusammen über 1.500 Ausgaben. Diese Ausgabenvielfalt kann jedoch nicht über den Umstand hinwegtäuschen, dass das lokale Zeitungsangebot, bezogen auf die Gesamtheit der redaktionell selbständigen Ausgaben, auch nach der Wiedervereinigung eher dürftig war. Und dies insbesondere in den neuen Bundesländern, in denen der Zeitungsmarkt von den ›gewendeten‹ 14 ehemaligen SED-Bezirkszeitungen und der »Berliner Zeitung« auf erdrückende Weise beherrscht wurde. So hatte auch das Urteil von SCHÜTZ aus dem Jahr 1991 nichts von seiner Gültigkeit eingebüßt: »In die Freude über einen nach Jahrzehnten der Trennung nun erreichten gesamtdeutschen Zeitungsmarkt mischt sich Ärger darüber, dass er sich seither in zwei unterschiedlichen Richtungen entwickelt: im alten Bundesgebiet eingeschränkte Vielfalt, in den neuen Ländern monopolisierte Einfalt.«[196]

Abb. 45: Gesamtbild der Tagespresse in Deutschland 1995

Publizistische Einheiten	135
(redaktionelle) Ausgaben	1.614
Verlage als Herausgeber	380
Gesamtauflage	25 Mio.
Exemplare je tausend Einwohner	317
Reichweite	81 %
Überregional verbreitete Abonnementzeitungen [1]	6
Straßenverkaufszeitungen [2]	7
Regionale/lokale Abonnementzeitungen	122

[1] dazu zählen: Süddeutsche Zeitung, Frankfurter Allgemeine Zeitung, Die Welt, Frankfurter Rundschau, die tageszeitung sowie Neues Deutschland.

[2] dazu zählen: mit Sitz im alten Bundesgebiet (einschl. Berlin-West): Bild, Express (Köln), B.Z. (Berlin), Abendzeitung (München), tz (München), Hamburger Morgenpost; mit Sitz im neuen Bundesgebiet (einschl. Berlin-Ost): Berliner Kurier.

Erstellt in Anlehnung an: Schütz, Walter J.: Deutsche Tagespresse 1995. Ergebnisse der dritten gesamtdeutschen Zeitungsstatistik, in: Media Perspektiven 6/1996, S. 324–336, sowie Zeitungen 95, hrsg. vom Bundesverband der Deutschen Zeitungsverleger, Bonn: BDZV 1995, S. 210 u. 424.

Zur Konzentration der Tagespresse: Insgesamt war der deutsche Zeitungsmarkt, was die Zahl der selbständigen Tageszeitungen anbelangt, bereits zwei Jahre nach der Wiedervereinigung von einiger Stabilität gekennzeichnet. Für diesen Befund hat RÖPER seinerzeit dreierlei Gründe angeführt:

• Der bedauerliche Prozess der Einstellung ostdeutscher Zweit- und Drittzeitungen mit geringen Auflagen ist weitgehend abgeschlossen. »Die noch verbliebenen Titel haben entweder eine Größenordnung erreicht, die zumindest ihr mittelfristiges Überleben gesichert erscheinen läßt oder aber sie haben noch heute eine so geringe Auflagenzahl, daß sie für eine Gesamtbetrachtung des Markts relativ unerheblich sind.«[197]

• Zum Zweiten hat die Pressekonzentration in den alten Bundesländern »inzwischen ein derart hohes Niveau erreicht, dass Schließungen von Tageszeitungen weitgehend ausge-

schlossen sind«. Allenfalls ist weiterhin mit Einstellungen von lokalen Ausgaben mit niedrigsten Auflagen zu rechnen.
- Man muss wohl davon ausgehen, dass auch in Zukunft Neugründungen von Tageszeitungen in Deutschland ›praktisch ausgeschlossen‹ sind. Die ganz wenigen erfolgreichen Gründungen (wie diejenige der »Tageszeitung«) stellen – von der kurzen Phase nach dem Ende der DDR einmal abgesehen – die seltene Ausnahme von dieser Regel dar.[198]

Die These von der Stabilität bezog sich allerdings zunächst ausschließlich auf den Bestand eigenständiger Tageszeitungen. Ausdrücklich davon auszunehmen waren Entwicklungen in der Verlagsstruktur des deutschen Pressewesens. Denn hinsichtlich der Verlagsverflechtungen, -übernahmen und -kooperationen nahm die Konzentration am Markt der Tageszeitungen weiter zu. Die entscheidenden Konzentrationsschübe erfolgten dabei durch das Engagement westdeutscher Printmedienkonzerne am ostdeutschen Zeitungsmarkt. Das Ausmaß der Konzentration in der bundesdeutschen Tagespresse Mitte der neunziger Jahre lässt sich wie folgt skizzieren:[199]
- Im Tageszeitungswesen verfügten 1995 die zehn größten Verlagsgruppen zusammen über einen Marktanteil von 55,7 Prozent an der Gesamtauflage (1991: 54,4 Prozent). Marktführer blieb der Springer-Verlag mit 23,3 Prozent. Unter diesen zehn größten Verlagsgruppen befanden sich nach der Wiedervereinigung Medienkonzerne, die früher nicht oder nur in geringem Ausmaß Tageszeitungen verlegten, wie Gruner und Jahr/Bertelsmann oder Holtzbrinck. So belegte Gruner und Jahr aufgrund der Zukäufe im Osten nun den fünften Platz unter den größten Zeitungshäusern Deutschlands. Darüber hinaus befanden sich unter den ersten zehn Tageszeitungs-Verlagsgruppen nun drei der größten deutschen Medienkonzerne, die auch im Zeitschriften-, Film- und Fernsehgeschäft aktiv waren.
- Bei den Abonnementzeitungen steigerten die fünf größten Verlagsgruppen ihren Anteil von 24,9 (1989) auf 27,5 Prozent. Die Gruppe der Westdeutschen Allgemeinen Zeitung (WAZ-Gruppe) verdrängte hier die Stuttgarter Zeitungsverlagsgruppe von ihrer führenden Position (und nahm auch bei den Tageszeitungen den zweiten Platz hinter dem Springer-Konzern ein). Die Konzentrationsverdichtung war hier auf die Beteiligungen bzw. Übernahmen ostdeutscher Tageszeitungen durch westdeutsche Verlage zurückzuführen.
- Bei den Straßenverkaufszeitungen repräsentierten die fünf größten Anbieter seit Jahren nahezu unverändert das gesamte Angebot. Allein der Springer-Verlag brachte es mit seinen beiden Titeln »Bild« und »B.Z.« (Berlin) 1995 auf gut fünf Mio. Exemplare bzw. einen Marktanteil von über 80 Prozent – und dies ohne das Wochenblatt »Bild am Sonntag« (mit einer verkauften Auflage von 2,8 Mio. Exemplaren).[200]

Insgesamt konnten die Tageszeitungen der Bundesrepublik Mitte der neunziger Jahre, wie der Bundesverband Deutscher Zeitungsverleger (BDZV) einräumte, mit der wirtschaftlichen Entwicklung ›durchaus zufrieden sein‹.[201] Der seit Jahren beobachtbare Auflagenrückgang bei den Tageszeitungen hielt sich in Grenzen (bei westdeutschen Zeitungen lag er in der Regel unter 1 Prozent). Leichte Verluste bei den regionalen und überregionalen Abonnementzeitungen wurden durch leichte Zuwächse bei den Straßenverkaufs- und Sonntagszeitungen ausgeglichen. Der Zeitungsmarkt im Osten schien sich weitgehend stabilisiert zu haben, auch wenn die Auflagenrückgänge bei den regionalen und lokalen Blättern dort durchschnittlich 2,5 Prozent im Jahr betrugen, was freilich auch auf Einstellungen von Ost-Zeitungstiteln zurückzuführen war. Und obwohl 1992 vor allem bei den Straßenverkaufszeitungen ein konjunkturbedingter Abschwung des Anzeigengeschäfts und ein leichter Rückgang der Auflagen zu verzeichnen war, konnten die Tageszeitungen in diesem Jahr mit einem Gesamtumsatz von 13,54 Mrd. DM die bis dahin größte Umsatzsumme seit Bestehen der Bundesrepublik vorweisen. Dieser Gesamtumsatz erhöhte sich noch einmal deutlich auf 16,32 Mrd. DM im Jahr 1995.[202]

7.3.2   Wochenzeitungen, Magazine, Zeitschriften

Der Markt der Wochenzeitungen, Magazine, Illustrierten und Programmzeitschriften war nach der Wiedervereinigung beträchtlich in Bewegung geraten. Neben den bereits erwähnten Entwicklungen in den neuen Bundesländern kam es am bereits konzentrierten Markt der Wochentitel zu verschiedenen Neugründungen, von denen einige sich als erstaunlich erfolgreich erwiesen. Insgesamt schien der Trend zum einen zu ansprechenderem Layout mit größerer Übersicht, kürzeren Artikeln, zahlreichen Farbfotos und bunten Infographiken zu gehen, zum anderen entdeckten die Zeitschriftenmacher im Sektor der Niedrigpreisprodukte Marktnischen, die sie zu nutzen versuchten.

Zunächst aber sei auf das relativ überraschende Ende eines traditionellen Zeitschriftentitels hingewiesen, mit dem ›ein Stück Illustrierten-Geschichte‹ der Bundesrepublik zu Ende ging:[203] Die 1948 gegründete und 1965 vom Verlag Heinrich Bauer übernommene Münchner Illustrierte »*Quick*« wurde im August 1992 nach 44-jährigem Erscheinen eingestellt. Ausschlaggebend für diesen Schritt war vor allem der Rückgang im Anzeigengeschäft, dessen Erlöse sich seit 1990 halbiert hatten; der Verlust wurde mit 35 Mio. DM beziffert. Das ehemalige Flaggschiff des Bauer-Verlags, auch als ›Urmutter der Illustrierten‹ in Deutschland bezeichnet, hatte sich ab den sechziger Jahren mit der stolzen Auflage von 1,7 Mio. Exemplaren ein Kopf-an-Kopf-Rennen mit dem härtesten Konkurrenten, dem liberalen »Stern« geliefert, zu dem sie sich eine Zeit lang als konservativer Gegenpol verstand. Vom ursprünglich bunten Bilderblatt entwickelte sie sich im Laufe ihres Bestehens (über die Jahre als Polit-Magazin hinaus) mehr und mehr zur Zeitschrift mit einer bunten Mischung aus Klatsch, Sex, Politik und Verbrechen. »Quick«-Artikel aus dieser Zeit führten häufig zu Beschwerden beim Deutschen Presserat über Verstöße gegen die Anstandsregeln des Journalismus. Auch wenn das Blatt schon länger in einer Krise steckte und redaktionelle Bemühungen zur Abwendung der rasanten wirtschaftlichen Talfahrt letztlich erfolglos blieben, hatten weder Branchenkenner noch die rund 100 Mitarbeiter des Blatts 1992 mit einem solch abrupten Ende gerechnet.[204]

Diesem Marktabtritt standen mehrere Zeitschriftengründungen gegenüber. Zu erwähnen ist zunächst der Marktzutritt von »*Focus*«. Der im Münchner Focus-Verlag, einem 100-prozentigen Tochterverlag von Burda, herausgegebene Titel startete nach sorgfältiger Marktanalyse am 18. Januar 1993. Der »Focus«, im Untertitel als »das moderne Nachrichtenmagazin« bezeichnet, war angeblich der 54. Versuch, in der Bundesrepublik neben dem »Spiegel« ein weiteres Nachrichtenmagazin zu etablieren.[205] Er verstand sich nach Aussagen seines Schöpfers und Chefredakteurs Helmut Markwort jedoch nicht als Gegen-, sondern als Konkurrenzmedium zum »Spiegel« und betrachtete auch die Zeitschriften »Stern« und »Wirtschaftswoche« als weiteres Wettbewerbsumfeld. Als Zielgruppe sollte eine sog. Informationselite erreicht werden, die die Medien berufsbedingt oder interessehalber stark selektiv nutzt. Dazu setzte das Magazin auf kurze Artikel und durchgehend farbige Gestaltung mit vielen Fotos und Infographiken. Für dieses Konzept handelte sich das Magazin zum Teil harsche Medienkritik ein. So schrieb beispielsweise die Wiener Zeitschrift »Profil« von einem »bis zum Aberwitz verknappten Info-Stenogramm im Ex-und-hopp-Stil«.[206] Dessen ungeachtet konnte das Magazin seine Auflage seit seinem Erscheinen kontinuierlich steigern. Die Informationsgemeinschaft zur Feststellung der Verbreitung von Werbeträgern (IVW) ermittelte Mitte der neunziger Jahre knapp 752.000 verkaufte Exemplare. Während »Focus« drei Jahre nach seiner Gründung eine überraschend erfolgreiche Bilanz ziehen konnte, hatte »Der Spiegel« (mit einer Auflage von knapp 1,3 Mio. verkauften Exemplaren) seit dem Marktzutritt der Münchner Konkurrenz einen Auflagenrückgang und Einbußen bei den Anzeigeneinnahmen hinnehmen müssen.

Ohnehin hatte der wirtschaftlich gesunde Burda-Verlag durch die Gründung von »Elle«, »Holiday«, »!Forbes«, »Super Illu« und »Super TV« Aufsehen erregt. Dann hatte er den neuen Frauentitel »Lisa« auf den Markt gebracht. Weitere Neuzugänge in diesem boomenden Zeitschriftensegment waren Titel wie »Allegra« (Springer), »Laura« und »Yoyo« (beide Bauer), »Brigitte Young Miss« (Gruner und Jahr), oder etwa »Joy«, eine Frauenzeitschrift aus dem Schweizer ZAG Zeitschriftenverlag der Verlagsgruppe Jürg Marquard, in der auch Titel wie »Cosmopolitan«, »Mädchen«, »Popcorn« u. a. erscheinen. Dieser Verlag kündigte für Anfang 1996 den neuen Zeitschriftentitel »Amica« an. Am Markt der klassischen Unterhaltungs-Illustrierten schließlich kam 1995 die Hamburger Wochenzeitschrift »Gala« (Norddeutsche Verlagsgesellschaft) neu hinzu.[207]

Auch bei den überregional verbreiteten Wochenzeitungen waren 1993 zwei Neugründungen zu verzeichnen. So erschien am 18. Februar 1993 im Hamburger Jahreszeitenverlag (dem Verlag Hoffmann und Campe zugehörig) erstmals *Die Woche*. Die im Berliner Format edierte, durchgehend vierfarbig gestaltete Wochenzeitung beschränkte sich auf maximal 25 größere Themen pro Ausgabe. Sie wollte – Angaben ihres Herausgebers und Chefredakteurs Manfred Bissinger zufolge – in einer von Print- und Funkmedien überfluteten Mediengesellschaft den Lesern in klar begrenztem Umfang einen Überblick über die Ereignisse der Woche geben und rasch Orientierung, Analyse und Einordnung bieten.[208] Daher verzichtete »Die Woche« auf weitschweifige Artikel, was ihr von Anfang an das Etikett »Anti-Zeit« einbrachte. »Die Woche« war mit einer Startauflage von 300.000 Exemplaren und dem Ziel angetreten, nach spätestens fünf Jahren in die Gewinnzone zu gelangen. 1995 konnte sie rund 116.000 Exemplare pro Ausgabe absetzen.[209] Doch trotz zahlreicher Preise für ihr modernes und übersichtliches Layout und vorübergehend stabiler Verkaufszahlen sollte sie sich, das sei hier vorweggenommen, aufgrund mangelnden Werbeaufkommens nicht am Markt halten können und 2002 nach Verlusten in Höhe von 40 Mio. endgültig eingestellt werden.

Ebenfalls als Marktzutritt musste die Ausweitung des Verbreitungsgebiets der ostdeutschen Zeitung *Wochenpost* auf die alten Bundesländer gelten. Die 1953 in der DDR gegründete Wochenzeitung, die zu DDR-Zeiten stets bemüht war, möglichst nicht die Sprache der

Partei zu sprechen und damals eine Auflage von 1,3 Mio. Exemplaren erreichte, hatte nach der Wende (und nachdem Gruner und Jahr den Titel durch den Kauf des Berliner Verlags mit erworben hatte) zunächst einen drastischen Auflagenrückgang auf 115.000 Exemplare zu verkraften, weil man eine rechtzeitige inhaltlich-redaktionelle Umstellung des Blatts versäumt hatte.[210] Nach ihrem Neustart am 18. Februar 1993 (dem Tag, an dem auch »Die Woche« erstmals erschien) versuchte die »Wochenpost« mit neuem Redaktionspersonal, modifiziertem redaktionellem Konzept und geändertem Layout – wie Chefredakteur Mathias Greffrath es ausdrückte – »ostdeutsches Befinden so wiederzugeben, daß es gesamtdeutsch zu verstehen ist«. Angetreten mit einer Startauflage von 300.000 erzielte das ostdeutsche Wochenblatt 1995 eine verkaufte Auflage von etwas über 100.000 Exemplaren; die ursprünglich angestrebte konsolidierte Auflage von 150.000 wurde jedoch nie erreicht. »Der Spagat zwischen Ost und West, an dem die ›Wochenpost‹ fast gescheitert wäre und immer noch laboriert«, führte dazu, dass sie im November 1995 an Dietrich von Boetticher (Inhaber der Verlage Volk und Welt sowie Luchterhand und Limes) mehrheitlich verkauft wurde. Gruner und Jahr blieb mit 25 Prozent an der »Wochenpost« beteiligt und wollte die Zeitung vor allem in den Bereichen Vertrieb und Akquisition weiter unterstützen – konnte den Niedergang des Blatts letztlich jedoch nicht abwenden.[211] Zwar wurde die »Wochenpost« schließlich noch mit der »Woche« zusammengelegt und dann vorübergehend mit eigenen Seiten in dem Hamburger Wochenblatt zumindest publizistisch am Leben gehalten, sollte ihr Ende aber nicht mehr abwenden können.

Der Markt der überregional verbreiteten Wochenzeitungen wurde darüber hinaus durch den im Herbst 1990 in Berlin gegründeten Titel »*Freitag*« ergänzt. Diese »Ost-West-Wochenzeitung« (so der Untertitel) ging aus zwei Blättern hervor: dem Osttitel »Sonntag«, ein zu DDR-Zeiten vom Kulturbund herausgegebenes Blatt, sowie dem Westberliner Wochenblatt »Volkszeitung«. Herausgeber der Zeitung wurden 1992 die prominenten Publizisten Günter Gaus, Christoph Hein, Gerburg Treusch-Dieter sowie Wolfgang Ullmann. Die Zeitung wollte »auf dem Markt der Mehrheit (…) ein Podium für Minderheiten sein« und wandte sich »gegen das Vergessen der Geschichte, dagegen, daß die seit 1945 getrennten Wege unserer Gesellschaft vorerst in Sackgassen münden«.[212] Der »Freitag« verkaufte 1995 etwa 17.500 Exemplare, die laut Verlagsangaben zu zwei Dritteln im Westen und zu einem Drittel im Osten abgesetzt wurden.[213]

Im Januar 1994 startete in Potsdam mit dem Titel *»Junge Freiheit«*, herausgegeben vom Junge Freiheit-Verlag, eine weitere überregionale Wochenzeitung, die 1986 in Freiburg im Breisgau als gleichnamiges Monatsmagazin mit einer Startauflage von 400 Exemplaren gegründet worden war. Die »Wochenzeitung für Politik und Kultur«, wie sie sich im Untertitel nannte, trat als nationalkonservative Wochenzeitung an, die prominenten Politikern und Publizisten vom rechten Rand des demokratischen Meinungsspektrums ein Forum bieten wollte. Der brandenburgische Verfassungsschutz ordnete sie gleichwohl zwischen »der Ideologie der Neuen Rechten und völkischem Rechtsextremismus« ein. Mit einer eigenen festen Rubrik Österreich (neben der Rubrik Weltpolitik) versuchte sie gezielt auch Leser im deutschsprachigen Ausland zu gewinnen. Sie erschien – nach Angaben des Verlags – Mitte der neunziger Jahre mit einer Auflage von 38.000 Exemplaren pro Woche.[214]

Nach der Wiedervereinigung erlebte vor allem der Markt der *Programmzeitschriften* einen regelrechten Gründungsboom, der über Jahre anhalten sollte. Bereits im August 1990 startete die Hamburger Verlagsgruppe Milchstraße mit dem Newcomer »TV Spielfilm«, einer reinen Fernsehprogramm-Zeitschrift mit ungewöhnlich ausführlichen Tagesprogramm-übersichten. Die Zeitschrift wurde als erfolgreichste Neueinführung seit »Auto Bild« bejubelt, als ihre Auflage nach einem Jahr bereits die Millionengrenze überschritt. Ein Jahr später reagierte der Verlag Heinrich Bauer mit der Markteinführung von »TV Movie«, einem Programmtitel, der in ähnlicher Aufmachung mit einer Startauflage von 1,6 Mio. antrat. Der äußerst hart geführte Wettbewerb schloss 1991/92 mehrfach gerichtliche Schritte gegen die Konkurrenz mit ein.[215] Als Pendant zu den beiden Titeln, wenn auch mit anderem inhaltlichem Schwerpunkt, wurde »TV-Serien« von der Gong-Verlagsgruppe gegründet, schon bald aber wieder veräußert. Mit einer verkauften Auflage von rund 120.000 konnte das Blatt nicht an die Erfolge anderer Programmtitel anknüpfen. Geglückt war Gruner und Jahr dagegen die Neueinführung »TV Today«. Der im Herbst 1994 gegründete Titel verstand sich als Info-Fernsehzeitschrift mit journalistisch anspruchsvollem Mantelprogramm. Der Erfolg gab dem Konzept Recht: Schon im Folgejahr verkaufte »TV-Today« über 721.000 Exemplare. Der Programmzeitschriftenstart mit »TV pur« (Bauer-Verlag) zum Jahreswechsel 1994/95 dagegen scheiterte: Schon nach vier Monaten wurde die Zeitschrift wieder eingestellt.[216]

Insgesamt gab es 1995 zusammen 18 Rundfunkprogramm-Titel, die eine gemeinsame Auflage von mehr als 21 Mio. Exemplaren erreichten. Marktführer in diesem Segment war zu jener Zeit der Bauer-Verlag, der mit seinen fünf Titeln eine Auflage von fast 10 Mio. Exemplaren und damit einen Marktanteil von 46,4 Prozent erreichte. Gruner und Jahr konnte seinen Marktanteil allein durch »TV Today« gegenüber 1993 fast verdoppeln. Was die redaktionelle Gestaltung anbelangt, konzentrierten sich die Programmzeitschriften mehr und mehr auf den Spielfilm. Auch als Reaktion auf die beiden erfolgreichen Vorbilder weiteten fast alle Titel ihren Spielfilm-Service aus oder gestalteten ihn neu. Das verwundert nicht, wenn man bedenkt, dass in den Neunzigern »von den über 20 Sendeanstalten in der Bundesrepublik (…) rund 400 Spielfilme pro Woche ausgestrahlt werden«.[217]

Viele der Programmzeitschriften fanden auch in den neuen Bundesländern guten Absatz; die Auflage von »F.F.« (vormals »FF dabei«), die zu DDR-Zeiten 1,48 Mio. Exemplare absetzte, ging allerdings 1995 auf 468.000 zurück. Durch Dumping-Preise einiger Anbieter verschärfte sich der Wettbewerb bei den Programmtiteln noch einmal erheblich. Mit solchen Billigtiteln versuchte man – ähnlich wie bei anderen Niedrigpreisversionen erfolgreicher Zeitschriftentitel – zugleich eine Vergrößerung der Marktanteile in ostdeutschen Absatzgebieten. Erfolgreichstes Blatt wurde hier Bauers »Auf einen Blick«, das damit den Programmtiteln aus dem eigenen Haus Konkurrenz machte.[218] Auch der Anzeigenverkauf entwickelte sich in diesem Marktsegment positiv, was einen engen (Erfolgs-)Zusammenhang zwischen der Entwicklung der elektronischen Medien und derjenigen der Programmzeitschriften signalisiert(e).

Im Zusammenhang mit dem Boom der Programmzeitschriften ist auch die Entwicklung der wöchentlich den Tageszeitungen kostenlos beigefügten *Programm-Supplements* zu erwähnen, die vor allem in Ostdeutschland – wie im entsprechenden Abschnitt über die Presse in den neuen Ländern bereits ausgeführt wurde – äußerst erfolgreich verlief. Aufgrund der hohen Auflagen der ehemaligen SED-Bezirkszeitungen als Trägerblätter erzielten die drei TV-Supplements »rtv Ost«, »Tele Prisma« und »BWZ-Ost« mit zusammen 68 Prozent eine beachtliche Reichweite, was sie im Osten auch für die werbungtreibende Wirt-

Abb. 46: Programmzeitschriften in Deutschland 1995 (ohne Programmsupplements)

Verlag	Titel	verkaufte Auflage	Prozent je Verlag
Bauer	TV-Movie	2.309.273	
	TV-Hören und Sehen	2.047.175	
	Auf einen Blick	2.503.511	
	Fernsehwoche	1.595.413	
	TV Klar	1.233.547	
	Summe	9.688.919	46,4
Springer	Hörzu	2.426.690	
	Funk Uhr	1.502.879	
	TV Neu	870.422	
	Bildwoche	747.281	
	Summe	5.547.272	26,5
Gong-Gruppe	Gong	786.975	
	Die 2	471.812	
	Super TV * (50%)	219.001	
	Summe	1.477.788	7,0
Burda	Bild + Funk	641.480	
	Super TV* (50%)	219.001	
	Summe	860.481	4,1
Milchstraße	TV-Spielfilm	2.131.755	10,2
Gruner + Jahr	F.F. (Dabei)	467.958	
	TV Today	721.716	
	Summe	1.189.674	5,7
		20.895.889	100,0

Die beiden Titel TV-Serien und TV-Guide sind in dieser Tabelle und den Marktanteilsberechnungen nicht mit enthalten.

* Am Thüringer Zeitschriften-Verlag, der »Super TV« herausgibt, sind die Gong Gruppe und der Burda Verlag zu je 50 Prozent beteiligt.

Erstellt nach IVW-Auflagenliste 3/1995, hrsg. von der Informationsgemeinschaft zur Feststellung der Verbreitung von Werbeträgern e.V. (IVW), Bonn o. J. [1995].

schaft zu einem interessanten Objekt machte.[219] Auch ihre Akzeptanz beim ostdeutschen Publikum war groß, da die Fernsehbeilagen neben der Programmübersicht Themen praktischer Lebenshilfe aufgriffen und unterhaltende Informationen anboten. Das ließ sie in den neuen Ländern zu ernst zu nehmenden Konkurrenten der Programmzeitschriften werden, was auch daraus hervorgeht, dass Mitte der neunziger Jahre im Westen der Bundesrepublik nur 38 Prozent der erwachsenen Bevölkerung von TV-Supplements erreicht wurden, während dort die Reichweite der Programmzeitschriften mit knapp 70 Prozent rund 20 Prozent höher lag als im Osten der Republik.[220]

Mit dem Ende der deutschen Teilung hatte sich schließlich auch der Markt der *Anzeigenblätter* ausgeweitet. Auf die rasche Ausbreitung der Blätter in den neuen Bundesländern wurde bereits hingewiesen (vgl. Kap. 7.2). Ende 1993 erschienen in beiden Teilen Deutschlands nach Angaben des BVDA über 1.200 Titel mit einer gemeinsamen Auflage von rund 70 Mio. Exemplaren. Gegenüber 1989 bedeutete dies eine Steigerung um rund 200 Titel. Mit über 1.100 Titeln erschien das Gros der Anzeigenblätter (94 Prozent) wöchentlich, davon die Mehrzahl zur Wochenmitte. Auf das neue Bundesgebiet entfielen 190 wöchentlich erscheidende Anzeigenblätter mit einer gemeinsamen Auflage von 11,4 Mio. Exemplaren. Zu ihrem größten Anbieter noch vor dem Springer-Verlag avancierte der WAZ-Konzern bzw. die Westdeutsche Allgemeine Verlagsgesellschaft durch die Gründung des »Allgemeinen Anzeigers« in Thüringen mit rund 1 Mio. Exemplaren. Anfang 1995 gab es bundesweit mehr als 1.300 Titel mit einer Gesamtauflage von 78 Mio. Exemplaren.[221]

Zu diesen Vorgängen kam eine weiter steigende ›mediendiagonale‹ Konzentration in Deutschland, die sich durch medienübergreifende Aktivitäten weniger großer Medienmultis ergab, deren Macht- und Kapitalballung durch immer raffiniertere Beteiligungskonstruktionen nicht leicht zu erfassen und damit auch nur schwer zu kontrollieren war (und ist). So wurde der Zeitungs- und Zeitschriftenmarkt (wie bereits der Privatrundfunk-Markt) zunehmend von wenigen großen Medienkonzernen beherrscht, die sich im Bereich der Print- wie der elektronischen Medien engagieren sowie am Buchmarkt oder auch in der Video- oder der Kinobranche aktiv sind. Zudem expandierten diese Konzerne nicht nur am heimischen Markt, sondern entfalteten verstärkt unternehmerische Aktivitäten im Ausland.[222] Das Auslandsengagement nahm jedoch nicht nur bei den etablierten deutschen Medienmultis zu; in den neunziger Jahren wurden – nach dem Umbruch im Osten – auch mittelgroße Zeitungsunternehmen mit Medienprojekten in den sog. Reformländern des Ostens aktiv. Grob lassen sich dabei folgende Formen transnationaler Verlagsaktivitäten unterscheiden:

- die Beteiligung von inländischen Verlagen an ausländischen Verlags- oder Medienunternehmen
- die Gründung von Tochterverlagen bzw. Auslandsrepräsentanzen durch inländische Verlagsunternehmen im Ausland
- die Rechteverwertung von Zeitungs- und Zeitschriftentiteln in Form von Lizenzen durch inländische Verlage an ausländische Lizenznehmer
- die Herausgabe nationaler Ausgaben von Zeitungen oder Zeitschriften durch inländische Verlage im Ausland

Schließlich eröffneten sich den deutschen Medienanbietern durch die Europäisierung im unternehmerischen Bereich neue Perspektiven, und zwar nicht nur bei den elektronischen Medien, sondern durchaus auch im Printmedienbereich. Verbreitung und Reichweite einer Zeitung änderten sich allerdings nicht wesentlich. Im Vertriebsbereich waren keine Wachstumspotentiale zu erwarten, da Tageszeitungen in deutscher Sprache im fremdsprachigen Ausland kaum auf großen Absatz hoffen konnten. Günstiger waren in den neunziger Jahren die Prognosen für die Entwicklung der Werbung im gemeinsamen Markt.[223]

Die 1992 vom Europäischen Parlament verabschiedete sog. Entschließung zur Medienkonzentration und Meinungsvielfalt tangierte die deutschen Tageszeitungen vor allem, weil sie auch den Entwurf einer Rahmenrichtlinie zur Sicherung der journalistischen Unabhängigkeit in den Medien enthielt. Eine auf EU-Ebene eingeführte gesetzliche Verankerung der journalistischen Unabhängigkeit würde die in Deutschland den Verlegern vom (Betriebsverfassungs-)Gesetz zuerkannte Richtlinienkompetenz reduzieren und die innere Pressefreiheit ausweiten. Dies käme vor allem den diesbezüglich immer wieder von den Journalistenverbänden artikulierten Forderungen und Interessen nach mehr journalistischer Selbstbestimmung und mehr innerredaktioneller Vielfalt entgegen.

Auch soll nicht unerwähnt bleiben, dass die Europäische Union den Pressevertrieb dem freien Spiel des Markts überlassen wollte. »Welche Folgen rein marktwirtschaftliche Prinzipien in diesem sensiblen Bereich hätten, ist leicht vorstellbar: Zumindest in dünner besiedelten Regionen würde die Vielfalt am Kiosk sehr schnell zur ›Presseeinfalt‹; kleine Pressetitel würden benachteiligt und auflagenträchtige bevorzugt.«[224] Hier zogen Verleger- wie Journalistenverbände gemeinsam an einem Strang, wenn sie auf folgenden Punkten beharrten:

- An allen Orten und zu jeder Zeit muss ein vielfältiges Angebot von Publikationen gewährleistet sein.
- Für den Verkäufer von Presseprodukten hat die Maxime der ›absoluten Neutralität‹ zu gelten und es darf keine Publikation aufgrund ihres Inhalts oder ihrer Herkunft diskriminiert werden.
- Der Verkäufer von Presseprodukten muss weiterhin das Recht haben, unverkaufte Exemplare an den Verlag zurückzugeben – eine Voraussetzung dafür, dass stets möglichst alle Zeitungs- bzw. Zeitschriftentitel angeboten werden können.[225]

8 Grundlagen und Rahmenbedingungen der Presse

Zeitungen und Zeitschriften arbeiten unter spezifischen Bedingungen. Zum Verständnis der Strukturen, die die Presse ausgebildet hat (und die sich weiter wandeln), wie auch zum Verständnis der Prozesse, die gegenwärtig am Markt der Zeitungen und Zeitschriften ablaufen, ist es unerlässlich, sich eingehender mit ihren Grundlagen und Rahmenbedingungen zu befassen. Das betrifft die Rechtsgrundlagen der Presse genauso wie die wirtschaftlichen Gegebenheiten, Abhängigkeiten und Zwänge in einem marktwirtschaftlich organisierten Pressewesen. Dazu gehören aber auch Organisationsformen und Strukturmerkmale der Printmedienbetriebe selbst. Wichtig erscheint zudem ein zumindest grober Überblick über die Reichweiten- und Nutzungsforschung im Printbereich, deren Befunde für die Presseunternehmen selbst, für die werbungtreibende Wirtschaft, nicht zuletzt aber auch für die Publizistik- und Kommunikationswissenschaft von zentralem Interesse sind. Weil Pressebetriebe bei ihrer aktuellen Berichterstattung auf Zulieferdienste von Agenturen angewiesen sind, informiert ein eigener Abschnitt über die Situation der Nachrichtenagenturen in Deutschland. Überlegungen zu den Funktionen der Printmedien im System der Bundesrepublik Deutschland beschließen die Ausführungen zu den Grundlagen und Rahmenbedingungen der Presse. Ihnen ist damit ein eigenständiges Hauptkapitel gewidmet, das sich der chronologischen Anlage der übrigen Teile des Bands entzieht.

8.1 Organisation und Struktur des Zeitungsunternehmens

Medienbetriebe, egal, ob Presseunternehmen, Rundfunkanstalten, Filmproduktionsgesellschaften oder Multimediakonzerne, können unterschiedlich organisiert sein. Abgesehen von Übergangs- und Mischformen lassen sich fünf Grundtypen von Medienorganisationsformen unterscheiden. Es sind dies privatwirtschaftlich organisierte Medienbetriebe, öffentlich-rechtliche, staatliche (westlichen Typs), sog. freie Medien sowie in totalitären Systemen ›zentralistisch-autoritäre‹. Diese Organisationstypen zeichnen sich durch verschiedene äußere Strukturen, Leitungsprinzipien, Kompetenz- und Verantwortungshierarchien, Aufsichts- und Kontrollinstanzen sowie unterschiedliche Finanzierungsarten aus.

Presseunternehmen sind in westlichen Demokratien in der Regel privatwirtschaftlich organisiert und zielen infolge ihrer kommerziellen Ausrichtung auf Gewinne bzw. Rentabilität ab. Ihre Inhaber betreiben solche Unternehmen auf eigenes Risiko und streben Profitmaximierung an. Sofern sie nicht wie Gratiszeitungen und Anzeigenblätter kostenlos verteilt oder abgegeben werden, erzielen Presseunternehmen ihre Erlöse aus dem Vertrieb des Produkts sowie aus dem Anzeigenaufkommen. Die Grundlinie oder das Programm privatwirtschaftlich geführter Medien bestimmt der Medieninhaber, bei Zeitungsunternehmen der Verleger. An dieser Grundausrichtung orientiert sich auch die Arbeit der Medienschaffenden, insbesondere der Journalisten. Als Kontrollinstanzen der Medienbetriebe fungieren je nach Rechtsform Vorstände, Aufsichtsräte oder Präsidien, aber – vor allem bei kleinen Unternehmen – durchaus auch Einzelpersonen. Privatwirtschaftlich verfasste Medien sind, selbst wenn sie weltanschaulichen Richtungen nahestehen, weitgehend frei von unmittelbaren Einflüssen politischer Parteien, können aber direkten wie indirekten Einflussversuchen der werbungtreibenden Wirtschaft ausgesetzt sein. In konzentrierten Medienmärkten mit ihrer Tendenz zu Zeitungsmonopolen ist diese Einflussnahme von außen jedoch erschwert, da die Werbung auf die Medien als Träger von Werbebotschaften angewiesen ist.[1]

Die tragenden Säulen eines Pressebetriebs, respektive eines Zeitungsunternehmens, sind immer noch Redaktion und Verlag – und zwar zumeist in dieser Reihenfolge. Doch die Verteilung der Kompetenzen und Aufgaben und die Koordinierung der Arbeitsabläufe innerhalb eines Presseunternehmens sind vielschichtiger. Auf Verlagsseite fallen neben allgemeinen Verwaltungsaufgaben wie der Personalverwaltung oder dem Rechnungswesen Aufgaben an, die im Wesentlichen das Anzeigenwesen, die technische Herstellung sowie den Vertrieb der Zeitung betreffen. Die Redaktion ist vorwiegend für die Erfüllung publizistischer Aufgaben zuständig, die in den meisten Zeitungsredaktionen immer noch auf die verschiedenen Ressorts verteilt sind. Repräsentanzaufgaben fallen beiden Seiten zu. Zudem gilt, dass organisatorische Binnenstruktur und funktionale Aufgabenverteilung je nach Größe eines Pressebetriebs und je nach Zeitungstyp unterschiedlich geregelt sein können. Auch gilt es, zwischen Zeitungsbetrieben mit verlagseigener Druckerei und Zeitungen, die im Lohndruck hergestellt werden, zu unterscheiden.[2]

Während bei publizistik- und kommunikationswissenschaftlichen Überlegungen im Allgemeinen Redaktion und redaktionelle Inhalte der Zeitung im Vordergrund des Interesses stehen, zumal sie in der Öffentlichkeit auch stärker beachtet werden, liegt im Folgenden das Hauptaugenmerk auf den vielfältigen Verlagsaufgaben. Damit soll nicht die Bedeutung der Redaktion herabgesetzt werden, sondern dies ergibt sich aus den Organisationsstrukturen eines Presseunternehmens.

8.1.1 Verleger, Verlagsleitung und Herausgeber

Der *Verleger* trägt sowohl die publizistische als auch die wirtschaftliche Gesamtverantwortung für die Zeitung. »Die publizistische Leitungsmacht des Verlegers manifestiert sich darin, dass ihm nach allgemeiner Ansicht die Befugnis zur Festlegung der grundsätzlichen Haltung der Zeitung zukommt«: die sog. Grundsatzkompetenz.[3] Rein arbeitsrechtlich obliegen ihm daneben auch die übrigen publizistischen Kompetenzen, was jedoch – wie weiter unten ausgeführt – unterschiedlich aufgefasst und ausgelegt wird. Die wirtschaftliche Leitungsmacht umfasst die oberste Entscheidungsgewalt über alle unternehmerischen Fragen eines privatwirtschaftlich geführten Presseverlagshauses. Daneben fallen dem Verleger vielfältige Führungs- und Koordinationsaufgaben auf höchster Leitungsebene zu, die alle Unternehmensbereiche wie Redaktion, Anzeigenabteilung, Vertrieb, Verwaltung/Buchführung, Personalwesen, Marketingabteilung und Leserservice betreffen.

In vielen Zeitungsverlagshäusern werden bestimmte verlegerische Befugnisse und Aufgaben durch den oder die *Herausgeber* wahrgenommen. Sie werden in der Regel einzelvertraglich vom Verleger delegiert. »Sofern nicht im Einzelfall eine abweichende Vereinbarung getroffen wurde, ist der Herausgeber nach seiner üblichen Charakteristik als ›Inhaber der geistigen Oberleitung‹ Träger der publizistischen Richtlinienkompetenz. Bei neu auftretenden, über die Tagesaktualität hinausgehenden Richtungsfragen hat er die vom Verleger festgelegte grundsätzliche publizistische Haltung der Zeitung zu aktualisieren und zu konkretisieren. Dabei kommen ihm regelmäßig auch weitreichende arbeitsrechtliche Befugnisse gegenüber der Redaktion und ihrem Leiter zu«.[4] Der Herausgeber nimmt also eine Art Scharnierfunktion zwischen Verleger und Redaktion ein. Grundsätzlich lässt sich dabei die Tendenz erkennen, wirtschaftliche und publizistische Verantwortung zu trennen: Während Erstere beim Verleger verbleibt, obliegt Letztere – vom Verleger delegiert – dem Herausgeber. Dieser wird in den Landespressegesetzen zwar als Adressat von Pflichten genannt, wenn er als Selbstverleger von Publikationen in Erscheinung tritt; seine rechtliche Definition unterbleibt jedoch. In zahlreichen Zeitungsverlagshäusern fungiert der Verleger gleichzeitig als Herausgeber, was, wenn nicht bereits auf der Titelseite der Zeitung vermerkt, spätestens durch den entsprechenden Eintrag einer Personalunion im Impressum des Blatts ersichtlich wird.[5]

Dem Verleger obliegt grundsätzlich auch die Koordination zwischen den Bereichen Verlag, Redaktion, Technik und Vertrieb. So gesehen muss der klassische Verleger Anzeigenfachmann, Druckexperte und Vertriebsspezialist gleichermaßen sein. Anzeigen-, Druck- und Vertriebsaufgaben werden innerhalb des Zeitungsverlags jedoch von eigenen Abteilungen wahrgenommen. Die erforderlichen Koordinationsaufgaben sind in zahlreichen Zeitungsverlagshäusern *Verlagsleitern* übertragen. Diesen ›Generalmanagern‹ obliegen damit vielfältige, verlags- und redaktionsübergreifende Aufgaben der betrieblichen Planung und Entscheidung, der innerbetrieblichen Kommunikation und Information, der Erfolgskontrolle sowie der Dienstaufsicht. Bei der Mehrzahl dieser Aufgaben handelt es sich um solche, die der Zukunftssicherung der Zeitung generell dienen. Die Zukunftssicherung, deren wesentliche Impulse von der Verlagsleitung ausgehen (müssen), kann nur im konstruktiven Zusammenwirken aller Abteilungen eines Zeitungsverlagshauses – also auch der Redaktion – bewältigt werden. Insofern stellt die Verlagsleitung eine zentrale Schaltstelle dar, deren Wirken einerseits in sämtliche Bereiche des Presseunternehmens hineinreicht, die andererseits aber auch auf die Kooperation aller Abteilungen angewiesen ist.[6] Es ist jedoch nicht zu übersehen, dass den Redaktionen hierbei in jüngerer Zeit größere Bedeutung zukommt, da sie zunehmend in Marketingaufgaben mit einbezogen werden.

Infolge der privatwirtschaftlichen Arbeitsweise und Organisationsform der meisten Pressebetriebe ist es auch Aufgabe des Verlegers als dem Leiter des Zeitungsunternehmens, die unternehmerischen Entscheidungen zu treffen. So hat der Verleger die erforderlichen ökonomischen Grundlagen für die Arbeitsfähigkeit und Funktionstüchtigkeit des Zeitungsverlagshauses zu schaffen. Dies gilt sowohl für die technische Herstellung der Zeitung und ihren Vertrieb als auch vor allem für die Arbeit der Redaktion, an die der Verleger die Wahrnehmung publizistischer Aufgaben delegiert. Da die Mitglieder der Redaktion den publizistischen Auftrag bzw. die Verwirklichung der publizistischen Ziele in der journalistischen Arbeit nach Maßgabe der vom Verleger festgelegten ›Blattlinie‹ verwirklichen, wird dem Verleger auch eine umfassende *personalpolitische Entscheidungsbefugnis* bei der Anstellung und

Entlassung von Mitarbeitern im redaktionellen Bereich zugebilligt. Festgeschrieben ist dies im Betriebsverfassungsgesetz mit seinen eigenen Bestimmungen für sog. Tendenzbetriebe, zu denen auch Zeitungen gehören.[7]

Zur Diskussion um publizistische Kompetenzabgrenzung: Die Personalentscheidungsfreiheit sowie die dem Verleger zustehende Grundsatz- und Richtlinienkompetenz waren (und sind) in der medienpolitischen Diskussion zum Teil heftig umstritten. »(Die) *publizistische Grundsatzkompetenz* (die aus dem Betriebsverfassungsgesetz hergeleitet wird; Anm. d. A.) umfasst die politische, konfessionelle, weltanschauliche, künstlerische, wissenschaftliche oder andere Zweckbestimmung einschließlich der Festlegung von Grundsatzfragen auf diesen Gebieten sowie den formalen und marktbezogenen Charakter der Zeitung: Er wird bestimmt durch die Orientierung der Publikation nach Lesergruppen, örtlichem Markt, Erscheinungshäufigkeit, Niveau, Aufmachung, Umfang, Verhältnis von Nachricht und Kommentar bzw. redaktionellem Teil und Anzeigenteil, grafischer Gestaltung, Anteil des Bildmaterials sowie entsprechenden publizistischen Gestaltungselementen einer Zeitung oder Zeitschrift.«[8] Häufig wird die Maßgabe der publizistischen Grundsatzkompetenz, die als besondere Rechtsposition eingeführt wurde, um die Erfüllung der öffentlichen Aufgabe der Presse zu gewährleisten, auch einfach als ›Blattlinie‹ bezeichnet.

Das Gegenüber der Grundsatzkompetenz ist in der *Detailkompetenz* zur Gestaltung des aktuellen Zeitungsinhalts zu sehen. Sie wird, auch wenn sie nach arbeitsrechtlichen Grundsätzen dem Direktionsrecht des Verlegers obliegt, in aller Regel vom jeweils zuständigen Redaktionsmitglied ausgeübt. Dabei kann der Redakteur diese Befugnisse auf der unteren Kompetenzebene so lange selbständig wahrnehmen, als deren Verwirklichung keinerlei zivil- oder strafrechtliche Schadensersatzansprüche gegenüber der Zeitung auslösen oder unzumutbare wirtschaftliche Folgen für den Verlag haben könnte. Aus diesem Grund besitzt der Verleger auch bei solchen wichtigen redaktionellen Einzelfragen ein uneingeschränktes Informationsrecht und eine ultimative Weisungsbefugnis (die sog. negative Detailkompetenz), die sich aus der »haftungsrechtlichen und nicht zuletzt finanziellen Verantwortung des Verlegers für die Existenz der Zeitung« ergibt.[9]

Die Zuordnung der *Richtlinienkompetenz*, als dem Entscheidungsrecht über die Haltung der Zeitung zu neu auftretenden Fragen von herausragender, über die Tagesaktualität hinausreichender Bedeutung, ist seit Jahrzehnten nicht unumstritten. Diese Befugnis auf mittlerer Kompetenzebene ist von Verlegerseite in die Diskussion eingeführt worden, weil sich die publizistische Linie einer Zeitung gerade bei wichtigen Zeitfragen bewähren muss. Auf solche Fragen aber kann man mit der Grundsatzkompetenz aufgrund ihrer Allgemeinheit nicht angemessen reagieren, weshalb man die Grundsatzkompetenz mitunter auch als »tote Kompetenz« bezeichnet hat.

Generell wird die Richtlinienkompetenz dem Verleger zugestanden. Die Journalistenorganisationen äußerten nach Einführung dieser Befugnis jedoch die Befürchtung, dass mit der Richtlinienkompetenz die den Redakteuren zugebilligte Detailkompetenz ausgehöhlt werden könnte. Darin ist einer der Gründe zu sehen, weshalb sie ein journalistisches Mitbestimmungsrecht auch bei Entscheidungen auf dieser mittleren Kompetenzebene forderten.[10]

Der Medienrechtler Reinhart RICKER schreibt, die Richtlinienkompetenz müsse »im Streitfall bei dem Verleger verbleiben (…).«[11] Aus der besonderen Verantwortung des Verlegers könne aber nicht geschlossen werden, »dass er diese in völliger Ungebundenheit von der Redaktion wahrnehmen dürfte.«[12] Der Verleger habe vielmehr »die Pflicht, der Redaktion eine weitgehende Selbständigkeit einzuräumen. Er hat vor allem mit dem Chefredakteur als deren Koordinator eine Einigung zu suchen. Den Redakteuren steht sowohl bei Entscheidungen über Probleme, die mit der grundsätzlichen Haltung der Zeitung zusammenhängen, als auch bei Fragen, die die Richtlinienkompetenz betreffen, ein umfassendes Informations- und Anhörungsrecht zu. (…) Diese Bindungen des Verlegers folgen einerseits aus der Pressefreiheit der Redaktionsmitglieder und andererseits aus der Funktion des Verlegers selbst, die die Integration der publizistischen Tätigkeit zum Gegenstand hat.«[13]

Die Auseinandersetzung um die Abgrenzung der publizistischen Kompetenzen hat Ende der sechziger, Anfang der siebziger Jahre unter dem Begriff der ›inneren Pressefreiheit‹ zum Teil heftige Kontroversen ausgelöst. Damals wurden, wie erwähnt, in Anbetracht der Vorgänge um die Pressekonzentration seitens der Journalistenverbände Mitbestimmungsrechte in mehrfacher Hinsicht gefordert:

- bei Personalentscheidungen, die die Redaktion betreffen,
- bei der finanziellen Ausstattung der Redaktion,
- im Hinblick auf die Wahrnehmung der Richtlinienkompetenz.

In der Folge kam es – auch darauf wurde bereits hingewiesen – zwar in einigen Zeitungsverlagshäusern zur Vereinbarung von Redaktionsstatuten. Sie waren jedoch sowohl im Hinblick auf ihren rechtlichen Status wie auf ihre praktische Wirksamkeit umstritten. Die meisten sind nicht mehr in Kraft. Ebenso sind, wie ausgeführt, Versuche der damaligen sozialliberalen Koalition aus SPD und FDP gescheitert, Fragen der Mitbestimmung in Pressebetrieben durch ein Presserechts-Rahmengesetz einer Lösung zuzuführen (vgl. Kapitel 5.2).[14]

8.1.2 Anzeigenabteilung

Die Hauptaufgabe der *Anzeigenabteilung* besteht darin, »den Inserenten den Wert des Werbeträgers ›Zeitung‹ zu verdeutlichen, Anzeigen zu verkaufen, Anzeigenaufträge abzuwickeln und neue Anzeigenmärkte zu erschließen«.[15] Häufig gliedert sich die Anzeigenabteilung in die Bereiche Anzeigenverkauf und Anzeigenverwaltung. Der Anzeigenverkauf kann dabei weiter in sich unterteilt und nach Anzeigensparten aufgefächert sein. Wichtig für den Anzeigenverkauf ist es, in Form von Auflagen-, Reichweiten-, Nutzungsdaten und anderen Informationen über Struktur und Kaufkraft der Leserschaft Akquisematerial für die Anzeigenkunden bereitzustellen. Erfolgreicher Anzeigenverkauf erfordert aber auch die Beobachtung der Marktentwicklung sowie des Anzeigenwettbewerbs mit anderen Marktkonkurrenten und Werbeträgern. Die Anzeigenverwaltung ihrerseits sorgt für die reibungslose Abwicklung der Anzeigenaufträge in Kooperation mit Redaktion und technischer Abteilung. Mit der Redaktion wird das Seitenverhältnis redaktioneller Teil und Anzeigenteil abgesprochen, ebenso das Umfeld und die Platzierung der Anzeigen innerhalb der Zeitung. Die Kooperation mit der technischen Abteilung (Satz, Druck) bezieht sich auf die Erstellung der satzfertigen Anzeigenmanuskripte (einschließlich der von den Agenturen bzw. Anzeigenkunden zur Verfügung gestellten Vorlagen, Sujets etc.) sowie auf die (Qualitäts-)Kontrolle der drucktechnischen Ausführung.[16]

Der *Anzeigenleiter* ist presserechtlich für den Anzeigenteil verantwortlich. Zu seinem Aufgabengebiet gehören:

- der Verkauf von Anzeigen einschließlich der damit verbundenen kaufmännischen Prozesse (Gewährung von Rabatten, Rechnungs- und Mahnwesen etc.),
- die Verantwortung für den fachgerechten Druck der Anzeigen,
- die Verantwortung für juristische Belange,
- Aufgaben der Personalführung, die sich auf die Mitarbeiter im Innendienst der Anzeigenabteilung und auf jene im Außendienst (verlagseigene Anzeigenvertreter) beziehen,
- nicht zuletzt aber auch die ständige Kontaktpflege mit verlagsexternen Kooperationspartnern aus der werbungtreibenden Wirtschaft.[17]

Das Anforderungsprofil des Anzeigenleiters unterliegt seit geraumer Zeit einem Wandel. Seine ursprünglich primäre Akquisitionsfunktion wird in zunehmendem Maße durch Aufgaben des Anzeigenmarketings, verstanden als Summe aller Absatzmaßnahmen für Anzeigen, ersetzt. »Modernes Anzeigenmarketing ist in erster Linie Kommunikation und Service.«[18] Dazu gehört, die Kommunikationskraft und Leistungsfähigkeit des Blatts zu ermitteln und die Nutzendimensionen so zu definieren und abzugrenzen, dass sie dem Anzeigeninserenten als attraktive Option für seine Werbeerfordernisse zu einem angemessenen Preis erscheinen. Das erfordert Fachkenntnis all jener Faktoren, die die Entwicklung von Anzeigenmärkten mitbestimmen, sowie ein frühes Erkennen sich abzeichnender Markt- und Kauftrends. Die Bereitstellung eines umfassenden Informationsservice über die Leistungsfähigkeit eines Mediums, basierend auf marktorientierter Forschung, befähigt den Verlag zur Bereitstellung von Marketingdaten, die für den Absatz von Anzeigen angesichts des scharfen intra- und intermediären Wettbewerbs um Anzeigenerlöse längst unerlässlich sind.[19]

8.1.3 Vertriebsabteilung

Aufgabe der *Vertriebsabteilung* im Zeitungsverlagshaus ist es, das Produkt Zeitung erscheinungstäglich unter Ausnutzung aller Ressourcen so rasch und kostengünstig wie möglich an die Leser zu bringen. Schnelligkeit ist deshalb von besonderer Bedeutung, da die Zeitung von der Aktualität lebt. »Aktualität ist aber nur dann gewährleistet, wenn das Produkt Zeitung in einem Ablauf, der heute die Zeit nicht nur in Stunden misst, sondern oft in Minuten, schnell den Leser erreicht.«[20] Die Lebens- und Lesegewohnheiten des Zeitungskäufers, ob Abonnent oder Einzelkäufer, bedingen eine Anlieferung der Zeitungen in den frühen Morgenstunden an den Abonnenten oder an die Einzelverkaufsstelle, bei Gratistageszeitungen an den Stapelauslagen und Verteilstellen. In der klassischen Organisation von Tageszeitungsverlagshäusern beginnt die Arbeit des Vertriebs am sog. Ausleger der Zeitungsrotationsmaschine, der in den Versandraum mündet. Dort übernimmt der Vertrieb »über jedes gedruckte Zeitungsexemplar die Verantwortung für nachfolgende Abläufe unmittelbar nach dem Druck«.[21] Angesichts der hohen Auflagen bei zahlreichen Tageszeitungen ist diese Verantwortung täglich mit enormem Zeitdruck verbunden. Wie bereits erwähnt, liegen die beiden Hauptvertriebsformen im Abonnement einerseits und im Einzelverkauf andererseits. Der Vertrieb für die Zeitungsabonnements erfolgt vorwiegend über die verlagseigene Auslieferung durch Zeitungsausträger (Hauszustellung), in seltenen Fällen – vor allem in entlegenen Gebieten – durch den Postzeitungsdienst. Dagegen wird die Belieferung der Einzelverkaufsstellen häufig über den Großhandel durch Zeitungsgrossisten abgewickelt. Der erwähnte Zeitdruck besteht vor allem, weil vorgegebene Zeiten seitens Bahn, Post, Fluglinien und Grosso-Lieferanten eingehalten werden müssen.[22]

Dabei besteht ein ständiger Konflikt zwischen den Vertriebs- und den Redaktionsinteressen hinsichtlich des Andruckzeitpunkts: Während die Redaktion in der Regel einen möglichst späten Druckbeginn wünscht, um so aktuell wie möglich zu sein, verlangt der Vertrieb einen möglichst frühen Andruck, um die Zeitung rechtzeitig ausliefern und reibungslos zustellen zu können. »Die Auslieferung von Tageszeitungen erweist sich aber auch deshalb als problematisch, weil sich die Menge der zu vertreibenden Zeitungen (infolge variierender Auflagen und Umfänge; Anm. d. A.) allenfalls in Monats- oder Wochenrhythmen und selten von Tag zu Tag gleicht.«[23] Daher ist für die rasche und möglichst kostengünstige Auslieferung der Zeitungen in jedem Verlagshaus eine eigene Vertriebslogistik erforderlich, deren Pläne nicht selten individuell auf den Tag bezogen sind. Dabei gilt in der Regel das Prinzip, am weitesten entfernt liegende Orte zuerst zu bedienen. Um Vertriebskosten zu minimieren, haben sich zahlreiche Zeitungsverlagshäuser dazu entschlossen, im Bereich der Zeitungszustellung mit Wettbewerbern zusammenzuarbeiten, um so Ressourcen einzusparen.[24] Deshalb ist der *Vertriebsleiter* in klassischen Zeitungsverlagen zuständig und verantwortlich für

- den gesamten Prozess der Zeitungsauslieferung per eigenen Zustellservice, per Post oder über den Großhandel und die dazugehörige Koordination,
- die Abonnementverwaltung und das damit zusammenhängende Rechnungs- und Mahnwesen,
- die weitgehend in Kooperation mit den Pressegrossisten erfolgende organisatorische und administrative Bewältigung der im Einzelverkauf nicht abgesetzten Zeitungsexemplare (Remissionen),
- eine genaue Beobachtung der Entwicklungen des Absatzmarkts, die angesichts des hart umkämpften Lesermarkts zunehmend an Bedeutung gewinnt,
- die Leser- und Abonnentenwerbung, um die Auflage zu steigern oder zumindest auf bestehendem Niveau zu halten.[25]

Um wenigstens die Abonnementfluktuation auszugleichen, wird der Gewinnung neuer Abonnenten (und der Rückgewinnung von Abbestellern) ganz besondere Aufmerksamkeit geschenkt. Der dabei betriebene Aufwand umfasst neben der Prämienwerbung auch Probeabonnements, Vertreterwerbung, die Versendung von Werbebriefen und Akquisition per Telefon sowie eine möglichst kundennahe und leserfreundliche Abonnentenbetreuung. Zusätzlich wird seitens der Zeitungsverlagshäuser versucht, über verlagseigene lokale Veranstaltungen, Sponsorships, Wettbewerbe, Leserreisen etc. neue Leser bzw. Abonnenten zu gewinnen und alte Leser ans Blatt, respektive ans Verlagshaus zu binden. Die Aufgaben der Zeitungs- bzw. Leserwerbung werden von der Vertriebsabteilung häufig in Verbindung mit der eigens eingerichteten Werbeabteilung und dem Leserservice wahrgenommen. Solche vertriebsfördernden Maßnahmen sind heutzutage oft Teil ganzheitlicher Marketingstrategien von Verlag und Redaktion, bei deren Umsetzung die Vertriebsabteilung möglichst effektiv einzubinden ist.[26]

8.1.4 Technische Abteilung

Im technischen Bereich der Zeitungsverlage haben sich durch die Einführung elektronischer Systeme der Zeitungsherstellung Mitte der siebziger Jahre gravierende Veränderungen ergeben. Durch weitgehende Verlagerung der Texterfassung, Textgestaltung und des Ganzseitenumbruchs in die Redaktionen verbleiben im technischen Bereich in zahlreichen Verlagshäusern nur noch die Arbeitsschritte Druckvorlagenherstellung auf Film, Druckplattenherstellung sowie Abwicklung des Druckvorgangs selbst. Da also die Zeitungsherstellung in zunehmendem Maße auf elektronischem Weg erfolgt und Druckplattenherstellung und Druckmaschine in vielen Zeitungsdruckereien elektronisch gesteuert werden, unterliegt das Anforderungs- und Qualifikationsprofil des technischen Leiters seit geraumer Zeit einem Wandel: Er muss Druckfachmann und EDV-Experte zugleich sein. Gleichzeitig sind auch die Ansprüche an die optische Gestaltung der Zeitung enorm gestiegen. Im Bereich der Technik nehmen deshalb auch Fragen des Zeitungsdesigns immer größeren Raum ein. Größere Zeitungen beschäftigen heute verlagseigene Layouter und Designer.[27] Der *technische Leiter* hat im Wesentlichen folgende Aufgaben:
- die fristgerechte Beschaffung der für den Druck erforderlichen Materialien wie Druckplatten, Druckfarbe, Papier und (in Häusern, die noch nicht ›Computer-to-Plate‹ arbeiten) auch Film;
- die technische Gewährleistung der Film- und Druckplattenherstellung; die Festlegung und Einhaltung der Andruckzeiten (in Koordination mit Verlag und Redaktion), wozu tägliche Druckauflagenhöhe und Seitenumfang der Zeitung im Voraus bekannt sein müssen;
- die Kontrolle des Druckvorgangs und der Druckqualität wie Prüfung der Passgenauigkeit bzw. Druckschärfe, bei Fotos die Nuancierung der Grautöne bzw. Farbabstimmungen etc. (was nicht zuletzt chemisch-technische Fachkenntnisse verlangt).

Der Stellenwert, den die technische Abteilung in einem Zeitungsverlagshaus einnimmt, hängt davon ab, ob das Unternehmen über eine verlagseigene Druckerei verfügt oder die Zeitung im Lohndruck hergestellt wird. Auch die Schnittstelle zwischen Druck und Vertrieb ist in den einzelnen Verlagshäusern unterschiedlich organisiert und manchmal mehr dem technischen Bereich, dann wieder eher der Vertriebsabteilung zugeordnet.[28]

8.1.5 Redaktion und Chefredaktion

Die *Redaktion* ist für die Erarbeitung und Gestaltung »des (nicht werblichen) ereignisgeprägten, meinungsbildenden und unterhaltenden Inhalts der Zeitung« zuständig.[29] Dabei sind die publizistischen Aufgaben in aller Regel auf die einzelnen Ressorts verteilt, deren Einteilung von Zeitung zu Zeitung variieren kann. Allgemein kann man zwischen den Ressorts Innenpolitik, Außenpolitik, Wirtschaft, Lokales, Kultur bzw. Feuilleton, Sport sowie Vermischtes und evtl. Chronik unterscheiden. Wie viele Ressorts die Redaktion einer Tageszeitung hat, hängt auch davon ab, ob es sich um eine redaktionell selbständige Tageszeitung mit Vollredaktion handelt oder nur um eine (lokale) Zeitungsausgabe. Bekanntlich übernehmen Lokalausgaben den Zeitungsmantel – den allgemeinen Politik-, Wirtschafts- und nicht selten auch den Kulturteil – vom Stammblatt bzw. der publizistischen Einheit, so dass sich die redaktionellen Aufgaben von Lokalausgaben auf die Erarbeitung des Lokalteils (einschließlich Wirtschaft, Kultur und Sport) beschränken. In vielen Redaktionen werden bezüglich der Ressortaufteilung mittlerweile auch andere Wege beschritten (vgl. weiter unten).

Der *Chefredakteur* hat in der Zeitung eine Schlüsselposition inne. Er ist verantwortlich für die Einhaltung der ›Blattlinie‹ als der vom Verleger festgesetzten publizistischen Grundhaltung der Zeitung. Das gilt für alle Tageszeitungen gleichermaßen, also auch für diejenigen, an deren Spitze nicht ein einzelner Chefredakteur, sondern ein leitendes Kollegialorgan steht. Darüber hinaus ist es »nicht leicht, Funktion und Stellung, Aufgabe und Verpflichtung des Chefredakteurs verbindlich zu beschreiben«, da die Leitung einer Redaktion je nach Größe einer Zeitung an den Chefredakteur ganz unterschiedliche Anforderungen und Voraussetzungen stellt.[30] Daneben hat sich das Berufsbild des Chefredakteurs auch grundlegend geändert: Selbst wenn er nach wie vor das entscheidende Wort in der redaktionellen Tagesproduktion hat und selbst noch als Reporter, Rechercheur und Schreiber tätig ist, so entfernt sich sein Berufsprofil von der Vorstellung des großen (Wochenend-)Leitartiklers hin zum kreativen Manager mit vielfältigen Organisations-, Administrations- und Kooperationsaufgaben.

In jedem Fall hat der Chefredakteur Führungs- und Kontrollaufgaben innerhalb der Redaktion, Koordinationsfunktionen zwischen Verlag und Redaktion sowie Repräsentanzaufgaben der Redaktion nach innen und außen wahrzunehmen.[31] Dabei befindet er sich in einem mehrdimensionalen Spannungsfeld, da er unterschiedliche Interessen innerhalb der Redaktion zum Ausgleich führen muss und darüber hinaus die Interessen der Redaktion gegenüber dem Verlag, die Interessen der Verlagsleitung gegenüber der Redaktion und schließlich die Interessen der Leser gegenüber Redaktion und Verlag zu vertreten hat.[32] Zusammengefasst obliegen dem Chefredakteur im Allgemeinen folgende Aufgaben:

- die Leitung und Überwachung der redaktionellen Arbeitsabläufe,
- die Verantwortung für die Prägung des journalistischen ›Gesichts‹ der Zeitung,
- die kurz- bis mittelfristige redaktionelle Planung einschließlich der Personalplanung und Etateinhaltung,
- die Vertretung der Redaktion gegenüber anderen Bereichen des Presseunternehmens,
- die Vertretung von Redaktion und Zeitung gegenüber der Öffentlichkeit (inklusive Repräsentanzaufgaben),
- die Vertretung von Leserinteressen gegenüber Redaktion und Verlag,[33]
- in Zeitungen mit Online-Ausgaben oftmals auch Aufgaben der redaktionellen Kooperation zwischen Print- und Online-Produktion.[34]

Einer bereits in den siebziger Jahren unter Chefredakteuren durchgeführten Umfrage zufolge ordnete sich der Chefredakteur aufgrund des regulären Leitungszugangs (in Form einer Berufung durch den Verleger) sowie seines Selbstverständnisses »eher in die Nähe des Verlegers als der Redaktion« ein.[35] Angesichts dieses – wenn auch schon länger zurückliegenden – Befunds ist die Frage berechtigt, ob der Chefredakteur überhaupt eine Art »Schutzschild« der Redaktion gegenüber den Interessen der Geschäftsleitung sein kann – eine Funktion, die ihm beispielsweise der langjährige Chefredakteur der »NRZ Neue Ruhr Zeitung«, Jens Feddersen, im Jahr 1980 zugeschrieben hat.[36] Diese Schutzschild-Funktion muss sich jedoch nicht allein auf mögliche Übergriffe seitens der Verlagsleitung beziehen. Sie hat ihre Bedeutung gerade auch zur Abwehr von Einflussversuchen von außen auf die Redaktion, wie sie durch Interessensvertreter politischer, wirtschaftlicher, aber auch kultureller Lobbys vorkommt.

8.1.6 Weitere Redaktionsfunktionen

In klassisch organisierten Printmedien-Redaktionen gibt es weitere Redaktionsfunktionen: Im *Chef vom Dienst* ist ein dem Chefredakteur zur Seite stehender ›Stabschef‹ zu sehen. Er hat in koordinierender Weise für einen reibungslosen inneren Ablauf der redaktionellen Arbeit – vor allem zwischen den einzelnen Ressorts – zu sorgen. Auch trägt er die Verantwortung, wenn aufgrund sich plötzlich verändernder Nachrichtenlage rasch Entscheidungen über neu aufzunehmende, zu modifizierende oder umzustellende Artikel gefällt werden müssen. Daneben fungiert er bei der Regelung der täglich anfallenden Einzelprobleme als Relais zwischen Redaktion, Anzeigenabteilung, Technik und Vertrieb.[37]

Die *Ressortleiter* nehmen Leitungs-, Kontroll- und Koordinationsaufgaben innerhalb der jeweiligen Ressorts wahr. Sie stehen dabei nicht nur der einzelnen Redaktionsabteilung als ›Chef‹ vor und befassen sich mit Möglichkeiten der Aufgabenteilung bei Ressortüberschneidungen (wie sie etwa zwischen den politischen Ressorts und dem Wirtschaftsteil tagtäglich vorkommen), sondern tragen auch die presserechtliche Verantwortung für redaktionelle Inhalte aus ihrem Ressort.[38]

Die Aufgaben des *Redakteurs* sind im Manteltarifvertrag für Redakteure an Tageszeitungen festgelegt:

»Als Redakteur/Redakteurin gilt, wer – nicht nur zum Zweck der Vorbereitung auf diesen Beruf (gleichgültig in welchem Rechtsverhältnis) – kreativ an der Erstellung des redaktionellen Teils von Tageszeitungen regelmäßig in der Weise mitwirkt, daß er/sie
1. Wort- und Bildmaterial sammelt, sichtet, ordnet, dieses auswählt und veröffentlichungsreif bearbeitet und/oder
2. mit eigenen Wort- und/oder Bildbeiträgen zur Berichterstattung und Kommentierung in der Zeitung beiträgt und/oder
3. die redaktionell-technische Ausgestaltung (insbesondere Anordnung und Umbruch) des Textteils besorgt und/oder
4. diese Tätigkeiten koordiniert.«[39]

In welcher Weise und in welchem Ausmaß diese Aufgaben in einer Redaktion anfallen und von den Redakteuren wahrzunehmen bzw. auszuführen sind, hängt vom jeweiligen Zeitungstyp, der Größe der Redaktion oder der Qualität der technischen Ausstattung ab. In den Printmedienbetrieben sind in den Jahren 2001 bis 2003 Personalstellen reduziert worden (vgl. Kapitel 9.4). Das Angebot an Medienschaffenden ist groß, so dass Zeitungen immer mehr freie Journalisten mit redaktioneller Arbeit betrauen können.

Damit ist die Funktion der *freien Mitarbeiter* für die Zeitungsredaktion angesprochen. Auf sie konnte früher schon – wenn auch in unterschiedlichem Ausmaß – kaum eine Tageszeitung verzichten. Das galt und gilt vor allem für regionale und lokale Tageszeitungen, bei denen freie Mitarbeiter als wichtige Lieferanten von Informationen aus dem lokalen Geschehen, nicht zuletzt aus dem Veranstaltungs- und Vereinswesen, und für Berichte aus dem Bereich des regionalen Brauchtums fungieren. Darüber hinaus gibt es den für Zeitungen unverzichtbaren Typus des freien Mitarbeiters, der als Kenner oder Spezialist einer bestimmten Materie insbesondere für Fachbeiträge herangezogen wird.

In den letzten Jahren sind Zahl und Bedeutung der ›Freien‹, der ›festen Freien‹ und der ›Pauschalisten‹ auch bei Tageszeitungen stark angewachsen. Das hängt nicht zuletzt mit dem auch in anderen Wirtschaftszweigen beobachtbaren Phänomen des ›Outsourcings‹ zusammen, bei dem Leistungen für ein Unternehmen in zunehmendem Maße von Personen erbracht werden, die nicht fest bei diesem Unternehmen angestellt sind. Das bedeutet für den Zeitungsverlag nicht nur die Ersparnis von Personalkosten, sondern hält auch mögliche arbeitsrechtliche Ansprüche der Journalisten gering.[40]

Schließlich gibt es in der Bundesrepublik Deutschland neben den klassischen freien Mitarbeitern bei Tageszeitungen in zunehmendem Maße professionell arbeitende *freie Journalisten*, die ihre Dienste – zum Teil über sog. Journalisten- und Medienbüros – verschiedenen Medien gleichzeitig anbieten.[41]

Allgemein ist darauf zu verweisen, dass es eine breite Palette publizistischer Berufe gibt, die hier im Einzelnen nicht dargestellt werden können, von denen jedoch eine ganze Reihe allein im Zusammenhang mit journalistischen Arbeitsbereichen in Zeitungen und Zeitschriften genannt werden könnte. Stattdessen soll an dieser Stelle abschließend und stellvertretend für die unterschiedlichen Tätigkeitsfelder auf den Begriff des ›Journalisten‹ eingegangen werden. Als *Journalist* wird laut Deutschem Journalisten-Verband (djv) bezeichnet, »wer

- hauptberuflich
- produktiv oder dispositiv
- Informationen sammelt, auswertet und/oder prüft und Nachrichten unterhaltend, analysierend und/oder kommentierend aufbereitet,
- sie in Wort, Bild und/oder Ton
- über ein Medium
- an die Öffentlichkeit vermittelt
- oder den publizistischen Medien zu dieser Übermittlung bereitstellt.«[42]

Eine »einheitliche und allgemein verbindliche Definition, was ein Journalist bzw. eine Journalistin ist«, gibt es nicht; ebenso wenig gibt es ein offizielles Berufsbild des Journalisten. Auch ist die Berufsbezeichnung ›Journalist‹ offiziell nicht geschützt,[43] was darauf zurückzuführen ist, dass die Pressefreiheit laut Grundgesetz ein Jedermannsrecht ist, dessen Verwirklichung prinzipiell niemandem verwehrt werden darf (vgl. Kapitel 8.5). Daher ist der Journalistenberuf ein ›offener‹ und frei zugänglicher Beruf.

8.1.7 Wandel in den Redaktionen

Die journalistische Arbeit unterliegt in zahlreichen Redaktionen seit geraumer Zeit einem Wandel. Es setzt sich die Erkenntnis durch, dass die klassische Ressortaufteilung und daraus resultierende Abgrenzungen und Separatismen zeitgemäßen Erfordernissen der journalistischen Arbeit nicht mehr oder nur noch in sehr begrenztem Ausmaß entsprechen. Das liegt u. a. daran, dass zahlreiche Themen und deren Dynamik »in der Wirklichkeit sich nicht nach Ressortgrenzen« richten, wie Wolfgang R. LANGENBUCHER an den Beispielen Energie, Verkehr, Ökologie, Gentechnik, Mikroelektronik, Migration und Medizin bereits 1989 feststellte.[44] Klaus MEIER verweist auf den Chefredakteur Peter M. Zitzmann, demzufolge »Themen, die eine Verknüpfung des verschiedenen Fachwissens verdient hätten, (…) in verengter Ressortsicht weniger anschaulich abgehandelt und verschenkt (werden)«.[45] Expertenwissen liege oftmals auch brach, so MEIER mit Bezugnahme auf Ulrich HIENZSCH, weil Redakteure »nur für die eigene Sparte tätig werden können (…). Themenfelder, für die sie sich eigentlich zusätzlich kompetent fühlen, bearbeiten sie deshalb grundsätzlich nicht.«[46]

»Die Strategie gegen redaktionellen Separatismus ist die Überwindung der Ressortgrenzen: Jeder Redakteur soll die Zeitung als Ganzes sehen, sich auch für andere Sparten interessieren. Nicht das eigene Ressort muss besser sein als andere Ressorts, sondern das ganze Zeitungsprodukt besser als andere Zeitungen und Medien.«[47] MEIER verweist auf vier Modelle von redaktionellen Umstrukturierungen, wobei es jedoch keine Patentrezepte gibt und jede Redaktion »nach einer eigenen, für sie maßgeschneiderten Lösung suchen« muss:[48]

- *(teilweise) Aufhebung der Trennung von Lokal- und Mantelressorts*: Die strikte Trennung in Lokal- und Mantelressorts bildet in den Redaktionen oft eine hinderliche Barriere.[49] Sie kann durch die Vernetzung von Lokal- und Mantelressorts überwunden werden, »wenn Lokalredakteuren neben ihrer lokalen Teamzuständigkeit eine inhaltliche, übergreifende Fachkompetenz zugebilligt wird«.[50]
- *Auflösung der klassischen Fachressorts und Bildung anderer redaktioneller Einheiten*: Kleinteilige Ressorts können zu größeren Einheiten zusammengefasst werden, wobei die klassischen Kernressorts erhalten bleiben. Ein Beispiel ist die Zusammenlegung von Politik und Wirtschaft zu einem Großressort.[51]
- *Rotation der Redakteure*: »Wenn die Redakteure regelmäßig durch die Ressorts wechseln, erhalten sie Einblick in den Gesamtablauf und vertiefen ihre Kenntnisse über einzelne Orte bzw. Fachgebiete. Das Bewusstsein für Defizite wird geschärft, die Berichterstattung insgesamt facettenreicher, vernachlässigte Themen werden wiederbelebt. Wer die Arbeit in einem anderen Ressort kennengelernt hat, kann künftig alles in allem besser mit diesem Ressort zusammenarbeiten.«[52]
- *Bildung von Teams über Ressortgrenzen hinweg*: Redaktionsteams lassen sich kurzfristig für einzelne, aktuelle Projekte oder dauerhaft als dann eingespielte Recherche- und Reportergruppen bilden. Vor allem Projektredaktionen »bieten einfach zu installierende

und (…) auch effektive Möglichkeiten, Ressortbarrieren flexibel zu überwinden – einfach deshalb, weil die Primärstruktur der Redaktionsorganisation nicht aufgehoben werden muss: Die Ressorts können formal bestehen bleiben; Teamarbeit wird jedoch keiner informellen Beliebigkeit überlassen, sondern formal verankert und täglich aufs neue eingefordert.«[53]

Eine zwischen 1997 und 2001 von MEIER in deutschen Zeitungsredaktionen durchgeführte empirische Studie ergab, dass es in drei Viertel aller befragten Redaktionen ressortüberwindende Modelle gibt.[54]

Im Zusammenhang mit dem hier dargelegten Wandel ist auch auf die Implementierung sog. ›Newsdesks‹ in den Zeitungsredaktionen zu verweisen. Der Newsdesk »steht für weit mehr als nur einen Nachrichtentisch im Wortsinn: Er ist Symbol für einen tiefgreifenden Reformprozess in den Zeitungsredaktionen.«[55] Er ermöglicht eine effektivere, kostengünstigere, leser- und marktnähere Produktion der Zeitung und ihr angeschlossener Medienangebote wie Online-Ausgaben und mobiler Dienste (aber durchaus auch Radio- und Fernsehinhalte). Die angewendeten bzw. eingesetzten Modelle unterscheiden sich beträchtlich: »vom einfachen Produktionstisch, an dem mehrere Redakteure das tägliche Nachrichtenmaterial für verschiedene Lokalausgaben koordinieren, über einen Newsdesk, an dem über die Aufmacher und die Mantelthemen entschieden wird, bis zu einem zentralen großen Arbeitsbereich, an dem mindestens ein halbes Dutzend Redakteure verschiedener Ressorts gemeinsam verschiedene Medien bedienen.«[56] Newsdesks ermöglichen den Redaktionen auch, auf veränderte Lese- und Mediennutzungsgewohnheiten einzugehen. Und dies nicht zuletzt im Hinblick auf die jüngere, multimedial ausgerichtete Generation, die Informationen »zu jeder Zeit, an jedem Ort, an festen und mobilen Informationsträgern (PC, Laptop und Handy) und in Kombination mit diesen« verfügbar haben möchte.[57] Vom Newsdesk als einem Recherche- und Informationspool können Medienredaktionen »mit ›Rohstoffen‹ versorgt werden. Diese müssen dann nur noch bedarfsgerecht und entsprechend den Erfordernissen des jeweiligen Mediums aufbereitet werden«.[58] Mit traditionellen Arbeitsabläufen und Ressortstrukturen ist dies nicht zu bewältigen.

Dabei erfordert der Newsdesk, »dass redaktionelle Arbeitsabläufe optimiert, Arbeitsstrukturen flexibilisiert und die Teamarbeit intensiviert werden.«[59] In zahlreichen deutschen Zeitungsverlagshäusern sind mittlerweile Newsdesks implementiert. Patentlösungen sind jedoch auch hier nicht möglich: Newsdesks müssen der Größe, den Strukturen und Funktionen eines Zeitungsverlags bzw. eines Medienhauses gemäß sein. Auch gilt es zu bedenken, dass die Arbeit mit dem Newsdesk ein Prozess ist, in dem »die redaktionellen Strukturen und Arbeitsabläufe permanent überprüft und fortentwickelt« und den »sich ändernden Bedürfnissen einer Redaktion angepasst werden« müssen.[60] Auch wenn Newsdesks Kostensenkungsabsichten entgegenkommen, dürfen sie nicht als Sparmaßnahme, sondern müssen als Investition zur Qualitätssteigerung begriffen werden.[61]

8.2 Wirtschaftliche Grundlagen der Presse

Fragen zu wirtschaftlichen Aspekten des Pressewesens gehören seit den Anfängen zeitungskundlicher Forschung auch zu deren Gegenstand. Bedeutsame Impulse erfuhren Forschungsbemühungen in diese Richtung jedoch erst im Zusammenhang mit den Vorgängen der Pressekonzentration, wie sie in der deutschen Tagespresse Mitte der fünfziger bis Mitte der siebziger Jahre zu beobachten waren (vgl. Kapitel 5.2). Dass seither medienökonomischen Fragestellungen noch deutlich mehr Aufmerksamkeit zuteil wird, liegt aber auch daran, dass sich zahlreiche Presseverlage inzwischen zu modernen Medienhäusern entwickelt haben, die sich nicht mehr nur am Printmedienmarkt, sondern auch im Bereich der privaten Funkmedien sowie im Internet engagieren. So verwundert es nicht, dass seit geraumer Zeit ökonomischen Frage- und Themenstellungen sowie Problemen der Medien aus publizistik- und kommunikationswissenschaftlicher Perspektive relativ viel Aufmerksamkeit gewidmet wird.[62]

Zu den Grundvoraussetzungen einer empirischen Presse- oder Medienökonomie gehört die Erfassung relevanter Daten. Diese Voraussetzung ist in der Bundesrepublik Deutschland durch eine vergleichsweise gut entwickelte Pressestatistik und jahrelange Auflagen- und Reichweitenforschung gegeben (vgl. Kapitel 8.3).[63]

- So werden die Auflagen bei den Printmedien bereits seit 1949 durch die *Informationsgemeinschaft zur Feststellung der Verbreitung von Werbeträgern* (IVW) geprüft und dokumentiert, wobei jeweils nach Druckauflage, verbreiteter und verkaufter Auflagenzahl eines Pressetitels unterschieden wird.

- Daten zur Reichweite (wie auch zur Publikumsstruktur) von Zeitungen und anderen Medien werden seit Mitte der fünfziger Jahre von verschiedenen Medienforschungs-Instituten ermittelt wie z. B. der *Arbeitsgemeinschaft Media-Analyse* (AG.MA) in Frankfurt, dem Institut für Demoskopie in Allensbach mit der *Allensbacher Markt- und Werbeträger-Analyse* (AWA), durch die Ermittlung der Zugriffszahlen auf Online-Zeitungen durch die INFOnline GmbH im Auftrag der IVW und die Ermittlung der Nutzerstrukturen von Online-Medien durch die *Arbeitsgemeinschaft Online-Forschung AGOF* sowie durch die von der *Arbeitsgemeinschaft Rundfunkwerbung* (früher ARW; heute ARD-Werbung) erstmals 1964 in Auftrag gegebene und zuletzt 2006 erschienene Langzeitstudie »Massenkommunikation«.

- Presseökonomisch relevante Daten aus dem Bereich der Pressestatistik gehen aus unterschiedlichen Quellen hervor. Dazu gehören die jährlich veröffentlichten Zahlen und Informationen des *Bundesverbands Deutscher Zeitungsverleger* (BDZV) und des *Verbands Deutscher Zeitschriftenverleger* (VDZ). Verbandsunabhängige Daten ermittelt der Pressestatistiker Walter J. SCHÜTZ mit der statistischen Erfassung des Gesamtbestands der bundesdeutschen Tagespresse, die er regelmäßig durch sog. Stichtagszählungen aktualisiert.[64]

- Informationen über das Werbeaufkommen und die Verteilung auf die einzelnen Werbeträger ermittelt und veröffentlicht jährlich der bundesdeutsche *Zentralverband der Werbewirtschaft* (ZAW).[65]

- Wettbewerbsrechtlich relevante Daten enthalten schließlich auch die regelmäßigen Veröffentlichungen von Horst RÖPER, Helmut H. DIEDERICHS und Andreas VOGEL über Konzentrationserscheinungen im deutschen Pressewesen sowie über Unternehmensbeteiligungen bzw. -verflechtungen zwischen Presse und Privatfunk.[66]

Diese Institute, Verbände und Forschungseinrichtungen liefern eine breite Palette unterschiedlicher Informationen und Daten, die für eine Auseinandersetzung mit wirtschaftlichen Fragen des Pressewesens wichtig und von Nutzen sind, je nachdem, welche Aspekte des Untersuchungsgegenstands dabei im Vordergrund stehen. Dies können neben betriebswirtschaftlichen Problemen von Zeitungsunternehmen und allgemeinen Fragen privatwirtschaftlich organisierter Zeitungsproduktion auch übergreifende Aspekte der Tageszeitungsbranche, Probleme des Verhältnisses konkurrierender Printmedien-Teilmärkte untereinander sowie solche des Wettbewerbsverhältnisses zwischen Print-, Funk- und Online-Medien sein. Schließlich können – unter eher makroökonomischer Perspektive – Fragen zur Stellung der Branche im marktwirtschaftlichen System der Bundesrepublik, zur Abhängigkeit der Zeitungsverlage von der allgemeinen Konjunkturentwicklung sowie ›wirtschaftsordnungspolitische‹ Fragen der Presse im Vordergrund stehen.[67] Insgesamt betrachtet lassen sich Auflagenkontrolle, Reichweitenermittlung und ökonomische Betriebsstatistik als die drei tragenden Säulen der Presse- und Ökonomiestatistik begreifen.

Die genannten Quellen der Pressestatistik gehen im Wesentlichen auf folgende pressewirtschaftlich relevante Aspekte ein:

- Anzahl und Art der im Zeitungswesen tätigen Zeitungs- und/oder Zeitschriften-Unternehmen und deren Rechtsform (z. B. als GmbH) sowie Kooperations- und Beteiligungsformen mit bzw. an anderen (Medien-)Unternehmen;
- Anzahl, Typus und Auflage der verlegten Zeitungs- und Zeitschriftentitel eines Presseverlags;
- Kosten der Zeitungsherstellung, wobei neben den Gesamtkosten auch einzelne Aufwendungen wie Druckkosten, Papierkosten, Personalkosten (Löhne, Gehälter, darüber hinausgehende Sozialleistungen sowie Honorare), Gebühren für Post, Telefon, Faxgeräte etc., Bezugsgebühren für Agentur- und Pressedienste, Vertriebskosten, Werbe- und Verwaltungskosten berücksichtigt werden können;
- Umsatz- und Erlösstrukturen von Presseunternehmen (zum Teil nach Auflagengrößenklassen der Pressetitel gestaffelt) und Umsatzentwicklungen über die Zeit, wobei im Fall einzelner Presseunternehmen neben dem Gesamtumsatz nach Umsatzarten (aus Vertrieb, Anzeigen und Druck) bzw. Erlösarten (getrennt in Anzeigen-, Beilagen- und Vertriebserlöse) unterschieden werden kann; Bezugspreise von Pressetiteln (im Abonnement oder Einzelverkauf);
- Anzahl der Beschäftigten (in Redaktion, Verlag, Verwaltung, Vertrieb) von Presseunternehmen;
- Angaben zum Anzeigengeschäft; Art der Anzeigen, Werbevolumen (Gesamtwerbeaufkommen der werbungtreibenden Wirtschaft, Verteilung auf die einzelnen Werbeträger, Verschiebungen im Zeitablauf); Anzeigenpreise jeweiliger Pressetitel; werbewirtschaftlich interessante Nutzungs- und Reichweitendaten sowie soziographische Angaben zur Leserschaft (zur Zielgruppenorientierung und Vermeidung von Streuungsverlusten).

Es ist hier nicht möglich, im Einzelnen auf die zahlreichen Studien und Befunde einzugehen, die die pressestatistische Forschung, die Publikums- und Reichweitenforschung sowie die werbewirtschaftlich orientierte Medienforschung in vielfältiger Weise hervorgebracht hat. Vielmehr soll bei der Erörterung allgemeiner wirtschaftlicher Grundlagen des Pressewesens darauf Bezug genommen werden, wo dies sinnvoll und notwendig erscheint. Die folgenden Ausführungen konzentrieren sich auf die in den Tageszeitungsverlagshäusern in der Bundesrepublik vorfindbaren Umsätze, Kosten- und Erlösstrukturen, auf den Wettbewerb der Zeitungen mit anderen Medien um das Anzeigenaufkommen, auf allgemeine Fragen des Wettbewerbs im Medienmarkt sowie auf Fragen des Marktzutritts im Pressewesen. Auf die Ökonomie des Zeitschriftenwesens wird hier nicht näher eingegangen, da sie sich für die verschiedenen Gattungen wie Publikums-, Fach- oder Verbandszeitschriften recht unterschiedlich ausnimmt.

8.2.1 Leser- und Anzeigenmarkt

Presseerzeugnisse in marktwirtschaftlichen Systemen mit ihren in aller Regel privatwirtschaftlich organisierten Presseverlagen werden auf zwei Märkten abgesetzt: auf dem Markt der Leser und dem Markt der Anzeigenkunden.[68] Man spricht deshalb auch vom *Koppelprodukt* Zeitung.[69] Diese Zweiteilung hinsichtlich Leser- und Anzeigenmarkt ist nicht zu verwechseln mit der grundsätzlichen Unterscheidung in publizistische Aufgabe und ökonomische Zielsetzung von Zeitungen – auch wenn beides nicht völlig voneinander zu trennen ist. Die ökonomische Gewinnorientierung von Zeitungsunternehmen in einem privatwirtschaftlich organisierten Pressewesen wie dem der Bundesrepublik orientiert sich an zwei Zielen: Zum einen soll das Produkt Zeitung von möglichst vielen Kunden, sprich Lesern, gekauft werden. Zum anderen soll die Zeitung mit ihrer spezifischen Leserschaft von möglichst vielen Anzeigenkunden der werbungtreibenden Wirtschaft als effizientes Werbemittel für deren Produkte und Dienstleistungen in Anspruch genommen werden.

Im Hinblick auf den Lesermarkt dienen dabei die eigentlich *publizistischen Ziele* wie Information, Kommentierung, Bildung und Unterhaltung durch – je nach Blattlinie – bestimmte redaktionelle Inhalte ihrerseits als *Mittel* des potentiellen ökonomischen Erfolgs. Im Hinblick auf den Markt der Anzeigen stehen all jene Bemühungen im Vordergrund, mit denen versucht wird, das Medium Zeitung der Werbewirtschaft als effizienten Werbeträger und Kontaktmedium für Werbebotschaften zu ›verkaufen‹. Der Nationalökonom und Zeitungswissenschaftler Karl BÜCHER nannte die Zeitung deshalb 1915 in einem Aufsatz prononciert »ein Erwerbsunternehmen, das Annoncenraum als Ware erzeugt, die nur durch einen redaktionellen Teil verkäuflich wird«.[70]

Der *Lesermarkt* geht in der Bundesrepublik Deutschland seit Jahren kontinuierlich zurück (vgl. Kapitel 8.3). Gegenwärtig werden knapp 75 Prozent der Bundesbürger im Alter von über 14 Jahren von der Tageszeitung erreicht.[71] Zwar erfuhr dieser Markt durch die Wiedervereinigung insgesamt eine Ausweitung; für die überregionalen westdeutschen Presseprodukte jedoch geschah dies nicht in nennenswertem Umfang, da Westtitel in den neuen Bundesländern nur relativ geringe Akzeptanz finden. Zudem sehen sich die Zeitungsverlage seit geraumer Zeit demographischen Entwicklungen und gesellschaftlichen Veränderungen gegenüber, denen es verlegerisch zu begegnen gilt. Zum einen ist zu beobachten, dass die Bevölkerung seit Jahren kontinuierlich abnimmt und weiter abnehmen wird. Des Weiteren zeigen Jugendliche und junge Erwachsene heute schon ein deutlich anderes Mediennutzungsverhalten als ältere Generationen: Der Anteil vorwiegend unterhaltungsorientierter Fernsehkonsumenten mit geringerem Interesse an der Tageszeitung steigt weiter an, die jüngere Generation ist zudem stark Internet-affin. Darüber hinaus sinkt in einer Bevölkerung mit berufsbedingt steigender Mobilität und abnehmender lokaler Ortsbindung bei gleichzeitiger Zunahme der Single-Haushalte auch die Bereitschaft zum festen Zeitungsabonnement. Deshalb ist es in einem sich zunehmend ausdifferenzierenden Medienmarkt mit Print-, Funk- und Online-Medien schwierig, die bestehende Leserschaft zu erweitern oder gar neue Publika zu erschließen. Neue Leser zu gewinnen heißt in mit klassischen Medien konzentrierten und gesättigten Medienmärkten in erster Linie, sie von Konkurrenzmedien abzuwerben.[72]

Auch der *Anzeigenmarkt* der Bundesrepublik unterliegt einem Wandel. Nach Jahren kontinuierlichen Wachstums in den achtziger und neunziger Jahren (mit einer Spitze im Jahr 2000), von dem alle Medien – auch die Zeitungen – profitierten, war in der ersten Hälfte des ersten Jahrzehnts im neuen Jahrhundert ein konjunkturell wie strukturell bedingter markanter Werbeeinbruch zu verzeichnen; er tangierte gleichfalls alle Medien, die Zeitungen jedoch in besonderer Weise (vgl. Kapitel 9.4). Inzwischen erholt sich der Markt wieder leicht. Lange vor dieser kritischen Phase kam es ab Mitte der achtziger Jahre durch den Marktzutritt privater Fernseh- und Hörfunkveranstalter zu Umschichtungen im Werbemarkt zugunsten des Rundfunks (und hier vor allem des privaten Fernsehens). Dies führte zwar zu einem Rückgang des Printmedien-Anteils am Gesamtwerbeaufkommen; da dieses mit dem Marktzutritt neuer Programmanbieter jedoch zugleich auch wuchs, konnten dies die Printmedien gut verkraften. Relativ betrachtet verloren sie an Marktanteilen, absolut gesehen erweiterten sie auch in diesen Jahren ihr Werbevolumen. Gleichwohl wurde bereits zu dieser Zeit von Verlegerseite die Lage am Anzeigenmarkt als »mit Strukturproblemen behaftet« bezeichnet.[73]

Für das Verhältnis von Leser- und Anzeigenmarkt gilt: »Beide Märkte sind wirtschaftlich miteinander verflochten und hängen voneinander ab: Eine große Zahl von Lesern bzw. ein spezifischer Leserkreis ist Voraussetzung für hohe Anzeigenerlöse, da der *Anzeigenpreis* weitgehend von der allgemeinen oder spezifischen Reichweite des Presseorgans abhängig ist; ein großes Anzeigenaufkommen ermöglicht niedrige Bezugspreise bzw. ein verbessertes redaktionelles Angebot, so dass dadurch wiederum zusätzliche Leser angezogen werden können.«[74] Somit gilt, dass der wirtschaftliche Erfolg bei den Printmedienbetrieben, die in der Bundesrepublik – von ganz wenigen Ausnahmen abgesehen – privatwirtschaftlich geführt werden, auflagen- und reichweitenabhängig ist. Gleichzeitig wird deutlich, dass Zeitungen auf zweierlei Weise miteinander im Wettbewerb stehen, da sie nicht nur um die Leser, sondern auch um die Anzeigenkunden miteinander konkurrieren. Zu diesem intramediären Wettbewerb (auch mit Anzeigenblättern und Publikumszeitschriften) kommt der intermediäre Wettbewerb der Tageszeitungen mit Hörfunk, Fernsehen und Online-Medien hinzu, bei dem es primär um die Konkurrenz im Geschäft mit den Werbekunden geht, weil hier Leser-, Zuschauer-, Hörer- und Usermärkte nur indirekt (d. h. im Hinblick auf die Attraktivität des Werbeträgers) eine Rolle spielen.

Die wichtigste betriebswirtschaftliche Bestimmungsgröße ist auch im Zeitungswesen in der Kosten- und Erlösrelation, also im Verhältnis aller Aufwendungen (für Produktion, Vertrieb, Verwaltung) zu dem mit dem Produkt erwirtschafteten Gegenwert (Vertriebs- und Anzeigenerlöse) zu sehen. Doch sollen zunächst die beiden Größen – Kosten und Erlöse – einzeln betrachtet werden. (Die nachfolgenden Ausführungen gelten, vor allem was die Erlöse betrifft, nur für entgeltlich abgesetzte Zeitungen, nicht für Gratistageszeitungen oder Anzeigenblätter, die kostenlos an die Leser abgegeben werden.)

8.2.2 Kosten in der Zeitungsherstellung

Unter *Kosten* versteht man alle Aufwendungen, die dem Presseunternehmen bei der Printmedienproduktion, hier also bei der Herstellung der Zeitung, entstehen. Dabei ist zwischen fixen und variablen Kosten zu unterscheiden.

Mit den *fixen Kosten* sind diejenigen betrieblichen Aufwendungen des Presseunternehmens gemeint, deren Höhe vom Umfang des hergestellten Produkts weitgehend unabhängig ist, sich also mit der Zunahme des Umfangs nicht grundsätzlich verändern. Als fixe Kosten sind beispielsweise Aufwendungen für den Bezug von Agenturen und Bilderdiensten, Post- und Telekommunikationsgebühren, die Instandhaltungskosten technischer Einrichtungen, aber auch großteils Personalkosten (Gehälter, Löhne, darüber hinausgehende Sozialleistungen) sowie Abschreibungen für Aufwendungen und Zinsen zu sehen. *Variable Kosten* hingegen hängen in ihrer Höhe von der sich verändernden Menge des herzustellenden Produkts ab. Eine variierende Produktionsmenge ist im Fall der Zeitungsherstellung sowohl mit ver-

Abb. 47: Kostenrelationen bei den Abonnementzeitungen 2000 und 2005

Kosten	Alte Bundesländer [1]		Neue Bundesländer	
	2000	2005	2000	2005 [3]
Herstellung	36,6 %	28,6 %	29,4 %	
Redaktion	21,6 %	24,6 %	27,5 %	
Anzeigen	14,0 %	16,4 %	9,8 %	
Vertrieb	20,6 %	22,8 %	21,5 %	
Unternehmensleitung / Verwaltung	7,3 %	7,7 %	11,8 %	
Gesamt [2]	**100 %**		**100 %**	

[1] Durchschnittswert aller fünf Auflagengrößenklassen (bis 25.000, 25.000 bis 50.000, 50.000 bis 125.000, 125.000 bis 200.000, über 200.000 Exemplare)

[2] Bei der Addition können sich Rundungsdifferenzen ergeben.

[3] Für 2005 wurden keine gesonderten Daten für die neuen Bundesländer ausgewiesen.

Quellen: Zeitungen 2001, hrsg. vom BDZV, Berlin: ZV 2001, S. 92; Zeitungen 2006, hrsg. vom BDZV, Berlin: ZV 2006, S. 86 und 39.

ändertem Seitenumfang wie auch mit größeren Stückzahlen (also höherer Druckauflage) gegeben. Solche variablen Kosten fallen daher vor allem im Bereich Satz, Druck (Papier, Farbe, Druck) sowie im Vertrieb an. Zeitungsumfang und Auflagenhöhe variieren gewöhnlich an verschiedenen Erscheinungstagen. Vor allem zum Wochenende hin, jeweils freitags und vor allem samstags, erscheinen viele Zeitungen mit größerem Umfang und in höherer Auflage. Damit sind naturgemäß Steigerungen bei den variablen Kosten verbunden.[75]

Wichtiger als bei den Tagesschwankungen ist das Verhältnis von fixen und variablen Kosten hinsichtlich des grundsätzlichen Vergleichs von Pressetiteln unterschiedlicher Größenklassen oder – was Kapazitätsauslastungen anbelangt – bei der Herstellung mehrerer Zeitungstitel in einem Presseunternehmen. Denn bei den Produktionskosten hat für Zeitungsverlagshäuser der *Grundsatz der regressiven Kostenstruktur* (auch: ›degressiver Kostenverlauf‹) Gültigkeit: Je niedriger die Auflage, desto höher fallen die Stückkosten aus; je höher die Auflage, umso günstiger werden die Stückkosten. Denn mit zunehmender Auflage steigen zwar die Gesamtkosten, relativ zum einzelnen Exemplar geschieht dies aber in geringerem Ausmaß.[76]

Kostenarten: Als kostenintensivster Bereich erweisen sich alle Aufwendungen, die den *technischen Herstellungskosten* zuzurechnen sind. Als größte Posten fallen dabei Papier- und Druckkosten sowie – zu einem nur noch geringen Teil – Satzkosten an. Um im ursprünglich kostenintensiven Bereich Satz die Kosten senken zu können, wurden in den Zeitungsverlagshäusern – wie in einem früheren Abschnitt angesprochen – ab 1975 im Zuge von Rationalisierungsmaßnahmen erstmals elektronische Systeme der Zeitungsproduktion eingeführt (vgl. Kapitel 5.3). Die besonders kostenintensive Texterfassung durch Setzer konnte dadurch in die Redaktionen verlagert werden, wo Journalisten seither ihre Beiträge nicht mehr auf Schreibmaschinen verfassen und dann zum Satz weitergeben, sondern diese selbst über Bildschirmterminals in vernetzte, hochleistungsfähige elektronische Satzrechner eingeben.[77]

Zu den *Redaktionskosten* werden neben den Personalkosten für Redakteure und freie Mitarbeiter (Gehälter und Honorare) auch Materialkosten, Telekommunikationskosten (Gebühren für Telefon, Telefax etc.) und andere Ausgaben für Recherche, Kosten für den Bezug von Agenturen bzw. Presse- und Bilddiensten sowie Ausgaben für die Wartung und Instandhaltung der Redaktionselektronik gezählt.

Zudem fallen in Presseverlagen für die Zustellung der gedruckten Zeitung an die Leser *Vertriebskosten* an, zu denen Dietrich OPPENBERG neben den Versandkosten und den Kosten für die übrige Zeitungszustellung auch den Posten der Ausgaben für die Vertriebswerbung rechnet.[78] Darüber hinaus ist auf Kosten für Anzeigenakquisition, Werbe- und Marketingmaßnahmen sowie Verwaltungskosten zu verweisen.

8.2.3 Vertriebsformen und Vertriebswege

Es erscheint angebracht, an dieser Stelle kurz auf die verschiedenen Vertriebsformen und -wege einzugehen, da sie von den Kosten und Erlösen der Zeitung nicht zu trennen sind. Dabei werden die Vertriebs*formen*, weil sie als unterschiedliche Absatzarten der Zeitung die durch den Vertrieb erzielten Einnahmen bestimmen, in der Regel im Zusammenhang mit den Vertriebserlösen genannt. Die Vertriebs*wege* dagegen, also die Art und Weise, wie das Produkt Zeitung zum Kunden gebracht wird, sind für den Verlag mit unterschiedlich hohem finanziellem Aufwand verbunden und werden deshalb im Allgemeinen im Zusammenhang mit den Vertriebskosten abgehandelt.

Zu den Vertriebsformen: Im Bereich der Tagespresse sind die beiden Absatzformen des Abonnements und des Einzelverkaufs von Bedeutung. Daneben wird ein gewisser Teil der Auflage eines Pressetitels kostenlos abgegeben, beispielsweise für Werbemaßnahmen oder für Aktionen wie Zeitung in der Schule u. a. m. Eine solche »unentgeltliche Überlassung« kann bei bestimmten Organen (wie Werk- und Kundenzeitschriften) sogar die überwiegende Absatzform sein; bei Tageszeitungen spielt sie eine nachrangige Rolle.

Das *Abonnement* als eine Vertriebsform, bei der sich der Zeitungskunde auf die feste Abnahme eines Titels für einen bestimmten Zeitraum verpflichtet, hat für den Verleger den Vorteil, »daß er auf längere Zeit mit einem festen Leserkreis rechnen und die Druckauflage sehr genau auf den Bedarf abstimmen kann«.[79] Dadurch kann die Remission, d. h. die Zahl der an den Verlag zurückgehenden, unverkauften Einzelexemplare, gering gehalten werden, was in erster Linie unnötige (Druck-, Papier- und Transport-)Kosten vermeiden hilft. Gleichzeitig stellt es einen umweltbewussteren Umgang mit der »Ressource Papier« dar. Das Abonnement ist für die deutschen Regional- und Lokalzeitungen *die* typische Vertriebsform; der Anteil der Remissionen liegt bei rund 2 Prozent der Gesamtauflage.[80] Für den Leser wiederum besteht der Vorteil des Abonnements darin, dass er das Produkt Zeitung billiger erhält als beim täglichen Einzelkauf. Die Ermäßigung geht in aller Regel jedoch nicht über 20 Prozent hinaus.[81] Die jährliche Fluktuation der Abonnements durch Abbestellungen wegen Wohnortwechsels, Unzufriedenheit mit dem Blatt, Todesfällen etc. liegt bei den regionalen und lokalen Abonnementzeitungen bei ca. 10 Prozent. Der Verlag muss versuchen, diese Abo-Fluktuation durch entsprechende Maßnahmen zur Erhaltung und Erweiterung des Abonnentenkreises auszugleichen. Dazu gehören die bereits Ende der sechziger Jahre eingeführten prämienbegleiteten ›Leser werben Leser‹-Aktionen, die Zustellerwerbung, das Direct Mailing sowie briefliche oder telefonische Kontakte mit Abbestellern und bei Kunden, die den Wohnort wechseln, sogar mit deren Nachmietern.[82]

Die zweite wichtige Vertriebsform, der *Einzelverkauf*, erfolgt überwiegend über Pressegrossisten. Bei den Straßenverkaufszeitungen ist dies die fast ausschließliche Form des Absatzes. Weil das einzelne Blatt dabei täglich neu an den Leser gebracht werden muss, werben Straßenverkaufszeitungen auf ihren Titelseiten täglich mit sich überbietenden Schlagzeilen und Sensations-Storys in plakativer Aufmachung. »Ein Remittendenanteil von knapp 20 bis über 30 Prozent der Auflage ist daher bei deutschen *Kaufzeitungen* normal.«[83] Aber auch für Abonnementzeitungen ist der Einzelverkauf von großer Bedeutung. Es ergibt sich dabei zwar der (Kosten-)Nachteil des Zwischenhandels, auf der anderen Seite aber ist der Einzelverkauf für den Verleger unentbehrlich, da er auf diesem Wege versucht, Versorgungslücken im Absatz seiner Abonnementzeitung zu schließen und der Zeitung vor allem in der Region zur gewünschten Präsenz zu verhelfen. Gleichzeitig ergibt sich durch den Einzelverkauf auch die Chance, gelegentliche Leser mit dem Produkt vertraut zu machen und sie auf diese Weise an das Abonnement heranzuführen.[84]

Regional- und Lokalzeitungen, und damit das Gros der bundesdeutschen Tagespresse, werden 2005 im Durchschnitt zu etwa 92 Prozent im Abonnement, zu etwa 6 Prozent im Einzelverkauf vertrieben – der Rest entfällt auf sonstigen Verkauf sowie auf Bordexemplare in Flugzeugen u. Ä.[85] Straßenverkaufszeitungen hingegen setzen im Durchschnitt rund 95 Prozent ihrer Auflage im Einzelverkauf ab und rund 3 Prozent im Abonnement.[86] Bei den überregionalen Zeitungen beträgt das Verhältnis Abonnement zu Einzelverkauf im Durchschnitt rund 64 zu 17; knapp 19 Prozent entfallen hier auf Sonderverkauf und Bordexemplare.[87]

Eine Sonderform des Absatzes von Presseprodukten ist die Verbreitung über *Lesezirkel*, die vor allem bei den Publikumszeitschriften von Bedeutung ist. Da sich der Kunde gegenüber den Lesezirkel-Unternehmen zur Abnahme einer bestimmten Titelzahl über eine bestimmte Zeitspanne verpflichtet, wird diese Verbreitungsform bisweilen als Sonderfall des Abonnements bezeichnet. Im Unterschied zum normalen Abo kauft der Kunde jedoch nicht die jeweiligen Presseprodukte, sondern leiht sie gegen Entgelt. Am teuersten ist dabei der ›Erstmappen‹-Bezug, d. h. der Bezug einer Zusammenstellung aktueller, noch ungelesener Zeitschriftentitel. Die zweiten und nachfolgenden Bezieher einer solchen (dann schon nicht mehr so aktuellen) Mappe zahlen entsprechend weniger. Der Absatz über Lesezirkel ist für Zeitschriften vor allem für das Anzeigengeschäft wichtig, da mit erhöhten Leserzahlen pro Exemplar, d. h. mit größerer Reichweite, auch die Anzeigenpreise für Werbekunden steigen.[88]

Zu den Vertriebswegen: Im Abonnement vertriebene Zeitungen gelangen fast ausschließlich über die Hauszustellung durch Zeitungsausträger zum Kunden. Die Absatzform des Einzelverkaufs dagegen kennt verschiedene Vertriebswege, wobei der hauptsächlich genutzte, der über den Zeitungs- bzw. Zeitschriftenhandel in die Läden und Kioske erfolgt, jedoch keine eigene Bezeichnung hat, sondern gemeinhin ebenfalls als Einzelverkauf bezeichnet wird. Zu den Vertriebswegen des Einzelnummernabsatzes sind darüber hinaus auch der Postzeitungsdienst sowie die vor allem in Großstädten anzutreffenden Zeitungsständer und verlagseigenen Straßenverkäufer zu zählen.

Die bereits in den frühen Morgenstunden erfolgende *Hauszustellung* durch verlagseigene oder für Grossisten arbeitende Austräger ist zwar relativ kostenintensiv, stellt jedoch einen vom Leser seit Jahrzehnten selbstverständlich in Anspruch genommenen Service des Zeitungsmediums dar: Sie garantiert ihm in aller Regel die ›Zeitung am Frühstückstisch‹.

Der klassische *Einzelverkauf* von Zeitungen in Schreibwarenläden, an Kiosken, in Bahnhofsbuchhandlungen und Supermärkten zeichnet sich dadurch aus, dass ein oder zwei Handelsstufen zwischen Presseverlag und Kunden geschaltet sind: das Pressegrosso (die Zeitungs- und Zeitschriftengroßhändler) bzw. der Bahnhofsbuchhandel und der Einzelhandel. Dabei räumt der Zeitungsverlag dem Grossisten auf den Einzelverkaufspreis einen Rabatt als Dienstleistungsentgelt ein, den dieser teilweise an den Einzelhändler weitergibt.[89]

Die Zustellung durch den *Postzeitungsdienst*, dessen Beförderungstarife durch Subventionen niedriger als die tatsächlichen Transportkosten gehalten werden, bietet die Gewähr dafür, dass die Zeitung auch in kleinsten und entlegensten Orten erhältlich ist – wenngleich in der Regel erst später am Tag. Dass von vielen Lesern der Postzeitungsdienst für das Nachsenden der gewohnten Zeitung an den Urlaubsort (auch im Ausland) in Anspruch genommen wird, beweisen die jährlich zur Urlaubszeit stark ansteigenden Verschickungsaufträge. Wichtiger aber dürfte der Umstand sein, dass im Postzeitungsdienst zudem ein Beitrag zum informierten Bürger gesehen wird – eine der Voraussetzungen für ein demokratisches System: Er hilft, eine ›flächendeckende Versorgung‹ mit Zeitungen und Zeitschriften zu gewährleisten und damit im Prinzip für alle Bürger die Möglichkeit zur Information und zur politischen Meinungs- und Willensbildung zu ermöglichen. Der Anteil der von der Post zugestellten Zeitungen an der Gesamtauflage beträgt rund 3 Prozent,[90] wobei die Postzustellung vor allem für überregional verbreitete Tageszeitungen bedeutsam ist. Wichtiger noch als für den Zeitungsvertrieb ist der Postzeitungsdienst für die Zustellung von Zeitschriften. Angaben des VDZ zufolge[91] werden Publikumszeitschriften zu 45 Prozent, Fachzeitschriften zu 90 Prozent im Abonnement vertrieben; dieses wird den Beziehern zum größten Teil über die Post zugestellt.[92] Übers Jahr gesehen werden von der Deutschen Post AG[93] zusammen rund 2,1 Mrd. Zeitungs- und Zeitschriftenexemplare an die Leser gebracht.[94]

Der *Verkauf über Zeitungsständer*, dessen Erfolg weitgehend von der Zahlungsmoral der Kunden abhängig ist, lässt sich vor allem bei Straßenverkaufszeitungen und größeren Regionalzeitungen in Großstädten und Ballungszentren beobachten. Diese ›stummen Verkäufer‹, auch Zeitungshalbautomaten genannt, tragen in besonderer Weise zur Präsenz der Zeitung im Erscheinungsbild städtischer Ballungszentren bei. Dieses Bild wird daneben auch durch verlagseigene *Abendverkäufer* geprägt, die druckfrische Exemplare der Ausgabe vom darauffolgenden Tag in Lokalen, an U-Bahn- und S-Bahnstationen etc. sowie auch an öffentlichen Plätzen zu verkaufen suchen.[95]

Im Bereich des Vertriebs genießt die bundesdeutsche Presse (wie die Zeitungen in anderen Ländern auch) um ihrer öffentlichen Aufgabe willen in zweierlei Hinsicht eine indirekte staatliche Förderung: zum einen durch den mit günstigen Tarifen arbeitenden Postzeitungsdienst, zum anderen durch die Tatsache, dass die Vertriebserlöse nur dem ermäßigten Mehrwertsteuersatz unterliegen.[96]

8.2.4 Erlöse im Zeitungsbetrieb

Den Kosten bei Zeitungsproduktion und -vertrieb stehen die Erlöse des Zeitungsgewerbes gegenüber. Mit den *Erlösen* sind die dem Medieninhaber oder Presseverlag durch den Verkauf des Produkts zufließenden Mittel gemeint, die sich im Wesentlichen aus Vertriebs-, Anzeigen- und Beilagenerlösen zusammensetzen. Dabei gilt im Allgemeinen: Stück x Preis = Vertriebserlöse; Raum x Preis = Anzeigenerlöse; Gewicht x Preis = Beilagenerlöse.

Umsatzsteigerung und Gewinnerzielung können als klassische Oberziele privatwirtschaftlich geführter Presseunternehmen gesehen werden. Während jedoch die Daten zu den im gesamten Tageszeitungswesen erzielten Umsätzen und Erlösquellen pressestatistisch jährlich ermittelt und – geordnet nach Auflagengrößenklassen – vom Verlegerverband in anonymisierter Form bekannt gegeben werden, findet man Angaben über Gewinne (bzw. Verluste) der Zeitungsunternehmen in der Regel nur von publizitätspflichtigen Presseverlagen in Jahresabschlüssen und Geschäftsberichten der einzelnen Unternehmen ausgewiesen; Gewinne oder Verluste werden dadurch nur in Sonderfällen (wie Fusionen, Konkurs o. Ä.) einer breiteren Öffentlichkeit bekannt. Für die Publizitätspflicht ist neben der Organisationsform vor allem das Überschreiten einer bestimmten Unternehmensgröße maßgeblich.[97]

Die bundesdeutschen Tageszeitungen weisen für 2004 einen Gesamtumsatz von 8,473 Mrd. Euro aus, davon 3,970 Mrd. Euro Vertriebsumsätze und 4,502 Mrd. Euro Anzeigen-/Beilagenumsätze.[98] Dabei werden die höchsten Umsätze bzw. Erlöse auch von den Tageszeitungen der Gruppe mit den höchsten Auflagen erreicht: So erzielen beispielsweise in Westdeutschland die 40 gemeldeten Regionaltitel mit einer Auflage bis zu 10.000 Stück nur knapp 161 Mio. Euro, während etwa die Gruppe der Auflagenklasse bis 50.000 Stück, die aus 32 gemeldeten Titeln besteht, immerhin 591,5 Mio. Euro erwirtschaftete. Die 16 gemeldeten Titel mit einer Auflage bis 200.000 erlösten knapp 1,426 Mrd. Euro, die 14 gemeldeten Titel mit einer Auflage über 200.000 zusammen 1,968 Mrd. Euro.[99] In Ostdeutschland kamen die 13 gemeldeten Titel mit einer Auflage von bis zu 200.000 auf Gesamterlöse in Höhe von knapp 315 Mio. Euro, die fünf gemeldeten Titel mit einer Auflage von über 200.000 Exemplaren auf Gesamterlöse in Höhe von knapp 566,6 Mio. Euro.[100] Damit haben die ostdeutschen Zeitungen auch 15 Jahre nach der Wiedervereinigung immer noch nicht das wirtschaftliche Niveau westdeutscher Zeitungen erreicht.[101]

Abb. 48: Erlösrelationen bei den Abonnementzeitungen 2000 und 2005

Erlöse	Alte Bundesländer [1]		Neue Bundesländer	
	2000	**2005**	**2000**	**2005** [3]
Werbeerlöse gesamt	64,5 %	55,4 %	51,1 %	
davon Anzeigen	84,2 %	82,4 %	81,4 %	
davon Beilagen	15,8 %	17,6 %	18,6 %	
Vertriebserlöse	35,5 %	44,7 %	48,9 %	
Gesamt [2]	**100 %**		**100 %**	

[1] Durchschnittswert aller fünf Auflagengrößenklassen (bis 25.000, 25.000-50.000, 50.000-125.000, 125.000-200.000, über 200.000 Exemplare)
[2] Bei der Addition können sich Rundungsdifferenzen ergeben.
[3] Für 2005 wurden keine gesonderten Daten für die neuen Bundesländer ausgewiesen.
Quellen: Zeitungen 2001, hrsg. vom BDZV, Berlin: ZV 2001, S. 92; Zeitungen 2006, hrsg. vom BDZV, Berlin: ZV 2006, S. 86 und 39.

Der Umsatz eines Presseunternehmens wird in der Regel von der Zahl der verlegten Objekte, der Auflagenhöhe sowie von der Zahl der produzierten Text- und Anzeigenseiten bestimmt.[102] Die Herausgabe mehrerer Objekte innerhalb eines Presseunternehmens ermöglicht zumeist eine bessere Kapazitätsauslastung der Produktionsmittel (vor allem im Druckbereich) und des Vertriebs sowie eine bessere Risikoverteilung. Letztere ist beispielsweise durch steuerlich wirksamen Verlustausgleich bei wenig erfolgreichen Einzelprodukten sowie durch die Inanspruchnahme sog. akquisitorischer Vorteile möglich, wie gemeinsame Anzeigentarife, Anzeigensplitting, Kombitarife für Anzeigen in mehreren Produkten des gleichen Hauses etc.[103] Das Entstehen großer Pressekonzerne ist u. a. auch auf diese Gründe zurückzuführen.

Entsprechend den beiden Märkten, auf denen Zeitungen abgesetzt werden, setzen sich die Erlöse im Zeitungsgewerbe im Wesentlichen aus Vertriebserlösen (Verkaufseinnahmen) und Anzeigenerlösen (Werbeentgelten) zusammen. Das Verhältnis zwischen Vertriebs- und Anzeigenerlösen machte für viele Jahre 1 zu 2 aus: Etwa rund 35 Prozent, also ein gutes Drittel, wurde bei regional- und lokal verbreiteten Abonnementzeitungen aus dem Vertrieb erzielt, knapp zwei Drittel (rund 65 Prozent) dagegen aus Anzeigenerlösen und Fremdbeilagentransport.[104] Dabei handelt es sich um Durchschnittswerte, während die tatsächliche Erlösrelation je nach Zeitungstyp, Auflage und Marktstellung der Zeitung stark variieren kann. Infolge der konjunkturellen und strukturellen (Anzeigen-)Krise, der die Zeitungen zwischen 2001 und 2004 unterlagen (vgl. Kapitel 9.4), haben sich diese Erlösrelationen jedoch spürbar verändert (vgl. Abb. 48). So weist der BDZV für das Jahr 2002 eine Erlösrelation von 42,6 Prozent beim Vertrieb und nur noch 57,4 bei den Anzeigen (plus Beilagentransport) aus.[105] Für das Jahr 2004 wird diese Relation mit 44,6 zu 55,4 Prozent angegeben, ein Jahr später gab es ein ähnliches Verhältnis.[106] Die Zeitungsverlage versuchen, die Ausfälle bei den Vertriebserlösen – zumindest teilweise – durch den Verkauf von Zusatzprodukten wie Büchern, Lexika, CDs, DVDs etc. sowie durch ihr Engagement bei Post- und Transportdiensten über eigene Vertriebs- und Zustellorganisationen auszugleichen (vgl. Kapitel 9.5). Ob dies auch längerfristig gelingt, bleibt vorerst abzuwarten.

Zu den Vertriebserlösen: Am von den bundesdeutschen Tageszeitungen 2004 erzielten Gesamtumsatz von 8,473 Mrd. Euro machen die Vertriebserlöse 3,97 Mrd. Euro aus.[107] Diese Einnahmen durch den Verkauf sind für die Zeitungsverlage auch deshalb äußerst wichtig, »weil in Zeiten einer wirtschaftlichen Rezession oder gar einer Krise das Anzeigengeschäft der Presse durch Nachlassen der Anzeigenumsätze wesentlich rascher als das Vertriebsgeschäft beeinträchtigt wird«.[108] Auf der einen Seite ist ein günstiger Kaufpreis der Zeitung natürlich attraktiv für den Zeitungskunden und ein Anreiz für neu zu gewinnende Leser. Auf der anderen Seite tragen »zu niedrig angesetzte Bezugspreise (…) wesentlich zur Konjunkturanfälligkeit von Presseorganen bei. Hier den richtigen Ausgleich zu finden, ist schwierig«[109] und als Aufgabe bis heute nicht gelöst.

Für die fast ausschließlich im Einzelverkauf vertriebenen Straßenverkaufs- bzw. Boulevard-Zeitungen ergibt sich darüber hinaus ein größeres Risiko bei der Festlegung der Auflage: Sie muss einerseits hoch genug sein, um der Nachfrage zu entsprechen, die von einem auf den anderen Tag stark variieren kann. Andererseits muss sie niedrig genug sein, um die Zahl der *Remittenden* (oder ›Retouren‹) in wirtschaftlich vertretbaren Grenzen zu halten. Zum Einnahmenausfall im Hinblick auf den Verkauf kommen folglich zusätzlich Kosten für Rücktransport und Entsorgung der Remissionsexemplare.[110]

Das Zeitungspapier nicht verkaufter bzw. zum Verlag zurückgeschickter Zeitungsexemplare wird übrigens normalerweise ›de-inkt‹ (Entzug der Farbe auf chemischem Wege) und dann dem Recyclingprozess zugeführt. Das dabei gewonnene Altpapier kann anderweitig allerdings höchstens drei- bis viermal wiederverwendet werden. Zeitungen selbst nehmen für ihre Ausgaben praktisch überhaupt kein wiederverwertetes Papier, weil es schwer zu bedrucken ist und seine Qualität nicht den Anforderungen der werbungtreibenden Wirtschaft entspricht.[111] Die Zeitungsverlage verwenden heute weitgehend teureres Papier, das nicht mehr mit Chlor, sondern mit Wasser gebleicht wird.

Zu den Anzeigenerlösen: 55,4 Prozent der Erlöse westdeutscher Tageszeitungen oder 4,5 Mrd. Euro wurden 2004 im Bereich der Anzeigen und Beilagen erwirtschaftet.[112] Diese Anzeigenerlöse können aus der überregionalen Werbung für Markenartikel, Konsumgüter und Dienstleistungen, aus der vielfältig ausgeprägten Regional- und Lokalinsertion des örtlichen Gewerbes, aus Stellen-, Immobilien-, Kfz- und Veranstaltungsanzeigen, aus privaten Kleinanzeigen sowie aus dem Beilagentransport von Werbeprospekten stammen. Nicht nur, aber insbesondere bei den Stellen-, Immobilien- und Kfz-Anzeigen mussten die Zeitungsverlage in den vergangenen Jahren relativ starke Verluste hinnehmen, da diese Rubrikenanzeigen teilweise in zeitungsfremde Internetangebote abgewandert sind. Auch die privaten Kleinanzeigen – Stichwort eBay – geraten unter Druck. Durch die Beteiligung an branchenfremden Online-Portalen für Stellen-, Immobilien- und Kfz-Anzeigen versuchen die Zeitungsverlage jedoch, zumindest Teile dieses verlorenen Terrains zurückzugewinnen (vgl. Kapitel 10.2).

Was aus der Perspektive der Zeitung als Erlösquelle erscheint, stellt für die werbungtreibende Industrie Kosten dar: der Anzeigenpreis als der Geldbetrag, der von den Inserenten aufgebracht werden muss, um eine Anzeige im Medium Zeitung zu schalten. Dieser Preis richtet sich auch bei Tageszeitungen weitgehend nach der Höhe der verkauften Auflage und der tatsächlichen Verbreitung; er steigt folglich mit wachsender Auflage und Reichweite. Relativ aber, d. h. bezogen auf die Multiplikation und Verbreitung der geschalteten Anzeige, vermindert sich dieser Betrag. Angegeben wird das mit dem *Tausenderpreis*, d. h. mit dem aufzubringenden Anzeigenentgelt bezogen auf je 1.000 Stück der verkauften Auflage oder mit dem *Tausend-Leser-Preis* bezogen auf je 1.000 Leser einer Zeitung (vgl. Kapitel 8.3). Der Tausenderpreis bzw. der Tausend-Leser-Preis ist folglich bei auflagenstarken Blättern bzw. bei solchen mit großen Reichweiten niedriger.[113]

Zur Anzeigen-Auflagen-Spirale: Im Fall von zwei oder mehr miteinander konkurrierenden Zeitungen hat das Objekt mit der höheren Auflage und Reichweite aus den genannten Gründen Wettbewerbsvorteile: Je höher die Auflage und je größer die Reichweite einer Tageszeitung, umso günstiger ist der Tausenderpreis für eine Anzeige in dieser Zeitung. Je günstiger der Tausenderpreis, desto mehr Werbekunden wird die Zeitung gewinnen können, d. h. desto höher ist das Anzeigenaufkommen. Damit steigen für diese Zeitung auch die Anzeigenerlöse. Diese Erlöse wiederum sind ihrerseits Voraussetzung für möglichst günstige Bezugspreise, für Investitionen und Produktverbesserungen. Ein solchermaßen verbessertes Blatt wird dann auch leichter höhere Auflagen und Reichweiten erreichen können. Es ist verständlich, dass mit diesem Prozess eine Entwicklung in Gang kommt, die die größeren Zeitungen am Anzeigenmarkt immer noch zusätzlich begünstigt, während den kleineren Zeitungen der Kampf um Anzeigenkunden gleichzeitig erschwert wird. Denn natürlich gilt auch die Entwicklungsdynamik in die andere Richtung: Je geringer Auflage und Reichweite, desto weniger Anzeigenbuchungen; je weniger Buchungen, desto geringer die Werbeerlöse; je geringer die Erlöse, desto weniger Möglichkeiten für Investitionen usw. Bei diesem Sachverhalt – ob nun positiv bei der Entwicklung nach oben oder negativ bei nach unten gerichteter Dynamik – spricht man von der ›Anzeigen-Auflagen-Spirale‹ (s. Abb. 49).[114]

Abb. 49: Die Anzeigen-/Auflagen-Spirale

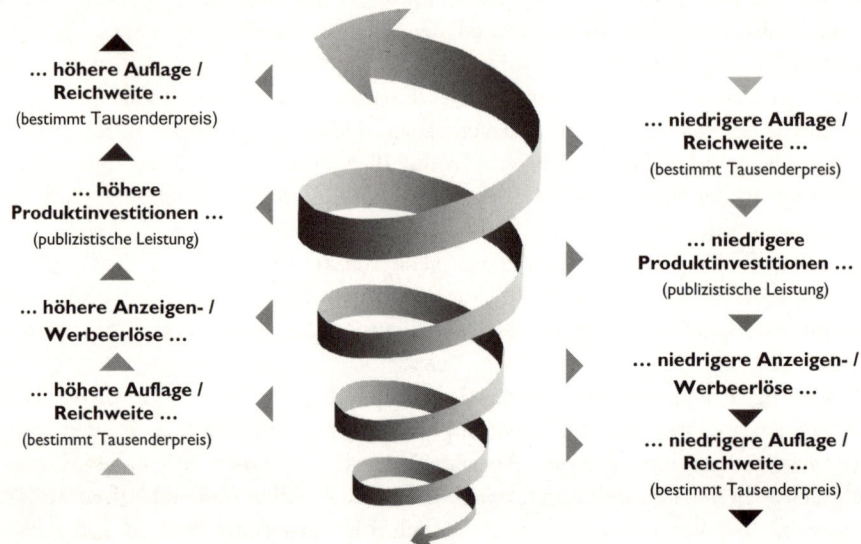

... höhere Auflage /
Reichweite ...
(bestimmt Tausenderpreis)

... höhere
Produktinvestitionen ...
(publizistische Leistung)

... höhere Anzeigen- /
Werbeerlöse ...

... höhere Auflage /
Reichweite ...
(bestimmt Tausenderpreis)

... niedrigere Auflage /
Reichweite ...
(bestimmt Tausenderpreis)

... niedrigere
Produktinvestitionen ...
(publizistische Leistung)

... niedrigere Anzeigen- /
Werbeerlöse ...

... niedrigere Auflage /
Reichweite ...
(bestimmt Tausenderpreis)

Eigene Darstellung

Von einer aufwärtsgerichteten Anzeigen-Auflagen-Spirale profitiert dabei nicht nur der Verleger. Direkt oder indirekt kommt eine solche Entwicklung allen Beteiligten zugute:
- dem Verleger, der bei höherer Auflage vergleichsweise geringere Stückkosten und höhere Gewinne hat,
- dem Anzeigenkunden, weil er in den Genuss des günstigeren Tausenderpreises kommt,
- und schließlich auch dem Leser, zumal er auf diese Weise eine publizistisch leistungsfähigere Zeitung zu einem (relativ) günstigeren Bezugspreis erhält.

Entsprechend gilt für eine abwärtsgerichtete Anzeigen-Auflagen-Spirale, dass hier Verleger und Blattmacher beispielsweise kleinerer Lokalzeitungen, Inserenten etwa des regionalen Gewerbes wie auch die Leser solcher Blätter aus den genannten Gründen jeweils die Leidtragenden sind.[115]

8.2.5 Presse als Werbeträger

Auch unabhängig von Auflage und Reichweite gibt es im Pressebereich unterschiedliche Werbeumfänge, zum Teil beträchtliche Preisdifferenzen für verschiedene Anzeigenarten und eine unterschiedliche Belegung jeweiliger Zeitungstypen für bestimmte Arten von Anzeigenwerbung, weil sich nicht alle Zeitungen bzw. Zeitschriften gleichermaßen für alle

Formen der Printmedien-Werbung eignen. Die *Quantität des Anzeigenaufkommens* kann dabei abhängen

- vom Typ des Presseorgans (regionale bzw. lokale Tageszeitung, überregionale Abonnementzeitung, Straßenverkaufszeitung, Illustrierte, Special-Interest-Zeitschriften, Gratistageszeitungen und Anzeigenblätter),
- von seinem spezifischen Leserkreis (Alter, formale Bildung, Einkommen, sozialer Status der Leserschaft etc.),
- vom Anzeigenpreis,
- von den technischen Möglichkeiten des Mediums (Druckqualität, Möglichkeit des Farbdrucks, rasche Disposition etc.),
- vom sog. Service (der nicht nur die Art der Auftragsabwicklung umfasst, sondern auch die Eignung als Werbeträger, wie sie durch Auflagenzahlen, Verbreitungs- und Leseranalysen sowie durch Copy-Tests ermittelt und ausgewiesen wird),
- vom Wettbewerb innerhalb der Werbewirtschaft,
- von der medialen Konkurrenzsituation vor Ort,
- von der allgemeinen konjunkturellen Lage.[116]

Die *Höhe des Anzeigenpreises* hängt neben Auflage und Reichweite eines Pressetitels von weiteren Faktoren ab, die auch innerhalb des gleichen Objekts aufgrund von Preisdifferenzen (z. B. Seitenpreis, mm-Preis) zu unterschiedlich hohen Anzeigenpreisen führen:

- Markenartikelwerbung, Geschäftsanzeigen und betriebliche Stellenangebote zum Normaltarif, private Stellengesuche, Familien- und Kleinanzeigen zu ermäßigten Preisen,
- tarifliche Wiederholungs-, Mengen- und Kombirabatte,
- Zuschläge auf Normaltarife für spezielle Platzierungs-, Gestaltungs- und Farbwünsche,
- Zuschläge für die Veröffentlichung an bestimmten Tagen (bei Tageszeitungen nicht nur, aber vor allem zum Wochenende wegen meist höherer Auflage),[117]
- Sondervereinbarungen für Anzeigen mit Gegengeschäften.

Was schließlich die *Eignung verschiedener Pressetypen* für Anzeigenwerbung betrifft, so gilt allgemein:

- Überregional verbreitete Tages- und Wochenzeitungen sowie Magazine und Illustrierte eignen sich besonders für (überregionale) Markenartikel-, Konsumgüter- und Dienstleistungswerbung (Regional- oder Lokalausgaben überregionaler Tageszeitungen auch für Lokalinsertion).
- In regional-lokalen Tageszeitungen, Gratisblättern, Stadt(teil)zeitungen findet man vergleichsweise viele lokale Geschäfts-, Stellen-, Veranstaltungs- und private (Klein-)Anzeigen.
- Fach- und Special-Interest-Zeitschriften werden besonders für spezielle Zielgruppenwerbung genutzt, wobei je nach Art der Zeitschrift fachgebietsbezogen für bestimmte Arten von Marken- und Konsumartikeln geworben wird.[118]

Abb. 50: Anzeigenpreise ausgewählter Zeitungen und Zeitschriften 2005

Titel	Anzeigenpreis in Euro 1/1 Seite, sw
Überregionale Tageszeitungen*	
Frankfurter Allgemeine Zeitung	34.417
Frankfurter Rundschau	20.064
Süddeutsche Zeitung	36.860
Handelsblatt	34.770
die tageszeitung	7.182
Die Welt	21.067
Regionale Zeitungen*	
Augsburger Allgemeine (Hauptausgabe)	11.778
Freie Presse (Gesamtausgabe)	42.444
Der Tagesspiegel – gesamt (mit Potsdamer Neuste Nachrichten)	16.854
Boulevardzeitungen*	
Bild	275.402
Express	15.403
Berliner Kurier	5.902
B.Z.	10.721
Sonntagszeitungen	
Bild am Sonntag (1/1 Seite 4c)	62.992
Welt am Sonntag (1/1 Seite sw)	35.112
Magazine	
Focus (1/1 Seite 4c)	42.750
Der Spiegel (1/1 Seite 4c)	49.500
stern (1/1 Seite 4c)	50.200

* Die Angaben der Tageszeitungen beziehen sich auf Mo–Fr.

Quelle: Media Analyse II 2005, Presse, hrsg. von der Arbeitsgemeinschaft Media-Analyse e.V. (Stand 31.12.2005).

Für die in Deutschland so vielfältig ausgeprägte Regionalpresse wird jährlich der Anteil verschiedener Anzeigenrubriken am Gesamtumfang der Anzeigenteile ermittelt, wobei nach den verschiedenen Anzeigenarten unterschieden wird. Danach fällt die größte Anzeigenmenge zwar nach wie vor auf die *lokalen Geschäftsanzeigen*. Ihr Anteil am Gesamtumfang der Zeitungswerbung ist jedoch seit 1980 von damals 50 auf heute gut 38 Prozent zurückgegangen,[119] womit sich für die Regionalzeitungen mit den Anzeigenerlösen die wichtigste Einnahmequelle reduziert hat. Erklärt wird dieser Rückgang mit der Verlagerung der Lokalinsertion in Beilagen und Anzeigenblätter sowie zu einem geringen Teil auch in die privaten Lokalradios. (Dies ist auch einer der Gründe, weshalb Zeitungsverlage oftmals selbst Anzeigenblätter herausbringen und sich seit Mitte der achtziger Jahre am privaten Lokalfunk beteiligten.) Für regionale Abonnementzeitungen gibt der BDZV für das Jahr 2004 folgende Anteile am Werbeaufkommen an:

- 38,2 Prozent lokale Geschäftsanzeigen,
- 8,6 Prozent überregionale Anzeigen,
- 9,3 Prozent Familienanzeigen,
- 12,1 Prozent Immobilienanzeigen,
- 7,9 Prozent Stellenanzeigen,
- 7,8 Prozent Kfz-Anzeigen,
- 3,1 Prozent Reiseanzeigen,
- 2,9 Prozent Veranstaltungsanzeigen,
- 10,1 Prozent sonstige Anzeigen.[120]

Wie erwähnt mussten die Tageszeitungen in den vergangenen Jahren vor allem bei den für sie wichtigen Rubrikenanzeigen wegen deren Abwandern ins Internet teils schwere Verluste hinnehmen: Seit 1997 sollen dies bei den Stellenanzeigen 46 Prozent, bei den Immobilienanzeigen 45 Prozent und bei den Kfz-Anzeigen 27 Prozent gewesen sein.[121]

Abb. 51: Konjunkturabhängigkeit der Zeitungen

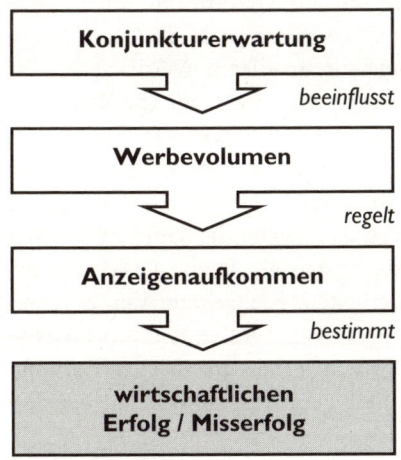

Eigene Darstellung.

Konjunkturabhängigkeit des Anzeigengeschäfts: Die Abhängigkeit der Tageszeitungen (wie auch anderer Print- und Funkmedien) von Erlösen aus Werbung und Anzeigen ist nicht unproblematisch, weil Presseunternehmen dadurch in ihrem wirtschaftlichen Erfolg gleichzeitig auch vom Verlauf der Gesamtkonjunktur eines Landes abhängig werden. Denn in Zeiten wirtschaftlichen Aufschwungs bzw. blühender Konjunktur verfügt die Wirtschaft auch über hohe Werbeetats, die das gesamte Anzeigenaufkommen mitbestimmen. Davon aber hängt wesentlich der wirtschaftliche Erfolg der Zeitungen ab. Länger andauernde Konjunktureinbrüche können folglich die wirtschaftliche Existenz von Tageszeitungen bedrohen. Denn in aller Regel werben Handel, Industrie und Dienstleistungsgewerbe ›prozyklisch‹, also besonders dann, wenn aufgrund einer florierenden gesamtwirtschaftlichen Entwicklung mehr Geld für Werbung zur Verfügung steht. Bei konjunkturellen Flauten oder Einbrüchen hingegen nimmt auch die Bereitschaft zur Werbung ab; häufig wird zuerst an den Ausgaben für Werbung gespart.[122] Erst in jüngerer Zeit gehen einige Branchen, etwa die der Konsumgüter-, teilweise aber auch der Gebrauchsgüterherstellung, dazu über, antizyklisch zu werben, um die Konjunktur wenigstens in Teilen zu beleben. Wenn, wie seit 2001, noch strukturelle Problemlagen hinzukommen, wie im Tageszeitungsbereich das mehrfach erwähnte Abwandern von Rubrikenwerbung ins Internet, stehen Zeitungen finanziell vor größeren Problemen.

Zeitungswerbung und Gesamtwerbeaufkommen: Für das Jahr 2005 gibt der Zentralverband der Werbewirtschaft Gesamtwerbeinvestitionen von 29,55 Mrd. Euro brutto an. Diese Summe enthält den auf alle Werbeträger verteilten Werbeaufwand einschließlich Produktionskosten für Werbespots, Sujets von Anzeigen und Plakaten, Honorare und Mittlerprovisionen. Damit hatte 2005 die Werbung einen Anteil von 1,32 Prozent am Bruttoinlandsprodukt. Die *Netto*-Werbeeinnahmen (ohne Produktionskosten, Honorare etc.), die den Medien direkt zuflossen, betrugen knapp 19,78 Mrd. Euro[123] – ein Stand, der nach der Medienkrise zwischen 2001 und 2004 jenem von 1997 entsprach. Im überragenden Werbejahr 2000 hatte das Nettowerbeaufkommen noch 23,3 Mrd. Euro betragen.[124]

Zeitungswerbung im Medienwettbewerb: Im Kampf um das Werbeaufkommen befinden sich Tageszeitungen in Konkurrenz zu anderen Wettbewerbern im Medienmarkt, und zwar sowohl in einem intramediären als auch in einem intermediären Wettbewerb. Von dem 2005 ausgewiesenen Nettowerbeaufkommen von 19,78 Mrd. Euro für alle Werbeträger entfielen 4,418 Mrd. Euro auf die Tageszeitungen, was einem Anteil von 22 Prozent entspricht.[125] Ihnen folgt das Fernsehen mit knapp 3,93 Mrd. Euro oder einem Anteil von 20 Prozent sowie Werbung per Post mit knapp 3,4 Mrd. Euro oder 17 Prozent. An vierter Stelle stehen die Anzeigenblätter mit knapp 1,9 Mrd. Euro bzw. 10 Prozent, die damit erstmals in der Geschichte der Bundesrepublik die Publikumszeitschriften mit knapp 1,8 Mrd. Euro bzw. 9 Prozent Anteil am Nettowerbeaufkommen überholten. Fachzeitschriften erzielten 902 Mio. Euro Werbegeld, was einem 5-Prozent-Anteil entspricht. Online-Werbung machte zwar nur 332 Mio. Euro bzw. einen Anteil von knapp 2 Prozent aus, ist aber bei der Werbung jener Medienbereich, der – freilich auf ursprünglich niedrigem Ausgangsniveau – derzeit am stärksten wächst. Im Jahr 1997 beispielsweise entfielen auf Online-Werbung nur gut 12,8 Mio. Euro (0,6 Prozent).[126] Sämtliche Printmedien zusammen – also Tages-, Wochen- und

Abb. 52: Entwicklung des Werbeaufkommens und seine Verteilung auf die Werbeträger (1980 bis 2005)

Medium	1980	1990 [1]	1995 [2]	2000	2002	2005
Gesamt Mrd. Euro	**6,33**	**12,55**	**18,58**	**23,29**	**20,14**	**19,78**
Tageszeitungen	42,7 %	32,9 %	30 %	28 %	25 %	22 %
Wochen- und Sonntagszeitungen	1,7 %	1,4 %	1 %	1 %	1 %	1 %
Zeitungssupplements	–	0,9 %	1 %	< 1 %	> 1 %	> 1 %
Publikumszeitschriften	16,4 %	12,5 %	10 %	10 %	10 %	9 %
Fachzeitschriften	8,4 %	7,9 %	6 %	5 %	5 %	5 %
Anzeigenblätter	–	8,0 %	8 %	8 %	8 %	10 %
Fernsehen	9,0 %	11,3 % [4]	17 %	20 %	20 %	20 %
Hörfunk	3,2 %	3,6 %	3 %	3 %	3 %	3 %
Werbung per Post	10,7 %	12,2 %	14 %	15 %	17 %	17 %
Online	–	–	–	–	1 %	2 %
Sonstiges [3]	8,1 %	9,3 %	10 %	9 %	> 11 %	> 11 %

– noch nicht erhoben

1) in der Rubrik Tageszeitungen nur bedingt, in den Positionen Wochen- und Sonntagszeitungen, Publikumszeit- schriften mit den Vorjahren nicht vergleichbar, da die Erhebungsbasis 1988 strukturell bereinigt wurde.
2) Ab 1995 stehen Zahlen nur noch gerundet zur Verfügung.
3) Verzeichnis-Medien, Plakat- bzw. Außen- und Filmtheaterwerbung.
4) inkl. Werbeaufwendungen in den neuen Bundesländern seit 1992 für alle Medien.

Quellen: ZAW-Jahrbuch: Werbung in Deutschland 1996, hrsg. vom Zentralverband der deutschen Werbewirt- schaft (ZAW), Bonn 1996: ZAW, S. 9 u. 20; ZAW-Jahrbuch: Werbung in Deutschland 2001, hrsg. vom Zen- tralverband der deutschen Werbewirtschaft (ZAW), Bonn: ZAW 2001, S. 9 u. 21; ZAW-Jahrbuch: Werbung in Deutschland 2006, hrsg. vom Zentralverband der deutschen Werbewirtschaft (ZAW), Bonn: ZAW 2006, S. 9 u. 17. Pürer, Heinz; Raabe, Johannes: Medien in Deutschland, Band 1: Presse, Konstanz: UVK 1996, S. 222 (dort mit Bezugnahme auf ZAW).

Sonntagszeitungen, Zeitungssupplements, Publikums- und Fachzeitschriften sowie Anzei- genblätter – bringen es 2005 auf einen gemeinsamen Anteil von 48 Prozent. Dies entspricht knapp der Hälfte des Gesamtnettowerbeaufkommens (vgl. Abb. 52).

Ihre führende Position am Gesamtwerbeaufkommen können die Druckmedien also nach wie vor halten. Doch ist nicht zu übersehen, dass ihr Anteil – insbesondere jener der Tageszeitungen – am Gesamtwerbeaufkommen in den vergangenen Jahren kontinuierlich gesunken ist. Innerhalb der zurückliegenden 25 Jahre verringerte sich der Anteil der Tages- zeitungen am Gesamtwerbeaufkommen von 42,7 auf 22 Prozent, also um gut 20 Prozent. Trotz dieses Rückgangs konnten die Zeitungen jedoch ihr absolutes Werbeaufkommen im genannten Zeitraum beträchtlich steigern, da das *Gesamt*werbeaufkommen (netto) nominal und real überdurchschnittlich wuchs. Es betrug 1980 umgerechnet 6,3 Mrd. Euro, 2005 hingegen insgesamt 19,78 Mrd. Euro – hat sich also mehr als verdreifacht. Dieses Wachstum kam allen Medien zugute, auch den Tageszeitungen. Großer Gewinner an der Verteilung der Werbemittel ist seit Ende der achtziger, Anfang der neunziger Jahre das Privatfernsehen, das nicht nur den Tageszeitungen Werbeaufkommen entzieht, sondern vor allem das öffentlich-rechtliche Fernsehen bedrängt und herkömmliche Strukturen der Verteilung des Gesamtwerbeaufkommens nachhaltig verändert.

Neben anderen Printmediengruppen sind vor allem die gratis angebotenen Anzeigenblätter als beträchtliche Werbekonkurrenten für die Zeitungen nicht zu unterschätzen. Sie sind, wie erwähnt, eine der wesentlichen Ursachen für das Engagement vieler Tageszeitungsverlagshäuser in diesem Bereich.[127]

Aber auch die traditionelle Konkurrenz der Tageszeitungen zu Illustrierten und Publikumszeitschriften – vor allem in der überregionalen Werbung – hat sich nicht entschärft. Allerdings können die Tageszeitungen dabei auf Vorteile verweisen, über die Zeitschriften als Werbeträger in dieser Form nicht verfügen. Dazu gehören vor allem die raschen Dispositionsmöglichkeiten auch für kurzfristig anberaumte Werbeaktivitäten. Die insbesondere bei den Abonnementtageszeitungen vorfindbare gute Leser-Blatt-Bindung garantiert hohe Kontaktchancen der Zeitungswerbung. In der Lokalzeitung lässt sich für Werbekunden hervorragend ereignisbezogen und mit spontan geschalteten Anzeigen (z. B. gegenüber Geschäftskonkurrenten) auch sehr aktuell inserieren. Mit Tageszeitungsanzeigen ist es also möglich, sehr flexibel auf veränderte Bedürfnisse im (lokalen) Markt zu reagieren. Auf der anderen Seite ist die Anzeigenwerbung in der Tageszeitung gegenüber derjenigen in Illustrierten und anderen Zeitschriften kurzlebiger: Diese Druckmedien sind im Vergleich länger im Umlauf und haben zudem mehr Leser pro Nummer.[128]

Die höchsten Steigerungsraten im Werbegeschäft jedoch konnte über viele Jahre das Fernsehen verzeichnen, dessen Werbeaufkommen geradezu exorbitant von umgerechnet rund 0,6 Mrd. Euro im Jahr 1980 auf knapp 4 Mrd. Euro im Jahr 2005 anstieg. Allerdings muss dabei berücksichtigt werden, dass es 1980 lediglich das öffentlich-rechtliche Fernsehen von ARD und ZDF gab, das damals einen Anteil am Gesamtwerbeaufkommen von 9 Prozent hielt, während vom Werbegeschäft vor allem heute die großen Anbieter des privatkommerziellen Fernsehens profitieren.[129] Der Anteil der Fernsehwerbung am Gesamtnettowerbeaufkommen beträgt damit 20 Prozent, ein Wert, der seit dem Jahr 2000 auf diesem Niveau verharrt.[130] Das Werbeaufkommen bei den Tageszeitungen lag 1980 mit umgerechnet 2,7 Mrd. Euro bzw. einem Anteil von 42,7 Prozent auf einem dem Fernsehen gegenüber damals ungleich höheren Niveau; es wuchs in der Folge zwar auch, aber geringer und beträgt 2005 knapp 4,42 Mrd. Euro, was nun nur noch dem erwähnten Anteil von 22 Prozent entspricht.[131] Aus Abbildung 52 geht die Entwicklung des Werbeaufkommens und seiner Verteilung auf die einzelnen Mediengattungen in den vergangenen 25 Jahren hervor.

8.2.6 Exkurs: Presse und Rundfunk im publizistischen Wettbewerb

Die folgenden Ausführungen beschäftigen sich mit den grundlegenden Merkmalen der Print- und Funkmedien im publizistischen Wettbewerb. Sie wurden an dieser Stelle mit aufgenommen, auch wenn sie eigentlich nicht zu den wirtschaftlichen Grundlagen des Pressewesens gehören, weil sich der publizistische vom ökonomischen Wettbewerb der Medien nicht völlig trennen lässt und weil die Vorzüge und Nachteile einzelner Medientypen als Werbeträger nicht losgelöst von deren publizistischen Leistungen und medialen Eigenheiten verstanden werden können.

Seit es Massenmedien gibt, hat das Aufkommen ›neuer‹ Medien stets Befürchtungen der ›alten‹ Medien ausgelöst, vom Markt verdrängt zu werden. Die Geschichte der Massenkommunikation zeigt jedoch, dass es einen solchen ›Medien-Darwinismus‹ nicht oder nur in eingeschränktem Maße gibt: Weder hat die Zeitung die Zeitschrift verdrängt, noch der Film das Foto; weder bedeutete die Einführung des Fernsehens das Ende des Hörfunks, noch die Etablierung des Rundfunks das Aus für Presseprodukte. Die hierzu bereits 1913 von Wolfgang Riepl aufgestellte These lässt sich als eine der Grundregeln der historischen Medienentwicklung begreifen. Sie lautet: »Tatsächlich kann als Konstante der Kommunikationsgeschichte gelten, dass noch niemals ein neues Medium ein älteres verdrängt hat. Ebenfalls ist kommunikationshistorisch unbestritten, dass neue Medien jeweils bestimmte Formen und Funktionen älterer Medien verändern.«[132] Neue Medien haben bestehende allenfalls bedrängt

- auf Gebieten, in denen sie die Bedürfnisse der Mediennutzer besser befriedigen als herkömmliche Medien,
- wenn bereits bestehende Medien publizistische wie ökonomische Anpassungsprozesse nicht (rechtzeitig) erkannt und sich nicht auf eigene Stärken besonnen haben.[133]

Solche Anpassungsprozesse sind nicht nur auf neue Konkurrenzmedien zurückzuführen. Sie ergeben sich notgedrungen durch den permanenten gesellschaftlichen Wandel, Marktveränderungen und veränderte Bedürfnisse in der Mediennutzung – begleitet von sich wandelnden Sozialstrukturen und Freizeitgewohnheiten. Dass neu aufkommende Medien den Wettbewerb insgesamt jedoch fördern, steht außer Zweifel. Und das in publizistischer wie auch ökonomischer Hinsicht. So ist die Medienrealität »durch die aktive Koexistenz der Medien gekennzeichnet, durch Konkurrenz und Komplementarität, wechselseitige Abhängigkeit und Beeinflussung«.[134] Dies scheint – vorerst zumindest – auch für den Wettbewerb mit dem Internet zu gelten.

Die Wettbewerber Presse und Rundfunk unterscheiden sich wesentlich in ihren je eigenen, zum Teil technisch bedingten Gesetzmäßigkeiten. So zeichnen sich die elektronischen Medien durch größere Schnelligkeit und Aktualität aus. Auch verleihen Bild und Ton dem Fernsehen größere Glaubwürdigkeit. Überdies lassen Hörfunk und Fernsehen sich mit einem hohen Maß an Bequemlichkeit nutzen. Die nach wie vor faszinierende Wirkung des Fernsehens beruht auf dem (scheinbaren) Erleben. Allerdings war der Nutzer von Hörfunk und Fernsehen bisher weitgehend an Programme und Zeiten gebunden. Zudem muss(te) er am aktuellen Programm in der originalen Abfolge teilnehmen, konnte gewissermaßen nicht ›vor-‹ oder ›zurückblättern‹ und hat dabei keine Möglichkeit, das Tempo der Informationsaufnahme selbst zu bestimmen. Dieser bis vor kurzem unveränderbare Programmablauf bedingt(e) insbesondere beim Hörfunk, dem im Unterschied zum Fernsehen nicht immer die gleiche, große Aufmerksamkeit geschenkt werden muss, ein hohes Maß an Flüchtigkeit. Andererseits erlaubt(e) gerade die strenge Rezeptionsabfolge im Gegensatz zur Zeitung auch eine kollektive Nutzung.[135] Die funkmedialen Nachteile der Flüchtigkeit, der Zwangsabfolge und des Nicht-verweilen-Könnens sind von den Werbeproduzenten schon bald nach dem Aufkommen des Fernsehens gezielt für emotionale und unterschwellige Werbeinformationen bzw. -effekte genutzt worden. Spätestens mit dem Aufkommen von Videorecordern und nun mit der raschen Marktdurchdringung (wieder-)bespielbarer DVDs sind Fernseh- und Radionutzer nicht mehr an die Zeiten der Programmausstrahlung gebunden. Auch Video-on-Demand ermöglicht beim privaten Bezahlfernsehen hohe Nutzungsflexibilität. Generell werden Rundfunkprogramme mit der Digitalisierung von Hörfunk und Fernsehen individuell und jederzeit abrufbar. Nicht zu übersehen ist auch das Internet mit seinen vielfältigen Angeboten und individuellen Nutzungsmöglichkeiten, wie etwa das Herunterladen von Beiträgen aus Medienangeboten im World Wide Web (Stichwort: Podcast). Es ist anzunehmen, dass diese Entwicklungen die Mediennutzungsgewohnheiten auf Dauer verändern werden.

Im Gegensatz dazu stellen die Printmedien seit jeher einen in allen ihren Inhalten stets verfügbaren Informationsspeicher von hoher Disponibilität dar, der individuell und in vielen Situationen genutzt werden kann. Das Gedruckte bildet einen zweidimensionalen Raum, in dem sich Informationen systematisch ordnen, übersichtlich darstellen und durch die Vielfalt typografischer Möglichkeiten abwechslungsreich gestalten lassen. Man kann die Zeitung sehr selektiv zu selbstgewählter Zeit, am selbstgewählten Ort nutzen, weniger Interessierendes überblättern, vor allem aber zurückblättern oder nachlesen, wenn man etwas zum besseren Verständnis – oder zum wiederholten Male – erschließen will. Das Medium Zeitung eignet sich besonders dafür, für den Leser Bezüge herzustellen, Hintergründe zu erhellen sowie durch Aufklärung und Kommentierung Orientierungshilfen zu bieten und Sinnzusammenhänge zu vermitteln. Daneben ist die Zeitung eher imstande, ein differenziertes und realitätsnahes Bild der politischen und gesellschaftlichen Wirklichkeit zu liefern. Auch kann sie gegenüber Rundfunk und Internet wichtige Kontrollfunktionen erfüllen.[136] Insgesamt bringen die ›alten‹ Druckmedien also keine schlechten Voraussetzungen mit, sich in einem durch private Hörfunk- und Fernsehangebote sowie das Internet erweiterten Medienmarkt zu behaupten.

Die Tageszeitungen haben es auch in den vergangenen Jahrzehnten vermocht, sich in der Auseinandersetzung mit anderen Wettbewerbern am Medienmarkt zu bewähren. So begegneten sie dem in den fünfziger und sechziger Jahren sich rasch ausbreitenden Konkurrenzmedium Fernsehen mit der Besinnung auf eigene Stärken wie Ausweitung und Verbesserung der Lokal-, Kultur- und Sportberichterstattung, Ausbau der Hintergrundberichterstattung zum politisch-aktuellen Geschehen, Stärkung des Dienstleistungscharakters der Zeitung sowie technischen Innovationen und der Modernisierung der Zeitungsgestaltung.[137] Die sich Ende der siebziger Jahre ankündigenden, auch damals ›neue Medien‹ genannten Technologien wie Kabel- und Satellitenrundfunk und die Teletexte (Videotext, Bildschirmtext und Kabeltext) lösten dagegen keinen Verdrängungswettbewerb aus. Vor allem Teletexte stellten keine ernsthaften Konkurrenten für das Medium Tageszeitung dar: Weder haben die Zeitungen unter dem aktuellen Nachrichtenangebot von Videotext gelitten, noch mussten sie im Bereich der Anzeigen die ursprünglich befürchteten Verluste durch das Medium Bildschirmtext hinnehmen, das sich im Nachhinein als Flop entpuppte.

Seit 1984 sehen sich die bundesdeutschen Tageszeitungen Herausforderungen durch die Einführung des privaten Fernsehens sowie – im Lokalen – des privaten Hörfunks gegenüber. Die im Zusammenhang mit dem Kampf ums Werbeaufkommen gegenüber den privaten Fernsehanbietern beobachteten Verschiebungen im Gesamtwerbeaufkommen wurden bereits angesprochen. Solche Verschiebungen sind mit Blick auf die Konkurrenz zwischen Tageszeitung und lokalem Hörfunk nicht auszuschließen, aber auch nicht eindeutig nachzuweisen, obwohl die Lokalradios ihre Werbeerlöse weitestgehend aus der Lokalwerbung erwirtschaften. Allenfalls waren und sind lokale Tageszeitungen in nachrangiger Wettbewerbsposition davon tangiert.[138] Auch publizistisch bedrängen die privaten Hörfunkanbieter die lokalen Tageszeitungen im Informationsbereich nicht. Vielmehr werden Komplementärbeziehungen erkennbar: Sofern private Lokalradios das Themenspektrum der Lokalberichterstattung erweitern, können lokale Tageszeitungen solche Themen aufgreifen, fortführen und mit jenem Hintergrund ausstatten, den die in Programmzwänge eingebundenen Funkmedien nicht erbringen können. Es gibt jedoch Hinweise darauf, dass die Lokalradios – gemeinsam mit den Gratisanzeigern, Stadtmagazinen und Stadt(teil)zeitungen – durch zum Teil gut aufbereitete Berichterstattung über das Veranstaltungswesen, über Freizeitmöglichkeiten und Serviceangebote den lokalen Tageszeitungen die Orientierungs- und Servicefunktion streitig machen (können).[139]

Seit nunmehr gut zehn Jahren erwächst den Zeitungen auch im Internet ein nicht zu übersehender Konkurrent – und zwar sowohl publizistisch wie ökonomisch. Online-Medien generell können sehr individuell genutzt werden, ein einschränkender Faktor ist jedoch in den Begrenzungen der Bildschirmseite zu sehen, deren Gestaltungsmöglichkeiten und -zwänge auf Anbieter wie Nutzer zurückwirken. Der Online-Nutzer hat nur einen begrenzten Überblick über den Text bzw. das Programm, er kann mittels Maus scrollen bzw. vor- und zurückblättern. Im Unterschied zu den klassischen Medien, die durch die Festlegung der Abfolge der Inhalte sog. lineare Medien sind (v. a. Hörfunk und Fernsehen, weniger die Printmedien), sind Online-Medien vor allem durch die Möglichkeiten der Verlinkung nicht-lineare Medien (doch auch Printmedien werden nicht selten durch Vor- und Zurückblättern nicht-linear genutzt).

Online-Medien integrieren nicht nur Eigenschaften der Print- und Funkmedien, sie generieren auch neue. Gegenüber den klassischen Medien zeichnen sie sich aus durch (a) Aktualität: ihre Inhalte lassen sich grundsätzlich jederzeit aktualisieren, da sie an keine Redaktionsschluss- und Andruckzeiten gebunden sind; (b) unbegrenzte Speicherkapazität: es gibt im World Wide Web nahezu keine Platzprobleme; (c) Globalität: Online-Angebote können von jedem Ort der Welt aus erstellt und abgerufen werden; (d) Multimedialität: es lassen sich Text, Bild, Ton, Graphik, Video und Datenbanken integrieren; (e) Hypertextualität: sie können mit zahlreichen anderen Online-Angeboten verlinkt werden; (f) Interaktivität: sie eröffnen dem User direkte Feedback-Möglichkeiten.[140] Weblogs schaffen zudem neue Interaktions-, Kommunikations- und Partizipationsmöglichkeiten[141] (vgl. Kapitel 10.2 und 10.4).

8.2.7 Zum Problem des Marktzutritts von Tageszeitungen

Unter Marktzutritt im Printmedienbereich versteht man entweder die Neugründung von Zeitungen oder die Erweiterung des Marktangebots bestehender Zeitungen durch neue Lokal- bzw. Regionalausgaben, durch zusätzliche Morgen-, Abend-, Spät- oder Sonntagsausgaben »mit der Konsequenz, das Marktangebot zu erweitern und die Wettbewerbssituation zu verändern«.[142] Der Markteintritt gestaltet sich in gesättigten Märkten und unter den dargelegten ökonomischen Strukturbedingungen als schwierig. Auch der Marktzutritt von Tageszeitungen findet auf jenen zwei Märkten statt, auf denen Presseerzeugnisse in marktwirtschaftlichen Systemen abgesetzt werden: dem Markt der Leser und jenem der Anzeigenkunden.

Neu in den Markt eintretende Tageszeitungen stehen dabei im Regelfall vor folgenden Problemen: Zunächst ist ein hoher, meist durch Kredite zu finanzierender Kapitaleinsatz erforderlich, dessen Höhe davon abhängt, ob es sich um eine Neugründung oder die Markterweiterung durch eine neue Ausgabe handelt.[143] Zweitens ist es schwer, in einen gesättigten Lesermarkt einzudringen und dort bestehende Leser-Blatt-Bindungen bereits vorhandener Zeitungen aufzubrechen. Drittens fehlen für einen ›Newcomer‹ Reichweiten- und Nutzungsdaten und damit auch konkurrenzfähige Grundlagen für Anzeigenaufträge – die Kalkulation von Anzeigenpreisen gestaltet sich folglich ebenfalls schwierig. Insgesamt ergeben sich also für neu in den Markt tretende Printmedien Nachteile der Marktposition wie auch solche der Kostenkalkulation. Deshalb sind die Chancen für Tageszeitungsneugründungen insgesamt gering; ihre Umsetzung bedarf nicht zuletzt eines langen finanziellen Atems.[144]

Geglückte Marktzutritte im Zeitungsbereich aus jüngerer Zeit sind in der »Financial Times Deutschland«, der »Frankfurter Allgemeinen Sonntagszeitung« sowie in einigen der im Tabloid-Format neu erschienenen Tageszeitungen zu sehen. Dagegen war Versuchen, in Deutschland Gratistageszeitungen auf den Markt zu bringen, vorerst kein Erfolg beschieden (vgl. Kapitel 9.3). In anderen Bereichen der Druckmedien können Neugründungen hingegen häufiger beobachtet werden. Sie erfolgen vorwiegend im vielfältigen Bereich der Zeitschriften und damit auf einem Printmedienmarkt, auf dem generell eine relativ hohe Fluktuation herrscht (vgl. Kapitel 9.6).

8.3 Reichweite und Nutzung der Printmedien

Daten über die Reichweite und Nutzung der Massenmedien wie auch zur Publikumsstruktur einzelner Medien werden im Rahmen der Publikums- und Mediaforschung ermittelt. Das Spektrum der Erhebungen reicht von der Erfassung rein quantitativer Mediadaten bis hin zu quantitativen und qualitativen Ergebnissen einer nutzungsorientierten Rezeptionsforschung. Dabei ist zu bedenken, dass die Benennung dieser Forschungszweige und -schwerpunkte uneinheitlich gehandhabt wird und dass die Übergänge ihrer Gegenstände und Ziele fließend sind.[145]

Die im Zusammenhang der angewandten Publikumsforschung ermittelten Daten sind in mehrfacher Hinsicht von Bedeutung:

- Zuallererst dienen sie der werbungtreibenden Wirtschaft: Deren Werbeplaner können auf Basis dieser Daten differenzierte Streupläne für Anzeigen- oder Beilagenwerbung entwickeln, um bei Werbemaßnahmen keine allzu großen Streuverluste in Kauf nehmen zu müssen.
- Zeitungs- und Zeitschriftenverleger (sowie die Verantwortlichen in Hörfunk- und Fernsehsendern oder Online-Medien) legen aufgrund der für ihr Medium ausgewiesenen Daten die Preise für Anzeigen bzw. Werbespots fest.
- Herausgeber und Chefredakteure (sowie Rundfunkintendanten und Programmchefs) ermitteln anhand der Forschungsergebnisse über die Struktur des Publikums Schwächen und Stärken des eigenen Mediums – nicht zuletzt im Vergleich mit den Konkurrenzmedien. Programmplaner werten Reichweiten- und Nutzungsdaten rückblickend genauso aus wie im Hinblick auf sich verändernde Publikumswünsche und -präferenzen.
- Auch Redaktionen und ihre Journalisten erhalten durch die Daten eine Art repräsentatives und kontinuierliches Feedback, erfahren etwas über die Struktur ihrer Leser (Hörer, Zuschauer oder User) und können gegebenenfalls erforderliche Korrekturen im redaktionellen Angebot vornehmen.
- Darüber hinaus arbeiten auch Bildungspolitiker, -planer und Medienpädagogen mit dem Material der Mediaforschung, wenn sie sich über jüngste Entwicklungen, Trends und mögliche Perspektiven der Mediennutzung kundig machen wollen.
- Schließlich gibt es ein dezidiert wissenschaftliches Interesse der Publizistik- und Kommunikationswissenschaft an den empirischen Befunden der Reichweiten- und Nutzungsforschung zu deren weiterer Auswertung und Verwendung in Forschung und Lehre.[146]

8.3.1 Publikums- und Mediaforschung für Pressemedien

In der Bundesrepublik Deutschland werden Reichweiten und Mediennutzung von Presse und Hörfunk bereits seit Mitte der fünfziger Jahre systematisch erforscht. Mitte der sechziger Jahre kam die Fernsehnutzungsforschung hinzu, in der zweiten Hälfte der neunziger Jahre die Online-Forschung.[147] Dabei war die angewandte Forschung bezüglich der Printmedien in der Bundesrepublik zunächst stark durch die Methoden und Kenntnisse der frühen empirischen Leserschaftsforschung aus dem anglo-amerikanischen Raum beeinflusst. So wurde bereits 1947 von der von den Briten lizenzierten Zeitung »Die Welt« mittels eines in der Zeitung abgedruckten Fragebogens eine öffentliche Leserbefragung durchgeführt. Auch war es »Die Welt«, die 1949 dem noch nicht lang gegründeten *Institut für Demoskopie Allensbach* (IfD) den Auftrag erteilte, eine erste repräsentative Leserschaftsstudie in Form einer mündlichen Befragung anzufertigen.[148] Dieser Studie folgte im Auftrag von vier Werbeagenturen 1951/52 eine vergleichende Leseranalyse von 25 Publikumszeitschriften. 1954 wurde erstmals in der breit angelegten Studie »Die Zeitschriftenleser 1954« (LA 54) die genaue Reichweite verschiedener Publikumszeitschriften ermittelt, und zwar durch die von verschiedenen Verlagen und Werbefirmen neugegründete *Arbeitsgemeinschaft Leseranalyse* (AG.LA). Es folgten – zunächst in zweijährigem Rhythmus – nun auch Tages- und Wochenzeitungen berücksichtigende Leseranalysen, die ab 1960 in jährlichem Abstand durchgeführt wurden. 1970/71 weitete man die kontinuierliche Ermittlung der Reichweiten auch auf die Funkmedien aus, so dass aus der AG.LA durch Umbenennung die *Arbeitsgemeinschaft Media-Analyse* (AG. MA) entstand.[149] Sie vereint seit Mitte der achtziger Jahre nahezu »alle Zweige der Medienindustrie«:[150] Zeitungs- und Zeitschriftenverlage, öffentlich-rechtliche und private Rundfunkveranstalter, Werbeagenturen und Werbetreibende.[151]

Media-Analyse (MA): Bis 1986 umfasste die Stichprobe der Media-Analyse (kurz: MA) zur Erfassung der Printmediennutzung 18.000 repräsentativ nach dem Zufallsverfahren (Random-Verfahren) ausgewählte Personen in der Bundesrepublik, die in Interviews zur Nutzung von Zeitschriften, Tageszeitungen und Kino befragt wurden. Seit 1987 führt die AG.MA ihre Reichweitenerhebungen im sog. Partnerschaftsmodell durch: Neben der (1) bisherigen ›Pressetranche‹ (mündliche Interviews) gibt es (2) eine gesondert und parallel durchgeführte ›Funkmedientranche‹ (zunächst ebenfalls mündliche Interviews, seit 2000 computergestützte telefonische Interviews – CATI[152]). Deren Reichweitenbefunde für Hörfunk und Fernsehen sind das Ergebnis einer Fusion der MA-Daten Hörfunk mit den (3) elektronisch gemessenen Daten des GfK-Fernseh-Panels der *Gesellschaft für Konsum-, Markt- und Absatzforschung* (GfK).[153] Die Media-Analyse ist die größte in Deutschland durchgeführte Reichweitenuntersuchung. Ihre Grundgesamtheit »besteht aus der Deutsch sprechenden Wohnbevölkerung der Bundesrepublik ab 14 Jahren einschließlich Deutsch sprechender Ausländer«.[154] In der Printtranche wird nach rund 180 Publikumszeitschriften, 700 Tageszeitungen sowie 40 Titeln der konfessionellen Presse gefragt. Erfasst werden die demographischen Merkmale Alter, Geschlecht, Beruf, Einkommen, Religion der Leser sowie die Gemeindegröße.[155] Die MA-Daten für Pressemedien werden jährlich zweimal (im Januar und Juli) auf der Basis von jeweils rund 40.000 Interviews ausgewiesen; der Gesamtdatensatz für die Tageszeitungen basiert infolge der Addition von sieben MA-Wellen auf 140.000 Interviews.[156]

Allensbacher Markt- und Werbeträger-Analyse (AWA): Zu den bekanntesten Untersuchungen zur Ermittlung der Reichweite bzw. Nutzung von Print- und Funkmedien gehört neben der Media-Analyse die seit 1959 jährlich vom IfD erstellte *Allensbacher Markt- und Werbeträger-Analyse*. Die AWA ist eine Markt-Media-Studie, eine Mehrthemenumfrage über Konsumgewohnheiten und Mediennutzung. Sie wird vom Institut für Demoskopie im Auftrag von rund 100 Printverlagen und TV-Sendern durchgeführt.[157] Die AWA erhebt Informationen über die Reichweiten von Zeitungen, Zeitschriften, Hörfunk, Fernsehen, Kino und Außenwerbung. Sie enthält neben Daten zur demographischen Struktur der Mediennutzer Angaben über »mehr als 2.000 Märkte und Teilmärkte, über Zielgruppen und eine Beschreibung zielgruppenspezifischen Kaufverhaltens«. Ihr besonderer Wert liegt in der »Beschreibung der Rahmenbedingungen, die zum Kauf, zum Verbrauch oder zur Nutzung eines Produkts führen«.[158] Zu den untersuchten Medien zählen im Printbereich rund 250 Zeitschriften, Wochen- und Monatszeitungen, überregionale und regionale Abonnementzeitungen, Kaufzeitungen, Anzeigenblätter und Kundenzeitschriften. Ihre Ergebnisse basieren auf mehr als 21.000 mündlich-persönlichen Interviews.

Die Ergebnisse der Studien von MA und AWA sowie ähnlicher Analysen sind u. a. wegen unterschiedlicher methodischer Vorgehensweisen nur bedingt vergleichbar. Über methodische, technische und andere Details der Studien informieren etwa das Focus-Lexikon für Media-Planung und Media-Forschung von Wolfgang J. KOSCHNICK sowie Michael MEYENS Publikation über Mediennutzung.[159]

Abb. 53: Quantitative Leserschaftsforschung

Erstellt in Anlehnung an die Darstellung in CLIC. Computer-based Learning In Communication. CD-Rom zur Einführung in die Kommunikationswissenschaft. Erfurt: Universität Erfurt, Seminar für Medien und Kommunikation 2006.

Verbraucher- und Zielgruppenanalysen: Neben diesen beiden Forschungsinstituten mit ihren großen Studien gibt es *weitere regelmäßige Analysen* zur Erforschung der Mediennutzung und anderer Konsumgewohnheiten. Dazu gehören die »Verbraucheranalyse« (VA), deren Auftraggeber die Medienhäuser Springer und Bauer sind; die »Typologie der Wünsche« (TdW) von Burda Media; die »MarkenProfile« von Gruner und Jahr sowie diverse Analysen zur Mediennutzung spezieller Zielgruppen wie die »Leseranalyse Entscheidungsträger in Wirtschaft und Verwaltung« (LAE), die »Jugend-Media-Analyse« (JUMA), die »Kinder-Leseranalyse« (Kinder LA) oder die 1991 erstmals vorgestellte, von 14 Fachverlagen getragene »Leseranalyse Computerpresse« (LAC).[160] Darüber hinaus findet man andere, etwa von einzelnen Presseverlagshäusern in Auftrag gegebene Leseranalysen. Sie dienen oftmals primär betriebsinternen Zwecken und sind in der Regel nicht allgemein zugänglich.[161] Zu erwähnen sind aber auch Lebenswelt- und Lifestyle-Typologien sowie Sinus-Milieus. Sie ersetzen bzw. ergänzen soziodemographische Leserstrukturen, deren Variablen für sich allein zu wenig Erklärungskraft zur Ermittlung des Konsumverhaltens besitzen. Solche Typologien versuchen, Verbraucher nach Einstellungen, Werthaltungen, Konsumverhalten und Mediennutzung zu gruppieren. So unterschieden Ekkehardt OEHMICHEN und Christa-Maria RIDDER 2003 beispielsweise zwischen folgenden *Mediennutzertypen*: Junge Wilde, Erlebnisorientierte, Leistungsorientierte, Neue Kulturorientierte, Unauffällige, Aufgeschlossene, Häusliche, Klassische Kulturorientierte und Zurückgezogene.[162] Bei den *Sinus-Milieus*[163] wird unterschieden zwischen Gesellschaftlichen Leitmilieus (Etablierte, Postmaterielle, Moderne Performer), Traditionellen Milieus (Konservative, Traditionsverwurzelte, DDR-Nostalgische), Mainstream-Milieus (Bürgerliche Mitte, Konsum-Materialisten) und Hedonistischen Milieus (Experimentalisten, Hedonisten).[164]

In Anbetracht des sich ständig wandelnden Medienmarkts erweisen sich MA, AWA und ähnliche andere Verfahren als diffizil zu handhabende Forschungsinstrumente. Ihr methodisches Instrumentarium wird daher ständig weiterentwickelt. Sie ermitteln bislang freilich rein quantitative Daten über das Ausmaß der Mediennutzung. Über die Intensität des Medienkonsums oder gar dessen Wirkung können aufgrund solcher quantitativer Verfahren der Reichweitenmessung keinerlei Aussagen getroffen werden.

Langzeitstudie Massenkommunikation: Zu den intermediär vergleichenden Nutzungsstudien, die die Printmediennutzung mit berücksichtigen, gehört die *Langzeitstudie Massenkommunikation*. Sie wird bereits seit 1964 im Auftrag der öffentlich-rechtlichen Rundfunkanstalten ARD und ZDF durchgeführt. In ihrem Fokus stand ursprünglich »vor allem die Funktion der drei tagesaktuellen Massenmedien als Träger politischer Information. Hintergrund waren die Befürchtungen der Zeitungsverleger, die elektronischen Medien – vor allem damals das noch relativ neue ›wirkmächtige‹ Bildmedium Fernsehen – könnten ihr Printmedium gefährden und in seiner Verbreitung beeinträchtigen. Dementsprechend waren die drei Medien Fernsehen, Hörfunk und Tageszeitung von Beginn an Gegenstand der vergleichenden Betrachtung. Die Befürchtung der Zeitungsverleger hatte sich spätestens mit der zweiten Wiederholung (der Studie; Erg. d. A.) 1974 erledigt.«[165] Im Zuge weiterer Wiederholungen weitete sich das Untersuchungsziel »immer stärker (aus) auf die generelle Langzeitbeobachtung des Mediennutzungsverhaltens der Bevölkerung im Prozess des gesellschaftlichen und medialen Wandels und der Position, die sie den Medien zuweisen«.[166] Der Studie lagen ursprünglich mündliche Interviews zugrunde, seit 2000 werden die Daten über computergestützte telefonische Interviews (CATI) erhoben. Im Lauf des mehr als 40-jährigen

Bestehens wurden mehrfach methodische Anpassungen vorgenommen, wobei darauf geachtet wurde, dass die Daten vergleichbar blieben. Im Sommer 2000 wurde auch die Nutzung des Internets in die Langzeitstudie mit einbezogen. Den Ergebnissen der 2005 durchgeführten Erhebung lag eine repräsentative Zufallsstichprobe von 4.500 Personen ab 14 Jahren in der Bundesrepublik Deutschland zugrunde.[167] In der Longitudinalstudie werden nicht nur Mediennutzungsgewohnheiten, sondern auch Befunde der Medienbewertung durch das Publikum erfasst, darunter auch Daten zur Nutzung und Bewertung der Tageszeitung.

Auflagenkontrolle der IVW: Im Zusammenhang mit Reichweiten- und Leserschaftsforschung wird immer wieder auch auf die Tätigkeit der bereits 1949 gegründeten *Informationsgemeinschaft zur Feststellung der Verbreitung von Werbeträgern (IVW)* verwiesen. Dies ist nicht ganz unberechtigt, kann jedoch zu Missverständnissen führen. Die IVW ermittelt nämlich keine Reichweitendaten, sondern ausschließlich Daten über die gedruckte, verbreitete und verkaufte Auflage von Zeitungen und Zeitschriften. Es handelt sich also um Informationen zur Auflage und Verbreitung von Werbeträgern, *nicht* zu deren Nutzung. Die Auflagenkontrolle erfolgt dabei so: Die der IVW angehörenden Mitgliedsverlage verpflichten sich, »regelmäßig nach Abschluss eines Quartals ihre Auflagenzahlen der IVW zu melden. Diese werden dann in den vierteljährlich erscheinenden ›IVW-Auflagenlisten‹ auf CD-ROM veröffentlicht und auch im Internet bereitgestellt. (…) Die Prüfung umfasst stark vereinfacht Druck- und Vertriebsunterlagen, für die verkaufte Auflage darüber hinaus Buchhaltungsunterlagen und die Vertriebserlöse. Die gemeldeten Zahlen müssen bis auf das Stück genau nachgewiesen werden. (…) Aufbauend auf den Auflagenzahlen führt die IVW alle zwei Jahre eine Verbreitungsanalyse für Tageszeitungen durch. Hier wird die verkaufte Auflage jedes Titels nach Kreisen, kreisfreien Städten und Gemeinden aufgeschlüsselt.«[168] Bei der verkauften Auflage werden beispielsweise im Abonnement verkaufte Exemplare, frei an Kiosken, in Zeitungsständern oder durch Kolporteure verkaufte Exemplare, Bordexemplare und – bei Zeitschriften – auch über Lesezirkel verkaufte Exemplare ermittelt. Selbst bezahlte E-Paper-Auflagen, also im Verhältnis 1 zu 1 auf dem Bildschirm wiedergegebene Ausgaben der Druckversion einer Zeitung oder Zeitschrift (vgl. Kapitel 10.3), gehen seit geraumer Zeit unter bestimmten Bedingungen in die Auflagenzählung der IVW mit ein. Werbeplaner können auf Basis der Daten der IVW im Intermedia-Vergleich bemessen, was sie eine Anzeige bezogen auf 1.000 Käufer (*nicht* Leser!) eines Druckexemplars kostet.[169] Wie viele Leser oder Mitleser eine Zeitung oder Zeitschrift hat, kann man den Daten der IVW nicht entnehmen. Seit 1997 ermittelt die IVW auch die Zugriffszahlen (›Page Impressions‹ und ›Page Visits‹) von Online-Zeitungen (vgl. Kapitel 10.2).

8.3.2 Kennwerte der Reichweiten- und Leserschaftsforschung

Mediaforschungsinstitute ermitteln also Daten zur Reichweite von Zeitungen, Zeitschriften, Hörfunk, Fernsehen, Kino etc. sowie zur Struktur der Leser-, Hörer- und Seherschaft nach den demographischen Merkmalen Alter, Geschlecht, Bildung, Einkommen, Beruf und Sozialstatus. Zentrale Kennwerte der Mediaplanung sind dabei:[170]

- die *Leser*: alle Personen, die eine Ausgabe einer Zeitung oder Zeitschrift ›gelesen oder durchgeblättert‹ haben, wie es etwa in der MA formuliert ist,
- die *(Netto-)Reichweite*: Zahl der Leser, die von einem Medium erreicht werden,
- die *Lesehäufigkeit*: Zahl der Ausgaben eines Titels, die von einer Person innerhalb eines bestimmten Zeitraums gelesen werden,
- *Leser pro Nummer* (LpN): alle Personen, die mit irgendeiner Ausgabe einer Zeitung oder Zeitschrift im Erscheinungsintervall Kontakt haben,
- *Leser pro Ausgabe* (LpA): künstlicher Mittelwert für die Nutzung einer durchschnittlichen Ausgabe, in den Leser einer einzigen Ausgabe der letzten zwölf Erscheinungsintervalle entsprechend niedriger gewichtet eingehen als Leser aller Ausgaben,
- *Leser pro Exemplar* (LpE): Zahl der Personen, die ein durchschnittliches Exemplar lesen (Berechnung: Leser pro Ausgabe dividiert durch die Auflage),
- *Weitester Leserkreis* (WLK): alle Personen, die mindestens eine von zwölf Ausgaben eines Printmediums gelesen oder durchgeblättert haben,
- *Kumulative Reichweite*: Kennziffer für den Zuwachs an Lesern, wenn Anzeigen in mehreren Ausgaben eines Mediums hintereinander geschaltet werden,
- *Kernleser*: regelmäßiger Leser, der mindestens zehn von zwölf Ausgaben eines Printmediums nutzt,
- *Leser pro Seite*: Kennziffer für die Wahrscheinlichkeit des Kontakts eines Lesers mit einer Seite,
- *Struktur der Leserschaft*: meist soziodemographische Merkmale der Leserschaft wie Alter, Bildung, Geschlecht, Einkommen, Nutzung anderer Medien,
- *Tausend-Leser-Preis* (TLP): Kosten für eine Anzeige pro 1.000 Leser eines Printmediums (vor allem für Mediaplaner ein wichtiger Kennwert).

Bei Studien, die mit der Methode der Befragung arbeiten, ergeben sich weitgehend ähnliche Probleme, da die Befragten ihr Medienverhalten im Rückblick rekonstruieren müssen oder es nicht im Detail offenbaren wollen. Bei der Abfrage renommierter Titel kann ein Antwortverhalten ausgelöst werden, das von ›sozialer Erwünschtheit‹ geprägt ist. *Welche* Seiten und *wie viele* Seiten tatsächlich gelesen bzw. welche Anzeigen beachtet wurden, kann mit herkömmlichen Befragungen zur Printmediennutzung nicht ermittelt werden. »Um Angaben darüber zu erhalten, muss Zusatzforschung betrieben werden. Dafür kommen beispielsweise Copytests oder Blickregistrierungsgeräte in Frage. Beim *Copytest* gehen die Interviewer eine Ausgabe der getesteten Publikation mit den Befragten Seite für Seite durch; die Befragten sollen jeweils angeben, welche Inhalte sie aufgrund der Lektüre wiedererkennen.«[171] Und »*Blickregistrierungsgeräte* zeichnen den Blickverlauf einer Versuchsperson beim Lesen einer Publikation auf und können so Aufschluss darüber geben, bei welchen Beiträgen und Anzeigen der Leser wie lange verweilt«.[172] Schließlich kann auch die Kontaktqualität zwischen Leser und Publikation sehr unterschiedlich ausfallen und vom Durchblättern und flüchtigen Überfliegen bis zum gründlichen, vielleicht gar mehrfachen Lesen reichen.[173] Eine neue Methode, dem Leseverhalten möglichst genau auf die Spur zu kommen, verspricht der sog. Readerscan, bei dem der Leser sein Nutzungsverhalten während der Zeitungslektüre mit einer Art elektronischem Stift aufzeichnet – worauf im Folgenden etwas genauer eingegangen werden soll.

8.3.3   Readerscan

Zeitungs- und Zeitschriftenverleger sowie die werbungtreibende Wirtschaft sind seit langem daran interessiert, konkret zu erfahren, was in Zeitungen und Zeitschriften wirklich gelesen und welchen Inhalten besondere Beachtung zuteil wird. Mehr und konkretere Informationen darüber und wie man den Vorlieben der Leser auf die Spur kommen kann, verspricht die vergleichsweise neue Forschungsmethode *Readerscan* (auch: ›ReaderScan‹) des Schweizer Medienberaters Carlo Imboden.[174] »Herzstück des Verfahrens ist ein elektronischer Stift, mit dem die Zeitungskonsumenten während des Lektürevorgangs markieren, was sie gerade lesen. Die Daten werden in die Redaktion übermittelt, die so erfährt, welche Artikel in welcher Reihenfolge und bis zu welcher Zeile gelesen wurden.«[175] Die Redaktion erhält also noch am selben Tag eine Art Lesequote (ähnlich wie bei der elektronischen Quotenermittlung beim Fernsehen) und kann erforderlichenfalls darauf reagieren. Die neue Forschungsmethode wurde mittlerweile bei zahlreichen Zeitungen eingesetzt. Übereinstimmende Ergebnisse des Readerscan-Verfahrens bei deutschen Tageszeitungen sind u. a., dass dem Lokalen und dem Sport weniger Beachtung eingeräumt wird als bislang angenommen.

Bei der »Main-Post« in Würzburg beispielsweise überraschte das schlechte Abschneiden des Lokalsports und teils auch der Lokalseiten. Klassische Kulturartikel wurden kaum gelesen. Dagegen wollten die Leser »Tagesschau«-Themen auch in der Zeitung wiederfinden. Die vermischte bzw. bunte Seite (»Aus aller Welt«) wurde am häufigsten gelesen. Die Analyse bestätigte auch eine Reihe journalistischer Handwerksregeln und Vermutungen. »Bild und Überschrift müssen grundsätzlich im Kern übereinstimmen, sonst schaltet der Leser ab. (…). Ein guter Aufmacher zieht auch andere Geschichten hoch. Ein Artikel mit Foto und Grafik erzielt mehr Aufmerksamkeit als reiner Text.«[176] Was etwa Überschriften betrifft, gehören in die Hauptzeile »klare Aussagen und Tatsachen. Wolkige Feature-Überschriften, vielleicht noch als Alliteration, werden vom Leser nicht goutiert.«[177] Für den Leser scheinen »nicht Autoren, sondern Themen und deren Umsetzung Ausschlag gebend«.[178] Bei der »Berliner Zeitung« fand man mittels Readerscan heraus, dass feuilletonistische Überschriften die Leser abschrecken und die »vermeintlich so angesagten kleinteiligen Serviceseiten viel schlechter ankamen als gute durchgeschriebene Texte«.[179] Bei der Wochenzeitung »Die Zeit« sollen »die Artikelriesen im ›Dossier‹ besonders gut gelesen worden sein«. Und beim »Kölner Stadt-Anzeiger« »kamen die großen Polittexte auf den Seiten zwei und drei gut an. ›Es gibt einen Bedarf an langen und ausführlichen Texten‹, sagt der stellvertretende Chefredakteur Joachim Frank. ›Allerdings: Sobald ein Artikel schlecht geschrieben ist, steigen die Leser in Scharen aus‹«. Auch bei der Boulevard-Zeitung »Berliner Kurier« »staunte man, wie gut politische Themen ankamen«.[180]

Readerscan, so eine Chefredakteursrunde, kann in Redaktionen Sorgen und Bedenken auslösen, zumal viele eine schlechte Lesequote mit einem schlechten Autor verbinden. »Angst vor Ansehens- oder Positionsverlusten können die Folge sein.«[181] Daher sind Transparenz der Daten und Gespräche mit der Redaktion über die ermittelten Ergebnisse sehr wichtig. Ein

»Patentrezept für höhere Auflagen ist Readerscan nicht. Vielmehr sollen dank der hiermit erworbenen Erkenntnisse den Auffassungen von Chefredakteuren zufolge Abonnement-kündigungen verhindert, Lesequote und Lesedauer erhöht werden. (…) Die Ergebnisse der Arbeit mit dem digitalen Stift seien ein Führungsinstrument zur Verbesserung der redaktionellen Arbeit.«[182] Es brauche »gute und erfahrene Journalisten, um die Quote zu deuten und die Zeitung so umzubauen, dass die Qualität nicht leidet«.[183] Readerscan wird bei den analysierten Zeitungen in der Regel in drei Untersuchungswellen (über etwa ein Jahr verteilt) durchgeführt, dazwischen werden die Daten evaluiert; die Samples umfassen über 100 Personen.[184] Unter methodischen Gesichtspunkten stellt sich jedoch die Frage, inwiefern die für Versuchspersonen neue und künstliche Lektüresituation das habitualisierte und ritualisierte Leseverhalten verändert und möglicherweise ein anderes Leseverhalten evoziert – was allerdings nur schwer empirisch nachzuweisen sein dürfte.

8.3.4 Zur Printmediennutzung 2005

Ungeachtet ihrer jeweiligen methodischen Anlage stimmen die weiter oben angeführten Untersuchungen zur Printmediennutzung darin überein, dass die Reichweiten der Tageszeitungen seit vielen Jahren kontinuierlich zurückgehen, vor allem bei den jungen Lesern. Besonders deutlich geht dieser Befund aus den Daten der AWA und denen der Langzeitstudie Massenkommunikation hervor. So machte die Gesamtreichweite der Tageszeitungen in Deutschland der MA 2005 zufolge knapp 75 Prozent aus, während die AWA zur gleichen Zeit eine Reichweite von 56 Prozent, die Langzeitstudie Massenkommunikation gar von nur 51 Prozent ermittelte.

Mit 74,8 Prozent geben laut MA 2005 knapp drei Viertel der Bevölkerung (48,54 Mio. Personen) im Bundesgebiet an, täglich Zeitung zu lesen.[185] 1995 betrug die Reichweite noch 81 Prozent, was innerhalb von zehn Jahren einen Rückgang von mehr als 6 Prozentpunkten bedeutet. Bundesbürger im Westen lesen laut MA 2005 deutlich mehr Zeitung (76,1 Prozent) als solche im Osten (69,7 Prozent). Männer (76,4 Prozent) lesen geringfügig häufiger Zeitung als Frauen (73,3 Prozent). Am wenigsten Zeitung lesen Jugendliche: Knapp 50 Prozent der 14- bis 19-Jährigen greifen täglich zur Zeitung; vor zehn Jahren (1995) waren es noch 60,6 Prozent – das entspricht einem Rückgang von mehr als 10 Prozent. Die höchsten Reichweiten erzielen Tageszeitungen bei den 60- bis 69-Jährigen.[186] Und zu den besonders regelmäßigen Zeitungslesern gehören Besserverdienende, formal gut Gebildete sowie in gehobenen Berufspositionen Tätige.

Regionale Abonnementzeitungen, also der in Deutschland am häufigsten vorfindbare Zeitungstyp, verfügen über die vergleichsweise größte Reichweite, nämlich von zusammen 63,3 Prozent. Im Unterschied zu den übrigen Zeitungsgattungen gibt es bei den regionalen Blättern mehr Leserinnen als Leser. Haushalte mit mehreren Personen werden durch die Regionalzeitung stärker erreicht als Singlehaushalte. *Straßenverkaufszeitungen* werden von 21,5 Prozent der Gesamtbevölkerung gelesen. Darunter sind Männer stärker vertreten als Frauen, die meisten Leser »sind zwischen 30 und 49 Jahre alt. Sie bilden etwa 40 Prozent des Publikums.«[187] Über 60 Prozent der Leser von Straßenverkaufszeitungen leben in urbanen Regionen mit 100.000 und mehr Einwohnern.[188] Die Reichweite der *überregional verbreiteten*

Tageszeitungen beträgt 5,7 Prozent. »Hier haben erneut die Männer die Nase vorn, mit 61,1 Prozent Publikumsanteil.«[189] Die West-/Ost-Unterschiede sind bei den national verbreiteten Titeln »besonders stark: Während in den ostdeutschen Bundesländern lediglich 2,9 Prozent zu überregionalen Tageszeitungen greifen, sind es im Westen 6,4 Prozent.«[190] Auch die Leser überregionaler Zeitungen finden sich vor allem in Ballungsräumen, wobei die Mehrzahl von ihnen mit einem monatlichen Haushaltsnettoeinkommen von über 2.500 Euro zu den Besserverdienenden zählt. Dabei handelt es sich vor allem um Angestellte und Beamte, auch wenn die höchste Reichweite der überregionalen Blätter mit 25,2 Prozent bei Selbständigen und Freiberuflern erzielt wird.[191]

In der Bundeshauptstadt Berlin übrigens, die mit elf Tageszeitungstiteln eine hohe Zeitungsdichte aufweist (vgl. Kapitel 9.6), gelingt es den Zeitungen weniger gut täglich Leser zu erreichen als in der übrigen Bundesrepublik – hier beträgt die Reichweite gerade mal 62 Prozent.[192] Unter den in der Bundeshauptstadt vorhandenen Zeitungstypen erzielen die regionalen Berliner Abonnementblätter wie »Tagesspiegel« und »Berliner Kurier« mit 35,9 Prozent die höchste Reichweite.

Im Vergleich der MA-Daten 2005 nach Zeitungstypen mit jenen des Vorjahres verzeichneten die regionalen Abonnementzeitungen erneut leichte Verluste von 64,2 auf 63,3 Prozent, die Kaufzeitungen von 22,4 auf 21,5 Prozent. Demgegenüber erreichten die überregionalen Abonnementzeitungen mit 5,7 Prozent einen geringfügig höheren Anteil an Tageszeitungslesern (2004: 5,5 Prozent)[193] – was jedoch möglicherweise innerhalb der statistischen Schwankungsbreite liegt.

Die *Zeitschriften* verfügten 2005 über eine gemeinsame Reichweite von 93,4 Prozent (2004: 94,3 Prozent). Unter ihnen haben Programmzeitschriften mit 64 Prozent Reichweite die größte Zahl an Lesern. Es folgen aktuelle Zeitschriften (Illustrierte) und Magazine mit 48,3 Prozent, Supplements mit 36,6 Prozent, die Motorpresse mit 35,5 Prozent und wöchentlich erscheinende Frauenzeitschriften mit 34,5 Prozent. Zum Vergleich: Musik- und Jugendzeitschriften erreichen gerade mal 4,7 Prozent der Bevölkerung. Dabei gibt es zum Vorjahr nur geringfügige Unterschiede zwischen den einzelnen Gattungen;[194] aufs Ganze gesehen sind die Reichweiten der Zeitschriften in Deutschland recht stabil.

Aus Abbildung 54 gehen die Auflagen und Reichweiten ausgewählter Printmedien der Bundesrepublik hervor. Vergleicht man die Tageszeitungsdaten mit jenen der Wochenzeitungen und Zeitschriften, so fällt auf, dass Letztere um einiges höhere Reichweiten erzielen als die Organe der Tagespresse. Eine Ausnahme bildet jedoch die »Bild«-Zeitung, die 2005 mit ihrer verkauften Auflage von etwas mehr als 3,6 Mio. Exemplaren in Deutschland zwölf Millionen Leser erreichte. Ansonsten gilt, dass beim Reichweitenvergleich natürlich die Erscheinungshäufigkeit der Organe berücksichtigt werden muss: Während bei den Abonnement- und Straßenverkaufzeitungen die Zahl der täglich erreichten Leser ermittelt und ausgewiesen wird, erzielen wöchentlich erscheinende Titel, insbesondere Magazine und Illustrierte, schon allein deshalb höhere Reichweiten, weil sie länger im Umlauf sind und deshalb mehr Leser pro Nummer bzw. pro Ausgabe gewinnen können.[195]

Deutschland liegt, was die Reichweiten von Tageszeitungen in europäischen Ländern betrifft, mit einer Zeitungsreichweite von 74,8 Prozent in einem guten Mittelfeld (ähnlich wie die Schweiz und Österreich).[196] In den skandinavischen Ländern wird deutlich mehr Zeitung gelesen (z. B. Schweden: 87 Prozent), in den südeuropäischen Ländern deutlich

Abb. 54: Auflagen und Reichweiten ausgewählter Printmedien 2005

Titel	verkaufte Auflage	Reichweite in Mio.
überregionale Abo-Zeitungen		
Süddeutsche Zeitung	424.848	1,16
Frankfurter Allgemeine Zeitung	358.202	0,95
Die Welt	251.228	0,61
Frankfurter Rundschau	154.124	0,36
Straßenverkaufszeitungen		
Bild	3.609.427	11,82
Express (Köln/Bonn/Düsseldorf)	244.790	0,76
Die Abendzeitung (München, Nürnberg)	160.098	0,32
Hamburger Morgenpost	111.025	0,32
regionale Abo-Zeitungen		
Nürnberger Nachrichten	304.275	0,80
Saarbrücker Zeitung	163.057	0,54
Südwestpresse (Ulm)	325.759	0,82
Braunschweiger Zeitung	175.226	0,53
Der Tagesspiegel (Berlin)	136.318	0,29
Wochenzeitungen/Magazine		
Der Spiegel	1.042.395	5,96
Focus	745.362	6,03
Die Zeit	481.461	1,43
Illustrierte		
Stern	1.017.187	7,84
Bunte	721.300	4,34
Programmzeitschriften		
Hörzu	1.621.407	4,75
Auf einen Blick	1.564.240	3,70
Gong	824.754	1,20
Sonstige		
Bravo	569.332	1,69
Mädchen	156.085	0,50
ADAC-Motorwelt	13.836.770	19,46
Auto, Motor und Sport	454.381	2,33
Kicker Sportmagazin	218.469	2,50
Brigitte	769.659	3,95
Für Sie	480.604	2,67
Freundin	540.883	2,82
Playboy	317.743	0,82

Quellen: IVW-Auflagenliste IV/2005, hrsg. von der Informationsgemeinschaft zur Feststellung der Verbreitung von Werbeträgern e. V. (IVW), Berlin 2005; Media Analyse II 2005, Presse, hrsg. von der Arbeitsgemeinschaft Media-Analyse e.V. (Stand 31.12.2005).

weniger (z. B. Italien: 41 Prozent). Das Schlusslicht in Europa ist Polen mit einer Reichweite von 35 Prozent.[197] Im Übrigen sind Reichweiten zweifellos wichtige »Leistungsdaten für die Zeitung. Sie geben Auskunft darüber, dass Zeitung gelesen wird, wer sie nutzt und wie viele Menschen zu ihr greifen.«[198] Media- und Werbeplaner können ihnen im Intermedia-Vergleich den Tausend-Leser-Preis (Kosten einer Anzeige pro 1.000 Leser) entnehmen. Die Daten enthalten jedoch keine Angaben darüber, wie intensiv die Leser Zeitung lesen, welche Rolle Zeitungen für die Leser im Alltag spielen und welche möglichen Wirkungen von Zeitungslektüre auf die Leser ausgehen.

Der seit 1964 im Abstand von jeweils fünf bis sechs Jahren durchgeführten Langzeitstudie Massenkommunikation zufolge[199] beträgt die Reichweite der Tageszeitungen im Jahr 2005 lediglich 51 Prozent. Unter den drei klassischen Massenmedien ist sie den Angaben der Befragten zufolge aber »das Informationsmedium par excellence. (…) Der wichtigste Grund ist praktisch für alle (98 Prozent) der Wunsch, sich zu informieren. An zweiter Stelle rangiert – mit weitem Abstand allerdings – ein weiteres informationsorientiertes Motiv, nämlich ›Mitreden können«« (79 Prozent).[200] Drittes, jedoch schon abgeschlagenes Zeitungslesemotiv ist für 65 Prozent der Befragten »Spaß«, gleich dahinter folgt mit 63 Prozent das Motiv »Denkanstöße bekommen«.[201]

Unter den 14- bis 19-Jährigen lesen der Langzeitstudie Massenkommunikation zufolge nur noch 27 Prozent täglich die Zeitung. Sie »zählen am ehesten zu jenen Medienkonsumenten, die das Internet als ›Allroundmedium‹ für sich erschlossen haben«.[202] Sie sind es auch, die auf das Fernsehen »mehrheitlich am wenigsten verzichten wollen«.[203] Den öffentlich-rechtlichen Sendern zugeneigte Fernsehzuschauer hingegen »bleiben der Zeitung in höherem Maße treu«.[204] Der Umgang mit dem Nachrichtenangebot im Internet prägt bereits heute das Informationsverhalten der Nutzer: »einfacher Zugriff, ständige aktualisierte, jederzeit abrufbare Information in beliebiger Breite und Tiefe sind inzwischen Kernanforderungen von regelmäßigen Internetnutzern an ein Informationsangebot«.[205] In ihrer traditionellen Verbreitung können dies die Tageszeitungen nicht leisten; mit ihren Webangeboten kommen Zeitungen diesem Bedürfnis jedoch entgegen.[206] Bezogen auf die Sinus-Milieus[207] spielt die Tageszeitung eine größere Rolle für die *Etablierten* (»das selbstbewusste Establishment: Erfolgsethik, Machbarkeitsdenken und ausgeprägte Exklusivitätsansprüche«), die *Konservativen* (»das alte deutsche Bildungsbürgertum: konservative Kulturkritik, humanistisch geprägte Pflichtauffassung und gepflegte Umgangsformen«) sowie für die *Traditionsverwurzelten* (»die Sicherheit und Ordnung liebende Kriegsgeneration: verwurzelt in der kleinbürgerlichen Welt bzw. in der traditionellen Arbeiterkultur«).[208]

Hinsichtlich der Lesedauer ermittelte die Langzeitstudie gegenüber 2000 für die Zeitungen einen leichten Rückgang der durchschnittlichen Lesedauer um zwei Minuten auf 28 Minuten täglich.[209] Die Zeitung kann also nicht am Trend der Ausweitung der Mediennutzung partizipieren; der Zeitaufwand für Zeitungslektüre schrumpfte seit 1970 trotz Inhalts- und Umfangserweiterungen um ein Fünftel. Die Lektüre des Informationsmediums Zeitung konzentriert sich auf den frühen Morgen. Zeitschriften werden der Langzeitstudie zufolge im Durchschnitt täglich zwölf Minuten gelesen, Bücher täglich 25 Minuten. Der Anteil der Tageszeitungen am Gesamtmedienbudget von zehn Stunden beträgt mit 28 Minuten gerade mal knapp 5 Prozent.[210]

Bei der sog. Inselfrage, der Frage also, für welches Medium man sich entscheiden würde, wenn man auf alle übrigen verzichten müsste, liegt seit Jahren das Fernsehen (bei leicht rückläufiger Tendenz) an vorderer Stelle, gefolgt von Radio und Internet.[211]

Das IfD ermittelt neben der AWA auch regelmäßig, was Leser und Leserinnen in der Zeitung interessiert. Seit vielen Jahren stehen lokale Berichte (2003: 83 Prozent) vor politischen Meldungen und Berichten aus dem Inland (2003: 69 Prozent), politischen Meldungen und Berichten aus dem Ausland (2003: 60 Prozent) an der Spitze. Anzeigen folgen mit 43 Prozent, ebenso Leserbriefe.[212] Dabei lassen sich Unterschiede in den Antworten der Befragten in West- und Ostdeutschland ausmachen,[213] aber auch zwischen denen der 16- bis 29-Jährigen und der Gesamtbevölkerung[214] sowie zwischen Männern und Frauen.[215] Weit abgeschlagen ist der Fortsetzungsroman, der mit 5 Prozent 2003 an letzter Stelle der Tabelle rangiert.[216]

Abb. 55: Was in der Zeitung interessiert

Titel	Angaben in Prozent
Lokale Berichte hier aus dem Ort und der Umgebung	83
Politische Meldungen/Berichte aus dem Inland (Innenpolitik)	69
Politische Meldungen/Berichte aus dem Ausland (Außenpolitik)	60
Anzeigen	43
Leserbriefe	43
Leitartikel	44
Tatsachenberichte aus dem Alltag	42
Sportberichte / Sportnachrichten	42
Kulturelles Leben (Film, Theater, Bücher Musik, Malerei)	31
Wirtschaftsteil, Wirtschaftsnachrichten	38
Gerichtsberichte, Berichte über laufende Prozesse	31
Frauenseite (Mode, Haushaltsfragen, Kindererziehung)	26
Aus Wissenschaft und Technik	27
Fortsetzungsroman	5

Antwort auf die Aussage: »… und das lese ich im Allgemeinen immer«.

Erstellt nach Zeitungen 2006, hrsg. vom BDZV, Berlin 2006, S. 380, mit Bezugnahme auf Material des Instituts für Demoskopie Allensbach, IfD Archiv 5049/7040.

8.3.5 Ursachen rückläufiger Zeitungsnutzung

Versucht man, die wichtigsten Ergebnisse der quantitativen Leserschaftsforschung zusammenzufassen, so ergeben sich aus der Beobachtung der zurückliegenden Jahre im Wesentlichen vier Erkenntnisse:[217] (1) Seit Jahren geht die Reichweite der Tageszeitungen leicht zurück,[218] was sich auch in sinkenden Auflagenzahlen widerspiegelt. (2) »Die meisten Leser nutzen eine lokale oder regionale Abonnementzeitung und begnügen sich dabei mit einem Blatt«, allenfalls wird dessen Lektüre durch die Nutzung einer Boulevard-Zeitung ergänzt.[219] Überregionale Abonnementzeitungen erreichen dagegen eher »verschwindend kleine Bevölkerungsteile«.[220] (3) Junge Leute wurden im Bevölkerungsdurchschnitt von den Tageszeitungen immer schon »schlechter erreicht«, in dieser Altersgruppe sinkt die Reichweite der Pressemedien »besonders schnell«.[221] (4) Auch die Dauer der Zeitungslektüre geht seit Jahren kontinuierlich zurück.

Für diesen Rückgang der Zeitungsauflagen, der -reichweiten sowie der Lesedauer wurden in den vergangenen Jahren mehrere Gründe ausfindig gemacht, die sich wie folgt zusammenfassen lassen:[222]

- *Veränderungen in der Bevölkerungsstruktur*: Die demographische Entwicklung in Deutschland ist seit geraumer Zeit von einem kontinuierlichen Bevölkerungsrückgang gekennzeichnet, der neben einer Abnahme der Geburten insbesondere auf die steigende Lebenserwartung zurückzuführen ist: Dem geringer werdenden Anteil der Jüngeren steht ein Anwachsen der älteren Generation gegenüber. Die Zeitung verliert ihre Leser an den sog. Altersrändern: am oberen Rand bei den Älteren, weil viele von ihnen in starkem Ausmaß das Fernsehen nutzen oder aus gesundheitlichen Gründen nicht mehr lesen können; am unteren Rand bei den Jüngeren, weil diese sich stark an den audiovisuellen Medien und dem Internet orientieren. Zahlreiche Zeitungen versuchen, beiden gefährdeten Lesergruppen entgegenzukommen, indem sie regelmäßig erscheinende Senioren- und Jugendseiten bzw. -beilagen eingerichtet haben.

- *Wandel der Haushaltsstrukturen*: Die Anschaffung eines Zeitungsabonnements hängt oftmals »mit der Gründung eines Haushalts und einer Familie zusammen«.[223] Infolge länger dauernder Ausbildungszeiten, später erfolgender fester Partnerbindungen und des Umstands, dass viele junge Leute heute länger bei den Eltern wohnen (»Nesthocker-Phänomen«), verschiebt sich der Abschluss eines Zeitungsabonnements nach hinten. Hinzu kommt, dass die Zahl der Single-Haushalte ständig größer wird. »Die Frage, ob sich z. B. die Kosten für das Monatsabonnement einer Zeitung lohnen, stellt sich einem Single-Haushalt ganz anders als einem Mehr-Personen-Haushalt.«[224]

- *Zunehmende Differenzierung der Gesellschaft*: Verschiebungen in gesellschaftlich präferierten Werten führen zu veränderten Konsum-, Erlebnis-, Umwelt- und Sozialorientierungen. Die damit einhergehenden, individualisierten Lebensstile lassen seit geraumer Zeit den Trend erkennen, dass mehr Zeit außer Haus verbracht wird. Dies führt auch zu einer veränderten Nutzung der klassischen Massenmedien. Hinzu kommt, dass in Großstädten bzw. städtischen Ballungszentren immer mehr Menschen leben. Dort aber ist der soziale Druck geringer, ein (Lokal-)Zeitungsabonnement zu besitzen, wie er in kleinen, gewachsenen Gemeinden infolge einer größeren sozialen Kontrolle beobachtet werden kann.[225]

- *Zunehmende Mobilität – sinkende Ortsbindung*: Das Lesen einer Lokalzeitung ist in aller Regel auch mit der Integration in das Lokale verknüpft.[226] Infolge steigender beruflicher Mobilität, oft verbunden mit Wohnortwechseln, sinkt die Ortsbindung und damit das Interesse an lokaler Information, wie sie insbesondere von Lokal- und Regionalzeitungen geboten wird. Hinzu kommt, dass traditionelle Orte der Zeitungslektüre in Bus und Bahn wegfallen, wenn der Individualverkehr zunimmt und der öffentliche Personennahverkehr zurückgeht.[227]

- *Ausweitung des lokalen Medienangebots*: Die Tagespresse in Deutschland hatte in der Vergangenheit, was den Bereich der lokalen Information anbelangt, quasi ein Monopol inne. Seit geraumer Zeit jedoch konkurriert sie hierbei mit dem Lokalfunk, dem Ballungsraumfernsehen, Anzeigenblättern und – bei jüngeren, höher gebildeten Bevölkerungsgruppen – Online-Angeboten. Hinzu kommt, dass die genannten Alternativen angesichts steigender Lebenshaltungskosten und gleichzeitig abnehmender Kaufkraft gegenüber dem relativ teuren Zeitungsabonnement zusätzlich attraktiv erscheinen.

- *Kommerzialisierung des Rundfunks*: Mit der Kommerzialisierung des Rundfunks scheinen vor allem die Boulevard-Zeitungen ihre exklusiven Themen verloren zu haben. Über Prominente, Events, Sex u. a. m. wird in nahezu allen Hörfunk- und Fernsehkanälen vor allem privater Rundfunkanbieter berichtet.[228] Fernsehen bietet rund um die Uhr »leicht Verdauliches« und entzieht der Zeitung damit die Leser, die vorher vielleicht »nur mangels medialer Alternativen« zum Blatt gegriffen haben.[229] Zudem »verbringen die Deutschen immer weniger Zeit beim Frühstück«, dem klassischen Ort der Zeitungslektüre. Möglicherweise ist dies »auch eine Folge des längeren TV-Konsums am Abend«.[230]

Einige dieser Gründe für den Rückgang des Zeitungslesens gelten in besonderem Maße für jüngere Bevölkerungsteile – man denke nur an individualisierte Lebensstile, eine erhöhte Mobilität sowie das Leben in Single-Haushalten.[231]

8.3.6 Lesetypen von Tageszeitungen

Einer im Frühjahr 2004 vom IfD durchgeführten Umfrage zufolge kann bei der Bevölkerung zwischen sog. Zeitungsaffinen und Zeitungsfernen unterschieden werden. *Zeitungsaffine* »sind davon überzeugt, dass man regelmäßig Zeitung lesen muss, um gut informiert zu sein, und sie stimmen der Aussage, alles für einen Wichtige auch auf andere Weise erfahren zu können, nicht zu«.[232] Sie erkennen im Allgemeinen »problemlos, ›was für mich wichtig ist zu lesen‹ (78 Prozent), sie legen in hohem Maße ›großen Wert darauf, gründlich informiert zu werden, um Hintergründe und Zusammenhänge besser zu verstehen‹ (74 Prozent). Für die meisten von ihnen ist ›Zeitunglesen auch eine angenehme Unterhaltung‹ (89 Prozent).«[233] *Zeitungsferne* hingegen haben eine deutlich größere Distanz zur Tageszeitung. Zwar schätzen sie durchaus »die räumliche und zeitliche Unabhängigkeit des Zeitunglesens, ebenso die Chance, in der Zeitung auf Interessantes zu stoßen, was man nicht gezielt gesucht hat (55 Prozent). Aber sie sagen zu 78 Prozent, dass Zeitungen viel Überflüssiges enthalten, das sie nicht interessiert; und 73 Prozent von ihnen empfinden Zeitunglesen als ein teures Vergnügen«. 59 Prozent der Zeitungsfernen geben an, dass es »oft lange dauert, bis man in der

Zeitung die Informationen findet, die einen wirklich interessieren.«[234] Zeitungsferne weisen ein geringeres Interessenspektrum auf und empfinden Zeitunglesen auch als mühsam; den meisten von ihnen reicht es, das Wichtigste in Kürze zu erfahren. Vieles weist darauf hin, »dass sich ein großer Teil der Jüngeren mit dem Wichtigsten in Kürze zufrieden gibt und gar nicht erkennt, was Zeitungen an Mehrwert bieten.«[235] Gleichwohl ist Zeitunglesen bei den meisten Zeitungsfernen nicht ›out‹. Gerade junge Leute unter ihnen interessieren sich »in überdurchschnittlichem Anteil für neue Printangebote«, üben allerdings Kritik am »zu großen unhandlichen Format« von Tageszeitungen und würden ein kleineres bevorzugen.[236]

Rainer MATHES identifizierte bereits 1995 im Rahmen einer Zeitungsnutzungsstudie unterschiedliche Nutzungs- bzw. Lese*typen*.[237] Er unterscheidet zwischen dem Informationssucher und dem Scanner. Der *Informationssucher* sucht gezielt nach bestimmten Themen und Rubriken und nutzt auch das Inhaltsverzeichnis. Er »kann als Spezialist betrachtet werden, der ein mehr oder weniger breit gefächertes Interesse an verschiedenen Themenblöcken hat«.[238] Informationssucher blättern (wie die Scanner) auch die Zeitung durch, nutzen einen bestimmten Teil zuerst. Der Informationssucher nimmt seine Vorauswahl »vorwiegend auf der Basis von Rubriken- und Seitenüberschriften« vor.[239] Der *Informationsscanner* dagegen wendet »kein bestimmtes Suchverfahren an«. Er ist »eher ein Generalist, der die Universalität des Mediums nutzt«.[240] Der Scanner wählt »vornehmlich auf der Basis von Artikelüberschriften und Bildern aus«, er ist »zunächst einmal mehr oder weniger offen für alles« und trifft »bei jedem Artikel eine Einzelfallentscheidung«.[241] Aus der Existenz von Informationssuchern und Scannern ergibt sich laut MATHES »die Notwendigkeit, eine Tageszeitung anzubieten, die beiden Arten der Nutzung entgegenkommt. Für den Informationssucher ist eine Zeitung im ›Datenbankformat‹ gefordert. Dazu gehören neben einem systematischen Aufbau des Blatts auch Hilfestellungen zur Informationssuche wie Inhaltsverzeichnisse und Überblicksdarstellungen«; Strukturierungs- und Erschließungshilfen sollen »gezielte Hinweise auf inhaltliche Highlights« bieten. »Um den Lesebedürfnissen des Scanners gerecht zu werden, muß der Blattmacher ein spannendes und abwechslungsreiches ›Lesemenü‹ bereitstellen, das trotz aller Strukturierung durchaus auch Überraschungen beinhaltet.«[242] Die Artikelauswahl erfolgt bei beiden Lesetypen einem Drei-Stufen-Modell, das MATHES wie folgt veranschaulicht:

- »Selektionsstufe 1 ist die Beachtung des Artikels. Sie wird durch formale Merkmale wie Plazierung, Bebilderung oder formale Hervorhebungen wie Rahmen ebenso gesteuert wie durch sog. ›key words‹ und ›key visuals‹.
- Selektionsstufe 2 beinhaltet die Nutzung des Beitrags zur Kurzinformation. Die Kurzinformation erfolgt durch das Lesen der Überschrift sowie des Vorspanns bzw. bei Artikeln ohne Vorspann durch das Anlesen des Beitrags (…).
- Selektionsstufe 3 bildet die Auswahl des Beitrags zur ausführlichen Lektüre, um sich umfassend über Hintergründe und Details zu unterrichten. Von einer intensiven Nutzung kann man sprechen, wenn drei Viertel des Beitrags oder der gesamte Beitrag gelesen wurde.«[243]

8.3.7 Jugend und Zeitung

Jugendliche werden nur in relativ geringem Ausmaß von der Tageszeitung erreicht: Knapp die Hälfte der 14- bis 19-Jährigen geben der MA 2005 zufolge an, täglich zur Zeitung zu greifen – 1995 waren es, wie erwähnt, noch 60,6 Prozent. Die Altersgruppe der 14- bis 19-Jährigen stellt somit für die Zeitungsverlage eine Problemgruppe dar, denn eigentlich sollten die jungen Leser von heute die Käufer der Zeitung von morgen sein. Würden diese künftigen Käufer wegfallen, so wäre die Tageszeitung in ihrer Existenz bedroht. Junge Menschen haben zwar immer schon weniger zur Zeitung gegriffen, der Reichweitenschwund von mehr als 10 Prozentpunkten zwischen 1995 und 2005 gibt jedoch besonders zu denken. Audiovisuelle Medien sind in ihrer Vielzahl und mit ihrem bunten und leicht konsumierbaren Angebot für junge Menschen generell deutlich attraktiver als Printmedien. Mit ihren knappen Informationen im Nachrichtenbereich kommen Radio und Fernsehen den Informationsgewohnheiten der Jugendlichen deutlich besser entgegen als Zeitungen, deren Lektüre Konzentration und Aufmerksamkeit erfordert. Hinzu kommen die Online-Medien, die für die junge iPod- und »Always-on«-Generation besonders attraktiv sind und für die gedruckten Medien folglich auch eine besondere Konkurrenz und Herausforderung darstellen.

Zum Thema Jugend und Zeitung liegen zahlreiche Studien vor.[244] Es ist nicht möglich, sie hier im Einzelnen zu referieren. Lediglich einige wichtige Ergebnisse seien hervorgehoben. Wenn Zeitungen bei vielen Jugendlichen nicht gut ankommen, so liegt dies zu einem nicht unbeträchtlichen Teil an den Zeitungen selbst. Auf den Punkt gebracht liest sich Günther RAGER zufolge die Kritik vieler Jugendlicher an den Tageszeitungen wie folgt[245]: (1) »Das Papiermedium gilt – trotz Farbfotos – als grau und unspektakulär.« (2) »Die Zeitungssprache komme trocken und kompliziert daher.« (3) Zahlreiche Beiträge »behandelten Themen, die Jugendliche nicht wirklich interessieren – auch wenn sie die Themen abstrakt als ›irgendwie wichtig‹ anerkennen mögen. Politik oder Wirtschaft stehen eindeutig am Ende der Themenwunschliste.« Themen, über die das »Gros des Nachwuchses dagegen mehr wissen möchte«, kommen in der Zeitung – von Boulevard-Blättern abgesehen – eher selten vor: Themen wie Liebe und Sexualität, Stars, Musik, Schule und Jobs, Jugendszenen, Mode, Jugendgewalt, Unfälle und Katastrophen gehören zum Randprogramm. »Zugespitzt kann man sagen: Ihr (der Tageszeitung; Erg. d. A.) Aufbau und ihr Image als seriöses Informationsmedium ist für die Jugendlichen eine echte Kontaktbarriere. Dies hat die Zeitung in gewisser Weise gemeinsam mit dem öffentlich-rechtlichen Fernsehen, dem ebenfalls von den Jugendlichen eine hohe Informationskompetenz und Glaubwürdigkeit zugeschrieben wird und das trotzdem – oder gerade deswegen – Schwierigkeiten hat, die jungen Leute zu erreichen.«[246]

Zahlreiche Zeitungs- und Zeitschriftenverlage sind sich der Problematik des Verhältnisses der Jugend zur Tageszeitung bewusst. Viele von ihnen versuchen daher, Jugendliche für die Zeitung zu gewinnen. Vier unterschiedliche Strategien kann man dabei ausmachen: Zeitungsleseaktionen in Schulen, eigene Jugendseiten oder -beilagen, neue Zeitungsprodukte sowie Anwerbungsversuche für die gedruckte Zeitung über Online-Auftritte.

Zu den Zeitungsprojekten in der Schule: Etwa die Hälfte der rund 350 Tageszeitungsverlage wirbt gemeinsam mit Schulen in Zeitungsprojekten um die jungen Leserinnen und Leser.[247] Zu erwähnen sind hier Leseförderungsangebote, die bereits auf Vorschulkinder und Grundschüler abzielen wie »Zeitungstreff Vorschulkinder«, »Klasse-Kids« oder »Lesepass« sowie weitere Projekte für Jugendliche wie »Zeitung in der Schule«, »Zeitungstreff«, »Zeitung und Schule«, »Zeitung macht Schule«, »Zeitungsflirt«, »Klasse!« u. a. m.[248] »Der Projektaufbau ist meist ähnlich: Der jeweilige Zeitungsverlag beliefert die Klassen vier bis zwölf Wochen lang mit einem Klassensatz Zeitungen. Zielgruppe der Projekte sind SchülerInnen der Klassen acht bis zehn aller Schulformen, zunehmend auch Grundschulklassen. (…) Durch die tägliche Zeitungslektüre in der Schule lernen die Jugendlichen das oft noch fremde Medium kennen. Darüber hinaus ist die Zeitung Thema im Unterricht.«[249] Zusätzlich erhält das Lehrpersonal, das mit solchen Projekten befasst ist, Hintergrundinformationen über das deutsche Zeitungswesen, das Wirtschaftsunternehmen Zeitung, die Selbstkontrolle der Presse durch den Deutschen Presserat, über Aufgaben des und Anforderungen im Journalismus u. a. m.[250] Auch der Verband Deutscher Zeitschriftenverleger (VDZ) engagiert sich auf diesem Gebiet. Er bietet gemeinsam mit dem Presse-Grosso und der Stiftung Lesen seit einiger Zeit das Projekt »Zeitschriften in die Schulen« an. Angaben des VDZ zufolge sind in den ersten beiden Projekten über 300.000 Schüler aller Schulformen in zusammen 12.000 Schulklassen mit Zeitschriften konfrontiert worden. Im Aktionszeitraum – zuletzt im Mai 2006 – erhielten die Schulklassen jede Woche eine Box mit 35 Titeln und didaktischem Begleitmaterial.[251]

Mehrere der Projekte für junge Zeitungsleser wurden begleitend untersucht. Wichtige Ergebnisse der Studien sind: »Junge Erwachsene, die in ihrer Schulzeit an Zeitungsprojekten teilgenommen haben, lesen häufiger Zeitung als ihre Altersgenossen.«[252] Unabhängig vom Schultyp abonnieren Absolventen von Zeitungsprojekten später eher eine Tageszeitung als Nicht-Absolventen. Drei Viertel der befragten Jugendlichen aus Zeitungsprojekten gaben an, sie wüssten nun besser »über das Weltgeschehen Bescheid«; zwei Drittel von ihnen »kennen sich im Lokalgeschehen besser aus als vorher«. Und immerhin noch 40 Prozent »meinen, sich politische Zusammenhänge nach dem Projekt besser erklären zu können«. Ein wichtiges Motiv für die Jugendlichen war, dass sie »in der Zeitung Themen (fanden), über die sie mit Familienmitgliedern oder Freunden sprechen können«.[253] Überdies finden sich Hinweise darauf, dass sich mit Projekten wie »Zeitung in der Schule« auch die Lesekompetenz der Jungendlichen verbessert.

Jugendseiten/-beilagen: Erste Bestrebungen, Jugendliche über eigene Jugendseiten oder -beilagen an die Zeitung heranzuführen, gab es bereits in den achtziger Jahren. Seither sind zahlreiche Projekte dazugekommen. Beim BDZV sind heute 116 Jugendseiten von Tageszeitungen gemeldet[254] – hinzu kommen mehr als 30 speziell auf Jugendliche zugeschnittene Online-Auftritte von Tageszeitungen.[255] Jugendseiten unterscheiden sich »durch Aufmachung und Themenauswahl von der übrigen Zeitung. Ziel der Seiten ist es, den Jugendlichen auch zum Lesen der restlichen Zeitung hinzuführen.«[256] Zu Lektüre und Akzeptanz von Jugendseiten liegen Forschungsergebnisse vor, die Markus KUBITZA in einer Synopse zusammengetragen hat:[257] Das Layout ist wichtig. Es muss »stimmig sein, lebendig, modern und benutzerfreundlich (…), mit variierenden Spaltenbreiten, Schrifttypen und -größen«.[258] Jugendliche und junge erwachsene Zeitungsleser »begrüßen Gestaltungselemente, die zum Thema passen und den Inhalt unterstützen. Dazu gehören Logos, grafische Elemente, schräge Überschriften und farbig unterlegte Infokästen.«[259] Optische Anreize stellen Fotos und Comics dar; »Beiträge mit vielen großen, bunten Fotos werden häufiger gelesen als wenig oder gar nicht bebilderte Beiträge«; Comics können »gezielt zur Präsentation und Vermittlung journalistischer Inhalte eingesetzt werden«. Info-Kästen sind »bei einem Großteil Jugendlicher sehr beliebt, sie können »mit Hintergrundinformationen zum besseren Verständnis komplexer Zusammenhänge des Artikels dienen«. Texte mit großen Vorspännen und Überschriften sind wichtig, »Signalwörter wie ›Sex‹ oder ›Tod‹ regen zum Lesen an«. Kurze, den Inhalt des Textes zusammenfassende Überschriften »führen eher zur Textbeachtung, als Überschriften mit Sprachspielen und Alliterationen«. Das Interesse der Jugendlichen wird angeführt von Themen wie Musik, Konzerte, Partys, Drogen, Witze, Horoskope und Beiträge über Stars. Ihnen folgen Beiträge über »Neben- und Ferienjobs, Ausbildung und Beruf sowie Gewalt unter Jugendlichen. Sexualität, Sport, Mode und Multimedia nehmen das breite Mittelfeld auf der Beliebtheitsskala ein, während Schul- und Bildungsthemen zusammen mit Reisen und Buntem im unteren Bereich liegen. Auf den letzten beiden Plätzen befinden sich Lokalpolitik und Wirtschaft.«[260]

Das Interesse an Politik wächst bzw. stabilisiert sich mit zunehmendem Alter.[261] Jugendliche bevorzugen »eine anschauliche und lebendige Sprache, die der eigenen gleicht, ohne die Jugendsprache zu kopieren. Sie soll schnörkellos, leicht verständlich und knapp sein.« Kurze Beiträge sind beliebt, »weil sie die Informationsaufnahme erleichtern (…). Berichte mit szenischem Spannungsbogen, bei dem die Information erst später kommt, stoßen bei Jugendlichen eher auf Kritik.« Älteren Jugendlichen dienen Kommentare, Glossen und Satiren zur Unterhaltung, Klatsch und Tratsch ist bei Jugendlichen ein umstrittenes Thema und macht am ehesten »Mädchen und jungen Frauen Spaß, die bisher wenig Zeitung lesen«.[262] Es erscheint sinnvoll, dass Jugendseiten-Redaktionen jugendliche, freie Mitarbeiter zur redaktionellen Mitarbeit heranziehen, »da Jugendliche die Sprache, Interessen und Lebenswelt junger LeserInnen besser kennen als RedakteurInnen«.[263]

Die hier dargelegten Erkenntnisse können für Redaktionen von Jugendseiten zweifellos hilfreich sein. Nicht unerwähnt bleiben soll jedoch, dass es Unterschiede in den Ansprüchen an Inhalt und Aufmachung von Jugendlichen an Jugendseiten gibt – beispielsweise zwischen Gymnasiasten und Hauptschülern sowie zwischen jüngeren und älteren Jugendlichen. Daher ist es für Redakteure und Blattmacher von Jugendseiten wichtig, »die Zielgruppe vor der Produktion genau zu umreißen (…) und das redaktionelle Angebot danach auszurichten«.[264]

Neue Zeitungsprodukte: Das Jahr 2004 war in Deutschland auch das Jahr neuer Zeitungsprodukte. Gemeint sind Versuche, in Deutschland mit neuen Zeitungen in handlichen Formaten, den ›Tabloids‹, auf den Markt zu kommen und neue Zielgruppen zu erschließen (vgl. Kapitel 9.5). Zu erwähnen sind Titel wie »Welt kompakt« (Springer-Verlag), »News« (Holtzbrinck), »20 Cent« (Lausitzer Rundschau, Saarbrücker Zeitung) und »Kölner Stadt-Anzeiger – Direkt« (M. DuMont Schauberg). Die Titel versuchen gerade auch jüngere Zielgruppen sowie bisherige Nicht-Leser anzusprechen. Daher versuchen sie zumindest in Aufmachung und Inhalt Erkenntnisse über Wünsche und Interessen junger Zeitungsleser zu antizipieren.

Online-Zeitungen: Deutschlands Zeitungsverleger haben bereits Mitte der neunziger Jahre begonnen, sich mit Online-Ausgaben im WWW zu engagieren (vgl. Kapitel 10.2). Die Gründe dafür waren (und sind) vielfältig. Unter anderem ging (und geht) es den Zeitungsverlagen darum, über Online-Ausgaben junge Leser für die Printausgabe zu gewinnen – beispielsweise durch kostenlose Probe- oder günstige Schnupperabonnements. Zudem betreiben zahlreiche Verlage eigens für Jugendliche eingerichtete Online-Ausgaben.

Es ist im Übrigen nachgewiesen, dass das Elternhaus die bedeutendste Sozialisationsagentur für Zeitungslektüre oder -abstinenz ist. In Haushalten mit Zeitungsabonnement lesen Jugendliche auch häufiger Zeitung: »Zwar garantiert ein Abo daheim noch keineswegs, dass die Jugendlichen auch lesen. Aber die Wahrscheinlichkeit ist deutlich höher. 55 Prozent der Schüler aus Zeitungshaushalten lasen mindestens zwei- bis dreimal pro Woche Zeitung. Wenn die Eltern höchstens ab und zu eine Zeitung kauften, taten dies nur 15 Prozent der Schüler. Bei sinkender Haushaltsabdeckung der Tageszeitungen zeichnet sich deutlich ein kumulativer Effekt ab: Wenn die Familie ihr Abonnement aufgibt, gehen der Zeitung nicht nur ein bis zwei erwachsene Kunden verloren. Es sinken auch massiv die Chancen, dass die nächste Generation das Medium für sich entdeckt.«[265] Junge Zeitungsleser sind formal auch höher gebildet, und sie »bewegen sich meist in Cliquen Gleichaltriger, in der die Mehrheit ebenfalls liest«.[266]

Entsprechend ist einer Studie von Karola GRAF-SZCZUKA zu entnehmen, dass jugendliche Zeitungsleser »eher aus zeitungsfreundlichen Haushalten« kommen, eine »positive Einstellung zur Zeitung« haben, »leistungsorientiert« und »eher sozial angepasst« sind. Nichtleser dagegen »haben meist keinen Zugang zur Zeitung und sind weniger leistungsorientiert«.[267] GRAF-SZCZUKA konnte auf der Basis von 429 Jugendlichen zwischen 16 und 18 Jahren mittels Clusteranalyse fünf unterschiedliche Typen von jugendlichen Zeitungslesern bzw. Nicht-Lesern ermitteln:[268] *Intensivleser* (35 Prozent; sozial angepasst, leistungsorientiert, Interesse an Politik, Lokalem und Hintergrundberichterstattung); *Kurzzeitleser* (20 Prozent; bevorzugt Sport, Titelseite, Lokalteil, weniger die Jugendseiten); *Wenigleser* (6 Prozent; greifen einmal pro Woche zur Zeitung, breites Interesse an Titelseite, Vermischtem, Sport und Kurzmeldungen); *Gelegenheitsleser* (8 Prozent; meinen, ihr Leben nicht selbst beeinflussen zu können; bevorzugt: Sport, Titelseite, Kulturberichterstattung); *unentschlossene Leser* (7 Prozent; besonders negative Einstellung zur Zeitung, bevorzugt: Vermischtes, Jugend-, Serviceseiten, Kriminal- und Katastrophenberichte); *Nichtleser ohne Zeitungszugang* (10 Prozent; eher introvertiert und weniger an sozialen Aktivitäten interessiert; Interesse allenfalls an Titelseite und Sport); sowie *Zeitungsverweigerer* (14 Prozent; überraschenderweise aus zeitungsfreundlichen Haushalten kommend, kaum bevorzugte Interessen, allenfalls Titelseite, Sportteil oder Jugendseiten).

Man wird Günther RAGER zustimmen müssen, wenn er meint, die Zeitung sei »nach wie vor die profilierteste Exponentin einer spezifischen Informations- und Integrationskultur.« Denn sie vermittle »Informationen, die man aus anderen Medien so nicht erhält. Das tut sie vor allem in der Hintergrundberichterstattung über Themen aus Politik und Wirtschaft. Im Lokalen ist sie nach wie vor die mit großem Abstand umfassendste Informationsquelle«.[269] Bei der Rezeption von Zeitungen könnten »Leser Fähigkeiten erwerben, ohne die gerade eine hoch technisierte Informationsgesellschaft« nicht funktioniere, nämlich: Zeitungslesen unterstütze nicht nur die Beherrschung der Lesetechnik, sondern auch »die Fähigkeit zum verstehenden Lesen«. Und wer Zeitung liest, müsse »aus großen Informationsmengen das für ihn Interessante auswählen. Die Kombination aus Selektion und Navigation lässt sich schwerlich sonst so gut praktisch einüben«.[270] Man kann also gar nicht früh genug damit beginnen, Kinder und Jugendliche an die Zeitung heranzuführen.

8.3.8 Senioren und Zeitung

In der Bundesrepublik Deutschland ist gegenwärtig bereits jeder vierte Bundesbürger über 60 Jahre alt, im Jahr 2050 wird es jeder Dritte sein. Vor diesem Hintergrund ist die größer werdende Zielgruppe der Älteren für Tageszeitungen von besonderem Interesse – nicht zuletzt aufgrund ihrer vergleichsweise hohen Kaufkraft.[271] »Zeitungsverlage haben schon früh auf die zunehmende gesellschaftliche und wirtschaftliche Bedeutung der älteren Generation reagiert. Die ersten Seniorenseiten kamen bereits in den siebziger Jahren auf. Sie erscheinen in aller Regel als einzelne Seiten, mitunter aber auch als eigene Beilage.[272] Heute wenden sich rund 80 Prozent aller regionalen und lokalen Abonnement-Tageszeitungen mit speziellen Zeitungsseiten gezielt auch an ältere Menschen. Gleichzeitig ist die Erscheinungshäufigkeit solcher Seniorenseiten über die Jahre stetig angestiegen. Heute finden ältere Leser dieses Angebot in drei Viertel aller Fälle mindestens einmal pro Woche in ihrer Zeitung.[273] Seniorenspezifische Medienangebote werden von vielen Älteren begrüßt. Nach einer Befragung des Media Consulting Teams (mct) ist es 51 Prozent der Befragten »sehr wichtig bzw. wichtig, auf Extraseiten über Seniorenthemen informiert zu werden. 21 Prozent ist es weniger wichtig, 22 gleichgültig«.[274]

Annika SEHL hat aus verschiedenen Studien Forschungsergebnisse über Erwartungen und Wünsche von älteren Lesern an die Tageszeitung zusammengetragen.[275] So lesen ältere Menschen die Tageszeitung »im Schnitt nicht nur häufiger und länger als andere Altersgruppen, sie haben auch ein positiveres Bild von ihr. (…) (Sie) wünschen sich eine größere Schrift und eine klare optische Führung« und äußern »den Wunsch nach einer verständlichen Sprache. Fremdwörter und Abkürzungen sollten vermieden werden.«[276] Was die Inhalte anbelangt, so erwarten ältere Leser Themen, die Lebenshilfe bieten, Gesundheit und Medizin, aber auch deutsche Politik, Haus und Garten, Urlaub und Reisen.[277]

Aus einer Inhaltsanalyse von Seniorenseiten regionaler Tageszeitungen in Nordrhein-Westfalen gewinnt SEHL die von den älteren Lesern favorisierten Themen ›Freizeitinteressen‹, ›physische Situation‹ und ›Wohnsituation‹. »Innerhalb des Themenkomplexes ›Freizeitinteressen‹ liegt ein deutlicher Schwerpunkt auf ›Veranstaltungen und Veranstaltungsangeboten‹. Bei der ›physischen Situation‹ werden besonders oft ›Verhaltensratschläge im Krankheitsfalle‹ gegeben. Artikel zur ›Wohnsituation‹ handeln oft von ›Versorgungsleistungen der Altenhilfe in einem Haus/einer Wohnung‹. Selten behandelt werden hingegen die Themen ›Verhaltensratschläge für den Alltag‹, ›Alter als Gegenstand der Wissenschaft‹ und ›Finanzielle Situation im Alter‹. (…) Auffällig ist, dass die Themen überwiegend ein ›junges Image‹ haben«.[278] Dies scheint sich, so SEHL, aus der Zielgruppe der Seniorenseiten vieler Zeitungen heraus zu erklären: Sie wollen »die Altersgruppe 50plus, also die ›jungen Alten‹ ansprechen«. Denn die Angehörigen dieser Zielgruppe haben das »höchste Konsumpotential unter den älteren Menschen (…) und versprechen am meisten Werbeeinnahmen. Um sie zu bedienen, wählen Tageszeitungen eher ›junge‹ Themen. Hinzu kommt, dass sich das Alter in der Gesellschaft ›verjüngt‹. Ältere Menschen bleiben heute im Ruhestand aktiver. (…) Berichte über sportliche Ältere statt bettlägerige Alte scheinen der richtige Weg zu sein, die Zielgruppe zu erreichen«.[279] Dessen ungeachtet ist es eminent wichtig, dass die Tageszeitungen mit ihren Seniorenseiten auch den Ansprüchen der älteren Leser entgegenkommen und ihre Angebote »im Speziellen auch dem Urteil der Älteren« unterziehen.[280]

8.4 Nachrichtenagenturen in der Bundesrepublik Deutschland*

Bei den Nachrichtenagenturen gilt Deutschland weltweit als der am härtesten umkämpfte Markt. Fünf Universalagenturen und eine nicht minder große Zahl an Spezialagenturen konkurrieren um die Budgets der Zeitungen, Rundfunksender und Internetportale. Deren Redaktionen und damit letztlich den Rezipienten kommt dieser Wettbewerb in Form einer verhältnismäßig großen Auswahl an Nachrichtenquellen zugute. 34,3 Prozent der Tageszeitungen beziehen zwei, 53 Prozent sogar drei oder mehr Universalagenturdienste. Der Pluralismus der deutschen Agenturlandschaft wird vor allem auf zwei Ursachen zurückgeführt. Prägend war erstens der Einfluss der Westalliierten nach dem Zweiten Weltkrieg. Sie gründeten in ihren Besatzungszonen nicht nur die Vorläuferagenturen des heutigen Marktführers, der Deutschen Presse-Agentur (dpa), sondern ebneten mit der Beseitigung des staatlichen Nachrichtenmonopols auch den westlichen Weltagenturen den Weg nach Deutschland. Zweitens ist die Bundesrepublik als drittgrößte Volkswirtschaft der Welt und als Land mit einer großen Zahl von Zeitungen und Rundfunksendern für Nachrichtenagenturen so lukrativ wie kaum eine andere Industrienation.[281]

Zur Deutschen Presse-Agentur (dpa): Die beherrschende Position auf dem deutschen Markt nimmt die in Hamburg ansässige Deutsche Presse-Agentur ein. Im Jahr 2003 belieferte sie 131 der 134 selbständigen Tageszeitungen sowie alle großen Hörfunk- und Fernsehsender. Mit 1.137 angestellten und mehreren tausend freien Mitarbeitern im In- und Ausland erwirtschafteten die Agentur und ihre Tochterunternehmen zu diesem Zeitpunkt einen Umsatz von 117,9 Mio. Euro.[282] Die dpa wurde am 18. August 1949 von Zeitungsverlegern gegründet und nahm am 1. September desselben Jahres ihren Sendebetrieb auf. Vorläufer waren der Deutsche Presse-Dienst (dpd) in der britischen, die Deutsche Allgemeine Nachrichtenagentur (DENA) in der amerikanischen und die Südwestdeutsche Nachrichtenagentur (SÜDENA) in der französischen Besatzungszone (vgl. Kapitel 4.2). Diese Agenturen waren noch während der Besatzungszeit von den Militärregierungen an die lizenzierten Zeitungsverleger übertragen worden.[283]

Nach den Erfahrungen des nationalsozialistischen Totalitarismus stand bei der Gründung der dpa die Sicherung der publizistischen Unabhängigkeit an oberster Stelle. In dem seit 1949 im Wesentlichen unveränderten Statut der Agentur heißt es: »Das Unternehmen erfüllt seine Aufgabe unparteiisch und unabhängig von Einwirkungen und Einflüssen durch Parteien, Weltanschauungsgruppen, Wirtschafts- und Finanzgruppen und Regierungen.«[284] Das Unabhängigkeitsgebot, das auch Bestandteil der Anstellungsverträge ist, wird durch eine besondere Eigentümerstruktur nach dem Vorbild einiger westlicher Agenturen wie Associated Press (AP) gesichert. Eigentümer dürfen nur Verleger, Verlags- und Rundfunkgesellschaften sein. Diese organisierten das Unternehmen genossenschaftlich, entschieden sich allerdings für die zweckmäßiger erscheinende Rechtsform der Gesellschaft mit beschränkter Haftung (GmbH). Um eine Majorisierung durch einzelne Gesellschafter zu verhindern, sind deren Anteile am Stammkapital (16,5 Mio. Euro) auf jeweils 1,5 Prozent begrenzt. Die Summe der Anteile von Radio- und Fernsehanstalten darf 25 Prozent nicht überschreiten. Etwa zwei Drittel der fast 200 Gesellschafter sind Zeitungsverlage, rund 18 Prozent Rundfunkunter-

*Überarbeitet von Jörn Poltz.

nehmen, 10 Prozent sonstige Verlage und knapp 5 Prozent Zeitschriften und Illustrierte. Es handelt sich also um eine von Verlegern dominierte Agentur der deutschen Medien; Eigentümer und Kunden sind weitgehend identisch. Die Gesellschafterversammlung bestimmt die Grundlinien der Agentur und wählt einen Aufsichtsrat mit mindestens zwölf Mitgliedern. Dieser ernennt die beiden Geschäftsführer und den Chefredakteur, die jeweils unmittelbar dem Aufsichtsrat gegenüber verantwortlich sind.[285]

Zum Agenturangebot der dpa: Das Angebot der dpa-Firmengruppe umfasst zahlreiche Text-, Hörfunk-, Foto- und Graphikdienste. Für besondere Online-Dienste werden Wort- und Bildbeiträge aufbereitet oder eigens angefertigt. Die Muttergesellschaft unterhält zwei Zentralredaktionen – eine für Wortdienste am Hamburger Firmensitz und eine für Bilderdienste in Frankfurt am Main –, ein Hauptstadtbüro in Berlin sowie Landesbüros, Außenbüros und Bezirkskorrespondenten an rund 60 Orten in Deutschland. Tochterunternehmen sind u. a. die Agenturen Zentralbild (für Fotos aus Ostdeutschland), Rufa Rundfunkagenturdienste, Globus Infografik, dpa Infocom (für Online-Nachrichten) und Global Media Services (für Verbrauchernachrichten unter dem Kürzel gms). Die Tochter News Aktuell vertreibt PR-Material, darunter Pressemitteilungen in einem »Original-Text-Service« (ots).[286]

Im Zentrum des Gesamtangebots steht nach wie vor die geschriebene Nachricht. Ähnlich wie bei anderen Agenturen umfassen die Wortdienste der dpa vor allem informierende Darstellungsformen wie Meldungen und deren Zusammenfassungen, aber auch interpretierende Formen wie Reportagen und Features (sog. Korrespondentenberichte) sowie als Berichte wiedergegebene Interviews (»dpa-Gespräche«). Meinungsbeiträge wie Kommentare und Glossen werden bei dpa nicht geschrieben; allerdings verbreitet die Agentur täglich eine Auswahl von Pressestimmen. Ferner gibt es erklärende Hintergrundbeiträge, Chroniken, Terminvorschauen – ein wichtiges Planungsinstrument für Redaktionen – und Tabellen mit Wirtschaftsdaten sowie Sport- und Wahlergebnissen.[287]

Das Rückgrat des Angebots bildet der dpa-Basisdienst, der rund um die Uhr über nationale und internationale Ereignisse berichtet. Werktags werden im Basisdienst durchschnittlich 800 Meldungen gesendet – ausgedruckt ergäbe dies ein Buch von 480 DIN-A4-Seiten. Damit liefert dpa das umfassendste Nachrichtenangebot auf dem deutschen Markt. Ein Teil dieser Nachrichtenflut kommt freilich dadurch zustande, dass die Berichterstattung im Laufe des Tages fortgeschrieben wird: Eine Meldung vom Morgen wird bis zum Abend unter Umständen durch eine erste, zweite oder auch dritte Zusammenfassung der aktuellen Ereignisse abgelöst. Der weitaus größte Teil der Nachrichten stammt aus dem Ressort Politik mit rund 38,3 Prozent des Gesamtangebots. Es folgen gleichauf die Ressorts Vermischtes und Sport mit jeweils 18,8 Prozent, gefolgt von Meldungen aus Wirtschaft (17,5 Prozent) und Kultur (4,6 Prozent). Rund 2 Prozent der Beiträge sind redaktioneller Service wie z. B. Tagesvorschauen.[288]

Eine wichtige Stellung nehmen bei dpa auch die zwölf Landesdienste ein. (Für die drei Stadtstaaten, das Saarland und deren jeweilige Nachbarbundesländer bestehen gemeinsame Dienste.) In mit dem Basisdienst vergleichbarer Weise spiegeln sie das Geschehen der jeweiligen Region wider, liefern aber auch Nachrichten von überregionalem Interesse für den Basisdienst. Weitere dpa-Dienste sind wöchentliche Dossiers über Medien, Wissenschaft und Kulturpolitik. Vor allem an Geschäftskunden außerhalb der Medienbranche richten sich Archiv- und Selektionsangebote, bei denen Nachrichten aus dem dpa-Fundus nach individuellen Bedürfnissen zusammengestellt werden.[289]

Auslandsnachrichten bezog dpa fast 40 Jahre lang von Weltagenturen – anfangs von Reuters und seit 1971 von United Press International (UPI). Parallel begann dpa mit dem Aufbau eines eigenen internationalen Korrespondentennetzes. Die dafür von der Bundesregierung gewährte finanzielle Unterstützung durch Abonnements von dpa-Diensten geriet mehrfach in die Kritik. Allerdings unterhalten auch Agenturen in anderen westlichen Ländern Geschäftsbeziehungen mit Regierungsstellen. Die Zusammenarbeit zwischen dpa und UPI endete 1988. Seither stützt dpa ihre Auslandsberichterstattung im Wesentlichen auf eigene Korrespondenten in mehr als 100 Ländern. Daneben bestehen Austauschabkommen mit nationalen Agenturen in rund 70 Staaten wie etwa der Austria Presse Agentur (APA). Nachrichten werden von dpa aber nicht nur in der ganzen Welt gesammelt, sondern auch verbreitet: Bereits seit Ende der 1950er Jahre gibt es dpa-Weltnachrichtendienste in deutscher, englischer und spanischer Sprache, seit 1968 auch auf Arabisch.[290]

Zum Wandel der Nachrichtentechnik: Eine rasante Entwicklung vollzog die Verarbeitungs- und Übertragungstechnik. Sie ermöglichte immer höhere Sendekapazitäten. Publizistische Folgen waren eine Beschleunigung des Nachrichtenflusses, eine Zunahme der Nachrichtenmenge und gestiegene Ansprüche an die vom Zwang des Telegrammstils befreite Nachrichtensprache. Bei dpa wurden drahtgebundene Fernschreibnetze in den 1950er Jahren ganz von Lang- und Kurzwellensendern verdrängt, denen wiederum 1992 die digitale Satellitenübertragung folgte. Für die Sendetechnik unterhält das Unternehmen gemeinsam mit anderen Agenturen die »mecom Medien-Communikations-Gesellschaft«[291]. Im Jahr 1973 nahm die dpa ihre »Elektronische rechnergesteuerte Nachrichtenvermittlungsanlage« (ERNA) in Betrieb. Sie gestattete erstmals das papierlose Schreiben, Redigieren und Versenden der Meldungen am Bildschirm und ist – in der dritten Generation – noch heute der zentrale Umschlagplatz der Nachrichtenverarbeitung. Bis in die neunziger Jahre lösten Computer die viel zitierten ratternden Nachrichtenticker in den Redaktionen vollständig ab. Die Internettechnik schließlich ermöglichte neue Vertriebskanäle wie den für registrierte Kunden zugänglichen dpa-Medienserver. Gleichzeitig nahm das Internet den Agenturen aber auch das technische Monopol der raschen Nachrichtenverbreitung, das sie mit der Nutzung staatlich reglementierter Draht- und Funkverbindungen fast 150 Jahre besessen hatten.[292]

Weitere Agenturen und Spezialdienste in Deutschland: Die bis ins 19. Jahrhundert zurückreichende Tätigkeit ausländischer Agenturen in Deutschland blieb aufgrund der Nachrichtenkartellverträge und der nationalsozialistischen Restriktionen bis 1945 marginal.[293] Die längste Nachkriegstradition in Deutschland hat die US-Agentur Associated Press (AP), die ihren deutschen Dienst 1946 gründete. Im Jahr 2003 belieferte das in Frankfurt am Main ansässige Unternehmen 59 Prozent der publizistischen Einheiten und ist damit die Nummer zwei nach dpa.[294] Die französische Agentur Agence France-Presse (AFP) unterhält seit 1948 einen deutschsprachigen Dienst, der zunächst in der Pariser Zentrale erstellt wurde und seit 1987 von einer gleichnamigen deutschen Tochter – heute in Berlin – herausgegeben wird.[295] Die britische Agentur Reuters beendete 1971 ihren Nachrichtenaustausch mit dpa, um in Frankfurt am Main ebenfalls einen deutschen Dienst herauszugeben.[296] Dagegen stellte im selben Jahr die US-amerikanische United Press International (UPI) ihren bis dahin erschienenen deutschen Dienst aus Kostengründen ein. Dies war die Geburtsstunde der zweiten bundesdeutschen Universalagentur: Ehemalige UPI-Mitarbeiter übernahmen den Ableger und führten ihn unter dem Namen Deutscher Depeschendienst (ddp) weiter. Im Jahr 1992 wurde ddp mit der früheren staatlichen Agentur der DDR, dem Allgemeinen Deutschen Nachrichtendienst (ADN), fusioniert. Dessen Kürzel gab man später zugunsten der einheitlichen Bezeichnung ddp auf. Die wechselvolle Geschichte des ddp zeugt von den Schwierigkeiten, sich auf dem eng besetzten Markt zu behaupten. Bereits zweimal – 1983 und 2004 – war das Unternehmen zahlungsunfähig. Anfangs mitarbeitergeführt, befand sich ddp nacheinander im Eigentum des Börsenhändlers Bolko Hoffmann, des Journalisten Wolf Schneider und des ProSiebenSat.1-Konzerns von Leo Kirch, um dann erneut in die Hände des eigenen Managements überzugehen. Nach der Insolvenz 2004 wurde die Agentur von einer branchenfremden Investmentgesellschaft übernommen.[297]

Zwei Spezialagenturen beschränken sich auf Wirtschafts- und Finanzmeldungen: Die erst 1999 in Frankfurt am Main gegründete dpa-AFX ist ein gemeinsames Unternehmen der dpa, der britischen AFP-Tochteragentur AFX News und der Austria Presse Agentur (APA).[298] Unter dem Namen Dow Jones-vwd firmiert seit 2004 in Eschborn ein deutscher Wirtschaftsdienst des US-Informationskonzerns Dow Jones. Es handelt sich um die frühere Nachrichtensparte der Vereinigten Wirtschaftsdienste (vwd), die sich 55 Jahre nach ihrer Gründung vom Journalismus verabschiedeten, um sich auf das Geschäft mit Finanzdaten zu konzentrieren.[299] Eine weitere Spezialagentur ist der Sport-Informations-Dienst (sid) in Neuss, eine AFP-Tochter.[300] Auch die beiden großen Kirchen unterhalten je eine Nachrichtenagentur, um Ereignisse aus dem kirchlichen, kulturellen und sozialen Leben publik zu machen – den Evangelischen Pressedienst (epd) in Frankfurt am Main und die Katholische Nachrichten-Agentur (KNA) in Bonn. Der epd gibt auch den Branchendienst »epd Medien« heraus.[301]

Den Spezialagenturen kommt im Wettbewerb eine Ergänzungsfunktion zu. Doch auch die übrigen Agenturen verfolgen Komplementärstrategien, da sie in der Regel ebenfalls zusätzlich zu den dpa-Diensten bezogen werden. Ein Schwerpunkt der Weltagenturen AFP, AP und Reuters ist auch in ihren deutschen Diensten das internationale Geschehen. Die deutschen Redaktionen werten dafür den jeweiligen Weltdienst aus und schreiben auf dieser Grundlage eigene Meldungen, denn mit einer bloßen Übersetzung ist es aufgrund abweichender inhaltlicher und stilistischer Bedürfnisse meist nicht getan. Außerdem berichten diese Agenturen über Ereignisse aus dem Inland, soweit sie von bundesweitem Interesse sind. AP gilt als Dienst mit besonders attraktivem Sprachstil und als Vorreiter bei Boulevard-Themen. Die deutsche Agentur ddp unterhält kein Auslandskorrespondentennetz, konkurriert jedoch in der Regionalberichterstattung als einziger Anbieter mit dpa. Dem Nachrichtendienst der Agentur Reuters, die sich vor allem auf Meldungen und Berichte aus dem Wirtschaftsleben konzentriert, wird eine sehr schnelle und sachliche Berichterstattung attestiert. Anders als die übrigen Nachrichtenagenturen erwirtschaftet Reuters einen Großteil seines Umsatzes nicht mit Medienkunden, sondern mit Unternehmen aus der Wirtschafts- und Finanzbranche.[302]

Veränderungen am Nachrichtenmarkt: Seit den 1980er Jahren hat sich der Nachrichten-markt der Bundesrepublik grundlegend verändert. Abgesehen vom Reuters-Kundenkreis hatten bis dahin im Wesentlichen nur Zeitungen und öffentlich-rechtliche Rundfunkan-stalten Agenturdienste bezogen. (Geringere Erlöse entfielen daneben auf Abonnements von Parlamenten, Regierungen, Unternehmen und Verbänden.) Das Geschäftsfeld vergrößerte sich durch die Zulassung des privaten Rundfunks, das Hinzutreten der ostdeutschen Medien infolge der Wiedervereinigung und durch den Siegeszug des Internets. Letzteres brachte nicht nur die Online-Zeitungen hervor, für deren fortlaufende Aktualisierung die Agentur-dienste geradezu prädestiniert sind, sondern erwies sich auch als billiger Distributionskanal zur Belieferung neuer Kunden, zumeist Unternehmen außerhalb der Medienbranche.[303]

Gleichzeitig aber wurde das weiterhin zentrale Geschäft mit den Zeitungen immer schwieriger – gerade für die Verleger-Agentur dpa. Deren Aufsichtsratsvorsitzender Karl-heinz Röthemeier konstatierte 1999: »Die abnehmende Interessenhomogenität unter den Kunden und Gesellschaftern von dpa ging mit einer abnehmenden Solidarität gegenüber der Agentur einher.«[304] Zunehmend geriet das genossenschaftliche Finanzierungsmodell der dpa in die Kritik. Traditionell orientieren sich die Preise der von den Zeitungen abonnierten dpa-Dienste an deren Auflage. So können sich kleine Zeitungen für verhältnismäßig wenig Geld eine umfassende Berichterstattung leisten. Doch große Blätter müssen für das glei-che Angebot umso mehr bezahlen. Die Bezugskosten betragen durchschnittlich 5 Prozent eines Redaktionsetats; damit ist dpa die teuerste deutsche Agentur. Für deren Nachrichten-dienst zahlte eine große Abonnementzeitung wie die »Rheinische Post« mit einer Auflage von 420.000 Exemplaren im Jahr 2003 fast eine Million Euro. Im Zuge der Zeitungskrise drohten 2003 mehrere Verlage mit einer dauerhaften Kündigung ihrer dpa-Abonnements aus Kostengründen. Bereits seit Jahren büßt dpa im Zeitungsgeschäft aufgrund der rück-läufigen Gesamtauflage fortwährend Einnahmen ein. Die Agentur reagierte auf diese Ent-wicklungen mit Preisnachlässen, einem Stellenabbau und der umfassendsten Strukturre-form ihrer Geschichte.[305]

Auch bei ddp folgte der Insolvenz im Jahr 2004 ein verschärfter Sparkurs, bei dem zahl-reiche Mitarbeiter gehen mussten. Reuters baute im Zuge eines weltweiten Sanierungs-programms ebenfalls Arbeitsplätze ab und straffte das Management für Deutschland und Europa. Dow Jones vollzog mit der Verlagerung deutschsprachiger Journalistenstellen ins billigere Ausland ein Novum auf dem hiesigen Medienmarkt: Seit der Übernahme des vwd-Dienstes 2004 werden dessen Auslandsmeldungen in Budapest vom Englischen ins Deut-sche übertragen.[306]

8.5 Grundlagen des Presserechts[*]

Das gesetzlich verankerte Presserecht in Deutschland ist, auch wenn sich der Begriff des ›Presserechts‹ in den Gesetzestexten gehalten hat, seit dem Aufkommen des öffentlich-recht-lichen Rundfunks und erst recht seit der Einführung des Privatfunks eigentlich Medien-recht. Denn was für die Sonderstellung der Presse im System der Bundesrepublik und für den daraus abgeleiteten besonderen Schutz und die Rechte, aber auch für die Pflichten der

[*]Überarbeitet unter Mitarbeit von Wolfgang Mayr.

Presse gilt, das gilt im Grundsatz auch für die Medien Hörfunk und Fernsehen – und zwar auch dort, wo diese in den Rechtstexten nicht ausdrücklich erwähnt werden. Überhaupt ist auffällig, dass der Begriff ›Presse‹ weder im Grundgesetz noch in den anderen einschlägigen Rechtsmaterien eindeutig geklärt oder gar definiert ist. Er stellt vielmehr einen formalen (Rechts-)Begriff dar, der das Pressewesen in seiner Gesamtheit umfasst, »d. h. also nicht nur die Presseerzeugnisse, sondern auch die in der Presse und für die Presse tätigen Personen im redaktionellen, kaufmännischen, technischen oder vertrieblichen Bereich, den technischen und wirtschaftlichen Apparat sowie die gesamte, auf Herstellung und Vertrieb von Presseerzeugnissen gerichtete Tätigkeit der Presse«.[307] Damit erstreckt sich auch der Schutzbereich der Pressefreiheit nicht nur auf die Medien selbst und ihre Inhalte, sondern darüber hinaus auf den gesamten redaktionellen und technischen Herstellungs- sowie Vertriebsprozess und alle Tätigkeiten, die damit verbunden sind.

Auf Ausführungen zum Recht von Rundfunk und Film wurde im vorliegenden Zusammenhang verzichtet; und auch wo Gesetzestexte und andere Rechtsmaterialien die verschiedenen Massenmedien gleichermaßen betreffen, wird dies nur angesprochen, wenn es zum Verständnis der Materie notwendig erscheint. Die folgenden Ausführungen konzentrieren sich also im Wesentlichen auf die Grundzüge des Rechts der Presse in Deutschland, das – auf die unterschiedlichen Rechtsmaterien verteilt – an dieser Stelle ohnehin nur in groben Umrissen dargestellt werden kann.

Die Presse erfüllt in einem pluralistischen System wie dem der Bundesrepublik eine zentrale Aufgabe. Sie ist ein unverzichtbares Instrument, um unabhängig von staatlichen Einflüssen Öffentlichkeit über alle bedeutenden Vorgänge in Politik, Gesellschaft, Wirtschaft und Kultur herzustellen. Wichtigste politische Voraussetzung für die Erfüllung dieser Aufgabe ist die Pressefreiheit, die in der Bundesrepublik Deutschland eine verfassungsrechtliche Grundlage hat. Genauso wichtig wie die grundgesetzliche Verankerung ist dabei, dass die Presse keine staatlichen Aufgaben wahrnimmt, von der Exekutive nicht weisungsabhängig ist, ihre Nachrichten frei beschaffen kann und dass der Zugang zum journalistischen Beruf grundsätzlich jedermann möglich ist.[308]

Gleichzeitig gilt, dass die Presse in das Prinzip der Gewaltenteilung eingebunden ist, d. h. dass sie gegenüber dem Gesetzgeber (Legislative), der Regierung und den ausführenden Organen des Staats (Exekutive) sowie den Instanzen der Rechtsprechung (Judikative) wichtige Kontrollaufgaben erfüllt. Dabei ist die Presse jedoch nicht selbst als ›vierte Gewalt‹ (oder sog. Publikative) anzusehen, auch wenn ihr eine solche Rolle in wissenschaftlichen und medienpolitischen Diskussionen immer wieder zugewiesen wird. Die Verfassung sieht eine solche ›vierte Gewalt‹ nicht vor. Gleichwohl sind Presse und Rundfunk die wichtigsten Träger der öffentlichen Meinung und scheinen, wie es der Presserechtler Martin LÖFFLER formuliert hat, »besonders berufen (...), gegenüber dem Machtstreben der den Staatsapparat beherrschenden Parteiengruppe (sowie dem Herrschaftsstreben mächtiger Wirtschafts- und Interessenverbände; Erg. d. A.) das gesunde Gegengewicht zu bilden«.[309] Dabei sollte man jedoch nicht übersehen, dass vor allem große Presse- und Medienkonzerne selbst mächtige Institutionen darstellen, die ihrerseits (im Schutz der ihnen zugesprochenen öffentlichen Aufgabe) Machtinteressen vertreten und daher selbst der Kontrolle bedürfen. Diese Kontrolle sollte im Wesentlichen durch die Medienvielfalt und somit durch die gegenseitige Beobachtung und ›Rundumkontrolle‹ durch andere Massenmedien gewährleistet sein.

Daneben jedoch hat der Gesetzgeber einem Urteil des Bundesverfassungsgerichts zufolge die Möglichkeit und die Pflicht, »Gefahren abzuwenden, die aus der Bildung von Meinungsmonopolen erwachsen können«.[310] Das 1976 erlassene Gesetz zur Presse-Fusionskontrolle versucht zumindest, solche Monopolbildungen zu verhindern (vgl. Kapitel 5.2).

Die Rechtsgrundlagen der Presse und der übrigen Medien sind, bedingt u. a. durch die föderale Struktur der Bundesrepublik, auf eine große Anzahl von Gesetzesmaterien verteilt. Hinzu kommen Vereinbarungen und Erklärungen der Tarifpartner sowie der Standesorganisationen. Zu den Rechtsmaterien, die für die Printmedien und die journalistische Arbeit in der Presse relevant sind, gehören damit im Wesentlichen:[311]

- das Grundgesetz,
- Urteile des Bundesverfassungsgerichts,
- die Verfassungen der einzelnen Länder,
- die Landespressegesetze,
- medienrelevante zivil- und strafrechtliche Bestimmungen (vor allem der Schutz der Persönlichkeitsrechte),
- das Kartellgesetz (betreffend die Fusionskontrolle bei Presseunternehmen),
- das Gesetz gegen den unlauteren Wettbewerb,
- das Fernmelderecht,
- das Urheberrecht,
- das Betriebsverfassungsgesetz (mit seinen Tendenzschutzbestimmungen),
- die Tarifverträge,
- Betriebsvereinbarungen,
- das Standesrecht (kodifizierte, aber nicht rechtsverbindliche Grundsätze bzw. Richtlinien des Deutschen Presserats für die journalistische Arbeit).

In Ergänzung zu diesen nationalen Rechtsgrundlagen sind darüber hinaus supranationale und internationale Übereinkünfte und Rechtsmaterien zu erwähnen, die wichtige Voraussetzungen für die Presse- und Informationsfreiheit auf internationaler Ebene darstellen. Dazu gehören:[312]

- die Allgemeine Erklärung der Menschenrechte der Vereinten Nationen (1946),
- die Konvention zum Schutz der Menschenrechte und Grundfreiheiten des Europarats (1950),
- der Internationale Pakt über bürgerliche und politische Rechte (Menschenrechtspakt der Vereinten Nationen von 1966),
- die Schlussakte der Konferenz über Sicherheit und Zusammenarbeit in Europa, insbesondere der »Korb 3« der KSZE-Schlussakte (Helsinki 1975),
- und schließlich die UNESCO-Mediendeklaration (1979).

Infolge der *Kulturhoheit der Länder* liegt in Deutschland die Gesetzgebungsbefugnis für die Presse und die übrigen Medien grundsätzlich bei den einzelnen Bundesländern. Dies manifestiert sich in erster Linie in den Landespressegesetzen, an deren Bestimmungen sich Medienschaffende in Presse und Rundfunk gleichermaßen zu halten haben. Die Gesetzesbestimmungen der Landespressegesetze machen den überwiegenden Teil der für die Pressemedien und die Pressearbeit relevanten Rechtsmaterien aus.

Die *Gesetzgebungskompetenz des Bundes* zum Pressewesen umfasst neben der Verfassungs-kompetenz die über Print- und Funkmedien hinausgehenden Bereiche des allgemeinen Zivil- und Strafrechts sowie das Urheberrecht. Ansonsten kann der Bund lediglich Rah-menvorschriften über die allgemeinen Rechtsverhältnisse der Presse erlassen, deren genauere Bestimmungen und Ausführungen dann Sache der Länder sind. Ein Presserechts-Rahmen-gesetz wurde jedoch, wie bereits erläutert, trotz verschiedener Anläufe bislang nicht reali-siert (vgl. Kapitel 5.2).

Zu erwähnen ist an dieser Stelle allerdings noch die ordnungspolitische Aufgabe des Bundes, den Missbrauch wirtschaftlicher Machtstellung im Medienbereich zu verhindern. Hierzu wurde 1976 per Gesetz die schon angesprochene pressespezifische Fusionskontrolle eingeführt. Presserelevante Gesetzgebungsbefugnisse des Bundes liegen schließlich noch im Post- und Fernmeldewesen, von dem nicht nur der Rundfunk mit Blick auf die sendetech-nische Ausstattung betroffen ist, sondern auch das Nachrichten- und Agenturwesen, auf das die Presse existentiell angewiesen ist.[313]

Aus dieser Kompetenzaufteilung ergibt sich auch die Systematik der folgenden Ausfüh-rungen: Grundlage der rechtlichen Verfasstheit der Presse im System der Bundesrepublik sind die Pressefreiheit und die damit verbundenen Grundrechte, auf die deshalb zuallererst eingegangen werden soll. Es folgen kurze Erläuterungen zu den wichtigsten presserecht-lichen Regelungen, wie sie in den Landespressegesetzen der einzelnen Bundesländer festge-schrieben sind. Erst im Anschluss daran wird in aller Kürze auf verschiedene Rechtsmate-rien eingegangen, die gleichzeitig mit den landespressegesetzlichen Regelungen oder über diese hinaus für die Presse von Bedeutung sind.

8.5.1 Pressefreiheit und Kommunikationsgrundrechte

Wichtigstes Fundament der Kommunikationsfreiheit in Deutschland ist das Grundrecht auf Informations- und Meinungsfreiheit, wie es in Artikel 5 des Grundgesetzes (GG) der Bundesrepublik festgeschrieben ist. Dort heißt es:[314]

»(1) Jeder hat das Recht, seine Meinung in Wort, Schrift und Bild frei zu äußern und zu ver-breiten und sich aus allgemein zugänglichen Quellen ungehindert zu unterrichten. Die Pressefreiheit und die Freiheit der Berichterstattung durch Rundfunk und Film werden gewährleistet. Eine Zensur findet nicht statt.

(2) Diese Rechte finden ihre Schranken in den Vorschriften der allgemeinen Gesetze, den gesetzlichen Bestimmungen zum Schutze der Jugend und in dem Recht der persönlichen Ehre.

(3) Kunst und Wissenschaft, Forschung und Lehre sind frei. Die Freiheit der Lehre entbin-det nicht von der Treue zur Verfassung.«

Aus diesen Formulierungen geht hervor, dass die verfassungsrechtlich gewährleistete Kom-munikationsfreiheit mehrere Komponenten enthält. Sie umfasst

- das Recht, seine Meinung frei zu äußern und zu verbreiten (Meinungsfreiheit),
- das Recht, sich aus allgemein zugänglichen Quellen zu unterrichten (Informationsfrei-heit),

- die Freiheit der Massenmedien (Presse-, Rundfunk- und Filmfreiheit),
- die Freiheit von Wissenschaft und Kunst.[315]

Zur Meinungsfreiheit: In der Meinungsfreiheit ist zunächst und vor allem ein individuelles Freiheitsrecht zu sehen, »das der Mensch zur freien Entfaltung seiner geistigen Persönlichkeit benötigt«.[316] Gegenstand der Meinungsfreiheit sind sowohl das Äußern oder Vertreten der eigenen Meinung als auch das Verbreiten von Meinungen bzw. die Weitergabe von Informationen. In einer Formulierung Roman Herzogs wird der Staat mit diesem Grundrecht daran gehindert, dem Bürger »den Mund zu verbieten«.[317] Aus dieser Perspektive klingt bereits die über den Einzelnen hinausgehende Bedeutung von Art. 5 Abs. 1 Satz 1 GG an: Meinungsfreiheit ist – so das Bundesverfassungsgericht – für eine freiheitlich-demokratische Staatsordnung »schlechthin konstituierend«.[318] Der Schutz der Meinungsfreiheit soll also nicht nur dem Einzelnen grundsätzlich die aktive Teilhabe am Prozess der öffentlichen Meinungs- und Willensbildung ermöglichen, sondern gleichzeitig einen freien Austausch und die Auseinandersetzung der Meinungen in der freiheitlichen Demokratie ermöglichen. Insofern ist ›Meinungsfreiheit‹ als umfassende *Rede- und Mitteilungsfreiheit* zu verstehen.

Die Sicherung des freien Meinungsbildungsprozesses in pluralistischen Gesellschaften beinhaltet dabei auch den umfassenden Schutz von *Meinungsäußerungen* (im Sinne wertender Stellungnahmen) durch das Grundrecht, und zwar unabhängig davon, ob diese Äußerungen objektiv bedeutsam oder nur subjektiv für wichtig gehalten worden sind. Nach einem Verfassungsgerichtsurteil spielt es nicht einmal eine Rolle, ob solche Meinungsäußerungen »richtig« oder »falsch«, emotional oder rational begründet, »seriös« oder »unseriös« sind.[319] Auch *Tatsachenbehauptungen* sind durch die Verfassung grundsätzlich geschützt, da Tatsachenmitteilungen Voraussetzung für die Bildung einer Meinung sind. Im Unterschied zu Meinungsäußerungen aber endet dieser Schutz bei nachweislich unrichtigen bzw. wahrheitswidrigen Tatsachenmitteilungen, da diese weder der freien geistigen Entfaltung der Persönlichkeit des Einzelnen dienen noch zu einer rationalen öffentlichen Meinungs- und Willensbildung beitragen. Geschützt sind aber auch *nonverbale Meinungsäußerungen* oder das *Verschweigen* der eigenen Meinung (Letzteres wird als *negative Meinungsfreiheit* bezeichnet).[320]

In den Schutzbereich des Grundrechts fallen schließlich auch die Werbung politischer Parteien, Anzeigenwerbung in den Printmedien sowie Werbespots und -filme in den Funkmedien, wenngleich hier der Schutz schwächer sein und nur unter Abwägung möglicher konfligierender Interessen bestimmt werden kann.

Aus dem Grundrecht der Meinungsfreiheit lässt sich allerdings kein Rechtsanspruch darauf ableiten, auch tatsächlich gehört zu werden. Das gilt auch für Ansprüche auf die Bereitstellung eines Auditoriums oder technischer bzw. massenmedialer Verbreitungsmittel, um sich öffentlich Gehör zu verschaffen. Solche Ansprüche sind durch Art. 5 Abs. 1 Satz 1 GG nicht gedeckt.[321]

Zur Informationsfreiheit: Das Recht, »sich aus allgemein zugänglichen Quellen ungehindert zu unterrichten«, bedeutet nicht nur, frei und ungehindert Informationen anderer entgegennehmen, sondern auch, sich durch das Aufsuchen von Informationsquellen aktiv informieren zu können. Wie das Recht auf freie Meinungsäußerung steht es jedermann, also beispielsweise auch ausländischen Mitbürgern, zu. Und wie das Recht der Meinungsfreiheit hat es eine individuelle und eine freiheitlich-demokratische Komponente. Denn auch das Recht der Informationsfreiheit »gewinnt (…) seine Bedeutung aus seiner Funktion als *individuelles Abwehrrecht*, das dem Einzelnen ermöglicht, seinen Wissensdurst – auch seine Neugier – zu befriedigen, ohne vom Staat daran gehindert zu werden. Die Informationsfreiheit schafft zugleich gemeinsam mit der Meinungsfreiheit die Voraussetzung dafür, daß ein rational fundierter *Prozeß öffentlicher Meinungs- und Willensbildung* möglich wird.«[322]

Zu den allgemein zugänglichen Quellen gehören übrigens nicht nur die ›klassischen‹ Massenmedien (einschließlich Flugblätter und Plakate), sondern auch die ›neuen‹ Dienste wie Videotext und audiovisuelle Speichermedien, der Film sowie der Bereich des Internets und der Telekommunikation und schließlich alle öffentlichen bzw. öffentlich zugänglichen Veranstaltungen. Der Zugriff auf die jeweilige Information muss jedoch in rechtmäßiger Weise erfolgen. Auch schließt die Informationsfreiheit mit ein, sich frei und ungehindert aus ausländischen Quellen zu unterrichten. Damit sind auch Einfuhrverbote von Druckwerken oder etwa die Verzögerung der Auslieferung von Zeitungen aus dem Ausland untersagt.[323] Dies ist nicht zuletzt eine Konsequenz aus den Informationsbeschränkungen während der Zeit des Nationalsozialismus, insbesondere dem damaligen Verbot, ausländische Sender zu hören (vgl. Kapitel 3).[324]

Weitere Kommunikationsgrundrechte: Dem Grundrecht auf Meinungs- und Informationsfreiheit sind weitere Grundrechte zur Seite gestellt, die für die Verwirklichung politischer Meinungs- und Willensbildung unerlässlich sind. Es sind dies die Versammlungsfreiheit einschließlich Demonstrationsrecht (Art. 8 GG), die Freiheit, Vereine zu bilden (Vereinigungsfreiheit, Art. 9 GG), und das Petitionsrecht (Art. 17 GG).

Mit der *Versammlungsfreiheit* garantiert das Grundgesetz dem Bürger die Möglichkeit, an Versammlungen und Demonstrationen teilzunehmen. Das bedeutet zugleich auch die Möglichkeit, die Vermittlungsinstanz der Massenmedien zu umgehen, seine eigene Meinung in die (öffentliche) Diskussion einzubringen und sich direkt ein Urteil zu bilden. Geschützt wird durch die Versammlungsfreiheit auch die mit der Teilnahme an einer Versammlung oder Demonstration zum Ausdruck gebrachte Haltung.[325]

Von der Versammlungsfreiheit muss die ebenfalls zu den Kommunikationsgrundrechten zählende *Vereinigungsfreiheit* unterschieden werden. Gegenüber Versammlungen zeichnen sich Vereine durch das Kriterium der Dauerhaftigkeit sowie durch die organisierte Willensbildung aus. Vereine bzw. Vereinigungen dienen in der Regel dazu, politische oder andere für die Gemeinschaft relevante Meinungen und Interessen zu bilden (bzw. zu artikulieren), zu verbreiten und sie auch der Gesellschaft oder staatlichen Organen gegenüber zu vertreten. Dies kommt besonders deutlich im Parteien- und Verbandswesen zum Ausdruck. Die Vereinigungsfreiheit räumt nicht nur das Recht ein, Vereine zu gründen, sondern schützt diese Vereine auch.[326]

Das *Petitionsrecht* schließlich gesteht dem Bürger zu, »sich einzeln oder in Gesellschaft mit anderen schriftlich mit Bitten oder Beschwerden an die zuständigen Stellen und an die Volksvertretung zu wenden« (so der Wortlaut in Art. 17 GG) – also beispielsweise mit einem offenen Brief oder einer Petition etc. unmittelbar an Verantwortliche in Staat und Gesellschaft heranzutreten.[327]

Alle diese Kommunikationsgrundrechte sollen die Freiheit des Einzelnen (oder von Gruppen) vor Eingriffen der öffentlichen Gewalt schützen und stellen wichtige Abwehrrechte des Bürgers gegen den Staat dar.

Zur Pressefreiheit: Liegen bei der Meinungs- und Informationsfreiheit die Gewichte eher auf der individualrechtlichen Seite, so steht bei der in Art. 5 Abs. 1 GG gewährleisteten Freiheit der Massenmedien die über den Einzelnen hinausgehende Bedeutung und Wirkung im Vordergrund, da die Freiheit der Massenmedien für den sozialen und politischen Prozess freiheitlich-demokratischer Ordnungen konstitutiv ist. In der »Spiegel«-Entscheidung des Bundesverfassungsgerichts von 1966 heißt es: »Eine freie, nicht von der öffentlichen Gewalt gelenkte, keiner Zensur unterworfene Presse ist ein Wesenselement des freiheitlichen Staates.«[328] Unter dem Begriff Zensur versteht man in diesem Zusammenhang, dass eine Veröffentlichung von der vorherigen Genehmigung einer staatlichen Stelle abhängig gemacht werden könnte (›Vorzensur‹). Ein solches Verfahren ist unzulässig, da bereits »seine bloße Existenz, auch wenn es praktisch nicht ausgeübt würde, das Geistesleben beeinträchtigen würde. Für zulässig wird eine vorausgehende Kontrolle indessen dann gehalten, wenn sie nicht zu einem vollständigen Verbreitungsverbot führen kann, sondern anderen Zwecken dient, wie Vertriebsbeschränkungen zum Schutz der Jugend.«[329] Eine nachträgliche Kontrolle nach bereits erfolgter Verbreitung von Medien (›Nachzensur‹) ist hingegen durch die (weiter unten abgehandelten) Schranken der Medienfreiheit gedeckt, beispielsweise die negative Beurteilung von Meinungsäußerungen durch Gerichte in Form von Schadensersatz- oder Strafurteilen.[330] Medienspezifische Selbstkontrolleinrichtungen wie der Deutsche Presserat gelten, da es sich um nicht-staatliche Stellen handelt, nicht als Zensureinrichtungen.

Artikel 5 des Grundgesetzes erlaubt unterschiedliche Auslegungen, bei denen einmal mehr der individualistische, das andere Mal mehr der institutionelle Charakter der Pressefreiheit betont wird. Siegfried Weischenberg nennt im Anschluss an den Medienrechtler Udo Branahl vier grundsätzliche Interpretationsrichtungen zur Pressefreiheit:[331]
- die *liberale Deutung:* Pressefreiheit als ausschließlich individuelles Abwehrrecht ohne eine öffentliche Aufgabe der Presse;
- die *konservative Deutung:* Pressefreiheit zur Garantie privatwirtschaftlicher Organisationsstruktur des Pressewesens, wobei Korrektur- und Kontrollaufgabe der Presse den Verlegern obliegt;
- die *sozialstaatliche Deutung:* Pressefreiheit als von den Medienschaffenden (im Auftrag der Bevölkerung) ausgeübtes Teilhaberecht unter starker Betonung der öffentlichen Aufgabe der Presse;
- die *funktionale Deutung:* Pressefreiheit als Mittel zur Verwirklichung des demokratischen und sozialen Rechtsstaats unter Betonung der Bedeutung eines offenen Meinungsmarkts.

Dabei hat sich die funktionale Interpretation als vorherrschende Lehrmeinung durchgesetzt. Das entspricht im Wesentlichen auch den verschiedenen Ausführungen des Bundesverfassungsgerichts zur Pressefreiheit. Denn die Verfassungsrichter haben mehrfach herausgestellt, dass die Presse nicht um ihrer selbst geschützt wird. Vielmehr tritt hier die Idee des Gemeinwohls in den Vordergrund, dem zu dienen auch Aufgabe der Presse ist. Durch die Pressefreiheit soll sichergestellt werden, dass die Presse (wie die übrigen Massenmedien) ihre Rolle als ›Medium‹ und ›Faktor‹ im Prozess der öffentlichen Meinungs- und Willensbildung wahrnehmen kann.[332] Damit kommt der Presse eine eher *dienende Funktion* im System der Bundesrepublik zu, bei deren Ausübung sie im Wesentlichen folgende Aufgaben zu erfüllen hat:

- die *Bildung öffentlicher Meinung* zu ermöglichen und damit gleichzeitig die Voraussetzung für die Ausübung staatsbürgerlicher Rechte zu schaffen,
- ihre *Kontrollfunktion* gegenüber Staat, Regierung und deren ausführenden Organen wahrzunehmen,
- zwischen den Bürgern und den Trägern staatlicher Zuständigkeit als *Vermittler* zu wirken.[333]

Die beiden Grundvoraussetzungen hierfür sind schon verschiedentlich angeklungen, seien an dieser Stelle aber noch einmal explizit benannt. Voraussetzung ist zum einen, dass die Massenmedien staatsunabhängig organisiert sind, wie dies in der Bundesrepublik Deutschland der Fall ist (und was auch für die Rundfunkmedien gilt, seien sie nun öffentlich-rechtlich oder privat organisiert). Zum anderen »setzt eine freie öffentliche Meinungs- und Willensbildung eine Medienlandschaft voraus, in der ›alle gesellschaftlichen Gruppen und geistigen Richtungen‹ auch tatsächlich zu Wort kommen, dass also ein ›Meinungsmarkt‹ besteht, auf dem die *Vielfalt* der in der Gesellschaft vertretenen Auffassungen *unverkürzt* zum Ausdruck gelangt.«[334] Im Wesentlichen ist diese außenplurale Vielfalt im ausdifferenzierten bundesdeutschen Zeitungs- und Zeitschriftenwesen trotz der unübersehbaren Tendenz zur Bildung marktbeherrschender Medienkonzerne gegeben.

Die Einrichtung und der besondere Schutz (durch die Verfassung) einer freien Presse als ›Institut‹ (institutionelle Garantie) erfolgt also im Hinblick auf die genannten, von der Presse zu erfüllenden Aufgaben. Dabei erschöpft sich die Pressefreiheit jedoch nicht in der in Art. 5 Abs. 1 GG gewährten Informations- und Meinungsfreiheit und einem vor staatlichen Eingriffen und Zwang geschützten Freiraum.

Die Pressefreiheit wird von der Verfassung umfassend geschützt. Im Anschluss an LÖFFLER und RICKER lassen sich dabei folgende Schutzbereiche unterscheiden:[335]

- der Grundrechtsschutz der gesamten *Tätigkeit der Presse* (das umfasst den Schutz für aktive Informationsbeschaffung wie auch ungehinderten (passiven) Empfang von Nachricht und Meinung, freie Veröffentlichung und Verbreitung von Informationen sowie die Mitwirkung am öffentlichen Meinungsbildungsprozess); der Schutz der freien Tätigkeit der Presse durch *Zulassungsfreiheit* (freie Gründung von Presseunternehmen und freier Berufszugang) und ein *Verbot von Sondergesetzen* (inklusive Verbot der Sonderbesteuerung und des Eingreifens der Verwaltung in die freie Tätigkeit der Presse sowie die Garantie der *Zensurfreiheit*);
- der Schutz des *Presseerzeugnisses* einschließlich Anzeigenteil (insbesondere der Schutz im Bereich des Beschlagnahmerechts);
- der Schutz des technischen und wirtschaftlichen Apparats der Presse;
- der Schutz der *Träger der Pressefreiheit* (Journalisten, Verleger, sonstige Pressemitarbeiter);

- der Grundrechtsschutz der *Institution freie Presse* gegenüber staatlichen Eingriffen, Eingriffen nichtstaatlicher Machtgruppen und Interessenverbände (gegen die sog. Drittwirkung).

Über diesen umfassenden Schutzraum der Pressefreiheit hinaus gewährt der Staat der Presse zusätzlich positive Rechte (*Privilegien*), damit sie ihre öffentliche Aufgabe auch erfüllen kann. Solche exklusiv den Medien zugestandenen Forderungs- und Abwehrrechte sind beispielsweise der Auskunftsanspruch gegenüber den Behörden, der über das Jedermannsrecht der ungehinderten Unterrichtung aus allgemein gültigen Quellen bewusst hinausgeht.[336] Auf diese Rechte wird in dem kurzen Abschnitt zu den Sonderrechten für Journalisten eingegangen (vgl. Kap. 8.5.5).

Freiheit von Wissenschaft und Kunst: Im Zusammenhang mit den für die Medien relevanten Grundrechten ist in einem knappen Exkurs auch auf die in Art. 5 Abs. 3 GG garantierte Freiheit von Wissenschaft und Kunst zu verweisen. Dabei ist die Relevanz der Beziehung zwischen den Medien einerseits und Wissenschaft und Kunst andererseits eine doppelte: Denn zum einen sind die Massenmedien heute mehr denn je als wichtige Träger von Kunst und Kultur anzusehen. Aber auch Wissenschaft und Forschung wären ohne die Medien in ihrer heutigen Erscheinungsform gar nicht denkbar. »Das erklärt den unmittelbaren Zusammenhang, in den der Art. 5 GG die Kommunikationsgrundrechte mit den vorgenannten Grundrechten bringt.«[337]

Als nicht zu unterschätzende Schwierigkeit der Freiheitsgarantie für die Kunst erweist sich dabei der Versuch, präzise zu bestimmen, was unter *Kunst* zu verstehen ist. Immerhin hat das Bundesverfassungsgericht verschiedentlich den Versuch unternommen, die wesentlichen Merkmale der künstlerischen Betätigung zu benennen. In einer Zusammenfassung von Heinz Georg BAMBERGER gehören nach Ansicht der Verfassungsrichter dazu »die *freie schöpferische Gestaltung*, in der Eindrücke, Erfahrungen, Erlebnisse des Künstlers durch das Medium einer bestimmten Formensprache zu unmittelbarer Anschauung gebracht werden. Alle Tätigkeit ist ein Ineinander von bewußten und unbewußten Vorgängen, die rational nicht aufzulösen sind.«[338] So folgt aus der Gewährleistung der Kunstfreiheit das Verbot, »auf Methoden, Inhalte und Tendenzen der künstlerischen Tätigkeit einzuwirken, insbesondere den künstlerischen Gestaltungsraum einzuengen, oder allgemein verbindliche Regeln für den Schaffensprozeß vorzuschreiben«.[339] Durch das Grundgesetz sind von daher über den Künstler und den künstlerischen Schaffensprozess hinaus nicht nur die Verbreitung bzw. Veröffentlichung von Kunst geschützt, sondern auch diejenigen Personen, die eine die Kunst *vermittelnde* Tätigkeit ausüben. Das ist insbesondere für Werke der erzählenden Kunst wichtig, die ohne Vervielfältigung in Form von Veröffentlichung und Verbreitung durch die Druckmedien (sowie Tonbänder, Filme, Kassetten, CDs, DVDs etc.) keine Wirkung in der Öffentlichkeit entfalten könnten.[340]

Nach Humboldtschem Verständnis teilt sich die *Wissenschaft* in Forschung und Lehre; beide Begriffe bilden eine Einheit. Zwar sind Forschung und Lehre frei, doch entbindet, wie Art. 5 Abs. 3 GG expressis verbis festhält, »die Freiheit der Lehre nicht von der Treue zur Verfassung«. Die Freiheit der Wissenschaft tangiert auch Journalismus und Medien: Um wissenschaftliche Erkenntnis einer breiten Öffentlichkeit nahezubringen, ist Wissenschaft auf die Veröffentlichung und Verbreitung in den Massenmedien angewiesen. Daher ist auch die Mitteilung wissenschaftlicher Erkenntnisse in der Presse durch Art. 5 Abs. 3 GG geschützt.[341]

Schranken der Pressefreiheit: Aus Artikel 5 des Grundgesetzes geht auch hervor, dass die Pressefreiheit nicht grenzenlos ist. Sie findet gemäß Art. 5 Abs. 2 GG »ihre Schranken in den Vorschriften der allgemeinen Gesetze, den gesetzlichen Bestimmungen zum Schutze der Jugend und in dem Recht der persönlichen Ehre«. So wie das Freiheitsrecht des Einzelnen seine natürliche Grenze an den Rechten der anderen und der Gemeinschaft findet, so gilt auch der sog. Schrankenvorbehalt für die Pressefreiheit. Das bedeutet, dass es Rechtsgüter gibt, die, wenn sie mit der Pressefreiheit kollidieren, als gleichwertig (oder gar höherwertig) einzustufen sind.

Allerdings müssen die in Artikel 5 garantierten Freiheiten der Presse-, Informations- und Meinungsfreiheit aufgrund des besonderen Verfassungsschutzes, den Grundrechte genießen, in ihrem Kern gesichert sein. Deshalb erklärt das Grundgesetz den Wesensgehalt dieser Grundrechte für unantastbar. Darüber hinaus gilt auch für die Schranken der Pressefreiheit und der Kommunikationsgrundrechte der rechtsstaatliche Grundsatz der Verhältnismäßigkeit. Im Einzelfall ist also gewissenhaft durch eine sorgfältige Güterabwägung der zu schützenden Interessen – hier Pressefreiheit, dort beispielsweise Sicherheit des Staats – zu prüfen, welchem Recht der Vorzug einzuräumen ist. (Auch ist zu unterscheiden zwischen der Einschränkung eines Grundrechts und der Einschränkung seiner *Ausübung*.[342])

Artikel 5 nennt als Schranken der Pressefreiheit an erster Stelle die *Vorschriften der allgemeinen Gesetze*. Als »allgemeine« Gesetze im Sinne des Schrankenvorbehalts gelten dabei solche Gesetzesbestimmungen, »die sich nicht gegen die in Art. 5 Abs. 1 GG garantierten Grundrechte als solche richten, sondern – ohne Rücksicht auf eine bestimmte Meinung – dem Schutz eines allgemeinen Rechtsguts dienen, das bei der Abwägung im Einzelfall dem Art. 5 Abs. 1 GG gegenüber Vorrang hat«.[343] Allgemeine Gesetze bestehen also, um ein dem Grundrecht der Kommunikations- und Medienfreiheit mindestens gleichwertiges Recht zu schützen. Jegliche Sondergesetze, die sich gegen die Presse richten würden, sind dagegen unzulässig.

Schutzwürdige Interessen, die die Pressefreiheit einschränken können, sind nicht nur Individualinteressen wie der Persönlichkeitsschutz oder der Schutz religiöser Gesinnung oder Weltanschauung. Auch Gemeinschaftsinteressen können darunter fallen, wie der Schutz der äußeren Sicherheit des Staats, des inneren Friedens und der öffentlichen Sicherheit. Zu den Fällen, in denen die Pressefreiheit eingeschränkt werden kann, gehören die Straftatbestände des publizistischen Friedens- und Hochverrats (z. B. durch den Verrat von Staatsgeheimnissen), die Gefährdung des demokratischen Rechtsstaats durch Medienveröffentlichungen (sowie Propaganda für verfassungswidrige Organisationen) und Aufforderungen zu Straftaten gegen die Landesverteidigung oder zum Widerstand gegen die Staatsgewalt durch Journalisten. Primär geht es dabei um die Wahrung der Unversehrtheit des Staats. Aber auch die Verunglimpfung des Staats, seiner Organe und Symbole stellt einen hinreichenden Tatbestand zur Einschränkung der Pressefreiheit dar. Ausdrücklich ausgenommen sind hingegen polemische (Meinungs-)Äußerungen auch in Presseveröffentlichungen.[344]

Zu den Schranken, die der Meinungs- und Informationsfreiheit aufgrund allgemeiner Gesetze auferlegt werden, gehören schließlich zahlreiche Ordnungsverhältnisse gegenüber dem Staat und innerhalb der Gemeinschaft. So können Personen in ihrer Meinungsfreiheit eingeschränkt sein durch ein Beamtenverhältnis, Wehrdienstverhältnis, Arbeits- und Anstellungsverhältnis u. a. m. Die Informationsfreiheit dagegen kann nur in ganz bestimmten Ausnahmefällen eingeschränkt werden, zu denen Straf- und Untersuchungshaft gehören.[345]

Art. 5 Abs. 2 GG nennt neben den allgemeinen Gesetzen auch die gesetzlichen Bestimmungen zum Schutz der Jugend sowie das Recht der persönlichen Ehre als weitere Schranken der Pressefreiheit, obwohl der Schutz der Jugend und derjenige der Ehre bereits durch die allgemeinen Bestimmungen des Zivil- und Strafrechts sowie des Jugendschutzrechts abgedeckt sind. Damit stellt das Grundgesetz noch einmal ausdrücklich die Schutzwürdigkeit beider heraus.

Mit den *Bestimmungen zum Schutz der Jugend* sollen Gefahren abgewehrt werden, »die auf sittlichem Gebiet von allen Druck-, Ton- und Bilderzeugnissen drohen, die Gewalttätigkeiten oder Verbrechen glorifizieren, Rassenhass provozieren, den Krieg verherrlichen oder sexuelle Vorgänge in grob schamverletzender Weise darstellen und deswegen zu erheblichen, schwer oder gar nicht korrigierbaren Fehlentwicklungen führen können«.[346] Der ›Jugendmedienschutz‹, wie der gesamte Komplex allgemein bezeichnet wird, ist sowohl im Grundgesetz (Art. 1 und 6 GG) als auch im Jugendschutzgesetz (JuSchG), im Jugendmedienschutz-Staatsvertrag (JMStV) und im Strafgesetzbuch (StGB) in den Bestimmungen zu Gewaltverherrlichung und Pornographie festgehalten. Jugendgefährdende Medien, »die geeignet sind, die Entwicklung von Kindern und Jugendlichen oder ihre Erziehung zu einer eigenverantwortlichen und gemeinschaftsfähigen Persönlichkeit zu gefährden, sind in eine Liste aufzunehmen«.[347] Zuständig für diese sog. Indizierung ist die Bundesprüfstelle für jugendgefährdende Medien (BPjM). Auf diese Weise indizierte Medien dürfen Kindern und Jugendlichen nicht zugänglich gemacht werden. Auch für das Verhältnis zwischen Medienfreiheit und Jugendschutz gilt freilich der Grundsatz der Güterabwägung, »bei der die Interessen der Jugendlichen, insbesondere das Maß der Gefährdung, und die Bedeutung der Veröffentlichung, namentlich ihr Öffentlichkeitswert, zu berücksichtigen sind«.[348]

Gegenüber der Informations- und Meinungsfreiheit ist schließlich auch das *Recht der persönlichen Ehre* geschützt. Hergeleitet wird dieses Recht aus dem Schutz der Würde des Menschen, die gemäß Art. 1 GG unantastbar ist und alle staatliche Gewalt verpflichtet, sie zu achten und zu schützen. Das Gebot wechselseitiger Achtung gehört zu den Grundlagen menschlichen Zusammenlebens, und daher »kann *jeder* Mensch – auch der Geisteskranke und der Gewohnheitsverbrecher – ein Mindestmaß an Achtung verlangen«.[349] Eine Ehrverletzung durch Medienberichterstattung liegt demzufolge vor, wenn

- einer Person die elementaren menschlichen Eigenschaften bestritten werden,
- jemandem zu Unrecht Pflichtverletzungen im sittlichen, rechtlichen oder sozialen Bereich vorgeworfen werden,
- jemandem Verdienste abgesprochen werden, die er tatsächlich erworben hat.[350]

Der Schutz der persönlichen Ehre ist zu unterscheiden vom Schutz der Persönlichkeit, wie er durch das ›Allgemeine Persönlichkeitsrecht‹ gewährt wird und bei dem es im Unterschied zum Ehrenschutz um das Recht des Einzelnen geht, sich vor dem Einblick der Öffentlichkeit ins eigene (Privat-)Leben zu schützen. Es wird als eigener Abschnitt weiter unten behandelt (vgl. Kap. 8.5.3).

Den denkbar schwersten Eingriff in die Grundrechte der Persönlichkeit stellt die *Verwirkung der Pressefreiheit* nach Art. 18 GG dar. Ein entsprechender Tatbestand ist gegeben, wenn die Grundrechte der Meinungsfreiheit und insbesondere die Pressefreiheit zum Kampf gegen die freiheitlich demokratische Grundordnung gebraucht und dabei vorsätzlich in ihr Gegenteil verkehrt werden.[351]

Zusammenfassend gilt: Die Freiheit der Presse ist nicht schrankenlos. Denn Wechselwirkungen zwischen Grundrechten untereinander sowie zwischen Grundrechten und allgemeinen Gesetzen machen eine sorgfältige Abwägung der jeweiligen Rechtsgüter erforderlich, wobei die schrankensetzenden Gesetze ihrerseits im Licht der Bedeutung der Grundrechte gesehen werden müssen. Im Hinblick auf die Verantwortung der Presse und die öffentliche Aufgabe, die sie im System der Bundesrepublik wahrzunehmen hat, kann für die journalistische Arbeit in der Presse die Faustregel gelten, die Renate DAMM aufgestellt hat:[352]

»Je größer das Informationsinteresse an einem bestimmten Vorgang, desto höherrangiger ist das Grundrecht der Pressefreiheit vor den übrigen Grundrechten und/oder den allgemeinen Gesetzen. Je geringer das öffentliche Interesse, desto eher hat die Güterabwägung den Vorrang des anderen Grundrechts oder des allgemeinen Gesetzes (…) zur Folge.«

8.5.2   Die Landespressegesetze

Die Kompetenz, Pressegesetze zu erlassen, liegt in der Bundesrepublik Deutschland gemäß Art. 70 GG grundsätzlich bei den Ländern. Die *alten* Bundesländer haben zwischen Juni 1949 (Hessen) und Mai 1966 (Nordrhein-Westfalen) je eigene Pressegesetze geschaffen – die Mehrzahl der Länder übrigens erst in den sechziger Jahren. Solange es in den einzelnen Bundesländern noch keine Pressegesetze gab, galt dort jeweils immer noch das Reichspreßgesetz von 1874 (!). Da Bayern und Hessen als einzige Bundesländer ihre Landespressegesetze bereits 1949 erlassen haben, sind die Unterschiede zwischen diesen beiden und den übrigen, später erlassenen Landespressegesetzen zum Teil nicht unerheblich. Nach der Wiedervereinigung wurden auch in den *neuen* Bundesländern zwischen 1991 und 1993 eigene Pressegesetze erarbeitet und verabschiedet.[353]

Die Landespressegesetze der einzelnen Bundesländer stimmen in zahlreichen Bestimmungen überein und stellen das zentrale rechtliche Fundament für die journalistische Arbeit in Presse und Rundfunk dar. Es finden sich dort u. a. folgende wichtige Bestimmungen bzw. Vorschriften, die hier jedoch nicht alle im Einzelnen behandelt werden können:[354]

- *Ausführungsbestimmungen zu Art. 5 Abs. 1 GG:* Freiheit der Presse, Zulassungsfreiheit für Presseunternehmen, öffentliche Aufgabe der Presse, Auskunftsanspruch der Presse, Sorgfaltspflicht der Presse;
- *Vorschriften zur inneren Ordnung des Pressewesens (Presseordnungsrecht):* Bestimmung von Druckwerken und periodischen Druckwerken, Impressumspflicht, Einrichtung des ›verantwortlichen Redakteurs‹, Kennzeichnungspflicht von entgeltlichen Veröffentlichungen (Anzeigen), Ablieferung von Pflichtexemplaren an Bibliotheken;

- *Bestimmungen zum Pressestraf- und Ordnungswidrigkeiten-Recht:* Presse-Inhaltsdelikte (Strafrechtliche Verantwortung des Journalisten), Presse-Ordnungsdelikte und Presse-Ordnungswidrigkeiten, Verjährung von Pressedelikten (diese Bestimmungen sind großteils auch Bestand des Presseordnungsrechts);
- *Bestimmungen als Ausfluss ›allgemeiner Gesetze‹ im Sinne von Art. 5 Abs. 2 GG, die die Pressefreiheit beschränken können:* darunter auch das Verbot der Veröffentlichung bestimmter amtlicher Schriftstücke (inzwischen aufgehoben), das Recht der Gegendarstellung sowie Bestimmungen zum Verhältnis von Strafrecht und Presse (etwa die presserechtliche Beschlagnahme-Regelung).

Ausführungsbestimmungen zu Art. 5 Abs. 1 GG: In Anlehnung an das Grundgesetz enthalten sämtliche Landespressegesetze die *Verankerung des Grundrechts der Pressefreiheit* als die zentrale Bestimmung der Pressegesetze: Dabei wird die Freiheit der Presse noch einmal ausdrücklich gewährleistet, es wird ein Verbot aller Maßnahmen ausgesprochen, die die Pressefreiheit beeinträchtigen könnten, und es wird die Standesgerichtsbarkeit sowie die Zwangsmitgliedschaft in Berufsverbänden verboten.

In den Landespressegesetzen erfolgt zu Beginn auch die explizite *Zuweisung der öffentlichen Aufgabe* an die Presse, in deren Zusammenhang die Presse auf den demokratischen Gedanken verpflichtet wird. Zur Wahrnehmung dieser öffentlichen Aufgabe wird darüber hinaus das Recht und die Pflicht zu wahrheitsgemäßer Berichterstattung und angemessener Information der Öffentlichkeit (insbesondere im Rahmen der politischen Berichterstattung) genannt sowie das Recht, ungehindert Nachrichten und Informationen einzuholen, und das Recht, Kritik zu üben.[355]

Zwei pressegesetzliche Regelungen, nämlich das *Informationsrecht der Presse* und die *Informationspflicht der Behörden,* bilden zusammen den Komplex des besonderen Auskunftsanspruchs der Presse. Sie sind in den Pressegesetzen festgeschrieben, um die Funktionsfähigkeit der Presse und die Erfüllung ihrer öffentlichen Aufgabe sicherzustellen. Der Anspruch der Massenmedien auf Auskunft ist dabei gegen den Staat (und nicht etwa gegen Personen) gerichtet, so dass die Auskunftsverpflichtung für alle staatlichen Stellen gilt, von den Bundesbehörden bis zu Ämtern auf kommunaler Ebene. Auskunftsverpflichtet sind die Behörden gegenüber den Vertretern der Presse (und des Rundfunks). Inhaltlich sind sie dabei auf das Erteilen aller Auskünfte verpflichtet, die der Erfüllung der öffentlichen Aufgabe der Presse dienen. Der Auskunftsanspruch der Presse (Informationsrecht der Presse und Auskunftspflicht der Behörden) fällt unter die journalistischen Sonderrechte (bzw. ›Schutzrechte‹ der Presse) und wird deshalb in dem entsprechenden Abschnitt ausführlicher angesprochen.[356] Seit Januar 2006 ist das neue Informationsfreiheitsgesetz in Kraft, das Auskunftsansprüche bei Behörden nicht nur Journalisten zugesteht, sondern allgemein jedem interessierten Bürger (siehe hierzu weiter unten).

Auch landesrechtliche Vorschriften zum *Zeugnisverweigerungsrecht* stellen solche aus dem Schutz der Pressefreiheit zur Erfüllung der öffentlichen Aufgabe abgeleitete Sonderrechte dar. Da aber das Zeugnisverweigerungsrecht vom Gesetzgeber 1975 einheitlich sowohl straf- als auch zivilrechtlich als »prozessuales Privilegium« zum Schutz der Informanten bzw. Informationsquellen der Presse eingeräumt wurde, ist es zwar auch Bestandteil der Landespressegesetze, in der Hauptsache aber Bestandteil der bundesrechtlichen Gerichtsverfahrensordnungen, und wird deshalb weiter unten im Abschnitt über die journalistischen Sonderrechte abgehandelt (vgl. Kap. 8.5.5).[357]

In den meisten Landespressegesetzen ist die *Sorgfaltspflicht der Presse* eigens ausdrücklich festgeschrieben: »Die Presse hat alle Nachrichten vor ihrer Verbreitung mit der nach den Umständen gebotenen Sorgfalt auf Wahrheit, Inhalt und Herkunft zu prüfen.«[358] Diese Sorgfalt muss umso größer sein, je schwerwiegender die Auswirkung einer Veröffentlichung für einen Betroffenen sein kann. In diesem Zusammenhang ist insbesondere auch dem jeweiligen Betroffenen eine Gelegenheit zur Stellungnahme einzuräumen. Auch stellt es, um ein anderes Beispiel zu nennen, einen schweren Verstoß gegen die Sorgfaltspflicht dar, im Fall einer laufenden Verbrechensermittlung die einer Straftat verdächtige Person bereits als Täter zu bezeichnen. Damit würde auch gegen die Unschuldsvermutung verstoßen.[359]

Bestimmungen des Presseordnungsrechts: Das Ordnungsrecht der Presse umfasst die Gesamtheit aller Vorschriften, die speziell der Presse im öffentlichen Interesse und zur Durchführung ihrer Mitwirkung an der öffentlichen Meinungsbildung auferlegt sind. Die nach einem Modellentwurf der Bundesländer 1963 erlassenen Bestimmungen zum Ordnungsrecht der Presse stellen eine Vereinheitlichung von Gesetzen dar, die nach 1945 auf verschiedenste Rechtsmaterien verteilt waren.

Sie betreffen die *innere Ordnung* der Presse. Ihre Abgrenzung lässt sich anhand der Unterscheidung der Presseordnungsdelikte von den Presseinhaltsdelikten verdeutlichen. Während es bei Letzteren um strafbare Handlungen gerade durch den geistigen Inhalt von Druckschriften geht, umfassen Presseordnungsdelikte vorsätzliche Verstöße (Vergehen) oder fahrlässige Verstöße (Ordnungswidrigkeiten) gegen Ordnungsvorschriften wie die Impressumspflicht, die Anforderungen an den verantwortlichen Redakteur oder die Kennzeichnungspflicht von Anzeigen. Grenzfälle können etwa Falschangaben zum Impressum bei einem Druckwerk mit strafbarem Inhalt sein.[360] Zu den wichtigsten Regelungen des Presseordnungsrechts gehören die Bestimmungen über Wesensmerkmale, Erscheinungsform und Verbreitung von Druckwerken, die Impressumspflicht und die Pflicht zur Angabe eines ›verantwortlichen Redakteurs‹ (verbunden mit bestimmten Anforderungen), die Kennzeichnungspflicht sog. entgeltlicher Veröffentlichungen sowie in einem Teil der Länder auch die Offenlegung der Besitzverhältnisse.

Der Anwendungsbereich des Presseordnungsrechts gilt für Druckwerke im Gegensatz zu den Massenmedien Rundfunk und Film und wird deshalb vom Gesetzgeber als Begriff gesetzlich definiert. Der grundsätzliche Unterschied dieser Medien besteht für den Gesetzgeber darin, »daß die Massenwirkung bei Druckwerken (…) durch eine Vielzahl verkörperter Einzelgegenstände erzeugt wird (tausende von Zeitungsexemplaren u. Ä.), bei Funk und Film ihre Vermittlung dagegen unter Ausnutzung unverkörperter Verbreitungsmöglichkeiten (Schallwellen, elektro-magnetische Wellen, Lichtstrahlen) erfolgt«.[361] Entsprechend ist der *Begriff des Druckwerks* in den Landespressegesetzen sehr weit gefasst und meint nicht nur Presseprodukte, sondern alle mittels eines »zur Massenherstellung geeigneten Vervielfältigungsverfahrens hergestellten und zur Verbreitung bestimmten Schriften, besprochenen Tonträger, bildlichen Darstellungen mit und ohne Schrift, Bildträger und Musikalien mit Text oder Erläuterungen«.[362] Der Begriff bezieht sich auch auf vervielfältigte Mitteilungen der Nachrichtenagenturen, Pressekorrespondenzen, Materndienste u. Ä.

Nicht alles, was unter den weit gefassten Begriff des Druckwerks fällt, erfordert in gleichem Maße den besonderen Schutz und spezielle Pflichten, wohl aber die Presse (im engeren Sinne) zur Erfüllung der öffentlichen Aufgabe. Die Landespressegesetze haben diesem Umstand Rechnung getragen, indem sie den *Begriff des periodischen Druckwerks* eingeführt haben. Als periodische Druckwerke gelten »Zeitungen, Zeitschriften und andere in ständiger, wenn auch unregelmäßiger Folge und im Abstand von nicht mehr als 6 Monaten erscheinende Druckwerke.«[363] Für sie gibt es eine Reihe von Sondervorschriften.

In der *Impressumspflicht für Druckwerke* ist eine der wichtigsten Bestimmungen des Presseordnungsrechts zu sehen. Das Impressum sichert die Strafverfolgung bei Presseinhalts- und Presseordnungsdelikten und ermöglicht die zivilrechtliche Haftung sowie den Gegendarstellungsanspruch. Während die Impressumspflicht früher in erster Linie der staatlichen Kontrolle über das Pressewesen diente, liegt seine Bedeutung heute vor allem im Schutz der Individualrechte von Personen, über die in der Presse berichtet wird. Darüber hinaus verlangt der Gesetzgeber auch im Hinblick auf einen offenen Meinungsbildungsprozess, dass der Bürger nicht nur Kenntnis der Meinungsinhalte nehmen kann, sondern auch erfährt, *wer* den Meinungsbildungsprozess beeinflusst hat.[364] Das Impressum stellt die Ursprungsangabe eines Druckwerks dar: Es muss bei allgemeinen Druckwerken – Werbedrucksachen, Familienanzeigen, Formulare und Preislisten ausgenommen – den Namen bzw. Firmennamen und die Anschrift des Druckers und des Verlegers, beim Selbstverlag Namen und Anschrift des Verfassers oder Herausgebers enthalten.[365]

Daneben verlangt die Impressumspflicht für periodische Druckwerke auch die *Angabe eines verantwortlichen Redakteurs,* d. h. dessen Namen und (Dienst-)Anschrift bzw. Redaktionsadresse. Er muss eine ›natürliche Person‹ sein (und nicht etwa eine Institution oder ein Unternehmen). Der verantwortliche Redakteur ist neben dem Verleger auch zum Abdruck der Gegendarstellung verpflichtet; er hat die Vorschriften über die Gestaltung des Impressums einzuhalten und muss das periodische Druckwerk (oder Teile davon) von strafbarem Inhalt freihalten. Entsprechend ist er auch in vielerlei Hinsicht strafrechtlich (für die Inhalte) und zivilrechtlich verantwortlich. Gibt es in einem periodischen Druckwerk mehrere verantwortliche Redakteure, so sind ihre Namen und Zuständigkeiten (etwa der jeweiligen Ressorts einer Zeitung) im Einzelnen darzulegen. Auch für den Anzeigenteil ist ein Verantwortlicher zu nennen, der allerdings kein Redakteur zu sein braucht. Hingegen schreibt das Presseordnungsrecht Angaben zum Chefredakteur, zum Chef vom Dienst, zu sonstigen leitenden Redakteuren und Funktionsträgern nicht vor. Die Landespressegesetze stellen verschiedene *Anforderungen an den verantwortlichen Redakteur;* etwa, dass er aktives und passives Wahlrecht besitzen sowie die Fähigkeit zur Bekleidung eines öffentlichen Amts haben muss. Auch muss er seinen ständigen Aufenthalt im Geltungsbereich des Grundgesetzes haben.[366]

Die *Kennzeichnungspflicht für Anzeigen* resultiert aus dem Grundsatz der klaren Trennung und Unterscheidbarkeit von redaktionellem Text und Anzeigenteil. Der dabei beabsichtigte Schutz ist ein doppelter und dient einmal dem Leser, das andere Mal der redaktionellen Tätigkeit. Zum einen soll dem Leser durch die Kennzeichnung ermöglicht werden, »auf den ersten Blick erkennen zu können, ob es sich um einen redaktionellen Beitrag oder um eine Anzeige handelt«,[367] was vor allem bei redaktionell gestalteten Anzeigen wichtig ist. Damit soll die Leserschaft vor einer Irreführung durch die Vermengung von redaktionellem Beitrag und Inserat bewahrt werden. Gleichzeitig kann auch die Werbeinformation nur dann dem Leser als brauchbare Entscheidungshilfe gelten, wenn er (aus dem Blickwinkel der Informationsfreiheit) die verschiedenen Anzeigenwerbungen in einem Druckwerk auch als solche erkennt. Auf der anderen Seite dient die mit der Kennzeichnungspflicht gewährleistete Trennung von Text und Anzeige dem Schutz der redaktionellen Tätigkeit, insofern Inserenten hierdurch daran gehindert werden, selbst die redaktionellen Beiträge eines Pressemediums von ihren Interessen her (mit) zu bestimmen.[368]

Die Vorschrift zur *Offenlegung der Besitzverhältnisse,* wonach der Verleger in regelmäßigen Abständen (bei Zeitungen viertel- oder halbjährlich, bei anderen periodischen Druckwerken jährlich) Inhaber- und alle Beteiligungsverhältnisse ausweisen muss, ist inzwischen in neun Landespressegesetzen enthalten. Der dahinter stehende Leitgedanke ist, dass ein offener – und damit auch transparenter – Meinungsmarkt nicht nur die Offenlegung des direkten verlegerischen und redaktionellen Einflusses, sondern auch (indirekter) wirtschaftlicher Einflüsse auf die Meinungs- und Willensbildungstätigkeit der Presse verlangt.[369]

Zum Sonderstrafrecht der Presse: Grundsätzlich unterliegen Journalisten und andere Presse-Angehörige den gleichen *allgemeinen* strafrechtlichen Bedingungen wie alle anderen Bürger auch. Entsprechende für die Presse relevante Strafbestimmungen finden sich vor allem im Strafgesetzbuch (StGB), aber auch im Jugendschutzgesetz (JuSchG), in der Gewerbeordnung, im Wettbewerbsrecht oder etwa im Kartellrecht.[370] Von diesen allgemeinen strafrechtlichen Bestimmungen zu unterscheiden ist das *pressespezifische* Straf- und Ordnungswidrigkeiten-Recht (oder ›Presse-Sonderstrafrecht‹), das vom Gesetzgeber eigens in den Landespressegesetzen geregelt worden ist. Es betrifft ausschließlich solche Verstöße, die sich unmittelbar aus der publizistischen Eigenart der Presse ergeben. Man nennt sie Pressedelikte. Die *Pressedelikte* lassen sich unterscheiden in[371]

- Presse-Inhaltsdelikte: Hierbei erfolgt die strafbare Handlung durch den geistigen Inhalt des Presseprodukts. Presse-Inhaltsdelikte können als Verbrechen (z. B. Hochverrat) wie auch als Vergehen (z. B. Beleidigung) begangen werden;
- Presse-Ordnungsdelikte: Das sind (strafrechtliche) Zuwiderhandlungen gegen die Vorschriften des Presseordnungsrechts, etwa durch die Weiterverbreitung beschlagnahmter Druckwerke;
- Ordnungswidrigkeiten: Diese leichteren Verstöße gegen das Presseordnungsrecht gehören als ›Verwaltungsunrecht‹ nicht mehr zum Strafrecht und werden deswegen auch lediglich mit einer Geldbuße geahndet. Eine Presse-Ordnungswidrigkeit stellt beispielsweise in einigen Landespressegesetzen der Verstoß gegen eine Vorschrift der Impressumspflicht dar.

Die *strafrechtliche Verantwortung des Journalisten* liegt zunächst vor allem darin, dass der verantwortliche Redakteur laut Landespressegesetz für den strafbaren Inhalt eines periodischen Druckwerks haftbar gemacht wird, da für ihn die »Vermutung (gilt), dass er den Inhalt eines unter seiner Verantwortung erschienenen Textes gekannt hat und den Abdruck gebilligt hat«.[372] Daneben haften aber auch der Verleger und der Drucker, da sie an der Verbreitung eines Druckwerks mit strafbarem Inhalt mitgewirkt haben. Solche Presseinhaltsdelikte können mit Geld-, aber auch mit Freiheitsstrafen geahndet werden. Im Fall der Verletzung der Sorgfaltspflicht bei der Überprüfung des Presseinhalts durch den verantwortlichen Redakteur etwa kann dieser mit einer Freiheitsstrafe bis zu einem Jahr bestraft werden. Bei nichtperiodischen Druckwerken gilt die entsprechende Haftung für den Verleger.

Interessanterweise gelten für Pressedelikte im Verhältnis sehr kurze Verjährungsfristen: Während sie bei sonstigen Straftaten zwischen drei und 30 Jahren betragen, verjähren in der Regel Pressedelikte bereits nach einem Jahr (bei Verbrechen), nach einem halben Jahr (bei Vergehen) und bei Presseordnungswidrigkeiten schon nach einem Vierteljahr.[373] Weil diese Bestimmungen zur Verjährungsfrist Teil der Sonderrechte der Presse sind, wird auf sie im entsprechenden Abschnitt kurz noch einmal eingegangen (vgl. Kap. 8.5.5).

Strafrechtliche Tatbestände sind laut Strafgesetzbuch (also nach Bundesrecht) u. a. zu sehen im Friedens- und Hochverrat, in der Gefährdung der äußeren Sicherheit sowie in Straftaten gegen die Landesverteidigung und gegen die öffentliche Ordnung. Auch die Ehre ausländischer Staatsbesucher wird durch einen eigenen Paragraphen im Strafgesetzbuch geschützt. Daneben sind zu nennen: Betrug, Erpressung, Nötigung (etwa zur Herausgabe von Informationen), falsche Verdächtigung, Beleidigung, üble Nachrede und Verleumdung. Schließlich gehören zu diesen Straftatbeständen auch die Verletzung des persönlichen Lebens- und Geheimbereichs durch den Mitschnitt eines nicht öffentlich gesprochenen Worts und die Verwendung oder Verbreitung einer solchen Aufzeichnung, durch die Verletzung des Briefgeheimnisses, Verstöße gegen datenschutzrechtliche Bestimmungen etc., die alle in den Bereich des Persönlichkeitsschutzes gehören.[374]

Das Recht auf Gegendarstellung: Mit dem Recht auf Gegendarstellung wird demjenigen, über den in der Presse berichtet wird, zusätzlich zu den allgemeinen Rechtsvorschriften ein besonderer (zivilrechtlicher) *Abwehranspruch* zuteil. Er ist Ausfluss des allgemeinen Persönlichkeitsrechts und der allgemeinen Meinungsäußerungsfreiheit des von der Berichterstattung Betroffenen. Er dient zugleich dem berechtigten Interesse der Allgemeinheit, auch die andere Seite zu hören. Die Einrichtung dieses presserechtlichen Abwehranspruchs erfolgte aus zwei Gründen:

Zum einen kann die Verbreitung einer unrichtigen Behauptung in der Presse dem Betroffenen Schaden zufügen und ihn Belastungen aussetzen, die später nur schwer wieder ausgeglichen werden können. Deshalb wird dem Betroffenen das erzwingbare Recht eingeräumt, in dem Presseorgan auch selbst und aus seiner Sicht zu Wort zu kommen. Zum anderen würde die gerichtliche Klärung der Richtigkeit der Behauptung erhebliche Zeit in Anspruch nehmen (die den Schaden und die Belastungen für den Betroffenen unnötig vergrößert). Deshalb soll der Anspruch auf unentgeltlichen Abdruck einer Gegendarstellung dem Betroffenen die Möglichkeit geben, *sofort* – d. h. im Verfahren der einstweiligen Verfügung – auf eine für ihn unrichtige Veröffentlichung zu reagieren.[375] Von daher kann der »unverzügliche« Abdruck einer Gegendarstellung auch nicht der Richtigstellung einer unrichtigen Behauptung oder der (überparteilich) wahrheitsgemäßen Darstellung dienen. Sie muss vielmehr unabhängig von ihrem Wahrheitsgehalt entsprechend den je in den Landespressegesetzen geltenden Bestimmungen abgedruckt werden und dient lediglich der Mitteilung des Betroffenen an den Leser, dass er persönlich die Darstellung für unrichtig hält. Das zum Abdruck verpflichtete Pressemedium darf seinerseits darauf hinweisen, dass es die eigene Darstellung nach wie vor für richtig hält.

Gegendarstellungen können nur als Erwiderung auf Tatsachenbehauptungen verlangt werden. Meinungsäußerungen bzw. Werturteile hingegen berechtigen nicht zum Gegendarstellungsanspruch. Anspruchsberechtigt sind sowohl ›natürliche‹ als auch ›juristische Personen‹ sowie Firmen und Institutionen (etwa Behörden und Anstalten). Voraussetzung ist das direkte ›Betroffensein‹ bzw. die individuelle Betroffenheit einer Person oder Institution. Es genügt also nicht das Betroffensein als Mitglied oder Sympathisant einer politischen oder religiösen Vereinigung o. Ä.; vielmehr muss die Person (oder Stelle) »durch die Erstdarstellung in ihren persönlichen, dienstlichen oder geschäftlichen Interessen unmittelbar berührt werden.«[376] Beim Abdruck selbst sind verschiedene Formalia über Platzierung, Schriftgröße, Inhalt und Umfang zu beachten. In einigen Bundesländern gelten Gegendarstellungen nicht nur für die redaktionelle Berichterstattung, sondern auch für Anzeigen.

8.5.3 Der Schutz der Persönlichkeit

Zu den Rechten, die die Freiheit der Presseberichterstattung begrenzen, gehört neben dem *Schutz der persönlichen Ehre,* wie er aus Artikel 1 des Grundgesetzes (zur Würde des Menschen) abgeleitet wird, ganz zentral auch das *Allgemeine Persönlichkeitsrecht.* Es gewährt dem Einzelnen das Recht, selbst darüber zu entscheiden, welche Informationen über das eigene Leben er (der Öffentlichkeit) preisgeben will – und dabei auch das Recht, sein Leben gegen den Einblick der Öffentlichkeit abzuschirmen. Da sowohl das Persönlichkeitsrecht als auch die Meinungs- und Pressefreiheit vollen Grundrechtsschutz genießen, ist ein Über- oder Unterordnungsverhältnis zwischen beiden nicht möglich. Deshalb besteht zwischen den Rechten der verletzten Person und den Grundrechten der Meinungs- und Pressefreiheit ein erhebliches Spannungsfeld, das es erforderlich macht, im konkreten Einzelfall abzuwägen, ob dem Persönlichkeitsschutz oder dem Grundrecht freier Berichterstattung der Vorrang einzuräumen ist, d. h., ob im vorliegenden Fall der Schutz der Persönlichkeit des Betroffenen oder das öffentliche Informationsinteresse wichtiger ist.[377]

Beides zusammen, das Recht der persönlichen Ehre und das allgemeine Persönlichkeitsrecht, bilden den Komplex des Persönlichkeitsschutzes, dem eine systematische gesetzliche Regelung fehlt. Gesetzliche Grundlagen und Bestimmungen zum Persönlichkeitsschutz finden sich im Grundgesetz, im Zivilrecht, im Strafrecht, im Strafverfahrensrecht, im Kunsturhebergesetz (KUG), im Bundesdatenschutzgesetz (BDSG) sowie in den Urteilen des Bundesverfassungsgerichts. Zu den verschiedenen Teilbereichen des Persönlichkeitsschutzes gehören u. a.:[378]

- das Namensrecht,
- der Schutz der persönlichen Ehre,
- der Schutz persönlicher Aufzeichnungen (z. B. Tagebuch, Kalender) und des nicht öffentlich gesprochenen Worts, also des Briefgeheimnisses sowie privater und geschäftlicher (Telefon-)Gespräche,
- das Recht am eigenen Bild,
- der Schutz geistigen Eigentums (Urheberrecht, Werkschutz und Leistungsschutzrechte, Urheberpersönlichkeitsrecht und Verwertungsrechte),
- der Schutz gegen die Entstellung oder das Unterschieben von Äußerungen,

- der Schutz der häuslichen Sphäre und des Privatlebens (und dabei der Privat- und besonders der Intimsphäre),
- der Schutz gegen die Ausbeutung des Ansehens einer Person zu wirtschaftlichen Zwecken (z. B. durch unerlaubte Namensnennung oder Imitation mittels eines Doubles für Werbezwecke),
- das Recht auf ›informationelle Selbstbestimmung‹ (also datenschutzrechtliche Bestimmungen),
- der Schutz des Ansehens und des guten Rufs (Imageschutz),
- der Schutz des Unternehmens,
- der Persönlichkeitsschutz in der Gerichtsberichterstattung.

Für die pressejournalistische Arbeit ist es besonders wichtig, in Fällen der Berichterstattung, in denen der Persönlichkeitsschutz tangiert wird, sorgfältig abzuwägen, ob eine Veröffentlichung gerechtfertigt ist oder nicht. Prinzipiell genießen alle Bürger in gleichem Umfang Persönlichkeitsschutz. Einen Sonderfall stellen allerdings sog. *Personen der Zeitgeschichte* dar, wobei zwischen ›absoluten‹ und ›relativen‹ Personen der Zeitgeschichte zu unterscheiden ist: Denn eine Person kann durch ihre Stellung oder ihr Verhalten in der Öffentlichkeit so hervorgetreten sein, dass sie von ›absolutem‹ zeitgeschichtlichem Interesse ist. Beispiele hierfür sind neben Spitzenpolitikern auch Angehörige von Königshäusern, Popstars, prominente Schauspieler oder TV-Entertainer, Künstler, Schriftsteller etc. Relative Personen der Zeitgeschichte hingegen sind nur im Zusammenhang mit ihrem Verhalten oder den Umständen vorübergehend ins Rampenlicht der Öffentlichkeit geratene Personen, an denen in der Folge kein weiteres allgemeines zeitgeschichtliches Interesse besteht. Während das journalistische Augenmerk bei der Berichterstattung normalerweise auf den Bereich des gesellschaftlichen bzw. öffentlichen Wirkens einer Person gerichtet ist, besteht an Personen der Zeitgeschichte allgemein ein weiter reichendes Interesse. Von daher gilt etwa bei Pressefotos, d. h. im Bereich des Rechts am eigenen Bild, dass alle Abbildungen von absoluten Personen der Zeitgeschichte – soweit sie nicht allein ihr Privat- und Familienleben betreffen oder ausschließlich zu kommerzieller Werbung genutzt werden – grundsätzlich *ohne* deren Einwilligung veröffentlicht werden dürfen. (Auf den Bildnisschutz nach dem Kunsturhebergesetz wird weiter unten noch gesondert eingegangen.) Es tritt folglich bei der Abwägung zwischen dem Schutz der Privatsphäre und dem öffentlichen Informationsinteresse Letzteres in den Vordergrund. Dabei kann es leicht zu Verletzungen des Persönlichkeitsrechts kommen.[379]

Die große Mehrzahl aller Rechtsverletzungen im Pressejournalismus findet im Bereich des Persönlichkeitsschutzes statt. Der Gesetzgeber stellt deshalb den Betroffenen verschiedene Rechtsmittel zur Durchsetzung des Persönlichkeitsrechts gegenüber der Presse zur Verfügung. Dazu gehören u. a. die Ansprüche auf Unterlassung, Berichtigung (in Form von Widerruf, Richtigstellung, Ergänzung), Gegendarstellung, Schmerzensgeld sowie Schadensersatz.

Zum Caroline-Urteil: Im Zusammenhang mit den Persönlichkeitsrechten von absoluten Personen der Zeitgeschichte erscheint die Rechtsprechung bezüglich mehrerer Klagen der monegassischen Prinzessin Caroline von Monaco (später: Caroline von Hannover) gegen Bildveröffentlichungen in deutschen Publikumszeitschriften erwähnenswert.

Die angestrengten Prozesse zogen sich durch alle Instanzen: vom Landgericht Hamburg über den Bundesgerichtshof bis hin zum Bundesverfassungsgericht und dem Europäischen Gerichtshof für Menschenrechte. In der Sache ging es um die Veröffentlichung von Fotos, die aus Sicht der Prinzessin ihre Privatsphäre verletzten – u. a. Bildaufnahmen, die sie mit dem Schauspieler Vincent Lindon, beim Reiten mit ihrer Tochter, allein beim Einkaufen, beim Skifahren, bei einem Tennisturnier, beim Radfahren mit Ernst August von Hannover sowie beim Stolpern im Beach Club von Monte Carlo zeigten. Es ist hier nicht möglich, die gesamte Rechtsprechung und alle ihre Hintergründe darzulegen. Lediglich einige wichtige Aspekte seien erwähnt.

Nach Auffassung des *Bundesgerichtshofs* (1995) »habe auch eine absolute Person der Zeitgeschichte Anspruch auf Achtung der Privatsphäre, wobei der Schutz der Privatsphäre sich nicht nur auf den häuslichen Bereich erstrecke (…). Außerhalb des eigenen Hauses könne jedoch diese Person einen Schutz der Privatsphäre nur geltend machen, wenn sie sich in eine örtliche Abgeschiedenheit zurückgezogen habe und für alle objektiv erkennbar sei, dass sie allein sein wolle, und in der sie sich im Vertrauen auf diese Abgeschiedenheit so verhalte, wie sie es in der breiten Öffentlichkeit nicht tun würde. In diesen Schutzbereich werde unzulässigerweise eingegriffen, wenn Bilder veröffentlicht werden, die heimlich und/oder unter Ausnutzung der Überrumpelung einer Person aufgenommen worden sind, die sich in eine solche örtliche Abgeschiedenheit zurückgezogen hat.«[380] Dies traf für ein veröffentlichtes Foto zu, das die Beschwerdeführerin mit ihrem Begleiter Vincent Lindon zeigte, mit dem sie sich »auf die Terrasse eines Restaurants zurückgezogen habe und sich erkennbar nicht den Blicken einer breiteren Öffentlichkeit habe darbieten wollen. Dagegen wies der Bundesgerichtshof die weitere Revision mit der Begründung zurück, dass die Beschwerdeführerin als absolute Person der Zeitgeschichte die Veröffentlichung von Fotos, die sie an einem öffentlichen Ort zeigen, dulden müsse, selbst wenn es sich um Fotos aus ihrem Alltagsleben und nicht um Fotos handele, die sie in Ausübung ihrer offiziellen Funktion zeigen.«[381] Die Allgemeinheit habe »ein berechtigtes Interesse zu erfahren, wo sich die Beschwerdeführerin aufhalte und wie sie sich in der Öffentlichkeit verhalte«.[382]

Das von der Prinzessin angerufene *Bundesverfassungsgericht* entschied im Jahr 1999 ähnlich, dass Fotos, die die Prinzessin im Alltagsleben zeigen (wie beispielsweise beim Einkaufen oder Radfahren auf öffentlichen Straßen) veröffentlicht werden dürfen. »Allerdings können sich auch ›Prominente‹ auf das Persönlichkeitsrecht berufen, das nicht an der Haustür oder dem Gartentor endet. Begeben sich Prominente an Orte außerhalb des häuslichen Bereichs, an denen sie erkennbar allein sein wollen, sind sie dort ebenfalls gegen ungewollte Aufnahmen geschützt. Das gilt beispielsweise für eine Zusammenkunft in einem Restaurant, bei dem der Prominente offensichtlich allein gelassen zu sein wünscht.«[383]

Der in dieser Sache ebenfalls angerufene *Europäische Gerichtshof für Menschenrechte* (EGMR) erkannte die »klare Trennung zwischen Bildern von Prominenten, die in der Öffentlichkeit aufgenommen worden sind, und von Bildern aus ihrer Privatsphäre« nicht an. Es ging um Fotos, die Caroline von Monaco am Strand, beim Skifahren, beim Einkaufen auf dem Markt und auf dem Fahrrad zeigten. Die Zulässigkeit solcher Bilder nur aus dem Umstand herzuleiten, dass sie an allgemein zugänglichen Orten entstanden sind, entspreche nicht einer ausgewogenen Balance zwischen dem Recht auf Schutz des Privatlebens und der Meinungsfreiheit. Der EGMR stellt vielmehr darauf ab, ob die Veröffentlichung von Artikeln oder Aufnahmen einen *Beitrag zu einer ›Debatte von allgemeinem Interesse‹* leiste. Bejaht werden könne dies etwa bei einem Bericht über Politiker »in Ausübung ihrer Funktion, nicht hingegen bei privaten Aktivitäten, wie dies bei den Fotos Carolines der Fall war, die zudem keine offizielle Funktion im Fürstentum Monaco ausgeübt habe. Die allgemeine Öffentlichkeit hat kein legitimes Interesse zu erfahren, wie sich Caroline in ihrem Privatleben benimmt und wo sie sich aufhält. Ein rein wirtschaftliches Interesse der Zeitschriften an der Veröffentlichung derartiger Aufnahmen müsse hinter dem Persönlichkeitsschutz zurückstehen.«[384] Der Medienrechtler Frank FECHNER merkt ergänzend an, dass die Entscheidungen des EGMR völkerrechtlich bindend seien und von deutschen Gerichten beachtet würden. »Die Tendenz entwickelt sich dahin, die Grundsätze des EGMR aufgrund ihrer völkerrechtlichen Bindungswirkungen zu beachten, ohne das Kriterium der ›Person der Zeitgeschichte‹ aufzuheben. Das Recht Prominenter und ihrer vertrauten Begleiter auf Achtung ihres Privatlebens wird demzufolge – nach Abwägung im Einzelfall – über den Tatbestand der örtlichen Abgeschiedenheit hinaus ausgedehnt und dem Recht am eigenen Bild ein grundsätzlicher Vorrang vor der Meinungs- bzw. Pressefreiheit eingeräumt eingeräumt.«[385]

Das Caroline-Urteil des EGMR 2004 führte in der bundesdeutschen Medienbranche zu beträchtlichen Irritationen. 64 Chefredakteure und Verleger deutscher Tages- und Wochenzeitungen sowie Magazine appellierten in zahlreichen Medien an die rot-grüne Bundesregierung, gegen das Urteil Rechtsmittel einzulegen, da es die Pressefreiheit behindere (Beispiel: »Herr Bundeskanzler, stoppen Sie die Zensur!«, wie die »Bild«-Zeitung vom 30. August 2004 titelte). Die Bundesregierung befasste sich zwar mit dem Antrag, lehnte ihn jedoch ab, u. a., weil das Urteil ausdrücklich nicht für Politiker gelte. Vorgang und Urteil erfuhren auch in der Fachöffentlichkeit große Aufmerksamkeit, mit teils recht unterschiedlichen (Pro- und Contra-)Stimmen und Stimmungen. Auch der Leipziger Journalistik-Professor Michael HALLER nahm sich in der Medienfachzeitschrift »message« des Themas an und ging mit der Medienbranche hart ins Gericht: »Man kann sich des Eindrucks nicht erwehren, dass sich erstaunlich viele Chefredakteure haben instrumentalisieren lassen von jenen Blattfabrikanten, deren Geschäftsidee darin besteht, ausgewählte Menschen gegen deren Willen abzuknipsen und die Bilder mit fantasierten Storys über deren privat-persönliche Befindlichkeit großflächig in den Verkauf zu bringen.«[386] Ungeachtet dieser Kritik räumt HALLER jedoch ein, dass eine Einsprache der Regierung gegen das Urteil »vielleicht (hätte) bewirken können, dass sich nach der kleinen auch die große Kammer des EGMR mit dem Fall befasse und eine differenziertere, präzisere Entscheidung erarbeiten würde«.[387]

Zur ›Begleiterrechtsprechung‹: Das Interesse der Allgemeinheit an der Berichterstattung über absolute Personen der Zeitgeschichte kann verständlicherweise auch Auswirkungen auf deren Begleiter (Partner, Kinder) haben. Von Zivilgerichten wurde in den zurückliegenden Jahren eine sog. ›Begleiterrechtsprechung‹ entwickelt und vom Bundesverfassungsgericht auch bestätigt.[388] Bildnisse einer Begleitperson eines Prominenten dürfen verbreitet werden, »wenn diese zusammen mit dem prominenten Partner in der Öffentlichkeit auftritt oder wenn sie mit ihm zusammen oder an seiner Stelle öffentlich repräsentiert (…). Das Interesse der Öffentlichkeit an der Begleitperson ist mithin abgeleitet vom Interesse der Öffentlichkeit an der absoluten Person der Zeitgeschichte und strahlt auf die Begleitung aus.«[389] Die ›Begleiterrechtsprechung‹ zieht allerdings »eine klare Grenze zwischen dem Interesse der Öffentlichkeit an jeder Berichterstattung über ›Affairen‹ von Prominenten und dem Persönlichkeitsrecht ihrer Begleiter. Maßgeblich ist das gemeinsame Auftreten in der Öffentlichkeit. Spekulationen über Heiratspläne u. Ä. sind mithin kein hinreichender Grund für eine Abbildung der Begleitperson.«[390]

Fechner weist darauf hin, dass jemand selbst zu einer *relativen* Person der Zeitgeschichte wird, wenn er oder sie als vertraute Person einer absoluten Person der Zeitgeschichte aufgetreten ist und solange die Verbindung anhält. »Eine Begleitperson darf in diesem Fall auch alleine abgebildet werden, wenn es sich mithin nicht um eine typische ›Begleitsituation‹ handelt.« Als anschauliches Beispiel führt Fechner die ›Begleiterrechtsprechung‹ im Zusammenhang mit der Veröffentlichung von Fotos von Prinz Ernst August von Hannover vor seiner Heirat mit Prinzessin Caroline von Monaco an. »Nicht zulässig war die Veröffentlichung seines Bildnisses, als er noch nicht gemeinsam mit der Prinzessin in der Öffentlichkeit aufgetreten war und lediglich über eine geheim gehaltene Reise der beiden nach Asien spekuliert worden war. Zulässig waren hingegen Fotos, auf denen das Paar anlässlich einer Wohltätigkeitsveranstaltung aufgenommen wurde. Gleiches galt auch für ein Foto, das den Prinzen während der Flitterwochen auf einer belebten Hotelterrasse zeigte. Erst recht zulässig war die Bebilderung eines Artikels, in welchem dem Prinzen vorgeworfen wurde, einen Kameramann verprügelt zu haben, hatte er doch aus der Begleitsituation heraus ein Ereignis geschaffen, an dem ein eigenständiges Veröffentlichungsinteresse der Presse bestand.«[391]

Bildveröffentlichungen von Personen der Zeitgeschichte tangieren nicht selten auch deren Kinder. Zu deren elterlicher Hinwendung hat das Bundesverfassungsgericht relativ strenge Maßstäbe für Fotoveröffentlichungen aufgestellt. Der aus Art. 6 GG resultierende Schutz von Ehe und Familie stärkt diesbezüglich das allgemeine Persönlichkeitsrecht, insbesondere vor ungewollten Fotoaufnahmen.[392] »Da Kinder in ihrer Persönlichkeitsentfaltung durch das Interesse der Medien empfindlicher gestört werden können als Erwachsene, führt die staatliche Schutzpflicht ihnen gegenüber dazu, dass der Bereich, in dem sie sich frei von öffentlicher Beobachtung fühlen und entfalten dürfen, umfassender geschützt ist als der erwachsener Personen. Da die Entwicklung der Kinder auch von ungestörten Beziehungen zu den Eltern abhängt, stärkt die spezifisch elterliche Hinwendung den Schutz vor unerwünschten Aufnahmen. Daher können Abbildungen prominenter Eltern auch dann unzulässig sein, wenn sich die Familie in die Öffentlichkeit begeben hat«[393], ohne sich allerdings der Öffentlichkeit bewusst zuzuwenden.

8.5.4 Tendenzschutz und innere Pressefreiheit

Das Grundrecht auf Pressefreiheit umfasst auch »die Freiheit, die Tendenz eines Presseorgans festzulegen, zu verwirklichen, beizubehalten und zu ändern«.[394] Es ist dies die dem Verleger zukommende Komponente der Pressefreiheit. Denn auch der Verleger als derjenige, der die Verantwortung (nicht zuletzt für das wirtschaftliche Risiko) eines Presseunternehmens trägt, ist in besonderem Maße Träger des Grundrechts der Meinungs- und Pressefreiheit. Ihm kommt die grundsätzliche Kompetenz zu, die geistig-ideelle Zielsetzung als grundsätzliche Haltung seines Presseerzeugnisses, die sog. Blattlinie, festzulegen.[395]

Davon ist auch das Arbeits- und Anstellungsverhältnis zwischen Redakteur und Verleger mitbestimmt. Normalerweise regelt das Betriebsverfassungsgesetz die Zusammenarbeit zwischen Arbeitgebern und Arbeitnehmern eines Betriebs nach dem Sozialstaatsprinzip. Zweck dieser gesetzlichen Regelung ist zum einen der Schutz des Arbeitnehmers innerhalb des Arbeits- oder Anstellungsverhältnisses und zum anderen die Beteiligung der Arbeitnehmerschaft an den Entscheidungen des Arbeitgebers. Mit dieser betriebsverfassungsrechtlichen Regelung aber werden Eigentumsgarantie und Freiheit der wirtschaftlichen Betätigung als die verfassungsmäßigen Grundlagen unternehmerischen Handelns (des Verlegers) ihrerseits begrenzt.[396]

Nun hat der Gesetzgeber Pressebetrieben im Hinblick auf die Erfüllung der öffentlichen Aufgabe einen Status zugeschrieben, der sie von rein gewinnorientierten, »wertneutralen« Industrie- und Handelsunternehmen unterscheidet: Danach gehören Presseunternehmen zu den *Tendenzbetrieben,* worunter alle Unternehmen zu verstehen sind, die – so der Gesetzgeber – »politischen, koalitionspolitischen, konfessionellen, karitativen, erzieherischen, wissenschaftlichen oder künstlerischen Bestimmungen oder (…) Zwecken der Berichterstattung oder Meinungsäußerung, auf die Art. 5 Abs. 1 des Grundgesetzes Anwendung findet, dienen«.[397] Diesen Unternehmen gewährt das Gesetz einen besonderen Schutz, der die im Betriebsverfassungsgesetz festgesetzten innerbetrieblichen Mitbestimmungs- und Mitwirkungsrechte einschränkt: den sog. Tendenzschutz. Verstöße von Arbeitnehmern in Tendenzbetrieben, also von ›Tendenzträgern‹, können schwerwiegende dienstrechtliche Folgen nach sich ziehen, die bis zur fristlosen Kündigung reichen.[398]

Durch den *Tendenzschutz* für Pressebetriebe soll die Gefahr einer möglichen Einflussnahme der Mitarbeiter auf die Führung des Presseunternehmens verhindert werden, die geeignet ist, die Verfolgung der publizistischen Zielsetzung bzw. der inhaltlichen Grundrichtung des Presseorgans zu beeinträchtigen. Gerechtfertigt scheint eine solche rechtliche Beschränkung der Mitspracherechte auch deshalb, weil der Betriebsrat als das betriebsverfassungsrechtliche Organ der Arbeitnehmervertretung nicht nur diejenigen Mitarbeiter zu repräsentieren hat, die an der inhaltlichen Gestaltung des Blatts beteiligt sind. In der Regel sind die im Verlags- (und Druck-)Bereich tätigen Mitarbeiter denjenigen, die inhaltlich für den redaktionellen Teil verantwortlich sind, zahlenmäßig überlegen. Eine Einflussnahme auf die grundsätzliche Richtung eines Presseorgans durch Mitarbeiter ohne redaktionelle Funktion aber muss ausgeschlossen sein. Im Spannungsverhältnis stehen folglich nicht nur Eigentums- und Unternehmensfreiheit auf der einen und ein aus den Grundrechten abgeleiteter Mitspracheanspruch der Arbeitnehmer auf der anderen Seite, wie das bei allen betrieblichen Einordnungsverhältnissen der Fall ist. Denn hinzu kommt noch der besondere Schutz für Tendenzunternehmen.[399]

Die »richtungsgebundene Einschränkung der Meinungsäußerungsfreiheit der Mitarbeiter« gilt bei Presseunternehmen als politischen bzw. weltanschaulichen Tendenzbetrieben nämlich dezidiert auch für den Redakteur und die übrigen Redaktionsmitarbeiter. Auf der anderen Seite »ist der Redakteur in besonderem Maß und hauptberuflich *Träger der Pressefreiheit*«.[400] So muss es im Bereich des Tendenzschutzes durch eine sorgfältige Abwägung der verschiedenen kollidierenden Grundrechte zu einer für die Leitung eines Pressebetriebs wie für die journalistische Pressearbeit praktikablen Lösung kommen. LÖFFLER schreibt: »Zwischen dem unverzichtbaren Direktionsrecht des Verlegers (…) und der unerläßlichen geistigen Freiheit und persönlichen Eigenständigkeit des Redakteurs muß ein funktionsgerechter Ausgleich (…) gefunden werden. Daß dies möglich ist, zeigt die Praxis in der weit überwiegenden Mehrzahl aller bundesdeutschen Verlagshäuser.«[401]

Die Frage des Tendenzschutzes – und damit der redaktionellen Mitbestimmung in Presseunternehmen – ist medienpolitisch wiederholt kontrovers diskutiert worden. Besondere Bedeutung erhielt das Thema im Zuge der Debatte um die Folgen der Pressekonzentration Ende der sechziger, Anfang der siebziger Jahre (vgl. Kapitel 5.2). Ausgangspunkt waren Überlegungen, denen zufolge durch eine ›innere Vielfalt‹ der Pressemedien die infolge der Pressekonzentration verringerte äußere Vielfalt kompensiert werden könnte. Ziel war es, den Einfluss des Redakteurs innerhalb des Presseunternehmens zu stärken und ihm in publizistischer (und personeller) Hinsicht ein Mitwirkungsrecht zu sichern. Dabei wurde und wird in der medienpolitischen Diskussion zwischen drei verschiedenen Kompetenzebenen unterschieden: nämlich der (feststehenden) Grundsatz-, der Richtlinien- und der (tagesaktuellen) Detailkompetenz, die bereits weiter oben erläutert worden sind (vgl. Kap. 8.1.1). Während Erstere eindeutig beim Verleger liegt, die Detailkompetenz jedoch in den Verantwortungsbereich der Journalisten gelegt wurde, ist die Frage der Richtlinienkompetenz nach wie vor nicht unumstritten. Die Diskussion um ›innere Pressefreiheit‹ führte damals verschiedentlich zur Verabschiedung von Redaktionsstatuten, die die Kompetenzen zwischen Verleger und Redaktionsmitarbeitern innerbetrieblich regelten. Die dem Gesetzgeber zustehende Kompetenz, diesen Problemkomplex durch ein Presserechts-Rahmengesetz bundeseinheitlich zu regeln, wurde 1973 von der damaligen sozial-liberalen Regierung trotz eines vorgelegten Gesetzentwurfs letztlich nicht genutzt. Zur Verabschiedung eines entsprechenden Gesetzes ist es – nicht zuletzt aufgrund des massiven Widerstands der Verleger – nie gekommen; von späteren Regierungen wurden keine Initiativen bezüglich eines Presserechts-Rahmengesetzes mehr ergriffen (vgl. Kapitel 5.2).[402] Lediglich im Landespressegesetz von Brandenburg gibt es eine Kann-Bestimmung zur Einführung von Redaktionsstatuten. Dort heißt es in § 4 Abs. 1: »Nähere Einzelheiten zur Abgrenzung der Aufgaben und Verantwortlichkeiten von Verlag und Redaktion können in einer Vereinbarung zwischen Verleger und Redakteursvertretung oder den Redakteuren festgelegt werden.«

8.5.5 Sonderrechte der Journalisten

Die Rechtsordnung hat der Presse zusätzlich zum weiten Schutzraum der Pressefreiheit eine ganze Reihe positiver Rechte eingeräumt, damit sie die Bürger umfassend über alle Angelegenheiten von allgemeinem Interesse informieren und so den Beitrag zum Prozess der öffentlichen Meinungs- und Willensbildung erfüllen kann. Zu dieser Sonderstellung der Presse stellte das Bundesverfassungsgericht fest: »Die in gewisser Hinsicht bevorzugte Stellung der Presse-Angehörigen ist ihnen um ihrer Aufgabe willen und nur im Rahmen dieser Aufgabe eingeräumt. Es handelt sich nicht um persönliche Privilegien; Befreiungen von allgemein geltenden Rechtsnormen müssen nach Art und Reichweite stets von der Sache her sich rechtfertigen lassen.«[403] Diese besonderen Schutzrechte (oder ›Privilegien‹) der Presse finden sich sowohl im Grundgesetz als auch in den Landespressegesetzen und verschiedenen material- und verfahrensrechtlichen Gesetzestexten. Dazu gehören insbesondere:[404]

- der besondere Auskunftsanspruch der Massenmedien,
- der Schutz der Informationsquellen und Informanten durch das Zeugnisverweigerungsrecht,
- die Wahrung des Redaktionsgeheimnisses durch Beschlagnahme- und Durchsuchungsverbote,
- der Schutz der Wahrnehmung berechtigter Interessen,
- kurze Verjährungsfristen bei Presseinhaltsdelikten,
- die Sonderstellung der Presse bei datenschutzrechtlichen Bestimmungen,
- der Schutz vor Eingriffen von Polizei und Verwaltung in die publizistische Tätigkeit der Presse,
- das Verbot von Sondergesetzen und das Verbot des Standeszwangs.

Zum Auskunftsanspruch der Massenmedien: Dieses journalistische Sonderrecht umfasst zum einen den besonderen Informationsanspruch der Presse, der über das jedermann zustehende Grundrecht der Informationsfreiheit (als dem Recht, sich aus allgemein zugänglichen Quellen zu informieren) hinausgeht. Zum anderen gehört zu dem gesetzlich festgeschriebenen Auskunftsanspruch auch die ausdrückliche Auskunftsverpflichtung der Behörden, die den Presse-Informationsanspruch ergänzt. Weitere der Presse gesetzlich gesicherte Informationsmöglichkeiten, die der Allgemeinheit nicht zugestanden werden, sind im Recht auf unbehinderte Teilnahme an öffentlichen Veranstaltungen und kulturellen Aufführungen zu sehen. Die Beschränkung der Auskunftsverpflichtung auf Behörden als staatliche Einrichtungen ergibt sich aus dem Umstand, dass sich der Auskunftsanspruch weder gegen den Einzelnen noch gegen wirtschaftliche oder gesellschaftliche Vereinigungen richtet, sondern ausschließlich gegen den Staat. Dem Begriff der ›Behörde‹ werden dabei zugerechnet: Bundesbehörden genauso wie Landes- und Kommunalbehörden, Parlamente, Regierungen und Gerichte ebenso wie Verwaltungsbehörden und Eigenbetriebe von Bund, Ländern und Gemeinden (Theater, Schwimmbäder, Krankenhäuser u. Ä.). Darüber hinaus unterliegen der Auskunftspflicht auch »Anstalten und Körperschaften öffentlichen Rechts, deren sich der Staat zur Erfüllung seiner Aufgaben bedient«.[405] Dabei sind Kirchen und Rundfunkanstalten nur im Bereich staatlicher Angelegenheiten (wie der Kirchensteuer oder den Rundfunkgebühren) zur Erteilung von Auskünften verpflichtet, nicht jedoch bei Angelegenheiten der inneren Organisation oder Programmgestaltung.

Die Auskünfte sind allerdings nicht von jedem Beamten zu erteilen, sondern nur vom jeweiligen Behördenleiter oder demjenigen, auf den die Verpflichtung zur Auskunft übertragen worden ist.[406] »Ein direkter Auskunftsanspruch, der sich an den jeweiligen Sachbearbeiter eines bestimmten Vorgangs oder an eine bestimmte Abteilung richtet, besteht damit nicht.«[407] Inhaltlich gilt die Verpflichtung auf Auskunftserteilung gegenüber den Vertretern der Presse nicht nur für jegliche Auskünfte, an deren Veröffentlichung ein allgemeines Informationsinteresse besteht, sondern darüber hinaus auch für solche, die die Arbeit der Presse selbst betreffen. Die Auskunft muss wahrheitsgemäß, vollständig und unverzüglich erteilt werden.[408] Allerdings: »Eine konkrete, in Tagen zu bemessende Frist, innerhalb deren eine Auskunft erteilt werden muss, existiert nicht.«[409]

Auskunftsberechtigt sind hauptberuflich tätige Journalisten aus Presse und Rundfunk. Zwar besteht kein Anspruch darauf, dass Behörden von sich aus Informationen an Journalisten weitergeben. Im Fall einer regelmäßigen Unterrichtung der Presse seitens einer Behörde (z. B. durch regelmäßige Pressekonferenzen) kann ein Verleger jedoch – nach dem Gleichheitsgrundsatz – verlangen, dass Informationen der Behörde seiner Redaktion nicht später als anderen Pressevertretern zugänglich gemacht werden. Den Behörden verboten sind die willkürliche Auswahl bestimmter Pressevertreter, die Benachteiligung bestimmter Presseorgane aufgrund ihrer ›Blattlinie‹ sowie ›Exklusivverträge‹ mit einzelnen Presseorganen oder Rundfunksendern. Es ist Bestandteil der Informationsfreiheit, »dass eine Redaktion einen von ihr frei gewählten Mitarbeiter einsetzen kann – andernfalls hätte der Befragte jederzeit die mit der Pressefreiheit nicht zu vertretende Möglichkeit, missliebige Kritiker von der Berichterstattung auszuschließen«.[410]

Auch kann der Auskunftsanspruch im Fall einer Verweigerung vor einem Verwaltungsgericht durchgesetzt werden. Dem Auskunftsanspruch sind jedoch auch Schranken gesetzt: Solche Beschränkungen gelten für schwebende Verfahren, Vorschriften der Geheimhaltung oder des Datenschutzes, für schutzwürdige öffentliche oder private Interessen oder schlicht dann, »wenn ihr Umfang das zumutbare Ausmaß überschreitet«.[411] Im Fall einer Kollision von Auskunftsansprüchen der Medien mit den Interessen der Allgemeinheit bzw. von natürlichen oder juristischen Personen muss im Einzelfall eine *Güterabwägung* hinsichtlich der widerstreitenden Interessen stattfinden.[412] Nicht von der Rechtslage gedeckt ist eine etwaige Auskunftsverweigerung seitens einer Behörde »mit dem Ziel, Missstände zu verschleiern oder eine Aufklärung zu verzögern«.[413] Anzumerken ist, dass die Verwaltung dem Auskunftsuchenden anfallende Auslagen für die Erteilung von Auskünften, z. B. für Kopien oder Telefongespräche, berechnen kann, während weiter gehende Forderungen in Form von Gebühren im Normalfall nicht erhoben werden.[414]

Nicht zulässig ist die *rechtswidrige Beschaffung* von Informationen durch Journalisten, z. B. durch das Abhören des Polizeifunks, eine Verletzung des Briefgeheimnisses oder das Einbrechen in Amtsräume. Die allgemeinen Gesetze gelten auch für den sog. investigativen Journalismus und setzen hier der Informationsbeschaffung Grenzen. Dagegen fällt die *Verbreitung* des einmal rechtswidrig erlangten Materials unter bestimmten Umständen in den Schutzbereich des Art. 5 Abs. 1 GG. Bemerkenswert ist in diesem Zusammenhang die sog. *Wallraff*-Entscheidung des Bundesverfassungsgerichts aus dem Jahr 1984. Der Schriftsteller Günter Wallraff hatte sich unter falschem Namen in die Redaktion der »Bild«-Zeitung eingeschleust und wollte seine Erlebnisse veröffentlichen. Der betroffene Springer-Verlag wehrte sich dagegen unter Berufung auf die Pressefreiheit und erhob schließlich Verfassungsbeschwerde. Das Bundesverfassungsgericht entschied, dass bei einer Nichtverbreitung rechtswidrig erlangter Informationen die Kontrollaufgabe der Presse leiden könnte, zu der es auch gehöre, auf Missstände von öffentlicher Bedeutung hinzuweisen. Die nicht generell erlaubte Veröffentlichung sei dann zulässig, wenn es sich um eine die Öffentlichkeit wesentlich berührende Frage handle, der gegenüber der Rechtsbruch von eindeutig untergeordneter Bedeutung sei.[415]

Eine weitere Anwendungsmöglichkeit für die Verwertung unzulässig erlangter Informationen ergibt sich, wenn z. B. ein Mitarbeiter einer Behörde weisungswidrig Informationen an die Presse gegeben hat; Journalisten dürfen dann das ihnen so zugespielte Wissen verbreiten.[416]

Zum Informationsfreiheitsgesetz: Im Zusammenhang mit Auskunftsansprüchen ist auch auf das am 1. Januar 2006 in Kraft getretene Informationsfreiheitsgesetz (IFG) zu verweisen. Daraus ergibt sich ein allgemeiner, nicht ausdrücklich auf Medien und Journalismus bezogener Anspruch auf Auskunftserteilung gegenüber Behörden; insofern steht diese neue Informationsmöglichkeit nicht nur Journalisten, sondern der Bevölkerung allgemein offen.[417] »Zweck des Informationsfreiheitsgesetzes ist es, der Bevölkerung Zugang zu Behördeninformationen zu geben.«[418] Ansprüche auf Akteneinsicht waren bisher »von der Betroffenheit des Antragstellers abhängig«, nun »setzt der Anspruch aus dem Informationsfreiheitsgesetz eine Betroffenheit des Antragstellers nicht voraus. Damit kann sich das Gesetz zu einem wichtigen Instrument der Medien entwickeln, was gerade im Hinblick auf Bundesbehörden in der Praxis bedeutungsvoll ist«, zumal im Bezug auf Bundesbehörden das IFG auch für Journalisten »die einzige Anspruchsgrundlage ist. Soweit ein Landespressegesetz und ein Informationsfreiheitsgesetz miteinander konkurrieren, dürfte das Pressegesetz den spezielleren Auskunftsanspruch enthalten.«[419]

Der Aufbau des Informationsfreiheitsgesetzes (Bundesebene) entspricht im Wesentlichen dem Auskunftsanspruch in den Landespressegesetzen (Landesebene). »Grundsätzlich besteht ein Anspruch auf Zugang zu amtlichen Informationen, wobei dieses Recht durch Ausnahmebestimmungen eingeschränkt wird.«[420] Das IFG enthält solche Ausnahmebestimmungen beispielsweise im Hinblick auf den Schutz von besonderen öffentlichen Belangen, des behördlichen Entscheidungsprozesses, den Schutz personenbezogener Daten, den Schutz geistigen Eigentums oder auch von Betriebs- und Geschäftsgeheimnissen.[421]

Antragsteller kann jede Person sein, auch eine juristische, sowie Personen, die nicht die deutsche Staatsbürgerschaft besitzen. Auskunftsverpflichtete Bundesbehörden »sind alle Stellen, die öffentlich-rechtliche Verwaltungsaufgaben wahrnehmen, auch wenn diese von einer juristischen Person des Privatrechts ausgeübt werden. Grundsätzlich kann der Antragsteller selbst die Art des Informationszugangs bestimmen. Er kann mithin wählen zwischen Auskunftserteilung und Akteneinsicht oder sonstigen Formen des Zugangs zu amtlichen Informationen.«[422] Eine amtliche Information ist der Begriffsbestimmung aus § 2 IFG zufolge »jede amtlichen Zwecken dienende Aufzeichnung, unabhängig von der Art ihrer Speicherung«.

Nicht nur für Journalisten, aber vor allem für sie ist die Frage interessant, »inwieweit Zugang zu personenbezogenen Daten gewährt werden muß«. Gemäß § 5 Abs. 1 IFG ist maßgeblich, ob das Informationsinteresse des Antragstellers das schutzwürdige Interesse von Dritten am Ausschluss des Informationszugangs überwiegt. »Soweit Medienvertreter Antragsteller sind und Zugang zu Informationen über Politiker oder sonstige Prominente begehren, ist wiederum im Einzelfall zu klären, ob die Medienfreiheit in Verbindung mit dem Informationsinteresse der Allgemeinheit Vorrang vor dem betroffenen Persönlichkeitsrecht in der Ausprägung des Rechts auf informationelle Selbstbestimmung hat.«[423] Somit werden die Behörden zu Sachwaltern des Persönlichkeitsrechts. Auch auf die Belange Dritter geht das IFG ein. Sind deren Belange »durch einen Antrag auf Informationszugang berührt, so ist ihnen schriftliche Gelegenheit zur Stellungnahme zu geben, sofern Anhaltspunkte dafür vorliegen, daß ein schutzwürdiges Interesse am Ausschluß des Informationszugangs besteht (§ 8 Abs. 1 IFG). In einem solchen Fall darf Informationszugang erst gewährt werden, wenn die Entscheidung dem Dritten gegenüber bestandskräftig ist oder die sofortige Vollziehung angeordnet worden ist und eine Frist von zwei Wochen verstrichen ist (§ 8 Abs. 2 IFG).«[424]

Jede Person, die ihr Recht auf Informationszugang als verletzt ansieht, kann außerhalb eines verwaltungsgerichtlichen Verfahrens den Bundesbeauftragten für die Informationsfreiheit anrufen. Seine Aufgaben werden vom Bundesbeauftragten für den Datenschutz wahrgenommen.[425]

Zum Zeugnisverweigerungsrecht: Das den Mitarbeitern von Massenmedien zustehende Zeugnisverweigerungsrecht dient ebenfalls dem Schutz der freien Informationsbeschaffung durch Presse und Rundfunk. Da bei politischen und wirtschaftlichen Verbänden, bei Unternehmen, kulturellen und sozialen öffentlichen Institutionen wie auch privaten Einrichtungen häufig die Tendenz beobachtbar ist, nur positive Informationen über ihr Tun und Handeln an die Öffentlichkeit gelangen zu lassen, sind Presse und Rundfunk zu ihrer Berichterstattung auf zusätzliche Informationen angewiesen, die sie in der Regel durch ›Insider‹ aus den jeweiligen Organisationen und Unternehmen erhalten. Um mögliche Sanktionen der Organisationen gegenüber solchen Informanten zu verhindern, sind die Mitarbeiter von Massenmedien vom allgemeinen »Zeugniszwang«, der sonst (auf Verlangen des Gerichts) für alle Bürger gilt, entbunden. Durch das Zeugnisverweigerungsrecht ist also das Vertrauensverhältnis zwischen einer Redaktion und ihren Informanten in besonderer Weise geschützt. Gleichzeitig schützt es auch das Redaktionsgeheimnis. Das Zeugnisverweigerungsrecht steht laut Gesetz allen Personen zu, »die bei der Vorbereitung, Herstellung oder Verbreitung von periodischen Druckwerken oder Rundfunksendungen berufsmäßig mitwirken oder mitgewirkt haben«,[426] gilt also umfassend und über die aktive Zeit als Journalist hinaus für *sämtliche* Mitarbeiter in Presse und Rundfunk.

Inhaltlich erstreckt sich das Zeugnisverweigerungsrecht sowohl auf Auskünfte zu Personen des Informanten (sei er nun Verfasser, Einsender oder Gewährsmann) als auch auf Auskünfte zum Inhalt der Mitteilung. Zu den geschützten Mitteilungen gehören nur solche, die von Dritten an eine Redaktion vermittelt wurden. Ein Anspruch des Informanten auf das Zeugnisverweigerungsrecht besteht nur bei ausdrücklicher vertraglicher Vereinbarung. Und auf selbst recherchiertes Material »bezieht sich das publizistische Zeugnisverweigerungsrecht nur, wenn und insoweit dessen Beschaffung auf einem Vertrauensverhältnis zu außenstehenden Informanten basiert«.[427]

Zu den Beschlagnahme- und Durchsuchungsverboten: Eine besonders starke Beeinträchtigung der Funktionsfähigkeit der Presse muss in möglichen staatlichen Eingriffen in den Produktionsablauf gesehen werden. Zu solchen Eingriffen gehören vor allem die Durchsuchung von Verlags- und Redaktionsräumen sowie die Beschlagnahmung von Unterlagen. Aus diesem Grund und zur Wahrung des Redaktionsgeheimnisses hat der Gesetzgeber der Presse zusätzlichen Schutz durch prinzipielle Beschlagnahme- und Durchsuchungsverbote zugestanden, die nur auf richterliche Anordnung und ausschließlich in gesetzlich geregelten Ausnahmefällen außer Kraft gesetzt werden können. Maßgeblich ist hier der Grundsatz der Verhältnismäßigkeit: Es ist stets erforderlich, »unter Berücksichtigung der Schwere des Delikts einerseits und der Schwere des mit der Durchsuchungsanordnung verbundenen Eingriffs in die Pressefreiheit andererseits eine konkrete Abwägung bei restriktiver Anwendung der Durchsuchungsmöglichkeiten vorzunehmen«.[428] Vor allem im Zuge von Strafverfolgungsmaßnahmen durch Justizbehörden, die nicht dem Presseorgan selbst gelten, und dabei im Zusammenhang einer möglichen Sicherstellung von Beweismitteln, ist dieses Sonderrecht von Bedeutung, da insbesondere »Informationen und Pressematerial, welche einem Presseorgan von dritter Seite *anvertraut* werden«,[429] durch die Strafprozessordnung (StPO) geschützt sind. Dadurch »soll gewährleistet werden, dass die Strafverfolgungsbehörden sich die Informationen, die ihnen Mitarbeiter einer Zeitung, Zeitschrift oder eines Senders unter Berufung auf das Zeugnisverweigerungsrecht vorenthalten, nicht dadurch verschaffen, dass sie deren Räume nach Unterlagen durchsuchen, die die gewünschten Informationen enthalten, und diese beschlagnahmen«.[430] Selbstrecherchiertes Material dagegen unterliegt nach einem Beschluss des Bundesverfassungsgerichts nicht dem Beschlagnahmeschutz, da »bei selbstrecherchiertem Material – anders als bei Mitteilungen durch dritte Personen – kein schützenswertes Vertrauensverhältnis existiert«.[431] Schwierigkeiten dürften sich jedoch bei der praktischen Umsetzung dieser rechtlichen Unterscheidung ergeben, da fraglich ist, wie die Ermittlungsbehörden selbstrecherchiertes von anvertrautem Material im Detail unterscheiden sollen.

Das Beschlagnahmeverbot gilt nicht, wenn die Zeugnisverweigerungsberechtigten selbst »im *Verdacht* stehen, in die zu ermittelnde Straftat verwickelt zu sein«, sei es durch Mittäterschaft, Anstiftung, Beihilfe dazu oder durch Strafvereitelung.[432] Erweist sich eine Beschlagnahme – aus welchen Gründen auch immer – dennoch als notwendig, so bedarf sie prinzipiell einer richterlichen Anordnung. Lediglich für den Fall, dass ein Beweisstück der Sicherstellung entgehen könnte, »bevor die richterliche Anordnung von den Strafverfolgungsbehörden eingeholt werden kann, (...) sind auch Staatsanwaltschaft und Polizei befugt, die Beschlagnahme anzuordnen«.[433] Anzumerken ist, dass der Beschlagnahmeschutz nur gilt, »solange das Beweismaterial im Gewahrsam eines Zeugnisverweigerungsberechtigten, z. B. der Redaktion oder des Verlags, ist. Mit der Weitergabe an Dritte erlischt es«.[434] Eine Rechtspflicht zur Wahrung des Redaktionsgeheimnisses gibt es übrigens nicht. Allerdings gehört es zu den journalistischen Standesregeln und zur Standesethik, das Redaktionsgeheimnis zu wahren.

Die Beschlagnahme eines periodischen Druckwerks, das einen strafbaren Inhalt aufweist, kann dann stattfinden, wenn sie durch einen Richter angeordnet und der Grundsatz der Verhältnismäßigkeit beachtet wurde. Letzterem kann z. B. Genüge getan werden, indem anstelle der kompletten Einziehung des Druckwerks eine Schwärzung der betreffenden Stellen angeordnet wird.[435]

Zur presserechtlichen Verjährung: Zu den pressespezifischen »Normen, die die Verhältnisse der Presse gerade wegen ihrer Besonderheiten und ihrer – teils gefürchteten, teils geschützten geistigen Wirkung – regeln«, gehören schließlich auch die kurzen Verjährungsfristen für Pressedelikte.[436] Während – wie bereits erwähnt – die Verjährungsfrist für Straftaten normalerweise mindestens drei Jahre beträgt (und bei schweren Delikten bis zu 30 Jahren betragen kann), verjähren Pressedelikte schon nach einem Jahr (bei Verbrechen), sechs Monaten (bei Vergehen) und nur drei Monaten (bei Ordnungswidrigkeiten).[437]

Allgemein zielt der Grundgedanke der Verjährung auf »das allmähliche, durch den Zeitablauf bedingte Erlöschen des Interesses an der Verfolgung« eines Delikts.[438] Da die *Flüch-*

tigkeit und Zeitbedingtheit der Presseerzeugnisse aber zu den charakteristischen Merkmalen der Tätigkeit der Presse gehören, scheinen kürzere Verjährungsfristen gerechtfertigt. Darüber hinaus sind im Zusammenhang mit dem Verjährungsprivileg aber zwei weitere Gesichtspunkte wichtig: Zum einen setzt die verkürzte Frist der Verjährung *bereits mit dem Beginn* der ersten Veröffentlichungs- bzw. Verbreitungshandlung ein. Dadurch soll verhindert werden, dass durch jede neue Veröffentlichung bzw. Verbreitung auch neue Fristen festgesetzt werden müssten, wodurch Presseinhaltsdelikte in der Praxis erst unangemessen spät verjähren würden. Zum anderen scheint die kürzere Verjährung bei Presseverstößen deshalb gerechtfertigt, weil durch das öffentliche Erscheinen periodischer Druckwerke die *Offenkundigkeit* des Delikts gegeben ist. Diese erleichtert aber die Verfolgbarkeit von Pressedelikten und deckt sich darin sogar mit dem öffentlichen Interesse, das häufig an der raschen Klärung von Pressedelikten (etwa bei Verleumdungen) besteht.[439]

8.5.6 Weitere relevante Rechtsmaterien

Neben den angesprochenen presserechtlichen Bestimmungen gibt es eine Fülle von gesetzlichen Regelungen, die für die Arbeit in Presse und Rundfunk eine wichtige Rolle spielen. Dazu gehören etwa – weitgehend im Bürgerlichen Gesetzbuch (BGB) verankerte – zivilrechtliche Ansprüche, die sich im Zusammenhang mit der journalistischen Tätigkeit ergeben können, aus dem Kunsturhebergesetz (KUG) erwachsende Rechtsfragen des Bildnisschutzes sowie das vor allem im Strafrecht (StGB) und im Gerichtsverfassungsgesetz (GVG) festgeschriebene, in der Praxis recht konfliktträchtige Feld der Gerichtsberichterstattung.

Zu den zivilrechtlichen Ansprüchen: Durch Presseveröffentlichungen kann eine ganze Reihe von zivilrechtlichen Abwehr- und Schadensersatzansprüchen Betroffener gegenüber den in der Presse Tätigen ausgelöst werden. Sie spielen in der täglichen Praxis eine bedeutende Rolle. Unter anderem gehören zu diesen Ansprüchen der Anspruch auf Widerruf, der Anspruch auf Unterlassung sowie derjenige auf Schadensersatz, sei es materieller oder immaterieller Art. Als Gesetze kommen dafür das Bürgerliche Gesetzbuch, das Grundgesetz sowie (bei einer Verletzung des Rechts am eigenen Bild) das Kunsturhebergesetz in Betracht. Da im Zivilrecht wie im Strafrecht die sog. allgemeine Täterhaftung gilt, kann »jeder zivilrechtlich in Anspruch genommen werden, der mit dem Zustandekommen des Presseerzeugnisses ›als Täter‹ (als Mittäter, Anstifter oder Gehilfe) etwas zu tun hat«.[440] Bei Druckwerken kann dies der Verleger bzw. der Verlag, der Herausgeber, aber auch der Journalist sein, der am Zustandekommen eines Artikels mitgewirkt hat. Dabei haftet der verantwortliche Redakteur zivilrechtlich nur für den Fall, dass er selbst Verfasser eines zivilrechtlich belangten Beitrags ist – nicht aber aufgrund seiner presserechtlich geregelten Stellung. Für die Durchsetzung solcher Ansprüche sind die Zivilgerichte, in der Regel also die Landgerichte, zuständig.[441]

Zum Recht am eigenen Bild: Auch bei der Bildberichterstattung in der Presse greift das allgemeine Persönlichkeitsrecht. Für die Veröffentlichung von Fotos – das gilt für Presse und

Fernsehen gleichermaßen – ist nach wie vor das Kunsturhebergesetz maßgeblich, weil der Abgebildete nicht »Urheber seiner selbst« ist, sondern sein Bildnis als »Ausfluß seiner Persönlichkeit« gilt.[442] Nach dem Gesetz dürfen ›Bildnisse‹ grundsätzlich nur mit Einwilligung des Abgebildeten veröffentlicht oder verbreitet werden. Das Recht am eigenen Bild greift immer dann, wenn aus der Abbildung einer Person deren Identität deutlich hervorgeht. So genügt häufig nicht der schmale schwarze Balken, mit dem die Augenpartie eines Abgebildeten verdeckt wird. Eine Identifizierung der abgebildeten Person (ob durch das dargestellte Gesicht, eine typische Haltung oder durch einen dem Bild beigefügten Text) muss ausgeschlossen sein. Ist die Person nicht (mehr) identifizierbar, so gilt das Foto nicht mehr als ›Bildnis‹ und fällt nicht unter den Persönlichkeitsschutz. Bei allen anderen Bildveröffentlichungen von Personen muss eine Einwilligung der Abgebildeten vorliegen. Ausnahmen stellen – wie bereits im Zusammenhang mit dem Persönlichkeitsschutz angesprochen – Fotos im Fall von Personen der ›absoluten‹ und der ›relativen Zeitgeschichte‹ dar. Bei Fotoveröffentlichungen von Personen, die (nachweislich) für die Foto- bzw. Fernsehaufnahme ein Honorar erhalten haben, gilt die Einwilligung im Zweifel als erteilt und braucht nicht eingeholt zu werden. Bei Minderjährigen schließlich ist für die Veröffentlichung die Zustimmung der Eltern erforderlich. Der Bildnisschutz erstreckt sich übrigens auch über den Tod von Personen hinaus.[443]

Ausnahmen gelten darüber hinaus für Bildnisse, die selbst zu einer Nachricht bzw. zu einem Ereignis der Zeitgeschichte geworden sind. In einem solchen Fall bedarf es zur Veröffentlichung nicht der Zustimmung des Abgelichteten, sondern des Urhebers. Nicht einwilligungspflichtig sind auch Bildveröffentlichungen, bei denen die abgebildeten Personen ›Beiwerk‹ zu einer Landschaft oder Örtlichkeit sind, sowie Bildnisse, auf denen Personen in künstlerischer Weise dargestellt sind, wenn die Verbreitung dieses Bildnisses einem höheren Interesse der Kunst dient.[444]

Zur Gerichtsberichterstattung: Ein eigenes und komplexes Thema stellt der Bereich der Berichterstattung über Ermittlungsverfahren und Gerichtsprozesse dar. Denn einerseits nimmt die Presse auch mit der Gerichtsberichterstattung einen wichtigen Teil ihrer öffentlichen Aufgabe wahr: Durch die Öffentlichkeit des Gerichtsverfahrens auch mittels freier Berichterstattung darüber soll eine allgemeine Kontrolle über die Gerichtsbarkeit im Hinblick auf die Anwendung geltenden Rechts ausgeübt werden. Andererseits, und dies ist nicht zu übersehen, wird der »tragende Grund des Prinzips der Öffentlichkeit von Gerichtsverhandlungen«, nämlich die Kontrollfunktion über Rechtsanwendung und Rechtsprechung, zunehmend von Motiven wie der Sensationsgier der Massenmedien überlagert.[445] Durch unbedachte und unverantwortliche Kriminal- und Gerichtsberichterstattung aber können nicht nur in gravierender Weise Persönlichkeitsrechte verletzt, sondern auch die Durchführung eines fairen, sachlichen und von äußeren Einflüssen möglichst freien Gerichtsverfahrens gefährdet werden.[446]

Gerichtsverhandlungen sind – von wenigen Ausnahmen abgesehen – grundsätzlich öffentlich; Urteilsverkündungen sind dies in jedem Fall. Damit hat jeder Interessierte prinzipiell Zutritt zu den Verhandlungen. Der Presse wird in Gerichtssälen oft sogar eine ›Pressebank‹ reserviert. Doch auch der Öffentlichkeit des Gerichtsverfahrens (und somit der Gerichtsberichterstattung) können Schranken auferlegt sein. Nicht öffentlich sind Verhandlungen vor allem bei Verfahren in Familien-, Kindschafts- und Entmündigungssachen sowie bei Strafverfahren gegen Jugendliche. Gründe für einen Ausschluss der Öffentlichkeit sind darüber hinaus auch im Fall der Gefährdung der Staatssicherheit, der Bedrohung der öffentlichen Ordnung oder der Gefährdung der Sicherheit der Verhandlung selbst gegeben, ebenso im Fall besonderer Umstände (aus dem persönlichen Lebensbereich eines Prozessbeteiligten) und bei Erörterung privater oder geschäftlicher Geheimnisse. Außerhalb der ordentlichen Gerichtsbarkeit ist die Öffentlichkeit ausgeschlossen bei ehrengerichtlichen Verfahren gegen Angehörige bestimmter Berufsstände sowie bei Disziplinarverfahren gegen Beamte und Soldaten.[447]

Im Bereich der Gerichtsberichterstattung gelten, soweit die Persönlichkeitsrechte der Angeklagten, Zeugen, Richter, Anwälte und sonstiger Prozessbeteiligter tangiert werden, die allgemeinen presserechtlichen Grundsätze. Darüber hinaus gibt es für die Kriminal- und Gerichtsberichterstattung jedoch die folgenden, teils in gesetzlichen Bestimmungen, teils im journalistischen Standesrecht enthaltenen Prinzipien, die zugleich auf die besondere Verantwortung der Journalisten von Presse und Rundfunk in dieser sensiblen Materie hinweisen:[448]

- *Wahrung der Unschuldsvermutung:* Generell darf die Gerichtsberichterstattung nicht zu einer Vorverurteilung des Angeklagten führen. Auch von der Presse muss also zwischen dem bloßen Verdacht und der laut Spruch des Gerichts als erwiesen geltenden Schuld genauestens unterschieden werden.
- *Unzulässigkeit der Namensnennung:* Volle namentliche Erwähnung, Abbildung und Darstellung eines Prozessbeteiligten tangieren den grundgesetzlich garantierten Schutz der freien Persönlichkeitsentfaltung und sind daher im Prinzip nicht zulässig. Ausnahmen bestehen bei schweren Straftaten sowie für Personen der absoluten oder relativen Zeitgeschichte.
- *Vorrang des Resozialisierungs-Gedankens:* Da auch Verurteilte schwerer Straftaten einen Anspruch auf Resozialisierung haben, darf nur aktuell nach der Verurteilung, aber nicht mehr nach teilweiser oder gar völliger Verbüßung der Strafe mit Namen und/oder Bild des Betroffenen berichtet werden.
- *Berichterstattung über Zeugen:* Über Zeugenaussagen darf grundsätzlich berichtet werden. Bei Strafverfahren von überragendem öffentlichem Interesse ist es zudem zulässig, Zeugen mit Namen zu nennen und gegebenenfalls mit Foto zu veröffentlichen. Dies gilt auch für Verbrechensopfer, die als Zeugen auftreten, es sei denn, es sprächen Gründe des persönlichen Schutzes und der Sicherheit dagegen.
- *Berichterstattung über Prozessbeteiligte:* Über Richter, Staatsanwälte und Rechtsanwälte darf in Wort und Bild berichtet werden, gelten sie doch – zumindest für die Dauer der Gerichtsverhandlung – als relative Personen der Zeitgeschichte.
- *Verbot von Tonbandaufnahmen:* Jegliche Tonband- (wie auch Film-)Aufzeichnungen während einer Gerichtsverhandlung sind nicht gestattet. Es liegt jedoch im Ermessen des jeweiligen Gerichts, unmittelbar vor oder nach einer Gerichtsverhandlung solche Aufnahmen zuzulassen.
- *Regelung für Bildaufnahmen:* Fotoaufnahmen sind auch während der Gerichtsverhandlung nicht grundsätzlich verboten, werden aber in der Regel nur vor Beginn und nach Beendigung der Verhandlung zugelassen. In keinem Fall darf der Richter das Fotogra-

fieren nur bestimmten Personen gestatten, wenn beispielsweise die Rechte am Bild des Angeklagten exklusiv verkauft worden sind.

- *Gefahr der Verfahrensbeeinflussung:* Gerichtsberichterstattung muss sich vorurteilsfrei »dem Ziel einer sachgerechten Durchführung des Gerichtsverfahrens verpflichtet fühlen«. So müsse die Presse »vor Beginn und während der Dauer eines solchen Verfahrens in Darstellung und Überschrift jede einseitige, tendenziöse oder präjudizierende Stellungnahme vermeiden«.[449]
- *Güterabwägung Persönlichkeitsschutz vs. Informationsinteresse*: Für die Gerichtsberichterstattung gilt schließlich, dass von Fall zu Fall eine sorgfältige Güterabwägung zwischen dem allgemeinen Persönlichkeitsschutz (schutzwürdiges Recht der Person) einerseits und dem Grundrecht der Pressefreiheit (Informationsinteresse der Öffentlichkeit) andererseits vorgenommen werden muss. Dem jeweils schutzwürdigeren Interesse ist der Vorrang einzuräumen.

8.5.7 Exkurs: Internet-Recht

Mit Multimedia, zu dem auch das Internet mit seinen zahlreichen Anwendungen gehört, tut sich seit etwa Mitte der 1990er Jahre ein neuer und komplizierter Rechtskosmos auf, der gegenwärtig zu den schwierigsten Teilen des Medienrechts gehört. Das liegt zum einen »an der Unklarheit über den genauen Gehalt von Begriffen wie ›Neue Medien‹ oder ›Multimedia‹ und zum anderen an den noch nicht vollständig ausgeformten Rechtsgrundlagen. Da die Technik in diesem Bereich in voller Entwicklung begriffen ist und das Recht sich meist als eine Reaktion auf die technischen Möglichkeiten herausbildet, befindet es sich notwendigerweise in einem Zustand der Unvollständigkeit.«[450] Die nachfolgenden Ausführungen beschränken sich daher auf wichtige gesetzliche Bestimmungen, die in Deutschland für Anwendungen und Dienste im Internet gelten, weil sie die für Online-Ausgaben von Printmedien relevante Rechtsmaterie sind. Vorausgeschickt sei, dass »die elektronische Presse ebenso vom Schutzbereich der *Pressefreiheit* umfasst (wird) wie die herkömmliche gedruckte Presse«.[451] Detaillierte Informationen zum Rechtskomplex der Neuen Medien und damit auch des Internets sind der einschlägigen Fachliteratur zu entnehmen.[452]

In Deutschland war geraume Zeit nicht klar, wer von den Kompetenzen her für die rechtliche Regelung des Multimediabereichs zuständig ist: der Bund oder die Länder. 1996 kam es schließlich zu einem Kompromiss: »Beide Seiten einigten sich darauf, daß die an die Allgemeinheit gerichteten Dienste von den Ländern, die Dienste für die Individualkommunikation vom Bund geregelt werden sollten. Die Länder normierten Vorschriften für die ›rundfunkähnlichen Dienste‹ und konnten dabei an ihre rundfunkrechtlichen Bestimmungen anknüpfen, während der Bund die Regelung für die Individualkommunikation übernahm, die vor allem mit der Post und dem Fernmeldewesen zusammenhängt.«[453] In diesem Kontext hatte der Bund zusätzlich in seinem Kompetenzbereich liegende Gesetze anzupassen wie das Strafgesetzbuch, das Ordnungswidrigkeitengesetz, das Jugendschutzgesetz und das Urheberrecht. Außerdem schuf er ein Gesetz zur Regelung der elektronischen Signatur.[454] Es entstanden schließlich das 1997 vom Bund erlassene Informations- und Kommunikationsdienste-Gesetz (IuKDG) mit dem Teledienstegesetz (TDG) einerseits sowie der bereits

1996 zwischen den Bundesländern vereinbarte Mediendienste-Staatsvertrag (MDStV) andererseits. Letzterer wurde von den Länderparlamenten in Landesgesetzen umgesetzt. Die gesetzestechnische Aufteilung der Multimediadienste in *Mediendienste* einerseits und *Teledienste* andererseits geht auf den erwähnten Kompromiss zurück. Ein spezielles »*Telemediengesetz* des Bundes (TMG) ist noch in Planung. Es soll die Schwierigkeiten bei der Abgrenzung von Telediensten und Mediendiensten vermeiden und einen einheitlichen Rechtsrahmen für Telemedien schaffen.«[455]

Der *Mediendienste-Staatsvertrag* gilt »für das Angebot und die Nutzung von *an die Allgemeinheit gerichteten* Informations- und Kommunikationsdiensten (Mediendienste) in Text, Ton oder Bild, die unter Benutzung elektromagnetischer Schwingungen ohne Verbindungsleiter oder längs oder mittels eines Leiters verbreitet werden«.[456] Um Mediendienste handelt es sich also nur, wenn sie »an die Allgemeinheit« und somit an eine beliebige Öffentlichkeit gerichtet sind. Typische Mediendienste sind sog. Verteildienste, »d. h. Dienste, bei denen Inhalte zeitgleich einer unbestimmten Vielzahl von Empfängern vermittelt werden«.[457] Dazu gehören beispielsweise Online-Zeitungen oder E-Papers – die sog. elektronische Presse.

Generell ist, »soweit es sich um eine redaktionell aufbereitete Datenübermittlung mit dem Ziel der Meinungsbildung für die Allgemeinheit handelt«, der Mediendienste-Staatsvertrag anzuwenden.[458] Mediendienste sind aber beispielsweise auch Textdienste wie der an die Allgemeinheit gerichtete Fernsehtext oder Bildschirmtext, ebenso Abrufdienste, »soweit nicht der individuelle Leistungsaustausch oder die reine Übermittlung von Daten im Vordergrund steht«.[459] Mediendienste sind zulassungs- und anmeldefrei.

Publizistisch ausgerichtete Angebote im Internet unterliegen in aller Regel dem Mediendienste-Staatsvertrag.[460] »Was genau ein *journalistisch-redaktionelles Angebot* ist, wird vom Mediendienste-Staatsvertrag nicht umschrieben. Vom Sinn und Zweck der Norm her ist der Begriff weit zu interpretieren. Erfasst sind über die elektronische Presse hinaus alle Angebote, die eine gestaltende oder kommentierende Bearbeitung erfahren haben.«[461] Für journalistisch-redaktionell gestaltete Angebote wie Online-Zeitungen sind Rechte und Pflichten aus dem Presserecht auf die Mediendienste übertragen worden, wie das Auskunftsrecht gegenüber Behörden, das Zeugnisverweigerungsrecht, die Impressumspflicht bzw. Anbieterkennung, die journalistische Sorgfaltspflicht, der Gegendarstellungsanspruch oder auch das Trennungsgebot zwischen redaktionellem Teil und Werbung. Was das Urheberrecht betrifft, »stellen Veröffentlichungen im Internet eine eigenständige Nutzungsart dar. Werden beispielsweise Printartikel auch in der Online-Ausgabe einer Zeitung veröffentlicht, wird nicht lediglich ein neuer Vertriebsweg genutzt. Vielmehr muss der Verlag sich vom Urheber die Nutzungsrechte für die Online-Nutzung gesondert einräumen lassen, es sei denn, die Vergütung würde auch für diese Zusatznutzung nach redlicher Branchenübung noch als angemessen angesehen werden können.«[462] Das Verhalten eines Journalisten als User im Netz »unterliegt den allgemeinen Regeln des Äußerungs-, Urheber- und Wettbewerbsrechts«.[463] Verstöße gegen den Mediendienste-Staatsvertrag können eine Ordnungswidrigkeit darstellen, die Veröffentlichung jugendgefährdender Inhalte beispielsweise kann zur Sperrung einer Seite durch die jeweils zuständige Behörde führen.

Das *Teledienstegesetz* ist anzuwenden »auf alle elektronischen Informations- und Kommunikationsdienste, die für eine individuelle Nutzung von kombinierbaren Daten und Zeichen, Bilder und Töne bestimmt sind und denen eine Übermittlung mittels Telekommunikation zugrunde liegt«[464] – daher Teledienste. »Die Betonung der Legaldefinition der Teledienste ist auf die Wendung *individuelle Nutzung* zu legen.«[465] Teledienste sind in aller Regel Abrufdienste, »die im Wege einer Übertragung von Daten auf Anforderung eines Nutzers erbracht werden (…). Als ›Nutzer‹ wird jede natürliche oder juristische Person verstanden, die (…) Teledienste in Anspruch nimmt, insbesondere um Informationen zu erlangen oder zugänglich zu machen.«[466] Erfasst werden vom Teledienstegesetz nur Online-Dienste – die Online-Inanspruchnahme von Leistungen verschiedener Art ist Voraussetzung für Teledienste, »umfasst sind im wesentlichen die Internet-Dienste«.[467] Beispiele für Teledienste sind E-Mail-Dienste wie Telebanking, elektronische Bestelldienste (sofern online bestellt wird und nicht etwa über einen Fernsehanbieter), Online-Geschäfte, Datenangebotsdienste wie Verkehrs- und Wetterdienste (außer wenn sie redaktionell bearbeitet sind) sowie Internet-Telefonate. Websites fallen ebenfalls unter die Teledienste, ebenso E-Mail-Listen oder Diskussionsforen wie Chatrooms. Auch Teledienste sind – wie die Mediendienste – nicht anmelde- oder zulassungspflichtig.

Die inhaltlichen Verantwortlichkeiten von Medien- und Teledienste-Anbietern sind in den beiden Gesetzeswerken weitgehend identisch geregelt. Diensteanbieter ist, »wer eigene oder fremde Mediendienste zur Nutzung bereithält oder den Zugang zur Nutzung vermittelt«.[468] Diensteanbieter sind für *eigene* Informationen verantwortlich.[469] Für *fremde* Informationen gelten je nach Art und Weise der Bereitstellung und Zugangsvermittlung (wie Zwischenspeicherung/Caching, Durchleitung von Informationen/Acces-Providing, Speicherung/Hosting) unterschiedlich geregelte Verantwortlichkeiten.[470] Obwohl Hyperlinks »das Herzstück des Internets« darstellen, ist die Haftung für Hyperlinks nicht ausdrücklich geregelt.[471]

Beide Bereiche – Mediendienste wie Teledienste – sind nicht ohne weiteres voneinander abzugrenzen. Dies zeigt sich u. a. daran, »dass die beiden Gesetze von unterschiedlichen Standpunkten ausgehen. Der Mediendienste-Staatsvertrag nimmt den Blickwinkel der Anbieter ein, indem nach Diensten gefragt wird, die an die Allgemeinheit gerichtet sind. Beim Teledienstegesetz sind es die Nachfrager, deren ›individuelle Nutzung‹ maßgeblich ist.«[472]

8.5.8 Journalistisches Standesrecht und Deutscher Presserat[*]

Zu den für die journalistische Arbeit in Presse und Rundfunk relevanten rechtsähnlichen Materien zählt auch das journalistische Standesrecht, das allerdings weder in den Bundesnoch in den Landesgesetzen formaljuristisch festgelegt ist. Vielmehr stellt das Standesrecht der bundesdeutschen Presse die geschriebenen und ungeschriebenen Berufsgrundsätze dar, deren Einhaltung von (Presse-)Journalisten in Deutschland im Allgemeinen erwartet wird. Neben den ungeschriebenen Berufsregeln finden sich in diesen Standesgrundsätzen aber auch Bestimmungen, von denen einige de facto bereits in den Pressegesetzen der jeweiligen Länder geregelt sind.[473]

Die standesrechtlichen Grundsätze der deutschen Presse stimmen mit den publizistischen Regeln anderer nationaler und internationaler Pressekodizes in wesentlichen Teilen überein. Dazu gehören neben allgemeinen Appellen an das Verantwortungsbewusstsein des Journa-

[*]Überarbeitet von Tabea Böcking.

listen (z. B. Achtung vor der Wahrheit) »bei der Erfüllung seiner öffentlichen Aufgabe im Dienst der Allgemeinheit«[474] auch Bestimmungen wie die folgenden:[475]

- Wahrung journalistischer Unabhängigkeit nach innen und außen;
- korrekte Beschaffung und Wiedergabe von Informationen;
- Richtigstellung unzutreffender Mitteilungen;
- Wahrung der Vertraulichkeit des Worts, des Berufsgeheimnisses und des Zeugnisverweigerungsrechts;
- Respektierung des Privatlebens und der Intimsphäre;
- keine diffamierende Kritik, sofern sie nicht durch die berechtigte Wahrnehmung öffentlicher Interessen geboten ist;
- Eintreten für Menschenrechte und Frieden;
- keine Verherrlichung von Gewalt, Brutalität und Unmoral; Rücksichtnahme auf die besondere Situation der Jugendlichen;
- keine Veröffentlichungen in Wort und Bild, die das sittliche oder religiöse Empfinden verletzen könnten;
- keine Diskriminierung ethnischer, religiöser oder nationaler Gruppen;
- Zurückhaltung in ermittelnden Gerichtsverfahren;
- die Unvereinbarkeit des journalistischen Berufs mit (Geschenk-)Annahme oder Gewährung von Vorteilen;
- ein Bildungsniveau des Publizisten, das seiner hohen Verantwortung gerecht wird.

Standesrecht ist für alle Berufe von Bedeutung, die wie Ärzte, Anwälte und eben auch Journalisten eine öffentliche Aufgabe zu erfüllen haben. Denn zum einen kommt ihnen aufgrund dieser Aufgabe und dem der Öffentlichkeit verpflichteten Beruf eine besondere gesellschaftliche Verantwortung zu; zum anderen hat man ihnen – vor allem aufgrund der Erfahrung mit dem Nationalsozialismus – besondere Schutzrechte gegenüber dem Staat eingeräumt, die ihnen Unabhängigkeit gewähren und sie vor einer Instrumentalisierung für staatspolitische Ziele bewahren sollen. Aufgrund der Erfahrung des Missbrauchs der berufsständischen Organisation während der nationalsozialistischen Herrschaft hat der Gesetzgeber auch das strikte Verbot von »Berufsorganisationen der Presse mit Zwangsmitgliedschaft und eine(r) mit hoheitlicher Gewalt ausgestattete(n) Standesgerichtsbarkeit« festgeschrieben.[476]

Gleichzeitig mit der Staatsferne ist eine über die Anwendung gesetzlich fixierter Vorschriften hinausgehende Fremdkontrolle der Presse zugunsten der Sicherung einer ›freien‹ Presse durch das Prinzip der Selbstkontrolle ersetzt worden.[477] Im Pressesektor übernimmt diese Aufgabe der *Deutsche Presserat*; weitere Organisationen der Medien-Selbstkontrolle in Deutschland sind die *Freiwillige Selbstkontrolle der Filmwirtschaft* (FSK), die *Freiwillige Selbstkontrolle Fernsehen* (FSF), die *Freiwillige Selbstkontrolle Multimedia* (FSM), die *Unterhaltungssoftware Selbstkontrolle* (USK), der *Deutsche Rat für Public Relations* (DRPR) und der *Deutsche Werberat*.[478]

Der *Deutsche Presserat* wurde am 20. November 1956 nach dem Vorbild des schwedischen Presserats und des britischen »Press Council« durch je fünf Journalisten und Zeitungsverleger gegründet.[479] Wichtiger Auslöser dafür war ein bereits 1952 vorgelegter Regierungsentwurf für ein Bundespressegesetz, der u. a. staatliche Aufsichtsinstanzen für die Presse (sog. Presseausschüsse) vorsah. Auch wenn dieser Vorschlag von der Regierung schließlich wieder verworfen wurde und damit eine Gefährdung der Pressefreiheit vorerst abgewendet war, waren sich Verleger- und Journalistenorganisationen unabhängig von diesem konkreten Fall einig darüber, dass es eine Kontrollinstanz mit staatlicher Beteiligung generell nicht geben dürfe.[480] Der Deutsche Presserat verstand sich zunächst (in Anlehnung an sein englisches Vorbild) als Selbstkontrollorgan der Zeitungspresse, weitete seine Zuständigkeit jedoch bereits ein Jahr später auf die gesamte periodische Presse aus. 1959 einigten sich Mitglieder des Presserats (Verleger- und Journalistenverbände) auf eine Geschäftsordnung, die in ihren Kernaussagen bis heute Bestand hat. Zentrales Anliegen dieser Geschäftsordnung und der späteren Satzung war, die Pressefreiheit vor Eingriffen von außen zu schützen und das Ansehen der Presse von innen heraus zu wahren. Mit der Gründung des Presserats war ein Organ der freiwilligen Selbstkontrolle geschaffen, das über ethische Prinzipien der Presse und des Journalismus wachen und eine Repräsentationsfunktion der Presse nach außen wahrnehmen sollte.[481]

Die Aufgaben des Deutschen Presserats umfassen:

- »Missstände im Pressewesen festzustellen und auf deren Beseitigung hinzuwirken;
- Entwicklungen entgegenzutreten, die die freie Information und Meinungsbildung des Bürgers gefährden könnten;
- für den unbehinderten Zugang zu Nachrichtenquellen einzutreten;
- Empfehlungen und Richtlinien für die publizistische Arbeit herauszugeben sowie
- Beschwerden über redaktionelle Veröffentlichungen in Zeitungen, Zeitschriften, Pressediensten oder Online-Diensten sowie journalistische Verhaltensweisen zu prüfen und in begründeten Fällen Hinweise, Missbilligungen und Rügen auszusprechen.«[482]

In seiner Anfangsphase wirkte der Presserat vor allem nach außen: Er engagierte sich erfolgreich für eine Vereinheitlichung der Landespressegesetze und deren Formulierung sowie gegen Anschläge der Bürokratie auf die Pressefreiheit in der Notstandsgesetzgebung. Und schließlich leistete er durch umfangreiche Daten- und Faktensammlungen und deren Bereitstellung einen wichtigen Beitrag zu einer sachgerechten Beurteilung der Konzentrationsprozesse innerhalb des Pressewesens.[483]

In den Mittelpunkt der öffentlichen Aufmerksamkeit rückte jedoch mehr und mehr das nach innen, auf die Presse selbst gerichtete Wirken des Presserats. Dabei tat er sich etwa hervor mit der Verurteilung einer Vermischung von Text- und Anzeigenteil, mit Entschließungen gegen Einladungs- und Geschenkpraktiken innerhalb der Pressearbeit und Ähnlichem. Vor allem aber nahmen die Fälle zu, in denen er sich mit Beanstandungen und Beschwerden zu Presseveröffentlichungen befasste, die dem Ansehen der Presse schaden konnten. Da die Behandlung solcher Beschwerden durch die damals 20 zumeist ehrenamtlichen Mitglieder immer schwieriger zu organisieren war, wurde 1970 eine eigene Presseratskommission gebildet, aus der 1972 ein selbständiger *Beschwerdeausschuss* mit eigener Beschwerde(verfahrens)ordnung hervorging. Um die Arbeit des Beschwerdeausschusses materiell zu sichern und seine Unabhängigkeit zu gewährleisten, verabschiedete das Bundesparlament 1976 ein ›Gesetz zur Gewährleistung der Unabhängigkeit des vom Deutschen Presserat eingesetzten Beschwerdeausschusses‹. Mit der darin vorgesehenen Unterstützung in Höhe von damals 80.000 DM pro Jahr sollte verhindert werden, dass der Beschwerdeausschuss bei seiner Tätigkeit auf Spenden angewiesen und dadurch in seiner Unabhängigkeit beeinträchtigt werden könnte. Derzeit beträgt die Bundesunterstützung 178.000 Euro jährlich. Da diese Unterstützung zur Finanzierung der Presseratstätigkeit jedoch nicht ausreicht, wird der Presserat nach wie vor auch von den ihn tragenden Verbänden finanziert.[484]

Aus seinen Erfahrungen heraus und auf der Basis der bis dahin erfolgten Entscheidungspraxis formulierte der Presserat 1973 auch einen Verhaltenskatalog, die *Publizistischen Grundsätze des deutschen Presserats*. Entsprechend dem standesrechtlichen Status des Presserats dient dieser Pressekodex allerdings nur der normativen Orientierung von Pressejournalisten bzw. der Wahrung einer journalistischen Berufsethik der Presse, auch wenn sich bis heute die große Mehrheit der deutschen Presseverlage, nämlich rund 90 Prozent,[485] freiwillig an seine Richtlinien hält. Insofern stellen die publizistischen Grundsätze auch keine rechtlichen Haftungsgründe dar, und die Beschwerden, die der Presserat behandelt, werden nicht gerichtlich geprüft. Aus den genannten Gründen darf daher der Presserat weder als »Pressekammer« noch als eine Art Sondergericht in Pressesachen missverstanden werden; es darf darin überhaupt keine wie auch immer geartete Ersatzgerichtsbarkeit gesehen werden. Das ist auch der Grund dafür, dass vom Presserat wiederholt als »zahnlosem Tiger« gesprochen wurde – eine Ansicht, die im Übrigen auch von Beschwerdeführern geteilt wird.[486] De facto verfügt er nach wie vor über keinerlei Sanktionsmöglichkeiten – schon gar keine gerichtlich durchsetzbaren.[487] Er möchte vielmehr »kollegialer Ratgeber sein (…), mit dem Ziel, ein übergreifendes journalistisches Berufsethos zu etablieren.«[488]

Im Zuge der Diskussion um Ausmaß und Folgen der Pressekonzentration und der Debatte um mehr Mitbestimmung in Zeitungsbetrieben Ende der 1960er, Anfang der 1970er Jahre verschärfte sich auch das Klima zwischen Verlegerschaft und Journalistenverbänden. Zeichnete sich der Presserat in den Anfangsjahren dadurch aus, dass bei internen Auseinandersetzungen die Fronten quer durch beide Lager verliefen, so kam es nun immer häufiger zu Spannungen, bei denen auf der einen Seite die Verleger, auf der anderen die Vertreter der Journalistenverbände standen. Von Bedeutung war in diesem Zusammenhang auch, dass im Streit um Günter Wallraff eine Pauschalverurteilung der »Bild«-Zeitung gefordert wurde. »Ein solches Verlangen, hinter dem eher politische Ziele zu vermuten waren, mußte schon aus diesem Grunde im Presserat scheitern und seine Arbeit stark belasten.«[489] Als ausgerechnet der Verleger des Kölner »Express«, Alfred Neven DuMont, sich 1981 weigerte, eine vom Deutschen Presserat ausgesprochene Rüge abzudrucken, kam es zum Eklat. Immerhin war Neven DuMont damals Präsident des *Bundesverbands Deutscher Zeitungsverleger,* der als Trägerverein des Presserats seine Mitglieder zum Abdruck von Rügen anhalten wollte. Die Journalistenvertreter im Presserat beschlossen, ihre Mandate ruhen zu lassen, wodurch der Presserat arbeitsunfähig wurde.

Erst 1985 gelang es, den Rat wiederzubeleben, nachdem Übereinstimmung zwischen Verleger- und Journalistenverbänden über eine neue Satzung sowie eine neue, ausgefeilte Beschwerdeordnung erzielt worden war.[490] Die wichtigste Satzungsänderung bestand damals in der Umwandlung des Presserats in ein ›Gremium‹ innerhalb des »Trägervereins des deutschen Presserats«. Denn damit gingen auch alle organisatorischen, administrativen und finanziellen Verantwortlichkeiten an den Trägerverein über. Seine Grundstützen sind damals wie heute der *Bundesverband Deutscher Zeitungsverleger* (BDZV), der *Deutsche Journalistenverband* (DJV), die *Deutsche Journalistinnen- und Journalisten-Union* (dju) in ver.di (früher IG Medien) und der *Verband Deutscher Zeitschriftenverleger* (VDZ). Diese vier Verbände entsenden alle zwei Jahre jeweils gleich viele Mitglieder in das (nach wie vor ehren-amtliche) Plenum des Presserats, so dass dieses zu gleichen Teilen aus Verleger- und Jour-nalistenvertretern zusammengesetzt ist. Tatsächlich kann das Plenum mehrheitlich aus Journalisten bestehen, da sowohl die Journalisten- als auch die Verlegerverbände auch Chef-redakteure entsenden dürfen.[491] Beschwerden von grundsätzlicher Bedeutung sowie vom Presserat selbst aufgegriffene Fälle werden zweimal pro Jahr in diesem Plenum verhandelt. Der allgemeine Beschwerdeausschuss, den das Plenum aus seiner Mitte wählt und der eben-falls paritätisch zusammengesetzt ist, behandelt nur die von außen an den Presserat heran-getragenen Beschwerden. Beurteilungsgrundlage sind die im Pressekodex festgeschriebenen *Publizistischen Grundsätze* von 1973, die unter Berücksichtigung aktueller Entwicklungen regelmäßig überarbeitet und im Bedarfsfall ausdifferenziert werden (siehe w. u. im vorlie-genden Abschnitt die aktuelle Fassung vom März 2006).[492] Die Bestimmungen des Presse-kodex gelten auch für Journalisten, die in Online-Medien von Zeitungen tätig sind.

Während die verlegerische und journalistische Trägerschaft des Presserats sowie die grundlegende Unterteilung in Plenum und Beschwerdeausschuss seit seiner Wiederbele-bung bis heute gleich geblieben ist, unterlagen die verschiedenen Gremien und Ausschüsse insbesondere seit dem Beginn des neuen Jahrtausends mehrfachen Veränderungen. Seit dem 1. Januar 2002 ist der Presserat nicht nur für allgemeine Verstöße gegen den Presseko-dex zuständig, sondern organisiert auch die Selbstregulierung des Redaktionsdatenschutzes in der Presse bei datenschutzbezogenen Verstößen gegen die Persönlichkeitsrechte. Hierzu wurde ein gesonderter, wiederum paritätisch zusammengesetzter Beschwerdeausschuss mit sechs Mitgliedern (davon ein Vertreter der Anzeigenblattverlage) eingesetzt und der Presse-kodex um entsprechende Formulierungen (u. a. in der Präambel und den Ziffern 3 und 8) erweitert.[493] Ausschlaggebend für die Einrichtung dieser *Freiwilligen Selbstkontrolle Redak-tionsdatenschutz* war das Bestreben, »drohende staatliche Kontrolle und Einflussnahme nun auch im Hinblick auf die deutlich verschärften Datenschutzbestimmungen zu verhindern und deren Einhaltung durch eine kompetente Selbstkontrolle zu gewährleisten«.[494]

Mit der Einrichtung dieses Selbstkontrollorgans fand ein Konflikt zwischen dem Presse-rat und der Bundesregierung über einen entsprechenden Gesetzentwurf ein Ende, der die Pressefreiheit deutlich eingeschränkt hätte. Dieser hatte nämlich u. a. vorgesehen, einen redaktionsinternen Datenschutzbeauftragten verbindlich festzuschreiben, den Anspruch auf Schadensersatz zu Lasten der freien journalistischen Recherche auszudehnen sowie die Beweislastumkehr einzuführen, nach der jede Redaktion im Konfliktfall in der Pflicht gewesen wäre, das Fehlen eines eigenen Verschuldens zu beweisen.[495] Während grundsätz-liche Fragen zur journalistischen Ethik weiterhin vom allgemeinen Beschwerdeausschuss behandelt werden, konzentriert sich der neue *Beschwerdeausschuss Redaktionsdatenschutz* mit der Einhaltung von Datenschutz-Normen sowohl präventiv als auch anlassbezogen auf »das Spannungsfeld zwischen Persönlichkeitsrechten und den publizistischen Umgang mit Namen, Adressen, persönlichen Daten und Fotos«.[496] Trotz ihres freiwilligen Charakters hat sich die Mehrheit der im BDZV und VDZ organisierten Verlage sowie auch der Bundes-verband der Anzeigenblattverlage (BVDA) der Freiwilligen Selbstkontrolle Redaktionsda-tenschutz angeschlossen, was der Presserat selbst als solide Legitimationsbasis für die Arbeit des entsprechenden Ausschusses wertet. Inwieweit die breite Akzeptanz des neuen Aus-schusses und seiner Entscheidungen sowie die ersten viel versprechenden Ansätze der bisherigen Spruchpraxis[497] allerdings in Zukunft eine »wegweisende Einschätzung (...) ebenso für die Arbeit der Fachbehörden und der Straf- sowie Zivilgerichtsbarkeit« bilden,[498] bleibt vorerst abzuwarten.

Zusätzlich zu der Einrichtung des zweiten, spezifischeren Beschwerdeausschusses wurde wenig später auch der erste, allgemeine Beschwerdeausschuss umstrukturiert. Als Reaktion auf die zunehmende Zahl an Beschwerden und die damit verbundene hohe Arbeitsbelastung unterteilte der Trägerverein in einer erneuten Satzungsänderung im November 2003 den allgemeinen Beschwerdeausschuss in zwei gleichberechtigte Kammern. Bei dieser Unterteilung handelt es sich um eine reine Arbeitsaufteilung, die die weitere Arbeitsfähigkeit des Beschwerdeausschusses sicherstellen soll. Vergleichbar mit den Senaten des Bundesverfassungsgerichts behandeln die beiden Kammern seit März 2004 unabhängig voneinander jeweils viermal im Jahr die verschiedenen, von außen eingehenden Beschwerden. Die Kontinuität der Spruchpraxis wird dabei u. a. durch die Abstimmung der Kammervorsitzenden untereinander, durch interne Informationsweitergabe sowie durch die Berichterstattung der Kammern über ihre Arbeit im Plenum gesichert. Im Zuge dieser Umstrukturierung wurde der Beschwerdeausschuss außerdem personell von zehn auf zwölf Mitglieder aufgestockt, so dass jede Kammer nun aus je sechs Mitgliedern – jeweils einschließlich eines Vorsitzenden – besteht. Analog dazu wurde auch das Plenum des Deutschen Presserats von 20 auf 28 Mitglieder vergrößert. Entsprechend entsenden die vier Trägerverbände nun nicht mehr je fünf, sondern je sieben Mitglieder ins Plenum.[499]

Die beschriebenen Umstrukturierungen wirken sich insofern auch auf den Beschwerdeprozess aus, als nun je nach Inhalt der Beschwerde verschiedene Gremien zuständig sind. Die Beschwerdeordnung selbst sowie das generelle Beschwerdeverfahren bleiben davon jedoch unberührt. Zusammengefasst verläuft der Beschwerdeprozess wie folgt:[500]

- Jedermann ist berechtigt, sich beim Deutschen Presserat schriftlich über Veröffentlichungen oder Vorgänge in der deutschen Presse zu beschweren. Dabei werden anonyme oder offensichtlich missbräuchliche Beschwerden nicht behandelt. Der Presserat kann allerdings auch von sich aus ein Beschwerdeverfahren einleiten.
- Jede dieser Beschwerden bzw. Eingaben wird zunächst in einer Vorprüfung vom Vorsitzenden des zuständigen Ausschusses sowie einem Referenten bzw. dem Geschäftsführer auf Basis des Pressekodex auf einen Verstoß gegen die presseethischen Regeln hin untersucht.
- Ist ein solcher Verstoß nicht erkennbar, wird die Beschwerde abgelehnt. Der Beschwerdeführer erhält in diesem Fall eine schriftliche Begründung für die Ablehnung. Seit dem Herbst 2002 kann der Ausschuss-Vorsitzende die Beschwerde auch bei Bagatellfällen als unbegründet zurückweisen oder einen Hinweis aussprechen, nachdem er eine Stellungnahme des Beschwerdegegners eingeholt hat. Seit dem Herbst 2006 kann der Beschwerdeführer innerhalb von zwei Wochen nach Absendung der Zurückweisung Einspruch einlegen, über den dann der Beschwerdeausschuss entscheidet.
- Für das Beschwerdeverfahren selbst sind drei mögliche Instanzen vorgesehen. Von außen an den Presserat herangetragene Beschwerden werden alternierend von einer der beiden Kammern des allgemeinen Beschwerdeausschusses (1. Instanz) behandelt. Beschwerden, die mögliche Verletzungen des Rechts auf Datenschutz zum Inhalt haben, behandelt der Beschwerdeausschuss Redaktionsdatenschutz (2. Instanz). Für vom Presserat selbst auf-

gegriffene Fälle sowie für Beschwerden von grundsätzlicher Bedeutung ist das Plenum des Deutschen Presserats (3. Instanz) zuständig. Dieses wird auch dann aktiv, wenn zwei oder mehr Mitglieder des Beschwerdeausschusses sein Eingreifen verlangen.

- Dem betroffenen Journalisten bzw. Presseorgan wird die Möglichkeit eingeräumt, sich binnen einer dreiwöchigen Frist zur Beschwerde zu äußern und den Vorfall gegebenenfalls selbst in Ordnung zu bringen. Dabei kann der Presserat zwischen den Beteiligten vermitteln; während eines solchen Vermittlungsverfahrens sind die Fristen unterbrochen und die Behandlung der Beschwerde ist ausgesetzt. Bei erfolgreicher Vermittlung wird das Beschwerdeverfahren beendet.

- Andernfalls wird der Vorfall nach Ablauf der Frist bzw. nach Scheitern einer einvernehmlichen Lösung im Vermittlungsverfahren je nach Zuständigkeit in einer der beiden Kammern des allgemeinen Beschwerdeausschusses, im Beschwerdeausschuss Redaktionsdatenschutz oder im Plenum des Presserats behandelt. Dazu können Beschwerdeführer wie auch Beschwerdegegner (für Stellungnahmen) sowie Zeugen eingeladen werden.

- Nach eingehender Beratung kann die Beschwerde entweder als unbegründet zurückgewiesen werden oder es kann – bei begründeter Beschwerde und je nach Schwere des Vergehens – vom Presserat ein Hinweis, eine Missbilligung oder eine Rüge ausgesprochen werden. In schwerwiegenden Fällen wird diese Rüge öffentlich ausgesprochen.

- Öffentliche Rügen sind gemäß Ziffer 16 des Pressekodex in den betroffenen Publikationsorganen abzudrucken, nicht-öffentliche Rügen, Missbilligungen und Hinweise hingegen nicht.

Nach seiner 1985 erfolgten Wiederbelebung hat der Deutsche Presserat zu zahlreichen spektakulären Vorfällen im Pressewesen (wie der Barschel-Affäre, der Rolle der Medien im Gladbecker Geiseldrama oder dem Fall Sebnitz) Stellung genommen. Dabei sind insbesondere in den letzten Jahren die Eingaben und tatsächlich bearbeiteten Beschwerden deutlich angestiegen; häufigste Beschwerdegründe waren Verletzungen der Sorgfaltspflicht sowie des Persönlichkeitsrechts.[501] Insgesamt versucht der Presserat immer wieder, als Wächter (presse-) journalistischer Grundprinzipien in Erscheinung zu treten. Dass er dabei stets aufs Neue in das Konfliktfeld unterschiedlicher Interessen gerät, kann nicht verwundern. So schreibt auch Siegfried MARUHN, ehemaliger Chefredakteur der »Westdeutschen Allgemeinen Zeitung« und selbst langjähriges Mitglied des Presserats, zu dessen Wirken: »Für den einzelnen Journalisten und Verleger ist der Presserat als Verteidiger seiner Rechte und Privilegien willkommen, nicht unbedingt jedoch als Aufpasser und Moralapostel.« Dem Staat wiederum ist er »dann gelegen, wenn es Beschwerden über die Presse anzumelden gilt. Wenn er (der Staat; Anm. d. A.) selbst der Adressat von Beschwerden oder Mahnungen des Presserats ist, mag ihm dieses eben noch so hehre Gremium als nur ein weiterer Lobbyist erscheinen, wie es sie (...) zu Hunderten gibt.«[502] Als aktuelles Beispiel lässt sich hier die Regelung der Kapitalmarktberichterstattung anführen. Nach den Börsenturbulenzen 2001 entwarf das Bundeswirtschaftsministerium einen Aktienkodex, der auch für Journalisten gelten sollte. Der Presserat wertete dies zunächst als unzulässigen Eingriff in die Pressefreiheit und verwies neben (1) den bereits bestehenden generellen Ausführungen im Pressekodex, (2) den im Jahr 2000 formulierten journalistischen Verhaltensgrundsätzen zu wirtschaftlichen Insiderinformationen sowie (3) einzelnen existierenden verlagsinternen Regelungen auch auf (4) den Wortlaut der zugrunde liegenden EU-Marktmissbrauchsrichtlinie. Diese lässt die Möglichkeit einer journalistischen Selbstkontrolle ausdrücklich zu. Dass eine solche Selbstkontrolle im Übrigen durchaus üblich ist, zeig(t)en die Beispiele von England, Spanien, der Schweiz und Italien, deren Pressekodizes entsprechend detaillierte Bestimmungen enthalten.[503] Im Februar 2006 erhielt der Deutsche Pressekodex schließlich eine spezielle Richtlinie zur Wirtschafts- und Finanzberichterstattung, der zufolge von der Nutzung von Finanzdaten bzw. -informationen zum persönlichen Vorteil der Journalisten, z. B. durch Kursmanipulationen, Abstand zu nehmen ist (Richtlinie 7.4 zu Ziffer 7).

Publizistische Grundsätze (Pressekodex)
Richtlinien für die publizistische Arbeit nach den Empfehlungen
des Deutschen Presserats

Vom Deutschen Presserat in Zusammenarbeit mit den Presseverbänden beschlossen und erstmals Bundespräsident Gustav W. Heinemann am 12. Dezember 1973 in Bonn überreicht. Fassung vom 13. September 2006

PRÄAMBEL
Die im Grundgesetz der Bundesrepublik verbürgte Pressefreiheit schließt die Unabhängigkeit und Freiheit der Information, der Meinungsäußerung und der Kritik ein. Verleger, Herausgeber und Journalisten müssen sich bei ihrer Arbeit der Verantwortung gegenüber der Öffentlichkeit und ihrer Verpflichtung für das Ansehen der Presse bewusst sein. Sie nehmen ihre publizistische Aufgabe fair, nach bestem Wissen und Gewissen, unbeeinflusst von persönlichen Interessen und sachfremden Beweggründen wahr. Die publizistischen Grundsätze konkretisieren die Berufsethik der Presse. Sie umfasst die Pflicht, im Rahmen der Verfassung und der verfassungskonformen Gesetze das Ansehen der Presse zu wahren und für die Freiheit der Presse einzustehen. Die Regelungen zum Redaktionsdatenschutz gelten für die Presse, soweit sie personenbezogene Daten zu journalistisch-redaktionellen Zwecken erhebt, verarbeitet oder nutzt. Von der Recherche über Redaktion, Veröffentlichung, Dokumentation bis hin zur Archivierung dieser Daten achtet die Presse das Privatleben, die Intimsphäre und das Recht auf informationelle Selbstbestimmung des Menschen. Die Berufsethik räumt jedem das Recht ein, sich über die Presse zu beschweren. Beschwerden sind begründet, wenn die Berufsethik verletzt wird. Diese Präambel ist Bestandteil der ethischen Normen.

ZIFFER 1: WAHRHAFTIGKEIT UND ACHTUNG DER MENSCHENWÜRDE
Die Achtung vor der Wahrheit, die Wahrung der Menschenwürde und die wahrhaftige Unterrichtung der Öffentlichkeit sind oberste Gebote der Presse. Jede in der Presse tätige Person wahrt auf dieser Grundlage das Ansehen und die Glaubwürdigkeit der Medien.

ZIFFER 2: SORGFALT

Recherche ist unverzichtbares Instrument journalistischer Sorgfalt. Zur Veröffentlichung bestimmte Informationen in Wort, Bild und Grafik sind mit der nach den Umständen gebotenen Sorgfalt auf ihren Wahrheitsgehalt zu prüfen und wahrheitsgetreu wiederzugeben. Ihr Sinn darf durch Bearbeitung, Überschrift oder Bildbeschriftung weder entstellt noch verfälscht werden. Unbestätigte Meldungen, Gerüchte und Vermutungen sind als solche erkennbar zu machen. Symbolfotos müssen als solche kenntlich sein oder erkennbar gemacht werden.

ZIFFER 3: RICHTIGSTELLUNG

Veröffentlichte Nachrichten oder Behauptungen, insbesondere personenbezogener Art, die sich nachträglich als falsch erweisen, hat das Publikationsorgan, das sie gebracht hat, unverzüglich von sich aus in angemessener Weise richtig zu stellen.

ZIFFER 4: GRENZEN DER RECHERCHE

Bei der Beschaffung von personenbezogenen Daten, Nachrichten, Informationsmaterial und Bildern dürfen keine unlauteren Methoden angewandt werden.

ZIFFER 5: BERUFSGEHEIMNIS

Die Presse wahrt das Berufsgeheimnis, macht vom Zeugnisverweigerungsrecht Gebrauch und gibt Informanten ohne deren ausdrückliche Zustimmung nicht preis. Die vereinbarte Vertraulichkeit ist grundsätzlich zu wahren.

ZIFFER 6: TRENNUNG VON TÄTIGKEITEN

Journalisten und Verleger üben keine Tätigkeiten aus, die die Glaubwürdigkeit der Presse in Frage stellen könnten.

ZIFFER 7: TRENNUNG VON WERBUNG UND REDAKTION

Die Verantwortung der Presse gegenüber der Öffentlichkeit gebietet, dass redaktionelle Veröffentlichungen nicht durch private oder geschäftliche Interessen Dritter oder durch persönliche wirtschaftliche Interessen der Journalistinnen und Journalisten beeinflusst werden. Verleger und Redakteure wehren derartige Versuche ab und achten auf eine klare Trennung zwischen redaktionellem Text und Veröffentlichungen zu werblichen Zwecken. Bei Veröffentlichungen, die ein Eigeninteresse des Verlages betreffen, muss dieses erkennbar sein.

ZIFFER 8: PERSÖNLICHKEITSRECHTE

Die Presse achtet das Privatleben und die Intimsphäre des Menschen. Berührt jedoch das private Verhalten öffentliche Interessen, so kann es im Einzelfall in der Presse erörtert werden. Dabei ist zu prüfen, ob durch eine Veröffentlichung Persönlichkeitsrechte Unbeteiligter verletzt werden. Die Presse achtet das Recht auf informationelle Selbstbestimmung und gewährleistet den redaktionellen Datenschutz.

ZIFFER 9: SCHUTZ DER EHRE

Es widerspricht journalistischer Ethik, mit unangemessenen Darstellungen in Wort und Bild Menschen in ihrer Ehre zu verletzen.

ZIFFER 10: RELIGION, WELTANSCHAUUNG, SITTE

Die Presse verzichtet darauf, religiöse, weltanschauliche oder sittliche Überzeugungen zu schmähen.

ZIFFER 11: SENSATIONSBERICHTERSTATTUNG, JUGENDSCHUTZ

Die Presse verzichtet auf eine unangemessen sensationelle Darstellung von Gewalt, Brutalität und Leid. Die Presse beachtet den Jugendschutz.

ZIFFER 12: DISKRIMINIERUNGEN

Niemand darf wegen seines Geschlechts, einer Behinderung oder seiner Zugehörigkeit zu einer ethnischen, religiösen, sozialen oder nationalen Gruppe diskriminiert werden.

ZIFFER 13: UNSCHULDSVERMUTUNG

Die Berichterstattung über Ermittlungsverfahren, Strafverfahren und sonstige förmliche Verfahren muss frei von Vorurteilen erfolgen. Der Grundsatz der Unschuldsvermutung gilt auch für die Presse.

ZIFFER 14: MEDIZIN-BERICHTERSTATTUNG

Bei Berichten über medizinische Themen ist eine unangemessen sensationelle Darstellung zu vermeiden, die unbegründete Befürchtungen oder Hoffnungen beim Leser erwecken könnte. Forschungsergebnisse, die sich in einem frühen Stadium befinden, sollten nicht als abgeschlossen oder nahezu abgeschlossen dargestellt werden.

ZIFFER 15: VERGÜNSTIGUNGEN

Die Annahme von Vorteilen jeder Art, die geeignet sein könnten, die Entscheidungsfreiheit von Verlag und Redaktion zu beeinträchtigen, ist mit dem Ansehen, der Unabhängigkeit und der Aufgabe der Presse unvereinbar. Wer sich für die Verbreitung oder Unterdrückung von Nachrichten bestechen lässt, handelt unehrenhaft und berufswidrig.

ZIFFER 16: RÜGENABDRUCK

Es entspricht fairer Berichterstattung, vom Deutschen Presserat öffentlich ausgesprochene Rügen abzudrucken, insbesondere in den betroffenen Publikationsorganen.

Schwierigkeiten ergeben sich jedoch nicht nur in der politisch-praktischen Umsetzung der Arbeit des Presserats. Auch von Seiten der Beschwerdeführer – in der Mehrzahl Privatpersonen – wurde teilweise Kritik geäußert. Diese bezog sich meist auf mangelnde Transparenz im konkreten Beschwerdeverfahren: Die Beschwerdeführer bemängelten eine aus ihrer Sicht ungenügende Informationsweitergabe über den aktuellen Verlauf und fehlende weitere Möglichkeiten zur eigenen Stellungnahme. Die Bandbreite der Reaktionen darauf, dass die eigene Beschwerde abgelehnt wurde, reichte bei den Beschwerdeführern von Enttäuschung bis hin zu Resignation über das für Außenstehende wenig durchschaubare Prüfverfahren.[504] Der Presserat reagierte auf diese Kritik, indem Beschwerdeführer und -gegner nun ausführlichere Bescheide erhalten.[505] Eine größere Nähe des Presserats zu den Beschwerdeführern und -gegnern könnte vermutlich durch die Einrichtung eines Ombudsmanns, der als Ansprech- und Vermittlungsperson fungiert, erreicht werden.

Auf noch wesentlich grundlegenderer Ebene wurde in den vergangenen Jahren verschiedentlich auch die normative Grundausrichtung der Zielsetzung des Presserats und seiner publizistischen Grundsätze problematisiert: »Ehre, Wahrheit, Sauberkeit, Fairness, Anstand – in den Pressekodizes werden Werte absolut gesetzt, die in einer offenen, pluralistischen Gesellschaft abhängig sind vom Bezugssystem und somit eine relative Wertigkeit besitzen.«[506] Es wäre einerseits wenig sinnvoll, solche Kritik an den normativen Implikationen der Pressekodizes nicht ernst zu nehmen. Auf der anderen Seite aber wird man auch dem nach innen gerichteten Wirken des Presserats nur gerecht werden können, wenn man sich die konkrete Funktion solcher berufsethischer Grundsätze vor Augen hält. Es kann damit kein moralisch »besserer« Journalismus erzeugt werden. WEISCHENBERG meint: »Selbstkontrollorgane wie der Deutsche Presserat können (...) kein Reparaturbetrieb des Journalismus sein. Sie können im besten Fall einen Diskurs über Maßstäbe journalistischen Handelns in Gang halten.«[507]

Über seine Tätigkeit legt der Presserat in den vom Trägerverband herausgegebenen Jahrbüchern regelmäßig Rechenschaft ab. Um seinen Entscheidungen Nachdruck zu verleihen und nicht zuletzt auch, um Druck auf Redaktionen und Verlage auszuüben, erteilte Rügen auch tatsächlich abzudrucken, veröffentlicht der Deutsche Presserat in diesen Jahrbüchern seit 1987 auch Beschwerden, ihren jeweiligen Anlass sowie die gefällte Presseratsentscheidung. Damit trägt der Presserat zum Aufbau einer Spruchpraxis bei, die als Grundlage eines Diskurses über die Maßstäbe praktischer Pressearbeit dienen kann.[508] Darüber hinaus gibt es aus jüngerer Zeit eine Reihe von Publikationen, die sich mit der Medien-Selbstkontrolle auseinandersetzen, Aufsätze und selbstkritische Erfahrungsberichte über Fehlleistungen im Journalismus sowie Fallbeispiele der Spruchpraxis des Presserats und Lösungsvorschläge enthalten.[509] Schließlich sei auf das 2001 gegründete »Netzwerk Recherche« verwiesen, das sich in besonderer Weise dem investigativen Journalismus verpflichtet fühlt. Es hat Anfang 2006 dem Pressekodex einen eigenen ›Medienkodex‹ gegenübergestellt, für dessen Einhaltung und Überwachung jedoch keine Instanz existiert.[510]

Abb. 56: Die Organisationsstruktur des Deutschen Presserats

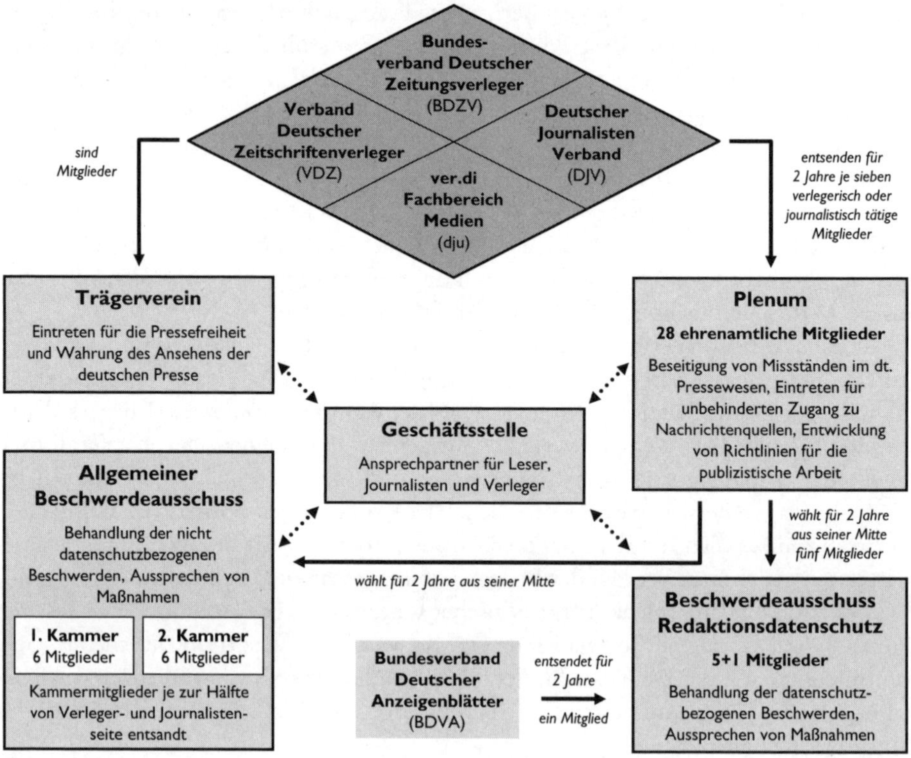

Erstellt in Anlehnung an http://www.presserat.de/Organisation.20.0.html (2.3.2005).

8.6 Funktionen der Presse in Deutschland

Im vorangegangenen Abschnitt wurden Aufgaben angesprochen, die der Presse von der Verfassung zugeschrieben sind (und die im Allgemeinen unter dem Begriff der »öffentlichen Aufgabe« subsumiert werden). Davon nicht zu trennen, wohl aber zu unterscheiden sind die verschiedenen Funktionen, die die Presse und die übrigen Massenmedien in einer Gesellschaft erfüllen. Zu unterscheiden sind sie von den verfassungsmäßigen Aufgaben insofern, als die meisten der hier anzusprechenden Funktionen in demokratisch-pluralistischen Gesellschaften *nicht gesetzlich vorgeschrieben* sind. Auf der anderen Seite sind sie von den genannten Aufgaben eben nicht zu trennen, weil die Funktionen der Massenmedien von der jeweiligen Gesellschaftsform, dem politischen System und auch dem Rechtssystem abhängen und mit diesen eng verknüpft sind. So sind die Funktionen der Medien in totalitären Systemen andere als in pluralistisch-demokratischen Gesellschaften.[511] Im Mittelpunkt der folgenden Überlegungen stehen Ausführungen über die Funktionen der Massenmedien im gesellschaftlichen und politischen System der Bundesrepublik Deutschland, die auch für die Presse gelten. Anschließend wird auf Funktionen der Printmedien im Speziellen eingegangen.

Dabei erscheinen diese Funktionen – je nach Blickwinkel – einmal als ›Leistungen‹, das andere Mal als ›Aufgaben‹: Aus (soziologisch) beschreibender Perspektive geht es um die *beobachtbaren Leistungen*, die die Medien für die Gesellschaft und ihre Mitglieder erbringen. Aus (normativ) politologischer Sicht geht es um den Medien zwar nicht gesetzlich zugeschriebene, aber mehr oder weniger *normativ zugewiesene Aufgaben*, die sie für die Gesellschaft und den Einzelnen in dieser Gesellschaft erfüllen sollen.[512]

8.6.1 Funktionen der Massenmedien im Überblick

Eine der zentralen Leistungen der Medien ist in der *Informationsfunktion* zu sehen. Sie ist nach Rudolf WILDENMANN und Werner KALTEFLEITER die »ursprünglichste Funktion der Massenmedien« und zugleich so umfassend, dass sie sich einer genaueren Zuordnung entzieht.[513] Denn Informationsleistungen erbringen die Medien sowohl im Hinblick auf das soziale, politische und ökonomische System als Ganzes als auch für gesellschaftliche Gruppen und ebenso für die einzelnen Mitglieder dieser Gesellschaft. Ihre Bedeutung für den Einzelnen wie für das System liegt dabei in der Erweiterung des Kenntnisstands im Bereich der Sekundärerfahrung, also bei Wissen und Erfahrung, die wir nicht primär aus dem direkten Umgang mit unserer unmittelbaren Umwelt gewinnen können. So ist es Winfried SCHULZ zufolge ein grundlegendes Merkmal der Massenmedien, »daß sie den Erkenntnisstand unserer Gesellschaft, ›die Bilder in unseren Köpfen‹, soweit es keine Möglichkeit der Primärerfahrung gibt, in entscheidendem Maße prägen«.[514] Roland BURKART schreibt: »Die Kenntnis dessen, was außerhalb der Erfahrungswelt geschieht (…), ist ja nicht bloß für jede öffentliche Debatte und politische Willensbildung bzw. -entscheidung in demokratischen Gesellschaftssystemen von elementarer Bedeutung (…); sie ist ebenso die Basis gesamtgesellschaftlicher Integration und nicht zuletzt Voraussetzung für Prozesse der Kapitalverwertung.«[515] Deshalb wird die Informationsleistung auch im Folgenden als Bestandteil verschiedener spezifischer Massenkommunikations-Funktionen immer wieder genannt werden; sie bildet gewissermaßen die Grundlage der übrigen Leistungen der Medien im System der Bundesrepublik Deutschland. Aus dieser fundamentalen Bedeutung heraus ergeben sich auch die (normativen) Ansprüche an die Qualität massenmedialer Informationsvermittlung. Es sind dies in der Praxis nicht immer erfüllbare, jedoch für die journalistische Arbeit als Orientierungsrahmen geltende Forderungen[516] nach

- *Vollständigkeit*, und damit ein Postulat, dem nur dadurch Rechnung getragen werden kann, dass möglichst umfassend über soziopolitisch, sozioökonomisch und soziokulturell relevantes Geschehen informiert wird. Dabei sollten möglichst alle (Interessen-)Gruppen innerhalb der Gesellschaft die Gelegenheit haben, zu Wort zu kommen;
- *Objektivität* als »die Verpflichtung bzw. den Willen zu einer möglichst unverzerrten und daher allgemein annehmbaren publizistischen Beschreibung der Wirklichkeit«.[517] In einer offenen und pluralistischen Gesellschaft ist sie durch Berichterstattung aus möglichst vie-

len verschiedenen Blickwinkeln und durch eine Vielfalt des medialen Angebots anzustreben;

- *Verständlichkeit*, so dass Informationsinhalte auch für Nicht-Experten verstehbar und ihre Bedeutung im gesellschaftlichen Kontext erkennbar wird, ohne dass Sachverhalte durch grobe Vereinfachung verzerrt werden.

Aus der Perspektive desjenigen, für den die Massenmedien bestimmte Funktionen erfüllen (sollen), lassen sie sich auch als »Bedürfnisse« an das Massenkommunikationssystem begreifen. Diese Bedürfnisse können unterschieden werden in solche, die das gesellschaftliche Gesamtsystem zu seiner Bestandserhaltung und Weiterentwicklung von den Medien erwartet, des Weiteren in Bedürfnisse, die bestimmte gesellschaftliche Subsysteme an die Medien herantragen (allen voran das politische und das ökonomische System), sowie schließlich in Bedürfnisse der einzelnen Gesellschaftsmitglieder.[518]

Als *Bedürfnisse des politischen Systems* (der politischen Machthaber bzw. Repräsentanten des politischen Systems, der politischen Institutionen etc.) sind zu nennen:[519]

- das *Unterrichtungsbedürfnis*, mit dem das politische System selbst informiert werden will mit Blick auf Verhaltens-, Meinungs- und Einstellungsveränderungen innerhalb der Bevölkerung sowie bei gesellschaftlichen Institutionen und Organisationen (auch Artikulationsfunktion genannt);
- das *Mitteilungsbedürfnis* gegenüber der Öffentlichkeit hinsichtlich eigener politischer Entscheidungen, Programme, Nah- und Fernziele;
- das Akzeptanzbedürfnis bzw. die *Notwendigkeit der Unterstützung*, die nur durch eine öffentlich wirksame politische Selbstdarstellung erreicht werden kann;
- *Internationale Kommunikationsbedürfnisse* mit Blick auf die Außenbeziehungen des politischen Systems, zumal die ›Medien-Diplomatie‹ in der internationalen Kommunikation eine wichtige Rolle spielt.

Als zentrales *Bedürfnis des ökonomischen Systems*, das die Massenmedien erfüllen sollen, nennt Horst HOLZER die sog. *Zirkulationsfunktion*, mit der die Medien zur »Aktivierung der Ware-Geld-Beziehungen« beitragen und dadurch den Warenumschlag beschleunigen.[520] Sie tun dies nicht nur, indem sie als Werbeträger kommerzielle Anzeigen bzw. Werbespots schalten, die über das Warenangebot informieren, Konsumwünsche wecken und zum Kauf anregen; sie erfüllen diese Funktion auch in der Vermittlung redaktioneller Inhalte, die beispielsweise über Entwicklungen im Konsumverhalten oder etwa auch über Modetrends informieren und dabei normsetzend wirken (können).

Im Weiteren ist auf *Bedürfnisse der Gesellschaft* gegenüber dem System der Massenkommunikation bzw. auf Funktionen zu verweisen, auf deren Erfüllung durch die Medien die Gesellschaft als Ganzes angewiesen ist. Sie bilden den klassischen Bereich der Funktionen der Massenmedien (im engeren Sinne). Dazu gehören sowohl soziale als auch politische Funktionen. Als die allgemeineren seien zunächst die sozialen Funktionen benannt, von denen die der Sozialisation und (sozialen) Orientierung dienenden nach einer Unterscheidung von Robert K. MERTON den *latenten* Funktionen der Medien (im Unterschied zu den *manifesten* als beabsichtigten, bewussten und beobachtbaren Funktionen) zugeordnet werden müssen:[521]

- die *Sozialisationsfunktion*, die zum einen die Normen- und Wertevermittlung innerhalb der Gesellschaft und zum anderen die Vermittlung von Denkformen und Verhaltensweisen für die Einzelnen in der Gesellschaft umfasst und die sich (indirekt) aus dem Gesamtangebot der Medien erschließt;
- die *Funktion der sozialen Orientierung*, mit der durch Vermittlung von Umweltkenntnissen ein Zurechtfinden in der immer unüberschaubarer werdenden Umwelt des Einzelnen in modernen hochzivilisierten Gesellschaften ermöglicht werden soll;
- die *Rekreationsfunktion* (auch ›Gratifikationsfunktion‹ genannt), verstanden als gesellschaftlicher Anspruch an die Massenmedien, einen Beitrag zur Entlastung und Zerstreuung ihrer Gesellschaftsmitglieder zu leisten.

Als die wichtigsten *politischen* Funktionen, deren Erfüllung die Gesellschaft von den Massenmedien erwartet und die in der Regel unter dem Begriff ›öffentliche Aufgabe‹ der Presse zusammengefasst werden, gelten im Allgemeinen:[522]
- die *Herstellung von Öffentlichkeit*, durch die die Medien einen Austausch der Informationen zwischen den Organisationen, Institutionen und den Bürgern ermöglichen sollen, womit sie zugleich Transparenz schaffen (auch Artikulationsfunktion genannt);
- die *politische Sozialisation und Integration*, welche die Medien für die einzelnen Staatsbürger im Hinblick auf Einübung und Aktualisierung der Rolle des Einzelnen als Staatsbürger (wie Wähler, Parteimitglied, Opponent, Demonstrant) zu erbringen haben;
- *Kritik und Kontrolle* »als Rundumkontrolle, in die die Mitwirkung der Massenkommunikation an der Normenfindung und Normenkontrolle mit eingeschlossen ist«,[523] und die – nach divergierendem Verständnis – einmal mehr das Öffentlichmachen und die Verbreitung von Kritik- und Kontroll-Beiträgen Dritter in den Vordergrund stellt und das andere Mal den Medien selbst diese Aufgabe zur Kontrolle des politischen Systems beimisst;
- die *politische Bildungsfunktion*, die – eng verknüpft mit der politischen Sozialisations- und Integrationsfunktion – einen Beitrag zur Fähigkeit des Einzelnen leisten soll, politische Informationen aufzunehmen und zu verstehen, und die zur eigenen politischen Meinungs- und Urteilsbildung befähigen soll.

Schließlich lassen sich nach Denis McQuail auch *Bedürfnisse des Einzelnen gegenüber den Massenmedien* benennen, Leistungen also, die die Individuen von den Massenmedien erwarten. Dazu zählen:[524]
- das *Bedürfnis nach Information*, zu dem neben der direkten Forderung nach Unterrichtung über relevante Ereignisse aus dem lokalen, regionalen und nationalen wie auch internationalen Geschehen auch die Ratsuche in praktischen Fragen, die Befriedigung von Neugier sowie – indirekt – der Wunsch nach Reduktion von Unsicherheit durch Wissen gehören;
- das *Bedürfnis nach persönlicher Identität*, welches die Bestärkung persönlicher Werthaltungen, die Suche nach Verhaltensmodellen, die Identifikation mit anderen (in den Medien) und die Selbstfindung mit einschließt;
- das *Bedürfnis nach Integration und sozialer Interaktion*, wobei die Medien einmal ein (soziales) Wir-Gefühl erzeugen oder gar mangelnde Sozialkontakte kompensieren helfen sol-

len und ein andermal der gemeinsame Medienkonsum oder das Gespräch über Medieninhalte soziale Kontakte befördern soll; gestärkt werden sollen von den Medien in diesem Zusammenhang aber auch das Vermögen zu sozialer Empathie sowie die Annahme (eigener) sozialer Rollen;

- das *Unterhaltungsbedürfnis*, das sich aufgliedert in Wünsche nach Zerstreuung und Entspannung, Wirklichkeitsflucht und Ablenkung von (Alltags-)Problemen, Verminderung von Langeweile, kulturelle und ästhetische Erbauung, sexuelle Stimulation sowie emotionale Spannung und emotionale Entlastung.

Es leuchtet ein, dass diese Vielzahl unterschiedlicher Funktionsanforderungen, die in einer demokratisch-pluralistischen Gesellschaft an die Massenmedien herangetragen werden, von den unterschiedlichen Medien nicht alle in gleicher Weise erfüllt bzw. gewährleistet werden können. Deshalb sollen im Folgenden diejenigen Funktionen erörtert werden, die die verschiedenen Pressemedien im System der Bundesrepublik Deutschland (teils auch im Vergleich mit anderen Medien) auf ihre Weise erfüllen.

8.6.2 Zur Wahrnehmung der Medienfunktionen durch die Presse

Die Funktionen der Massenmedien lassen sich nicht exklusiv entweder den Print- oder den Funkmedien zuordnen. Vor allem für die gesamtgesellschaftlich relevanten und das tagesaktuelle Geschehen übergreifenden Sozialisations- und Orientierungsfunktionen (die eher zu den sog. latenten Funktionen gehören) dürfte es schwerfallen, die jeweiligen Leistungsmomente der verschiedenen Medien exakt auszuloten und zu benennen. Es ist jedoch möglich, die Bedeutung der Presse bzw. ›Stärken‹ der Printmedien im Hinblick auf die Erfüllung einzelner Funktionen der Massenmedien aufzuzeigen.

Aus der grundlegenden Bedeutung der Information in modernen, komplexen Gesellschaften, die nicht umsonst auch ›Informationsgesellschaften‹ genannt werden, erwächst ein *gesellschaftlicher Leistungsanspruch im Hinblick auf Information*, der für Presse, Hörfunk und Fernsehen gleichermaßen gilt. Während der steigende Aktualitätsdruck und die damit verbundene Forderung nach immer schnellerer Informationsvermittlung jedoch vor allem die Funkmedien und das Internet trifft, wird aufgrund der Informationsfülle eine kontinuierliche und ordnende – die Unüberschaubarkeit reduzierende – Leistung vor allem von der Presse verlangt. Das hängt eng mit den Kommunikationsbedingungen der Presse zusammen. Denn »obgleich die Informationsübertragung durch gedruckte Texte nicht jene Effektivität erreicht, die man durch Kombination verschiedener, zumal aufeinander bezogener Darstellungsmöglichkeiten etwa im Fernsehen erreichen kann, gehört die der Zeitung eigene Vermittlung durch gedruckte Sprache dennoch zu den wirksamsten Präsentationsformen, gerade auch wegen der Verfügbarkeit des Informationsspeichers, die eine Ausschöpfung des Kommunikationsgehalts erlaubt.«[525]

Dies kommt vor allem bei der Wahrnehmung der politischen Funktionen wie Herstellung von Öffentlichkeit, politischer Sozialisation und Integration, der Kritik- und Kontrollfunktion wie auch der politischen Bildungsfunktion zum Tragen. Die Stärke der Printmedien liegt dabei in der *Möglichkeit differenzierter Hintergrund-Berichterstattung*, wie sie in dieser vertiefenden Form von den Funkmedien nur begrenzt geliefert werden kann. Im Hinblick auf die Ausbildung eines eigenständigen Meinungs- und Urteilsvermögens der Bürger leisten Zeitungen und Zeitschriften speziell auch durch die *Kommentierung aktuellen (politischen) Geschehens* und gesellschaftlicher Vorgänge einen wichtigen Beitrag. Die dabei wahrgenommene Kritikfunktion ist jedoch nicht nur für die Bürger wichtig, sondern auch für die Repräsentanten des politischen Systems selbst, denn die Kritik »konfrontiert die Sachentscheidungen der politischen Instanzen mit Alternativen«.[526] Im Unterschied etwa zu den auf Binnenpluralität verpflichteten öffentlich-rechtlichen Rundfunkmedien können die privatwirtschaftlich organisierten Printmedien hierbei in ihrer Gesamtvielfalt ein noch breiteres Meinungsspektrum abdecken.

Die den Massenmedien nicht gesetzlich zugeschriebene Kontrollfunktion, die primär der *Kontrolle politischer, wirtschaftlicher und gesellschaftlicher Macht* in den Händen von Politikern, Parteien, Verbänden und Konzernen dient, wird von Print-, Funk- und Online-Medien gleichermaßen wahrgenommen. Wichtig ist, dass die durch die Pressefreiheit privilegierten Massenmedien im Zuge der politischen Kontrolle auch die »Intra- und Intermedienkontrolle« der Massenkommunikationsmittel selbst wahrnehmen, »denn ohne diese Kontrolle blieben sie – von den rechtlichen Schranken und einigen Ansätzen der institutionalisierten Selbstkontrolle abgesehen – die einzige politisch unkontrollierte Macht«.[527] Es obliegt bei der medieninternen Kontrolle den Zeitungen und Zeitschriften folglich nicht nur die Aufgabe, Macht und Funktionsausübung der privaten und öffentlich-rechtlichen Rundfunkmedien kritisch zu begleiten, sondern auch diejenige anderer Presseorgane mit zu kontrollieren und auch über das eigene Medienunternehmen erforderlichenfalls kritisch zu berichten. Die Pressemedien scheinen sich dabei jedoch schwer zu tun.[528] Anders ist nicht zu verstehen, dass es nur wenige Tageszeitungen mit eigenen Medienseiten oder kontinuierlicher Medienberichterstattung gibt; wo es sie gibt, fällt die Selbstbeobachtung nicht selten weniger kritisch aus als die Fremdbeobachtung.[529] Michael BEUTHNER und Stefan A. WEICHERT sprechen in diesem Kontext daher auch von der »Selbstbeobachtungsfalle«.[530]

Die besonderen Stärken (und damit auch die besonderen demokratiepolitischen Aufgaben) der *politischen Wochenzeitungen und Zeitschriften* betont Franz RONNEBERGER, wenn er speziell ihnen die folgenden vier Funktionen zuschreibt:[531]
- Herstellung einer qualifizierten Öffentlichkeit,
- Kritik und Kontrolle,
- politische Wertediskussion,
- politische Sprachpflege.

Ihr Gewicht bei der Herstellung einer *qualifizierten* Öffentlichkeit besteht für RONNEBERGER darin, dass sie gesellschaftliche bzw. politische Problemstellungen nicht erst behandeln, wenn gesichertere Erkenntnisse der Forschung und Praxis vorliegen, sondern bereits, wenn sich entsprechende Entwicklungen abzuzeichnen beginnen: »Ohne Übertreibung darf den politischen Zeitschriften die Aufgabe eines Frühwarnsystems zugemutet werden.«[532] Sie dienen – nicht zuletzt durch die übergreifende Funktion der Thematisierung (›Agenda Setting‹) – der notwendigen Informiertheit der ›politischen Elite‹ im Hinblick auf Strukturen und Prozesse des politischen Systems und seiner Umwelten. Hierzu eignen sie sich insofern besser als die Tagespresse, als sie größere Distanz zum tagesaktuellen Geschehen walten lassen und sich besser als diese gesellschaftlich und politisch relevanten Problemstellungen und Entwicklungen von hoher Komplexität widmen können. Die ›qualifizierte‹ Öffentlichkeit, die nicht nur konsumiert, sondern an den entscheidenden Diskussionen und der Gestaltung der Gesellschaft aktiv teilhat, entsteht dabei durch den Umstand, dass (außer Wissenschaftlern und kompetenten Publizisten) auch die am politischen Prozess führend Beteiligten oft zugleich Leser und Autoren der politischen Wochenzeitungen und Zeitschriften sind.[533]

Man sollte über all dem jedoch nicht vergessen, dass im Hinblick auf breite Bevölkerungsschichten, die von Kreisen der politischen Elite eher weit entfernt sind, bei der Wahrnehmung der Informationsfunktion sowohl dem Fernsehen als auch den Straßenverkaufszeitungen eine nicht zu unterschätzende Aufgabe zukommt. Ihre Leistung besteht dabei – zumindest idealtypisch – in der Transformation komplexer politischer Sachverhalte in verstehbare und verständliche Beiträge zum politischen Geschehen. Dass dabei komplexe Zusammenhänge nicht selten unzulässig verkürzt werden, gehört in den Bereich massenmedialer Dysfunktionen in unserer Gesellschaft.

Sowohl die vielfältigen Informationsaufgaben und -ansprüche als auch die genannte Kritik- und Kontrollfunktion werden *im lokalen und regionalen Raum* vor allem von den Tageszeitungen wahrgenommen, wenngleich in vielen Regionen auch regionale bzw. lokale (vor allem private) Radio- und Fernsehsender über das Geschehen aus dem Nahraum berichten. Den Regional- und Lokalzeitungen steht in aller Regel jedoch deutlich mehr Platz zur Verfügung.

Im Bereich des Lokalen und Regionalen ist aber auch die besondere Dienstleistungsfunktion der Tagespresse zu nennen, die sie (in Konkurrenz zum lokalen Hörfunk) durch Informationen zu Freizeit- und Kulturangeboten, zum Event- und Veranstaltungswesen etc. wahrnimmt. Zu diesen Serviceleistungen gehört etwa neben Privat- und Kleinanzeigen in der Lokalpresse vor allem auch kommerzielle Produktwerbung in der Zeitung. Sie ermöglicht dem Leser – besser als in der flüchtigen Funkmedienwerbung – einen Überblick über Produkt- bzw. Verkaufsangebote konkurrierender Unternehmen und erlaubt dabei auch einen besseren Vergleich zwischen den verschiedenen Werbeangeboten. Zudem lässt sich Werbung für Sonderangebote in der Tagespresse auch sehr kurzfristig schalten, so dass sich der Leser vor möglichen Kaufentscheidungen tagesaktuell informieren kann.[534] Diese zuletzt genannten, fürs Lokale wichtigen Aufgaben werden in besonderer Weise auch von den Anzeigenblättern wahrgenommen.

An dieser Stelle wird deutlich, dass die *Werbung in den Printmedien* und die Funktion, die Zeitungen und Zeitschriften als Werbeträger erfüllen, eine doppelte ist: Zum einen dient Werbung der Produkt-, Verbrauchsgüter- und Dienstleistungsinformation; sie setzt den Leser über das Angebot an Waren und Dienstleistungen in Kenntnis. Damit ist sie Bestandteil der Informationsfunktion und entspricht den Bedürfnissen der Individuen gegenüber dem Massenkommunikationssystem. Zum anderen liegt im Sinne der weiter oben genannten ›Zirkulationsfunktion‹ ihre kommerzielle Bedeutung in der Verkürzung der Warenumschlagszeiten. Hiermit entspricht sie, das sei noch einmal deutlich unterschieden, Kommunikationsbedürfnissen, wie sie vom ökonomischen System an die Medien herangetragen werden.[535]

Die besonderen Stärken im Hinblick auf *themen- und gruppenspezifische Informations- und Serviceleistungen* liegen – vergleicht man hierzu die Möglichkeiten der verschiedenen

Medien – eindeutig bei Zeitschriften, die nicht den Zwängen tagesaktueller Berichterstattung unterliegen und die, vor allem als Special-Interest-Titel oder Fachzeitschriften, ganz spezielle Publika ansprechen können. Diese Zielgruppenorientierung vieler Zeitschriften kommt natürlich auch den Kommunikationsbedürfnissen des ökonomischen Systems entgegen, das mit seinen in zielgruppenorientierten Periodika geschalteten Anzeigen in hohem Maße Werbe-Streuverluste vermeiden kann.[536]

Im Hinblick auf die – in ihrer Bedeutung nicht zu unterschätzende – *Unterhaltungs- bzw. Rekreationsfunktion* stellen die Massenmedien ein sehr heterogenes und auch in seiner Qualität recht unterschiedliches Angebot bereit, das in der Vergangenheit immer wieder auch kontrovers diskutiert worden ist. Damit kommen die Medien dem Bedarf an Zerstreuung und Ablenkung entgegen, der gleichsam die Kehrseite des »Eingespanntsein(s) in die strengen rationalen, hohe Disziplin fordernden Verhaltensstrukturen des Arbeitslebens« unserer Gesellschaft darstellt. Die Funktion der Unterhaltung ist deshalb (in der Vergangenheit nicht ohne kulturkritischen Unterton) auch als »Eskapismusfunktion« bezeichnet worden.[537] Allgemein wird man sagen dürfen, dass die Unterhaltungsfunktion aufs Gesamte gesehen eher den Funkmedien zuzuschreiben ist. Aber auch *die Publikumszeitschriften*, die *Programmpresse* und die *Boulevard-Zeitungen* erfüllen in hohem Maße Unterhaltungsaufgaben. Auch *Wochenendbeilagen und Magazin-Supplements von Tageszeitungen* zielen auf die Unterhaltungsbedürfnisse ihrer Leser, ebenso wie die Berichterstattung im sog. Vermischten. Wenn dennoch der Tagespresse und den politischen Wochenzeitungen und Magazinen allgemein ein geringerer Anteil an Unterhaltung zugesprochen wird, liegt dies nicht zuletzt an der vergleichsweise höheren Abstraktionsebene von Printmedieninhalten, die durch die ›schriftliche Kodierung‹ bei Textmedien von vornherein gegeben ist. So hebt auch Elisabeth NOELLE-NEUMANN hervor, dass »gedruckter Text (...) den Emotionsgehalt von Ereignissen« eher »neutralisiert«.[538] Allenfalls kann man in diesem Zusammenhang auf die zentrale Bedeutung großformatiger und oft farbiger Fotos in Straßenverkaufszeitungen, Illustrierten, Programmzeitschriften und Blättern der Regenbogenpresse verweisen, mit denen der Leser stärker als durch das Gedruckte auch emotional angesprochen werden kann.

8.6.3 Zu den Funktionen der Tageszeitung für ihre Leser

Zum Abschluss dieser Ausführungen sei noch auf die latenten individuellen Kommunikationsbedürfnisse eingegangen, die dem Medium Zeitung entgegengebracht werden. Solche normalerweise schwer erkennbaren Funktionen sind gut in Situationen zu beobachten, in denen die Zeitung und damit die Befriedigung der latenten Kommunikationsbedürfnisse ausbleibt. Bereits 1945 hatte der amerikanische Kommunikationsforscher Bernard BERELSON einen New Yorker Druckerstreik zum Anlass genommen, herauszufinden, »what missing the newspaper means«.[539] Durch seine Studie entdeckte er auch sonst eher unbewusste Motive der Zeitungslektüre: »Aufrechterhaltung des sozialen Kontakts mit der Außenwelt, Verfügen über gemeinsamen Gesprächsstoff (...), Wahrung des sozialen Prestiges, Entspannung zu niedrigen Kosten, Vermeidung ›unmoralischen‹ Nichtstuns (...), schließlich ein geradezu rituelles und zwanghaftes Bedürfnis, zu bestimmten Zeiten am Tag Zeitung zu lesen. Die beobachteten Reaktionen ließen die äußerst enge Verflechtung der Zeitung mit den Lebensgewohnheiten der Menschen erkennen.«[540]

In einer ähnlichen empirischen Untersuchung in Deutschland (während des Münchner Zeitungsstreiks 1978) kam Petra DORSCH zu dem Ergebnis, dass sich aus »Verfügbarkeit und Lokalbezug der Presse (…) eine große Zahl von gesellschaftlich bedeutsamen Funktionen (ergibt), die die elektronischen Medien in Ermangelung der Kombination dieser beiden Grundmerkmale nicht zu erfüllen vermögen«.[541] In der Auswertung der Synopse verschiedener Druckerstreik-Studien leitet sie folgende für das Medium Zeitung spezifische Funktionen ab, von denen man annehmen darf, dass sie immer noch Gültigkeit für sich beanspruchen dürfen:[542]

- Die *Informationsfunktion*: Dabei deckt der politische Teil der Tageszeitung nur in geringem Umfang ab, was die Zeitung als Ganzes für den Leser attraktiv macht. Wichtiger noch ist ihm die aktuelle Berichterstattung aus dem Bereich des Lokalen; alle weiteren Ressorts nehmen in der Leserbewertung spätere Ränge ein.
- Die *Servicefunktion*: Service-Informationen wie Veranstaltungshinweise, Übersichten zu Hörfunk- und Fernsehprogrammen sowie lokale Anzeigen werden bei ausbleibender Zeitung ebenso häufig vermisst wie politische und lokale Nachrichten.
- Die *Orientierungsfunktion*: Über die Nutzung des lokalen Angebots hinaus versucht der Einzelne vor allem durch Meinungsartikel und ausführlichere Hintergrundberichte, sich ›auf dem Laufenden‹ zu halten, wobei das Wissen um aktuelles Geschehen ihm das Gefühl von Sicherheit vermittelt.
- Die *instrumentelle Funktion der Zeitung*: Hierunter subsumiert DORSCH alles, was die Leser an der Tageszeitung im Vergleich zu den Funkmedien schätzen: die Verfügbarkeit des gedruckten Mediums, die eine tageszeitlich freie und selbstbestimmte Rezeption erlaubt; die gleichzeitige Vermittlung des lokalen, politischen und des Inseratenteils, die die Zeitung »zum Wegweiser, Schrittmacher und zur Checkliste für die Organisation von Kommunikation werden läßt«;[543] die freie Wahlmöglichkeit des Lesers, was er rezipieren und wie intensiv er es aufnehmen will, sowie schließlich der Umstand, dass die Zeitungslektüre – im Unterschied etwa zum Fernsehen – der individuellen Aufnahmefähigkeit des Rezipienten angepasst werden kann. Hier wären aber auch die *Kulturfunktion* der Zeitung zu erwähnen – insofern das Lesen als kultureller Akt empfunden und wahrgenommen wird – sowie die *Ritualfunktion*, in deren Zusammenhang auf die rituelle Zeitungslektüre hinzuweisen ist, die eine allgemein legitimierte Privatheit erlaubt, »in die weder der Frühstückspartner noch der Nachbar in der Straßenbahn noch der Arbeitskollege ohne Grund eindringen wird«.[544]
- Die *Kommunikationsplanungsfunktion*: Sie wird – eng verbunden mit der *Selektionsfunktion* – erfüllt, indem sich der Leser über den tagesaktuellen Anlass hinaus in der Zeitung auch über kommendes relevantes Geschehen und einer damit verbundenen künftigen Zuwendung zu den Medien informiert.
- Die *Alltagsfunktion*: Durch einen festen Bestand an Alltagswissen trägt die Tageszeitung zur Integration des Einzelnen bei (*Integrationsfunktion*), verhilft zur Teilnahme am städtischen Leben und Kulturangebot (*Kommunikationsfunktion*) und erleichtert als Themenlieferant soziale Kontakte und Gesprächsstoff für den Umgang mit Berufskollegen, Nachbarn, Freunden und Bekannten (*Thematisierungsfunktion*).

- Die *Identifikationsfunktion*: Gemeint ist hiermit die Sicherung der lokalen Bindung an die Nahwelt bei Personen, die – z. B. aus Altersgründen – nicht mehr aktiv im Leben stehen und am Gemeindeleben kaum mehr teilhaben; dabei kann die Zeitung an die Stelle von Realkontakten treten.
- Schließlich die *Habitualisierungsfunktion*: Aus der Übereinstimmung individueller Kommunikationsbedürfnisse mit der Befriedigung dieser Bedürfnisse durch die eigene Zeitung über die Zeit hinweg, d. h. als Effekt der Gewöhnung, ergibt sich eine hohe – auch emotionale – Leser-Blatt-Bindung, die exemplarisch etwa in der Kultivierung des »Heimatgefühls« ihren Ausdruck findet.[545]

Die gesellschaftlich relevanten Funktionen bzw. die Leistungen, die in einem System wie dem der Bundesrepublik an die Medien herangetragen werden, können nur von den verschiedenen Massenkommunikationsmitteln Zeitung, Zeitschrift, Hörfunk, Fernsehen und Internet gemeinsam erbracht werden. Es ist aber deutlich geworden, dass die Printmedien, und speziell auch die Tageszeitung, bestimmten Funktionen und Kommunikationsbedürfnissen in besonderer Weise entgegenkommen. Damit hat das Medium Zeitung nach wie vor seinen eigenen Platz im Mediensystem wie auch in der Gesellschaft der Bundesrepublik Deutschland.

9 Zur gegenwärtigen Lage der deutschen Presse

Die gegenwärtige Lage der Presse in Deutschland, insbesondere der Tagespresse, lässt sich aus Entwicklungen erklären, die seit Mitte der neunziger Jahre im deutschen Pressewesen vor sich gegangen sind. Diese Entwicklungen können in vier Phasen eingeteilt werden: eine Phase relativer Stabilisierung, eine des Aufschwungs, eine der Krise sowie Wege aus der Krise. Nachfolgend werden diese Phasen nachgezeichnet, ehe in einem abrundenden Kapitel die gegenwärtige Struktur des deutschen Pressewesens dargelegt wird. Der Schwerpunkt der nachfolgenden Ausführungen liegt dabei wie schon bisher auf Entwicklungen im Gebiet der Tagespresse, zumal der Zeitschriftenbereich infolge seiner Vielfalt und des relativ raschen Wandels mit ständigen Titelneugründungen und -einstellungen nur schwer zu überblicken oder gar statistisch zu erfassen ist. Diesbezügliche Ausführungen beschränken sich deshalb weitgehend auf den Bereich der Publikumszeitschriften bzw. Illustrierten sowie der Fachzeitschriften.

9.1 Phase relativer Stabilisierung

Mitte der neunziger Jahre ist der deutsche Pressemarkt nach den Nachwirkungen der Vorgänge um die Wiedervereinigung vorübergehend zur Ruhe gekommen (vgl. Kapitel 7.3). Man kann hier von einer Phase relativer Stabilisierung sprechen. Vor allem die Zahl der eigenständigen Tageszeitungen im Sinne publizistischer Einheiten, ein wichtiger Indikator, ist konstant geblieben; und der markante Auflagenrückgang, der nach der Wiedervereinigung vor allem in den neuen Bundesländern zu beobachten war, schwächte sich weiter ab. Dagegen war bei den Verlagen als Herausgebern sowie bei den (lokalen) Ausgaben weiterhin ein Rückgang zu verzeichnen.[1] Die wirtschaftliche Lage der Tageszeitungen nahm sich in den alten Bundesländern anders aus als in den neuen, wo die Anzeigen- und Beilagenerlöse nicht jenen hohen prozentuellen Anteil erreichten wie in den alten Bundesländern.[2] Im Zeitschriftenwesen gab es die übliche Dynamik – in diesem Medienbereich sind ständig Neugründungen und Einstellungen von Titeln zu beobachten. Nach der Beteiligung an privaten Hörfunk- und Fernsehsendern in Deutschland ab Mitte der achtziger Jahre und verlegerischen Engagements auf Auslandsmärkten in Westeuropa, den USA sowie in den Reformländern des Ostens begannen zahlreiche deutsche Zeitungs- und Zeitschriftenverlage, sich auch im Online-Bereich mit eigenen Internet-Auftritten zu engagieren (vgl. Kapitel 10.2). Viele Printunternehmen haben sich damit endgültig zu multimedialen Medienkonzernen und Informationsdienstleistern mit Aktivitäten in Print, Funk, Fernsehen und Online entwickelt.

9.2　Phase des Aufschwungs

Etwa ab 1998 verzeichnete das deutsche Pressewesen bei den Anzeigen für rund drei Jahre einen wirtschaftlichen Aufschwung, der bei den überregional verbreiteten Tageszeitungen und bei den Kaufzeitungen stärker ausfiel als bei den Regional- und Lokalzeitungen. Hauptgründe für dieses starke Wachstum im Anzeigenbereich waren Ende der neunziger Jahre die in den Zeitungen beworbenen Börsengänge zahlreicher Unternehmen,[3] die zeitgleich aufkommende Internet-Euphorie mit ihren schier unzähligen Start-up-Unternehmen sowie Privatisierungen ehemals staatlicher Betriebe in den Bereichen Post und Telekommunikation sowie der Energiewirtschaft.[4] Insgesamt war die konjunkturelle Lage zur Jahrtausendwende recht gut, was den Medien – und damit auch den Zeitungen – durch erhöhte Werbe- bzw. Anzeigenbudgets zugute kam.[5] Besonders gut waren die wirtschaftlichen Daten der Zeitungsbranche im Jahr 2000. Der Umsatzzuwachs gegenüber dem Vorjahr nahm mit über 6,6 Prozent eine seit langem nicht da gewesene Größenordnung an. Größte Gewinner unter den Tageszeitungen waren die überregionalen Tageszeitungen und die Straßenverkaufszeitungen. Ihre Anzeigeneinnahmen kletterten dank der überregionalen Blätter um 18,5 Prozent auf 1,45 Milliarden Euro und bescherten damit einen Umsatzanstieg von gut 12 Prozent. »Die regionalen Abonnementzeitungen in Westdeutschland wuchsen nicht ganz so kräftig: Ihre Gesamterlöse erhöhten sich um 5,8 Prozent auf 6,97 Milliarden Euro. Hier befanden sich Werbe- und Lesermarkt in einem ausgewogenen Verhältnis. Die Anzeigeneinnahmen stiegen um 6,2 Prozent (...), die Vertriebserlöse um 5,1 Prozent.«[6] Auflagen und Reichweiten der Tageszeitungen gingen im genannten Zeitraum gleichwohl etwas zurück.[7]

Diese Phase des wirtschaftlichen Aufschwungs ging in zahlreichen Zeitungen mit einer Erweiterung des publizistischen Angebots einher, das wohl aber auch im Zusammenhang mit anderen, allgemeinen gesellschaftlichen, wirtschaftlichen und (geo-)politischen Entwicklungen der ausgehenden neunziger Jahre zu sehen ist.[8] In besonderer Weise war dies bei den überregional verbreiteten Tageszeitungen zu beobachten; aber auch die Titel der Regional- und Lokalpresse sowie die Boulevard-Blätter erhöhten ihr redaktionelles Engagement. Hinsichtlich der Ausweitung des publizistischen Angebots kann man im Wesentlichen auf drei Strategien verweisen, nämlich auf Ausweitungen in bestehenden Ressorts, durch neue redaktionelle Teile sowie durch Zeitungsneugründungen.

Ausweitungen in bestehenden Ressorts: Ausweitungen des publizistischen Angebots in bestehenden Ressorts betrafen die Erweiterung der Lokalteile (etwa durch Sublokalisierung und Stadtteilberichterstattung), der Politikteile (mit einer weiter ausgebauten Hintergrundberichterstattung und Kommentierung zu den Ereignissen der großen Krisenherde wie Afghanistan, Irak, Kosovo etc.), der Service-Teile (mit Life- und Eventberichterstattung sowie Ratgeberthemen) sowie der Wirtschafts- und Kulturteile durch eine weiter ausgebaute und detaillierte Berichterstattung. Gründe für die verstärkte Nachfrage und das wachsende Interesse nach Wirtschaftsinformationen waren (und sind) die in Deutschland seit der Wiedervereinigung beobachtbaren strukturellen wirtschaftlichen Probleme wie die hohe Arbeitslosigkeit, die phasenweise relativ geringe Wirtschaftskraft sowie die befürchtete Unsicherheit der Rentenversorgung; die bereits erwähnten Börsengänge zahlreicher Unternehmen; die Internet-Euphorie und der Aufschwung an den Aktienmärkten, das damit verbundene Interesse auch von zahlreichen Kleinanlegern an den Börsenkursen sowie insbesondere die Beobachtung des Arbeitsmarkts von besorgten Bürgern, die um ihren Arbeitsplatz bangen.[9] »Viele Bürger/innen wenden sich Wirtschaftsthemen in den Medien zu – weniger, weil sie einem Bildungsideal nachstreben und Lücken in ihrem Wissen schließen wollen, sondern vielmehr weil sie glauben, dass es für ihre Zukunft entscheidend ist.«[10] Auch im Zeitschriftenbereich kam es zur Neugründung von Wirtschaftstiteln. Die Ausweitungen der später wieder reduzierten Kulturteile bzw. Feuilleton-Ressorts einiger großer überregional verbreiteter Tageszeitungen scheinen eher Prestigeobjekte der betroffenen Blätter gewesen zu sein. Sie wurde begleitet von gegenseitigen Abwerbungen und Wanderbewegungen von Spitzenjournalisten zwischen überregionalen Zeitungen.[11] In die Feuilletons der großen Tageszeitungen hielten in den neunziger Jahren neben kulturellen und populärkulturellen Themen in verstärktem Maße auch wissenschaftliche, politische, wirtschaftliche und soziale Themen Einzug. Hinzu kam die intensivierte Pflege des kulturellen, philosophischen, wissenschaftlichen und politischen Diskurses, indem auch prominente Gastautoren zu Wort kamen und die Möglichkeit hatten, aufeinander zu reagieren.[12]

Ausweitungen durch neue redaktionelle Teile: Bezüglich der Erweiterung des publizistischen Angebotes durch neue redaktionelle Teile ist besonders auf die Berlin-Seiten überregional verbreiteter Tageszeitungen, auf die Nordrhein-Westfalen-Ausgabe der »Süddeutschen Zeitung«, die NRW-Seite der »taz« und auf das Bayern-Engagement der Tageszeitung »Die Welt« zu verweisen. Was die Hauptstadtberichterstattung anbelangt, so ist darauf hinzuweisen, dass der Berliner Zeitungsmarkt mit seinen zahlreichen Blättern[13] nach der Wiedervereinigung stark umkämpft war (und auch noch ist). Mit der Entscheidung des deutschen Bundestags, die Bundeshauptstadt von Bonn nach Berlin zu verlegen, gewann Berlin beträchtlich an politischer Bedeutung. Dies veranlasste zahlreiche Tageszeitungen, die Berichterstattung über Berlin zu intensivieren. In Berlin selbst standen die auflagenstarken Westzeitungen »Der Tagesspiegel« (damals Holtzbrinck) und die »Berliner Morgenpost« (Springer) einerseits sowie die ostdeutsche »Berliner Zeitung« (damals Gruner und Jahr) andererseits in einem besonders harten Konkurrenzkampf. Daneben existier(t)en mit der »B.Z.« sowie dem »Berliner Kurier« zwei lokale Boulevard-Zeitungen. Die am Berliner Zeitungsmarkt vorhandenen Großverlage versuchten daher, »die Marktanteile ihrer Organe zu stabilisieren und auszubauen. Kaufmännisch geschah dies über den Preis und über Anzeigenvorteile, redaktionell durch (Sub-)Regionalisierung, Übergang zur Sieben-Tage-Woche und Anwerbung von ›Edelfedern‹. Wiederholt wurden in einem Relaunch Inhalt und Erscheinungsbild der Zeitungen umgestaltet.«[14] Überregional verbreitete Tageszeitungen wie die »Süddeutsche Zeitung« und die »Frankfurter Allgemeine Zeitung«, aber auch die »Frankfurter Rundschau« verstärkten ihr Berlin-Engagement und versuchten, über eigene Berlin-Seiten in der Bundeshauptstadt »verstärkt Fuß zu fassen.«[15] Zunächst erschienen Berlin-Seiten wöchentlich oder zweimal pro Woche, später in einigen Zeitungen täglich. Dahinter stand nicht zuletzt die Sorge, in Berlin ansässige Tageszeitungen könnten durch kompetente Berichterstattung aus der Hauptstadt auch überregional Leser für sich gewinnen.[16] Die Engagements, dies kann hier vorweggenommen werden, scheinen sich eher nicht gelohnt zu haben, wie die wenige Jahre später erfolgenden Einstellungen dieser Extra-

Seiten zeigen (vgl. Kapitel 9.4). Der »Bonner Generalanzeiger« nahm Ende der neunziger Jahre den Umzug von Bundesrat und Bundestag nach Berlin zum Anlass, für seine nach Berlin umziehenden oder auspendelnden Leser ebenfalls eine Fernausgabe zu publizieren, die jedoch 2002 wieder eingestellt wurde.[17]

Im Frühjahr 2001 unternahm die Tageszeitung »Die Welt« den Versuch, im Süden der Bundesrepublik stärker Fuß zu fassen, nachdem sie bereits zuvor ihre Berichterstattung über Bayern intensiviert hatte. Sie erschien ab 19. Februar 2001 täglich mit einer mehrseitigen Regionalausgabe für Bayern.[18] Ziel war es unter anderem, die jahrzehntelange Vorherrschaft der »Süddeutschen Zeitung« anzugreifen, die ihrerseits »Nachrichten und Berichten aus Bayern in den entsprechenden Ausgaben noch mehr Seiten einräumte«.[19] Das Bemühen, dem bayerischen Konkurrenten ernsthaft zu Leibe zu rücken, scheint jedoch nicht gelungen zu sein. Die Bayern-Ausgabe der »Welt« wurde Mitte Dezember 2001 wieder eingestellt.[20] Umgekehrt startete die »Süddeutsche Zeitung« Mitte Januar 2002, also bereits in der Zeit nach der Phase des Aufschwungs, nach langen Vorbereitungs- und Planungsarbeiten eine Regionalausgabe für Nordrhein-Westfalen.[21] Dazu wurde in Düsseldorf eine eigene, rund 20-köpfige Redaktion eingerichtet. Das Engagement war Angaben des Verlags zufolge publizistisch erfolgreich. Gleichwohl wurde die NRW-Regionalausgabe im März 2003 wieder vom Markt genommen (vgl. Kapitel 9.4).[22] Dagegen hat der von der »Tageszeitung« (Berlin) im November 2003 eingerichtete, täglich erscheinende NRW-Regionalteil Bestand. Er löste den seit Herbst 1998 wöchentlich erscheinenden Regionalteil ab und umfasst täglich vier Seiten mit Beiträgen über Politik, Kultur und Sport im bevölkerungsreichsten Bundesland.[23]

Eigentlich hätte auch der Medienjournalismus, also die Berichterstattung in den Medien über Medien, an Bedeutung gewinnen sollen.[24] Die Medienbranche erlebte bekanntlich ab Mitte der achtziger Jahre in Deutschland selbst einen beachtlichen Aufschwung, der auf mehrere Gründe zurückzuführen war: Einführung und Etablierung des privaten Rundfunks ab 1984; die Titelvielfalt bei den Programmzeitschriften infolge der Vielzahl der TV-Programme ab Anfang der neunziger Jahre; das Aufkommen des Internets ab Mitte der neunziger Jahre; der Multimedia- und New-Economy-Hype sowie das Entstehen weltweit agierender Medienunternehmen. So erwies sich die Medienbranche mit rapide ansteigenden Mitarbeiterzahlen und Umsatzzuwächsen selbst als immer wichtiger werdender Wirtschaftsfaktor, dem folglich auch die Aufmerksamkeit der Berichterstattung in den Printmedien gehörte.[25] Aus den ursprünglich meist in Kulturressorts angesiedelten Medienthemen entwickelte sich in den neunziger Jahren in der Folge vor allem in hochauflagigen Tageszeitungen eine aktuelle und umfangreiche Medienberichterstattung. Dabei lassen sich zweierlei Vorgehen unterscheiden: Zum einen ist dies der integrative Ansatz, der die Medienberichterstattung auf einer Seite bündelt – ein Weg, den vor allem große überregionale Tageszeitungen beschritten haben. Zum anderen die Bildung eines Querschnittsressorts, bei der sich die Medienberichterstattung je nach Themenschwerpunkt im Politikteil, im Wirtschaftsteil, im Feuilleton oder im Sportteil, ja selbst in Technik-Beilagen findet.[26] Aufgabe der Medienberichterstattung ist es, Mediensystem und Journalismus insgesamt kritisch zu beobachten, und zwar sowohl in Form der Fremd- wie auch der Selbstbeobachtung. Journalistische Berichterstattung über Medien in den Medien tut sich jedoch nicht selten schwer. Das liegt nicht zuletzt daran, dass Zeitungsverlage selbst Akteure am Medienmarkt und nicht selten an anderen Medienbetrieben, beispielsweise Fernseh- oder Radioveranstaltern, beteiligt sind, woraus Abhängigkeiten resultieren können, die eine unabhängige Berichterstattung erschweren.[27] Michael BEUTHNER und Stefan Alexander WEICHERT sprechen von der »Selbstbeobachtungsfalle«, in die der Medienjournalismus geraten kann.[28]

Ausweitungen durch Zeitungsneugründungen: Im Hinblick auf Ausweitungen des publizistischen Angebots durch Zeitungsneugründungen gab es im genannten Zeitraum im Tageszeitungsbereich teils erfolgreiche, teils missglückte Marktzutritte. Zu den missglückten Marktzutritten sind die Versuche zu zählen, in Deutschland Gratistageszeitungen herauszubringen (vgl. Kapitel 9.3). Zu verweisen ist in diesem Zusammenhang jedoch auch auf den Versuch des Spiegel-Verlags, im Herbst 1998 eine Tageszeitung auf den Markt zu bringen. »Der Tag«, wie der Titel hieß, erschien am 7. September 1998 erstmals, wurde jedoch am 27. November des gleichen Jahres wieder eingestellt.[29] Das Blatt erschien im Straßenverkauf zum Preis von 1 DM zunächst in Hamburg, ab Anfang Oktober auch in Berlin. Für die Berliner Lokalausgabe, die ab dem 5. Oktober 1998 herauskam, steuerte die »Berliner Zeitung« als Kooperationspartner »eine Seite mit ortsbezogener Berichterstattung unter ihrem Zeitungskopf« bei.[30] Eine dritte Ausgabe wurde während der Frankfurter Buchmesse im Oktober 1998 am Stand des Spiegel-Verlags produziert. Die Auflage der Zeitung kam über je 5.000 Exemplare in Hamburg und Berlin nicht hinaus. Durch die dezentralisierte Herstellung ließ sich Wirtschaftlichkeit letztlich nicht erreichen.[31]

Ganz anders nimmt sich dagegen die Gründung der Tageszeitung »Financial Times Deutschland« (FTD) aus, die in einem Joint Venture des Hamburger Verlagshauses Gruner und Jahr mit der britischen Pearson-Verlagsgruppe erfolgte (die in England die weltweit verbreitete »Financial Times« herausgibt). Die neue, überregional verbreitete Tageszeitung mit Schwerpunkt Wirtschaft und Finanzen erschien erstmals am 21. Februar 2001 und erreichte im ersten Monat ihres Erscheinens eine verkaufte Auflage von 50.000 Exemplaren.[32] Seit Januar 2002, also knapp ein Jahr nach erfolgtem Marktzutritt, ist die FTD das siebte überregionale Börsenpflichtblatt – neben der »Süddeutschen Zeitung«, der »Frankfurter Allgemeinen Zeitung«, der »Frankfurter Rundschau«, »Die Welt«, »Handelsblatt« und »Börsen-Zeitung«. Börsennotierte Unternehmungen sind angehalten, Pflichtmitteilungen wie die Veröffentlichung von Bilanzergebnissen in diesen Blättern vorzunehmen.[33] Im Unterschied zum »Handelsblatt«, das sich journalistisch bis zum Marktzutritt der FTD in starkem Ausmaß auf Wirtschafts-, Finanz- und Börsenthemen konzentrierte und aufgrund der fehlenden Universalität seiner Berichterstattung pressestatistisch damals nicht zu den Tageszeitungen gezählt wurde, unterhielt die FTD von Anfang an auch andere Ressorts und ging daher in die pressestatistische Zählung der Tageszeitungen als überregionales Blatt ein.[34] Die »Financial Times Deutschland« konnte ihre Auflage langsam, aber kontinuierlich steigern und verfügte 2004 über eine verkaufte Auflage von 97.000 Exemplaren. Inzwischen ist sie im Segment der Wirtschaftspresse fest etabliert, das bis zum Markteintritt der FTD vom »Handelsblatt« praktisch dominiert worden war.

Das »Handelsblatt« reagierte verständlicherweise auf den bevorstehenden Markteintritt der FTD. Der Holtzbrinck-Verlag, in dem es erscheint, bereitete sich seinerseits nämlich mit einer sog. Überkreuzbeteiligung mit der europäischen Ausgabe des »Wall Street Journals« auf die Gründung der FTD vor.[35] Beide Titel, »Handelsblatt« wie europäisches »Wall Street Journal«, blieben eigenständig; die beiden Redaktionen räumten jedoch einen gegenseitigen journalistischen Zugriff auf die aktuelle Produktion ein. Dadurch konnte das »Handelsblatt« seine Kompetenz in der Auslandsberichterstattung stärken – und zwar genau in jenem Bereich, in dem zu erwarten war, dass die deutsche Ausgabe der »Financial Times« mit hoher Wahrscheinlichkeit »punkten« würde.[36] Zudem unterzog sich das »Handelsblatt« einem formalen Relaunch, der es frischer, moderner und aufgeräumter erscheinen ließ. Überdies erweiterte das Blatt sein Themenspektrum, so dass es seither das Kriterium universeller Thematik weitgehend erfüllt und als eigenständige publizistische Einheit in die Gruppe der überregionalen Zeitungen mit aufgenommen wurde.[37]

Die Phase des Aufschwungs wirkte sich nicht zuletzt auch auf den journalistischen Arbeitsmarkt positiv aus. Dies geht für die Jahre 1999 und 2000 aus dem Angebot für Stellenanzeigen der Zeitschrift »Der Journalist«, dem Verbandsorgan des Deutschen Journalisten-Verbands (DJV), hervor.[38] Es war dies jedoch eine vorübergehende Entwicklung, die nicht lange währen sollte (vgl. Kapitel 9.4).

9.3 Exkurs: Gratistageszeitungen und Sonntagszeitungen

Zu den Gratistageszeitungen: Im positiven konjunkturellen Umfeld der ausgehenden neunziger Jahre gab es auch Versuche, kostenlos abgegebene und sich ausschließlich aus Anzeigenerlösen finanzierende Gratistageszeitungen auf dem deutschen Zeitungsmarkt zu etablieren. Sie liegen als freie Stapelauslagen oder in Zeitungsboxen an Haltestellen öffentlicher Verkehrsmittel, an Kiosken, in quasi-öffentlichen Räumen wie Lebensmittel- und Fastfood-Ketten bzw. Geschäften zur freien Entnahme aus oder werden per Handverteilung an die Leser gebracht.[39] In zahlreichen europäischen Ländern wie Schweden, Dänemark, den Niederlanden, der Schweiz, Frankreich, Italien und Spanien hat sich dieser aus dem skandinavischen Raum kommende Medientyp bereits erfolgreich etabliert. Vorreiter bei der Herausgabe von Gratistageszeitungen in Europa waren die schwedische Modern Times Group (MTG) mit dem Titel »Metro« sowie der norwegische Schibsted-Verlag mit dem in mehreren Ländern platzierten Titel »20 Minuten«.[40]

Eine Art Vorläufer der Gratis(tages)blätter war in der 1997 in Freiburg im Breisgau erstmals erschienenen »Zeitung zum Sonntag« zu sehen. Es war dies ein von dem Kleinverleger Michael Zäh gemeinsam mit der »Basler Zeitung« herausgebrachtes, kostenlos verteiltes Blatt, das sich – redaktionell durchaus anspruchsvoll gemacht – ausschließlich über Anzeigen finanzieren sollte.[41] Versuche, die Zeitung unter Beteiligung von Gruner und Jahr auch in anderen Städten wie Karlsruhe und Heilbronn zu verbreiten, scheiterten nicht zuletzt an Abwehrmaßnahmen der örtlichen Verlage. Der Versuch, das Blatt jeweils mittwochs und freitags durch eine kostenlos erscheinende Zeitung zum Abend zu ergänzen, blieb erfolglos. Auch gelang es 2001 nicht, das Blatt, das mehrfach seine Eigentümerstruktur wechselte, als entgeltlich zu beziehende Tageszeitung zu positionieren und in das bestehende Verbreitungsmonopol der »Badischen Zeitung« einzudringen; es wurde nach nur drei Monaten im April 2001 wieder eingestellt.[42] Der weiterhin kostenlos verteilte, inzwischen von dem Verleger Peter Reiff (»Offenburger Tageblatt«) mehrheitlich erworbene Titel »Zeitung zum Sonntag« existierte weiter, wurde jedoch im Sommer 2002 auch vom Markt genommen. Ein schon früh unternommener Versuch des Springer-Verlags übrigens, die »Zeitung zum Sonntag« durch einstweilige Verfügung zu stoppen, war letztlich nicht erfolgreich gewesen.[43]

Im Oktober 1998 wurde in Berlin der Gratistitel »15 Uhr aktuell« von zwei ursprünglich aus der Computerbranche stammenden Herausgebern auf den Markt gebracht. Wie sein Name sagt, erschien der Titel am Nachmittag, um diese Nische am Zeitungsmarkt der Hauptstadt zu nutzen und die direkte Konkurrenz mit den etablierten Tageszeitungen zu meiden. Ausgaben in Hamburg (April 1999) und München (Oktober 1999) folgten. Im Februar 2000 musste das Blatt wegen Unfinanzierbarkeit jedoch wieder eingestellt werden.[44] Ähnlich erging es der Ende 1999 vom norwegischen Schibsted-Verlag gegründeten Gratistageszeitung »20 Minuten Köln«, die im Juli 2001 wieder aufgab. Der in Köln ansässige Verlag M. DuMont Schauberg sowie der Springer-Verlag hatten der kostenlosen Neuerscheinung mit eigenen Gratistiteln, nämlich dem »Kölner Morgen« (M. DuMont Schauberg) bzw. »Köln extra« (Springer) Konkurrenzprodukte entgegengesetzt.[45] Zugleich strebten sie Gerichtsverfahren wegen unlauteren Wettbewerbs gegen Schibsted an, die (nach einstweiligen Verfügungen gegen die Gratistageszeitung)[46] letztlich aber ebenfalls erfolglos blieb. Auch der Bundesgerichtshof gelangte im November 2003 zu der Erkenntnis, dass der Vertrieb von Gratistageszeitungen nicht wettbewerbswidrig ist.[47] Der Vorgang ging als ›Kölner Zeitungskrieg‹ in die jüngste Entwicklung des deutschen Pressewesens ein.[48]

2004 gab es in Europa knapp 60 Gratistageszeitungen. Sie hatten eine gemeinsame Auflage von 8,8 Mio. Exemplaren und erschienen in 89 Städten 16 verschiedener Länder.[49] Marktführer sind die auf den Zeitungsmärkten international tätige Metro-Gruppe (mit dem Titel »Metro«) sowie der norwegische Schibsted-Konzern (»20 Minuten«). Deren Erfolg in den Märkten vieler Großstädte ist auch ein Erfolg eines neuen journalistischen Stils: »[K]urze informative Nachrichten, Lokales und Weltgeschehen im Überblick (ähnlich wie im Internet geschrieben), weniger Fotos, viel Service und Hinweise, was wo und wann passiert. Eine Mischung, die, im Tabloid-Format präsentiert, nicht nur die junge Generation anspricht und damit für die Anzeigenmärkte interessant ist.«[50] Sollten die Metro-Gruppe, Schibsted oder ein anderer Anbieter in Deutschland erneut mit Gratiszeitungen auf den Markt kommen, sind Verlage wie Springer (Berlin), Holtzbrinck (Stuttgart) oder der Süddeutsche Verlag (München) eigenen Angaben zufolge[51] mit Abwehrkonzepten gerüstet.

Zu den Sonntagsblättern: Auch der für Jahrzehnte stabile Markt der Sonntagsblätter ist in den neunziger Jahren in Bewegung gekommen. Er war bis dahin – von weniger auflagenstarken, eher regionalen und lokalen Sonntagsausgaben von Tageszeitungen abgesehen[52] – vorwiegend den Titeln »Bild am Sonntag« und »Welt am Sonntag« (beide überregional) sowie »Sonntag aktuell« (regional) überlassen.[53] Inzwischen geben auch zahlreiche andere regional und lokal verbreitete Tageszeitungen Sonntagsausgaben als siebte Ausgabe heraus.[54] 80 Prozent der deutschen Bevölkerung müssen jedoch immer noch auf eine solche siebte Ausgabe ihrer Tageszeitung verzichten.[55] Von verlegerischer Seite werden dafür vor allem hohe Personalkosten für Redaktion, Druck und Vertrieb (vor allem Logistik und Hauszustellung) ins Feld geführt, zumal Wochenendarbeit höher zu entlohnen ist als Werktagsarbeit.[56]

Von den erfolgten Marktzutritten bei den Sonntagszeitungen war jener der »Frankfurter Allgemeinen Sonntagszeitung« (FAS) besonders aufsehenerregend. Die FAS stammt aus dem Verlag der »Frankfurter Allgemeinen Zeitung« (FAZ) und erschien zunächst nur im Rhein-Main-Gebiet. Seit Ende September 2001 gibt es die FAS bundesweit; sie stellt neben »Bild am Sonntag« und »Welt am Sonntag« die dritte, überregional verbreitete Sonntagszeitung in Deutschland dar. Die Frankfurter ließen sich bei ihrer Entscheidung für eine bundesweite FAS von betriebswirtschaftlichen Überlegungen leiten. Sie hofften, mehr überregionale Anzeigen verkaufen zu können als bisher mit der regionalen Ausgabe.[57] Als redaktionell eigenständige, anspruchsvolle und aktuelle Sonntagszeitung beschäftigt die FAS eigene Redakteure, die auch auf das weitläufige Korrespondentennetz des Mutterblatts sowie andere Ressourcen der FAZ zugreifen können.[58] Die »Frankfurter Allgemeine Sonntagszeitung« enthält in aller Regel zehn Bücher (Politik, Feuilleton, Sport, Geld und Mehr, Gesellschaft, Wissenschaft, Reise, Wirtschaft, Motor und Immobilien). Sie kommt in zwei Ausgaben heraus: einer Rhein-Main-Ausgabe mit einem eigenen Lokalteil für das Rhein-Main-Gebiet sowie einer Deutschland-Ausgabe. Die Zeitung erscheint im Farbdruck und wirkt insgesamt (ähnlich wie »Welt am Sonntag«) »bunter, leichter und unterhaltsamer, mehr Familien- denn Businesszeitung«.[59] Der FAS ist es relativ rasch gelungen, überregional Fuß zu fassen. Ihre verkaufte Auflage betrug im 2. Quartal 2005 über 310.000 Exemplare.

9.4   Phase der Krise

Ab etwa Jahresmitte 2001 setzte in Deutschland für drei Jahre ein dramatischer Rückgang der Werbeerlöse ein, von dem zwar alle Medien betroffen waren, die Tageszeitungen jedoch in besonderer Weise. Die Gesamtnetto-Werbeerlöse – also Werbung in sämtlichen Werbeträgern ohne Produktionskosten und Honorare – gingen vom Jahr 2000 mit 23,38 Mrd. Euro auf 19,28 Mrd. Euro im Jahr 2003 zurück.[60] Die Netto-Werbeerlöse der *Tageszeitungen* verringerten sich von 6,56 Mrd. Euro im Jahr 2000 auf 4,45 Mrd. Euro im Jahr 2003.[61] Der Gesamtumsatz der Tageszeitungen fiel im selben Jahr auf das Niveau von 1994 zurück, bei den Anzeigen sogar unter den Stand von 1993.[62] Besonders stark betroffen waren die überregional verbreiteten Tageszeitungen in Westdeutschland: »Gegenüber dem Spitzenjahr 2000 haben sie deutlich mehr als die Hälfte ihrer Werbeeinnahmen verloren.«[63] Die *Publikumszeitschriften* blieben von dieser Entwicklung im Werbemarkt ebenfalls nicht verschont. Die Werbeerlöse gingen vom Boomjahr 2000 mit 2,247 Mrd. Euro auf 1,861 Mrd. Euro im Jahr 2003 zurück.[64] Der Gesamtwerbeumsatz der Publikumszeitschriften entsprach damit dem des Jahrs 1998.[65] Auch die *Fachzeitschriften* mussten beträchtlich Federn lassen. Ihr Werbeaufkommen reduzierte sich von 1,267 Mrd. Euro im Jahr 2000 auf 880 Mio. Euro im Jahr 2003.[66] In der Medienbranche erweckte dieser zweifellos schmerzhafte Rückgang bei den Fachzeitschriften jedoch weniger Aufmerksamkeit als die kritische Situation bei Tageszeitungen und Illustrierten. Relativ glimpflich davon kamen die *Anzeigenblätter*, die in den Jahren 2001 und 2002 zwar auch einen Rückgang hinnehmen mussten (2000: knapp 1,792 Mrd. Euro Anzeigenerlöse; 2002: 1,702 Mrd.), im Jahr 2003 aber bereits wieder ein Werbewachstum von 2,6 Prozent verzeichnen konnten (1,746 Mrd.).[67]

Die Printmedienbranche generell reagierte auf diese Entwicklung mit teils größeren, teils kleineren Leistungsreduktionen im publizistischen Bereich sowie – auch in großen Verlagshäusern – mit Personalkürzungen in den Verlagsabteilungen wie bei den Redaktionen. So geht aus einer im Jahr 2004 unter 260 Redakteuren in deutschen Regionalzeitungen durchgeführten Umfrage hervor, dass in den befragten Redaktionen durchschnittlich elf Journalisten entlassen wurden.[68] Gleichzeitig kam es zu Zusammenlegungen von Redaktionen, Schließungen von Lokalredaktionen sowie Einstellungen von (meist lokalen) Zeitungsausgaben.[69] Deren Zahl verringerte sich innerhalb von drei Jahren deutschlandweit von 1.584 um 46 auf 1.538 im Jahr 2004.[70] Spar- und Restrukturierungsmaßnahmen griffen um sich. Auch die Online-Auftritte zahlreicher Zeitungen wurden zurückgefahren, nachdem sich herausgestellt hatte, dass sich deren Refinanzierung aus Werbung nicht bewerkstelligen ließ und die Bereitschaft der Nutzer, für Inhalte zu zahlen, (auch damals schon) gering war (vgl. Kapitel 10.2). Es ist hier nicht möglich, die Fülle unterschiedlicher Maßnahmen in den Zeitungsverlagshäusern im Einzelnen darzulegen. Verständlicherweise weckten in der Medienbranche selbst die teils erheblichen Sparmaßnahmen der großen vier überregional verbreiteten Tageszeitungsverlage besondere Aufmerksamkeit. Auch ist nicht auszuschließen, dass im Einzelfall nicht allein die Medienkrise, sondern unternehmerische Entscheidungen der jeweiligen Verlage mit ausschlaggebend gewesen sind.

So wurden bei der »*Süddeutschen Zeitung*« infolge erheblicher Umsatzrückgänge und finanzieller Verluste in den Jahren 2001/2002 nicht nur Stellen gekürzt (darunter auch von Mitarbeitern aus der Redaktion).[71] Es kam auch zur Reduktion des Seitenumfangs, Kürzung der Budgets für einzelne Ressorts, Einstellung des renommierten Jugendmagazins und Prestigeobjekts »jetzt«, der Berlin-Seiten sowie der im Frühjahr 2002 gestarteten Ausgabe der SZ für Nordrhein-Westfalen.[72] Daneben ordnete der Süddeutsche Verlag seine Fachverlagssparte neu und verschlankte sie zugleich.[73] Die Online-Ausgabe »süddeutsche.de« wurde redaktionell wie verlegerisch enger an die »Süddeutsche Zeitung« angebunden.[74] Für die Zukunftssicherung der Mediengruppe wichtig war – eigenen Angaben zufolge – schließlich der Ende 2002 beschlossene und Anfang 2003 vollzogene Einstieg eines weiteren Gesellschafters, der Südwestdeutschen Medienholding SWMH, zu der unter anderem die Tageszeitungen »Stuttgarter Zeitung«, »Stuttgarter Nachrichten«, »Rheinpfalz« und »Südwest Presse« gehören. Der Einstieg brachte eine Kapitalerhöhung »um einen dreistelligen Millionenbetrag«.[75] Die SWMH hält als nunmehr sechster Gesellschafter 18,75 Prozent Anteile am Süddeutschen Verlag.[76]

Sparmaßnahmen zur Bewältigung der Krise unternahm auch der Verlag der »*Frankfurter Allgemeinen Zeitung*«. Stellenkürzungen tangierten auch die Redaktion.[77] Dem Rotstift im journalistisch-publizistischen Bereich fielen die Beilage »Bilder und Zeiten« (mittlerweile wiederbelebt), die Berlin-Seiten und das FAZ-Businessradio (München, Berlin, Frankfurt) zum Opfer. Die in der Phase des Aufschwungs erweiterten Feuilleton-Seiten wurden gekürzt[78] bzw. der Seitenumfang allgemein reduziert. Die von 2000 bis 2002 zunächst täglich erschienene, englischsprachige Beilage der FAZ für die in Deutschland abgesetzten Exemplare der »International Herald Tribune« wurde zunächst auf wöchentliche Erscheinungsweise umgestellt und 2005 schließlich eingestellt.[79]

Von den Sparmaßnahmen im Springer-Verlag waren neben allgemeinen Personalkürzungen vor allem die beiden Tageszeitungen »*Die Welt*« sowie die »*Berliner Morgenpost*« betroffen.[80] So wurden die bisher unabhängigen und getrennt voneinander arbeitenden Hauptredaktionen der beiden Tageszeitungen zusammengelegt.[81] Der im Frühjahr 2001 gestartete, täglich erscheinende Bayernteil der »Welt« wurde im Dezember 2001 wieder eingestellt. Die Zeitung »Welt am Sonntag« wurde redaktionell enger an das Mutterblatt gebunden, davor bereits einzelne Ressorts bzw. Redaktionen von »Welt« und »Welt am Sonntag« zwecks weiterer Gewinnung von Synergien zusammengelegt.[82]

Relativ dramatisch verlief die Entwicklung bei der »*Frankfurter Rundschau*«. Die Kürzung von Mitarbeiterstellen auch im redaktionellen Bereich sowie etwa die Aufgabe der wöchentlichen Berlin-Seite konnten die bis 2003 erlittenen finanziellen Verluste im Anzeigenbereich nicht wettmachen.[83] Im Mai 2003 übernahm schließlich das Land Hessen eine zeitlich befristete (Teil-)Bürgschaft, um Kredite für den Verlag und damit für die Weiterführung der Zeitung zu sichern[84] – eine nicht unumstrittene Maßnahme, die eine Debatte über die Zulässigkeit von Staatshilfen für Zeitungen bzw. die Unabhängigkeit von Zeitungen auslöste. Das Verlagshaus veräußerte auch seine in der Frankfurter Innenstadt gelegene Liegenschaft (und zog mittlerweile an den preiswerteren Stadtrand von Frankfurt).[85] Im Mai 2004 übernahm schließlich die Deutsche Druck- und Verlags GmbH & Co. KG (DDVG) 90 Prozent der von der bisherigen Eigentümerin Karl-Gerold-Stiftung betriebenen Zeitung und damit auch deren Schulden.[86] Die DDVG, eine Medienholding der SPD, hält in jeweils unterschiedlichem Ausmaß Anteile an 14 bundesdeutschen Verlagshäusern (großteils Zeitungsverlage) und ist unter anderem auch an Druckereien beteiligt.[87] Von personellen und inhaltlichen Eingriffen in die Linie des linksliberal orientierten Blatts nahm die DDVG eigenen Angaben zufolge Abstand; vielmehr sei es Ziel der Übernahme gewesen, einen Beitrag zum Erhalt der Pressevielfalt in Deutschland zu leisten.[88] Die DDVG kündigte im Spätherbst 2005 an, sich 2006 (bzw. spätestens 2007) wieder von der »Frankfurter Rundschau« trennen zu wollen.[89] Die Zeitung wurde im Sommer 2006 von der Kölner Verlagsgruppe M. DuMont Schauberg mehrheitlich erworben.[90]

Die vier führenden Verlage von Publikumszeitschriften – Bauer, Burda, Springer sowie Gruner und Jahr – waren von der Krise in unterschiedlicher Weise betroffen. Bei diesen Unternehmen ist auch zu berücksichtigen, dass sie in vielfältiger Weise auf Auslandsmärkten tätig sind und auch dort Umsätze tätigen. Bei den meisten von ihnen waren die im Inland erwirtschafteten Anzeigenumsätze jedoch auch rückläufig, die Konzernbilanzen nehmen sich für den genannten Zeitraum verschieden aus.[91] Insofern reagierten die Verlage im Hinblick auf Konsolidierungsmaßnahmen auch unterschiedlich: »Der Axel-Springer-Verlag hat eine radikale Senkung seiner Mitarbeiterzahl beschlossen und umgesetzt. Waren 2001 im Jahresmittel 14.069 Personen für den Konzern tätig, sind es zwei Jahre später noch 11.994, somit 16,9 Prozent weniger. Gruner und Jahr reduzierte sein Personal im selben Zeitraum um 12,9 Prozent auf 11.351 Beschäftigte. Bauer verzeichnete 2002 noch einen leichten Anstieg und senkte seine Mitarbeiterzahl in 2003 lediglich um 1 Prozent. Einzig bei Burda steigt die Zahl der Mitarbeiter kontinuierlich weiter, 2003 um 4,8 Prozent«.[92] Da einige der Verlage, ihnen voran Springer, auch im Tageszeitungswesen tätig waren, ist zu berücksichtigen, dass die Personalreduktionen möglicherweise auch auf Anzeigen- und Umsatzrückgänge bei jeweils zugehörigen Zeitungstiteln zurückzuführen waren.

Der Rückgang der Anzeigenerlöse ab 2001 hat das Zeitungswesen und auch die anderen Medien nach dem außerordentlich guten Jahr 2000 unvorbereitet getroffen. Die Gründe für den Niedergang der Werbeerlöse lassen sich wie folgt zusammenfassen:

- Allgemeine konjunkturelle Gründe lagen im schwachen Wirtschaftswachstum, im Niedergang der Internet-Euphorie und der damit einhergehenden Flurbereinigung der sog. New Economy, in der anhaltenden Aktienbaisse angesichts einer weltweit insgesamt flauen wirtschaftlichen Entwicklung, in der allgemeinen Zurückhaltung im Konsumverhalten angesichts anhaltend hoher und noch ansteigender Arbeitslosigkeit, im Reformstau der deutschen Politik, nicht zuletzt aber auch in den Unsicherheiten in der internationalen Politik durch den Krieg im Irak.[93]
- Medienstrukturell ist im Zeitungswesen nicht nur, aber vor allem das Abwandern von Rubrikenanzeigen (Stellen-, Immobilien und Kfz-Anzeigen) aus den deutschen Tageszeitungen ins Internet zu erwähnen, in Job-, Immobilien- und Kfz-Online-Börsen (wie etwa jobpilot.de, ImmobilienScout24, mobile.de u.a.) mit ihren für Nutzer bequemen Suchfunktionen und wertvollen Zusatzinformationen.[94]

Von 1997 bis 2004 sollen die Tageszeitungen bei den Immobilienanzeigen einen Rückgang von 45 Prozent, bei den Stellenanzeigen von 46 Prozent und bei den Kfz-Anzeigen von 27 Prozent verzeichnet haben.[95] Im Vergleich zu anderen Ländern hat die deutsche Printmedienbranche teilweise zu defensiv, teilweise nicht rasch genug reagiert, um Kooperationen mit oder Beteiligungen an außermedialen Online-Anbietern im Arbeitsmarkt,- Kfz- sowie Immobilienbereich einzugehen, und muss nun den Rubrikenmarkt, sofern möglich, erst wieder zurückerobern.[96] »Man kann den deutschen Zeitungen nicht vorwerfen, dass sie sich nicht frühzeitig mit dem Internet auseinandergesetzt hätten – die ergriffenen Maßnahmen zeitigten nur nicht die gewünschten Erfolge. Es gab schon 1996 die ersten Zeitungskooperationen, die sich die Schaffung von Online-Rubrikanzeigendatenbanken zur gemeinschaftlichen Nutzung für ihre Mitglieder zum Ziel gesetzt hatten (mbt Online KG, Pipeline). Der Ansatz war allerdings zu defensiv. Und die Umsetzung ließ technisch und vom Geschäftsmodell her zu wünschen übrig.«[97] Auch das Abwandern von Kleinanzeigen ins World Wide Web ist hier anzuführen; Wikibay, eBay und andere sind hier scharfe Konkurrenten (in Zukunft möglicherweise auch Google).[98]

9.5 Wege aus der Krise: Neue Zeitungen, Produkte und Dienstleistungen

Im dramatischen Rückgang der Anzeigenerlöse ist zweifellos der schwerwiegendste Grund für die jüngste Krise im deutschen Pressewesen zu sehen. Er hat nachhaltige Auswirkungen auf die Erlösstruktur der Tageszeitungen, die in Deutschland über Jahrzehnte hinweg üblicherweise ein Verhältnis zwei zu eins ausmachte: rund 65 Prozent Erlöse aus Anzeigen und Beilagen, rund 35 Prozent Erlöse aus dem Vertrieb durch Abonnement und Einzelverkauf (vgl. Kapitel 8.2). Derartige Erlösrelationen scheinen der Vergangenheit anzugehören, auch wenn das Anzeigenaufkommen 2004 bei den Tageszeitungen wieder um 1 Prozent wuchs.[99] Für die Zeitungsverleger stellt sich somit die Frage, wie die Verluste aus den Anzeigenerlösen wenigstens teilweise aufgefangen werden können, um den Käufer der Zeitung nicht all zu sehr durch einen höheren Zeitungsbezugspreis zu belasten. Gleichzeitig ist seit Jahren ein zwar langsamer, jedoch nicht zu übersehender Rückgang der Zeitungsauflagen sowie der Zeitungsreichweiten festzustellen; vor allem jüngere Leser greifen immer weniger zur Zeitung und bevorzugen andere Medien.[100]

Diesen Entwicklungen versuch(t)en die Zeitungsverleger auf mehrfache Weise entgegenzuwirken – worauf im Folgenden kurz eingegangen werden soll –, nämlich durch die Einführung neuer Zeitungen in neuen Formaten, durch Zusatzprodukte, die zu günstigen Konditionen über die Zeitung an den Leser gebracht werden (wie Bücher, Ton- und Bildträger etc.), durch Postdienstleistungen der Zeitungsverlage, die über langjährig gewachsene Vertriebsnetze bzw. Zustelldienste der Zeitungsverlage erbracht werden, sowie durch sog. mobile Dienste.

Kompaktausgaben bzw. Tabloids: 2004 kamen in Deutschland neue Tageszeitungen im sog. Tabloid-Format auf den Markt.[101] Durch seine Handlichkeit unterscheidet sich das neue Format von anderen, größeren Formaten. Oftmals ist es jeweils halb so groß wie die Original-Formate. Die Bezeichnung ›Tabloid‹ kommt ursprünglich aus dem englischen Sprachraum als Genrebezeichnung für Boulevard-Blätter, existiert jedoch seit Jahren neben Großbritannien (»Sun«, »Daily Mirror«) auch in anderen europäischen Ländern wie Spanien (»El Pais«, »El Mundo«), den Niederlanden (»Het Parool«, »De Standard«, »Gazet van Antwerpen«), der Schweiz (»Blick«) oder Österreich (»Kleine Zeitung«, »Neue Kronen Zeitung«). In Großbritannien stellte der »Independent« 2003 vom bisherigen auf das kleine Format um und erschien ein knappes Jahr in beiden Größen. Seit Mai 2004 erscheint er nur noch als Tabloid, verkauft fast 30 Prozent mehr als früher und erreicht nun auch jüngere Zielgruppen.[102] Auch »Times« und »Guardian« erscheinen mittlerweile im kleineren Format.

Gegenwärtig lassen sich – im Anschluss an Annette MILZ – fünf Modelle unterscheiden:[103]

- die Qualitätskaufzeitung für Ballungszentren wie »Welt kompakt« (Berlin, Axel-Springer-Verlag),
- die regionale, eigenständige Zielgruppenzeitung als ›Line Extension‹ einer bestehenden Abonnementzeitung – wie »20 Cent«, die junge Tochter der »Lausitzer Rundschau« in Cottbus (oder der »Saarbrücker Zeitung« im Saarland),
- die ›kleine‹ Lokalzeitung im halben Format einer großen Abonnementzeitung, der sie beigelegt wird – wie die »Leine-Zeitung« in der »Hannoverschen Allgemeinen« oder der »Hannoverschen Presse«,
- die kostenlose aktuelle Infozeitung für ›Premium‹-Kunden bei Bahn und Lufthansa wie »FTD kompakt« oder »News am Abend« (Handelsblatt),
- redaktionelle Beiträge unterschiedlicher Art – mit Schwerpunktthemen, beispielsweise als zielgruppenorientierte Jugendbeilage (wie »VIVABamS« in der »Bild am Sonntag« oder als fremdsprachige Zeitung wie eine Zeit lang die englische »New York Times«-Kompaktausgabe in der montäglichen »Süddeutschen Zeitung« mit einer Auswahl aktueller Artikel aus der NYT).

Allgemein, so MILZ, könnten »redaktionelle Themenbeilagen und Sonderausgaben im Tabloid-Format (...) in klassischen Tageszeitungen einen evolutionären Prozess in Gang bringen, der auf die generelle Umstellung auf das Tabloid-Format vorbereitet.«[104]

In Deutschland gab es 2004 folgende Neugründungen von Tabloids: die Titel »Welt kompakt«, »20 Cent«, »News« sowie den »Kölner Stadt-Anzeiger Direkt«. Für sie gilt: »Praktisch und preiswert, kurz und knapp, schnell und schön.«[105] Sie lassen sich kurz wie folgt charakterisieren:[106]

»Welt kompakt« (Springer-Verlag) versteht sich als überregionales Tabloid für urbane Leser. Es verfügt gleichfalls über eine eigene Redaktion, speist seine Inhalte jedoch auch aus dem gemeinsamen Redaktionspool der Tageszeitungen »Die Welt« und »Berliner Morgenpost«. Besonderes Charaktermerkmal sind aktuelle Nachrichten, die durch den späten Redaktionsschluss (um Mitternacht) problemlos ins Blatt genommen werden können. Da »Welt kompakt« in zahlreichen Städten bzw. Ballungszentren erscheint, gibt es auch regionale Informationen für das jeweilige Erscheinungsgebiet. Die Ähnlichkeit im äußeren Erscheinungsbild zum Mutterblatt »Die Welt« ist bewusst gewollt. »Welt kompakt« steht für eine neue, überregionale Tageszeitung, »kürzer, kompakter und mit anderen Themenschwerpunkten«, während das Mutterblatt für Hintergründe und Analysen steht. »Welt kompakt« kostet 50 Cent und erscheint mittlerweile in mehr als 20 deutschen Großstädten jeweils Montag bis Freitag.[107]

»20 Cent« (Holtzbrinck-Verlag) erscheint als regionales Tabloid der »Lausitzer Rundschau« (Cottbus) bzw. »Saarbrücker Zeitung« (Saarbrücken) für jüngere Leser im Alter von 14 bis 39 Jahren. Das Tabloid verfügt in Cottbus wie in Saarbrücken über eine eigene Redaktion, übernimmt Inhalte in modifizierter Aufbereitung aus dem jeweiligen Mutterblatt und setzt vor allem auf jugendaffine Themen sowie auf Lebensfreude statt Alltagstristesse. Es bietet Politik und Wirtschaft in spezieller Aufbereitung für jüngere Leser. Der visuelle Code orientiert sich an Modetrends. Durch günstige Anzeigenpreise – beim Marktzutritt 480 Euro pro Seite – versucht die Zeitung, neue Anzeigenkunden zu gewinnen, die sich ein Inserat in einer herkömmlichen Zeitung nicht leisten können. Der Preis der Zeitung beträgt, wie ihr Name sagt, 20 Cent.

»News« (Holtzbrinck-Verlag) sieht sich als Tagesmagazin für 18- bis 39-Jährige und ist stark Internet-affin. Die Zeitung ist angelegt als überregionales Qualitätsblatt mit Beiträgen über Politik (acht Seiten), Wirtschaft (acht Seiten), Lokales (zwei Seiten), Entdecken (vier Seiten), Erleben (vier Seiten) sowie Sport (drei Seiten). Der Umfang von »News« beträgt 48 Seiten und wird von einer eigenen Redaktion erstellt, ist jedoch vorwiegend gespeist aus Redaktionen von Holtzbrinck-Produkten (wie »Handelsblatt«, »Euro«, »Wirtschaftswoche« u.a.m.). Der Preis beträgt 50 Cent. Die neue Zeitung setzt auf eine eher magazinartige Aufmachung, eher weiche Titelthemen und auch auf Heimatbezug.

»Kölner Stadt-Anzeiger Direkt« (M. DuMont Schauberg) weist mit einem Seitenformat, das kaum größer als DIN A4 ist, das handlichste Format auf und erscheint im Umfang von 32 bis 48 Seiten. Die Zeitung wendet sich an die Zielgruppe der 20- bis 39-Jährigen und will nützliche Informationen für junge Leser bieten. Wichtige Informationen des Tages werden in Tickerform (24 Stunden Welt) geboten. Eine eigene Rubrik ist dem Thema Leben (Liebe, Gesundheit, Familie, Fitness, Computer etc.) gewidmet. Das Blatt enthält einen herausnehmbaren Service-Teil mit Informationen und Beiträgen über Kino, Theater, Events, Partys, Termine, Single-Börse, Tipps für Freizeitgestaltung etc. Sport nimmt mit sieben Seiten eine wichtige Rolle ein. Die neue Zeitung wird von einem erfahrenen Team von Redakteuren gemacht.

Abb. 57: Titelseite der »Welt kompakt« vom 14. April 2005

WELT KOMPAKT

DONNERSTAG, 14. APRIL 2005   + Redaktionsschluß 00:14 Uhr +   MÜNCHEN / NR. 72

50 CENT

Kino am Donnerstag: Alle neuen Filme
Kultur, Seite 24 und 25

Geld her, oder Toby muß sterben!
Menschen & Medien, Seite 30

Mindestlohn für alle Branchen

Berlin – Im Kampf gegen das Lohndumping will das Wirtschaftsministerium das Entsendegesetz aus der Bauwirtschaft auf alle Branchen ausweiten und damit bundesweit Mindesttarife schaffen. Ein Entwurf solle die rot-grüne Regierung im Mai beschließen, sagte Staatssekretär Gerd Andres (SPD). Außerdem soll ausländischen Scheinselbständigen und ihren Vermittlern das Handwerk gelegt werden. Die Handwerkskammern seien gefordert, keine Anmeldungen von Selbständigen ohne Prüfung entgegenzunehmen. *Seite 4*

NACHRICHTEN

ERICH VON DÄNIKEN
„Glauben Sie mir kein Wort"
Mit der Suche nach Spuren von Außerirdischen wurde er zum Bestsellerautor. Heute feiert Erich von Däniken seinen 70. Geburtstag. *Seiten 2 und 3*

KRISENHILFE
Deutsche Soldaten nach Afrika
Die Bundeswehr beteiligt sich mit bis zu 75 Soldaten an der UN-Friedensmission im Sudan. Das hat die Bundesregierung beschlossen. *Seite 8*

WOCHENEND-TICKET
Nur noch mit Unterschrift
Damit preiswerte Bahn-Tickets nach der Fahrt nicht weiterverkauft oder verschenkt werden, müssen Reisende künftig ihren Namen eintragen. *Seite 12*

EFFENBERG
Arschloch kostet 90 000 Euro
Die Berufungsverhandlung brachte Ex-Fußballer Stefan Effenberg eine neue Niederlage. Er soll wegen Beleidigung eines Polizisten zahlen. *Seite 30*

SCHLUSSKURSE
- Der Dax steigt um 0,77 Prozent auf 4405,69 Punkte.
- Der Dow Jones schließt bei 10 403,93 Punkten (–0,99 Prozent).

MÜNCHEN

CSU-AFFÄRE
Hochspannung im Landtag
Der „persönliche Vernichtungsfeldzug" gegen Monika Hohlmeier geht weiter. Heute sagen die verurteilten Wahlfälscher vor dem Untersuchungsausschuß aus. *Seite 28*

ALPEN
Geld ist des Wanderns Frust
Der Freistaat streicht dem Alpenverein die Zuschüsse, einigen Wanderwegen droht deshalb der Verfall. *Seite 29*

Volkswagen stoppt Ein-Liter-Auto
Pischetsrieder: Projekt ist nicht wirtschaftlich – Drei-Liter-Autos bleiben im Programm

Hamburg – Volkswagen gibt die Entwicklung eines Ein-Liter-Autos auf. „Das Fahrzeug läßt sich nicht zu vernünftigen Kosten produzieren", sagte VW-Konzernchef Bernd Pischetsrieder der „Financial Times Deutschland". Das Fahrzeug sei zu einem Preis von unter 20 000 Euro nicht machbar gewesen, hieß es bei VW. Zu einem höheren Preis hätte das Auto, das in seinem letzten Entwicklungsstadium als Dreisitzer konzipiert war, wohl kaum Käufer gefunden. Drei Jahre lang hatte VW an

dem Projekt gearbeitet. Das Drei-Liter-Auto, eine Version des jüngst eingestellten VW Lupo, bleibe jedoch im Programm, sagte Pischetsrieder.

Ein Auto, das auf 100 Kilometer nur einen Liter Treibstoff verbraucht, war eines der Prestige-Projekte aus der Zeit des früheren VW-Chefs Ferdinand Piëch. Der Manager hatte einen ersten Prototyp entwickeln lassen und war damit 2002 zu seiner letzten Hauptversammlung als Vorstandsvorsitzender von Wolfsburg nach Hamburg gefahren. Den

April 2002: Piëch und Pischetsrieder vor dem Prototyp FOTO: AP

zweisitzigen Prototyp serienreif zu machen, überließ Piëch seinem Nachfolger.

Schon die Drei-Liter-Autos aus dem VW-Konzern, neben

dem Lupo auch der Audi A2 3L, haben ihre hohen Entwicklungskosten nie eingefahren. Trotz Benzinpreisschock und Ökosteuer blieb die Nachfrage gering. Die Preise von 15 000 Euro für den VW und 19 000 Euro für den Audi schreckten viele Kunden ab.

„Alle finden es toll, daß es ein Drei-Liter-Auto gibt, aber kaum jemand fährt es", sagte ein VW-Sprecher zum Flop des Produkts. Auch der Bundesumweltminister nicht: Jürgen Trittin fährt Phaeton und Audi A8.

Chancen für Ratzinger steigen

Rom – Die Chancen des deutschen Kardinals Joseph Ratzinger, zum neuen Papst gewählt zu werden, scheinen nach Zeitungsberichten zu steigen. Danach könnte er beim am Montag beginnenden Konklave von 40 bis 50 Stimmberechtigten unterstützt werden. Das Grab von Johannes Paul II. wurde unterdessen zum neuen Pilger-Anziehungspunkt. *Seite 9*

Dienstvorgänge

FAMILIE

Viel zu tun für Gerhard Schröder: Beim Spiel mit der Fußball-Legende Pelé amüsierte sich der Kanzler königlich und köpfte einen Ball aus dem geöffneten Kanzleramtsfenster (unten Mitte). Beim Treffen mit Südkoreas Präsident Roh Moo Hyun war die Stimmung etwas *sachlicher (unten links). Dann stand noch die Rede zur Lage der Familien in Deutschland an (unten rechts). Die Vereinbarkeit von Beruf und Familie soll in Zukunft gefördert werden. Abends in Bonn dann Ausstellungs-Eröffnung mit Bildern von Udo Lindenberg. Seite 5*

Fischer beruft Botschafter ab

Berlin – Außenminister Joschka Fischer will seinen Botschafter in der Schweiz, Frank Elbe, wegen dessen massiver öffentlicher Kritik an der Visumpraxis offenbar abberufen. Elbe hatte in einem Schreiben Fischer auch in der Kontroverse über die Nachrufe auf Diplomaten „miserables Krisenmanagement" und eine „Spaltung des Auswärtigen Amtes" vorgeworfen. *Seite 4*

Tödliche Viren per Post verschickt

Genf – Nach dem irrtümlichen Versand von Erregern der hochgefährlichen Asiatischen Grippe an Tausende Labore in 18 Ländern drängt die Weltgesundheitsorganisation auf eine rasche Vernichtung der Virusproben. Bei einer Laborpanne, die zur möglichen Infektion führt, droht unter Umständen eine erneute Grippepandemie. Das Virus hat bereits 1957 eine tödliche weltweite Grippewelle verursacht. *Seite 11*

Harte Strafen nach Fußball-Krawallen
Uefa berät über Mailänder Skandalspiel – Straßenschlacht in Turin

Mailand – Inter Mailand droht nach dem Skandal im Viertelfinal-Rückspiel der Fußball-Champions-League gegen den Stadtrivalen AC eine drakonische Strafe. Die Disziplinarkommission der Europäischen Fußball-Union (Uefa) tritt morgen zusammen, um über Sanktionen zu entscheiden. Zunächst will die Uefa die TV-

Bilder auswerten und den Bericht des deutschen Schiedsrichters Markus Merk abwarten. Der brach die Partie in der 75. Minute beim Stand von 1:0 im Bild AC Milan ab. Der italienische Fußball-Verband beschloß, daß Spiele künftig bereits beim ersten Wurf von Feuerwerkskörpern oder anderen Gegenständen sofort

abgebrochen werden sollen. Weitere Fan-Ausschreitungen hatte es gestern vor der Partie Juventus Turin gegen den FC Liverpool gegeben. 50 Turiner „Ultras" lieferten sich vor dem Stadion Kämpfe mit 100 Polizisten. Das Spiel endete 0:0, Liverpool steht damit im Halbfinale der Champions League. *Seiten 20 und 21*

Quelle: Axel Springer Verlag, Berlin.

Abb. 58: Titelseite von »20cent« vom 11. April 2005

MONTAG, 11. APRIL 2005 www.20-cent.de

20cent *saar*

GEWINNSPIEL SEITE 13

Mit *20cent* 15000 Euro in bar absahnen

SAARLAND SEITE 7

Geht Peter Müller 2006 nach Berlin?

SAARLAND SEITE 5

Schülerin Sandra (15) und ihre Zwillinge

SPORT SEITE 27

1. FCS setzt auf Dianes Rückkehr

SAARLAND SEITE 4

Saarland bremst den Führerschein mit 17 aus

SPD, FDP und Grüne im Landtag geben Gas für neue Regelung / Wirtschaftsminister Georgi blockiert

Viele junge Saarländer warten sehnsüchtig auf den Auto-Führerschein mit 17. Auch die Politik ist dafür. Jetzt macht die FDP im Saar-Landtag Druck. Sie hat für den 20. April eine Debatte zur raschen Einführung der Junior-Lizenz beantragt.

Auch SPD und Grüne plädieren seit Jahren dafür. Selbst in den Reihen der Regierungsfraktion gibt es Unterstützer. CDU-Parlamentarier Alexander Funk (30): „Ich halte das für einen interessanten Vorschlag." Wirtschaftsminister Hanspeter

Georgi (62, CDU) bleibt aber stur, will an der bisherigen Regelung festhalten.
Niedersachsen hat den Führerschein mit 17 schon seit einem Jahr. Und nur gute Erfahrungen damit – weniger Unfälle bei jungen Autofahrern.

PARTY SEITE 13

Die Toten Hosen kommen zwei Mal ins Saarland

Jetzt mischen die *Toten Hosen* das Saarland gleich doppelt auf. Deutschlands Vorzeige-Punkrocker um Frontmann Campino (42) kommen nicht nur am 23. Mai in die Saarlandhalle, sie treten auch für

Open-Air-Fans auf: Am 26. August machen sie *Einen Abend am See* zur 1-A-Freiluftparty. Einen Tag später heizen am Losheimer Stausee auch noch die *Fantastischen Vier* und die *Sportfreunde Stiller* ein. Foto: dpa

Quelle: Saarbrücker VerlagsService GmbH, Saarbrücken.

Die deutschen Tabloids ähneln, wie Katja RIEFLER feststellt, »in Konzept und Machart stärker als in anderen Ländern den Gratis- oder Pendlerzeitungen wie ›Metro‹ oder ›20 Minuten‹«. Sie sind »im Schnelldurchgang lesbare Blätter, die im handlichen Format kompakte, graphisch ansprechend aufbereitete, leicht konsumierbare Inhalte liefern wollen.[108] Michael Grabner, Geschäftsführer im Holtzbrinck-Verlag, gehört zu den Protagonisten der Einführung von Tabloids in Deutschland. Grabner meint, man müsse sich verabschieden von Regionalzeitungskonzepten für eine Zielgruppe der 20- bis 75-Jährigen; diese Spannweite könne man nicht mehr mit einer einzigen Marke bewältigen.[109] Insofern erscheinen, ähnlich dem Zeitschriftenbereich oder dem Sparten-TV, auch für die Tageszeitungen Zielgruppenprodukte gefragt, um Marktimpulse zu setzen und neue Marktteilnehmer bzw. Zielgruppen zu erreichen.[110] In den Tabloids sind (vorerst) Produkte bzw. Zielgruppenmedien zu sehen, die jüngere Zielgruppen anzusprechen versuchen: eine nicht ganz so kaufkräftige Leserschaft (»20 Cent«), junge Nichtleser (»Welt kompakt«), junge, moderne Part-Time-Leser (»News«) sowie Jüngere, die bisher wenig oder gar keine Zeitung lesen.[111] Ob den neuen Formaten auch in Deutschland jener Erfolg beschieden sein wird wie in anderen Ländern, bleibt vorerst abzuwarten.[112] Günter RAGER sieht in den kleinen Formaten einen richtigen Weg, um junge Leser zu erreichen. Ob aus ihnen jedoch dauerhafte Leser werden, müsse sich noch zeigen.[113] Dass die neuen und preiswerten kleinen Zeitungen ihre Mutterblätter beschädigen könnten, glauben deren Verlagsmanager nicht.[114]

Aus einer kleinen qualitativen Studie gehen Lesetypen und Motive für die Nutzung von »Welt kompakt« hervor.[115] Zunächst zu den Motiven: So wird an der Zeitung deren Handlichkeit infolge des kleineren Formats geschätzt, der günstige Preis, die Vereinfachung und Kürze der Inhalte, was Zeit sparen hilft. Positiv bewertet werden ferner die aktuelle, überregionale und neutrale Information, in der die Leser auch einen TV-Nachrichten-Ersatz sehen, ebenso aber auch das vermittelte Wissen und der Witz. Zugleich kommt die formale Aufmachung von »Welt kompakt« den Lesern entgegen, die Weitblick und Einblick vermittle und Überblick im Windows-Stil verschaffe. Unter den Lesertypen gibt es Anfänger, Zeitungspendler und Zeitungswechsler. Die *Anfänger* sind erst durch »Welt kompakt« zum Zeitunglesen gekommen. Sie sind jung, eher weiblich, voll in Studium oder Beruf eingebunden und haben wenig Zeit zum Lesen. Sie nutzen die Zeitung unterwegs, um beschäftigt zu sein; Genuss-Leser sind sie nicht. Die *Zeitungspendler* nutzen auch weitere Zeitungen, sind etwas älter und haben ihren Platz in der Arbeits- und Familienwelt bereits gefunden. Sie haben bisweilen das Gefühl, sich für die Lektüre von »Welt kompakt« rechtfertigen zu müssen. Die *Zeitungswechsler* sind von einem anderen Blatt, das sie inzwischen aufgegeben haben, auf »Welt kompakt« umgestiegen. Sie waren in der Vergangenheit mit keiner Zeitung richtig zufrieden. Sie haben Spaß an »Welt kompakt« und lesen heute mehr Zeitung als früher.[116]

Neue (Zusatz-)Produkte: Um neue Erlösquellen zu erschließen, bieten viele Zeitungsverlage ihren Käufern bzw. Lesern zu günstigen Konditionen Zusatzprodukte jenseits der gedruckten Zeitung an. In aller Regel handelt es sich dabei um Bücher, Lexika, Compact Discs, Digital Video Discs, aber auch andere Produkte. Die Idee kommt von Auslandsmärkten, wo »große Zeitungen wie die italienische *La Repubblica* in den vergangenen Jahren beachtliche unternehmerische Erfolge erzielt hatten, indem sie am Kiosk Zugaben zur Zeitung, vor allem Bücher, verkauften«.[117] Allerdings kann dieses Konzept wegen der Unterschied-lichkeit der Rechtslage, des Käuferverhaltens oder auch der Vertriebswege nicht eins zu eins auf den deutschen Markt übertragen werden. »Im Gegensatz zu vielen anderen Märkten ist in Deutschland etwa das sogenannte Koppelungsgeschäft (zum Beispiel die Verknüpfung des Verkaufs einer Zeitung mit einem Buch) verboten.«[118] Daher müssen in Deutschland andere Wege beschritten werden. In aller Regel sind hier die von den Verlagen angebotenen Zusatzprodukte in den Zeitungsverlagen selbst oder – durch spezifische Kooperationen und Vereinbarungen – im Buch- und Plattenhandel, an Kiosken, in Bahnhofsbuchhandlungen sowie in anderen Geschäften gegen Entgelt erhältlich.

Neben vielen anderen Blättern sind in Deutschland erneut vor allem die großen (Tages-) Zeitungen für Zusatzgeschäfte mit neuen Produkten bekannt geworden. Beispielhaft seien hier etwa die 20-teilige Opern-Edition auf DVD der »Frankfurter Allgemeinen Sonntags-zeitung«, die 20-bändige Lexikonreihe der Wochenzeitung »Die Zeit«, die DVD-Samm-lung »Sphinx – Geheimnisse der Geschichte« der Tageszeitung »Die Welt« sowie die Bild-Bibliothek von »Bild« genannt. Stellvertretend für andere Verlage sollen hier die Aktivitäten der »Süddeutschen Zeitung« etwas detaillierter erörtert werden. Die »Süddeutsche« war die erste Zeitung in Deutschland, die auf Zusatzerlöse gesetzt und konsequent eine Strategie umgesetzt hat, um diese auch nachhaltig zu sichern.[119] Sie startete im März 2004 mit der SZ-Bibliothek, einer insgesamt 50 Bände umfassenden Sammlung erfolgreicher Belletris-tik-Titel und Romane (Motto: »Lese.Freude.Sammeln«). Es folgte im Frühjahr 2004 eine CD-Klassik-Edition, der sog. »Klavier Kaiser«, benannt nach dem prominenten Kultur-kritiker der SZ, Joachim Kaiser. Die Edition enthielt 20 CDs mit Interpretationen klas-sischer Werke unterschiedlicher Komponisten durch 14 große Pianisten des 20. Jahrhun-derts. Im Herbst 2004 konnten SZ-Leser »Großes Kino.Sammeln«. Es handelte sich dabei um 50 DVDs mit Lieblingsfilmen von Journalisten der SZ-Redaktion. Im Frühjahr 2005 folgte die SZ-Diskothek »1000 Songs. 50 Jahre Pop. 1955 bis 2004«. Sie stellt eine Popmu-sik-Anthologie mit Buch und jeweils dazugehörender CD für jedes der 50 zurückliegenden Jahre dar. Im Herbst 2005 wurde eine zweite Literatur-Edition herausgebracht, die »Junge Bibliothek«. Sie besteht aus 50 Klassikern und zeitgenössischen Werken von 50 Kinder- und Jugendbuchautoren. Kurz vor Weihnachten 2005 startete anlässlich der Fußballweltmeis-terschaft 2006 eine 15-bändige WM-Bibliothek, der im Januar 2006 als dritte Literatur-Edi-tion eine 50-bändige Kriminalbibliothek mit 50 Meisterwerken der Kriminal-Literatur von 50 Autoren folgt.[120] Weitere Projekte sind geplant. Der deutsche Buchhandel profitierte übri-gens von den Bucheditionen der deutschen Zeitungsverlage. Angaben des Börsenverbands des Deutschen Buchhandels zufolge machten sie 2004 zusammen 4,1 Prozent des Umsatzes des Buchhandels mit belletristischer Literatur aus.[121]

Jenseits der Zeitung Kunden binden zu können verlangt – Klaus Josef Lutz von der »Süddeutschen Zeitung« zufolge – »Mut und eine starke Marke«.[122] Zu den Konstanten des Geschäftsmodells für die SZ-Bibliothek und die Nachfolgeprojekte zählen laut Lutz »der Erwerb von Lizenzen für einen begrenzten Zeitraum, das Angebot an die Leser der Zei-tung und andere Kunden im Abonnement, der Vertrieb über die (damalige) konzerneigene Logistiktochter, die Kooperation mit dem Buchhandel sowie die Nutzung der »Süddeut-schen Zeitung« als Plattform für Eigenanzeigen. Vertrieben werden die Bücher, CDs, DVDs sowohl direkt wie auch über das Presse-Grosso und den Sortimentsbuchhandel. Den Auftakt bildete jeweils eine Verschenkaktion an die SZ-Abonnenten und -Käufer.« Erfolgs-faktoren stellen laut Lutz »die Hochwertigkeit und exklusive Gestaltung der Produkte, die »Unterstützung durch Kompetenz und Wissen der Redaktion«, ein »gezieltes Marketing mit einer geistreichen und effektiven Kampagne« sowie »die klare Kommunikation und Wer-bestrategie« dar.[123]

Neben den großen überregional verbreiteten Tages- und einigen Wochenzeitungen bieten auch zahlreiche Regional- und Lokalblätter Zusatzprodukte an, um ihre Erlöse durch neue Geschäftsfelder auszubauen. Voraussetzungen zum Erfolg scheinen auch hier gegeben zu sein, wie Rainer ESSER und Christiane SCHREIER ausführen: »Zum einen erreichen die Regi-onalzeitungen in ihrem Verbreitungsgebiet eine sehr hohe Reichweite, die es ihnen ermög-licht, öffentliche Aufmerksamkeit für neue Produkte und Aktionen zu schaffen. Zum ande-ren ist der Bekanntheitsgrad der Marke ausgesprochen groß. Durch die enge Leser-Blatt-Bindung, die sich im hohen Abonnementanteil niederschlägt, können die Leser auf sehr effizientem Weg erreicht werden. Die Herausforderung für die Regionalzeitungen besteht darin, ein geeignetes Produkt zu finden, das alle Leser gleichermaßen anspricht. Während die Leserschaft bei den überregionalen Zeitungen relativ homogen ist (bestimmtes Bildungs-niveau, ähnliche Interessen), ist sie bei Regionalzeitungen sehr heterogen. Im Vordergrund steht das Interesse an der eigenen Region, hier besteht die Chance für Regionalzeitungen.«[124] Freilich muss auch bei den Regionalzeitungen im Hinblick auf Zusatzprodukte der optimale Marketing-Mix aus Produkt, Promotion, Platzierung und Preis gefunden werden.[125]

Engagements bzw. Tätigkeiten der Zeitungsverlage außerhalb des verlegerischen Bereichs müssen gut überlegt werden. Die Marke des Kernprodukts, in aller Regel eine Tageszeitung, kann und soll durchaus genutzt, darf aber nicht beschädigt werden. Eine unter deutschen Verlagshäusern von dem international tätigen Wirtschaftsprüfungs- und Beratungsunter-nehmen KPMG[126] durchgeführte Umfrage ergab, dass 87 Prozent der befragten Verlage Produkte und Dienstleistungen im Bereich der Kultur anbieten wie Kunst, Reisen, Bücher, CDs, DVDs oder Veranstaltungen. 70 Prozent können sich auch vorstellen, etwa auch Ver-sorgungsdienstleistungen (Strom, Wasser, Telefon) zu vertreiben. Für 62 Prozent (also knapp zwei Drittel) kommt aber beispielsweise der Vertrieb bzw. Verkauf von Versicherungen nicht in Frage.[127] Die Verlage fürchten, dass dies den Ruf der Zeitungsverlage, insbesondere der Marke, gefährden könnte: »Die Diversifikation in neue Geschäftsfelder bei gleichzeitiger Veränderung bestehender Geschäftsmodelle stellt hohe Anforderungen an das Manage-ment, um sich nicht unkontrolliert von den Kernkompetenzen zu entfernen.«[128] Christoph NEUBERGER weist darüber hinaus auf die Problematik hin, dass sich Zeitungsverlage durch Nebengeschäfte von Informationsanbietern zu Gemischtwarenhändlern verwandeln. Oft-mals würden die neu angebotenen Produkte redaktionell »begleitend betreut«. Dadurch werde der Übergang zwischen redaktionellem Teil und Kaufangeboten fließend. Auch wenn es um relativ harmlose Produkte wie Bücher, DVDs und CDs gehe, sei die »Instrumentali-sierung der Redaktion für die Verkaufsförderung dennoch problematisch.«[129]

Post von der Zeitung: Infolge der 1998 erfolgten Teilliberalisierung des deutschen Post-marktes ist es auch anderen Mitbewerbern und Anbietern erlaubt, Postdienstleistungen zu erbringen. Lizenzen erteilt die Regulierungsbehörde für Telekommunikation und Post.[130] Die Post selbst behält sich bis auf Weiteres (bis 2007) die Exklusivlizenz für Briefe und Katalogsendungen bis 200 Gramm sowie für Massendrucksachen bis 50 Gramm vor. Andere Sendungen, darunter auch höherwertige Briefdienstleistungen, können von Dritten erbracht werden. Für die Zeitungsverlage eröffnet(e) sich hier die Möglichkeit, am deutschen Postmarkt teilzunehmen und den Briefmarkt als weiteres Geschäftsfeld zu nutzen.[131] Die Verlage können nämlich ihre Vertriebs- und Zustelllogistik für Postzustelldienste und ähnliche Dienstleistungen einsetzen, um Rückgänge in bestehenden Geschäftsfeldern zumindest teilweise auszugleichen.[132] Die Zeitungsverlage bringen dafür insofern recht gute Voraussetzungen mit, als sie über langjährige Kundenbeziehungen sowohl zu den Abonnenten als auch zu wichtigen lokalen und regionalen Unternehmen aus dem Werbegeschäft verfügen.[133] Zahlreiche regionale Zeitungsverlage erbringen daher Briefdienstleistungen, »die sich an Kunden richten, für die ein lokal und regional ausgerichtetes Zustellnetz von Interesse ist.«[134]

Die »ursprünglich erhoffte, zusätzliche Nutzung der Zeitungszusteller als Briefzusteller ist jedoch logistisch und zeitlich meist nicht realisierbar«.[135] Thomas BREYER-MAYLÄNDER nennt dafür folgende Gründe: Die Zustellung der Zeitung bedeute »Maßarbeit in einem sehr engen Zeitfenster am frühen Morgen«. Die Qualität dieser Zustellung sei »mitentscheidend für die Kundenzufriedenheit der Leser« (z. B. Stichwort: Zeitung am Frühstückstisch). Störungen dieses Prozesses durch neue Dienstleistungen »sollten unterbleiben«. Daher erfordere der Aufbau eigener Zustellnetze für die Briefzustellung »eine sorgfältige Planung und marktorientierte Gestaltung der Zustellorganisation«.[136] Drei Kategorien von Zustellern lassen sich Breyer-Mayländer zufolge in der Briefzustellung durch Zeitungsverlage vorfinden: Vollzeitzusteller, Hybridzusteller und Exklusivzusteller. Beim *Vollzeitzusteller* handelt es sich um eine Kombination aus Zeitungszustellung in den frühen Morgenstunden und Gangfolgesortierung sowie Briefzustellung im Verlauf des Vormittags. *Hybridzusteller* sind Zeitungszusteller, die in einer Nebenfunktion auch für das Briefgeschäft zuständig sind – ein Typ, der in sendungsschwachen Regionen wirtschaftlich vorteilhaft ist. *Exklusivzusteller* sind Zusteller, die ausschließlich am Vormittag im Bereich Briefzustellung eingesetzt werden.[137]

Zahlreiche Verlage haben inzwischen – teils mit Kooperationspartnern aus dem Logistik-Bereich – Aktivitäten in der Briefzustellung entwickelt. Dabei kommen je nach Größe des Einzugs- bzw. Verbreitungsgebiets von Zeitungen und der jeweils eingegangenen Kooperationen (auch von Zeitungsverlagshäusern untereinander) unterschiedliche Modelle zur Anwendung, die hier im Einzelnen nicht vorgestellt werden müssen.[138] Eine Investition im Bereich der Briefzustellung ist jedenfalls erst sinnvoll, wenn ein ausreichendes Postsendungsvolumen vorhanden ist; erst dann kann Rentabilität erzielt werden.[139] Dies ist vor allem für die große Mehrzahl jener Verlage wichtig, die im regionalen bzw. lokalen Bereich in der Postzustellung tätig sind oder sein wollen. Will man nationale Kunden binden, so besteht Übereinkunft unter den Verlagen darüber, dass eine »überregionale Vernetzung das Ziel sein muss«[140] und »einheitliche Standards angeboten werden müssen«.[141] Im Herbst 2005 haben die bereits als regionale Postdienstleister tätigen Großverlage Springer, Holtzbrinck sowie WAZ (gemeinsam mit der luxemburgischen Rosalia-AG) eine Gemeinschaftsfirma (PIN Group AG) für die bundesweite Briefzustellung gegründet, die Anfang 2006 den Geschäftsbetrieb aufnehmen soll.[142] Alle Briefdienste werden unter dem einheitlichen Namen PIN Mail gebündelt.[143]

Schließlich ist in den sog. mobilen Diensten ein weiteres Geschäftsfeld zu sehen, das Zeitungsverlage in Deutschland zu erschließen beginnen, worauf weiter unten genauer eingegangen wird (vgl. Kapitel 10.5).

9.6 Zur Struktur der Presse 2005

Das deutsche Pressewesen zeichnet sich trotz krisenhafter Erscheinungen der jüngsten Zeit durch eine beachtliche Vielfalt aus. Dessen ungeachtet schreitet der Pressekonzentrationsprozess auch in Deutschland voran. Im Folgenden geht es zunächst um die aktuelle Struktur der Tagespresse. Sodann folgen Ausführungen zum Bereich des Zeitschriftenwesens sowie der Gratisanzeiger und Offertenblätter.[144]

9.6.1 Tageszeitungen

Der Gesamtbestand der Tagespresse umfasst nach der von SCHÜTZ zuletzt 2004 durchgeführten pressestatistischen Zählung 138 redaktionell selbständige Tageszeitungen (publizistische Einheiten), die in 1.538 Ausgaben erscheinen und von zusammen 359 Verlagen herausgegeben werden. Ihre gemeinsame Auflage beträgt Angaben des BDZV zufolge 2005 insgesamt 21,66 Mio. Exemplare. Davon entfallen 15,15 Mio. auf lokale und regionale Zeitungen, 1,65 Mio. auf überregionale Zeitungen sowie 4,86 Mio. auf Straßenverkaufszeitungen.[145] Aus Abbildung 56 geht die Entwicklung des Gesamtbestands seit Beginn der pressestatistischen Zählung 1954 hervor. Dabei gilt es zu berücksichtigen, dass die Abbildung für den Zeitraum zwischen 1954 und 1995 nicht sämtliche Zählungen enthält; aufgenommen sind jedoch die durch die Wiedervereinigung bedingten Veränderungen. Nach Auflage stellen die deutschen Tageszeitungen »den mit Abstand größten Tageszeitungsmarkt in Westeuropa« dar.[146]

Gesamtbestand: Betrachtet man den hier relevanten Zeitraum der vergangenen neun bzw. zehn Jahre, so wird ersichtlich, dass die Zahl der publizistischen Einheiten um drei zugenommen hat, während die Zahl der Zeitungsausgaben gegenüber der 1995 durchgeführten Zählung um 79 und die Zahl der Verlage als Herausgeber um 22 zurückgegangen ist. Innerhalb des gleichen Zeitraums ist die verkaufte Auflage von 25,4 Mio. Exemplaren (1995) auf 21,66 Mio. Exemplare geschrumpft, also immerhin um 3,74 Mio.[147] Die Straßenverkaufszeitungen waren von diesem Rückgang etwas stärker betroffen als die Abonnementzeitungen und Blätter in Ostdeutschland stärker als solche in Westdeutschland. Aus Abbildung 59 ist darüber hinaus ersichtlich, dass es in den zurückliegenden Jahren bei den publizistischen Einheiten geringfügige Schwankungen nach oben und unten gab, auf deren Zustandekommen in den vorangegangenen Abschnitten teilweise hingewiesen wurde (wie etwa auf die Gründung der »Financial Times Deutschland« oder der Tabloids sowie die missglückten Gründungen von Gratistageszeitungen). Details zu einzelnen Vorgängen innerhalb des genannten Zeitraums, vor allem zu den zahlreichen Bewegungen bei den Zeitungsausga-

Abb. 59: Entwicklung der deutschen Tageszeitungen von 1954 bis 2005

Jahr	Publizistische Einheiten	Verlage als Herausgeber	Ausgaben	Verkaufte Auflage in Mio.
1954	225	624	1.500	13,4
1976	121	403	1.229	19,7
1981	124	392	1.258	20,5
1985	126	382	1.273	20,9
1989 (West)	119	358	1.344	20,6
1989 (DDR)	37	38	291	9,6
1991	158	410	1.673	27,3
1995	135	381	1.617	25,4
1997	135	371	1.582	24,0
1999	135	355	1.581	24,1
2001	136	356	1.584	23,8
2003	134	349	1.561	22,6
2004	133	347	1.552	22,1
2005	138	359	1.538	21,7

Anmerkung: Die Abbildung enthält für den Zeitraum zwischen 1954 und 1999 nur ausgewählte (relevante) Jahre. Die Daten der von Walter J. Schütz 2004 durchgeführten Stichtagserhebung des Gesamtbestandes deutscher Tageszeitungen werden in der Abbildung erst für 2005 ausgewiesen.

Erstellt nach Zeitungen 2005, hrsg. vom Bundesverband Deutscher Zeitungsverleger. Berlin: ZV 2005, S. 390.

ben, sind den regelmäßig erscheinenden Beiträgen von SCHÜTZ[148] über die Deutsche Tagespresse in der Zeitschrift »Media Perspektiven« zu entnehmen, ebenso beispielsweise den Ausführungen Horst RÖPERS[149] über Konzentration im Pressewesen im gleichen Fachorgan und anderen Fachzeitschriften.[150]

Wie sich der Gesamtbestand der Tagespresse 2004 der Zählung von SCHÜTZ zufolge[151] auf die einzelnen Bundesländer verteilt, ist aus Abbildung 60 ersichtlich. Gemessen an *publizistischen Einheiten* erscheinen die meisten Tageszeitungen in Bayern mit 24, gefolgt von Nordrhein-Westfalen mit 23 und Baden-Württemberg mit 17. Die größte Vielfalt an *Zeitungsausgaben* ist mit 396 in Nordrhein-Westfalen als dem bevölkerungsreichsten Bundesland vorzufinden. In Hamburg fällt mit fünf redaktionell selbständigen Tageszeitungen die hohe Auflage von 4,416 Mio. Exemplaren auf, woran die »Bild«-Zeitung hohen Anteil hat. Bild ist mit 3,609 Mio. täglichen Exemplaren die größte Tageszeitung Deutschlands. Sie erscheint gegenwärtig in mehr als 30 Ausgaben, deren Auflage pressestatistisch gänzlich Hamburg zugerechnet wird.

Abb. 60: Deutsche Tagespresse 2004: Publizistische Einheiten, Ausgaben und verkaufte Auflage nach Bundesländern

Land	Publizistische Einheiten	Ausgaben	Verkaufte Auflage in Tausend
Baden-Württemberg	17	229	2143,5
Bayern	24	249	2862,6
Berlin	10	26	1253,4
Brandenburg	4	40	404,3
Bremen	3	35	307,8
Hamburg	5	46	4416,4
Hessen	15	91	1423,4
Mecklenburg-Vorpommern	3	36	396,3
Niedersachsen	11	131	1491,5
Nordrhein-Westfalen	23	396	3773,1
Rheinland-Pfalz	5	66	735,9
Saarland	1	12	167,6
Sachsen	4	54	896,0
Sachsen-Anhalt	2	37	526,0
Schleswig-Holstein	6	43	475,6
Thüringen	5	47	476,4

Erstellt nach Schütz, Walter J.: Deutsche Tagespresse 2004, in: Media Perspektiven 5/2005, S. 207–209.

Trotz seiner Titel- und vor allem Ausgabenvielfalt ist der deutsche Tageszeitungsmarkt von relativ hoher (Auflagen-)Konzentration gekennzeichnet.[152] Anfang 2006 (in Abbildung 61 noch nicht enthalten) beträgt der Marktanteil der fünf größten Tageszeitungsverlagsgruppen 41,3 Prozent an der Gesamtauflage aller Tageszeitungen, der Marktanteil der zehn größten Verlagsgruppen 55,7 Prozent.[153] Gegenüber den Jahren zuvor sind diese Anteile langsam, aber stetig etwas gewachsen, zuletzt – wegen Auflagenverlusten innerhalb einzelner Gruppen – aber geringfügig zurückgegangen.[154] Die größten Verlagshäuser nehmen seit Jahren innerhalb der Gruppe teils nur geringfügig unveränderte Marktanteile ein, die DDVG scheint 2006 erstmals auf:[155]

Zu den fünf größten Verlagsgruppen zählen Anfang 2006 (wobei in der Regel Beteiligungen von Verlagen ab etwa 25 Prozent berücksichtigt sind):[156]

- der Springer-Verlag (Hamburg/Berlin mit »Bild«, »Die Welt«, »Berliner Morgenpost«, »B.Z.« u.a.m.),
- die Westdeutsche Allgemeine Zeitungsgruppe (Essen, mit »Westdeutsche Allgemeine Zeitung«, »Westfälische Rundschau«, »Westfalenpost«, »Ostthüringer Zeitung« u.a.m.),

- die Verlagsgruppe Stuttgarter Zeitung/Die Rheinpfalz/Südwest Presse Ulm (mit »Stuttgarter Zeitung«, »Stuttgarter Nachrichten«, »Die Rheinpfalz«, »Südwest Presse« u.a.m.)
- die Ippen-Verlagsgruppe (München, mit »Münchner Merkur«, »tz«, »Westfälischer Anzeiger«, »Leine-Deister-Zeitung« u.a.m.) sowie
- die Gruppe M. DuMont Schauberg (Köln, mit »Kölner Stadt-Anzeiger«, »Express«, »Mitteldeutsche Zeitung« u.a.m.).

Es folgen *Holtzbrinck* (Stuttgart, mit »Handelsblatt«, »Der Tagesspiegel«, »Saarbrücker Zeitung«, »Lausitzer Rundschau«, »Südkurier« u.a.m.), der *Frankfurter Allgemeine Zeitungs-Verlag* (Frankfurt, mit FAZ, »Frankfurter Neue Presse«, »Märkische Allgemeine«), der *Süddeutsche Verlag* (München, »Süddeutsche Zeitung«, »Neue Presse«, »Freies Wort« u.a.m.), *Madsack* (Hannover, »Hannoversche Allgemeine Zeitung«, »Göttinger Tageblatt«, »Peiner Allgemeine Zeitung« u.a.m.) sowie schließlich die *Deutsche Druck- und Verlagsgesellschaft*, kurz DDVG (»Frankfurter Rundschau«, »Neue Westfälische«, »Morgenpost für Sachsen« u.a.m.).

Abb. 61: Die zehn größten deutschen Tageszeitungsverlage 2004

Rang	Verlagsgruppe	1989	1995	2000	2004
1.	Axel-Springer AG, Berlin	26,7	23,3	23,6	22,7
2.	Verlagsgruppe WAZ, Essen	6,0	5,5	6,0	6,0
3.	Verlagsgruppe Stuttgarter Zeitung / Die Rheinpfalz / Südwest Presse, Ulm	3,2	5,0	5,0	5,0
4.	Verlagsgruppe DuMont Schauberg, Köln	3,3	4,4	4,4	4,0
5.	Ippen-Gruppe, München	3,0	2,7	2,9	3,9
Summe*		**42,8**	**41,8**	**42,3**	**41,6**
6.	Holtzbrinck, Stuttgart	–	2,5	2,5	3,6
7.	Frankfurter Allgemeine Zeitung, Frankfurt am Main	2,4	2,9	3,0	3,1
8.	Gruner + Jahr, Hamburg	–	3,6	2,8	2,8
9.	Madsack, Hannover	1,9	2,5	2,4	2,5
10.	Süddeutsche Zeitung, München	3,6	3,2	3,3	2,5
Summe*		**54,8**	**55,7**	**55,9**	**56,1**

* Wegen der unterschiedlichen Rangbildungen ergeben die Summenbildungen nicht zwingend die ausgewiesenen Werte. Die Rangfolge basiert allein auf den Werten im Jahr 2004. Zudem sind Rundungseffekte zu berücksichtigen.

Erstellt nach Röper, Horst: Bewegung im Zeitungsmarkt 2004, in: Media Perspektiven 6/2004, S. 268–283.

Der Hamburger Verlag *Gruner und Jahr*, der sich mit der »Berliner Zeitung«, dem »Berliner Kurier«, der »Sächsischen Zeitung«, der »Morgenpost für Sachsen« sowie mit der »Financial Times Deutschland« für viele Jahre unter den ersten zehn großen Verlagshäusern befand, gehört nach dem Verkauf des Berliner Verlags (»Berliner Zeitung«, »Berliner Kurier«) an eine angelsächsische Investorengruppe im Herbst 2005 nicht mehr den ersten zehn Marktführern im Tageszeitungsbereich an. Dagegen befindet sich die DDVG, die Medienholding der SPD, nun unter den zehn größten Tageszeitungsverlagen. Sie erwarb in der Phase der Medienkrise 90 Prozent Anteile an der »Frankfurter Rundschau« (vgl. Kapitel 9.1) und ist über zahlreiche Verlagsgesellschaften mit unterschiedlichen Anteilen (meist Minderheitsbeteiligungen) an vielen Regional- und Lokalzeitungen beteiligt.[157] Wie erwähnt hat die DDVG im Sommer 2006 die Mehrheit ihrer Anteile (nämlich 50 Prozent) an dem Frankfurter Presseunternehmen an die Kölner Verlagsgruppe M. DuMont Schauberg verkauft.

Die hier dargestellten Anteilsberechnungen zur Auflagenkonzentration sind, wie Jürgen WILKE vermerkt, unter Berücksichtigung zweier Tatsachen zu beurteilen:

• Die Auflagenkonzentration ist nur zum Teil das Ergebnis von Aufkäufen, Fusionen und wirtschaftlichen Beteiligungen; zu einem erheblichen Teil ist sie Folge des Auflagenzuwachses von erfolgreichen Presseunternehmen gewesen.

• Bei Anteilsberechnungen sind Zeitungen unterschiedlichen Typs, nämlich überregional und regional/lokal verbreitete Kauf- und Abonnementzeitungen, zusammengefasst; die verschiedenen Zeitungstypen erfüllen aber für die Leser unterschiedliche Aufgaben und richten sich teilweise an jeweils andere Leserkreise.[158]

Der Gesamtbestand an Tageszeitungen lässt sich, wie aus obigen Ausführungen auch hervorgeht, zeitungstypologisch nach der Form ihres Vertriebs in Abonnement- und Straßenverkaufszeitungen unterteilen, beide Typen wieder nach überregional und regional/lokal verbreiteten Titeln.

Abonnementzeitungen: Den größten Anteil am Tageszeitungsgesamtbestand machen in Deutschland die *regional bzw. lokal verbreiteten Abonnementzeitungen* aus; laut SCHÜTZ waren es 2004 insgesamt 119 redaktionell selbständige Zeitungen mit 1.465 Ausgaben.[159] Zusammen vereinigen sie zur Jahresmitte 2005 auf sich eine gemeinsame Auflage von 15,15 Mio. Exemplaren bzw. 70 Prozent der Gesamtauflage.[160] »Die lokalen und regionalen Abonnementzeitungen in Deutschland haben treue Leser. Gut 14,1 Millionen Exemplare werden täglich im Abonnement zugestellt, das heißt, durch Zeitungszusteller oder per Post bis an die Haustür gebracht. Fast eine Million Exemplare pro Tag gehen am Kiosk oder im Laden über die Theke.«[161] Auflagenstarke regional bzw. lokal verbreitete Abo-Tageszeitungen sind aus Abbildung 62 ersichtlich.[162]

Viele Zeitungen in Deutschland, insbesondere Abonnementzeitungen, verfügen über regionale und lokale Monopole. Dies geht nicht zuletzt aus der Zahl der in Deutschland vorhandenen sog. Ein-Zeitungs-Kreise hervor, in denen es nur noch eine Tageszeitung gibt und wo die Leser folglich keine Alternative zur Verfügung haben: »Im Jahre 2004 waren 42,1 Prozent der Bevölkerung im Bundesgebiet in 256 Kreisen und kreisfreien Städten (= 58,3 Prozent) auf *eine* lokale Zeitung angewiesen. Umgekehrt haben in 41,7 Prozent der Gebietskörperschaften noch 57,9 Prozent der Bürger eine Alternative.«[163] Unter den deutschen Großstädten hat Berlin mit zehn publizistischen Einheiten die größte Zahl von Zeitungen, gefolgt von anderen Städten, beispielsweise Hamburg mit fünf oder München mit vier.[164] Im Durchschnitt aber liegt die Zeitungsdichte gegenwärtig bei 1,5 (1954 lag sie bei 2,7 und 2001 bei 1,6).[165] Diese geringe Zeitungsdichte hat notwendigerweise Folgen für die Marktstellungen der Zeitungen. 2004 befanden sich 41 Prozent der Verlage von Abonnementzeitungen in *Alleinanbieterposition* (138 Titel mit einer gemeinsamen Auflage von 7.516 Mio. oder 47,6 Prozent der Auflage); weitere 47 Prozent (157 Titel mit einer gemeinsamen Auflage von 6.940 Mio. oder 44 Prozent der Auflage) nahmen eine *Erstanbieterposition* ein; und schließlich 11,7 Prozent (39 Zeitungen mit einer verkauften Auflage von 1.328 Mio. oder 8,4 Prozent Auflagenanteil) mussten sich mit einer *nachrangigen Position* begnügen.[166]

Abb. 62: Auflagenstarke Regionalzeitungen 2005

Titel	Verkaufte Auflage
Westdeutsche Allgemeine Zeitung	498.200*
Rheinische Post	402.176
Freie Presse	330.492
Sächsische Zeitung	298.159
Hamburger Abendblatt	268.101
Leipziger Volkszeitung	265.933
Mitteldeutsche Zeitung	263.367
Die Rheinpfalz	242.925
Volksstimme	225.088
Rhein-Zeitung	222.214
Berliner Zeitung	186.503
Ostsee-Zeitung	162.664

Verkaufte Auflage Mo–Sa.

* Die verkaufte Auflage der »Westdeutschen Allgemeinen Zeitung« ist, da die IVW nur die gemeinsame Auflage für die gesamte WAZ-Gruppe ausweist, der Zeitungs-Stichtagssammlung von Walter J. Schütz aus dem Jahr 2004 entnommen.

Erstellt nach IVW-Auflagenliste IV/2005, hrsg. von der Informationsgemeinschaft zur Feststellung der Verbreitung von Werbeträgern e. V. (IVW), Berlin 2005.

Auf die Problematik der Entstehung von lokalen Pressemonopolen und damit verbundene Befürchtungen im Hinblick auf die Einschränkung äußerer und innerer Vielfalt wurde bereits eingegangen. Empirische Studien erbrachten bereits damals teils widersprüchliche

Ergebnisse (vgl. Kapitel 5.2).[167] Aufgrund des inzwischen eingetretenen Medienwandels ist zudem fraglich, ob diese mehr als 30 Jahre zurückliegenden Forschungsergebnisse für die Gegenwart noch relevant sind. Das Aufkommen lokalen privaten Hörfunks und Fernsehens hat den Wettbewerb in der Lokalberichterstattung verstärkt, viele Zeitungen haben mittlerweile ihre Lokalteile erweitert, Stadtteilausgaben eingeführt und auch um lokale Serviceberichterstattung ergänzt. Auch scheint in der Lokalberichterstattung selbst mehr Bürgernähe gegeben zu sein. Dessen ungeachtet soll die prinzipielle Problematik lokaler Pressemonopole im Grundsatz nicht bestritten werden.

Zu den überregional verbreiteten Abonnementzeitungen: Unter den Abonnementzeitungen nehmen die acht bzw. zehn überregional verbreiteten Tageszeitungen – oder besser: Tageszeitungen mit dem Anspruch überregionaler Verbreitung – eine besondere Stellung ein. Dazu werden allgemein die »Frankfurter Allgemeine Zeitung«, die »Süddeutsche Zeitung«, die »Frankfurter Rundschau«, »Die Welt«, »die Tageszeitung« (taz), das »Neue Deutschland«, das »Handelsblatt« sowie die »Financial Times Deutschland« gezählt – bisweilen auch die auflagenschwachen Titel »Die Tagespost« sowie »Junge Welt«.[168] Die meisten von ihnen finden zwar zu einem großen Teil Verbreitung in der Region ihrer Erscheinungsgebiete und haben in aller Regel jeweils auch einen »lokalen Bezugspunkt«,[169] zugleich sind sie aber auch national verbreitet und bundesweit erhältlich sowie gelesen. Einige von ihnen bringen neben einer Regional- oder Stadtausgabe auch Fern- oder Deutschlandausgaben heraus.[170] Die Auflage der überregional verbreiteten Tageszeitungen betrug zur Jahresmitte 2005 zusammen 1,65 Mio. Exemplare,[171] was einem Anteil von 7,6 Prozent an der Gesamtauflage entspricht.

Abb. 63: Überregional verbreitete Tageszeitungen 2005

Titel	Verkaufte Auflage
Süddeutsche Zeitung	424.848
Frankfurter Allgemeine	358.202
Die Welt	251.228
Frankfurter Rundschau	154.124
Handelsblatt	142.964
Financial Times Deutschland	101.393
die tageszeitung (taz)	59.302
Neues Deutschland	47.989
Die Tagespost	13.183

Anmerkung: Verkaufte Auflage Mo–Fr. Der Titel »Junge Welt« (Berlin) mit einer Auflage von 14.000 Exemplaren wird fallweise zu den überregional verbreiteten Tageszeitungen gezählt, erscheint jedoch nicht bei IVW. In der Auflage der Tageszeitung »Die Welt« ist jene von »Welt kompakt« enthalten.

Erstellt nach IVW-Auflagenliste IV/2005, hrsg. von der Informationsgemeinschaft zur Feststellung der Verbreitung von Werbeträgern e. V. (IVW), Berlin 2005.

Die vier Tageszeitungen »Die Welt«, FAZ, SZ und FR repräsentieren im Ganzen zudem »das politische Spektrum der bundesdeutschen Tagespresse zwischen rechts, gemäßigt rechts, gemäßigt links und links und werden daher gerne empirischen Spektrumsanalysen zugrunde gelegt.«[172] Einige andere überregionale Blätter sind auf mehr oder weniger enge Marktsegmente beschränkt. Dies gilt etwa für die linksorientierte taz, die ursprünglich »als Organ der alternativen Szene entstanden« ist, oder auch für das ehemalige SED-Zentral-organ »Neues Deutschland«, das »der PDS nahe steht«.[173] Das Düsseldorfer »Handelsblatt« sowie die »Financial Times Deutschland« legen den Schwerpunkt ihrer Berichterstattung, wie erwähnt, auf Wirtschafts-, Finanz- und Börsenthemen, weisen aber auch andere Rubriken auf. Die in Würzburg erscheinende katholische Tageszeitung »Die Tagespost« (Auflage rund 13.000) kommt nur dreimal wöchentlich heraus; die in Berlin erscheinende »Junge Welt« verfügt über eine Auflage von lediglich rund 14.000 Exemplaren. Die Auflagen der überregional verbreiteten Abonnementzeitungen sind Abbildung 63 zu entnehmen. Ihre nationale Reichweite hält sich laut Media-Analyse 2005 mit 5,7 Prozent durchaus in Grenzen. Dessen ungeachtet soll ihre potentielle Bedeutung für den gesellschaftlichen Diskurs in Deutschland genauso wenig bestritten werden wie die Aufmerksamkeit, die den meisten dieser Zeitungen im Ausland (und in ausländischen Medien) entgegengebracht wird.

Straßenverkaufszeitungen: Aufgrund ihrer plakativen Aufmachung und bunten äußeren Erscheinung sind auch in Deutschland die Straßenverkaufszeitungen nicht zu übersehen. Vor allem in Städten und Ballungszentren dominieren sie das Straßenbild, wo sie Zeitungskästen, den so genannten »stummen Verkäufern«, zu entnehmen sind oder von Zeitungsausträgern verkauft werden (und natürlich auch an Kiosken und in anderen Verkaufsstellen erhältlich sind). Im Sinne publizistischer Einheiten waren es 2004 sieben bzw. elf. Dazu gehören zunächst die klassischen Boulevardzeitungen, nämlich »Bild« (Hamburg), die »Hamburger Morgenpost«, die »B.Z.« (Berlin), der »Berliner Kurier«, der »Express« (Köln, Bonn und Düsseldorf), die »Abendzeitung« sowie die »tz« (beide München). Hinzuzuzählen ist als weiterer Titel die »Morgenpost für Sachsen« (»Dresdner Morgenpost«), die den Zeitungsmantel jedoch vom »Berliner Kurier« bezieht (und daher nicht als publizistische Einheit gilt).[174] Schütz rechnet auch die weitgehend im Einzel- bzw. Straßenverkauf abgesetzten neuen Tabloids »Welt kompakt«, »20 Cent«, »Kölner Stadt-Anzeiger Direkt« sowie »News« (mittlerweile eingestellt) dazu.[175]

Die gemeinsame Auflage der der IVW gemeldeten Titel betrug zur Jahresmitte 2005 insgesamt 4,86 Mio. Exemplare, das sind 22,4 Prozent Anteil an der Gesamtauflage der Tageszeitungen.[176] Die verkaufte Auflage der einzelnen Titel ist Abbildung 64 zu entnehmen.

Die Auflage der klassischen Straßenverkaufszeitungen ist seit Jahren rückläufig. Der Auflagenrückgang wird (wie erwähnt) – ohne dass dies empirisch einschlägig und kausal nachzuweisen ist – auf das private Fernsehen zurückgeführt, das den Straßenverkaufszeitungen, zum Teil zumindest, die ›bunten Themen‹ wegzunehmen scheint.[177] Die größte unter ihnen ist die aus dem Springer-Verlag stammende »Bild«-Zeitung. Sie kam in besonders guten Zeiten in den alten Bundesländern auf eine verkaufte Auflage von bis zu fünf Mio. Exemplaren, im vierten Quartal des Jahrs 2005 betrug sie etwas mehr als 3,6 Mio. Exemplare. »Bild« produziert gegenwärtig über 30 Ballungsraumausgaben, »die durch eigenständige Redaktionen den *Bild*-Mantel mit regionalen Beiträgen ergänzen und somit eine Symbi-

Abb. 64: Straßenverkaufszeitungen in Deutschland 2005

Titel	Verkaufte Auflage
Bild	3.609.427
Kölner Express (*gesamt*)	224.790
B.Z.	187.778
Abendzeitung	160.098
Tz	155.007
Berliner Kurier	124.055
Hamburger Morgenpost	111.025
Morgenpost für Sachsen	100.570
Kölner Stadt-Anzeiger DIREKT	9.001
Welt kompakt	nicht ausgewiesen
20cent	nicht ausgewiesen
News	nicht ausgewiesen

Verkaufte Auflage Mo–Sa. Für die Titel »B.Z.« und »Berliner Kurier«: Mo–Fr.

Erstellt nach IVW-Auflagenliste IV/2005, hrsg. von der Informationsgemeinschaft zur Feststellung der Verbreitung von Werbeträgern e. V. (IVW), Berlin 2005.

ose von überregionaler, regionaler und lokaler Zeitung ergeben.«[178] Auch andere Boulevard-Zeitungen geben Regional- oder Lokalausgaben heraus, beispielsweise die »Abendzeitung« (München) für den Raum Nürnberg.

Hauptstadtpresse – der Berliner Zeitungsmarkt: Mit dem Umzug von Regierung, Bundestag und Bundesrat von Bonn nach Berlin hat die neue (alte) Hauptstadt neue Bedeutung erlangt. Zahlreiche andere öffentliche Einrichtungen und Institutionen haben in der Folge ihren Hauptsitz ebenfalls nach Berlin verlegt oder dort Zweigstellen errichtet. Dies gilt auch für viele Medienbetriebe, die in Berlin je eigene Redaktionen unterhalten oder zumindest Redaktionsbüros eröffnet haben. Es gibt kaum einen großen Medienbetrieb (ob Zeitungsverlag oder Rundfunkunternehmen), der nicht mit einer größeren oder kleineren Niederlassung in Berlin vertreten ist. Die ursprünglich in Hamburg herausgebrachte, überregional verbreitete Tageszeitung »Die Welt« ist über Bonn nach Berlin umgezogen und erscheint dort nun als nationales Hauptstadtblatt. Den heftig umkämpften Markt[179] teilt sie sich – gemeinsam mit der Neugründung »Welt kompakt« – mit zusammen neun weiteren Tageszeitungen, deren Auflagen Abbildung 65 zu entnehmen sind.[180]

Fünf der in der ehemals geteilten Stadt ansässigen eigenständigen Tageszeitungen stammen aus Westberlin. Es sind dies die »Die Welt«, die »B.Z.«, die »Berliner Morgenpost«, der

»Tagesspiegel« sowie »die Tageszeitung« (taz). Die anderen vier Blätter kommen aus dem vor der Wende der DDR zugehörigen Ostteil. Es sind dies die »Berliner Zeitung«, der »Berliner Kurier« (zu DDR-Zeiten »BZ am Abend«), das »Neue Deutschland« sowie die »Junge Welt«. Zehnte Zeitung in Berlin ist der 2004 gegründete Titel »Welt kompakt«. Mit »B.Z.« und »Berliner Kurier« sind in der Bundeshauptstadt auch zwei lokale Boulevard-Blätter vorhanden.[181] Zu diesen zehn Titeln hinzuzuzählen ist die Ausgabe von »Bild« für Berlin-Brandenburg, so dass der Gesamtbestand an Zeitungstiteln in Berlin elf ausmacht.

Abb. 65: Tageszeitungen in Berlin 2005

Titel	Verkaufte Auflage
B.Z.	187.778
Berliner Zeitung	182.552
Bild Berlin/Brandenburg	137.009
Berliner Morgenpost	136.467
Der Tagesspiegel	133.409
Berliner Kurier	124.055
Neues Deutschland (Berlin)	22.090
Die Welt (Berlin)	13.742
die tageszeitung (Berlin)	11.429
Welt kompakt	nicht ausgewiesen
Junge Welt	nicht ausgewiesen

Anmerkung: Verkaufte Auflage Mo–Fr. Für die Berliner Tageszeitungen enthält die Abbildung jeweils die Gesamtauflage dieser Blätter, da die in Berlin verkaufte Auflage nicht gesondert ausgewiesen wird. Für die Titel »Neues
Deutschland«, »Die Welt« und »die tageszeitung« sind die in Berlin abgesetzten Exemplare aufgelistet.
Erstellt nach IVW-Auflagenliste IV/2005, hrsg. von der Informationsgemeinschaft zur Feststellung der Verbreitung von Werbeträgern e. V. (IVW), Berlin 2005.

Infolge des Konkurrenzkampfs um Leser und Anzeigenkunden sowie nachlassenden Leserinteresses haben seit der Wiedervereinigung einige Berliner Zeitungen an Auflage eingebüßt. In besonderer Weise an Bedeutung verloren die Titel »Neues Deutschland« und »Junge Welt«. So verfügt das ehemalige SED-Zentralorgan und jetzt der PDS nahestehende »Neue Deutschland« über nur noch knapp 48.000 verkaufte Exemplare (zu DDR-Zeiten 1,1 Mio.); die »Junge Welt«, ehedem Organ der SED-Vorfeldorganisation Freie Deutsche Jugend (FDJ), ist von 1,5 Mio. zur Zeit der Wende gar auf nur noch 14.000 zurückgefallen.

Zudem war der Berliner Zeitungsmarkt in den zurückliegenden Jahren von erheblicher Unruhe geprägt. So erwarb im Juli 2002 die Stuttgarter Verlagsgruppe Georg von Holtzbrinck, die mit dem »Tagesspiegel« (sowie mit der Stadtillustrierten »zitty«) am Berliner Zeitungsmarkt bereits präsent war,[182] vom Hamburger Verlag Gruner und Jahr – vorbehaltlich der Zustimmung des Bundeskartellamts – deren Berlin-Töchter[183] (Berliner Verlag u.a. mit »Berliner Zeitung«, »Berliner Kurier« sowie dem Stadtmagazin »tip«) und übernahm auch das wirtschaftliche Risiko eines solchen Kaufs.[184] Vor allem ging es Holtzbrinck um die »Berliner Zeitung«, die verlagswirtschaftlich mit dem »Tagesspiegel« fusioniert werden sollte. Die Kartellbehörde erteilte ihre Zustimmung jedoch nicht, da ihrer Ansicht nach am Berliner Zeitungsmarkt im Fall einer Fusion der Holtzbrinck-Gruppe mit dem Berliner Verlag Wettbewerbsbehinderung und wirtschaftliches Übergewicht (vor allem bei regionalen Abonnementzeitungen und bei Berliner Stadtillustrierten) drohte.[185] Auch eine beim Bundeswirtschaftsminister beantragte Ministererlaubnis zur Genehmigung des Kaufs, die auf das Argument gestützt war, der »Tagesspiegel« sei allein nicht überlebensfähig, wurde nicht erteilt, da es Kaufinteressenten für den »Tagesspiegel« gab.[186] Ein von Holtzbrinck im Zuge des Verfahrens angebotenes Stiftungsmodell für den »Tagesspiegel«, »mit dem insbesondere die redaktionelle Unabhängigkeit gegenüber der »Berliner Zeitung« gewahrt werden sollte«, wurde von der vom Bundeswirtschaftsministerium hinzugezogenen Monopolkommission »weitgehend verworfen«.[187] Das Modell sah eine »ökonomische Konzentration bei Beibehaltung der publizistischen Unabhängigkeit« beider Zeitungen vor.[188] Holtzbrinck veräußerte in der Folge im Herbst 2003 den »Tagesspiegel« an den langjährigen ehemaligen Holtzbrinck-Manager Pierre Gerckens[189] – ein Akt, der das Bundeskartellamt jedoch ebenfalls nicht überzeugte. Daher hat es den Verkauf des Berliner Verlags an Holtzbrinck erneut abgelehnt.[190]

Holtzbrinck hoffte nun auf eine günstige Novelle der Bestimmungen des Medienkartellrechts, um den Berliner Verlag doch noch erwerben zu können. Eine solche Novelle wurde zwar von der rot-grünen Bundesregierung im Zuge einer allgemeinen Novelle des Kartellrechts erarbeitet und im März 2005 im Bundestag auch verabschiedet; in der Länderkammer sowie danach im Vermittlungsausschuss fand der Abschnitt der Novelle über die Pressefusions-Kontrolle jedoch keine Mehrheit. Der Berliner Verlag wurde im Herbst 2005 schließlich von einer angelsächsischen Investorengruppe erworben, die bislang auf dem Zeitungsmarkt in Deutschland noch nicht engagiert war und daher auch keinen Einspruch des Bundeskartellamts zu erwarten hatte.[191]

Ausländer-Presse: Die Zahl fremdsprachiger Tageszeitungen in Deutschland ist nicht exakt zu eruieren. Der Bundesverband Deutscher Zeitungsverleger (BDZV) gibt für 2005 auf Basis der an ihn ergangenen Meldungen zusammen knapp 30 Titel mit unterschiedlicher Erscheinungsweise an.[192] Zu den auflagengrößten Tageszeitungen unter ihnen gehören die Titel »Hürriyet« und »Vesti«. Der türkische Titel »Hürriyet« (Freiheit) ist eine der auflagenstärksten Tageszeitungen der Türkei,[193] ein Boulevard-Blatt, das über eine Europa-Ausgabe verfügt und in der Bundesrepublik mit eigenen Deutschland-Seiten erscheint (vgl. auch Kapitel 5.4); die Auflage in Deutschland beträgt 2005 rund 47.600 Exemplare.[194] Unter den türkischen Zeitungen ist darüber hinaus auf die Titel »Tercüman« (rund 35.000), »Milliyet« (rund 8.000), »Özgür Politika« (rund 9.000) sowie »Mili Gazete« (rund 8.000) zu verweisen, ebenso auf den gemäßigten islamischen Titel »Zaman« (gut 23.000).[195] Der Titel »Vesti« (Nachrichten) dagegen ist eigenen Angaben zufolge »die größte und auflagenstärkste Tageszeitung für die ehemaligen Jugoslawen in der Bundesrepublik Deutschland, ganz West-Europa, Nordamerika und Australien«, wird nur »in der Diaspora vertrieben (…) und ist dem Bedarf des Gastarbeitermarkts angepasst.«[196] Ihre Gesamtauflage beträgt 81.000 Exemplare, die in Deutschland verbreitete Ausgabe verfügt über eine Auflage von rund 45.000 Exemplaren.[197] Der Titel »Stars and Stripes«, eine Tageszeitung für die US-amerikanische Military Community und damit auch für US-amerikanische Heeresangehörige in der Bundesrepublik, verfügt in Deutschland über eine Auflage von rund 30.000 Exemplaren. Die Wochenzeitung »Russkaja Germanija« bringt es laut IVW IV/2005 auf eine verkaufte Auflage von knapp 34.000.

Zahlreiche andere, vor allem auflagengrößere ausländische Tageszeitungen sind mit Redaktionsvertretungen oder zumindest Korrespondenten in Deutschland präsent; deren Zeitungen sind vor allem in städtischen Ballungszentren (meist an internationalen Bahnhofskiosken, Buchhandlungen u.ä.) erhältlich. Unter den international verbreiteten Tageszeitungen setzt beispielsweise die »Financial Times« in Deutschland gut 29.000 Exemplare ab, die »International Herald Tribune« rund 25.000 und die »Neue Zürcher Zeitung« rund 12.000 Exemplare.[198]

9.6.2 Zeitschriften

Als äußerst vielfältig und in Teilen schier unüberschaubar erweist sich auch im Jahr 2005 der Markt der Zeitschriften, der in Deutschland (vorsichtig) auf rund 20.000 Titel geschätzt wird.[199] Die nachfolgende Darstellung beschränkt sich auf die für größere Öffentlichkeiten relevanten Zeitschriftengruppen wie Wochenzeitungen und (politische) Magazine, Fachzeitschriften, Publikumszeitschriften, Programmzeitschriften, Sonntagszeitungen, die konfessionelle Zeitschriftenpresse und Anzeigenblätter. Insgesamt erzielen die Zeitschriften in Deutschland die vergleichsweise größte Reichweite unter allen Medien, was angesichts ihrer Vielfalt und Vielzahl nicht verwundert: Laut Media-Analyse 2005 beträgt sie insgesamt 93,4 Prozent.[200]

Wochenzeitungen und (politische) Magazine: Bei den *Wochenzeitungen*, die pressetypologisch zwar zu den Zeitschriften gezählt werden, aber im Hinblick auf Format, Papier und Druckbild sowie infolge fehlender Heftung oft eher Zeitungen gleichen,[201] weist der BDZV für 2005 insgesamt 12 überregional verbreitete Titel sowie 75 regional bzw. lokal verbreitete Wochenzeitungen aus.[202] Auflagengeprüft sind insgesamt nur 27 Titel, deren gemeinsame Auflage 2005 insgesamt 1,91 Mio. Exemplare beträgt.[203] Darunter befindet sich auch der Titel »Welt am Sonntag«, der im Folgenden jedoch zu den ebenfalls wöchentlich erscheinenden Sonntagszeitungen gerechnet wird.

Unter den *überregional verbreiteten Wochenzeitungen* ragen der liberale Titel »Die Zeit« sowie der christlich-konservative »Rheinischer Merkur – Christ und Welt« heraus. Zu erwähnen sind daneben der kritisch-linksintellektuelle Titel »Freitag«,[204] die linke Wochenzeitung »Jungle World« sowie die nationalkonservative »Junge Freiheit«. Als Partei(wochen)zeitung

Abb. 66: Auflagen ausgewählter Wochenzeitungen 2005

Titel	Verkaufte Auflage
Überregional verbreitete (politische) Wochenzeitungen	
Die Zeit	481.461
Bayernkurier	72.788
Freitag	13.741
Das Parlament	11.561
Konfessionell orientierte Wochenzeitungen	
Rheinischer Merkur	91.506
Neue Bildpost	23.186
Jüdische Allgemeine Wochenzeitung	7.610
Wochenzeitungen/Zeitschriften von Interessensvertretungen	
Deutsche Handwerks Zeitung	457.444
VDI Nachrichten	148.923
Norddeutsches Handwerk	92.288
Handwerkswirtschaft	15.956

Erstellt nach IVW-Auflagenliste IV/2005, hrsg. von der Informationsgemeinschaft zur Feststellung der Verbreitung von Werbeträgern e. V. (IVW), Berlin 2005.

nimmt der »Bayernkurier« eine Sonderstellung ein. Das CSU-Blatt gehört zu den noch ganz wenigen in Deutschland existierenden Parteiblättern,[205] findet seine Verbreitung jedoch weitgehend in Bayern. Eine wöchentlich erscheinende Parteizeitung ist darüber hinaus in der rechtsextremen »National-Zeitung – Deutsche Wochen-Zeitung« zu sehen. Das inoffizielle Organ der Deutschen Volksunion (DVU) ist 1999 aus dem formellen Zusammenschluss von »Deutsche National-Zeitung« und »Deutsche Wochen-Zeitung« entstanden.[206] Die nur zum Teil im Verkauf vertriebene, überregional verbreitete Wochenzeitung »Das Parlament« wird im Wesentlichen aus dem Bundeshaushalt finanziert. Ihr Inhalt wird weitgehend durch ihren Untertitel »Die Woche im Bundeshaus« charakterisiert.[207] Daneben existieren weitere Wochenzeitungen, von denen einige Interessengruppen nahestehen oder von diesen herausgegeben werden, wie etwa die »Deutsche Handwerkszeitung« (Auflage: 457.400 Exemplare).

Die Mehrzahl der *regional oder lokal* verbreiteten Wochenzeitungen ist politisch oder weltanschaulich nicht gebunden und weist den Charakter von Heimatblättern auf. Die meisten von ihnen erscheinen in kleinen Auflagen von 1.000 bis 5.000 Exemplaren, nur wenige Titel liegen darüber.[208] Abbildung 66 sind Auflagen ausgewählter Wochenzeitungen zu entnehmen.

(*Politische*) *Nachrichtenmagazine* sind formal eher der Gattung der Publikumszeitschriften zuzuordnen, stellen aber publizistisch betrachtet eine Sonderform der Wochenzeitungen dar, denen sie von den Inhalten her näher sind: thematisch ähnlich gefächert, formal jedoch anders aufbereitet.[209] Dazu zählen in Deutschland das 1947 gegründete, vor allem in der politischen Berichterstattung ursprünglich eher links orientierte, in jüngerer Zeit linksliberale Nachrichtenmagazin »Der Spiegel« sowie der 1992 auf den Markt gekommene, eher liberal-konservative »Focus«. Eine Position zwischen Nachrichtenmagazin und (General-Interest-)Illustrierter nimmt auf Grund ihrer bisweilen umfangreichen Berichterstattung über politische, wirtschaftliche und soziale Themen die Zeitschrift »Stern« ein. Aus Abbildung 67 sind Auflagen und Reichweiten der drei genannten Titel ersichtlich.

Abb. 67: Auflagen und Reichweite politischer Magazine 2005

Kenngrößen	Stern	Spiegel	Focus
Verkaufte Auflage	1.017.187	1.042.395	745.362
Leser pro Nummer (in Mio.)	7,84	5,96	6,03
Kernleser (in Mio.)	3,1	2,66	2,26
Durchschnittsalter der Leser	46,6	45,9	45,3

Erstellt nach IVW-Auflagenliste IV/2005, hrsg. von der Informationsgemeinschaft zur Feststellung der Verbreitung von Werbeträgern (IVW), Berlin 2005 (Auflagen); Media Analyse II 2005, Presse, hrsg. von der Arbeitsgemeinschaft Media-Analyse e.V. 2005 (Reichweiten); media spectrum 1-2/2006 (Durchschnittsalter der Leser).

Sonntagspresse: Der Begriff Sonntagspresse wird zunächst allgemein für »alle sonntäglich erscheinenden Tages- und Wochenzeitungen sowie Zeitschriften« verwendet.[210] Gemeinsam ist ihnen lediglich ihr Erscheinungstag, während sie sich in ihren Inhalten und ihrer Aktualität wesentlich unterscheiden können. Das Spektrum der am Sonntag erscheinenden Presseorgane umfasst neben (1) den überregional verbreiteten Abonnement-Sonntagszeitungen »Welt am Sonntag« und »Frankfurter Allgemeine Sonntagszeitung« (2) die überregional verbreitete Kauf-Sonntagszeitung »Bild am Sonntag«, (3) regional oder lokal verbreitete Abonnement-Sonntagszeitungen als siebte Tageszeitungs-Ausgabe wie die »Lübecker Nachrichten am Sonntag« oder »Sonntag aktuell«, (4) regional bzw. lokal verbreitete Kauf-Sonntagszeitungen wie den »Berliner Kurier am Sonntag«; (5) national oder regional verbreitete Sonntagszeitungen von Kirchen und Glaubensgemeinschaften (»Katholische Sonntagszeitung für Deutschland«, Köln, »Evangelische Sonntagszeitung«, Frankfurt a. M.) sowie (6) Sonntagstitel spezifischen Inhalts wie der Titel »Euro am Sonntag«, München.[211]

Die meisten dieser Sonntagszeitungen weisen tagesaktuelle Inhalte auf, die (in unterschiedlicher Weise) durch zahlreiche andere Inhalte wie umfassende Sportberichte, politische, wirtschaftliche und kulturelle (Hintergrund-)Themen, Unterhaltungsstoffe, Freizeit-, Reise-, Wochenend- und Verbrauchertipps u.a.m. ergänzt werden.[212] SCHÜTZ weist in seiner 2004 durchgeführten Stichtagszählung aus, dass von 1.538 Zeitungsausgaben insgesamt 169 Titel sieben mal wöchentlich erscheinen; dies entspricht 11 Prozent aller Zeitungsausgaben.[213] Eine Sonderstellung nimmt »Sonntag aktuell« ein. Das von südwestdeutschen Zeitungsverlagen in der Region Stuttgart und Umgebung gegründete Blatt wird seit Mai 1987 als siebte Ausgabe den Abonnenten zahlreicher Tageszeitungen und ihrer lokalen Ausgaben in Baden-Württemberg und Rheinland-Pfalz sonntags kostenlos zugestellt.[214]

Abb. 68: Auflagen ausgewählter Sonntagstitel 2005

Titel	Verkaufte Auflage
Bild am Sonntag	1.863.066
Sonntag aktuell	928.919
Die Welt am Sonntag	403.009
Frankfurter Allgemeine Sonntagszeitung	308.080
Berliner Kurier am Sonntag	189.775
Berliner Morgenpost am Sonntag	179.733
Der Tagesspiegel - Sonntagsausgabe	139.038
B.Z. am Sonntag	115.433
Euro am Sonntag	111.266
Katholische Sonntagszeitung für Deutschland	79.164

Erstellt nach IVW-Auflagenliste IV/2005, hrsg. von der Informationsgemeinschaft zur Feststellung der Verbreitung von Werbeträgern e. V. (IVW), Berlin 2005.

Die überwiegende Mehrzahl der siebten Ausgaben von Tageszeitungen hat aufgrund ihrer regionalen oder lokalen Verbreitung auch »nur eine Reichweite von örtlich begrenzter Bedeutung«.[215] Anders ist dies bei den überregional verbreiteten Titeln »Bild am Sonntag«, »Welt am Sonntag« und »Frankfurter Allgemeine Sonntagszeitung«; mit ihrer doch relativ hohen verkauften Auflage von zusammen über 2,5 Mio. Exemplaren erreichen sie einen großen Leserkreis. Da die drei Titel jeweils von eigenen Redaktionen produziert werden, stellt sich die Frage, ob man es bei den überregional verbreiteten Sonntagsblättern – streng genommen – nicht eher mit Wochenzeitungen zu tun hat, selbst wenn man auf ihren Seiten auch tagesaktuelle Berichterstattung findet.[216]

Nach einer 2005 durchgeführten Untersuchung wird in 35 Prozent der deutschen Haushalte eine Sonntagszeitung abonniert oder zumindest gelegentlich gekauft.[217] Leser im Alter über 40 Jahre sind unter den Abonnenten und regelmäßigen Käufern stärker vertreten als die jüngeren Bundesbürger. Insgesamt ein Viertel der Befragten erklärte sich der Studie zufolge bereit, bei einem attraktiven Angebot in Zukunft am Sonntag zur Zeitung zu greifen. Es scheint also an den Zeitungsverlagen zu liegen, »ihr Angebot auf die Leserwünsche abzustimmen«, das »vorhandene Käufer- bzw. Leserpotential optimal auszuschöpfen«, neue Leser zu gewinnen und bestehende stärker zu binden.[218] Aus einer bereits 2001 veröffentlichten Studie geht hervor, dass Sonntagsleser »nicht nur dem redaktionellen Teil ihre Aufmerksamkeit schenken, sondern auch den Anzeigen«.[219] In diesem Zusammenhang ist darauf hinzuweisen, dass die 239 sonntags erscheinenden Anzeigenblätter (mit einer gemeinsamen Auflage von 19,5 Mio. Exemplaren)[220] nicht zu den Sonntagszeitungen zu rechnen sind. Auflagenstarke Sonntagszeitungen sind Abbildung 68 zu entnehmen.

Fachzeitschriften: Die titelreichste Gruppe innerhalb der Zeitschriften bilden auch 2005 laut Angaben des Verbands Deutscher Zeitschriftenverleger (VDZ) mit 3.687 Organen die Fachzeitschriften,[221] deren Inhalte in aller Regel auf mehr oder weniger eng umgrenzte und recht spezifische Themenfelder beschränkt sind. Die Auflage der im 4. Quartal 2005 der IVW gemeldeten 1.081 Titel betrug 15,10 Mio. Exemplare.[222] 90 Prozent der Auflage der Fachzeitschriften werden im Abonnement, 10 Prozent im Einzelhandel und sonstigen Verkauf vertrieben. Der gemeinsame Umsatz der Fachpresseverlage machte 2005 insgesamt 1.838 Mrd. Euro aus. Davon kamen 902 Mio. aus dem Anzeigengeschäft, 878 Mio. aus Vertriebserlösen sowie 58 Mio. aus sonstigen Quellen. Aufs Ganze gesehen erzielen die Fachzeitschriftenverlage zwei Drittel (67 Prozent) ihres Umsatzes mit den Fachzeitschriften selbst, 24 Prozent mit Fachbüchern, Loseblattwerken und CD-ROMs. Der Rest wird über Online-Dienste und -Angebote sowie Dienstleistungen und Veranstaltungen erwirtschaftet. Die Zahl der Neueinführungen betrug 2005 insgesamt 164 Titel, die Zahl der Marktaustritte 114 – was im Saldo 50 Titel ergibt.[223] Die größten Fachzeitschriftenverlage in Deutschland sind Springer Science and Business Media (nicht zu verwechseln mit dem Springer-Verlag), die Verlagsgruppe Holtzbrinck, Süddeutscher Verlag – Hüthig Fachinformationen, die Weka-Firmengruppe, Wolters Kluwer Deutschland, Reed Elsevier Deutschland, die Vogel Medien-Gruppe sowie die Haufe Medien-Gruppe.[224]

Publikumszeitschriften: Große Bedeutung innerhalb der Zeitschriften haben die rund 2.340 Publikumszeitschriften, die es nach Angaben des Verbands Deutscher Zeitschriftenverleger gibt.[225] Innerhalb dieser immer noch großen Fülle konkrete Typen- oder Gruppenbildungen vorzunehmen erweist sich aufgrund von Abgrenzungsproblemen als schwierig. Zu ihnen gehören beispielsweise aber die klassischen Illustrierten, Programmzeitschriften, Sportzeitschriften, Lifestyle-Zeitschriften, Jugend- und Familienzeitschriften, die Motorpresse, Erotikzeitschriften u. a. m.

Die im 4. Quartal 2005 der IVW gemeldeten 873 Titel der Publikumszeitschriften verfügen über eine gemeinsame Auflage von 123,14 Mio.[226] Publikumszeitschriften wurden 2005 im Durchschnitt zu 45 Prozent ihrer Auflage im Abonnement, zu 39,5 Prozent im Einzelverkauf, zu 4 Prozent im Lesezirkel sowie zu 11,4 Prozent im sonstigen Verkauf vertrieben.[227] Die Heftstruktur der Publikumszeitschriften wird vom VDZ für das Jahr 2005 im Durchschnitt mit 75,4 Prozent redaktionellem Teil und 24,6 Prozent Anzeigen angegeben.[228] Aus diesen Daten dürfen jedoch keine Schlüsse auf die Erlösstruktur der Publikumszeitschriften gezogen werden. Vielmehr betrug der Anteil der Anzeigenumsätze bei den Publikumszeitschriften über Jahrzehnte hinweg zwischen 40 und 45 Prozent des Gesamtumsatzes.[229] »Im Vergleich zu entsprechenden Relationen bei Zeitungen fällt der Anzeigenumsatzanteil bei

Zeitschriften etwas niedriger aus. Mithin ist die Subvention des Textteils durch den Anzeigenteil bei Zeitschriften geringer als bei Zeitungen.«[230] Wie sehr der Markt der Publikumszeitschriften in Bewegung ist, zeigt der Umstand, dass es 2005 insgesamt 147 Markteintritte gab, denen 75 Marktaustritte gegenüberstanden – was im Saldo 72 Titel ergibt.[231]

Auch im Jahr 2004 dominierten den Markt der Publikumszeitschriften die vier großen Verlage Bauer, Springer, Burda sowie Gruner und Jahr. Ihr Anteil an der Auflage der wöchentlich oder 14-täglich erscheinenden Titel betrug laut IVW im 1. Quartal 2004 zusammen 60,4 Prozent. 1995 machte er 59,6 Prozent aus, 2000 lag er bei 58,6 Prozent, 2002 bei 61,2 Prozent.[232] Unter den vier Verlagsriesen hat Bauer zwar immer noch den weitaus größten Anteil, seine Führung verringert sich jedoch (1995: 25,6 Prozent; 2004: 21,1 Prozent). Dagegen steigen die Prozentwerte der Springer-Titel (1995: 13,8 Prozent; 2004: 16,3) sowie bei Burda (1995: 9,3 Prozent; 2004: 13,5) an. Gruner und Jahr (1995: 10,9 Prozent; 2004: 9,5) »zeigt demgegenüber wiederum leicht sinkende Anteile«.[233] Die Durchschnittsauflagen der wöchentlich bis 14-täglich erscheinenden Titel sinken seit Jahren. Auflagenerfolge verzeichnen die Großverlage dagegen bei seltener als 14-täglich erscheinenden Zeitschriften. Hier scheinen Bemühungen der Großverlage zu greifen, »ihr Portfolio zu straffen und zu verbessern«.[234]

Die vier Großverlage nehmen sich, was beispielsweise ihr Portfolio, ihr internationales Engagement oder ihren Umsatz betrifft, durchaus unterschiedlich aus. Zusammenschauende Veröffentlichungen darüber erfolgen jedoch günstigstenfalls alle zwei Jahre.[235] Die nachfolgenden Ausführungen über Bauer, Springer, Burda sowie Gruner und Jahr erfolgen mit Bezugnahme auf einen Beitrag von Andreas VOGEL aus dem Jahr 2004. Sie sind angesichts der relativ rasch vor sich gehenden Veränderungen auch auf dem Gebiet der Publikumszeitschriften zum Zeitpunkt ihrer Wiedergabe in diesem Buch vermutlich schon wieder veraltet. Dessen ungeachtet vermitteln sie zumindest eine Art Momentaufnahme, die in groben Zügen für den Zeitraum 2002 bis 2004 jüngere Entwicklungen auf dem Gebiet der Publikumspresse erkennen lässt.

Die *Bauer*-Gruppe (Hamburg) ist mit ihren Produkten in 13 europäischen Ländern vertreten. Im 1. Quartal 2004 waren von ihren 57 deutschen Publikumszeitschriften 41 Titel durch die IVW auflagengeprüft. Deren Anteil am Markt der deutschen Illustrierten betrug 21,1 Prozent.[236] Bei den meisten wöchentlich erscheinenden Titeln (insgesamt 21) war 2004 die Auflage gegenüber 2002 rückläufig, besonders stark bei Blättern wie »Blitz-Illu« (minus 39,7 Prozent), »Praline« (minus 36,4) oder »Das neue Wochenend« (minus 41,3). Die Auflage der 14-täglich erscheinenden Titel variiert (»Bravo Sport« plus 31, »Bravo Girl« minus 33, »TV Movie« minus 15,4 Prozent). Das gesamte Segment der Jugendpresse verschlechterte sich seit 2002 um 18 Prozent. Stabile Marktanteile verzeichnet Bauer für seltener als 14-täglich erscheinende Produkte. Seit März 2004 erscheint die Männerillustrierte »Matador«, sie ist als Ersatz für den bzw. Konkurrenz zum »Playboy« gedacht, der inzwischen bei Burda erscheint.

Der Verlagsriese *Springer* (Hamburg und Berlin) war in den vergangenen Jahren von einer Restrukturierungs- und Konsolidierungsphase geprägt. Umfangreiche Stellenstreichungen haben den Personalstand reduziert und zugleich die Profitabilität des Konzerns erhöht; selbst in den Krisenjahren 2002 und 2003 erwirtschaftete Springer Gewinne. Durch die Verlagerung von immer mehr Bereichen der zentralen Unternehmensführung in die Bundeshauptstadt entwickelte sich der Sitz Berlin zur tatsächlichen Schaltstelle des Konzerns. Sein

Abb. 69: Die vier großen Publikumszeitschriftenverlage mit ausgewählten Titeln 2005

Printunternehmen	Titel	Auflagen-stärke	Reichweite in Mio.	Reichweite in %
Heinrich Bauer Verlag				
	Neue Post (wö.)	943.029	2,77	4,3
	Tina (wö.)	651.092	3,44	5,3
	Revue (wö.)	236.932	2,13	3,3
	Freizeitwoche (wö.)	473.177	0,81	1,3
Axel Springer Verlag				
	Bild der Frau (wö.)	1.083.523	5,69	8,8
	Frau von Heute (wö.)	409.752	0,73	1,1
	Computer Bild (14tg.)	713.174	3,83	5,9
	Sport Bild (wö.)	451.462	3,36	5,2
Burda				
	Freizeit Revue (wö.)	1.011.945	3,51	5,4
	Bunte (wö.)	721.300	4,34	6,7
	Super Illu (wö.)	545.531	2,96	4,6
	Freundin (14tgl.)	540.883	2,82	4,3
Gruner+Jahr				
	Stern (wö.)	1.017.187	7,84	12,1
	Brigitte (wö.)	769.659	3,95	6,1
	Geo (mtl.)	437.750	3,11	4,8
	Gala (wö.)	355.273	2,06	3,2

Erstellt nach IVW-Auflagenliste IV/2005, hrsg. von der Informationsgemeinschaft zur Feststellung der Verbreitung von Werbeträgern e. V. (IVW), Berlin 2005; Media Analyse II 2005, Presse, hrsg. von der Arbeitsgemeinschaft Media Analyse e.V. 2005.

Portfolio hat sich durch Titeleinstellungen und Neugründungen verändert und weiterentwickelt.[237] Springer erreichte im 1. Quartal 2004 mit einer Gesamtauflage seiner Publikumszeitschriften von 13,91 Mio. Exemplaren einen Marktanteil von 16,3 Prozent, von 54 Titeln waren 42 auflagengeprüft. Auflagenverluste verzeichnete Springer gegenüber 2002 vor allem bei wöchentlich erscheinenden Titeln (z. B. »TV neu« fast minus 26, »Funk Uhr« minus 9,7, »Hörzu« minus 9,1, »Bild der Frau« minus 19 Prozent) sowie 14-täglich erscheinenden Organen (wie »Journal für die Frau« minus 19,1 Prozent oder »Euro am Sonntag« minus 19,5 Prozent). Auch Jugendtitel wie »Mädchen« oder »Yam« (mit jeweils mehr als 26 Prozent Auflagenrückgang) hatten beträchtliche Einbußen zu verzeichnen. Der 1995 gegründete Titel »Allegra« wurde 2004 eingestellt; er war trotz seiner Auflage von über 248.000 Exemplaren (bei einem Verkaufspreis von zuletzt 1 Euro) nicht mehr rentabel. Einen Auflagenzuwachs von zusammen 43,7 Prozent verzeichnete Springer dagegen bei den seltener als 14-täglich erscheinenden Titeln. Die 2004 in Kooperation mit dem Bezahlfernsehsender Premiere herausgebrachte Programmzeitschrift »TV digital« kommt inzwischen auf bis zu 850.000 verkaufte Hefte.[238]

Die *Hubert Burda Media Holding* (München, Offenburg) gibt weltweit inzwischen 253 Zeitungen und Zeitschriften heraus, davon 185 Objekte international. In Osteuropa ist Burda eigenen Angaben zufolge »mit mehr als 90 periodisch erscheinenden Magazinen die am breitesten aufgestellte Verlagsgruppe«.[239] Und die ausländischen Aktivitäten haben am Zeitschriftenumsatz einen Anteil von 35 Prozent (der Zeitschriftenumsatz seinerseits am Gesamtumsatz der Holding 70 Prozent).[240] Von drei Titeln abgesehen waren alle anderen Periodika – im 1. Quartal 2004 insgesamt 36 Publikumszeitschriften – auflagengemeldet. Ihr Marktanteil betrug 13,5 Prozent. Burda ist seit geraumer Zeit mit der Verlagsgruppe Milchstraße verflochten, deren Anteile sich (durch den partiellen Rückzug von Dirk Manthey als Miteigner) bei Titeln wie »Cinema«, »TV Spielfilm« und »Amica« verringerten. Auch seine Anteile am Tomorrow-Verlag hat Burda aufgestockt; dagegen ist »Max« nicht mehr anteilig dem Hause zuzurechnen. Aufs Ganze gesehen hat Burda in den vergangenen Jahren im Bereich der Publikumszeitschriften eine vergleichsweise günstige Entwicklung genommen. Gleichwohl musste das Unternehmen bei den Titeln »Freundin« (minus 19,8 Prozent), »Super TV« und »TV Spielfilm« (jeweils mehr als minus 8 Prozent), »Amica« (minus 22,7), »Bellevue« (minus 35,9) oder »Tomorrow« (minus 49,4) auch zum Teil hohe Auflagenverluste gegenüber 2002 hinnehmen.[241]

Auch das Hamburger Verlagshaus *Gruner und Jahr* ist ein international aufgestellter Medienkonzern. Er erzielte 2003 mit seinen 70 Periodika, die in 13 Ländern und auf drei Kontinenten erscheinen, zusammen 62,5 Prozent seines Umsatzes im Ausland.[242] Nach umfangreichen Konsolidierungsmaßnahmen ist der Anteil des Zeitschriftenumsatzes am Gesamtumsatz von 61 Prozent (2000) auf etwa 67 Prozent (2003) gestiegen. Inlandsbeteiligungen hält Gruner und Jahr beispielsweise am Spiegel-Verlag (24,75 Prozent), am »Manager Magazin« (43,5) sowie an der »National Geographic« (50). Gruner und Jahr hat den niedrigsten Inlandsumsatz der vier Großkonzerne, mit 1,5 Mrd. Euro (im Jahr 2003) ist der Auslandsumsatz jedoch mit Abstand der höchste. Zwischen 2002 und 2004 standen sechs neue Titel fünf eingestellten gegenüber. 29 der 37 Publikumstitel sind auflagenkontrolliert, ihr Anteil an den Publikumszeitschriften betrug 2004 insgesamt 9,5 Prozent und ist unter den Großen damit der geringste. Auch bei Gruner und Jahr gab es bei den wöchentlich und 14-täglich erscheinenden Titeln gegenüber 2002 unterschiedliche Entwicklungen. »Gala« (plus 11 Prozent), »Der Spiegel« (plus 1,4 Prozent) und »Stern« (plus 4,5) beispielsweise konnten die Auflage steigern; »Börse online« (minus 37 Prozent), »TV Today« (minus 16) oder »Frau im Spiegel« (minus 13,7) dagegen mussten Auflagenverluste hinnehmen. Bei den seltener als 14-täglich erscheinenden Zeitschriften konnten »Geo Special« (knapp plus 33 Prozent), »Geolino« (plus 27,4) und »Häuser« (plus 12,4) an Auflage zulegen; »P.M. History« (knapp minus 27 Prozent) und »Schöner Wohnen Decoration« (minus 21 Prozent) verloren dagegen an Auflage.[243]

Aktuelle Daten und Fakten zum Markt der Publikumszeitschriften sind dem Online-Auftritt der »Kommission zur Ermittlung der Konzentration im Medienbereich« (KEK) zu entnehmen; die KEK ermittelt Konzentrationsvorgänge im Medienbereich auch unter Berücksichtigung von relevanten Printmärkten. Zahlreiche Daten und Informationen über nationale und internationale Aktivitäten und Verflechtungen deutscher (Print-)Medien-konzerne enthalten u. a. Horst RÖPERS Beiträge über »Formationen deutscher Medienmul-tis«.[244]

Zu den Programmzeitschriften: Innerhalb der Publikumszeitschriften nehmen die Pro-grammzeitschriften eine herausragende Rolle ein. Bis in die achtziger Jahre war der Markt dominiert von der bereits 1946 gegründeten bzw. lizenzierten Zeitschrift »Hörzu«, die im Springer-Verlag erscheint. Jedoch auch Titel wie »TV Hören und Sehen« (Bauer-Verlag) sowie »Funk Uhr« (Springer) sind bereits seit über 50 Jahren am Markt.[245] Mit der Etablie-rung privater Fernsehanbieter stieg die Zahl der Programmtitel ab etwa 1990 rapide an. Die laut KEK national verbreiteten 24 Titel mit wöchentlicher, 14-täglicher oder vierwöchent-licher Erscheinungsweise verfügen über eine gemeinsame (ungewichtete) Auflage von gut 19,84 Mio. Exemplaren (IVW I/2006). Dominierende Verlage sind erneut Bauer, Springer und Burda (bzw. Burda/Milchstraße). Jedoch ist auch die Westdeutsche Allgemeine Zei-tungsgruppe (WAZ) auf diesem Marktsegment aktiv. In jüngerer Zeit gesellte sich Gera-Nova Bruckmann hinzu. Einige Titel und Auflagen der von diesen Verlagen herausgege-benen Programmzeitschriften gehen aus Abbildung 70 hervor. Auflagenstarke Titel enthält Abbildung 71.

Den Programmzeitschriften wird durchaus Einfluss auf die Fernsehprogrammwahl zuge-sprochen. Sie können nämlich über redaktionelle Angebote Bewertungen von Sendungen, insbesondere von Spielfilmen, vornehmen und damit möglicherweise auch zur Verstärkung der Publikumsbindung an bestimmte Programme beitragen.[246] Dies kann zum Problem werden, weil viele von ihnen über die von ihnen herausgegebenen Verlage – wenn auch in unterschiedlichem Ausmaß – Beteiligungen an Privatfernsehsendern halten. Diese Beteili-gungen der großen Zeitschriften- und Zeitungsverlage an national verbreiteten, also bun-desweit empfangbaren TV-Programmen sind ebenfalls jeweils aktuell dem Online-Auftritt der KEK zu entnehmen.[247] Die Möglichkeit, über die Berichterstattung von Zeitungen und Zeitschriften dieser Verlage auf das Programmangebot der Sender je nach Nähe über Betei-ligungen positiv oder negativ Einfluss zu nehmen, soll hier nicht unterstellt, kann aber auch nicht ausgeschlossen werden.

Dem Markt der Programmzeitschriften nicht zuzurechnen sind die *Programmsupple-ments*, die zahlreichen Tageszeitungen, Wochenzeitungen und auch manchen Zeitschriften beiliegen wie etwa »rtv« (Bertelsmann), »Prisma«, »BWZ« (WAZ) oder »Stern TV-Magazin« (Gruner und Jahr) u.a.m. Ihre gemeinsame Auflage betrug zur Jahresmitte 2005 immerhin rund 15 Mio. Exemplare (IVW II/2005).

Fluktuation und Wandel am Markt der Publikumszeitschriften: Wie erwähnt ist der Markt der Zeitschriften wegen stets erfolgender Neugründungen und Einstellungen von Titeln pressestatistisch schwer zu erfassen.[248] Auch befindet sich der Zeitschriftenmarkt, respektive jener der Publikumszeitschriften, strukturell im Wandel. Bei sinkender Durchschnittsauf-lage der Titel geht die Entwicklung hin zu größerer Titelvielfalt auf speziell für die Werbe-industrie konzipierte attraktive Zielgruppen. Dies führt zu immer stärkerer Marktsegmen-tierung.[249]

Vorerst scheint der Markt der Publikumszeitschriften in Deutschland ausge-schöpft; weitere Expansionen wären wohl »nur durch Verdrängung zu erreichen.«[250] Es ist dies u.a. einer der Gründe dafür, dass deutsche Zeitschriftenverlage seit

Abb. 70: Verlage von Programmzeitschriften mit ausgewählten Titeln 2005

Presseunternehmen	Printtitel	Auflagen-stärke	Reichweite in Mio.	Reichweite in %
Heinrich Bauer Verlag				
	Auf einen Blick (wö.)	1.564.240	3,7	5,7
	TV Hören und Sehen (wö.)	1.112.681	3,41	5,3
	Fernsehwoche (wö.)	698.475	2,43	3,7
	TV Klar (wö.)	496.969	1,10	1,7
Axel Springer Verlag				
	TV Digital (14t.)	1.735.186	1,17	1,8
	Hörzu (wö.)	1.621.407	4,75	7,3
	Funkuhr (wö.)	804.530	2,04	3,1
	TV Neu (wö.)	237.821	0,74	1,1
	Bildwoche (wö.)	277.769	1,08	1,7
Burda				
	TV Spielfilm (14t.)	1.701.949	7,06	10,9
	TV Today (14t.)	659.526	2,43	3,7
WAZ/Gong				
	TV Direkt (wö.)	1.027.746	1,84	2,8
	Gong (wö.)	824.754	1,20	1,9
	Die Zwei (wö.)	150.619	0,43	0,7

Erstellt nach IVW-Auflagenliste IV/2005, hrsg. von der Informationsgemeinschaft zur Feststellung der Verbreitung von Werbeträgern e. V. (IVW), Berlin 2005; Media Analyse II 2005, Presse, hrsg. von der Arbeitsgemeinschaft Media Analyse e. V. 2005.

Abb. 71: Auflagenstarke Programmzeitschriften 2005

Titel	Verkaufte Auflage
TV 14	2.372.340
TV-Movie	2.082.533
TV Digital	1.735.186
TV-Spielfilm	1.701.949
Hörzu	1.621.407
Auf einen Blick	1.564.240
TV-Hören und Sehen	1.112.681
TV Direkt	1.027.746
Funk Uhr	804.530
Fernsehwoche	698.475

Erstellt nach IVW-Auflagenliste IV/2005, hrsg. von der Informationsgemeinschaft zur Feststellung der Verbreitung von Werbeträgern e. V. (IVW), Berlin 2005.

geraumer Zeit versuchen, Wachstumsmärkte in Osteuropa, China und Indien zu erschließen. Diese ›Emerging Markets‹ bieten zwar »ein hohes Potential für Zeitschriften«, sind zugleich aber auch »sehr risikobehaftet«.[251] Dies gilt insbesondere für die entfernten asiatischen Märkte. Deren regionale Charakteristika in puncto »Rechtssicherheit, Besonderheiten der Infrastruktur oder das Verhalten der Marktpartner« unterscheidet sich »qualitativ von den Rahmenbedingungen in Deutschland«.[252] Gleichwohl locken Engagements »in diesen Ländern mit großen verlegerischen Potenzialen und lassen entsprechend hohe Renditen erwarten, so dass deutsche Verlage sich zunehmend zu Global Playern entwickeln«.[253]

Konfessionelle Presse: Zur konfessionellen Presse werden im Allgemeinen Presseorgane der Kirchen, kirchennahe sowie unabhängige, aber christlich-weltanschaulich ausgerichtete Pressetitel gezählt.[254] In Deutschland gehören dazu vor allem Organe der beiden großen christlichen Kirchen. Den Kern bilden im katholischen Pressewesen Bistumsblätter, im evangelischen die Kirchenzeitungen.[255] Über den Gesamtbestand der kirchlichen Presse in Deutschland liegen keine vollständigen (und aktuellen) Angaben vor. Es liegt dies vor allem daran, dass viele der (vor allem kleinauflagigen) katholischen Pfarrblätter oder evangelischen Gemeindebriefe in den Pressestatistiken der Kirchen nicht zentral erfasst sind.

Die *evangelische Kirche* Deutschlands verfügt im Jahr 2004 über insgesamt 541 Print-Titel (wobei Gemeindebriefe, Kirchenkreispublikationen und Titel unter einer Auflage von 750 Exemplaren nicht berücksichtigt sind).[256] Darunter befinden sich auch zahlreiche monatlich, viertel- oder halbjährlich erscheinende Titel theologisch-wissenschaftlichen Charakters, genereller thematischer Ausrichtung »Religion und Gesellschaft«, Kinder-, Jugend- und Seniorentitel, Zeitschriften für evangelische Sozialarbeit, für Gemeinde-, Frauen- und Jugendarbeit u.a.m.[257] Eine für die Mehrzahl der evangelischen Gläubigen herausragende Rolle nehmen die wöchentlich erscheinenden 15 regionalen Kirchenzeitungen der Landeskirchen ein.[258] Sie verfügen 2004 über eine gemeinsame Auflage von 380.000 verkauften Exemplaren und erreichen wöchentlich rund 950.000 Leser.[259] Daneben gibt es das monatlich erscheinende, überregional verbreitete Magazin »Chrismon«, das als Beilage den Tageszeitungen »Frankfurter Rundschau«, »Sächsische Zeitung«, »Süddeutsche Zeitung«, »Der Tagesspiegel« und der Wochenzeitung »Die Zeit« beigefügt wird. »Chrismon« kann auch als erweiterte Ausgabe im Abonnement bezogen werden. Das Magazin will »mit populärem Profil und anspruchsvollem Journalismus (...) jene Menschen erreichen, denen Kirche, Glauben und Religion nicht mehr selbstverständlich erscheinen«.[260] Marktanalysen zufolge sollen von den 1,5 Mio. verbreiteten Exemplaren 890.000 »auch tatsächlich in die Hand genommen werden.«[261] Schließlich ist in dem Monatsmagazin »Zeitzeichen« ein Periodikum zu sehen, »das sich vorwiegend an eine akademisch gebildete Zielgruppe richtet und sich als Fachmagazin unter den Theologinnen und Theologen errichtet hat«.[262] »Zeitzeichen« ging 1997/98 aus einer Fusion der ehemaligen ostdeutschen Monatszeitschrift »Zeichen der Zeit« (Berlin-Ost) mit den »Lutherischen Monatsheften« (Hamburg) hervor. In den regionalen Kirchenzeitungen sowie in den Magazinen »Chrismon« und »Zeitzeichen« sollen jene »drei Säulen« zu sehen sein, auf denen in Zukunft die evangelische Kirchenpresse stehen soll.[263]

Die *katholische Kirche* verfügt nach Angaben des Katholischen Medienverbands 2005 über 125 periodisch erscheinende Printorgane mit einer gemeinsamen Auflage von über 6 Mio. Exemplaren.[264] Der Gesamtbestand setzt sich zusammen aus:[265]

- 27 Bistumszeitungen,
- 11 Wochenzeitungen (einschließlich Sonntagsblättern) und Magazinen,
- 23 Missions- und Ordenszeitschriften,
- 2 Missionsfachzeitschriften,
- 8 Kultur- und Fachzeitschriften,
- 10 Verbandszeitschriften,
- 4 Frauenzeitschriften,
- 9 Kinder- und Jugendzeitschriften,
- 5 Informations- und Pressediensten,
- 1 Tageszeitung.

Aus der Auflistung geht die Vielfalt der von der katholischen Kirche und ihren Teilorganisationen herausgegebenen Pressetitel hervor. Unter ihnen nehmen die 27 wöchentlich erscheinenden Bistumsblätter mit einer gemeinsamen Auflage von 875.000 Exemplaren eine herausragende Rolle ein. Überregional verbreitete, wöchentlich erscheinende Blätter sind u.a. in der »Katholischen Sonntagszeitung für Deutschland« (rund 80.000 Auflage), in der im Boulevardstil erscheinenden »Neuen Bildpost« (knapp 24.000 Auflage) sowie im »Liboriusblatt« (72.000 Auflage) zu sehen. Eine Sonderposition nehmen »Die Tagespost« und der »Rheinische Merkur« ein. Die dreimal wöchentlich erscheinende »Tagespost« (verkaufte Auflage gut 13.000) ist die einzige katholische Tageszeitung Deutschlands (die auch in Österreich und der Schweiz Verbreitung findet). Der »Rheinische Merkur« (verkaufte Auflage 91.500) zählt zu den profilierten deutschen (politischen) Wochenzeitungen mit christlichem Weltbild.

Sowohl die evangelische als auch die katholische Presse kämpfen in Deutschland mit Leserschwund und zunehmend auch mit der Überalterung ihrer Leserschaft. Sie versuchen daher, ihre publizistischen Aktivitäten möglichst zu straffen und zu bündeln, um Synergien zu nutzen und Kosten einzusparen.[266] Zur Optimierung des Anzeigengeschäfts sind evangelische und katholische Pressetitel bereits seit 1970 in der Organisation Konpress zusammengeschlossen. Dieser nationale Vermarkter von gegenwärtig 43 konfessionellen Wochenzeitungen bietet eine breite Zielgruppenansprache in ganz Deutschland mit einer IVW-geprüften Auflage von 1,3 Mio. Exemplaren und 3,1 Mio. Kontakten.[267] Innerhalb des VDZ stellt der Fachverband Konfessionelle Presse den einzigen ökumenischen Zusammenschluss konfessioneller Verleger in Deutschland dar. Er vertritt die wirtschaftlichen und politischen Interessen seiner Mitgliedsverlage gegenüber Politik, Wirtschaft und Öffentlichkeit. Dem Fachverband gehören 41 Mitgliedsverlage mit 140 Titeln und einer verkauften Auflage von rund fünf Mio. Exemplaren an.[268]

Neben den vielfältigen Pressetiteln der großen Glaubensgemeinschaften gibt es auch auflagenkleinere buddhistische, hinduistische, islamische und jüdische Zeitschriften.[269] Die größte unter ihnen ist die »Jüdische Allgemeine« (Berlin), eine traditionsreiche Wochenzeitung für Politik, Kultur, Religion und jüdisches Leben. Sie verfügt 2005 laut IVW über eine verkaufte Auflage von 7.600 Exemplaren und findet in ganz Deutschland Verbreitung.

Anzeigenblätter: Im Jahr 2005 gab es in Deutschland Angaben des Bundesverbands Deutscher Anzeigenblätter (BVDA) zufolge 1.306 Anzeigenblätter, die eine gemeinsame Auflage von 85,6 Mio. Exemplaren hatten und von zusammen 469 Verlagen herausgegeben wurden.[270] Fast alle Anzeigenblatt-Titel, nämlich 98 Prozent, erscheinen wöchentlich. Die Erscheinungstage liegen mit 64 Prozent zur Wochenmitte (mittwochs und donnerstags) sowie mit 36 Prozent am Wochenende (samstags und sonntags).[271] 2005 konnten die Anzeigenblätter die Nettowerbeumsätze (einschließlich Beilagentransport) gegenüber dem Vorjahr um 3,4 Prozent auf 1,898 Mrd. Euro steigern. Mit diesem Betrag liegen sie nun über den Publikumszeitschriften (1,791 Mrd. Euro).[272]

Für Anzeigenblätter ist auch das Beilagengeschäft wichtig. Es machte 2004 einen Anteil von 34 Prozent (also immerhin ein Drittel) an den Gesamterlösen aus. Das gute Werbeergebnis konnte vor allem im Osten »durch ein intensiveres Geschäft mit national oder überregional agierenden Handelskunden und Filialisten erzielt werden«.[273] Der Allensbacher Markt- und Werbeträger-Analyse (AWA) 2005 zufolge werden in Deutschland 67,4 Prozent der Personen ab 14 Jahre (43,88 Mio.) von Anzeigenblättern erreicht. Gegenüber 1995 (Reichweite 62 Prozent) bedeutet dies einen Anstieg von mehr als fünf Prozentpunkten.[274]

Die im BVDA vertretenen Verlage betreiben auch das gemeinsame Anzeigenportal anonza.de.[275] Rund 80 der 186 BVDA-Mitgliedsverlage mit zusammen 425 Anzeigenblättern stellen deutschlandweit ihre Anzeigen in anonza.de ein. 2005 waren dies Angaben des BVDA zufolge zusammen rund drei Mio. Kleinanzeigen.[276]

10 Von Online-Zeitungen bis zu mobilen Diensten

Online-Ausgaben von Zeitungen und Zeitschriften gibt es seit den neunziger Jahren. Vorläufer dieser elektronischen Ausgaben von Zeitungen sind in sog. Teletextangeboten (Videotext, Kabeltext und Bildschirmtext bzw. Btx) zu sehen, die im deutschen Sprachraum Anfang der achtziger Jahre aufkamen.

10.1 Vorläufer von Online-Zeitungen

Videotext wird technisch mit dem Fernsehsignal übermittelt und stellt eine »zeitungsähnliche Darbietungsform«[1] auf dem Fernsehbildschirm dar. Videotext ist ein Abrufmedium ohne interaktive Kommunikationsmöglichkeiten und wird von den meisten Fernsehanstalten mit je unterschiedlichen Informationen und Informationsserviceleistungen angeboten. Kabeltext ist dem Videotext sehr ähnlich, durch die technische Nutzung des Breitbandkabelnetzes sind Übertragungskapazitäten und -geschwindigkeit jedoch größer. Die Zeitungsverleger machten von beiden Medien Gebrauch, verloren jedoch rasch das Interesse.[2] Anders war dies beim Bildschirmtext (Btx), der über das Telefonnetz gesendet und empfangen wurde. Btx hatte insofern eine neue Qualität, als er ein Dialogmedium darstellte, bei dem die Nutzer von interaktiven Diensten Gebrauch machen konnten. Man benötigte dazu neben Telefonanschluss und Fernsehgerät eine Btx-Anschlussbox, ein Modem (als Decoder für die Signalübermittlung auf den Bildschirm) sowie zur Steuerung eine mit dem System verbundene Tastatur.

Btx wurde nach Pilotprojekten 1983 von der Bundespost als ›Medium mit Zukunft‹ eingeführt. 1986 beispielsweise verfügten 20 Prozent der deutschen Tageszeitungen über ein Btx-Angebot, viele Verlage zogen sich später jedoch ebenfalls wieder zurück.[3] Btx wurde bis Anfang der neunziger Jahre primär für geschäftliche Information und Kommunikation genutzt.[4] Einen Aufschwung erlebte der Bildschirmtext Mitte der neunziger Jahre, als die Post neue technische Innovationen auf den Markt brachte, eine Marketing-Offensive startete und Btx in »Datex J« umbenannte. Gründe für den Aufschwung waren die Zugangsöffnung für PCs, eine graphisch ansprechendere Aufbereitung der Inhalte sowie ein vergrößertes Angebotsspektrum.[5] Gab es 1984 in Deutschland nur 19.538 Btx-Anschlüsse, so waren es 1998 rund 2,3 Mio.[6]

Mit dem Aufkommen des Internets wurde der Bildschirmtext in »T-Online« umbenannt und erhielt Anschluss an die internationalen Telekommunikationsnetze. Durch Btx war es möglich, erstmals eine Bildschirmzeitung und zusätzliche Serviceleistungen anzubieten, »wegen der technischen Unausgereiftheit von Btx blieben die Auswirkungen auf das Mediensystem jedoch begrenzt«.[7]

Abb. 72: Ansicht einer frühen Btx-Seite

Quelle: Saur, Karl Otto: Klipp und klar 100 x Fernsehen und Hörfunk, Mannheim, Wien, Zürich: Bibliographisches Institut 1978, S. 95.

10.2 Online-Zeitungen in Deutschland

Online-Ausgaben von Zeitungen gab es zunächst bei Internet-Providern, fast zeitgleich folgten aber eigenständige Online-Ausgaben unterschiedlicher nationaler Provenienz. Vorreiter waren US-Medien: Von den 1995 weltweit im Internet vertretenen 200 Zeitungen stammte ein Großteil aus den USA.[8] Vorreiter in Deutschland war das politische Wochenorgan »Der Spiegel«, das seit Oktober 1994 mit einem Online-Auftritt im World Wide Web vertreten ist. Ihm folgten 1995 die »Schweriner Volkszeitung«, der »Tagesspiegel« (Berlin), »Die Welt«, »die Tageszeitung« (taz) u. a. m. Angaben darüber, wie viele Verlage 1995 mit Online-Auftritten präsent waren, variieren zwischen 17 und rund 50.[9] Möglicherweise ist die Ausgangsbasis (nur Zeitungsverlage oder auch Zeitschriftenverlage) jeweils verschieden. Im Jahr 2000 sollen allein 224 Lokal- und Regionalzeitungen online vertreten gewesen sein.[10] Angaben des Bundesverbands Deutscher Zeitungsverleger (BDZV) zufolge nimmt sich die

Entwicklung der Online-Angebote von Zeitungen in Deutschland wie folgt aus: 1995 waren es fünf, im Jahr 2000 insgesamt 230 und 2005 bereits 631.[11]

Heute gibt es kaum noch eine Tageszeitung oder Zeitschrift, die nicht mit einer Online-Ausgabe im World Wide Web vertreten ist. Viele Zeitungsverlage bieten darüber hinaus auch eigene Online-Auftritte bzw. spezielle Online-Angebote für Jugendliche (Jugendwebsites) an.[12] Mit der »Netzeitung« ist seit Herbst 2000 in Deutschland auch eine Online-Zeitung vertreten, die kein Printprodukt im Rücken hat. Judith ROTH spricht im Hinblick auf die »Geschichtsschreibung« von Online-Zeitungen von drei Phasen: einer Markteintrittsphase (Mitte der neunziger Jahre), einer Phase der Ausdifferenzierung (Ende der neunziger Jahre/ Jahrtausendwende) sowie einer Phase der Standardisierung (nach der Jahrtausendwende).[13]

Abb. 73: Screenshot einer frühen Online-Zeitung: PNP online

Quelle: http://www.vgp (20.03.1997).

Die Tageszeitungen stehen mit ihren Online-Engagements zumindest teilweise in Konkurrenz zu den gleichfalls tagesaktuellen Online-Auftritten von Wochenzeitungen, Zeitschriften (wie »Spiegel Online«, »Focus Online« oder »Stern Online«) und auch von Rundfunkanstalten. Letztere haben oftmals den Vorteil, dass sie auf digitalisierte Audio- und Videodokumente zurückgreifen und damit leichter als die Zeitungen recht attraktive Möglichkeiten der Multimedialität (neben Texten beispielsweise auch Audio- und Videostreams)

Abb. 74: Screenshots von »sueddeutsche.de« 2006 und »waz.de« 2006

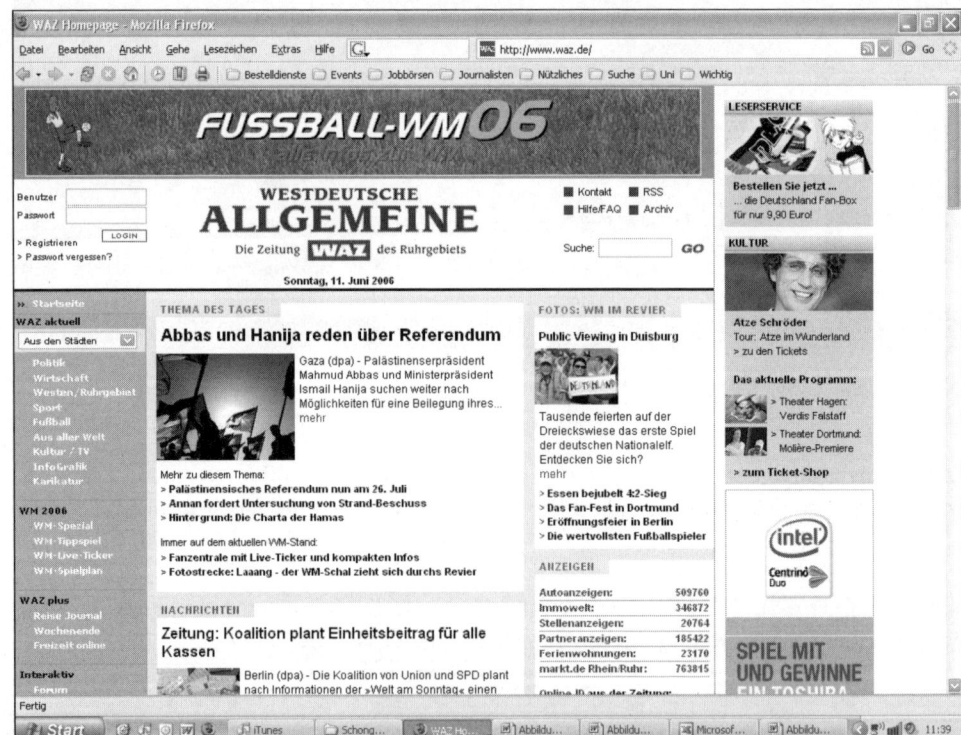

Quelle: www.sueddeutsche.de vom 11.06.2006; www.waz.de vom 11.06.2006.

in ihren Online-Ausgaben ausschöpfen können. Die Zeitungsverleger haben daher wiederholt gefordert, dass sich die Rundfunkanstalten, insbesondere die öffentlich-rechtlichen, mit ihren Online-Auftritten auf programmbegleitende Informationen beschränken sollen. Unbestritten ist aber auch, dass Printmedien (noch) einen Vorsprung bei Textinformationen haben.[14]

Die Tageszeitungen treffen im Internet übrigens nicht nur auf Konkurrenten aus dem medialen, sondern auch aus dem nicht-medialen Umfeld. Christoph NEUBERGER verweist auf vier »Einfallstore«, nämlich: Konvergenz, globale Zugänglichkeit, Disintermediation sowie alternative Vermittlungsstrukturen:[15] Durch die technische Konvergenz »treffen die traditionellen Medien (…) im Internet aufeinander«. Durch die globale Zugänglichkeit »können Medien ihr Verbreitungsgebiet ohne großen Aufwand erweitern«. Mit Disintermediation ist gemeint, dass im Internet »branchenfremde Unternehmen und nicht-kommerzielle Institutionen (Parteien, Kommunen, Vereine etc) (…) einen direkten Zugang zur Öffentlichkeit [erhalten]« und »nicht mehr unbedingt journalistische Vermittler und Werbeträger [brauchen]«. Zu einer »völligen Disintermediation« kommt es zwar nicht, zumal immer »medienspezifische Vermittlungsprobleme zu lösen sind.« Es bilden sich aber neben dem klassischen und professionell betriebenen Journalismus »neue Vermittlungsstrukturen heraus«. Dazu gehören beispielsweise auf Nachrichten spezialisierte Suchmaschinen (wie etwa »Google News«) oder auch sog. »partizipative Vermittlungsformen (…), an denen Laienkommunikatoren und -mediatoren beteiligt sind«, etwa Weblogs und Peer-to-Peer-Angebote (wie »Shortnews« oder »Wikinews«).[16] Neue Intermediäre gibt es im Anzeigenbereich durch Online-Rubrikenmärkte, und fraglich »ist außerdem, ob im Internet Werbebotschaften wie in Presse und Rundfunk mit einem redaktionellen Umfeld verbreitet werden müssen, also das Modell der Querfinanzierung übertragbar ist«.[17]

10.2.1 Gründe für das Online-Engagement

Zeitungs- und Zeitschriftenverleger haben rasch erkannt, dass ihnen in den kommerziellen wie nicht-kommerziellen Online-Diensten beträchtliche Konkurrenz erwächst: Viele dieser Dienste bieten nämlich auch Nachrichten, (zugekaufte) redaktionell gestaltete Inhalte sowie Service-Leistungen an – Domänen, die bislang in starkem Ausmaß von Printprodukten eingenommen und angeboten wurden. Zudem versuchen viele Online-Anbieter, sich über Werbung zu finanzieren. Aus den folgenden Gründen haben sich Presseverlage mit Online-Auftritten rasch im WWW engagiert:[18]

Zunächst ging es um Erhalt und Ausbau des Stammgeschäfts, nämlich die Bereitstellung von Inhalten für den eigenen Online-Auftritt und deren modifizierte (Mehrfach-)Verwertung auch für branchenfremde Online-Anbieter, etwa um über Content-Syndication zusätzliche Erträge zu erwirtschaften.[19]

Daneben ging es um die Sicherung des Kerngeschäfts, nämlich den Anzeigenmarkt. Es war, wie sich bald als richtig herausstellen sollte, zu befürchten, dass Werbung und damit Werbegelder (auch) in andere Online-Angebote als jene klassischer Medien fließen. In Gefahr waren von Anfang an – neben anderer Werbung – vor allem Rubrikenanzeigen wie Stellen- bzw. Arbeitsmarkt-, Kraftfahrzeug- und Immobilienanzeigen sowie nicht zuletzt auch Kleinanzeigen. Im Internet sind rasch Angebote branchenfremder Anbieter (wie Job-agenturen, Kfz-Börsen und Immobilienringe etc.) entstanden. Die Intention der Verlage ist es daher, diese Gelder entweder über Online-Ableger des Printprodukts oder in Koopera-tion mit anderen (branchenfremden) Anbietern selbst zu erwirtschaften bzw. zurückzuge-winnen.[20]

Drittens ging und geht es um neue Werbe- und Anzeigenformen. Online-Auftritte eröff-nen die Möglichkeit (und Notwendigkeit), neue Werbung zu erschließen und an den Nut-zer zu vermitteln. Dies kann z. B. über klassische Bannerwerbung oder auch zielgerichtete Werbung (Targeting) an einzelne User etc. erfolgen.[21]

Ziel der Verlage war und ist es viertens, junge Leser für das Printprodukt über den Online-Auftritt zu gewinnen, zumal nachgewiesen ist, dass vor allem junge Menschen zunehmend weniger Zeitung lesen, aber starke Online-Nutzer sind. Es liegt folglich nahe, junge Men-schen über das jugendadäquate Online-Medium beispielsweise durch (kostenlose) Schnup-per-Abonnements an das Printprodukt heranzuführen.[22]

Nicht zuletzt waren es fünftens aber auch Image-Gründe, die die Presseverlage dazu bewogen, Online-Ausgaben herauszubringen. Es sollte unter Beweis gestellt werden, dass auch Presseverlage moderne Medien sind. Es ging um die (auch symbolische) Präsenz der Zeitung in einem neuen elektronischen Umfeld, das sich für Marketing-Zwecke eignet und über das auch die Leser-Blatt-Bindung verstärkt werden kann. Zweifellos ist es ein emi-nenter Vorteil für die gedruckten Zeitungen, Image und Kernkompetenz der Printausgabe (als Mutterprodukt) auf das Online-Produkt übertragen zu können.[23] Dies gilt übrigens auch für andere klassische Medien und ihre Online-Auftritte. Die hier erwähnten Gründe decken sich zum Teil mit strategischen Zielen, die Zeitungsverlage in unterschiedlicher Weise mit ihren Online-Auftritten verfolgen, nämlich Marktdurchdringung, Marktentwicklung, Pro-duktentwicklung und Diversifikation.[24]

10.2.2 Merkmale von Online-Medien

Online-Zeitungen können für sich Vorteile nutzen, die generelle Merkmale und Möglich-keiten des Internets darstellen, wie Globalität, Multimedialität, Hypertextualität, Interak-tivität, Aktualität und unbegrenzte Speicherkapazität.[25] Übertragen auf Online-Zeitungen heißt dies konkret:

Online-Zeitungen können (das technische Equipment vorausgesetzt) an jedem Ort der Welt ins Netz gestellt und abgerufen werden *(Globalität)*. Es ist möglich, die Texte multi-medial, also auch mit Bildern, Tönen, Videostreams und Audiostreams sowie Graphik und Animation zu gestalten *(Multimedialität)* und v. a. auch mit anderen Texten und Doku-menten im Web zu verlinken *(Hypertextualität)*. Die Online-Zeitungsnutzer haben die Möglichkeit, von den interaktiven Elementen des Webs wie E-Mail, Newsgroups, Chats etc. Gebrauch zu machen und auf die Aussagen der Kommunikatoren der Zeitung spon-tan zu reagieren *(Interaktivität)*. Die Online-Zeitung kann jederzeit aktualisiert werden, es gibt keinen Redaktionsschluss und keine Andruckzeiten *(Aktualität)*. Darüber hinaus gibt es im World Wide Web keine Platzprobleme: Die geradezu unendlichen Speicher der stets leistungsstärker werdenden WWW-Server heben die quantitative Beschränkung aller bisherigen Medien weitgehend auf *(unbegrenzte Speicherkapazität);* weder der druckbare Umfang der Zeitung noch der Papierpreis spielen hier eine Rolle. Dies bedeutet, dass in Online-Zeitungen Inhalte Platz finden (können), die in der gedruckten Ausgabe nicht enthalten sind, und dass alte Online-Ausgaben problemlos gespeichert und (auch gegen Entgelt) weiter verwertet werden können, beispielsweise durch kostenpflichtige Zugriffe auf die Zeitungsarchive.[26] Voraussetzung für alle diese Merkmale von Online-Medien ist die Digitalisierung, die es ermöglicht, Inhalte (bzw. besser: Content, welcher Art auch immer) konvergent und damit crossmedial für mehrere Medien (Print, Funk, Online, Mobil) zu verwerten.

10.2.3 Typenbildung und Strategien von Online-Zeitungen

Wiederholt ist versucht worden, Typen und Strategien von Online-Zeitungen zu erarbeiten.[27] Im Wesentlichen gibt es zwei Vorgehensweisen. Phänomenologische Typologien schließen aufgrund von Inhalten bzw. Angeboten auf Strategien der Anbieter.[28] Eher marketingtheoretisch abgeleitete Typologien haben strategisches Marketing im Blick, mit Hilfe dessen Unternehmen versuchen, »einen dauerhaften Wettbewerbsvorteil (Qualitäts-, Kostenvorteil) relativ zu Wettbewerbern in der Kundenwahrnehmung zu erzielen«.[29] Welcher Vorgehensweise man auch immer folgen mag: Man wird Insa Sjurts zustimmen können, wonach in den Online-Engagements von Tageszeitungen generell eine »konvergenzinduzierte Crossmedia-Strategie« zu sehen ist.[30] Es ist nicht möglich, hier im Einzelnen auf alle Typenbildungen und Strategieanalysen einzugehen, die in den zurückliegenden zehn Jahren vorgenommen wurden.[31] Einige seien – eher nur exemplarisch, nicht jedoch stellvertretend oder gar repräsentativ für andere – erwähnt.

Zunächst zu den eher phänomenologischen Typenbildungen. So haben Sascha Klettke et al.[32] in Erweiterung einer Typologie von Katja Riefler fünf Typen von Online-Auftritten von Tageszeitungen ermittelt, nämlich:

- *Zeitung pur* (damals der Online-Auftritt von Tageszeitungen, der weitestgehend die Inhalte der gedruckten Zeitung online wiedergab),
- *Special Interest* (damals der weitgehend auf Lokales ausgerichtete Online-Auftritt vieler Zeitungen),
- *lokales Informationszentrum* (damals der Online-Auftritt regionaler und lokaler Tageszeitungen mit zahlreichen lokalen Zusatz- und Dienstleistungsangeboten),
- *Spielwiese* (damals der multifunktionale Online-Auftritt von »Bild« mit Angeboten wie Spiele, Unterhaltung u. a. m.),
- *Marketing-Instrument* (damals der Online-Auftritt von Tageszeitungen, der primär Marketingzwecken diente, zahlreiche Mediadaten enthielt und Eigenwerbung für das Printprodukt betrieb).

Klettke et al. räumen ein, dass diese Typen nicht in Reinform, sondern auch als Mischform zu finden waren.[33] Holger Rada[34] beispielsweise übertrug bei seiner 1999 vorgenommenen Typenbildung die Unterscheidungskriterien gedruckter Zeitungen und Zeitschriften auf deren Online-Version. Die drei Überkategorien waren: a) der regionale und lokale Online-Dienstleister mit hohem Service- und Nutzwertangebot (damals etwa das »CityInfoNetz«

des »Schwäbischen Tagblatts«), b) die Online-Zeitung mit ausgeprägter politischer Berichterstattung in der überregional orientierten Version (damals u. a. »Welt Online«), in der regional orientierten Version (damals beispielsweise »Tagesspiegel Online«) sowie die Online-
Boulevard-Zeitung (damals etwa »Express Online«, Köln, oder »B.Z.-Online«, Berlin), c)
das Online-Magazin in Form der Online-Illustrierten (damals »TV Today Online«) und das
Online-Nachrichtenmagazin mit starker Hintergrundberichterstattung (»Spiegel Online«)
oder mit starker Service-Orientierung (»Focus Online«).

ROTH erarbeitete in den Jahren 2000 und 2002 Internetstrategien von Lokal- und Regionalzeitungen.[35] Sie geht bei ihrer Strategienbildung vom Blick »auf das übergeordnete publizistische Konzept [aus], welches beim Aufbau der Onlinepräsenz gewählt wurde«[36]; zugleich
räumt sie ein, dass es sich um eine »Momentaufnahme« handelte, »welche im Jahr 2000 insgesamt 224 Lokal- und Regionalzeitungen in den Forschungsfokus rückte«.[37] Sechs publizistische Konzepte für Lokal- und Regionalzeitungen konnte sie herausarbeiten, die sich »im
Jahr 2002 erneut beobachten ließen«[38], nämlich die Typen Visitenkarte, Lightversion, Info-
pool, lokale Plattform, regionale Plattform sowie regionaler Onlinedienst:

(1)   Beim *Typ Visitenkarte* wird lediglich die Zeitungsmarke – vor allem auch optisch – ins
      Netz übertragen. Es dient der Außendarstellung der Zeitungsbetriebe. Das Modell soll
      Erreichbarkeit signalisieren, aktuelle Informationen enthält der Typ nicht; er verweist
      auf das Printprodukt (damals etwa »Südthüringer Presse«).[39]

(2)   Die *Lightversion* bietet einen eher kleinen Ausschnitt des Printvollprogramms, »mitun-
      ter automatisch einlaufende Agenturmeldungen, den Link zum Probeabonnement, die
      Möglichkeit zur Anzeigenschaltung komplettiert mit einem Chat oder einem Gäste-
      buch. Lightversionen sind Schnupperangebote«.[40] Im Jahr 2000 setzten von 224 Tages-
      zeitungen 43 Titel (19,2 Prozent) das Konzept um, im Jahr 2002 waren es (von 304 Titeln)
      nur noch 16,1 Prozent[41] (damals u. a. auch die »Allgäuer Zeitung«).

(3)   Im Online-Angebot des *Infopools* erhalten Nutzer »große Teile der Printausgabe im
      Volltext, mitunter ist es sogar das komplette redaktionelle Angebot«.[42] Hinzu kommen
      Börsenticker und beispielsweise auch »eingekaufte Videoclips zu überregionalen The-
      men«[43], ein eigenproduzierter Online-Journalismus war nicht auszumachen. Der Typ
      entwickelte sich im Zeitverlauf (2000 bzw. 2002) weiter, indem es etwa auch Doku-
      mentationen gab; das zentrale Moment der Strategie ist Information. Der Typ Infopool
      scheint den »Probe-, weniger den Doppelnutzer« zu suchen.[44] Im Jahr 2000 konnten
      24 von 224 Online-Zeitungen (10,7 Prozent) dem Typus Infopool zugerechnet werden
      (damals u. a. auch die »Rhein-Neckar-Zeitung«), im Jahr 2002 von 304 Titeln 21 (6,9
      Prozent).

(4)   Der Typus *lokale Plattform* lässt ein Engagement erkennen, das über das Einspielen von
      Printinhalten oder Agenturtickern hinausgeht. »Lokale Plattformen zielen darauf ab,
      Informationen über den lokalen Nahraum zu bündeln.«[45] Neben zahlreichen lokalen
      Informationen gibt es »Verlinkungen zu nichtkommerziellen Organisationen wie Ver-
      einen, Selbsthilfegruppen, Städten, Gemeinden etc. Beobachtbar sind aber auch Ange-
      bote touristischer Art (…), neben Archiv auch interaktive Kommunikationsangebote
      wie Foren, Gästebücher, Chats«.[46] Im Zeitverlauf ließ sich auch feststellen, dass gerade
      Foren als lokaler Kommunikationsraum entdeckt und teils verstärkt vorgegeben wer-

den. Lokale Plattformen (2000 beispielsweise der »Holsteinische Courier«) »übertragen bisher ausgebildete Kompetenzen der Redaktion auf das Online-Produkt«[47].

(5) *Regionale Plattformen* unterscheiden sich von den lokalen »durch die Größe des online betreuten Verbreitungsgebiets«.[48] Sie bedienen mit Informationen »zahlreiche Städte und Landkreise, mitunter gar ein ganzes Bundesland.« Lokale Plattformen werden oftmals auch über Kooperationen umgesetzt und schaffen Raum für Anschlusskommunikation. Mehrere Verlage bedienen dabei eine Website. Im Jahr 2000 setzten das Modell 59 (von 224) Zeitungshäuser um.[49] Das Konzept war 2002 mit 119 (von 304) untersuchten Websites das am häufigsten umgesetzte Modell (39,1 Prozent).[50]

(6) Das Modell *regionaler Online-Dienst* ist der regionalen Plattform nicht unähnlich, zeichnet sich aber »durch eine fortlaufende Aktualisierung aus«. Der Online-Nutzer »hat die Möglichkeit, nach der Lektüre der Printausgabe am Morgen Themen online weiter zu verfolgen beziehungsweise zusätzliche Angebote zu nutzen (z. B. Foren, Live-Ticker etc.). Die Online-Redaktion führt die Arbeit der Printredaktion fort beziehungsweise arbeitet parallel zu dieser«[51] (2000 etwa der regionale Online-Dienst »Nordbayern Infonet«), liefert neben aktueller Information auch »Verbraucher- und Serviceangebote (z. B. Tarifticker), Links in die Region, demographische Angaben, Ausflugstipps, Singlebörsen, Chats, (moderierte) Foren und vieles dergleichen mehr«.[52]

Angesichts der Dynamik, der das Internet und auch die Online-Zeitungen unterliegen, sind Typenbildungen vor allem phänomenologischer Art jeweils nur von relativ begrenzter Aussagekraft und Gültigkeit; sie stellen auch eher Momentaufnahmen dar. Hinzu kommt, dass Grenzziehungen zwischen den Typen oftmals nur schwer möglich sind: »*Phänomenologische* Typen teilen relativ grob und induktiv die vorfindbaren Online-Angebote ein und schließen daraus auf die Strategien der Anbieter.«[53] Schließlich erfordern ständig neue Entwicklungen im Internet auch Nachjustierungen der Online-Auftritte, zumal Online-Nutzer auch als innovationsfreudiger gelten als Zeitungsleser.[54] Dessen ungeachtet sind phänomenologische Typenbildungen für die Geschichtsschreibung der Online-Forschung verdienstvoll, sofern elektronisch gespeicherte Versionen oder zumindest Screenshots der Sites für Dokumentations- und Illustrationszwecke vorliegen.

Neuberger widmet sich grundsätzlichen, marketingtheoretisch abgeleiteten Strategietypen. »Das Internet kann bei der strategischen Entwicklung von Zeitungsverlagen unterschiedliche Rollen spielen«, nämlich:[55]

- *Marktdurchdringung*: Neue Nutzer in der alten Zielgruppe für das gedruckte Muttermedium wie etwa Probeleser (über ein Probeabonnement) gewinnen und die Leser-Blatt-Bindung stärken, »indem für die vorhandenen Leser Service-Angebote im Internet geschaffen werden«.
- *Marktentwicklung*: Neue Zielgruppen ansprechen, »etwa durch die räumliche Ausdehnung des Verbreitungsgebiets (globale Zugänglichkeit) und durch neue Vertriebswege (wie Online-Zeitung und E-Paper), indem Printinhalte mehrfach crossmedial verwertet werden«.
- *Produktentwicklung*: Bereitstellung von Zusatzangeboten zur Ergänzung des Printangebots und zur Produktdifferenzierung beispielsweise (a) durch die Integration interner und

externer Links, (b) multimedialer und interaktiver Elemente oder auch (c) durch Angebote sog. mobiler Dienste.

- *Diversifikation*: Schaffung eines neuen Produkts für einen neuen Markt[56]

Die empirische Überprüfung im Rahmen einer im Jahr 2000 durchgeführten Befragung von Journalisten ergab, dass Tageszeitungen sich nicht auf eine einzige Strategie festlegen, sondern Mischkonzepte verfolgen – worin man eine Strategieschwäche sehen kann.[57] Folgende Motive waren bei den Befragten aus Zeitungsredaktionen vorzufinden: Tageszeitungen wollen im Hinblick auf die Marktdurchdringung zuallererst »junge Leute für das Muttermedium gewinnen« und sodann »neue Leser für das Muttermedium«. Bezüglich der Marktentwicklung liegen Items wie »Mehrfachverwertung von Inhalten« und »Verbreitungsgebiet vergrößern« relativ gleich auf. Was die Produktvariation anbelangt, so ist den Zeitungen die »inhaltliche Ergänzung zum Muttermedium« wichtig, ebenso das Anbieten »älterer Beiträge im Archiv«, aber auch das »Angebot regionalisieren« und den »Erscheinungsrhythmus erhöhen«, was bei Online-Zeitungen im Prinzip durch ständige Aktualisierung erreichbar ist. Schließlich zielt die Produktinnovation bzw. -diversifikation den befragten Journalisten zufolge auf ein »inhaltlich selbständiges Angebot im Internet«. Weitere Motive aus der Perspektive des Muttermediums sind »Marktbesetzung«, »Sammeln von Erfahrungen im Internet«, »Startvorteil durch bekannten Markennamen«, »Imagegewinn« sowie der »Schutz des Muttermediums«. Im Hinblick auf die Orientierung am Nutzer-/Werbemarkt steht für Zeitungsjournalisten »Einnahmen durch Werbung/E-Commerce« weit vor »Einnahmen aus Nutzergebühren«.[58]

Wie eine von NEUBERGER durchgeführte Faktorenanalyse zeigt,[59] können die 16 von ihm abgefragten Motive auf sechs Dimensionen bzw. Faktoren reduziert werden, d. h., die einzelnen Motive bestehen nicht unabhängig voneinander, sondern lassen sich zu sechs inhaltlichen Bereichen zusammenfassen: Faktor 1 vereinigt Motive, »die auf eine redaktionelle und ökonomische Ablösung vom Muttermedium hinweisen (inhaltliche Ergänzung für Printleser, inhaltlich selbständiges Angebot, Einnahmen aus Nutzergebühren und E-Commerce). Eher defensive Motive versammelt Faktor 2 (Marktbesetzung, Startvorteile durch den bekannten Markennamen, Schutz der Printausgabe). Faktor 3 (...) bringt jene Motive zusammen, die auf eine Stärkung des Printtitels durch das Internet abzielen (neue Leser gewinnen, junge Leser werben, Imagegewinn für die Zeitung). Die Faktoren 4 und 5 beziehen sich auf räumliche oder zeitliche Möglichkeiten des Internets (Regionalisierung, Ausdehnen des Verbreitungsgebiets bzw. Möglichkeit der Archivierung), während Faktor 6 lediglich aus dem Motiv der Zweitverwertung von Printinhalten besteht.«[60]

Klaus SPACHMANN verweist seinerseits auf folgende vier Ziele und Strategien des Online-Engagements von Tageszeitungen:[61] neue Betätigungsfelder eröffnen; Marktposition stärken, Tageszeitung stärken und stützen sowie Image verbessern. Dies kann mittels unterschiedlicher Basisstrategien erfolgen, die hier – stark gekürzt – wiedergegeben werden:[62] (1) *Das Internet als Diversifizierung*[63], als neues Standbein, die Erschließung neuer Geschäftsfelder für den Verlag über publizistische Konzepte, »die mit der Tageszeitung nicht direkt in Verbindung stehen«.[64] Print- und Online-Zeitung agieren dabei unabhängig voneinander und versuchen, unterschiedliche Zielgruppen anzusprechen. (2) *Das Internet zur Ansprache eines gemeinsamen Publikums*[65]: Dabei sollen sich gedruckte Zeitung und Online-Zeitung in der Nutzung ergänzen. Das inhaltliche Angebot ist im crossmedialen Sinn komplementär ausgerichtet und erfordert eine publizistische Arbeitsteilung. Den Lesern soll durch das Online-Angebot nicht nur eine inhaltliche Ergänzung angeboten werden, sondern ebenso ergänzender Service und Kommunikationsmöglichkeiten für das Publikum.[66] (3) *Das Internet als weiterer Vertriebsweg:*[67] Die Zeitung soll ins Internet übertragen werden, »um sie einem breiteren Publikum zugänglich zu machen«.[68] Im Vordergrund steht die Eigenschaft des neuen Mediums Internet als »sekundäres Verbreitungsmedium«;[69] es geht um die Zweitverwertung der Zeitungsinhalte (eine Strategie, die v. a. in Anfangszeiten des Internets vorzufinden war). Ziel ist es auch, ein jüngeres Publikum anzusprechen.[70] Schließlich (4) *das Internet als Marketing-Instrument*: Das Internet dient »der Kommunikation des Verlages mit Märkten und Öffentlichkeiten. Vorrangiges Ziel ist es, Leser für die Tageszeitung zu gewinnen. Publizistisch hat das Online-Angebot praktisch keine Bedeutung – allenfalls werden aus der Tageszeitung einzelne Beiträge oder kurze Ausschnitte als Appetithappen verwendet.«[71] Es geht auch um Imageverbesserung und Stärkung der Leser-Blatt-Bindung. Die von SPACHMANN 2002 befragten Chefredakteure und Online-Redaktionsleiter stimmten den erwähnten Strategien, die teils mehr, teils weniger stark auch auf den Journalismus zurückwirken, in unterschiedlicher Weise zu.[72]

Kathrin MEYER führte 2003 ebenfalls unter Chefredakteuren und Leitern der Online-Redaktionen von Tageszeitungen eine Umfrage über die Grundformen crossmedialer Zusammenarbeit zwischen Print und Online durch. Die Befragungsergebnisse zeigten, dass von den drei crossmedialen Content-Strategien ›Autonomie‹ (Print und Online je für sich), ›Mehrfachverwertung‹ (der Inhalte durch Print und Online) sowie ›Komplementarität‹ (gegenseitige inhaltliche Ergänzung von Print und Online) jene der *Komplementarität* mit Abstand (knapp drei Viertel) am meisten angewandt wird. Es ist dies möglicherweise auch eine Folge der erwähnten Zeitungskrise (vgl. Kapitel 9.4), »weil durch eine komplementäre Zusammenarbeit zwischen Print- und Online-Redaktionen publizistische (und auch wirtschaftliche) Synergien entstehen können«.[73] Der Content-Fluss verläuft der Studie zufolge primär von Print zu Online, deutlich weniger in umgekehrter Richtung.

10.2.4 Finanzierung von Online-Zeitungen

Zu den bislang nicht zufriedenstellend gelösten Problemen gehört die Finanzierung von Online-Zeitungen. Von wenigen Ausnahmen abgesehen sind sie in der großen Mehrzahl immer noch – und voraussichtlich auf absehbare Zeit – weitgehend Zuschussbetriebe. Das liegt daran, dass Einnahme- und Geschäftsmodelle, wie sie sich im Printgeschäft über Jahrzehnte entwickelt haben – im Wesentlichen Vertriebs- und Werbeerlöse – im WWW nicht (oder noch nicht sonderlich gut) funktionieren.[74] Vor allem gibt es den regulären Vertriebserlös nicht; in aller Regel herrscht im WWW nämlich immer noch weitgehend das Marktprinzip ›content is free‹.[75] Gleichwohl versuchen Presseverlage, auch diese Einnahmequelle über ›paid content‹, also Bezahlinhalte, zu erschließen. Unterscheiden lassen sich für Online-Anbieter vor allem vier Erlösquellen:[76]
- *Erlöse aus Inhalten* können Gebühren in Form eines Abonnements für das Online-Angebot einer Zeitung sein (wie z. B. bei der Online-Ausgabe des US-amerikanischen »Wall

Street Journal«); Gebühren für den Zugang zu Archiven und Datenbanken (z. B. »Der Spiegel« oder »Süddeutsche Zeitung« u. a. m.); individualisierte Informationsservices, wie es sie inzwischen von zahlreichen Zeitungen in Form sog. mobiler Dienste (Kurznachrichten, Wetter, Sportergebnisse u. a. m.) sowie anderer personalisierter Informationsdienstleistungen (wie »Daily Me's«;) gibt; Verkauf bzw. Lizenzieren von Inhalten (Syndication) an Online-Auftritte branchenfremder Anbieter.[77]

- *Erlöse aus E-Commerce* stammen aus elektronischem Handel, und zwar (a) indem der Verlag die eigene Site an Online-Handelsunternehmen für einen festen Betrag untervermietet, (b) indem ein Verlag für Online-Einkäufe, die von seiner Site aus bei einem Dritten getätigt werden, Provisionen erhält, sowie (c) über eigene Shopping Malls im Rahmen des eigenen Online-Auftritts.

- *Erlöse aus Internetservices* stammen aus Dienstleistungen, die ein Zeitungsverlag für andere erbringt, wie Access-Providing und Service-Providing.[78] Beim Access-Providing stellt der Zeitungsverlag gegen Entgelt für (Privat-)Kunden den Internetzugang her (womit er Kundenbeziehungen aufbauen und Nutzerstrukturen entschlüsseln kann). Beim Service-Providing tritt der Verlag insofern als Dienstleister auf, als er beispielsweise für Unternehmen, Behörden, Ämter und andere Institutionen in der Region gegen Entgelt den Eintritt in die Internetwelt ermöglicht und für externe Kunden den Webauftritt entwickelt, gestaltet und laufend betreut (Homepage-Hosting). Zu den Internetservices gehört auch das Angebot bzw. die Möglichkeit, E-Mails und SMS über den Online-Zugang zu realisieren. Freilich ist die Konkurrenz diesbezüglich durch Freemail- und Free-SMS-Anbieter groß.

- *Erlöse aus Werbung* werden vor allem durch Banners, Skyscrapers, Popups, Flyouts, LayerAds oder Interstitials erzielt. Die Konkurrenz für Zeitungen ist in diesem Bereich groß, da sich auch zahlreiche andere Websites (auch solche, die nicht von Medienbetrieben stammen) über Banner-Werbung und andere Werbeformen zu finanzieren versuchen.

Online-Werbung ist übrigens nur langsam in Schwung gekommen. Im Jahr 2000 beispielsweise machte sie bei einem Netto-Gesamtwerbe-Aufkommen von 23,376 Mrd. Euro nur 153,4 Mio. Euro aus (das entsprach einem Anteil von knapp 0,7 Prozent).[79] Online-Werbung weist jedoch auf dem erwähnten niedrigen Ausgangsniveau gute Zuwachsraten auf. 2005 etwa betrug ihr Anteil am deutschen Netto-Gesamtwerbe-Aufkommen von 19,775 Mrd. Euro insgesamt 332 Mio. Euro oder knapp 2 Prozent.[80] Neben der Banner-Werbung ist auch auf Erlöse aus dem Website-Sponsoring zu verweisen. Darüber hinaus gibt es auf einzelne Nutzer oder Nutzergruppen themen- oder lokalspezifisch zielgerichtete Werbeformen (sog. Targeting) sowie sog. Schlüsselwort-Werbung, die am Computerbildschirm auftaucht, wenn der User in eine Suchmaschine bestimmte Suchbegriffe eingibt.

Um den Werbemarkt für die Vermarktung bundesweiter Werbeschaltungen in Online-Zeitungen zu erschließen, schlossen sich bereits im Dezember 1996 zunächst 15 Tageszeitungen in der OMS, der Online-Marketing Service GmbH, in Düsseldorf zusammen.[81] Gegenwärtig vermarktet die OMS die Online-Angebote von mehr als 100 regionalen Tageszeitungen und erzielt damit für Werbetreibende »national flächendeckende Reichweite bei zugleich regionaler Nähe«.[82] Sie ist bestrebt, »dem Online-Werbemarkt planungsrelevante Daten zur Verfügung zu stellen – insbesondere für die direkten Zielgruppen wie Werbetreibende und Werbeagenturen, aber auch für Marktpartner und Nutzer«.[83] 18 zur Auswahl stehende Rubriken sorgen innerhalb von fünf Kategorien (Nachrichten, Sport, Märkte, Unterhaltung, Rotation) für eine zielgenaue Ansprache. Die in der OMS versammelten Medien erzielten im November 2005 immerhin eine Reichweite von 306 Mio. Seitenzugriffen.[84]

Wie erwähnt, versuchen zahlreiche Zeitungs- und Zeitschriftenverlage, über zu bezahlende Inhalte (paid content) aus Online-Medien Erlöse zu erzielen.[85] Dies können komplette Websites nur für Abonnenten sein, kostenpflichtige Premiumangebote, zu bezahlende journalistische (Vorab-)Beiträge bzw. Titelgeschichten, elektronische Zeitungsausgaben in »printnaher Aufmachung« wie E-Papers (vgl. Kapitel 10.3), Abruf von Archivmaterial, Links zu externen Informationsquellen oder beispielsweise auch Inhalte, die als mobile Dienste (vgl. Kapitel 10.5) für den Empfang über Mobiltelefone, Palms, Organizer etc. gegen Entgelt bereitgestellt werden.[86] RIEFLER verweist auf vier Prüfsteine für erfolgreiche Bezahlinhalte:[87] (1) Ist der in Frage kommende Inhalt, den man anbieten möchte, anderswo kostenlos erhältlich? (2) Ist die angebotene Information die bevorzugte Quelle für diese Art von Information (und hat sie vielleicht sogar den Charakter von Pflichtlektüre)? (3) Erhalten die User durch die Nutzung unmittelbare produktive oder kommerzielle Vorteile? (4) Hat der User durch die Art des Inhalts oder seiner Verbreitung über das Internet einen speziellen Nutzen?

Christian BREUNIG sieht Erfolgsfaktoren für Bezahlinhalte im Internet in deren Exklusivität, Qualität und Nutzerfreundlichkeit.[88] Die Bereitschaft, für Inhalte zu bezahlen, ist zwar immer noch gering, in aller Regel aber gegeben, wenn der Nutzer für sich einen persönlichen Mehrwert verbuchen kann.[89] Von den Einnahmen publizistischer Online-Angebote in Europa sollen 2004 insgesamt 70 Prozent aus Online-Werbung, jedoch nur ganze 11 Prozent aus kostenpflichtigen publizistischen Angeboten gestammt haben.[90] Mittel- bis langfristiges Ziel der Printverlage ist es, ein Drittel der Online-Erlöse aus kostenpflichtigen Inhalten zu erwirtschaften, zwei Drittel aus Werbung.[91]

Für die Preisgestaltung von Online-Inhalten ist ferner die Akzeptanz bzw. Marktdurchdringung digitaler Zahlungsmittel bei den Usern wichtig. Dies gilt insbesondere für kleinteilige Zahlungsbeträge. Voraussetzung dafür sind sog. Micro- oder Macro-Payment-Systeme. Für Online-Zeitungen sind u. a. Micro-Payment-Systeme mit flexiblen Preismodellen von Bedeutung, insofern es um Klein- und Kleinstbeträge (etwa bis fünf Euro) geht, wenn man beispielsweise nur einen einzelnen Beitrag aus dem elektronischen Archiv eines Online-Anbieters entgeltlich abruft. Bei herkömmlichen Bezahlsystemen, etwa einer Überweisung via Zahlschein, sind oftmals Bankgebühren bzw. Transaktionskosten höher als die zu entrichtende (Klein-)Summe. Wichtige Qualitätskriterien für solche Bezahlsysteme, wie sie Firstgate, click&buy, StreetCash u. a. m. anbieten, sind Sicherheit der Nutzung, einfache Handhabung, günstige Kosten sowie Reklamationsmöglichkeiten.[92] Sicherheit ist der am meisten ausschlaggebende Faktor: Das Problem des Missbrauchs persönlicher Daten muss ausgeschlossen, die Übertragungssicherheit von PIN- und Kreditkartennummer gewährt und der Erfolg des Zahlungsvorgangs sichergestellt sein.

10.2.5 Reichweite und Nutzung von Online-Zeitungen

Reichweite und Nutzung von Online-Medien werden regelmäßig erhoben. Während zur Reichweite der Online-Zeitungen monatlich aktuelle Daten vorliegen, sind aktuelle Befunde konkret zur Nutzung der Online-Zeitungen seltener vorzufinden. Eher ist man angehalten, aufgrund allgemeiner Online-Nutzungsdaten etwa der Allensbacher Computer- und Telekommunikationsanalyse oder der ARD/ZDF-Online-Studie auf die Nutzung von Online-Zeitungen zu schließen.

Die allgemeine Internet-User-Forschung ist vielfältig ausgeprägt. So gibt es beispielsweise, um nur einige zu nennen, die monatlich ermittelten Kontakt- bzw. Zugriffszählungen der IVW bzw. INFOnline GmbH, das mehrstufige Verfahren der Arbeitsgemeinschaft Online-Forschung (AGOF), diverse User-Befragungen (On-Screen-Befragungen) wie beispielsweise jene der Hamburger Agentur W3B sowie Repräsentativ-Befragungen zur Internetnutzung wie etwa die jährlich durchgeführte ARD/ZDF-Online-Studie, die Allensbacher Computer- und Telekommunikationsanalyse (ACTA) oder auch die in unregelmäßigen Abständen durchgeführte Langzeitstudie Massenkommunikation. Diese und weitere Erhebungen und ihre Methoden werden in einem von Wolfgang J. KOSCHNICK herausgegebenen Lexikon beschrieben.[93] Auch sind den Online-Auftritten besagter Studien bzw. Instrumente Informationen über Anlage, Methode und Durchführung (sowie teilweise auch Ergebnisse) zu entnehmen. Die nachfolgenden Ausführungen beschränken sich von daher auf einige ausgewählte Verfahren, denen man auch Daten und Informationen zu Reichweite und Nutzung von Online-Zeitungen entnehmen kann.

IVW – Page Visits, Page Impressions: Zunächst sei auf die Kontaktmessungen der Informationsgemeinschaft zur Feststellung der Verbreitung von Werbeträgern (IVW) verwiesen. Es gibt diese Messungen seit 1997, seit 2002 werden sie von der INFOnline GmbH für die IVW ermittelt.[94] Die IVW setzt verbindliche Definitionen für Kennwerte der Kontaktmessung im WWW fest und übt damit für den Online-Bereich eine wichtige Standardisierungsfunktion aus.[95] Die Zugriffe auf Online-Angebote werden mittels des sog. Skalierbaren Zentralen Messverfahrens (SZM)[96] über pixelbasierte Analysen der benutzten WWW-Server gemessen, wo jeder Zugriff eines Nutzers eine Datenspur hinterlässt. Somit lässt sich die Nutzung jedes einzelnen Webangebots abbilden, wenn auch nur sehr allgemein. Kennwerte der Kontaktmessung sind PageVisits und PageImpressions. PageVisits geben die Zahl der Besuche auf einer Site wieder, deren Summe »der Einschätzung der Attraktivität eines Gesamtangebots« dient. PageImpressions (früher: Page Views) »liefern ein Maß für die Nutzung einzelner Seiten eines Angebots« und geben Auskunft über die Summe der aufgesuchten Seiten innerhalb einer Site bzw. eines Online-Auftritts und damit auch auf die Möglichkeit, auf Werbebanner zu stoßen.[97]

Aus Abbildung 75 geht die Zahl der Top Ten der deutschen Online-Zeitungen, aufgeschlüsselt nach PageVisits und PageImpressions, für Dezember 2005 hervor (aktuelle Daten sind kostenlos jeweils dem Online-Auftritt der IVW, www.ivw.de, zu entnehmen). »Spiegel Online« und »Bild.T-Online« weisen dabei die mit Abstand höchsten Zugriffszahlen auf. Aber auch die überregional verbreiteten Zeitungen (sowie große, in der Tabelle nicht ausgewiesene Regionalzeitungen beispielsweise) schneiden recht gut ab. Die Kontaktmessungen der IVW stellen für die werbungtreibende Wirtschaft wichtige Anhaltspunkte dar. Ein

Abb. 75: Top 10 der Online-Zeitungen 2005

Titel	Visits	Page Impressions
Spiegel Online	53.051.194	305.012.379
Bild.T-Online.de	29.211.633	317.988.956
Focus Online	13.702.839	101.389.560
Stern.de	10.441.536	100.223.268
Sueddeutsche.de	6.577.894	48.078.316
FAZ.net	6.369.490	47.007.105
Die Welt online	4.739.581	20.625.424
Handelsblatt.com	4.449.465	22.409.369
Financial Times Deutschland	3.159.873	11.748.500
Manager Magazin online	2.715.273	13.994.256

Erstellt nach IVW – Informationsgemeinschaft zur Feststellung der Verbreitung von Werbeträgern e. V. – Online-Nutzungsdaten, http://ivwonline.de/ausweisung2/suchen2.php, IVW Ausweisung 12/2005.

Nachteil ist (vorerst), dass daraus vor allem das soziodemographische Profil wie Geschlecht, Alter, Bildung und Einkommen der User nicht ersichtlich ist. Für die werbungtreibende Wirtschaft, die gezielt und möglichst ohne Streuverluste im Internet, respektive auch in Online-Zeitungen, werben möchte, stellt dies einen Nachteil dar. Möglicherweise ist hierin u. a. auch einer der Gründe zu vermuten, weswegen Online-Werbung – trotz beachtlichen Wachstums – am Gesamtwerbeaufkommen nach wie vor einen recht geringen Anteil hat (vgl. Kapitel 8.2.5).[98]

Arbeitsgemeinschaft Online-Forschung (AGOF): Die im Dezember 2002 von führenden Online-Vermarktern und Werbeträgern wie AOL, Bauer Media, Gruner und Jahr EMS, GMX, GWP Online-Marketing, Interactive Media (T-Online), IP New Media (RTL) Lycos, Mobile.de, Tomorrow Focus, Web.de, Seven One Interactive, Yahoo u. a. m. gegründete AGOF versucht, »mit der Entwicklung einer anerkannten einheitlichen Online-Reichweitenwährung (…) die bislang vorhandene Standardisierungslücke [zu schließen]«[99] und »eine einheitliche Reichweitenwährung für den Online-Werbemarkt [zu] entwickeln«.[100] Es geht darum, die hinter den Zugriffszahlen der PageVisits und PageImpressions stehenden User in ihrem soziodemographischen Profil ausfindig zu machen.

Das von der AGOF entwickelte Messverfahren besteht aus drei Säulen: einer technischen Messung der Zugriffe, einer OnSite-Befragung sowie einer telefonischen Befragung in der Bevölkerung: Die *rein technische Messung* (Logfile-Analyse) wird von INFOnline durchgeführt und dient der Erhebung der Standardgrößen PageVisits und PageImpressions »und zwar auf Basis jeden einzelnen Rechners, dessen Internetnutzung gemessen wird. Diese Rechner werden als Unique Client bezeichnet.«[101] Die *OnSite-Befragung* dient dazu, »Informationen über die Nutzer hinter den Rechnern zu generieren«.[102] Die Grundgesamtheit ist die Internetnutzerschaft ab 14 Jahren auf den Servern jener Medien, die hinter den Mitgliedern der AGOF versammelt sind. 2005 waren dies beispielsweise rund 180 Online-Angebote. »In der OnSite-Befragung werden neben personenbezogenen demographischen Größen auch Informationen zur Nutzung des jeweiligen Rechners gewonnen.« Mit der repräsentativen *telefonischen Befragung* schließlich »wird der Link von der Internetnutzerschaft zur Gesamtbevölkerung gebildet: Hier werden Basisdaten zur Internetnutzung ermittelt und damit das Verhältnis der Internetnutzerschaft zur Gesamtbevölkerung abgebildet.«[103]

Durch das Zusammenspiel dieser drei Säulen »ist die Ermittlung von Reichweiten- und Strukturdaten von Online-Werbeträgern möglich«.[104] Die Daten dieses Mehrmethodendesigns werden in einem innovativen statistischen Verfahren zusammengeführt und miteinander verknüpft. Innovativ am AGOF-Mehrmethodenmodell »ist die Umwandlung von Unique Clients in Unique User, also die Nutzer hinter den Rechnern.«[105] Dieser »Unique User«, »der »einzelne Nutzer«, ist die Basis der AGOF-Studie und damit für die Online-Mediaplanung. Er drückt aus, wie viele Personen in einem bestimmten Zeitraum Kontakt mit einem Werbeträger bzw. einzelnen Belegungseinheiten im Internet haben. Der Unique User ist die Grundlage für die Berechnung von Reichweiten und Strukturen von Online-Werbeträgern sowie wesentlichen Faktoren für die Mediaplanung wie wöchentliche Nutzung, monatliche Nutzung und den Kontaktaufbau.«[106] Die AGOF publiziert ihre Daten vierteljährlich.[107]

Den »internet facts II« der AGOF vom September 2005 zufolge sind rund 56,8 Prozent der Deutschen mehr oder weniger regelmäßig im Netz; das entspricht 36,87 Mio. Personen ab 14 Jahren. Die »Nutzer gestern« betragen 30,7 Prozent (oder 19,91 Mio.). Männer sind mit 56 Prozent stärker vertreten als Frauen mit 43,9 Prozent. Die unter 29-Jährigen sind nahezu vollständig im Netz anzutreffen; die Mehrzahl der Nutzer (57,2 Prozent) ist bereits mehr als drei Jahre online. Online-Zugriffe erfolgen mit großer Mehrheit von zu Hause (91,3 Prozent), vom Büro/Arbeitsplatz (39,5 Prozent) sowie vom Freundeskreis aus (32,2 Prozent; Mehrfachantworten möglich). Die durchschnittliche Nutzungsdauer pro Tag beträgt 73,6 Minuten. Nutzungsschwerpunkte bestehen im ›Versenden und Empfangen von E-Mails‹ (86,7 Prozent), in der ›Recherche in Suchmaschinen‹ (84,9 Prozent), in der ›Suche nach Nachrichten zum Weltgeschehen‹ (62,0) sowie im ›Online-Einkaufen‹ (58,3 Prozent). Es folgt das ›Online-Banking‹ (55 Prozent), die Suche nach ›regionalen und lokalen Nachrichten‹ (49,5 Prozent) u. a. m. Im Hinblick auf Produktpräferenzen und Kaufverhalten befinden sich Bücher (62 Prozent), Urlaubs-/Last-Minute-Reisen (60,9 Prozent), Musik-CDs (60,8 Prozent) sowie Eintrittskarten für Veranstaltungen und Kinobesuch auf den vordersten Plätzen.[108] Es sind dies nur einige wenige, allgemeine Daten, die den vierteljährlich veröffentlichten ›internet facts‹ zu entnehmen sind und vor allem von Media- und Werbeagenturen benutzt werden. Die Aufschlüsselung der Daten erfolgt nach Online-Angeboten und Belegungseinheiten, also buchbaren Kontingenten auf Online-Angeboten.

ARD/ZDF-Online-Studie: Die ARD/ZDF-Online-Studie ermittelt seit 1997 in bevölkerungsrepräsentativen Umfragen jährlich die Online-Nutzung der bundesdeutschen Bevölkerung ab 14 Jahren, wobei auch sog. Offliner bezüglich ihrer Haltung gegenüber dem Internet befragt werden. Die Ergebnisse sind regelmäßig der Zeitschrift »Media Perspektiven« zu entnehmen. Die Stichprobe für die ARD/ZDF-Online-Studie 2005 betrug 2.664 Personen (bei 70 Prozent Ausschöpfung der Stichprobe waren darunter 1.075 Interviews mit Onlinern, 782 mit Offlinern).[109] Den Ergebnissen der Studie zufolge waren im Jahr 2005 insgesamt knapp 58 Prozent der Deutschen online, die Online-Nutzung verteilt sich mittlerweile vom sozialen Status her gesehen breit über viele Bevölkerungsgruppen. Unter den Online-Anwendungen steht nach wie vor das ›Versenden und Empfangen von E-Mails‹ (78 Prozent) an erster Stelle, an zweiter Stelle bereits ›zielgerichtet bestimmte Angebote suchen‹ (53 Prozent).[110] Was genutzte Inhalte betrifft, so liegen aktuelle »Nachrichten und Informationen über das Geschehen in Deutschland und im Ausland« vorn (47 Prozent der Onliner, vor allem aber jüngere User zwischen 20 und 39 Jahren mit 58 Prozent). An zweiter Stelle rangieren »Informationen aus Wissenschaft, Forschung und Bildung« (44 Prozent). Auch Informationen über Freizeit- und Veranstaltungsangebote stehen in der Nutzung vor allem jüngerer Menschen hoch im Kurs.[111]

Man darf annehmen, dass sich die Suche nach Informationen im Netz auch auf die Online-Ausgaben der Zeitungen erstreckt. Jedoch: »Durch die Möglichkeit, das Nachrichtenangebot individuell zuzuschneiden und gezielt Nachrichten abzurufen, ist der Umgang mit Nachrichten durch das Web beeinflusst worden. Irrelevante Nachrichten können leicht ausgeblendet werden. Verlierer sind teilweise, insbesondere bei routinierten Infonutzern, die Offlineausgaben der Printmedien. Denn das vielfältige Angebot ist im Vergleich zur Printausgabe oftmals zielgerichteter und darüber hinaus noch kostenlos zu konsumieren.«[112] Insofern stellt das Internet mit den Online-Zeitungen zweifellos ein Medium dar, das zu den anderen Medien nicht nur komplementär, sondern zumindest teilweise auch substitutiv genutzt wird. Ein gutes Viertel (28 Prozent) der Befragten gab an, Newsletter und Newsticker abonniert zu haben, über die in erster Linie aktuelle Nachrichten und Informationen abgerufen werden (28 Prozent). »Von den 28 Prozent, die 2005 einen Newsletter oder Newsticker beziehen, haben nur 6 Prozent Medienangebote abonniert: 3 Prozent Zeitschriften, 2 Prozent Tageszeitungen, 2 Prozent Fernsehprogramme, 1 Prozent Nachrichtenmagazine, 1 Prozent Radioprogramme (Mehrfachnennungen waren möglich).«[113] Die nutzungsintensivste Gruppe sind die 14- bis 29-Jährigen. Tröstlich erscheint, dass die klassischen Medien, darunter auch die Zeitung, vom Internet nicht verdrängt werden: Die Nutzung der tagesaktuellen Medien Fernsehen, Radio und Zeitung unter den deutschen Internetanwendern ist »erstaunlich konstant. (...) Das Internet wird in den Medienalltag integriert, ohne dass andere Medien verdrängt werden.«[114] Umgekehrt ist nicht zu übersehen, dass sich das Internet »im Medienensemble etabliert« hat und der Medienkonsum in den letzten Jahren »kontinuierlich angestiegen« ist.[115]

Allensbacher Computer- und Telekommunikationsanalyse (ACTA): Das Institut für Demoskopie Allensbach führt seit 1997 jährlich die nach ihm benannte Allensbacher Computer- und Telekommunikationsanalyse durch. Ziel ist es, »die Ausbreitung der neuen Technologien in den privaten Haushalten, die Entwicklung der Nutzung und die Auswirkungen auf das Informations- und Konsumverhalten zu dokumentieren.«[116] Ihre Ergebnisse basieren auf jeweils mehr als 10.000 repräsentativ für die Bundesrepublik Deutschland kontinuierlich erhobenen Interviews (deutsche Bevölkerung zwischen 14 und 64 Jahren). Die Untersuchungsreihe will eine »systematische Analyse der Trends und Marktchancen sowie von attraktiven Zielgruppen« ermöglichen. Die ACTA dokumentiert »Größe und Struktur der Potentiale, die Ausstattungswünsche und Kaufkriterien, die qualitative Entwicklung der

Nutzung und die Erreichbarkeit der Zielgruppen über Medien. Die ACTA liefert auch repräsentative Leistungswerte und Nutzerstrukturen für verschiedene Angebote im Internet.«[117] Ihre Ergebnisse dienen Marktforschern, Marketingspezialisten und Streuplanern zur Optimierung der Ansprache von Zielgruppen.

Der ACTA 2005 zufolge gewinnt das Internet »als Informationsquelle kontinuierlich an Bedeutung«, der Kreis, der aktuelle Informationen über Politik, Wirtschaft, Sport und Kultur aus dem Netz bezieht, bleibt jedoch »eng begrenzt« (nur knapp 9 Prozent »häufiger« bzw. »regelmäßig«). Die Bedeutung des Internets für Produktrecherche und den Produktvertrieb »wächst rasch. Seit 2001 hat sich der Kreis, der zumindest gelegentlich Produktinformationen aus dem Netz bezieht, annähernd verdoppelt« (2001: 23 Prozent; 2005: 43 Prozent). Informationen über Reisen, Bücher, Kraftfahrzeuge, Telekommunikation, Computerhard- und -software »sowie Informationen über Mode und Accessoires werden mittlerweile in beachtlichem Umfang aus dem Netz bezogen« (2005 lagen Haushaltswaren/-geräte, Kleider/Mode/Schuhe, Kosmetikartikel, Sportartikel/Sportgeräte sowie Foto- und Videokameras plus Zubehör an vorderster Stelle). Desgleichen gewinnt das Internet als Vertriebsplattform »kontinuierlich an Bedeutung. Mittlerweile hat die Hälfte der gesamten Bevölkerung im Alter von 14 bis 64 Jahren bereits online Waren geordert. 15 Prozent der Bevölkerung zählen mittlerweile zu den überzeugten Online-Shoppern mit wachsender Tendenz.«[118] Die zahlreichen Ergebnisse der ACTA sind nur entgeltlich zugänglich.

10.3 Das E-Paper – die digitale Ausgabe der gedruckten Zeitung

Eine weitere Entwicklung der Präsentationsform von Zeitungen im Internet ist im E-Paper (auch: ›ePaper‹) zu sehen. Es handelt sich dabei um die elektronische Faksimile-Version einer gedruckten Zeitung, die im Internet abrufbar und am Bildschirm visualisierbar ist. Sie wird auch als »Digital Edition« bezeichnet.[119] Beim E-Paper »wird der Ansatz verfolgt, die komplette Zeitungsseite, wie man sie als klassische Druckversion kennt, im Maßstab verkleinert originalgetreu in das Online-Medium zu überführen und dort mit spezifischen Navigations- und Erschließungsmöglichkeiten zu verknüpfen. E-Paper verbinden auf diese Weise die Präsentationsmöglichkeiten der gedruckten Zeitung und der Onlinezeitung. (...) Online lesen wie gedruckt und blättern per Mausclick – so läßt sich ihr Doppelcharakter zusammenfassen.«[120]

10.3.1 Hybridmedium zwischen Print und Online

Das E-Paper ist ein »Hybridmedium zwischen Print- und Online-Zeitung«.[121] Zwischen zwei Ausgabevarianten kann bei E-Papers unterschieden werden: »Die Ausgabe als PDF-Datei, die nur mit entsprechender Zusatzsoftware (z. B. Acrobat Reader, Erg. d. A.) darstellbar ist; und eine Ausgabe auf Basis von HTML bzw. XML-Dateien, die direkt im Browser angezeigt werden. Beiden Verfahren ist gemeinsam, dass Daten aus dem Produktionsprozess der klassischen Printzeitung direkt weiterverarbeitet und die dazu erforderlichen Arbeitsschritte entweder voll automatisiert oder nur mit geringem personellen Aufwand umgesetzt werden können.«[122] E-Papers sind also journalistische Produkte, die weitgehend auf Basis einer technischen Transformation und damit ohne Online-Journalisten recht kostengünstig produziert werden können.[123] Diesen Service, gewissermaßen eine verkleinerte Eins-zu-eins-Abbildung der gedruckten Zeitung am Bildschirm, bieten mittlerweile zahlreiche Zeitungen an – in der Mehrzahl übrigens kostenpflichtig: Abonnenten der gedruckten Zeitung erhalten die E-Paper-Ausgabe jedoch deutlich günstiger als Abonnenten, die etwa nur das E-Paper beziehen.

Abb. 76: Screenshot E-Paper der »Rhein-Zeitung«

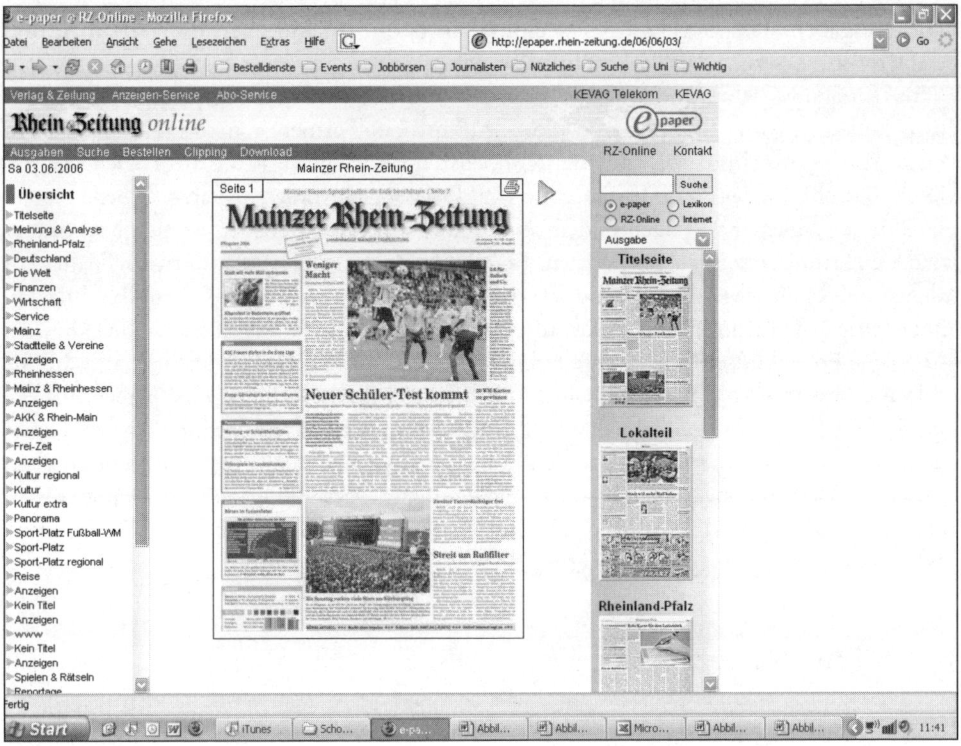

Quelle: http://epaper.rhein-zeitung.de (11.06.2006).

Vorreiter für diesen dritten Vertriebsweg der Zeitung waren in Deutschland u. a. die »Rhein-Zeitung« und die »Sächsische Zeitung«. Die E-Paper-Lösung ist für Zeitungsverlage im Wesentlichen aus mindestens zwei Gründen attraktiv: Zum einen können E-Paper als Online-Produkt weitgehend ohne Personalaufwand hergestellt werden. Zum Zweiten gehen die Seitenaufrufe in die Erfassung der IVW ein und werden bei der Auflagenstärke der jeweils zugehörigen Printversion berücksichtigt, sofern »Erscheinungsweise, Inhalt und Vertriebsgebühren mit der Druckausgabe übereinstimmen«.[124] Schließlich drittens lässt sich mit einer Distribution der Zeitung über das Internet das »Vertriebsproblem der zentral herge-stellten Zeitung, die zeitaufwändig und kostenintensiv über eine lange Strecke transportiert und zugestellt werden muss«, überwinden.[125]

Ob sich E-Paper bei den Lesern massenhaft durchsetzen werden, bleibt abzuwarten. Nachteile gegenüber der Online-Zeitung sind, dass die Aktualität auf der Strecke bleibt und online-spezifische Möglichkeiten des Internets wie Multimedialität und Hypertextualität bei E-Papers nur eingeschränkt eingesetzt werden können. Das gilt besonders für PDF-Aus-gaben, die »meist nicht hypertextuell aufbereitet« sind; sie ermöglichen vielmehr die Rezep-tion der faksimilierten Zeitungsseite durch Vergrößern eines Zeitungsbeitrags bzw. Artikels per Mausklick »in den Originalmaßstab. Die HTML- bzw. XML-Versionen hingegen sind dynamisch, verwenden gewöhnlich kleine sensitive Übersichtsseiten, die mit vergrößerten Artikelansichten oder Bildern hinterlegt sind.«[126] Ein großer Vorteil beispielsweise ist bei E-Paper-Ausgaben, dass dem Leser die Zeitung aus der gedruckten Version vertraut ist und beispielsweise Leser im Ausland leicht zu erreichen sind.[127]

Im Übrigen ist darauf hinzuweisen, dass der Begriff E-Paper im englischen Sprachraum etwas anderes meint. Er bezeichnet dort (zukünftige) Formen von sog. elektronischem Papier, also eine Technologie, »die in ihrer höchsten Entwicklungsstufe die flachen und fle-xiblen Bildschirme der Zukunft liefern soll«.[128] Derart ›elektronisches Papier‹ würde – einer Plastikfolie vergleichbar – auch faltbar sein, könnte unterwegs gelesen werden und immer wieder elektronisch aufgeladen werden. Bereits seit Jahren experimentieren IT-Firmen an solchem ›elektronischen Papier‹ und ›elektronischer Tinte‹, den sog. »Folienbildschirmen, auf denen sich Texte und Bilder elektronisch abspeichern lassen und gelesen werden können. (...) Solche Folienbildschirme könnten (...) Nachteile des E-Papers ausgleichen. So wäre die schlechte Lesbarkeit am Monitor kein Problem mehr, der Leser hätte eine papierähnliche Haptik und wäre so disponibel wie mit einem Printprodukt. Sämtliche interaktiven, perso-nalisierten und multimedialen Vorteile des Internet würden dem Leser trotzdem erhalten bleiben.«[129] Derartige neue Display-Technologien bzw. Darstellungsmedien »befinden sich aber noch weitgehend im Prototypstadium und sind von einer massenhaften Verbreitung und Nutzung noch einige Zeit entfernt.«[130]

10.3.2 Erste Nutzungsergebnisse

Hans-Jürgen Bucher et al. haben 2003 am Beispiel der drei Zeitungsauftritte der »Rhein-Zeitung« – Printprodukt, E-Paper, Online-Ausgabe – eine erste Nutzerstudie über ein E-Paper vorgelegt und diese in einer erweiterten Fassung 2004 ergänzt und präzisiert.[131] Sie fanden heraus, dass sich Nutzer von E-Paper in einem (Bildschirm-)Angebot mit Zeitungs-optik rasch zurechtfinden. Inhaltlich liegt der Interessenschwerpunkt eindeutig auf der loka-len Information, es folgt sodann das Regionale (das mit Berichten über das Bundesland Rheinland-Pfalz »einen stärkeren landesbezogenen Focus setzt«).[132] Anzeigenseiten werden zwar aufgerufen, jedoch nicht wirklich genutzt. Die Nutzer erwarten vom E-Paper auch »mehr Interaktivität, Suchmöglichkeiten und Zusatzinformationen – alles Anforderungen, die an ein Printprodukt (...) nicht gestellt würden.«[133] Bemühungen, dies zu bewerkstelligen, gibt es.[134] Aus der Sicht der Nutzer gilt »das klassische Zeitungsinterface als eine gute Lösung für die Informationsaufbereitung«;[135] gleichwohl manifestieren sich im E-Paper auch Schwachstellen: Erstens erschwert die eingeschränkte Lesbarkeit des E-Paper-Interfaces »den Übertrag von Lesegewohnheiten aus der gedruckten Zeitung erheblich«. Überfliegendes Querlesen etwa, wie dies beim Printprodukt recht einfach ist, ist beim E-Paper nicht möglich. Zweitens fällt das E-Paper »hinter die Gestaltungs- und Nutzungsmöglichkeiten der gedruckten Zeitung zurück. Die clusterorientierte Aufmachung aus der gedruckten Zeitung, bei der mehrere Elemente thematisch zusammengefasst sind – beispielsweise verschiedene Texte, Bilder und Fotos – lässt sich nur auf die klassische Online-Ausgabe übertragen, aber (noch) nicht auf die E-Paper-Version.« Schließlich, drittens, fällt die »E-Paper-Variante als Simulation der gedruckten Zeitung hinter die hypertextuellen Gestaltungsmöglichkeiten digitaler Medien, wie sie auch von den Nutzern erwartet werden, zurück«.[136]

Vorerst ist in der Mehrzahl der E-Paper kein neues Medium zu sehen, sondern eher eine neue Distributionsform und damit auch ein neuer Zugang zur Zeitung. Es bleibt abzuwarten, wie sich E-Paper und Online-Zeitungen auf längere Sicht nebeneinander entwickeln. E-Paper-Abonnenten machten 2005 nur knapp 1 Prozent der Printkundschaft aus. Die verkauften Auflagen »sind für die meisten Verlage (...) nach wie vor wenig zufrieden stellend. So verzeichneten im zweiten Quartal 2005 nur 13 Tageszeitungen mehr als 500 Abonnements. An der Spitze steht das E-Paper der Süddeutschen Zeitung mit rund 4.200 verkauften Abonnements; es wurde erst im März 2004 gestartet und hatte in der kostenlosen Testphase bis August 2004 rund 40.000 registrierte Nutzer. Es folgen die bis Ende 2004 führende Rhein-Zeitung (knapp 3.000) und die im April gestartete Frankfurter Allgemeine (ca. 2.100) (...). Selbst die Spitzenreiter erreichen mit dem Online-Abonnement (Stand: August 2005, Erg. d. A.) kaum 1 Prozent der Anzahl ihrer Printabonnenten.«[137] Angaben des BDZV zufolge gab es in Deutschland zur Jahreswende 2005/06 insgesamt 49 Zeitungsverlagshäuser (darunter auch Wochenzeitungen), die laut freiwilliger Meldung an den BDZV über eine E-Paper-Ausgabe verfügten.[138]

10.3.3 E-Paper-Ausgaben von Zeitschriften

Auch zahlreiche Zeitschriften sind mittlerweile mit E-Paper-Ausgaben im WWW präsent, was auch sie zeitlich und räumlich im Prinzip unbegrenzt verfügbar macht. Hinzu kommen der gewohnte »Umgang mit dem übersichtlich strukturierten Layout«, die (nicht immer vorhandene) »Möglichkeit, multimediale, interaktive und personalisierte Elemente einzufügen, sowie die komfortablen Archivierungs-, Recherche- und Weiterverarbeitungsfunktionen«.[139] Neben Lesern im Ausland lassen sich mit den E-Paperausgaben von Zeitschriften vor allem »mobile Geschäftskunden oder technisch interessierte Rezipienten [problemlos] erreichen und damit die ermittelte IVW-Auflage erhöhen«.[140] Aus einer Befragung von Experten aus Zeitschriftenverlagen[141] geht hervor, dass sich »die ökonomischen Fokussierungen wie Gewinnmaximierung durch Auflagen-, Reichweiten- und Umsatzsteigerungen (...) als stark treibende Kraft für die Einführung einer E-Paper-Ausgabe heraus[stellen]. Eine besonders große Motivation sehen die Experten in der Möglichkeit, mit dem digitalen und damit besseren und schnelleren Vertriebskanal E-Paper ihre Zeitschriften an die Hauptzielgruppe Auslandskunden heranzuführen und so die Märkte zu erweitern.«[142] Von Vorteil ist auch »der Mehrwert, der den Printabonnenten mit den Vorteilen des E-Papers geboten wird. So kann (…) das Printmagazin gestärkt und die Leser-Blatt-Bindung erhöht werden. Hierfür spielen auch erhoffte Verbesserungen für das Zeitschriften-Image eine große Rolle. Weiterhin betont wurden das veränderte Medienverhalten der Leser mit einer zunehmenden Hinwendung zu Medien mit digitalen und technischen Inhalten sowie das geringe wirtschaftliche Risiko einer E-Papereinführung aufgrund der einfachen und investitionsarmen Umsetzung.«[143] Wichtig erscheint den Befragten weiterhin der Ausbau von Zusatz- und Serviceleistungen.[144]

Die künftige Entwicklung des E-Papers sieht nach Expertenmeinung positiv aus, sofern an der Erscheinung dieses neuen Mediums gearbeitet wird. Gefragt seien »die Vorteile des Mediums (…), die deutlicher zum Vorschein kommen sollten und dadurch die Akzeptanz bei den Nutzern erhöhen können. Mehrwerte wie stärkere Verlinkung, bessere Suchfunktionen, häufigerer Einsatz von multimedialen Elementen und einer Steigerung von Interaktivität und Personalisierung könnten dazu führen, dass sich die bisherige Eins-zu-eins-Abbildung der gedruckten Zeitschrift zu einer eigenen Mediengattung mit festen Auflagenzahlen entwickelt.«[145] Eine sprunghafte Steigerung der Leserakzeptanz sehen die befragten Experten vorerst nicht – und damit auch nicht die Kannibalisierung des Printmagazins: »Die Prognosen einiger Experten gehen nicht höher als 10 Prozent und schließen somit eine Substitution des gedruckten Blattes völlig aus.«[146]

10.4 Weblogs

Weblogs gehören ebenfalls zu neuen publizistischen Angeboten, die spätestens seit Ende der neunziger Jahre im Internet entstanden und mittlerweile zahlreich vorzufinden sind. 2005 soll es weltweit 60 Mio. aktive Weblogs gegeben haben.[147] In den USA wurde die Zahl der Weblogs 2005 auf zwischen acht und zwölf Mio. geschätzt, in Deutschland scheint Blogging gegenwärtig mit rund 60.000 Weblogs noch am Anfang zu stehen.[148] Weblogs sind als internetspezifisches Publikationsformat ursprünglich »bekannt geworden als persönliche Sites, die eine Liste von kommentierten Links zu anderen Websites oder auch News oder Berichte über selbst Erlebtes enthalten.«[149] Oftmals »kommentiert der Schreiber seine Surftour im Internet; ähnlich den Schiffskapitänen, die ihre Reiseroute in einem Logbuch festhalten«[150] (daher der Name ›Weblog‹ oder kurz auch ›Blog‹). »Die Kommentarfunktion nimmt in Weblogs eine wichtige Rolle ein. Sie erlaubt es Lesern, eine Stellungnahme zu einem Eintrag zu hinterlassen. Oft entstehen so leidenschaftlich geführte Debatten.«[151]

Ursprünglich ist die Idee »aus dem Brauch entstanden, Freunden und Bekannten E-Mails mit interessanten Sites zu schicken. (…) Weblogs sind also eine Mischung aus Newsgroups, Messageboard und privater Homepage«[152], oder, wie Robert BASIC meint: »Blogs sind Newsseiten, wobei man jede News kommentieren und verlinken kann, das ist alles.«[153] Man könnte Weblogs also auch als »Nachrichtenbörsen« bezeichnen,[154] oder, wie eine deutsche Tageszeitung eher ironisch bis sarkastisch meinte: »Das ganz persönliche Internet-Magazin: Klatsch, Informationen, Selbstbespiegelung und Poesie. Nicht ganz so exhibitionistisch und banal wie Webcams. Bilder und Text irgendwo zwischen Monika Lewinsky und Wer-bin-ich-eigentlich?«[155] Durch die aus dem Internet herunterzuladende Software sind Web-logs auch für einen interessierten Internetlaien relativ einfach zu realisieren.

Zur Definition und Funktion von Weblogs: Als Definition für Weblog soll hier der Begriffs-bestimmungsversuch von Tim FISCHER und Oliver QUIRING gelten: »Unter Weblog wird allgemein ein thematischer Nachrichtendienst verstanden, der als Website publiziert und ähnlich wie ein Tagebuch (...) in regelmäßigen Abständen ergänzt wird.« Ein Weblog »kann beispielsweise bei www.blogger.com/start mit nur drei Klicks erschaffen werden. »Aufgrund der einfachen Handhabung und der geringen Kosten für Produktion und Übertragung bie-ten Blogs Kommunikatoren, die nicht originär aus der Medienindustrie stammen, die Mög-lichkeit, sich an der öffentlichen Kommunikation zu beteiligen und Themen vorzugeben bzw. diese zu kommentieren.«[156] Damit ermöglichen Weblogs »einem viel breiteren Publi-kum Zugang zu einem publizistischen Medium.«[157] Dem Inhalt von Beiträgen in einem Weblog sind im Prinzip »keine Grenzen gesetzt – außer durch die persönlichen Fähigkeiten des Bloggers. In den meisten Fällen bestehen sie aus stets aktuellen Beiträgen, die eher per-sönliche als neutrale, sachliche Informationen wiedergeben.«[158] Durch Weblogs können, wie Jan SCHMIDT meint, Gegenöffentlichkeiten unterstützt oder geschaffen, marginalisierte Stimmen an die Öffentlichkeit gebracht sowie der kooperative Austausch zwischen Men-schen mit geteilten Interessen und Lebenswelten gefördert werden.[159]

Die Arten von Weblogs sind mittlerweile vielfältig. Neben eher nachrichtlich orientierten enthalten beispielsweise Erzähl-Weblogs Geschichten mit literarischem Touch. Fach-Web-logs diskutieren und tauschen Fachthemen aus; Moblogs stammen von einem mobilen End-gerät und enthalten oft auch Fotos einer Handy-Kamera. Photoblogs (auch ›Phlogs‹) ent-halten Abbildungen des Alltags in Fotografien; Corporate/Business-Weblogs werden meist zu PR-Zwecken von Firmen ins Netz gestellt.[160] Weblogs, die Video-Sequenzen enthalten, sind Video-Blogs (auch ›Vlogs‹). Die Gesamtheit aller Weblogs wird Blogosphäre genannt, die sich selbst bisweilen als »(Klein-)Bloggersdorf« bezeichnet.

Weblogs können mehreren Zwecken dienen: der Weitergabe von Neuigkeiten in regel-mäßiger Zeitfolge; der Diskussion dank der Kommentarfunktion; dem Wissensaustausch; der Sammlung und dem Austausch von Web-Links; dem Aufbau und der Pflege von per-sönlichen Kontakten; der Präsentation von eigenen Artikeln und Arbeiten.[161] Zahlreiche Medienbetriebe bedienen sich selbst dieses neuen Publikationsformats, um (über E-Mails, Chatrooms, Bulletin Boards u. Ä. hinaus) den Lesern bzw. Usern (1) die Möglichkeit von Foren und Themendarstellungen zu bieten, (2) die Berichterstattung zu kommentieren oder (3) Kommentare zu berichteten Sachverhalten abzugeben. In Deutschland betreiben mitt-lerweile zahlreiche Zeitungen Weblogs wie etwa »Die Zeit«, »Die Welt«, das »Handelsblatt«, die »Ostsee-Zeitung«, der »Südkurier« u. a. m. Besonders bekannt ist neben anderen v. a. das Weblog der »Rheinischen Post« »Opinio«, das aus drei unterschiedlichen Publikations-formen besteht und damit auch eine neue Form von Crossmedia darstellt, nämlich: (a) als monatlich erscheinendes gedrucktes Magazin, (b) als wöchentliche Zeitungsseite sowie (c) täglich online im Web. »Hauptdarsteller« des neuen Mediums ist der »Prosument«, »ein Name, den die Marketingabteilung des Verlags erfunden hat: Produzent und Konsument zugleich. Citizen Journalism, Bürgerjournalismus: Leser schreiben für Leser«[162] oder, wie man auch sagen könnte: ›consumer generated media‹.[163]

Michael HALLER hält »Opinio« »für ein sehr erfreuliches Konzept, weil es zwei Dinge verbindet: Zum einen versucht es, den Dialog zwischen den Lesern sowie zwischen Lesern und Zeitung in Gang zu setzen. Zum anderen ist es ein interessantes Experiment im Bereich Crossmedia. Ich halte es für eine zukunftsträchtige Verklammerung von Print und Online: ›Opinio‹ ist der Umschlagplatz zwischen Print und Internet. Das Projekt bringt eine im Lokaljournalismus der vergangenen Jahrzehnte leider nur selten erlebte Experimentierfreude zum Ausdruck.«[164] Gleichwohl sieht HALLER »Opinio« nicht als Rettung der Tageszeitung: »Die Laisierung des Journalismus als Rettung – das halte ich für einen Irrtum. Eine Zeitung soll verlässlich orientieren und informieren, und Glaubwürdigkeit stützt sich eben auf Professionalität. Das setzt sehr viel Know-how voraus und ist nicht zu ersetzen durch Veröffentlichungen von Krethi und Plethi. Weblogs können das nicht leisten, ›Opinio‹ auch nicht.«[165]

Es gibt in Deutschland auch Weblogs, die sich kritisch mit Medien und Journalismus befassen. Dazu zählt das Blog »www.fairpress.biz«, eine Plattform für Gegenrede, die auch die Möglichkeit bietet, sich gegen falsche Berichterstattung zu wehren. Sie wird u. a. vom ehemaligen Chefredakteur der »Bild«-Zeitung, Udo Röbel, betrieben. Erwähnenswert erscheint auch »BILDblog« (www.bildblog.de) mit seinen »Notizen über eine große deutsche Boulevardzeitung«. Seine Betreiber, die Journalisten Stefan Niggemeier und Christoph Schultheis, recherchieren fragwürdige Beiträge der »Bild«-Zeitung und ihres Online-Auftritts, tragen kritische Berichte über die beiden Medien zusammen »und halten fest, was uns diskussionswürdig erscheint. Dabei helfen uns nicht zuletzt sachdienliche Hinweise unserer Leser.«[166]

Weblogs und Citizen Journalism: Weblogs und Citizen Journalism gehören oftmals zusammen. Unter Citizen Journalism versteht man, wie sein Name sagt, Journalismus von Bürgern für Bürger. Es manifestiert sich in dieser Form des partizipatorischen Journalismus »die zunehmende aktive Beteiligung der Konsumenten an den Medien und am Informationsaustausch.«[167] Citizen Journalism zu betreiben nehmen recht unterschiedliche Initiativen für sich in Anspruch. Dies kann, wie RIEFLER ausführt, verschiedene Formen annehmen:[168]

- »gemeinschaftlich betriebene, auf Weblog-Technologie beruhende Plattformen unabhängiger Online-Angebote.« Dazu gehören »neue Online-Angebote, die sich um Themen kümmern, die nach Einschätzung der jeweiligen Website-Betreiber von den »etablierten« Medien vernachlässigt werden.« Es handelt sich dabei um »Gegengründungen zu bestehenden Medien«;
- »die Einbindung von Bürgerzusendungen an traditionelle Medien.« Das können Initiativen etablierter Online- und Offline-Medien sein, »die das aufkommende Engagement der Bürger für ihre bestehenden Angebote nutzen wollen.« Dies ist beispielsweise der Fall, wenn etwa bei publikumswirksamen Katastrophen Informationen aus »erster Hand« wie »Laienfotos und Augenzeugenberichte« publizistisch zum Einsatz kommen und in die Berichterstattung etablierter Medien aufgenommen werden;
- wirklich neue Angebote, »bei denen engagierte Nichtjournalisten von einer professionellen Redaktion unterstützt und motiviert werden.« Solche Citizen-Journalism-Projekte »erreichen durch die Zusammenarbeit zwischen Laien und professionellen Jour-

nalisten eine hohe Glaubwürdigkeit und eine hohe Bindung der Nutzer. Die Redaktion wird zum Moderator und Dienstleister. Der Wert einer Veröffentlichung steigt in den Augen der Nutzer, wenn eine professionelle Kontrolle vorgeschaltet wird«[169] (was bei den beiden anderen Initiativen meist nicht – zumindest nicht zwingend – der Fall ist).

An der Kontrolle der Inhalte scheiden sich im Hinblick auf Citizen Journalism die Geister. Einerseits wird begrüßt, dass es mittels Bürgerjournalismus möglich ist, über eigenständige Weblogs einzelner Personen oder Gruppen klassische mediale Instanzen zu umgehen und ungefiltert in die Öffentlichkeit hinein wirken zu können. Andererseits werden in aller Regel bei herkömmlichen Blogs »die Inhalte erst im Nachhinein durch Kommentare, Bemerkungen und Hinweise anderer Blogger ergänzt. Sie erfahren damit erst eine nachträgliche Bestätigung und Ergänzung, keine vorherige Validierung durch umfangreiche Recherchen eines Redakteurs. Qualitätskontrolle findet daher eher nach Augenschein und im öffentlichen Diskurs statt. Das heißt: Alles, was auf den Seiten zu lesen ist, gilt als vorläufig und unfertig. Es steht unter dem Vorbehalt einer genaueren Prüfung durch die Nutzer und andere Anbieter.«[170] Im klassischen Journalismus dagegen ist es umgekehrt und es erfolgen Recherche, Selektion, Kontrolle auf Richtigkeit sowie Interpretation vor der Veröffentlichung der Inhalte – dies alles durch professionell arbeitende Journalisten in den Redaktionen von Zeitungen und Zeitschriften, Hörfunk- und Fernsehveranstaltern sowie Online-Medien.

Es verwundert folglich nicht, dass darüber diskutiert wird, »ob und gegebenenfalls wie Weblogs den etablierten Journalismus und bestehende Öffentlichkeiten verändern«.[171] Mit Bezugnahme auf Donald MATHESON verweist SCHMIDT auf drei Argumente, die im Zentrum dieser Diskurse stehen:[172]

- »Weblogs stellen einen alternativen Raum für Journalismus dar, der jenseits der institutionalisierten Praktiken und Publikationsformen liegt.
- Weblogs fordern den ›corporate journalism‹ heraus, weil sie ihn kritisch begleiten und an seinen eigenen journalistischen Standesregeln messen können.
- Weblogs unterstützen eine demokratisch-interaktive Öffentlichkeit, in der Ereignisse und Meinungen thematisiert werden können, die nicht in den klassischen Medien aufgegriffen werden.«[173]

Im Kontext dieser Diskurse ist die These leitend, »dass zwischen Journalismus und Weblogs kein klarer Gegensatz besteht, der zu einer Ablösung des ersteren durch letztere führen könnte, sondern sich vielmehr in den Praktiken Überlappungen feststellen lassen, die eher zur wechselseitigen Ergänzung journalistischer und weblogbasierter Öffentlichkeiten führen.«[174]

Mediatoren und Internetöffentlichkeit: Weblogs, aber beispielsweise auch Nachrichtensuchmaschinen (wie Google News) u. Ä. wirken zweifellos und generell als neue »Mediatoren der Internetöffentlichkeit«.[175] In diesem Kontext weist NEUBERGER jedoch insbesondere auf erforderliche Vermittlungsstrukturen vor allem der politischen Öffentlichkeit hin. »Öffentlichkeit funktioniert nur mit Hilfe von Mediatoren (…), die die Kommunikation kanalisieren. Denn nicht alle, die etwas zu sagen haben, können Aufmerksamkeit gewinnen, weil die Nutzer eine begrenzte Verarbeitungskapazität für Informationen haben. Das heißt: Ab einer bestimmten Größe muss eine Auswahl getroffen werden. Für diese Reduktion von Komplexität sind qualitative Gesichtspunkte erforderlich, die begründet sein müssen.«[176] Mit Bezugnahme auf Friedhelm NEIDHARDT unterscheidet NEUBERGER drei Funktionen politischer Öffentlichkeit – und damit bezüglich der zu erbringenden Leistung von medialen Vermittlern:

- »die *Beobachterfunktion*, also das Sammeln, Recherchieren und Auswählen von Informationen und Meinungen;
- die *Validierungsfunktion*, damit ist die kritische, argumentative Auseinandersetzung mit den Aussagen gemeint;
- sowie die *Orientierungsfunktion*, also die Weitergabe von ›Orientierungsdaten‹ über Akzeptanz und Widerspruch zu politischen Optionen an Entscheidungsträger.«[177]

In traditionellen Medien und Online-Zeitungen werden diese Mediator- bzw. Vermittlungsleistungen von Journalisten erbracht, die sich bei ihrer Arbeit in aller Regel an »Standards wie Vielfalt, Ausgewogenheit, Neutralität, Aktualität, Sachlichkeit und Objektivität« orientieren.[178]

Ungeachtet dieses berechtigten Hinweises auf bedeutsame Funktionen politischer Öffentlichkeit und die Rolle der Journalisten entstehen durch Weblogs »bislang unbekannte Arenen der öffentlichen Kommunikation und neue Kommunikationspartner rücken ins Blickfeld – sei es, um neue Themen aufzugreifen, diese zu kommentieren oder selber Themen zu setzen«.[179] Auf professionelle (Online-)Journalisten als klassische Informationsintermediäre kommen folglich neue Aufgaben zu. Die in der Blogosphäre vorherrschende Netzkommunikation relativiert ihre Funktion als Gatekeeper im Internet, ebenso die journalistische Filterfunktion, »denn in Weblogs können die Rezipienten schon heute lesen, was morgen erst gedruckt oder gesendet wird«.[180] Die Verdrängung der journalistischen Orientierungsfunktion ist eher auszuschließen. »Aufgrund der zunehmenden Fragmentierung und Individualisierung der Gesellschaft entstehen Teilöffentlichkeiten mit spezifischen Informationsbedürfnissen. Diese Bedürfnisse stärken (…) den Ruf nach qualitativ hochwertigen und glaubwürdigen Informationen, die vor allem durch Journalisten bereitgestellt werden.«[181]

Hinzu kommt, dass Weblogs als – freilich mit Vorsicht zu nutzende – Quellen für journalistische Berichterstattung in Frage kommen, wenn seriöse Quellen »nicht verfügbar sind oder keine aktuellen Daten liefern können. Durch die dezentrale Struktur von Weblogsystemen ist es möglich, von überall auf der Welt eine breite Lesergruppe zu erreichen«[182], wie beispielsweise das Blog von Salam Pax zeigte: »In den ersten Tagen des Irak-Kriegs stellte sein Blog beinahe die einzige Quelle dar, die kontinuierlich die Sicht der Betroffenen vor Ort in Bagdad schilderte.«[183] Zugleich »bilden die thematisch vielfältigen Weblogs ein schier unerschöpfliches Reservoir für die Berichterstattung«[184], unter der einschränkenden Bedingung freilich, dass aus Weblogs übernommene Themen von professionellen Journalisten sorgfältig auf ihre Richtigkeit hin überprüft werden (müssen).

Beispiele aus dem Ausland: Erfolgreiche Beispiele für Weblogs und Citizen Journalism stammen u. a. aus Südkorea und den USA. Ein weltweit bekannter Vorreiter einer Citizen-Journalism-Nachrichtensite ist in »OhMyNews« aus Südkorea zu sehen. »OhMyNews verfolgt ein gemischtes Modell aus Citizen Journalism und professionellem Journalismus: Etwa 38.000 ›Citizen-Reporter‹ oder ›Bürgerjournalisten‹ tragen 70 bis 80 Prozent der Inhalte bei. Der Rest der Artikel stammt von den über 50 professionellen Redakteuren und Journalisten von OhMyNews, von denen etwa vier Fünftel selber ehemalige OhMyNews-Citizen-Reporter sind. Die von den Bürgerjournalisten eingerichteten Artikel werden vor der Veröffentlichung redigiert und auf Fakten geprüft; ungefähr ein Drittel der Beiträge wird abgelehnt. Gute Artikel werden deutlich sichtbar auf der Website platziert. Je nach Beurteilung der Redakteure und entsprechender Platzierung erhalten die Laienreporter von OhMyNews ein bescheidenes Entgelt von bis zu umgerechnet 20 US-Dollar pro Beitrag.«[185] Zu diesem Betrag können direkte finanzielle Unterstützungen von Lesern kommen.

»OhMyNews«, Anfang 2000 gestartet, wird von ihrem Management als ›Zeitung‹ bezeichnet und »ist seit 2004 profitabel. Über zwei Drittel der Umsätze stammen aus Werbung, der Rest aus dem Verkauf der Inhalte an andere Sites, kleineren Abgaben aus (...) ›Trinkgeldern‹ und aus Abonnements für die wöchentliche Printausgabe von OhMyNews.«[186] Die Nachrichtensite ist in Südkorea auch seitens der Politik mittlerweile hoch angesehen. Ihr Erfolg ist im Wesentlichen auf drei zusammenwirkende Faktoren zurückzuführen, »die unmittelbar in der südkoreanischen Gesellschaft begründet sind: der technologische Entwicklungsstand mit einem Anteil schneller Breitbandanschlüsse in allen Haushalten und einer hohen mobilen Vernetzung; eine relativ homogene Gesellschaft, die sich meist nur mit einigen wenigen Themen zu einem bestimmten Zeitpunkt beschäftigt; und die als verkrustet geltende Medienlandschaft, die vor allem junge Leute nach alternativen Medien suchen ließ.«[187] »OhMyNews« hat 2004 eine englischsprachige Ausgabe gestartet. Es bleibt abzuwarten, ob sich der heimische Erfolg wiederholen lässt.[188]

Auch in den USA sind Citizen-Journalism-Projekte teils recht erfolgreich. Es liegt dies u. a. an der fehlenden Berichterstattung etablierter US-amerikanischer Print- und Funkmedien auf ultralokaler Ebene. In diese Lücke stoßen lokale Nachrichtensites von Bürgern für Bürger. »Die lokalen Bürger-Nachrichtensites werden typischerweise im Blogstil gehalten, mit den neuesten Nachrichten an oberer Stelle. Manche Sites erlauben auch einen Abruf der Artikel nach Themenbereichen.«[189] Viele dieser Sites enthalten auch »Text- oder Bannerwerbung oder Sponsorenhinweise lokaler Geschäfte und Unternehmen, Kleinanzeigen oder Google-Textwerbungen, die ebenfalls lokal gezielt sein können.«[190] Citizen Journalism findet jedoch nicht nur in eigens hierzu eingerichteten Veröffentlichungen statt, »sondern verstärkt und erweitert zunehmend auch die Berichterstattung der etablierten ›Mainstream Medien‹. Aus großen Nachrichtenereignissen sind die Darstellungen, Fotos und Perspektiven Beteiligter längst nicht mehr wegzudenken«[191], wie etwa Laienvideos oder Augenzeugenberichte. Auch beschränkt sich Bürgerjournalismus nicht mehr auf Texte und Fotos. »Auch Audio und Podcasts, mit denen Audiodateien automatisch angefordert und auch auf mobilen Geräten gehört werden können, sowie Videos finden immer häufiger den Weg von einem Konsumenten zum nächsten.«[192] Es ist wohl auch anzunehmen, dass sich der Trend zu nutzergenerierten Inhalten weiter verstärken wird. »Wie die Zukunft des Citizen Journalism jedoch aussieht und welche Rolle den etablierten Medienhäusern und den Bürgerjournalisten im Einzelnen zukommen wird, ist noch unklar.«[193] Vorausschauende Zeitungsverlage jedenfalls »sehen im partizipatorischen Journalismus Möglichkeiten, die Leser und Nutzer stärker in ihre Inhalte und Marke einzubinden. Sie wollen damit vor allem zur jüngeren Konsumentengruppe, die immer weniger Zeitung liest, eine Brücke schlagen.[194]

Zur Nutzung von Weblogs: Ungeachtet der geschilderten Entwicklung sollten Weblogs im Hinblick auf ihre Nutzung nicht überschätzt werden. Einer Umfrage des Meinungsforschungsinstituts Gallup in den USA zufolge stagnieren die Leserzahlen, und Weblogs spielen nur eine untergeordnete Rolle. Nur 9 Prozent der Internetnutzer in den USA lesen regelmäßig Weblogs, 11 Prozent lesen sie ›gelegentlich‹, 13 Prozent ›selten‹. 66 Prozent gaben an, keine Blogs zu lesen. »Im Ranking der am häufigsten im Netz genutzten Aktivitäten rangieren Blogs bei den Befragten auf dem 13. und letzten Platz.«[195] Eine Umfrage von W3B in Deutschland zufolge haben Weblogs unter Internetnutzern hierzulande zwar einen relativ hohen Bekanntheitsgrad, es scheint aber mehr Blogger zu geben als Blog-Leser: »Lediglich vier Prozent von mehr als 100.000 Befragten Personen gab an, sich regelmäßig in einem Blog aufzuhalten. Selbst als Blogger aktiv sind dagegen zwölf Prozent der befragten Nutzer. Jedoch gaben nur 2,1 Prozent an, dass sie ihr Blog mindestens einmal in der Woche mit neuen Beiträgen versehen. Weitere 16 Prozent bezeichneten sich als gelegentliche Weblog-Besucher. (…) Immerhin 75 Prozent aller Befragten wussten, was ein Weblog eigentlich ist.«[196]

Die Ergebnisse der Studie dämpften den Optimismus von Marktforschern, »die Blogs als Werbeplattform (…) ein hohes Potential attestierten«. Gleichwohl stellen die Blogger eine Zielgruppe mit klarem Profil dar: »Der typische Weblog-Besucher ist der Studie zufolge unter 30 Jahre alt, in der Ausbildung (Uni, Schule, Lehre) oder selbständig tätig und zählt zu den Intensivnutzern des Internet – sowohl hinsichtlich Nutzungsintensität als auch Nutzungsvielfalt.«[197]

10.5   Mobile Dienste

Mobile Dienste sind digital übermittelte Nachrichten-, Informations- und Kommunikationsdienste (einschließlich Unterhaltung und Anzeigen) zum Empfang auf mobilen Endgeräten wie Handys, PDAs, Handhelds etc. Sie werden von unterschiedlichen Informationsanbietern wie Zeitungen und Zeitschriften, Rundfunkanstalten, Nachrichtenagenturen etc. in Kooperation mit Mobilfunkbetreibern teils entgeltlich, teils auch kostenlos angeboten.[198] In der Online-Bereitstellung von Audio-Dateien für die Nutzung von MP3-Playern, in der Bereitstellung von interaktiven Karten und anderen Diensten für PDAs und Handhelds oder in Audio-Diensten per Sprachdialogsystem sind gleichfalls mobile Angebote zu sehen. Des Weiteren werden beispielsweise die Teilnahme an Gewinnspielen oder Abstimmungen (Votings) ebenfalls über mobile Dienste angeboten. In einem weiteren Sinn versteht man unter mobilen Diensten auch die Möglichkeit, via Mobiltelefon jederzeit auf Informationsangebote und Archive etwa eines Medienhauses oder eines anderen Informationsanbieters zugreifen zu können. Mobile Services bzw. Devices können auch als Marketing- und Werbeinstrument eingesetzt werden und eignen sich dazu, mit den Nutzern zu kommunizieren. Sie können zu jeder Zeit und an jedem Ort genutzt werden und kommen dem vor allem unter jüngeren Menschen stark ausgeprägten Bedürfnis nach mobiler Kommunikation generell entgegen.[199]

News Alerts, Sport- und Wetternachrichten, Börseninformationen: Vor allem für Tageszeitungen, die bei jungen und jüngeren Menschen auf vergleichsweise wenig Resonanz stoßen, erscheinen mobile Dienste als probates Mittel, sich einen Zugang zu dieser Zielgruppe zu eröffnen.[200] Zeitungsverlage mit ihren Print- und Online-Redaktionen verfügen in vielfältiger Weise über digitalisiert vorliegende Text- und Bildinformationen. Es ist daher naheliegend, dass sich zunehmend mehr Tageszeitungen dieser neuen Vertriebsform von Information bedienen und versuchen, »ihre ganze Nachrichtenkompetenz in dieses neue Feld ein[zu]bringen«[201], wie News Alerts (Nachrichtendienste), Sport- und Wetternachrichten, Börseninformationen, Veranstaltungshinweise, Lottozahlen, Gewinnspiele, Votings u. a. m. Freilich bedürfen alle diese Informationen einer für den Empfang an mobilen Endgeräten geeigneten, spezifischen Aufbereitung. Für die Redaktionen bedeutet dies eine große Herausforderung und wohl auch einen fundamentalen Wandel:[202] Von der traditionellen Ausrichtung auf die Produktion der Zeitung (Print) über den zeitungseigenen Webauftritt (Online) hin zu einem Informationsmanagement (Mobile), das Leser und User gleichermaßen und medienadäquat bedient – die Enge des Bildschirms (Online-Zeitung) schränkt die Gestaltungsmöglichkeiten ein, das kleine Display des Handys erst recht, die herkömmliche SMS muss mit 160 Zeichen auskommen. Mit der Einführung des UMTS-Standards erweitern sich hier die Möglichkeiten.

Hinzu kommt, dass mit den Online- und Mobilmedien »das Aktualitätsprinzip neu definiert wird. Wer die ›Always-on-Generation‹ erreichen will, darf nicht bis zum Redaktionsschluß offline sein.«[203] Da Handys, wie alle Studien zu deren Nutzung zeigen, vorwiegend als Kommunikations- und (noch nicht so sehr) als Informationsmedium genutzt werden, müssen Zeitungsverlage im Hinblick auf mobile Dienste vor allem zweierlei leisten: »Sie müssen erstens ein Content-Angebot machen, das auf die räumlich und zeitlich enorm flexible Nutzung abgestimmt ist: also hoch aktuell oder von hohem Servicewert. Und sie müssen zweitens die Stärke des Mobiltelefons, nämlich seine Adhoc-Interaktivität einbeziehen. Aktionen mit Leserbeteiligungen wie Verlosungen, Bestellungen, Feedback oder Spiele sind dafür prädestiniert.«[204] Voraussetzung für den Erfolg mobiler Dienste bei den Lesern/Usern ist natürlich auch eine intensive Berichterstattung der Redaktion im Printprodukt über die neuen Dienste.[205]

Mobile Services als Parallelstrategien zu Print und Online: Die Zeitungsverlage sind sich dieser Erfordernisse weitgehend bewusst. Viele sind im Begriff, weitere Parallelstrategien zum herkömmlichen Geschäft mit Print- und Online-Zeitungen zu entwickeln und im Bereich mobiler Dienste aktiv zu werden. Investitionen für die Einrichtung mobiler Dienste sind in aller Regel relativ niedrig, für die konkrete Umsetzung gibt es im Wesentlichen drei verschiedene Möglichkeiten:

»(1) Die Vergabe an Dritte: Verlagen, die nicht über die notwendigen Erfahrungen, Mitarbeiter und Technologien verfügen, um einen eigenen Geschäftszweig für Mobildienste aufzubauen, bietet sich die Möglichkeit, ein Komplettpaket von einem Drittunternehmen einzukaufen, das sich um die Anwendungen, die Anbindung an die verschiedenen Mobilfunknetze und die Abrechnung kümmert.

(2) Vergabe an Dritte und eigene Anwendungen: Wenn die nötigen Anwendungen im eigenen Verlagsunternehmen entwickelt werden, hat das den Vorteil, dass diese die Marke und Positionierung der Zeitung widerspiegeln. Die Anbindung an die Netze und die Abrechnung – Aufgaben, bei denen die Zeitung nicht nach außen hin auftritt – können an Dritte vergeben werden.

(3) Komplett eigene Entwicklung: Wenn die Entwicklung aller Anwendungen, Anbindungen und Plattformen für die Content-Verbreitung sowie die Abrechnung in der Hand der eigenen Zeitung liegt, ist eine Personalisierung und zielgruppenspezifische Ausrichtung nicht nur der Inhalte, sondern auch der Strukturen und Dienste möglich.«[206]

Mobile Informations- und Nachrichtendienste: Für Regional- und Lokalzeitungen ist das Engagement für mobile Dienste oftmals jedoch nicht einfach. Es liegt dies an der aus ökonomischen Gründen erforderlichen Kooperation mit den Mobilfunkbetreibern, die (ebenfalls aus wirtschaftlichen Gründen) an großen Reichweiten interessiert sind und auf möglichst bundesweite Verbreitung abzielen.[207] Für Regional- und Lokalzeitungen jedoch ist das nicht zwingend erforderlich, da deren mobile Dienste mit regionalen und lokalen Informationen aufwarten (müssen).

So haben sich im Frühjahr 2005 (zunächst) zwölf deutsche Verlage mit 16 Zeitungen zu der Verbundlösung MINDS (für »Mobile Information and News Data Services«) zusammengeschlossen.[208] Das von der EU geförderte Mobilfunkprojekt entwickelt seit 1. Januar 2004 zukunftsweisende Informations- und Nachrichtendienste für den Mobilfunk. Das Konsortium, dem unter Führung von dpa-infocom vier weitere Nachrichtenagenturen – darunter auch die Austria Presse Agentur und die Schweizerische Depeschenagentur – angehören, präsentierte Anfang Juni 2004 zwölf Informationsdienste wie NewsAlert Pro, General News und Sportlive für das Handy.[209] Zugleich formulierte es »technische wie kommerzielle Standards und beschloss die Gründung eines europaweit tätigen Unternehmens, das als Marketing-Organisation neue Mobilfunkanwendungen für die jeweiligen nationalen MINDS-Partner (derzeit Österreich, Schweiz, Holland und Ungarn) vermittelt«.[210]

Die nationale MINDS-Plattform für Deutschland wird von der dpa-infocom, der Multimedia-Tochter der Deutschen Presse-Agentur, bereitgestellt.[211] Die im deutschen Projekt zusammengeschlossenen Verlage nutzen mit ihren Zeitungen »die technische Infrastruktur für einen nach Auflage gestaffelten Monatsbeitrag und können damit in Minutenschnelle individuelle mobile Services für alle deutschen Mobilfunknetze realisieren«.[212] Eine Zeitung mit einer Auflage von beispielsweise weniger als 100.000 Exemplaren zahlt für die Nutzung der Plattform weniger als 1.000 Euro. In diesem Betrag sind die »ständige Wartung der Plattform«, die »Weiterentwicklung für die Anwendung neuer Applikationen« und für den »individuellen Support der Zeitung durch die Mobilfunk-Experten der dpa-infocom« enthalten.[213]

Erfahrungen mit mobilen Diensten: Die ersten Erfahrungen der deutschen Verlage mit SMS-Angeboten sollen »verheißungsvoll« sein. Sie lassen sich im Anschluss an Joachim BLUM wie folgt zusammenfassen: [214]

- Zeitungen können mit mobilen Diensten das Angebot der gedruckten Zeitung erweitern, ergänzen und abrunden. Es ist zugleich möglich, die Kompetenz der Marke in den neuen digitalen Kanal zu transportieren.
- Was die reine Nachricht betrifft, so kann das ›langsame‹ Medium Zeitung über mobile Dienste mit den schnelleren Medien wie Radio, Fernsehen und Internet konkurrieren, zumal die User ihr Handy nahezu immer dabeihaben und dadurch rasch erreichbar sind.
- Ihre führende Funktion als Informationsdienstleister im regionalen und lokalen Raum können Zeitungen mit Hilfe mobiler Dienste stärken und ausbauen. Der Rückkanal ist einfacher und deutlich weniger kompliziert als etwa ein Leserbrief. Der Dialog mit den Lesern wird generell leichter.
- Mit Hilfe mobiler Dienste ist es möglich, das Bedürfnis der Leser nach Information, Unterhaltung und vor allem auch Service deutlich rascher zu erfüllen als mit der Zeitung.
- Mobile Dienste ermöglichen den Nutzern die Teilnahme an Gewinnspielen und Votings beispielsweise im Zusammenhang mit Sportereignissen. Beides stellt Möglichkeiten der Leserbindung dar.
- Mobile Dienste stellen einen einfachen und direkten Kommunikationsweg zum Leser dar und eröffnen neue Möglichkeiten zum Dialog mit den Lesern. Die Teilnahme an Gewinnspielen oder Votings beispielsweise im Zusammenhang mit Sportereignissen finden guten Zuspruch.
- Zeitungen können mobile Dienste als innovatives Kundenbindungsinstrument einsetzen und den Kundenservice steigern, weil Handys zu jeder Zeit und an jedem Ort verfügbar sind. Mobile Dienste stellen insgesamt eine Abrundung des gesamten Dienstleistungsangebots der Zeitung dar.[215]

Kosten für die Nutzer: Zu jenen deutschen Zeitungsunternehmen, die als Erste mit mobilen Diensten experimentierten, gehört die »Rheinische Post« (RP, Düsseldorf). Sie bietet u. a. den mobilen Fußball-Ergebnisdienst »Alle Spiele, alle Tore« an, »bei dem der Abonnent aktuelle Informationen zu den Spielen seines Lieblings-Clubs erhält. RP-Kunden zahlen 2,99 Euro im Monat, Nicht-Kunden 3,99 Euro.«[216] Der »Schwarzwälder Bote« wieder lässt die Abonnenten seiner E-Paper-Ausgabe von der »Netzeitung« (Berlin) mit einem exklusiven E-Mail-Newsletter und mit SMS versorgen. Die Nachrichteninhalte übermittelt der »Schwarzwälder Bote« per E-Mail an die »Netzeitung«, die ihrerseits die Weiterverbreitung an die Abonnenten organisiert; die Zeitungsredaktion kann aber Einfluss auf den SMS-Versand nehmen. Der Preis für den SMS-Dienst beträgt für Abonnenten 5,90 Euro im Monat, für Nicht-Abonnenten 9,90 Euro.[217] Die norwegische Zeitung »Verdens Gang« entwickelte auf einer WAP-Site eine ganze Reihe kostenpflichtiger Dienste.[218] Verständlicherweise sind die Einnahmen eng mit der Anzahl der angebotenen Dienste verbunden. 2004 erwirtschaftete ›Verdens Gang‹ drei Millionen Kronen (rund 375.000 Euro). Besonders beliebt ist der Dienst »Live Football«. Der Preis pro Tag beläuft sich auf 10 Kronen (1,25 Euro), der Preis pro Woche beträgt 30 Kronen (3,75 Euro), ein Monatsabonnement kostet 50 Kronen (6,25 Euro). 30 Prozent der Einnahmen aus den Premium-SMS-Diensten von »Verdens Gang« verbleiben beim Mobilfunkbetreiber.[219] Die japanische Zeitung »Asahi Shimbun« betreibt eine Handy-Site mit Sportnachrichten, die mehr als eine Million Kunden hat und umgerechnet jährlich 10 Mio. Euro Einnahmen erwirtschaftet.[220] Die spanische Tageszeitung »El Mundo« schließlich bietet einen sog. Nachrichten-Premium-Dienst an. Jede einzelne Nutzung muss bezahlt werden. Die Preise werden wie folgt berechnet: Pro SMS-Alert 0,15 Euro, pro Monat zwei Alerts täglich: 9,00 Euro, pro Monat fünf Alerts täglich: 22,50 Euro. Für MMS-Alerts sind die Tarife höher. Bei »El Mundo« gehen 20 Prozent der Einnahmen an den Mobilfunkbetreiber, 80 Prozent an den Content-Provider.[221]

Zur Rolle der Mobilfunkbetreiber: Erfolg und Marktdurchdringung von mobilen Diensten hängen nicht zuletzt von den Mobilfunkbetreibern ab, die mobile Dienste übermitteln. Analysiert man die Märkte, so findet man den Ergebnissen einer Studie der IFRA zufolge eine Erklärung dafür, wann und wo mobile Dienste erfolgreich sind[222] – nämlich in Märkten, die darauf bedacht sind,

- den Kunden die Handy-Handhabung möglichst leicht zu machen. Es darf für den User nicht schwierig sein, das eigene Handy für die Nutzung von mobilen Diensten zu konfigurieren;
- den Mobilfunkkunden attraktive Mobilfunkpreise für die Inanspruchnahme verschiedener Nutzungsanwendungen und Dienste zu bieten;
- den Anbietern von mobilen Inhalten günstige Preiskonditionen für die Übermittlungsleistungen zu gewähren;
- den Content-Lieferanten die Produktion für die technische Übermittlung möglichst leicht zu machen.[223]

Die Verleger müssen den Mobilfunkbetreibern, mit denen sie kooperieren, deutlich machen, dass Wachstum mit mobilen Diensten nur bei stärkerer Marktorientierung der technischen und ökonomischen Rahmenbedingungen zu erwarten ist. So werden beispielsweise in Norwegen Handys vorkonfiguriert und mit Bookmarks für Zeitungen verkauft. »Das macht es Kunden leicht, diesen Service zu nutzen.«[224] Auf dem Gebiet mobiler Dienste sind derzeit asiatische Staaten wie Japan oder Korea sowie die skandinavischen Länder führend.

Moblogging: In schwedischen und finnischen Zeitungsverlagshäusern (und mittlerweile auch in bundesdeutschen) wird sog. Moblogging (Mobile Blogging) über mobile Dienste realisiert. Erwähnenswert erscheint neben anderen insbesondere das Entwicklungsunternehmen Arena Partners, das von 13 finnischen Regionalzeitungen betrieben wird. Die Leser haben die Möglichkeit, ihre mit Handys aufgenommenen Bilder (beispielsweise von Landschaften, Tieren, aber etwa auch Verkehrsunfällen etc.) und dazu verfasste Texte zur Veröffentlichung auf der Website einer Zeitung zu senden. Sie können damit »zu aktiven Mitwirkenden an der Website« werden. Ein Moblog ist somit nicht nur eine Quelle für kostenlose Inhalte, sondern verbessert auch die Verbindung zwischen den Lesern.«[225] Mogblogs eignen sich auch für Rubrikenanzeigen: »Über einen MMS-Service können Kunden ein Bild des Gegenstands, den sie verkaufen möchten, einsenden und auf diesem Wege gleich den Anzeigenpreis bezahlen.«[226] Es sind dies »Inhalte, die auch für andere Leser für den Abruf per Handy interessant sein können.«[227] Freilich stellt sich auch bei Moblogs – wie bei allen anderen Weblogs – die Frage nach der Authentizität und der Richtigkeit der Inhalte.

11   Ausblick

Das deutsche Pressewesen, Zeitungen wie Zeitschriften, zeichnet sich nach wie vor durch einen Reichtum an Titeln und Typen sowie immer noch beachtliche Auflagen aus. Die Bundesrepublik ist eines der zeitungs- und zeitschriftenreichsten Länder der Welt. Gleichwohl sehen sich die Printmedien auch hierzulande einer verschärften Konkurrenz durch Funkmedien, Multimedia und das Internet gegenüber, publizistisch wie ökonomisch. In diesem abschließenden Kapitel sollen daher – in Ergänzung zu den Ausführungen in den vorangegangenen Abschnitten – abrundende Überlegungen zu Problemen und Optionen im Zeitungswesen sowie Strategien und Trends im Bereich der Zeitschriften angestellt werden.

11.1   Probleme und Optionen der Tageszeitungen

Vor allem für die Tagespresse tun sich seit geraumer Zeit Problembereiche auf, die deren Existenz tangieren und zum Teil auch miteinander in Zusammenhang stehen, nämlich: die Situation am Anzeigenmarkt, die Entwicklung des Lesermarkts sowie die Konkurrenz zum Internet. Diesen und weiteren anderen aktuellen Problemen der Druckmedien sind die nachfolgenden Ausführungen zur Abrundung vorangegangener Erörterungen gewidmet. Der Schwerpunkt liegt dabei erneut auf dem Gebiet der Tagespresse.

Die Situation am Anzeigenmarkt: Der zwischen 2001 und 2003 besorgniserregend rückläufige Anzeigenmarkt der Tageszeitungen hat sich 2004 durch leichtes Wachstum um 1 Prozent etwas erholt; 2005 waren erneut leichte Verluste zu verzeichnen.[1] Es erscheint wenig wahrscheinlich, dass die Tageszeitungen das verlorene Anzeigenterrain jemals wieder gänzlich zurückgewinnen könnten. Die Verluste betreffen neben privaten Kleinanzeigen insbesondere die ins Internet abwandernden Rubrikenanzeigen, obwohl zahlreiche Zeitungsverlage im Begriff sind, Kooperationen mit Online-Anbietern aus dem Rubrikenbereich einzugehen oder andere Online-Vermarktungsstrategien zu entwickeln.[2] Als ein Beispiel unter mittlerweile vielen ist etwa die ISA GmbH (Immobilien-, Stellen-, Autoanzeigen) zu erwähnen, ein Zusammenschluss der Verlagsgruppen Holtzbrinck, Ippen und der WAZ-Gruppe mit inzwischen über 40 Partnerverlagen. Die ISA verfolgt das Ziel, Internetportale in den Kernbereichen Immobilien, Stellen und Kfz zu betreiben, um – erstens – regional den Gesamtmarkt (Off- und Online) abzudecken, zweitens am wachsenden Online-Rubrikenmarkt zu partizipieren sowie, drittens, den Umsatz im Zeitungs-Rubrikenmarkt zu stabilisieren.[3]

Auch suchen die Verlage, wie dargelegt, nach neuen Erlösquellen. Ob diese die entfallenden Erlöse aus Anzeigenverlusten wettmachen können, ist ungewiss. Aus dem Prognos-Media Report 2009 für Printmedien geht hervor, dass Nebengeschäfte wie Postdienstleistungen und der Vertrieb von Zusatzprodukten wie Bücher, Lexika, CDs, DVDs etc. das

Kerngeschäft zwar stützen werden, langfristig aber nicht mehr als 20 Prozent der Umsätze generieren. Mit Postdienstleistungen werden der Prognose zufolge zwar »signifikante, aber keine großen Marktanteile« erreicht. Gleichwohl sei der Marktantritt für Zeitungsverlage vielversprechend, »weil Synergieeffekte mit der Zustellung von Zeitungen und Direktwerbung entstünden.«[4]

Die Entwicklung am Lesermarkt: Auflagen und Reichweiten der Tageszeitungen sind seit Jahren kontinuierlich rückläufig. Innerhalb der zurückliegenden zehn Jahre sanken die Verkaufsauflagen von 25,4 Mio. (im Jahr 1995) auf 21,7 Mio. (im Jahr 2005), also immerhin um 3,7 Mio. oder knapp 15 Prozent,[5] die Reichweiten von 81,0 (1995) auf 74,8 Prozent (2005), also immerhin um rund 6 Prozentpunkte. Die größten Reichweitenverluste waren dabei in den jüngeren Lesergruppen, vor allem bei den 14- bis 19-Jährigen (von 60,6 auf 49,3 Prozent um über 11 Prozentpunkte) und bei den 20- bis 29-Jährigen (von 71,7 auf 60,3 Prozent ebenfalls um über 11 Prozentpunkte) zu verzeichnen. Aber auch bei den 40- bis 49-Jährigen ging die Reichweite um fast 9 Prozentpunkte von 86,0 auf 77,2 Prozent zurück.[6]

Die Ursachen für diese Verluste sind, wie dargelegt, vielfältig: demographischer Wandel, veränderte Haushaltsstrukturen, Ausdifferenzierung der Gesellschaft, zunehmende Mobilität und sinkende Ortsbindung, Ausweitung des lokalen Medienangebots im Funkmedienbereich und in Teilen des Internets sowie Kommerzialisierung und Programmausweitung des Rundfunks (vgl. Kapitel 8.2). Auch das Freizeitangebot nimmt ständig zu, Lebens- und Arbeitswelten differenzieren sich weiter aus. »Dies führt zu spezielleren Leserinteressen, die von der Zeitung als Universalmedium nicht mehr abgedeckt werden können.«[7] Die Frage ist auch, ob die Tageszeitungen belebende Marktimpulse durch Zielgruppenprodukte wie etwa die Tabloids oder andere Angebote bewirken können oder ob es den Zeitungsverlagen gelingt, beispielsweise über begleitende Lesefördermaßnahmen wie »Zeitung in der Schule«, über eigene Jugendseiten in Zeitungen oder Online-Auftritte junge Leser für das Printprodukt zu gewinnen (vgl. Kapitel 8.3).

Tageszeitungen und Internet: Das Internet erfreut sich zunehmender Marktdurchdringung – knapp 60 Prozent der deutschen Bevölkerung verfügen über einen Online-Zugang – und wird mittlerweile nachweislich von breiten Bevölkerungsschichten genutzt, insbesondere den Jüngeren und formal gut Gebildeten.[8] Das Internet ermöglicht nicht nur stark genutzte Kommunikationsanwendungen (wie E-Mail), es dient insbesondere auch als Informations- und Dienstleistungsmedium, von dem eine ständig wachsende Nutzerschaft vielfältigen Gebrauch macht. Die Suche nach aktuellen Informationen allgemein im World Wide Web nimmt einen hohen Stellenwert ein. Die Online-Auftritte der Tageszeitungen weisen zwar hohe Zugriffszahlen auf (vgl. dazu Kapitel 10.2), zu ihnen gesellen sich jedoch zunehmend andere, auch branchenfremde Informationsanbieter und Dienstleister, die sich bei den Usern steigender Beliebtheit erfreuen und den Tageszeitungen ebenfalls Konkurrenz machen.[9] Erwähnenswert erscheint in diesem Kontext unter anderem das Nachrichtenangebot von Google, respektive das deutschsprachige Google News, das selbst keine Inhalte liefert, sondern nur auf das verweist, was bereits bei anderen Anbietern vorhanden ist.[10] Das schafft zwar »eine größere Markttransparenz,« weil man als User die Quelle kennt und es leichter fällt, »sich über ein Thema vielfältig zu informieren«.[11] Die Frage ist aber, ob sich die User angewöhnen, »mit Hilfe von Google News im Internet von Zeitung zu Zeitung zu vagabundieren«, wodurch die Leser-Blatt-Bindung sinken und möglicherweise die Markentreue verloren gehen würde.[12] Auch ob und inwiefern dem klassischen Journalismus – und damit den Zeitungen – in den zahlreich betriebenen Weblogs eine ernsthafte Konkurrenz erwächst, ist vorerst ungewiss; die Entwicklung wird jedoch von den Tageszeitungen mit Aufmerksamkeit beobachtet. Viele von ihnen bieten inzwischen selbst Weblogs an, die großen Foren gleichen, auf denen sich die User als sog. Bürgerjournalisten in Text und Bild zu Wort melden können (vgl. Kapitel 10.4).

Zum publizistischen Wettbewerb gesellt sich das erwähnte Abwandern von Anzeigen ins Internet. Der Gebrauchtwagenmarkt ist inzwischen enorm internetlastig (z. B. AutoScout24, mobile.de),[13] auch beim Immobilienmarkt gibt es eine Migration ins Netz (z. B. ImmobilienScout24).[14] Such- und Filterfunktionen der Websites erleichtern dem Kaufinteressierten das Aufspüren individueller Wünsche und Vorstellungen. Das Medium Internet bietet zudem Anzeigenkunden und Maklern die Möglichkeit, »direkt mit dem Nutzer bzw. Suchenden in Kontakt zu treten und den Anzeigenmittler zu umgehen«.[15]

Eine besondere Rolle spielen jedoch die durch das Internet in Bedrängnis geratenen Stellenanzeigen der Tageszeitungen: Die gedruckte Stellenanzeige hat ihre bisherige Alleinstellung als Instrumentarium der Personalgewinnung eingebüßt.[16] An ihre Stelle tritt zunehmend das sog. E-Recruiting über Stellenanzeigen auf (nicht von Zeitungen betriebenen) Job-Portalen im Internet. E-Recruiting »bietet arbeitgeber- als auch bewerberseitig klare Vorteile gegenüber der Printanzeige«.[17] So können Jobsuchende »über Auswahlmenüs die Datenbank der Jobbörsen nach verschiedenen Kriterien durchsuchen oder sich per E-Mail benachrichtigen lassen, wenn passende Angebote eintreffen. Nach erfolgreicher Suche können Informationen zum Arbeitgeber abgerufen werden, und es ist eine sofortige Online-Bewerbung möglich.«[18] Bewerbungsunterlagen lassen sich online hinterlegen. Potentiellen Arbeitgebern hingegen macht der »über verschiedene Eingabemasken erstellte und mit Schlagworten versehene Lebenslauf (...) eine schnelle Suche nach passenden Bewerbern« möglich.[19] Der Interneteinsatz gestattet eine »kostengünstigere Bearbeitung der Bewerbungen ohne die im Fall der Printanzeigen unvermeidbaren Medienbrüche«.[20] Auch sind Stellenanzeigen im Internet aufgrund »geringe[r] Anzeigenkosten bei gleichzeitig hoher relevanter Reichweite« deutlich kostengünstiger als in Tageszeitungen.[21] Hinzu kommt, dass zahlreiche Unternehmen ihren eigenen Internetauftritt nutzen, um Stellenangebote ins Netz zu stellen und Personalmarketing zu betreiben.[22]

Die Stellenanzeigen der Tageszeitungen geraten übrigens auch noch von anderer Seite unter Druck. So nahm Anfang Januar 2006 das Fernsehprogramm JobTV24 in Berlin seinen Sendebetrieb auf. Der Spartenkanal widmet sich mit seinem Programm allen Themen rund um die Jobsuche und bietet dabei auch einen Stellenmarkt an; auch gibt es Firmenporträts und Bewerbungsberatung.[23] Das Programm des Senders, der selbstverständlich auch einen Online-Auftritt betreibt, ist in vier Kernbereiche aufgeteilt, um unterschiedliche Zielgruppen zu bedienen. So gibt es den »Starter's Club« für Schüler und Auszubildende (Berufseinsteiger), die »Job Fabrik« für Jobsucher und Berufswechsler (gewerbliche Fachkräfte), die »Karriere Lounge« für Studierende und Professionals (Führungskräfte) und die »Gründer Werkstatt« für Existenzgründer und Jungunternehmer.[24] Die »Süddeutsche Zeitung« hat als überregionaler Printpartner mit dem Sender eine »exklusive Partnerschaft« geschlossen.

Die beiden Unternehmen »wollen ›verschiedene Medialeistungen austauschen sowie cross-mediale Angebote im Stellenmarkt entwickeln‹«.[25] Die »Süddeutsche Zeitung« erwartet von der Kooperation »völlig neue Möglichkeiten bei der Personalsuche und der Selbstdarstellung von Unternehmen«.[26]

Das Thema Stellenanzeigen setzt die Tageszeitungen also besonders unter Druck. Dennoch werden sie nicht zur Gänze verschwinden. Perspektiven ergeben sich, beispielsweise für überregional verbreitete Zeitungen, nach wie vor für Image-Anzeigen, die »den Arbeitgeber insgesamt« bewerben, sowie für »Anzeigen im Top-Management-Bereich«, wenn etwa Führungskräfte gesucht werden.[27] Ferner können Zeitungsverlage etwa über ein Ressort wie »Job und Karriere« u. Ä. neue Anzeigenkunden erschließen. Auch das Aufbrechen der Rubrikenmärkte durch die Platzierung in den einzelnen thematischen Büchern der Zeitungen ist bereits angedacht worden. Allerdings zeigen sich die Verlage diesbezüglich eher zurückhaltend.[28] Dagegen wird das »Bereitstellen von Online-Portalen zur Bearbeitung von Rubrikenanzeigen direkt durch den Kunden (…) als durchweg positiv eingestuft«.[29] Dass das frühere Niveau bei Stellenanzeigen in den Tageszeitungen jedoch jemals wieder erreicht wird, erscheint unrealistisch.[30]

Marktimpulse für Tageszeitungen durch Zielgruppenprodukte? Neuere Untersuchungen der International Newspaper Marketing Association (INMA) bestätigen, »dass die überwältigende Fülle an Informationen, die Zeitungsverlage heute produzieren, Leser eher abschreckt«.[31] Dies könnte über kurz oder lang in einem weiteren Sinn die Universalität des Mediums Tageszeitung in Frage stellen; schließlich ist bei den Publikumszeitschriften eine solche Tendenz zu Special-Interest- anstelle von General-Interest-Titeln seit langem zu beobachten. Tageszeitungen haben zwar bereits in der Vergangenheit auf unterschiedliche Weise Leser anzusprechen versucht: Boulevard-Zeitungen über die ihnen eigene »Art der Fokussierung von Informationen«, den »starken Unterhaltungsaspekt« und die »plakative Aufbereitung der Themen«; die überregional verbreiteten Abonnementzeitungen »mit ihren besonderen Stärken im Bereich der Themenpalette Politik und Wirtschaft« sowie das große Segment der regionalen und lokalen Abonnementzeitungen, denen es um die »lokale und regionale Identität der Leserschaft« geht.[32] Im Großen und Ganzen sind alle diese Zeitungen bisher auch erkennbar bestrebt gewesen, dem Leser möglichst hohe Universalität zu bieten. Und es waren bisher auch immer die Zeitungsverlage, »die den Markt bestimmten«. Nun scheinen sie ihre Vorgaben vom Markt zu erhalten; der einstige Massenmarkt dürfte sich mit hoher Wahrscheinlichkeit zum persönlichen Markt weiterentwickeln.[33]

Es erscheint daher durchaus angebracht, »über Möglichkeiten für eine stärkere Individualisierung der Zeitungsinhalte nach persönlichen Interessenangaben« nachzudenken – eine Option, die der Digitaldruck logistisch prinzipiell ermöglichen würde.[34] Die »Diskussion über Zielgruppenvarianten der Tageszeitungen konzentriert sich stark auf jüngere Zielgruppen. Stehen bei einigen Projekten explizit Jugendliche im Vordergrund, sind es bei anderen Varianten die jungen Berufstätigen oder die junge Familie mit knappem Zeitbudget. Durchweg geht es aber um Zielgruppen, die derzeit von den Zeitungen nur unzureichend erreicht werden.«[35] Der Start in die Zielgruppensegmentierung bietet für die Verlage zugleich »auch die Chance, die redaktionelle Leistung gezielter einzusetzen und in der Werbung als relevante Zielgröße anzubieten«.[36] Die Mehrzahl der Tabloids beispielsweise, die es in Deutschland seit 2004 gibt, versuchen, eher jüngere Leser sowie bisherige Nicht-Leser in Inhalt und Aufmachung durch neue und trendigere Themen anzusprechen (vgl. Kapitel 8.5). Die Tabloids bedienen sich dabei »der Infrastruktur hinter ihnen stehender großer Verlagshäuser und kommen so mit einer sehr schlanken eigenen Struktur aus (…). Die Zukunft wird zeigen, ob sich diese Innovationen am Markt mit einer angemessenen Auflage bzw. Anzeigenbelegung durchsetzen werden.«[37]

Die Segmentierung von Zielgruppen »muss noch nicht den Weg zur kompletten Individualisierung des Mediums« vorgeben.[38] Personalisierte Zeitungen waren in der Vergangenheit nämlich durchaus »unterschiedlich erfolgreich, sie beschreiben jedoch den Weg zu einer gezielteren Nutzung von Produktpräferenzen für die Produktgestaltung und die Werbevermarktung«.[39] Auf die Verlage kämen durch personalisierte Zeitungen im Hinblick auf Druckproduktion, Weiterverarbeitung, Vertrieb und Zustellung neue logistische Herausforderungen zu, die auch mit Kosten verbunden sind.[40]

Nicht uninteressante Signale für individualisierte Zeitungen kommen im Sommer 2006 aus einer in Österreich veröffentlichten Studie.[41] Ihren Ergebnissen zufolge gibt es »die Idealmischung von Themen« nicht. 14 Prozent mehr würden Leser für eine auf ihre persönlichen Vorlieben zugeschnittene Zeitung zahlen als für ein Standardprodukt. Sportfanatiker (34,8 Prozent) beispielsweise wollen von Außenpolitik und Chronik nur wenig wissen; Kulturliebhaber (22,1 Prozent) etwa lehnen Wirtschaft und Sport ab; Politik ist für keine Gruppe das ausschlaggebende Thema; bei den Wirtschaftsinteressierten (20,4 Prozent) gibt es Sportmuffel und Kulturmuffel.[42] Die Konsequenz für die Zeitungsverlage wäre, den Lesern aus dem inhaltlichen Gesamtangebot eine persönliche Auswahl etwa nach Ressorts und Spezialinteressen zu ermöglichen und ihnen ein individualisiertes Abonnement zusammenzustellen. Der Leser bekäme dann so etwas wie ein »Daily Me« (anstelle eines »Daily Us«). In solchen Produkten könnte beispielsweise auch gezielter über Anzeigen geworben werden. Allerdings ist aus Sicht der Werbekunden »die zielgruppenspezifische Planung erst ab einer bestimmten Größenordnung interessant. Nur dann, wenn ein großes Potential erreicht werden kann, lohnt sich die Planung und Belegung dieser Medien« mit Anzeigen.[43]

Für deutsche Zeitungsverlage erscheint einer 2004 durchgeführten Untersuchung der international tätigen Wirtschaftsprüfungs- und Unternehmensberatungsgesellschaft KPMG zufolge die »Frage nach einer individualisierten Zeitung (…) so speziell, dass sie für die absolute Mehrheit der Befragten (61 Prozent) kein Thema ist«. Die meisten Verlage sehen im Angebot von individualisierten Zeitungen »weder ein bedeutendes Marktpotential noch eine dafür ausreichende Positionierung«.[44] Die Möglichkeiten der »Konfektionierung der Zeitung« – und ein damit verbundener »individuellerer Service« für die Kunden – werden nicht bestritten.[45]

Ausweitung der Kundenbeziehungen von Tageszeitungen: Zeitungsverlage verfügen vor allem über ihre Abonnements über Beziehungen zu zahlreichen Kunden. Abonnentendaten können daher »vielseitig und profitabel sowie zur engeren Kundenbindung genutzt werden«.[46] So ist es etwa möglich, durch Cross-Selling Kundendaten für den Verkauf von Produkten und verlagseigenen Dienstleistungen zu nutzen. Wie bereits erwähnt ist dabei sorgfältig zu prüfen, »welche Produkte und Dienstleistungen zur Erschließung neuer Einnahmequellen angeboten werden können, ohne eine Schädigung der Marke zu riskieren«.[47]

Der Vertrieb von Produkten aus den Bereichen Kultur und Bildung wie Bücher, Lexika, CDs, DVDs etc. und die Organisation von Veranstaltungen, Events oder etwa auch Bildungs- und Leserreisen werden von zahlreichen Verlagen bereits umgesetzt. Ähnliches gilt für die Vermarktung redaktioneller Leistungen an Dritte (etwa für die Produktion von Vereins- oder Firmenzeitungen durch Mitarbeiter der Redaktion), für Bereiche wie personalisierte Newsletter, Mehrwertdienste, Archivdienstleistungen[48] sowie für das Angebot vieler Zeitungsverlage digital übermittelter mobiler Dienste zum Empfang über mobile Endgeräte wie Handys, Organizer, PDAs etc. (vgl. Kapitel 10.5). Weiteres Marktpotential scheint noch in flexibleren Abo-Strukturen zu stecken. »Hierdurch können neue Abonnenten für ein Blatt gefunden werden, die heute noch eine tägliche Belieferung scheuen.«[49]

Die zeitungseigenen Zustellorganisationen werden mittlerweile zwar auch für Postdienstleistungen genutzt (vgl. Kapitel 8.5), das Potential erscheint für weitere ähnliche tägliche Transport- und Zustelldienste, beispielsweise für den Einkaufsservice, jedoch noch erweiterbar.[50] »Für ein flächendeckendes Netz werden umfangreiche Kooperationen benötigt, welche die Kleinteiligkeit der vielen lokalen und regionalen Zustellorganisationen berücksichtigen.[51] Voraussetzung für viele dieser Aktivitäten ist ein differenziertes Kundenbeziehungsmanagement (sog. Customer-Relationship-Management-Systeme CRM), das weit über einfache Abonnementverwaltungssysteme hinausgeht, vielseitig einsetzbar ist und auch für Marketingzwecke genutzt werden kann.[52] Freilich ist dabei mit dem Datenschutz verantwortungsvoll umzugehen.

Unter jenen Zeitungsverlagshäusern, die ihre Beziehungen zu den Abonnenten als Kunden in einem weiten Sinne extensiv nutzen, sei beispielhaft auf die »Rheinische Post« (RP, Düsseldorf) verwiesen. In ihrem Verbreitungsgebiet mit rund 2 Mio. Haushalten leben mehr als 4,4 Mio. Einwohner. Die Zeitung versucht, den Markt der Zukunft »auf allen Kanälen zum Publikum«[53] auszuschöpfen, die Marke »Rheinische Post« als Medienmarke vielfältig zu positionieren und alle relevanten Zielgruppen zu bedienen. Dies erfordert (a) die Ermittlung von spezifischen Bedürfnissen und Verhaltensmerkmalen im Medienkonsum, (b) die Schaffung neuer Angebote, neuer Medienkanäle und neuer Nutzungssituationen, (c) präsent zu sein, wenn neue Kundenbedürfnisse entstehen, und (d) die Unverzichtbarkeit der Marke erlebbar, die Marke über Produkte und Angebote zum Begleiter über den Tag zu machen. Dabei muss jeder Distributionskanal eine spezifische Rolle spielen. Die Umsetzung erfolgt, indem alle relevanten Services aufgebaut (RP Premium, RP Ticket, RP Reise, RP Gewinnspiele, RP Servicecenter, RP Event, RP Shop) und alle relevanten regionalen Kanäle genutzt werden (»Rheinische Post«, RP Online, Newsletter, SMS-Dienst, RP Mobile, Teletext, Fahrgast-TV). Alle Medien werden zu Transaktionsplattformen ausgebaut, die Vermarktung redaktioneller und werblicher Inhalte erfolgt crossmedial. Statt Rubriken werden Themenwelten aufgebaut und Kompetenzen zu Special-Interest-Angeboten gebündelt (z. B. Auto & Mobil, Reise & Welt, Immobilien & Geld, Beruf & Karriere). Auch im Lokalen wird konsequent vernetzt. Über das Weblog »Opinio« werden neue Zielgruppen angesprochen[54] und offline wie online eine Vielzahl von Services, darunter auch eigene Rubrikenmärkte, angeboten.[55]

Dass man die Marke einer Zeitung sehr gut positionieren und mit Diversifikation durchaus ansehnliche Erlöse erzielen kann, stellt auch die renommierte Wochenzeitung »Die Zeit« unter Beweis. Rund um die Interessengebiete der Leser wie Politik, Wirtschaft, Kultur, Wissenschaft und Reise wollte sie mit »Zeit-Matinee«, »Zeit-Foren der Literatur«, »Zeit-Wirtschafts- und Wissenschaftsforum«, »Zeit Chancen Foren«, »Zeit Debatten«, Koch-wettbewerben und Kino-Previews »eine Erlebniswelt« errichten.[56] Das dafür aufgewendete, mehrere Millionen schwere Marketingbudget scheint sich gelohnt zu haben. Die Auflage der Wochenzeitung konnte innerhalb weniger Jahre um mehr als 40.000 Exemplare gesteigert werden.[57] Erfolgreich war auch das neue, im November 2004 gestartete Magazin »Zeit-Wissen«, das sich bei »Themenwahl, Sprache und Design (…) vor allem an jüngere Leser« richtet.[58] Akzente versucht der Verlag des Weiteren mit einem »Zeit-Studienführer« zu setzen, der »mit Tipps und Informationen rund um das Thema Studium« angehenden Studierenden Orientierung bieten soll. Das Objekt »Zeit-Geschichte« »richtet sich an alle am Zeitgeschehen Interessierte«. Mit dem »Zeit-Lexikon« kam auch eine neue Strategie zum Einsatz: Der erste Band wurde allen Lesern des Mutterblatts geschenkt, in jeden weiteren Band wurden zu besonderen Stichwörtern entsprechende Artikel aus der »Zeit« integriert.[59] Der Zeit-Verlag erzielte mit Lexikon, anderen Nebengeschäften und den neuen Magazinen 2005 »über 16 Prozent seines Gesamtumsatzes«.[60]Auch andere Verlage wie etwa die »Süddeutsche Zeitung«, die »Frankfurter Allgemeine Zeitung«, das »Handelsblatt«, »Bild« u. a. m. haben das Potential ähnlicher neuer Erlösquellen entdeckt (vgl. Kapitel 8.1).[61]

11.2 Strategien und Trends bei den Zeitschriften

Was relativ neue Strategien im Zeitschriftenmarkt (respektive im Markt der Publikumszeitschriften) betrifft, so kann man mit Bezugnahme auf Wolfgang Fürstner im Wesentlichen auf fünf Trends verweisen, die auch in Deutschland auf diesem Sektor beobachtbar sind:[62]

- Die Gründung neuer, eigenständiger Zeitschriftentitel. Zu erwähnen sind in diesem Kontext beispielsweise die Zeitschriftentitel »Cicero« und »Monopol«. Sie sind die sog. Deutschen New Yorker: Zeitschriftentitel, »die eine Mischung aus anspruchsvollem Lifestyle sowie hochwertigem Politik- und Kulturjournalismus zum Inhalt haben und dabei eine junge, akademisch geprägte Zielgruppe mit guter Allgemeinbildung ansprechen«.[63] Neugründungen lassen sich aber auch innerhalb bestehender Zeitschriftensegmente beobachten. Dabei orientieren sich Verlage bei der »inhaltlichen und grafischen Konzeption eines neuen Titels oftmals an bestehenden Titeln auf dem Markt. Ziel ist es, mit einem neuen Titel unmittelbar an den Erfolg eines bestehenden Titels anzuknüpfen, indem das Konzept entsprechend dem des Erfolgsgaranten adaptiert wird.«[64]

- Die Einführung monothematischer Sonderhefte bereits bestehender Zeitschriftentitel. »Ziel ist es, durch neue Inhaltsschwerpunkte neue Leser(-gruppen) anzusprechen«[65], also wenn beispielsweise die Zeitschrift »Bild der Frau« mit Sonderheften wie »Gut kochen und backen«, »Schlank und fit«, »Balkon & Garten« etc. erscheint.[66]

- Den Ausbau einer Zeitschriftenmarke durch sog. Line Extensions: »Bestehende Marken erweitern ihr Titelangebot um neue inhaltliche Schwerpunkte (in der Regel aus Sonderpublikationen heraus) und profitieren von der Marktmacht der Hausmarke.«[67] Als Beispiel kann die Zeitschrift »Geo« (Gruner und Jahr) genannt werden, die neben dem Ausgangstitel Hefte wie »Geo Spezial«, »GeoLino«, »GeoWissen« etc. produziert.[68]

- Neue Produktformen, die Einzug in den Zeitschriftenmarkt halten. Es handelt sich dabei um sog. Merchandising, also um »die Produktion, den Vertrieb und das Marketing von Ableger-Produkten, wie zum Beispiel Bücher, CDs, T-Shirts und ähnliches mehr rund um einen bestehenden Zeitschriftentitel (…). Hinter diesem Konzept steht die Erwartung, dass sich positive Assoziationen, die die Leser einer Zeitschrift mit ihr als Ursprungsmarke verbinden, auf die Transferprodukte der Marke übertragen.«[69] Dadurch »kann der ursprüngliche Nutzerkreis zu potentiellen Käufern« dieser Produkte, aber auch »um zusätzliche Nutzer« erweitert werden.[70]
- Schließlich »findet der Ansatz verstärkt Verwendung, bestimmte Inhalte und Werbung in verschiedenen Medien, z. B. Print, Internet, TV (*Crossmedia*) zeitgleich (*Versioning*) oder zeitversetzt *(Windowing)* zu nutzen. Diese vernetzte Ansprache von Lesern und Usern über verschiedene Medien birgt auch auf der Anzeigenseite ein neues Einnahmepotenzial, da eine größere Zielgruppe erreicht werden kann.«[71]

Wie erwähnt suchen bundesdeutsche Zeitschriftenverlage seit geraumer Zeit auch nach Wachstumschancen im Ausland, wo sie – wie etwa in Indien und China – andere sozioökonomische, rechtliche und politische Rahmenbedingungen antreffen. Diese neuen Märkte bieten trotz ihrer Risikobehaftung ein hohes Potential. Bei ihrer Erschließung arbeiten die Verlage im Rahmen eines vom VDZ ins Leben gerufenen Arbeitskreises »Ausländische Märkte« enger zusammen, um künftig »Synergien zu nutzen, von gemeinsamen Erfahrungen zu profitieren und Fehler zu vermeiden«.[72]

Zeitschriften und Internet: Den Zeitschriftenverlegern sind jedoch nicht nur ihre gedruckten Produkte ein Anliegen. Für FÜRSTNER ist das Internet »der kategorische Imperativ und der einzige die Zukunft der Zeitschriften sichernde Weg«. Die neue digitale Medientechnologie sei »die kollektive Herausforderung für alle Verleger vom Dickschiff der Publikumszeitschriften bis zum hoch spezialisierten B2B-Verleger«.[73] Es sei die »verlegerische und zugleich unternehmerische Kernkompetenz«, redaktionelle Inhalte zu schaffen und zu vermarkten. »Wir müssen uns von der Idee lösen, dass Verlage auf ewig untrennbar mit Papier verbunden sind. Verlag sein heißt vor allem, journalistische Inhalte in Wort und Bild zu produzieren. Egal ob für Print, E-Paper, das Internet oder das Handy.«[74] Hinter dem gerne im Internet verwendeten Begriff »Content« verberge sich »für Verlage der uneingeschränkte, stets neue verlegerische Auftrag, zu informieren, zu unterhalten, zu überraschen und nachdenklich zu machen«. Dieser Auftrag werde sich »in Zukunft nicht mehr allein auf die Zeitschrift oder die Zeitung beschränken. Die Verlage folgen den Lesern ins Web.«[75] Das gedruckte Heft werde »auf absehbare Zeit das Basismedium bleiben. Aber die verlegerisch-unternehmerische Herausforderung im Zeitalter des Internet heißt, über die Zeitschrift hinaus einen onlinegetriebenen Mehrwert zu schaffen, die Faszination der Zeitschrift und ihre klassische journalistische Kompetenz durch Online-Angebote zu erweitern.«[76] Online-Werbeeinnahmen könnten »mittelfristig nur eine von mehreren Erlösquellen sein«, die Chancen lägen in der digitalen Welt »vor allem in der Entwicklung digitaler Dienstleistungen.« FÜRSTNER nimmt Bezug auf den VDZ-Präsidenten Hubert Burda, der »die Zukunft der Zeitschriften in der Bildung von Media-Communities [sieht], die Menschen mit gleichen Interessen vernetzen und damit ihre Chancen für neue Märkte eröffnen.« Die klassischen Medien »müssen ihre starken Marken einsetzen, um diese Communities zu organisieren.« Dies sei – laut Burda – »die Voraussetzung für den Beyond-Print-Erfolg«.[77]

Fachzeitschriften auf dem Weg zur Medienmarke: Die Fachverlage mit ihren Fachzeitschriften bleiben vom Medienwandel gleichfalls nicht unberührt, auch sie entwickeln sich vom Fachverlag zum Medienhaus. Dies erfordert eine starke Medienmarke, die »sich durch gleichbleibende Qualität bei klar erkennbarem Marktauftritt aus[zeichnet]«.[78] Der aus der Verlagsgruppe Handelsblatt stammende Sprecher der Deutschen Fachpresse Uwe Hoch meint, es sei eine der spannendsten verlegerischen Herausforderungen, »den Spagat zwischen ständiger inhaltlicher Aktualisierung und langfristiger Positionierung zu leisten«.[79] Im Hinblick auf neue Geschäftsmodelle mit ihrer Fülle von Line Extensions, elektronischen Produkten und Dienstleistungen müsse die Marke einer Zeitschrift »die kommunikative Klammer sein. In der Flut der Informationen über die unterschiedlichsten Kanäle bietet sie dem professionellen Entscheider heute Orientierung und Sicherheit (...). Auch Medienmarken müssen vermitteln, dass ihre Träger die Bedürfnisse der anvisierten Zielgruppen präzise treffen und sich von der Konkurrenz positiv unterscheiden.«[80] Die Qualität der Inhalte sei und bleibe im Geschäft der Fachzeitschriften »kaufentscheidend«. Werde das Bemühen um diese Qualität durch kluge Branding-Strategien ergänzt, so würden Positionierungen im Markt und Imagetransfers von bewährten ›Cash Cows‹ auf innovative ›Questions Marks‹ nachhaltig gelingen. Ein Medium müsse glaubwürdig darstellen, »für welche Leistungen es steht und welche Werte ihm zugeschrieben werden sollen – und dies »für alle seine Angebotsformen«.[81]

Aus Printmarken müssten Medienmarken werden. Daher seien kluge Dachmarkenstrategien »angesagt, mit dem markenbildenden Produkt als Basis. Und dies nicht nur mit Blick auf die Leser. Marken erleichtern auch den Umgang mit Werbekunden ganz wesentlich. Der Verkauf kompletter Kommunikationspakete – von Anzeige und Banner über Beilage, Mailing, Adressvermietung, Marktforschung bis hin zum Seminarsponsoring – ist bei konsequent angewandten Dachmarkenkonzepten weniger erklärungsbedürftig und damit erfolgreicher.« Auch Fachmedien seien gut beraten, »wenn sie konsequent in klassische Markenpflege investieren. In diesem Sinn: One brand, all media!«[82]

Crossmedia: Im Kontext von Markenbildung ist – sowohl für Zeitungen wie für Zeitschriften – nicht zuletzt auch das Thema Crossmedia anzusprechen. Dabei handelt es sich, wie Georg Hesse allgemein formuliert, »um die inhaltliche, kreative und formale Vernetzung unterschiedlicher Medienkanäle und Werbeträger mit dem Ziel, einen maximalen Erfolg über eine mehrkanalige Ansprache zu erreichen«.[83] Da, wie erwähnt, zahlreiche Zeitungsverlage sich zu Medienhäusern entwickelt haben, indem sie auch Zeitschriften und Anzeigenblätter herausgeben, an privaten Hörfunk- und/oder Fernsehsendern beteiligt sind und sich auch online im Internet und mit mobilen Diensten engagieren, eröffnet sich ihnen die Möglichkeit, identische wie nicht-identische redaktionelle und werbliche Inhalte medienadäquat auf verschiedenen Kanälen an das Publikum zu transportieren. Crossmedia ist also »sowohl eine unternehmerische Strategie als auch ein redaktionelles Konzept, das über die Vernetzung der Inhalte verschiedener Medienangebote bis in die Organisationsstrukturen verschiedener Medienangebote hineinreicht«.[84] Begünstigt und inzwischen beträchtlich vereinfacht wird Crossmedia in vielerlei Hinsicht durch digitalisiert vorliegenden Content (welcher Art auch immer) und die damit verbundene Konvergenz für dessen Verbreitung über mehrere Kanäle.

11.3   Perspektiven

Die deutschen Zeitungs- und Zeitschriftenverlage sehen sich also vielfältigen neuen Aufgaben gegenüber. Die *Tageszeitungen* scheinen aus den dargelegten Gründen vor den vergleichsweise größeren Problemen zu stehen. Sie versuchen verständlicherweise ihre Existenz zu sichern, indem sie sich den neuen Herausforderungen stellen. In der Vergangenheit – beim Aufkommen des Radios in den zwanziger Jahren sowie vor allem des Fernsehens in den fünfziger und sechziger Jahren – ist ihnen dies jeweils gut geglückt, weil sie sich auf Stärken besonnen haben, die den damals neu aufkommenden Medien nicht zu eigen waren, wie etwa die Konzentration auf Regionales und Lokales sowie die Erklärung des politischen Geschehens durch vermehrte Hintergrundberichterstattung und Kommentierung. Der dargelegte Wandel im Printmedienbereich selbst sowie das Internet, die Online-Medien und Multimedia stellen die Druckmedien generell, vor allem jedoch die Tageszeitungen, vor ungleich größere Probleme und Anstrengungen, als dies in der Vergangenheit der Fall war. Das Medium Tageszeitung erscheint als von vielen Seiten bedrängt, und Bill Gates, der Erfinder der weltweit meistgenutzten PC-Oberfläche Windows, meinte beim Weltwirtschaftsforum 1998 in Davos gar, das Jahr 2000 werde das Ende der Zeitungs- und Zeitschriftenverleger einläuten.

Klaus SCHÖNBACH entfaltet gleichwohl eine optimistischere Perspektive.[85] Nach seiner Einschätzung zeichnet es Zeitungen nach wie vor aus, dass sie deutlich besser als andere Medien Auswahl, Einordnung, Zusammenhänge, Perspektive und Orientierung bieten. Sie sind in der Lage, auch entlegene Themen, sei es aus dem Bereich der Politik, der Technik oder der Mode etc., früh zu behandeln. In dieser Hinsicht sieht er Zeitungen sowohl als Trendsetter-Medien wie auch als ein mögliches Frühwarnsystem der Gesellschaft. Zeitungen verstetigen Trends in Politik, in hoher und populärer Kultur, »klopfen sie fest, verstärken sie«.[86] Sie bieten die Vielfalt der Inhalte sorgfältig gebündelt, nach Ressorts geordnet und sortiert und können auf diese Weise als Überblickmedium im Meer der Spezialisierung gelten: Sie »kartographieren die Nachrichtenlage für ihre Leser«, sind »Landkarten der Informationslandschaft«, wie andere Autoren es formulieren.[87] Schließlich darf SCHÖNBACH zufolge der Aspekt des Überraschungsmoments bei den Nutzungsmotiven nicht außer Acht gelassen werden: In der Zeitung stößt man auf unerwartete, interessante Geschichten, nach denen man nicht gesucht hat, was »Nachrichtenfreude« bewirke.[88] Zeitungen seien Marken für die Meinungsbildung und verlässliche Gefährten des Alltags, die uns dabei helfen, uns in einer komplizierten Welt zurechtzufinden. Um ein solches Medium müsse einem »nicht bange sein«.[89] Allenfalls erscheine die Zeitung früher oder später möglicherweise als eine etwa zeitungsgroße, faltbare Plastikfolie, die elektronisch aufladbar ist, von der Haptik her Ähnlichkeiten mit der gedruckten Zeitung hat und sich teures Papier sowie kostspieligen Vertrieb (er)spart.[90] Es bleibt abzuwarten, ob und wenn ja, wann es dazu kommt.

Anhang

Anmerkungen

Anmerkungen zu Kapitel I

1 Vgl. Raabe, Johannes: Presse, in: Weischenberg, Siegfried/Kleinsteuber, Hans-J./Pörksen, Bernhard (Hrsg.): Handbuch Journalismus und Medien, Konstanz: UVK 2005, S. 353–361, hier S. 356; Gädeke, Peter: Pressefreiheit, in: Schiwy, Peter/Schütz, Walter, J. (Hrsg.): Medienrecht, Neuwied: Luchterhand ³1994, S. 317–325; Wilhelm, Bernhard: Medienpolitik, in: Schiwy, Peter/Schütz, Walter, J. (Hrsg.): Medienrecht, a. a. O., S. 228–233, hier S. 229; Löffler, Martin/Ricker, Reinhart: Handbuch des Presserechts, München: Beck 1978, S. 29–58.

2 Vgl. Nerone, John C. (ed.): Last Rights. Revisiting Four Theories of the Press, Urbana, Chicago: University of Illinois Press, S. 176.

3 Vgl. Raabe, Johannes: Presse, a. a. O.; Branahl, Udo: Medienrecht. Eine Einführung, Wiesbaden: Westdeutscher Verlag ³2000, S. 20 f.

4 Vgl. Raabe, Johannes: Presse, ebd.; Schulze, Volker: Der Zeitungs- und Zeitschriftenverlag, in: Leonhard, Joachim-Felix/Ludwig, Hans-Werner/Schwarze, Dietrich/Straßner, Erich (Hrsg.): Medienwissenschaft. Ein Handbuch zur Entwicklung der Medien und Kommunikationsformen, 2. Teilband, Berlin, New York: de Gruyter 2001, S. 1677–1681; Stöber, Rudolf: Medienstrukturen: Presse, in: Bentele, Günter/Brosius, Hans-Bernd/Jarren, Otfried (Hrsg.): Öffentliche Kommunikation. Handbuch Kommunikations- und Medienwissenschaft, Wiesbaden: Westdeutscher Verlag 2003, S. 313–329, hier S. 314 ff.

5 Bücher, Karl: Die deutsche Tagespresse und die Kritik [1915], in ders.: Gesammelte Aufsätze zur Zeitungskunde, Tübingen: Verlag der H. Laupp'schen Buchhandlung 1926, S. 307–390, hier S. 377.

6 Vgl. Schmidt, Wieland: Die Zeitung. Die Anfänge: 15. und 16. Jahrhundert, in: Dovifat, Emil (Hrsg.): Handbuch der Publizistik, Bd. 3, Berlin: De Gruyter 1969, S. 64 f.; Wilke, Jürgen: Zeitung, in: Faulstich, Werner (Hrsg.): Kritische Stichwörter zur Medienwissenschaft, München: Wilhelm Fink 1979, S. 373–416, hier S. 376.

7 Siehe Groth, Otto: Die unerkannte Kulturmacht. Grundlegung der Zeitungswissenschaft (Periodik), Bd. 1: Das Wesen des Werkes, Berlin: de Gruyter 1960, S. 106 ff., 121 ff., 170 ff., 206 ff.; vgl. ders.: Die Zeitung. Ein System der Zeitungskunde (Journalistik), Mannheim: J. Bensheimer 1928, S. 21–56.

8 Wilke, Jürgen: Die Zeitung, in: Faulstich, Werner (Hrsg.), a. a. O., S. 375; vgl. Merten, Klaus: Aktualität und Publizität. Zur Kritik der Publizistikwissenschaft, in: Publizistik, 18. Jg. 1973, H. 2, S. 216–235.

9 Vgl. Beck, Klaus: Aktualität, in: Lexikon Kommunikations- und Medienwissenschaft, Wiesbaden: VS Verlag für Sozialwissenschaften 2006, S. 11–13.

10 Vgl. Schütz, Walter J.: Deutsche Tagespresse 2004: Zeitungsmarkt trotz Krise insgesamt stabil, in: Media Perspektiven 5/2005, S. 205–232; ders.: Zeitungen in Deutschland. Verlage und ihr publizistisches Angebot 1949–2004, Berlin: Vistas 2005, Bd. 1, S. 21, u. Bd. 2, S. 867.

11 Wilke, Jürgen: Die Zeitung, ebd.; vgl. auch Raabe, Johannes: Universalität, in: Bentele, Günter/Brosius, Hans-Bernd/Jarren, Otfried (Hrsg.): Lexikon Kommunikations- und Medienwissenschaft, Wiesbaden: VS Verlag für Sozialwissenschaften 2006, S. 290.

12 Dovifat, Emil: Zeitungslehre, 6. neubearb. Aufl. v. Jürgen Wilke, Bd. 1, Berlin, New York: de Gruyter 1976, S. 16 ff.; Wilke, Jürgen: Die Zeitung, a. a. O., S. 358; Schmolke, Michael: Die Zeitung, in: Handlexikon zur Literaturwissenschaft, hrsg. von Krywalski, Dieter, München: Ehrenwirth 1974, S. 525 ff.

13 Vgl. Raabe, Johannes: Abonnement, in: Lexikon Kommunikations- und Medienwissenschaft, a. a. O., S. 9; Keller, Dieter: Zur wirtschaftlichen Lage der deutschen Zeitungen, in: Zeitungen 2005, hrsg. vom BDZV, Berlin, Bonn: ZV 2005, S. 27–100, hier S. 76 f.

14 Vgl. Raabe, Johannes: Straßenverkaufszeitung, a. a. O., S. 273; d'Ester, Karl: Zeitung und Zeitschrift, in: Stammler, Wolfgang (Hrsg.): Deutsche Philologie im Aufriß, Bd. 3, Berlin: Erich Schmidt 1957, S. 559 ff.

15 Vgl. Schütz, Walter J.: Die deutsche Tagespresse 2004, in: Media Perspektiven 5/2005, S. 205–232, hier S. 223; ders.: Deutsche Tagespresse 2001, in: Media Perspektiven 12/2001, S. 611 sowie Fn. 8, S. 632.

16 Vgl. Vogel, Andreas: Die tägliche Gratispresse. Ein neues Geschäftsmodell für Zeitungen in Europa, in: Media Perspektiven 11/2001, S. 576–586; Schütz, Walter J.: Deutsche Tagespresse 2004, a. a. O., S. 223.

17 Vgl. Schütz, Walter J.: Deutsche Tagespresse 2001, a. a. O., S. 616 u. 632, Fn. 19; Raabe, Johannes: Qualitätszeitungen, in: Lexikon Kommunikations- und Medienwissenschaft, a. a. O., S. 236.

18 Vgl. Pürer, Heinz: Presse im Umbruch. Zur Zukunft der Presse im Wettbewerb mit den elektronischen Medien, Salzburg: Landespressebüro 1982, S. 63–66, sowie Langenbucher, Wolfgang R.: Lokalkommunikation. Analysen, Beispiele, Alternativen, München: Ölschläger 1980; Benzinger, Josef-Paul: Lokalpresse und Macht in der Gemeinde (Nürnberger Forschungsberichte, Bd. 15), Nürnberg: Verlag der Nürnberger Forschungsvereinigung 1980, S. 8 ff.

19 Vgl. Lerg, Winfried B.: Lokalrundfunk als kommunikationspolitische Alternative, in: Pätzold, Ulrich (Hrsg.): Kabelkommunikation. Organisation und Programme, München: Ölschläger 1978, S. 30.

20 Dill, Richard W.: Lokale Kommunikation in der Medienlandschaft der Zukunft, in: Langenbucher, Wolfgang R.: Lokalkommunikation. Analysen, Beispiele, Alternativen, a. a. O., S. 17–23, hier S. 18.

21 Siehe Pürer, Heinz: Presse im Umbruch. Zur Zukunft der Presse im Wettbewerb mit den elektronischen Medien, a. a. O., S. 63–66.

22 Vgl. Schütz, Walter J.: Deutsche Tagespresse 2001, in: Media Perspektiven 12/2001, S. 602–632, hier S. 613.

23 Behmer, Markus: Parteipresse, in: Bentele, Günter/Brosius, Hans-Bernd/Jarren, Otfried (Hrsg.): Lexikon Kommunikations- und Medienwissenschaft. Wiesbaden: VS Verlag für Sozialwissenschaften 2006, S. 214; vgl. auch Fischer, Heinz-Dietrich: Geschichte der Parteizeitung, in: Leonhard, Joachim-Felix/Ludwig, Hans-Werner/Schwarze, Dietrich/Straßner, Erich (Hrsg.): Medienwissenschaft. Ein Handbuch zur Entwicklung der Medien und Kommunikationsformen, 1. Teilband,

Berlin, New York: de Gruyter 1999, S. 939–955; Wilke, Jürgen: Grundzüge der Medien- und Kommunikationsgeschichte, a. a. O., S. 262.

24 Vgl. Raabe, Johannes: Boulevardpresse, in: Lexikon Kommunikations- und Medienwissenschaft, a. a. O., S. 26; Hennig, Jörg: Geschichte der Boulevard-Zeitung, in: Leonhard, Joachim-Felix/Ludwig, Hans-Werner/Schwarze, Dietrich/Straßner, Erich (Hrsg.): Medienwissenschaft. Ein Handbuch zur Entwicklung der Medien und Kommunikationsformen, 1. Teilband, Berlin, New York: de Gruyter 1999, S. 955–965; Schütz, Walter J.: Deutsche Tagespresse 2004, a. a. O., S. 223.

25 Vgl. Ubbens, Wilbert: Format, in: Zeitungswörterbuch. Sachwörterbuch für den bibliothekarischen Umgang mit Zeitungen, hrsg. von Hans Bohrmann und Wilbert Ubbens im Auftrag der Zeitungskommission des Deutschen Bibliotheksinstituts, Berlin: Deutsches Bibliotheksinstitut 1994, S. 84; Raabe, Johannes: Tabloid, in: Lexikon Kommunikations- und Medienwissenschaft, a. a. O., S. 279.

26 Vgl. Raabe, Johannes, ebd.; Milz, Annette: Kleine Größe – Tabloid, das Format der Zukunft?, in: Zeitungen 2004, hrsg. vom BDZV, Berlin: ZV 2004, S. 173–199.

27 Vgl. Bohrmann, Hans: Stichtagssammlungen, in: Zeitungswörterbuch. Sachwörterbuch für den bibliothekarischen Umgang mit Zeitungen, a. a. O., S. 252 f.; Schütz, Walter J.: Zeitungen in Deutschland. Verlage und ihr publizistisches Angebot 1949–2004, Berlin: Vistas 2005, S. 21 f.; ders.: Probleme der Pressestatistik. Vorschläge zu einer Bestandsaufnahme des deutschen Zeitungswesens, in: Die Anzeige 1/1960, S. 19–28.

28 Vgl. Schütz, Walter J.: Probleme der Pressestatistik. Vorschläge zu einer Bestandsaufnahme des deutschen Zeitungswesens, in: Die Anzeige 1/1960, S. 19–28; ders.: Die redaktionelle und verlegerische Struktur der deutschen Tagespresse, in: Publizistik, 11. Jg. 1966, H. 1, S. 13–44; ders.: Die Zeitung. Zeitungsstatistik, in: Dovifat, Emil (Hrsg.): Handbuch der Publizistik, Bd. 3, a. a. O., S. 348–369, hier S. 354 f., und ders.: Zeitungen in der Bundesrepublik Deutschland 1983, Konstanz: Universitätsverlag 1983, S. 12.

29 Schütz, Walter J.: Probleme der Pressestatistik, ebd.; Pürer, Heinz: Gesamtbestand der österreichischen Tagespresse. Publizistische Einheiten, Titel, Ausgaben, Mutationen, in: 200 Jahre Tageszeitungen in Österreich 1783–1983, hrsg. von Ivan, Franz/Lang, Helmut W./Pürer, Heinz, Wien: Österreichische Nationalbibliothek 1983, S. 123–127, sowie Pürer, Heinz (unter Mitarbeit von Signitzer, Benno): Presse in Österreich, Wien: Verband österreichischer Zeitungsherausgeber und Zeitungsverleger 1990, S. 18 f.

30 Schütz, Walter J.: Zeitungen in Deutschland. Verlage und ihr publizistisches Angebot 1949–2004, Berlin: Vistas 2005, S. 21.

31 Vgl. Wagner, Hans/Koch, Ursula/Schmidt-Fischbach, Patricia (Hrsg.): Enzyklopädie der Bayerischen Tagespresse, München: Jehle-Rehm 1990, S. 481 ff. u. 574 ff.; Schütz, Walter J.: Zeitungen in Deutschland. Verlage und ihr publizistisches Angebot 1949–2004, a. a. O., Bd. 2, S. 848, sowie Informationen auf telefonische Anfrage beim Verlag.

32 Vgl. Neuberger, Christoph et al.: Die deutschen Tageszeitungen im WorldWideWeb, in: Media Perspektiven 12/1997, S. 652–662; www.netzeitung.de/ueberuns/155607.html (30. 11. 2006).

33 Vgl. Kieslich, Günter: Zur Definition der Zeitschrift, in: Publizistik, 10. Jg. 1965, H. 3, S. 314–319; Stöber, Rudolf: Deutsche Pressegeschichte. Von den Anfängen bis zur Gegenwart, Konstanz: UVK ²2005, S. 84 f. u. 353 f.; Raabe, Johannes: Zeitschrift, in: Lexikon Kommunikations- und Medienwissenschaft, a. a. O., S. 320 f.; Bohrmann, Hans: Zeitschrift, in: Faulstich, Werner (Hrsg.): Kritische Stichwörter zur Medienwissenschaft, München: Wilhelm Fink 1979, S. 356–372.

34   Kieslich, Günter: Die Zeitschrift, in: Dovifat, Emil (Hrsg.): Handbuch der Publizistik, Bd. 3, a. a. O., S. 370 f.

35   Schmolke, Michael: Die Zeitschrift, in: Herder Staatslexikon, S. 539; vgl. Raabe, Johannes: Zeitschriften, ebd.; ders.: Presse, in: Weischenberg, Siegfried/Kleinsteuber, Hans-J./Pörksen, Bernhard (Hrsg.): Handbuch Journalismus und Medien, Konstanz: UVK 2005, S. 353–361, hier S. 353 f.

36   Vgl. Hagemann, Walter: Die deutsche Zeitschrift der Gegenwart, Münster: Fahle 1957, S. 5–13; Kieslich, Günter: Zur Definition der Zeitschrift, a. a. O., sowie ders.: Die Zeitschrift, in: Dovifat, Emil (Hrsg.), Handbuch der Publizistik, Bd. 3, a. a. O., S. 370–383; Starkulla, Heinz: Die Zeitschriften, in: Die öffentliche Meinung, hrsg. v. Presse- und Informationsamt der Bundesregierung, Bonn 1971; d'Ester, Karl: Zeitung und Zeitschrift, in: Stammler, Wolfgang (Hrsg.): Deutsche Philologie im Aufriß, Bd. 3, a. a. O., bes. S. 604 ff.; sowie Bohrmann, Hans: Zeitschrift, a. a. O., S. 361 f.

37   Vgl. Vogel, Andreas: Pressegattungen im Zeitschriftengewand. Warum die Wissenschaft eine Pressesystematik braucht, in: Vogel, Andreas/Holtz-Bacha, Christina (Hrsg.): Zeitschriften und Zeitschriftenforschung (= Publizistik Sonderheft 3/2002), Wiesbaden: Westdeutscher Verlag 2002, S. 11–27, hier S. 23.

38   Vgl. Vogel, Andreas: Fachzeitschrift, in: Lexikon Kommunikations- und Medienwissenschaft, a. a. O., S. 59 f.; ders.: Pressegattungen im Zeitschriftengewand, a. a. O., S. 22; Raabe, Johannes: Zeitschrift, a. a. O., S. 320 f.

39   Vgl. Raabe, Johannes, ebd.; ders.: Presse, a. a. O., S. 354; ders.: Amtsblätter, in: Lexikon Kommunikations- und Medienwissenschaft, a. a. O., S. 13 f.; Szyska, Peter: Verbandspresse, in: Lexikon Kommunikations- und Medienwissenschaft, a. a. O., S. 297.

40   Vgl. hierzu und im Folgenden: Vogel, Andreas: Populäre Presse in Deutschland. Ihre Grundlagen, Strukturen und Strategien, München: Reinhard Fischer 1998, S. 37 ff. u. 89 ff., bes. S. 106–156; ders.: Publikumszeitschriften, in: Lexikon Kommunikations- und Medienwissenschaft, a. a. O., S. 233; Raabe, Johannes: Zeitschrift, a. a. O., S. 320 f.; Bohrmann, Hans: Zeitschrift, a. a. O., S. 362.

41   Vgl. Vogel, Andreas: Populäre Presse in Deutschland, a. a. O., S. 37 f.; ders.: Pressegattungen im Zeitschriftengewand, a. a. O., S. 23.

42   Raabe, Johannes: Wochenzeitungen, in: Lexikon zur Medien- und Kommunikationswissenschaft, a. a. O., S. 318 f., hier S. 318.

43   Vgl. Raabe, Johannes, ebd.

44   Hier in Erweiterung der Systematik von Doris Brändle in: Brändle, Doris: Sonntagszeitungen in Deutschland. Marktstruktur und inhaltliches Profil. Unveröff. Diplomarbeit, Eichstätt 2002, S. 8.

45   Vgl. hierzu auch Wilke, Jürgen: Presse, in: Noelle-Neumann, Elisabeth/Schulz, Winfried/Wilke, Jürgen (Hrsg.): Fischer Lexikon Publizistik – Massenkommunikation, Frankfurt/Main: Fischer 2002, S. 422–459, hier S. 437.

46   Vgl. Raabe, Johannes: Anzeigenblätter, in: Lexikon Kommunikations- und Medienwissenschaft, a. a. O., S. 15; Ubbens, Wilbert: Anzeigenblatt, in: Zeitungswörterbuch. Sachwörterbuch für den bibliothekarischen Umgang mit Zeitungen, hrsg. von Hans Bohrmann und Wilbert Ubbens im Auftrag der Zeitungskommission des Deutschen Bibliotheksinstituts, Berlin: Deutsches Bibliotheksinstitut 1994, S. 84, sowie Werbung in Deutschland 2006, hrsg. vom Zentralverband der Deutschen Werbewirtschaft, Berlin: Verlag edition ZAW 2006, S. 257 ff.

47   Vgl. Raabe, Johannes: konfessionelle Presse, in: Lexikon Medien- und Kommunikationswissenschaft, a. a. O., S. 136 f.

48 Vgl. Raabe, Johannes, ebd.; ders.: Katholische Presse, in: Lexikon Medien- und Kommunikations-
    wissenschaft, a. a. O., S. 123; ders.: evangelische Presse, a. a. O., S. 58; vgl. auch: Schmolke, Michael:
    Kirchenpresse, in: Vogel, Andreas/Holtz-Bacha, Christina (Hrsg.): Zeitschriften und Zeitschrif-
    tenforschung, a. a. O., S. 126–146; Schwanebeck, Axel: Evangelische Kirche und Massenmedien.
    Eine historische Analyse der Intentionen und Realisationen evangelischer Publizistik, München: R.
    Fischer 1990.

49 Dovifat, Emil: Zeitungslehre, Bd. 1, 6. neubearb. Aufl. v. Jürgen Wilke, a. a. O., 1976, S. 91.

50 Vgl. Segbers, Hilke: Nachrichtenagenturen, in: Weischenberg, Siegfried/Kleinsteuber, Hans J./Pörk-
    sen, Bernhard (Hrsg.): Handbuch Journalismus und Medien, a. a. O., S. 311–316, hier S. 312; Wilke,
    Jürgen: Nachrichtenagenturen, in: Bentele, Günter/Brosius, Hans-Bernd/Jarren, Otfried (Hrsg.):
    Lexikon Kommunikations- und Medienwissenschaft, a. a. O., S. 195 f.

51 Siehe Wilke, Jürgen, ebd.; Segbers, Hilke, a. a. O., S. 312 ff.; Schulz, Winfried: Nachricht, in: Noelle-
    Neumann, Elisabeth/Schulz, Winfried/Wilke, Jürgen (Hrsg.): Fischer Lexikon Publizistik – Massen-
    kommunikation, Frankfurt/Main: Fischer 2002, S. 328–362, hier S. 340 ff.; Schenk, Ulrich: Nach-
    richtenagenturen, Nachrichtenagenturen als wirtschaftliche Unternehmen mit öffentlichem Auftrag.
    Mit einer kritischen Würdigung des ddp, Berlin: Vistas 1985, S. 9 ff.

52 Vgl. Wilke, ebd.; Schenk, a. a. O., S. 11 f.; Schulz, Winfried, a. a. O., S. 223, sowie Höhne, Hans-
    joachim: Report über Nachrichtenagenturen, Bd. 1: Die Situation auf den Nachrichtenmärkten der
    Welt. Baden-Baden: Nomos 1984, S. 115.

53 Vgl. Segbers, Hilke, ebd.; Schulz, Winfried: Nachricht, a. a. O., S. 228 f.; 40 Jahre dpa, hrsg. von
    der Deutschen Presse-Agentur, Hamburg 1989, S. 8 f. u. 74 ff.; sowie Höhne, Hansjoachim, a. a. O.,
    Bd. 1, S. 127 ff., 206 f.; ders.: Report über Nachrichtenagenturen: Neue Medien geben neue Impulse,
    Baden-Baden: Nomos ²1984, S. 97 ff., 121 ff. u. 209–242.

54 Vgl. Höhne, Hansjoachim: Report über Nachrichtenagenturen. Neue Medien geben neue Impulse,
    a. a. O.; dpa. Porträt einer Nachrichtenagentur, hrsg. von der deutschen Presseagentur, Hamburg:
    dpa o.J. [1992],, S. 6.

55 Siehe hierzu dpa-AFX Wirtschaftsnachrichten GmbH im Internet: www.dpa-afx.de; Hadding, Ste-
    fanie: Es geht jetzt erst los. dpa-AFX zündet den Turbo, in: Wirtschaftsjournalist 4/2004, S. 36–38;
    Dow Jones News GmbH im Internet: www.djnewswires.com/eu/German.htm; Merkl, Martina/
    Wilke, Jürgen: Produktion und Verbreitung von Wirtschaftsinformation: VWD und dpa, in: Wilke,
    Jürgen (Hrsg.): Agenturen im Nachrichtenmarkt. Reuters, AFP, VWD/dpa, dpa-fwt, KNA, epd,
    Reuters Television, Worldwide Television News, Dritte-Welt-Agenturen, Köln/Weimar/Wien: Böh-
    lau 1993, S. 107–160; Lungmus, Monika: vwd-Aufspaltung. Eine neue Firma für die Redaktion, in:
    Journalist 54. Jg. 2004 H. 8, S. 39.

56 Siehe hierzu Sport-Informations-Dienst im Internet: www.sid.de; Niemeyer, Marc/Wilke, Jürgen:
    Produktion von Sportnachrichten. Eine Untersuchung des Sport-Informationsdienstes (sid) sowie ein
    Vergleich mit dem Angebot der Deutschen Presse-Agentur (dpa), in: Wilke, Jürgen (Hrsg.): Nach-
    richtenproduktion im Mediensystem. Von den Sport- und Bilderdiensten bis zum Internet, Köln/
    Weimar/Wien: Böhlau 1998, S. 9–53; Zschunke, Peter: Agenturjournalismus, a. a. O., S. 84.

57 Vgl. Stöber, Rudolf: Deutsche Pressegeschichte. Von den Anfängen bis zur Gegenwart, Konstanz:
    UVK ²2005, S. 44 f.

58 Siehe Wilke, Jürgen: Grundzüge der Medien- und Kommunikationsgeschichte, a. a. O., S. 69 f.; vgl.
    Bohrmann, Hans: Theorien der Zeitung und der Zeitschrift, in: Leonhard, Joachim-Felix/Ludwig,
    Hans-Werner/Schwarze, Dietrich/Straßner, Erich (Hrsg.): Medienwissenschaft. Ein Handbuch zur

Entwicklung der Medien und Kommunikationsformen, 1. Teilband, Berlin, New York: de Gruyter 1999, S. 143–148, hier S. 144; Stöber, Rudolf: Deutsche Pressegeschichte, a. a. O., S. 74, 99 f.

59 Siehe Stieler, Kaspar von: Zeitungs Lust und Nutz [1695]. Neudruck, hrsg. von Gert Hagelweide, Bremen: Carl Schünemann 1969; vgl. Wilke, Jürgen, a. a. O., S. 69 f., sowie Hagelweide, Gert: Stieler: Zeitungs Lust und Nutz, in: Holtz-Bacha, Christina/Kutsch, Arnulf (Hrsg.): Schlüsselwerke für die Kommunikationswissenschaft, Wiesbaden: Westdeutscher Verlag 2002, S. 422–424.

60 Siehe Schwarzkopf, Joachim von: Ueber Zeitungen (und ihre Wirkungen). Faksimilenachdruck des Originals von 1795. Mit einer Einführung von Otto Groth. Anmerkungen zum Fachstichwort »Medienwirkung« von Hans Wagner (= ex libris Kommunikation, Bd. 2), München: Reinhard Fischer 1993; vgl. Böning, Holger: Schwarzkopf: Über Zeitungen, in: Holtz-Bacha, Christina/Kutsch, Arnulf (Hrsg.): Schlüsselwerke für die Kommunikationswissenschaft, a. a. O., S. 413–415.

61 Siehe Prutz, Robert Eduard: Geschichte des deutschen Journalismus. Zum ersten Male aus den Quellen gearbeitet. Erster Theil, Hannover: Verlag von C. F. Chius – Faksimiledruck der 1. Ausgabe von 1845 mit einem Nachwort von Hans Joachim Kreutzer, Göttingen: Vandenhoeck & Ruprecht 1971, S. 6 f.; vgl. Lerg, Winfried B.: Pressegeschichte oder Kommunikationsgeschichte?, in: Presse und Geschichte. Beiträge zur historischen Kommunikationsforschung. Referate einer internationalen Fachkonferenz der Deutschen Forschungsgemeinschaft und der Deutschen Presseforschung/Universität Bremen, München: Verlag Dokumentation 1977, S. 9–24, hier S. 13 f.; Schmolke, Michael: Prutz: Geschichte des deutschen Journalismus, in: Holtz-Bacha, Christina/Kutsch, Arnulf (Hrsg.): Schlüsselwerke für die Kommunikationswissenschaft, a. a. O., S. 356–359.

62 Bohrmann, Hans: Theorien der Zeitung und Zeitschrift, a. a. O., S. 144.

63 Siehe Löbl, Emil: Kultur und Presse, Leipzig: Duncker & Humblot 1903; vgl. Schmolke, Michael: Wegbereiter der Publizistik in Österreich. Autoren mit ihren Arbeiten von Joseph Alexander von Helfert bis Wilhelm Bauer 1948 bis 1938, Wien, St. Pölten/Pongau: Österreichischer Kunst- und Kulturverlag 1992, S. 182–186; Duchkowitsch, Wolfgang: Löbl: Kultur und Presse, in: Schlüsselwerke für die Kommunikationswissenschaft, a. a. O., S. 276–278.

64 Siehe Bücher, Karl: Gesammelte Aufsätze zur Zeitungskunde, Tübingen: Verlag der H. Laupp'schen Buchhandlung 1926; vgl. Kutsch, Arnulf: Bücher: Gesammelte Aufsätze zur Zeitungskunde, in: Schlüsselwerke für die Kommunikationswissenschaft, a. a. O., S. 80–83.

65 Siehe Groth, Otto: Die Zeitung. Ein System der Zeitungskunde (Journalistik), 4 Bde., Mannheim, Berlin, Leipzig: Bernsheimer 1928–1930; ders.: Die Geschichte der deutschen Zeitungswissenschaft. Probleme und Methoden, München: Weinmayer 1948; ders.: Die unerkannte Kulturmacht. Grundlegung der Zeitungswissenschaft (Periodik), Berlin: de Gruyter 1960–1972; vgl. Wagner, Hans: Groth: Die Zeitung, in: Holtz-Bacha, Christine/Kutsch, Arnulf (Hrsg.): Schlüsselwerke für die Kommunikationswissenschaft, Wiesbaden: Westdeutscher Verlag 2002, S. 167–170; Bohrmann, Hans: Groth: Die Geschichte der deutschen Zeitungswissenschaft, a. a. O., S. 170–172; Langenbucher, Wolfgang R.: Groth: Die unerkannte Kulturmacht, a. a. O., S. 173–176.

66 Vgl. Wilke, Jürgen: Zeitung und Zeitungsforschung – Entwicklung und Perspektiven, in: Zeitung – Medium mit Vergangenheit und Zukunft. Eine Bestandsaufnahme. Festschrift aus Anlaß des 60. Geburtstags von Hans Bohrmann, München: K. G. Saur 2000, S. 231–244, hier S. 232 f.; Bohrmann, Hans: Theorien der Zeitung und Zeitschrift, a. a. O., S. 146 f.; Kutsch, Arnulf: Max Webers Anregungen zur empirischen Journalismusforschung. Die »Zeitungs-Enquête« und eine Redakteurs-Umfrage, in: Publizistik, 33. Jg., H. 1, S. 5–31.

67 Vgl. Wilke, Jürgen: Zeitung und Zeitungsforschung – Entwicklung und Perspektiven, a. a. O., S. 233 ff.; vgl. Schön, Erich: Geschichte des Lesens, in: Handbuch Lesen. Im Auftrag der Stiftung Lesen und der Deutschen Literaturkonferenz hrsg. von Bodo Franzmann, Dietrich Löffler, Klaus Hasemann und Erich Schön, unter Mitarbeit von Georg Jäger, Wolfgang R. Langenbucher und Ferdinand Melichar, München: K. G. Saur 1999, S. 1–85.

68 Siehe Wilke, Jürgen: Nachrichtenauswahl und Medienrealität in vier Jahrhunderten. Eine Modellstudie zur Verbindung historischer und empirischer Publizistikwissenschaft, Berlin, New York: de Gruyter 1984; Böning, Holger: Pressebibliographie und Presseauswertung, in: Relation. Medien – Gesellschaft – Geschichte, 1. Jg. 1994, H. 1, S. 109–140; Bohrmann, Hans: Über den intrinsischen Wert pressehistorischen Archivmaterials, in: Relation. Medien – Gesellschaft – Geschichte, 3. Jg. 1996, H. 1, S. 49–58.

69 Vgl. Raabe, Johannes: Presseforschung, in: Lexikon Kommunikations- und Medienwissenschaft, a. a. O., S. 222 f.; Wilke, Jürgen: Zeitung und Zeitungsforschung – Entwicklung und Perspektiven, a. a. O.

70 Wilke, Jürgen: Grundzüge der Medien- und Kommunikationsgeschichte, a. a. O., S. 3.

71 Park, Robert Ezra: Eine Naturgeschichte der Zeitung [1923], in: Pöttker, Horst (Hrsg.): Öffentlichkeit als gesellschaftlicher Auftrag. Klassiker der Sozialwissenschaft über Journalismus und Medien. Konstanz: UVK 2001, S. 280–296, hier S. 280.

72 Koszyk, Kurt: Die Zeitung. 17. Jahrhundert bis zur Gegenwart, in: Dovifat, Emil (Hrsg.): Handbuch der Publizistik, Bd. 3, Berlin: De Gruyter 1969, S. 96.

Anmerkungen zu Kapitel 2

1 Vgl. Schmidt, Wieland, in: Dovifat, Emil (Hrsg.): Handbuch der Publizistik, Bd. 3, Berlin: De Gruyter 1969, S. 64 f.; Hadorn, Werner/Cortesi, Mario: Mensch und Massenmedien, Bd. 1, Aarau, Stuttgart: AT-Verlag 1986, S. 148 f., sowie Stiebner, Erhardt D.: Bruckmanns Handbuch der Drucktechnik, München: ²1976, S. 13 f.

2 Vgl. Stöber, Rudolf: Deutsche Pressegeschichte. Von den Anfängen bis zur Gegenwart, Konstanz: UVK ²2005, S. 20 ff., 34 f., 341, 353; Wolf, Hans Jürgen: Geschichte der Druckpressen, Frankfurt: Interprint 1974, S. 39 ff., 46 ff., 133 ff. u. 267; Hadorn, Werner/Cortesi, Mario: Mensch und Medien, Bd. 1, a. a. O., S. 152 ff., sowie Stiebner, Erhardt D.: Bruckmanns Handbuch der Drucktechnik, a. a. O., S. 188 f.

3 Vgl. Stöber, Rudolf: Deutsche Pressegeschichte. Von den Anfängen bis zur Gegenwart, a. a. O., S. 32 f.; vgl. auch Füssel, Stephan: Gutenberg und seine Wirkung, Frankfurt/Main, Leipzig: Insel Verlag 1999, S. 46 f.

4 Vgl. Wilke, Jürgen: Grundzüge der Medien- und Kommunikationsgeschichte. Von den Anfängen bis ins 20. Jahrhundert, Köln, Weimar, Wien: Böhlau 2000, S. 14–16; Stiebner, Erhardt D.: Bruckmanns Handbuch der Drucktechnik, a. a. O., S. 28 ff., sowie Wolf, Hans Jürgen: Geschichte der Druckpressen, a. a. O., S. 245–311.

5 Vgl. Füssel, Stephan: Gutenberg und seine Wirkung, a. a. O., S. 76; Wilke, Jürgen: Grundzüge der Medien- und Kommunikationsgeschichte, a. a. O., S. 15.

6 Wilke, Jürgen: Grundzüge der Medien- und Kommunikationsgeschichte, a. a. O., S. 18.

7   Straßner, Erich: Historische Entwicklungstendenzen der Zeitungsberichterstattung, in: Leonhard, Joachim-Felix/Ludwig, Hans-Werner/Schwarze, Dietrich/Straßner, Erich (Hrsg.): Medienwissenschaft. Ein Handbuch zur Entwicklung der Medien und Kommunikationsformen, 1. Teilband, Berlin, New York: de Gruyter 1999, S. 913–923, hier S. 913; vgl. Wilke, Jürgen: Grundzüge der Medien- und Kommunikationsgeschichte, a. a. O., S. 18.

8   Vgl. Wilke, Jürgen: Grundzüge der Medien- und Kommunikationsgeschichte, a. a. O., S. 18 f.; Stöber, Rudolf: Deutsche Pressegeschichte, a. a. O., S. 36 ff.; Straßner, Erich: Historische Entwicklungstendenzen der Zeitungsberichterstattung. a. a. O.; Lindemann, Margot: Deutsche Presse bis 1815. Geschichte der deutschen Presse, Teil 1, Berlin: Colloquium 1969, S. 15–21.

9   Vgl. Stöber, Rudolf: Deutsche Pressegeschichte, a. a. O.; Lindemann, Margot: Deutsche Presse bis 1815, a. a. O.

10   Wilke, Jürgen: Pressegeschichte, in: Fischer Lexikon Publizistik – Massenkommunikation, hrsg. von Noelle-Neumann, Elisabeth/Schulz, Winfried/Wilke, Jürgen, Frankfurt: Fischer 2003, S. 462; vgl. ders.: Grundzüge der Medien- und Kommunikationsgeschichte, a. a. O., S. 20 ff.; Stöber, Rudolf: Deutsche Pressegeschichte, a. a. O., S. 34 ff., 38 ff.; Lindemann, Margot: Deutsche Presse bis 1815, a. a. O.

11   Vgl. Straßner, Erich: Historische Entwicklungstendenzen der Zeitungsberichterstattung, a. a. O., S. 914; Koszyk, Kurt: Allgemeine Geschichte der Zeitung, in: Leonhard, Joachim-Felix/Ludwig, Hans-Werner/Schwarze, Dietrich/Straßner, Erich (Hrsg.): Medienwissenschaft. Ein Handbuch zur Entwicklung der Medien und Kommunikationsformen, 1. Teilband, Berlin, New York: de Gruyter 1999, S. 896–913, hier S. 896; Lindemann, a. a. O., S. 64 ff.; siehe auch Wilke, Jürgen: Pressegeschichte, in: Fischer Lexikon Publizistik – Massenkommunikation, hrsg. von Noelle-Neumann, Elisabeth/Schulz, Winfried/Wilke, Jürgen, Frankfurt/Main: Fischer ²2003, S. 289.

12   Vgl. Lindemann, Margot: Deutsche Presse bis 1815, a. a. O., S. 80 f.

13   Vgl. Wilke, Jürgen: Grundzüge der Medien- und Kommunikationsgeschichte, a. a. O., S. 25–30; Stöber, Rudolf: Deutsche Pressegeschichte, a. a. O., S. 36 u. 46 ff.

14   Vgl. Lindemann, Margot: Deutsche Presse bis 1815, a. a. O., S. 81 ff.; Wilke, Jürgen: Grundzüge der Medien- und Kommunikationsgeschichte, a. a. O., S. 30–34; Straßner, Erich: Kommunikative Aufgaben und Leistungen der Zeitung, in: Leonhard, Joachim-Felix/Ludwig, Hans-Werner/Schwarze, Dietrich/Straßner, Erich (Hrsg.): Medienwissenschaft. Ein Handbuch zur Entwicklung der Medien und Kommunikationsformen, 1. Teilband, a. a. O., S. 837–851, hier S. 841.

15   Siehe Weber, Johannes: Avisen, Relationen, Gazetten. Der Beginn des europäischen Zeitungswesens, Oldenburg: Universität Oldenburg 1997; ders.: Der große Krieg und die frühe Zeitung. Gestalt und Entwicklung der deutschen Nachrichtenpresse in der ersten Hälfte des 17. Jahrhunderts, in: Jahrbuch für Kommunikationsgeschichte, hrsg. von Böning, Holger/Kutsch, Arnulf/Stöber, Rudolf, 1. Jg. 1999, S. 23–61; vgl. Stöber, Rudolf: Deutsche Pressegeschichte, a. a. O., S. 63–65.

16   Siehe Wilke, Jürgen: Grundzüge der Medien- und Kommunikationsgeschichte, a. a. O., S. 42.

17   Weber, Johannes: Der große Krieg und die frühe Zeitung, a. a. O., S. 23 ff.; vgl. Wilke, Jürgen: Grundzüge der Medien- und Kommunikationsgeschichte, a. a. O., S. 43 f.

18   Koszyk, Kurt: Allgemeine Geschichte der Zeitung, a. a. O., S. 879.

19   Vgl. Koszyk, Kurt: Allgemeine Geschichte der Zeitung, a. a. O., S. 879 ff.; Wilke, Jürgen, a. a. O., S. 56 f., 66 ff.

20   Vgl. Kieslich, Günter: Berufsbilder im frühen Zeitungswesen, in: Publizistik, 11. Jg. 1966, H. 3/4, S. 253–260; Wilke, Jürgen: Zeitung, in: Faulstich, Werner (Hrsg.): Kritische Stichwörter zur Medienwissenschaft, München: Fink 1979, S. 382 f., sowie Lindemann, a. a. O., S. 86–106.

21   Vgl. Meier, Klaus: Ressort, Sparte, Team. Wahrnehmungsstrukturen und Redaktionsorganisation im Zeitungsjournalismus, Konstanz: UVK Verlagsgesellschaft 2002, S. 111 ff.; Wilke, Jürgen: Grundzüge der Medien- und Kommunikationsgeschichte, a. a. O., S. 58–60.

22   Vgl. u.a. Hadorn, Werner/Cortesi, Mario: Mensch und Medien, Bd. 2, a. a. O., S. 37 ff., Zitat S. 42.

23   Siehe Lindemann, Margot: Deutsche Presse bis 1815, a. a. O., S. 27.

24   Vgl. Hadorn, Werner/Cortesi, Mario: Mensch und Medien, Bd. 2, a. a. O., S. 24 f.; vgl. auch Lindemann, Margot, a. a. O., S. 27–32.

25   Vgl. Koszyk, Kurt: Allgemeine Geschichte der Zeitung, a. a. O.; Weber, Johannes: Der große Krieg und die frühe Zeitung, a. a. O., S. 23 ff.; Wilke, Jürgen: Grundzüge der Medien- und Kommunikationsgeschichte, a. a. O., S. 45 ff.; Lindemann, a. a. O., S. 44 ff.; Kieslich, Günter: Berufsbilder im frühen Zeitungswesen, a. a. O., S. 253 ff.

26   Vgl. Welke, Martin: Rußland in der deutschen Publizistik des 17. Jahrhunderts, in: Forschungen zur osteuropäischen Geschichte, Nr. 23 (1976), S. 105–276, darin: S. 154 ff., zit. nach Wilke, Jürgen: Zeitung, in: Faulstich, Werner (Hrsg.): Kritische Stichwörter zur Medienwissenschaft, a. a. O., S. 383; vgl. auch Bogel, Else/Blühm, Elger (Hrsg.): Die deutschen Zeitungen des 17. Jahrhunderts, Bd. 1, Bremen: Schünemann 1971, VIII–XIV.

27   Vgl. Petrat, Gerhardt: Geschichte des Intelligenzblatts, in: Leonhard, Joachim-Felix/Ludwig, Hans-Werner/Schwarze, Dietrich/Straßner, Erich (Hrsg.): Medienwissenschaft. Ein Handbuch zur Entwicklung der Medien und Kommunikationsformen, 1. Teilband, Berlin, New York: de Gruyter 1999, S. 923–931, hier S. 924 ff.; Stöber, Rudolf: Deutsche Pressegeschichte, a. a. O., S. 78–82; Wilke, Jürgen: Grundzüge der Medien- und Kommunikationsgeschichte, a. a. O., S. 115 ff., sowie Lindemann, Margot, a. a. O., S. 248–255.

28   Vgl. Stöber, Rudolf: Deutsche Pressegeschichte, ebd.; Petrat, Gerhardt: Geschichte des Intelligenzblatts, ebd.

29   Stöber, Rudolf: Deutsche Pressegeschichte, a. a. O., S. 78 f.

30   Vgl. Wilke, Jürgen: Pressegeschichte, a. a. O., S. 468.

31   Vgl. Stöber, Rudolf: Deutsche Pressegeschichte, a. a. O., S. 80–82; Petrat, Gerhardt: Geschichte des Intelligenzblatts, a. a. O., S. 925–929.

32   Vgl. Meier, Klaus: Ressort, Sparte, Team, a. a. O., S. 114 ff.; Wilke, Jürgen: Grundzüge der Medien- und Kommunikationsgeschichte, a. a. O., S. 83 ff.

33   Vgl. Wilke, Jürgen, a. a. O., S. 89 f., Zitat S. 90.

34   Vgl. Hömberg, Walter: Verhinderte Liberalisierung zwischen Juli- und Märzrevolution (1830–1848), in: Fischer, Heinz-Dietrich (Hrsg.): Deutsche Kommunikationskontrolle des 15. bis 20. Jahrhunderts, München: Saur 1982, S. 97–113; vgl. auch Schneider, Franz: Pressefreiheit und politische Öffentlichkeit. Studien zur politischen Geschichte Deutschlands bis 1848. Neuwied, Berlin: Luchterhand 1966, S. 206 ff., sowie Koszyk, Kurt: Deutsche Presse im 19. Jahrhundert, Berlin: Colloquium 1966, S. 22 ff. u. 87–104.

35   Wilke, Jürgen: Grundzüge der Medien- und Kommunikationsgeschichte, a. a. O., S. 196.

36   Vgl. Wilke, Jürgen: Pressegeschichte, a. a. O., S. 469; Stöber, Rudolf: Deutsche Pressegeschichte, a. a. O., S. 84.

37 Vgl. Lindemann, Margot: Deutsche Presse bis 1815, a. a. O., S. 84 f.; Wilke, Jürgen: Grundzüge der Medien- und Kommunikationsgeschichte, a. a. O., S. 34 f.; Stöber, Rudolf: Deutsche Pressegeschichte, a. a. O., S. 58–61.

38 Vgl. Lindemann, Margot: Deutsche Presse bis 1815, a. a. O., S. 188 f.; Stöber, Rudolf: Deutsche Pressegeschichte, a. a. O., S. 93; Wilke: Grundzüge der Medien- und Kommunikationsgeschichte, a. a. O., S. 74 f.

39 Vgl. Lindemann, Margot, a. a. O., S. 180 ff. u. 188–232, sowie Kirchner, Joachim: Geschichte der Zeitschrift. Von den Anfängen der Zeitschrift bis 1900, in: Dovifat, Emil (Hrsg.): Handbuch der Publizistik, Bd. 3, a. a. O., S. 384 ff.; Wilke, Jürgen, a. a. O.

40 Siehe Kirchner, Joachim: Das deutsche Zeitschriftenwesen – seine Geschichte und seine Probleme, Teil 1, Wiesbaden: Harrassowitz ²1958, S. 54 ff.; ders.: Geschichte der Zeitschrift, a. a. O., S. 398 ff., sowie Martens, Wolfgang: Die Botschaft der Tugend, S. 15–99, bes. S. 29 f.; Wilke, Jürgen, a. a. O.

41 Vgl. Lindemann, Margot, a. a. O., S. 202 ff.; Reschenberg, Hasso: Geschichte der Fachzeitschrift, in: Leonhard, Joachim-Felix/Ludwig, Hans-Werner/Schwarze, Dietrich/Straßner, Erich (Hrsg.): Medienwissenschaft. Ein Handbuch zur Entwicklung der Medien und Kommunikationsformen, 1. Teilband, a. a. O., S. 965–973, hier S. 965 f.

42 Vgl. Wilke, Jürgen: Grundzüge der Medien- und Kommunikationsgeschichte, a. a. O., S. 106–109, Zitat S. 107.

43 Vgl. Wilke, ebd., sowie Kirchner, Joachim: Geschichte der Zeitschrift, in: Dovifat, Emil (Hrsg.), Bd. 3, a. a. O., S. 386 ff.; Lindemann, a. a. O., S. 202 ff. u. 223–232; siehe auch Bohrmann, Hans: Zeitschrift, in: Faulstich, Werner (Hrsg.), a. a. O., S. 359 f.

44 Vgl. Lindemann, a. a. O., S. 270 ff.

45 Vgl. Kirchner, Joachim: Das deutsche Zeitschriftenwesen, a. a. O.; Wilke, Jürgen: Pressegeschichte, a. a. O., S. 472; ders.: Grundzüge der Medien- und Kommunikationsgeschichte, a. a. O., S. 95–99.

46 Vgl. Lindemann, Margot: Deutsche Presse bis 1815, a. a. O., S. 50; Wilke, Jürgen (Hrsg.): Pressefreiheit, Darmstadt: Wissenschaftliche Buchgesellschaft 1984, S. 4.

47 Vgl. Schneider, Franz: Pressefreiheit und politische Öffentlichkeit, Neuwied: Luchterhand 1966, S. 16 ff.; Wilke, Jürgen: Pressegeschichte, a. a. O., S. 466 f.; Stöber: Deutsche Pressegeschichte, a. a. O., S. 102.

48 Stöber: Deutsche Pressegeschichte, a. a. O., S. 106.

49 Stöber, a. a. O., S. 108.

50 Vgl. Wilke, Jürgen: Pressefreiheit, a. a. O., S. 3; Schneider, Franz: Pressefreiheit und politische Öffentlichkeit, a. a. O., S. 16 ff.

51 Lindemann, Margot: Deutsche Presse bis 1815, a. a. O., S. 50–55.

52 Wilke, Jürgen: Nachrichtenauswahl und Medienrealität in vier Jahrhunderten, Berlin: De Gruyter 1984, S. 49 u. 149; ders.: Pressegeschichte, a. a. O., S. 467.

53 Vgl. Wilke, Jürgen: Pressegeschichte, ebd.; Hadorn, Werner/Cortesi, Mario: Mensch und Medien, a. a. O., Bd. 2, S. 37–39, Schneider, Franz: Pressefreiheit und politische Öffentlichkeit, a. a. O., S. 101–106 u. 289–301.

54 Vgl. Lindemann, Margot: Deutsche Presse bis 1815, a. a. O., S. 162–164; Wilke, Jürgen: Pressegeschichte, a. a. O.

55 Vgl. Berner, Albert Friedrich: Lehrbuch des deutschen Preßrechtes, Leipzig 1876, S. 112 ff., sowie Koszyk, Kurt: Deutsche Presse im 19. Jahrhundert, a. a. O., S. 122.

56 Vgl. Wilke, Jürgen: Grundzüge der Medien- und Kommunikationsgeschichte, a. a. O., S. 134.

57 Vgl. Wilke, Jürgen: Pressefreiheit, a. a. O.; ders.: Leitideen in der Begründung der Pressefreiheit. In: Borowsky, Manfred/Duchkowitsch, Wolfgang/Haas, Hannes (Hrsg.): Medien- und Kommunikationsgeschichte. Ein Textbuch zur Einführung, Wien: Wilhelm Braumüller 1987, S. 92–104.

58 Vgl. Schneider, Franz: Pressefreiheit und politische Öffentlichkeit, a. a. O., S. 148–168; Wilke, Jürgen: Pressefreiheit, a. a. O., S. 21; Groth, Otto: Die Zeitung, Bd. 2, a. a. O., S. 42.

59 Vgl. Schneider, Franz: Pressefreiheit und politische Öffentlichkeit, a. a. O., S. 171–186; Gisch, Heribert: »Preßfreiheit« – »Pressfrechheit«. Zum Problem der Presseaufsicht in napoleonischer Zeit in Deutschland, in: Fischer, Heinz-Dietrich (Hrsg.): Deutsche Kommunikationskontrolle des 15. bis 20. Jahrhunderts, München 1982, S. 56–74, hier S. 57–66, sowie Welke, Martin: Zur Geschichte der Pressefreiheit in Deutschland, in: Der Weg zur freien Presse in Deutschland, hrsg. vom Bundesverband Deutscher Zeitungsverleger, Bonn o. J. (1988).

60 Vgl. Schneider, Franz: Pressefreiheit und politische Öffentlichkeit, a. a. O., S. 204–217; Gisch, Heribert: »Preßfreiheit« – »Preßfrechheit«, in: Fischer, Heinz-Dietrich (Hrsg.): Deutsche Kommunikationskontrolle des 15. bis 20. Jahrhunderts, a. a. O., S. 66–70, sowie Wilke, Jürgen: Pressefreiheit, a. a. O., S. 22.

61 Siehe Meyn, Mathias: Staatliche Repressionsmaßnahmen und »Karlsbader Beschlüsse«, in: Fischer, Heinz-Dietrich (Hrsg.): Deutsche Kommunikationskontrolle des 15. bis 20. Jahrhunderts, a. a. O., S. 75–96; Schneider, Franz: Pressefreiheit und politische Öffentlichkeit, a. a. O., S. 218 ff. u. 243–254, sowie Welke, Martin: Zur Geschichte der Pressefreiheit in Deutschland, in: Der Weg zur freien Presse in Deutschland, hrsg. vom Bundesverband deutscher Zeitungsverleger, Bonn o. J. (1988), S. 6 f.

62 Vgl. Meyn, Mathias: Staatliche Repressionsmaßnahmen und »Karlsbader Beschlüsse«, a. a. O., S. 85 ff.

63 Vgl. Hömberg, Walter: Verhinderte Liberalisierung zwischen Juli- und Märzrevolution, in: Fischer, Heinz-Dietrisch (Hrsg.), a. a. O., S. 97–113; Schneider, Franz: Pressefreiheit und politische Öffentlichkeit, a. a. O., S. 264–268 u. 301 ff., sowie Wilke, Jürgen: Pressefreiheit, a. a. O., S. 25.

64 Vgl. Wilke, Jürgen: Pressefreiheit, a. a. O., S. 30, sowie Koszyk, Kurt: Deutsche Presse im 19. Jahrhundert, a. a. O., S. 120–126.

65 Vgl. Wilke, Jürgen: Pressegeschichte, a. a. O., S. 300 f.; Koszyk, Kurt/Eisfeld, Gerhard: Die Presse der deutschen Sozialdemokratie, a. a. O., S. 13 ff.; Koszyk, Kurt: Deutsche Presse im 19. Jahrhundert, a. a. O., S. 243 ff.

66 Siehe Wilke, Jürgen: Pressefreiheit, a. a. O., S. 33 ff.

67 Vgl. Koszyk, Kurt: Deutsche Presse im 19. Jahrhundert, a. a. O., S. 130–209, bes. S. 131; ders.: Zwischen Kaiserreich und Diktatur, Heidelberg: Quelle u. Meyer 1958, S. 10–16, sowie Koszyk, Kurt/Eisfeld, Gerhard: Die Presse der deutschen Sozialdemokratie, Bonn: Neue Gesellschaft ²1980; Hadorn/Cortesi: Mensch und Medien, Bd. 2, a. a. O., S. 68.

68 Vgl. Wilke, Jürgen: Grundzüge der Medien- und Kommunikationsgeschichte, a. a. O., S. 155 ff.; Hadorn/Cortesi, Bd. 2, S. 70 ff.; Koszyk, Kurt, in: Dovifat, Emil (Hrsg.): Handbuch der Publizistik, Bd. 3, a. a. O., S. 81 f.

69 Vgl. Gerhardt, Claus: Geschichte der Druckverfahren. Teil 2: Der Buchdruck, Stuttgart: Anton Hiersemann 1975, S. 114 ff.; Wilke, Jürgen, a. a. O, sowie Koszyk, Kurt: Deutsche Presse im 19. Jahrhundert, a. a. O., S. 210 ff.; vgl. auch Jürgens, Ekkehardt: Deutsche Mediengeschichte, in: Modellversuch Journalistenweiterbildung (Hrsg.): Fernstudium Kommunikationswissenschaft, Teil 1, München: Ölschläger 1984, S. 91.

70   Vgl. Meier, Klaus: Ressort, Sparte, Team, a. a. O., S. 119 ff.; Koszyk, Kurt: Deutsche Presse im 19. Jahrhundert, S. 215 f.; Blöbaum, Bernd: Journalismus als soziales System. Geschichte, Ausdifferenzierung und Verselbständigung. Opladen: Westdeutscher Verlag 1994, S. 126 u. 179 ff.

71   Henkel, Martin/Taubert, Rolf: Die deutsche Presse 1848–1850. Eine Bibliographie, München u. a.: K. G. Saur 1986, S. 13, hier zitiert nach Wilke, Jürgen: Grundzüge der Medien- und Kommunikationsgeschichte, a. a. O., S. 224.

72   Koszyk, Kurt: Deutsche Presse im 19. Jahrhundert, a. a. O., S. 110.

73   Vgl. Wilke, Jürgen: Grundzüge der Medien- und Kommunikationsgeschichte, a. a. O., S. 259 ff.

74   Vgl. Wilke, Jürgen: Pressegeschichte, a. a. O., S. 474 f.

75   Behmer, Markus: Parteipresse, in: Bentele, Günter/Brosius, Hans-Bernd/Jarren, Otfried (Hrsg.): Lexikon Kommunikations- und Medienwissenschaft. Wiesbaden: VS Verlag für Sozialwissenschaften 2006, S. 214; vgl. auch Wilke, Jürgen: Grundzüge der Medien- und Kommunikationsgeschichte, a. a. O., S. 262.

76   Siehe hierzu und zum Folgenden Koszyk, Kurt: Deutsche Presse im 19. Jahrhundert, a. a. O., S. 130 ff.; Fischer, Heinz-Dietrich: Geschichte der Parteizeitung, in: Leonhard, Joachim-Felix/Ludwig, Hans-Werner/Schwarze, Dietrich/Straßner, Erich (Hrsg.): Medienwissenschaft. Ein Handbuch zur Entwicklung der Medien und Kommunikationsformen, 1. Teilband, Berlin, New York: de Gruyter 1999, S. 939–955; vgl. auch Wilke, Jürgen: Grundzüge der Medien- und Kommunikationsgeschichte, a. a. O., S. 262–266; Stöber, Rudolf: Deutsche Pressegeschichte, a. a. O., S. 227–251.

77   Vgl. Koszyk, Kurt: Deutsche Presse im 19. Jahrhundert, a. a. O., S. 130–209, bes. S. 131; ders.: Zwischen Kaiserreich und Diktatur, Heidelberg: Quelle u. Meyer 1958, S. 10–16, sowie Koszyk, Kurt/Eisfeld, Gerhard: Die Presse der deutschen Sozialdemokratie, Bonn: Neue Gesellschaft ²1980.

78   Vgl. Wilke, Jürgen: Grundzüge der Medien- und Kommunikationsgeschichte, a. a. O., S. 262–266, Zitat S. 265.

79   Vgl. Stöber, Rudolf: Deutsche Pressegeschichte, a. a. O., S. 256 ff.; Wilke, a. a. O., S. 266 f.

80   Vgl. Wolter, Hans-Wolfgang: Geschichte des General-Anzeigers, in: Leonhard, Joachim-Felix/Ludwig, Hans-Werner/Schwarze, Dietrich/Straßner, Erich (Hrsg.): Medienwissenschaft. Ein Handbuch zur Entwicklung der Medien und Kommunikationsformen, 1. Teilband, Berlin, New York: de Gruyter 1999, S. 931–939, hier S. 932; Koszyk, Kurt: Deutsche Presse im 19. Jahrhundert, a. a. O., S. 267–275.

81   Vgl. Wolter, Hans-Wolfgang: Geschichte des General-Anzeigers, a. a. O.; Stöber, Rudolf: Deutsche Pressegeschichte, a. a. O., S. 257–259; Wilke, Jürgen: Grundzüge der Medien- und Kommunikationsgeschichte, a. a. O., S. 267.

82   Vgl. Wilke, Jürgen: Grundzüge der Medien- und Kommunikationsgeschichte, a. a. O., S. 268 f.

83   Wolter, Hans-Wolfgang: Geschichte des General-Anzeigers, a. a. O., S. 937 f., Zitat S. 937.

84   Vgl. Muser, Gerhard: Statistische Untersuchung über die Zeitungen Deutschlands 1885–1914, Leipzig: Reinicke 1918, sowie Schütz, Walter, J.: Zeitungsstatistik, in: Dovifat, Emil (Hrsg.): Handbuch der Publizistik, Bd. 3, a. a. O., S. 360 ff.; Koszyk, Kurt, in: Dovifat, Emil (Hrsg.), a. a. O., S. 83 u. 91; Koszyk, Kurt: Deutsche Presse 1914–1945, Berlin: Colloquium 1972, S. 23 f. u. 393; siehe schließlich auch Dovifat, Emil: Zeitungslehre I, Bd. 2, Berlin, Leipzig: de Gruyter 1937, S. 33 f.

85   Koszyk, Kurt: Deutsche Presse 1914–1945, a. a. O., S. 160–239 u. 337 ff., Wilke, Jürgen: Pressegeschichte, a. a. O., S. 303 ff., sowie Koszyk, Kurt, in: Dovifat, Emil (Hrsg.), a. a. O., S. 81–86.

86   Stöber, Rudolf: Deutsche Pressegeschichte, a. a. O., S. 266; vgl. auch Wilke, Jürgen: Grundzüge der Medien- und Kommunikationsgeschichte, a. a. O., S. 209 f.

87   Vgl. Stöber, Rudolf: Deutsche Pressegeschichte, a. a. O., Wilke, Jürgen, a. a. O.

88 Wilke, a. a. O., S. 242.

89 Vgl. Stöber, Rudolf, Deutsche Pressegeschichte, S. 266 ff., Zahlenangaben nach Dieter Barth auf S. 266.

90 Vgl. Stöber, Rudolf, a. a. O., S. 280 ff.

91 Vgl. Koszyk, Kurt: Deutsche Presse im 19. Jahrhundert, a. a. O., S. 296–304; Bohrmann, Hans: Zeitschrift, in: Faulstich, Werner (Hrsg.), a. a. O., S. 359; Stöber, Rudolf, a. a. O., S. 274–279.

92 Vgl. Wilke, Jürgen: Grundzüge der Medien- und Kommunikationsgeschichte, a. a. O., S. 207 f., Zitat S. 208; vgl. auch Schwanebeck, Axel: Evangelische Kirche und Massenmedien. Eine historische Analyse der Intentionen und Realisationen evangelischer Publizistik, München: Fischer 1990, S. 125 ff.; Mehnert, Gottfried: Evangelische Presse. Geschichte und Erscheinungsbild von der Reformation bis zur Gegenwart, Bielefeld: Luther-Verlag 1983, S. 134 ff.

93 Vgl. Schwanebeck, Axel: Evangelische Kirche und Massenmedien, a. a. O., S. 125 ff.; Mehnert, Gottfried: Evangelische Presse, a. a. O., S. 134 ff.; Wilke, Jürgen, a. a. O., S. 208 u. 245 f.

94 Lüpsen, Focko: Evangelische Zeitschriften, in: Dovifat, Emil (Hrsg.): Handbuch der Publizistik, Bd. 3: Praktische Publizistik, 2. Teil, Berlin: de Gruyter 1969, S. 487–495, hier S. 487.

95 Schmolke, Michael: Kirchenpresse, in: Vogel, Andreas/Holtz-Bacha, Christina (Hrsg.): Zeitschriften und Zeitschriftenforschung. Wiesbaden: Westdeutscher Verlag 2002, S. 126–146, hier S. 134.

96 Siehe Roegele, Otto B./Wagner, Hans: Die katholische Presse in Deutschland, in: Dovifat, Emil (Hrsg.): Handbuch der Publizistik, Bd. 3: Praktische Publizistik, 2. Teil, Berlin: de Gruyter 1969, S. 496–507, hier S. 500.

97 Vgl. Rosenstock, Roland: Evangelische Presse im 20. Jahrhundert. Stuttgart, Zürich: Kreuz Verlag 2002, S. 45 u. 77.

98 Vgl. Bohrmann, Hans: Zeitschrift, a. a. O., S. 361; Koszyk, Kurt: Deutsche Presse im 19. Jahrhundert, S. 304; ders.: Presse 1914–1945, a. a. O., S. 284 f. u. 409 ff.; Groth, Otto: Die Zeitung, Mannheim: J. Bensheimer 1928, S. 207; Koszyk, Kurt/Pruys, Karl Hugo (Hrsg.): Wörterbuch zur Publizistik, München-Pullach: Verlag Dokumentation (Saur) 1970, S. 392.

99 Vgl. Koszyk, Kurt: Deutsche Presse im 19. Jahrhundert, a. a. O., S. 276–295, sowie Hadorn/Cortesi: Mensch und Medien, Bd. 2, a. a. O., S. 72–76; Wilke, Jürgen: Pressegeschichte, in: Fischer Lexikon Publizistik – Massenkommunikation, a. a. O., S. 301; Modellversuch Journalistenweiterbildung (Hrsg.): Fernstudium Kommunikationswissenschaft, a. a. O., Bd. 1, S. 91 f.

100 Vgl. Koszyk, Kurt: Deutsche Presse 1914–1945, a. a. O., S. 219–239, sowie Modellversuch Journalistenweiterbildung (Hrsg.), a. a. O., Bd. 1, S. 99 ff.; Frei, Norbert/Schmitz, Johannes: Journalismus im Dritten Reich, München: Beck 1989, S. 54–56; Wilke, Jürgen: Pressegeschichte, a. a. O., S. 304 ff.

101 Vgl. Riepl, Wolfgang: Das Nachrichtenwesen des Altertums, Berlin, Leipzig: Teubner 1913, S. 4 ff. u. 50 ff., sowie Höhne, Hansjoachim: Report über Nachrichtenagenturen, Bd. 2, Baden-Baden: Nomos 1977, S. 9–13.

102 Vgl. Schulz, Winfried: Nachricht, in: Fischer Lexikon Publizistik – Massenkommunikation, a. a. O., S. 220 f.; Riepl, Wolfgang: Das Nachrichtenwesen des Altertums, a. a. O., S. 113–122, und Eggeling, Erich: Das Nachrichtenwesen, in: Dovifat, Emil (Hrsg.): Handbuch der Publizistik, Bd. 3, a. a. O., S. 98 f.

103 Vgl. Groth, Otto: Die Zeitung, Mannheim: J. Bensheimer 1928, S. 447 f. u. 460 ff.; Koszyk, Kurt: Deutsche Presse im 19. Jahrhundert, a. a. O., S. 210 f.

104 Vgl. Eggeling, Erich, ebd., sowie Höhne, Hansjoachim: Report über Nachrichtenagenturen, Bd. 2, a. a. O., S. 31–35 u. 41 f.; Schulz, Winfried, a. a. O., S. 222.

105 Dovifat, Emil: Zeitungslehre, 6. neubearb. Aufl. v. J. Wilke, Bd. 1, Berlin, New York: de Gruyter 1976, S. 91.

106 Höhne, Hansjoachim, a. a. O., S. 44.

107 vgl. Höhne, Hansjoachim, a. a. O., S. 63 ff.; Schulz, Winfried, a. a. O., S. 226, sowie Koszyk, Kurt/ Pruys, Karl Hugo: Handbuch der Massenkommunikation, a. a. O., S. 200.

108 Vgl. Höhne, Hansjoachim, a. a. O., S. 65–72; Schulz, Winfried, a. a. O., S. 225 f., sowie Schenk, Ulrich: Nachrichtenagenturen, S. 76 f.; siehe auch: Read, Donald: The Power of News, Oxford: University Press 1992.

109 Diez, Hermann: Das Zeitungswesen, Leipzig 1910, S. 88, zit. nach Höhne, Hansjoachim, a. a. O., S. 50; siehe auch Basse, Dieter: Wolffs Telegraphisches Bureau 1849 bis 1933, München: Saur 1991, S. 15–47; Höhne, Hansjoachim, a. a. O., S. 45 ff., und Groth, Otto, a. a. O., S. 489 ff.

110 Vgl. Höhne, Hansjoachim, a. a. O., S. 50 ff.; Basse, Dieter, a. a. O., S. 48 ff., und Schulz, Winfried: Nachricht, a. a. O., S. 222.

111 Vgl. Höhne, Hansjoachim, a. a. O., S. 54–59; Basse, Dieter, a. a. O., S. 54–59; Koszyk, a. a. O., S. 214.

112 Vgl. Höhne, Hansjoachim, a. a. O., S. 103 f.; Wunderlich, Christine: Telegraphische Nachrichtenbüros in Deutschland bis zum Ersten Weltkrieg, in: Wilke, Jürgen (Hrsg.): Telegraphenbüros und Nachrichtenagenturen in Deutschland, München: Saur 1991, S. 50 f.; Klee, Cornelius: Die Transocean GmbH, in: Wilke, Jürgen (Hrsg.), a. a. O., S. 145–210; Schenk, Ulrich: Nachrichtenagenturen, a. a. O., S. 17 ff., sowie Modellversuch Journalistenweiterbildung (Hrsg.), a. a. O., Bd. 1, S. 98.

113 Vgl. Neitemeier, Martin: Die Telegraphen-Union, in: Wilke, Jürgen (Hrsg.): Telegraphenbüros und Nachrichtenagenturen in Deutschland, a. a. O., S. 87–134, sowie Koszyk, Kurt: Deutsche Presse 1914–1945, Berlin: Colloquium 1972, S. 219–232.

114 Vgl. Reitz, Jürgen: Das Deutsche Nachrichtenbüro, in: Wilke, Jürgen (Hrsg.): Telegraphenbüros und Nachrichtenagenturen in Deutschland, a. a. O., S. 213–265; Klee, Cornelius: Die Transocean GmbH, a. a. O., S. 210 f.; Höhne, Hansjoachim, a. a. O., S. 103–112, 122 f. u. 126–139, sowie Koszyk, Kurt: Deutsche Presse 1914–1945, a. a. O., S. 370 ff.

Anmerkungen zu Kapitel 3

1 Handbuch der deutschen Tagespress, Berlin 1944, zit. nach Koszyk, Kurt, in: Dovifat, Emil (Hrsg.): Handbuch der Publizistik, Bd. 3, Berlin: De Gruyter 1969, S. 91.

2 Vgl. Wilke, Jürgen: Pressegeschichte, in: Fischer Lexikon Publizistik – Massenkommunikation, hrsg. von Noelle-Neumann, Elisabeth/Schulz, Winfried/Wilke, Jürgen, Frankfurt: Fischer 2003, S. 460–492, hier S. 480 f.; Koszyk, Kurt: Allgemeine Geschichte der Zeitung, in: Leonhard, Joachim-Felix/Ludwig, Hans-Werner/Schwarze, Dietrich/Straßner, Erich (Hrsg.): Medienwissenschaft. Ein Handbuch zur Entwicklung der Medien und Kommunikationsformen, Bd. 1, Berlin, New York: de Gruyter 1999, S. 896–913, hier S. 910; ders.: Deutsche Presse 1914–1945, Berlin: Colloquium 1972, S. 240 ff.

3 Müsse, Wolfgang: Die Reichspresseschule – Journalisten für die Diktatur? Ein Beitrag zur Geschichte des Journalismus im Dritten Reich. München, New Providence, London, Paris: K.G. Saur 1995, S. 24.

4   Vgl. Koszyk, Kurt: Allgemeine Geschichte der Zeitung, a. a. O., S. 910 f.; ders.: Deutsche Presse
     1914–1945, a. a. O., S. 160–239 u. 337 ff.; ders., in: Dovifat, Emil (Hrsg.), a. a. O., S. 81–86.

5   Vgl. Abel, Karl-Dietrich: Presselenkung im NS-Staat, Berlin: Colloquium 1986, S. 3; Wilke, Jürgen:
     Pressegeschichte, a. a. O., S. 482; Stöber, Rudolf: Germany 1933–1945, as Case Media Study, a. a. O.,
     S. 224; Bohrmann, Hans/Toepser-Ziegert, Gabriele: Nationalsozialismus, in: Koszyk, Kurt/Pruys,
     Karl Hugo: Handbuch der Massenkommunikation, München: Deutscher Taschenbuch Verlag 1981,
     S. 203 ff.; Faust, Marianne/Reinkensmeier, Willi: Totale Kommunikationskontrolle in der Vorkriegs-
     phase des Dritten Reiches, in: Fischer, Heinz-Dietrich (Hrsg.): Deutsche Kommunikationskontrolle
     des 15. bis 20. Jahrhunderts, München: Saur 1982, S. 229 ff.

6   Müller, Georg Wilhelm: Das Reichsministerium für Volksaufklärung und Propaganda, Berlin 1940,
     S. 11, zit. nach Abel, Karl-Dietrich: Presselenkung im NS-Staat, Berlin: Colloquium 1986, S. 3.

7   Joseph Goebbels, zit. nach Wulf, Joseph: Presse und Funk im Dritten Reich, Gütersloh: Mohn 1964,
     S. 63; Frei, Norbert/Schmitz, Johannes: Journalismus im Dritten Reich, München: Beck 1989, S. 21 f.;
     Faust, Marianne/Reinkensmeier, Willi: Totale Kommunikationskontrolle in der Vorkriegsphase des
     Dritten Reiches, a. a. O., S. 230 f.

8   Vgl. Faust, Marianne/Reinkensmeier, Willi: Totale Kommunikationskontrolle in der Vorkriegsphase
     des Dritten Reiches, a. a. O., S. 231.

9   Hinkel, Hans: Handbuch der Reichskulturkammer, Berlin 1937, S. 212, zit. nach Hale, Oron, J.:
     Presse in der Zwangsjacke 1933–1945, Düsseldorf: Droste 1965, S. 99.

10   Wulf, Joseph: Presse und Funk im Dritten Reich, Gütersloh: Mohn 1964, S. 107; Abel, Karl-Diet-
     rich: Presselenkung im NS-Staat, a. a. O., S. 10 ff.; Frei, Norbert/Schmitz, Johannes: Journalismus
     im Dritten Reich, a. a. O., S. 212.

11   Vgl. Hale, Oron J.: Presse in der Zwangsjacke 1933–1945, a. a. O., S. 21 ff., sowie Wilke, Jürgen: Pres-
     segeschichte, a. a. O., S. 480 ff.

12   Vgl. Faust, Marianne/Reinkensmeier, Willi: Totale Kommunikationskontrolle in der Vorkriegsphase
     des Dritten Reiches, a. a. O., S. 229, sowie Wilke, Jürgen: Pressegeschichte, a. a. O., S. 306.

13   Siehe Wulf, Joseph: Presse und Funk im Dritten Reich, a. a. O., S. 72 f.; vgl. auch Abel, Karl-Dietrich:
     Presselenkung im NS-Staat, a. a. O., S. 30, sowie Wilke, Jürgen: Pressegeschichte, a. a. O., S. 306.

14   Vgl. Koszyk, Kurt: Deutsche Presse 1914–1945, Berlin: Colloquium 1972, S. 366 ff.; Abel, Karl-Diet-
     rich, a. a. O., S. 30 f.; Schiwy, Peter/ Schütz, Walter J.: Medienrecht, Neuwied: Luchterhand 1977,
     S. 148.

15   Siehe Abel, Karl-Dietrich, a. a. O., S. 31 f.; Hale, Oron J.: Presse in der Zwangsjacke 1933–1945,
     a. a. O., S. 92 f.

16   Vgl. Frei, Norbert/Schmitz, Johannes: Journalismus im Dritten Reich, a. a. O., S. 17 u. 28 f.

17   Hagemann, Walter: Publizistik im Dritten Reich, Hamburg: Hansischer Gildenverlag 1948, S. 36 ff.;
     Abel, Karl-Dietrich: Presselenkung im NS-Staat, a. a. O., S. 32 f.

18   Koszyk, Kurt: Deutsche Presse 1914–1945, a. a. O., S. 365; Schmidt-Leonhardt, Hans/Gast, Peter: Das
     Schriftleitergesetz vom 4. Oktober 1933 nebst den einschlägigen Bestimmungen, Berlin 1934, S. 90 u.
     143 f., zit. nach Abel, Karl-Dietrich, a. a. O., S. 33.

19   Abel, Karl-Dietrich, a. a. O., S. 34 ff.; siehe auch Koszyk, Kurt: Deutsche Presse 1914–1945, a. a. O.,
     S. 366 f.; Wilke, Jürgen, a. a. O., S. 307.

20   Vgl. Wilke, Jürgen: Journalistenausbildung im Dritten Reich: Die Reichspresseschule, in: Schnei-
     der, Beate/Reumann, Kurt/Schiwy, Peter (Hrsg.): Publizistik. Beiträge zur Medienentwicklung. Fest-
     schrift für Walter J. Schütz. Konstanz: UVK 1995, S. 387–408, Zitat S. 391, sowie Müsse, Wolfgang:

Die Reichspresseschule – Journalisten für die Diktatur? Ein Beitrag zur Geschichte des Journalismus im Dritten Reich. München, New Providence, London, Paris: K.G. Saur 1995, S. 150 f., 230 ff.

21 Mendelssohn, Peter de: Zeitungsstadt Berlin, Berlin 1959, S. 340, entnommen bei Abel, Karl-Dietrich: Presselenkung im NS-Staat, a. a. O., S. 6; Wilke, Jürgen: Pressegeschichte, a. a. O., S. 308.

22 Siehe Abel, Karl-Dietrich, a. a. O., S. 8.

23 Vgl. Hale, Oron J.: Presse in der Zwangsjacke, a. a. O., S. 57 ff., bes. S. 68–72, sowie Frei, Norbert/ Schmitz, Johannes: Journalismus im Dritten Reich, a. a. O., S. 23 f. u. 37 f.

24 Vgl. Frei/Schmitz, a. a. O., S. 208 ff.

25 Vgl. Koszyk, Kurt: Deutsche Presse 1914–1945, a. a. O., S. 409–424, hier S. 411.

26 Vgl. Hagemann, Walter: Publizistik im Dritten Reich, a. a. O., S. 316 ff.; Wulf, Joseph: Presse und Funk im Dritten Reich, a. a. O., S. 79 ff.; Abel, Karl-Dietrich, a. a. O., S. 37 f. u. 44–47.

27 Sänger, Fritz, in: Wulf, Joseph: Presse und Funk im Dritten Reich, a. a. O., S. 79 ff., hier S. 81; Abel, Karl-Dietrich, a. a. O., S. 51 f.; vgl. auch Pöttker, Horst: Journalismus als Politik. Eine explorative Analyse von NS-Presseanweisungen der Vorkriegszeit, in: Publizistik, 51. Jg. 2006, H. 2, S. 168–182.

28 Vgl. Abel, Karl-Dietrich, a. a. O., S. 40–49; Koszyk, Kurt: Deutsche Presse 1914–1945, a. a. O., S. 370 ff.

29 Vgl. Reitz, Jürgen: Das Deutsche Nachrichtenbüro, in: Wilke, Jürgen (Hrsg.): Telegraphenbüros und Nachrichtenagenturen in Deutschland, München: Saur 1991, S. 223 ff.; Uzulis, André: Nachrichtenagenturen im Nationalsozialismus. Propagandainstrumente und Mittel der Presselenkung. Frankfurt/Main, Berlin, Bern u. a.: Peter Lang 1995, S. 39 ff., 93 ff., 187 ff. u. 214 ff., 231 ff.; Wilke, Jürgen: Pressegeschichte, a. a. O., S. 309, sowie Abel, Karl-Dietrich, a. a. O., S. 54 ff.

30 Vgl. Klee, Cornelius: Die Transocean GmbH, in: Wilke, Jürgen (Hrsg.): Telegraphenbüros und Nachrichtenagenturen in Deutschland, a. a. O., S. 210 f.; Höhne, Hansjoachim, a. a. O., S. 103–112, 122 f. u. 126–139.

31 Vgl. Abel, Karl-Dietrich, ebd.; Frei/Schmitz, a. a. O., S. 212; Knippschild, Dieter/Udovic, Jochen: Steuerungsmaßnahmen während des Zweiten Weltkrieges, in: Fischer, Heinz-Dietrich (Hrsg.): Deutsche Kommunikationskontrolle des 15. bis 20. Jahrhunderts, a. a. O., S. 256–279, hier S. 256.

32 Vgl. Koszyk, Kurt: Zwischen Kaiserreich und Diktatur. Die sozialdemokratische Presse von 1914 bis 1933, Heidelberg: Quelle und Meyer 1958, S. 177, sowie Girardet, H.: Der wirtschaftliche Aufbau der kommunistischen Tagespresse in Deutschland von 1918 bis 1933, Leipzig 1938, S. 35 ff. u. 102 f., zit. nach Hale, Oron J.: Presse in der Zwangsjacke 1933–1945, a. a. O., S. 74 u. 69 ff.

33 Joseph Goebbels, zit. nach Koszyk, Kurt: Deutsche Presse 1914–1945, a. a. O., S. 354.

34 Vgl. Koszyk, Kurt: Deutsche Presse 1914 bis 1945, a. a. O., S. 354 ff.; Frei/Schmitz, a. a. O., S. 22 f.

35 Vgl. Frei, Norbert: Nationalsozialistische Eroberung der Provinzpresse. Gleichschaltung, Selbstanpassung und Resistenz in Bayern, Stuttgart: Deutsche Verlagsanstalt 1980, S. 17 u. 159 ff.; siehe auch Wilke, Jürgen: Pressegeschichte, a. a. O., S. 485 f.

36 Vgl. Koszyk, Kurt, in: Dovifat, Emil: Handbuch der Publizistik, Bd. 3, a. a. O., S. 87 ff., Hale, Oron J, a. a. O., S. 148–174; Abel, Karl-Dietrich, a. a. O., S. 7 f.; Koszyk, Kurt: Deutsche Presse 1914–1945, a. a. O., S. 354 ff. u. 389 ff.

37 Hale, Oron J., a. a. O., S. 284 u. 306, insges. S. 282–306; Wilke, Jürgen: Pressegeschichte, a. a. O., S. 309, sowie Frei/Schmitz, a. a. O., S. 37 f. u. 210 ff.

38 Vgl. Hartmann, Franz: Statistische und geschichtliche Entwicklung der NS-Presse 1925–1935, München (Ms.) 1936, hier wiedergegeben nach Hale, Oron J., a. a. O., S. 58, sowie Stein, Peter: Die NS-Gaupresse 1925–1933, München, New York: K. G. Saur 1987.

39   Vgl. Frei/Schmitz, a. a. O., S. 96 f.; Stein Peter: Die NS-Gaupresse von 1925–1933, a. a. O., S. 11 f.
     u. 20 ff.; Koszyk, Kurt: Deutsche Presse 1914–1945, a. a. O., S. 382 ff., sowie Hale, Oron J., a. a. O.,
     S. 47 ff. u. 57 ff.

40   Siehe Dietrich, Otto: An alle Hauptschriftleitungen der nationalsozialistischen Presse. Vertrauliche
     Mitteilung vom 6.2.1933, zit. nach Abel, Karl-Dietrich: Presselenkung im NS-Staat, a. a. O., S. 58;
     Hale, Oron J., a. a. O., S. 57–68.

41   Vgl. Abel, Karl-Dietrich, a. a. O., S. 58 f.

42   Vgl. Mendelssohn, Peter de: Zeitungsstadt Berlin, Berlin 1959, S. 340, zit. nach Abel, Karl-Diet-
     rich, a. a. O., S. 6; Koszyk, Kurt: Deutsche Presse 1914–1945, a. a. O., S. 367 u. 386 f.; Hale, Oron J.,
     a. a. O., S. 104 f.

43   Vgl. Noller, Sonja: Der Völkische Beobachter, in: Noller, Sonja/Kotze, Hildegard von (Hrsg.): Fac-
     simile-Querschnitt durch den Völkischen Beobachter, München, Bern: Scherz 1967, S. 4 ff.; Hale,
     Oron J., a. a. O., S. 25 ff.

44   Vgl. Wermuth, Helga: Max Amann, in: Fischer, Heinz-Dietrich (Hrsg.): Deutsche Presseverleger
     des 18. bis 20. Jahrhunderts, Pullach/München: Verlag Dokumentation (Saur) 1975, S. 356–365, hier
     S. 357 f., sowie Hale, Oron J., a. a. O., S. 26 u. 36–41.

45   Vgl. Abel, Karl-Dietrich: Presselenkung im NS-Staat, a. a. O., S. 6 ff., Hale, Oron J., a. a. O.,
     S. 136–142; Koszyk, Kurt: Deutsche Presse 1914–1945, a. a. O., S. 392 ff. u. 403 ff.

46   Vgl. Koszyk, Kurt, in: Dovifat Emil (Hrsg.): Handbuch der Publizistik, Bd. 3, a. a. O., S. 89 ff.; ders.:
     Deutsche Presse 1914–1945, a. a. O., S. 394–396, sowie Hale, Oron J., a. a. O., S. 144–147, 189 ff.,
     200–205 u. 240 f.

47   Siehe Hale, Oron J., a. a. O., S. 256 ff., 273 ff., 306 ff. sowie S. 25 f.

48   Vgl. Noller, Sonja: Der Völkische Beobachter, in: Noller, Sonja/Kotze, Hildegard von (Hrsg.): Fac-
     simile-Querschnitt durch den Völkischen Beobachter, a. a. O., S. 5.

49   Vgl. Koszyk, Kurt: Deutsche Presse 1914–1945, a. a. O., S. 380 f.; Hale, Oron J., a. a. O., S. 27–31,
     sowie Noller, Sonja: Der Völkische Beobachter, a. a. O., S. 6 f.

50   Vgl. Noller, Sonja: Der Völkische Beobachter, a. a. O., S. 12 f., vgl. hierzu auch Hagemann, Walter:
     Publizistik im Dritten Reich, a. a. O., S. 162 ff.

51   Vgl. Wermuth, Helga: Max Amann, in: Fischer, Heinz Dietrich (Hrsg.): Deutsche Presseverleger des
     18. bis 20. Jahrhunderts, a. a. O., S. 356–365, hier S. 357 f.; Noller, Sonja, a. a. O., S. 9 u. 12; Hale,
     Oron J., a. a. O., S. 40 f.

52   Vgl. Koszyk, Kurt: Deutsche Presse 1914–1945, a. a. O., S. 382; Hale, a. a. O., S. 40 f. u. 46.

53   Siehe Noller, Sonja, a. a. O., S. 30.

54   Vgl. Frei/Schmitz, a. a. O., S. 39–63, sowie Wilke, Jürgen: Pressegeschichte, a. a. O., S. 311 f.

55   Vgl. Stöber, Rudolf: Germany 1933–1945, as Media Case Study, a. a. O., S. 222 ff.; Wilke, Jürgen:
     Pressegeschichte, a. a. O., S. 488 f.; Abel, Karl-Dietrich: Presselenkung im NS-Staat, a. a. O.

56   Vgl. Frei/Schmitz, a. a. O., S. 34 ff.; Wilke, Jürgen: Pressegeschichte, a. a. O.; Abel, Karl-Dietrich:
     Presselenkung im NS-Staat, a. a. O.; Stöber, Rudolf: Germany 1933–1945, as Media Case Study,
     a. a. O., S. 222 ff.

57   Vgl. Stöber, Rudolf: Germany 1933–1945, as Media Case Study, a. a. O., S. 221 u. 234; ders.: Die erfolg-
     verführte Nation. Deutschlands öffentliche Stimmungen 1866–1945, Stuttgart: Franz Steiner Verlag
     1998, S. 327 ff.

58   Vgl. Faust, Marianne/Reinkensmeier, Willi: Totale Kommunikationskontrolle in der Vorkriegs-
      phase des Dritten Reiches, a. a. O., S. 235; Hagemann, Walter: Publizistik im Dritten Reich, a. a. O.,
      S. 44 ff., S. 61 ff.

Anmerkungen zu Kapitel 4

1   Gesetz Nr. 191 der Militärregierung Deutschland – Kontrollgebiet des Obersten Befehlshabers (abge-
      ändert am 12.05.1945), nach: R. Hemken: Sammlung der vom Alliierten Kontrollrat erlassenen Pro-
      klamationen, Gesetze, Verordnungen, Befehle im englischen Originalwortlaut mit deutscher Über-
      setzung, Stuttgart 1946, hier zit. nach: Liedtke, Rüdiger: Die verschenkte Presse. Die Geschichte
      der Lizenzierung von Zeitungen nach 1945, Berlin: Verlag für Ausbildung und Studium (Elefanten
      Press) 1982, S. 228 ff.; vgl. ebd., S. 47 ff.; vgl. auch Koszyk, Kurt: Presse unter alliierter Besatzung, in:
      Wilke, Jürgen (Hrsg.): Mediengeschichte der Bundesrepublik Deutschland, Köln, Weimar, Wien:
      Böhlau 1999, S. 31–58, hier S. 31 ff.; ders.: Pressepolitik für Deutsche 1945–1949, Berlin: Colloqium
      1986, S. 15 ff., bes. S. 22 f. u. 36.
2   Koszyk, Kurt: Die deutsche Presse 1945–1949, in: Wagner, Hans (Hrsg.): Idee und Wirklichkeit des
      Journalismus. Festschrift für Heinz Starkulla, München: Olzog 1988, S. 61–74, hier: S. 61.
3   Vgl. Hurwitz, Harold: Die Stunde Null der deutschen Presse, Köln: Verlag Wissenschaft und Poli-
      tik 1972, S. 20–34; Liedtke, Rüdiger: Die verschenkte Presse, a.a.O., S. 14 f. u. 27 ff.; Koszyk, Kurt:
      Pressepolitik für Deutsche 1945–1949, a.a.O., S. 15 ff.; sowie Baerns, Barbara: Lenkung und Kontrolle
      beim Neuaufbau des Pressewesens (1945–1949), in: Fischer, Heinz-Dietrich (Hrsg.): Deutsche Kom-
      munikationskontrolle des 15. bis 20. Jahrhunderts, München: Saur 1982, S. 280 f.
4   Vgl. Schütz, Walter J.: Lizenzpresse – Basis der heutigen Zeitungslandschaft, (o. S.), in: BPS-Report
      5/1986, Baden-Baden: Nomos 1986; Baerns, Barbara: Lenkung und Kontrolle beim Neuaufbau des
      Pressewesens, a.a.O., S. 280–284; Blöbaum, Bernd: Journalismus während der Besatzungszeit, in:
      Publizistik, 47. Jg. 2002, H. 2, S. 170–199, hier S. 193.
5   Siehe Koszyk, Kurt: Die deutsche Presse 1945–1949, a.a.O., S. 64 u. 66 ff.
6   Hurwitz, Harold: Die Stunde Null der deutschen Presse, a.a.O., S. 82 f.; vgl. auch Koszyk, Kurt:
      Pressepolitik für Deutsche 1945–1949, a.a.O., S. 10 f., 15 ff. u. 36–38; sowie ders.: Die deutsche Presse
      1945–1949, a.a.O., S. 61–64; und Schütz, Walter J.: Lizenzpresse – Basis der heutigen Zeitungsland-
      schaft, ebd.
7   Schütz, Walter J., ebd.; sowie Liedtke, Rüdiger: Die verschenkte Presse, a.a.O., S. 35 ff. u. 47 ff.;
      schließlich Hurwitz, Harold: Die Stunde Null der deutschen Presse, a.a.O., S. 50 ff.; ders.: Die Presse-
      politik der Alliierten, in: Pross, Harry (Hrsg.): Deutsche Presse seit 1945, Bern: Scherz-Verlag 1965,
      S. 32 f.
8   Vgl. Koszyk, Kurt: Presse unter alliierter Besatzung, a.a.O., S. 37 f.; ders.: Die deutsche Presse
      1945–1949, a.a.O., S. 67; Hurwitz, Harold: Die Stunde Null der deutschen Presse, a.a.O., S. 51 ff.;
      vgl. auch Höhne, Hansjoachim: Report über Nachrichtenagenturen, Bd. 2, Baden-Baden: Nomos
      1977, S. 144.
9   Vgl. Höhne, Hansjoachim: Report über Nachrichtenagenturen, Bd. 2, a.a.O., S. 139 ff.; sowie Kos-
      zyk, Kurt, in: Dovifat, Emil (Hrsg.): Handbuch der Publizistik, Bd. 3, Berlin: De Gruyter 1969, S. 93;
      ders.: Die deutsche Presse 1945–1949, a.a.O., S. 67 u. 69.

10 Koszyk, Kurt: Die deutsche Presse 1945–1949, ebd.; sowie ders.: Pressepolitik für Deutsche 1945–1949, a.a.O., S. 31, 44–48, 204 ff., 265–267, 329 f.; Liedtke, Rüdiger: Die verschenkte Presse, a.a.O., S. 54 ff.; Hurwitz, Harold: Die Stunde Null der deutschen Presse, a.a.O., S. 110–114; Blöbaum, Bernd: Journalismus in der Besatzungszeit, a.a.O., S. 179.

11 Koszyk, Kurt: Pressepolitik für Deutsche 1945–1949, a.a.O., S. 36.

12 Koszyk, Kurt: Presse unter alliierter Besatzung, a.a.O., S. 36; Hurwitz, Harold: Die Stunde Null der deutschen Presse, a.a.O., S. 54–63; Schütz, Walter J.: Lizenzpresse – Basis der heutigen Zeitungslandschaft, a.a.O., (o. S.); Koszyk, Kurt: Pressepolitik für Deutsche 1945–1949, a.a.O., S. 42 f.

13 Koszyk, Kurt, in: Dovifat, Emil (Hrsg.): Handbuch der Publizistik, Bd. 3, a.a.O., S. 92; ders.: Pressepolitik für Deutsche, a.a.O., S. 55–75; sowie Schütz, Walter J., ebd.; vgl. auch Hurwitz, Harold, a.a.O., S. 117–160.

14 Koszyk, Kurt: Die deutsche Presse 1945–1949, a.a.O., S. 68.; vgl. auch Hurwitz, Harold, ebd.; sowie Schütz, Walter J., ebd.

15 Vgl. Koszyk, Kurt: Pressepolitik für Deutsche, a.a.O., S. 134–198; ders., in: Dovifat, Emil (Hrsg.), a.a.O., S. 92 f.; ders.: Die deutsche Presse 1945–1949, a.a.O., S. 68 sowie Schütz, Walter J., ebd.

16 Vgl. Koszyk, Kurt: Pressepolitik für Deutsche, a.a.O., S. 260-298; ders.: Die deutsche Presse 1945–1949, a.a.O., S. 68 f.; Schütz, Walter J., ebd.

17 Vgl. Koszyk, Kurt: Presse unter alliierter Besatzung, a.a.O., S. 46 f.

18 Siehe Koszyk, Kurt: Pressepolitik für Deutsche, a.a.O., S. 325 ff., ders.: Presse in Deutschland 1945–1949, ebd.; ders., in: Dovifat, Emil (Hrsg.), a.a.O., S. 92; vgl. auch Koch-Mehrin, Cordes: Die Presse in der sowjetischen Besatzungszone Deutschlands, in: Pross, Harry (Hrsg.): Deutsche Presse seit 1945, Bern: Scherz-Verlag 1965, S. 56 ff.

19 Siehe Koszyk, Kurt: Presse unter alliierter Besatzung, a.a.O., S. 33 u. S. 47 f.

20 Vgl. ebd.

21 Vgl. Hurwitz, Harold: Die Stunde Null der deutschen Presse, a.a.O., S. 130 ff. u. 160 ff.; Maaßen, Ludwig: Die Zeitung, Heidelberg: Decker u. Müller 1986, S. 26; Meyn, Hermann: Massenmedien in der Bundesrepublik Deutschland, a.a.O., S. 41; sowie Schütz, Walter J., ebd.

22 Siehe Fischer, Erika J./Fischer Heinz-Dietrich: Die ersten Zeitungswochen. Reprints deutschsprachiger Presseorgane aus der Frühphase der Nachkriegspublizistik, Bd. 1: Süddeutsche Zeitung, München: Süddeutscher Verlag 1985, S. 162; vgl. auch Hurwitz, Harold: Die Stunde Null der deutschen Presse, a.a.O., S. 144.

23 Kieslich, Günter: Zum Aufbau des Zeitungswesens in der Bundesrepublik Deutschland nach 1945, in: Publizistik, 8. Jg. 1963, Nr. 4, S. 274–281, hier S. 276; vgl. Hurwitz, Harold: Pressepolitik der Alliierten, in: Pross, Harry (Hrsg.): Deutsche Presse nach 1945, a.a.O., S. 35 f.; siehe auch Ludwig, Johannes: Lizenzverleger zwischen Monopol und Wettbewerb. Interessen und Motive, Unternehmensziele und langfristige Sicherung des publizistisch-ökonomischen Konzepts 1949–1999, in: Publizistik, 47. Jg. 2002, H. 4, S. 135–169, hier S. 135 ff.

24 Schütz, Walter J.: Lizenzpresse – Basis der heutigen Zeitungslandschaft, a.a.O., (o. S.).

25 Schütz, Walter J., ebd.

26 Bohrmann, Hans: Zeitschrift, in: Faulstich, Werner (Hrsg.): Kritische Stichwörter zur Medienwissenschaft, München: Wilhelm Fink 1979, S. 356–372, hier S. 363.

27 Siehe Starkulla, Heinz: Zeitschriften (Kap. III), in: ders.: Marktplätze sozialer Kommunikation. Bausteine einer Medientheorie, München: Reinhard Fischer 1993, S. 125–163, hier S. 144.

28 Vgl. Schulz, Rüdiger: Mediaforschung, in: Fischerlexikon Publizistik – Massenkommunikation, hrsg. von Noelle-Neumann, Elisabeth/Schulz, Winfried/Wilke, Jürgen, Frankfurt: Fischer 1989, S. 135 u. 150.

29 Koszyk, Kurt: Pressepolitik für Deutsche 1945–1949, a.a.O., S. 310 ff.; siehe auch Kieslich, Günter: Zum Aufbau des Pressewesens in der Bundesrepublik Deutschland nach 1945, in: Publizistik, 8. Jg. 1963, Nr. 4, S. 274–281, hier S. 277.

30 Vgl. Walter J. Schütz: Entwicklung der Tagespresse, in: Wilke, Jürgen (Hrsg.): Mediengeschichte der Bundesrepublik Deutschland, Köln, Weimar, Wien: Böhlau, S. 109–134, hier S. 109.

Anmerkungen zu Kapitel 5

1 Koszyk, Kurt: Presse unter alliierter Besatzung, in: Wilke, Jürgen (Hrsg.): Mediengeschichte der Bundesrepublik Deutschland, Köln, Weimar, Wien: Böhlau 1999, S. 31–58, hier S. 53.

2 Vgl. Koszyk, Kurt: Die deutsche Presse 1945–1949, in: Wagner, Hans (Hrsg.): Idee und Wirklichkeit des Journalismus. Beiträge zu Wissenschaft und Praxis. München: Olzog 1988, S. 61–74, hier S. 70 f.; Schütz, Walter J.: Entwicklung der Tagespresse, in: Wilke, Jürgen (Hrsg.): Mediengeschichte der Bundesrepublik Deutschland, Köln, Weimar, Wien: Böhlau 1999, S. 109–134, hier S. 110.

3 Vgl. Koszyk, Kurt: Die deutsche Presse 1945–1949, in: Wagner, Hans (Hrsg.): Idee und Wirklichkeit des Journalismus, München: Olzog 1988, S. 61–74, hier S. 71, sowie ders.: Die Zeitung. 17. Jahrhundert bis zur Gegenwart, in: Dovifat, Emil (Hrsg.): Handbuch der Publizistik, Bd. 3, a. a. O., S. 93 f.

4 Siehe Ludwig, Johannes: Lizenzverleger zwischen Monopol und Wettbewerb. Interessen und Motive, Unternehmensziele und langfristige Sicherung des publizistisch-ökonomischen Konzepts 1949–1999, in: Publizistik, 47. Jg. 2002, H. 2, S. 135–169; vgl. auch Knoche, Manfred: Einführung in die Pressekonzentrationsforschung. Theoretische und empirische Grundlagen, kommunikationspolitische Voraussetzungen, Berlin: Volker Spiess 1978, S. 15–21.

5 Vgl. Koszyk, Kurt: Pressepolitik für Deutsche 1945–1949, a. a. O., S. 319 ff., sowie ders.: Die deutsche Presse 1945–1949, in: Wagner, Hans (Hrsg.): Idee und Wirklichkeit des Journalismus, a. a. O., S. 70 ff.

6 Vgl. Schütz, Walter J.: Deutsche Tagespresse in Tatsachen und Zahlen. Ergebnisse einer Strukturuntersuchung des gesamten deutschen Zeitungswesens, in: Publizistik, 2. Jg. 1956, H. 1, S. 31–48, hier S. 33.

7 Siehe Schulze, Volker: Der Bundesverband Deutscher Zeitungsverleger, Düsseldorf: Droste [4]1985, S. 13–48 u. 61 ff.

8 Vgl. Knoche, Manfred: Einführung in die Konzentrationsforschung, a. a. O., S. 31 f.

9 Koszyk, Kurt/Pruys, Karl Hugo: Handbuch der Massenkommunikation, München: Deutscher Taschenbuch Verlag 1981, S. 146; vgl. auch Ronneberger, Franz: Kommunikationspolitik, Bd. 3, Mainz: von Hase und Koehler 1986, S. 78, sowie Gabler Wirtschaftslexikon, Bd. 3, Wiesbaden: Gabler, [12]1988, S. 2964 ff.

10 Vgl. Heinrich, Jürgen: Medienökonomie, Bd. 1: Mediensystem, Zeitung, Zeitschrift, Anzeigenblatt. Opladen: Westdeutscher Verlag 1994, S. 44 f.; Koszyk, Kurt/Pruys, Karl Hugo: Handbuch der Massenkommunikation, a. a. O., S. 146.

11 Siehe Noelle-Neumann, Elisabeth: Pressekonzentration und Meinungsbildung, in: Publizistik, 13. Jg. 1968, H. 2−4, S. 107−136, sowie Kepplinger, Hans Mathias: Massenkommunikation. Rechtsgrundlagen, Medienstrukturen, Kommunikationspolitik, Stuttgart: Teubner 1982, S. 64.

12 Siehe Diederichs, Helmut H.: Daten zur Konzentration der Tagespresse und der Publikumszeitschriften in der Bundesrepublik Deutschland im IV. Quartal 1982, in: Media Perspektiven 7/1983, S. 482−499, hier S. 483.

13 Kisker, Klaus Peter/Knoche, Manfred/Zerdick, Axel: Wirtschaftskonjunktur und Pressekonzentration, a. a. O., S. 56 ff., sowie Knoche, Manfred: Ansätze und Methoden der Konzentrationsforschung im Pressebereich, a. a. O., S. 291 f.

14 Vgl. Binkowski, Johannes: Die Zeitung. Das Konzentrationsproblem im Zeitungswesen, in: Dovifat, Emil (Hrsg.): Handbuch der Publizistik, Bd. 3, Berlin: De Gruyter 1969, S. 334; Silbermann, Alphons/ Zahn, Ernest: Die Konzentration der Massenmedien und ihre Wirkungen, Düsseldorf, Wien: Econ 1970, S. 46; Schütz, Walter J.: Pressekonzentration, in: Arndt, Helmut (Hrsg.): Die Konzentration in der Wirtschaft, Bd. 2, Berlin: ²1971, S. 667−687, hier S. 680, sowie Schütz, Walter J.: Zwischen Kooperation und Konzentration. Rückblick und Ausblick auf die deutsche Presse, in: Media Perspektiven 10/1974, S. 461−477.

15 Siehe Knoche, Manfred: Ansätze und Methoden der Konzentrationsforschung, a. a. O., S. 292 ff., sowie Schütz, Walter J.: Zwischen Kooperation und Konzentration, a. a. O., S. 464 f.

16 Vgl. Haarmann, Reinhard: Pressekonzentration: Gefährdung der Demokratie, in: Grosser, Dieter (Hrsg.): Konzentration ohne Kontrolle, Köln, Opladen: Westdeutscher Verlag, ²1970, S. 176−191, hier S. 179 f.

17 Vgl. Ronneberger, Franz: Kommunikationspolitik, Bd. 3, a. a. O., S. 78 f., sowie Koszyk, Kurt/Pruys, Karl Hugo: Handbuch der Massenkommunikation, München: Deutscher Taschenbuch Verlag 1981, S. 147.

18 Vgl. Mayr, Gaby/Schober, Wolfgang: Ökonomische Determinanten der Pressekonzentration, in: Media Perspektiven 4/1978, S. 251−266; Kepplinger, Hans Mathias: Massenkommunikation, a. a. O., S. 66, sowie Knoche, Manfred/Zerdick, Axel: Konjunkturelle Entwicklung und Pressekonzentration, in: Media Perspektiven 7/1977, S. 365−379, hier S. 366 ff.

19 Vgl. Knoche, Manfred: Einführung in die Pressekonzentrationsforschung, a. a. O., S. 1−54; siehe auch Knoche, Manfred/Zerdick, Axel: 25 Jahre Verlegergewinne, in: Journalist, Sonderausgabe »25 Jahre freie deutsche Presse«, 3/1974, S. 24−32.

20 Kepplinger, Hans Mathias: Massenkommunikation. Rechtsgrundlagen, Medienstrukturen, Kommunikationspolitik, Stuttgart: Teubner 1982, S. 63.

21 Vgl. Kepplinger, Hans Mathias: Massenkommunikation, a. a. O.; Knoche, Manfred: Die Messbarkeit publizistischer Vielfalt, in: Klaue, Siegfried/Knoche Manfred/Zerdick, Axel (Hrsg.): Probleme der Pressekonzentrationsforschung, a. a. O., S. 127 ff., sowie Mestmäcker, Ernst-Joachim: Medienkonzentration und Meinungsvielfalt, Baden-Baden: Nomos 1978, bes. S. 219 ff.

22 Vgl. Ronneberger, Franz: Kommunikationspolitik, Bd. 3, a. a. O., S. 95 f.

23 Vgl. Noelle-Neumann, Elisabeth/Ronneberger, Franz/Stuiber, Heinz-Werner: Streitpunkt lokales Pressemonopol. Untersuchungen zur Alleinstellung von Tageszeitungen, Düsseldorf: Droste 1976; Noelle-Neumann, Elisabeth: Pressekonzentration und Meinungsbildung, in: Publizistik, 13. Jg. 1968, H. 2−4, S. 107−136; Knoche, Manfred/Schulz, Winfried: Folgen des Lokalmonopols von Tageszeitungen. Eine vergleichende Inhaltsanalyse des Lokalteils von Monopol- und Wettbewerbszeitungen, in: Publizistik, 14. Jg. 1969, H. 3, S. 298−310; Blankenburg, Erhard/Kneer, Ursula/Theis, Regina:

Auswirkungen lokaler Pressekonzentration. Soziologische Studien 1, Freiburg: Institut für Soziologie der Universität Freiburg 1970; sowie Rager, Günther: Publizistische Vielfalt im Lokalen. Eine empirische Analyse, Tübingen 1982, bes. S. 19–35.

24 Vgl. Mast, Claudia/Weigert, Matthias: Medien in der Region. Eine empirische Untersuchung der Informationsleistungen von Hörfunk und Zeitung, Konstanz: Universitätsverlag 1991, S. 225–229, sowie Jonscher, Norbert: Einführung in die lokale Publizistik. Theorie und Praxis der örtlichen Berichterstattung von Rundfunk, Tagespresse und Alternativmedien, Opladen: Westdeutscher Verlag 1991, S. 11 f. u. 120 ff.

25 Vgl. Ronneberger, Franz: Kommunikationspolitik, Bd. 3, a. a. O., S. 95; siehe auch Aufermann, Jörg/Heilmann, Peter et al.: Pressekonzentration, München-Pullach: Verlag Dokumentation (Saur) 1971, S. 335 f., sowie Noelle-Neumann, Elisabeth: Umfragen zur inneren Pressefreiheit, Düsseldorf: Droste 1977.

26 Vgl. Klatt, Hartmut: Medienpolitik in einer sich wandelnden Medienlandschaft, in: Medienpolitik, hrsg. von der Landeszentrale für politische Bildung Baden-Württemberg, Stuttgart, Berlin: Kohlhammer 1987, S. 19–22; Holtz-Bacha, Christina: Mitspracherechte für Journalisten. Redaktionsstatuten in Presse und Rundfunk, Köln: Studienverlag Hayit 1986, S. 8 f. u. 12 ff.

27 Vgl. Langenbucher, Wolfgang R./Roegele Otto B./Schumacher, Frank: Pressekonzentration und Journalistenfreiheit, Berlin: Volker Spiess 1976, S. 146, sowie Ronneberger, Franz: Kommunikationspolitik, Bd. 3, a. a. O., S. 94 f.

28 Siehe Bericht der Bundesregierung über die Lage von Presse und Rundfunk in der Bundesrepublik Deutschland – Medienbericht – (BT-Drucksache VIII/2264), hrsg. vom Presse- und Informationsamt der Bundesregierung, Bonn 1978 (im Folgenden abgekürzt als »Medienbericht 1978«), S. 12 f.

29 Vgl. Schütz, Walter J.: Zeitungsdichte und Zeitungswettbewerb in der Bundesrepublik Deutschland 1976, in: Publizistik, 23. Jg. 1978, H. 1–2, S. 58–74, bes. S. 64 ff., sowie ders.: Deutsche Tagespresse 1989, in: Media Perspektiven 12/1989, S. 748–775, hier S. 771 f.

30 Siehe Diederichs, Helmut H.: Daten zur Konzentration der Tagespresse und der Publikumszeitschriften in der Bundesrepublik im IV. Quartal 1980, in: Media Perspektiven 7/1981, S. 521–536.

31 Siehe Bericht der Bundesregierung über die Lage von Presse und Rundfunk in der Bundesrepublik Deutschland (1974) – Medienbericht – (BT-Drucksache VII/2104), hrsg. vom Presse- und Informationsamt der Bundesregierung, Bonn 1974 (im Folgenden abgekürzt als »Medienbericht 1974«), S. 20 ff., sowie Diederichs, Helmut H.: Ökonomische und publizistische Konzentration der Pressemedien in der Bundesrepublik 1975/76, in: Media Perspektiven 5/1976, S. 200–208, sowie ders.: Daten zur Pressekonzentration in der Bundesrepublik Deutschland 1976/77, in: Media Perspektiven 5/1977, S. 267–276.

32 Vgl. Diederichs, Helmut H.: Medienkonzentration in der BRD. Konzept und empirischer Überblick, in: Prokop, Dieter (Hrsg.): Massenkommunikationsforschung, Bd. 1: Produktion, Frankfurt: Fischer 1971, S. 73 ff.; Jakobs, Hans-Jürgen/Müller, Uwe: Augstein, Springer und Co. Deutsche Mediendynastien, Zürich, Wiesbaden: Orell Füssli, 1990, S. 337 f.; Röper, Horst: Formationen deutscher Medienmultis 1991, in: Media Perspektiven 1/1992, S. 2–23.

33 Siehe Berg, Klaus/Kiefer, Marie-Luise: Das Verhältnis des Rundfunks zu Presse und Film, in: Aufermann, Jörg/Scharf Wilfried/Schlie, Otto (Hrsg.): Fernsehen und Hörfunk für die Demokratie, Opladen: Westdeutscher Verlag ²1981, S. 172–187, hier S. 173 f.; Pressefreiheit und Fernsehmonopol. Beiträge zur Frage der Wettbewerbsverzerrung zwischen den publizistischen Mitteln, hrsg. vom Bundesverband Deutscher Zeitungsverleger, Bonn/Bad Godesberg, o. J.; Schütz, Walter, J.: Zwi-

schen Kooperation und Konzentration, Rückblick und Ausblick auf die deutsche Presse, in: Media Perspektiven 10/1974, S. 461–471, hier S. 465 f.

34 Vgl. Diederichs, Helmut, H.: Daten zur Pressekonzentration in der Bundesrepublik Deutschland 1976/77, in: Media Perspektiven 5/1977, S. 267–281; Schütz, Walter J.: Die Zeitungsstruktur in der Bundesrepublik Deutschland 1976, in: Media Perspektiven 4/1978, S. 225–240.

35 Noelle-Neumann, Elisabeth: Pressekonzentration und Meinungsbildung, in: Publizistik, 13. Jg. 1968, H. 2–4, S. 107–136, hier S. 133 f.

36 Siehe Medienbericht 1978, a. a. O., S. 7 ff. u. S. 50 f., sowie Berg, Klaus/Kiefer, Marie-Luise (Hrsg.): Massenkommunikation IV. Eine Langzeitstudie zur Mediennutzung und Medienbewertung, Baden-Baden: Nomos 1992, S. 25 ff.; Arbeitsgemeinschaft Media-Analyse (AG.MA): Media-Analyse, hrsg. von der Media-Micro-Census GmbH, Jg. 1971–1990 (vorher Arbeitsgemeinschaft Leseranalyse (AG. LA) Jg. 1954 ff.); vgl. auch die Diskussion im Methodenband der Leseranalyse AG.LA, Media-Micro-Census 1970; schließlich auch die Allensbacher Werbeträger-Analyse (AWA), hrsg. vom Institut für Demoskopie Allensbach, Jg. 1958–1990.

37 Siehe Bericht der Kommission zur Untersuchung der Wettbewerbsgleichheit von Presse, Funk/Fernsehen und Film – Michel-Kommission – (BT-Drucksache V/2120), hrsg. vom Presse- und Informationsamt der Bundesregierung, Bonn 1967 (im Folgenden abgekürzt als »Bericht der Michel-Kommission«); vgl. Rundfunkanstalten und Tageszeitungen. Eine Materialsammlung, Dokumentation 5, hrsg. von der Arbeitsgemeinschaft der öffentlich-rechtlichen Rundfunkanstalten der Bundesrepublik Deutschland (ARD), Bd. 5, Mainz: von Hase und Koehler 1969; vgl. auch Aufermann, Jörg/Heilmann, Peter et al. (Hrsg.): Pressekonzentration, a. a. O., S. 213–218, sowie Kieslich, Günter: Wettbewerb der Massenmedien und Konzentration im Pressewesen, in: Publizistik 13. Jg. 1968, H. 2–4, S. 180–196, hier S. 180 ff.

38 Vgl. Kieslich, Günter: Wettbewerb der Massenmedien und Konzentration im Pressewesen, ebd.; vgl. auch Kepplinger, Hans Mathias: Massenkommunikation, a. a. O., S. 71, sowie Rundfunkanstalten und Tageszeitungen. Eine Materialsammlung, Dokumentation 4, hrsg. von der Arbeitsgemeinschaft der öffentlich-rechtlichen Rundfunkanstalten der Bundesrepublik Deutschland (ARD), o. O. 1966.

39 Vgl. Schütz, Walter J.: Pressewirtschaft, in: Fischer Lexikon Publizistik – Massenkommunikation, hrsg. von Noelle-Neumann, Elisabeth/Schulz, Winfried/Wilke, Jürgen, Frankfurt: Fischer 1989, S. 319–324, sowie Bericht der Michel-Kommission, a. a. O., S. 83.

40 Bericht der Michel-Kommission, a. a. O., S. 91.

41 Vgl. Kisker, Klaus Peter/Knoche, Manfred/Zerdick, Axel: Wirtschaftskonjunktur und Pressekonzentration in der Bundesrepublik Deutschland, a. a. O., S. 56 ff.

42 Vgl. Kieslich, Günter: Wettbewerb der Massenmedien und Konzentration im Pressewesen, in: Publizistik 13. Jg. 1968, H. 2–4, S. 180–196.

43 Siehe Bericht der Michel-Kommission, a. a. O., S. 12–293; vgl. auch Kieslich, Günter: Wettbewerb der Massenmedien und Konzentration im Pressewesen, a. a. O., S. 181.

44 Vgl. Kieslich, Günter, ebd.

45 Vgl. Ronneberger, Franz: Kommunikationspolitik, Bd. 3, a. a. O., S. 102–107; Klatt, Hartmut: Medienpolitik in einer sich wandelnden Medienlandschaft, in: Medienpolitik, hrsg. von der Landeszentrale für politische Bildung Baden-Württemberg, Stuttgart, Berlin: Kohlhammer 1987, S. 11–37, hier S. 15 f., sowie Kieslich, Günter, a. a. O., S. 184 ff.

46 Vgl. Glotz, Peter/Langenbucher Wolfgang R.: Aspekte einer modernen Pressepolitik, in dies.: Der mißachtete Leser. Zur Kritik der deutschen Presse, München: Fischer (Neuaufl.) 1993, S.176 f.; siehe auch Ronneberger, Franz: Kommunikationspolitik, Bd. 3, a. a. O., S. 101 ff.

47 Siehe hierzu die einzelnen Medienberichte der Bundesregierung von 1970, 1974, 1978, 1985, 1994, 1998 (BT-Drucksachen VI/692, VII/2104, VIII/2264, X/5663, 12/8587, 13/10650).

48 Vgl. Die bundesdeutsche Presse im Spiegel der amtlichen Statistik. Statistisches Bundesamt veröffentlicht Ergebnis der ersten Erhebung: 1975, in: Media Perspektiven 4/1978, S. 241–250; vgl. auch Klatt, Hartmut: Medienpolitik in einer sich wandelnden Medienlandschaft, a. a. O., S. 16.

49 Vgl. Schiwy, Peter/Schütz, Walter J.: Medienrecht. Lexikon für Wissenschaft und Praxis, Neuwied: Luchterhand ²1990, S. 102 ff.; Thiel, Michael H.: Presseunternehmen in der Fusionskontrolle, München: Florentz 1992, S. 17 ff.; vgl. auch Kepplinger, Hans Mathias: Massenkommunikation, a. a. O., S. 74.; Klatt, Hartmut: Medienpolitik in einer sich wandelnden Medienlandschaft, a. a. O., S. 16 f.

50 Siehe Medienbericht 1978, a. a. O., S. 63 f.; vgl. Thiel, Michael H.: Presseunternehmen in der Fusionskontrolle, a. a. O., S. 177.

51 Vgl. Medienbericht 1978, a. a. O., S. 65–67.

52 Siehe Lerche, Peter: Verfassungsrechtliche Fragen zur Pressekonzentration. Rechtsgutachten auf Anregung des Bundesverbands Deutscher Zeitungsverleger, Berlin: Duncker und Humblot 1971, S. 100 ff.; Schütz, Walter J.: Pressewirtschaft, in: Fischer Lexikon Publizistik – Massenkommunikation, a. a. O., S. 327, sowie Klatt, Hartmut: Medienpolitik in einer sich wandelnden Medienlandschaft, a. a. O., S. 19.

53 Vgl. Koszyk, Kurt/Pruys, Karl Hugo: Handbuch der Massenkommunikation, a. a. O., S. 190 ff.; Medienbericht 1974, a. a. O., S. 40–45, sowie Schiwy, Peter/Schütz, Walter J.: Medienrecht, a. a. O., S. 165 f., 242 ff. u. 247 ff.

54 Vgl. Schiwy, Peter/Schütz, Walter J.: Medienrecht, ebd.; Klatt, Hartmut: Medienpolitik in einer sich wandelnden Medienlandschaft, a. a. O., S. 19–23, hier S. 21.

55 Vgl. Holtz-Bacha, Christina: Mitspracherechte für Journalisten – Redaktionsstatuten in Presse und Rundfunk, Köln: Studienverlag Hayit 1986.

56 Vgl. Klatt, Helmut: Medienpolitik in einer sich wandelnden Medienlandschaft, a. a. O., S. 15–23.

57 Vgl. Tarifvertrag über das Redaktionsvolontariat an Tageszeitungen, abgedruckt in: Zeitungen 90, BDZV-Jahrbuch, hrsg. vom Bundesverband Deutscher Zeitungsverleger, Bonn: 1990, S. 294–298, sowie Kaiser, Ulrike: Solide Grundlage, in: Journalist 7/1990, S. 38 f.; Nies, Gerd: Die Chancen der neuen Tarifverträge nutzen, in: Publizistik und Kunst 7/1990, S. 8–14.

58 Vgl. Schütz, Walter J.: Entwicklung der Tagespresse. In: Wilke, Jürgen (Hrsg.): Mediengeschichte der Bundesrepublik Deutschland, a. a. O., S. 116; vgl. Auch Noelle-Neumann, Elisabeth: Pressekonzentration und Meinungsbildung, in: Publizistik, 13. Jg. 1968, H. 2–4, S. 107–136; Binkowski, Johannes: Die Zeitung. Die Konzentration im Pressewesen, in: Dovifat, Emil (Hrsg.): Handbuch der Publizistik, Bd. 3, Berlin: De Gruyter 1969, S. 331–340; vgl. auch Silbermann, Alphons/Zahn, Ernest: Die Konzentration der Massenmedien und ihre Wirkungen, Düsseldorf, Wien: Econ 1970; Noelle-Neumann, Elisabeth/Ronneberger, Franz/Stuiber, Heinz-Werner: Streitpunkt lokales Pressemonopol. Untersuchungen zur Alleinstellung von Tageszeitungen, Düsseldorf: Droste: 1976.

59 Vgl. Flach, Karl-Hermann: Die Lage der deutschen Presse heute, in: Die deutsche Presse 1967. Loccumer Journalistengespräch, Loccum o. J., S. 62; Noelle-Neumann, Elisabeth: Pressekonzentration und Meinungsbildung, ebd.

60 Wagner, Hans: Die unverstandene Pressekonzentration, in: Stimmen der Zeit 7/1970, S. 1–17, hier S. 4.

61 Vgl. Müller-Meiningen, Ernst: Es droht: Ausverkauf der Pressefreiheit, in: Süddeutsche Zeitung, Nr. 174 v. 22.07. 1965, S. 4; Arndt, Helmut: Gefahren fortgeschrittener Pressekonzentration, in: Prokop, Dieter (Hrsg.): Massenkommunikationsforschung, Bd. 1: Produktion, Frankfurt: Fischer 1972, S. 236–241, sowie Hopf, Christel: Zu Struktur und Zielen privatwirtschaftlich organisierter Zeitungsverlage, in: Prokop, Dieter (Hrsg.), a. a. O., S. 193–211.

62 Vgl. Arndt, Helmut: Gefahren fortgeschrittener Pressekonzentration, ebd.

63 Holzer, Horst: Massenkommunikation und Demokratie. Politökonomische Aspekte, in: Prokop, Dieter (Hrsg.): Massenkommunikationsforschung, Bd. 1: Produktion, a. a. O., S. 113–128.

64 Vgl. Schütz, Walter J.: Zwischen Kooperation und Konzentration. Rückblick und Ausblick auf die deutsche Presse, in: Media Perspektiven 10/1974, S. 461–471; vgl. auch Ronneberger, Franz: Kommunikationspolitik als Medienpolitik, in: ders.: Kommunikationspolitik, Bd. 3, a. a. O., S. 85 ff., sowie Knoche, Manfred: Ansätze und Methoden der Konzentrationsforschung im Pressebereich, in: Media Perspektiven 5/1979, S. 292 f.

65 Siehe Bericht der Bundesregierung über die Lage der Medien in der Bundesrepublik Deutschland 1985 – Medienbericht – (BT-Drucksache X/5663), hrsg. vom Presse- und Informationsamt der Bundesregierung, Bonn 1986 (im Folgenden abgekürzt als »Medienbericht 1985«).

66 Vgl. Schütz, Walter J.: Deutsche Tagespresse 1985, in: Media Perspektiven 7/1985, S. 497–520.

67 Vgl. Diederichs, Helmut H.: Daten zur Konzentration der Tagespresse und der Publikumszeitschriften in der Bundesrepublik Deutschland im IV. Quartal 1984, in: Media Perspektiven 8/1985, S. 615–633.

68 Vgl. Schütz, Walter J.: Deutsche Tagespresse 1985, ebd., vgl. auch Medienbericht 1985, ebd.

69 Vgl. Diederichs, Helmut H.: Daten zur Konzentration der Tagespresse und der Publikumszeitschriften in der Bundesrepublik Deutschland im IV. Quartal 1984, a. a. O., S. 615–626; Schütz, Walter J.: Deutsche Tagespresse 1985, ebd., sowie Medienbericht 1985, a. a. O., S. 50 ff. u. 120 ff.

70 Vgl. Diederichs, Helmut H., a. a. O., S. 624 f.

71 Vgl. Medienbericht 1985, a. a. O., S. 124.

72 Vgl. Starkulla, Heinz: Zeitschriften. Die öffentliche Meinung, hrsg. vom Presse- und Informationsamt der Bundesregierung, Bonn: 1971, S. 60–87; vgl. auch Bohrmann, Hans: Zeitschrift, in: Faulstich, Werner (Hrsg.): Kritische Stichwörter zur Medienwissenschaft, München: Fink 1979, S. 363.

73 Vgl. Medienbericht 1985, ebd.; dazu Daten des Bundesverbands Deutscher Anzeigenblätter, Bonn o. J.

74 Vgl. Medienbericht 1985, a. a. O., S. 56 u. 129.

75 Vgl. Diederichs, Helmut H.: Daten zur Konzentration der Tagespresse und der Publikumszeitschriften in der Bundesrepublik Deutschland im IV. Quartal 1984, a. a. O., S. 626–630, sowie Medienbericht 1985, a. a. O., S. 53 ff. u. 125–129.

76 Vgl. Diederichs, Helmut H., a. a. O., S. 626–633; Medienbericht 1985, ebd.

77 Vgl. Holtz-Bacha, Christina: Alternative Presse, in: Wilke, Jürgen (Hrsg.): Mediengeschichte der Bundesrepublik Deutschland, Köln/Weimar/Wien 1999, S. 330–349, hier S. 340 f.

78 Vgl. ebd.

79 Vgl. Flieger, Wolfgang: Die »taz«. Vom Alternativblatt zur linken Tageszeitung, ebd.

80 Vgl. Fleck, Florian: Veränderungen von Organisations- und Führungsstrukturen in Tageszeitungsunternehmen, in: Publizistik, 25. Jg. 1980, H. 2–3, S. 282–289, hier S. 282; vgl. auch Pürer, Heinz: Elektronische Zeitungsherstellung und ihre Folgen, in: Journalistik. Hefte des Kuratoriums für Journalistenausbildung, o. O. [Salzburg] 8/1986, S. 6 f.

81 Vgl. Pürer, Heinz: Elektronische Zeitungsherstellung und ihre Folgen, a. a. O., sowie Weischenberg, Siegfried: Journalismus in der Computergesellschaft. Informatisierung, Medientechnik und die Rolle der Berufskommunikatoren, München: Saur 1982, S. 41 ff. u. 73 ff.

82 Die Zahl bezieht sich also nicht nur auf Setzer und Metteure in Presseunternehmen, sondern auf Beschäftigte in Druckbetrieben insgesamt, wobei jedoch nur Unternehmen mit über 20 Mitarbeitern erfasst wurden. Auskunft der IG Druck und Papier, siehe Pürer, Heinz: Elektronische Zeitungsherstellung und ihre Folgen, a. a. O., S. 21, Fußnote 20.

83 Vgl. Weischenberg, Siegfried: Die elektronische Redaktion. Publizistische Folgen der neuen Technik, München: Saur 1978, S. 87–118, sowie: Pürer, Heinz: Elektronische Zeitungsherstellung und ihre Folgen, ebd.

84 Beschäftigungszahlen nach Angaben des Statistischen Bundesamts, Wiesbaden.

85 Vgl. Schütz, Walter J.: Deutsche Tagespresse 1985, in: Media Perspektiven 7/1985, S. 497–520, hier S. 497; ders.: Deutsche Tagespresse 1989, in: Media Perspektiven 12/1989, S. 748–775, hier S. 754.

86 Vgl. Schütz, Walter J.: Zur Struktur der Zeitungen in der Bundesrepublik Deutschland, in: Zeitungen 89, BDZV-Jahrbuch, hrsg. vom Bundesverband Deutscher Zeitungsverleger, Bonn: 1989 (im Folgenden zitiert als »Zeitungen 89«), S. 32–39; Zeitungen 90, BDZV-Jahrbuch, hrsg. vom Bundesverband Deutscher Zeitungsverleger, Bonn: 1990 (im Folgenden zitiert als »Zeitungen 90«), S. 338.

87 Vgl. Zeitungen 89, a. a. O., S. 346; Schütz, Walter J.: Deutsche Tagespresse 1989, in: Media Perspektiven 12/1989, S. 749–775.

88 Vgl. Zeitungen 90, a. a. O., S. 76 u. 87.

89 Vgl. Röper, Horst: Daten zur Konzentration der Tagespresse in der Bundesrepublik Deutschland im I. Quartal 1989, in: Media Perspektiven 6/1989, S. 325–338; Schütz, Walter J.: Deutsche Tagespresse 1989, in: Media Perspektiven 12/1989, S. 748 ff.

90 Vgl. Röper, Horst: Daten zur Konzentration der Tagespresse in der Bundesrepublik Deutschland im I. Quartal 1989, a. a. O., hier S. 325–328.

91 Siehe Röper, Horst: Formationen deutscher Medienmultis 1989, in: Media Perspektiven 12/1989, S. 733–747, hier S. 733–739.

92 Vgl. Schütz, Walter, J.: Die redaktionelle und verlegerische Struktur der deutschen Tagespresse 1989, in: Media Perspektiven 12/1989, S. 812–826, hier S. 822; Röper, Horst: Daten zur Konzentration der Tagespresse in der Bundesrepublik Deutschland im I. Quartal 1989, a. a. O., S. 328 f., sowie ders.: Stand der Verflechtung von privatem Rundfunk und Presse 1989, in: Media Perspektiven 9/1989, S. 533–551, hier S. 548 ff.

93 Vgl. Röper, Horst: Daten zur Konzentration der Tagespresse der Bundesrepublik Deutschland im I. Quartal 1989, a. a. O., S. 329 f.; ders.: Stand der Verflechtung von privatem Rundfunk und Presse, a. a. O., sowie Schütz, Walter J.: Die redaktionelle Struktur der deutschen Tagespresse 1989, a. a. O.

94 Vgl. Röper, Horst: Daten zur Konzentration der Tagespresse der Bundesrepublik Deutschland im I. Quartal 1989, a. a. O., S. 330 ff.

95 Vgl. Röper, Horst, ebd., S. 332–338.

96 Vgl. Röper, Horst, ebd.

97 Vgl. Schütz, Walter J.: Zur Struktur der Zeitungen in der Bundesrepublik Deutschland, in: Zeitungen 89, a. a. O., S. 32–51; Auflagen der »Bild«-Zeitung nach IVW-Auflagenliste 2/1989, hrsg. von der Informationsgemeinschaft zur Feststellung der Verbreitung von Werbeträgern (IVW), Bonn o. J. [1989].

98 Vgl. Schütz, Walter J.: Die redaktionelle und verlegerische Struktur der deutschen Tagespresse 1989, a. a. O., S. 812–826.

99 Vgl. Schütz, Walter J.: Deutsche Tagespresse 1989, in: Media Perspektiven 12/1989, S. 749 f. u.771 f.

100 Vgl. Wilke, Jürgen: Presse, in: Fischer Lexikon Publizistik – Massenkommunikation, a. a. O., S. 274.

101 Vgl. Maaßen, Ludwig: Die Zeitung. Daten – Deutungen – Porträts, Heidelberg: Von Decker und Müller 1986, S. 84 ff.; Auflagenangaben nach der IVW-Auflagenliste 2/1989, hrsg. von der Informationsgemeinschaft zur Feststellung der Verbreitung von Werbeträgern (IVW), Bonn o. J.[1989].

102 Proebst, Hermann, zit. nach Dürr, Alfred: Weltblatt und Heimatzeitung. Die »Süddeutsche Zeitung«, in: Thomas, Michael Wolf (Hrsg.): Porträts der deutschen Presse, Berlin: Volker Spiess 1980, S. 63–79, hier S. 63.

103 Vgl. Dürr, Alfred: Weltblatt und Heimatzeitung. Die »Süddeutsche Zeitung«, in: Thomas, Michael Wolf (Hrsg.), a. a. O., S. 63 ff.; Maaßen, Ludwig: Die Zeitung, a. a. O.; siehe auch Kiefer, Markus: Auf der Suche nach nationaler Identität und Wegen der deutschen Einheit. Die deutsche Frage in der überregionalen Tages- und Wochenpresse der Bundesrepublik 1949–1955 (Europäische Hochschulschriften, Bd. 525), Frankfurt: Peter Lang 1992, S. 19 f.

104 Diese wie die folgenden Auflagenangaben nach IVW-Auflagenliste 2/1989, hrsg. von der Informationsgemeinschaft zur Feststellung der Verbreitung von Werbeträgern (IVW), Bonn o. J. [1989].

105 Korda, Rolf Martin: Für Bürgertum und Business. Die »Frankfurter Allgemeine Zeitung«, in: Thomas, Michael Wolf (Hrsg.): Porträts der deutschen Presse, a. a. O., S. 81–96, hier S. 81 u. 85; Maaßen, Ludwig: Die Zeitung, a. a. O., S. 82–87; Meyn, Hermann: Massenmedien in der Bundesrepublik Deutschland, a. a. O., S. 64.

106 Vgl. Maaßen, Ludwig: Die Zeitung, a. a. O., S. 87–93; Harenberg, Karl-Heinz: Aus Bonn für ›Deutschland‹. »Die Welt«, in: Thomas, Michael Wolf (Hrsg.), a. a. O., S. 109–126.

107 Kremp, Herbert: Vorwort zur Dokumentation: 40 Jahre Weltgeschehen 1946–1989. Zeitgeschichte dokumentiert in Titelseiten der Tageszeitung »Die Welt«, Berlin: Axel Springer 1986, o. S.

108 Vgl. Adler, Ernst-Dietrich: Die Welt, in: Boll, Bernhard/Schulze, Volker/Süssmuth, Hans (Hrsg.): Zeitungsland Nordrhein-Westfalen. Geschichte – Profile – Struktur, Bonn: ZV Zeitungs-Verlag 1993, S. 161–183, sowie Kremp, Herbert: Vorwort zur Dokumentation: 40 Jahre Weltgeschehen 194–1989, ebd.; vgl. auch Kiefer, Markus: Auf der Suche nach nationaler Identität und Wegen zur deutschen Einheit. Die deutsche Frage in der überregionalen Tages- und Wochenpresse der Bundesrepublik 194–1955, a. a. O., S. 203–126.

109 Vgl. Flottau, Heiko: Liberal auf schwankendem Boden: Die »Frankfurter Rundschau«, in: Thomas, Michael Wolf (Hrsg.), a. a. O., S. 97–107, hier S. 99 ff.; Meyn, Hermann: Massenmedien in der Bundesrepublik Deutschland, a. a. O., S. 64 f.

110 Vgl. Flottau, Heiko: Liberal auf schwankendem Boden: Die »Frankfurter Rundschau«, a. a. O.; Maaßen, Ludwig: Die Zeitung, a. a. O., S. 97–102.

111 Vgl. Flieger, Wolfgang: Die »taz«. Vom Alternativblatt zur linken Tageszeitung, München: Ölschläger 1992, S. 13 u. 289 ff.

112 Maaßen, Ludwig: Die Zeitung, a. a. O., S. 104.

113 Nach IVW-Auflagenliste 2/1989, hrsg. von der Informationsgemeinschaft zur Feststellung der Verbreitung von Werbeträgern (IVW), Bonn o. J. [1989].

114 Vgl. Flieger, Wolfgang: Die »taz«. Vom Alternativblatt zur linken Tageszeitung, a. a. O., S. 13 ff. u. 194–198, vgl. auch S. 289–316; Maaßen, Ludwig: Die Zeitung, a. a. O., S. 102–105; Meyn, Hermann: Massenmedien in der Bundesrepublik Deutschland, a. a. O., S. 103 f.

115 Schäfer, Waldemar: Handelsblatt, in: Boll, Bernhard/Schulze, Volker/Süssmuth, Hans (Hrsg.): Zeitungsland Nordrhein-Westfalen. Geschichte – Profile – Struktur, Bonn: ZV Zeitungs-Verlag 1993, S. 231–245; Auflagenzahlen hier und im Folgenden nach IVW-Auflagenliste 2/89, hrsg. von der Informationsgemeinschaft zur Feststellung der Verbreitung von Werbeträgern (IVW), Bonn o. J. [1989]. Die IVW-geprüften Auflagenzahlen im Presse und Medienhandbuch »Stamm 1990«, Leitfaden durch Presse und Werbung, Essen: Stamm (43. Ausg.) 1990, weichen hiervon deutlich ab: Sie geben als Druckauflage des »Handelsblatt« im III. Quartal 1989 142.300 Exemplare an.

116 Holtzbrinck, Georg von/Vogel, Friedrich, zit. nach Schäfer, Waldemar: Handelsblatt, in: Boll, Bernhard/Schulze, Volker/Süssmuth, Hans (Hrsg.), a. a. O., S. 242 f.

117 Schäfer, Waldemar: Handelsblatt, in: Boll, Bernhard/ Schulze, Volker/Süssmuth, Hans (Hrsg.), a. a. O., S. 243; vgl. Wilke, Jürgen: Presse, in: Fischer Lexikon Publizistik – Massenkommunikation, a. a. O., S. 276.

118 Vgl. Schütz, Walter J.: Deutsche Tagespresse 2001. Trotz Bewegung im Markt keine wesentliche Erweiterung des publizistischen Angebots. In: Media Perspektiven 12/2001, S. 602–632, hier S. 605.

119 In beiden Fällen ist es sinnvoll, die verbreitete Auflage anzugeben, da die »Ärzte Zeitung« lediglich etwa 5.800 Exemplare im Abonnement absetzt, während über 43.000 laut IVW als ›Freistücke‹ verbreitet werden; bei der »Neuen Ärztlichen« stehen rund 2.950 Abonnements mehr als 49.000 Freiexemplare gegenüber; vgl. IVW-Auflagenliste 2/1989, hrsg. von der Informationsgemeinschaft zur Feststellung der Verbreitung von Werbeträgern (IVW), Bonn o. J. [1989], S. 116 u. 128.

120 Vgl. Wilke, Jürgen, Presse, in: Fischer Lexikon Publizistik – Massenkommunikation, ebd., sowie Maaßen, Ludwig: Die Zeitung, a. a. O., S. 44.

121 Vgl. Röper, Horst: Daten zur Konzentration der Tagespresse in der Bundesrepublik Deutschland im I. Quartal 1989, in: Media Perspektiven 6/1989, S. 325–338, hier S. 326; Schütz, Walter J.: Deutsche Tagespresse 1989, in: Media Perspektiven 12/1989, S. 748–775, hier S. 755; ders.: Zur Struktur der Zeitungen in der Bundesrepublik Deutschland 1989, in: Zeitungen 89, a. a. O., S. 32–75, hier S. 35.

122 Vgl. Schütz, Walter J.: Die redaktionelle und verlegerische Struktur der deutschen Tagespresse 1989, a. a. O., S. 818; Röper, Horst: Daten zur Konzentration der Tagespresse in der Bundesrepublik Deutschland im I. Quartal 1989, a. a. O., S. 325 f.

123 Siehe Wallraff, Günter: Der Aufmacher. Der Mann, der bei »Bild« Hans Esser war, Köln: Kiepenheuer und Witsch 1977 (erw. Neuaufl. 1982); ders.: Zeugen der Anklage. Die »Bild«-beschreibung wird fortgesetzt, Köln: Kiepenheuer und Witsch 1979; ders.: Das »Bild«Handbuch bis zum Bildausfall, Hamburg: Konkret Literatur Verlag 1981.

124 Vgl. Brumm, Dieter: Sprachrohr der Volksseele? Die »Bild«-Zeitung, in: Thomas, Michael Wolf (Hrsg.): Porträts der deutschen Presse, a. a. O., S. 127–143; Küchenhoff, Erich: Bild-Verfälschungen. Analyse der Berichterstattung der Bild-Zeitung über Arbeitskämpfe, Gewerkschaftspolitik, Mieten, Sozialpolitik, 2 Bde., Frankfurt: Europäische Verlagsanstalt 1972; siehe auch Wenger, Klaus: Kommunikation und Medien in der Bundesrepublik Deutschland, München: Iudicium Verlag 1988, S. 27 f.

125 Das Springer-Monopol. Eine Klarstellung, hrsg. von der Abteilung Information des Axel Springer-Verlags, Hamburg: Verlag Axel Springer o. J. [1967], S. 12.

126 Vgl. Fischer, Heinz-Dietrich: Parteien und Presse in Deutschland seit 1945, Bremen: Carl Schünemann 1971, S. 11–13, 25 ff. sowie 85–113.

127 Vgl. Neumann, Werner: Die Wahrheit ergreift Partei, in: Bentele, Günter/Jarren, Otfried (Hrsg.): Medienstadt Berlin, Berlin: Vistas 1988, S. 171–174; Auflagenzahlen nach Schütz, Walter J.: Die

redaktionelle und verlegerische Struktur der deutschen Tagespresse 1989, a. a. O., S. 818, sowie Schütz, Walter J.: Deutsche Tagespresse 1991, in: Media Perspektiven 2/1992 S. 74–99, hier S. 75.

128 Vgl. Fischer, Heinz-Dietrich: Parteien und Presse in Deutschland seit 1945, Bremen: Carl Schünemann 1971, S. 510–515; ders.: Handbuch der politischen Presse in Deutschland 1480–1980, Düsseldorf: Droste 1981, S. 642; vgl. auch Stamm: Leitfaden für Presse und Werbung, Essen: Stammverlag (27. Ausg.) 1974; Schütz, Walter J.: Deutsche Tagespresse 1991, ebd.

129 Vgl. Journalist 2/1989, S. 17–18, sowie Journalist 3/1989, S. 26–28, und Journalist 5/1989, S. 29 f.; Auflagenzahlen nach IVW-Auflagenliste 2/1989, a. a. O.

130 Vgl. Ronneberger, Franz: Kommunikationspolitik, Mainz: Von Hase und Koehler, 1978, Bd. 1, S. 15 ff., 29 ff., 51 ff., 103 ff., 159 ff., Bd. 2, S. 111 ff.; Fischer, Heinz-Dietrich: Parteien und Presse in Deutschland seit 1945, a.a.O.; Sarcinelli, Ulrich: Massenmedien und Politikvermittlung, in: Wittkämper, Gerhard W. (Hrsg.): Medien und Politik, Darmstadt: Wissenschaftliche Buchgesellschaft 1992, S. 37–62.

131 Vgl. Schütz, Walter J.: Die redaktionelle und verlegerische Struktur der deutschen Tagespresse 1989, in: Media Perspektiven 12/1989, S. 812–826, hier S. 822–824, sowie die IVW-Auflagenliste 2/1989, a. a. O.

132 Vgl. Rahmi, Turan: Türkische Tagespresse in Deutschland, Magisterarbeit, München 1992; vgl. auch Zimpel, Dieter (Hrsg.): Die deutschen Vollredaktionen, Teil 1: Zeitungen, München: Verlag Dieter Zimpel (Loseblattsammlung) o. J.; Meyn Hermann: Massenmedien in der Bundesrepublik Deutschland, a. a. O., S. 75.

133 Vgl. Rahmi, Turan: Türkische Tagespresse in Deutschland, a. a. O., S. 13, 17–19 u. 24 ff., sowie Zimpel, Dieter (Hrsg.): Die deutschen Vollredaktionen, a. a. O.

134 Vgl. Wilke, Jürgen: Presse, a. a. O., S. 277.

135 Wilke, Jürgen: Presse, ebd.; vgl. Zeitungen 89, a. a. O., S. 76 ff., sowie Zeitungen 91, a. a. O., S. 334.

136 Vgl. Hertel, Peter: »Die Wacht am Rhein?« Der »Rheinische Merkur«, in: Thomas, Michael Wolf (Hrsg.): Porträts der deutschen Presse, Berlin: Volker Spiess 1980, S. 237–256; Maaßen, Ludwig: Die Zeitung, a. a. O., S. 110–115; Auflagenzahlen nach IVW-Auflagenliste 2/1989, a. a. O.

137 Vgl. Lindemann, Margot: Deutsche Presse bis 1815, Berlin: Colloquium 1969, S. 271; Koszyk, Kurt: Deutsche Presse im 19. Jahrhundert, Berlin: Colloquium 1966, S. 22–34.

138 Vgl. Maaßen, Ludwig: Die Zeitung, a. a. O., S. 115–118, sowie Fabian, Walter: Die Wochenzeitungen, in: Pross, Harry (Hrsg.): Deutsche Presse seit 1945, Bern, München: Scherz 1965, S. 159–172.

139 Auflagenzahlen nach IVW-Auflagenliste 2/1989, a. a. O., sowie Zimpel, Dieter (Hrsg.): Die deutschen Vollredaktionen, a. a. O.

140 Auflagenzahlen nach Zimpel, Dieter (Hrsg.): Die deutschen Vollredaktionen, a. a. O., sowie Stamm 1990. Leitfaden durch Presse und Werbung, a. a. O.

141 Vgl. Wilke, Jürgen: Presse, a. a. O., S. 278; Meyn, Hermann: Massenmedien in der Bundesrepublik Deutschland, a. a. O., S. 69; Auflagenzahlen nach IVW-Auflagenliste 2/1989, a. a. O.

142 Auflagenzahlen IVW-Auflagenliste 2/1989, a. a. O.; Ausgaben nach Zimpel, Dieter (Hrsg.): Die deutschen Vollredaktionen, a. a. O.

143 Vgl. Zeitungen 89, a. a. O., S. 76 ff., sowie Meyn, Hermann: Massenmedien in der Bundesrepublik Deutschland, a. a. O., S. 81.

144 Ludwig, Johannes: Wie sich publizistische Hochkultur »rechnet«. Ein ökonomisches Porträt der »Zeit«, in: Publizistik, 41. Jg. 1996, H. 3, S. 277–297, hier S. 286.

145 Vgl. Meyn, Hermann: »Liberaler Kaufmannsgeist«. »Die Zeit«, in: Thomas, Michael Wolf (Hrsg.):
Porträts der deutschen Presse, Berlin: Volker Spiess 1980, S. 275–291, sowie Maaßen, Ludwig: Die
Zeitung, a. a. O., S. 105–110.

146 Theo Sommer in einer Hörfunksendung des Senders Freies Berlin (SFB) vom 26. 11. 1983, zit. nach
Maaßen, Ludwig: Die Zeitung, a. a. O., S. 108.

147 Auflagenzahl nach IVW-Auflagenliste 4/1989, hrsg. von der Informationsgemeinschaft zur Feststellung der Verbreitung von Werbeträgern (IVW), Bonn o. J. [1989]; Reichweite nach Media-Analyse
MA 89, Frankfurt: AG.MA Micro-Census 1989.

148 Vgl. Wilke, Jürgen: Presse, a. a. O., S. 275; Zeitungen 89, a. a. O., S. 77.; Auflagenzahlen nach IVW-
Auflagenliste 2/1989, a. a. O.

149 Vgl. Maaßen, Ludwig: Die Zeitung, a. a. O., S. 48 f.

150 Zu den Anfängen des Blatts siehe Brawand, Leo: Die »Spiegel«-Story. Wie alles anfing, Düsseldorf:
Econ 1987; vgl. auch Maaßen, Ludwig: Die Zeitung, a. a. O., S. 118–127, sowie Brumm, Dieter:
Sturmgeschütz der Demokratie? »Der Spiegel«, in: Thomas, Michael Wolf (Hrsg.): Porträts der deut-
schen Presse, a. a. O., S. 183–200.

151 Augstein, Rudolf, zit. nach Maaßen, Ludwig: Die Zeitung, a. a. O., S. 119; vgl. auch Jakobs, Hans-
Jürgen/Müller, Uwe: Rudolf Augstein. Im Spiegel der Macht, in: dies.: Augstein, Springer und Co.
Deutsche Mediendynastien, Zürich: Orell Füssli 1990, S. 11–52, sowie Der Spiegel, Hamburg. Rudolf
Augstein, interviewt von Harry Pross und Fritz J. Raddatz, in: Wiegenstein, Roland H./Raddatz,
Fritz J.: Interview mit der Presse. Zwölf internationale Zeitungen stellen sich, Reinbek: Rowohlt 1964,
S. 35–48.

152 Vgl. Brumm, Dieter: Sturmgeschütz der Demokratie? »Der Spiegel«, a. a. O., S. 191 ff.

153 Vgl. Just, Dieter: Der Spiegel. Arbeitsweise, Inhalt, Wirkung, Hannover: Verlag für Literatur und
Zeitgeschichte 1967; Enzensberger, Hans Magnus: Die Sprache des Spiegel, in: Mayer, Hans (Hrsg.):
Deutsche Literaturkritik der Gegenwart, Bd. 4, Stuttgart: Goverts Krüger Stahlberg 1964; Carsten-
sen, Broder: Spiegel-Wörter, Spiegel-Worte. Zur Sprache eines deutschen Nachrichtenmagazins,
München 1971, sowie Bucher, Hans-Jürgen/Straßner, Erich: Mediensprache, Medienkommunika-
tion, Medienkritik, Tübingen: Narr 1991.

154 Auflagenzahlen nach IVW-Auflagenliste 4/1990, hrsg. von der Informationsgemeinschaft zur Feststellung der Verbreitung von Werbeträgern (IVW), Bonn o. J. [1990]; Reichweite nach Media-Analyse MA 89, Frankfurt: AG.MA Micro-Census 1989; Auslandsvertrieb nach Verlagsangaben.

155 Zeuner, Bode: Veto gegen Augstein, hier zit. nach Brumm, Dieter: Sturmgeschütz der Demokratie?
Der Spiegel, a. a. O., S. 186.

156 Vgl. ID-Archiv im Internationalen Institut für Sozialgeschichte Amsterdam (Hrsg.): Verzeichnis der
Alternativmedien, Berlin: Edition ID-Archiv 1991; vgl. Holtz-Bacha, Christina: Alternative Presse.
In: Wilke, Jürgen (Hrsg.): Mediengeschichte der Bundesrepublik Deutschland, a. a. O., S. 330–349,
hier S. 331 u. 340 ff.

157 Weichler, Kurt: Die anderen Medien. Theorie und Praxis alternativer Kommunikation, Berlin: Vistas
1987, S. 151.

158 Vgl. Flieger, Wolfgang: Die »taz«. Vom Alternativblatt zur linken Tageszeitung, München: Ölschläger
1992, S. 74–95, bes. S. 91 ff.; Osterchrist, Brigitte: Professionalisierung als Strategie zum Überleben.
Die Entwicklung alternativer Stadtmagazine, München (unveröff. Ms.) 1993; Osterchrist, Brigitte:
Von der Alternativzeitschrift zum Kulturmagazin. Eine empirische Untersuchung zur Entwicklung
alternativer Stadtmagazine. Diss. München 1994.

159 Vgl. Schaefer-Dieterle, Susanne: Supplements. Die Zeitschriften in der Zeitung, in: Zeitungen 90, a. a. O., S. 196–203, hier S. 197 f.; vgl. auch Ludwig, Johannes: Wie sich publizistische Hochkultur »rechnet«. Ein ökonomisches Porträt der »Zeit«, in: Publizistik, 41. Jg. 1996, H. 3, S. 277–297, hier S. 289 f.; Quadflieg, Wolfgang: Supplement – als publizistisches Medium und als Werbeträger, Magisterarbeit, München 1970.

160 Vgl. Reißmann, Volker: Fernsehprogrammzeitschriften. Ein Überblick über die deutsche Programmpresse mit einer inhaltsanalytischen Untersuchung, München: Reinhard Fischer 1989, S. 22–25.

161 Vgl. Gravenstein, Eberhard: Supplements – die heimlichen Illustrierten, in: Die Zeitung – Nachrichten und Meinungen zur Medienpolitik, Bonn, 10. Jg. 1/1982, S. 3.; siehe auch Schaefer-Dieterle, Susanne, a. a. O.; Auflagenzahlen nach IVW-Auflagenliste 4/1989, a. a. O.

162 Vgl. Kuk, Alexander von: Die wirtschaftliche Lage der deutschen Zeitungen, in: Zeitungen 89, a. a. O., S. 84–92, hier S. 86 ff.

163 Siehe »W&V Special«: Anzeigenblätter, in: Werben und Verkaufen (W&V). Die Wochenzeitung der Marketingkommunikation, Nr. 10, 3/1990, S. 51–64, hier S. 42; dazu auch Kopper, Gerd G.: Anzeigenblätter als Wettbewerbsmedien, München: Saur 1991, sowie Lang, Christian: Die Nutzung von Anzeigenblättern am Beispiel des lokalen Medienraumes Nürnberg, Diplomarbeit, Nürnberg 1992, S. 5 f.

164 Lang, Christian: Die Nutzung von Anzeigenblättern am Beispiel des lokalen Medienraumes Nürnberg, ebd.

165 Vgl. »W&V Special«: Anzeigenblätter. Konkurrent und Umsatzträger zugleich, in: Werben und Verkaufen (W&V), Nr. 11, 3/1991, S. 62.

166 Lang, Christian: Die Nutzung von Anzeigenblättern am Beispiel des lokalen Medienraumes Nürnberg, a. a. O., S. 5 f.; nach Wöste, Marlene: Anzeigenblätter. Überlegungen zu ihrer Expansion und Rolle im Bereich lokaler Kommunikation, in: Media Perspektiven 6/1982, S. 377.

167 Lang, Christian, a. a. O., S. 15; vgl. auch Martini, Bernd-Jürgen/Kaiser, Ulrike: Anzeigenblätter. Redaktionen im Druck, a. a. O., S. 13 f.

168 Vgl. »W&V Special«: Anzeigenblätter. Ein wichtiger Schritt in Richtung Transparenz, in: Werben und Verkaufen (W&V), Nr. 10, 3/1990, S. 46–49.

169 Siehe Statistisches Bundesamt (Hrsg.): Presse 1989, in: Fachserie 11. Bildung und Kultur (Reihe 5), Mainz: Statistisches Bundesamt 1990; zur Abgrenzungs- und Definitionsproblematik vgl. auch Fischer, Heinz-Dietrich: Publikumszeitschriften – ein Lehr- und Forschungsdefizit, in: ders. (Hrsg.): Publikumszeitschriften in der Bundesrepublik Deutschland, Konstanz: Universitätsverlag 1985, S. 15–64.

170 Wilke, Jürgen: Presse, a. a. O., S. 278.

171 Wilke, Jürgen: Presse, a. a. O., S. 279.

172 Auflagenzahlen nach IVW-Auflagenliste 4/1989, a. a. O.; Reichweitenzahlen nach Media-Analyse MA 89, hier zit. nach Medien Jahrbuch 90, Bd. 1: Daten und Fakten, o. O. [München]: Kellerer und Partner 1990, S. 32 f.

173 Vgl. Diederichs, Helmut H.: Daten zur Konzentration der Publikumszeitschriften in der Bundesrepublik Deutschland im IV. Quartal 1988, in: Media Perspektiven 6/1989, S. 313–324.

174 Auflagenzahlen nach IVW-Auflagenliste 4/1989, a. a. O.; Reichweiten nach Media-Analyse MA 89, hier zit. nach Medien Jahrbuch 90, Bd. 1: Daten und Fakten, a. a. O., S. 32; weitere Daten nach Media-Analyse MA 93, Frankfurt: AG.MA Micro-Census 1993, sowie Zimpel, Dieter (Hrsg.): Die

deutschen Vollredaktionen, Teil 2: Zeitschriften, München: Verlag Dieter Zimpel (Loseblattsammlung) o. J.

175 Vgl. Statistisches Bundesamt (Hrsg.): Presse 1989, in: Fachserie 11. Bildung und Kultur (Reihe 5), Mainz: Statistisches Bundesamt 1990.

176 Alle Angaben nach Verband Deutscher Zeitschriftenverleger (Hrsg.): Zeitschriftenpresse in Zahlen 1991, Bonn: VDZ 1991.

177 Vgl. Verband Deutscher Zeitschriftenverleger (Hrsg.): Zeitschriftenpresse in Zahlen 1991, ebd.

178 Schneider, Beate: Strukturen, Anpassungsprobleme, Entwicklungschancen der Presse auf dem Gebiet der neuen Bundesländer (einschließlich des Gebiets des früheren Berlin-Ost), Forschungsbericht für den Bundesminister des Innern, 2 Bde., Hannover, Leipzig (vervielf. Ms.) 1991, hier Bd. 2, S. 187, sowie Turi, Peter: Pressemarkt Ostdeutschland. Lesen und Weitergeben, in: Media Spectrum 2/1993, S. 16–18.

Anmerkungen zu Kapitel 6

1 Geißler, Rainer: Vom Kampf der Agitatoren mit einem widerspenstigen Publikum. Die Massenmedien der DDR im Überblick, in: medium, 16. Jg. 1986, H. 2, S. 18; vgl. auch Kepplinger, Hans Mathias: Kommunikationspolitik, in: Fischer Lexikon Publizistik – Massenkommunikation, hrsg. von Noelle-Neumann, Elisabeth/Schulz, Winfried/Wilke, Jürgen, Frankfurt: Fischer 1989, S. 84 ff.

2 Otto, Elmar Dieter: Nachrichten in der DDR. Eine empirische Untersuchung über »Neues Deutschland«, Köln: Verlag Wissenschaft und Politik – Berend von Nottbeck 1979, S. 19.

3 Wilke, Jürgen: Medien DDR, in: Fischer Lexikon Publizistik – Massenkommunikation, a. a. O., S. 156–169, hier S. 157.

4 Westen, Klaus: Zur Charakterisierung des Rechts in der DDR, in: Wissenschaft und Gesellschaft in der DDR, eingeleitet von Peter Christian Ludz, München: Carl Hanser 1971, S. 233–253, hier S. 247.

5 Westen, Klaus: Zur Charakterisierung des Rechts in der DDR, a. a. O., S. 245; zum Verhältnis von Medien und Gesellschaftssystem vgl. auch Weischenberg, Siegfried: Journalistik. Bd. 1: Mediensysteme, Medienethik, Medieninstitutionen, Opladen: Westdeutscher Verlag 1992, S. 77–119, bes. S. 104 ff.

6 Vgl. Westen, Klaus: Zur Charakterisierung des Rechts in der DDR, a. a. O., S. 247–252; siehe auch Thomas, Rüdiger: DDR: Politisches System, in: Weidenfeld, Werner/Korte, Karl-Rudolf (Hrsg.): Handwörterbuch zur deutschen Einheit, Frankfurt: Campus 1992, S. 99–116, hier S. 99–106.

7 Theorie und Praxis der sozialistischen Journalistik, Heft 3/1974, zit. nach Holzweißig, Gunter: Massenmedien in der DDR, Berlin: Holzapfel 1989, S. 11; siehe auch Die Massenmedien der DDR. Presse, Rundfunk, Fernsehen und Literaturbetrieb im Dienste der SED, hrsg. von der Friedrich-Ebert-Stiftung, Bonn: Verlag Neue Gesellschaft 1983, S. 8 ff.

8 Siehe Die Massenmedien der DDR. Presse, Rundfunk, Fernsehen und Literaturbetrieb im Dienste der SED, hrsg. von der Friedrich-Ebert-Stiftung, a. a. O., S. 8–15, sowie Thomas, Rüdiger: DDR: Politisches System, in: Weidenfeld, Werner/Korte, Karl-Rudolf (Hrsg.), ebd.

9 Holzweißig, Gunter: Massenmedien in der DDR, a. a. O., S. 9–13, hier S. 12; Wilke, Jürgen: Medien DDR, in: Fischer Lexikon Publizistik – Massenkommunikation, a. a. O., S. 157 f.

10 Vgl. Müller-Römer, Dietrich: DDR-Gesetze. Textausgabe mit Anmerkungen, hrsg. von Lieser-Triebnigg, Erika, Köln: Verlag Wissenschaft und Politik, Loseblattsammlung, o. J. (Stand Januar 1982).

11 Schulz, Wilfried: Medienpolitik, in: DDR-Handbuch, hrsg. vom Bundesministerium für innerdeutsche Beziehungen, Köln: Verlag Wissenschaft und Politik 1979, S. 718; vgl. auch Wilke, Jürgen:
Medien DDR, in: Fischer Lexikon Publizistik – Massenkommunikation, a. a. O., S. 156 ff.

12 Wörterbuch der sozialistischen Journalistik, hrsg. von der Karl-Marx-Universität Leipzig, Sektion
Journalistik, o. O. [Leipzig] ²1981, S. 70 f.

13 Vgl. Geißler, Rainer: Vom Kampf der Agitatoren mit einem widerspenstigen Publikum. Die Massenmedien der DDR im Überblick, in: medium, 16. Jg. 1986, H. 2, S. 19; Schulz, Wilfried: Agitation
und Propaganda, Massenmedien, in: DDR-Handbuch, a. a. O., S. 6 f.

14 Wörterbuch der sozialistischen Journalistik, hrsg. von der Karl-Marx-Universität, a. a. O., S. 71.

15 Vgl. Schulz, Wilfried: Agitation und Propaganda, Massenmedien, in: DDR-Handbuch, a. a. O.,
S. 6 f.

16 Wörterbuch der sozialistischen Journalistik, hrsg. von der Karl-Marx-Universität Leipzig, a. a. O.,
S. 71 f.

17 Vgl. Geißler, Rainer: Vom Kampf der Agitatoren mit einem widerspenstigen Publikum. Die Massenmedien der DDR im Überblick, in: medium, 16. Jg. 1986, H. 2, S. 19.

18 Wörterbuch der sozialistischen Journalistik, a. a. O., S. 72.

19 Kepplinger, Hans Mathias: Ereignismanagement. Wirklichkeit und Massenmedien, a. a. O., S. 83 f.

20 Vgl. auch Blaum, Verena: Marxismus-Leninismus, Massenkommunikation und Journalismus. Zum
Gegenstand der Journalistikwissenschaft in der DDR, München: Minerva 1980, S. 139–165, sowie
dies.: Ideologie und Fachkompetenz. Das journalistische Berufsbild in der DDR, Köln: Verlag Wissenschaft und Politik – Berend von Nottbeck 1985, S. 100–113.

21 Vgl. Wörterbuch der sozialistischen Journalistik, hrsg. von der Karl-Marx-Universität Leipzig,
a. a. O., S. 151.

22 Vgl. Blaum, Verena: Marxismus-Leninismus, Massenkommunikation und Journalismus, a. a. O.,
S. 142 ff.

23 Wörterbuch der sozialistischen Journalistik, a. a. O., S. 214.

24 Vgl. Wörterbuch der sozialistischen Journalistik, ebd., sowie Blaum, Verena: Marxismus-Leninismus, Massenkommunikation und Journalismus, a. a. O., S. 147 ff.

25 Wörterbuch der sozialistischen Journalistik, a. a. O., S. 139 f.

26 Bos, Ellen: Leserbriefe in Tageszeitungen der DDR. Zur »Massenverbundenheit« der Presse
1949–1989, Opladen: Westdeutscher Verlag 1993, S. 89 f.

27 Kepplinger, Hans Mathias: Ereignismanagement. Wirklichkeit und Massenmedien, a. a. O., S. 83.

28 Blaum, Verena: Marxismus-Leninismus, Massenkommunikation und Journalismus, a. a. O., S. 159;
siehe auch Bos, Ellen: Das Prinzip »Massenverbundenheit« der Presse in der DDR. Rekonstruktions-
versuch der Entwicklungen 1949 bis 1985, in: Geserick, Rolf/Kutsch, Arnulf (Hrsg.): Publizistik und
Journalismus in der DDR, München: Saur 1988, S. 151–172.

29 Bos, Ellen: Leserbriefe in Tageszeitungen der DDR, a. a. O., S. 217.

30 Bos, Ellen, a. a. O., S. 230 f.

31 Bos, Ellen, a. a. O., S. 227.

32 Vgl. Bos, Ellen: Leserbriefe in Tageszeitungen der DDR, a. a. O., S. 232–237 sowie S. 13; siehe auch
Holzweißig, Gunter: Das MfS und die Medien, in: Deutschland Archiv 25/1992, S. 32–41.

33 So Jürgen Kuczynski im Börsenblatt für den deutschen Buchhandel, Nr. 40 vom 03. 10. 1989, S. 753,
hier zitiert nach Holzweißig, Gunter: DDR-Presse im Aufbruch, in: Kutsch, Arnulf: Publizistischer

und journalistischer Wandel in der DDR, Bochum: Universitätsverlag Brockmeier 1990, S. 15–36, hier S. 15.

34 Vgl. Wörterbuch der sozialistischen Journalistik, hrsg. von der Karl-Marx-Universität Leipzig, a. a. O., S. 112.

35 Vgl. Blaum, Verena: Ideologie und Fachkompetenz. Das journalistische Berufsbild in der DDR, Köln: Verlag Wissenschaft und Politik – Berend von Nottbeck 1985, S. 78, sowie dies.: Journalistikwissenschaft in der DDR, Erlangen-Nürnberg: Deutsche Gesellschaft für zeitgeschichtliche Fragen 1979, S. 27 ff.

36 Vgl. Blaum, Verena: Ideologie und Fachkompetenz, a. a. O., S. 87 ff.

37 Blaum, Verena: Ideologie und Fachkompetenz, a. a. O., S. 89.

38 Vgl. Blaum, Verena, a. a. O., S. 88 f.; siehe auch dies.: Journalistikwissenschaft in der DDR, a. a. O., sowie Pannen, Stefan: Die Weiterleiter. Funktionen und Selbstverständnis ostdeutscher Journalisten, Köln: Verlag Wissenschaft und Politik – Claus-Peter von Nottbeck 1992, S. 32–39.

39 Siehe Kirkamm, Wolfgang: Über den Berufszugang als Journalist in der DDR und die Journalisten-ausbildung, in: Mahle, Walter A. (Hrsg.): Pressemarkt Ost. Nationale und internationale Perspektiven, München: Ölschläger 1992, S. 119–123.

40 Kirkamm, Wolfgang: Über den Berufszugang als Journalist in der DDR und die Journalistenausbildung, in: Mahle, Walter A. (Hrsg.), a. a. O., S. 121 f.

41 Vgl. Holzweißig, Gunter: Massenmedien in der DDR, Berlin: Holzapfel 1989, S. 33; siehe auch Böckelmann, Frank/Mahle, Walter A.: Sozialenquete über die Journalisten in den neuen Ländern der Bundesrepublik Deutschland. Teilprojekt Arbeitslosigkeit und Berufswechsel, in: Mahle, Walter A. (Hrsg.): Journalismus in Deutschland. Deutsche und internationale Vergleiche und Perspektiven, München: Ölschläger 1993, S. 57–69, hier S. 59 ff.

42 Vgl. Holzweißig, Gunter: Massenmedien in der DDR, ebd.

43 Das Institut war nach dem Politbüro-Mitglied Lamberz benannt worden, der als ZK-Sekretär der SED verantwortlich für Agitation, Presse und Fernsehen war; vgl. Holzweißig, Gunter: Massenmedien in der DDR, a. a. O., S. 32 ff., sowie DDR-Handbuch, hrsg. vom Bundesministerium für innerdeutsche Beziehungen, Köln: Verlag Wissenschaft und Politik ²1979, S. 556.

44 Bahrmann, Hannes: Der Funktionär wird Journalist. Neubeginn für den DDR-Journalismus, in: Bertelsmann-Briefe Nr. 127 vom April 1992, S. 40; siehe auch das Gespräch mit Dietmar Halbhuber vom »neuen forum« in: Herding, Richard/Krohn, Dörthe: »Selbstverständlich nur für den innerkirchlichen Gebrauch«. Die Untergrundpresse der DDR (1986 bis 1989) und die Menschen, die sie machten, in: medium, 23. Jg. 1993, H. 3, S. 14–23, hier S. 16.

45 Wörterbuch der sozialistischen Journalistik, hrsg. von der Karl-Marx-Universität Leipzig, a. a. O., S. 210.

46 Wörterbuch der sozialistischen Journalistik, ebd.; vgl. Richter, Sigrun: Die Volkskorrespondenten-Bewegung der SED-Bezirkspresse. Theorie, Geschichte und Entwicklung einer Kommunikatorfigur, Frankfurt: Peter Lang 1993, S. 85–107; siehe auch Holzweißig, Gunter: Massenmedien in der DDR, a. a. O., S. 36 ff.

47 Vgl. Holzweißig, Gunter: Zensur ohne Zensor. Die SED-Informationsdiktatur. Bonn: Bouvier-Verlag 1997, S. 74–86; ders.: Massenmedien in der DDR, a. a. O., S. 14 (im Original »das Allgemeine Deutsche Nachrichtenbüro«).

48 Vgl. hierzu auch Wörterbuch der sozialistischen Journalistik, a. a. O., S. 8, 159 u. 191.

49 Siehe auch Holzweißig, Gunter: DDR-Presse unter Parteikontrolle, hrsg. vom Gesamtdeutschen In-
    stitut (BfgA) (Ms.), Bonn: BfgA 1991, S. 11–62.
50 Vgl. Holzweißig, Gunter: Massenmedien in der DDR, a. a. O., S. 16 f.
51 Journalistisches Handbuch der DDR, Leipzig 1960, S. 193.
52 Holzweißig, Gunter: Massenmedien in der DDR, a. a. O., S. 17 f.
53 Bahrmann, Hannes: Der Funktionär wird Journalist, in: Bertelsmann-Briefe, a. a. O., S. 38 f. (Her-
    vorhebungen im Original); vgl. Holzweißig, Gunter: Zensur ohne Zensor. Die SED-Informations-
    diktatur, a. a. O., S. 89–106.
54 Wörterbuch der sozialistischen Journalistik, a. a. O., S. 129.
55 Siehe Holzweißig, Gunter: DDR-Presse unter Parteikontrolle, hrsg. vom Gesamtdeutschen Institut,
    a. a. O., S. 63–95.
56 Siehe Holzweißig, Gunter: DDR-Presse unter Parteikontrolle, a. a. O., S. 104–140.
57 Holzweißig, Gunter, a. a. O., S. 373.
58 Vgl. Holzweißig, Gunter, a. a. O., S. 402–447.
59 Vgl. Wörterbuch der sozialistischen Journalistik, a. a. O., S. 158.
60 Wörterbuch der sozialistischen Journalistik, ebd.
61 Klaus Schmautz (stellvertretender Intendant des Rundfunks der DDR) in einem Hörfunkinterview
    des ORF am 20. 01. 1990; siehe Geißler, Rainer: Vom Kampf der Agitatoren mit einem widerspens-
    tigen Publikum. Die Massenmedien der DDR im Überblick, in: medium, 16. Jg. 1986, H. 2, S. 21 f.
62 Vgl. Schulz, Wilfried: Medienpolitik, in: DDR-Handbuch, a. a. O., S. 719.
63 Vgl. Holzweißig, Gunter: Massenmedien in der DDR, a. a. O., S. 26 f.
64 Vgl. Schulz, Wilfried: Medienpolitik, in: DDR-Handbuch, a. a. O., S. 719.
65 Wörterbuch der sozialistischen Journalistik. Leipzig: Sektion Journalistik der Karl-Marx-Universi-
    tät Leipzig 1984, S. 8.
66 Siehe Holzweißig, Gunter: Massenmedien in der DDR, a. a. O., S. 18–23; siehe auch Wörterbuch
    der sozialistischen Journalistik, a. a. O., S. 9; vgl. auch ders.: Zensur ohne Zensor. Die SED-Infor-
    mationsdiktatur, a. a. O., S. 81–86.
67 Vgl. Wörterbuch der sozialistischen Journalistik, ebd.
68 Vgl. Wörterbuch der sozialistischen Journalistik, a. a. O., S. 8; siehe auch Das journalistische System
    der Deutschen Demokratischen Republik im Überblick. Lehrheft, hrsg. von der Karl-Marx-Univer-
    sität, Sektion Journalistik, Leipzig 1988, S. 81 ff., sowie Die Massenmedien der DDR, hrsg. von der
    Friedrich-Ebert-Stiftung, a. a. O., S. 23 f.; Wilke, Jürgen: Medien DDR, in: Fischer Lexikon Publi-
    zistik – Massenkommunikation, a. a. O., S. 167 f.
69 ADN-Statut vom 14. 07. 1966, zit. nach Holzweißig, Gunter: Massenmedien in der DDR, a. a. O.,
    S. 20.
70 Deba Wieland (ehemalige Generaldirektorin) zit. nach DDR-Handbuch, a. a. O., S. 5.
71 Holzweißig, Gunter: Massenmedien in der DDR, a. a. O., S. 22; siehe auch ders.: Pannen sind nicht
    ausgeschlossen. Zu Methode und Wirksamkeit der Medienlenkung in der DDR, in: medium, 16. Jg.
    1986, H. 2, S. 23 f., sowie Otto, Elmar Dieter: Nachrichten in der DDR. Eine empirische Untersu-
    chung über »Neues Deutschland«, Köln: Verlag Wissenschaft und Politik – Berend von Nottbeck
    1979, S. 19.
72 So Klaus Schmautz (stellvertretender Intendant des Rundfunks der DDR) in einem Hörfunkinter-
    view im Mittagsjournal des ORF am 20. 01. 1990.

73 Vgl. Wilke, Jürgen: Medien DDR, in: Fischer Lexikon Publizistik – Massenkommunikation, a. a. O., S. 159; Koszyk, Kurt: Pressepolitik für Deutsche 1945–1949, Berlin: Colloquium 1986, S. 325–353; siehe auch Die Massenmedien der DDR, hrsg. von der Friedrich-Ebert-Stiftung, a. a. O., S. 16 f.; Holzweißig, Gunter: DDR-Presse unter Parteikontrolle, hrsg. vom Gesamtdeutschen Institut, a. a. O., S. 63–95.

74 Siehe Die Massenmedien der DDR, hrsg. von der Friedrich-Ebert-Stiftung, a. a. O., S. 17 f.

75 Vgl. etwa Presse- und Informationsamt der Bundesregierung – Medienreferat: Zeitungen in den neuen Bundesländern (Stand 15. 07. 1993), Bonn: (vervielf. Ms.) o. J. [1993].

76 Wörterbuch der sozialistischen Journalistik, hrsg. von der Karl-Marx-Universität Leipzig, Sektion Journalistik, a. a. O., S. 51; vgl. auch Holzweißig, Gunter: Massenmedien in der DDR. In: Wilke Jürgen: Mediengeschichte der Bundesrepublik Deutschland. Köln, Weimar, Wien: Böhlau 1999, S. 573–601, hier S. 582–584.

77 Nach Grubitzsch, Jürgen: Presselandschaft der DDR im Umbruch, in: Media Perspektiven 3/1990, S. 140–155, hier S. 141 (erstellt in Anlehnung an: Das journalistische System der Deutschen Demokratischen Republik im Überblick, Lehrheft der Sektion Journalistik der Karl-Marx-Universität Leipzig, Leipzig 1988, S. 7).

78 Vgl. Grubitzsch, Jürgen: Presselandschaft der DDR im Umbruch, a. a. O., S. 140 ff.; Das journalistische System der Deutschen Demokratischen Republik, Lehrheft der Sektion Journalistik der Karl-Marx-Universität Leipzig, Leipzig 1988, S. 28 ff.

79 Grubitzsch, Jürgen: Presselandschaft der DDR im Umbruch, ebd.

80 Vgl. Grubitzsch, Jürgen, ebd.; Gaißler, Rainer: Vom Kampf der Agitatoren mit einem widerspenstigen Publikum, a. a. O., sowie vor allem Das journalistische System der Deutschen Demokratischen Republik im Überblick, Lehrheft der Sektion Journalistik, a. a. O., S. 50, in dem die »BZ am Abend« nicht den SED-Tageszeitungen, sondern den Presseorganen für die allgemeine Öffentlichkeit, die von gesellschaftlichen Organisationen herausgegeben werden, zuordnet wird.

81 Grubitzsch, Jürgen: Presselandschaft der DDR im Umbruch, in: Media Perspektiven 3/1990, S. 141.

82 Das journalistische System der Deutschen Demokratischen Republik im Überblick, Lehrheft der Sektion Journalistik, a. a. O., S. 30 f., sowie Wörterbuch der sozialistischen Journalistik, hrsg. von der Karl-Marx-Universität Leipzig, a. a. O., S. 33.

83 Vgl. Schneider, Beate: Strukturen, Anpassungsprobleme und Entwicklungschancen der Presse auf dem Gebiet der neuen Bundesländer (einschließlich des Gebiets des früheren Berlin-Ost), unter Mitarbeit von Jürgen Grubitzsch, Marianne Kramp und Dieter Stürzebecher. Forschungsbericht für den Bundesminister des Innern, Bd. 1, Hannover, Leipzig (vervielf. Ms.) 1992, S. 163.

84 So in Das journalistische System der Deutschen Demokratischen Republik im Überblick, Lehrheft der Sektion Journalistik, a. a. O., S. 50.; Grubitzsch et al. rechnen sie hingegen der SED-Presse zu, vgl. Grubitzsch, Jürgen: Presselandschaft der DDR im Umbruch, in: Media Perspektiven 3/1990.

85 Schneider, Beate: Strukturen, Anpassungsprobleme und Entwicklungschancen der Presse auf dem Gebiet der neuen Bundesländer (einschließlich des Gebiets des früheren Berlin-Ost), Bd. 1, a. a. O., S. 163.

86 Grubitzsch, Jürgen: Presselandschaft der DDR im Umbruch, a. a. O., S. 143; siehe auch Das journalistische System der Deutschen Demokratischen Republik im Überblick, Lehrheft der Sektion Journalistik, a. a. O., S. 34 ff.

87 DDR-Handbuch, hrsg. vom Bundesministerium für innerdeutsche Beziehungen, Köln: Verlag Wissenschaft und Politik ²1979, S. 714., sowie Das journalistische System der Deutschen Demokratischen Republik im Überblick, Lehrheft der Sektion Journalistik, a. a. O.

88 Geißler, Rainer: Vom Kampf der Agitatoren mit einem widerspenstigen Publikum. Die Massenmedien der DDR im Überblick, in: medium, 16. Jg. 1986, H. 2, S. 20.

89 Siehe Das journalistische System der Deutschen Demokratischen Republik im Überblick, Lehrheft der Sektion Journalistik, a. a. O., S. 36 ff.

90 Grubitzsch, Jürgen: Presselandschaft der DDR im Umbruch, a. a. O., S. 143 ff.

91 Vgl. Grubitzsch, a. a. O., S. 143.

92 Vgl. Grubitzsch, a. a. O., S. 151.

93 Grubitzsch, a. a. O., S. 144.; vgl. Das journalistische System der Deutschen Demokratischen Republik im Überblick, Lehrheft, hrsg. von der Karl-Marx-Universität, Sektion Journalistik, Leipzig 1988, S. 9., sowie Holzweißig, Gunter: DDR-Presse unter Parteikontrolle, hrsg. Vom Gesamtdeutschen Institut (BfgA), Bonn: BfgA (Ms.) 1991, S. 235–282.

94 Geißler, Rainer: Vom Kampf der Agitatoren mit einem widerspenstigen Publikum, a. a. O., S. 20.

95 Vgl. Scharf, Wilfried: Unterhaltsam, erzieherisch, staatstragend. Die Publikumszeitschriften der DDR, in: medium, 16. Jg. 1986, H. 2, S. 31.

96 Scharf, Wilfried: Unterhaltsam, erzieherisch, staatstragend, a. a. O., S. 33; vgl. auch Geißler, Rainer: Vom Kampf der Agitatoren mit einem widerspenstigen Publikum, a. a. O., S. 20 f.; Holzweißig, Gunter: Massenmedien in der DDR, a. a. O., S. 81 f.

97 Vgl. Scharf, Wilfried: Unterhaltsam, erzieherisch, staatstragend, a. a. O., S. 30.

98 Siehe Holzweißig, Gunter: Massenmedien in der DDR, a. a. O., S. 60 f., sowie Geißler, Rainer: Vom Kampf der Agitatoren mit einem widerspenstigen Publikum, a. a. O., S. 20.

99 Geißler, Rainer, ebd.

100 Vgl. Das journalistische System der Deutschen Demokratischen Republik im Überblick, Lehrheft der Sektion Journalistik, a. a. O., S. 38 f., und Holzweißig, Gunter: Massenmedien in der DDR, a. a. O., S. 88 f.

101 Wörterbuch der sozialistischen Journalistik, hrsg. von der Karl-Marx-Universität Leipzig, Sektion Journalistik, o. O. [Leipzig] (2. neubearb. Aufl.) 1981, S. 31.

102 Grubitzsch, Jürgen: Presselandschaft der DDR im Umbruch, in: Media Perspektiven 3/1990, S. 143.

103 Wörterbuch der sozialistischen Journalistik, a. a. O., S. 31; siehe auch Zwanzig, Klaus/Röhr, Karl-Heinz/Schreier, Fred: Journalistische Arbeit im Betrieb. Ein Handbuch, Berlin: Dietz 1984, S. 56–63.

104 Vgl. Hackel, Renate: Katholische Publizistik in der DDR 1945–1984, Mainz: Matthias-Grünewald-Verlag 1987, S. 27 f.; Hackel-de Latour, Renate: Katholische (Ex-)DDR-Medien in der Umstellung auf die Marktwirtschaft, in: Communicatio Socialis. Zeitschrift für Publizistik in Kirche und Welt 2/1991, S. 173–187; siehe auch DDR-Handbuch, a. a. O., S. 586, und Das journalistische System der Deutschen Demokratischen Republik im Überblick, Lehrheft der Sektion Journalistik, a. a. O.

105 Hackel, Renate: Kirchliche Publizistik in der DDR, ebd.

106 Vgl. Hackel-de Latour, Renate: Katholische (Ex)DDR-Medien in der Umstellung auf die Marktwirtschaft, a. a. O., S. 184 f.; daneben auch Handbuch der DDR, a. a. O., S. 586 f.; Hackel, Renate: Katholische Publizistik in der DDR, ebd.; dies.: Publizistische Lehrmeister der Kirchen. Die beiden DDR-Zeitschriften »begegnung« und »Standpunkt«, in: medium, 16. Jg. 1986, H. 2, S. 50–53.

107 Vgl. Hackel-de Latour, Renate: Katholische (Ex)DDR-Medien in der Umstellung auf die Marktwirtschaft, a. a. O., S. 174 u. 181.

108 Hackel-de Latour, Renate: Katholische (Ex-)DDR-Medien in der Umstellung auf die Marktwirtschaft, a. a. O., S. 175.; dies.: DDR: Evangelische Kirchenpresse unter Druck, in: Informationsdienst Nr. 155/1989, S. 26–38; vgl. auch das Gespräch mit Lutz Borgmann, in: Schubert, Renate: Ohne größeren Schaden? Gespräche mit Journalistinnen und Journalisten in der DDR, München: Ölschläger 1992, S. 51–56, sowie die Dokumentation Das Presseamt und die Kirchenzeitungen, in: Holzweißig, Gunter: DDR-Presse unter Parteikontrolle, a. a. O., S. 207–234.

109 Vgl. Mühlegger-Reisenauer, Marlies; Böcking, Tabea: Kampfplatz Kirchenpresse. Zensurmaßnahmen kirchlicher Publizistik in der DDR, in: Communicatio Socialis 37 : 2004, H. 4, S. 348–368.

110 Vgl. Holzweißig, Gunter: Massenmedien in der DDR, in: Wilke, Jürgen (Hrsg.): Mediengeschichte der Bundesrepublik Deutschland. Köln, Wien, Weimar: Böhlau 1999, S. 573–601, hier S. 592; Geißler, Rainer: Vom Kampf der Agitatoren mit einem widerspenstigen Publikum. Die Massenmedien der DDR im Überblick, in: medium, 16. Jg. 1986, H. 2, S. 20; und Grubitzsch, Jürgen: Presselandschaft der DDR im Umbruch, in: Media Perspektiven 3/1990, S. 144; Hackel-de Latour, Renate: Katholische (Ex-)DDR-Medien in der Umstellung auf die Marktwirtschaft, a. a. O., S. 177; siehe auch Herbold, Ulrike: Als Westlerin im Osten. Erfahrungen bei der Mecklenburgischen Kirchenzeitung, in: medium, 23. Jg. 1993, H. 2, S. 33.

111 Herding, Richard/Krohn, Dörthe: »Selbstverständlich nur für den innerkirchlichen Gebrauch«. Die Untergrundpresse der DDR (1986 bis 1989) und die Menschen, die sie machten, in: medium, 23. Jg. 1993, H. 3, S. 14–23, hier S. 16.

112 Herding, Richard/Krohn, Dörthe, a. a. O., S. 14.

113 Herding, Richard/Krohn, Dörte, ebd.; vgl. auch Rüddenklau, Wolfgang: Störenfried. DDR-Opposition 1986–1989 (mit Texten aus den Umweltblättern), Berlin: BasisDruck 1992.

114 Vgl. Herding/Krohn, a. a. O., S. 15 f.; siehe auch Schneider, Beate: Strukturen, Anpassungsprobleme und Entwicklungschancen der Presse auf dem Gebiet der neuen Bundesländer (einschließlich des Gebiets des früheren Berlin-Ost), unter Mitarbeit von Jürgen Grubitzsch, Marianne Kramp und Dieter Stürzebecher. Forschungsbericht für den Bundesminister des Innern, Bd. 2, Hannover, Leipzig, (vervielf. Ms.) 1992, S. 154 ff.

115 Vgl. Herding/Krohn, ebd.

116 Siehe Schneider, Beate: Strukturen, Anpassungsprobleme und Entwicklungschancen der Presse auf dem Gebiet der neuen Bundesländer, a. a. O.

117 DDR-Handbuch, hrsg. vom Bundesministerium für innerdeutsche Beziehungen, Köln: Verlag Wissenschaft und Politik ²1979, S. 1168.

118 Behnke, Jürgen: Für wenig Geld ein sauberes Heim, in: Bien, Helmut/Giersch, Ulrich (Hrsg.): Spurensicherung. 40 Jahre Werbung in der DDR, Frankfurt: Deutsches Werbemuseum 1990, S. 334–369, hier S. 368.

119 Vgl. DDR-Handbuch, hrsg. vom Bundesministerium für innerdeutsche Beziehungen, a. a. O., S. 1168.

120 Vgl. DDR-Handbuch, a. a. O., S. 1168 f.

121 Schönau, K. W.: Vom Vitaminbasar nach Volvograd. Bummel durch den Sprachbasar, in: Bien, Helmut/Giersch, Ulrich (Hrsg.), a. a. O., S. 259–267, hier S. 266.

122 Vgl. Becher, Uta/Kessler, Martina: Der Werbemarkt in Ostdeutschland, in: Media Perspektiven 7/1991, S. 445–451, hier S. 445.

123 Becher, Uta/Kessler, Martina: Der Werbemarkt in Ostdeutschland, ebd.

124 Becher/Kessler, ebd.

125 Siehe dazu Manz, Günter/Winkler, Gunnar (Hrsg.): Sozialpolitik, Berlin 1988, S. 198 u. 207; siehe auch Hanke, Helmut: Kultur und Freizeit, Berlin 1971.

126 Vgl. Hesse, Kurt R.: Westmedien in der DDR, Köln: Verlag Wissenschaft und Politik 1988, S. 19 ff.; vgl. auch Holzweißig, Gunter: Informationsaustausch, in: Weidenfeld, Werner/Korte, Karl-Rudolf (Hrsg.): Handwörterbuch zur deutschen Einheit, Frankfurt: Campus 1992, S. 392–399, hier S. 395 ff.

127 Vgl. Meyen, Michael: Denver Clan und Neues Deutschland. Mediennutzung in der DDR. Berlin: Ch. Links 2003, S. 19 f., Zitat ebd.; vgl. ders.: Kollektive Ausreise? Zur Reichweite ost- und westdeutscher Fernsehprogramme in der DDR, in: Publizistik, 47. Jg. 2002, H. 2, S. 200–220.

128 Vgl. Hesse, Kurt R.: Westmedien in der DDR, ebd.; siehe auch Hömberg, Walter: Klassenfeind mitten im Wohnzimmer, in: Rheinischer Merkur/Christ und Welt Nr. 42 vom 20. 10. 1989, sowie Hanke, Helmut: Das »deutsche Fernsehen« – doch kein Null-Medium? Fernsehgesellschaft und kulturelle Chance, in Medien der Ex-DDR in der Wende (Beiträge zur Film- und Fernsehwissenschaft; Schriftenreihe der Hochschule für Film und Fernsehen der DDR ›Konrad Wolf‹), Berlin: Vistas 1991, S. 7–23.

129 Hesse, Westmedien in der DDR, a. a. O., S. 16.

130 Vgl. Holzweißig, Gunter: Informationsaustausch, in: Weidenfeld/Korte (Hrsg.): Handwörterbuch der Deutschen Einheit, a. a. O., S. 396; siehe auch Göhler, Helmut et al.: Leseland DDR: Ein Mythos und was davon bleiben wird, in: Media Perspektiven 7/1990, S. 438–454.

131 Vgl. Meyen, Michael: Denver Clan und Neues Deutschland. Mediennutzung in der DDR, a. a. O., S. 40 ff.; vgl. ders.: Kollektive Ausreise? Zur Reichweite ost- und westdeutscher Programme in der DDR, a. a. O., S. 210.

132 Vgl. Meyen, Michael: Denver Clan und Neues Deutschland, a. a. O., S. 43 ff. u. 63 ff.; Zitat S. 63.

133 Vgl. Meyen, Michael: Denver Clan und Neues Deutschland, a. a. O., S. 103–126; Zitat S. 111.

134 Siehe DDR-Handbuch, a. a. O., S. 494 f.; Hacker, Jens: Grundlagenvertrag, in: Weidenfeld/Korte (Hrsg.): Handwörterbuch der deutschen Einheit, a. a. O., S. 362–369, hier S. 363, sowie Winters, Peter Jochen: Journalisten, in: Weidenfeld/Korte, (Hrsg.), a. a. O., S. 400–406, hier S. 400 f.

135 Vgl. Hesse, Kurt R.: Westmedien in der DDR, a. a. O., S. 19 ff.; Dernbach, Beatrice: DDR-Berichterstattung in bundesdeutschen Qualitätszeitungen. Eine empirische Untersuchung, Nürnberg 1990, S. 7 ff.; siehe auch Hömberg, Walter: Klassenfeind mitten im Wohnzimmer, in: Rheinischer Merkur/Christ und Welt Nr. 42 vom 20. 10. 1989.

136 Vgl. Winters, Peter Jochen: Journalisten, ebd.

137 Winters, Peter Jochen: Journalisten, a. a. O., S. 400 ff.; Zitat S. 405; vgl. auch Hömberg, Walter, ebd., sowie Hanke, Helmut: Das »deutsche Fernsehen« – doch kein Null-Medium?, a. a. O., S. 7–23; Holzweißig Gunter: Informationsaustausch, a. a. O., S. 393 ff.

138 Winters, Peter Jochen, a. a. O., S. 400 ff.; Zitat S. 402; vgl. auch DDR-Handbuch, ebd.

139 Vgl. Holzweißig, Gunter: Zensur ohne Zensor. Die SED-Informationsdiktatur, a. a. O., S. 181 ff., sowie Winters, Peter Jochen, ebd.; Geserick, Ralf/Kutsch, Arnulf: Möglichkeiten und Behinderung des Informationszugangs für westdeutsche Journalisten in der DDR seit 1972, in Publizistik, 29. Jg. 1984, H. 4, S. 464.

140 Vgl. Winters, Peter Jochen, a. a. O., S. 403, sowie DDR-Handbuch, a. a. O., S. 607 f.

141 Winters, Peter Jochen, a. a. O., S. 401 f.

142 Vgl. Winters, Peter Jochen, a. a. O., S. 403 f.

143 Siehe Geserick, Ralf/Kutsch, Arnulf: Möglichkeiten und Behinderung des Informationszugangs für westdeutsche Journalisten in der DDR seit 1972, a. a. O., S. 470 f.

144 Geserick, Ralf/Kutsch, Arnulf, ebd.

145 Winters, Peter Jochen: Journalisten, a. a. O., S. 403; siehe auch Hesse, Kurt R.: Westmedien in der DDR, a. a. O., S. 25 ff., sowie DDR-Handbuch, a. a. O., S. 607 f.

146 Geserick/Kutsch, a. a. O., S. 471 f.

147 Winters, Peter Jochen: Journalisten, a. a. O., S. 404.

148 Siehe Geserick/Kutsch, a. a. O., S. 473 f.; siehe auch DDR-Handbuch, a. a. O., S. 607 f.

149 Vgl. Winters, Peter Jochen, a. a. O., S. 405.

150 Grubitzsch, Jürgen: Presselandschaft der DDR im Umbruch, in: Media Perspektiven 3/1990, S. 144.

Anmerkungen zu Kapitel 7

1 Schneider, Beate: Massenmedien im Prozess der deutschen Vereinigung, in: Wilke, Jürgen (Hrsg.): Mediengeschichte der Bundesrepublik Deutschland. Köln, Weimar, Wien: Böhlau 1999, S. 602–629, hier S. 603.

2 Zu den Ursachen des Niedergangs der DDR siehe Grosser, Dieter: Triebkräfte der Wiedervereinigung, in: Grosser, Dieter/Bierling, Stephan/Kurz, Friedrich: Die sieben Mythen der Wiedervereinigung. Fakten und Analysen zu einem Prozeß ohne Alternative, München: Ehrenwirth 1991, S. 11–65, hier S. 22–50.

3 Vgl. Grosser, Dieter: Triebkräfte der Wiedervereinigung, a. a. O., S. 22 ff., sowie Bohrmann, Hans: Die Vereinigung der deutschen Medienlandschaft. Abläufe und Ereignisse, in: Schneider, Beate/Reumann, Kurt/Schiwy, Peter (Hrsg.): Publizistik. Beiträge zur Medienentwicklung. Festschrift für Walter J. Schütz. Konstanz: UVK 1995, S. 275–286, hier S. 277 f.; Kapitza, Arne: Transformation der deutschen Presse. »Berliner Zeitung«, »Junge Welt« und »Sonntag/Freitag« im Prozess der deutschen Vereinigung. Opladen: Westdeutscher Verlag 1997, S. 110 ff.

4 Vgl. Ludes, Peter: Die Rolle des Fernsehens bei der revolutionären Wende in der DDR, in: Publizistik, 36. Jg. 1991, H. 2, S. 201–216; siehe dazu auch Hanke, Helmut: Das »deutsche Fernsehen« – doch kein Nullmedium?, in: Medien der Ex-DDR in der Wende, Berlin: Vistas 1991, S. 7–23; ders.: Kommunikation in Aufruhr – Medien im Wandel, in: Rundfunk und Fernsehen, 38. Jg. 1990, H. 3, S. 320 ff., und Hesse, Kurt R.: Fernsehen und Revolution: Zum Einfluß der Westmedien auf die politische Wende in der DDR, in: Rundfunk und Fernsehen, 38. Jg. 1990, H. 3, S. 328–341. Hanke geht – offensichtlich in Verkennung des Begriffs – sogar so weit, von einer »Gegenöffentlichkeit« der bundesdeutschen Funkmedien zu sprechen.

5 Vgl. Nölte, Joachim: Chronik medienpolitischer Ereignisse in der DDR, in: Claus, Werner (Hrsg.): Medien-Wende – Wende-Medien? Dokumentation des Wandels im DDR-Journalismus. Oktober 89 bis Oktober 90, Berlin: Vistas 1991, S. 17–116.

6 Vgl. Geschichte der Deutschen 1949–1990. Eine Chronik zu Politik, Wirtschaft und Kultur von Fuhr, Eckard, unter Mitarbeit von Kuhn, Nicola/Ronnger, Hans-Ulrich/Weimer, Wolfram, Frankfurt: Insel 1990, S. 266 ff.; siehe auch Richter, Sigrun/Kutsch, Arnulf/Minholz, Michael: Vom Transmissionsriemen zu pluralistischen Medien, in: Kutsch, Arnulf (Hrsg.): Publizistischer und journalistischer Wandel in der DDR. Vom Ende der Ära Honecker bis zu den Volkskammerwahlen im März 1990, Bochum: Universitätsverlag Brockmeyer 1990, S. 207–284, hier S. 213 f.

7 Vgl. Nölte, Joachim: Chronik medienpolitischer Ereignisse in der DDR, in: Claus, Werner (Hrsg.): Medien-Wende, Wende-Medien?, a. a. O., S. 17–116.

8   Vgl. Nölte, Joachim: Chronik medienpolitischer Ereignisse in der DDR, in: Claus, Werner (Hrsg.),
    a. a. O., S. 21–42; vgl. auch Holzweißig, Gunter: DDR-Presse im Aufbruch, in: Kutsch, Arnulf
    (Hrsg.): Publizistischer und journalistischer Wandel in der DDR, Bochum: Universitätsverlag Brock-
    meyer 1990, S. 16 ff.; ders.: Massenmedien in der DDR, in: Wilke, Jürgen (Hrsg.): Mediengeschichte
    der Bundesrepublik Deutschland, a. a. O., S. 573–601, hier S. 596 f.

9   Vgl. Kapitza, Arne: Transformation der ostdeutschen Medien und ihre Auswirkungen auf die journa-
    listische Kultur in Ostdeutschland, in: Machill, Marcel (Hrsg.): Journalistische Kultur. Rahmenbe-
    dingungen im internationalen Vergleich, Opladen/Wiesbaden: Westdeutscher Verlag 1997, S. 53–70,
    hier S. 56.

10 Vgl. Nölte, Joachim: Chronik medienpolitischer Ereignisse in der DDR, in: Claus, Werner (Hrsg.),
    a. a. O., S. 34–75, sowie Holzweißig, Gunter: DDR-Presse im Aufbruch, in: Kutsch, Arnulf (Hrsg.),
    a. a. O., S. 16 ff.

11 So der Wortlaut in der Regierungserklärung von Ministerpräsident de Maizière vom 19. 04. 1990, hier
    nach Nölte, Joachim: Chronik medienpolitischer Ereignisse in der DDR, in: Claus, Werner (Hrsg.),
    a. a. O., S. 85.

12 Vgl. Nölte, Joachim: Chronik medienpolitischer Ereignisse in der DDR, in: Claus, Werner (Hrsg.),
    a. a. O., S. 75–116.

13 Vgl. Holzweißig, Gunter: Massenmedien in der DDR, in: Wilke, Jürgen (Hrsg.): Mediengeschichte
    der Bundesrepublik Deutschland, a. a. O., S. 573–601, hier S. 596; Kapitza, Arne: Transformation
    der deutschen Presse, a. a. O., S. 117 ff.

14 Vgl. Holzweißig, Gunter: Massenmedien in der DDR, Berlin: Holzapfel 1989, S. 10, sowie Wilke, Jür-
    gen: Medien DDR, in: Fischer Lexikon Publizistik – Massenkommunikation, hrsg. von Noelle-Neu-
    mann, Elisabeth/Schulz, Winfried/Wilke, Jürgen, Frankfurt: Fischer 1989, S. 156–168, hier S. 157.

15 Vgl. Kutsch, Arnulf: Meinungs-, Informations- und Medienfreiheit. Zum Volkskammer-Beschluß
    vom 5. Februar 1990, in: ders. (Hrsg.): Publizistischer und journalistischer Wandel in der DDR,
    Bochum: Universitätsverlag Brockmeyer 1990, S. 136, sowie Kleinwächter, Wolfgang: Die Vorberei-
    tung für ein Mediengesetz der DDR, in: Media Perspektiven 3/1990, S. 130–139, hier S. 133; siehe
    ausführlicher auch Baerns, Barbara: Journalismus und Medien in der DDR. Ansätze, Perspektiven,
    Probleme und Konsequenzen des Wandels, im Auftrag des Bundesministers für innerdeutsche Bezie-
    hungen (vervielf. Ms.), o. O. [Bonn]: Jakob-Kaiser-Stiftung o. J. [1990], S. 8 f.

16 Vgl. Kleinwächter, Wolfgang: Die Vorbereitung für ein Mediengesetz der DDR, a. a. O., S. 133.

17 Vgl. Kresse, Hermann: Die Rundfunkordnung in den neuen Bundesländern, Stuttgart: Schäffer-Poe-
    schel 1992, S. 5, sowie Kleinwächter, Wolfgang: Die Vorbereitung für ein Mediengesetz der DDR,
    a. a. O., S. 133.

18 Vgl. Beschluss der Volkskammer der Deutschen Demokratischen Republik über die Gewährleistung
    der Meinungs-, Informations- und Medienfreiheit, abgedruckt auch in: Media Perspektiven 2/1990,
    S. 126 f.

19 Vgl. Beschluss der Volkskammer der Deutschen Demokratischen Republik über die Gewährleis-
    tung der Meinungs-, Informations- und Medienfreiheit, ebd., sowie Kleinwächter, Wolfgang: Die
    Vorbereitung für ein Mediengesetz der DDR, a. a. O., S. 133 ff.; Kutsch, Arnulf: Meinungs-, Infor-
    mations- und Medienfreiheit. Zum Volkskammer-Beschluß vom 5. Februar 1990, in: ders. (Hrsg.):
    Publizistischer und journalistischer Wandel in der DDR, a. a. O., S. 136 f.; Kresse, Hermann: Die
    Rundfunkordnung in den neuen Bundesländern, a. a. O., S. 5 ff., sowie Odermann, Heinz: Der

Umbruch und die Mediengesetzgebung in der DDR, in: Rundfunk und Fernsehen, 38. Jg. 1990, H. 3, S. 378 ff.; siehe auch Baerns, Barbara: Journalismus und Medien in der DDR, a. a. O., S. 9 ff.

20 Vgl. Kleinwächter, Wolfgang: Die Vorbereitung für ein Mediengesetz der DDR, a. a. O., S. 136 f.; Kutsch, Arnulf: Meinungs-, Informations- und Medienfreiheit. Zum Volkskammer-Beschluß vom 5. Februar 1990, a. a. O., S. 141 ff.; Kresse, Hermann: Die Rundfunkordnung in den neuen Bundesländern, a. a. O., S. 9.

21 Vgl. hierzu ausführlicher Kresse, Hermann: Die Rundfunkordnung in den neuen Bundesländern, a. a. O., S. 19–29.

22 Vgl. Graf, Andreas/Graf, Heike: Der Medienkontrollrat – Insel der Stabilität im medienpolitischen Schlachtenlärm, in: Claus, Werner (Hrsg.): Medien-Wende, Wende-Medien? Berlin: Vistas 1991, S. 10; vgl. auch Richter, Sigrun/Kutsch, Arnulf/Minholz, Michael: Von Transmissionsriemen zu pluralistischen Medien, a. a. O., S. 269.

23 Kresse, Hermann: Die Rundfunkordnung in den neuen Bundesländern, a. a. O., S. 10 f., hier S. 11; vgl. auch Graf, Andreas/Graf, Heike: Der Medienkontrollrat, a. a. O., S. 10 f.; Kleinwächter, Wolfgang: Die Vorbereitungen für ein Mediengesetz der DDR, in: Media Perspektiven 3/1990, S. 137 f.

24 Graf, Andreas/Graf, Heike: Der Medienkontrollrat, a. a. O., S. 10.

25 Vgl. Graf, Andreas/Graf, Heike: Der Medienkontrollrat, a. a. O., S. 7–15; siehe ergänzend auch Kleinwächter, Wolfgang: Die Vorbereitung für ein Mediengesetz der DDR, a. a. O., S. 137 f.

26 Vgl. Schneider, Beate: Die Rolle der Medien bei der Wiedervereinigung Deutschlands, in: Wilke, Jürgen (Hrsg.): Mediengeschichte der Bundesrepublik Deutschland. Köln, Weimar, Wien 1999, S. 602–629, hier S. 603 ff.; dies.: Pressemarkt Ost: Ein Refugium des »demokratischen Zentralismus«, in: Mahle, Walter A. (Hrsg.): Medien im vereinten Deutschland. Nationale und internationale Perspektiven, München: Ölschläger 1991, S. 71–80, hier S. 71 f., sowie Röper, Horst: Die Entwicklung des Tageszeitungsmarktes in Deutschland nach der Wende in der ehemaligen DDR, in: Media Perspektiven 7/1991, S. 421–430.

27 Siehe Röper, Horst: Treffer sind Glückssache, in: Journalist 6/1990, S. 33 ff.; inkl. der Übersicht »Zeitungsmarkt in der DDR« (Stand Mai 1990), S. 34.

28 Vgl. Schneider, Beate: Pressemarkt Ost, a. a. O., S. 72.

29 Vgl. Müllerleile, Christoph/Schulze, Volker: Zur Presseentwicklung in der DDR, in: Zeitungen 90, BDZV-Jahrbuch, hrsg. vom Bundesverband Deutscher Zeitungsverleger, Bonn 1990 (in der Folge zitiert als Zeitungen 90), a. a. O., S. 18.

30 Vgl. Müllerleile/Schulze, ebd., S. 20; zu dem gesamten Abschnitt siehe Schneider, Beate: Pressemarkt Ost, a. a. O., sowie Röper, Horst: Die Entwicklung des Tageszeitungsmarktes in Deutschland nach der Wende in der ehemaligen DDR, ebd.

31 Vgl. Schneider, Beate: Pressemarkt Ost, a. a. O., S. 72.

32 Vgl. Röper, Horst: Die Entwicklung des Tageszeitungsmarktes in Deutschland nach der Wende in der ehemaligen DDR, in: Media Perspektiven 7/1991, S. 421–430, hier S. 427.

33 Vgl. Schneider, Beate: Strukturen, Anpassungsprobleme, Entwicklungschancen der Presse auf dem Gebiet der neuen Bundesländer (einschließlich der Gebiete des früheren Berlin-Ost), Forschungsbericht für den Bundesminister des Innern, 2 Bde., Hannover, Leipzig (vervielf. Ms.) 1991, Bd. 1, S. 131 ff., und Schütz, Walter J.: Das »Zeitungssterben« ist ausgeblieben, in: Alte Nachbarschaften werden neu belebt. Die Zeitungen im Wandel der Systeme in Mittel- und Osteuropa. BDZV-Schriftenreihe, Heft 26, Bonn-Bad Godesberg: BDZV 1991, S. 119.

34 Vgl. Nölte, Joachim: Chronik medienpolitischer Ereignisse in der DDR, in: Claus, Werner (Hrsg.), a. a. O., S. 90.

35 Vgl. Müllerleile, Christoph/Schulze, Volker: Zur Presseentwicklung in der DDR, in: Zeitungen 90, a. a. O., S. 21. Zu Kooperationen von DDR-Zeitungen mit westdeutschen Zeitungen, neuen Zeitungen in der DDR von westdeutschen Verlagen oder von deutsch-deutschen Kooperationen vgl. auch Übersichten »Zeitungsmarkt in der DDR«, (Stand März 90) in: Journalist 6/1990, S. 34 und (Stand September 90) Journalist 10/1990, S. 21.

36 Vgl. Grubitzsch, Jürgen: Presselandschaft der DDR im Umbruch, in: Media Perspektiven 3/1990, S. 140–155, hier S. 151 f.

37 Vgl. Röper, Horst: Die Multis sind da, in: Journalist 10/1990, S. 18–22.

38 Vgl. Nölte, Joachim: Chronik medienpolitischer Ereignisse in der DDR, in: Claus, Werner (Hrsg.), a. a. O., S. 85.

39 Vgl. Nölte, Joachim: Chronik medienpolitischer Ereignisse in der DDR, in: Claus, Werner (Hrsg.), a. a. O., S. 106.

40 Vgl. Schneider, Beate: Pressemarkt Ost, a. a. O., S. 74.

41 Schneider, Beate: Pressemarkt Ost, a. a. O., S. 73; dies.: Strukturen, Anpassungsprobleme und Entwicklungschancen der Presse auf dem Gebiet der neuen Bundesländer (einschließlich des Gebiets des früheren Berlin-Ost), Bd. 1, a. a. O., S. 25–29, hier S. 28.

42 Vgl. Müllerleile, Christoph/Schulze, Volker: Zur Presseentwicklung in der DDR, in: Zeitungen 90, a. a. O., S. 17; Holzweißig, Gunter: DDR-Presse im Aufbruch, in: Kutsch, Arnulf (Hrsg.), a. a. O., S. 22. Grubitzsch dagegen spricht von 15 Zeitungsdruckereien, 13 davon im Besitz der SED; vgl. Grubitzsch, Jürgen: Presselandschaft der DDR im Umbruch, a. a. O., S. 145.

43 Siehe Richter, Sigrun/Kutsch, Arnulf/Minholz, Michael: Von Transmissionsriemen zu pluralistischen Medien, a. a. O., S. 239 u. 246.

44 Vgl. hierzu ausführlicher Schneider, Beate: Strukturen, Anpassungsprobleme, Entwicklungschancen der Presse auf dem Gebiet der neuen Bundesländer (einschließlich der Gebiete des früheren Berlin-Ost), Bd. 1, a. a. O., S. 38–55.

45 Vgl. Schneider, Beate: Die Rolle der Medien bei der Wiedervereinigung Deutschlands, a. a. O., S. 605; dies.: Pressemarkt Ost, a. a. O., S. 72, sowie dies.: Strukturen, Anpassungsprobleme, Entwicklungschancen der Presse auf dem Gebiet der neuen Bundesländer, Bd. 1, a. a. O., S. 18; vgl. auch Grubitzsch, Jürgen: Presselandschaft der DDR im Umbruch, a. a. O., S. 151 f.; Röper, Horst: Die Entwicklung des Tageszeitungsmarktes in Deutschland nach der Wende in der ehemaligen DDR, a. a. O., S. 422.

46 Vgl. Schneider, Beate, ebd.; Grubitzsch, Jürgen: Presselandschaft der DDR im Umbruch, a. a. O., S. 146–150; siehe auch Röper, Horst: Sieg der Platzhirsche, in: Journalist 4/1993, S. 13–16, und Herding, Richard/Krohn, Dörthe: »Selbstverständlich nur für den innerkirchlichen Gebrauch«. Die Untergrundpresse der DDR (1986–1989) und die Menschen, die sie machten, in: medium, 23. Jg. 1993, H. 3, S. 14–23.

47 Vgl. Schneider, Beate: Strukturen, Anpassungsprobleme und Entwicklungschancen der Presse auf dem Gebiet der neuen Bundesländer, Bd. 1, ebd.; Kapitza, Arne: Transformation der ostdeutschen Presse, a. a. O., S. 201 f.; Grubitzsch, Jürgen: Presselandschaft der DDR im Umbruch, ebd.; Röper, Horst: Sieg der Platzhirsche, a. a. O., S. 13–16, sowie Herding, Richard/Krohn, Dörthe: »Selbstverständlich nur für den innerkirchlichen Gebrauch«, a. a. O., S. 14–23.

48   Vgl. Röper, Horst: Die Entwicklung des Tageszeitungsmarktes in Deutschland nach der Wende in der ehemaligen DDR, a. a. O., S. 424.

49   Vgl. Schneider, Beate: Strukturen, Anpassungsprobleme und Entwicklungschancen der Presse auf dem Gebiet der neuen Bundesländer, a. a. O., Bd. 1, S. 113 ff., bes. S. 131 ff., sowie Schütz, Walter J.: Zur Entwicklung des Zeitungsmarktes in den neuen Ländern 1989–1992, in Zeitungen 92, S. 270–296.

50   Siehe Müllerleile, Christoph/Schulze, Volker: Zur Presseentwicklung in der DDR, in: Zeitungen 90, S. 16–26, hier S. 18 ff.

51   Siehe ebd.; vgl. Schneider, Beate: Die Rolle der Medien bei der Wiedervereinigung Deutschlands, a. a. O., S. 607; dies.: Strukturen, Anpassungsprobleme und Entwicklungschancen der Presse auf dem Gebiet der neuen Bundesländer, a. a. O., Bd. 1, S. 196.

52   Schneider, Beate: Strukturen, Anpassungsprobleme und Entwicklungschancen der Presse auf dem Gebiet der neuen Bundesländer, a. a. O., Bd. 1, S. 196 f.; vgl. auch Grubitzsch, Jürgen: Presselandschaft der DDR im Umbruch, a. a. O., S. 146 ff.

53   Vgl. Schütz, Walter J.: Grenzübergang – Zur Erweiterung des Zeitungsangebots in der DDR, in: Zeitungen 90, a. a. O., S. 30–49, hier S. 36, Fußnote 8; vgl. Presse- und Medienhandbuch Stamm 1990. Leitfaden durch Presse und Werbung, hrsg. von Willy Stamm, Essen: Stamm-Verlag 1990, 2a/37, sowie Schneider, Beate: Pressemarkt Ost, a. a. O., S. 74.

54   Vgl. Schneider, Beate: Strukturen, Anpassungsprobleme und Entwicklungschancen der Presse auf dem Gebiet der neuen Bundesländer, a. a. O., Bd. 1, S. 116 ff.; vgl. auch Schütz, Walter J.: Zur Entwicklung des Zeitungsmarktes in den neuen Ländern 1989–1992, a. a. O., S. 272.

55   Vgl. Schneider, Beate: Strukturen, Anpassungsprobleme und Entwicklungschancen der Presse auf dem Gebiet der neuen Bundesländer (einschließlich des Gebiets des früheren Berlin-Ost), a. a. O., Bd. 1, S. 154–166, hier S. 154.

56   Vgl. Schneider, Beate: Die Rolle der Medien bei der Wiedervereinigung Deutschlands, a. a. O., S. 603 u. 610; dies.: Strukturen, Anpassungsprobleme und Entwicklungschancen der Presse auf dem Gebiet der neuen Bundesländer, a. a. O., Bd. 2, S. 182 ff., sowie Geißler, Rainer: Fortschreibung bestehender Strukturen. Die Folgen der deutschen Vereinigung für das Mediensystem, in: medium, 23. Jg. 1993, S. 21–68, hier S. 25.

57   Vgl. Schneider, Beate: Strukturen, Anpassungsprobleme und Entwicklungschancen der Presse auf dem Gebiet der neuen Bundesländer, a. a. O., Bd. 2, S. 187 u. S. 193 f.; dies.: Die ostdeutsche Tagespresse – eine (traurige) Bilanz, in: Media Perspektiven 7/1992, S. 428–441, hier S. 429.

58   Grubitzsch, Jürgen: Presselandschaft der DDR im Umbruch, a. a. O., S. 152–155; Schneider, Beate: Die ostdeutsche Tagespresse – eine (traurige) Bilanz, a. a. O., S. 429.

59   Grubitzsch, Jürgen: Presselandschaft der DDR im Umbruch, a. a. O., S. 146 u. 153 ff.; vgl. auch Geißler, Rainer, a. a. O., S. 25.

60   Grubitzsch, Jürgen: Presselandschaft der DDR im Umbruch, a. a. O., S. 152.

61   Vgl. Schneider, Beate: Anpassungsprobleme und Entwicklungschancen der Presse auf dem Gebiet der neuen Bundesländer (einschließlich des Gebiets des früheren Berlin-Ost), a. a. O., Bd. 2, S. 171 ff.

62   Ausführlicher hierzu Schneider, Beate: Strukturen, Anpassungsprobleme und Entwicklungschancen der Presse auf dem Gebiet der neuen Bundesländer, a. a. O., Bd. 1, S. 242–251; hier S. 243.

63   Vgl. Müllerleile, Christoph/Schulze, Volker: Zur Presseentwicklung in der DDR, in: Zeitungen 90, a. a. O., S. 19 f.; siehe auch Nölte, Joachim: Chronik medienpolitischer Ereignisse in der DDR, in: Claus, Werner (Hrsg.) a. a. O., S. 78.

64 Vgl. Müllerleile, Christoph/Schulze, Volker: Zur Presseentwicklung in der DDR, a. a. O., S. 18 f.

65 Vgl. Odermann, Heinz: Umbruch und Mediengesetzgebung in der DDR, in: Rundfunk und Fernsehen, 38. Jg. 1990, H. 3, S. 380; siehe auch Nölte, Joachim: Chronik medienpolitischer Ereignisse in der DDR, a. a. O., S. 76, und Grubitzsch, Jürgen: Presselandschaft der DDR im Umbruch a. a. O., S. 153.

66 Vgl. Leilich, Gerd Dieter: Handel und Post im ostdeutschen Vertriebssystem, in: Alte Nachbarschaften werden neu belebt. Die Zeitungen im Wandel der Systeme in Mittel- und Osteuropa, hrsg. vom Bundesverband Deutscher Zeitungsverleger, Bonn 1991, S. 105.

67 Wilke, Jürgen: Der Pressevertrieb in den neuen Bundesländern, in: Mahle, Walter A. (Hrsg.): Pressemarkt Ost. Nationale und internationale Perspektiven, München: Ölschläger 1992, S. 51–59, hier S. 53; vgl. Linkersdörfer, Michael: Tauziehen geht weiter, in: Journalist 3/1990, S. 49 f.

68 Aus der Forderung des Verbands der Zeitungs- und Zeitschriftenverleger der DDR vom 26. 04. 1990, in: Claus, Werner (Hrsg.): Medien-Wende, Wende-Medien? a. a. O., S. 168.

69 Die Verordnung ist dokumentiert in: Schiwy, Peter/Schütz, Walter J. (Hrsg.): Medienrecht. Lexikon für Wissenschaft und Praxis, Neuwied: Luchterhand ²1990, S. 188–190; vgl. Graf, Andreas/Graf, Heike: Der Medienkontrollrat, a. a. O., S. 11 f., und Wilke, Jürgen: Der Pressevertrieb in den neuen Bundesländern, in: Mahle, Walter A.: Pressemarkt Ost, a. a. O., S. 53 f.

70 § 3 Abs. 1 und 2 der Verordnung über den Vertrieb von Presseerzeugnissen in der DDR, in: Schiwy, Peter/Schütz, Walter J. (Hrsg.): Medienrecht, a. a. O., S. 188 f.

71 Vgl. Wilke, Jürgen: Der Pressevertrieb in den neuen Bundesländern, a. a. O., S. 54, und Nölte, Joachim: Chronik medienpolitischer Ereignisse in der DDR, in: Claus, Werner (Hrsg.), a. a. O., S. 104.

72 Wilke, Jürgen: Der Pressevertrieb in den neuen Bundesländern, a. a. O., S. 54.

73 Wilke, Jürgen: Der Pressevertrieb in den neuen Bundesländern, ebd.

74 Wilke, Jürgen: Der Pressevertrieb in den neuen Bundesländern a. a. O., S. 55; siehe auch Schulze, Nanah: Vernunft der Verleger gefordert. Kartellamt prüft wirtschaftliche Situation der Presse-Grossisten im Osten, in: Horizont Nr. 9, 28. 02. 1992, S. 36.

75 Vgl. Wilke, Jürgen: Der Pressevertrieb in den neuen Bundesländern, ebd.

76 Vgl. Kaiser, Ulrike: Kollegialer Kontakt, in: Journalist 6/1990, S. 26–28, sowie den Diskussionsbeitrag von Hermann Meyn: Herausforderungen für die Gewerkschaften – Wie reagieren die Arbeitnehmerorganisationen auf den gesellschaftlichen Wandel?, in: BDZV-Schriftenreihe: Alte Nachbarschaften werden neu belebt. Die Zeitungen im Wandel der Systeme in Mittel- und Osteuropa, Bonn: BDZV 1991, S. 135 f.; siehe ausführlich zum VDJ auch Richter, Sigrun: »Vom Bewacher zum Überwacher«. Der Weg des DDR-Journalistenverbandes zu einem neuen Selbstverständnis, in: Kutsch, Arnulf (Hrsg.): Publizistischer und journalistischer Wandel in der DDR, a. a. O., S. 85–106.

77 Vgl. Anger, Susanne: Schnelle Fusion mit der IG Medien, in: Publizistik & Kunst. Zeitschrift der IG Medien 7/1990, S. 28; vgl. auch Journalist 5/1990, S. 20, Journalist 7/1990, S. 20 f. und Journalist 8/1990, S. 18 f., sowie Nölte, Joachim; Chronik medienpolitischer Ereignisse in der DDR, in: Claus, Werner (Hrsg.), a. a. O., S. 98 u. 173 f.

78 Vgl. Müllerleile, Christoph/Schulze, Volker: Zur Presseentwicklung in der DDR, in: Zeitungen 90, a. a. O., S. 22.

79 Schneider, Beate: Die ostdeutsche Tagespresse – eine (traurige) Bilanz, in: Media Perspektiven 7/1992, S. 428–441, hier S. 428.

80 Vgl. Schneider, Beate: Pressemarkt Ost, a. a. O., S. 71–80, hier S. 77 f.

81 Vgl. Schneider, Beate, Pressemarkt Ost, ebd., sowie Schütz, Walter J.: Zur Entwicklung des Zeitungs-
    marktes in den neuen Ländern 1989 bis 1992, in: Zeitungen 92, BDZV-Jahrbuch, hrsg. vom Bundes-
    verband Deutscher Zeitungsverleger, Bonn 1992 (in der Folge zitiert als Zeitungen 92), S. 293–296.
    Während Schneider beispielsweise von 43 Zeitungsausgaben westdeutscher Verlage in den neuen
    Ländern spricht, finden sich bei Schütz nur 28 solcher Ausgaben. Bei der Anzahl aller redaktionellen
    Ausgaben in Ostdeutschland hingegen zählt Schütz nach einer Stichtagszählung vom 01. 07. 1991
    insgesamt 350, Schneider tags zuvor (30. 06. 1991) 361 redaktionelle Ausgaben. Von ihr werden dabei
    Ausgaben mit eingerechnet, die lediglich »ihre Berichterstattung erweitert« haben. Siehe hierzu:
    Schneider Beate, Pressemarkt Ost, a. a. O., S. 72, Fußnote 1.
82 Vgl. Schütz, Walter J.: Deutsche Tagespresse 1991, in: Media Perspektiven 2/1992, S. 77 f.; Schnei-
    der, Beate: Die ostdeutsche Tagespresse – eine traurige Bilanz, a. a. O., S. 430; dies.: Strukturen,
    Anpassungsprobleme und Entwicklungschancen der Presse auf dem Gebiet der neuen Bundesländer,
    a. a. O., Bd. 2, S. 167 f. und Bd. 1, S. 196 ff.; siehe auch Röper, Horst: Die Entwicklung des Tages-
    zeitungsmarktes in Deutschland nach der Wende in der ehemaligen DDR, in: Media Perspektiven
    7/1991, S. 425 f.; ders.: Daten zur Konzentration der Tagespresse in der Bundesrepublik Deutschland
    im I. Quartal 1991, in: Media Perspektiven 7/1991, S. 432.
83 Vgl. Schütz, Walter J.: Zur Entwicklung des Zeitungsmarktes in den neuen Ländern 1989–1992, in:
    Zeitungen 92, S. 270–296, hier S. 293 ff.
84 Vgl. Schütz, Walter J.: Der Zeitungsmarkt in den neuen Ländern, in: Zeitungen 91, S. 106–112, sowie
    ders.: Die »publizistischen Einheiten« in den alten und neuen Ländern, in: Zeitungen 91, S. 148–159;
    siehe auch: Meyn, Hermann: Markt der Metropole, in: Journalist 2/1993, S. 42–44, sowie: Medi-
    enprovinz wird zur Zeitungs-Hauptstadt, in W&V-Spezial: Kommunikationsmarkt Ost, in: Wer-
    ben und Verkaufen (W&V). Die Wochenzeitung der Marketingkommunikation, Nr. 16, 4/1992,
    S. 64–66.
85 Vgl. Röper, Horst: Die Entwicklung des Tageszeitungsmarktes in Deutschland nach der Wende in
    der ehemaligen DDR, a. a. O., S. 429 f.
86 Vgl. Schütz, Walter J.: Der Zeitungsmarkt in den neuen Ländern, in Zeitungen 91, a. a. O., S. 106–118;
    siehe auch Röper: Die Entwicklung des Tageszeitungsmarktes in Deutschland nach der Wende in
    der ehemaligen DDR, a. a. O., S. 421–430. Auflagenveränderungen und Angaben über Marktanteile
    nach eigenen Berechnungen aufgrund der pressestatistischen Daten von Schütz, ebd.
87 Schütz, Walter Der Zeitungsmarkt in den neuen Ländern, in: Zeitungen 91, a. a. O., S. 113 ff.
88 Röper, Horst: Die Entwicklung des Tageszeitungsmarktes in Deutschland nach der Wende in der
    ehemaligen DDR, a. a. O., S. 421.
89 Vgl. Kapitza, Arne: Transformation der ostdeutschen Presse, a. a. O., S. 173; Schneider, Beate: Anpas-
    sungsprobleme und Entwicklungschancen der Presse auf dem Gebiet der neuen Bundesländer (ein-
    schließlich des Gebiets des früheren Berlin-Ost), Bd. 1, a. a. O., S. 18 und 116.
90 Vgl. Schneider, Beate: Massenmedien im Prozess der Wiedervereinigung, in: Wilke, Jürgen (Hrsg.):
    Mediengeschichte der Bundesrepublik Deutschland. Köln, Weimar, Wien: Böhlau 1999, S. 602–629,
    hier S. 604–606: dies.: Anpassungsprobleme und Entwicklungschancen der Presse auf dem Gebiet
    der neuen Bundesländer, Bd. 1, a. a. O., S. 116 f. (hier vor allem Fußnote 19); siehe auch Schiwy, Peter:
    Versagt, versäumt, verpaßt. Die Medienneuordnung in den neuen Bundesländern, in: Bertelsmann
    Briefe 4/1992, S. 42; vgl. auch Kapitza, Arne: Die Transformation der ostdeutschen Medien und ihre
    Auswirkung auf die journalistische Kultur in Ostdeutschland, a. a. O., S. 60.

91 Vgl. Schütz, Walter J.: Deutsche Tagespresse 1991, a. a. O., S. 79 (insbes. Fußnote 8); Kapitza, Arne: Transformation der ostdeutschen Presse, a. a. O., S. 176–182; Röper, Horst: Konzentrationswerte im Zeitungsmarkt wieder gestiegen, in: Media Perspektiven 9/1993, S. 404–409.

92 Siehe »Die Treuhand kurzerhand ausgetrickst. Wie der Essener Medienriese ein altes Ostprodukt unter neuem Namen verkauft«, in: Süddeutsche Zeitung vom 06./07. 07. 1991, S. 10; vgl. auch Kapitza, Arne: Transformation der ostdeutschen Presse, a. a. O., S. 178 f.

93 Vgl. Schneider, Beate: Strukturen, Anpassungsprobleme, Entwicklungschancen der Presse auf dem Gebiet der neuen Bundesländer, Bd. 1, a. a. O., Bd. 1, S. 129 f., sowie »Die Treuhand kurzerhand ausgetrickst«, in: Süddeutsche Zeitung, ebd.

94 Vgl. Schütz, Walter J.: Deutsche Tagespresse 1991, a. a. O., S. 79 und Fußnote 8.

95 Vgl. Röper, Horst: Die Entwicklung des Tageszeitungsmarktes in Deutschland nach der Wende in der ehemaligen DDR, a. a. O., S. 426 f.

96 Vgl. Kapitza, Arne: Transformation der ostdeutschen Presse, a. a. O., S. 181.

97 Schneider, Beate: Strukturen, Anpassungsprobleme, Entwicklungschancen der Presse auf dem Gebiet der neuen Bundesländer, Bd. 1, a. a. O., S. 117.

98 Vgl. Schneider, Beate: Die ostdeutsche Tagespresse – eine (traurige) Bilanz, a. a. O., S. 434, sowie Röper, Horst: Die Entwicklung des Tageszeitungsmarktes in Deutschland nach der Wende in der ehemaligen DDR, a. a. O., S. 427; siehe auch Schiwy, Peter: Versagt, versäumt, verpaßt, a. a. O., S. 42.

99 Kapitza, Arne: Transformation der ostdeutschen Medien und ihre Auswirkungen auf die journalistische Kultur in Ostdeutschland, in: Machill, Marcel (Hrsg.): Journalistische Kultur. Rahmenbedingungen im internationalen Vergleich. Opladen/Wiesbaden: Westdeutscher Verlag 1997, S. 53–70, hier S. 59 sowie ders.: Transformation der ostdeutschen Presse, a. a. O., S. 291; vgl. auch ebd., S. 182.

100 Röper, Horst: Die Entwicklung des Tageszeitungsmarktes in Deutschland nach der Wende in der ehemaligen DDR, a. a. O., S. 427; siehe auch Schneider, Beate: Pressemarkt Ost, a. a. O., S. 73.

101 Schneider, Beate: Die ostdeutsche Tagespresse – eine (traurige) Bilanz, a. a. O., S. 434.

102 Vgl. Schneider, Beate: Pressemarkt Ost II: Nur die Konzentration macht Fortschritte, in: Mahle, Walter A. (Hrsg.): Pressemarkt Ost. Nationale und internationale Perspektiven, a. a. O., S. 35–45, hier S. 37; siehe auch »Zeitungsmarkt: Gewinner sind die großen Häuser«, in: W&V, Nr. 41, 10/1993, S. 132 f., sowie Möller-Riester, Monika: Kein Platz für Vielfalt. Tageszeitungen in den neuen Bundesländern und in Berlin, in: medium, 23. Jg. 1993, H. 1, S. 57 f.

103 Vgl. Kapitza, Arne: Transformation der ostdeutschen Presse, a. a. O., S. 291, sowie ders.: Transformation der ostdeutschen Medien und ihre Auswirkungen auf die journalistische Kultur in Ostdeutschland, a. a. O., S. 62.

104 Vgl. Presse- und Informationsamt der Bundesregierung: Zeitungen in Berlin, Brandenburg, Mecklenburg-Vorpommern, Sachsen, Sachsen-Anhalt, Thüringen (vervielf. Ms.), Bonn o. J. (1993), sowie Schütz, Walter J.: Zur Entwicklung des Zeitungsmarktes in den neuen Ländern 1989–1992, in: Zeitungen 92, S. 272–279; vgl. auch Schneider Beate/Stürzebecher, Dieter: Wettbewerb auf dem Zeitungsmarkt in den neuen Bundesländern. Gutachten im Auftrag des Presse- und Informationsamtes der Bundesregierung (vervielf. Ms.), Hannover 1993, S. 11 f.

105 Vgl. auch Röper, Horst: Die Entwicklung des Tageszeitungsmarktes in Deutschland nach der Wende, a. a. O., S. 426, sowie zum Konzentrationsprozess Neidhart, Thilo: Presselandschaft Ost. Tristesse im Blätterwald, in: Journalist 8/1995, S. 12–16, und Lauterbach, Anja/Schiller, Stephan: Große Dürre, in: Journalist 10/1995, S. 34.

106 Geißler, Rainer: Die Folgen der deutschen Vereinigung für das Mediensystem, in: medium, 23. Jg. 1993, H. 1, S. 23.

107 Vgl. Schütz, Walter J.: Zur Entwicklung des Zeitungsmarktes in den neuen Ländern 1989–1992, a. a. O., S. 295; siehe auch Schneider, Beate: Die ostdeutsche Tagespresse – eine (traurige) Bilanz, a. a. O., S. 432.

108 Vgl. Schneider, Beate: Pressemarkt Ost II, a. a. O., S. 38 f., sowie Neidhart, Thilo, a. a. O., hier S. 15.

109 Vgl. Schneider, Beate: ebd.

110 Vgl. Röper, Horst: Die Entwicklung des Tageszeitungsmarktes in Deutschland nach der Wende, a. a. O., S. 426.

111 Auflagenzahlen hier und im Folgenden nach Schütz, Walter J.: Deutsche Tagespresse 1995. Ergebnisse der dritten gesamtdeutschen Zeitungsstatistik, in: Media Perspektiven 6/1996, S. 324–336.

112 Vgl. Schütz, Walter, J.: Zur Entwicklung des Tageszeitungsmarktes in den neuen Ländern 1989–1992, Übersicht 2, in: Zeitungen 92, S. 280–292; Presse- und Informationsamt der Bundesregierung: Zeitungen in Berlin, Brandenburg, Mecklenburg-Vorpommern, a. a. O.; siehe auch: Möller-Riester, Monika: Kein Platz für Vielfalt. Tageszeitungen in den neuen Bundesländern, a. a. O., S. 56.

113 Vgl. Schütz, Walter J.: Deutsche Tagespresse 1995, a. a. O., sowie ders.: Zur Entwicklung des Zeitungsmarktes in den neuen Ländern 1989–1992, a. a. O., S. 296; Presse- und Informationsamt der Bundesregierung: Zeitungen in Berlin, Brandenburg, Mecklenburg-Vorpommern, a. a. O.

114 eigene Berechnungen aufgrund von Zahlen aus Schütz, Walter J.: Deutsche Tagespresse 1995, a. a. O.

115 Vgl. auch Schneider: Die ostdeutsche Tagespresse – eine (traurige) Bilanz, a. a. O., S. 434, sowie Geißler, Rainer: Die Folgen der deutschen Vereinigung für das Mediensystem, a. a. O., S. 24.

116 Vgl. Schneider, Beate/Möhring, Wiebke/Stürzebecher, Dieter: Ortsbestimmung. Lokaljournalismus in den neuen Ländern, Konstanz: UVK Medien 2000, S. 72 ff., sowie Schneider, Beate/Stürzebecher, Dieter: Wettbewerb auf dem Zeitungsmarkt in den neuen Bundesländern, a. a. O., S. 43 ff.

117 Siehe Schütz, Walter J.: Grenzübergang und Neubeginn – Zur Erweiterung des Zeitungsangebots in den neuen Ländern, in: Zeitungen 91, S. 119–144, hier S. 143; vgl. auch Röper, Horst: Die Entwicklung des Tageszeitungsmarktes in Deutschland nach der Wende, a. a. O., S. 421–430, hier S. 425 ff.

118 Vgl. Wersig, Gernot (Projektleitung): Neue Vielfalt am Kiosk? Eine systematisch vergleichende Inhaltsanalyse von »Super!«, »Bild«-Zeitung und »Kurier« (vervielf. Ms.), o. O. 1991, S. 5 f.

119 Vgl. etwa Kaiser, Ulrike/Martini, Bernd-Jürgen: Kurz und schmerzhaft, in: Journalist 9/1992, S. 48 f.; siehe auch: Das Boulevardblatt »Super Zeitung« erscheint nicht mehr, in: Frankfurter Allgemeine Zeitung vom 25. 07. 1992, S. 64.

120 Vgl. den Bericht des »Spiegel« in der Ausgabe Nr. 16/1991, S. 99 ff.; »Super-Illu« hier zit. nach Wersig, Gernot (Projektleitung): Neue Vielfalt am Kiosk?, a. a. O., S. 5 f.

121 Wersig, Gernot, ebd.

122 Vgl. Schneider, Beate: Strukturen, Anpassungsprobleme und Entwicklungschancen der Presse auf dem Gebiet der neuen Bundesländer, a. a. O., Bd. 1, S. 197–199; Das Boulevardblatt »Super Zeitung« erscheint nicht mehr, in: Frankfurter Allgemeine Zeitung vom 25. 07. 1992, S. 64, sowie Wersig, Gernot (Projektleitung): Neue Vielfalt am Kiosk?, a. a. O., S. 3.

123 Vgl. dazu etwa die Beiträge von Michael Hanfeld, in: Medien Kritik 21/1991 u. 23/1991, sowie Wersig, Gernot: Neue Vielfalt am Kiosk?, a. a. O., S. 7 u. 62 f.

124 »Super!« Zeitung, hier zit. nach Wersig, Gernot: Neue Vielfalt am Kiosk?, a. a. O., S. 5.

125 Wersig, Gernot: Neue Vielfalt am Kiosk?, a. a. O., S. 44.

126 Vgl. Warum »Super!« letztlich doch nicht super lief, in: Süddeutsche Zeitung vom 28. 07. 1992, S. 22; siehe auch: Kaiser, Ulrike/Martini, Bernd-Jürgen: Kurz und schmerzhaft, a. a. O., S. 48 f. sowie: Das Boulevardblatt »Super Zeitung« erscheint nicht mehr, in: Frankfurter Allgemeine Zeitung vom 25. 07. 1992, S. 64.

127 Schneider, Beate: Strukturen, Anpassungsprobleme, Entwicklungschancen der Presse auf dem Gebiet der neuen Bundesländer, a. a. O., Bd. 2, S. 181–202.

128 Schneider, Beate: Strukturen, Anpassungsprobleme, Entwicklungschancen der Presse auf dem Gebiet der neuen Bundesländer, a. a. O.,Bd. 2, S. 182.

129 Vgl. Schneider, Beate: Strukturen, Anpassungsprobleme, Entwicklungschancen der Presse auf dem Gebiet der neuen Bundesländer, a. a. O., Bd. 2, S. 183.

130 Auflagenzahlen hier und im Folgenden nach IVW-Auflagenliste 3/1995; vgl. Stamm, Karl Heinz: Ein Stück Identität, in: Journalist 8/1995, S. 24 f.; Haller, Michael/Held, Barbara/Weßler, Hartmut: Wendeversuche in der Sackgasse: Umbau, Untergang, Neuanfang der Zeitschriften in den neuen Bundesländern, in: Haller, Michael/Puder, Klaus/Schlevoigt, Jochen (Hrsg.): Presse Ost – Presse West. Journalismus im vereinten Deutschland, Berlin: Vistas 1995, S. 121–135, sowie Halefeldt, Elke: Keine Lust zum Lesen, in: Journalist 8/1995, S. 19–21; hier v.a. die Übersicht von Michael Haller, S. 21; siehe auch Schneider, Beate, Strukturen, Anpassungsprobleme, Entwicklungschancen der Presse auf dem Gebiet der neuen Bundesländer, Bd. 2, a. a. O., S. 184.

131 Vgl. Schneider, Beate: Strukturen, Anpassungsprobleme, Entwicklungschancen der Presse auf dem Gebiet der neuen Bundesländer, a. a. O., Bd. 2, ebd; siehe auch: Deutsche Einheit künftig auch bei Zeitschriften, in: W&V, Nr. 41, 10/1993, S. 136–138; Held, Barbara: Im Bemühen um die verlorenen Leser. Zur Entwicklung der publizistischen Leistung in ostdeutschen Publikumszeitschriften 1989–1993, in: Schneider, Beate/Reumann, Kurt/Schiwy, Peter (Hrsg.): Publizistik. Beiträge zur Medienentwicklung. Festschrift für Walter J. Schütz, Konstanz: UVK 1995, S. 319–334, sowie: Ost-Zeitschriften-Markt noch ein Entwicklungsfeld, in: W&V-Spezial: Kommunikationsmarkt Ost, in: W&V, Nr. 16, 4/1992, S. 92–95.

132 Siehe Namuth, Michaela: Club der bösen Buben, in: Journalist 8/1993, S. 32–34, hier S. 34; Stamm, Karl-Heinz: Ein Stück Identität, a. a. O., S. 24.

133 Vgl. Schneider, Beate: Strukturen, Anpassungsprobleme, Entwicklungschancen der Presse auf dem Gebiet der neuen Bundesländer, Bd. 2, S. 186; vgl. auch: Ost-Zeitschriften-Markt noch ein Entwicklungsfeld, ebd.

134 Schneider, Beate: Strukturen, Anpassungsprobleme, Entwicklungschancen der Presse auf dem Gebiet der neuen Bundesländer, Bd. 2, a. a. O., S. 187.

135 Vgl. Schneider, Beate: Strukturen, Anpassungsprobleme, Entwicklungschancen der Presse auf dem Gebiet der neuen Bundesländer, Bd. 2, ebd., sowie: Deutsche Einheit künftig auch bei Zeitschriften, in: W&V Spezial: Kommunikationsmarkt Ost, a. a. O., S. 136.

136 Vgl. Die Preiswerten machen dem Vorbild Konkurrenz, in: W&V-Spezial: Kommunikationsmarkt Ost, a. a. O., S. 110 ff.

137 Siehe: Deutsche Einheit künftig auch bei Zeitschriften, a. a. O., S. 136.

138 Vgl. Turi, Peter: Pressemarkt Ostdeutschland. Lesen und Weitergeben, in Media Spectrum, 2/1993, S. 16–18, sowie: Deutsche Einheit künftig auch bei Zeitschriften, ebd.

139 Vgl. Turi, Peter: Pressemarkt Ostdeutschland, ebd.; Halefeldt, Elke: Keine Lust zum Lesen, a. a. O., S. 20, sowie Haller, Michael/Held, Barbara/Weßler, Harmut: Wendeversuche in der Sackgasse, a. a. O., S. 130 f.

140 Vgl. West-Titel dominieren bei Fachzeitschriften, in: W&V, Nr. 21, 5/1992, S. 94; siehe auch: Tesche, Bernhard: Wissenschaftliche Fachzeitschriften für Osteuropa – Anregungen für ein Hilfsprogramm, in: Mahle, Walter A. (Hrsg.): Pressemarkt Ost. Nationale und internationale Perspektiven, a. a. O., S. 151–155, hier S. 153 f.

141 Vgl. Turi, Peter: Pressemarkt Ostdeutschland, a. a. O., S. 38, sowie Schneider, Beate: Strukturen, Anpassungsprobleme und Entwicklungschancen der Presse auf dem Gebiet der neuen Bundeländer, a. a. O., Bd. 2, S. 169 f.

142 Vgl. Kapitza, Arne: Transformation der ostdeutschen Medien und ihre Auswirkung auf die journalistische Kultur in Ostdeutschland, a. a. O., S. 53 f.; Rosenfeld, Kerstin: Es lebe die Konkurrenz, in: Media Spectrum 4/1993, S. 58 f.; Schneider, Beate: Strukturen, Anpassungsprobleme, Entwicklungschancen der Presse auf dem Gebiet der neuen Bundesländer, a. a. O., Bd. 2, S. 183.

143 Vgl. Schneider, Beate/Möhring, Wiebke/Stürzebecher, Dieter: Orstbestimmung. Lokaljournalismus in den neuen Ländern, Konstanz: UVK Medien 2000, S. 113–120, sowie dies.: Strukturen, Anpassungsprobleme, Entwicklungschancen der Presse auf dem Gebiet der neuen Bundesländer, a. a. O., Bd. 2, S. 171.

144 Vgl. Schneider, Beate/Möhring, Wiebke/Stürzebecher, Dieter: Ortsbestimmung, a. a. O., S. 92–109, hier S. 95 u. 97; Werbung in Deutschland 1993, ZAW-Jahrbuch, hrsg. vom Zentralverband der deutschen Werbewirtschaft (ZAW), Bonn 1993, S. 193–196; Schneider, Bd. 2, S. 172–174, sowie: Blitzkarriere in den neuen Bundesländern, in: W&V, Nr. 41, 10/1993, S. 140.

145 Siehe Schneider, Beate/Möhring, Wiebke/Stürzebecher, Dieter: Ortsbestimmung, a. a. O., S. 266.

146 Schneider, Beate: Strukturen, Anpassungsprobleme und Entwicklungschancen der Presse auf dem Gebiet der neuen Bundesländer (einschl. des Gebiets des früheren Berlin-Ost), Forschungsbericht für den Bundesminister des Innern, 2 Bde., Hannover, Leipzig (vervielf. Ms.) 1991.

147 Vgl. Schneider, Beate: Strukturen, Anpassungsprobleme und Entwicklungschancen der Presse auf dem Gebiet der neuen Bundesländer (einschl. des Gebiets des früheren Berlin-Ost), a. a. O., Bd. 2, S. 62 ff.

148 Schneider, Beate/Möhring, Wiebke/Stürzebecher, Dieter: Ortsbestimmung, a. a. O., S. 149–152, hier S. 151.

149 Schneider, Beate: Strukturen, Anpassungsprobleme und Entwicklungschancen der Presse auf dem Gebiet der neuen Bundesländer (einschl. des Gebiets des früheren Berlin-Ost), a. a. O., Bd. 2, S. 86; siehe auch dies., a. a. O., Bd. 1, S. 56 ff. u. Bd. 2, S. 84–87; Schneider, Beate/Stürzebecher, Dieter: Zwischen Profilierung und Anpassung. Zur publizistischen Entwicklung ostdeutscher Tageszeitungen 1991–1994, in: Schneider, Beate/Reumann, Kurt/Schiwy, Peter (Hrsg.): Publizistik. Beiträge zur Medienentwicklung. Festschrift für Walter J. Schütz, Konstanz: UVK 1995, S. 301–318, hier S. 310 f.; vgl. Institut für Demoskopie Allensbach: AWA 91 – Deutschland-Ost, Bd. 2, S. 120–165.

150 Schneider, Beate: Strukturen, Anpassungsprobleme und Entwicklungschancen der Presse auf dem Gebiet der neuen Bundesländer (einschl. des Gebiets des früheren Berlin-Ost), a. a. O., Bd. 1, S. 79.

151 Vgl. Schneider, Strukturen, Anpassungsprobleme und Entwicklungschancen der Presse auf dem Gebiet der neuen Bundesländer (einschl. des Gebiets des früheren Berlin-Ost), a. a. O., Bd. 1, S. 79 u. S. 82 ff.

152 Schneider, Strukturen, Anpassungsprobleme und Entwicklungschancen der Presse auf dem Gebiet der neuen Bundesländer (einschl. des Gebiets des früheren Berlin-Ost), a. a. O., Bd. 2, S. 88.

153 Vgl. Schneider, Strukturen, Anpassungsprobleme und Entwicklungschancen der Presse auf dem Gebiet der neuen Bundesländer (einschl. des Gebiets des früheren Berlin-Ost), a. a. O., Bd. 2, S. 72–74.

154 Vgl. Schulz, Winfried: Den roten Federn auf der Spur. Ein erster Bericht über eine vergleichende Inhaltsanalyse ost- und westdeutscher Tageszeitungen, in: Schneider, Beate/Reumann, Kurt/Schiwy, Peter (Hrsg.): Publizistik. Beiträge zur Medienentwicklung. Festschrift für Walter J. Schütz. Konstanz: UVK 1995, S. 287–299.

155 Vgl. Göhler, Helmut, et. al.: Leseland DDR: Ein Mythos und was davon bleiben wird, in: Media Perspektiven 7/1990, S. 438–454; hier vor allem S. 441 f.

156 Vgl. Berg, Klaus/Kiefer, Marie-Luise: Massenkommunikation IV. Eine Langzeitstudie zur Mediennutzung und Medienbewertung 1964–1990, Baden-Baden: Nomos 1992; vgl. zusammengefasst auch Kiefer, Marie-Luise: Massenkommunikation 1990, a. a. O., S. 244–261.

157 Vgl. Kiefer, Marie-Luise: Mediennutzungsverhalten. Mediennutzung von Ost- und Westdeutschen im Vergleich, in: Bertelsmann Briefe 4/1992, S. 24–26; hier S. 24 f.

158 Vgl. Kiefer, Marie-Luise: Massenkommunikation 1990, a. a. O., S. 251–261; Schneider, Beate: Die ostdeutsche Tagespresse – eine (traurige) Bilanz, a. a. O., S. 438 f.

159 Vgl. Schmitt-Beck, Rüdiger/Schrott, Peter R.: Dimensionen der Mediennutzung in West- und Ostdeutschland. Eine vergleichende Untersuchung zu Rezeptionsmustern von Tageszeitung und Fernsehen, in Media Perspektiven 6/1992, S. 376–392.

160 Siehe neben den bereits angeführten Autoren auch Geißler, Rainer: Fortschreibung bestehender Strukturen. Die Folgen der deutschen Vereinigung für das Mediensystem, in: medium, 23. Jg. 1993, H. 1, S. 25 f., sowie Kolz, Inez: Motor der Meinungsbildung, in: Die Zeitung 12–12/1992, S. 15.

161 Vgl. Kiefer, Marie-Luise: Mediennutzungsverhalten, a. a. O., S. 25 f.

162 Vgl. Kiefer, Marie-Luise: Massekommunikation 1990, a. a. O., S. 250–261, und Schmitt-Beck/Schrott: Dimensionen der Mediennutzung in West- und Ostdeutschland, a. a. O., S. 376–392.

163 Vgl. Lindner, Bernd: Annäherung an westliche Lektüremuster. Daten zum Leseverhalten Jugendlicher in den neuen Bundesländern, in: Media Perspektiven 3/1993, S. 136.

164 Vgl. Lindner, Bernd: Annäherung an westliche Lektüremuster, a. a. O. S. 134–142; siehe hierzu auch Stiehler, Hans-Jörg/Karig, Ute: Fernsehnutzerprofile wie im Westen. Mediennutzung und Freizeitverhalten Jugendlicher in den neuen Bundesländern, in Media Perspektiven 3/93, S. 127–133, hier vor allem S. 129 f.

165 Geißler, Rainer: Fortschreibung bestehender Strukturen, a. a. O., S. 25; vgl. auch Halefeldt, Elke: Keine Lust zum Lesen, a. a. O.

166 Geißler, Rainer, a. a. O., S. 26; vgl. auch Schlinkert, Reinhard: Mediennutzung in den neuen Bundesländern, in: Mahle, Walter A. (Hrsg.): Medien im vereinten Deutschland, a. a. O., S. 57–70.

167 Mast, Claudia: Medien und Journalismus im Umbruch – Erfahrungen von Medienunternehmen in den neuen Bundesländern. Ergebnisse der Sozialenquete über die Journalisten in den neuen Ländern der Bundesrepublik Deutschland III, in: Mahle, Walter A. (Hrsg.): Journalisten in Deutschland. Nationale und internationale Vergleiche und Perspektiven, München: Ölschläger 1993, S. 71–80, hier S. 71.

168 Vgl. Settemeyer, Susanne: Die wahren Wendehälse? Aufgabenverständnis und Berufsbild im Wandel. Zur Rolle von Tageszeitungsjournalisten in der DDR. Eine Befragung, München (Diplomarbeit) 1990, sowie Knott, Sabine: DDR-Massenmedien im Umbruch: von der politischen Abhängigkeit

in die kommerzielle? Eine Journalistenbefragung in Leipzig zum Wandel der Bestimmungsfaktoren journalistischen Handelns, München (Diplomarbeit) 1991.

169 Vgl. Settemeyer, Susanne: Die wahren Wendehälse?, a. a. O., S. 115 ff., sowie Knott, Sabine: DDR-Massenmedien im Umbruch, a. a. O., Bd. 2 (Anhang).

170 So Dr. Wolfgang Spickermann, im Oktober 1989 neu installierter Chefredakteur des »Neuen Deutschland«, in einem Gesprächsprotokoll vom Januar 1991, aus: Renate Schubert: Ohne größeren Schaden? Gespräche mit Journalistinnen und Journalisten der DDR, München: Ölschläger 1992, S. 22.

171 Vgl. Knott, Sabine: DDR-Massenmedien im Umbruch, a. a. O., sowie Schubert, Renate: Ohne größeren Schaden? und: Settemayer, Susanne: Die wahren Wendehälse?, a. a. O.

172 Vgl. Pannen, Stefan: Die Weiterleiter. Funktion und Selbstverständnis ostdeutscher Journalisten, Köln: Verlag Wissenschaft und Politik – Claus Peter von Nottbeck 1992, S. 177 ff., sowie Settemayer, Susanne, a. a. O.; Kepplinger, Hans M.: Ereignismanagement. Wirklichkeit und Massenmedien, Zürich: Edition Interfrom 1992, S. 78–93, hier S. 87 f.

173 Böckelmann, Frank/Mahle, Walter A.: Arbeitslosigkeit und Berufswechsel. Ergebnisse der Sozialenquete über die Journalisten in den neuen Ländern der Bundesrepublik Deutschland II, in: Mahle, Walter A. (Hrsg.): Journalismus in Deutschland, a. a. O., S. 57–69, hier S. 69.

174 So kommt die Münsteraner Studie auf 11.000, eine Münchner Studie hingegen auf der Basis der VDJ-Mitglieder-Statistiken auf 9.900; vgl. Weischenberg, Siegfried et al.: Journalismus in Deutschland. Design und erste Befunde der Kommunikatorstudie, in: Media Perspektiven 1/1993, S. 21–33, hier S. 28, sowie Böckelmann, Frank/Mahle, Walter A.: Arbeitslosigkeit und Berufswechsel, a. a. O., S. 64 f.

175 Vgl. Scholl, Armin: Ist der Ost-West-Vergleich im Journalismus obsolet geworden?, in: Mahle, Walter (Hrsg.): Journalisten in Deutschland. Nationale und internationale Vergleiche und Perspektiven, München: Ölschläger 1993, S. 81–88, hier S. 87; vgl. auch Weischenberg, Siegfried: Journalismus in Deutschland, a. a. O., sowie Schneider, Beate/Schönbach, Klaus: Journalisten in den neuen Bundesländern: Zur Struktur und sozialen Lage des Berufsstandes. Ergebnisse der Sozialenquete über die Journalisten in den neuen Ländern der Bundesrepublik Deutschland I, in: Mahle, Walter (Hrsg.), a. a. O., S. 35–56.

176 Vgl. Meyn, Hermann: Ohne Jobs im Osten, in: Journalist 11/1993, S. 14 f.; Böckelmann: Frank/Mahle, Walter A.: Arbeitslosigkeit und Berufswechsel, a. a. O., S. 59; vgl. auch: Plote, Michael: Gemischte Gefühle, in: Journalist 4/1993, S. 10–12, hier S. 12.

177 Siehe Böckelmann, Frank/Mahle, Walter A.: Arbeitslosigkeit und Berufswechsel, a. a. O., S. 61.

178 Vgl. Mast, Claudia: Entwicklungen in den Berufsfeldern Journalismus und Public Relations. Zur Situation in den neuen Bundesländern – erste Ergebnisse von Befragungen, in: Mahle, Walter A. (Hrsg.): Pressemarkt Ost. Nationale und internationale Perspektiven, München: Ölschläger 1992, S. 137–146, hier S. 139.

179 Mast, Claudia, a. a. O., S. 142.

180 Vgl. Mast, Claudia, ebd.; vgl. auch Mantz, Gernot: Berührungsängste bei der Öffentlichkeitsarbeit, in W&V-Spezial: Kommunikationsmarkt Ost, W&V Nr. 16, 4/1992, S. 114.

181 Vgl. Böckelmann, Frank/Mahle, Walter A.: Arbeitslosigkeit und Berufswechsel, a. a. O.; Schneider, Beate/Schönbach, Klaus/Stürzebecher, Dieter: Journalisten im vereinigten Deutschland. Strukturen, Arbeitsweisen und Einstellungen im Ost-West-Vergleich, in: Publizistik 3/1993, S. 351–382, hier

S. 380.; Stürzebecher, Dieter: Ausgezählt. Journalisten im Ost-West-Vergleich, in: Journalist 11/1993, S. 10–14, hier S. 11.

182 Die Sozialenquete ist ein 1992 ergangener Forschungsauftrag des Presse- und Informationsamtes der Bundesregierung an drei Forschungsinstitutionen. Erste wichtige Ergebnisse enthält Mahle, Walter A. (Hrsg.): Journalismus in Deutschland. Deutsche und internationale Vergleiche und Perspektiven, a. a. O.; Befunde hier nach: Schneider, Beate/Schönbach, Klaus: Journalisten in den neuen Bundesländern, a. a. O., S. 35 ff.

183 Vgl. Schneider, Beate/Schönbach, Klaus, Journalisten in den neuen Bundesländern, a. a. O., S. 36 f., sowie Schneider, Beate/Schönbach, Klaus/Stürzebecher, Dieter: Journalisten im vereinigten Deutschland, a. a. O., S. 356 ff.

184 Die folgenden Befunde sind entnommen aus Schneider, Beate/Schönbach, Klaus: Journalisten in den neuen Bundesländern, a. a. O., S. 36 ff., sowie Schneider, Beate/Schönbach, Klaus/Stürzebecher, Dieter: Journalisten im vereinigten Deutschland, a. a. O., S.3 59 ff.

185 Vgl. Schneider, Beate/Schönbach, Klaus/Stürzebecher, Dieter, Journalisten im vereinigten Deutschland, a. a. O., S. 363 f.; siehe auch Stürzebecher, Dieter: Ausgezählt. Journalisten im Ost-West-Vergleich, in: Journalist 11/1993, S. 10–14, hier S. 11 f.

186 Schneider, Beate/Schönbach, Klaus/Stürzebecher, Dieter, Journalisten im vereinigten Deutschland, a. a. O., S. 41 f.

187 Schneider, Beate/Schönbach, Klaus/Stürzebecher, Dieter, Journalisten im vereinigten Deutschland, a. a. O., S. 367.

188 Stürzebecher, Dieter: Hauch von Abenteuer, in: Journalist 12/1993, S. 42–46; schließlich auch Kepplinger, Hans M.: Ereignismanagement, a. a. O., S. 87.

189 Siehe Schütz, Walter J.: Die deutsche Tagespresse 1991, in: Media Perspektiven 2/1992, S. 74–81, hier S. 75, sowie ders.: Die redaktionelle und verlegerische Struktur der deutschen Tagespresse 1991, in: Media Perspektiven 2/1992, S. 131–152.

190 Schütz, Walter J.: Deutsche Tagespresse 1991, a. a. O., S. 80.

191 Vgl. Keller, Dieter: Entwicklungen im Zeitungsmarkt. Rückblick und Perspektiven, in: Zeitungen 93, S. 88–106, hier S. 89, sowie Schütz, Walter, J., ebd.

192 Vgl. Schütz, Walter J.: Deutsche Tagespresse 1995. Ergebnisse der dritten gesamtdeutschen Zeitungsstatistik, in: Media Perspektiven 6/1996, S. 324–336; eine detaillierte Schilderung der Veränderungen nach der Wiedervereinigung gibt Schütz in: Deutsche Tagespresse 1991, a. a. O., S. 74–77.

193 Vgl. die Zählung bei Schütz: Deutsche Tagespresse 1995, a. a. O.

194 Vgl. Schütz, Walter J.: Deutsche Tagespresse 1991, a. a. O.

195 Vgl. Kapitza, Arne: Transformation der ostdeutschen Medien und ihre Auswirkung auf die journalistische Kultur in Ostdeutschland, a. a. O., S. 54.

196 Schütz, Walter, J.: Deutsche Tagespresse 1991, a. a. O., S. 80.

197 Röper, Horst: Konzentrationswerte im Zeitungsmarkt wieder gestiegen. Daten zur Konzentration der Tagespresse in der Bundesrepublik Deutschland im I. Quartal 1993, in: Media Perspektiven 9/1993, S. 402–409, hier S. 403.

198 Röper, Horst, ebd.

199 Vgl. Röper, Horst, a. a. O., sowie ders.: Formationen deutscher Medienmultis. Konzentrationsproblematik weiterhin ungelöst, in: Media Perspektiven 2/1993, S. 56–74.

200 Vgl. Röper, Horst: Zeitungsmarkt: Konzentrationswerte auf hohem Niveau stabil, in: Media Perspektiven 9/1995, S. 428–435, hier S. 429; Auflagenzahlen nach IVW-Auflagenliste 3. Quartal 1995; Marktanteile Straßenverkaufspresse eigene Berechnung.

201 Keller, Dieter: Entwicklungen im Zeitungsmarkt – Rückblick und Perspektiven, in: Zeitungen 93, S. 88–106, hier S. 105.

202 Vgl. Keller, Dieter: Zur wirtschaftlichen Lage der deutschen Zeitungen, in: Zeitungen 95, a. a. O., S. 36 ff.

203 Meyn, Hermann: Tradierte auf Talfahrt, in: Journalist 10/1992, S. 50–52, hier S. 50.

204 Vgl. APA-Journal Medien vom 26. 08.1992, Wien: Austria Presse Agentur 1992, S. 7, sowie Meyn, Hermann: Tradierte auf Talfahrt, a. a. O., sowie Media Spectrum 9/1992, S. 8.

205 Vgl. Vorpahl-Jellal, Anette: Zeit der Gründer, in: Journalist 9/1992, S. 46–49, hier S. 46; siehe ebenso Martini, Bernd J.: Konkurrenz für den »Spiegel« sitzt in den Startlöchern, in: W&V, Nr. 1, 1/1993, S. 50–54, und Koschnick, Wolfgang J.: Der letzte Versuch, in: Journalist 4/1992, S. 48–52.

206 Hier zit. nach Michaela Schießl: Tanker in Bewegung (über die Reaktion des »Spiegel« auf die Verkaufserfolge von »Focus«), in: Journalist 5/1993, S. 28 f.; vgl. auch Reiser, Wolf: Dilemma der Informationskultur, in: Journalist 5/1993, S. 30; Auflagenbilanz 1993 – Gesamtauflage stagniert, Newcomer gewinnen, in: W&V, Nr. 3, 1/1994, S. 30.; Turi, Peter: Ein unerwarteter Zweikampf um den Montags-Käufer, in: Die Welt, 20. 07. 1993, S. 7.

207 Auflagenzahlen hier und im Folgenden nach IVW-Auflagenliste 3/1995; Röper, Horst: Formationen deutscher Medienmultis 1994/95, in: Media Perspektiven 7/1995, S. 310–330; siehe zu den Frauenzeitschriften auch Kagerer, Nadine: Gerangel um die Gunst der Frauen, in: Media Spectrum 6/1995, S. 22–34.

208 Vgl. »Wir verzichten auf Wolkenschieberei«, Interview mit Manfred Bissinger, in: Media Spectrum 3/1993, S. 9 f.

209 Vgl. Siemens, Jochen: Die Meßlatte für längere Texte soll hoch gehängt werden, in: Frankfurter Rundschau, 15.2.1993, S. 9; Es lebe die Konkurrenz, in: Media Spectrum 4/1993, S. 59 f., sowie: Lesestoff für die oberen 100.000, in: Der Standard (Wien) vom 18. 02. 1993, o. S.

210 Vgl. Schneider, Beate: Strukturen, Anpassungsprobleme und Entwicklungschancen der Presse auf dem Gebiet der neuen Bundesländer, a. a. O., Bd. 2, S. 181 ff.; siehe auch: Lesestoff für die oberen 100.000, in: Der Standard (Wien) vom 18. 02. 1993.

211 Siehe: Lesestoff für die oberen 100.000, a. a. O., sowie: Es lebe die Konkurrenz, in: Media Spectrum 4/1993, S. 58 f., sowie Stamm, Karl-Heinz: Ein Stück Identität, a. a. O., S. 25.

212 Gaus, Günter u. a.: Editorial aus: Freitag, Die Ost-West-Wochenzeitung, 03. 09. 1993, S. 1.

213 Vgl. Kapitza, Arne: Transformation der ostdeutschen Presse, a. a. O., S. 168–171; Auflagenzahl nach IVW-Auflagenliste 3/1995.

214 Vgl. Willms, Johannes: Schafe im Schafspelz. Die »Junge Freiheit«, das neue Zentralorgan der alten Rechten, in: Süddeutsche Zeitung v. 22./23. 01. 1994, S. 17, sowie: Purtscheller, Wolfgang: Führer, Elite, Massen. Das Zentralorgan der »Gegen-68er«, die rechts-rechte »Junge Freiheit«, stellt auf wöchentliches Erscheinen um, in: Profil Nr. 4 v. 24. 01. 1994, S. 38.

215 Vgl. Lemm, Karsten: Starker Wind aus Hamburg, in: Journalist 5/92, S. 26–28.

216 Vgl. Schaefer-Dieterle, Susanne: Neu im Programm, in: Media Spectrum 1/1995, S. 10–12, sowie Baumgartner, Sabine: Zwischen Expansion und Verdrängung, in: Media Spectrum 1/1995, S. 13–17.

217 »Programmzeitschriftenmarkt in Deutschland boomt«, in: APA-Journal Medien (Wien) vom 09. 09. 1992, S. 4.

218 Vgl. Lemm, Karsten: Starker Wind aus Hamburg, a. a. O., sowie: Turi, Peter: Trend zu Zweitmarke. Downtrading als Erfolgskonzept, in: Media Spectrum 9/1992, S. 22–24.

219 Vgl. Brieger, Monika: Östliche Wiedergeburt, in: Media Spectrum 6/1993, S. 32–34.

220 Vgl. Brieger, Monika: Östliche Wiedergeburt, ebd., sowie Steinert, Christine: Programmsupplements – der alternative Werbeträger, in: Media Spectrum 6/1993, S. 36–40.

221 Vgl. Gut gewachsen, ihr Wochenblätter, in: das anzeigenblatt 1/1993, S. 2; Röper, Horst: Formationen deutscher Medienmultis 1992. Konzentrationsproblematik weiterhin ungelöst, in: Media Perspektiven 2/1993, S. 56–74, hier S. 74, sowie Keller, Dieter: Zur wirtschaftlichen Lage der deutschen Zeitungen, in: Zeitungen 95, a. a. O., S. 53.

222 Vgl. Röper, Horst: Formationen deutscher Medienmultis 1994/95. Veränderungen, Pläne und Strategien der größten deutschen Medienunternehmen, in: Media Perspektiven 7/1995, S. 310–330.

223 Vgl. Fuhrmann, Hans-Joachim: EG-Binnenmarkt: mehr Gefahren als Chancen für die Presse, in: Zeitungen 93, a. a. O., S. 222 f.

224 Fuhrmann, Hans-Joachim, a. a. O., S. 225.

225 Vgl. Fuhrmann, Hans-Joachim, ebd; siehe auch: EU will Mitbestimmung der Arbeitnehmer in Gesellschaftsorganen forcieren. Die Tendenzschutzfrage auf europäischer Ebene wird erneut brisant, in: BDZV Euroreport, hrsg. vom Bundesverband Deutscher Zeitungsverleger, Nr. 5/95 vom 07. 12. 1995, S. 1 f.

Anmerkungen zu Kapitel 8

1 Vgl. Zohlnhöfer, Werner: Zur Ökonomie des Pressewesens in der Bundesrepublik Deutschland, a. a. O., S. 35 ff.; Ronneberger, Franz: Kommunikationspolitik, Bd. 2: Kommunikationspolitik als Gesellschaftspolitik, Mainz: Von Hase und Koehler 1980, S. 221–264; Nussberger, Ulrich: Das Pressewesen zwischen Geist und Kommerz, Konstanz: Universitätsverlag 1984, bes. S. 101 ff.

2 Einführend etwa Oppenberg, Dietrich: Der Zeitungsverlag. Organisatorischer Aufbau, in: Dovifat, Emil (Hrsg.): Handbuch der Publizistik, Bd. 3, Berlin: De Gruyter 1969, S. 331–140; Schulze, Volker: Der Zeitungsverlag (Organisatorischer Aufbau), in: Brand, Peter/Schulze, Volker (Hrsg.): Medienkundliches Handbuch. Zeitung, Braunschweig: Agentur Pedersen, 1982, S. 58–66; Dovifat, Emil: Zeitungslehre, Bd. 2: Redaktion, die Sparten Verlag und Vertrieb, Wirtschaft und Technik, Sicherung der öffentlichen Aufgabe, Berlin, New York: De Gruyter ⁶1976, bes. S. 7 ff. u. 142–154.

3 Ricker, Reinhart: Der Herausgeber als Koordinator, in: Fischer, Heinz-Dietrich (Hrsg.): Positionen und Strukturen bei Druckmedien. Festschrift für Dietrich Oppenberg, Düsseldorf: Econ 1987, S. 41–56, hier S. 43.

4 Ricker, Reinhart: Der Herausgeber als Koordinator, a. a. O., S. 53.

5 Ricker, Reinhart: Der Herausgeber als Koordinator, a. a. O., S. 41, sowie Maaßen, Ludwig: Die Zeitung. Zahlen, Daten, Fakten, Heidelberg: Decker und Müller 1986, S. 53.

6 Vgl. Preusche, Helmut: Der Verlagsleiter als Generalmanager, in: Fischer, Heinz Dietrich (Hrsg.:): Positionen und Strukturen bei Printmedien, a. a. O., S. 65–72, sowie Mundhenke, Reinhard: Der Verlagskaufmann. Berufsfachkunde für den Kaufmann im Zeitungs-, Zeitschriften- und Buchverlag, Frankfurt: Societätsverlag 1977, S. 19 f.

7 Vgl. Kopper, Gerd G.: Mitbestimmung, in: Handbuch der Massenkommunikation, hrsg. von Koszyk, Kurt/Pruys, Karl Hugo, München: Deutscher Taschenbuch Verlag 1981, S. 190–195, hier S. 190;

grundlegend hierzu auch das Kapitel über Betriebsverfassung (Tendenzschutz) und Unternehmens-
mitbestimmung, in: Löffler, Martin/Ricker, Reinhart: Handbuch des Presserechts, München: Beck
1978, S. 184–208.

8   Ricker, Reinhart: Der Herausgeber als Koordinator, in: Fischer, Heinz-Dietrich (Hrsg.): Positi-
    onen und Strukturen bei Druckmedien. Festschrift für Dietrich Oppenberg, Düsseldorf: Econ 1987,
    S. 41–56, hier S. 43 (Herv. i. Original); vgl. auch Fischer, Heinz-Dietrich: Der Verleger als Kommu-
    nikator, in: ders.: Positionen und Strukturen bei Druckmedien, a. a. O., S. 13–40, hier S. 33.

9   Ricker, Reinhart: Medienrecht, in: Fischer Lexikon Publizistik – Massenkommunikation, hrsg. von
    Noelle-Neumann, Elisabeth/Schulz, Winfried/Wilke, Jürgen, Frankfurt: Fischer 1989, S. 169–185,
    hier S. 175; siehe auch Niemann, Rüdiger: Mitbestimmung, in: Schiwy, Peter/Schütz, Walter J.
    (Hrsg.): Medienrecht. Lexikon für Wissenschaft und Praxis, Neuwied: Luchterhand ²1990, S. 190–197,
    hier S. 192 f.

10 Vgl. Niemann, Rüdiger: Mitbestimmung, in: Schiwy, Peter/Schütz, Walter J. (Hrsg.): Medienrecht,
    a. a. O., S. 192, sowie Ricker, Reinhart: Medienrecht, in: Fischer Lexikon Publizistik – Massenkom-
    munikation, a. a. O., S. 169–185, hier S. 174 f.

11 Löffler, Martin/Ricker, Reinhart: Handbuch des Presserechts. Begründet von Martin Löffler und
    Reinhart Ricker. 5., neu bearbeitete Auflage von Reinhart Ricker, München: Beck 2005, S. 294.

12 Ebd.

13 Ebd.

14 Niemann, Rüdiger: Mitbestimmung, a. a. O.; Kopper, Gerd G.: Mitbestimmung, in Koszyk, Kurt/
    Pruys, Karl Hugo (Hrsg.): Handbuch der Massenkommunikation, a. a. O., sowie Holtz-Bacha,
    Christina: Mitspracherechte für Journalisten. Redaktionsstatuten in Presse und Rundfunk, Köln:
    Studienverlag Hayit 1986.

15 Brand, Peter/Schulze, Volker (Hrsg.): Medienkundliches Handbuch. Die Zeitung, Braunschweig:
    Agentur Pedersen 1982, S. 64 (Herv. i. Original).

16 Siehe Oppenberg, Dietrich: Der Zeitungsverlag. Organisatorischer Aufbau, in: Dovifat, Emil
    (Hrsg.): Handbuch der Publizistik, Bd. 3, Berlin: De Gruyter 1969, S. 136 ff.

17 Vgl. Kausche, Carlheinz: Der Anzeigenleiter als Akquisitionsfachmann, in: Fischer, Heinz-Dietrich
    (Hrsg.): Positionen und Strukturen bei Druckmedien, a. a. O., S. 73 f.

18 Kausche, Carlheinz: Der Anzeigenleiter als Akquisitionsfachmann, a. a. O., S. 78.

19 Vgl. Kausche, Carlheinz: Der Anzeigenleiter als Akquisitionsfachmann, a. a. O., S. 75–79.

20 Schulz, Herbert: Der Vertriebsleiter als Distributionsexperte, in: Fischer, Heinz-Dietrich (Hrsg.):
    Positionen und Strukturen bei Printmedien, a. a. O., S. 81–113, hier S. 83.

21 Schulz, Herbert: Der Vertriebsleiter als Distributionsexperte, a. a. O., S. 93.

22 Vgl. Schulz, Herbert: Der Vertriebsleiter als Distributionsexperte, a. a. O., S. 96.

23 Schulz, Herbert: Der Vertriebsleiter als Distributionsexperte, a. a. O., S. 97.

24 Vgl. Schulz, Herbert, ebd.

25 Vgl. Brand, Peter/Schulze, Volker (Hrsg.): Medienkundliches Handbuch. Die Zeitung, a. a. O.,
    S. 65.

26 Vgl. Leilich, Gerd Dieter: Erfolgreiche Strategien im Zeitungsvertrieb, in: Zeitungen 91, a. a. O.,
    S. 86–90.

27 Vgl. die regelmäßig erscheinenden Ausgaben der in Darmstadt herausgegebenen Zeitschrift »zei-
    tungstechnik«, Monatsschrift der IFRA (INCA-FIEJ Research Association).

28 Vgl. Goslich, Lorenz: Zeitungs-Innovationen, München: Saur 1987, S. 71 ff.; Oppenberg, Dietrich: Der Zeitungsverlag. Organisatorischer Aufbau, a. a. O., S. 131–140; Fleck, Florian: Aktuelle Presseprobleme in wirtschaftlicher Sicht, Freiburg (Schweiz): Universitätsverlag 1969, S. 19 ff.; siehe auch Degenhardt, Günter: Was Führungskräfte von modernen Drucktechniken wissen müssen, München: Heyne 1977, S. 208 f.

29 Vgl. Brand, Peter/Schulze, Volker (Hrsg.): Medienkundliches Handbuch. Die Zeitung, a. a. O., S. 63.

30 Feddersen, Jens: Der Chefredakteur als Publikator, in: Fischer, Heinz-Dietrich (Hrsg.): Positionen und Strukturen bei Druckmedien, a. a. O., S. 57.

31 Vgl. Weischenberg, Siegfried: Journalistik. Theorie und Praxis aktueller Medienkommunikation, Bd. 1: Mediensysteme, Medienethik, Medieninstitutionen, Opladen: Westdeutscher Verlag 1992, S. 282 ff.; siehe ebenso Brand/Schulze (Hrsg.): Medienkundliches Handbuch. Die Zeitung, a. a. O., S. 64.

32 Vgl. Langenbucher, Wolfgang R./Roegele, Otto B./Schönhals-Abrahamson, Marta: Die Rolle des Chefredakteurs im Spannungsfeld von Verlag, Redaktion und Leser, in: Jacobi, Ursula et al.: Manager der Kommunikation, Teil A, Berlin: Spiess 1977, S. 103 ff.

33 Vgl. Weischenberg, Siegfried: Journalistik, Theorie und Praxis aktueller Medienkommunikation, Bd. 1: Mediensysteme, Medienethik, Medieninstitutionen, a. a. O., S. 288 ff.; vgl. auch Feddersen, Jens: Der Chefredakteur als Koordinator, a. a. O.; Fischer, Heinz-Dietrich: Der Presse-Chefredakteur im Spannungsfeld zwischen Redaktions- und Verwaltungsaufgaben, in: ders. (Hrsg.): Chefredakteure – Publizisten oder Administratoren? Status, Kompetenz und kommunikative Funktion von Redaktionsleitern bei Tages- und Wochenzeitungen, Düsseldorf: Droste 1980, S. 42.

34 Vgl. Meyer, Kathrin: Crossmediale Kooperation von Print- und Online-Redaktionen bei Tageszeitungen in Deutschland, München: Utz 2005.

35 Langenbucher, Wolfgang R./Roegele, Otto B./Schönhals-Abrahamson, Marta: Die Rolle des Chefredakteurs im Spannungsfeld von Verlag, Redaktion und Leser, in: Jacobi, Ursula et al.: Manager der Kommunikation, a. a. O., S. 103.

36 Feddersen, Jens: Der Chefredakteur als Publikator, a. a. O., S. 58.

37 Vgl. Weischenberg, Siegfried: Journalistik. Theorie und Praxis aktueller Medienkommunikation, Bd. 1: Mediensysteme, Medienethik, Medieninstitutionen, a. a. O., S. 284; ebenso Brand, Peter/Schulze, Volker (Hrsg.): Medienkundliches Handbuch. Die Zeitung, a. a. O., S. 64.

38 Vgl. Weischenberg, Siegfried: Journalistik, Bd. 1, a. a. O., S. 284.

39 Manteltarifvertrag für Redakteurinnen und Redakteure an Tageszeitungen. Gültig ab 01. 01. 2003, S. 3; abrufbar unter www.djv.de. Der Vertrag wird alle zwei bis drei Jahre den allgemeinen Bedingungen angeglichen.

40 Vgl. Weischenberg, Siegfried: Journalismus 2000. Funktionen, Rollen und Arbeitsorganisation (Ergebnisse einer Studie der Forschungsgruppe Journalistik an der Universität Münster), in: Journalist 1/1993, S. 51–65, hier S. 64 f.; Flöper, Berthold L. (Hrsg.): Ratgeber Freie Journalisten: Ein Handbuch, Berlin: Vistas ²1992; Neuberger, Christoph: Trends am Arbeitsmarkt, in: Journalist 1/1993, S. 16–18; Scholl, Armin: Berufsstatistik: Tendenz steigend, in: Journalist 1/1993, S. 10–13; vgl. dort auch S. 19.

41 Vgl. Flöper, Berthold L. (Hrsg.): Ratgeber freie Journalisten. Ein Handbuch, a. a. O., S. 99 ff.

42 Journalist/in werden: Berufsbild; erhältlich unter: www.djv.de/journalist/berufsbild/druck-ueberblick.shtml, S. 1 (26. 09. 2006),

43 Vgl. dazu Donsbach, Wolfgang: Journalist, in: Fischer Lexikon Publizistik – Massenkommunikation, hrsg. von Noelle-Neumann, Elisabeth/Schulz, Winfried/Wilke, Jürgen, Frankfurt: Fischer 2002, S. 78 ff.

44 Langenbucher, Wolfgang R.: Die Tageszeitung im Rhein-Ruhr-Gebiet. Redaktionelle Konzeptionen für die 90er Jahre. Eine Expertise für die Stiftung Pressehaus NRZ, Düsseldorf, Wien, New York: Econ 1989, S. 46.

45 Zitzmann, Peter M.: Mit Teamwork näher am Leser, in: Sage & Schreibe, Heft 3/1998, S. 27 f., zitiert nach Meier Klaus: Wenn Teams das Niemandsland bevölkern. Eine Analyse innovativer Redaktionsstrukturen, in: Hohlfeld, Ralf et al. (Hrsg.): Innovationen im Journalismus. Forschung für die Praxis, Münster. Hamburg, London: Lit 2002, S. 91–111, hier S. 95.

46 Meier, Klaus: Wenn Teams das Niemandsland bevölkern, a. a. O., S. 95 mit Bezugnahme auf Hienzsch, Ulrich: Journalismus als Restgröße. Redaktionelle Rationalisierung und publizistischer Leistungsverlust. Wiesbaden: Deutscher Universitätsverlag 1990, S. 122 f. und 219 f.

47 Meier, Klaus: Wenn Teams das Niemandsland bevölkern, a. a. O., S. 97.

48 Meier, Klaus, ebd.

49 Vgl. Meier, Klaus, ebd.

50 Meier mit Bezugnahme auf Zitzmann, a. a. O., S. 28.

51 Vgl. Meier, Klaus, Wenn Teams das Niemandsland bevölkern, a. a. O., S. 98.

52 Meier, Klaus, Wenn Teams das Niemandsland bevölkern, a. a. O., S. 98 f.

53 Meier, Klaus, Wenn Teams das Niemandsland bevölkern, a. a. O., S. 99.

54 Siehe dazu Meier, Klaus: Ressort, Sparte, Team: Wahrnehmungsstrukturen und Redaktionsorganisation im Zeitungsjournalismus, Konstanz: UVK 2002.

55 Milz, Annette: Newsdesk-Modelle: Wie Mauern in den Redaktionen fallen, in: Zeitungen 2005, hrsg. vom BDZV, Berlin: ZV 2005, S. 178–187, hier S. 178.

56 Milz, Annette: Newsdesk-Modelle, a. a. O., S. 178.

57 Milz, Annette: Newsdesk-Modelle, a. a. O., S. 179 mit Bezugnahme auf den internationalen Technologieverband ifra mit Sitz in Darmstadt.

58 Milz, Annette ebd. mit Bezugnahme auf Konstantin Neven DuMont, Geschäftsführer des Verlags M. DuMont Schauberg, Köln 2003.

59 Milz Annette, ebd., mit Bezugnahme auf Klaus Meier.

60 Milz, Annette: Newsdesk-Modelle, a. a. O., S. 184, mit Bezugnahme auf den leitenden Redakteur der »Mainpost«, Andreas Kemper.

61 Vgl. Milz, Annette: Newsdesk-Modelle, a. a. O., S. 186.

62 Einführend hierzu Trappel, Josef: Medienökonomie, in: Pürer, Heinz et al. (Hrsg.): Praktischer Journalismus. Presse, Radio, Fernsehen, Online, Konstanz: UVK ⁵2004, S. 431–448; Schütz, Walter J.: Pressewirtschaft, in: Noelle-Neumann, Elisabeth/Schulz, Winfried/Wilke, Jürgen (Hrsg.): Fischer Lexikon Publizistik – Massenkommunikation, Frankfurt: Fischer 2002, S. 493–516; weiterführend auch Heinrich, Jürgen: Medienökonomie, Bd. 1: Mediensystem, Zeitung, Zeitschrift, Anzeigenblatt, Opladen: Westdeutscher Verlag 1994; Stahmer, Frank: Ökonomie des Presseverlages, München: R. Fischer 1995; Beck, Hanno: Medienökonomie. Print, Fernsehen und Multimedia, Berlin, Heidelberg, New York: Springer 2002; Kiefer, Marie Luise: Medienökonomik. Einführung in eine ökonomische Theorie der Medien, München, Wien: Oldenbourg 2001; Breyer-Mayländer, Thomas/Werner, Andreas: Handbuch der Medienbetriebslehre, München, Wien: Oldenbourg 2003; Altmeppen, Klaus Dieter (Hrsg.): Ökonomie der Medien und des Mediensystems, Opladen: Westdeutscher

Verlag 1996; Schenk, Michael/Donnerstag, Joachim (Hrsg.): Medienökonomie. Einführung in die Ökonomie der Informations- und Mediensysteme, München: R. Fischer 1989; Schumann, Matthias/ Hess, Thomas: Grundfragen der Medienwirtschaft. Eine betriebswirtschaftliche Einführung, Berlin, Heldberg, New York: Springer ²2002; Von Lucius, Wulf D.: Verlagswirtschaft. Ökonomische, rechtliche und organisatorische Grundlagen, Konstanz: UVK 2005; Wirtz, Bernd W.: Medien- und Internetmanagement, Wiesbaden: Gabler ⁴2005.

63 Vgl. Schütz, Walter J.: Zeitungen in Deutschland. Verlage und ihr publizistisches Angebot 1949–2004. 2 Bände. Berlin: Vistas 2005; Schulz, Rüdiger: Mediaforschung, in: Noelle-Neumann, Elisabeth/Schulz, Winfried/Wilke, Jürgen (Hrsg.): Fischer Lexikon Publizistik – Massenkommunikation, Frankfurt/Main: Fischer 2002, S. 183–213, hier S. 184–202.

64 Vgl. die regelmäßig erscheinenden Jahrbücher des BDZV (zuletzt: Zeitungen 2006, hrsg. vom BDZV, Berlin: ZV 2006) sowie des VDZ (zuletzt VDZ-Jahrbuch 2006, hrsg. vom VDZ, Berlin: VDZ 2006 (beide Institutionen verfügen über Online-Auftritte, denen ebenfalls wichtige Daten entnommen werden können; siehe dazu: www.bdzv.de sowie www.vdz.de), sowie Schütz, Walter J.: Deutsche Tagespresse 2004. Zeitungsmarkt trotz Krise insgesamt stabil, in: Media Perspektiven 5/2005, S. 205–232; ebenso Schütz, Walter J.: Redaktionelle und verlegerische Struktur der deutschen Tagespresse. Übersicht des Stands 2004, in: Media Perspektiven 5/2005, S. 233–242.

65 Zuletzt ZAW-Jahrbuch 2005, hrsg. vom Zentralverband der deutschen Werbewirtschaft, Berlin: Verlag edition ZAW 2006.

66 Vgl. Röper, Horst: Probleme und Perspektiven des Zeitungsmarktes. Daten zur Konzentration der Tagespresse in der Bundesrepublik Deutschland im I. Quartal 2006, in: Media Perspektiven 5/2006, S. 283–297; Vogel, Andreas: Stagnation auf hohem Niveau. Daten zum Markt und zur Konzentration der Publikumspresse in Deutschland im 1. Quartal 2006, in: Media Perspektiven 7/2006, S. 380–398.

67 Vgl. Zohlnhöfer, Werner: Zur Ökonomie des Pressewesens in der Bundesrepublik Deutschland, in: Schenk, Michael/Donnerstag, Joachim (Hrsg.): Medienökonomie, a. a. O., S. 35–75, hier S. 37.

68 Vgl. Schütz, Walter J.: Pressewirtschaft, a. a. O., S. 493.

69 Vgl. Kepplinger, Hans Mathias: Massenkommunikation. Rechtsgrundlagen, Medienstrukturen, Kommunikationspolitik, Stuttgart: Teubner 1982, S. 65.

70 Bücher, Karl: Die deutsche Tagespresse und die Kritik (1915), in: Bücher Karl: Gesammelte Aufsätze zur Zeitungskunde, Tübingen: Verlag der Laupp'schen Buchhandlung 1926, S. 309–390, hier S. 377.

71 Vgl. Goldbeck, Kerstin: Leistungsdaten für die Zeitung, in: Zeitungen 2005, hrsg. vom BDZV, Berlin: ZV 2005, S. 154–156.

72 Vgl. Kiefer, Marie Luise: Massenkommunikation 1964 bis 1985. Trendanalyse zur Mediennutzung und Medienbewertung, in: Media Perspektiven 3/1987, S. 137–148; Berg, Klaus/Kiefer, Marie Luise (Hrsg.): Massenkommunikation IV. Eine Langzeitstudie zur Mediennutzung und Medienbewertung, Baden-Baden: Nomos 1992, S. 68–85; Schrape, Klaus: Den künftigen Leser kennen, in: Medienzukunft mit der Zeitung. Zeitungskongreß 87, hrsg. vom BDZV (BDZV-Schriftenreihe, H. 20), Bonn: BDZV, o. J., S. 26–33; vgl. auch Vom Zeitungsverkauf zum Zeitungsmarketing, hrsg. von der Pressestiftung RWV, Düsseldorf, Wien: Econ 1986, sowie Zeitungen für den Markt von morgen, hrsg. von der Stiftung Pressehaus NRZ, Düsseldorf, Wien: Econ 1987.

73 Siehe Kuk, Alexander von: Die wirtschaftliche Lage der deutschen Zeitungen, in: Zeitungen 89, a. a. O., S. 84–104, hier S. 87–89 u. 99; Uenk, Renate/Laarmann, Susanne: Medium Zeitung. Ver-

gleichende Darstellung und Analyse von Werbeträgern, hrsg. von der Gesellschaft für Zeitungsmarketing, Frankfurt: Frankfurter Allgemeine Zeitung/Verlagsbereich 1992, S. 103 ff., sowie Kausche, Carl-Heinz: Zur Wettbewerbssituation im Anzeigenmarkt, in: Vom Zeitungsverkauf zum Zeitungsmarketing, a. a. O., S. 41–52; Tamm, Peter: Problemstellung, in: Vom Zeitungsverkauf zum Zeitungsmarketing, a. a. O., S. 13 f.; und ders.: Grundgedanken, in: Zeitungen für den Markt von morgen, a. a. O., S. 9–13.

74 Schütz, Walter J.: Pressewirtschaft, a. a. O. S. 493.

75 Vgl. Heinrich, Jürgen: Medienökonomie, Bd. 1, a. a. O., S. 215; Breyer-Mayländer, Thomas/Werner, Andreas: Handbuch der Medienbetriebslehre, a. a. O., S. 105 f.

76 Vgl. Heinrich, Jürgen: Medienökonomie, Bd. 1, a. a. O., S. 215 f.; Breyer-Mayländer, Thomas/Werner, Andreas, Handbuch der Medienbetriebslehre, a. a. O., S. 105 f.; siehe auch Noll, Jochen: Die deutsche Tagespresse. Ihre wirtschaftliche und redaktionelle Struktur, Frankfurt: Campus 1977, S. 30 ff.; Dovifat, Emil: Zeitungslehre, Bd. 2, Berlin, New York: De Gruyter ⁶1976, S. 153 ff. u. 203 ff.

77 Vgl. Pürer, Heinz: Presse in Österreich, Wien: Verband Österreichischer Zeitungsherausgeber und Zeitungsverleger 1990, S. 36 f.; Weischenberg, Siegfried: Die elektronische Redaktion. Publizistische Folgen der neuen Technik, München: Verlag Dokumentation (Saur) 1978, bes. S. 26 ff.; ders.: Journalismus in der Computergesellschaft. Informatisierung, Medientechnik und die Rolle der Berufskommunikatoren, München: Saur 1982.

78 Vgl. Oppenberg, Dietrich: Der Zeitungsverlag. Wirtschaftliche Grundlage, in: Dovifat, Emil (Hrsg.): Handbuch der Publizistik, Bd. 3, a. a. O., S. 125 f., sowie Zeitungsverkauf in den 80er Jahren. Das Buch zur Frankfurter Vertriebstagung des BDZV, Düsseldorf, Wien: Econ 1982.

79 Schütz, Walter, J.: Pressewirtschaft, a. a. O., S. 500.

80 Vgl. Schütz, Walter, J., ebd.

81 Schütz, Walter J., ebd.

82 Vgl. Gaßdorf, Heinz: Markt und Leser, in: Vom Zeitungsverkauf zum Zeitungsmarketing, a. a. O., S. 19 ff.; Schulz, Herbert: Die Zukunft des Abonnementverkaufs, in: Zeitungsverkauf in den 80er Jahren, a. a. O., S. 79–107, hier. S. 91 f.; Vesper, Walter: Zeitungsvertrieb im veränderten Markt, in: Zeitungen 88, a. a. O., S. 48–58.

83 Schütz, Walter J.: Pressewirtschaft, a. a. O., S. 500 (Herv. i. Original).

84 Vgl. Mundhenke, Reinhard: Der Verlagskaufmann. Berufsfachkunde für den Kaufmann im Zeitungs-, Zeitschriften- und Buchverlag, Frankfurt: Societäts-Verlag 1977, S. 53 ff.; Leilich, Gerd Dieter: Erfolgreiche Strategien im Zeitungsvertrieb, in: Zeitungen 91, a. a. O., S. 89 f.

85 Ermittelt aus Keller, Dieter: Zur wirtschaftlichen Lage der deutschen Zeitungen, in: Zeitungen 2005, hrsg. vom BDZV, Berlin: ZV 2005, S. 28–101, S. 76, Tabelle 2b.

86 Ermittelt aus Keller, Dieter: Zur wirtschaftlichen Lage der deutschen Zeitungen 2005, a. a. O., S. 76, Tabelle 2b.

87 Ermittelt aus Keller, Dieter: Zur wirtschaftlichen Lage der deutschen Zeitungen 2005, a. a. O., S. 76, Tabelle 2b.

88 Vgl. Mundhenke, Reinhard: Der Verlagskaufmann, a. a. O., S. 59 f., sowie Schütz, Walter J.: Pressewirtschaft, a. a. O., S. 499 u. 502.

89 Mundhenke, Reinhard: Der Verlagskaufmann, a. a. O., S. 53 ff.

90 Vgl. Brummund, Peter: Struktur und Organisation des Pressevertriebs, München: Saur 2006, S. 109. Brummund bezieht sich auf Angaben des Bundeskartellamts aus dem Jahr 1998.

91 Der deutsche Zeitschriftenmarkt; unter: www.vdz.de/pages/static/1814.aspx (06. 10. 2006).

92 Einer beim VDZ am 06. 10. 2006 telefonisch eingeholten Information zufolge werden 85 Prozent der im Abonnement vertriebenen Publikumszeitschriften durch die Post zugestellt; bei den Fachzeitschriften ist der Anteil noch höher.

93 So die telefonische Auskunft der Pressestelle der Deutschen Post AG vom 06. 10. 2006.

94 Brummund gibt mit Bezugnahme auf Angaben des Bundeskartellamts aus 1998 an, dass rund 12 Prozent auf die Zeitungen entfallen sowie 88 Prozent auf Zeitschriften; vgl. Brummund, Struktur und Organisation des Pressevertriebs, a. a. O., S. 109.

95 Siehe beispielsweise auch Höll, Heinz-Peter: Möglichkeiten der EV-Förderung, in: Zeitungsverkauf in den 80er Jahren, a. a. O., S. 108–120, hier S. 112 f.

96 Vgl. Schütz, Walter, J.: Pressewirtschaft, a. a. O., S. 506.

97 Vgl. Mundhenke, Reinhard: Der Verlagskaufmann, a. a. O., S. 190 ff. u. 243 ff.; vgl. auch die Begriffsklärungen in: Gabler Wirtschaftslexikon, Wiesbaden: Gabler ¹³1992, sowie Hörschgen, Hans: Grundbegriffe der Betriebswirtschaftslehre, 2 Bde., Stuttgart: Pöschel 1979, Bd. 1, S. 55 f., 123 f., 158 f. u. 432.

98 Nach der BDZV-Umsatzerhebung, in: Zeitungen 2005, hrsg. vom BDZV. Berlin: ZV 2005, S. 69.

99 Vgl. Keller, Dieter: Zur wirtschaftlichen Lage der deutschen Zeitungen 2005, a. a. O., S. 72 f., Tabelle 1d.

100 Vgl. Keller, Dieter: Zur wirtschaftlichen Lage der deutschen Zeitungen 2005, a. a. O., S. 72d, Tabelle 1e.

101 Vgl. Keller, Dieter: Zur wirtschaftlichen Lage der deutschen Zeitungen 2005, a. a. O., S. 31 f.

102 Vgl. Schütz, Walter, J.: Pressewirtschaft, a. a. O., S. 494 ff.

103 Vgl. Schütz, Walter J., ebd.

104 Siehe die entsprechenden Angaben in den vom BDZV herausgegebenen Jahrbüchern Zeitungen 1990 bis Zeitungen 2000.

105 Vgl. Keller, Dieter: Zur wirtschaftlichen Lage der deutschen Zeitungen 2003, in: Zeitungen 2003, hrsg. vom BDZV, Berlin: ZV 2003, S. 20–95, hier S. 43.

106 Vgl. Keller, Dieter: Zur wirtschaftlichen Lage der deutschen Zeitungen 2005, a. a. O., S. 52; ders.: Zur wirtschaftlichen Lage der deutschen Zeitungen 2006, in: Zeitungen 2006, hrsg. vom BDZV, Berlin: ZV 2006, S. 20–89, hier S. 39.

107 Vgl. Keller, Dieter: Zur wirtschaftlichen Lage der deutschen Zeitungen 2005, a. a. O., S. 52 und S. 69.

108 Schütz, Walter J.: Pressewirtschaft, a. a. O., S. 505.

109 Schütz, Walter J.: Pressewirtschaft, ebd.

110 Mundhenke, Reinhard: Der Verlagskaufmann, a. a. O., S. 47 f. u. 55 ff.

111 Uenk, Renate/Laarmann, Susanne: Medium Zeitung. Vergleichende Darstellung und Analyse von Werbeträgern, hrsg. von der Gesellschaft für Zeitungsmarketing, Frankfurt: Frankfurter Allgemeine Zeitung/Verlagsbereich 1992, S. 43.

112 Vgl. Keller, Dieter: Zur wirtschaftlichen Lage der deutschen Zeitungen 2005, a. a. O., S. 52 und S. 69.

113 Siehe Zohlnhöfer, Werner: Zur Ökonomie des Pressewesens in der Bundesrepublik Deutschland, in: Schenk, Michael/Donnerstag Joachim (Hrsg.): Medienökonomie. Einführung in die Ökonomie der Mediensysteme, München: Reinhard Fischer 1989, S. 35–75, hier S. 46 ff.; beachte: der ›Tausenderpreis‹ ist vom ›Tausenderkontaktpreis‹ bzw. ›Tausend-Leser-Preis‹ zu unterscheiden, der sich auf 1.000 von einem Zeitungstitel erreichte Leser bezieht.

114 Zohlnhöfer, Werner: Zur Ökonomie des Pressewesens in der Bundesrepublik Deutschland, a. a. O., S. 47–51, sowie Schütz, Walter J.: Pressewirtschaft, a. a. O., S. 505 u. 507.

115 Vgl. Kepplinger, Hans Mathias: Massenkommunikation, a. a. O., S. 66 f., sowie Zohlnhöfer, Werner: Zur Ökonomie des Pressewesens in der Bundesrepublik Deutschland, ebd., sowie Schütz, Walter J., ebd.

116 Nach Schütz, Walter J.: Pressewirtschaft, a. a. O., S. 506 ff.; vgl. vor allem Uenk, Renate/Laarmann, Susanne: Medium Zeitung. Vergleichende Darstellung und Analyse von Werbeträgern, a. a. O., S. 103 ff. u. 175 ff.

117 Nach Schütz, Walter J.: Pressewirtschaft, ebd.; vgl. Mundhenke, Reinhard: Der Verlagskaufmann, a. a. O., S. 124–142; Nussberger, Ulrich: Das Pressewesen zwischen Geist und Kommerz, a. a. O., S. 69–100.

118 Vgl. Schütz, Walter J.: Pressewirtschaft, a. a. O., S. 507 ff.; vgl. Uenk, Renate/Laarmann, Susanne: Medium Zeitung, a. a. O., S. 214 ff., sowie Nussberger, Ulrich: Das Pressewesen zwischen Geist und Kommerz, ebd.

119 Vgl. Keller, Dieter: Zur wirtschaftlichen Lage der deutschen Zeitungen 2005, in: Zeitungen 2005, hrsg. vom BDZV. Berlin: ZV 2005, S. 28–101, hier S. 44, Schaubild 5.

120 Vgl. Keller, Dieter, ebd.

121 Vgl. Kuppek, Harald: Totengräber Internet? Oder: Online überleben?, in: Schröder, Michael/Schwanebeck, Axel (Hrsg.): Zeitungszukunft Zukunftzeitung. Der schwierige Gang der Tagespresse in die Informationsgesellschaft des 21. Jahrhunderts. München: Reinhard Fischer 2005, S. 65–73, hier S. 69. f.; vgl. auch Riefler, Katja: Rubrikenmärkte im Internet – ein internationaler Überblick, in: Zeitungen 2004, hrsg. vom BDZV, Berlin: ZV 2004, S. 216-277, hier S. 216.

122 Siehe Kisker, Klaus Peter/Knoche, Manfred/Zerdick, Axel: Wirtschaftskonjunktur und Pressekonzentration in der Bundesrepublik Deutschland, München: Saur 1979, S. 122 ff.; vgl. Nussberger, Ulrich: Das Pressewesen zwischen Geist und Kommerz, a. a. O., S. 69 ff.

123 Vgl. Werbung in Deutschland 2006, hrsg. vom Zentralverband der Werbewirtschaft. Berlin: Verlag edition ZAW 2006, S. 9 ff.

124 Vgl. Werbung in Deutschland 2001, hrsg. vom Zentralverband der Werbewirtschaft, Bonn: Verlag edition ZAW 2001, S. 19.

125 Vgl. Werbung in Deutschland 2006, a. a. O., S. 13.

126 Vgl. Werbung in Deutschland 2001, hrsg. vom Zentralverband der Werbewirtschaft. Bonn: Verlag edition ZAW 2001, S. 19.

127 Vgl. Kopper, Gerd G.: Anzeigenblätter als Wettbewerbsmedien, München: Saur 1991.

128 Vgl. Zohlnhöfer, Werner: Zur Ökonomie des Pressewesens in der Bundesrepublik Deutschland, a. a. O., S. 46 f., sowie Goslich, Lorenz: Zeitungs-Innovationen, München: Saur 1987, S. 55–62.

129 Vgl. Werbung in Deutschland 1990, hrsg. vom Zentralausschuß der Werbewirtschaft. Bonn: Verlag edition ZAW 1990, S. 16 sowie Werbung in Deutschland 2006, a. a. O., S. 13.

130 Vgl. dazu die Jahrbücher des ZAW Werbung in Deutschland 2001 bis Werbung in Deutschland 2006.

131 Vgl. Werbung in Deutschland 2006, a. a. O., S. 13.

132 Siehe Riepl, Wolfgang: Das Nachrichtenwesen des Altertums, Berlin, Leipzig: Teubner 1913, sowie Lerg, Winfried B.: Verdrängen oder ergänzen die Medien einander? Innovation und Wandel im Kommunikationssystem, in Publizistik, 26. Jg. 1981, H. 4, S. 193.

133 Giott, Walter: Medien im Wettstreit. Tageszeitung und Fernsehen, Münster: Regensberg 1979, S. 32, sowie Mast, Claudia: Was leisten die Medien? Funktionaler Strukturwandel in den Kommunikationssystemen, Osnabrück: Fromm 1986; dies.: Medien und Alltag im Wandel. Eine Literaturstudie zu Akzeptanz und Nutzung alter und neuer Medien, Konstanz: Universitätsverlag 1985, S. 127 ff.

134 Roegele, Otto B.: Die Zukunft der Massenmedien, Osnabrück: Fromm 1970, S. 47.

135 Vgl. Bausch, Hans: Was die publizistischen Medien unterscheidet. Bemerkungen zur medienpolitischen Diskussion, Stuttgart: Süddeutscher Rundfunk 1978, S. 23; siehe auch Pürer, Heinz: Presse im
Umbruch. Zur Zukunft der Presse im Wettbewerb mit den elektronischen Medien, Salzburg: Amt
der Salzburger Landesregierung 1992, S. 57 ff.

136 Vgl. Bausch, Hans: Was die publizistischen Medien unterscheidet, a. a. O., S. 29; Roegele, Otto B.:
Die Zukunft der Massenmedien, a. a. O., S. 45, sowie Pürer, Heinz: Presse im Umbruch, a. a. O.,
S.58 ff.

137 Vgl. Noelle-Neumann, Elisabeth: Die Antwort der Zeitung auf das Fernsehen. Geschichte einer Herausforderung, Konstanz: Universitätsverlag 1986, S. 19 ff.

138 Vgl. Lauff, Werner: Medienpolitische Konsequenzen aus den Strukturentwicklungen im Werbemarkt, in: Zeitungen 90, a. a. O., S.104–112, hier S. 111.

139 Vgl. Scherer, Helmut: Lokalzeitung und lokaler Hörfunk – Ergänzung oder Ersatz? Ergebnisse einer
Untersuchung in Nürnberg, in: Media Perspektiven 9/1991, S. 604–615; siehe auch Mast, Claudia/
Weigert, Matthias: Medien in der Region. Eine empirische Untersuchung der Informationsleistung
von Hörfunk und Zeitung, Konstanz: Universitätsverlag 1991, S. 205–230, bes. S. 225 ff. Zu ähn-
lichen Befunden gelangt auch die Begleitforschung zur Einführung von Lokalradios in der Schweiz;
dazu Saxer, Ulrich: Lokalrundfunk in der Schweiz. Erfahrungen für ein Modell Deutschland?, in:
Mast, Claudia (Hrsg.): Rivalen im Äther. Radioprofile und Hörerwünsche in Baden-Württemberg,
Konstanz: Universitätsverlag 1990, S. 21–38, hier S. 33.

140 Vgl. Wagner, Franc: Sind Printmedien im Internet Online-Medien?, in: Pfammater, Rene (Hrsg.):
Multi Media Mania. Reflexionen zu Aspekten Neuer Medien, Konstanz: UVK 1998, S. 191–211.
Meier, Klaus (Hrsg.): Internet-Journalismus, Konstanz: UVK ³2002; Pürer, Heinz: Publizistik und
Kommunikationswissenschaft. Ein Handbuch, Konstanz: UVK 2003, S. 226 f.

141 Vgl. Schmidt, Jan: Weblogs. Eine kommunikationssoziologische Studie, Konstanz: UVK 2006.

142 Schütz, Walter J.: Statistik zum Marktzutritt von Tageszeitungen in der Bundesrepublik Deutschland, in: Kopper, Gerd G. (Hrsg.): Marktzutritte bei Tageszeitungen – zur Sicherung von Meinungsvielfalt durch Wettbewerb, München: Saur 1984, S. 64–74, hier S. 66.

143 Die Kosten für die in Ostdeutschland gegründete und nur 14 Monate am Markt verbliebene Tageszeitung »Super! Zeitung« mit ihrer überregionalen Verbreitung in den neuen Bundesländern werden
auf umgerechnet 150 Mio. Euro geschätzt; die Herausgabe einer Österreich-Ausgabe des Regional-
blatts »Salzburger Nachrichten« hat Angaben des Verlegers zufolge umgerechnet 5 Mio. Euro gekos-
tet und ist mitjährlichen Folgekosten von 3,25 Mio. Euro verbunden.

144 Siehe Kopper, Gerd G.: Marktzutritt – Grundfrage funktionierenden Wettbewerbs. Schlußfolgerungen aus Expertenmeinungen, Pressestatistik und empirischer Forschung, in: Media Perspektiven
3/1983, S. 145–154.

145 Vgl. Meyen, Michael: Mediennutzung. Mediaforschung, Medienfunktionen, Nutzungsmuster,
Konstanz: UVK ²2004; Pürer, Heinz: Publizistik- und Kommunikationswissenschaft. Ein Handbuch, Konstanz: UVK 2003, S. 310 ff.

146 Vgl. einführend Hess, Eva-Maria: Leserschaftsforschung in Deutschland. Ziele, Methoden, Techniken, Offenburg: Burda 1981; Siegert, Gabriele: Marktmacht Medienforschung. Die Bedeutung der
empirischen Medien- und Publikumsforschung im Medienwettbewerbssystem, München: Reinhard
Fischer 1993, S. 9 ff., 123 ff., u. 208 ff.; Schulz, Rüdiger: Mediaforschung, in: Fischer Lexikon Publizistik – Massenkommunikation, a. a. O., S. 183–213.

147 Detaillierte Informationen über die in Deutschland vorfindbaren Verfahren und Studien zur Reich-
weitenforschung vermittelt Koschnick, Wolfgang J.: Focus-Lexikon Werbeplanung – Mediaplanung
– Marktforschung – Mediaforschung, München: Focus Magazin Verlag ³2003. Einzelne Stichwörter
und Begriffe auch abrufbar unter http://medialine.focus.de (gegen kostenlose Registrierung). Mit der
Qualität der Studien und Daten einzelner Verfahren setzt sich kritisch auseinander: Meyen, Michael:
Mediennutzung, a. a. O., S. 72 ff.

148 Vgl. Schulz, Rüdiger: Mediaforschung, in: Fischer Lexikon Publizistik – Massenkommunikation,
a. a. O., S. 184 ff.

149 Vgl. Hess, Eva Maria: Leserschaftsforschung in Deutschland, a. a. O., S. 11 f.; Schulz, Rüdiger: Mediaforschung, a. a. O., S. 186; beachte auch Twyman, Tony: Methoden der Zuschauer- und Hörerforschung und ihre Validität. Ein Überblick, London 1982 (Arbeitsgemeinschaft Media-Analyse (AG.
MA) Schriften Bd. 8), Frankfurt: Media-Micro-Census 1983.

150 Meyen, Michael: Mediennutzung, a. a. O., S. 73.

151 Vgl. Meyen, Michael, ebd. Meyen führt u. a. auch aus, dass es angesichts der Heterogenität der Interessen auch »Konfliktlinien« gibt (vgl. S. 73 f.).

152 CATI steht für ›computer assisted telephone interview‹.

153 GfK-Fernseh-Panel meint die elektronische (telemetrische) Messung der Reichweiten des Fernsehens.
Sie wird im Auftrag öffentlich-rechtlicher und privater Rundfunkveranstalter (der Arbeitsgemein-
schaft für Fernsehforschung AGF) von der Gesellschaft für Konsum-, Markt- und Absatzforschung
GfK, Nürnberg, durchgeführt. Vgl. hierzu die Beiträge von Gibbe, Lars und Beike, Peter/Wendt,
Friedrich, in: Dokumentation MA 90, hrsg. von der Arbeitsgemeinschaft Media-Analyse (AG.MA),
Frankfurt: Media-Micro-Census 1990; siehe auch Siegert, Gabriele: Marktmacht Medienforschung,
a. a. O., S. 174 f. u. 178–180; Meyen, Michael, Mediennutzung, a. a. O., S. 81 ff., 92 ff.

154 Stichwort Media-Analyse (MA) der Arbeitsgemeinschaft Media-Analyse (AG.MA), in: Koschnick,
Wolfgang J.: Focus-Lexikon Werbeplanung – Mediaplanung – Marktforschung – Kommunikationsforschung – Mediaforschung, a. a. O., S. 1812.

155 Vgl. ebd.

156 Vgl. Datensätze unter: www.agma-mmc.de/03_forschung/tageszeitungen/berichterstattung/daten-
saetze. asp?.topnav=10&subnav=200 (30. 07. 2006).

157 AWA 2006. Untersuchungssteckbrief; unter: www.awa-online.de/ (30. 07. 2006).

158 Koschnick, Wolfgang J.: Focus-Lexikon Werbeplanung, a. a. O., S. 149; vgl. auch Meyen, Michael:
Mediennutzung, a. a. O., S. 86 ff.

159 Siehe Koschnick, Wolfgang J.: Focus-Lexikon Werbeplanung, a. a. O.; Meyen, Michael, Mediennutzung, a. a. O., S. 72 ff.

160 Nähere Information zu den einzelnen Studien in: Koschnick, Wolfgang J.: Focus-Lexikon Werbeplanung, a. a. O.

161 Siehe Schulz, Rüdiger: Mediaforschung, a. a. O., S. 187.

162 Vgl. Oehmichen, Ekkehardt; Ridder, Christa-Maria (Hrsg.): Die MedienNutzerTypologie. Ein neuer
Ansatz der Publikumsanalyse. Baden-Baden: Nomos 2003.

163 Siehe http://www.sinus-sociovision.de (06. 08. 2006).

164 Vgl. Engel, Bernhard; Windgasse, Thomas: Mediennutzung und Lebenswelten 2005. Ergebnisse der
9. Welle der ARD/ZDF-Langzeitstudie »Massenkommunikation«, in: Media Perspektiven 9/2005,
S. 449–464, hier S. 450 mit Bezugnahme auf Sinus Sociovision.

165 Einleitung, in: Reitze, Helmut/Ridder, Christa-Maria (Hrsg.): Massenkommunikation VII. Eine Langzeitstudie zur Mediennutzung und Medienbewertung 1964–2005. Baden-Baden: Nomos 2006, S. 11–16, hier S. 12.

166 Ebd.

167 Vgl. die Ausführungen zur Methode der Langzeitstudie in: Reitze, Helmut/Ridder, Christa-Maria: Massenkommunikation VII, a. a. O., S. 17–22.

168 (IVW) Werbeträgerkontrolle – Presseerzeugnisse; unter: www.ivw.de/print.php?reporeid_print=6 (04. 08. 2006).

169 Vgl. Koschnick, Wolfgang: Standard-Lexikon für Mediaplanung und Mediaforschung. München: Saur 1988, S. 529).

170 Vgl. Hess, Eva-Maria: Leserschaftsforschung in Deutschland, a. a. O., S. 91–98; siehe Koschnick, Wolfgang J.: Focus-Lexikon Werbeplanung, a. a. O. (Begriffe als Stichwörter auffindbar);

171 Bilandzic, Helena/Pürer, Heinz: Mediennutzungsforschung, in: Pürer, Heinz: Publizistik- und Kommunikationswissenschaft, a. a. O., S. 319 mit Bezugnahme auf Hess, Eva-Maria: Leserschaftsforschung in Deutschland, a. a. O., S. 68 ff.

172 Bilandzic, Helena/Pürer, Heinz: Mediennutzungsforschung, a. a. O., S. 319 mit Bezugnahme auf Koschnick, Wolfgang: Standard-Lexikon für Mediaplanung und Mediaforschung in Deutschland, München: K.G. Saur 1995, S. 278 ff.

173 Mit methodischen Problemen der Media Analyse (MA) und der Allensbacher Markt- und Werbeträger-Analyse (AWA) befasst sich kritisch Michael Meyen; vgl. Meyen, Michael: Mediennutzung, a. a. O., S. 72 ff.

174 Vgl. Meier, Christian: Der gläserne Leser. Carlo Imboden liefert mit dem Readerscan Lese-Daten und Zündstoff für Redaktionen: Was entscheidet den Erfolg beim Leser?, in: MediumMagazin 11/2004, S. 24–26.

175 O. A.: Gescannter Leser. Forscher ermitteln Verhalten von Zeitungskonsumenten; unter: www.3.ndr. de/ndrtv_pages_std/0,3147,OID791782,00.html (08. 12. 2005).

176 O. A.: Neue Leserforschung wird Zeitungsbranche revolutionieren (24. 11. 2004); unter: www.innovations-report.de/specials/printa.php?id=36722 (31. 07. 2006).

177 Ebd.

178 Ebd.

179 Niggemeier, Stefan: Der Leser, das unbekannte Wesen (04. 04. 2006); unter: www.faz.net/s/Rub 8A25A66CA9514B9892E0074EDE4E5AFA/Doc-EB12A19239849439B9404180878E9CB9B-ATpl-Ecommon-Scontent.html (31. 07. 2006)

180 Ebd.

181 O. A.: Mit der täglichen Lesequote die Qualität verbessern. BDZV-Chefredakteursgespräch zum Thema ReaderScan, in: BDZV intern vom 20. 02. 2006, S. 4.

182 Ebd.

183 Meier, Christian: Der gläserne Leser, a. a. O., S. 26.

184 Vgl. Niggemeier, Stefan: Der Leser, das unbekannte Wesen, a. a. O.

185 Vgl. Goldbeck, Kerstin: Leistungsdaten für die Zeitung, in: Zeitungen 2005, hrsg. vom BDZV, Berlin: ZV 2005, S. 154–167, hier S. 167.

186 Goldbeck, Kerstin: Leistungsdaten, a. a. O., S. 155.

187 Goldbeck, Kerstin: Leistungsdaten, a. a. O., S. 157.

188 Goldbeck, Kerstin: Leistungsdaten, a. a. O., S. 158.

189 Goldbeck, Kerstin, ebd.

190 Goldbeck, Kerstin, ebd.

191 Vgl. Goldbeck, Kerstin, ebd.

192 Vgl. Goldbeck, Kerstin, ebd.

193 Vgl. Werbung in Deutschland 2006, hrsg. vom Zentralverband der deutschen Werbewirtschaft, Berlin: Verlag edition ZAW, S. 237.

194 Vgl. VDZ-Jahrbuch 2006, hrsg. vom VDZ, Berlin: VDZ 2006, S. 177 (mit Bezugnahme auf Daten der Media-Analyse 2005).

195 Vgl. MA 90, hrsg. von der Arbeitsgemeinschaft Media-Analyse (AG.MA), a. a. O.

196 Vgl. Zeitungen 2005, hrsg. vom BDZV, Berlin: ZV 2005, S. 399.

197 Vgl. Zeitungen 2005, ebd.

198 Goldbeck, Kerstin: Leistungsdaten, a. a. O., S. 158.

199 Vgl. Reitze, Helmut/Ridder, Christa Maria: Massenkommunikation VII. Eine Langzeitstudie zur Mediennutzung und Medienbewertung 1964–2005, Baden-Baden: Nomos 2006.

200 Ridder, Christa Maria/Engel, Bernhard: Massenkommunikation 2005: Images und Funktionen der Massenmedien im Vergleich. Ergebnisse der 9. Welle der ARD/ZDF-Langzeitstudie zur Mediennutzung und -bewertung, in: Media Perspektiven 9/2005, S. 422–448, hier S. 428 f.

201 Ridder, Christa Maria/Engel, Bernhard: Massenkommunikation 2005, a. a. O., S. 429.

202 Vgl. van Eimeren, Birgit/Ridder, Christa Maria: Trends in der Nutzung und Bewertung der Medien 1970 bis 2005. Ergebnisse der ARD/ZDF-Langzeitstudie Massenkommunikation, in: Media Perspektiven 10/2005, S. 490–504, hier S. 493.

203 Van Eimeren, Birgit/Ridder, Christa Maria, ebd.

204 Van Eimeren, Birgit/Ridder, Christa Maria, Trends, a. a. O., S. 494.

205 Van van Eimeren, Birgit/Ridder, Christa Maria, Trends, a. a. O., S. 495.

206 Vgl. van Eimeren, Birgit/Ridder, Christa Maria, ebd.

207 Vgl. Sinus Sociovision. Heidelberg 2002, siehe auch Engel, Bernhard; Windgasse, Thomas: Mediennutzung und Lebenswelten 2005, a. a. O., S. 450.

208 Engel, Bernhard; Windgasse: Thomas, Mediennutzung und Lebenswelten 2005, a. a. O., S. 450 u. 452.

209 Vgl. van Eimeren, Birgit/Ridder, Christa Maria, Trends, a. a. O., S. 497. Bei diesem Durchschnittswert der Lesedauer sind auch die Nicht-Leser berücksichtigt. Die Nutzungsdauer jener, die die Zeitung lesen, beträgt den Angaben der Respondenten zufolge 54 Minuten; vgl. van Eimeren, Birgit/Ridder, Christa Maria, Trends, a. a. O., S. 498.

210 Vgl. van Eimeren, Birgit/Ridder, Christa Maria, Trends, a. a. O., S. 503.

211 Vgl. van Eimeren, Birgit/Ridder, Christa Maria, Trends, a. a. O., S. 493.

212 Vgl. Zeitungen 2005, hrsg. vom BDZV, Berlin: ZV 2005, S. 404 mit Bezugnahme auf das Institut für Demoskopie Allensbach, IfD Archiv 5049/7040 (BZDF 2604).

213 Vgl. Zeitungen 2005, a. a. O., S. 405.

214 Vgl. Zeitungen 2005, a. a. O., S. 406.

215 Vgl. Zeitungen 2005, a. a. O., S. 407.

216 Vgl. Zeitungen 2005, a. a. O., S. 404.

217 Vgl. dazu: Meyen, Michael: Mediennutzung, a. a. O., S. 194.

218 Vgl. Meyen, Michael: Mediennutzung, a. a. O., S. 194

219 Meyen, Michael, ebd.

220 Meyen, Michael, ebd.

221 Meyen, Michael, ebd.

222 Vgl. Schönbach, Klaus/Peiser, Wolfram: Was wird aus dem Zeitungslesen? In: Klingler, Walter et al. (Hrsg.): Medienrezeption seit 1945. Forschungsbilanz und Forschungsperspektiven. Baden-Baden: Nomos 1998, S. 103–112; Neuberger, Christoph: Vierhundert Jahre Zeitung: Medium mit Vergangenheit, aber ohne Zukunft? Vortragsmanuskript 2005; Meyen, Michael: Mediennutzung, a. a. O., S. 194–196.

223 Meyen, Michael: Mediennutzung, a. a. O., S. 195.

224 Schönbach, Klaus/Peiser, Wolfram: Was wird aus dem Zeitungslesen, a. a. O., S. 106.

225 Vgl. Schönbach, Klaus/Peiser, Wolfram, ebd.; siehe Meyen, Michael: Mediennutzung, a. a. O., S. 195.

226 Vgl. Meyen, Michael: Mediennutzung, a. a. O., S. 195.

227 Vgl. Neuberger, Christoph: 400 Jahre Zeitung, a. a. O., S. 4.

228 Vgl. Meyen, Michael: Mediennutzung, a. a. O., S. 195 ff.

229 Meyen, Michael: Mediennutzung, a. a. O., S. 197.

230 Meyen, Michael: ebd. Der Autor nimmt Bezug auf: Schwab, Irmela: Junge gehen lieber online, in: werben & verkaufen 43/2000, S. 164.

231 Vgl. Schönbach, Klaus/Peiser, Wolfram: Was wird aus dem Zeitungslesen, a. a. O., S. 106.

232 Noelle-Neumann, Elisabeth/Schulz, Rüdiger: Ein halbes Jahrhundert im Focus der Demoskopie, in: Zeitungen 2004, hrsg. vom BDZV, Berlin: ZV 2004, S. 132–159, hier S. 150.

233 Noelle-Neumann, Elisabeth/Schulz, Rüdiger: Ein halbes Jahrhundert im Focus der Demoskopie, a. a. O., S. 151.

234 Noelle-Neumann, Elisabeth/Schulz, Rüdiger, ebd.

235 Noelle-Neumann, Elisabeth/Schulz, Rüdiger, ebd.

236 Noelle-Neumann, Elisabeth/Schulz, Rüdiger: Ein halbes Jahrhundert im Focus der Demoskopie, a. a. O. S. 154.

237 Vgl. Mathes, Rainer: Konzepte zur Nutzung und Bewertung von Tageszeitungen, in: Böhme-Dürr, Karin/Graf, Gerhard (Hrsg.): Auf der Suche nach dem Publikum. Medienforschung für die Praxis, Konstanz: UVK 1995, S. 69–90, hier S 72 ff.

238 Mathes, Konzepte, a. a. O., S. 73.

239 Vgl. Mathes, Konzepte, a. a. O., S. 74.

240 Mathes, Rainer: Konzepte, a. a. O., S. 73.

241 Mathes, Rainer: Konzepte, a. a. O., S. 75.

242 Mathes, Rainer: Konzepte, a. a. O., S. 75 f.

243 Mathes, Rainer: Konzepte, a. a. O., S. 76.

244 Einen guten Überblick zum Thema Jugend und Zeitung bietet das Literaturverzeichnis des Beitrags von: Körte, Jana: Lieferadresse Klassenzimmer. Zeitungsprojekte in der Schule, in: Rager, Günther et al. (Hrsg.): Zeitungsjournalismus. Empirische Leserschaftsforschung, Konstanz: UVK 2006, S. 78–84, hier S. 83 f.; siehe auch die Literatur in Kubitza, Markus: Verlorene Generation? Was Jugendliche von Zeitungsseiten erwarten, in: Rager, Günther et al. (Hrsg.): Zeitungsjournalismus, a. a. O., S. 252–260, hier S. 259 f.

245 Vgl. Rager, Günther: Jugendliche als Zeitungsleser: Lesehürden und Lösungsansätze. Ergebnisse aus dem Langzeitprojekt »Lesesozialisation bei Informationsmedien«, in: Media Perspektiven 4/2003, S. 180–186, hier S. 180.

246 Rager, Günther, ebd.

247 Vgl. Körte, Jana: Lieferadresse Klassenzimmer, a. a. O., S. 78.

248 Vgl. o. A.: Damit aus Kindern Leser werden. BDZV-Fachtag und Podiumsdiskussion »Im Sandkasten auf Leserfang«, in: BDZV Intern, 02. 03. 2006, S. 4 f., hier insbesondere den Bezug auf das Zeitungshaus Bauer in Marl mit seinem Kindergarten-Angebot »Zeitungstreff Vorschulkinder«, a. a. O., S. 5; Pasquay, Anja: Auf der Suche nach dem Leser von morgen – Jugend und Zeitung, in: Zeitungen 2004, hrsg. vom BDZV, Berlin: ZV 2004, S. 240–251, hier S. 243; Körte, Jana: Lieferadresse Klassenzimmer, a. a. O., S. 79.

249 Körte, Jana, ebd.

250 Vgl. Körte, Jana, ebd.

251 Vgl. Seikel, Karl Dietrich: Verlage für die Zukunft gut gerüstet, in: VDZ-Jahrbuch 2006, hrsg. vom VDZ, Berlin: VDZ 2006, S. 16–20, hier S. 20.

252 Hier nach Körte, Jana: Lieferadresse Klassenzimmer, a. a. O.

253 Körte, Jana, ebd.; siehe auch Werner, Petra: In die Schule gehen. Was die Zeitung für Jugendliche tun kann, in: Rager, Günther/Weber Bernd (Hrsg.): Fit für die Jugend. Tipps für Zeitungsmacher. Berlin: Verband der Lokalpresse 2000, S. 39-41, sowie Korf, Katja: Klassenziel erreicht. Der Einfluss von Schulzeitungsprojekten auf die Zeitungslesekompetenz und das Zeitungsverhalten der Teilnehmer, unveröffentlichte Diplomarbeit, Universität Dortmund 2004.

254 Vgl. Kubitza, Markus: Verlorene Generation? Was Jugendliche von Jugendseiten erwarten, in: Rager, Günther et al. (Hrsg.), Zeitungsjournalismus, a. a. O., S. 252–269, hier S. 253. Kubitza beruft sich auf Angaben des BDZV unter www.bdzv.de/junge_leser_zeitung.html (21. 11. 2005). Möglicherweise liegt die Zahl höher, da die Angaben auf Freiwilligkeit beruhen.

255 Siehe dazu: Jugendwebsites; unter: www.bdzv.de/jugendwebsites.html (09. 08. 2006).

256 Kubitza, Markus: Verlorene Generation, a. a. O., S. 253.

257 Siehe Kubitza, Markus: Verlorene Generation?, a. a. O., S. 254 ff.

258 Kubitza, Markus, ebd.

259 Kubitza, Markus, ebd.

260 Kubitza, Markus: Verlorene Generation?, a. a. O., S. 255.

261 Vgl. Kubitza, Markus: Verlorene Generation?, a. a. O., S. 256.

262 Kubitza, Markus: Verlorene Generation?, a. a. O., S. 257.

263 Kubitza, Markus, ebd.

264 Kubitza, Markus: Verlorene Generation?, a. a. O., S. 254.

265 Rager, Günther: Jugendliche als Zeitungsleser, a. a. O., S. 182.

266 Rager, Günther: Jugendliche als Zeitungsleser, a. a. O., S. 183.

267 Graf-Szczuka, Karola: Typisch Leser! Wie man die Leserschaft durch Typologien beschreibt, in: Rager, Günther et al. (Hrsg.), Zeitungsjournalismus, a. a. O., S. 270–280, hier S. 275.

268 Siehe Graf-Szczuka, Karola: Typisch Leser, a. a. O., S. 275 f.

269 Rager, Günther: Jugendliche als Zeitungsleser, a. a. O., S. 181.

270 Rager, Günther, ebd.

271 Vgl. Sehl, Annika: Zu jung für den Seniorenteller. Was die Zeitung Älteren serviert, in: Rager, Günther et al. (Hrsg.): Zeitungsjournalismus. Empirische Leserschaftsforschung, a. a. O., S. 261–269, hier S. 261. Sehl bezieht sich auf: Statistisches Bundesamt: Bevölkerung Deutschlands bis 2050. 10. koordinierte Bevölkerungsvorausberechnung, Wiesbaden: Statistisches Bundesamt 2003.

272 Vgl. Sehl, Annika: Ältere als Zielgruppe der Tageszeitung. Eine Themenanalyse von Seniorenseiten regionaler Tageszeitungen in Nordrhein-Westfalen, unveröffentlichte Studienarbeit, Universität Dortmund 2005.

273 Vgl. Sehl, Annika: Zu jung für den Seniorenteller, a. a. O., S. 261, mit Bezugnahme auf Observer Argus Media: Mehr Extra-Schlagzeilen für Senioren, in: PR-Report 6/2004, S. 12, sowie Möller-Riester, Monika: Seniorenseiten in Deutschen Tageszeitungen, Teil II, in: Kuratorium Deutsche Altershilfe: Alte unter Druck. Blattmacher entdecken die graue Leserschaft, Köln: KDA 1992, S. 1–32.

274 Sehl, Annika: Zu jung für den Seniorenteller, a. a. O., S. 262 mit Bezugnahme auf mct – media consulting team: Unveröffentlichter Forschungsband. Ergebnisse aus Leser- und Nichtleserbefragungen. Band 2, Dortmund 2003.

275 Siehe dazu Sehl, Annika: Zu jung für den Seniorenteller, a. a. O., S. 264 f. Die Verfasserin weist die einzelnen Studien dort aus.

276 Sehl, Annika: Zu jung für den Seniorenteller, a. a. O., S. 264.

277 Vgl. Sehl, Annika: Zu jung für den Seniorenteller, ebd.

278 Vgl. Sehl, Annika: Zu jung für den Seniorenteller, a. a. O., S. 266.

279 Sehl, Annika: Zu jung für den Seniorenteller, a. a. O., S. 267.

280 Sehl, Annika: Zu jung für den Seniorenteller, a. a. O., S. 268.

281 Vgl. o. A.: Nachrichtenagenturen. Platzhirsch bleibt die dpa, in: Mediendienst des Instituts der deutschen Wirtschaft Köln, August 2003, S. 1, sowie www.iwkoeln.de/default.aspx?p=contenthigh&i=1 6910 (28. 08. 2003); Schumacher, Martina: Ausländische Nachrichtenagenturen in Deutschland vor und nach 1945, Köln: Böhlau 1998, S. 83 ff., 115 ff., 161 f.; Wilke, Jürgen: Nachrichtenagenturen, in ders. (Hrsg.): Mediengeschichte der Bundesrepublik Deutschland, Bonn: Bundeszentrale für politische Bildung 1999, S. 469–488; Zschunke, Peter: Agenturjournalismus. Nachrichtenschreiben im Sekundentakt, Konstanz: UVK ²2000, S. 64 f.; Höhne, Hansjoachim: Meinungsfreiheit durch viele Quellen. Nachrichtenagenturen in Deutschland, in: Publizistik, 37. Jg. 1992, S. 50–63, hier: S. 50 f.; Rosenberger, Bernhard/Schmid, Sigrun: Zwischen Gleichförmigkeit und Differenzierung. Wettbewerbsstrategien von Agenturen im sich wandelnden Nachrichtenmarkt, in: Wilke, Jürgen (Hrsg.): Nachrichtenagenturen im Wettbewerb. Ursachen – Faktoren – Perspektiven, Konstanz: UVK 1997, S. 43–63, hier S. 43 ff.; Fischer Weltalmanach 2005, Frankfurt a. M.: Fischer 2004, S. 591; Schulz, Winfried: Nachricht, in: Fischer Lexikon Publizistik – Massenkommunikation, Frankfurt a. M.: Fischer 2002, S. 328–362, hier: S. 346.

282 Siehe www.dpa.de/de/unternehmenswelt/redaktionen/index.html (31. 08. 2004); Rosenberger, Bernhard/Schmid, Sigrun: Zwischen Gleichförmigkeit und Differenzierung, a. a. O., S. 47 f.; o. A.: Nachrichtenagenturen, a. a. O.; Deutsche Presse-Agentur: dpa trotz Umsatzrückgang mit schwarzen Zahlen [Meldung vom 17. 06. 2004], Internet: http://de.news.yahoo.com/040617/3/42uli.html (17. 06. 2004).

283 Vgl. Deutsche Presse-Agentur (Hrsg.): dpa meldet... 50 Jahre Deutsche Presse-Agentur GmbH, Starnberg: R. S. Schulz 1999, S. 10 ff.; He, Jianming: Die Nachrichtenagenturen in Deutschland. Geschichte und Gegenwart, Frankfurt a. M. u. a.: Peter Lang 1996 (= Europäische Hochschulschriften. Reihe XL. Kommunikationswissenschaft und Publizistik; Bd. 58), S. 193–231; Wilke, Jürgen: Nachrichtenagenturen, a. a. O., S. 469 ff., 473; Kristionat, Andreas: Vom German News Service (GNS) zur Deutschen Presse-Agentur (dpa), in: Wilke, Jürgen (Hrsg.): Telegraphenbüros und Nachrichtenagenturen in Deutschland, München: Saur 1991, S. 267–331.

284 Deutsche Presse-Agentur (Hrsg.): dpa meldet..., a. a. O., S. 127.

285 Vgl. Deutsche Presse-Agentur (Hrsg.): dpa meldet…, a. a. O., S. 37 f., 127 f.; dpa-Internetseite (31. 08. 2004):

www.dpa.de/de/unternehmenswelt/unternehmen/index.html,

www.dpa.de/de/unternehmenswelt/unternehmen/unternehmensstruktur.html,

www.dpa.de/de/unternehmenswelt/unternehmen/gesellschaftsform.html,

www.dpa.de/de/unternehmenswelt/unternehmen/aufsichtsrat.html,

www.dpa.de/de/unternehmenswelt/unternehmen/geschaeftsfuehrung.html,

www.dpa.de/de/unternehmenswelt/unternehmen/chefredaktion.html,

Harseim, Christine/Wilke, Jürgen: Nachrichtenproduktion und Nachrichtenangebot der Deutschen Presse-Agentur. Mit einem Ausblick auf den Agentur-Vergleich, in: Wilke, Jürgen (Hrsg.): Von der Agentur zur Redaktion. Wie Nachrichten gemacht, bewertet und verwendet werden, Köln/Weimar/Wien: Böhlau 2000, S. 1–122, hier: S. 2 f., 7; He, Jianming: Die Nachrichtenagenturen in Deutschland, a. a. O., S. 242–247; Deutsche Presse-Agentur: dpa auch 2003 erfolgreich – Positives Echo auf neues Preismodell [Pressemitteilung vom 17. 06. 2004], Internet: www.presseportal.de/pdf.htx?nr=567157 (17. 06. 2004).

286 Siehe:

www.dpa.de/de/produkte/sitemap/index.html (31. 08. 2004),

www.dpa.de/de/unternehmenswelt/redaktionen/deutschland.html,

www.dpa.de/de/unternehmenswelt/unternehmen/unternehmensgruppe.html;

Deutsche Presse-Agentur (Hrsg.): dpa meldet…, a. a. O., S. 55–93, 100–102; Harseim, Christine/Wilke, Jürgen: Nachrichtenproduktion und Nachrichtenangebot der Deutschen Presse-Agentur, a. a. O., S. 7 ff.

287 Vgl. Deutsche Presse-Agentur (Hrsg.): dpa meldet…, a. a. O., S. 55–93, 100–102; Harseim, Christine/Wilke, Jürgen: Nachrichtenproduktion und Nachrichtenangebot der Deutschen Presse-Agentur, a. a. O., S. 10–12, 102 f.; Deutsche Presse-Agentur (Hrsg.): Wegweiser durch die dpa-Dienste, Hamburg: Deutsche Presse-Agentur 1999; dpa-Internetseite (31. 08. 2004): www.dpa.de/de/produkte/sitemap/index.html.

288 Vgl. Deutsche Presse-Agentur (Hrsg.): dpa meldet…, a. a. O., S. 55–57; Harseim, Christine/Wilke, Jürgen: Nachrichtenproduktion und Nachrichtenangebot der Deutschen Presse-Agentur, a. a. O., S. 95–110; www.dpa.de/de/produkte/wort/up_basisdienst.html (31. 08. 2004).

289 Siehe:

www.dpa.de/de/produkte/wort/up_landesdienste.html (31. 08. 2004),

www.dpa.de/de/produkte/wort/up_dossiers.html (31. 08. 2004),

www.dpa.de/de/produkte/wort/up_select.html (31. 08. 2004),

www.dpa.de/de/produkte/shop/up_textdatenbank.html.

Vgl. Deutsche Presse-Agentur (Hrsg.): dpa meldet…, a. a. O., S. 62 f., 78 f., 100 f.

290 Vgl. Deutsche Presse-Agentur (Hrsg.): dpa meldet…, a. a. O., S. 26–31, 65, 70–73; Höhne, Hansjoachim: Report über Nachrichtenagenturen. Neue Medien geben neue Impulse, Baden-Baden: Nomos [2]1984, S. 187–194; He, Jianming: Die Nachrichtenagenturen in Deutschland, a. a. O., S. 247–253; vgl. Wortmann, Norbert Clemens: Kein Geld vom Staat [Leserbrief], in: Medium Magazin 18. Jg. 2003, H. 10, S. 14.

291 Siehe www.mecom.de.

292 Vgl. Deutsche Presse-Agentur (Hrsg.): dpa meldet …, a. a. O., S. 105–116; Ebeling, Dieter: Die Position von dpa im Nachrichtenmarkt, in: Wilke, Jürgen (Hrsg.): Nachrichtenagenturen im Wettbe-

werb, a. a. O., S. 25–34, hier: S. 25 f., 28, 31 f.; vgl. Gehrig, Peter M.: Die Position von AP im Nachrichtenmarkt, in: Wilke, Jürgen (Hrsg.): Nachrichtenagenturen im Wettbewerb, a. a. O., S. 17–23, hier S. 18.

293 Vgl. Schumacher, Martina: Ausländische Nachrichtenagenturen in Deutschland, a. a. O., S. 15, 17 ff., 161.

294 Siehe www.ap-online.de; vgl. Schumacher, Martina: Ausländische Nachrichtenagenturen in Deutschland, a. a. O., S. 115; Zschunke, Peter: Agenturjournalismus, a. a. O., S. 75–77; Gehrig, Peter M.: Die Position von AP im Nachrichtenmarkt, a. a. O.; o. A.: Nachrichtenagenturen, a. a. O.

295 Siehe www.afp.com/deutsch/home; vgl. Wortmann-im Brahm, Norbert: Die Position von AFP im Nachrichtenmarkt, in: Wilke, Jürgen (Hrsg.): Nachrichtenagenturen im Wettbewerb, a. a. O., S. 11–15; Schmid, Sigrun: Weltagentur auf dem deutschen Nachrichtenmarkt: Agence France-Presse (AFP), in: Wilke, Jürgen (Hrsg.): Agenturen im Nachrichtenmarkt. Reuters, AFP, VWD/dpa, dpa-fwt, KNA, epd, Reuters Television, Worldwide Television News, Dritte-Welt-Agenturen, Köln/Weimar/Wien: Böhlau 1993, S. 57–105, hier: S. 71 ff.; Zschunke, Peter: Agenturjournalismus, a. a. O., S. 80–82.

296 Siehe www.reuters.de; vgl. Rall, Peter: Die Position von Reuters im Nachrichtenmarkt, in: Wilke, Jürgen (Hrsg.): Nachrichtenagenturen im Wettbewerb, a. a. O., S. 35–39; Bauer, Felix/Wilke, Jürgen: Weltagentur auf dem deutschen Nachrichtenmarkt: Reuters, in: Wilke, Jürgen (Hrsg.): Agenturen im Nachrichtenmarkt, a. a. O., S. 13–56; Zschunke, Peter: Agenturjournalismus, a. a. O., S. 77–80.

297 Siehe www.ddp.de; vgl. Zschunke, Peter: Agenturjournalismus, a. a. O., S. 69 f.; Schenk, Ulrich: Nachrichtenagenturen als wirtschaftliche Unternehmen mit öffentlichem Auftrag. Mit einer kritischen Würdigung des ddp, Berlin: Vistas 1985, S. 75–100; Jahrfeld, Martin: ddp-Sanierung. Radikaler Neuanfang, in: Journalist 54. Jg. 2004, H. 12, S. 42–43.

298 Siehe www.dpa-afx.de; vgl. Hadding, Stefanie: »Es geht jetzt erst los«. dpa-AFX zündet den Turbo, in: Wirtschaftsjournalist 4/2004, S. 36–38.

299 Siehe www.djnewswires.com/eu/German.htm; vgl. Merkl, Martina/Wilke, Jürgen: Produktion und Verbreitung von Wirtschaftsinformation: VWD und dpa, in: Wilke, Jürgen (Hrsg.): Agenturen im Nachrichtenmarkt, a. a. O., S. 107–160; Lungmus, Monika: vwd-Aufspaltung. Eine neue Firma für die Redaktion, in: Journalist 54. Jg. 2004 H. 8, S. 39.

300 Vgl. Zschunke, Peter: Agenturjournalismus, a. a. O., S. 83 f.; siehe www.sid.de; vgl. Niemeyer, Marc/Wilke, Jürgen: Produktion von Sportnachrichten. Eine Untersuchung des Sport-Informationsdienstes (sid) sowie ein Vergleich mit dem Angebot der Deutschen Presse-Agentur (dpa), in: Wilke, Jürgen (Hrsg.): Nachrichtenproduktion im Mediensystem. Von den Sport- und Bilderdiensten bis zum Internet, Köln/Weimar/Wien: Böhlau 1998, S. 9–53; Zschunke, Peter: Agenturjournalismus, a. a. O., S. 84.

301 Siehe www.epd.de; www.kna.de; vgl. Wilke, Jürgen: Der Evangelische Pressedienst (epd), in: Wilke, Jürgen (Hrsg.): Agenturen im Nachrichtenmarkt, a. a. O., S. 213–241; Rebele, Richard/Wilke, Jürgen: Die Katholische Nachrichtenagentur (KNA), in: Wilke, Jürgen (Hrsg.): Agenturen im Nachrichtenmarkt, a. a. O., S. 187–212; Zschunke, Peter: Agenturjournalismus, a. a. O., S. 84–86.

302 Vgl. Zschunke, Peter: Agenturjournalismus, a. a. O., S. 77 ff., 88 f., 253 f.; Güde, Marei: Nutzung und Bewertung von Nachrichtenagenturen durch ihre Kunden. Eine Befragung deutscher Tageszeitungsredaktionen, in: Wilke, Jürgen (Hrsg.): Von der Agentur zur Redaktion, a. a. O., S. 123–177; Wilke, Jürgen/Schmidt, Dagmar: Das Nachrichtenangebot der Agenturen im inhaltlichen Vergleich, in: Wilke, Jürgen (Hrsg.): Nachrichtenagenturen im Wettbewerb, a. a. O., S. 67–104; He, Jianming:

Die Nachrichtenagenturen in Deutschland, a. a. O., S. 321–338; Hagen, Lutz M.: Informationsqualität von Nachrichten. Meßmethoden und ihre Anwendung auf die Dienste von Nachrichtenagenturen, Opladen: Westdeutscher Verlag 1995, S. 274–284.

303 Vgl. Wortmann-im Brahm, Norbert: Die Position von AFP im Nachrichtenmarkt, a. a. O.; Ebeling, Dieter: Die Position von dpa im Nachrichtenmarkt, a. a. O.; Rosenberger, Bernhard/Schmid, Sigrun: Zwischen Gleichförmigkeit und Differenzierung, a. a. O., S. 48–51; Wilke, Jürgen: Zukunft Multimedia, in: Wilke, Jürgen (Hrsg.): Mediengeschichte der Bundesrepublik Deutschland, a. a. O., S. 751–774, hier: S. 763 f.

304 Deutsche Presse-Agentur (Hrsg.): dpa meldet…, a. a. O., S. 7.

305 Vgl. Keller, Eva/Röhl, Constance V.: Ausgetickert: RP kündigt dpa, in: Medium Magazin 18. Jg. 2003, H. 5, S. 6; Keller, Eva: Was macht die dpa bloß falsch, Herr Brackvogel?, in: Medium Magazin 18. Jg. 2003, H. 6, S. 6; Prothmann, Hardy: Feuer unterm Dach. Langfassung des Titelinterviews mit Wilm Herlyn und Walter Richtberg (dpa) [aus Medium Magazin 18. Jg. 2003, H. 7], Internet: www.mediummagazin.de/download/1575.pdf (07. 07. 2003); Prothmann, Hardy: Rechenexempel, in: Medium Magazin 18. Jg. 2003, H. 7, S. 24–26; Firley, Ingo: dpa. Teures Vergnügen, in: Journalist 53. Jg. 2003, H. 8, S. 36–39; Sonnleitner, Martin: Unzufriedene Kunden, in: M – Menschen machen Medien 9/2003; www.verdi.de/0x0ac80f2b_0x0017da9e (01. 06. 2004); Frey, Wolfgang/Prothmann, Hardy: Tickerwettlauf, in: Medium Magazin 19. Jg. 2004, H. 4, S. 34–37.

306 Vgl. Frey, Wolfgang/Prothmann, Hardy: Tickerwettlauf, a. a. O.; Lungmus, Monika: Outsourcing. Budapest ist billiger, in: Journalist 54. Jg. 2004, H. 8, S. 38–40; Jahrfeld, Martin: ddp-Sanierung, a. a. O.

307 Limbach, Peter: Pressegesetze, in: Schiwy, Peter/Schütz, Walter J. (Hrsg.): Medienrecht. Lexikon für Wissenschaft und Praxis, Neuwied: Luchterhand ²1990, S. 242–247, hier S. 243; vgl. auch Löffler, Martin/Ricker, Reinhart: Handbuch des Presserechts, München: Beck 1978, S. 1–7.

308 Vgl. Kepplinger, Hans Mathias: Kommunikationspolitik, in: Fischer Lexikon Publizistik – Massenkommunikation, hrsg. von Noelle-Neumann, Elisabeth/Schulz, Winfried/Wilke, Jürgen, Frankfurt a. M.: Fischer 1994, S. 116–139, hier S. 116 ff., sowie Löffler, Martin/Ricker, Reinhart: Handbuch des Presserechts, a. a. O., S. 11–20.

309 Löffler, Martin: Der Verfassungsauftrag der Presse, in: Wilke, Jürgen (Hrsg.): Pressefreiheit, Darmstadt: Wissenschaftliche Buchgesellschaft 1984, S. 343–356, hier S. 348; vgl. hierzu Bergsdorf, Wolfgang: Die vierte Gewalt. Einführung in die politische Massenkommunikation, Mainz: Von Hase und Koehler 1980, S. 55 ff. u. 189 ff.

310 BVerfGE 20, 162 (175 f.); Gädeke, Peter: Pressefreiheit, in: Schiwy, Peter/Schütz, Walter J. (Hrsg.): Medienrecht, a. a. O., S. 234–242, hier S. 236; zur Rechtsdiskussion vgl. auch Lerche, Peter: Verfassungsrechtliche Fragen zur Pressekonzentration. Rechtsgutachten auf Anregung des Bundesverbandes Deutscher Zeitungsverleger, Berlin: Duncker & Humblot 1971.

311 Hier in Anlehnung an Weischenberg, Siegfried: Journalistik. Theorie und Praxis aktueller Medienkommunikation, Bd. 1: Mediensysteme, Medienethik, Medieninstitutionen, Opladen: Westdeutscher Verlag 1992, S. 136 f.

312 Vgl. Kepplinger, Hans Mathias: Kommunikationspolitik, in: Fischer Lexikon Publizistik – Massenkommunikation, a. a. O., hier S. 134 ff.; Schneider, Beate: Internationale und supranationale Kommunikationsbeziehungen, in: Schiwy, Peter/Schütz, Walter J. (Hrsg.): Medienrecht, a. a. O., S. 142–150, sowie Pürer, Heinz: Ethik in Journalismus und Massenkommunikation. Versuch einer Theorien-Synopse, in: Publizistik 3/1992, S. 304–312, hier S. 311.

313 Löffler, Martin/Ricker, Reinhart: Handbuch des Presserechts, a. a. O., S. 7 ff. u. 26 f.; siehe auch Ricker, Reinhart: Medienrecht, in: Fischer Lexikon Publizistik – Massenkommunikation, a. a. O., S. 169–185, hier S. 169 ff., sowie Bamberger, Heinz Georg: Einführung in das Medienrecht, Darmstadt: Wissenschaftliche Buchgesellschaft 1986, S. 24–27.

314 Grundgesetz für die Bundesrepublik Deutschland vom 23. 05. 1949 (BGBl. I 1949, S. 1).

315 Nach Branahl, Udo: Medienrecht. Eine Einführung, Opladen: Westdeutscher Verlag 1992, S. 17.

316 Branahl, Udo, Medienrecht, a. a. O., S. 17.

317 Herzog, Roman, in: Maunz-Dürig: Kommentar zum Grundgesetz (Loseblattsammlung), München: Beck, o. J., (30. Ergänzungslieferung Dezember 1992) 5/18a, Rz. 56 zu Art. 5 GG; Branahl, Udo: Medienrecht, a. a. O., S. 18; vgl. auch Gädeke, Peter: Pressefreiheit, in: Schiwy, Peter/Schütz, Walter J. (Hrsg.): Medienrecht, a. a. O., S. 234–242.

318 BVerfGE 7, S. 198 ff. (208), zit. nach Branahl, Udo: Medienrecht, a. a. O., S. 17.

319 BVerfGE 30, S. 336 ff. (347); BVerfGE 33, S. 1 ff. (14), hier nach Bamberger, Heinz Georg: Einführung in das Medienrecht, a. a. O., S. 73.

320 Brahnal, Udo: Medienrecht, a. a. O., S. 18 f.

321 Bamberger, Heinz Georg: Einführung in das Medienrecht, a. a. O., S. 74; und Branahl, Udo: Medienrecht, a. a. O., S. 18.

322 Branahl, Udo, Medienrecht, a. a. O., S. 19 (erste Herv. i. Original, zweite durch die Autoren); siehe auch Gädeke, Peter: Informationsfreiheit, in: Schiwy, Peter/Schütz, Walter J. (Hrsg.): Medienrecht, a. a. O., S. 139–142, hier S. 139.

323 Gädeke, Peter: Informationsfreiheit, a. a. O., bes. S. 141; Branahl, Udo, ebd.

324 Vgl. Jarass, Hans/Pieroth, Bodo: Grundgesetz für die Bundesrepublik Deutschland. Kommentar, München: Beck [7]2004, Art. 5 Rz. 11.

325 Vgl. Einführung in die Kommunikationswissenschaft. Der Prozeß der politischen Meinungs- und Willensbildung, Bd. 1., erarb. von einer Projektgruppe am Institut für Kommunikationswissenschaft der Universität München, München: Saur [2]1982, S. 56 (Studieneinheit 2).

326 Einführung in die Kommunikationswissenschaft, a. a. O., S. 57.

327 Vgl. Einführung in die Kommunikationswissenschaft, ebd.

328 BVerfGE 20, S. 162 (174), hier nach Damm, Renate: Presserecht, in: Meyer, Werner: Journalismus von heute, hrsg. von Frohner, Jürgen, 2 Bde. (Loseblattsammlung), Percha am Starnberger See: R. S. Schulz (6. Ergänzungslieferung 1984) o. J., darin Bd. 2, Abschnitt XII, S. 5–128, hier S. 9.

329 Fechner, Frank: Medienrecht, Tübingen: Mohr Siebeck [7]2006, S. 48.

330 Vgl. Fechner, Frank, ebd.; Fricke, Ernst/Ott, Sieghart: Verwaltungsrecht in der anwaltlichen Praxis, Bonn: Deutscher Anwaltverlag [2]2005, S. 1420.

331 Weischenberg, Siegfried: Journalistik, Bd. 1: Mediensysteme, Medienethik, Medieninstitutionen, a. a. O., S. 131; vgl. vor allem Löffler, Martin/Ricker, Reinhart: Handbuch des Presserechts, a. a. O., S. 17 f.

332 BVerfGE 12, S. 205 ff. (260), hier nach Branahl, Udo: Medienrecht, a. a. O., S. 20; Schneider, Peter: Pressefreiheit und Staatssicherheit, Mainz: Von Hase und Koehler 1968, S. 93; Löffler, Martin/Ricker, Reinhart: Handbuch des Presserechts, ebd.

333 Vgl. Gädeke, Peter: Pressefreiheit, in: Schiwy, Peter/Schütz, Walter J. (Hrsg.): Medienrecht, a. a. O., S. 234.

334 Branahl, Udo: Medienrecht, a. a. O., S. 21 (Herv. i. Original).

335 Vgl. Löffler, Martin/Ricker, Reinhart: Handbuch des Presserechts, a. a. O., S. 34 f.

336 Vgl. Löffler, Martin/Ricker, Reinhart: Handbuch des Presserechts, a. a. O., S. 19 u. bes. S. 94 f.

337 Bamberger, Heinz Georg: Einführung in das Medienrecht, a. a. O., S. 83; vgl. Groß, Rolf: Presserecht. Einführung in die Grundzüge und Schwerpunkte des deutschen Presserechts, Wiesbaden: Deutscher Fachschriften-Verlag 1982, S. 55 f.

338 Bamberger, Heinz Georg: Einführung in das Medienrecht, a. a. O., S. 84 (Herv. i. Orig.); unter Hinweis auf BVerfGE 30, S. 173 (188, 189).

339 BVerfGE 30, S. 190, hier nach Bamberger, Heinz Georg, a. a. O., S. 84.

340 Bamberger, Heinz Georg, ebd.

341 Bamberger, Heinz, Georg, a. a. O., S. 84 f.; vgl. Groß, Rolf: Presserecht. Einführung in die Grundzüge und Schwerpunkte des deutschen Presserechts, a. a. O., S. 55 f.

342 Vgl. Branahl, Udo: Medienrecht, a. a. O., S. 26; Bamberger, Heinz Georg: Einführung in das Medienrecht, a. a. O., S. 92 ff., sowie Löffler, Martin/Ricker, Reinhart: Handbuch des Presserechts, a. a. O., S. 50 f.

343 Löffler, Martin/Ricker, Reinhart: Handbuch des Presserechts, a. a. O., S. 53; siehe auch Ricker, Reinhart: Medienrecht, in: Fischer Lexikon Publizistik – Massenkommunikation, a. a. O., S. 169–185, hier S. 173; Branahl, Udo: Medienrecht, a. a. O., S. 26.

344 Vgl. Branahl, Udo, a. a. O., S. 26 f. u. 205–223.

345 Siehe Löffler, Martin/Ricker, Reinhart: Handbuch des Presserechts, a. a. O., S. 53–58.

346 Bamberger, Heinz Georg: Einführung in das Medienrecht, a. a. O., S. 96; vgl. Stefen, Rudolf: Jugendmedienschutz in der Bundesrepublik Deutschland, in: Wodraschke, Georg (Hrsg.): Jugendschutz und Massenmedien, München: Ölschläger 1983, S. 99–105.

347 Fechner, Frank: Medienrecht, a. a. O., S. 139.

348 Bamberger, Heinz Georg: Einführung in das Medienrecht, a. a. O., S. 96; vgl. Stefen, Rudolf: Massenmedien und Jugendschutz, Bonn-Beuel: Röger-Druck 1976, S. 80 ff., sowie ders.: Jugendmedienschutz in der Bundesrepublik Deutschland, in: Wodraschke, Georg (Hrsg.): Jugendschutz und Massenmedien, a. a. O.

349 Zit. nach Branahl, Udo: Medienrecht, a. a. O., S. 53; zum Recht der persönlichen Ehre siehe Hubmann, Heinrich: Das Persönlichkeitsrecht, Köln, Graz: Böhlau 1967, S. 288 ff., sowie den knappen Überblick von Merten, Detlef: Persönlichkeitsschutz, in: Schiwy, Peter/Schütz, Walter J. (Hrsg.): Medienrecht, a. a. O., S. 214–222.

350 Hier nach Branahl, Udo, a. a. O., S. 53 f.

351 Siehe Löffler, Martin/Ricker, Reinhart: Handbuch des Presserechts, a. a. O., S. 58.

352 Damm, Renate: Presserecht, in: Meyer, Werner: Journalismus von heute, 2 Bde., hrsg. von Frohner, Jürgen (Loseblattsammlung), Percha am Starnberger See: R. S. Schulz (6. Ergänzungslieferung 1984) o. J., Bd. 2, Abschnitt XII, S. 9–127, hier S. 12.

353 Vgl. Limbach, Peter: Pressegesetze, in: Schiwy, Peter/Schütz, Walter J.: Medienrecht, a. a. O., S. 242–247, hier S. 242 f.; Mathy, Klaus: Das Recht der Presse. Ein Leitfaden für die Redaktionsarbeit, Köln: Deutscher Institutsverlag 1977, S. 36; Damm, Renate: Presserecht, a. a. O., S. 13 ff.

354 Die verschiedenen Presserechtler nehmen bei den Bestimmungen der Landespressegesetze unterschiedliche Systematisierungen vor, die sich zum Teil deutlich widersprechen. Das gilt insbesondere für die Einordnung der Bestimmungen zum pressespezifischen Straf- und Ordnungswidrigkeiten-Recht bzw. die Zuordnung verschiedener Bestimmungen zum Ordnungsrecht der Presse. Die hier vorgenommene Einteilung erhebt nicht den Anspruch auf rechtssystematische Geltung, sondern soll lediglich das Verständnis für die Landespressegesetze erleichtern. Vgl. die Systematisierungen

bei Mathy, Klaus: Das Recht der Presse, a. a. O.; Löffler, Martin: Presserecht, Kommentar, Bd. 1: Landespressegesetze, München: Beck ³1983, IX–XV; Löffler, Martin/Ricker, Reinhart: Handbuch des Presserechts, a. a. O., VII–X u. S. 59 ff.; Groß, Rolf: Presserecht, a. a. O., bes. S. 127 ff., sowie Damm, Renate: Presserecht, in: Meyer, Werner: Journalismus von heute, a. a. O., Bd. 2, Abschnitt XII, S. 9–127, hier S. 13–24.

355 Siehe Ricker, Reinhart: Medienrecht, in: Fischer Lexikon Publizistik – Massenkommunikation, a. a. O., S. 171 f.; vgl. auch Löffler, Martin: Presserecht, Kommentar, Bd. 1: Die Landespressegesetze, a. a. O., S. 54 ff., 230 ff. u. 244 ff.

356 Branahl, Udo: Medienrecht, a. a. O., S. 28 ff., sowie Löffler, Martin/Ricker, Reinhart: Handbuch des Presserechts, a. a. O., S. 45 f. u. 94 ff.

357 Vgl. Krone, Gunnar: Zeugnisverweigerungsrecht, in: Schiwy, Peter/Schütz, Walter J. (Hrsg.): Medienrecht, a. a. O., S. 411–415, hier S. 414; Löffler, Martin/Ricker, Reinhart: Handbuch des Presserechts, a. a. O., S. 131 f.

358 So die Formulierung in allen Pressegesetzen mit Ausnahme des bayerischen Landespressegesetzes, in dem die Wahrheitsverpflichtung anders formuliert wird, sowie mit Ausnahme des Landespressegesetzes von Hessen, in dem eine Vorschrift zur Sorgfaltspflicht völlig fehlt. Zitat nach Damm, Renate: Presserecht, in: Meyer, Werner: Journalismus von heute, a. a. O., S. 18.

359 Damm, Renate: Presserecht, a. a. O., S. 18 ff.; vgl. Löffler, Martin: Presserecht, Kommentar, Bd. 1: Landespressegesetze der Bundesrepublik Deutschland, a. a. O., S. 308 ff.

360 Vgl. Löffler, Martin: Presserecht, Kommentar, Bd. 1: Landespressegesetze, a. a. O., S. 760; Rehbinder, Manfred: Pressedelikte, in: Schiwy, Peter/Schütz, Walter J. (Hrsg.): Medienrecht, a. a. O., S. 239–234; Löffler, Martin/Ricker, Reinhart: Handbuch des Presserechts, a. a. O., S. 85 ff.

361 Löffler, Martin/Ricker, Reinhart: Handbuch des Presserechts, a. a. O., S. 60.

362 Damm, Renate: Presseordnungsrecht, in: Schiwy, Peter/Schütz, Walter J. (Hrsg.): Medienrecht, a. a. O., S. 247–254, hier S. 247.

363 Damm, Renate: Presseordnungsrecht, a. a. O., S. 248; vgl. Löffler, Martin/Ricker, Reinhart: Handbuch des Presserechts, a. a. O., S. 62.

364 Vgl. Löffler, Martin/Ricker, Reinhart: Handbuch des Presserechts, a. a. O., S. 68 f.; Mathy, Klaus: Das Recht der Presse, a. a. O., S. 51 f.; Damm, Renate: Presseordnungsrecht, a. a. O., S. 247 ff.

365 Damm, Renate: Presseordnungsrecht, ebd.; vgl. auch Branahl, Udo: Medienrecht, a. a. O., S. 268 ff.

366 Damm, Renate: Presseordnungsrecht, a. a. O., S. 248 ff., sowie dies.: Presserecht, in: Meyer, Werner: Journalismus von heute, a. a. O., S. 23 ff.

367 Damm, Renate: Presseordnungsrecht, a. a. O., S. 253.

368 Vgl. Löffler, Martin/Ricker, Reinhart: Handbuch des Presserechts, a. a. O., S. 74 f.

369 Vgl. Damm, Renate: Presseordnungsrecht, in: Meyer, Werner: Journalismus von heute, a. a. O., S. 254, sowie Löffler, Martin/Ricker, Reinhart: Handbuch des Presserechts, a. a. O., S. 73 f.

370 Vgl. Groß, Rolf: Presserecht. Einführung in die Grundzüge und Schwerpunkte des deutschen Presserechts, a. a. O., S. 188 ff., sowie Löffler, Martin: Presserecht, Kommentar, Bd. 1: Landespressegesetze, a. a. O., S. 759 f.

371 Löffler, Martin: Presserecht, Kommentar, Bd. 1: Landespressegesetze, a. a. O., S. 761, sowie Rehbinder, Manfred: Pressedelikte, in: Schiwy, Peter/Schütz, Walter J. (Hrsg.): Medienrecht, a. a. O., S. 230–234, hier S. 230 f.

372 So die Formulierung im Landespressegesetz von Bayern, § 11 Abs. 2, hier nach Damm, Renate: Presserecht, in: Meyer, Werner: Journalismus von heute, a. a. O., Bd. 2, Abschnitt XII, S. 9–127, hier S. 51.

373 Siehe Rehbinder, Manfred: Pressedelikte, a. a. O., S. 233.

374 Vgl. Damm, Renate: Presserecht, in: Meyer, Werner: Journalismus von heute, a. a. O., Bd. 2, Abschnitt XII, S. 9–127, hier S. 53–78.

375 Branahl, Udo: Medienrecht, a. a. O., S. 251; Mathy, Klaus: Das Recht der Presse. Ein Leitfaden für die Redaktionsarbeit, Köln: Deutscher Institutsverlag 1977, S. 60 ff.

376 Reumann, Kurt: Gegendarstellung, in: Schiwy, Peter/Schütz, Walter J. (Hrsg.): Medienrecht, a. a. O., S. 114–125, hier S. 115; vgl. auch Mathy, Klaus: Das Recht der Presse, ebd.; Bamberger, Heinz Georg: Einführung in das Medienrecht, a. a. O., S. 163 ff.

377 Vgl. Branahl, Udo: Medienrecht, a. a. O., S. 94 f.; Löffler, Martin: Persönlichkeitsschutz und Pressefreiheit, in: ders.: Persönlichkeitsschutz und Meinungsfreiheit, München: Beck 1959, S. 1–10, hier S. 2 f.; Bamberger, Heinz Georg: Einführung in das Medienrecht, a. a. O., S. 134 ff.

378 Vgl. Merten, Detlef: Persönlichkeitsschutz, in: Schiwy, Peter/Schütz, Walter J. (Hrsg.): Medienrecht, a. a. O., S. 214–222; Branahl, Udo: Medienrecht, a. a. O., S. 94 f.; Bamberger, Heinz Georg: Einführung in das Medienrecht, a. a. O., S. 134 ff. u. 141 ff., sowie Hubmann, Heinrich: Das Persönlichkeitsrecht, Köln, a. a. O., bes. S. 268–332.

379 Vgl. Merten, Detlef: Persönlichkeitsschutz, in: Schiwy, Peter/Schütz, Walter J. (Hrsg.): Medienrecht, a. a. O., S. 218; Branahl, Udo: Medienrecht, a. a. O., S. 147 ff.; Hubmann, Heinrich: Das Persönlichkeitsrecht, a. a. O., S. 299 ff.

380 Europarat/Europäischer Gerichtshof für Menschenrechte/Dritte Sektion: Rechtssache von Hannover gegen Deutschland. Individualbeschwerde Nr. 59320/00. Urteil. Straßburg, 24. Juni 2004, S. 7.

381 Europarat, Rechtssache von Hannover, ebd.

382 Europarat, Rechtssache von Hannover, ebd.

383 Fechner, Frank: Medienrecht, a. a. O., S. 73.

384 Fechner, Frank, a. a. O., S. 75. (Herv. i. Orig. durch Fettdruck).

385 Fechner, Frank, ebd.

386 Haller, Michael: Ratlos im Niemandsland, in: message. Internationale Fachzeitschrift für Journalismus. H. 4/2004. S. 10–15, hier S. 12.

387 Haller, Michael, a. a. O., S. 15.

388 Fechner, Frank: Medienrecht, a. a. O., S. 73.

389 Fechner, Frank, ebd.

390 Fechner, Frank, ebd.

391 Fechner, Frank, a. a. O., S. 74.

392 Vgl. Fechner, Frank, ebd.

393 Fechner, Frank, ebd.

394 Forsthoff, Martin: Tendenzschutz, in: Schiwy, Peter/Schütz, Walter J. (Hrsg.): Medienrecht, a. a. O., S. 323–327, hier S. 323.

395 Vgl. Löffler, Martin/Ricker, Reinhart: Handbuch des Presserechts, a. a. O., S. 185; Mathy, Klaus: Das Recht der Presse, a. a. O., S. 30; Bamberger, Heinz Georg: Einführung in das Medienrecht, a. a. O., 1986, S. 80 f.

396 Löffler, Martin/Ricker, Reinhart: Handbuch des Presserechts, a. a. O., S. 184 ff.; Löffler Martin: Presserecht, Kommentar, Bd. 1: Die Landespressegesetze der Bundesrepublik Deutschland, a. a. O., S. 192–198.

397 So in der Formulierung des § 118 Betriebsverfassungsgesetz (BetrVG), hier nach Forsthoff, Martin: Tendenzschutz, in: Schiwy, Peter/Schütz, Walter J. (Hrsg.), a. a. O., S. 324; vgl. auch Löffler, Martin: Presserecht, Kommentar, Bd. 1: Die Landespressegesetze der Bundesrepublik Deutschland, a. a. O., S. 196.

398 Forsthoff, Martin: Tendenzschutz, in: Schiwy, Peter/Schütz, Walter J. (Hrsg.): Medienrecht, a. a. O., sowie Löffler, Martin: Presserecht, Kommentar, Bd. 1: Die Landespressegesetze der Bundesrepublik Deutschland, a. a. O., S. 196 f.

399 Löffler, Martin/Ricker, Reinhart: Handbuch des Presserechts, a. a. O., S. 185, sowie Forsthoff, Martin: Tendenzschutz, in: Schiwy, Peter/Schütz, Walter J. (Hrsg.), a. a. O.

400 Löffler, Martin: Presserecht, Kommentar, Bd. 1: Die Landespressegesetze der Bundesrepublik Deutschland, a. a. O., S. 196.

401 Löffler, Martin, ebd.; vgl. auch Holtz-Bacha, Christina: Mitspracherechte für Journalisten. Redaktionsstatuten in Presse und Rundfunk, Köln: Studienverlag Hayit 1986, S. 21.

402 Ricker, Reinhart: Medienrecht, in: Fischer Lexikon Publizistik – Massenkommunikation, a. a. O., S. 174 f.; Mathy, Klaus: Das Recht der Presse, a. a. O., S. 27–31; Holtz-Bacha, Christina: Mitspracherechte für Journalisten, a. a. O.

403 So das Bundesverfassungsgericht im sog. Spiegel-Urteil, hier zit. nach Löffler, Martin/Ricker, Reinhart: Handbuch des Presserechts, a. a. O., S. 45.

404 Löffler, Martin/Ricker, Reinhart: Handbuch des Presserechts, a. a. O., S. 45 f.; Löffler, Martin: Presserecht, Kommentar, Bd. 1: Die Landespressegesetze der Bundesrepublik Deutschland, a. a. O., S. 117 ff.; Bamberger, Heinz Georg: Einführung in das Medienrecht, a. a. O., S. 190 ff., sowie Branahl, Udo: Medienrecht, a. a. O., S. 28–52.

405 Branahl, Udo, a. a. O., S. 29.

406 Vgl. Fricke, Ernst/Ott, Sieghart: Verwaltungsrecht, a. a. O., S. 1429.

407 Fricke, Ernst/Ott, Sieghart, a. a. O., S. 1436

408 Siehe Branahl, Udo, Medienrecht, a. a. O., S. 28 ff.; vgl. aber auch Struve, Günter: Auskunftspflicht der Behörden, in: Schiwy, Peter/Schütz, Walter J. (Hrsg.): Medienrecht. Lexikon für Wissenschaft und Praxis, a. a. O., S. 24–28, hier S. 24 f.; Groß, Rolf: Presserecht. Einführung in die Grundzüge und Schwerpunkte des deutschen Presserechts, a. a. O., S. 143 ff.; Löffler, Martin: Presserecht, Kommentar, Bd. 1: Die Landespressegesetze der Bundesrepublik Deutschland, a. a. O., S. 129 u. 267 ff.

409 Fricke, Ernst/Ott, Sieghart: Verwaltungsrecht, a. a. O., S. 1434.

410 Fricke, Ernst/Ott, Sieghart, a. a. O., S. 1433 f.

411 Branahl, Udo: Medienrecht, a. a. O., S. 30–39, Zitat S. 35; vgl. Löffler, Martin: Presserecht, Kommentar, Bd. 1: Die Landespressegesetze der Bundesrepublik Deutschland, a. a. O., S. 267–300, bes. S. 275 ff., sowie Struve, Günter: Auskunftspflicht der Behörden, in: Schiwy, Peter/Schütz, Walter J. (Hrsg.): Medienrecht, a. a. O., S. 27 f.

412 Vgl. Fricke, Ernst/Ott, Sieghart: Verwaltungsrecht, a. a. O., S. 1442 f.

413 Fricke, Ernst/Ott, Sieghart, a. a. O., S. 1439.

414 Vgl. Fricke, Ernst/Ott, Sieghart, a. a. O., S. 1441.

415 Vgl. Fricke, Ernst/Ott, Sieghart, a. a. O., S. 1422; Fechner, Frank: Medienrecht, a. a. O., S. 205 f.

416 Vgl. Fricke, Ernst/Ott, Sieghart, ebd.; Fechner, Frank, a. a. O., S. 44 und 206.

417 Vgl. Fechner, Frank, a. a. O., S. 218.

418 Fechner, Frank, ebd.

419 Fechner, Frank, ebd.

420 Fechner, Frank, ebd.

421 Vgl. Fechner, Frank, a. a. O., S. 219.

422 Fechner, Frank, a. a. O., S. 218.

423 Fechner, Frank, a. a. O., S. 219.

424 Fechner, Frank, ebd.

425 Vgl. Fechner, Frank, ebd.

426 Krone, Gunnar: Zeugnisverweigerung, in: Schiwy, Peter/Schütz, Walter J. (Hrsg.): Medienrecht, a. a. O., S. 411–415, hier S. 411; vgl. auch Branahl, Udo: Medienrecht, a. a. O., S. 40–45; Bamberger, Heinz Georg: Einführung in das Medienrecht, a. a. O., S. 190 ff.

427 Branahl, Udo: Medienrecht, a. a. O., S. 44; dazu auch Krone, Gunnar: Zeugnisverweigerung, a. a. O., S. 411–415, hier S. 412 f., sowie Bamberger, Heinz Georg: Einführung in das Medienrecht, a. a. O., S. 190 ff.

428 Fricke, Ernst/Ott, Sieghart: Verwaltungsrecht, a. a. O., S. 1425 f.

429 Mathy, Klaus: Beschlagnahme von Presseerzeugnissen, in: Schiwy, Peter/Schütz, Walter J. (Hrsg.): Medienrecht, a. a. O., S. 39–42, Zitat S. 41; ders.: Das Recht der Presse. Ein Leitfaden für die Redaktionsarbeit, Köln: Deutscher Institutsverlag 1977, S. 78 ff.; Branahl, Udo: Medienrecht, a. a. O., S. 45 ff.

430 Branahl, Udo, a. a. O., S. 46.

431 So Mathy zu dem 1987 gefassten Beschluss des Bundesverfassungsgerichts (BVerfGE 77, S. 65), in: Mathy, Klaus: Beschlagnahme von Presseerzeugnissen, in: Schiwy, Peter/Schütz, Walter J. (Hrsg.): Medienrecht, a. a. O., S. 41.

432 Branahl, Udo: Medienrecht, a. a. O., S. 49.

433 Branahl, Udo, a. a. O., S. 45–52, Zitat S. 50; vgl. auch Bamberger, Heinz Georg, Einführung in das Medienrecht, a. a. O., S. 195, sowie Mathy, Klaus: Beschlagnahme von Presseerzeugnissen, a. a. O., S. 39–42.

434 Fricke, Ernst/Ott, Sieghart: Verwaltungsrecht, a. a. O., S. 1421.

435 Vgl. Fricke, Ernst/Ott, Sieghart, a. a. O., S. 1425.

436 Löffler, Martin: Presserecht, Kommentar, Bd. 1: Landespressegesetze, a. a. O., S. 4.

437 Abweichende Regelungen hierzu gibt es in den Landespressegesetzen von Bayern, Baden-Württemberg, Hessen und Rheinland-Pfalz. Vgl. Rehbinder, Manfred: Pressedelikte, in: Schiwy, Peter/Schütz, Walter J. (Hrsg.), Medienrecht, a. a. O., S. 233.

438 Löffler, Martin: Presserecht, Kommentar, Bd. 1: Landespressegesetze, a. a. O., S. 908.

439 Vgl. Löffler, Martin/Ricker, Reinhart: Handbuch des Presserechts, a. a. O., S. 92 f.; Rehbinder, Manfred: Pressedelikte, a. a. O., S. 233, sowie Löffler, Martin: Presserecht, Kommentar, Bd. 1: Landespressegesetze, a. a. O., S. 130 u. S. 907 ff.

440 Damm, Renate: Presserecht, in: Meyer, Werner, a. a. O., S. 85–100, Zitat S. 89.

441 Damm, Renate: Presserecht, a. a. O.; vgl. auch Bamberger, Heinz Georg: Einführung in das Medienrecht, a. a. O., S. 152 ff., sowie Branahl, Udo: Medienrecht, a. a. O., S. 239 ff.

442 Mathy, Klaus: Das Recht der Presse. Ein Leitfaden für die Redaktionsarbeit, a. a. O., S. 112.

443 Siehe hierzu: Branahl, Udo: Medienrecht, a. a. O., S. 139–159; Damm, Renate: Presserecht, in: Meyer, Werner, a. a. O., S. 101–105, sowie Merten, Detlef: Persönlichkeitsschutz, in: Schiwy, Peter/Schütz, Walter J. (Hrsg.): Medienrecht, a. a. O., S. 214–222, hier S. 217 f.

444 Vgl. Mathy, Klaus: Das Recht der Presse, a. a. O., S. 112–121, hier S. 118 f., sowie Damm, Renate: Presserecht, a. a. O., S. 101–105; Merten, Detlef: Persönlichkeitsschutz, ebd.

445 Köpnick, Axel: Gerichtsberichterstattung, in: Schiwy, Peter/Schütz Walter J. (Hrsg.), Medienrecht, a. a. O., S. 126–131, hier S. 126.

446 Vgl. Köpnick, Axel, ebd.; vgl. auch Mathy, Klaus: Das Recht der Presse, a. a. O., S. 142–150, hier S.142 f.

447 Siehe Damm, Renate: Presserecht, in: Meyer, Werner, a. a. O., S. 105–112, hier S. 107 ff.; Köpnick, Axel, a. a. O., S. 127 f.; Mathy, Klaus, a. a. O., S.143–145.

448 Vgl. Damm, a. a. O., S. 109 ff.; Branahl, Udo: Medienrecht, a. a. O., S. 172 f.; Mathy, Klaus, a. a. O., S. 144–149, sowie Köpnick, Axel, a. a. O., S. 127–130.

449 Köpnick, Axel, a. a. O., S. 127.

450 Fechner, Frank: Medienrecht, a. a. O., S. 303.

451 Fechner, Frank, a. a. O., S. 307.

452 Vgl. dazu beispielsweise: Köhler, Markus/Arndt, Hans-Wolfgang/Fetzer, Thomas: Recht des Internet, Heidelberg: Müller ⁵2006; Haug, Volker: Grundwissen Internetrecht, Stuttgart: Kohlhammer 2005; Fechner, Frank, Medienrecht, a. a. O.; Juristische Linksammlung – Internetrecht – Recht zum Internet; unter: www.juristische-linksammlung.de/internetrecht.htm (30. 09. 2006).

453 Fechner, Frank: Medienrecht, a. a. O., S. 309.

454 Vgl. Fechner, Frank, ebd.

455 Fechner, Frank, a. a. O., S. 309 f., Herv. i. Orig.

456 Fechner, Frank, a. a. O., S. 312.

457 Fechner, Frank, a. a. O., S. 327.

458 Fechner, Frank, ebd.

459 Fechner, Frank, a. a. O., S. 328.

460 Vgl. Mast, Claudia (Hrsg.): ABC des Journalismus. Ein Handbuch, Konstanz: UVK ¹⁰2004, S. 158.

461 Fechner, Frank, Medienrecht, a. a. O., S. 331.

462 Mast, Claudia, ABC des Journalismus, a. a. O., S. 158.

463 Mast, Claudia, a. a. O., S. 157.

464 Fechner, Frank, Medienrecht, a. a. O., S. 312.

465 Fechner, Frank, ebd.

466 Fechner, Frank, a. a. O., S. 314.

467 Fechner, Frank, ebd.

468 Fechner, Frank, a. a. O., S. 317.

469 Vgl. Fechner, Frank, a. a. O., S. 317 f.

470 Einen guten Überblick gibt Fechner, Frank: Medienrecht, a. a. O., S. 317 ff.; siehe auch Köhler, Markus et al., Recht des Internet, a. a. O., S. 251 ff.

471 Vgl. Köhler, Markus et al.: Recht des Internet, a. a. O., S. 267.

472 Fechner, Frank: Medienrecht, a. a. O., S. 312.

473 Löffler, Martin/Ricker, Reinhart: Handbuch des Presserechts, a. a. O., S. 214 ff.; Löffler, Martin: Presserecht, Kommentar, Bd.1: Die Landespressegesetze der Bundesrepublik Deutschland, a. a. O., S. 120 ff.

474 Kunczik, Michael; Zipfel/Astrid: Publizistik. Ein Studienhandbuch, Köln, Weimar, Wien: Böhlau 2001, S. 206.

475 Vgl. Kunczik/Zipfel, Publizistik, a. a. O., S. 206 f. mit Bezugnahme auf Löffler; Kunczik, Michael: Journalismus als Beruf, Köln, Wien: Böhlau 1988, S. 88–93; vgl. auch Pürer, Heinz: Journalismus-Krisen und Medien-Ethik. Elemente einer Ethik der Massenmedien, in: Stuiber, Heinz Werner/ Pürer, Heinz (Hrsg.): Journalismus. Anforderungen, Berufsauffassungen, Verantwortung. Eine Auf-satzsammlung zu aktuellen Fragen des Journalismus, Nürnberg: Verlag der kommunikationswissen-schaftlichen Forschungsvereinigung 1991, S. 87–105, hier S. 94.; Publizistische Grundsätze (Presse-kodex) des Deutschen Presserats in der Fassung vom 20. 06. 2001, in: Deutscher Presserat: Jahrbuch 2004, hrsg. vom Trägerverein des Deutschen Presserats, Konstanz: UVK 2004, S. 253–276.

476 So die Formulierung in § 1 Abs. 4 zahlreicher Landespressegesetze, hier zitiert nach Löffler, Martin: Presserecht, Kommentar, Bd. 1: Die Landespressegesetze der Bundesrepublik Deutschland, a. a. O., S. 43 f. sowie 120–122; Löffler, Martin/Ricker, Reinhart: Handbuch des Presserechts, a. a. O., S. 214 f.

477 Ronneberger, Franz: Selbstkontrolle der Medien, in: Schiwy, Peter/Schütz, Walter J. (Hrsg.): Medi-enrecht, a. a. O., S. 289–297.

478 Vgl. Baum, Achim et al. (Hrsg.): Handbuch Medienselbstkontrolle, Wiesbaden: VS 2005.

479 Chronik des Deutschen Presserats 1956–2003, in: Deutscher Presserat: Jahrbuch 2004, hrsg. vom Trägerverein des Deutschen Presserats, Konstanz: UVK 2004, S. 319–325.

480 Meyn, Hermann: Der Deutsche Presserat. Aufgaben, Zusammensetzung, Funktionsweise, in: Medi-enpolitik, hrsg. von der Landeszentrale für politische Bildung Baden-Württemberg, Stuttgart, Berlin: Kohlhammer 1987, S. 86 ff.; ebenso Weyand, Arno H.: Der Deutsche Presserat. Geschichte – Struk-tur – Aufgaben – Arbeitsweise, in: Deutscher Presserat: Jahrbuch 2004, hrsg. vom Trägerverein des Deutschen Presserats, Konstanz: UVK 2004, S. 241–247, hier S. 241 f.

481 Vgl. Fischer, Heinz-Dietrich: Renaissance der »äußeren« und Etappen zur Realisierung von »innerer« Kommunikationsfreiheit (1949–1980), in: ders. (Hrsg.): Deutsche Kommunikationskontrolle des 15. bis 20. Jahrhunderts, München: Saur 1982, S. 321–326; Chronik des Deutschen Presserats 1956–2003, in: Deutscher Presserat: Jahrbuch 2004, a. a. O., S. 319–325.

482 Weyand, Arno H.: Der Deutsche Presserat. Geschichte – Struktur – Aufgaben – Arbeitsweise, a. a. O., S. 241 f.; siehe auch: Baum, Achim: Was sollen Journalisten tun? Zur Notwendigkeit jour-nalistischer Ethik, in: Ethik im Redaktionsalltag, hrsg. vom Institut zur Förderung publizistischen Nachwuchses und vom Deutschen Presserat, Konstanz: UVK 2005, S. 22–30, hier S. 25;

483 Vgl. Maruhn, Siegfried: Der Deutsche Presserat, in: Fischer, Heinz-Dietrich (Hrsg.): Positionen und Strukturen bei Druckmedien, Düsseldorf: Econ 1987, S. 170–191, hier S. 179.

484 Ronneberger, Franz: Selbstkontrolle der Medien, in: Schiwy, Peter/Schütz, Walter J. (Hrsg.): Medi-enrecht, a. a. O., S. 294 f.; Meyn, Hermann: Selbstkontrolle durch den Deutschen Presserat, in: ders., Massenmedien in Deutschland, Konstanz: UVK 2004, S. 57–62; Maruhn, Siegfried: Der Deutsche Presserat, a. a. O., S. 182 f.

485 Vgl. Gerhardy, Roger: Die Fakten und die Quoten. Der schmale Grat, auf dem sich Journalisten oft bewegen müssen, in: Ethik im Redaktionsalltag, hrsg. vom Institut zur Förderung publizistischen Nachwuchses und vom Deutschen Presserat, Konstanz: UVK 2005, S. 17–19.

486 Vgl. Antonioni, Marina: Der Deutsche Presserat und seine Beschwerdeführer, unveröffentlichte Diplomarbeit am Institut für Kommunikationswissenschaft der LMU München, 2000.

487 Meyn, Hermann: Selbstkontrolle durch den Deutschen Presserat, a. a. O., S. 62; Fischer, Heinz-Dietrich: Renaissance der »äußeren« und Etappen zur Realisierung von »innerer« Kommunikations-

freiheit (1949–1980), a. a. O., S. 324; Löffler, Martin/Ricker, Reinhart: Handbuch des Presserechts, a. a. O., S. 214 ff.

488 Gerhardy, Die Fakten und die Quoten, a. a. O., S. 19.

489 Maruhn, Siegfried: Der Deutsche Presserat, a. a. O., S. 187.

490 Maruhn, Siegfried, a. a. O., S. 187; Ronneberger, Franz: Selbstkontrolle der Medien, a. a. O., S. 295.

491 Tillmanns, Lutz: Gestärkt in die Zukunft. Bericht über die Arbeit des Presserats für das Jahr 2003, in: Deutscher Presserat: Jahrbuch 2004, a. a. O., S. 27–41.

492 Siehe zur aktuellen Fassung 02. 03. 2006 www.presserat.de/pressekodex.html (30. 09. 2006), sowie die Kurzkommentierungen zu den Bestimmungen des Pressekodex, a. a. O., S. 247–271.

493 Vgl. Weyand, Arno H.: Der Deutsche Presserat. Geschichte – Struktur – Aufgaben – Arbeitsweise, a. a. O., S. 241 f.; Steinbach, Jörg: Mehr als nur Beschwerde-Arbeit – Zusätzliche Aufgaben für das neue Presseratsgremium, in: Deutscher Presserat: Jahrbuch 2004, a. a. O., S. 55 ff.; Publizistische Grundsätze (Pressekodex) des Deutschen Presserats, in der Fassung vom 02. 03. 2006, in: Deutscher Presserat: Jahrbuch 2006, a. a. O., S. 253–276; Kodex speziell im Hinblick auf den Redaktionsdatenschutz www.presserat.de/137.html (30. 09. 2006).

494 Steinbach, Jörg: Mehr als nur Beschwerde-Arbeit – Zusätzliche Aufgaben für das neue Presseratsgremium, a. a. O., S. 55 ff.

495 Velte, Peter J.: Datenschutz contra Pressefreiheit – Zur Arbeit des Deutschen Presserats, in: Zeitungen 2000, hrsg. vom BDZV, Berlin: ZV 2000, S. 136–143; Tillmanns, Lutz: Datenschutz in den Redaktionen – Selbstregulierung statt Gesetz, in: Zeitungen 2001, hrsg. vom BDZV, Berlin: ZV 2001, S. 146–157.

496 Steinbach, Jörg: Mehr als nur Beschwerde-Arbeit – Zusätzliche Aufgaben für das neue Presseratsgremium, a. a. O., S. 56.

497 Steinbach, Jörg, ebd.; Rosenhayn, Wibke: Datenschutz in Redaktionen – Nicht nur gesetzliche Notwendigkeit?!, in: Deutscher Presserat: Jahrbuch 2004, a. a. O., S. 59 ff.

498 Steinbach, Jörg, a. a. O., S. 56 f.

499 Weyand, Arno H.: Der Deutsche Presserat. Geschichte – Struktur – Aufgaben – Arbeitsweise, a. a. O., S. 241 f.

500 Weyand, Arno H., a. a. O., S. 242 f.; Beschwerdeordnung des Deutschen Presserats (beschlossen am 25. Februar 1985, in der Fassung vom 11. 09. 2002), in: Deutscher Presserat: Jahrbuch 2004, a. a. O., S. 277–284. Zur aktuellen Fassung vom 18. 09. 2006 siehe www.presserat.de/Beschwerdeordnung. beschwerdeordnung.0.html (30. 09. 2006).

501 Protze, Manfred: 2003 – Statistisch unauffällig aber anspruchsvoll. Bericht des Vorsitzenden des Beschwerdeausschusses für das Jahr 2003, in: Deutscher Presserat: Jahrbuch 2004, a. a. O., S. 43–45; Wassink, Ella: Statistiken zum Jahr 2003, in: Deutscher Presserat: Jahrbuch 2004, a. a. O., S. 303–305. Aktuelle Statistiken enthalten die Jahrbücher 2005 und 2006.

502 Maruhn, Siegfried: Der Deutsche Presserat, a. a. O., S. 179.

503 Tillmanns, Lutz: Gestärkt in die Zukunft. Bericht über die Arbeit des Presserats für das Jahr 2003, a. a. O., S. 32–37; Ernst-Flaskamp, Ursula: Ethik ist Qualität – Zur Arbeit des Deutschen Presserats, in: Zeitungen 2002, hrsg. vom BDZV, Berlin: ZV 2002, S. 356–360.

504 Antonioni, Marina: Der Deutsche Presserat und seine Beschwerdeführer, a. a. O., S. 89 ff.

505 Vgl. Niggemeier, Stefan: Zur Sache, Kätzchen. Der Presserat wird fünfzig. Er tut niemandem weh – außer denen, die sich von ihm wirksame Selbstkontrolle erwarten, in: Frankfurter Allgemeine Sonntagszeitung vom 22. 01. 2006.

506 Weischenberg, Siegfried: Journalistik, Bd. 1: Mediensysteme, Medienethik, Medieninstitutionen, Opladen: Westdeutscher Verlag 1992, S. 189.

507 Weischenberg, Siegfried: Journalistik, a. a. O., S. 193.

508 Ronneberger, Franz: Selbstkontrolle der Medien, a. a. O., S. 295.

509 Siehe Ethik im Redaktionsalltag, hrsg. vom Institut zur Förderung publizistischen Nachwuchses sowie vom Deutschen Presserat. Konstanz: UVK 2005; Baum, Achim et al. (Hrsg.): Handbuch Medienselbstkontrolle, Wiesbaden: VS Verlag für Sozialwissenschaften 2005; Stapf, Ingrid: Medien-Selbstkontrolle. Ethik und Institutionalisierung, Konstanz: UVK 2006.

510 Informationen zum Medienkodex sowie den Kodex selbst gibt es unter www.netzwerkrecherche.de/projekte/index.php?pageid=6 (30. 09. 2006).

511 Vgl. Kepplinger, Hans Mathias: Kommunikationspolitik, in: Fischer-Lexikon Publizistik – Massenkommunikation, hrsg. von Elisabeth Noelle-Neumann, Winfried Schulz und Jürgen Wilke, Frankfurt: Fischer 1994, S. 116–139; siehe auch: Pürer, Heinz: Publizistik- und Kommunikationswissenschaft. Ein Handbuch, Konstanz: UVK 2003, S. 404 ff. sowie S. 429, Abb. 20.

512 Vgl. Burkart, Roland: Kommunikationswissenschaft – Grundlagen und Problemfelder. Umrisse einer interdisziplinären Sozialwissenschaft, Wien, Köln: Böhlau 1983, S. 138–158, bes. S. 140, sowie Ronneberger, Franz: Leistungen und Fehlleistungen der Massenkommunikation, in: Langenbucher, Wolfgang R. (Hrsg.): Politik und Kommunikation. Über die öffentliche Meinungsbildung, München: Piper 1979, S. 127–142, hier S. 127 ff.; ders.: Kommunikationspolitik, Bd. 1: Institutionen, Prozesse, Ziele, Mainz: Von Hase und Koehler 1978, S. 102 f.

513 Wildenmann, Rudolf/Kaltefleiter Werner: Funktionen der Massenmedien (Reihe »Demokratische Existenz heute«, H. 12), Frankfurt, Bonn: 1965, S. 15; die folgenden Ausführungen lehnen sich an Burkart, Roland: Kommunikationswissenschaft – Grundlagen und Problemfelder, a. a. O., S. 138–158, hier S. 151 ff.

514 Schulz, Winfried: Bedeutungsvermittlung durch Massenkommunikation. Grundgedanken zu einer analytischen Theorie der Medien, in: Publizistik, 19. Jg. 1974, H. 2, S. 148–164, hier S. 157.

515 Burkart, Roland: Kommunikationswissenschaft – Grundlagen und Problemfelder, a. a. O., S. 155.

516 Vgl. Burkart, Roland, a. a. O., S. 155 ff.; Wildenmann/Kaltefleiter, a. a. O., S. 16–25, sowie Stuiber, Heinz-Werner: Zu den Funktionen der Massenkommunikation. Politische und soziale Orientierung als Grunddimension massenkommunikativer Leistungen, in: Rühl, Manfred/Walchshöfer, Jürgen: Politik und Kommunikation (Festschrift für Franz Ronneberger), Nürnberg: Verlag der Nürnberger Forschungsvereinigung, 1978, S. 211–235, hier S. 212 f.

517 Saxer, Ulrich: Die Objektivität publizistischer Information, in: Langenbucher, Wolfgang R. (Hrsg.): Zur Theorie der politischen Kommunikation, München: Piper 1974, S. 206–235, hier S. 211.

518 Siehe Ronneberger, Franz: Kommunikationspolitik, Bd. 1: Institutionen, Prozesse, Ziele, a. a. O., S. 97 ff.

519 Vgl. Ronneberger, Franz: Kommunikationspolitik, Bd. 1, a. a. O., S. 103 ff.; ders.: Sozialisation durch Massenkommunikation, in: ders. (Hrsg.): Sozialisation durch Massenkommunikation. Der Mensch als soziales und personales Wesen, Bd. 4, Stuttgart: Enke 1971, S. 32–101, hier S. 52 f.; vgl. auch Bergsdorf, Wolfgang: Die vierte Gewalt. Einführung in die politische Massenkommunikation, Mainz: Von Hase und Koehler 1980, S. 75 ff.

520 Holzer, Horst: Kommunikationssoziologie, Reinbek bei Hamburg: Rowohlt 1973, S. 131 ff.; hier nach Burkart, Roland, a. a. O., S. 148 f.

521 Vgl. Burkart, Roland, a. a. O., S. 140 ff., sowie Ronneberger, Franz: Sozialisation durch Massenkommunikation, a. a. O., bes. S. 50–80; Saxer, Ulrich: Funktionen der Massenmedien in der modernen Gesellschaft, in: Kurzrock, Rupert: Medienforschung, Berlin 1974, S. 22–33; vgl. auch Stuiber, Heinz-Werner, a. a. O., S. 211–235.

522 Ronneberger, Franz, Kommunikationspolitik, Bd. 1, a. a. O., S. 103 ff.; ders.: Sozialisation durch Massenkommunikation, in: ders. (Hrsg.): Sozialisation durch Massenkommunikation. Der Mensch als soziales und personales Wesen, a. a. O., S. 32–101, hier S. 52 f.; Bergsdorf, Wolfgang: Die vierte Gewalt. Einführung in die politische Massenkommunikation, a. a. O., S. 75 ff.; Stuiber, Heinz-Werner, a. a. O., S. 212 ff. u. 222 f.; Burkart, a. a. O., S. 144–148.

523 Stuiber, Heinz-Werner, a. a. O., S. 222.

524 Siehe McQuail, Denis: Mass Communication Theory. An Introduction, London: Sage 1983, S. 82 f., hier nach Schulz, Winfried: Kommunikationsprozeß, in: Fischer Lexikon Publizistik – Massenkommunikation, hrsg. von Elisabeth Noelle-Neumann/Winfried Schulz/Jürgen Wilke, Frankfurt a. M.: Fischer 2002, S. 174–182, hier S. 176 f.; vgl. auch Ronneberger, Franz: Kommunikationspolitik, Bd. 1, a. a. O., S. 109 ff.

525 Wilke, Jürgen: Zeitung, in: Faulstich, Werner (Hrsg.): Kritische Stichwörter zu Medienwissenschaft, München: Fink 1979, S. 373–416, hier S. 389.

526 Bergsdorf, Wolfgang: Die vierte Gewalt, a. a. O., S. 87.

527 Ronneberger, Franz: Die politischen Funktionen der Massenmedien, in: Langenbucher, Wolfgang R. (Hrsg.): Zur Theorie der politischen Kommunikation, a. a. O., S. 204.

528 Ruß-Mohl und Fengler sprechen von der Fünften Gewalt. Vgl. dazu etwa den Sammelband von Stephan Ruß-Mohl und Susanne Fengler (Hrsg.): Medien auf der Bühne der Medien. Zur Zukunft von Medienjournalismus und Medien-PR, Berlin: dahlem university press 2000.

529 Vgl. Fröhlich, Romy; Pointner, Nicola; Wimmer, Jeffrey: Eine Medienbranche unter der Medienlupe, in: Pürer, Heinz et al. (Hrsg.): Medien, Politik, Kommunikation. Festschrift für Heinz-Werner Stuiber. München: Verlag Reinhard Fischer 2006, S. 125–146.

530 Beuthner, Michael; Weichert, Stefan A.: Die Selbstbeobachtungsfalle. Grenzen und Grenzgänge des Medienjournalismus. Wiesbaden: VS 2005.

531 Siehe Ronneberger, Franz: Kommunikationspolitik, Bd. 3: Kommunikationspolitik als Medienpolitik, a. a. O., S. 47–56, hier S. 49.

532 Ronneberger, Franz: Kommunikationspolitik, Bd. 3, a. a. O., S. 53.

533 Vgl. Ronneberger, Franz: Kommunikationspolitik, Bd. 3, a. a. O., S. 50.

534 Vgl. Zohlnhöfer, Werner: Zur Ökonomie des Pressewesens in der Bundesrepublik Deutschland, a. a. O., S. 46 f., sowie Goslich, Lorenz: Zeitungs-Innovationen, München: Saur 1987, S. 55–62, sowie Bausch, Hans, ebd.

535 Vgl. Holzer, Horst, a. a. O., S. 131 ff.; siehe auch Burkart, Roland, a. a. O., S. 146 f.

536 Vgl. Uenk, Renate/Laarmann, Susanne: Medium Zeitung. Vergleichende Darstellung und Analyse von Werbeträgern, hrsg. von der Gesellschaft für Zeitungsmarketing, Frankfurt: Frankfurter Allgemeine Zeitung/Verlagsbereich 1992, S. 103 ff. u. 175 ff.; siehe auch Jarren, Otfried: Statt weniger Großer – viele Kleine? Funktionswandel der Presse, in: Thomas, Michael Wolf (Hrsg.): Die lokale Betäubung oder der Bürger und seine Medien, Berlin: Dietz 1981, S. 63–78, hier S. 64.

537 Vgl. Ronneberger, Franz: Sozialisation durch Massenkommunikation, a. a. O., S. 50; Saxer, Ulrich: Funktionen der Massenmedien in der modernen Gesellschaft, a. a. O., S. 32, sowie Pürer, Heinz: Einführung in die Publizistikwissenschaft, a. a. O., S. 77.

538 Noelle-Neumann, Elisabeth: Öffentlichkeit als Bedrohung. Beiträge zur empirischen Kommunikationsforschung, hrsg. von Wilke, Jürgen, Freiburg: Alber 1977, S. 240, sowie Schulz, Winfried: Wirkungsqualitäten verschiedener Medien. Experimentelle Untersuchungen über die Vermittlung konnotativer Bedeutung durch unterschiedliche Formen medialer Darstellung, in: Rundfunk und Fernsehen, 23. Jg. 1975, H. 1–2, S. 57–72, hier S. 66; Rager, Günther: Unterhaltung – mißachtete Produktstrategie, a. a. O.

539 Berelson, Bernard: What missing the newspaper means, in: Schramm, Wilbur (Hrsg.): The Process and Effects in Mass Communication, Urbana ⁵1961, S. 36–47; vgl. Wilke, Jürgen: Zeitung, in: Faulstich, Werner (Hrsg.): Kritische Stichwörter zur Medienwissenschaft, a. a. O., S. 390 f., sowie Dorsch, Petra E.: Die Zeitung, Medium des Alltags. Monographie zum Zeitungsstreik, München: Ölschläger 1984, S. 74 ff.

540 Wilke, Jürgen: Zeitung, ebd.

541 Dorsch, Petra E.: Die Zeitung, das Medium des Alltags. Monographie zum Zeitungsstreik, a. a. O., im Vorwort.

542 Vgl. Dorsch, Petra E.: Die Zeitung, das Medium des Alltags, a. a. O., S. 129–140, bes. S. 130 ff.

543 Dorsch, Petra E.: Die Zeitung, das Medium des Alltags, a. a. O., S. 133.

544 Dorsch, Petra E., Die Zeitung, das Medium des Alltags, a. a. O., S. 133–137; Zitat S. 137.

545 Vgl. Dorsch, Petra E.: Die Zeitung, das Medium des Alltags, a. a. O., S. 135 f.; Jarren, Ottfried: Statt weniger Großer – viele Kleine? Funktionswandel der Presse, in: Thomas, Michael Wolf (Hrsg.), a. a. O., S. 63–78, hier S. 78.

Anmerkungen zu Kapitel 9

1 Vgl. Schütz, Walter J.: Deutsche Tagespresse 1997, in: Media Perspektiven 12/1997, S. 663–684.

2 Vgl. die Ausführungen zur wirtschaftlichen Lage der deutschen Zeitungen in den vom Bundesverband Deutscher Zeitungsverleger (BDZV) herausgegebenen Jahrbüchern Zeitungen 95, Zeitungen 96, Zeitungen 97 sowie Zeitungen 98.

3 So wurden zwischen März 1997 und März 2000 »allein am Neuen Markt in Frankfurt 77 meist neu gegründete Unternehmen mit Geschäftsaktivitäten im Internetbereich mit einem Börsenwert von mehr als 500 Millionen Euro eingeführt.« Wirtz, Bernd: Medien- und Internetmagament. Wiesbaden: Gabler 2005, S. 576.

4 Vgl. u.a. Keller, Dieter: Zur wirtschaftlichen Lage der deutschen Zeitungen, in: Zeitungen 99, hrsg. vom BDZV, Berlin: ZV 1999, S. 19–99, hier S. 56f.

5 Zur wirtschaftlichen Lage der Zeitungen in dieser Phase des Aufschwungs siehe die Beiträge von Dieter Keller in den vom BDZV herausgegebenen Zeitungsjahrbüchern Zeitungen 99 bis Zeitungen 2001.

6 Keller, Dieter: Zur wirtschaftlichen Lage der deutschen Zeitungen, in: Zeitungen 2001, hrsg. vom BDZV, Berlin: ZV 2001, S. 19–95, hier S. 21 f.

7 Vgl. Schütz, Walter J.: Deutsche Tagespresse 1999, in: Media Perspektiven 1/2000, S. 8–29, hier S. 21 f.

8 1998 beispielsweise wuchs das redaktionelle Angebot um 4,8 Prozent, insbesondere bei den großen Verlagen; vgl. Keller, Dieter: Zur wirtschaftlichen Lage der deutschen Zeitungen, in Zeitungen 99, hrsg. vom BDZV, Bonn: ZV 1999, S. 36f. Eine Ausweitung des publizistischen Angebots in den deut-

schen Tageszeitungen hat Schönbach bereits Anfang der neunziger Jahre festgestellt; vgl. Schönbach, Klaus: Zeitungen in den Neunzigern: Faktoren ihres Erfolgs, in: Zeitungen 97, hrsg. vom BDZV, Bonn: ZV 1997, S. 136-149.

9   Vgl. Wirtschaft im Trend, in: Der Journalist 2/1999, S. 6; Rosenfeld, Kerstin: Börsenfieber. Die Wirt-schaftsberichterstattung in der Zeitung, in: Zeitungen 99, hrsg. vom BDZV, Berlin: ZV 1999, S. 216-235; Media Spectrum Redaktion: Vorwort, in Media Spectrum 1/2000, S. 3 (Wirtschaftsmedien 2000 im Fokus).

10 Mast, Claudia: Wirtschaft hautnah, in: Der Journalist 11/1999, S. 34.

11 Siehe Steinfeld, Thomas (Hrsg.): Was vom Tage bleibt – Das Feuilleton und die Zukunft der kri-tischen Öffentlichkeit in Deutschland, Frankfurt: Fischer 2004.

12 Siehe ebd.

13 Schütz weist für 1994 zehn publizistische Einheiten aus; vgl. Schütz, Walter J.: »Publizistische Ein-heiten« in Deutschland. Zeitungsstichtagssammlung 1994, in: Zeitungen '94, hrsg. vom BDZV, Bonn: BDZV 1994, S. 374–391, hier S. 381 f.

14 Wilke, Jürgen: Presse, in: Noelle-Neumann, Elisabeth/Schulz, Winfried/Wilke, Jürgen (Hrsg.): Fischer Lexikon Publizistik – Massenkommunikation, Frankfurt/Main: Fischer 2002, S. 422–459, hier S. 432.

15 Wilke, Jürgen: Presse, ebd.

16 Vgl. Kaemp, Simone: Wo die Musik spielt, in: Der Spiegel 13/1999 (29.03.1999), S. 123.

17 Vgl. Schütz, Walter J.: Deutsche Tagespresse 1999, a.a.O., S. 20.

18 Vgl. dazu Steinkirchner, Peter: Bayerische Doppelstrategie, in: w&v Magazin, 13.10.2000, S. 42.

19 Schütz, Walter J.: Deutsche Tagespresse 2001, in: Media Perspektiven 12/2001, S. 602–632, hier S. 616.

20 Vgl. Schütz, Walter J.: Deutsche Tagespresse 2004, in: Media Perspektiven 5/2005, S. 205–232, hier S. 220.

21 Vgl. Schütz, Walter, J., ebd.

22 Bis Oktober 2002 konnten Angaben des Süddeutschen Verlags zufolge 5.600 neue Abonnenten hin-zugewonnen werden, 3.000 Exemplare wurden im Einzelverkauf abgesetzt, die verkaufte Auflage lag bei 41.000 Exemplaren; vgl. www.sueddeutscher-verlag.de/index.php?sub=yes&parent=0&idca t=135&idart=469 (08.10.2005). Der Vorsitzende der Gesellschafterversammlung, Hanns-Jörg Dürr-meier, sprach später von einem »ganz bitteren Schritt, aber die Zahlen ließen uns keine andere Wahl« (gemeint war vermutlich der nicht eingetretene wirtschaftliche Erfolg). Siehe »Süddeutscher Verlag kommt aus der Krise«, in: Süddeutsche Zeitung vom 07.08.2003, S. 19.

23 Vgl. dazu: »taz« startet täglichen NRW-Regionalteil, in: BDZV intern vom 20.11.2003, S. 7.

24 Vgl. dazu beispielsweise den Sammelband von: Ruß-Mohl, Stefan/Fengler, Susanne (Hrsg.): Medien auf der Bühne der Medien. Zur Zukunft von Medienjournalismus und Medien-PR, Berlin: dahlem university press 2000.

25 Vgl. dazu: Ruß-Mohl, Stephan: Berichterstattung in eigener Sache: Die Verantwortung von Journa-lismus und Medienunternehmen, in: Ruß-Mohl, Stefan/Fengler, Susanne (Hrsg.): Medien auf der Bühne der Medien, a.a.O. S. 17–38.

26 Vgl. Kreitling, Holger: Medienjournalismus in Deutschland – die aktuellen Trends, in: Ruß-Mohl, Stefan/Fengler, Susanne (Hrsg.): Medien auf der Bühne der Medien, a.a.O., S. 60–73, hier S. 67 f.

27 Vgl. Kreitling, Holger, a.a.O., S. 68 ff.

28 Beuthner, Michael/Weichert, Stefan A.: Die Selbstbeobachtungsfalle. Grenzen und Grenzgänge des Medienjournalismus, Wiesbaden: VS Verlag für Sozialwissenschaften 2005.

29 Vgl. Schütz, Walter J.: Deutsche Tagespresse 1999. Ergebnisse der fünften gesamtdeutschen Zeitungsstatistik, in: Media Perspektiven 1/2000, S. 8–29, hier S. 18.

30 Schütz, Walter J., ebd.

31 Vgl. Schütz, Walter J., ebd.

32 Vgl. dazu: Karle, Roland: Financial Times Deutschland, in: Menschen machen Medien 3/2000, S. 23; Schobelt, Frauke: Print-Profil: Financial Times Deutschland, in: Media und Marketing, 01.02.2001, S. 68; Jahrfeld, Martin: Ein Jahr Lachsrosa, in: w&v Magazin, 16.02.2001, S. 80.

33 Vgl. Weiner, Monika: Adel verpflichtet, in: w&v Special, 30.03.2001, S. 120.

34 Vgl. Schütz, Walter J.: Deutsche Tagespresse 2001. Trotz Bewegung im Markt keine wesentliche Erweiterung des publizistischen Angebots, in: Media Perspektiven 12/2001, S. 602–632, hier S. 605.

35 Vgl. Röper, Horst: Formationen deutscher Medienmultis 1998/99, in: Media Perspektiven 7/1999, S. 345–378, hier S. 350.

36 Röper, Horst, ebd.

37 Vgl. Schütz, Walter J.: Die deutsche Tagespresse 2001, a.a.O., S. 605.

38 Vgl. dazu vor allem die Stellenanzeigen für Journalisten in der Zeitschrift Journalist, H. 3/2000, 4/2000, 5/2000, 6/2000, 8/2000 und 9/2000.

39 Vgl. Vogel, Andreas: Die tägliche Gratispresse. Ein neues Geschäftsmodell für Zeitungen in Europa, in: Media Perspektiven 11/2001, S. 576–586.

40 Vgl. Vogel, Andreas: Die tägliche Gratispresse, a.a.O.

41 Vgl. Vogel, Andreas: Die tägliche Gratispresse, a.a.O., S. 576; siehe auch: Schütz, Walter, J.: Die deutsche Tagespresse 2001, a.a.O., S. 606 ff.; siehe auch: Wilke, Jürgen: Presse, a.a.O., S. 437 f.

42 Vgl. Vogel, Andreas: Die tägliche Gratispresse, ebd.; Schütz, Walter J.: Die deutsche Tagespresse 2001, ebd.; Wilke, Jürgen: Presse, a.a.O., S. 438.

43 Vgl. Vogel, Andreas: Die tägliche Gratispresse, a.a.O., S. 577. Siehe das Urteil des Bundesgerichtshofs zum Rechtsstreit Springer-Verlag gegen »Zeitung zum Sonntag« vom 20.11.2003, Aktenzeichen IZR 120/00.

44 Vgl. Vogel, Andreas: Die tägliche Gratispresse, a.a.O.; Schütz, Die deutsche Tagespresse 2001, a.a.O.; Wilke, Jürgen: Presse, a.a.O.

45 Vgl. Vogel, Andreas: Die tägliche Gratispresse, ebd., Schütz, Walter J.: Die deutsche Tagespresse 2001, a.a.O.

46 Vgl. Vogel, Andreas: Die tägliche Gratispresse, ebd. »Bereits am 17.12.1999 wurde vom zuständigen Landgericht Berlin die kostenlose Verteilung untersagt. Auch das Erscheinen des Blatts [20 Minuten Köln, Erg. d. A.] mit dem Aufdruck ›kostenlose Probeausgabe‹ wurde durch das Landgericht Berlin am 23.12.1999 verboten. Diese Entscheidung hob das Berliner Kammergericht jedoch am 11.02.2000 wieder auf, weil die Auflageneinbußen bei Bild Köln noch keine nachhaltige Schädigung des Pressevertriebsmarktes seien.« (Vogel S. 577).

47 Vgl. Vertrieb von Gratiszeitung nicht wettbewerbswidrig. Mitteilung der Pressestelle des Bundesgerichtshofs Nr. 141/2003, Urteile vom 20.11.2003 – I ZR 151/01 (20 Minuten Köln) und I ZR 120/00 (Zeitung zum Sonntag). Unter anderem heißt es dort: »Zwar sei es grundsätzlich wettbewerbswidrig, wenn ein Wettbewerber eine üblicherweise entgeltlich angebotene Leistung in großem Umfang verschenke und dadurch den Bestand des Wettbewerbs konkret gefährde. Andererseits habe im Geschäftsleben niemand Anspruch auf einen unveränderten Erhalt seines Kundenkreises. Nach-

teile und Gefährdungen der eigenen Position aufgrund neuartiger wettbewerbskonformer Maßnahmen müsse jeder Mitbewerber grundsätzlich hinnehmen, auch wenn sie sich für ihn nachteilig auswirkten. Auch nach der Rechtsprechung des Bundesgerichtshofs sei der Vertrieb einer Zeitung, die sich allein aus Anzeigen und nicht auch aus Verkaufserlösen finanziere, nicht von vornherein unzulässig. Auf den verfassungsrechtlichen Schutz der Pressefreiheit könne sich nicht nur die Klägerin als Herausgeberin herkömmlicher Tageszeitungen, sondern auch die Beklagte mit ihrer allein anzeigenfinanzierten Zeitung berufen. Die Gefahr, dass die inserierende Wirtschaft Einfluß auf die Inhalte der Zeitung nehme, sei zwar nicht von der Hand zu weisen, bestehe aber auch bei der mischfinanzierten Presse.«

48 Vgl. Schütz, Walter J., a.a.O., S. 611. Siehe auch Vogel, Andreas: Die tägliche Gratispresse, a.a.O.

49 Kostenlose Pendlerzeitungen – ein Update, Darmstadt: ifra 2004, S. 11 f. (ifra Special Report 6.25.2).

50 Gärtner, Hans-Dieter: Gratis ist nicht der richtige Preis – doch was ist der richtige Preis? a.a.O.

51 So Repräsentanten dieser Verlage bzw. aus deren Redaktionen beim Printgipfel der Medientage München 2005 am 27.10.2005.

52 Schütz gibt für 2004 insgesamt 169 Ausgaben von Tageszeitungen an, die siebenmal wöchentlich erscheinen, das entspricht 11 Prozent der Tageszeitungsausgaben.; vgl. Schütz, Walter J.: Deutsche Tagespresse 2004, in: Media Perspektiven 5/2005, S. 221, Tab. 8.

53 Wilke führt an, dass bereits 1985 fast jeder zehnte Bezieher einer Abonnementzeitung auch sonntags beliefert wurde; vgl. Wilke, Jürgen: Presse, a.a.O., S. 436.

54 Die 169 Sonntagsausgaben von Tageszeitungen verfügen über eine gemeinsame Auflage von 1,9 Mio. Exemplaren. Vgl. Schütz, Walter J., ebd., Tab. 9.

55 So das Ergebnis einer Studie der Zeitungs-Marketing-Gesellschaft ZMG »Aktivitäten und Medienverhalten am Sonntag«; siehe dazu www.zmg.de.

56 Vgl. Rosenfeld, Kerstin: Der Sonntagsmarkt – Nische oder strategische Notwendigkeit, in: Zeitungen 1997, hrsg. vom BDZV, Bonn: ZV 1997, S. 151–169.

57 Vgl. Facius, Gernot: Lektüre für den siebten Tag – Der Markt der Sonntagszeitungen, in: Zeitungen 2001, hrsg. vom BDZV, Berlin: ZV 2001, S. 98–103, hier S. 102.

58 So Nonnenmacher, Günther, in: Milz, Annette: Der neue Weg, in: medium magazin 10/2001, S. 24.

59 Facius, Gernot: Lektüre für den siebten Tag, a.a.O., S. 101.

60 Vgl. dazu: Werbung in Deutschland 2004. In: Werbung in Deutschland 2004, hrsg. vom Zentralverband der deutschen Werbewirtschaft, Berlin: Verlag edition 2004, S. 9 u. 15.

61 Vgl. Werbung in Deutschland 2004, a.a.O., S. 15; siehe auch: Keller, Dieter: Zur wirtschaftlichen Lage der deutschen Zeitungen, in: Zeitungen 2004, hrsg. vom BDZV, Bonn: ZV 2004, S. 43–122.

62 Vgl. Keller, Dieter: Zur wirtschaftlichen Lage der deutschen Zeitungen (2004), a.a.O. S. 44 f.

63 Vgl. Keller, Dieter: Zur wirtschaftlichen Lage der deutschen Zeitungen (2004), a.a.O., S. 46.

64 Werbung in Deutschland 2004, a.a.O., S. 14 f.

65 Vgl. Vogel, Andreas: Konsolidierte Großkonzerne bereit zu erneutem Wachstum. Daten zum Markt und zur Konzentration der Publikumspresse in Deutschland im I. Quartal 2004, in: Media Perspektiven 7/2004, S. 322–338, hier S. 322.

66 Vgl. Werbung in Deutschland 2004, a.a.O., S. 15 und 17.

67 Vgl. Werbung in Deutschland 2004, a.a.O., S. 15.

68 Vgl. Gerhardt, Rudolf; Kepplinger, Hans Matthias; Maurer, Marcus: Klimawandel in den Redakti-
    onen; unter: www.faz.net/s/Rub8A25A66CA9514B9892E0074EDE4E5AFA/Doc-E265E1A27A4BD
    41D58A430D29912601EA-Atpl-Ecommon-Scontent.html (11.04.2005).

69 Vgl. Röper, Horst: Zeitungsmarkt 2002: Wirtschaftliche Krise und steigende Konzentration. Daten
    zur Konzentration der Tagespresse in der Bundesrepublik Deutschland im I. Quartal 2002, in:
    Media Perspektiven 10/2002, S. 478–490; siehe auch: Schütz, Walter J.: Deutsche Tagespresse 2004,
    a.a.O.

70 Vgl. Schütz, Walter J.: Deutsche Tagespresse 2004, a.a.O., S. 206, Tabelle 1.

71 Vgl. o.A.: Branchenkrise trifft Süddeutschen Verlag, in: Süddeutsche Zeitung, 03./04.08.2002, S. 20;
    siehe auch o.A.: Süddeutscher Verlag kommt aus der Krise, in: Süddeutsche Zeitung, 07.08.2003,
    S. 19.

72 Vgl. Meyer, Kathrin: Crossmediale Kooperationen von Print- und Online-Redaktionen bei Tages-
    zeitungen in Deutschland, München: Utz 2005, S. 122 f. Die Verfasserin nimmt ihrerseits Bezug auf
    Beiträge aus Zeitungen und Zeitschriften.

73 Vgl. o.A.: Süddeutscher Verlag kommt aus der Krise, in: Süddeutsche Zeitung, 07.08.2003, S. 19.

74 Ebd.

75 Ebd.

76 Vgl. Meyer, Kathrin: Crossmediale Kooperationen von Print- und Online-Redaktionen bei Tages-
    zeitungen in Deutschland, a.a.O., S. 124.

77 Vgl. Meyer, Kathrin: Crossmediale Kooperationen von Print- und Online-Redaktionen bei Tages-
    zeitungen in Deutschland a.a.O., S. 125.

78 Vgl. Meyer, Kathrin, ebd.

79 Vgl. unter www.welt.de/data/2005/06/25/736591.html?prx=1 (30.03.2006).

80 Vgl. Meyer, Kathrin: Crossmediale Kooperationen von Print- und Online-Redaktionen bei Tages-
    zeitungen in Deutschland, a.a.O., S. 124.

81 Vgl. Röper, Horst: Zeitungsmarkt 2002, a.a.O., S. 478.

82 Vgl. Röper, Horst: Zeitungsmarkt 2002, ebd.

83 Vgl. Röper, Horst: Zeitungsmarkt 2002, ebd.; vgl. Meyer, a.a.O., S. 125.

84 O.A.: Hessen bürgt für »Frankfurter Rundschau« (16.04.2003, unter: http://netzeitung.de/medien/
    235504.html (31.03.2006)). Aussagen über die Höhe des gewährten Kredits differieren. Die »Netzei-
    tung« schreibt mit Bezugnahme auf Angaben des hessischen Zeitungsverlegerverbands von »einem
    Kredit im oberen einstelligen Millionenbereich, der zu 60 Prozent durch die Bürgschaft der Landes-
    regierung abgesichert wurde.« Laut Textarchiv der Berliner Zeitung vom 27.01.2004 soll es sich bei
    der Bürgschaft um einen Betrag von rund sieben Mio. Euro gehandelt haben: Schuler, Thomas: Raus
    aufs Land; unter: www.berlinonline.de/.bin/print.php/berliner-zeitung/archiv/.bin/dump.fcgi/2004
    (31.03.2006).

85 Vgl. Schuler, Thomas: Raus aufs Land. Die FR verkauft ihr Verlagshaus in der Frankfurter Innen-
    stadt, Textarchiv der Berliner Zeitung, 27.01.2004; unter: www.berlinonline.de/berliner-zeitung/
    archiv/.bin/dump.fcgi/2004/0127/ medien/0144/index.html (01.04.2006).

86 Vgl. Röper, Horst: Retter in der Not, in: Der Journalist 4/2004, S. 30 f.; Lilienthal, Volker: Dickes
    Ende. Kommt erst noch. Die SPD rettet die »Frankfurter Rundschau« – und jetzt? in: epd medien
    35/2004, S. 3–5.

87 Siehe dazu unter: www.ddvg.de (12.12.2005). Verflechtungen gibt es insbesondere mit der Verlags-
    gruppe Madsack.

88 Nelles, Roland; Rosenbach, Marcel: »Ein Stück Medienvielfalt«. Interview mit der SPD-Schatzmeis-terin Inge Wetting-Danielmeier, in: Der Spiegel vom 15.03.2004, S. 232 f.

89 Saar-Echo: »Frankfurter Rundschau« soll 2006 verkauft werden; unter: www.saar-echo.de/de/prt. php?a=28553 (12.12.2005)

90 M. DuMont Schauberg erwarb 50 Prozent der Anteile des Druck- und Verlagshauses plus eine Stimme, die DDVG behält 40 Prozent. Vgl. Jakobs, Hans-Jürgen: »Die Dinge sind geordnet«. M. DuMont Schauberg aus Köln übernimmt »Frankfurter Rundschau« – Interview mit Verlagschef Kie-geland. In: Süddeutsche Zeitung, 19. Juli 2006, S. 15.

91 Vogel, Andreas: Konsolidierte Großkonzerne, a.a.O., S. 327.

92 Vogel, Andreas: Konsolidierte Großkonzerne, a.a.O., S. 328.

93 Vgl. u.a. Werbung in Deutschland 2002, hrsg. vom Zentralverband der Deutschen Werbewirtschaft, Berlin: Verlag edition ZAW 2002, S. 10 f.; vgl. ebenso Werbung in Deutschland 2003, hrsg. vom Zen-tralverband der deutschen Werbewirtschaft, Berlin: Verlag edition ZAW 2003, S. 10 f.

94 Vgl. Riefler, Katja: Rubrikenmärkte im Internet – Ein internationaler Überblick, in: Zeitungen 2004, hrsg. vom BDZV, Berlin: ZV 2004, S. 215–228, hier S. 216; siehe dazu auch die Ergebnisse einer Befra-gung von Chefredakteuren durch: Mast, Claudi/Spachmann, Klaus: Zeitungen in der Krise, in: dies. (Hrsg.): Krise der Zeitungen. Wohin steuert der Journalismus? Stuttgart: Universität Hohenheim (Lehrstuhl für Kommunikationswissenschaft) 2003, S. 25-47.

95 Vgl. Kuppeck, Harald: Totengräber Internet? Oder: online überleben? in: Schröder, Michael/Schwa-nebeck, Axel: Zeitungszukunft Zukunftszeitung. Der schwierige Gang der Tagespresse in die Infor-mationsgesellschaft des 21. Jahrhunderts, München: R. Fischer 2005, S. 65–74, hier S. 69 f. Katja Riefler erwähnt ähnliche Zahlen: »Rund 40 Prozent der Stellen- und KfZ-Anzeigen sowie 20 Pro-zent der Immobilienanzeigen haben die Zeitungen zwischen 1993 und 2003 verloren.« Riefler, Katja: Rubrikenmärkte im Internet – Ein internationaler Überblick. In: Zeitungen 2004, hrsg. vom BDZV, Berlin: ZV 2004, S. 216-227, hier S. 216.

96 Vgl. dazu: Riefler, Katja: Rubrikenanzeigen – Wachstumsmarkt im Wandel. Ein internationaler Überblick, Berlin: BDZV 2004; siehe auch: Riefler, Katja: Rubrikenmärkte im Internet – Ein inter-nationaler Überblick, in: Zeitungen 2004, a.a.O., S. 216-227; vgl. ebenso: Castulus, Colo: Der Wett-bewerb von Zeitung und Internet in den Rubrikenmärkten, in: Glotz, Peter/Meyer-Lucht, Robin (Hrsg.): Online gegen Print. Zeitung und Zeitschrift im Wandel, Konstanz: UVK 2004, S. 75–86; siehe auch: Kolo, Castulus: Personalgewinnung im Wandel – Die zukünftige Rolle der Zeitungen im Markt der Stellenanzeigen, in: Glotz, Peter/Meyer-Lucht, Robin (Hrsg.), Online gegen Print. Zei-tung und Zeitschrift im Wandel, a.a.O., S. 46–74.

97 Riefler, Katja: Rubrikenanzeigen – Wachstumsmarkt im Wandel. Ein internationaler Überblick (2004), a.a.O., S. 7.

98 Plant Google einen Kleinanzeigenmarkt? – vgl.: www.sueddeutsche.de/computer/artikel/586/64522/ (18.11.2005).

99 Die Angaben variieren zwischen 0,9 und 1,1 Prozent. Vgl. Werbung in Deutschland 2005. In: Wer-bung in Deutschland 2005, hrsg. vom Zentralverband der deutschen Werbewirtschaft, Berlin: Ver-lag edition ZAW 2005, S. 13; siehe auch: Keller, Dieter: Zur wirtschaftlichen Lage der deutschen Zei-tungen (2005), in: Zeitungen 2005, hrsg. vom BDZV, Berlin: ZV 2005, S. 28–101, hier S. 28 ff.

100 Vgl. Medienpädagogischer Forschungsverbund Südwest: JIM-Studie 2004. Jugend, Information, (Muliti-)Media, Stuttgart 2004, S. 11.

101 Vgl. Milz, Annette: Kleine Größe – Tabloid, das Format der Zukunft?, in: Zeitungen 2004, hrsg. vom BDZV, Berlin: ZV 2004, S. 173–199.

102 Vgl. Milz, Annette: Kleine Größe – Tabloid, das Format der Zukunft?, a.a.O., S. 174.

103 Milz, Annette: Kleine Größe – Tabloid, das Format der Zukunft?, a.a.O., S. 175.

104 Milz, Annette, ebd.

105 Milz, Annette: Kleine Größe – Tabloid, das Format der Zukunft?, a.a.O., S. 174.

106 Siehe Milz, Annette: Kleine Größe – Tabloid, das Format der Zukunft?, a.a.O., S. 176 ff ; Roether, Diemut: Klein und gut? Zeitungen werben mit Tabloids um neue Leser, in: epd medien, 77/2004 (vom 02.10.2004), S. 3–6.

107 Vgl. BDZV intern vom 22.04.2005, S. 5.

108 Riefler, Katja: Tabloid – große Erwartungen an ein kleines Format, in: Redaktion 2005. Jahrbuch für Journalisten, hrsg. von der Initiative Tageszeitung (Bundeszentrale für politische Bildung), Salzburg: Oberauer 2005, S. 21–28, hier S. 25.

109 So Grabner, Michael, in: Riefler, Katja: Tabloid, a.a.O., S. 25.

110 Vgl. Breyer-Mayländer, Thomas: Marktimpulse durch Zielgruppenprodukte, in: Zeitungen 2005, hrsg. vom BDZV, Berlin: VZ 2005, S. 137–143.

111 Vgl. Roether, Diemut: Klein und gut? Zeitungsverlage werben mit Tabloids um neue Leser, in: epd medien 77/2004 vom 02.10.2004, S. 3–6; siehe auch Breyer-Mayländer, Thomas: Marktimpulse, a.a.O.

112 Der Chefredakteur der großen Regionalzeitung »Freie Presse«, Dieter Soika, bleibt skeptisch. Seines Erachtens müsse es auch künftig möglich sein, eine Zeitung »für alle« zu machen. In Tabloids sieht er Modeerscheinungen. Zugleich wirft er deren Verlegern vor, sich nicht um das Kernobjekt zu kümmern, sondern mit Tabloids eine »Baustelle zugunsten einer noch größeren zu verlassen.« In: Meier, Christian: Gegen Tabloid. »Freie Presse«-Chef Dieter Soika hält wenig vom Kompakt-Fieber, in: medium magazin 5/2005, S. 48 f., hier S. 49.

113 Rager, Günter zitiert bei Roether, Diemut: Klein und gut?, a.a.O., S. 5.

114 Vgl. Roether, Diemut: Klein und gut? a.a.O., ebd.

115 Es handelt sich dabei um eine Befragung von 21 Lesern in drei Gruppendiskussionen und vier Intensivinterviews im Rahmen einer am Institut für Kommunikationswissenschaft der Ludwig-Maximilians-Universität München erarbeiteten Magisterarbeit, deren wichtigste Ergebnisse veröffentlich sind. Siehe: Zimmermann, Jan: »Alles – und das pfiffig und kurz«. Motive für die Nutzung von WELT KOMPAKT, in: Huber, Nathalie/Meyen, Michael (Hrsg.): Medien im Alltag, Qualitative Studien zu Nutzungsmotiven und zur Bedeutung von Medienangeboten, Berlin: Lit 2006, S. 133–150. Wegen der kleinen Zahl der der Befragten sind die Ergebnisse der Studie als Trends bzw. Tendenzen zu sehen.

116 Vgl. Zimmermann, Jan: »Alles – und das pfiffig und kurz«, a.a.O.

117 Lutz, Klaus J.: Wege aus der Anzeigenflaute, in: Schröder, Michael/Schwanebeck, Axel (Hrsg.): Zeitungszukunft Zukunftszeitung. Der schwierige Gang der Tagespresse in die Informationsgesellschaft des 21. Jahrhunderts, München: R. Fischer 2005, S. 155–162, hier S. 158 (Herv. i. Orig.).

118 Lutz, Klaus J., ebd.

119 Vgl. Lutz, Klaus J.: Die Zeitung als Marke – Neue Produkte, neue Geschäftsmodelle, in: Zeitungen 2005, hrsg. vom BDZV, Berlin: ZV 2005, S. 120–125.

120 O.A.: »Süddeutsche Zeitung« startet Kriminal-Bibliothek, in: BDZV intern, 13.01.2006, S. 10.

121 Vgl. Die Presse als Buchhändler. Vier Prozent des Umsatzes mit Belletristik. NZZ Online (Medien – Informatik); unter: www.nzz.ch/2005/05/27/em/articleCPE1B.htlm (08.08.2005).

122 Lutz, Klaus J.: Mut und eine starke Marke, in: BDZV intern, 04.10.2005, S. 6.

123 Ebd., S. 6 f.

124 Esser, Rainer/Schreier, Christiane: Die Zeitung als Marke – Diversifikation als lukrative Erlösquelle, in: Zeitungen 2005, hrsg. vom BDZV, Berlin: VZ 2005, S. 128–133, hier S. 132.

125 Vgl. Esser, Rainer/Schreier, Christiane: Die Zeitung als Marke, a.a.O., S. 130–132.

126 KPMG steht für die Gründerväter der weltweit mit 94.000 Mitarbeitern und in 148 Ländern tätigen Gesellschaft Klynveld, Peat, Marwick und Goerdeler; vgl. www.kpmg.de.

127 KPMG-Umfrage: Zeitungsverlage suchen nach zusätzlichen Erlösquellen – Bedeutung des Vertriebs wächst; unter: www.presseportal.de/story.htx?nr=640026&firmaid=33170 (08.10.2005).

128 Andersch, Timmo (KMPG-Umfrage), ebd.

129 Neuberger, Christoph: Vierhundert Jahre Zeitung: Medium mit Vergangenheit, aber ohne Zukunft? Vortrag anlässlich des Berufsverfahrens Lehrstuhl Journalistik II der Katholischen Universität Eichstätt, Ms., (Stand: 28.02.2005), S. 13.

130 Vgl. Wolf, Silke: Alternative Postdienstleistung – Ein neuer Markt für Zeitungsverlage, in: Zeitungen 2001, hrsg. vom BDZV, Berlin: ZV 2001, S. 325–336, hier S. 331 ff.

131 Vgl. Wolf, Silke: Alternative Postdienstleistung, a.a.O., S. 326.

132 Vgl. Breyer-Mayländer, Thomas: Post von der Zeitung – Ein Geschäftsfeld expandiert, in: Zeitungen 2004, hrsg. vom BDZV, Berlin: ZV 2004, S. 253–260, hier S. 254.

133 Breyer-Mayländer, Thomas, ebd.

134 Breyer-Mayländer, Thomas, ebd.

135 Breyer-Mayländer, Thomas: Post von der Zeitung – Ein Geschäftsfeld expandiert, a.a.O., S. 255.

136 Breyer-Mayländer, Thomas, ebd.

137 Breyer-Mayländer, Thomas, ebd.

138 Vgl. dazu Breyer-Mayländer, Thomas: Post von der Zeitung – Ein Geschäftsfeld expandiert, a.a.O., S. 255 ff.; Wolf, Silke: Alternative Postdienstleistung, a.a.O., S. 327 ff.

139 Vgl. Breyer-Mayländer, Thomas: Post von der Zeitung – Ein Geschäftsfeld expandiert, a.a.O., S. 257.

140 Laskowski, Jörg: Logistische Kernkompetenz ausschöpfen – Verlage als Postdienstleister, in: Zeitungen 2005, hrsg. vom BDZV, Berlin: ZV 2005, S. 146–151, hier S. 146.

141 Laskowski, Jörg: Logistische Kernkompetenz ausschöpfen – Verlage als Postdienstleister, a.a.O., S. 151.

142 Vgl. Axel Springer, Holtzbrinck und WAZ bündeln Postaktivitäten, in: BDZV intern, 20.09.2005, S. 5; siehe auch: Großverlage machen der Post Konkurrenz, unter: www.sueddeutsche.de/,wirm3/wirtschaft/artikel/252/60192/ (09.09.2005).

143 O.A.: Private Briefdienstleister bauen Geschäft weiter aus, in: BDZV intern, 13.01.2006, S. 8; siehe auch unter www.pin-ag.de/index.php (18.07.2006).

144 Angaben zu Auflagen von Zeitungs- und Zeitschriftentiteln in den nachfolgenden Abbildungen beziehen sich – sofern nicht anders angegeben – auf die von der IVW ermittelten Daten für das 4. Quartal 2005. Zitierte Quellen des BDZV aus 2005 hingegen beziehen sich für den Bereich der Tageszeitungen auf das 2. Quartal nach IVW.

145 Vgl. Schütz, Walter J.: Deutsche Tagespresse 2004. Zeitungsmarkt trotz Krise insgesamt stabil, in: Media Perspektiven 5/2005, S. 205–232, hier S. 206 ff.; Zahlen – Daten – Fakten, in: Zeitungen 2005, hrsg. vom BDZV, Berlin: VZ 2005, S. 388; ebenso Keller, Dieter: Zur wirtschaftlichen Lage der deutschen Zeitungen, in: Zeitungen 2005, hrsg. vom BDZV, a.a. O. S. 76, Tabelle 2b.

146 Pasquay, Anja: Zeitungen und ihre Leser in Stichworten. Vortrag anlässlich der Berliner Zeitungs-konferenz »Über den Tag hinaus – Berliner Zeitungskonferenz – 400 Jahre Zeitung«; unter: http://berliner-zeitungskonferenz.de/unterm_strich/leser.html (20.10.2005).

147 Vgl. Schütz, Walter J.: Deutsche Tagespresse 2004, a.a.O., S. 206, Tab. 1; Zeitungen 2005, a.a.O., S. 390.

148 Zuletzt Schütz, Walter J.: Deutsche Tagespresse 2004, a.a.O.; ebenso Schütz, Walter J.: Redaktionelle und verlegerische Struktur der deutschen Tagespresse. Übersicht über den Stand 2004, in: Media Perspektiven 5/2005, S. 233–242.

149 Vgl. Röper, Horst: Bewegung im Zeitungsmarkt 2004. Daten zur Konzentration der Tagespresse in der Bundesrepublik Deutschland im I. Quartal 2004, in: Media Perspektiven 6/2004, S. 268–283; siehe jüngst (Frühjahr 2006): Röper, Horst: Probleme und Perspektiven des Zeitungsmarktes. Daten zur Konzentration der Tagespresse in der Bundesrepublik Deutschland im 1. Quartal 2006, in: Media Perspektiven 5/2006, S. 283–297.

150 Vgl. etwa Beiträge im Verbandsorgan des Deutschen Journalisten-Verbands (DJV), »journalist«.

151 Vgl. Schütz, Walter J.: Redaktionelle und verlegerische Struktur der deutschen Tagespresse (2004), a.a.O., S. 233–242.

152 Vgl. Röper, Horst: Bewegung im Zeitungsmarkt 2004, a.a.O., S. 269 f.

153 Vgl. Röper, Horst: Probleme und Perspektiven des Zeitungsmarktes. Daten zur Konzentration der Tagespresse in der Bundesrepublik Deutschland im I. Quartal 2006, in: Media Perspektiven 5/2006, S. 283–297, hier S. 284 und 288 ff.

154 Vgl. Röper, Horst, ebd.

155 Vgl. Röper, Horst, ebd.

156 Vgl. Röper, Horst: Probleme und Perspektiven des Zeitungsmarktes. Daten zur Konzentration der Tagespresse in der Bundesrepublik Deutschland im I. Quartal 2006, a.a.O., S. 288–293.

157 So an der »Westfälischen Rundschau«, den »Cuxhavener Nachrichten«, der »Neuen Westfälischen«, dem »Nordbayerischen Kurier«, der »Sächsischen Zeitung«, der »Morgenpost Sachsen«, der »Fran-kenpost«, dem »Freien Wort« (Suhl), der »Südthüringer Zeitung«, der »Neuen Presse Coburg« sowie – über die Verlagsgesellschaft Madsack – u.a. an der »Hannoverschen Allgemeinen«, der »Neuen Presse Hannover«, dem »Göttinger Tageblatt«, der »Leipziger Volkszeitung« sowie den »Dresdner Neuesten Nachrichten«; vgl. unter www.ddvg.de/wirueberuns/unserebeteiligungen/ (abgerufen am 12.12.2005).

158 Vgl. Wilke, Jürgen: Presse, a.a.O., S. 431.

159 Siehe Schütz, Walter J.:Deutsche Tagespresse 2004, a. a. O., S. 222, Tabelle 11.

160 Vgl. Zeitungen 2005, hrsg. vom BVDZ, Berlin: ZV 2005, S. 388; vgl. auch Keller, Dieter: Zur wirt-schaftlichen Lage der deutschen Zeitungen 2005, hrsg. vom BDZV, a. a. O. S. 76, Tabelle 2b.

161 Pasquay, Anja: Zeitungen und ihre Leser in Stichworten, a.a.O.

162 Vgl. Schütz, Walter J.: Redaktionelle und verlegerische Struktur der deutschen Tagespresse (2004), a.a.O.

163 Vgl. Schütz, Walter J.: Deutsche Tagespresse 2004, a.a.O., S. 230 (Herv. i. Orig.).

164 Vgl. Schütz, Walter J.: Redaktionelle und verlegerische Struktur der deutschen Tagespresse (2004), a.a.O.

165 Vgl. Schütz, Walter J.: Deutsche Tagespresse 2004, a.a.O., S. 230.

166 Vgl. Schütz, Walter J.: ebd.

167 Vgl. dazu auch: Wilke, Jürgen: Presse, a.a.O., S. 428 f.

168 Vgl. Wilke, Jürgen: Presse, a.a.O., S. 433 ff.

169 Vgl. Wilke, Jürgen: Presse, a.a.O., S. 433.

170 Vgl. Pasquay, Anja: Zeitungen und ihre Leser in Stichworten, a.a.O.

171 Vgl. Zeitungen 2005, hrsg. vom BDZV, a. a. O., S. 388; Keller, Dieter: Zur wirtschaftlichen Lage der deutschen Zeitungen 2005, in Zeitungen 2005, a. a. O. S. 76, Tabelle 2b.

172 Wilke, Jürgen: Presse, a.a.O., S. 434 f.

173 Wilke, Jürgen: Presse, a.a.O., S. 435.

174 Da der Berliner Verlag, in dem auch der Berliner Kurier erscheint, im Herbst 2005 an eine angloamerikanische Investorengruppe verkauft wurde, ist vorerst unklar, ob die redaktionelle Kooperation zwischen Berliner Kurier und Morgenpost für Sachsen weiterhin bestehen bleibt.

175 So setzte der Titel »Kölner Stadt-Anzeiger Direkt« laut IVW IV/2005 von seiner verkauften Auflage von 9.001 Exemplaren 7.186 im Einzelverkauf und nur 661 im Abonnement ab (Rest: Sonstiger Verkauf).

176 Vgl. Zeitungen 2005, hrsg. vom BDZV, a. a. O., S. 388; Keller, Dieter: Zur wirtschaftlichen Lage der deutschen Zeitungen 2005, in: Zeitungen 2005, a. a. O., S. 76, Tabelle 2b.

177 Vgl. u.a. auch Wilke, Jürgen, Presse, a.a.O., S. 435.

178 Vgl. Wilke, Jürgen: Presse, a.a.O., S. 435.

179 Vgl. Wilke, Jürgen: Presse, a.a.O., S. 432.

180 Vgl. auch Schütz, Walter J.: Redaktionelle und verlegerische Struktur der deutschen Tagespresse (2004), a.a.O., S. 236 f. Die dort vorhandenen Tabellen enthalten auch statistische Angaben zu den Ausgaben der Zeitungen.

181 Vgl. Wilke, Jürgen: Presse, a.a.O., S. 432.

182 Zur Tagesspiegel-Gruppe gehörten auch die »Postdamer Neueste Nachrichten«; vgl. o.A: Holtzbrinck verkauft den Tagesspiegel (30.09.2003); unter archiv.tagesspiegel.de/archiv/30.09.2003/767061.asp (31.03.2006).

183 Der Berliner Verlag wurde im Kontext der deutschen Wiedervereinigung von Gruner und Jahr/Maxwell erworben (damals das SED-Blatt »Berliner Zeitung« und die SED-nahe »B.Z. am Abend«). Nach dem überraschenden Tod Maxwells ging der Berliner Verlag später zur Gänze an Gruner und Jahr.

184 Vgl. Röper, Horst: Zeitungsmarkt in der Krise – ein Fall für die Medienregulierung, in: Aus Politik und Zeitgeschichte, B12–13/2004, S. 12.

185 Vgl. Röper, Horst: Zeitungsmarkt in der Krise, ebd.

186 Vgl. Röper, Horst, ebd.

187 Röper, Horst, ebd.

188 Vgl. Röper, Horst, ebd.

189 Vgl. o.A.: Holtzbrinck verkauft den Tagesspiegel, a.a.O.

190 Vgl. Röper, Horst, ebd.

191 Vgl. o.A.: Verkauf perfekt: »Berliner Zeitung« wird angelsächsisch; unter: www.mediencity.de/index. php?art_id=4099 (25.10.2005). Die neue Investorengruppe erwarb im Januar 2006 übrigens auch die »Hamburger Morgenpost«, eine Straßenverkaufszeitung mit einer Auflage von 110.000 Exemplaren. Siehe dazu: Montgomery kauft »Hamburger Morgenpost«; unter: www.netzeitung.de/wirtschaft/ unternehmen/379596.html (29.01.2006).

192 Vgl. Zeitungen 2005, a.a.O., S. 350 f.

193 Gesamtauflage rund 600.000.

194 Vgl. IVW IV/2005.

195 Alle Auflagenangaben gemäß Zeitungen 2005, a.a.O., S. 350. Die Europa-Ausgabe von »Zaman« wird in Deutschland erstellt.

196 Vesti; unter www.vesti.de/download/PDF/opsti%20podaci%20-D.pdf (09.10.2006).

197 Vgl. ebd. Auch der BDZV gibt eine Auflage von 45.000 an; vgl. Zeitungen 2005, a.a.O., S. 350.

198 Alle Angaben aus Zeitungen 2005, a.a.O.

199 Vgl. Raabe, Johannes: Zeitschrift, in: Bentele, Günter et al.(Hrsg.): Lexikon zur Kommunikations- und Medienwissenschaft, Wiesbaden: VS 2006, S. 320–321, hier S. 320.

200 Vgl. ag.ma 2005/II. Die Reichweite bezieht sich auf die 14- bis 69-Jährigen und liegt seit Jahren um die 94 Prozent (2004: 94,3 Prozent), vgl. dazu auch Fürstner, Wolfgang: Faszination Print – Aktuelle Trends im Zeitschriftenmarkt, in: Sjurts, Insa (Hrsg.): Strategische Optionen in der Medienkrise. Print, Fernsehen, neue Medien, München: Verlag Reinhard Fischer 2004, S. 9–13, hier S. 10.

201 Raabe, Johannes: Wochenzeitungen, in: Bentele, Günter et al. (Hrsg.): Lexikon zur Medien- und Kommunikationswissenschaft, Wiesbaden: VS 2006, S. 318–319, hier S. 318.

202 Vgl. Zeitungen 2005, a.a.O., S. 349 (überregionale) sowie S. 351–353 (regional-lokale). Die Daten basieren auf freiwilligen Angaben und sind möglicherweise nicht vollständig.

203 Vgl. Zeitungen 2005, a.a.O., S. 388.

204 Der Freitag ist entstanden aus der Fusion der einstigen DDR-Wochenzeitung Sonntag mit der Volkszeitung, die ihrerseits »aus der DKP-nahen, von der DDR finanziell unterstützten Deutschen Volkszeitung in Düsseldorf hervorgegangen ist.«, Wilke, Jürgen: Presse, a.a.O., S. 443.

205 Vgl. unter www.bayernkurier.de (12.12.2005).

206 Vgl. dazu [lexikon.idgr.de] Informationsdienst gegen Rechtsextremismus. National-Zeitung – Deutsche Wochenzeitung; unter:
http://lexikon.idgr.de/n/na/nationalzeitung/nationalzeitung.php.(19.12.2005).

207 Vgl. Wilke, Jürgen: Presse, a.a.O., S. 442.

208 Vgl. Zeitungen 2005, a.a.O., S. 351–353.

209 Vgl. Raabe, Johannes: Nachrichtenmagazin, in: Bentele, Günter et. al. (Hrsg.): Lexikon zur Kommunikations- und Medienwissenschaft, Wiesbaden: VS 2006, S. 197.

210 Raabe, Johannes: Sonntagspresse, in: Bentele, Günter et al. (Hrsg.): Lexikon zur Medien- und Kommunikationswissenschaft, Wiesbaden: VS 2006, S. 264.

211 Hier in Erweiterung der Systematik von: Brändle, Doris: Sonntagszeitungen in Deutschland. Marktstruktur und inhaltliches Profil. Unveröff. Diplomarbeit, Eichstätt 2002, S. 8.

212 Vgl. Brändle, Doris: Sonntagszeitungen, a.a.O., S. 35 ff.

213 Vgl. Schütz, Walter J.: Deutsche Tagespresse 2004, a.a.O., S. 220 ff., insbes. S. 221, Tab. 8 u. 9, u. S. 233 ff.

214 Vgl. Brändle, Doris: Sonntagszeitungen, a.a.O., S. 43.

215 Wilke, Jürgen: Presse, a.a.O., S. 436.

216 Vgl. Wilke, Jürgen: Presse, a.a.O., S. 437.

217 Vgl. Sonntagszeitungen – Neue Chancen für Zeitungsverlage; unter: http://allpr.de/17298/Sonntagszeitungen-Neue-Chancen-fuer-die-Zeitungsverlage.html (05.12.2005). Die Studie wurde von TNS Emnid Medienforschung durchgeführt.

218 Sonntagszeitungen – Neue Chancen für Zeitungsverlage, a.a.O.

219 Facius, Gernot: Lektüre für den siebten Tag – Der Markt der Sonntagszeitungen, in: Zeitungen 2001, hrsg. vom BDZV, Berlin: ZV 2001, S. 97–103, hier S. 101.

220 Vgl. unter www.bvda.de (Link »Daten & Fakten/Präsentationen« – wird ständig aktualisiert).

221 Vgl. Fachpresse-Statistik 2005; unter:
www.deutsche-fachpresse.de/pages/static/1945.aspx (05.07.2006).

222 Vgl. Der Deutsche Zeitschriftenmarkt; unter: www.vdz.de/pages/static/1814.aspx (05.07.2006).

223 Vgl. Fachpresse-Statistik 2005, a.a.O.

224 Der VDZ zitiert hier als Quelle Agency records, vgl. www.vdz.de/pages/static/1814.aspx (06.11.2005).

225 Die Angaben beziehen sich auf das Jahr 2004; vgl. www.vdz.de/pages/static/1814.aspx (05.07.2006).

226 Vgl. Branchendaten Publikumszeitschriften; unter: www.vdz.de/mediabase/documents/37_extern_
Branchendaten_PZ_2005_1-13_kh.pdf (05.07.2006); zahlreiche Daten enthält auch: VDZ-Jahrbuch
2006, hrsg. vom VDZ, Berlin 2006, S. 170 ff.

227 Vgl. Branchendaten Publikumszeitschriften, ebd., ebenso VDZ-Jahrbuch 2006, a.a.O.

228 Vgl. Branchendaten Publikumszeitschriften, ebd., ebenso VDZ-Jahrbuch 2006, a.a.O.

229 Vgl. Heinrich, Jürgen: Ökonomische Analyse des Zeitschriftensektors, in: Vogel, Andreas/Holtz-
Bacha Christina (Hrsg.): Zeitschriften und Zeitschriftenforschung. Publizistik-Sonderheft, Wiesbaden: Westdeutscher Verlag 2002, S. 60–84, hier S. 77.

230 Heinrich, Jürgen, ebd.

231 Vgl. Branchendaten Publikumszeitschriften, ebd.

232 Vgl. Vogel, Andreas: Konsolidierte Großkonzerne bereit zu erneutem Wachstum. Daten zum Markt
und zur Konzentration der Publikumspresse in Deutschland im I. Quartal 2004, in: Media Perspektiven 7/2004, S. 322–338, hier S. 322 f.

233 Vogel, Andreas: Konsolidierte Großkonzerne, a.a.O., S. 323.

234 Vogel, Andreas: Konsolidierte Großkonzerne, a.a.O., S. 326.

235 Vgl. Vogel, Andreas: Konsolidierte Großkonzerne, a.a.O.; ders.: Publikumszeitschriften. Dominanz
der Großverlage gestiegen, in: Media Perspektiven 9/2002, S. 433–447; siehe auch Röper, Horst:
Formationen deutscher Medienmultis 2003. Entwicklungen und Strategien der größten deutschen
Medienunternehmen, in: Media Perspektiven 2/2004, S. 54–80. Die zuletzt 2006 erschienenen Beiträge von Horst Röper über »Formationen deutscher Medienmultis« in der Zeitschrift Media Perspektiven (Heft 3/2006, Teil 1 sowie Heft 4/2006, Teil 2) konnten hier nicht mehr berücksichtigt werden
(vgl. Anmerkung 249).

236 Vogel, Andreas: Konsolidierte Großkonzerne, a.a.O., S. 329.

237 Vogel, Andreas: Konsolidierte Großkonzerne, a.a.O., S. 330.

238 Vogel, Andreas: Konsolidierte Großkonzerne, a.a.O., S. 333.

239 Vogel, Andreas: Konsolidierte Großkonzerne, a.a.O., S. 333 mit Bezugnahme auf einen Geschäftsbe-
richt der Hubert Burda Media 2003, S. 18.

240 Vogel, Andreas: ebd.

241 Vogel, Andreas: Konsolidierte Großkonzerne, a.a.O., S. 333–335.

242 Vogel, Andreas: Konsolidierte Großkonzerne, a.a.O., S. 335.

243 Vogel, Andreas: Konsolidierte Großkonzerne, a.a.O., S. 335–337.

244 Vgl. dazu jüngst: Röper, Horst: Formationen deutscher Medienmultis. Teil 1: ProSiebenSat 1 Media
AG, Springer, in: Media Perspektiven 3/2006, S. 114-124; sowie Röper, Horst: Formationen deut-
scher Medienmultis. Teil 2: Bertelsmann, RTL-Group, Gruner+Jahr, Burda, WAZ, Holtzbrinck und
Bauer, in: Media Perspektiven 4/2006, S. 182-200.

245 Vgl. Menhard, Edigna; Freede, Tilo: Die Zeitschrift. Von der Idee bis zur Vermarktung, Konstanz:
UVK 2004, S. 48.

246 Vgl. Programmzeitschriften. Verflechtungen von Programmzeitschriftenverlagen und Fernseh-anstalten – Auflagen und Reichweiten; www.kek-online.de/Inhalte/programmzeitschriften.html (09.09.2005).

247 Vgl. ebd. sowie Fußnote 249.

248 Vgl. Branchendaten Publikumszeitschriften, a.a.O.

249 Vgl. Raabe, Johannes: Zeitschrift, in: Bentele, Günter et al. (Hrsg.): Lexikon zur Kommunikations- und Medienwissenschaft, Wiesbaden: VS 2006, S. 320–321, hier S. 321.

250 Fürstner, Wolfgang: Faszination Print – Aktuelle Trends im Zeitschriftenmarkt, in: Sjurts, Insa (Hrsg.): Strategische Optionen in der Medienkriese. Print, Fernsehen, neue Medien, München: R. Fischer 2004, S. 9-14, hier S. 12.

251 Fürstner, ebd.

252 Fürstner, Faszination Print, a.a.O., S. 12 f.

253 Fürstner, Faszination Print, a.a.O., S. 13.

254 Vgl. Raabe, Johannes: Konfessionelle Presse, in: Bentele, Günter et al. (Hrsg.): Lexikon zur Medien- und Kommunikationswissenschaft, Wiesbaden: VS 2006, S. 136–137, hier S. 136.

255 Vgl. Raabe, Johannes: Konfessionelle Presse, S. 137.

256 Vgl. Teichert, Will: »Nur gemeinschaftlich können publizistische Fehlentwicklungen korrigiert wer-den«. Dokumentation der Fachtagung Zukunftswerkstatt Kirchenpresse vom 15./16.09.2004, in: Zukunftswerkstatt Kirchenpresse. Dokumentation zur Evangelischen Publizistik, Frankfurt: epd. Dokumentation Nr. 19 (03.05.2005), S. 42–44, hier S. 42.

257 Vgl. Teichert, Will: »Nur gemeinschaftlich ...«, a.a.O., S. 42 f.

258 Es ist bisweilen auch von 17 Titeln die Rede.

259 Vgl. »Es raschelt im Blätterwald« unter www.ekd.de/portale/34702_kirchenpresse.html. (06.12.2005). Die Angaben zur Zahl der Titel (teils 15, teils 17) variiert.

260 »Laut und leise – Chrismon, ein Magazin für Kirche und Gesellschaft«; unter: www.ekd.de/por-tale/34702_chrismon.html (06.12.2005).

261 Rosenstock, Roland: Monatsmagazin oder Kirchengebietszeitung? Anmerkungen zum Versuch einer Neuordnung der kirchlichen Presselandschaft, in: Schmidt-Rost, Reinhard; Dennerlein, Norbert (Hrsg.): Kontrapunkt. Das Evangelium in der Medienwelt, Hannover: Lutherisches Kirchenamt 2004, S. 55–73, hier S. 56. Rosenstock beklagt, dass offenbar »rund 600.000 Hefte« gemeinsam mit anderen Prospekten »von den potentiellen Lesern aus ihren »Trägermedien« herausgeschüttelt und ungelesen weggeworfen werden.« Rosenstock, Roland, a.a.O., S. 57.

262 Fischer, Ulrich: »Drei Säulen der Kirchenpresse«, in: Zukunftswerkstatt Kirchenpresse. Epd-Doku-mentation 19, a.a.O., S. 41.

263 Vgl. Fischer, Ulrich: »Drei Säulen ...«, ebd.

264 Die katholische Presse im Überblick; unter: www.katholischer-medienverband.de/zeitschriftenueb-ersicht/index.htm (02.12.2005).

265 Vgl. ebd.

266 Zu Bündelung dieser Aktivitäten in der evangelischen Kirche siehe beispielsweise die vom epd heraus-gegebene Dokumentation »Zukunftswerkstatt Kirchenpresse«, Frankfurt: epd 2005, Dokumentation Nr. 19, vgl auch Schmidt-Rost, Reinhard/Dennerlein, Norbert (Hrsg.): Kontrapunkt. Das Evange-lium in der Medienwelt. Hannover: Lutherisches Kirchenamt 2004. – Zur Bündelung der Aktivi-täten im Bereich der katholischen Presse, respektive bei den Bistumszeitungen, siehe die Beiträge von Schmolke, Michael (Die kirchliche Publizistik im jüngeren Strukturwandel der Öffentlichkeit),

Haimerl, Helmut (Zukunftsfähige Bistumszeitungen) sowie Mönch-Tegeder, Theo (Umsetzung des Konzepts »Zukunftsfähige Bistumszeitungen« in der Verlagsgruppe Bistumspresse) in Heft 2/2005 der Fachzeitschrift »Communicatio Socialis«.

267 Siehe Konpress. Effizient und zukunftsorientiert; unter: www.konpress.de/pages/kurframe.html (04.12.2005).

268 Konfessionelle Presse im VDZ; unter: www.vdz.de/pages/static/1753.aspx (30.11.2005).

269 Vgl. dazu den Link zu Religionszeitschriften unter: www.allesklar.de/s.php?xref_path=100-754-767-953-3625-4806 (05.12.2005).

270 Vgl. BDZV intern vom 17.05.2005, S. 4; siehe auch www.bvda.de.

271 Vgl. unter http://bvda.de/pages3/0201_l.jsp (06.11.2005).

272 Vgl. Werbung in Deutschland 2006, hrsg. vom Zentralverband der Deutschen Werbewirtschaft, Berlin: Verlag edition ZAW 2006.

273 So BVDA-Präsident Helmut Gebauer anlässlich der Jahreskonferenz des BVDA am 27.04.2005 in Berlin (BDZV intern, 17.05.2005, S. 4).

274 Vgl. http://bvda.de/pages3/0202_d.jsp?id=17351 (28.11.2005).

275 Siehe www.anonza.de.

276 Deutschlands großes Anzeigenportal www.anonza.de auf Erfolgskurs; unter: www.bvda.de/pages3/0701.jsp (05.07.2006).

Anmerkungen zu Kapitel 10

1 Tonnemacher, Jan: Wege zur Online-Zeitung. Erfahrungen mit den Vorläufermedien des Internets, in: Neuberger, Christoph/Tonnemacher, Jan (Hrsg.): Online – die Zukunft der Zeitung? Das Engagement deutscher Tageszeitungen im Internet, Wiesbaden: Westdeutscher Verlag ²2003, S. 110–123, hier S. 112.

2 Vgl. Tonnemacher, Jan: Wege zur Online-Zeitung, a. a. O., S. 112 f.

3 Vgl. Riefler, Katja: Zeitung Online. Neue Wege zu Lesern und Anzeigenkunden, Bonn: ZV 1995, S. 37.

4 Vgl. Tonnemacher, Jan: Wege zur Online-Zeitung, a. a. O., S. 116.

5 Vgl. Riefler, Katja: Zeitung Online, a. a. O., S. 37 f.

6 Vgl. Tonnemacher, Jan: Wege zur Online-Zeitung, a. a. O., S. 115–117.

7 Neuberger, Christoph et al.: Die deutschen Tageszeitungen im WorldWideWeb, in: Media Perspektiven 12/1997, S. 652–662, hier S. 652.

8 Vgl. Fuhrmann, Hans-Joachim: Bilanz nach fünf Jahren Online-Engagement, in: Breyer-Mayländer, Thomas/Fuhrmann, Hans-Joachim (Hrsg.): Erfolg im neuen Markt. Online-Strategien für Zeitungsverlage, Berlin: ZV 2001, S. 9–21.

9 Vgl. Riefler, Katja: Tageszeitungen im WorldWideWeb (www) des Internet, in: Die Zeitung, Januar/Februar 1996, S. 12, sowie Fuhrmann, Hans-Joachim: Bilanz nach fünf Jahren Online-Engagement, a. a. O., S. 15.; siehe auch Bär, Oliver: Online-Zeitungen und elektronisches Publizieren, in: Wilke, Jürgen/Imhof, Christiane (Hrsg.): Multimedia. Voraussetzungen, Anwendungen, Probleme, Berlin: Vistas 1996, S. 225–234.

10 Vgl. Roth, Judith: Hassliebe Print-Online – Strategien lokaler und regionaler Tageszeitungsverlage im Onlinezeitalter, Diplomarbeit, Bamberg 2001.

11   Zeitungen 2005, hrsg. vom BDZV, Berlin: ZV 2005, S. 395 (die Angaben für 2005 mit Stand August 2005).

12   Angaben des BDZV zufolge boten zur Jahreswende 2005/06 rund 40 Zeitungsverlagshäuser solche Jugendwebsites an; vgl. unter www.bdzv.de/jugendwebsites.html (10. 03. 2006).

13   Vgl. Roth, Judith: Internetstrategien von Lokal- und Regionalzeitungen, Wiesbaden: Verlag für Sozialwissenschaften 2005, S. 39–58.

14   Vgl. Neuberger, Christoph: Strategieoptionen der Tageszeitungen im Internet, in: Fasel, Christoph (Hrsg.): Qualität und Erfolg im Journalismus. Grundlagen eines zukunftsfähigen Journalismus, Konstanz: UVK 2005, S. 149–175, hier S. 158.

15   Neuberger, Christoph: Strategieoptionen, a. a. O., hier S. 158 f.

16   Ebd.

17   Ebd.

18   Vgl. dazu: Riefler, Katja: Zeitungen Online. Was fasziniert Printmedien am weltweiten Computernetz? in: Dernbach, Beatrice et al. Hrsg.): Publizistik im vernetzten Zeitalter. Berufe, Formen, Strukturen, Opladen: Westdeutscher Verlag 1998, S. 109–121, hier S. 111 ff.; Riefler, Katja: Zeitung Online, a. a. O.; Gutting, Doris: Multimedia. Neue Chancen und Anforderungen für die Zeitung, in: Ludes, Peter/Werner, Andreas (Hrsg.): Multimediakommunikation. Theorien, Trends und Praxis, Opladen: Westdeutscher Verlag 1997, S. 179–190; Breyer-Mayländer, Thomas: Zeitungen online – woher kommen die Umsätze? in: Zeitungen 99, hrsg. vom BDZV, Bonn: ZV 1999, S. 169–179.

19   Vgl. Gutting, Doris: Multimedia, a. a. O., S. 180; Riefler, Katja: Was ist das Kerngeschäft? Content-Strategien für Verlage, in: Zeitungen 2000, hrsg. vom BDZV, Berlin: ZV 2000, S. 174–185.

20   Vgl. Riefler, Katja: Tanz auf dem Vulkan. Sollen sich Zeitungen online engagieren? in: Zeitungen 96, hrsg. vom BDZV, Bonn: ZV 1996, S. 158–179, hier S. 178 f.; siehe auch: Riefler, Katja: Rubrikenmärkte im Internet – Ein internationaler Überblick, in: Zeitungen 2004, hrsg. vom BDZV, Berlin: ZV 2004, S. 215–228.

21   Vgl. Gutting, Doris: Multimedia, a. a. O., S. 187 f.; Breyer-Mayländer, Zeitungen Online, a. a. O.

22   Vgl. Gutting, Doris: Multimedia, a. a. O., S. 179; Riefler, Zeitungen online – was fasziniert Printmedien am weltweiten Computernetz, a. a. O., S. 112; siehe auch: Höflich, Joachim: www.zeitung.de. Perspektiven der Online-Aktivitäten lokaler Tageszeitungen – oder: Das Wagnis Internet und der Verlust des Lokalen?, in: Publizistik 43:1998, S. 111–129.

23   Vgl. Höflich: http … Perspektiven der Online-Aktivitäten, a. a. O.

24   Neuberger, Christoph: Strategien deutscher Tageszeitungen im Internet. Ein Forschungsüberblick, in: Neuberger, Christoph/Tonnemacher, Jan (Hrsg.): Online – die Zukunft der Zeitung? Das Engagement deutscher Tageszeitungen im Internet, 2., vollständig überarb. u. aktualisierte Aufl., Wiesbaden: Westdeutscher Verlag 2003, S. 152–213, hier S. 163–165.

25   Mit diesen Merkmalen haben sich mehrere Autoren befasst. Hier stellvertretend für andere: Wagner, Franc: Sind Printmedien im Internet Online-Medien?, in: Pfammatter, Rene (Hrsg.): Multi Media Mania. Reflexionen zu Aspekten neuer Medien, Konstanz: UVK 1998, S. 191–211, siehe auch Meier, Klaus: Internet-Journalismus,[3] Konstanz: UVK 2002. Zum Merkmal der Interaktivität siehe auch Pfammater, Rene: Hypertext – das Multimedia-Konzept. Strukturen, Funktionsweisen, Qualitätskriterien, in: Pfammater, Rene (Hrsg.): Multi Media Mania, a. a. O., S. 45-75.

26   Vgl. Gutting, Doris: Multimedia, a. a. O.

27   Vgl. dazu Neuberger, Christoph: Strategien, a. a. O., S. 152–213.

28   Vgl. Neuberger, Christoph: Strategien, a. a. O., S. 157.

29 Neuberger, Christoph: Strategien, ebd.

30 Sjurts, Insa: Strategien in der Medienbranche. Grundlagen und Fallbeispiele. 2., überarb. und erw. Aufl., Wiesbaden: Gabler 2002, S. 346.

31 Vgl. dazu Neuberger, Christoph: Strategien, a. a. O.; er bietet einen Überblick über Typenbildungen (nicht nur aus dem deutschen Sprachraum).

32 Klettke, Sascha et al.: Der digitale Zeitungskiosk. Eine Typologisierung von Online-Tageszeitungen, in: Neverla, Irene (Hrsg.): Das Netzmedium. Kommunikationswissenschaftliche Aspekte eines Mediums in Entwicklung, Opladen: Westdeutscher Verlag 1998, S. 263–276.

33 Vgl. Klettke, Sascha et. al.: Der digitale Zeitungskiosk, a. a. O., S. 274.

34 Rada, Holger: Von der Druckerpresse zum Webserver. Zeitungen und Magazine im Internet, Berlin: Wissenschaftlicher Verlag 1999, S. 130–139.

35 Vgl. Roth, Judith: Internetstrategien von Lokal- und Regionalzeitungen, Wiesbaden: VS 2005, S. 42. Siehe auch die dort angegebenen Literaturhinweise.

36 Roth, Judith: Internetstrategien, a. a. O., S. 42.

37 Ebd.

38 Roth, Judith: Internetstrategien, a. a. O., S. 43.

39 Vgl. Roth, Judith: Internetstrategien, a. a. O., S. 44 f.

40 Roth, Judith: Internetstrategien, a. a. O., S. 45.

41 Vgl. ebd.

42 Roth, Judith: Internetstrategien, a. a. O., S. 46.

43 Ebd.

44 Roth, Judith: Internetstrategien, a. a. O., S. 47.

45 Roth, Judith: Internetstrategien, a. a. O., S. 49.

46 Ebd.

47 Roth, Judith: Internetstrategien, a. a. O., S. 50.

48 Roth, Judith: Internetstrategien, a. a. O., S. 51.

49 Vgl. Roth, Judith: Internetstrategien, a. a. O., S. 52.

50 Vgl. Roth, Judith: Internetstrategien, a. a. O., S. 52 f.

51 Roth, Judith: Internetstrategien, a. a. O., S. 53 ff.

52 Roth, Judith: Internetstrategien, a. a. O., S. 54 f.

53 Neuberger, Christoph: Strategieoptionen, a. a. O., S. 163.

54 Vgl. Rada, Holger: Von der Druckerpresse zum Webserver, a. a. O., S. 126.

55 Neuberger, Christoph: Strategien, a. a. O., S. 163.

56 Neuberger, Christoph: Strategien, a. a. O., S. 163–165.

57 Vgl. Neuberger, Christoph: Strategien, a. a. O., S. 169.

58 Vgl. Neuberger, Christoph: Strategien, a. a. O., S. 170 f., Tab. 2.

59 Vgl. ebd.

60 Vgl. Neuberger, Christoph: Strategien, a. a. O., S. 174.

61 Spachmann, Klaus: Zeitungen auf Crossmedia-Kurs? in: Neuberger Christoph/Tonnemacher, Jan (Hrsg.): Internet – Zukunft der Zeitung. 2., vollständig überarb. und akt. Aufl. Wiesbaden: Westdeutscher Verlag 2003, S. 214–234, hier S. 220 ff., 222 (Grafik 3).

62 Im Einzelnen mit Details nachzulesen bei: Spachmann, Klaus: Zeitungen auf Crossmedia-Kurs, a. a. O., S. 221 ff.

63 Vgl. Spachmann, Klaus: Zeitungen auf Crossmedia-Kurs, a. a. O., S. 222.

64 Vgl. Spachmann, Klaus, ebd.

65 Vgl. Spachmann, Klaus: Zeitungen auf Crossmedia-Kurs, a. a. O., S. 223.

66 Vgl. Spachmann, Klaus: Zeitungen auf Crossmedia-Kurs, a. a. O., S. 223 f.

67 Vgl. Spachmann, Klaus: Zeitungen auf Crossmedia-Kurs, a. a. O., S. 224.

68 Spachmann, Klaus, ebd.

69 Ebd.

70 Spachmann, Klaus: Zeitungen auf Crossmedia-Kurs, S. 224.

71 Spachmann, Klaus: Zeitungen auf Crosmedia-Kurs, a. a. O., S. 225.

72 Vgl. dazu die näheren Ausführungen Spachmanns zu den einzelnen Strategien. Spachmann, Klaus: Zeitungen auf Crossmedia-Kurs, a. a. O., S. 222 ff.

73 Vgl. Meyer, Kathrin: Crossmediale Kooperation von Print- und Online-Redaktionen bei Tageszeitungen in Deutschland, München: Utz 2005, S. 267 ff.

74 Vgl. Breyer-Mayländer, Thomas: Zeitungen Online – woher kommen die Umsätze? in: Zeitungen '99, hrsg. vom BDZV, Bonn: ZV 1999, S. 169–179.

75 Vgl. Breyer-Mayländer, Thomas: Zeitungen Online, ebd.

76 Vgl. dazu: Breyer-Mayländer, Thomas: Zeitungen online – woher kommen die Umsätze? in: Zeitungen 99, hrsg. vom BDZV, Bonn: ZV 1999, S. 170–179; Ziegler, Marc/Becker, Andreas: Neue Geschäftsmodelle für Zeitungen im Internet, in: Zeitungen 2000, hrsg. vom BDZV, Berlin: ZV 2000, S. 162–171; Riefler, Katja: Was ist das Kerngeschäft? Content-Strategien für Verlage, in: Zeitungen 2000, hrsg. vom BDZV, Berlin: ZV 2000, S. 174–185; Riefler, Katja: Geld verdienen mit Inhalten? Geschäftsmodelle für regionale Zeitungsverlage, in: Zeitungen 2001, hrsg. vom BDZV, Berlin: ZV 2001, S. 194–203; Werner, Andreas: Werbevielfalt im World Wide Web, in: Breyer-Mayländer, Thomas/Fuhrmann, Hans-Joachim (Hrsg.): Erfolg im neuen Markt. Online-Strategien für Zeitungsverlage, Berlin: ZV 2001, S. 127–142; Kabel, Peter: E-Commerce – Zukunftsmarkt mit Hindernissen, in: Breyer-Mayländer/Fuhrmann, Erfolg im neuen Markt, a. a. O., S. 171–182; Löbel, Thomas: Regionale Verlagsplattformen als Shopping-Malls, in: Breyer-Mayländer/Fuhrmann, Erfolg im neuen Markt, a. a. O., S. 183–193; Riefler, Katja: Paid Content – wer zahlt eigentlich wofür? in: Zeitungen 2002, hrsg. vom BDZV, Berlin: ZV 2002, S. 174–189; Nogly, Christoph: Welcher Inhalt zu welchem Preis? Zur Refinanzierung von Online-Angeboten, in: Zeitungen 2003, hrsg. vom BDZV, Berlin: ZV 2003, S. 228–237; Wirtz, Bernd W.: Medien- und Internetmagament. 4., überarbeitete Auflage, Wiesbaden: Gabler 2005, S. 585–600.

77 Vgl. etwa Riefler, Katja, Paid Content, a. a. O.; Ziegler/Becker, Neue Geschäftsmodelle, a. a. O.

78 Vgl. Fuhrmann, Hans-Joachim: Bilanz nach fünf Jahren Online-Engagement, in: Breyer-Mayländer, Thomas/Fuhrmann, Hans-Joachim (Hrsg.): Erfolg im neuen Markt: Online-Strategien für Zeitungsverlage, Bonn: ZV Zeitungs-Verlag Service 2001, S. 9–21, hier S. 14.

79 Vgl. Werbung in Deutschland 2004, hrsg. vom Zentralverband der deutschen Werbewirtschaft, Berlin: Verlag edition ZAW 2004, S. 15; Zimmer, Jochen: Werbeträger Internet: Ende des Booms oder Wachstum aus der Nische?, in: Media Perspektiven 6/2001, S. 298–305.

80 Vgl. Werbung in Deutschland 2006, hrsg. vom Zentralverband der deutschen Werbewirtschaft, Berlin: Verlag edition ZAW, S. 17.

81 Vgl. www.oms-kombi.de/html/print.php?cat=1, S. 1 (17. 03. 2006). Seit Juli 2006 neu unter www.oms.eu.

82 Siehe www.oms-kombi.de/html/index.php?cat=2&sub=1, S. 1 (17. 03. 2006). Seit Juli 2006 neu unter www.oms.eu.

83 Siehe www.oms-kombi.de/html/index.php?cat=2&sub=3, S. 1 (17. 03. 2006). Seit Juli 2006 neu unter www.oms.eu.

84 Vgl. www.oms-kombi.de/html/index.php?cat=2&sub=2, S. 1 (17. 03. 2006). Seit Juli 2006 neu unter www.oms.eu.

85 Vgl. Riefler, Katja: Paid Content, a. a. O., S. 174–189.

86 Vgl. Riefler, Katja, ebd.; siehe auch: Breunig, Christian: Paid Content im Internet – ein erfolgreiches Geschäftsmodell? Marktchancen kostenpflichtiger Online-Inhalte, in: Media Perspektiven 8/2005, S. 407–418.

87 Vgl. Riefler, Katja: Paid Content, a. a. O., S. 187.

88 Vgl. Breunig, Christian: Paid Content im Internet, a. a. O., S. 408 f.

89 Einen guten Überblick über Studien zur Zahlungsbereitschaft der Online-Nutzer vermittelt Neuberger. Siehe dazu: Neuberger, Christoph: Strategien, a. a. O., S 201 f.; siehe auch: Breunig, Christian: Paid Content im Internet, a. a. O., S. 407 ff.

90 Vgl. Breunig, Christian, a. a. O., S. 409.

91 Vgl. Breunig, Christian, a. a. O., S. 410.

92 Stroborn, Karsten et al.: Internet-Zahlungssysteme in Deutschland: Ein Überblick, in: Ketterer, Karl-Heinz/Stroborn, Karsten (Hrsg.): Handbuch ePayment – Zahlungssysteme im Internet. Systeme, Trends, Perspektiven, Köln Deutscher Wirtschaftsdienst 2002, S. 31–44.

93 Vgl. Koschnick, Wolfgang J.: Focus-Lexikon. Werbeplanung, Mediaplanung, Marktforschung, Kommunikationsforschung, Mediaforschung, München: Focus-Verlag 2003. Je eigene Lexika gibt es auch für Österreich (Focus-Lexikon Österreich) und für die Schweiz (Focus-Lexikon Schweiz).

94 Vgl. www.ivw.de sowie www.infonline.de.

95 Vgl. Koschnick, Wolfgang, J.: Focus-Lexikon, a. a. O., S. 1338 ff.

96 Vgl. Skalierbares Zentrales Messverfahren (SZM); unter: www2.infonline.de/szm-verfahren/ (10.10.2006).

97 Vgl. Koschnick, Wolfgang, J.: Focus-Lexikon, a. a. O., S. 1338 ff. sowie 2061 ff. (für PageImpression) und S. 2768 f. (für Page Visit). Siehe dazu auch: Informationsgemeinschaft zur Feststellung der Verbreitung von Werbeträgern e. V.: Anlage 1: Zu den IVW-Richtlinien für Online-Angebote. Definitionen und Erläuterungen. Version 1.9. Abrufbar unter www.ivw.de/index.php?menuid_25&riporeid=14 (27. 06. 2006).

98 Im Jahr 2005 betrug er knapp 2 Prozent des Netto-Gesamtwerbe-Aufkommens.

99 www.agof.de/agof.3.html (28. 12. 2005).

100 Nogly, Christoph: Nutzerregistrierung, Crossmedia, Online-Reichweiten, in: Zeitungen 2005, hrsg. vom BDZV, Berlin: ZV 2005, S. 190–199, hier S. 193.

101 Beim ursprünglichen Download am 28. 12. 2005 unter www.agof.de/methodenmodell.80.html (28. 12. 2005). Mittlerweile inhaltlich etwas modifiziert unter www.agof.de/methode.363.html (07 .07. 2006)

102 Ebd.

103 Ebd.

104 A.a.O., S. 2, mittlerweile geändert (siehe Fußnote 101).

105 Ebd.

106 A.a.O., S. 7 f., mittlerweile geändert (siehe Fußnote 101).

107 Vgl. dazu den Berichtsband – Zusammenfassung zur internet facts 2005-II AGOF (als Download erhältlich unter www.agof.de.); siehe auch: Brechtel, Detlev: Online ist der Klassik auf den Fersen, in: media spectrum 12/2005, S. 14–16.

108 Siehe dazu: AGOF (Hrsg.): internet facts. Berichtsband – Zusammenfassung zur internet facts 2005-II (abrufbar unter www.agof.de). Die »internet facts« erscheinen vierteljährlich, die Daten sind allgemein zugänglich.

109 Vgl. van Eimeren, Birgit/Frees, Beate: Nach dem Boom: Größter Zuwachs in internetfernen Gruppen. ARD/ZDF-Online-Studie 2005, in: Media Perspektiven 8/2005, S. 362–379.

110 Vgl. Van Eimeren, Birgit/Frees, Beate: Nach dem Boom, a. a. O., S. 371, Tab. 7.

111 Van Eimeren, Birgit/Frees, Beate: Nach dem Boom, a. a. O., S. 367 ff. sowie 369, Abb. 3.

112 Van Eimeren, Birgit/Frees, Beate: Nach dem Boom, a. a. O., S. 369.

113 Van Eimeren, Birgit/Frees, Beate: Nach dem Boom, a. a. O., S. 370.

114 Van Eimeren, Birgit/Frees, Beate: Nach dem Boom, a. a. O., S. 376.

115 Van Eimeren, Birgit/Frees, Beate: Nach dem Boom, a. a. O., S. 377.

116 Siehe www.acta-online.de/portrait_2005.html, S. 1 (15. 03. 2006).

117 Ebd.

118 ACTA 2005: Wachsende Bedeutung des Internet als Vertriebsschiene; unter: www.acta-online.de/news/nt2005_2.html (12. 10. 2006).

119 Vgl. Bucher, Hans-Jürgen et al.: Digitale Zeitungen als ePaper: echt Online oder echt Print? in: Media Perspektiven 9/2003, S. 434–444; dies.: Digitale Zeitung als E-Paper. Ein Hybridmedium zwischen Print- und Online-Zeitung. Eine vergleichende Rezeptionsstudie zur Nutzung der drei Erscheinungsformen der Tageszeitung. Ifra Special Report 6.32, Darmstadt: Ifra 2004; Riefler, Katja: Neues Geschäftsfeld »E-Paper«, in: Zeitungen 2003, hrsg. vom BDZV, Berlin: ZV 2003, S. 214–225.

120 Bucher, Hans-Jürgen et al.: Digitale Zeitungen – echt Online oder echt Print, a. a. O., S. 434.

121 Vgl. Bucher, Hans-Jürgen et al.: Digitale Zeitung als E-Paper – ein Hybridmedium, a. a. O.

122 Bucher, Hans-Jürgen et al.: Digitale Zeitungen – echt Online oder echt Print, a. a. O., S. 434.

123 Bucher, Hans-Jürgen et al., ebd.

124 Neuberger, Christoph: Strategieoptionen, a. a. O., S. 171; vgl. auch Bucher, Hans-Jürgen et al.: Digitale Zeitungen als E-Paper – ein Hybridmedium, a. a. O., S. 6.

125 Neuberger, Christoph: Strategieoptionen, a. a. O., S. 171.

126 Bucher, Hans-Jürgen et al.: Digitale Zeitung als E-Paper – ein Hybridmedium, a. a. O., S. 14.

127 Ebel, Sascha: E-Paper – Zwischen Anspruch und Wirklichkeit, in: Fachjournalist 3/2006, S. 19–23, hier S. 19.

128 Bucher, Hans-Jürgen et al.: Digitale Zeitung als E-Paper – ein Hybridmedium, a. a. O., S. 12.

129 Ebel, Sascha: E-Paper – Zwischen Anspruch und Wirklichkeit. Eine qualitative Untersuchung deutscher Zeitschriften im Internet, Magisterarbeit, München 2005, S. 25 f.

130 Bucher, Hans-Jürgen et al.: Digitale Zeitung als E-Paper, a. a. O., S. 13.

131 Vgl. Bucher, Hans-Jürgen et al.: Digitale Zeitungen, echt Online oder echt Print, a. a. O.; ebenso Bucher, Hans-Jürgen et al.: Digitale Zeitung als E-Paper – ein Hybridmedium, a. a. O.

132 Bucher, Hans-Jürgen et al.: Digitale Zeitung als E-Paper – ein Hybridmedium, a. a. O., S. 23.

133 Riefler, Katja: Neues Geschäftsfeld »E-Paper«, in: Zeitungen 2003, hrsg. vom BDZV, Berlin: ZV 2003, S. 216–225, hier S. 219 mit Bezugnahme auf Bucher, Hans-Jürgen et al.: Digitale Zeitungen – echt Online oder echt Print, a. a. O.

134 Vgl. Riefler, Katja: Neues Geschäftsfeld »E-Paper«, a. a. O.

135 Bucher, Hans-Jürgen et al.: Digitale Zeitung als E-Paper – ein Hybridmedium, a. a. O., S. 28.

136 Bucher, Hans-Jürgen et al., ebd.

137 Breunig, Christian: Paid Content im Internet, a. a. O., S. 412.

138 Vgl. unter www.bdzv.de/e_paper.html (14. 03. 2006). Möglicherweise muss man – aufgrund der Freiwilligkeit der Meldung – mit Dunkelziffern rechnen.

139 Ebel, Sascha: E-Paper – Zwischen Anspruch und Wirklichkeit, a. a. O., S. 19.

140 Ebel, Sascha, ebd.

141 Ebel, Sascha, ebd.; die Befragung wurde vom Autor im Rahmen einer Magisterarbeit durchgeführt, die 2005 am Münchener Institut für Kommunikationswissenschaft und Medienforschung entstanden ist: Ebel, Sascha: E-Paper, a. a. O.

142 Ebel, Sascha: E-Paper – Zwischen Anspruch und Wirklichkeit, a. a. O., S. 20.

143 Ebd.

144 Vgl. ebd.

145 Ebel, Sascha: E-Paper – Zwischen Anspruch und Wirklichkeit, a. a. O., S. 22.

146 Ebd.

147 Vgl. m[ario]s[ixtus]: Glossar: Die Welt der Mikromedien, in: Blogs und Co. Neue Wege für den Journalismus. Journalisten-Doku, hrsg. von medium magazin [2005], S. 4.

148 Vgl. Schmidt, Jan: Weblogs. Eine kommunikationssoziologische Studie, Konstanz: UVK 2006, S. 16 f.; Fischer, Tim/Quiring, Oliver: Weblogs: Laienjournalismus oder professionelle Berichterstattung?, in: Fachjournalist 19/2005, S. 9–12, hier S. 9; siehe für aktuelle Daten auch www.blogstats.de.

149 Gerhard Schoolmann zitiert nach Przepiorka, Sven: Definition von Weblogs, unter: www.tzwaen.com/publikationen/weblogs-definitionen/, S. 1 (20. 03. 2006).

150 Thomas Gigold zitiert nach Przepiorka, Sven, a. a. O., S. 1.

151 m[ario] s[ixtus], Glossar, a. a. O., S. 4.

152 Reimar Kosack zitiert nach Przepiorka, Sven, a. a. O., S. 1.

153 Robert Basic zitiert nach Przepiorka, Sven, a. a. O., S. 1.

154 Jürgen Albrecht zitiert nach Przepiorka, Sven, a. a. O., S. 1.

155 Der Tagesspiegel zitiert nach Przepiorka, Sven, a. a. O., S. 1.

156 Fischer, Tim/Quiring, Oliver: Weblogs, a. a. O., S. 9; vgl. auch Schmidt, Jan: Weblogs, a. a. O.

157 Fischer, Tim/Quiring, Oliver, ebd., mit Bezugnahme auf Axel Zerfaß: Meinungsmacher im Internet. Weblogs und Peer-to-Peer-Dienste als Herausforderungen für die PR, in: PR-Guide, Nr. 6/2004, S. 1–5.

158 Przepiorka, Sven, a. a. O., S. 2.

159 Schmidt, Jan: Weblogs, a. a. O, S. 9.

160 Vgl. [Bucher, Stefan]: Weblog FAQ; unter http://stefanbucher.net/weblogfaq, S. 5 (20. 03. 2006).

161 Vgl. [Bucher, Stefan]: Weblog FAQ, a. a. O., S. 2. (20. 03. 2006).

162 Haemig, Anne: Die Bühne des Selbst. Leser schreiben für Leser, in: Redaktion 2006. Jahrbuch für Journalisten, hrsg. von der Initiative Tageszeitung (Bundeszentrale für Politische Bildung, Bonn), Salzburg: Oberauer 2006, S. 55–60, hier S. 55.

163 So Oliver Bargfeld, Chef der Marketing-Abteilung der Rheinischen Post, zitiert in: Haemig, Anne: Die Bühne des Selbst, a. a. O., S. 55.

164 Haller, Michael zitiert nach Haemig, Anne: Die Bühne des Selbst, a. a. O., S. 59.

165 Haller, Michael, ebd.

166 BILDblog. Notizen über eine große deutsche Boulevardzeitung. F.A.Q. Häufig gestellte Fragen; unter: www.bildblog.de/faq.html (10. 07. 2006).

167 Borstelmann, Beate: Citizen Journalism – Aus Weblogs werden Nachrichtensites, in: Zeitungen 2005, hrsg. vom BDZV, Berlin: ZV 2005, S. 214–223, hier S. 214.

168 Riefler, Katja: Hobby-Korrespondenten erobern die Redaktion. Bürgerjournalisten bilden Gegenge-wicht zu etablierten Medien, in: Redaktion 2006, a. a. O., S. 21–34, hier S. 23.

169 Riefler, Katja: Hobby-Korrespondenten, a. a. O., S. 23 ff.

170 Fischer, Tim/Quiring, Oliver: Weblogs, a. a. O., S. 10.

171 Schmidt, Jan: Weblogs, S. 119.

172 Matheson, Donald: Weblogs and the epistemology of the news: some trends in online journalism, in: New Media and Society, 6. Jg. (2004), Nr. 4, S. 443–468.

173 Schmidt, Jan: Weblogs, a. a. O., S. 119 mit Bezugnahme auf Matheson.

174 Schmidt, Jan: Weblogs, a. a. O., S. 120.

175 So wörtlich der Untertitel der Publikation von Neuberger, Christoph: Google, Blogs & Newsbots. Mediatoren der Internetöffentlichkeit (vervielf. Ms.), abrufbar unter www.bpb.de/veranstaltungen/ KRXAAV,0,0,Google_Blogs_Newsbots.html (07. 03. 2006).

176 Neuberger, Christoph: Google, Blogs & Newsbots, a. a. O., S. 4.

177 Neuberger, Christoph, ebd. (Herv. i. Orig.).

178 Neuberger, Christoph: Google, Blogs & Newsbots, a. a. O., S. 5.

179 Fischer, Tim/Quiring, Oliver: Weblogs, a. a. O., S. 9 f.

180 Fischer, Tim/Quiring, Oliver: Weblogs, a. a. O., S. 10.

181 Fischer, Tim/Quiring, Oliver, ebd.

182 Fischer, Tim/Quiring, Oliver: Weblogs, a. a. O., S. 11.

183 Fischer, Tim/Quiring, Oliver, ebd.

184 Fischer, Tim/Quiring, Oliver, ebd.

185 Borstelmann, Beate: Citizen Journalism, a. a. O., S. 216 f.

186 Borstelmann, Beate: Citizen Journalism, a. a. O., S. 217.

187 Borstelmann, Beate, ebd.

188 Vgl. Borstelmann, Beate, ebd.

189 Borstelmann, Beate: Citizen Journalism, a. a. O., S. 218.

190 Borstelmann, Beate, ebd.

191 Borstelmann, Beate, ebd.

192 Borstelmann, Beate: Citizen Journalism, a. a. O., S. 222.

193 Borstelmann, Beate: Citizen Journalism, a. a. O., S. 222 f.

194 Borstelmann, Beate: Citizen Journalism, a. a. O., S. 223.

195 O. A.: Umfrage attestiert Weblogs geringe Relevanz, in: BDZV intern, 02. 03. 2006, S. 12. BDZV intern verweist als Quelle auf die URL: http://poll.gallup.com/content/?ci=21397.

196 O. A.: Mehr Blogger als Blog-Leser (Spiegel Online, 06. 12. 2005). Ursprünglich unter www.Spie-gel.de/netzwelt/netzkultur/0,1518,388907,00html (07. 12. 2005). Mittlerweile gegen Entgelt erhältlich unter: http://service.spiegel.de/digas/servlet/find/ON=spiegel-388907 (20. 07. 2006).

197 O. A.: Studie: Weblogs nur mit geringer Reichweite; unter www.heise.de/newsticker/meldung/ print/66904, S. 1 (02. 12. 2005).

198 Mobile Dienste gibt es mittlerweile von beinahe allen Medien bzw. Medienanbietern, vor allem auch von Rundfunkanstalten; vgl. Breunig, Christian: Mobile Medien im digitalen Zeitalter. Neue Ent-wicklungen, Angebote, Geschäftsmodelle und Nutzung, in: Media Perspektiven 1/2006, S. 2–15.

199 Vgl. Breunig, Christian, ebd.

200 Vgl. o. A.: Gerüstet für eine mobile Zukunft. Mobile Dienste von Zeitungen – eine optimale Ergänzung des Printmediums, in: zeitungstechnik, Juli 2005, S. 13.

201 Blum, Joachim: Zeitung am Handy, in: medium magazin 6/2005, S. 20–22, hier S. 21.

202 Vgl. Blum, Joachim: Zeitung am Handy, a. a. O., S. 20.

203 Hans-Jürgen Bucher im Interview mit Blum, Joachim: Das Always-on-Verhalten. Neue Medien brauchen keinen neuen Journalismus, aber erneuerte Journalisten, meint Hans-Jürgen Bucher, in: medium
magazin 6/2005, S. 23.

204 Hans-Jürgen Bucher im Interview mit Joachim Blum, a. a. O.

205 Vgl. Blum, Joachim: Zeitung am Handy, a. a. O., S. 21. Der Verfasser nimmt hier Bezug auf eine
Aussage von Christiane Koch vom Business Development der Publigroupe, Schweiz.

206 O. A.: Mit Mobildiensten aktiv werden – aber wie?; unter: www.ifra-nt.com/WebSite/News.nsf/o/
90BD2BA9F1A2286AC12570350033617E?OpenDocument (18. 07. 2006).

207 Vgl. o. A.: Was sind MINDS? in: medium magazin 6/2005, S. 21.

208 Vgl. ebd.

209 Vgl. ebd.

210 Ebd.

211 Vgl. ebd.

212 Vgl. ebd.

213 Vgl. ebd.

214 Vgl. die von Joachim Blum in zwölf deutschen Redaktionen durchgeführte Umfrage: Blum, Joachim:
Was bringen mobile Dienste? Ein Dutzend regionale Verlage beteiligen sich beim Mobilfunkprojekt
MINDS, in: medium magazin 6/2005, S. 24–26.

215 Vgl. Blum, Joachim, ebd.

216 Riefler, Katja: SMS im Zeitungsverlag – praktische Ideen für ein neues Geschäftsfeld, in: zeitungstechnik, Mai 2005, S. 18–20, hier S. 18.

217 Vgl. Riefler, Katja: SMS im Zeitungsverlag, a. a. O., S. 19.

218 Vgl. Campbell, Cecilia: Der Ertrag hängt von den neuen Diensten ab; unter: e/News.nsf/o/
815D4333058C55F7C1257030002EF9FC?OpenDocument (18. 07. 2006).

219 Vgl. Campbell, Cecilia: Der Ertrag hängt von den neuen Diensten ab, a. a. O.

220 Vgl. Dusseldorp, Monique van: Wanderer in einer mobilen Welt. Bericht von den Ifra Digital
Trend Days über Chancen des Mobilmediums im Medien-Portfolio; unter:
News.nsf/o/0153AAAD6DF47903C125702E003CB6AF?OpenDocument (18. 07. 2006).

221 Vgl. Dusseldorp, Monique van, ebd.

222 Vgl. Nordqvist, Stig: Mobilfunkanbieter aufgewacht, in: zeitungstechnik, Juli 2005, Deutsche Ausgabe D20835W., S. 22.

223 Vgl. Nordqvist, Stig, ebd.

224 Nordqvist, Stig, ebd.

225 Dusseldorp, Monique van: Wanderer in einer mobilen Welt, Teil 2; unter: www.ifra-nt.com/website/
News.nsf/o/EBFACD143ED1A807C125702E003CF159? OpenDocument (18. 07. 2006).

226 Ebd.

227 Ebd.

Anmerkungen zu Kapitel 11

1   Vgl. Werbung in Deutschland 2006, hrsg. vom Zentralverband der deutschen Werbewirtschaft, Berlin: Verlag edition ZAW 2006.

2   Vgl. dazu: Riefler, Katja: Rubrikenanzeigen – Wachstumsmarkt im Wandel. Ein internationaler Überblick, hrsg. vom BDZV, Berlin: ZV 2004; Danch, Robert: Lokale Online-Vermarktung. Erfolgreiche Web- und Crossmedia-Konzepte regionaler Zeitungshäuser, hrsg. vom BDZV, Berlin: ZV 2005.

3   Vgl www.isa-netz.de/un_philosophie.html. (08. 12. 2005).

4   O. A.: Prognos Media Report 2009, in: BDZV intern, 28. 11. 2005, S. 15.

5   Vgl. Entwicklung der Tages-, Sonntags- und Wochenzeitungen, in: Zeitungen 2005, hrsg. vom BDZV, Berlin: ZV 2005, S. 390.

6   Vgl. Goldbeck, Kerstin: Leistungsdaten für die Zeitung, in: Zeitungen 2005, a. a. O., S. 154–167, insb. Tab. 2, S. 167.

7   Neuberger, Christoph: Vierhundert Jahre Zeitung: Medium mit Vergangenheit aber ohne Zukunft? Vortragsmanuskript 2005, S. 4; siehe auch: Neuberger, Christoph: Zeitung und Internet, in: Neuberger, Christoph/Tonnemacher, Jan (Hrsg.): Online – die Zukunft der Zeitung. Das Engagement deutscher Tageszeitungen im Internet, 2., vollst. überarb. u. akt. Aufl., Wiesbaden: Westdeutscher Verlag 2003, S. 32.

8   Vgl. dazu beispielsweise die Ergebnisse der ARD/ZDF-Online-Studie 2005, der ACTA 2005, der AGOF-internet facts 2005 sowie der Langzeitstudie Massenkommunikation 2005.

9   Vgl. dazu: AGOF (Hrsg.): Berichtsband – Zusammenfassung zur internet facts 2005-II, Frankfurt: AGOF 2005. Als Download erhältlich über www.agof.de.

10 Vgl. Neuberger, Christoph: Neue Medien, neue Nachrichten, neuer Journalismus? Impulsreferat zur Podiumsdiskussion auf dem Medienforum Berlin-Brandenburg am 31. 08. 2005, vervielf. Ms., S. 5.

11 Neuberger, Christoph, ebd.

12 Neuberger, Christoph, ebd.

13 Diversen Erhebungen zufolge sollen 2004 zwei Drittel aller Fahrzeuge im Internet angeboten worden sein; vgl. Riefler, Katja: Rubrikenanzeigen. Wachstumsmarkt im Wandel. Ein internationaler Überblick, Berlin: ZV 2004, S. 13.

14 Vgl. Riefler, Katja: Rubrikenanzeigen – Wachstumsmarkt im Wandel, a. a. O., S. 26.

15 Kolo, Castulus: Der Wettbewerb in den Rubrikenmärkten, in: Glotz, Peter/Meyer-Lucht, Robin (Hrsg.): Online gegen Print. Zeitung und Zeitschrift im Wandel, Konstanz: UVK 2004, S. 75–85, hier S. 78.

16 Vgl. Kolo, Castulus: Personalgewinnung im Wandel – Die zukünftige Rolle der Zeitungen im Markt der Stellenanzeigen, in: Glotz, Peter/Meyer-Lucht, Robin (Hrsg.): Online gegen Print. Zeitung und Zeitschrift im Wandel, a. a. O., S. 46–86, hier S. 47.

17 Kolo, Castulus: Personalgewinnung, a. a. O., S. 55.

18 Kolo, Castulus, ebd.

19 Kolo, Castulus, ebd.

20 Kolo, Castulus, ebd.

21 Kolo, Castulus, Personalgewinnung, a. a. O., S. 57.

22 Vgl. Riefler, Katja: Rubrikenanzeigen – Wachstumsmarkt im Wandel, a. a. O., S. 13.

23 Vgl. o. A.: JobTV24 startet ersten deutschen TV-Stellenmarkt, in: APA Journale Newsletter, 11. 01. 2006.

24 Nähere Informationen unter www.jobtv24.de (28. 08. 2006).

25 O. A.: »Süddeutsche Zeitung« kooperiert mit JobTV24, in: BDZV intern, 13. 01. 2006, S. 8.

26 Ebd.

27 Kolo, Castulus: Personalgewinnung, a. a. O., S. 72.

28 KPMG: Wachstumsfelder für den Zeitungsmarkt in Deutschland, KPMG 2005, S. 9; unter: www. kpmg.de/library/pdf/050113_Wachstumsfelder_fuer_den_Zeitungsmarkt_de.pdf (17. 08. 2006). Es handelt sich bei der Studie um eine von der KPMG durchgeführte Befragung von Führungskräften in deutschen Zeitungsverlagen. Von 334 kontaktierten Verlagen kamen 54 ausgefüllte Fragebögen zurück.

29 KPMG: Wachstumsfelder, a. a. O., S. 10.

30 Vgl. Kolo, Castulus, Personalgewinnung, a. a. O., S. 72.

31 Wilkinson, Earl J.: Die zehn wichtigsten Trends in der Zeitungsbranche, in: Zeitungen 2004, hrsg. vom BDZV, Berlin: ZV 2004, S. 230–237, hier S. 234. Der Autor ist Geschäftsführer der INMA.

32 Breyer-Mayländer, Thomas: Marktimpulse durch Zielgruppenprodukte, in: Zeitungen 2005, hrsg. vom BDZV, Berlin: ZV 2005, S. 136–143, hier S. 139.

33 Vgl. Wilkinson, Earl J.: Die zehn wichtigsten Trend, a. a. O., S. 234.

34 Noelle, Elisabeth/Schulz, Rüdiger: Ein halbes Jahrhundert Zeitung im Fokus der Demoskopie, in: Zeitungen 2004, hrsg. vom BDZV, Berlin: ZV 2004, S. 132–159, hier S. 154.

35 Breyer-Mayländer, Thomas: Marktimpulse, a. a. O., S. 142.

36 Breyer-Mayländer, Thomas, ebd.

37 KPMG: Wachstumsfelder, a. a. O., S. 15 f.

38 Breyer-Mayländer, Thomas: Marktimpulse, a. a. O., S. 142.

39 Breyer-Mayländer, Thomas, ebd.

40 Breyer-Mayländer, Thomas: Marktimpulse, a. a. O., S. 142 f.

41 O. A.: Individuelle Zeitung statt »Idealmischung«, in: APA OnlineJournale Medien vom 12. 07. 2006, S. 1. Die Studie wurde von Nikolaus Franke und Christoph Steeger vom Institut für Entrepreneurship an der Wirtschaftsuniversität Wien in Kooperation mit dem Online-Panel-Partner MindTake durchgeführt. Insgesamt wurden 11.616 Personen befragt.

42 Ebd.

43 Breyer-Mayländer, Thomas: Marktimpulse, a. a. O., S. 141.

44 KPMG: Wachstumsfelder, a. a. O., S. 14 f.

45 Vgl. KPMG: Wachstumsfelder, a. a. O., S. 15.

46 Vgl. KPMG: Wachstumsfelder, a. a. O., S. 17.

47 KPMG, ebd.

48 Vgl. KPMG: Wachstumsfelder, a. a. O., S. 16 ff.

49 KPMG: Wachstumsfelder, a. a. O., S. 14.

50 Vgl. KPMG: Wachstumsfelder, a. a. O., S. 19.

51 Vgl. KPMG: Wachstumsfelder, ebd.

52 Vgl. KPMG: Wachstumsfelder, a. a. O., S. 17 f.

53 So der Vortragstitel von Oliver Bargfeld auf den Medientagen München 2005; vgl. Bargfeld, Oliver: Auf allen Kanälen zum Publikum!?; unter: www.medientage-muenchen.de/archiv/2005/Bargfeld_ Oliver.pdf (12. 03. 2006).

54 Vgl. ebd.

55 Siehe www.rp-online.de/services/mobile/ (18. 08. 2006).

56 Esser, Rainer/Schreier, Christiane: Die Zeitung als Marke – Diversifikation als lukrative Erlösquelle, in: Zeitungen 2005, hrsg. vom BDZV, Berlin: ZV 2005, S. 128–133, hier S. 128.

57 Vgl. Esser, Rainer/Schreier, Christiane: Die Zeitung als Marke, a. a. O., S. 129.

58 Esser, Rainer/Schreier, Christiane, ebd.

59 Vgl. Esser, Rainer/Schreier, Christiane: Die Zeitung als Marke, S. 130.

60 Esser, Rainer/Schreier, Christiane, ebd.

61 Vgl. Esser, Rainer/Schreier, Christiane, ebd.

62 Vgl. Fürstner, Wolfgang: Faszination Print – Aktuelle Trends im Zeitschriftenmarkt, in: Sjurts, Insa (Hrsg.): Strategische Optionen in der Medienkrise. Print, Fernsehen, neue Medien, München: Verlag Reinhard Fischer 2004, S. 9–14.

63 Fürstner, Wolfgang: Faszination Print, a. a. O., S. 11.

64 Fürstner, Wolfgang, ebd.

65 Fürstner, Wolfgang: Faszination Print, a. a. O., S. 12.

66 Vgl. Fürstner, Wolfgang, ebd.

67 Fürstner, Wolfgang, ebd.

68 Vgl. Fürstner, Wolfgang, ebd.

69 Fürstner, Wolfgang, ebd.

70 Fürstner, Wolfgang, ebd.

71 Fürstner, Wolfgang, ebd.

72 Wüstenhagen, Claus: Verlage arbeiten bei der Internationalisierung enger zusammen, in: VDZ-Jahrbuch 2006, hrsg. vom VDZ, Berlin 2006, S. 35.

73 Fürstner, Wolfgang: Informieren, unterhalten, überraschen, in: VDZ-Jahrbuch 2006, hrsg. vom VDZ, Berlin 2006, S. 14–15, hier S. 15.

74 Fürstner, Wolfgang: Informieren, unterhalten, überraschen, a. a. O., S. 14 f.

75 Fürstner, Wolfgang: Informieren, unterhalten, überraschen, a. a. O., S. 15.

76 Fürstner, Wolfgang, ebd.

77 Fürstner mit Bezugnahme auf Burda, ebd.

78 Hoch, Uwe: Fachinformationen: Von der Print- zur Medienmarke, in: VDZ-Jahrbuch 2006, hrsg. vom VDZ, Berlin: 2006, S. 22–24, hier S. 23.

79 Hoch, Uwe, ebd.

80 Hoch, Uwe, ebd.

81 Hoch, Uwe, ebd.

82 Hoch, Uwe: Fachinformationen, a. a. O., S. 24.

83 Hesse, Georg: Cross Media-Strategien der Verlage, in: Zeitungen 2003, hrsg. vom BDZV, Berlin: ZV 2003, S. 204–213, hier S. 207.

84 Borowski, Karin: »One brand – All Media«. Crossmediale Berichterstattung in der »Financial Times Deutschland«, in: Neuberger, Christoph/Tonnemacher, Jan (Hrsg.): Online – die Zukunft der Zeitung? Das Engagement deutscher Tageszeitungen im Internet, 2., vollst. überarb. und akt. Aufl., Opladen: Westdeutscher Verlag 2003, S. 235–265, hier S. 236.

85 Vgl. Schönbach, Klaus: Die Zukunft der (gedruckten) Zeitung, in: Zeitungen 2003, hrsg. vom BDZV, Berlin: ZV 2003, S. 126–135.

86 Schönbach, Klaus: Die Zukunft der (gedruckten) Zeitung, a. a. O., S. 130.

87 Vgl. Bucher, Hans-Jürgen et. al. (Hrsg.): Digitale Zeitung als E-Paper. Ein Hybridmedium zwischen Print- und Online-Zeitung, Ifra Special Report 6.32, Darmstadt: Ifra 2004, S. 6 f.

88 Dieser Gedanke geht auf einen der Nestoren der Zeitungswissenschaft, Emil Dovifat, zurück.

89 Schönbach, Klaus: Die Zukunft der (gedruckten) Zeitung, a. a. O., S. 135.

90 Vgl. Schönbach, Klaus, ebd.

Abkürzungen

ACTA	Allensbacher Computer- und Telekommunikationsanalyse
ADA	Auflagenkontrolle der Anzeigenblätter
ADN	Allgemeiner Deutscher Nachrichtendienst
AFP	Agence France-Presse
AG.LA	Arbeitsgemeinschaft Leseranalyse
AG.MA	Arbeitsgemeinschaft Media-Analyse
AGOF	Arbeitsgemeinschaft Online-Forschung
AP	Associated Press
APA	Austria Presse Agentur
APS	Allied Press Service
ARD	Arbeitsgemeinschaft der öffentlich-rechtlichen Rundfunkanstalten der Bundesrepublik Deutschland
AWA	Allensbacher Markt- und Werbeträger-Analyse
BDSG	Bundesdatenschutzgesetz
BDZV	Bundesverband Deutscher Zeitungsverleger
BGB	Bürgerliches Gesetzbuch
BPjM	Bundesprüfstelle für jugendgefährdende Medien
Btx	Bildschirmtext
BVDA	Bundesverband Deutscher Anzeigenblätter
CANA	Caribbean News Agency
CDU	Christlich-Demokratische Union Deutschlands
CDU	CDU-Ost (DDR-Blockpartei)
CSU	Christlich-Soziale Union
DANA	Deutsche Allgemeine Nachrichtenagentur
DBD	Demokratische Bauernpartei Deutschlands (DDR-Blockpartei)
ddp	Deutscher Depeschen Dienst
DDR	Deutsche Demokratische Republik
DDVG	Deutsche Druck- und Verlagsgesellschaft
DENA	Deutsche Nachrichtenagentur
DEWAG	Deutsche Werbe- und Anzeigengesellschaft
dju	Deutsche Journalistinnen- und Journalisten-Union
DJV	Deutscher Journalisten-Verband
DKP	Deutsche Kommunistische Partei
DNB	Deutsches Nachrichten-Büro
dpa	Deutsche Presse-Agentur
dpd	Deutscher Pressedienst
DRPR	Deutscher Rat für Public Relations
DTSB	Deutscher Turn- und Sportbund
DÜD	Deutscher Überseedienst
DVU	Deutsche Volksunion

EGMR	Europäischer Gerichtshof für Menschenrechte
EKD	Evangelische Kirche in Deutschland
epd	Evangelischer Pressedienst
ERP	European Recovery Program
FDGB	Freier Deutscher Gewerkschaftsbund
FDJ	Freie Deutsche Jugend
FDP	Freie Demokratische Partei
FSF	Freiwillige Selbstkontrolle Fernsehen
FSK	Freiwillige Selbstkontrolle der Filmwirtschaft
FSM	Freiwillige Selbstkontrolle Multimedia
GEP	Gemeinschaftswerk der evangelischen Publizistik
GfK	Gesellschaft für Konsum-, Markt- und Absatzforschung
GVG	Gerichtsverfassungsgesetz
HJ	Hitler-Jugend
ID	Informationsdienst zur Verbreitung unterbliebener Nachrichten
IfD	Institut für Demoskopie Allensbach
IFG	Informationsfreiheitsgesetz
ifp	Institut zur Förderung publizistischen Nachwuchses
IG Medien	Industriegewerkschaft Medien
INMA	International Newspaper Marketing Association
IPS	Inter Press Service
IuKDG	Informations- und Kommunikationsdienste-Gesetz
IVW	Informationsgemeinschaft zur Feststellung der Verbreitung von Werbeträgern
JMStV	Jugendmedienschutz-Staatsvertrag
JUMA	Jugend-Media-Analyse
JuSchG	Jugendschutzgesetz
KIM	Katholisches Institut für Medieninformation
KMA	Katholische Medienakademie
KNA	Katholische Nachrichten-Agentur
KPD	Kommunistische Partei Deutschlands
KUG	Kunsturhebergesetz
LAC	Leseranalyse Computerpresse
LAE	Leseranalyse Entscheidungsträger in Wirtschaft und Verwaltung
LDPD	Liberal-Demokratische Partei Deutschlands (DDR-Blockpartei)
MA	Media-Analyse
MDStV	Mediendienste-Staatsvertrag
MENA	Middle East News Agency
MfS	Ministerium für Staatssicherheit
MINDS	Mobile Information and News Data Services
NDPD	Nationaldemokratische Partei Deutschlands (DDR-Blockpartei)
NSDAP	Nationalsozialistische Deutsche Arbeiterpartei
ots	Original-Text-Service
PDS	Partei des Demokratischen Sozialismus

PWD	Psychological Warfare Division
RHEINA	Rheinische Nachrichtenagentur
RIAS	Rundfunk im amerikanischen Sektor
RKK	Reichskulturkammer
RMVP	Reichsministerium für Volksaufklärung und Propaganda
SAP	Sozialistische Arbeiterpartei
SBZ	Sowjetische Besatzungszone
SDA	Schweizerische Depeschenagentur
SED	Sozialistische Einheitspartei Deutschlands
SEW	Sozialistische Einheitspartei Westberlin
sid	Sport-Informations-Dienst
SNB	Sowjetisches Nachrichten-Büro
SPD	Sozialdemokratische Partei Deutschlands
StGB	Strafgesetzbuch
StPO	Strafprozessordnung
SÜDENA	Südwestdeutsche Nachrichten-Agentur
SWMH	Südwestdeutsche Medienholding
SZM	Skalierbares Zentrales Messverfahren
TDG	Teledienstegesetz
TdW	Typologie der Wünsche
TMG	Telemediengesetz des Bundes
TLP	Tausend-Leser-Preis
TO	Transocean GmbH
TU	Telegraphen-Union
UdSSR	Union der Sozialistischen Sowjetrepubliken
Ufa	Universum-Film AG
UPI	United Press International
USK	Unterhaltungssoftware Selbstkontrolle
VA	Verbraucheranalyse
VDJ	Verband Deutscher Journalisten
VDZ	Verband Deutscher Zeitschriftenverleger
VDZV	Verein deutscher Zeitungsverleger
ver.di	Vereinte Dienstleistungsgewerkschaft
vwd	Vereinigte Wirtschaftsdienste
Wipro	Wirtschaftsstelle der Provinzpresse
WTB	Wolff's Telegraphisches Bureau
ZAW	Zentralverband der Werbewirtschaft
ZDF	Zweites Deutsches Fernsehen
ZENTRAG	Zentrale Druckerei-, Einkaufs- und Revisionsgesellschaft
ZK	Zentralkomitee der SED

Abbildungen

Literatur

Abel, Karl-Dietrich: Presselenkung im NS-Staat, Berlin: Colloquium 1986.

Adler, Ernst-Dietrich: Die Welt, in: Boll, Bernhard/Schulze, Volker/Süssmuth, Hans (Hrsg.): Zeitungsland Nordrhein-Westfalen. Geschichte – Profile – Struktur, Bonn: ZV Zeitungs-Verlag Service 1993, S. 161 – 183.

Allensbacher Werbeträger-Analyse (AWA), hrsg. vom Institut für Demoskopie Allensbach, Jg. 1958 – 1994 sowie Jg. 2005.

Altmeppen, Klaus Dieter (Hrsg.): Ökonomie der Medien und des Mediensystems, Opladen: Westdeutscher Verlag 1996.

Anger, Susanne: Schnelle Fusion mit der IG Medien, in: Publizistik & Kunst. Zeitschrift der IG Medien 7/1990, S. 28.

Antonioni, Marina: Der Deutsche Presserat und seine Beschwerdeführer, unveröffentl. Diplomarbeit, München 2000.

APA-Journal Medien, Wien: Austria Presse Agentur.

Arbeitsgemeinschaft der öffentlich-rechtlichen Rundfunkanstalten der Bundesrepublik Deutschland (ARD) (Hrsg.): Rundfunkanstalten und Tageszeitungen. Eine Materialsammlung, 5 Bde., Mainz: von Hase und Koehler 1966-1969.

Arbeitsgemeinschaft Media Analyse e.V. (AG.MA): Media Analyse II 2005, Frankfurt a. M. 2005.

Arbeitsgemeinschaft Media-Analyse e.V. (AG.MA): Media-Analyse, hrsg. von der Media-Micro-Census GmbH, Jg. 1971 – 1990. Frankfurt a. M. [Vorher Arbeitsgemeinschaft Leseranalyse (AG.LA), Jg. 1954 ff.].

ARD/ZDF-Online-Studie 2005. Siehe dazu: van Eimeren, Birgit/Mende, Annette: Nach dem Boom: Größter Zuwachs in internetfernen Gruppen. ARD/ZDF-Online-Studie 2005, in: Media Perspektiven 8/2005, S. 362 – 379.

Arndt, Helmut: Gefahren fortgeschrittener Pressekonzentration, in: Prokop, Dieter (Hrsg.): Massenkommunikationsforschung, Bd. 1: Produktion, Frankfurt a. M.: Fischer 1972, S. 236 – 241.

Arndt, Helmut (Hrsg.): Die Konzentration in der Wirtschaft, Bd. 2, Berlin: Duncker & Humblot ²1971.

Aufermann, Jörg/Heilmann, Peter et al.: Pressekonzentration, München-Pullach: Verlag Dokumentation (Saur) 1971.

Aufermann, Jörg/Scharf, Wilfried/Schlie, Otto (Hrsg.): Fernsehen und Hörfunk für die Demokratie, Opladen: Westdeutscher Verlag ²1981.

Baerns, Barbara: Journalismus und Medien in der DDR. Ansätze, Perspektiven, Probleme und Konsequenzen des Wandels, im Auftrag des Bundesministers für innerdeutsche Beziehungen (vervielf. Mskpt.), o. O. [Bonn]: Jakob-Kaiser-Stiftung o. J. [1990].

Baerns, Barbara: Lenkung und Kontrolle beim Neuaufbau des Pressewesens (1945 – 1949), in: Fischer, Heinz-Dietrich (Hrsg.): Deutsche Kommunikationskontrolle des 15. bis 20. Jahrhunderts, München: K. G. Saur 1982, S. 280 – 304.

Bamberger, Heinz Georg: Einführung in das Medienrecht, Darmstadt: Wissenschaftliche Buchgesellschaft 1986.

Bär, Oliver: Online-Zeitungen und elektronisches Publizieren, in: Wilke, Jürgen/Imhof, Christiane (Hrsg.): Multimedia. Voraussetzungen, Anwendungen, Probleme, Berlin: Vistas 1996, S. 225 – 234.

Bargfeld, Oliver: Auf allen Kanälen zum Publikum!? Vortrag bei den Medientagen München 2005 (vervielf. Mskpt.).

Basse, Dieter: Wolffs Telegraphisches Bureau 1849 bis 1933, München: K. G. Saur 1991.

Bauer, Felix/Wilke, Jürgen: Weltagentur auf dem deutschen Nachrichtenmarkt: Reuters, in: Wilke, Jürgen (Hrsg.): Agenturen im Nachrichtenmarkt. Reuters, AFP, VWD/dpa, dpa-fwt, KNA, epd, Reuters Television, Worldwide Television News, Dritte-Welt-Agenturen, Köln, Weimar, Wien: Böhlau 1993, S. 13 – 56.

Baum, Achim: Was sollen Journalisten tun? Zur Notwendigkeit journalistischer Ethik, in: Ethik im Redaktionsalltag, hrsg. vom Institut zur Förderung publizistischen Nachwuchses sowie vom Deutschen Presserat, Konstanz: UVK 2005, S. 22 – 30.

Baum, Achim et al. (Hrsg.): Handbuch der Medienselbstkontrolle, Wiesbaden: VS Verlag für Sozialwissenschaften 2005.

Baumgartner, Sabine: Zwischen Expansion und Verdrängung, in: Media Spectrum 1/1995, S. 13 – 17.

Bausch, Hans: Was die publizistischen Medien unterscheidet. Bemerkungen zur medienpolitischen Diskussion (Südfunkhefte, Bd. 1), Stuttgart: Süddeutscher Rundfunk 1978.

Beck, Hanno: Medienökonomie. Print, Fernsehen und Multimedia, Berlin, Heidelberg, New York: Springer 2002.

Beck, Klaus: Aktualität, in: Bentele, Günter et al. (Hrsg.):Lexikon Kommunikations- und Medienwissenschaft, Wiesbaden: VS Verlag für Sozialwissenschaften 2006, S. 11 – 13.

Behmer, Markus: Parteipresse, in: Bentele, Günter et al. (Hrsg.): Lexikon Kommunikations- und Medienwissenschaft, Wiesbaden: VS Verlag für Sozialwissenschaften 2006, S. 214.

Bentele, Günter/Brosius, Hans-Bernd/Jarren, Otfried (Hrsg.): Lexikon Kommunikations- und Medienwissenschaft. Wiesbaden: VS Verlag für Sozialwissenschaften 2006.

Bentele, Günter/Brosius, Hans-Bernd/Jarren, Otfried (Hrsg.): Öffentliche Kommunikation. Handbuch Kommunikations- und Medienwissenschaft, Wiesbaden: Westdeutscher Verlag 2003.

Bentele, Günter/Jarren, Otfried (Hrsg.): Medienstadt Berlin, Berlin: Vistas 1988.

Benzinger, Josef-Paul: Lokalpresse und Macht in der Gemeinde (Nürnberger Forschungsberichte, Bd. 15), Nürnberg: Verlag der Nürnberger Forschungsvereinigung 1980.

Berelson, Bernard: What missing the newspaper means, in: Schramm, Wilbur (ed.): The Process and Effects in Mass Communication, Urbana [5]1961, S. 36 – 47.

Berg, Klaus/Kiefer, Marie-Luise: Das Verhältnis des Rundfunks zu Presse und Film, in: Aufermann, Jörg/Scharf Wilfried/Schlie, Otto (Hrsg.): Fernsehen und Hörfunk für die Demokratie, Opladen: Westdeutscher Verlag [2]1981, S. 172 – 187.

Berg, Klaus/Kiefer, Marie-Luise (Hrsg.): Massenkommunikation IV. Eine Langzeitstudie zur Mediennutzung und Medienbewertung 1964 – 1990, Baden-Baden: Nomos 1992.

Bergsdorf, Wolfgang: Die vierte Gewalt. Einführung in die politische Massenkommunikation, Mainz: von Hase und Koehler 1980.

Bericht der Bundesregierung über die Lage der Medien in der Bundesrepublik Deutschland (1985) – Medienbericht – (BT-Drucksache X/5663), hrsg. vom Presse- und Informationsamt der Bundesregierung, Bonn 1986.

Bericht der Bundesregierung über die Lage von Presse und Rundfunk in der Bundesrepublik Deutschland (1970) – Medienbericht – (BT-Drucksache VI/692), hrsg. vom Presse- und Informationsamt der Bundesregierung, Bonn 1970.

Bericht der Bundesregierung über die Lage von Presse und Rundfunk in der Bundesrepublik Deutschland (1974) – Medienbericht – (BT-Drucksache VII/2104), hrsg. vom Presse- und Informationsamt der Bundesregierung, Bonn 1974.

Bericht der Bundesregierung über die Lage von Presse und Rundfunk in der Bundesrepublik Deutschland (1978) – Medienbericht – (BT-Drucksache VIII/2264), hrsg. vom Presse- und Informationsamt der Bundesregierung, Bonn 1978.

Bericht der Bundesregierung über die Lage von Presse und Rundfunk in der Bundesrepublik Deutschland (1994) – Medienbericht – (BT-Drucksache 12/8587), hrsg. vom Presse- und Informationsamt der Bundesregierung, Bonn 1994.

Bericht der Bundesregierung über die Lage von Presse und Rundfunk in der Bundesrepublik Deutschland (1998) – Medienbericht – (BT-Drucksache 13/10650), hrsg. vom Presse- und Informationsamt der Bundesregierung, Bonn 1998.

Bericht der Kommission zur Untersuchung der Wettbewerbsgleichheit von Presse, Funk/Fernsehen und Film – Michel-Kommission – (BT-Drucksache V/2120), hrsg. vom Presse- und Informationsamt der Bundesregierung, Bonn 1967.

Berner, Albert Friedrich: Lehrbuch des deutschen Preßrechtes, Leipzig 1876.

Beuthner, Michael/Weichert, Stefan Alexander: Die Selbstbeobachtungsfalle. Grenzen und Grenzgänge des Medienjournalismus, Wiesbaden: VS Verlag für Sozialwissenschaften 2005.

Bilandzic, Helena/Pürer, Heinz: Mediennutzungsforschung, in: Pürer, Heinz: Publizistik- und Kommunikationswissenschaft. Ein Handbuch, Konstanz: UVK 2003, S. 319.

Binkowski, Johannes: Die Zeitung. Das Konzentrationsproblem im Zeitungswesen, in: Dovifat, Emil (Hrsg.): Handbuch der Publizistik, Bd. 3, Berlin: de Gruyter 1969, S. 331 – 347.

Blankenburg, Erhard/Kneer, Ursula/Theis, Regina: Auswirkungen lokaler Pressekonzentration. Soziologische Studien 1, Freiburg 1970.

Blöbaum, Bernd: Journalismus als soziales System. Geschichte, Ausdifferenzierung und Verselbständigung. Opladen, Westdeutscher Verlag 1994.

Blöbaum, Bernd: Journalismus während der Besatzungszeit, in: Publizistik, 47. Jg. 2002, Hf. 2, S. 170 – 199.

Blum, Joachim: Das Always-on-Verhalten. Neue Medien brauchen keinen neuen Journalismus, aber erneuerte Journalisten, meint Hans-Jürgen Bucher, in: medium magazin 6/2005, S. 23.

Blum, Joachim: Was bringen mobile Dienste? Ein Dutzend regionale Verlage beteiligen sich beim Mobilfunkprojekt MINDS, in: medium magazin 6/2005, S. 24 – 26.

Blum, Joachim: Zeitung am Handy, in: medium magazin 6/2005, S. 20 – 22.

Böckelmann, Frank/Mahle, Walter A.: Arbeitslosigkeit und Berufswechsel. Ergebnisse der Sozialenquete über die Journalisten in den neuen Ländern der Bundesrepublik Deutschland II, in: Mahle, Walter A. (Hrsg.): Journalisten in Deutschland. Nationale und internationale Vergleiche und Perspektiven, München: Ölschläger 1993, S. 57 – 69.

Böhme-Dürr, Karin/Graf, Gerhard (Hrsg.): Auf der Suche nach dem Publikum. Medienforschung in der Praxis, Konstanz: UVK 1995.

Bohrmann, Hans: Die Vereinigung der deutschen Medienlandschaft. Abläufe und Ereignisse, in: Schneider, Beate/Reumann, Kurt/Schiwy, Peter (Hrsg.): Publizistik. Beiträge zur Medienentwicklung. Festschrift für Walter J. Schütz, Konstanz: UVK 1995, S. 275 – 286.

Bohrmann, Hans: Groth: Die Geschichte der deutschen Zeitungswissenschaft, in: Holtz-Bacha, Christine/Kutsch, Arnulf (Hrsg.): Schlüsselwerke für die Kommunikationswissenschaft, Wiesbaden: Westdeutscher Verlag 2002, S. 170 – 172.

Bohrmann, Hans: Stichtagssammlungen, in: Zeitungswörterbuch. Sachwörterbuch für den bibliothekarischen Umgang mit Zeitungen, hrsg. von Hans Bohrmann und Wilbert Ubbens im Auftrag der Zeitungskommission des Deutschen Bibliotheksinstituts, Berlin: Deutsches Bibliotheksinstitut 1994, S. 252 f.

Bohrmann, Hans: Theorien der Zeitung und der Zeitschrift, in: Leonhard, Joachim-Felix/Ludwig, Hans-Werner/Schwarze, Dietrich/Straßner, Erich (Hrsg.): Medienwissenschaft. Ein Handbuch zur Entwicklung der Medien und Kommunikationsformen, 1. Teilband, Berlin, New York: de Gruyter 1999, S. 143 – 148.

Bohrmann, Hans: Über den intrinsischen Wert pressehistorischen Archivmaterials, in: Relation. Medien – Gesellschaft – Geschichte, 3. Jg. 1996, Hf. 1, S. 49 – 58.

Bohrmann, Hans: Zeitschrift, in: Faulstich, Werner (Hrsg.): Kritische Stichwörter zur Medienwissenschaft, München: Wilhelm Fink 1979, S. 356 – 372.

Bohrmann, Hans/Toepser-Ziegert, Gabriele: Nationalsozialismus, in: Koszyk, Kurt/Pruys, Karl Hugo: Handbuch der Massenkommunikation, München: Deutscher Taschenbuch Verlag 1981, S. 203 – 207.

Bohrmann, Hans/Ubbens, Wilbert (Hrsg.): Zeitungswörterbuch. Sachwörterbuch für den bibliothekarischen Umgang mit Zeitungen, Berlin: Deutsches Bibliotheksinstitut 1994. **Boll, Bernhard/Schulze, Volker/Süssmuth, Hans (Hrsg.):** Zeitungsland Nordrhein-Westfalen. Ge-schichte – Profile – Struktur, Bonn: ZV Zeitungs-Verlag Service 1993, S. 161 – 183.

Böning, Holger: Pressebibliographie und Presseauswertung, in: Relation. Medien – Gesellschaft – Geschichte, 1. Jg. 1994, Hf. 1, S. 109 – 140.

Böning, Holger: Schwarzkopf: Über Zeitungen, in: Holtz-Bacha, Christina/Kutsch, Arnulf (Hrsg.): Schlüsselwerke für die Kommunikationswissenschaft, Wiesbaden: Westdeutscher Verlag 2002, S. 413 – 415.

Böning, Holger/Kutsch, Arnulf/Stöber, Rudolf (Hrsg.): Jahrbuch für Kommunikationsgeschichte, 1. Jg., Stuttgart 1999.

Borowski, Karin: »One brand – All Media«. Crossmediale Berichterstattung in der »Financial Times Deutschland«, in: Neuberger, Christoph/Tonnemacher, Jan (Hrsg.): Online – die Zukunft der Zeitung? Das Engagement deutscher Tageszeitungen im Internet, Opladen: Westdeutscher Verlag ²2003, S. 235 – 265.

Borowsky, Manfred/Duchkowitsch, Wolfgang/Haas, Hannes (Hrsg.): Medien und Kommunikationsgeschichte. Ein Textbuch zur Einführung, Wien: Wilhelm Braumüller 1987.

Borstelmann, Beate: Citizen Journalism – Aus Weblogs werden Nachrichtensites, in: Zeitungen 2005, hrsg. vom BDZV, Berlin: ZV 2005, S. 214 – 223.

Branahl, Udo: Medienrecht. Eine Einführung, Opladen: Westdeutscher Verlag 1992.

Brand, Peter/Schulze, Volker (Hrsg.): Medienkundliches Handbuch. Die Zeitung, Braunschweig: Agentur Pedersen 1982.

Brändle, Doris: Sonntagszeitungen in Deutschland. Marktstruktur und inhaltliches Profil, unveröffentl. Diplomarbeit, Eichstätt 2002.

Brawand, Leo: Die »Spiegel«-Story. Wie alles anfing, Düsseldorf: Econ 1987.

Brechtel, Detlev: Online ist der Klassik auf den Fersen, in: media spectrum 12/2005, S. 14 – 16.

Breunig, Christian: Mobile Medien im digitalen Zeitalter. Neue Entwicklungen, Angebote, Geschäftsmodelle und Nutzung, in: Media Perspektiven 1/2006, S. 2 – 15.

Breunig, Christian: Paid Content im Internet – ein erfolgreiches Geschäftsmodell? Marktchancen kostenpflichtiger Online-Inhalte, in: Media Perspektiven 8/2005, S. 407 – 418.

Breyer-Mayländer, Thomas: Marktimpulse durch Zielgruppenprodukte, in: Zeitungen 2005, hrsg. vom BDZV, Berlin: ZV 2005, S. 136 – 143.

Breyer-Mayländer, Thomas: Post von der Zeitung – Ein Geschäftsfeld expandiert, in: Zeitungen 2004, hrsg. vom BDZV, Berlin: ZV 2004, S. 253 – 260.

Breyer-Mayländer, Thomas: Zeitungen Online – woher kommen die Umsätze? in: Zeitungen '99, hrsg. vom BDZV, Bonn: ZV 1999, S. 169 – 179.

Breyer-Mayländer, Thomas/Fuhrmann, Hans-Joachim (Hrsg.): Erfolg im neuen Markt. Online-Strategien für Zeitungsverlage, Berlin: ZV Zeitungs-Verlag Service 2001.

Breyer-Mayländer, Thomas/Seeger, Christof: Verlage vor neuen Herausforderungen. Krisenmanagement in der Pressebranche, Berlin: ZV Zeitungs-Verlag Service 2004.

Breyer-Mayländer, Thomas/Werner, Andreas: Handbuch der Medienbetriebslehre, München, Wien: Oldenbourg 2003.

Brieger, Monika: Östliche Wiedergeburt, in: Media Spectrum 6/1993, S. 32 – 34.

Brumm, Dieter: Sprachrohr der Volksseele? Die »Bild«-Zeitung, in: Thomas, Michael Wolf (Hrsg.): Portraits der deutschen Presse, Berlin: Volker Spiess 1980, S. 127 – 143.

Brumm, Dieter: Sturmgeschütz der Demokratie? »Der Spiegel«, in: Thomas, Michael Wolf (Hrsg.): Portraits der deutschen Presse, Berlin: Volker Spiess 1980, S. 183 – 200.

Brummund, Peter: Struktur und Organisation des Pressevertriebs, München: K. G. Saur 2006.

Bucher, Hans-Jürgen et al.: Digitale Zeitung als E-Paper. Ein Hybridmedium zwischen Print- und Online-Zeitung. Eine vergleichende Rezeptionsstudie zur Nutzung der drei Erscheinungsformen der Tageszeitung. Ifra Special Report 6.32, Darmstadt: ifra 2004.

Bucher, Hans-Jürgen et al.: Digitale Zeitungen als ePaper: echt Online oder echt Print? In: Media Perspektiven 9/2003, S. 434 – 444.

Bucher, Hans-Jürgen/Straßner, Erich: Mediensprache, Medienkommunikation, Medienkritik, Tübingen: Narr 1991.

Bücher, Karl: Die deutsche Tagespresse und die Kritik [1915], in: Bücher, Karl: Gesammelte Aufsätze zur Zeitungskunde, Tübingen: Verlag der Laupp'schen Buchhandlung 1926, S. 309 – 390.

Bücher, Karl: Gesammelte Aufsätze zur Zeitungskunde, Tübingen: Verlag der Laupp'schen Buchhandlung 1926.

Bundesverband Deutscher Zeitungsverleger (Hrsg.): Alte Nachbarschaften werden neu belebt. Die Zeitungen im Wandel der Systeme in Mittel- und Osteuropa (BDZV-Schriftenreihe, Hf. 26), Bonn: BDZV 1991.

Bundesverband Deutscher Zeitungsverleger (Hrsg.): Der Weg zur freien Presse in Deutschland, Bonn: BDZV o. J. [1988].

Bundesverband Deutscher Zeitungsverleger (Hrsg.): Medienzukunft mit der Zeitung. Zeitungskongreß '87 (BDZV-Schriftenreihe, Hf. 20), Bonn: BDZV, o. J.

Bundesverband Deutscher Zeitungsverleger (Hrsg.): Zeitungen '89. BDZV-Jahrbuch, Bonn: BDZV 1989.

Bundesverband Deutscher Zeitungsverleger (Hrsg.): Zeitungen '90. BDZV-Jahrbuch, Bonn: BDZV 1990.

Bundesverband Deutscher Zeitungsverleger (Hrsg.): Zeitungen '91. BDZV-Jahrbuch, Bonn: BDZV 1991.

Bundesverband Deutscher Zeitungsverleger (Hrsg.): Zeitungen '92. BDZV-Jahrbuch, Bonn: BDZV 1992.

Bundesverband Deutscher Zeitungsverleger (Hrsg.): Zeitungen '93. BDZV-Jahrbuch, Bonn: ZV Zeitungs-Verlag Service 1993.

Bundesverband Deutscher Zeitungsverleger (Hrsg.): Zeitungen '94. BDZV-Jahrbuch, Bonn: ZV-Zeitungs-Verlag Service 1994.

Bundesverband Deutscher Zeitungsverleger (Hrsg.): Zeitungen '95. BDZV-Jahrbuch, Bonn: ZV Zeitungs-Verlag Service 1995.

Bundesverband Deutscher Zeitungsverleger (Hrsg.): Zeitungen '96. BDZV-Jahrbuch, Bonn: ZV Zeitungs-Verlag Service 1996.

Bundesverband Deutscher Zeitungsverleger (Hrsg.): Zeitungen '97. BDZV-Jahrbuch, Bonn: ZV Zeitungs-Verlag Service 1997.

Bundesverband Deutscher Zeitungsverleger (Hrsg.): Zeitungen '98. BDZV-Jahrbuch, Bonn: ZV Zeitungs-Verlag Service 1998.

Bundesverband Deutscher Zeitungsverleger (Hrsg.): Zeitungen '99. BDZV- Jahrbuch, Bonn: ZV Zeitungs-Verlag Service 1999.

Bundesverband deutscher Zeitungsverleger (Hrsg.): Zeitungen 2000. BDZV-Jahrbuch, Berlin: ZV Zeitungs-Verlag Service 2000.

Bundesverband Deutscher Zeitungsverleger (Hrsg.): Zeitungen 2001. BDZV-Jahrbuch, Berlin: ZV Zeitungs-Verlag Service 2001.

Bundesverband Deutscher Zeitungsverleger (Hrsg.): Zeitungen 2002. BDZV-Jahrbuch, Berlin: ZV Zeitungs-Verlag Service 2002.

Bundesverband Deutscher Zeitungsverleger (Hrsg.): Zeitungen 2003. BDZV-Jahrbuch, Berlin: ZV Zeitungs-Verlag Service 2003.

Bundesverband Deutscher Zeitungsverleger (Hrsg.): Zeitungen 2004. BDZV-Jahrbuch, Berlin: ZV Zeitungs-Verlag Service 2004.

Bundesverband Deutscher Zeitungsverleger (Hrsg.): Zeitungen 2005. BDZV-Jahrbuch, Berlin: ZV Zeitungs-Verlag Service 2005.

Bundesverband Deutscher Zeitungsverleger (Hrsg.): Zeitungen 2006. BDZV-Jahrbuch, Berlin: ZV Zeitungs-Verlag Service 2006.

Burkart, Roland: Kommunikationswissenschaft – Grundlagen und Problemfelder. Umrisse einer interdisziplinären Sozialwissenschaft, Wien, Köln: Böhlau 1983.

Carstensen, Broder: Spiegel-Wörter, Spiegel-Worte. Zur Sprache eines deutschen Nachrichtenmagazins, München: Hueber 1971.

Claus, Werner (Hrsg.): Medien-Wende – Wende-Medien? Dokumentation des Wandels im DDR-Journalismus. Oktober '89 bis Oktober '90, Berlin: Vistas 1991.

Clement, Wolfgang: Pressefusionskontrolle: Ist die Angebots- und Meinungsvielfalt in Gefahr? in: Tendenz 4/2004, S. 36 – 37.

d'Ester, Karl: Zeitung und Zeitschrift, in: Stammler, Wolfgang (Hrsg.): Deutsche Philologie im Aufriß, Bd. 3, Berlin: Erich Schmidt 1957, S. 1245 – 1352.

Damm, Renate: Presseordnungsrecht, in: Schiwy, Peter/Schütz, Walter J. (Hrsg.): Medienrecht. Lexikon für Wissenschaft und Praxis, Neuwied: Luchterhand ²1990, S. 247 – 254.

Damm, Renate: Presserecht, in: Meyer, Werner: Journalismus von heute, hrsg. von Frohner, Jürgen, 2 Bde. (Loseblattsammlung), Percha am Starnberger See: R.S. Schulz (6. Ergänzungslieferung 1984) o. J., darin Bd. 2, Abschnitt XII, S. 9 – 127.

Danch, Robert: Lokale Online-Vermarktung. Erfolgreiche Web- und Crossmedia-Konzepte regionaler Zeitungshäuser, hrsg. vom Bundesverband Deutscher Zeitungsverleger, Berlin: ZV Zeitungs-Verlag Service 2005.

Das Springer-Monopol. Eine Klarstellung, hrsg. von der Abteilung Information des Axel Springer Verlages, Hamburg: Verlag Axel Springer o. J. [1967].

Degenhardt, Günter: Was Führungskräfte von modernen Drucktechniken wissen müssen, München: Heyne 1977.

Dernbach, Beatrice et al. (Hrsg.): Publizistik im vernetzten Zeitalter. Berufe, Formen, Strukturen, Opladen: Westdeutscher Verlag 1998.

Deutsche Presse-Agentur (Hrsg.): 40 Jahre dpa, Hamburg: Deutsche Presse-Agentur 1989.

Deutsche Presse-Agentur (Hrsg.): dpa meldet... 50 Jahre Deutsche Presse-Agentur GmbH, Starnberg: R.S. Schulz 1999.

Deutsche Presse-Agentur (Hrsg.): dpa. Porträt einer Nachrichtenagentur, Hamburg: Deutsche Presse-Agentur o. J. [1992].

Deutsche Presse-Agentur (Hrsg.): Wegweiser durch die dpa-Dienste, Hamburg: Deutsche Presse-Agentur 1999.

Deutscher Presserat: Jahrbuch 2004, hrsg. vom Trägerverein des Deutschen Presserates, Konstanz: UVK 2004.

Deutscher Presserat: Jahrbuch 2006, hrsg. vom Trägerverein des Deutschen Presserates, Konstanz: UVK 2006.

Die bundesdeutsche Presse im Spiegel der amtlichen Statistik. Statistisches Bundesamt veröffentlicht Ergebnis der ersten Erhebung: 1975, in: Media Perspektiven 4/1978, S. 241 – 250.

Die deutsche Presse 1967. Loccumer Journalistengespräch, Loccum o. J.

Diederichs, Helmut H.: Daten zur Konzentration der Publikumszeitschriften in der Bundesrepublik Deutschland im IV. Quartal 1988, in: Media Perspektiven 6/1989, S. 313 – 324.

Diederichs, Helmut H.: Daten zur Konzentration der Tagespresse und der Publikumszeitschriften in der Bundesrepublik im IV. Quartal 1980, in: Media Perspektiven 7/1981, S. 521 – 536.

Diederichs, Helmut H.: Daten zur Konzentration der Tagespresse und der Publikumszeitschriften in der Bundesrepublik Deutschland im IV. Quartal 1982, in: Media Perspektiven 7/1983, S. 482 – 499.

Diederichs, Helmut H.: Daten zur Konzentration der Tagespresse und der Publikumszeitschriften in der Bundesrepublik Deutschland im IV. Quartal 1984, in: Media Perspektiven 8/1985, S. 615 – 633.

Diederichs, Helmut H.: Medienkonzentration in der BRD. Konzept und empirischer Überblick, in: Prokop, Dieter (Hrsg.): Massenkommunikationsforschung, Bd. 1: Produktion, Frankfurt a. M.: Fischer 1971, S. 73 – 95.

Diederichs, Helmut H.: Ökonomische und publizistische Konzentration der Pressemedien in der Bundesrepublik 1975/76, in: Media Perspektiven 5/1976, S. 200 – 208.

Diederichs, Helmut, H.: Daten zur Pressekonzentration in der Bundesrepublik Deutschland 1976/77, in: Media Perspektiven 5/1977, S. 267 – 281.

Diez, Hermann: Das Zeitungswesen, Leipzig 1910.

Dill, Richard W.: Lokale Kommunikation in der Medienlandschaft der Zukunft, in: Langenbucher, Wolfgang R.: Lokalkommunikation. Analysen, Beispiele, Alternativen, München: Ölschläger 1980, S. 17 – 23.

Dokumentation MA '90, hrsg. von der Arbeitsgemeinschaft Media-Analyse (AG.MA), Frankfurt a. M.: Media-Micro-Census 1990.

Dollinger, Hans/Vogelsang, Thilo: Deutschland unter den Besatzungsmächten, München: Desch 1967.

Donsbach, Wolfgang: Journalist, in: Fischer Lexikon Publizistik – Massenkommunikation, hrsg. von Noelle-Neumann, Elisabeth/Schulz, Winfried/Wilke, Jürgen, Frankfurt a. M.: Fischer 1989, S. 50 – 69.

Donsbach, Wolfgang: Journalist, in: Fischer Lexikon Publizistik – Massenkommunikation, hrsg. von Noelle-Neumann, Elisabeth/Schulz, Winfried/Wilke, Jürgen, Frankfurt a. M.: Fischer ³2002, S. 78 – 125.

Dorsch, Petra E.: Die Zeitung, Medium des Alltags. Monographie zum Zeitungsstreik, München: Ölschläger 1984.

Dovifat, Emil: Zeitungslehre, 2 Bde., 6. neubearb. Aufl. von Jürgen Wilke, Berlin, New York: de Gruyter 1976.

Dovifat, Emil: Zeitungslehre, 2 Bde., Berlin, Leipzig: de Gruyter 1937.

Dovifat, Emil (Hrsg.): Handbuch der Publizistik, 3 Bde., Berlin: de Gruyter 1969.

Duchkowitsch, Wolfgang: Löbl: Kultur und Presse, in: Holtz-Bacha, Christine/Kutsch, Arnulf (Hrsg.): Schlüsselwerke für die Kommunikationswissenschaft, Wiesbaden: Westdeutscher Verlag 2002, S. 276 – 278.

Dürr, Alfred: Weltblatt und Heimatzeitung. Die »Süddeutsche Zeitung«, in: Thomas, Michael Wolf (Hrsg.): Portraits der deutschen Presse, Berlin: Volker Spiess 1980, S. 63 – 79.

Ebel, Sascha: E-Paper – Zwischen Anspruch und Wirklichkeit, in: Fachjournalist 3/2006, S. 19 – 23.

Ebel, Sascha: E-Paper – Zwischen Anspruch und Wirklichkeit. Eine qualitative Untersuchung deutscher Zeitschriften im Internet, Magisterarbeit, München 2005.

Ebeling, Dieter: Die Position von dpa im Nachrichtenmarkt, in: Wilke, Jürgen (Hrsg.): Nachrichtenagenturen im Wettbewerb. Ursachen – Faktoren – Perspektiven, Konstanz: UVK-Medien 1997, S. 25 – 34.

Eggeling, Erich: Das Nachrichtenwesen, in: Dovifat, Emil (Hrsg.): Handbuch der Publizistik, Bd. 3, Berlin, de Gruyter 1969, S. 98 – 115.

Eimeren, Birgit van/Frees, Beate: Nach dem Boom: Größter Zuwachs in internetfernen Gruppen. ARD/ZDF-Online-Studie 2005, in: Media Perspektiven 8/2005, S. 362 – 379.

Eimeren, Birgit van/Ridder, Christa Maria: Trends in der Nutzung und Bewertung der Medien 1970 bis 2005. Ergebnisse der ARD/ZDF-Langzeitstudie Massenkommunikation, in: Media Perspektiven 10/2005, S. 490 – 504.

Einführung in die Kommunikationswissenschaft. Der Prozeß der politischen Meinungs- und Willensbildung, Bd. 1, erarb. von einer Projektgruppe am Institut für Kommunikationswissenschaft der Universität München, München: K. G. Saur ²1982.

Engel, Bernhard/Windgasse, Thomas: Mediennutzung und Lebenswelten 2005. Ergebnisse der 9. Welle der ARD/ZDF-Langzeitstudie »Massenkommunikation«, in: Media Perspektiven 9/2005, S. 449 – 464.

Entwicklung der Tages-, Sonntags- und Wochenzeitungen, in: Zeitungen 2005, hrsg. vom Bundesverband Deutscher Zeitungsverleger, Berlin: ZV Zeitungs-Verlag Service 2005, S. 390.

Enzensberger, Hans Magnus: Die Sprache des Spiegel, in: Mayer, Hans (Hrsg.): Deutsche Literaturkritik der Gegenwart, Bd. 4, Stuttgart: Goverts Krüger Stahlberg 1964.

Ernst-Flaskamp, Ursula: Ethik ist Qualität – Zur Arbeit des Deutschen Presserats, in: Zeitungen 2002, hrsg. vom Bundesverband Deutscher Zeitungsverleger, Berlin: ZV Zeitungs-Verlag Service 2002, S. 356 – 360.

Esser, Rainer/Schreier, Christiane: Die Zeitung als Marke – Diversifikation als lukrative Erlösquelle, in: Zeitungen 2005, hrsg. vom Bundesverband Deutscher Zeitungsverleger, Berlin: ZV Zeitungs-Verlag Service 2005, S. 128 – 133.

Ethik im Redaktionsalltag, hrsg. vom Institut zur Förderung publizistischen Nachwuchses sowie vom Deutschen Presserat, Konstanz: UVK 2005.

EU will Mitbestimmung der Arbeitnehmer in Gesellschaftsorganen forcieren. Die Tendenzschutzfrage auf europäischer Ebene wird erneut brisant, in: BDZV Euroreport, hrsg. vom Bundesverband Deutscher Zeitungsverleger, Nr. 5/95 vom 07.12.95, S. 1 f.

Europarat/Europäischer Gerichtshof für Menschenrechte/Dritte Sektion: Rechtssache von Hannover gegen Deutschland. Individualbeschwerde Nr. 59320/00. Urteil. Straßburg, 24. Juni 2004, S. 7.

Fabian, Walter: Die Wochenzeitungen, in: Pross, Harry (Hrsg.): Deutsche Presse seit 1945, Bern, München: Scherz Verlag 1965, S. 159 – 172.

Facius, Gernot: Lektüre für den siebten Tag – Der Markt der Sonntagszeitungen, in: Zeitungen 2001, hrsg. vom BDZV, Berlin: ZV 2001, S. 97 – 103.

Facius, Gernot: Veränderte Märkte – Neue Produkte, in: Zeitungen 2000, hrsg. vom BDZV, Berlin: ZV 2000, S. 112 – 121.

Fasel, Christoph (Hrsg.): Qualität und Erfolg im Journalismus. Grundlagen eines zukunftsfähigen Journalismus, Konstanz: UVK 2005.

Faulstich, Werner (Hrsg.): Kritische Stichwörter zur Medienwissenschaft, München: Wilhelm Fink 1979.

Faust, Marianne/Reinkensmeier, Willi: Totale Kommunikationskontrolle in der Vorkriegsphase des Dritten Reiches 1933 – 1939, in: Fischer, Heinz-Dietrich (Hrsg.): Deutsche Kommunikationskontrolle des 15. bis 20. Jahrhunderts, München: K. G. Saur 1982, S. 229 – 279.

Fechner, Frank: Medienrecht, Tübingen: Mohr Siebeck [7]2006.

Feddersen, Jens: Der Chefredakteur als Publikator, in: Fischer, Heinz-Dietrich (Hrsg.): Positionen und Strukturen bei Druckmedien, Düsseldorf: Econ 1987, S. 57 – 61.

Firley, Ingo: dpa. Teures Vergnügen, in: Journalist 8/2003, S. 36 – 39.

Fischer Lexikon Publizistik – Massenkommunikation, hrsg. von Noelle-Neumann, Elisabeth/Schulz, Winfried/Wilke, Jürgen, Frankfurt a. M.: Fischer 1989.

Fischer Lexikon Publizistik – Massenkommunikation, hrsg. von Noelle-Neumann, Elisabeth/Schulz, Winfried/Wilke, Jürgen, Frankfurt a. M.: Fischer [2]1994.

Fischer Lexikon Publizistik – Massenkommunikation, hrsg. von Noelle-Neumann, Elisabeth/Schulz, Winfried/Wilke, Jürgen, Frankfurt a. M.: Fischer [3]2002.

Fischer Taschenbuch Verlag (Hrsg.): Der Fischer Weltalmanach 2005, Frankfurt a. M.: Fischer 2004.

Fischer, Erika J./Fischer Heinz-Dietrich: Die ersten Zeitungswochen. Reprints deutschsprachiger Presseorgane aus der Frühphase der Nachkriegspublizistik, Bd. 1: Süddeutsche Zeitung, München: Süddeutscher Verlag 1985.

Fischer, Heinz-Dietrich: Der Presse-Chefredakteur im Spannungsfeld zwischen Redaktions- und Verwaltungsaufgaben, in: ders. (Hrsg.): Chefredakteure – Publizisten oder Administratoren? Status, Kompetenz und kommunikative Funktion von Redaktionsleitern bei Tages- und Wochenzeitungen, Düsseldorf: Droste 1980, S. 13 – 55.

Fischer, Heinz-Dietrich: Der Verleger als Kommunikator, in: ders.: Positionen und Strukturen bei Druckmedien, Düsseldorf: Econ 1987, S. 13 – 40.

Fischer, Heinz-Dietrich: Geschichte der Parteizeitung, in: Leonhard, Joachim-Felix/Ludwig, Hans-Werner/Schwarze, Dietrich/Straßner, Erich (Hrsg.): Medienwissenschaft. Ein Handbuch zur Entwicklung der Medien und Kommunikationsformen, 1. Teilband, Berlin, New York: de Gruyter 1999, S. 939 – 955.

Fischer, Heinz-Dietrich: Handbuch der politischen Presse in Deutschland 1480 – 1980, Düsseldorf: Droste 1981.

Fischer, Heinz-Dietrich: Parteien und Presse in Deutschland seit 1945, Bremen: Carl Schünemann 1971.

Fischer, Heinz-Dietrich: Publikumszeitschriften – ein Lehr und Forschungsdefizit, in: ders. (Hrsg.): Publikumszeitschriften in der Bundesrepublik Deutschland, Konstanz: Universitätsverlag 1985, S. 15 – 64.

Fischer, Heinz-Dietrich: Renaissance der »äußeren« und Etappen zur Realisierung von »innerer« Kommunikationsfreiheit (1949 – 1980), in: ders. (Hrsg.): Deutsche Kommunikationskontrolle des 15. bis 20. Jahrhunderts, München: K. G. Saur 1982, S. 321 – 326.

Fischer, Heinz-Dietrich (Hrsg.): Deutsche Kommunikationskontrolle des 15. bis 20. Jahrhunderts, München: K. G. Saur 1982.

Fischer, Heinz-Dietrich (Hrsg.): Positionen und Strukturen bei Druckmedien, Düsseldorf: Econ 1987.

Fischer, Heinz-Dietrich (Hrsg.): Publikumszeitschriften in der Bundesrepublik Deutschland, Konstanz: Universitätsverlag 1985.

Fischer, Tim/Quiring, Oliver: Weblogs: Laienjournalismus oder professionelle Berichterstattung? in: Fachjournalist 19/2005, S. 9 – 12.

Fischer, Ulrich: Drei Säulen der Kirchenpresse, in: Zukunftswerkstatt Kirchenpresse. Dokumentation zur Evangelischen Publizistik. Frankfurt a. M.: epd Dokumentation Nr. 19 (03.05.2005), S. 41.

Flach, Karl-Hermann: Die Lage der deutschen Presse heute, in: Die deutsche Presse 1967. Loccumer Journalistengespräch, Loccum o. J., S. 62.

Fleck, Florian: Aktuelle Presseprobleme in wirtschaftlicher Sicht, Freiburg (Schweiz): Universitätsverlag 1969.

Fleck, Florian: Veränderungen von Organisations- und Führungsstrukturen in Tageszeitungsunternehmen, in: Publizistik, 25. Jg. 1980, Hf. 2 – 3, S. 282 – 289.

Flieger, Wolfgang: Die »taz«. Vom Alternativblatt zur linken Tageszeitung. München: Ölschläger 1992.

Flöper, Berthold L. (Hrsg.): Ratgeber Freie Journalisten: Ein Handbuch, Berlin: Vistas 1992.

Flottau, Heiko: Liberal auf schwankendem Boden: Die »Frankfurter Rundschau«, in: Thomas, Michael Wolf (Hrsg.): Portraits der deutschen Presse, Berlin: Volker Spiess 1980, S. 97 – 107.

Forsthoff, Martin: Tendenzschutz, in: Schiwy, Peter/Schütz, Walter J. (Hrsg.): Medienrecht. Lexikon für Wissenschaft und Praxis, Neuwied: Luchterhand ²1990, S. 323 – 327.

Frei, Norbert: Nationalsozialistische Eroberung der Provinzpresse. Gleichschaltung, Selbstanpassung und Resistenz in Bayern, Stuttgart: Deutsche Verlagsanstalt 1980.

Frei, Norbert/Schmitz, Johannes: Journalismus im Dritten Reich, München: Beck 1989.

Frey, Wolfgang/Prothmann, Hardy: Tickerwettlauf, in: medium magazin 4/2004, S. 34 – 37.

Fricke, Ernst/Ott, Sieghart: Verwaltungsrecht in der anwaltlichen Praxis, Bonn: Deutscher Anwaltverlag ²2005.

Fröhlich, Romy/Pointner, Nicola/Wimmer, Jeffrey: Eine Medienbranche unter der Medienlupe, in: Pürer, Heinz et al. (Hrsg.): Medien, Politik, Kommunikation. Festschrift für Heinz-Werner Stuiber. München: R. Fischer 2006, S. 125 – 146.

Fuhr, Eckard: Geschichte der Deutschen 1949 – 1990. Eine Chronik zu Politik, Wirtschaft und Kultur; unter Mitarbeit von Kuhn, Nicola/Ronnger, Hans-Ulrich/Weimer, Wolfram, Frankfurt a. M.: Insel 1990.

Fuhrmann, Hans-Joachim: Bilanz nach fünf Jahren Online-Engagement, in: Breyer-Mayländer, Thomas/ Fuhrmann, Hans-Joachim (Hrsg.): Erfolg im neuen Markt. Online-Strategien für Zeitungsverlage, Berlin: ZV Zeitungs-Verlag Service 2001, S. 9 – 21.

Fuhrmann, Hans-Joachim: EG-Binnenmarkt: mehr Gefahren als Chancen für die Presse, in: Zeitungen '93, hrsg. vom BDZV, Bonn: ZV 1993, S. 222 f.

Fürstner, Wolfgang: Faszination Print – Aktuelle Trends im Zeitschriftenmarkt, in: Sjurts, Insa (Hrsg.): Strategische Optionen in der Medienkrise. Print, Fernsehen, neue Medien, München: R. Fischer 2004, S. 9 – 14.

Fürstner, Wolfgang: Informieren, unterhalten, überraschen, in: VDZ-Jahrbuch 2006, hrsg. vom Verband Deutscher Zeitschriftenverleger, Berlin: VDZ 2006, S. 14 – 15.

Füssel, Stephan: Gutenberg und seine Wirkung, Frankfurt a. M., Leipzig: Insel Verlag 1999.

Gabler Wirtschafts-Lexikon, Wiesbaden: Gabler [12]1988.

Gabler-Wirtschafts-Lexikon, Wiesbaden: Gabler [13]1992.

Gädeke, Peter: Pressefreiheit, in: Schiwy, Peter/Schütz, Walter J. (Hrsg.): Medienrecht. Lexikon für Wissenschaft und Praxis, Neuwied: Luchterhand [2]1990, S. 234 – 242.

Gädeke, Peter: Pressefreiheit, in: Schiwy, Peter/Schütz, Walter, J. (Hrsg.): Medienrecht, Neuwied: Luchterhand [3]1994, S. 317 – 325.

Gärtner, Hans-Dieter: Gratis ist nicht der richtige Preis – doch was ist der richtige Preis? in: medium magazin 3/2005, S. 29.

Gaßdorf, Heinz: Markt und Leser, in: Vom Zeitungsverkauf zum Zeitungsmarketing, hrsg. von der Pressestiftung RWV, Düsseldorf: Econ 1986, S. 19 – 49.

Gaßdorf, Heinz: Postzeitungsdienst – bewährtes Vertriebsmodell in Gefahr, in: Zeitungen '92, hrsg. vom BDZV, Bonn: BDZV 1992, S. 150 – 157.

Gaus, Günter u. a.: Editorial aus: Freitag, Die Ost-West-Wochenzeitung, 03.09.1993, S. 1.

Gehrig, Peter M.: Die Position von AP im Nachrichtenmarkt, in: Wilke, Jürgen (Hrsg.): Nachrichtenagenturen im Wettbewerb. Ursachen – Faktoren – Perspektiven, Konstanz: UVK-Medien 1997, S. 17 – 23.

Geißler, Rainer: Fortschreibung bestehender Strukturen. Die Folgen der deutschen Vereinigung für das Mediensystem, in: medium, 23. Jg. 1993, Hf. 1, S. 25 f.

Geißler, Rainer: Vom Kampf der Agitatoren mit einem widerspenstigen Publikum. Die Massenmedien der DDR im Überblick, in: medium, 16. Jg. 1986, Hf. 2., S. 18 – 23.

Gerhardt, Claus: Geschichte der Druckverfahren. Teil 2: Der Buchdruck, Stuttgart: Anton Hiersemann 1975.

Gerhardy, Roger: Die Fakten und die Quoten. Der schmale Grat, auf dem sich Journalisten oft bewegen müssen, in: Ethik im Redaktionsalltag, hrsg. vom Institut zur Förderung publizistischen Nachwuchses und vom Deutschen Presserat, Konstanz: UVK 2005, S. 17 – 19.

Giott, Walter: Medien im Wettstreit. Tageszeitung und Fernsehen, Münster: Regensberg 1979.

Gisch, Heribert: »Preßfreiheit« – »Pressfrechheit«. Zum Problem der Presseaufsicht in napoleonischer Zeit in Deutschland, in: Fischer, Heinz-Dietrich (Hrsg.): Deutsche Kommunikationskontrolle des 15. bis 20. Jahrhunderts, München: K. G. Saur 1982, S. 56 – 74.

Glotz, Peter/Langenbucher Wolfgang R.: Der mißachtete Leser. Zur Kritik der deutschen Presse, München: R. Fischer 1993.

Glotz, Peter/Meyer-Lucht, Robin (Hrsg.): Online gegen Print. Zeitung und Zeitschrift im Wandel, Konstanz: UVK 2004.

Göhler, Helmut et. al.: Leseland DDR: Ein Mythos und was davon bleiben wird, in: Media Perspektiven 7/1990, S. 438 – 454.

Goldbeck, Kerstin: Leistungsdaten für die Zeitung, in: Zeitungen 2005, hrsg. vom BDZV, Berlin: ZV 2005, S. 154 – 167.

Goslich, Lorenz: Zeitungs-Innovationen, München: K. G. Saur 1987.

Graf, Andreas/Graf, Heike: Der Medienkontrollrat – Insel der Stabilität im medienpolitischen Schlachtenlärm, in: Claus, Werner (Hrsg.): Medien-Wende, Wende-Medien? Berlin: Vistas 1991.

Graf-Szczuka, Karola: Typisch Leser! Wie man die Leserschaft durch Typologien beschreibt, in: Rager, Günther et al. (Hrsg.): Zeitungsjournalismus. Empirische Leserschaftsforschung, Konstanz: UVK 2006, S. 270 – 280.

Gravenstein, Eberhard: Supplements – die heimlichen Illustrierten, in: Die Zeitung – Nachrichten und Meinungen zur Medienpolitik, Bonn, 10. Jg. 1/1982, S. 3.

Groß, Rolf: Presserecht. Einführung in die Grundzüge und Schwerpunkte des deutschen Presserechts, Wiesbaden: Deutscher Fachschriften-Verlag 1982.

Grosser, Dieter (Hrsg.): Konzentration ohne Kontrolle, Köln, Opladen: Westdeutscher Verlag ²1970.

Grosser, Dieter/Bierling, Stephan/Kurz, Friedrich: Die sieben Mythen der Wiedervereinigung. Fakten und Analysen zu einem Prozeß ohne Alternative, München: Ehrenwirth 1991.

Grosser, Dieter: Triebkräfte der Wiedervereinigung, in: Grosser, Dieter/Bierling, Stephan/Kurz, Friedrich: Die sieben Mythen der Wiedervereinigung. Fakten und Analysen zu einem Prozeß ohne Alternative, München: Ehrenwirth 1991, S. 11 – 65.

Groth, Otto: Die Geschichte der deutschen Zeitungswissenschaft. Probleme und Methoden, München: Weinmayer 1948.

Groth, Otto: Die unerkannte Kulturmacht. Grundlegung der Zeitungswissenschaft (Periodik), 7 Bde., Berlin: de Gruyter 1960 – 1972.

Groth, Otto: Die Zeitung. Ein System der Zeitungskunde (Journalistik), 4 Bde., Mannheim, Berlin, Leipzig: Bensheimer 1928 – 1930.

Grubitzsch, Jürgen: Presselandschaft der DDR im Umbruch, in: Media Perspektiven 3/1990, S. 140 – 155.

Güde, Marei: Nutzung und Bewertung von Nachrichtenagenturen durch ihre Kunden. Eine Befragung deutscher Tageszeitungsredaktionen, in: Wilke, Jürgen (Hrsg.): Von der Agentur zur Redaktion. Wie Nachrichten gemacht, bewertet und verwendet werden, Köln, Weimar, Wien: Böhlau 2000, S. 123 – 177.

Gutting, Doris: Multimedia. Neue Chancen und Anforderungen für die Zeitung, in: Ludes, Peter/Werner, Andreas (Hrsg.): Multimediakommunikation. Theorien, Trends und Praxis, Opladen: Westdeutscher Verlag 1997, S. 179 – 190.

Haarmann, Reinhard: Pressekonzentration: Gefährdung der Demokratie, in: Grosser, Dieter (Hrsg.): Konzentration ohne Kontrolle, Köln, Opladen: Westdeutscher Verlag, ²1970, S. 176 – 191.

Hadding, Stefanie: »Es geht jetzt erst los«. dpa-AFX zündet den Turbo, in: Wirtschaftsjournalist 4/2004, S. 36 – 38.

Hadorn, Werner/Cortesi, Mario: Mensch und Massenmedien, Bd. 1, Aarau, Stuttgart: AT-Verlag 1986.

Haemig, Anne: Die Bühne des Selbst. Leser schreiben für Leser, in: Redaktion 2006. Jahrbuch für Journalisten, hrsg. von der Initiative Tageszeitung, Bonn: Bundeszentrale für Politische Bildung 2006, S. 55 – 60.

Hagelweide, Gert: Stieler: Zeitungs Lust und Nutz, in: Holtz-Bacha, Christina/Kutsch, Arnulf (Hrsg.): Schlüsselwerke für die Kommunikationswissenschaft, Wiesbaden: Westdeutscher Verlag 2002, S. 422 – 424.

Hagemann, Walter: Die deutsche Zeitschrift der Gegenwart, Münster: Fahle 1957.

Hagemann, Walter: Publizistik im Dritten Reich, Hamburg: Hansischer Gildenverlag 1948.

Hagen, Lutz M.: Informationsqualität von Nachrichten. Meßmethoden und ihre Anwendung auf die Dienste von Nachrichtenagenturen, Opladen: Westdeutscher Verlag 1995.

Haimerl, Helmut: Zukunftsfähige Bistumszeitungen, in: Communicatio Socialis, 38 Jg. 2005, Hf. 2, S. 138 – 153.

Hale, Oron J.: Presse in der Zwangsjacke 1933 – 1945, Düsseldorf: Droste 1965.

Halefeldt, Elke: Keine Lust zum Lesen, in: Journalist 8/1995, S. 19 – 21.

Haller, Michael: Ratlos im Niemandsland, in: message. Internationale Fachzeitschrift für Journalismus, Hf. 4/2004, S. 10 – 15.

Haller, Michael/Held, Barbara/Weßler, Hartmut: Wendeversuche in der Sackgasse: Umbau, Untergang, Neuanfang der Zeitschriften in den neuen Bundesländern, in: Haller, Michael/Puder, Klaus/Schlevoigt, Jochen (Hrsg.): Presse Ost – Presse West. Journalismus im vereinten Deutschland, Berlin: Vistas 1995, S. 121 – 135.

Haller, Michael/Puder, Klaus/Schlevoigt, Jochen (Hrsg.): Presse Ost – Presse West. Journalismus im vereinten Deutschland, Berlin: Vistas 1995.

Hanke, Helmut: Das »deutsche Fernsehen« – doch kein Nullmedium? Fernsehgesellschaft und kulturelle Chance, in: Medien der Ex-DDR in der Wende. Beiträge zur Film- und Fernsehwissenschaft, 32. Jg. 1991, Berlin: Vistas 1991, S. 7 – 23.

Hanke, Helmut: Kommunikation in Aufruhr – Medien im Wandel, in: Rundfunk und Fernsehen, 38. Jg. 1990, Hf. 3, S. 320 ff.

Harenberg, Karl-Heinz: Aus Bonn für ›Deutschland‹. »Die Welt«, in: Thomas, Michael Wolf (Hrsg.), Berlin: Volker Spiess 1980, S. 109 – 126.

Harseim, Christine/Wilke, Jürgen: Nachrichtenproduktion und Nachrichtenangebot der Deutschen Presse-Agentur. Mit einem Ausblick auf den Agentur-Vergleich, in: Wilke, Jürgen (Hrsg.): Von der Agentur zur Redaktion. Wie Nachrichten gemacht, bewertet und verwendet werden, Köln, Weimar, Wien: Böhlau 2000, S. 1 – 122.

Haug, Volker: Grundwissen Internetrecht, Stuttgart: Kohlhammer 2005.

He, Jianming: Die Nachrichtenagenturen in Deutschland. Geschichte und Gegenwart, Frankfurt a. M. u. a.: Peter Lang 1996.

Heinrich, Jürgen: Medienökonomie. Band 1: Mediensystem, Zeitung, Zeitschrift, Anzeigenblatt, Opladen: Westdeutscher Verlag 1994.

Heinrich, Jürgen: Ökonomische Analyse des Zeitschriftensektors, in: Vogel, Andreas/Holtz-Bacha, Christina (Hrsg.): Zeitschriften und Zeitschriftenforschung. Publizistik-Sonderheft, Wiesbaden: Westdeutscher Verlag 2002, S. 60 – 84.

Heinrich, Jürgen: Pressefusionskontrolle, in: Medienwirtschaft 2/2004, S. 83 – 85.

Held, Barbara: Im Bemühen um die verlorenen Leser. Zur Entwicklung der publizistischen Leistung in ostdeutschen Publikumszeitschriften 1989 – 1993, in: Schneider, Beate/Reumann, Kurt/Schiwy,

Peter (Hrsg.): Publizistik. Beiträge zur Medienentwicklung. Festschrift für Walter J. Schütz, Konstanz: UVK 1995, S. 319 – 334.

Henkel, Martin/Taubert, Rolf: Die deutsche Presse 1848 – 1850. Eine Bibliographie, München u. a.: K. G. Saur 1986.

Hennig, Jörg: Geschichte der Boulevard-Zeitung, in: Leonhard, Joachim-Felix/Ludwig, Hans-Werner/Schwarze, Dietrich/Straßner, Erich (Hrsg.): Medienwissenschaft. Ein Handbuch zur Entwicklung der Medien und Kommunikationsformen, 1. Teilband, Berlin, New York: de Gruyter 1999, S. 955 – 965.

Herding, Richard/Krohn, Dörthe: »Selbstverständlich nur für den innerkirchlichen Gebrauch«. Die Untergrundpresse der DDR (1986 – 1989) und die Menschen, die sie machten, in: medium, 23. Jg. 1993, Hf. 3, S. 14 – 23.

Hertel, Peter: »Die Wacht am Rhein?« Der »Rheinische Merkur«, in: Thomas, Michael Wolf (Hrsg.): Portraits der deutschen Presse, Berlin: Volker Spiess 1980, S. 237 – 256.

Herzog, Roman, in: Maunz-Dürig: Kommentar zum Grundgesetz (Loseblattsammlung), München: Beck, o. J., (30. Ergänzungslieferung Dezember 1992), 5/18a, Rdz. 56 zu Art. 5 GG.

Hess, Eva-Maria: Leserschaftsforschung in Deutschland. Ziele, Methoden, Techniken, Offenburg: Burda 1981.

Hesse, Georg: Cross Media-Strategien der Verlage, in: Zeitungen 2003, hrsg. vom BDZV, Berlin: ZV 2003, S. 204 – 213.

Hesse, Kurt R.: Fernsehen und Revolution: Zum Einfluß der Westmedien auf die politische Wende in der DDR, in: Rundfunk und Fernsehen, 38. Jg. 1990, Hf. 3, S. 328 – 341.

Hienzsch, Ulrich: Journalismus als Restgröße. Redaktionelle Rationalisierung und publizistischer Leistungsverlust, Wiesbaden: Deutscher Universitätsverlag 1990.

Hoch, Uwe: Fachinformationen: Von der Print- zur Medienmarke, in: VDZ-Jahrbuch 2006, hrsg. vom Verband Deutscher Zeitschriftenverleger, Berlin: VDZ 2006, S. 22 – 24.

Höflich, Joachim: http://www.zeitung.de. Perspektiven der Online-Aktivitäten lokaler Tageszeitungen – oder: Das Wagnis Internet und der Verlust des Lokalen? in: Publizistik, 43 Jg. 1998, S. 111 – 129.

Hohlfeld, Ralf et al. (Hrsg.): Innovationen im Journalismus. Forschung für die Praxis, Münster, Hamburg, London: Lit 2002.

Höhne, Hansjoachim: Meinungsfreiheit durch viele Quellen. Nachrichtenagenturen in Deutschland, in: Publizistik, 37. Jg. 1992, Hf. 1, S. 50 – 63.

Höhne, Hansjoachim: Report über Nachrichtenagenturen, 2 Bde., Bd. 1: Die Situation auf den Nachrichtenmärkten der Welt; Bd. 2: Die Geschichte der Nachricht und ihrer Verbreiter, Baden-Baden: Nomos 1977.

Höhne, Hansjoachim: Report über Nachrichtenagenturen, Bd. 1: Die Situation auf den Nachrichtenmärkten der Welt. Baden-Baden: Nomos ²1982.

Höhne, Hansjoachim: Report über Nachrichtenagenturen. Neue Medien geben neue Impulse, Baden-Baden: Nomos ²1984.

Höll, Heinz-Peter: Möglichkeiten der EV-Förderung, in: Zeitungsverkauf in den 80er Jahren. Das Buch zur Frankfurter Vertriebstagung des BDZV, Düsseldorf, Wien: Econ 1982, S. 108 – 120.

Holtz-Bacha, Christina: Alternative Presse. In: Wilke, Jürgen (Hrsg.): Mediengeschichte der Bundesrepublik Deutschland, Köln, Weimar, Wien: Böhlau, 1999, S. 330 – 349.

Holtz-Bacha, Christina: Mitspracherechte für Journalisten. Redaktionsstatuten in Presse und Rundfunk, Köln: Studienverlag Hayit 1986.

Holtz-Bacha, Christine/Kutsch, Arnulf (Hrsg.): Schlüsselwerke für die Kommunikationswissenschaft, Wiesbaden: Westdeutscher Verlag 2002.

Holzer, Horst: Kommunikationssoziologie, Reinbek bei Hamburg: Rohwolt 1973.

Holzer, Horst: Massenkommunikation und Demokratie. Politökonomische Aspekte, in: Prokop, Dieter (Hrsg.): Massenkommunikationsforschung, Bd. 1: Produktion, Frankfurt a. M.: Fischer 1971, S. 113 – 128.

Holzweißig, Gunter: DDR-Presse im Aufbruch, in: Kutsch, Arnulf (Hrsg.): Publizistischer und journalistischer Wandel in der DDR, Bochum: Universitätsverlag Brockmeyer 1990, S. 16 – 36.

Holzweißig, Gunter: Massenmedien in der DDR, Berlin: Holzapfel 1989.

Holzweißig, Gunter: Massenmedien in der DDR, in: Wilke, Jürgen (Hrsg.): Mediengeschichte der Bundesrepublik Deutschland, Köln, Weimar, Wien: Böhlau 1999, S. 573 – 601.

Hömberg, Walter: Verhinderte Liberalisierung zwischen Juli- und Märzrevolution (1830 – 1848), in: Fischer, Heinz-Dietrich (Hrsg.): Deutsche Kommunikationskontrolle des 15. bis 20. Jahrhunderts, München: K. G. Saur 1982, S. 97 – 113.

Hopf, Christel: Zu Struktur und Zielen privatwirtschaftlich organisierter Zeitungsverlage, in: Prokop, Dieter (Hrsg.), Massenkommunikationsforschung, Bd. 1: Produktion, Frankfurt a. M.: Fischer 1971, S. 193 – 211.

Hörschgen, Hans: Grundbegriffe der Betriebswirtschaftslehre, 2 Bde., Stuttgart: Pöschel 1979.

Huber Nathalie/Meyen, Michael (Hrsg.): Medien im Alltag. Qualitative Studien zu Nutzungsmotiven und zur Bedeutung von Medienangeboten, Berlin: Lit 2006.

Hubmann, Heinrich: Das Persönlichkeitsrecht, Köln, Graz: Böhlau 1967.

Hurwitz, Harold: Die Stunde Null der deutschen Presse, Köln: Verlag Wissenschaft und Politik 1972.

ID-Archiv im Internationalen Institut für Sozialgeschichte Amsterdam (Hrsg.): Verzeichnis der Alternativmedien, Berlin: Edition ID-Archiv 1991.

Institut für Demoskopie Allensbach, IfD Archiv 5049/7040 (BZDF 2604).

Ivan, Franz/Lang, Helmut W./Pürer, Heinz (Hrsg.): 200 Jahre Tageszeitungen in Österreich 1783 – 1983, Wien: Österreichische Nationalbibliothek 1983.

IVW-Auflagenliste, hrsg. von der Informationsgemeinschaft zur Feststellung der Verbreitung von Werbeträgern (IVW), Bonn: IVW o. J. [erscheint viermal pro Jahr].

Jacobi, Ursula et al. (Hrsg.): Manager der Kommunikation, Teil A, Berlin: Volker Spiess 1977.

Jahrfeld, Martin: ddp-Sanierung. Radikaler Neuanfang, in: Journalist 12/2004, S. 42 – 43.

Jahrfeld, Martin: Ein Jahr Lachsrosa, in: Werben&Verkaufen (W&V), 16.02.2001, S. 80.

Jakobs, Hans-Jürgen/Müller, Uwe: Augstein, Springer und Co. Deutsche Mediendynastien, Zürich, Wiesbaden: Orell Füssli 1990.

Jakobs, Hans-Jürgen: »Die Dinge sind geordnet«. M. DuMont Schauberg aus Köln übernimmt Frankfurter Rundschau – Interview mit Verlagschef Kiegeland, in: Süddeutsche Zeitung, 19.07.2006, S. 15.

Jarass, Hans/Pieroth, Bodo: Grundgesetz für die Bundesrepublik Deutschland. Kommentar, München: Beck [7]2004.

Jarren, Otfried: Statt weniger Großer – viele Kleine? Funktionswandel der Presse, in: Thomas, Michael Wolf (Hrsg.): Die lokale Betäubung oder der Bürger und seine Medien, Berlin: Dietz 1981, S. 63 – 78.

Jonscher, Norbert: Einführung in die lokale Publizistik. Theorie und Praxis der örtlichen Berichterstattung von Rundfunk, Tagespresse und Alternativmedien, Opladen: Westdeutscher Verlag 1991.

Jürgens, Ekkehardt: Deutsche Mediengeschichte, in: Modellversuch Journalistenweiterbildung (Hrsg.): Fernstudium Kommunikationswissenschaft, Teil 1, München: Ölschläger 1984.

Just, Dieter: Der Spiegel. Arbeitsweise, Inhalt, Wirkung, Hannover: Verlag für Literatur und Zeitgeschichte 1967.

Kabel, Peter: E-Commerce – Zukunftsmarkt mit Hindernissen, in: Breyer-Mayländer, Thomas/Fuhrmann, Hans-Joachim (Hrsg.): Erfolg im neuen Markt. Online-Strategien für Zeitungsverlage, Berlin: ZV Zeitungs-Verlag Service 2001, S. 171 – 182.

Kaempf, Simone: Wo die Musik spielt, in: Der Spiegel 13/1999 (29.03.1999), S. 123.

Kagerer, Nadine: Gerangel um die Gunst der Frauen, in: Media Spectrum 6/1995, S. 22 – 34.

Kaiser, Ulrike: Kollegialer Kontakt, in: Journalist 6/1990, S. 26 – 28.

Kaiser, Ulrike: Solide Grundlage, in: Journalist 7/1990, S. 38 f.

Kapitza, Arne: Transformation der deutschen Presse. »Berliner Zeitung«, »Junge Welt« und »Sonntag/Freitag« im Prozess der deutschen Vereinigung. Opladen: Westdeutscher Verlag 1997.

Kapitza, Arne: Transformation der ostdeutschen Medien und ihre Auswirkungen auf die journalistische Kultur in Ostdeutschland, in: Machill, Marcel (Hrsg.): Journalistische Kultur. Rahmenbedingungen im internationalen Vergleich, Opladen, Wiesbaden: Westdeutscher Verlag 1997, S. 53 – 70.

Karle, Roland: Financial Times Deutschland, in: Menschen machen Medien 3/2000, S. 23.

Kausche, Carlheinz: Der Anzeigenleiter als Akquisitionsfachmann, in: Fischer, Heinz-Dietrich (Hrsg.): Positionen und Strukturen bei Druckmedien, Düsseldorf: Econ 1987, S. 73 – 79.

Kausche, Carlheinz: Zur Wettbewerbssituation im Anzeigenmarkt, in: Vom Zeitungsverkauf zum Zeitungsmarketing, hrsg. von der Pressestiftung RWV, Düsseldorf, Wien: Econ 1986, S. 41 – 52.

Keller, Dieter: Entwicklungen im Zeitungsmarkt. Rückblick und Perspektiven, in: Zeitungen '93, hrsg. vom BDZV, Bonn: ZV 1993, S. 88 – 106.

Keller, Dieter: Zur wirtschaftlichen Lage der deutschen Zeitungen, in: Zeitungen '95, hrsg. vom BDZV, Bonn: ZV 1995, S. 36 – 75.

Keller, Dieter: Zur wirtschaftlichen Lage der deutschen Zeitungen, in: Zeitungen '99, hrsg. vom BDZV, Berlin: ZV 1999, S. 19 – 99.

Keller, Dieter: Zur wirtschaftlichen Lage der deutschen Zeitungen, in: Zeitungen 2001, hrsg. vom BDZV, Berlin: ZV 2001, S. 19 – 95.

Keller, Dieter: Zur wirtschaftlichen Lage der deutschen Zeitungen, in: Zeitungen 2002, hrsg. vom BDZV, Berlin: ZV 2002, S. 19 – 96.

Keller, Dieter: Zur wirtschaftlichen Lage der deutschen Zeitungen, in: Zeitungen 2003, hrsg. vom BDZV, Berlin: ZV 2003, S. 20 – 95.

Keller, Dieter: Zur wirtschaftlichen Lage der deutschen Zeitungen, in: Zeitungen 2004, hrsg. vom BDZV, Berlin: ZV 2004, S. 43 – 122.

Keller, Dieter: Zur wirtschaftlichen Lage der deutschen Zeitungen, in: Zeitungen 2005, hrsg. vom BDZV, Berlin: ZV 2005, S. 28 – 101.

Keller, Dieter: Zur wirtschaftlichen Lage der deutschen Zeitungen, in: Zeitungen 2006, hrsg. vom BDZV, Berlin: ZV 2006, S. 20 – 89.

Keller, Eva/Röhl, Constance V.: Ausgetickert: RP kündigt dpa, in: medium magazin 5/2003, S. 6.

Keller, Eva: Was macht die dpa bloß falsch, Herr Brackvogel? in: medium magazin 6/2003, S. 6.

Kepplinger, Hans Mathias: Ereignismanagement. Wirklichkeit und Massenmedien, Zürich: Edition Interfrom 1992.

Kepplinger, Hans Mathias: Kommunikationspolitik, in: Fischer Lexikon Publizistik – Massenkommunikation, hrsg. von Noelle-Neumann, Elisabeth/Schulz, Winfried/Wilke, Jürgen, Frankfurt a. M.: Fischer 1989, S. 85 – 98.

Kepplinger, Hans Mathias: Kommunikationspolitik, in: Fischer Lexikon Publizistik – Massenkommunikation, hrsg. von Noelle-Neumann, Elisabeth/Schulz, Winfried/Wilke, Jürgen, Frankfurt a. M.: Fischer ²1994, S. 116 – 139.

Kepplinger, Hans Mathias: Massenkommunikation. Rechtsgrundlagen, Medienstrukturen, Kommunikationspolitik, Stuttgart: Teubner 1982.

Ketterer, Karl-Heinz/Stroborn, Karsten (Hrsg.): Handbuch ePayment – Zahlungssysteme im Internet. Systeme, Trends, Perspektiven, Köln: Deutscher Wirtschaftsdienst 2002.

Kiefer, Marie Luise: Medienökonomik. Einführung in eine ökonomische Theorie der Medien, München, Wien: Oldenbourg 2001.

Kiefer, Marie-Luise: Massenkommunikation 1964 bis 1985. Trendanalyse zur Mediennutzung und Medienbewertung, in: Media Perspektiven 3/1987, S. 137 – 148.

Kiefer, Marie-Luise: Massenkommunikation 1990, in: Media Perspektiven 4/1991, S. 244 – 261.

Kiefer, Marie-Luise: Mediennutzung im Wandel, in: Mahle, Walter A. (Hrsg.): Medienangebot und Mediennutzung, Berlin: Volker Spiess 1989, S. 107 – 115.

Kiefer, Marie-Luise: Mediennutzungsverhalten. Mediennutzung von Ost- und Westdeutschen im Vergleich, in: Bertelsmann Briefe 4/1992, S. 24 – 26.

Kiefer, Markus: Auf der Suche nach nationaler Identität und Wegen der deutschen Einheit. Die deutsche Frage in der überregionalen Tages- und Wochenpresse der Bundesrepublik 1949 – 1955 (Europäische Hochschulschriften, Bd. 525), Frankfurt a. M.: Peter Lang 1992.

Kieslich, Günter: Berufsbilder im frühen Zeitungswesen, in: Publizistik, 11. Jg. 1966, Hf. 3/4, S. 253 – 260.

Kieslich, Günter: Die Zeitschrift, in: Dovifat, Emil (Hrsg.): Handbuch der Publizistik, Bd. 3, Berlin: de Gruyter 1969, S. 370 – 383.

Kieslich, Günter: Wettbewerb der Massenmedien und Konzentration im Pressewesen, in: Publizistik, 13. Jg. 1968, Hf. 2 – 4, S. 180 – 196.

Kieslich, Günter: Zum Aufbau des Zeitungswesens in der Bundesrepublik Deutschland nach 1945, in: Publizistik, 8. Jg. 1963, Hf. 4, S. 274 – 281.

Kieslich, Günter: Zur Definition der Zeitschrift, in: Publizistik, 10. Jg. 1965, Hf. 3, S. 314 – 319.

Kirchner, Joachim: Das deutsche Zeitschriftenwesen – seine Geschichte und seine Probleme, Teil 1, Wiesbaden: Harrassowitz ²1958.

Kirchner, Joachim: Geschichte der Zeitschrift. Von den Anfängen der Zeitschrift bis 1900, in: Dovifat, Emil (Hrsg.): Handbuch der Publizistik, Bd. 3, Berlin: de Gruyter 1969, S. 384 – 420.

Kisker, Klaus Peter/Knoche, Manfred/Zerdick, Axel: Wirtschaftskonjunktur und Pressekonzentration in der Bundesrepublik Deutschland, München: K. G. Saur 1979.

Klatt, Hartmut: Medienpolitik in einer sich wandelnden Medienlandschaft, in: Medienpolitik, hrsg. von der Landeszentrale für politische Bildung Baden-Württemberg, Stuttgart, Berlin: Kohlhammer 1987, S. 11 – 37.

Klaue, Siegfried/Knoche Manfred/Zerdick, Axel (Hrsg.): Probleme der Pressekonzentrationsforschung, Baden-Baden, Nomos: 1980.

Klee, Cornelius: Die Transocean GmbH, in: Wilke, Jürgen (Hrsg.): Telegraphenbüros und Nachrichtenagenturen in Deutschland, München: K. G. Saur 1991, S. 135 – 212.

Kleinwächter, Wolfgang: Die Vorbereitung für ein Mediengesetz der DDR, in: Media Perspektiven 3/1990, S. 130 – 139.

Klettke, Sascha et al.: Der digitale Zeitungskiosk. Eine Typologisierung von Online-Tageszeitungen, in: Neverla, Irene (Hrsg.): Das Netzmedium. Kommunikationswissenschaftliche Aspekte eines Mediums in Entwicklung, Opladen: Westdeutscher Verlag 1998, S. 263 – 276.

Klingler, Walter et al. (Hrsg.): Medienrezeption seit 1945. Forschungsbilanz und Forschungsperspektiven, Baden-Baden: Nomos 1998.

Knippschild, Dieter/Udovic, Jochen: Steuerungsmaßnahmen während des Zweiten Weltkrieges, in: Fischer, Heinz-Dietrich (Hrsg.): Deutsche Kommunikationskontrolle des 15. bis 20. Jahrhunderts, München: K. G. Saur 1982, S. 256 – 279.

Knoche, Manfred: Ansätze und Methoden der Konzentrationsforschung im Pressebereich, in: Media Perspektiven 5/1979, S. 288 – 300.

Knoche, Manfred: Die Meßbarkeit publizistischer Vielfalt, in: Klaue, Siegfried/Knoche, Manfred/Zerdick, Axel (Hrsg.): Probleme der Pressekonzentrationsforschung, Baden-Baden, Nomos: 1980, S. 127 – 138.

Knoche, Manfred: Einführung in die Pressekonzentrationsforschung. Theoretische und empirische Grundlagen – kommunikationspolitische Voraussetzungen, Berlin: Volker Spiess 1978.

Knoche, Manfred/Schulz, Winfried: Folgen des Lokalmonopols von Tageszeitungen. Eine vergleichende Inhaltsanalyse des Lokalteils von Monopol- und Wettbewerbszeitungen, in: Publizistik, 14. Jg. 1969, Hf. 3, S. 298 – 310.

Knoche, Manfred/Zerdick, Axel: 25 Jahre Verlegergewinne, in: Journalist, Sonderausgabe »25 Jahre freie deutsche Presse«, 3/1974, S. 24 – 32.

Knoche, Manfred/Zerdick, Axel: Konjunkturelle Entwicklung und Pressekonzentration, in: Media Perspektiven 7/1977, S. 365 – 379.

Knoche, Manfred/Zerdick, Axel: Postzeitungsdienst und alternative Zustellformen der Presse; u. dies.: Strukturanalysen zur medienpolitischen und ökonomischen Bedeutung des Postzeitungsdienstes, in: Wissenschaftliches Institut für Kommunikationsdienste: Diskussionsbeiträge Nr. 80 u. 81, Bad Honnef 1992.

Knott, Sabine: DDR-Massenmedien im Umbruch: von der politischen Abhängigkeit in die kommerzielle? Eine Journalistenbefragung in Leipzig zum Wandel der Bestimmungsfaktoren journalistischen Handelns, Diplomarbeit, München 1991.

Koch-Mehrin, Cordes: Die Presse in der sowjetischen Besatzungszone Deutschlands, in: Pross, Harry (Hrsg.): Deutsche Presse seit 1945, Bern: Scherz Verlag 1965, S. 56 – 75.

Köhler, Markus/Arndt, Hans-Wolfgang/Fetzer, Thomas: Recht des Internet, Heidelberg: Müller ⁵2006.

Kolo, Castulus: Der Wettbewerb von Zeitung und Internet in den Rubrikenmärkten, in: Glotz, Peter/Meyer-Lucht, Robin (Hrsg.): Online gegen Print. Zeitung und Zeitschrift im Wandel, Konstanz: UVK 2004, S. 75 – 86.

Kolo, Castulus: Personalgewinnung im Wandel – Die zukünftige Rolle der Zeitungen im Markt der Stellenanzeigen, in: Glotz, Peter/Meyer-Lucht, Robin (Hrsg.): Online gegen Print. Zeitung und Zeitschrift im Wandel, Konstanz: UVK 2004, S. 46 – 74.

Kolz, Inez: Motor der Meinungsbildung, in: Die Zeitung 11 – 12/1992, S. 15.

Köpnick, Axel: Gerichtsberichterstattung, in: Schiwy, Peter/Schütz, Walter J. (Hrsg.): Medienrecht. Lexikon für Wissenschaft und Praxis, Neuwied: Luchterhand ²1990, S. 126 – 131.

Kopper, Gerd G.: Anzeigenblätter als Wettbewerbsmedien, München: K. G. Saur 1991.

Kopper, Gerd G.: Marktzutritt – Grundfrage funktionierenden Wettbewerbs. Schlußfolgerungen aus Expertenmeinungen, Pressestatistik und empirischer Forschung, in: Media Perspektiven 3/1983, S. 145 – 154.

Kopper, Gerd G.: Mitbestimmung, in: Koszyk, Kurt/Pruys, Karl Hugo (Hrsg.): Handbuch der Massenkommunikation, München: Deutscher Taschenbuch Verlag 1981, S. 190 – 195.

Korda, Rolf Martin: Für Bürgertum und Business. Die »Frankfurter Allgemeine Zeitung«, in: Thomas, Michael Wolf (Hrsg.): Portraits der deutschen Presse, Berlin: Volker Spiess 1980, S. 81 – 96.

Korf, Katja: Klassenziel erreicht. Der Einfluss von Schulzeitungsprojekten auf die Zeitungslesekompetenz und das Zeitungsverhalten der Teilnehmer, unveröffentl. Diplomarbeit, Dortmund 2004.

Körte, Jana: Lieferadresse Klassenzimmer. Zeitungsprojekte in der Schule, in: Rager, Günther et. al. (Hrsg.): Zeitungsjournalismus. Empirische Leserschaftsforschung, Konstanz: UVK 2006, S. 78 – 84.

Koschnick, Wolfgang J.: Der letzte Versuch, in: Journalist 4/1992, S. 48 – 52.

Koschnick, Wolfgang J.: Focus-Lexikon. Werbeplanung, Mediaplanung, Marktforschung, Kommunikationsforschung, Mediaforschung, München: Focus Magazin Verlag ³2003.

Koschnick, Wolfgang J.: Standard-Lexikon für Mediaplanung und Mediaforschung, München: K. G. Saur 1988.

Koschnick, Wolfgang J.: Standard-Lexikon für Mediaplanung und Mediaforschung in Deutschland, München: K. G. Saur ²1995.

Koszyk, Kurt: Allgemeine Geschichte der Zeitung, in: Leonhard, Joachim-Felix/Ludwig, Hans-Werner/Schwarze, Dietrich/Straßner, Erich (Hrsg.): Medienwissenschaft. Ein Handbuch zur Entwicklung der Medien und Kommunikationsformen, 1. Teilband, Berlin, New York: de Gruyter 1999, S. 896 – 913.

Koszyk, Kurt: Deutsche Presse 1914 – 1945, Berlin: Colloquium 1972.

Koszyk, Kurt: Deutsche Presse im 19. Jahrhundert, Berlin: Colloquium 1966.

Koszyk, Kurt: Die deutsche Presse 1945 – 1949, in: Wagner, Hans (Hrsg.): Idee und Wirklichkeit des Journalismus. Festschrift für Heinz Starkulla, München: Olzog 1988, S. 61 – 74.

Koszyk, Kurt: Die Zeitung. 17. Jahrhundert bis zur Gegenwart, in: Dovifat, Emil (Hrsg.): Handbuch der Publizistik, Bd. 3, Berlin: de Gruyter 1969, S. 76 – 97.

Koszyk, Kurt: Presse unter alliierter Besatzung. In: Wilke, Jürgen (Hrsg.): Mediengeschichte der Bundesrepublik Deutschland, Köln, Weimar, Wien: Böhlau 1999, S. 31 – 58.

Koszyk, Kurt: Pressepolitik für Deutsche 1945 – 1949, Berlin: Colloqium 1986.

Koszyk, Kurt: Zwischen Kaiserreich und Diktatur. Die sozialdemokratische Presse von 1914 bis 1933, Heidelberg: Quelle und Meyer 1958.

Koszyk, Kurt/Eisfeld, Gerhard: Die Presse der deutschen Sozialdemokratie, Bonn: Neue Gesellschaft ²1980.

Koszyk, Kurt/Pruys, Karl Hugo (Hrsg.): Wörterbuch zur Publizistik, München-Pullach: Verlag Dokumentation (Saur) 1970.

Koszyk, Kurt/Pruys, Karl Hugo: Handbuch der Massenkommunikation, München: Deutscher Taschenbuch Verlag 1981.

Kreitling, Holger: Medienjournalismus in Deutschland – die aktuellen Trends, in: Ruß-Mohl, Stefan/Fengler, Susanne (Hrsg.): Medien auf der Bühne der Medien. Zur Zukunft von Medienjournalismus und Medien-PR, Berlin: dahlem university press 2000, S. 60 – 73.

Kremp, Herbert: Vorwort zu der Dokumentation: 40 Jahre Weltgeschehen 1946 – 1989. Zeitgeschichte dokumentiert in Titelseiten der Tageszeitung »Die Welt«, Berlin: Axel Springer 1986.

Kresse, Hermann: Die Rundfunkordnung in den neuen Bundesländern, Stuttgart: Schäffer-Poeschel 1992.

Kristionat, Andreas: Vom German News Service (GNS) zur Deutschen Presse-Agentur (dpa), in: Wilke, Jürgen (Hrsg.): Telegraphenbüros und Nachrichtenagenturen in Deutschland, München: K. G. Saur 1991, S. 267 – 331.

Krone, Gunnar: Zeugnisverweigerungsrecht, in: Schiwy, Peter/Schütz, Walter J. (Hrsg.): Medienrecht. Lexikon für Wissenschaft und Praxis, Neuwied: Luchterhand ²1990, S. 411 – 415.

Krywalski, Dieter (Hrsg.): Handlexikon zur Literaturwissenschaft, München: Ehrenwirth 1974.

Kubitza, Markus: Verlorene Generation? Was Jugendliche von Jugendseiten erwarten, in: Rager, Günther et al. (Hrsg.): Zeitungsjournalismus. Empirische Leserschaftsforschung, Konstanz: UVK 2006, S. 252 – 260.

Kübler, Friedrich: Kommunikation und Verantwortung. Eine verfassungstheoretische und rechtspolitische Skizze zur Funktion professioneller und kollegialer Autonomie in Presse, Funk und Hochschule, Konstanz: Universitätsverlag 1971.

Küchenhoff, Erich: Bild-Verfälschungen. Analyse der Berichterstattung der Bild-Zeitung über Arbeitskämpfe, Gewerkschaftspolitik, Mieten, Sozialpolitik, 2 Bde., Frankfurt a. M.: Europäische Verlagsanstalt 1972.

Kuk, Alexander von: Die wirtschaftliche Lage der deutschen Zeitungen, in: Zeitungen '89, hrsg. vom BDZV, Bonn: BDZV 1989, S. 84 – 104.

Kunczik, Michael: Journalismus als Beruf, Köln, Wien: Böhlau 1988.

Kunczik, Michael/Zipfel, Astrid: Publizistik. Ein Studienhandbuch, Köln, Weimar, Wien: Böhlau 2001.

Kuppek, Harald: Totengräber Internet? Oder: Online überleben? in: Schröder, Michael/Schwanebeck, Axel (Hrsg.): Zeitungszukunft – Zukunftszeitung. Der schwierige Gang der Tagespresse in die Informationsgesellschaft des 21. Jahrhunderts, München: R. Fischer 2005, S. 65 – 73.

Kurzrock, Rupert (Hrsg.): Medienforschung, Berlin: Colloquium 1974.

Kutsch, Arnulf: Bücher: Gesammelte Aufsätze zur Zeitungskunde, in: Holtz-Bacha, Christine/Kutsch, Arnulf (Hrsg.): Schlüsselwerke für die Kommunikationswissenschaft, Wiesbaden: Westdeutscher Verlag 2002, S. 80 – 83.

Kutsch, Arnulf: Max Webers Anregungen zur empirischen Journalismusforschung. Die »Zeitungs-Enquête« und eine Redakteurs-Umfrage, in: Publizistik, 33. Jg. 1988, Hf. 1, S. 5 – 31.

Kutsch, Arnulf: Meinungs-, Informations- und Medienfreiheit. Zum Volkskammer-Beschluß vom 5. Februar 1990, in: ders. (Hrsg.): Publizistischer und journalistischer Wandel in der DDR. Vom Ende der Ära Honecker bis zu den Volkskammerwahlen im März 1990, Bochum: Universitätsverlag Brockmeyer 1990, S. 107 – 156.

Kutsch, Arnulf (Hrsg.): Publizistischer und journalistischer Wandel in der DDR. Vom Ende der Ära Honecker bis zu den Volkskammerwahlen im März 1990, Bochum: Universitätsverlag Brockmeyer 1990.

Lang, Christian: Die Nutzung von Anzeigenblättern am Beispiel des lokalen Medienraumes Nürnberg, Diplomarbeit, Nürnberg 1992.

Langenbucher, Wolfgang R.: Die Tageszeitung im Rhein-Ruhr-Gebiet. Redaktionelle Konzeptionen für die 90er Jahre. Eine Expertise für die Stiftung Pressehaus NRZ, Düsseldorf, Wien, New York: Econ 1989.

Langenbucher, Wolfgang R.: Groth: Die unerkannte Kulturmacht, in: Holtz-Bacha, Christine/Kutsch, Arnulf (Hrsg.): Schlüsselwerke für die Kommunikationswissenschaft, Wiesbaden: Westdeutscher Verlag 2002, S. 173 – 176.

Langenbucher, Wolfgang R.: Lokalkommunikation. Analysen, Beispiele, Alternativen, München: Ölschläger 1980.

Langenbucher, Wolfgang R. (Hrsg.): Politik und Kommunikation. Über die öffentliche Meinungsbildung, München: Piper 1979.

Langenbucher, Wolfgang R./Roegele Otto B./Schumacher, Frank: Pressekonzentration und Journalistenfreiheit, Berlin: Volker Spiess 1976.

Langenbucher, Wolfgang R./Roegele, Otto B./Schönhals-Abrahamson, Marta: Die Rolle des Chefredakteurs im Spannungsfeld von Verlag, Redaktion und Leser, in: Jacobi, Ursula et al. (Hrsg.): Manager der Kommunikation, Teil A, Berlin: Volker Spiess 1977, S. 7 – 113.

Langzeitstudie Massenkommunikation 2005. Siehe dazu: Reitze, Helmut/Ridder, Christa-Maria (Hrsg.): Massenkommunikation VII. Eine Langzeitstudie zur Mediennutzung und Medienbewertung 1964 – 2005, Baden-Baden: Nomos 2006.

Laskowski, Jörg: Logistische Kernkompetenz ausschöpfen – Verlage als Postdienstleister, in: Zeitungen 2005, hrsg. vom BDZV, Berlin: ZV 2005, S. 146 – 151.

Lauff, Werner: Medienpolitische Konsequenzen aus den Strukturentwicklungen im Werbemarkt, in: Zeitungen '90, hrsg. vom BDZV, Bonn: BDZV 1990, S. 104 – 112.

Lauterbach, Anja/Schiller, Stephan: Große Dürre, in: Journalist 10/1995, S. 34.

Leilich, Gerd Dieter: Erfolgreiche Strategien im Zeitungsvertrieb, in: Zeitungen '91, hrsg. vom BDZV, Bonn: BDZV 1991, S. 86 – 90.

Leilich, Gerd Dieter: Handel und Post im ostdeutschen Vertriebssystem, in: Alte Nachbarschaften werden neu belebt. Die Zeitungen im Wandel der Systeme in Mittel- und Osteuropa, hrsg. vom Bundesverband Deutscher Zeitungsverleger, Bonn: BDZV 1991.

Lemm, Karsten: Starker Wind aus Hamburg, in: Journalist 5/92, S. 26 – 28.

Leonhard, Joachim-Felix/Ludwig, Hans-Werner/Schwarze, Dietrich/Straßner, Erich (Hrsg.): Medienwissenschaft. Ein Handbuch zur Entwicklung der Medien und Kommunikationsformen, 1. Teilband, Berlin, New York: de Gruyter 1999.

Leonhard, Joachim-Felix/Ludwig, Hans-Werner/Schwarze, Dietrich/Straßner, Erich (Hrsg.): Medienwissenschaft. Ein Handbuch zur Entwicklung der Medien und Kommunikationsformen, 2. Teilband, Berlin, New York: de Gruyter 2001.

Lerche, Peter: Verfassungsrechtliche Fragen zur Pressekonzentration. Rechtsgutachten auf Anregung des Bundesverbandes Deutscher Zeitungsverleger, Berlin: Duncker & Humblot 1971.

Lerg, Winfried B.: Lokalrundfunk als kommunikationspolitische Alternative, in: Pätzold, Ulrich (Hrsg.): Kabelkommunikation. Organisation und Programme, München: Ölschläger 1978, S. 125 – 132.

Lerg, Winfried B.: Pressegeschichte oder Kommunikationsgeschichte? in: Presse und Geschichte. Beiträge zur historischen Kommunikationsforschung. Referate einer internationalen Fachkonferenz der

Deutschen Forschungsgemeinschaft und der Deutschen Presseforschung/Universität Bremen, München: Verlag Dokumentation 1977, S. 9 – 24.

Lerg, Winfried B.: Verdrängen oder ergänzen die Medien einander? Innovation und Wandel im Kommunikationssystem, in Publizistik, 26. Jg. 1981, S. 193 – 201.

Liedtke, Rüdiger: Die verschenkte Presse. Die Geschichte der Lizenzierung von Zeitungen nach 1945, Berlin: Verlag für Ausbildung und Studium (Elefanten Press) 1982.

Lilienthal, Volker: Dickes Ende. Kommt erst noch. Die SPD rettet die »Frankfurter Rundschau« – und jetzt? in: epd medien 35/2004, S. 3 – 5.

Limbach, Peter: Pressegesetze, in: Schiwy, Peter/Schütz, Walter J. (Hrsg.): Medienrecht. Lexikon für Wissenschaft und Praxis, Neuwied: Luchterhand ²1990 S. 242 – 247.

Lindemann, Margot: Deutsche Presse bis 1815. Geschichte der deutschen Presse, Teil 1, Berlin: Colloquium 1969.

Lindner, Bernd: Annäherung an westliche Lektüremuster. Daten zum Leseverhalten Jugendlicher in den neuen Bundesländern, in: Media Perspektiven 3/1993, S. 134 – 142.

Linkersdörfer, Michael: Tauziehen geht weiter, in: Journalist 3/1990, S. 49 f.

Löbel, Thomas: Regionale Verlagsplattformen als Shopping-Malls, in: Breyer-Mayländer, Thomas/Fuhrmann, Hans-Joachim (Hrsg.): Erfolg im neuen Markt. Online-Strategien für Zeitungsverlage, Berlin: ZV Zeitungs-Verlag Service 2001, S. 183 – 193.

Löbl, Emil: Kultur und Presse, Leipzig: Duncker & Humblot 1903.

Löffler, Martin: Der Verfassungsauftrag der Presse, in: Wilke, Jürgen (Hrsg.): Pressefreiheit, Darmstadt: Wissenschaftliche Buchgesellschaft 1984, S. 343 – 356.

Löffler, Martin: Persönlichkeitsschutz und Meinungsfreiheit, hrsg. im Auftrag der Deutschen Studiengesellschaft für Publizistik, München: Beck 1959.

Löffler, Martin: Persönlichkeitsschutz und Pressefreiheit, in: ders.: Persönlichkeitsschutz und Meinungsfreiheit, hrsg. im Auftrag der Deutschen Studiengesellschaft für Publizistik, München: Beck 1959, S. 1 – 10.

Löffler, Martin: Presserecht. Kommentar, Bd. 1: Die Landespressegesetze der Bundesrepublik Deutschland, München: Beck ³1983.

Löffler, Martin/Ricker, Reinhart: Handbuch des Presserechts, München: Beck 1978.

Löffler, Martin/Ricker, Reinhart: Handbuch des Presserechts. Begründet von Martin Löffler und Reinhart Ricker. 5., neu bearb. Aufl. von Reinhart Ricker, München: Beck 2005.

Ludes, Peter/Werner, Andreas (Hrsg.): Multimediakommunikation. Theorien, Trends und Praxis, Opladen: Westdeutscher Verlag 1997.

Ludes, Peter: Die Rolle des Fernsehens bei der revolutionären Wende in der DDR, in: Publizistik, 36 Jg. 1991, Hf. 2, S. 201 – 216.

Ludwig, Johannes: Lizenzverleger zwischen Monopol und Wettbewerb. Interessen und Motive, Unternehmensziele und langfristige Sicherung des publizistisch-ökonomischen Konzepts 1949 – 1999, in: Publizistik, 47. Jg. 2002, Hf. 4, S. 135 – 169.

Ludwig, Johannes: Wie sich publizistische Hochkultur »rechnet«. Ein ökonomisches Porträt der »Zeit«, in: Publizistik, 41. Jg. 1996, Hf. 3, S. 277 – 297.

Lungmus, Monika: Outsourcing. Budapest ist billiger, in: Journalist 8/2004, S. 38 – 40.

Lungmus, Monika: vwd-Aufspaltung. Eine neue Firma für die Redaktion, in: Journalist 8/2004, S. 39.

Lüpsen, Focko: Evangelische Zeitschriften, in: Dovifat, Emil (Hrsg.): Handbuch der Publizistik, Bd. 3: Praktische Publizistik, 2. Teil, Berlin: de Gruyter 1969, S. 487 – 495.

Lutz, Klaus Josef: Die Zeitung als Marke – Neue Produkte, neue Geschäftsmodelle, in: Zeitungen 2005, hrsg. vom BDZV, Berlin: ZV 2005, S. 120 – 125.

Lutz, Klaus Josef: Mut und eine starke Marke, in: BDZV intern, 04.10.2005, S. 6.

Lutz, Klaus Josef: Wege aus der Anzeigenflaute, in: Schröder, Michael/Schwanebeck, Axel (Hrsg.): Zeitungszukunft – Zukunftszeitung. Der schwierige Gang der Tagespresse in die Informationsgesellschaft des 21. Jahrhunderts, München: R. Fischer 2005, S. 155 – 162.

m[ario]s[ixtus]: Glossar: Die Welt der Mikromedien, in: Blogs und Co. Neue Wege für den Journalismus. Journalisten-Doku, hrsg. vom medium magazin [2005], S. 4.

Maaßen, Ludwig: Die Zeitung. Zahlen, Daten, Fakten, Heidelberg: Decker & Müller 1986.

Machill, Marcel (Hrsg.): Journalistische Kultur. Rahmenbedingungen im internationalen Vergleich, Opladen, Wiesbaden: Westdeutscher Verlag 1997.

Mahle, Walter A. (Hrsg.): Journalisten in Deutschland. Nationale und internationale Vergleiche und Perspektiven, München: Ölschläger 1993.

Mahle, Walter A. (Hrsg.): Medien im vereinten Deutschland. Nationale und internationale Perspektiven, München: Ölschläger 1991.

Mahle, Walter A. (Hrsg.): Medienangebot und Mediennutzung, Berlin: Volker Spiess 1989.

Mahle, Walter A. (Hrsg.): Pressemarkt Ost. Nationale und internationale Perspektiven, München: Ölschläger 1992.

Mantz, Gernot: Berührungsängste bei der Öffentlichkeitsarbeit, in »W&V-Spezial«: Kommunikationsmarkt Ost, Werben&Verkaufen (W&V), Nr. 16, 4/1992, S. 114.

Martens, Wolfgang: Die Botschaft der Tugend. Die Aufklärung im Spiegel der deutschen Moralischen Wochenschriften, Stuttgart: Metzlersche Verlagsbuchhandlung 1971.

Martini, Bernd Jürgen: Konkurrenz für den »Spiegel« sitzt in den Startlöchern, in: Werben&Verkaufen (W&V) Nr. 1, 1/1993, S. 50 – 54.

Martini, Bernd-Jürgen/Kaiser, Ulrike: Anzeigenblätter. Redaktionen im Druck, in: Journalist 12/1990, S. 10 – 14.

Maruhn, Siegfried: Der Deutsche Presserat, in: Fischer, Heinz-Dietrich (Hrsg.): Positionen und Strukturen bei Druckmedien, Düsseldorf: Econ 1987, S. 170 – 191.

Mast, Claudia: Entwicklungen in den Berufsfeldern Journalismus und Public Relations. Zur Situation in den neuen Bundesländern – erste Ergebnisse von Befragungen, in: Mahle, Walter A. (Hrsg.): Pressemarkt Ost. Nationale und internationale Perspektiven, München: Ölschläger 1992, S. 137 – 146.

Mast, Claudia: Medien und Alltag im Wandel. Eine Literaturstudie zu Akzeptanz und Nutzung alter und neuer Medien, Konstanz: Universitätsverlag 1985.

Mast, Claudia: Medien und Journalismus im Umbruch – Erfahrungen von Medienunternehmen in den neuen Bundesländern. Ergebnisse der Sozialenquete über die Journalisten in den neuen Ländern der Bundesrepublik Deutschland III, in: Mahle, Walter A. (Hrsg.): Journalisten in Deutschland. Nationale und internationale Vergleiche und Perspektiven, München: Ölschläger 1993, S. 71 – 80.

Mast, Claudia (Hrsg.): ABC des Journalismus. Ein Handbuch, Konstanz: UVK [10]2004.

Mast, Claudia: Was leisten die Medien? Funktionaler Strukturwandel in den Kommunikationssystemen, Osnabrück: Fromm 1986.

Mast, Claudia: Wirtschaft hautnah, in: Der Journalist 11/1999, S. 34.

Mast, Claudia/Spachmann, Klaus (Hrsg.): Krise der Zeitungen. Wohin steuert der Journalismus? Stuttgart: Universität Hohenheim: Lehrstuhl für Kommunikationswissenschaft 2003.

Mast, Claudia/Spachmann, Klaus: Zeitungen in der Krise, in: Mast, Claudia/Spachmann, Klaus (Hrsg.): Krise der Zeitungen. Wohin steuert der Journalismus? Stuttgart: Universität Hohenheim: Lehrstuhl für Kommunikationswissenschaft 2003, S. 25 – 47.

Mast, Claudia/Weigert, Matthias: Medien in der Region. Eine empirische Untersuchung der Informationsleistung von Hörfunk und Zeitung, Konstanz: Universitätsverlag 1991, S. 205 – 230.

Mathes, Rainer: Konzepte zur Nutzung und Bewertung von Tageszeitungen, in: Böhme-Dürr, Karin/Graf, Gerhard (Hrsg.): Auf der Suche nach dem Publikum. Medienforschung für die Praxis, Konstanz: UVK 1995, S. 69 – 90.

Matheson, Donald: Weblogs and the epistemology of the news: some trends in online journalism, in: New Media and Society, 6. Jg. 2004, Hf. 4, S. 443 – 468.

Mathy, Klaus: Beschlagnahme von Presseerzeugnissen, in: Schiwy, Peter/Schütz, Walter J. (Hrsg.): Medienrecht. Lexikon für Wissenschaft und Praxis, Neuwied: Luchterhand ²1990, S. 39 – 42.

Mathy, Klaus: Das Recht der Presse. Ein Leitfaden für die Redaktionsarbeit, Köln: Deutscher Instituts-verlag 1977.

Maunz-Dürig: Kommentar zum Grundgesetz (Loseblattsammlung), München: Beck, o. J.

Mayer, Hans (Hrsg.): Deutsche Literaturkritik der Gegenwart, Bd. 4, Stuttgart: Goverts Krüger Stahlberg 1964.

Mayr, Gaby/Schober, Wolfgang: Ökonomische Determinanten der Pressekonzentration, in: Media Perspektiven 4/1978, S. 251 – 266.

McQuail, Denis: Mass Communication Theory. An Introduction, London: Sage 1983.

Media Spectrum Redaktion: Vorwort, in: media spectrum 1/2000, S. 3.

Medien Jahrbuch ,90, Bd. 1: Daten und Fakten, o. O. [München]: Kellerer und Partner 1990.

Medienpädagogischer Forschungsverbund Südwest: JIM-Studie 2004. Jugend, Information, (Multi-)Media, Stuttgart: Mpfs.

Medienpolitik, hrsg. von der Landeszentrale für politische Bildung Baden-Württemberg, Stuttgart, Berlin: Kohlhammer 1987.

Mehnert, Gottfried: Evangelische Presse. Geschichte und Erscheinungsbild von der Reformation bis zur Gegenwart, Bielefeld: Luther-Verlag 1983.

Meier, Christian: Der gläserne Leser. Carlo Imboden liefert mit dem Readerscan Lese-Daten und Zündstoff für Redaktionen: Was entscheidet den Erfolg beim Leser? in: medium magazin 11/2004, S. 24 – 26.

Meier, Christian: Gegen Tabloid. »Freie Presse«-Chef Dieter Soika hält wenig vom Kompakt-Fieber, in: medium magazin 5/2005, S. 48 f.

Meier, Klaus: Internet-Journalismus. Ein Leitfaden für ein neues Medium, Konstanz: UVK ³2002.

Meier, Klaus: Ressort, Sparte, Team: Wahrnehmungsstrukturen und Redaktionsorganisation im Zeitungsjournalismus, Konstanz: UVK 2002.

Meier, Klaus: Wenn Teams das Niemandsland bevölkern. Eine Analyse innovativer Redaktionsstrukturen, in: Hohlfeld, Ralf et al. (Hrsg.): Innovationen im Journalismus. Forschung für die Praxis, Münster, Hamburg, London: Lit 2002, S. 91 – 111.

Meinhold, Joachim: Medienwirtschaftliche Überlegungen zur Reform der Pressefusionskontrolle, in: Schröder, Michael/Schwanebeck, Axel (Hrsg.): Zeitungszukunft – Zukunftszeitung. Der schwierige Gang der Tagespresse in die Informationsgesellschaft des 21. Jahrhunderts, München: R. Fischer 2005, S. 163 – 183.

Menhard, Edigna/Treede, Tilo: Die Zeitschrift. Von der Idee bis zur Vermarktung, Konstanz: UVK 2004.

Merkl, Martina/Wilke, Jürgen: Produktion und Verbreitung von Wirtschaftsinformation: VWD und dpa, in: Wilke, Jürgen (Hrsg.): Agenturen im Nachrichtenmarkt. Reuters, AFP, VWD/dpa, dpa-fwt, KNA, epd, Reuters Television, Worldwide Television News, Dritte-Welt-Agenturen, Köln, Weimar, Wien: Böhlau 1993, S. 107 – 160.

Merten, Detlef: Persönlichkeitsschutz, in: Schiwy, Peter/Schütz, Walter J. (Hrsg.): Medienrecht. Lexikon für Wissenschaft und Praxis, Neuwied: Luchterhand ²1990, S. 214 – 222.

Merten, Klaus: Aktualität und Publizität. Zur Kritik der Publizistikwissenschaft, in: Publizistik, 18. Jg. 1973, Hf. 2, S. 216 – 235.

Mestmäcker, Ernst-Joachim: Medienkonzentration und Meinungsvielfalt, Baden-Baden: Nomos 1978.

Meyen, Michael: Mediennutzung. Mediaforschung, Medienfunktionen, Nutzungsmuster, Konstanz: UVK ²2004.

Meyer, Katrin: Crossmediale Kooperation von Print- und Online-Redaktionen bei Tageszeitungen in Deutschland, München: Utz 2005.

Meyer, Werner: Journalismus von heute, hrsg. von Frohner, Jürgen, 2 Bde. (Loseblattsammlung), Percha am Starnberger See: R.S. Schulz, o. J.

Meyn, Hermann: »Liberaler Kaufmannsgeist«. »Die Zeit«, in: Thomas, Michael Wolf (Hrsg.): Portraits der deutschen Presse, Berlin: Volker Spiess 1980, S. 275 – 291.

Meyn, Hermann: Denver Clan und Neues Deutschland. Mediennutzung in der DDR, Berlin: Ch. Links 2003.

Meyn, Hermann: Der Deutsche Presserat. Aufgaben, Zusammensetzung, Funktionsweise, in: Medienpolitik, hrsg. von der Landeszentrale für politische Bildung Baden-Württemberg, Stuttgart, Berlin: Kohlhammer 1987, S. 85 – 93.

Meyn, Hermann: Herausforderungen für die Gewerkschaften – Wie reagieren die Arbeitnehmerorganisationen auf den gesellschaftlichen Wandel? in: BDZV-Schriftenreihe: Alte Nachbarschaften werden neu belebt. Die Zeitungen im Wandel der Systeme in Mittel- und Osteuropa, Bonn: BDZV 1991, S. 135 – 145.

Meyn, Hermann: Markt der Metropole, in: Journalist 2/1993, S. 42 – 44.

Meyn, Hermann: Massenmedien in Deutschland, Konstanz: UVK 2004.

Meyn, Hermann: Ohne Jobs im Osten, in: Journalist 11/1993, S. 14 f.

Meyn, Hermann: Selbstkontrolle durch den Deutschen Presserat, in: ders.: Massenmedien in Deutschland, Konstanz: UVK 2004, S. 57 – 62.

Meyn, Hermann: Tradierte auf Talfahrt, in: Journalist 10/1992, S. 50 – 52.

Meyn, Mathias: Staatliche Repressionsmaßnahmen und »Karlsbader Beschlüsse«, in: Fischer, Heinz-Dietrich (Hrsg.): Deutsche Kommunikationskontrolle des 15. bis 20. Jahrhunderts, München 1982, S. 75 – 96.

Milz, Annette: Der neue Weg, in: medium magazin 10/2001, S. 24.

Milz, Annette: Kleine Größe – Tabloid, das Format der Zukunft? In: Zeitungen 2004, hrsg. vom BDZV, Berlin: ZV 2004, S. 173 – 199.

Milz, Annette: Newsdesk-Modelle: Wie Mauern in den Redaktionen fallen. In: Zeitungen 2005, hrsg. vom BDZV, Berlin: ZV 2005, S. 178 – 187.

Modellversuch Journalistenweiterbildung (Hrsg.): Fernstudium Kommunikationswissenschaft, 2 Bde., München: Ölschläger 1984.

Möller-Riester, Monika: Kein Platz für Vielfalt. Tageszeitungen in den neuen Bundesländern und in Berlin, in: medium, 23. Jg. 1993, Hf. 1, S. 57 f.

Mönch-Tegeder, Theo: Umsetzung des Konzepts »Zukunftsfähige Bistumszeitungen« in der Verlags-gruppe Bistumspresse, in: Communicatio Socialis, 38. Jg. 2005, Hf. 2, S. 154 – 157.

Müllerleile, Christoph/Schulze, Volker: Zur Presseentwicklung in der DDR, in: Zeitungen '90, hrsg. vom BDZV, Bonn: BDZV 1990.

Müller-Meiningen, Ernst: Es droht: Ausverkauf der Pressefreiheit, in: Süddeutsche Zeitung, Nr. 174, 22.07.1965, S. 4.

Mundhenke, Reinhard: Der Verlagskaufmann. Berufsfachkunde für den Kaufmann im Zeitungs-, Zeit-schriften- und Buchverlag, Frankfurt a. M.: Societäts-Verlag 1977.

Muser, Gerhard: Statistische Untersuchung über die Zeitungen Deutschlands 1885 – 1914, Leipzig: Rei-nicke 1918.

Müsse, Wolfgang: Die Reichspresseschule – Journalisten für die Diktatur? Ein Beitrag zur Geschichte des Journalismus im Dritten Reich, München, New Providence, London, Paris: K. G. Saur 1995.

Namuth, Michaela: Club der bösen Buben, in: Journalist 8/1993, S. 32 – 34.

Nawratil, Ute/Schönhagen, Philomen/Starkulla Heinz jr. (Hrsg.): Medien und Mittler sozialer Kom-munikation. Beiträge zu Theorie, Geschichte und Kritik von Journalismus und Publizistik, Leipzig: Leipziger Universitätsverlag 2002.

Neidhart, Thilo: Presselandschaft Ost. Tristesse im Blätterwald, in: Journalist 8/1995, S. 12 – 16.

Neitemeier, Martin: Die Telegraphen-Union, in: Wilke, Jürgen (Hrsg.): Telegraphenbüros und Nachrich-tenagenturen in Deutschland, München: K. G. Saur 1991, S. 87 – 134.

Nelles, Roland/Rosenbach, Marcel: »Ein Stück Medienvielfalt«. Interview mit der SPD-Schatzmeisterin Inge Wettig-Danielmeier, in: Der Spiegel, 15.03.2004, S. 232 f.

Nerone, John C. (ed.): Last Rights. Revisiting Four Theories of the Press, Urbana, Chicago: University of Illinois Press.

Neuberger, Christoph: Neue Medien, neue Nachrichten, neuer Journalismus? Impulsreferat zur Podiums-diskussion auf dem Medienforum Berlin-Brandenburg am 31.08.2005 (vervielf. Mskpt.).

Neuberger, Christoph: Strategien deutscher Tageszeitungen im Internet. Ein Forschungsüberblick, in: Neuberger, Christoph/Tonnemacher, Jan (Hrsg.): Online – die Zukunft der Zeitung? Das Engage-ment deutscher Tageszeitungen im Internet, Wiesbaden: Westdeutscher Verlag ²2003, S. 152 – 213.

Neuberger, Christoph: Strategieoptionen der Tageszeitungen im Internet, in: Fasel, Christoph (Hrsg.): Qualität und Erfolg im Journalismus. Grundlagen eines zukunftsfähigen Journalismus, Konstanz: UVK 2005, S. 149 – 175.

Neuberger, Christoph: Trends am Arbeitsmarkt, in: Journalist 1/1993, S. 16 – 18.

Neuberger, Christoph: Vierhundert Jahre Zeitung: Medium mit Vergangenheit, aber ohne Zukunft? Vor-trag anlässlich des Berufungsverfahrens Lehrstuhl Journalistik II der Katholischen Universität Eich-stätt (vervielf. Mskpt. 2005).

Neuberger, Christoph: Zeitung und Internet. Über das Verhältnis zwischen einem alten und einem neuen Medium, in: Neuberger, Christoph/Tonnemacher, Jan (Hrsg.): Online – die Zukunft der Zeitung? Das Engagement deutscher Tageszeitungen im Internet, Wiesbaden: Westdeutscher Verlag ²2003, S. 16 – 109.

Neuberger, Christoph et al.: Die deutschen Tageszeitungen im World Wide Web, in: Media Perspekti-ven 12/1997, S. 652 – 662.

Neuberger, Christoph/Tonnemacher, Jan (Hrsg.): Online – Die Zukunft der Zeitung? Das Engagement deutscher Tageszeitungen im Internet, Wiesbaden: Westdeutscher Verlag 2003.

Neumann, Werner: Die Wahrheit ergreift Partei, in: Bentele, Günter/Jarren, Otfried (Hrsg.): Medienstadt Berlin, Berlin: Vistas 1988, S. 171 – 174.

Neverla, Irene (Hrsg.): Das Netzmedium. Kommunikationswissenschaftliche Aspekte eines Mediums in Entwicklung, Opladen: Westdeutscher Verlag 1998.

Niemann, Rüdiger: Mitbestimmung, in: Schiwy, Peter/Schütz, Walter J. (Hrsg.): Medienrecht. Lexikon für Wissenschaft und Praxis, Neuwied: Luchterhand 1990, S. 190 – 197.

Niemeyer, Marc/Wilke, Jürgen: Produktion von Sportnachrichten. Eine Untersuchung des Sport-Informationsdienstes (sid) sowie ein Vergleich mit dem Angebot der Deutschen Presse-Agentur (dpa), in: Wilke, Jürgen (Hrsg.): Nachrichtenproduktion im Mediensystem. Von den Sport- und Bilderdiensten bis zum Internet, Köln, Weimar, Wien: Böhlau 1998, S. 9 – 53.

Nies, Gerd: Die Chancen der neuen Tarifverträge nutzen, in: Publizistik und Kunst 7/1990, S. 8 – 14.

Niggemeier, Stefan: Zur Sache, Kätzchen. Der Presserat wird fünfzig. Er tut niemandem weh – außer denen, die sich von ihm wirksame Selbstkontrolle erwarten. In: Frankfurter Allgemeine Sonntagszeitung, 22.01.2006.

Noelle-Neumann, Elisabeth/Ronneberger, Franz/Stuiber, Heinz-Werner: Streitpunkt lokales Pressemonopol. Untersuchungen zur Alleinstellung von Tageszeitungen, Düsseldorf: Droste 1976.

Noelle-Neumann, Elisabeth/Schulz, Rüdiger: Ein halbes Jahrhundert im Focus der Demoskopie, in: Zeitungen 2004, hrsg. vom BDZV, Berlin: ZV 2004, S. 132 – 159.

Noelle-Neumann, Elisabeth: Die Antwort der Zeitung auf das Fernsehen. Geschichte einer Herausforderung, Konstanz: Universitätsverlag 1986.

Noelle-Neumann, Elisabeth: Öffentlichkeit als Bedrohung. Beiträge zur empirischen Kommunikationsforschung, hrsg. von Wilke, Jürgen, Freiburg: Alber 1977.

Noelle-Neumann, Elisabeth: Pressekonzentration und Meinungsbildung, in: Publizistik, 13. Jg.1968, Hf. 2 – 4, S. 107 – 136.

Noelle-Neumann, Elisabeth: Umfragen zur inneren Pressefreiheit, Düsseldorf: Droste 1977.

Nogly, Christoph: Nutzerregistrierung, Crossmedia, Online-Reichweiten, in: Zeitungen 2005, hrsg. vom BDZV, Berlin: ZV 2005, S. 190 – 199.

Nogly, Christoph: Welcher Inhalt zu welchem Preis? Zur Refinanzierung von Online-Angeboten, in: Zeitungen 2003, hrsg. vom BDZV, Berlin: ZV 2003, S. 227 – 238.

Noll, Jochen: Die deutsche Tagespresse. Ihre wirtschaftliche und redaktionelle Struktur, Frankfurt a. M.: Campus 1977.

Noller, Sonja/Kotze, Hildegard von (Hrsg.): Facsimile-Querschnitt durch den Völkischen Beobachter, München, Bern: Scherz Verlag 1967.

Noller, Sonja: Der Völkische Beobachter, in: Noller, Sonja/Kotze, Hildegard von (Hrsg.): Facsimile-Querschnitt durch den Völkischen Beobachter, München, Bern: Scherz Verlag 1967, S. 4 – 13.

Nölte, Joachim: Chronik medienpolitischer Ereignisse in der DDR, in: Claus, Werner (Hrsg.): Medien-Wende – Wende-Medien? Dokumentation des Wandels im DDR-Journalismus. Oktober '89 bis Oktober '90, Berlin: Vistas 1991, S. 17 – 116.

Nordqvist, Stig: Mobilfunkanbieter aufgewacht, in: zeitungstechnik, Juli 2005, Deutsche Ausgabe D20835E, S. 22.

Nussberger, Ulrich: Das Pressewesen zwischen Geist und Kommerz, Konstanz: Universitätsverlag Konstanz 1984.

o.A.: »Süddeutsche Zeitung« kooperiert mit JobTV24, in: BDZV intern, 13.01.2006, S. 8.

o.A.: »Süddeutsche Zeitung« startet Kriminal-Bibliothek, in: BDZV intern, 13.01.2006, S. 10.

o.A.: »taz« startet täglichen NRW-Regionalteil, in: BDZV intern, 20.11.2003, S. 7.

o.A.: Anzeigenblätter, in: Werben&Verkaufen (W&V), Nr. 10, 3/1990, S. 41 – 64.

o.A.: Anzeigenblätter. Ein wichtiger Schritt in die Richtung Transparenz, in: Werben&Verkaufen (W&V), Nr. 10, 3/1990, S. 46 – 49.

o.A.: Anzeigenblätter. Konkurrent und Umsatzträger zugleich, in: Werben&Verkaufen (W&V), Nr. 11, 3/1991, S. 62.

o.A.: Auflagenbilanz 1993 – Gesamtauflage stagniert, Newcomer gewinnen, in: Werben&Verkaufen (W&V), Nr. 3, 1/1994, S. 30.

o.A.: Branchenkrise trifft Süddeutschen Verlag, in: Süddeutsche Zeitung, 03./04.08.2002, S. 20.

o.A.: Damit aus Kindern Leser werden. BDZV-Fachtag und Podiumsdiskussion »Im Sandkasten auf Leserfang«, in: BDZV intern, 02.03.2006, S. 4 – 6.

o.A.: Das Boulevardblatt »Super Zeitung« erscheint nicht mehr, in: Frankfurter Allgemeine Zeitung, 25.07.1992, S. 64.

o.A.: Deutsche Einheit künftig auch bei Zeitschriften, in: Werben&Verkaufen (W&V), Nr. 41, 10/1993, S. 136 – 138.

o.A.: Die Treuhand kurzerhand ausgetrickst. Wie der Essener Medienriese ein altes Ostprodukt unter neuem Namen verkauft, in: Süddeutsche Zeitung, 06./07.07.1991, S. 10.

o.A.: Ein Konzern schwindet dahin, in: Süddeutsche Zeitung, 21.09.2002, S. 20.

o.A.: Es lebe die Konkurrenz, in: Media Spectrum 4/1993, S. 59 f.

o.A.: Gerüstet für eine mobile Zukunft. Mobile Dienste von Zeitungen – eine optimale Ergänzung des Printmediums, in: zeitungstechnik, Juli 2005, S. 13.

o.A.: Gut gewachsen, ihr Wochenblätter, in: das anzeigenblatt 1/1993, S. 2.

o.A.: Hat Gratis Zukunft? in: medium magazin 3/2005, S. 27 – 29.

o.A.: Individuelle Zeitung statt »Idealmischung«, in: APA Online-Journal Medien, 12.07.2006.

o.A.: JobTV24 startet ersten deutschen TV-Stellenmarkt, in: APA Journale Newsletter, 11.01.2006.

o.A.: Kostenlose Pendlerzeitungen – ein Update, Darmstadt, ifra 2004 (ifra Special Report 6.25.2).

o.A.: Medienprovinz wird zur Zeitungs-Hauptstadt, in »W&V-Spezial«: Kommunikationsmarkt Ost, in: Werben&Verkaufen (W&V), Nr. 16, 4/1992, S. 64 – 66.

o.A.: Mit der täglichen Lesequote die Qualität verbessern. BDZV-Chefredakteursgespräch zum Thema ReaderScan, in: BDZV intern, 20.02.2006, S. 4.

o.A.: Ost-Zeitschriften-Markt noch ein Entwicklungsfeld, in »W&V-Spezial«: Kommunikationsmarkt Ost, in: Werben&Verkaufen (W&V), Nr. 16, 4/1992, S. 92 – 95.

o.A.: Private Briefdienstleister bauen Geschäft weiter aus, in: BDZV intern, 13.01.2006, S. 8.

o.A.: Programmzeitschriftenmarkt in Deutschland boomt, in: APA-Journal Medien (Wien), 09.09.1992, S. 4.

o.A.: Süddeutscher Verlag kommt aus der Krise, in: Süddeutsche Zeitung, 07.08.2003, S. 19.

o.A.: Umfrage attestiert Weblogs geringe Relevanz, in: BDZV intern, 02.03.2006, S. 12.

o.A.: Was sind MINDS? in: medium magazin 6/2005, S. 21.

o.A.: Wir verzichten auf Wolkenschieberei. Interview mit Manfred Bissinger, in: Media Spectrum 3/1993, S. 9 f.

o.A.: Wirtschaft im Trend, in: Der Journalist 2/1999, S. 6.

o.A.: Zeitungsmarkt: Gewinner sind die großen Häuser, in: Werben&Verkaufen (W&V), Nr. 41, 10/1993, S. 132 f.

o.A.: Lesestoff für die oberen 100.000, in: Der Standard (Wien), 18.02.1993, o. S.

o.A.: Warum »Super!« letztlich doch nicht super lief, in: Süddeutsche Zeitung, 28.07.1992, S. 22.

Odermann, Heinz: Der Umbruch und die Mediengesetzgebung in der DDR, in: Rundfunk und Fernsehen, 38. Jg. 1990, Hf. 3, S. 377 – 384.

Oehmichen, Ekkehardt/Ridder, Christa-Maria (Hrsg.): Die MedienNutzerTypologie. Ein neuer Ansatz der Publikumsanalyse, Baden-Baden: Nomos 2003.

Oppenberg, Dietrich: Der Zeitungsverlag. Wirtschaftliche Grundlage, in: Dovifat, Emil (Hrsg.): Handbuch der Publizistik, Bd. 3, Berlin: de Gruyter 1969, S. 121 – 140.

Osterchrist, Brigitte: Professionalisierung als Strategie zum Überleben. Die Entwicklung alternativer Stadtmagazine (unveröffentl. Mskpt.), München 1993.

Osterchrist, Brigitte: Von der Alternativzeitschrift zum Kulturmagazin. Eine empirische Untersuchung zur Entwicklung alternativer Stadtmagazine. Diss. München 1994.

Otto, Elmar Dieter: Nachrichten in der DDR. Eine empirische Untersuchung über »Neues Deutschland«, Köln: Verlag Wissenschaft und Politik – Berend von Nottbeck 1979.

Pannen, Stefan: Die Weiterleiter. Funktion und Selbstverständnis ostdeutscher Journalisten, Köln: Verlag Wissenschaft und Politik – Claus Peter von Nottbeck 1992.

Park, Robert Ezra: Eine Naturgeschichte der Zeitung [1923], in: Pöttker, Horst (Hrsg.): Öffentlichkeit als gesellschaftlicher Auftrag. Klassiker der Sozialwissenschaft über Journalismus und Medien, Konstanz: UVK 2001, S. 280 – 296.

Pasquay, Anja: Auf der Suche nach dem Leser von morgen – Jugend und Zeitung, in: Zeitungen 2004, hrsg. vom BDZV, Berlin: ZV 2004, S. 240 – 251.

Petrat, Gerhardt: Geschichte des Intelligenzblatts, in: Leonhard, Joachim-Felix/Ludwig, Hans-Werner/Schwarze, Dietrich/Straßner, Erich (Hrsg.): Medienwissenschaft. Ein Handbuch zur Entwicklung der Medien und Kommunikationsformen, 1. Teilband, Berlin, New York: de Gruyter 1999, S. 923 – 931.

Pfammater, Rene (Hrsg.): Multi Media Mania. Reflexionen zu Aspekten Neuer Medien, Konstanz: UVK 1998.

Pfammater, Rene: Hypertext – das Multimediakonzept. Strukturen, Funktionsweisen, Qualitätskriterien. In: Pfammater, Rene (Hrsg.): Multi Media Mania. Reflexionen zu Aspekten Neuer Medien, Konstanz: UVK 1998, S. 45 – 75.

Plote, Michael: Gemischte Gefühle, in: Journalist 4/1993, S. 10 – 12.

Pöttker, Horst (Hrsg.): Öffentlichkeit als gesellschaftlicher Auftrag. Klassiker der Sozialwissenschaft über Journalismus und Medien, Konstanz: UVK 2001.

Pöttker, Horst: Journalismus als Politik. Eine explorative Analyse von NS-Presseanweisungen der Vorkriegszeit, in: Publizistik, 51. Jg. 2006, Hf. 2, S. 168 – 182.

Presse- und Informationsamt der Bundesregierung: Zeitungen in Berlin, Brandenburg, Mecklenburg-Vorpommern, Sachsen, Sachsen-Anhalt, Thüringen (vervielf. Mskpt.), Bonn o. J. [1993].

Pressefreiheit und Fernsehmonopol. Beiträge zur Frage der Wettbewerbsverzerrung zwischen den publizistischen Mitteln, hrsg. vom Bundesverband Deutscher Zeitungsverleger, Bonn-Bad Godesberg, o. J.

Preusche, Helmut: Der Verlagsleiter als Generalmanager, in: Fischer, Heinz Dietrich (Hrsg.): Positionen und Strukturen bei Printmedien, Düsseldorf: Econ 1987, S. 65 – 72.

Prognos Media Report 2009, in: BDZV intern, 28.11.2005, S. 15.

Prokop, Dieter (Hrsg.): Massenkommunikationsforschung, Bd. 1: Produktion, Frankfurt a. M.: Fischer 1971.

Pross, Harry (Hrsg.): Deutsche Presse seit 1945, Bern, München: Scherz Verlag 1965.

Prothmann, Hardy: Rechenexempel, in: medium magazin 7/2003, S. 24 – 26.

Protze, Manfred: 2003 – Statistisch unauffällig aber anspruchsvoll. Bericht des Vorsitzenden des Beschwerdeausschusses für das Jahr 2003, in: Deutscher Presserat: Jahrbuch 2004, hrsg. vom Trägerverein des Deutschen Presserates, Konstanz: UVK 2004, S. 43 – 45.

Prutz, Robert Eduard: Geschichte des deutschen Journalismus. Zum ersten Male aus den Quellen gearbeitet. Erster Theil, Hannover: Verlag von C. F. Chius – Faksimiledruck der 1. Ausgabe von 1845 mit einem Nachwort von Hans Joachim Kreutzer, Göttingen: Vandenhoeck & Ruprecht 1971.

Publizistische Grundsätze (Pressekodex). Vom Deutschen Presserat in Zusammenarbeit mit den Presseverbänden beschlossen und Bundespräsident Gustav W. Heinemann am 12. Dezember 1973 in Bonn überreicht. In der Fassung vom 20. Juni 2001, in: Ethik im Redaktionsalltag, hrsg. vom Institut zur Förderung publizistischen Nachwuchses sowie vom Deutschen Presserat, Konstanz: UVK 2005, S. 214 – 217.

Pürer, Heinz: Elektronische Zeitungsherstellung und ihre Folgen, in: Journalistik. Hefte des Kuratoriums für Journalistenausbildung, o. O. [Salzburg] 8/1986.

Pürer, Heinz: Ethik in Journalismus und Massenkommunikation. Versuch einer Theorien-Synopse, in: Publizistik, 37. Jg. 1992, Hf. 3, S. 304 – 321.

Pürer, Heinz: Gesamtbestand der österreichischen Tagespresse. Publizistische Einheiten, Titel, Ausgaben, Mutationen, in: 200 Jahre Tageszeitungen in Österreich 1783 – 1983, hrsg. von Ivan, Franz/Lang, Helmut W./Pürer, Heinz, Wien: Österreichische Nationalbibliothek 1983, S. 123 – 127.

Pürer, Heinz: Journalismus-Krisen und Medien-Ethik. Elemente einer Ethik der Massenmedien, in: Stuiber, Heinz Werner/Pürer, Heinz (Hrsg.): Journalismus. Anforderungen, Berufsauffassungen, Verantwortung. Eine Aufsatzsammlung zu aktuellen Fragen des Journalismus, Nürnberg: Verlag der kommunikationswissenschaftlichen Forschungsvereinigung 1991, S. 87 – 105.

Pürer, Heinz: Medien und Journalismus zwischen Macht und Verantwortung, in: Nawratil, Ute/Schönhagen, Philomen/Starkulla, Heinz jr. (Hrsg.): Medien und Mittler sozialer Kommunikation. Beiträge zu Theorie, Geschichte und Kritik von Journalismus und Publizistik, Leipzig: Leipziger Universitätsverlag 2002, S. 277 – 287.

Pürer, Heinz: Presse im Umbruch. Zur Zukunft der Presse im Wettbewerb mit den elektronischen Medien, Salzburg: Landespressebüro 1982.

Pürer, Heinz: Presse in Österreich, Wien: Verband Österreichischer Zeitungsherausgeber und Zeitungsverleger 1990. Unter Mitarbeit von Benno Signitzer.

Pürer, Heinz: Publizistik- und Kommunikationswissenschaft. Ein Handbuch, Konstanz: UVK 2003.

Pürer, Heinz et al. (Hrsg.): Medien, Politik, Kommunikation. Festschrift für Heinz-Werner Stuiber, München: R. Fischer 2006.

Pürer, Heinz et al. (Hrsg.): Praktischer Journalismus. Presse, Radio, Fernsehen, Online, Konstanz: UVK 2004.

Purtscheller, Wolfgang: Führer, Elite, Massen. Das Zentralorgan der »Gegen-68er«, die rechts-rechte »Junge Freiheit«, stellt auf wöchentliches Erscheinen um, in: Profil Nr. 4, 24.01.1994, S. 38.

Quadflieg, Wolfgang: Supplement – als publizistisches Medium und als Werbeträger, Magisterarbeit, München 1970.

Raabe, Johannes: Abonnement, in: Bentele, Günter et al. (Hrsg.): Lexikon Kommunikations- und Medienwissenschaft, Wiesbaden: VS Verlag für Sozialwissenschaften 2006, S. 9.

Raabe, Johannes: Amtsblätter, in: Bentele, Günter et al. (Hrsg.): Lexikon Kommunikations- und Medienwissenschaft, Wiesbaden: VS Verlag für Sozialwissenschaften 2006, S. 13 f.

Raabe, Johannes: Anzeigenblätter, in: Bentele, Günter et al. (Hrsg.): Lexikon Kommunikations- und Medienwissenschaft, Wiesbaden: VS Verlag für Sozialwissenschaften 2006, S. 15.

Raabe, Johannes: Boulevardpresse, in: Bentele, Günter et al. (Hrsg.): Lexikon Kommunikations- und Medienwissenschaft, Wiesbaden: VS Verlag für Sozialwissenschaften 2006, S. 26.

Raabe, Johannes: Katholische Presse, in: Bentele, Günter et al. (Hrsg.): Lexikon Kommunikations- und Medienwissenschaft, Wiesbaden: VS Verlag für Sozialwissenschaften 2006, S. 123.

Raabe, Johannes: Konfessionelle Presse, in: Bentele, Günter et al. (Hrsg.): Lexikon Kommunikations- und Medienwissenschaft, Wiesbaden: VS Verlag für Sozialwissenschaften 2006, S. 136 – 137.

Raabe, Johannes: Nachrichtenmagazin, in: Bentele, Günter et al. (Hrsg.): Lexikon Kommunikations- und Medienwissenschaft, Wiesbaden: VS Verlag für Sozialwissenschaften 2006, S. 197.

Raabe, Johannes: Presse, in: Weischenberg, Siegfried/Kleinsteuber, Hans-J./Pörksen, Bernhard (Hrsg.): Handbuch Journalismus und Medien, Konstanz: UVK 2005, S. 353 – 361.

Raabe, Johannes: Presseforschung, in: Bentele, Günter et al. (Hrsg.): Lexikon Kommunikations- und Medienwissenschaft, Wiesbaden: VS Verlag für Sozialwissenschaften 2006, S. 222 f.

Raabe, Johannes: Qualitätszeitungen, in: Bentele, Günter et al. (Hrsg.): Lexikon Kommunikations- und Medienwissenschaft, Wiesbaden: VS Verlag für Sozialwissenschaften 2006, S. 236.

Raabe, Johannes: Sonntagspresse, in: Bentele, Günter et al. (Hrsg.): Lexikon Kommunikations- und Medienwissenschaft, Wiesbaden: VS Verlag für Sozialwissenschaften 2006, S. 264.

Raabe, Johannes: Straßenverkaufzeitung, in: Bentele, Günter et al. (Hrsg.): Lexikon Kommunikations- und Medienwissenschaft, Wiesbaden: VS Verlag für Sozialwissenschaften 2006, S. 273.

Raabe, Johannes: Tabloid, in: Bentele, Günter et al. (Hrsg.): Lexikon Kommunikations- und Medienwissenschaft, Wiesbaden: VS Verlag für Sozialwissenschaften 2006, S. 279.

Raabe, Johannes: Universalität, in: Bentele, Günter et al. (Hrsg.): Lexikon Kommunikations- und Medienwissenschaft, Wiesbaden: VS Verlag für Sozialwissenschaften 2006, S. 290.

Raabe, Johannes: Wochenzeitungen, in: Bentele, Günter et al. (Hrsg.): Lexikon Kommunikations- und Medienwissenschaft, Wiesbaden: VS Verlag für Sozialwissenschaften 2006, S. 318 – 319.

Raabe, Johannes: Zeitschrift, in: Bentele, Günter et al. (Hrsg.): Lexikon Kommunikations- und Medienwissenschaft, Wiesbaden: VS Verlag für Sozialwissenschaften 2006, S. 320 – 321.

Rada, Holger: Von der Druckerpresse zum Webserver. Zeitungen und Magazine im Internet, Berlin: Wissenschaftlicher Verlag 1999.

Rager, Günther: Jugendliche als Zeitungsleser: Lesehürden und Lösungsansätze. Ergebnisse aus dem Langzeitprojekt »Lesesozialisation bei Informationsmedien«, in: Media Perspektiven 4/2003, S. 180 – 186.

Rager, Günther: Publizistische Vielfalt im Lokalen. Eine empirische Analyse, Tübingen 1982.

Rager, Günther: Unterhaltung – mißachtete Produktstrategie, in: Rager, Günther/Müller-Gerbes, Sigrun/Weber Bernd (Hrsg.): Leselust statt Pflichtlektüre. Die unterhaltsame Tageszeitung, Hamburg: Lit 1993, S. 7 – 19.

Rager, Günther et al.: Zeitungsjournalismus. Empirische Leserschaftsforschung, Konstanz: UVK 2006.

Rager, Günther/Müller-Gerbes, Sigrun/Weber Bernd (Hrsg.): Leselust statt Pflichtlektüre. Die unterhaltsame Tageszeitung, Hamburg: Lit 1993.

Rager, Günther/Weber, Bernd (Hrsg.): Fit für die Jugend. Tipps für Zeitungsmacher, Berlin: Verband der Lokalpresse 2000.

Rahmi, Turan: Türkische Tagespresse in Deutschland, Magisterarbeit, München 1992.

Rall, Peter: Die Position von Reuters im Nachrichtenmarkt, in: Wilke, Jürgen (Hrsg.): Nachrichtenagenturen im Wettbewerb. Ursachen – Faktoren – Perspektiven, Konstanz : UVK-Medien 1997, S. 35 – 39.

Read, Donald: The Power of News, Oxford: University Press 1992.

Rebele, Richard/Wilke, Jürgen: Die Katholische Nachrichtenagentur (KNA), in: Wilke, Jürgen (Hrsg.): Agenturen im Nachrichtenmarkt. Reuters, AFP, VWD/dpa, dpa-fwt, KNA, epd, Reuters Television, Worldwide Television News, Dritte-Welt-Agenturen, Köln, Weimar, Wien: Böhlau 1993, S. 187 – 212.

Redaktion 2005. Jahrbuch für Journalisten, hrsg. von der Initiative Tageszeitung. Bonn: Bundeszentrale für politische Bildung 2005.

Redaktion 2006. Jahrbuch für Journalisten, hrsg. von der Initiative Tageszeitung. Bonn: Bundeszentrale für politische Bildung 2006.

Rehbinder, Manfred: Pressedelikte, in: Schiwy, Peter/Schütz, Walter J. (Hrsg.): Medienrecht. Lexikon für Wissenschaft und Praxis, Neuwied: Luchterhand ²1990, S. 239 – 234.

Reiser, Wolf: Dilemma der Informationskultur, in: Journalist 5/1993, S. 30.

Reißmann, Volker: Fernsehprogrammzeitschriften. Ein Überblick über die deutsche Programmpresse mit einer inhaltsanalytischen Untersuchung, München: R. Fischer 1989.

Reitz, Jürgen: Das Deutsche Nachrichtenbüro, in: Wilke, Jürgen (Hrsg.): Telegraphenbüros und Nachrichtenagenturen in Deutschland, München: K. G. Saur 1991, S. 213 – 265.

Reitze, Helmut/Ridder, Christa-Maria (Hrsg.): Massenkommunikation VII. Eine Langzeitstudie zur Mediennutzung und Medienbewertung 1964 – 2005, Baden-Baden: Nomos 2006.

Reschenberg, Hasso: Geschichte der Fachzeitschrift, in: Leonhard, Joachim-Felix/Ludwig, Hans-Werner/Schwarze, Dietrich/Straßner, Erich (Hrsg.): Medienwissenschaft. Ein Handbuch zur Entwicklung der Medien und Kommunikationsformen, 1. Teilband, Berlin, New York: de Gruyter 1999, S. 965 – 973.

Reumann, Kurt: Gegendarstellung, in: Schiwy, Peter/Schütz, Walter J. (Hrsg.): Medienrecht. Lexikon für Wissenschaft und Praxis, Neuwied: Luchterhand 1990, S. 114 – 125.

Richter, Sigrun: »Vom Bewacher zum Überwacher«. Der Weg des DDR-Journalistenverbandes zu einem neuen Selbstverständnis, in: Kutsch, Arnulf (Hrsg.): Publizistischer und journalistischer Wandel in der DDR. Vom Ende der Ära Honecker bis zu den Volkskammerwahlen im März 1990, Bochum: Universitätsverlag Brockmeyer 1990, S. 85 – 106.

Richter, Sigrun/Kutsch, Arnulf/Minholz, Michael: Vom Transmissionsriemen zu pluralistischen Medien, in: Kutsch, Arnulf (Hrsg.): Publizistischer und journalistischer Wandel in der DDR. Vom Ende der Ära Honecker bis zu den Volkskammerwahlen im März 1990, Bochum: Universitätsverlag Brockmeyer 1990, S. 207 – 284.

Ricker, Reinhart: Der Herausgeber als Koordinator, in: Fischer, Heinz-Dietrich (Hrsg.): Positionen und Strukturen bei Druckmedien. Festschrift für Dietrich Oppenberg, Düsseldorf: Econ 1987, S. 41 – 56.

Ricker, Reinhart: Medienrecht, in: Fischer Lexikon Publizistik – Massenkommunikation, hrsg. von Noelle-Neumann, Elisabeth/Schulz, Winfried/Wilke, Jürgen, Frankfurt a. M.: Fischer 1989, S. 169 – 185.

Ridder, Christa Maria/Engel, Bernhard: Massenkommunikation 2005: Images und Funktionen der Massenmedien im Vergleich. Ergebnisse der 9. Welle der ARD/ZDF-Langzeitstudie zur Mediennutzung und -bewertung, in: Media Perspektiven 9/2005, S. 422 – 448.

Riefler, Katja: Content-Cooperation – Der Weg zu neuen Inhalten, in: Breyer-Mayländer, Thomas/Fuhrmann, Hans-Joachim (Hrsg.): Erfolg im neuen Markt. Online-Strategien für Zeitungsverlage, Berlin: ZV Zeitungs-Verlag Service 2001, S. 79 – 91.

Riefler, Katja: Geld verdienen mit Inhalten? Geschäftsmodelle für regionale Zeitungsverlage, in: Zeitungen 2001, hrsg. vom BDZV, Berlin: ZV 2000, S. 194 – 203.

Riefler, Katja: Hobby-Korrespondenten erobern die Redaktion. Bürgerjournalisten bilden Gegengewicht zu etablierten Medien, in: Redaktion 2006, Jahrbuch für Journalisten, hrsg. von der Initiative Tageszeitung, Bonn: Bundeszentrale für politische Bildung 2006, S. 21 – 34.

Riefler, Katja: Neues Geschäftsfeld »E-Paper«, in: Zeitungen 2003, hrsg. vom BDZV, Berlin: ZV 2003, S. 215 – 225.

Riefler, Katja: Paid Content – wer zahlt eigentlich wofür? in: Zeitungen 2002, hrsg. vom BDZV, Berlin: ZV 2002, S. 174 – 189.

Riefler, Katja: Rubrikenanzeigen – Wachstumsmarkt im Wandel. Ein internationaler Überblick, Berlin: ZV Zeitungs-Verlag Service 2004.

Riefler, Katja: Rubrikenmärkte im Internet – Ein internationaler Überblick, in: Zeitungen 2004, hrsg. vom BDZV, Berlin: ZV 2004, S. 216 – 227.

Riefler, Katja: SMS im Zeitungsverlag – praktische Ideen für ein neues Geschäftsfeld, in: zeitungstechnik 5/2005, S. 18 – 20.

Riefler, Katja: Tabloid – große Erwartungen an ein kleines Format, in: Redaktion 2005, Jahrbuch für Journalisten, hrsg. von der Initiative Tageszeitung, Bonn: Bundeszentrale für politische Bildung 2005, S. 21 – 27.

Riefler, Katja: Tageszeitungen im World Wide Web (www) des Internet, in: Die Zeitung, Januar/Februar 1996, S. 12.

Riefler, Katja: Tanz auf dem Vulkan. Sollen sich Zeitungen online engagieren? in: Zeitungen 1996, hrsg. vom BDZV, Bonn: ZV 1996, S. 158 – 179.

Riefler, Katja: Was ist das Kerngeschäft? Content-Strategien für Verlage, in: Zeitungen 2000, hrsg. vom BDZV, Berlin: ZV 2000, S. 195 – 205.

Riefler, Katja: Zeitung Online. Neue Wege zu Lesern und Anzeigenkunden, Bonn: ZV Zeitungs-Verlag Service 1995.

Riefler, Katja: Zeitungen Online. Was fasziniert Printmedien am weltweiten Computernetz? In: Dernbach, Beatrice et al.: Publizistik im vernetzten Zeitalter. Berufe, Formen, Strukturen, Opladen: Westdeutscher Verlag 1998, S. 109 – 121.

Riepl, Wolfgang: Das Nachrichtenwesen des Altertums, Berlin, Leipzig: Teubner 1913.

Roegele, Otto B.: Die Zukunft der Massenmedien, Osnabrück: Fromm 1970.

Roegele, Otto B./Wagner, Hans: Die katholische Presse in Deutschland, in: Dovifat, Emil (Hrsg.): Handbuch der Publizistik, Bd. 3: Praktische Publizistik, 2. Teil., Berlin: de Gruyter 1969, S. 496 – 507.

Roether, Diemut: Klein und gut? Zeitungsverlage werben mit Tabloids um neue Leser, in: epd medien 77/2004 (02.10.2004), S. 3 – 6.

Ronneberger, Franz: Kommunikationspolitik, Bd. 1: Institutionen, Prozesse, Ziele, Mainz: von Hase und Koehler 1978.

Ronneberger, Franz: Kommunikationspolitik, Bd. 2: Kommunikationspolitik als Gesellschaftspolitik, Mainz: von Hase und Koehler 1980.

Ronneberger, Franz: Kommunikationspolitik, Bd. 3: Kommunikationspolitik als Medienpolitik. Mainz: von Hase und Koehler 1986.

Ronneberger, Franz: Leistungen und Fehlleistungen der Massenkommunikation, in: Langenbucher, Wolfgang R. (Hrsg.): Politik und Kommunikation. Über die öffentliche Meinungsbildung, München: Piper 1979, S. 127 – 142.

Ronneberger, Franz: Selbstkontrolle der Medien, in: Schiwy, Peter/Schütz, Walter J. (Hrsg.): Medienrecht. Lexikon für Wissenschaft und Praxis, Neuwied: Luchterhand ²1990, S. 289 – 297.

Ronneberger, Franz: Sozialisation durch Massenkommunikation, in: ders. (Hrsg.): Sozialisation durch Massenkommunikation. Der Mensch als soziales und personales Wesen, Bd. 4, Stuttgart: Enke 1971, S. 32 – 101.

Ronneberger, Franz (Hrsg.): Sozialisation durch Massenkommunikation. Der Mensch als soziales und personales Wesen, Bd. 4, Stuttgart: Enke 1971.

Röper, Horst: Bewegung im Zeitungsmarkt 2004. Daten zur Konzentration der Tagespresse in der Bundesrepublik Deutschland im I. Quartal 2004, in: Media Perspektiven 6/2004, S. 268 – 283.

Röper, Horst: Bewegung im Zeitungsmarkt 2004. Konzentrationswellen in der deutschen Tagespresse, in: Schröder, Michael/Schwanebeck, Axel (Hrsg.): Zeitungszukunft – Zukunftszeitung. Der schwierige Gang der Tagespresse in die Informationsgesellschaft des 21. Jahrhunderts, München: R. Fischer 2005, S. 23 – 63.

Röper, Horst: Daten zur Konzentration der Tagespresse in der Bundesrepublik Deutschland im I. Quartal 1989, in: Media Perspektiven 6/1989, S. 325 – 338.

Röper, Horst: Daten zur Konzentration der Tagespresse in der Bundesrepublik Deutschland im I. Quartal 1991, in: Media Perspektiven 7/1991, S. 431 – 444.

Röper, Horst: Die Entwicklung des Tageszeitungsmarktes in Deutschland nach der Wende in der ehemaligen DDR, in: Media Perspektiven 7/1991, S. 421 – 430.

Röper, Horst: Die Multis sind da, in: Journalist 10/1990, S. 18 – 22.

Röper, Horst: Formationen deutscher Medienmultis 1989, in: Media Perspektiven 12/1989, S. 733 – 747.

Röper, Horst: Formationen deutscher Medienmultis 1991, in: Media Perspektiven 1/1992, S. 2 – 23.

Röper, Horst: Formationen deutscher Medienmultis 1992. Konzentrationsproblematik weiterhin ungelöst, in: Media Perspektiven 2/1993, S. 56 – 74.

Röper, Horst: Formationen deutscher Medienmultis 1994/95. Veränderungen, Pläne und Strategien der größten deutschen Medienunternehmen, in: Media Perspektiven 7/1995, S. 310 – 330.

Röper, Horst: Formationen deutscher Medienmultis 1998/1999, in: Media Perspektiven 7/1999, S. 345 – 378.

Röper, Horst: Formationen deutscher Medienmultis 2003. Entwicklungen und Strategien der größten deutschen Medienunternehmen, in: Media Perspektiven 2/2004, S. 54 – 80.

Röper, Horst: Konzentrationswelle. Tod in der Provinz, in: Journalist 8/2002, S. 38.

Röper, Horst: Konzentrationswerte im Zeitungsmarkt wieder gestiegen. Daten zur Konzentration der Tagespresse in der Bundesrepublik Deutschland im I. Quartal 1993, in: Media Perspektiven 9/1993, S. 402 – 409.

Röper, Horst: Probleme und Perspektiven des Zeitungsmarktes. Daten zur Konzentration der Tagespresse in der Bundesrepublik Deutschland im I. Quartal 2006, in: Media Perspektiven 5/2006, S. 283 – 297.

Röper, Horst: Retter in der Not, in: Der Journalist 4/2004, S. 30 f.

Röper, Horst: Sieg der Platzhirsche, in: Journalist 4/1993, S. 13 – 16

Röper, Horst: Stand der Verflechtung von privatem Rundfunk und Presse 1989, in: Media Perspektiven 9/1989, S. 533 – 551.

Röper, Horst: Treffer sind Glücksache, in: Journalist 6/1990, S. 33 ff.; inkl. der Übersicht »Zeitungsmarkt in der DDR« (Stand Mai 1990), S. 34.

Röper, Horst: Zeitungsmarkt 2002: Wirtschaftliche Krise und steigende Konzentration. Daten zur Konzentration der Tagespresse in der Bundesrepublik Deutschland im I. Quartal 2002, in: Media Perspektiven 10/2002, S. 478 – 490.

Röper, Horst: Zeitungsmarkt in der Krise – ein Fall für die Medienregulierung, in: Aus Politik und Zeitgeschichte, B12 – 13/2004, S. 12.

Röper, Horst: Zeitungsmarkt: Konzentrationswerte auf hohem Niveau stabil, in: Media Perspektiven 9/1995, S. 428 – 435.

Rosenberger, Bernhard/Schmid, Sigrun: Zwischen Gleichförmigkeit und Differenzierung. Wettbewerbsstrategien von Agenturen im sich wandelnden Nachrichtenmarkt, in: Wilke, Jürgen (Hrsg.): Nachrichtenagenturen im Wettbewerb. Ursachen – Faktoren – Perspektiven, Konstanz: UVK-Medien 1997, S. 43 – 63.

Rosenfeld, Kerstin: Börsenfieber. Die Wirtschaftsberichterstattung in der Zeitung, in: Zeitungen '99, hrsg. vom BDZV, Berlin: ZV 1999, S. 215 – 145.

Rosenfeld, Kerstin: Der Sonntagsmarkt – Nische oder strategische Notwendigkeit, in: Zeitungen '97, hrsg. vom BDZV, Bonn: ZV 1997, S. 151 – 169.

Rosenfeld, Kerstin: Es lebe die Konkurrenz, in: Media Spectrum 4/1993, S. 58 f.

Rosenhayn, Wibke: Datenschutz in Redaktionen – Nicht nur gesetzliche Notwendigkeit?!, in: Deutscher Presserat: Jahrbuch 2004, hrsg. vom Trägerverein des Deutschen Presserats, Konstanz: UVK 2004, S. 59 – 62.

Rosenstock, Roland: Evangelische Presse im 20. Jahrhundert. Stuttgart, Zürich: Kreuz Verlag 2002.

Rosenstock, Roland: Monatsmagazin oder Kirchengebietszeitung? Anmerkungen zum Versuch einer Neuordnung der kirchlichen Presselandschaft, in: Schmidt-Rost, Reinhard/Dennerlein, Norbert (Hrsg.): Kontrapunkt. Das Evangelium in der Medienwelt, Hannover: Lutherisches Kirchenamt 2004, S. 55 – 73.

Roth, Judith: Hassliebe Print – Online – Strategien lokaler und regionaler Tageszeitungsverlage im Onlinezeitalter, Diplomarbeit, Bamberg 2001.

Roth, Judith: Internetstrategien von Lokal- und Regionalzeitungen, Wiesbaden: VS Verlag für Sozialwissenschaften 2005.

Ruß-Mohl, Stephan: Berichterstattung in eigener Sache: Die Verantwortung von Journalismus und Medienunternehmen, in: Ruß-Mohl, Stefan/Fengler, Susanne (Hrsg.): Medien auf der Bühne der Medien. Zur Zukunft von Medienjournalismus und Medien-PR, Berlin: dahlem university press 2000, S. 17 – 38.

Ruß-Mohl, Stephan/Fengler Susanne (Hrsg.): Medien auf der Bühne der Medien. Zur Zukunft von Medienjournalismus und Medien-PR, Berlin: dahlem university press 2000.

Saxer, Ulrich: Die Objektivität publizistischer Information, in: Langenbucher, Wolfgang R. (Hrsg.): Zur Theorie der politischen Kommunikation, München: Piper 1974, S. 206 – 235.

Saxer, Ulrich: Funktionen der Massenmedien in der modernen Gesellschaft, in: Kurzrock, Rupert (Hrsg.): Medienforschung, Berlin: Colloquium 1974, S. 22 – 33.

Saxer, Ulrich: Lokalrundfunk in der Schweiz. Erfahrungen für ein Modell Deutschland? in: Mast, Claudia (Hrsg.): Rivalen im Äther. Radioprofile und Hörerwünsche in Baden-Württemberg, Konstanz: Universitätsverlag 1990, S. 21 – 38.

Schaefer-Dieterle, Susanne: Neu im Programm, in: Media Spectrum 1/1995, S. 10 – 12.

Schaefer-Dieterle, Susanne: Supplements. Die Zeitschriften in der Zeitung, in: Zeitungen '90, hrsg. vom BDZV, Bonn: BDZV 1990, S. 196 – 203.

Schäfer, Waldemar: Handelsblatt, in: Boll, Bernhard/Schulze, Volker/Süssmuth, Hans (Hrsg.): Zeitungsland Nordrhein-Westfalen. Geschichte – Profile – Struktur, Bonn: ZV Zeitungs-Verlag 1993, S. 231 – 245.

Schenk, Michael/Donnerstag, Joachim (Hrsg.): Medienökonomie. Einführung in die Ökonomie der Informations- und Mediensysteme, München: R. Fischer 1989.

Schenk, Ulrich: Nachrichtenagenturen als wirtschaftliche Unternehmen mit öffentlichem Auftrag. Mit einer kritischen Würdigung des ddp, Berlin: Vistas 1985.

Scherer, Helmut: Lokalzeitung und lokaler Hörfunk – Ergänzung oder Ersatz? Ergebnisse einer Untersuchung in Nürnberg, in: Media Perspektiven 9/1991, S. 604 – 615.

Schießl, Michaela: Tanker in Bewegung (über die Reaktion des »Spiegel« auf die Verkaufserfolge von »Focus«), in: Journalist 5/1993, S. 28 f.

Schiwy, Peter: Versagt, versäumt, verpaßt. Die Medienneuordnung in den neuen Bundesländern, in: Bertelsmann Briefe 4/1992, S. 42.

Schiwy, Peter/Schütz, Walter J. (Hrsg.): Medienrecht. Lexikon für Wissenschaft und Praxis, Neuwied: Luchterhand ²1990.

Schiwy, Peter/Schütz, Walter J.: Medienrecht, Neuwied: Luchterhand 1977.

Schiwy, Peter/Schütz, Walter, J. (Hrsg.): Medienrecht, Neuwied: Luchterhand ³1994.

Schlinkert, Reinhard: Mediennutzung in den neuen Bundesländern, in: Mahle, Walter A. (Hrsg.): Medien im vereinten Deutschland. Nationale und internationale Perspektiven, München: Ölschläger 1991, S. 57 – 70.

Schmid, Sigrun: Weltagentur auf dem deutschen Nachrichtenmarkt: Agence France-Presse (AFP), in: Wilke, Jürgen (Hrsg.): Agenturen im Nachrichtenmarkt. Reuters, AFP, VWD/dpa, dpa-fwt, KNA, epd, Reuters Television, Worldwide Television News, Dritte-Welt-Agenturen, Köln, Weimar, Wien: Böhlau 1993, S. 57 – 105.

Schmidt, Jan: Weblogs. Eine kommunikationssoziologische Studie, Konstanz: UVK 2006.

Schmidt, Wieland: Die Zeitung. Die Anfänge: 15. und 16. Jahrhundert, in: Dovifat, Emil (Hrsg.): Handbuch der Publizistik, Bd. 3, Berlin: de Gruyter 1969, S. 63 – 75.

Schmidt-Rost, Reinhard/Dennerlein, Norbert (Hrsg.): Kontrapunkt. Das Evangelium in der Medienwelt, Hannover: Lutherisches Kirchenamt 2004.

Schmitt-Beck, Rüdiger/Schrott, Peter R.: Dimensionen der Mediennutzung in West- und Ostdeutschland. Eine vergleichende Untersuchung zu Rezeptionsmustern von Tageszeitung und Fernsehen, in Media Perspektiven 6/1992, S. 376 – 392.

Schmolke, Michael: Die kirchliche Publizistik im jüngeren Strukturwandel der Öffentlichkeit, in: Communicatio Socialis, 38. Jg. 2005, S. 121 – 137.

Schmolke, Michael: Presse, in: Herder Staatslexikon, Bd. 4, Freiburg: Herder ⁷1988, Spalte 540 – 555.

Schmolke, Michael: Die Zeitung, in: Handlexikon zur Literaturwissenschaft, hrsg. von Krywalski, Dieter, München: Ehrenwirth 1974, S. 525 – 530.

Schmolke, Michael: Kirchenpresse, in: Vogel, Andreas/Holtz-Bacha, Christina (Hrsg.): Zeitschriften und Zeitschriftenforschung. Wiesbaden: Westdeutscher Verlag 2002, S. 126 – 146.

Schmolke, Michael: Prutz: Geschichte des deutschen Journalismus, in: Holtz-Bacha, Christina/Kutsch, Arnulf (Hrsg.): Schlüsselwerke für die Kommunikationswissenschaft, Wiesbaden: Westdeutscher Verlag 2002, S. 356 – 359.

Schmolke, Michael: Wegbereiter der Publizistik in Österreich. Autoren mit ihren Arbeiten von Joseph Alexander von Helfert bis Wilhelm Bauer 1948 bis 1938, Wien, St. Pölten/Pongau: Österreichischer Kunst- und Kulturverlag 1992, S. 182 – 186.

Schneider, Beate: Die ostdeutsche Tagespresse – eine (traurige) Bilanz, in: Media Perspektiven 7/1992, S. 428 – 441.

Schneider, Beate: Internationale und supranationale Kommunikationsbeziehungen, in: Schiwy, Peter/Schütz, Walter J. (Hrsg.): Medienrecht. Lexikon für Wissenschaft und Praxis, Neuwied: Luchterhand ²1990, S. 142 – 150.

Schneider, Beate: Massenmedien im Prozess der deutschen Vereinigung, in: Wilke, Jürgen (Hrsg.): Mediengeschichte der Bundesrepublik Deutschland, Köln, Weimar, Wien: Böhlau 1999, S. 602 – 629.

Schneider, Beate: Pressemarkt Ost II: Nur die Konzentration macht Fortschritte, in: Mahle, Walter A. (Hrsg.): Pressemarkt Ost. Nationale und internationale Perspektiven, München: Ölschläger 1992, S. 35 – 45.

Schneider, Beate: Pressemarkt Ost: Ein Refugium des »demokratischen Zentralismus«, in: Mahle, Walter A. (Hrsg.): Medien im vereinten Deutschland. Nationale und internationale Perspektiven, München: Ölschläger 1991, S. 71 – 80.

Schneider, Beate: Strukturen, Anpassungsprobleme, Entwicklungschancen der Presse auf dem Gebiet der neuen Bundesländer (einschließlich des Gebietes des früheren Berlin-Ost). Forschungsbericht für den Bundesminister des Inneren, 2 Bde. (vervielf. Mskpt.), Hannover, Leipzig 1991.

Schneider Beate/Stürzebecher, Dieter: Wettbewerb auf dem Zeitungsmarkt in den neuen Bundesländern. Gutachten im Auftrag des Presse- und Informationsamtes der Bundesregierung (vervielf. Mskpt.), Hannover 1993.

Schneider, Beate/Möhring, Wiebke/Stürzebecher, Dieter: Ortsbestimmung. Lokaljournalismus in den neuen Ländern, Konstanz: UVK 2000.

Schneider, Beate/Reumann, Kurt/Schiwy, Peter (Hrsg.): Publizistik. Beiträge zur Medienentwicklung. Festschrift für Walter J. Schütz. Konstanz: UVK 1995.

Schneider, Beate/Schönbach, Klaus: Journalisten in den neuen Bundesländern: Zur Struktur und sozialen Lage des Berufsstandes. Ergebnisse der Sozialenquete über die Journalisten in den neuen Ländern der Bundesrepublik Deutschland I, in: Mahle, Walter (Hrsg.), Journalisten in Deutschland. Nationale und internationale Vergleiche und Perspektiven, München: Ölschläger 1993, S. 35 – 56.

Schneider, Beate/Schönbach, Klaus/Stürzebecher, Dieter: Journalisten im vereinigten Deutschland. Strukturen, Arbeitsweisen und Einstellungen im Ost-West-Vergleich, in: Publizistik, 38. Jg. 1993, Hf. 3, S. 351 – 382.

Schneider, Beate/Stürzebecher, Dieter: Zwischen Profilierung und Anpassung. Zur publizistischen Entwicklung ostdeutscher Tageszeitungen 1991 – 1994, in: Schneider, Beate/Reumann, Kurt/Schiwy, Peter (Hrsg.): Publizistik. Beiträge zur Medienentwicklung. Festschrift für Walter J. Schütz, Konstanz: UVK 1995, 301-318.

Schneider, Franz: Pressefreiheit und politische Öffentlichkeit. Studien zur politischen Geschichte Deutschlands bis 1848, Neuwied, Berlin: Luchterhand 1966.

Schneider, Peter: Pressefreiheit und Staatssicherheit, Mainz: von Hase und Koehler 1968.

Schobelt, Frauke: Print-Profil: Financial Times Deutschland, in: Media und Marketing, 01.02.2001, S. 68.

Scholl, Armin: Berufsstatistik. Tendenz steigend, in: Journalist 1/1993, S. 10 – 13.

Scholl, Armin: Ist der Ost-West-Vergleich im Journalismus obsolet geworden? in: Mahle, Walter (Hrsg.), Journalisten in Deutschland. Nationale und internationale Vergleiche und Perspektiven, München: Ölschläger 1993, S. 81 – 88.

Schön, Erich: Geschichte des Lesens, in: Handbuch Lesen. Im Auftrag der Stiftung Lesen und der Deutschen Literaturkonferenz hrsg. von Bodo Franzmann, Dietrich Löffler, Klaus Hasemann und Erich Schön, unter Mitarbeit von Georg Jäger, Wolfgang R. Langenbucher und Ferdinand Melichar, München: K. G. Saur 1999, S. 1 – 85.

Schönbach, Klaus: Die Zukunft der (gedruckten) Zeitung, in: Zeitungen 2003, hrsg. vom BDZV, Berlin: ZV 2003, S. 126 – 135.

Schönbach, Klaus/Peiser, Wolfram: Was wird aus dem Zeitungslesen? in: Klingler, Walter et al. (Hrsg.): Medienrezeption seit 1945. Forschungsbilanz und Forschungsperspektiven, Baden-Baden: Nomos 1998, S. 103 – 112.

Schöne, Walter: Der Aviso des Jahres 1609, Leipzig: Otto Hassowitz 1939.

Schöne, Walter: Die Relation des Jahres 1609, Leipzig: Otto Hassowitz 1940.

Schottenloher, Karl: Flugblatt und Zeitung, Berlin: Verlag Richard Carl Schmidt & Co 1922.

Schramm, Wilbur (ed.): The Process and Effects in Mass Communication, Urbana ⁵1961.

Schrape, Klaus: Den künftigen Leser kennen, in: Medienzukunft mit der Zeitung. Zeitungskongreß '87, hrsg. vom Bundesverband Deutscher Zeitungsverleger (BDZV-Schriftenreihe, Hf. 20), Bonn: BDZV o. J., S. 26 – 33.

Schröder, Michael/Schwanebeck, Axel (Hrsg.): Zeitungszukunft – Zukunftszeitung. Der schwierige Gang der Tagespresse in die Informationsgesellschaft des 21. Jahrhunderts, München: R. Fischer 2005.

Schubert, Renate: Ohne größeren Schaden? Gespräche mit Journalistinnen und Journalisten der DDR, München: Ölschläger 1992.

Schulz, Herbert: Der Vertriebsleiter als Distributionsexperte, in: Fischer, Heinz-Dietrich (Hrsg.): Positionen und Strukturen bei Printmedien, Düsseldorf: Econ 1987, S. 81 – 113.

Schulz, Herbert: Die Zukunft des Abonnementverkaufs, in: Zeitungsverkauf in den 80er Jahren. Das Buch zur Frankfurter Vertriebstagung des BDZV, hrsg. vom Bundesverband Deutscher Zeitungsverleger, Düsseldorf: Econ 1982, S. 79 – 107.

Schulz, Rüdiger: Zur Entwicklung der Zeitungsreichweiten in den 80er Jahren, in: Zeitungen '90, hrsg. vom BDZV, Bonn: BDZV 1990, S. 156 – 179.

Schulz, Rüdiger: Mediaforschung, in: Fischer Lexikon Publizistik – Massenkommunikation, hrsg. von Noelle-Neumann, Elisabeth/Schulz, Winfried/Wilke, Jürgen, Frankfurt a. M.: Fischer ³2002, S. 183 – 213.

Schulz, Winfried: Bedeutungsvermittlung durch Massenkommunikation. Grundgedanken zu einer analytischen Theorie der Medien, in: Publizistik, 19. Jg. 1974, Hf. 2, S. 148 – 164.

Schulz, Winfried: Den roten Federn auf der Spur. Ein erster Bericht über eine vergleichende Inhaltsanalyse ost- und westdeutscher Tageszeitungen. In: Schneider, Beate/Reumann, Kurt/Schiwy, Peter (Hrsg.): Publizistik. Beiträge zur Medienentwicklung. Festschrift für Walter J. Schütz, Konstanz: UVK 1995, S. 287 – 299.

Schulz, Winfried: Kommunikationsprozeß, in: Fischer Lexikon Publizistik – Massenkommunikation, hrsg. von Noelle-Neumann, Elisabeth/Schulz, Winfried/Wilke, Jürgen, Frankfurt a. M.: Fischer ³2002, S. 174 – 182.

Schulz, Winfried: Nachricht, in: Fischer Lexikon Publizistik – Massenkommunikation, hrsg. von Noelle-Neumann, Elisabeth/Schulz, Winfried/Wilke, Jürgen, Frankfurt a. M.: Fischer 1989, S. 216 – 240.

Schulz, Winfried: Nachricht, in: Fischer Lexikon Publizistik – Massenkommunikation, hrsg. von Noelle-Neumann, Elisabeth/Schulz, Winfried/Wilke, Jürgen (Hrsg.), Frankfurt a. M.: Fischer ³2002, S. 328 – 362.

Schulz, Winfried: Wirkungsqualitäten verschiedener Medien. Experimentelle Untersuchungen über die Vermittlung konnotativer Bedeutung durch unterschiedliche Formen medialer Darstellung, in: Rundfunk und Fernsehen, 23. Jg. 1975, Hf. 1 – 2, S. 57 – 72.

Schulze, Nanah: Vernunft der Verleger gefordert. Kartellamt prüft wirtschaftliche Situation der Presse-Grossisten im Osten, in: Horizont Nr. 9, 28.02.1992, S. 36.

Schulze, Volker: Der Bundesverband Deutscher Zeitungsverleger, Düsseldorf: Droste ⁴1985.

Schulze, Volker: Der Zeitungs- und Zeitschriftenverlag, in: Leonhard, Joachim-Felix/Ludwig, Hans-Werner/Schwarze, Dietrich/Straßner, Erich (Hrsg.): Medienwissenschaft. Ein Handbuch zur Entwicklung der Medien und Kommunikationsformen, 2. Teilband, Berlin, New York: de Gruyter 2001, S. 1677 – 1681.

Schulze, Volker: Der Zeitungsverlag (Organisatorischer Aufbau), in: Brand, Peter/Schulze, Volker (Hrsg.): Medienkundliches Handbuch. Zeitung, Braunschweig: Agentur Pedersen 1982, S. 58 – 66.

Schumacher, Martina: Ausländische Nachrichtenagenturen in Deutschland vor und nach 1945, Köln, Weimar, Wien: Böhlau 1998.

Schumann, Matthias/Hess, Thomas: Grundfragen der Medienwirtschaft. Eine betriebswirtschaftliche Einführung, Berlin, Heidelberg, New York: Springer ²2002.

Schütz, Walter J.: »Publizistische Einheiten« in Deutschland. Zeitungsstichtagssammlung 1994, in: Zeitungen '94, hrsg. vom BDZV, Bonn: BDZV 1994, S. 374 – 391.

Schütz, Walter J.: Das »Zeitungssterben« ist ausgeblieben, in: Alte Nachbarschaften werden neu belebt. Die Zeitungen im Wandel der Systeme in Mittel- und Osteuropa. BDZV-Schriftenreihe, Hf. 26, Bonn: BDZV 1991, S. 117 – 121.

Schütz, Walter J.: Der Zeitungsmarkt in den neuen Ländern, in: Zeitungen '91, hrsg. vom BDZV, Bonn: BDZV, 1991, S. 106 – 112.

Schütz, Walter J.: Deutsche Tagespresse 1985, in: Media Perspektiven 7/1985, S. 497 – 520.

Schütz, Walter J.: Deutsche Tagespresse 1989, in: Media Perspektiven 12/1989, S. 748 – 775.

Schütz, Walter J.: Deutsche Tagespresse 1991, in: Media Perspektiven 2/1992, S. 74 – 99.

Schütz, Walter J.: Deutsche Tagespresse 1995. Ergebnisse der dritten gesamtdeutschen Zeitungsstatistik, in: Media Perspektiven 6/1996, S. 324 – 336.

Schütz, Walter J.: Deutsche Tagespresse 1997. Ergebnisse der vierten gesamtdeutschen Zeitungsstatistik, in: Media Perspektiven 12/1997, S. 663 – 694.

Schütz, Walter J.: Deutsche Tagespresse 1999. Ergebnisse der fünften gesamtdeutschen Zeitungsstatistik, in: Media Perspektiven 1/1999, S. 8 – 29.

Schütz, Walter J.: Deutsche Tagespresse 2001. Trotz Bewegung im Markt keine wesentliche Erweiterung des publizistischen Angebots, in: Media Perspektiven 12/2001, S. 602 – 632.

Schütz, Walter J.: Deutsche Tagespresse 2004. Zeitungsmarkt trotz Krise insgesamt stabil, in: Media Perspektiven 5/2005, S. 205 – 232.

Schütz, Walter J.: Deutsche Tagespresse in Tatsachen und Zahlen. Ergebnisse einer Strukturuntersuchung des gesamten deutschen Zeitungswesens, in: Publizistik, 2. Jg. 1956, Hf. 1, S. 31 – 48.

Schütz, Walter J.: Die »publizistischen Einheiten« in den alten und neuen Ländern, in: Zeitungen '91, hrsg. vom BDZV, Bonn: BDZV 1991, S. 148 – 159.

Schütz, Walter J.: Die redaktionelle und verlegerische Struktur der deutschen Tagespresse, in: Publizistik, 11. Jg. 1966, Hf. 1, S. 13 – 44.

Schütz, Walter J.: Die redaktionelle und verlegerische Struktur der deutschen Tagespresse 1991, in: Media Perspektiven 2/1992, S. 131 – 152.

Schütz, Walter J.: Die Zeitungsstruktur in der Bundesrepublik Deutschland 1976, in: Media Perspektiven 4/1978, S. 225 – 240.

Schütz, Walter J.: Entwicklung der Tagespresse, in: Wilke, Jürgen (Hrsg.): Mediengeschichte der Bundesrepublik Deutschland, Köln, Weimar, Wien: Böhlau 1999, S. 109 – 134.

Schütz, Walter J.: Grenzübergang – Zur Erweiterung des Zeitungsangebots in der DDR, in: Zeitungen '90, hrsg. vom BDZV, Bonn: 1990, S. 30 – 49.

Schütz, Walter J.: Lizenzpresse – Basis der heutigen Zeitungslandschaft, in: BPS-Report 5/1986, Baden-Baden: Nomos 1986.

Schütz, Walter J.: Pressekonzentration, in: Arndt, Helmut (Hrsg.): Die Konzentration in der Wirtschaft, Bd. 2, Berlin: Duncker & Humblot ²1971, S. 667 – 687.

Schütz, Walter J.: Pressewirtschaft, in: Noelle-Neumann, Elisabeth/Schulz, Winfried/Wilke, Jürgen (Hrsg.): Fischer Lexikon Publizistik – Massenkommunikation, Frankfurt a. M.: Fischer ³2002, S. 493 – 516.

Schütz, Walter J.: Probleme der Pressestatistik. Vorschläge zu einer Bestandsaufnahme des deutschen Zeitungswesens, in: Die Anzeige 1/1960, S. 19 – 28.

Schütz, Walter J.: Redaktionelle und verlegerische Struktur der deutschen Tagespresse. Übersicht über den Stand 2004, in: Media Perspektiven 5/2005, S. 233 – 242.

Schütz, Walter J.: Statistik zum Marktzutritt von Tageszeitungen in der Bundesrepublik Deutschland, in: Kopper, Gerd G. (Hrsg.): Marktzutritte bei Tageszeitungen – zur Sicherung von Meinungsvielfalt durch Wettbewerb, München: K. G. Saur 1984, S. 64 – 74.

Schütz, Walter J.: Zeitungen in der Bundesrepublik Deutschland 1983, Konstanz: Universitätsverlag 1983.

Schütz, Walter J.: Zeitungen in Deutschland. Verlage und ihr publizistisches Angebot 1949 – 2004. 2 Bde., Berlin: Vistas 2005.

Schütz, Walter J.: Zeitungsdichte und Zeitungswettbewerb in der Bundesrepublik Deutschland 1976, in: Publizistik, 23. Jg. 1978, Hf. 1 – 2, S. 58 – 74.

Schütz, Walter J.: Zur Entwicklung des Zeitungsmarktes in den neuen Ländern 1989 – 1992, in: Zeitungen '92, hrsg. vom BDZV, Bonn: BDZV 1992, S. 270 – 296.

Schütz, Walter J.: Zur Struktur der Zeitungen in der Bundesrepublik Deutschland, in: Zeitungen '89, hrsg. vom BDZV, Bonn: BDZV 1989, S. 32 – 73.

Schütz, Walter J.: Zwischen Kooperation und Konzentration. Rückblick und Ausblick auf die deutsche Presse, in: Media Perspektiven 10/1974, S. 461 – 477.

Schütz, Walter, J.: Die redaktionelle und verlegerische Struktur der deutschen Tagespresse 1989, in: Media Perspektiven 12/1989, S. 812 – 826.

Schütz, Walter, J.: Zeitungsstatistik, in: Dovifat, Emil (Hrsg.): Handbuch der Publizistik, Bd. 3, Berlin: de Gruyter 1969, S. 348 – 369.

Schwab, Irmela: Junge gehen lieber online, in: Werben&Verkaufen (W&V) 43/2000, S. 164.

Schwanebeck, Axel: Evangelische Kirche und Massenmedien. Eine historische Analyse der Intentionen und Realisationen evangelischer Publizistik, München: R. Fischer 1990.

Schwarzkopf, Joachim von: Ueber Zeitungen (und ihre Wirkungen). Faksimilenachdruck des Originals von 1795. Mit einer Einführung von Otto Groth. Anmerkungen zum Fachstichwort »Medienwirkung« von Hans Wagner, München: R. Fischer 1993.

Segbers, Hilke: Nachrichtenagenturen, in: Weischenberg, Siegfried/Kleinsteuber, Hans J./Pörksen, Bernhard (Hrsg.): Handbuch Journalismus und Medien, Konstanz: UVK 2005, S. 311 – 316.

Sehl, Annika: Ältere als Zielgruppe. Eine Themenanalyse von Seniorenseiten regionaler Tageszeitungen in Nordrhein-Westfalen, unveröffentl. Studienarbeit, Universität Dortmund 2005.

Sehl, Annika: Zu jung für den Seniorenteller. Was die Zeitung Älteren serviert, in: Rager, Günther et al. (Hrsg.): Zeitungsjournalismus. Empirische Leserschaftsforschung, Konstanz: UVK 2006, S. 261 – 269.

Seikel, Karl Dietrich: Verlage für die Zukunft gut gerüstet, in: VDZ-Jahrbuch 2006. Hrsg. vom Verband Deutscher Zeitschriftenverleger, Berlin: VDZ 2006, S. 16 – 20.

Settemeyer, Susanne: Die wahren Wendehälse? Aufgabenverständnis und Berufsbild im Wandel. Zur Rolle von Tageszeitungsjournalisten in der DDR. Eine Befragung, Diplomarbeit, München 1990.

Siegert, Gabriele: Marktmacht Medienforschung. Die Bedeutung der empirischen Medien- und Publikumsforschung im Medienwettbewerbssystem, München: R. Fischer 1993.

Siemens, Jochen: Die Meßlatte für längere Texte soll hoch gehängt werden, in: Frankfurter Rundschau, 15.2.1993, S. 9.

Silbermann, Alphons/Zahn, Ernest: Die Konzentration der Massenmedien und ihre Wirkungen, Düsseldorf, Wien: Econ 1970.

Sjurts, Insa: Strategien in der Medienbranche. Grundlagen und Fallbeispiele, Wiesbaden: Gabler [2]2002.

Sjurts, Insa (Hrsg.): Strategische Optionen in der Medienkrise. Print, Fernsehen, Neue Medien, München: R. Fischer 2004.

Spachmann, Klaus: Zeitungen auf Crossmedia-Kurs? In: Neuberger Christoph/Tonnemacher, Jan (Hrsg.): Internet – Zukunft der Zeitung, Wiesbaden: Westdeutscher Verlag [2]2003, S. 214 – 234.

Stahmer, Frank: Ökonomie des Presseverlages, München: R. Fischer 1995.

Stamm 1974: Leitfaden durch Presse und Werbung, 27. Ausgabe, hrsg. von Willy Stamm, Essen: Stamm Verlag 1974.

Stamm 1990. Leitfaden durch Presse und Werbung, 43. Ausgabe, hrsg. von Willy Stamm, Essen: Stamm Verlag 1990.

Stamm, Karl Heinz: Ein Stück Identität, in: Journalist 8/1995, S. 24 f.

Stammler, Wolfgang (Hrsg.): Deutsche Philologie im Aufriß, Bd. 3, Berlin: Erich Schmidt 1957.

Stapf, Ingrid: Medien-Selbstkontrolle. Ethik und Institutionalisierung, Konstanz: UVK 2006.

Starkulla, Heinz: Marktplätze sozialer Kommunikation. Bausteine einer Medientheorie, München: R. Fischer 1993.

Starkulla, Heinz: Zeitschriften (Kap. III), in ders.: Marktplätze sozialer Kommunikation. Bausteine einer Medientheorie, München: R. Fischer 1993, S. 125 – 163.

Starkulla, Heinz: Zeitschriften, in: Die öffentliche Meinung, hrsg. vom Presse- und Informationsamt der Bundesregierung, Bonn: 1971, S. 60 – 87.

Statistisches Bundesamt (Hrsg.): Presse 1989, in: Fachserie 11. Bildung und Kultur (Reihe 5), Mainz: Statistisches Bundesamt 1990.

Stefen, Rudolf: Jugendmedienschutz in der Bundesrepublik Deutschland, in: Wodraschke, Georg (Hrsg.): Jugendschutz und Massenmedien, München: Ölschläger 1983, S. 99 – 105.

Stefen, Rudolf: Massenmedien und Jugendschutz (Schriftenreihe der Bundesprüfstelle für jugendgefährdende Schriften, Hf. 7), Bonn-Beuel: Röger-Druck 1976, S. 80 ff.

Stein, Peter: Die NS-Gaupresse 1925 – 1933, München, New York: K. G. Saur 1987.

Steinbach, Jörg: Mehr als nur Beschwerde-Arbeit – Zusätzliche Aufgaben für das neue Presseratsgremium, in: Deutscher Presserat: Jahrbuch 2004, hrsg. vom Trägerverein des Deutschen Presserats, Konstanz: UVK 2004, S. 55 – 57.

Steinert, Christine: Programmsupplements – der alternative Werbeträger, in: Media Spectrum 6/1993, S. 36 – 40.

Steinfeld, Thomas (Hrsg.): Was vom Tage bleibt – Das Feuilleton und die Zukunft der kritischen Öffentlichkeit in Deutschland, Frankfurt a. M.: Fischer 2004.

Steinkirchner, Peter: Bayerische Doppelstrategie, in: Werben&Verkaufen (W&V), 13.10.2000, S. 42.

Stichwort Media-Analyse (MA) der Arbeitsgemeinschaft Media-Analyse (AG.MA), in: Koschnick, Wolfgang J.: Focus-Lexikon Werbeplanung – Mediaplanung – Marktforschung – Kommunikationsforschung – Mediaforschung, München: Focus Magazin Verlag ³2003, S. 1812 – 1815.

Stiebner, Erhardt D.: Bruckmanns Handbuch der Drucktechnik, München: ²1976.

Stiehler, Hans-Jörg/Karig, Ute: Fernsehnutzerprofile wie im Westen. Mediennutzung und Freizeitverhalten Jugendlicher in den neuen Bundesländern, in: Media Perspektiven 3/1993, S. 127 – 133.

Stieler, Kaspar von: Zeitungs Lust und Nutz [1695]. Neudruck, hrsg. von Gert Hagelweide, Bremen: Carl Schünemann 1969.

Stiftung Lesen (Hrsg.): Zahlen, Daten, Fakten über Bücher, Zeitungen, Zeitschriften und ihre Leser, Mainz: Stiftung Lesen, S. 50 – 57.

Stöber, Rudolf: Deutsche Pressegeschichte. Von den Anfängen bis zur Gegenwart, Konstanz: UVK ²2005.

Stöber, Rudolf: Die erfolgverführte Nation. Deutschlands öffentliche Stimmungen 1866 – 1945, Stuttgart: Franz Steiner Verlag 1998.

Stöber, Rudolf: Germany 1933 – 1945, as Case Media Study, in: Encyclopedia of International Media and Communications, Vol. 2, 2003, S. 221 – 235.

Stöber, Rudolf: Medienstrukturen: Presse, in: Bentele, Günter/Brosius, Hans-Bernd/Jarren, Otfried (Hrsg.): Öffentliche Kommunikation. Handbuch Kommunikations- und Medienwissenschaft, Wiesbaden: Westdeutscher Verlag 2003, S. 313 – 329.

Straßner, Erich: Historische Entwicklungstendenzen der Zeitungsberichterstattung, in: Leonhard, Joachim-Felix/Ludwig, Hans-Werner/Schwarze, Dietrich/Straßner, Erich (Hrsg.): Medienwissenschaft. Ein Handbuch zur Entwicklung der Medien und Kommunikationsformen, 1. Teilband, Berlin, New York: de Gruyter 1999, S. 913 – 923.

Straßner, Erich: Kommunikative Aufgaben und Leistungen der Zeitung, in: Leonhard, Joachim-Felix/Ludwig, Hans-Werner/Schwarze, Dietrich/Straßner, Erich (Hrsg.): Medienwissenschaft. Ein Handbuch zur Entwicklung der Medien und Kommunikationsformen, 1. Teilband, Berlin, New York: de Gruyter 1999, S. 837 – 851.

Stroborn, Karsten et al.: Internet-Zahlungssysteme in Deutschland: Ein Überblick, in: Ketterer, Karl-Heinz/Stroborn, Karsten (Hrsg.): Handbuch ePayment – Zahlungssysteme im Internet. Systeme, Trends, Perspektiven, Köln: Deutscher Wirtschaftsdienst 2002, S. 31 – 44.

Struve, Günter: Auskunftspflicht der Behörden, in: Schiwy, Peter/Schütz, Walter J. (Hrsg.): Medienrecht. Lexikon für Wissenschaft und Praxis, Neuwied: Luchterhand ²1990, S. 24 – 28.

Stuiber, Heinz Werner/Pürer, Heinz (Hrsg.): Journalismus. Anforderungen, Berufsauffassungen, Verantwortung. Eine Aufsatzsammlung zu aktuellen Fragen des Journalismus, Nürnberg: Verlag der kommunikationswissenschaftlichen Forschungsvereinigung 1991.

Stuiber, Heinz-Werner: Zu den Funktionen der Massenkommunikation. Politische und soziale Orientierung als Grunddimension massenkommunikativer Leistungen, in: Rühl, Manfred/Walchshöfer, Jürgen: Politik und Kommunikation. Festschrift für Franz Ronneberger, Nürnberg: Verlag der Nürnberger Forschungsvereinigung, 1978, S. 211 – 235.

Stürzebecher, Dieter: Ausgezählt. Journalisten im Ost-West-Vergleich, in: Journalist 11/1993, S. 10 – 14.

Szyska, Peter: Verbandspresse, in: Bentele, Günter et al. (Hrsg.): Lexikon Kommunikations- und Medienwissenschaft, Wiesbaden: VS Verlag für Sozialwissenschaften 2006, S. 297.

Tamm, Peter: Grundgedanken, in: Zeitungen für den Markt von morgen, hrsg. von der Pressestiftung RWV, Düsseldorf: Econ 1986, S. 9 – 13.

Tamm, Peter: Problemstellung, in: Vom Zeitungsverkauf zum Zeitungsmarketing, hrsg. von der Pressestiftung RWV, Düsseldorf: Econ 1986, S. 9 – 17.

Teichert, Will: »Nur gemeinschaftlich können publizistische Fehlentwicklungen korrigiert werden«. Dokumentation der Fachtagung Zukunftswerkstatt Kirchenpresse vom 15./16.09.2004, in: Zukunftswerkstatt Kirchenpresse. Dokumentation zur Evangelischen Publizistik, Frankfurt a. M.: epd. Dokumentation Nr. 19 (03.05.2005), S. 42 – 44.

Tesche, Bernhard: Wissenschaftliche Fachzeitschriften für Osteuropa – Anregungen für ein Hilfsprogramm, in: Mahle, Walter A. (Hrsg.): Pressemarkt Ost. Nationale und internationale Perspektiven, München: Ölschläger 1992, S. 151 – 155.

Thiel, Michael H.: Presseunternehmen in der Fusionskontrolle, München: Florentz 1992.

Thomas, Michael Wolf (Hrsg.): Die lokale Betäubung oder der Bürger und seine Medien, Berlin: Dietz 1981.

Thomas, Michael Wolf (Hrsg.): Portraits der deutschen Presse, Berlin: Volker Spiess 1980.

Thomas, Rüdiger: DDR: Politisches System, in: Weidenfeld, Werner/Korte, Karl-Rudolf (Hrsg.): Handwörterbuch zur deutschen Einheit, Frankfurt a. M.: Campus 1992, S. 99 – 116.

Tillmanns, Lutz: Datenschutz in den Redaktionen – Selbstregulierung statt Gesetz, in: Zeitungen 2001, hrsg. vom BDZV, Berlin: ZV 2001, S. 146 – 157.

Tillmanns, Lutz: Gestärkt in die Zukunft. Bericht über die Arbeit des Presserats für das Jahr 2003, in: Deutscher Presserat: Jahrbuch 2004, hrsg. vom Trägerverein des Deutschen Presserats, Konstanz: UVK 2004, S. 27 – 41.

Tonnemacher, Jan: Wege zur Online-Zeitung. Erfahrungen mit den Vorläufermedien des Internets, in: Neuberger, Christoph/Tonnemacher, Jan (Hrsg.): Online – die Zukunft der Zeitung? Das Engagement deutscher Tageszeitungen im Internet, Wiesbaden: Westdeutscher Verlag ²2003, S. 110 – 123.

Trappel, Josef: Medienökonomie, in: Pürer, Heinz et al. (Hrsg.): Praktischer Journalismus. Presse, Radio, Fernsehen, Online, Konstanz: UVK ⁵2004, S. 431 – 448.

Turi, Peter: Ein unerwarteter Zweikampf um den Montags-Käufer, in: Die Welt, 20.07.1993, S. 7.

Turi, Peter: Pressemarkt Ostdeutschland. Lesen und Weitergeben, in: Media Spectrum, 2/1993, S. 16 – 18.

Turi, Peter: Trend zu Zweitmarke. Downtrading als Erfolgskonzept, in: Media Spectrum 9/1992, S. 22 – 24.

Twyman, Tony: Methoden der Zuschauer- und Hörerforschung und ihre Validität. Ein Überblick, London 1982 [Arbeitsgemeinschaft Media-Analyse (AG.MA) Schriften Bd. 8], Frankfurt a. M.: Media-Micro-Census 1983.

Ubbens, Wilbert: Anzeigenblatt, in: Zeitungswörterbuch. Sachwörterbuch für den bibliothekarischen Umgang mit Zeitungen, hrsg. von Hans Bohrmann und Wilbert Ubbens im Auftrag der Zeitungskommission des Deutschen Bibliotheksinstituts, Berlin: Deutsches Bibliotheksinstitut 1994, S. 9 f.

Ubbens, Wilbert: Format, in: Zeitungswörterbuch. Sachwörterbuch für den bibliothekarischen Umgang mit Zeitungen, hrsg. von Hans Bohrmann und Wilbert Ubbens im Auftrag der Zeitungskommission des Deutschen Bibliotheksinstituts, Berlin: Deutsches Bibliotheksinstitut 1994, S. 84.

Uenk, Renate/Laarmann, Susanne: Medium Zeitung. Vergleichende Darstellung und Analyse von Werbeträgern, hrsg. von der Gesellschaft für Zeitungsmarketing, Frankfurt a. M.: Frankfurter Allgemeine Zeitung Verlag 1992.

Uzulis, André: Nachrichtenagenturen im Nationalsozialismus. Propagandainstrumente und Mittel der Presselenkung. Frankfurt a. M., Berlin, Bern u. a.: Peter Lang 1995.

Velte, Peter J.: Datenschutz contra Pressefreiheit – Zur Arbeit des Deutschen Presserats, in: Zeitungen 2000, hrsg. vom BDZV, Berlin: ZV 2000, S. 136 – 143.

Verband Deutscher Zeitschriftenverleger (Hrsg.): VDZ-Jahrbuch 2005, Berlin: VDZ 2005.

Verband Deutscher Zeitschriftenverleger (Hrsg.): VDZ-Jahrbuch 2006, Berlin: VDZ 2006.

Verband Deutscher Zeitschriftenverleger (Hrsg.): Zeitschriftenpresse in Zahlen 1991, Bonn: VDZ 1991.

Vesper, Walter: Zeitungsvertrieb im veränderten Markt, in: Zeitungen '88, hrsg. vom BDZV, Bonn: BDZV 1988, S. 48 – 58.

Vogel, Andreas/Holtz-Bacha, Christina (Hrsg.): Zeitschriften und Zeitschriftenforschung (= Publizistik Sonderheft 3/2002). Wiesbaden: Westdeutscher Verlag 2002.

Vogel, Andreas: Die tägliche Gratispresse. Ein neues Geschäftsmodell für Zeitungen in Europa, in: Media Perspektiven 11/2001, S. 576 – 586.

Vogel, Andreas: Fachzeitschrift, in: Bentele, Günter et al. (Hrsg.): Lexikon Kommunikations- und Medienwissenschaft, Wiesbaden: VS Verlag für Sozialwissenschaften 2006, S. 59 f.

Vogel, Andreas: Konsolidierte Großkonzerne bereit zu erneutem Wachstum. Daten zum Markt und zur Konzentration der Publikumspresse in Deutschland im I. Quartal 2004, in: Media Perspektiven 7/2004, S. 322 – 338.

Vogel, Andreas: Populäre Presse in Deutschland. Ihre Grundlagen, Strukturen und Strategien, München: R. Fischer 1998.

Vogel, Andreas: Pressegattungen im Zeitschriftengewand. Warum die Wissenschaft eine Pressesystematik braucht, in: Vogel, Andreas/Holtz-Bacha, Christina (Hrsg.): Zeitschriften und Zeitschriftenforschung (= Publizistik Sonderheft 3/2002), Wiesbaden: Westdeutscher Verlag 2002, S. 11 – 27.

Vogel, Andreas: Publikumszeitschriften, in: Bentele, Günter et al. (Hrsg.): Lexikon Kommunikations- und Medienwissenschaft, Wiesbaden: VS Verlag für Sozialwissenschaften 2006, S. 233.

Vogel, Andreas: Publikumszeitschriften. Dominanz der Großverlage gestiegen, in: Media Perspektiven 9/2002, S. 433 – 447.

Vogel, Andreas: Stagnation auf hohem Niveau. Daten zum Markt und zur Konzentration der Publikumspresse in Deutschland im 1. Quartal 2006, in: Media Perspektiven 7/2006, S. 380 – 398.

Vom Zeitungsverkauf zum Zeitungsmarketing, hrsg. von der Pressestiftung RWV, Düsseldorf, Wien: Econ 1986.

Vorpahl-Jellal, Anette: Zeit der Gründer, in: Journalist 9/1992, S. 46 – 49.

Wagner, Franc: Sind Printmedien im Internet Online-Medien? in: Pfammater, Rene (Hrsg.): Multi Media Mania. Reflexionen zu Aspekten Neuer Medien, Konstanz: UVK 1998, S. 191 – 211.

Wagner, Hans: Die unverstandene Pressekonzentration, in: Stimmen der Zeit 7/1970, S. 1 – 17.

Wagner, Hans: Groth: Die Zeitung, in: Holtz-Bacha, Christine/Kutsch, Arnulf (Hrsg.): Schlüsselwerke für die Kommunikationswissenschaft, Wiesbaden: Westdeutscher Verlag 2002, S. 167 – 170.

Wagner, Hans (Hrsg.): Idee und Wirklichkeit des Journalismus. Festschrift für Heinz Starkulla, München: Olzog 1988.

Wagner, Hans/Koch, Ursula/Schmidt-Fischbach, Patricia (Hrsg.): Enzyklopädie der Bayerischen Tagespresse, München: Jehle-Rehm 1990.

Wallraff, Günter: Das »Bild«-Handbuch bis zum Bildausfall, Hamburg: Konkret Literatur Verlag 1981.

Wallraff, Günter: Der Aufmacher. Der Mann, der bei »Bild« Hans Esser war, Köln: Kiepenheuer und Witsch ²1982.

Wallraff, Günter: Zeugen der Anklage. Die »Bild«-beschreibung wird fortgesetzt, Köln: Kiepenheuer und Witsch 1979.

Wassink, Ella: Statistiken zum Jahr 2003, in: Deutscher Presserat: Jahrbuch 2004, hrsg. vom Trägerverein des Deutschen Presserats, Konstanz: UVK 2004, S. 303 – 305.

Weber, Johannes: Avisen, Relationen, Gazetten. Der Beginn des europäischen Zeitungswesens, Oldenburg: Universität Oldenburg 1997.

Weber, Johannes: Der große Krieg und die frühe Zeitung. Gestalt und Entwicklung der deutschen Nachrichtenpresse in der ersten Hälfte des 17. Jahrhunderts, in: Jahrbuch für Kommunikationsgeschichte, hrsg. von Böning, Holger/Kutsch, Arnulf/Stöber, Rudolf, 1. Jg. 1999, S. 23 – 61.

Weichler, Kurt: Die anderen Medien. Theorie und Praxis alternativer Kommunikation, Berlin: Vistas 1987.

Weidenfeld, Werner/Korte, Karl-Rudolf (Hrsg.): Handwörterbuch zur deutschen Einheit, Frankfurt a. M.: Campus 1992.

Weiner, Monika: Adel verpflichtet, in: Werben&Verkaufen (W&V) Special, 30.03.2001, S. 120.

Weischenberg, Siegfried: Die elektronische Redaktion. Publizistische Folgen der neuen Technik, München: Verlag Dokumentation (Saur) 1978.

Weischenberg, Siegfried: Journalismus 2000. Funktionen, Rollen und Arbeitsorganisation (Ergebnisse einer Studie der Forschungsgruppe Journalistik an der Universität Münster), in: Journalist 1/1993, S. 51 – 65.

Weischenberg, Siegfried: Journalismus in der Computergesellschaft. Informatisierung, Medientechnik und die Rolle der Berufskommunikatoren, München: K. G. Saur 1982.

Weischenberg, Siegfried: Journalistik. Theorie und Praxis aktueller Medienkommunikation, Bd. 1: Mediensysteme, Medienethik, Medieninstitutionen, Opladen: Westdeutscher Verlag 1992.

Weischenberg, Siegfried/Löffelholz, Martin/Altmeppen, Klaus: Journalismus in Deutschland. Design und erste Befunde der Kommunikatorstudie, in: Media Perspektiven 1/1993, S. 21 – 33.

Weischenberg, Siegfried/Kleinsteuber, Hans-J./Pörksen, Bernhard (Hrsg.): Handbuch Journalismus und Medien, Konstanz: UVK 2005.

Welke, Martin: Rußland in der deutschen Publizistik des 17. Jahrhunderts, in: Forschungen zur osteuropäischen Geschichte, Nr. 23 (1976), S. 105 – 276.

Welke, Martin: Zur Geschichte der Pressefreiheit in Deutschland, in: Der Weg zur freien Presse in Deutschland, hrsg. vom Bundesverband Deutscher Zeitungsverleger, Bonn o. J. [1988].

Wenger, Klaus: Kommunikation und Medien in der Bundesrepublik Deutschland, München: Iudicium Verlag 1988.

Werbung in Deutschland 1990, hrsg. vom Zentralausschuß der Werbewirtschaft, Bonn: ZAW 1990.

Werbung in Deutschland 1993, hrsg. vom Zentralverband der deutschen Werbewirtschaft, Bonn: Verlag edition ZAW 1993.

Werbung in Deutschland 2000, hrsg. vom Zentralverband der deutschen Werbewirtschaft, Bonn: Verlag edition ZAW 2000.

Werbung in Deutschland 2001, hrsg. vom Zentralverband der deutschen Werbewirtschaft, Bonn: Verlag edition ZAW 2001.

Werbung in Deutschland 2002, hrsg. vom Zentralverband der deutschen Werbewirtschaft, Berlin: Verlag edition ZAW 2002.

Werbung in Deutschland 2003, hrsg. vom Zentralverband der deutschen Werbewirtschaft, Berlin: Verlag edition ZAW 2003.

Werbung in Deutschland 2004, hrsg. vom Zentralverband der deutschen Werbewirtschaft, Berlin: Verlag edition ZAW 2004.

Werbung in Deutschland 2005, hrsg. vom Zentralverband der deutschen Werbewirtschaft, Berlin: Verlag edition ZAW 2005.

Werbung in Deutschland 2006, hrsg. vom Zentralverband der deutschen Werbewirtschaft, Berlin: Verlag edition ZAW 2006.

Wermuth, Helga: Max Amann, in: Fischer, Heinz-Dietrich (Hrsg.): Deutsche Presseverleger des 18. bis 20. Jahrhunderts, München-Pullach: Verlag Dokumentation (Saur) 1975, S. 356 – 365.

Werner, Petra: In die Schule gehen. Was die Zeitung für Jugendliche tun kann, in: Rager, Günther/ Weber, Bernd (Hrsg.): Fit für die Jugend. Tipps für Zeitungsmacher, Berlin: Verband der Lokalpresse 2000, S. 39 – 41.

Wersig, Gernot (Projektleitung): Neue Vielfalt am Kiosk? Eine systematisch vergleichende Inhaltsanalyse von »Super!«, »Bild«-Zeitung und »Kurier« (vervielf. Mskpt.), o. O. 1991.

Westen, Klaus: Zur Charakterisierung des Rechts in der DDR, in: Wissenschaft und Gesellschaft in der DDR, eingeleitet von Peter Christian Ludz, München: Carl Hanser 1971, S. 233 – 253.

Weyand, Arno H.: Der Deutsche Presserat. Geschichte – Struktur – Aufgaben – Arbeitsweise, in: Deutscher Presserat: Jahrbuch 2004, hrsg. vom Trägerverein des Deutschen Presserats, Konstanz: UVK 2004, S. 241 – 247.

Wildenmann, Rudolf/Kaltefleiter Werner: Funktionen der Massenmedien (Reihe »Demokratische Existenz heute«, Hf. 12), Frankfurt a. M., Bonn: Athenäum 1965.

Wilhelm, Bernhard: Medienpolitik, in: Schiwy, Peter/Schütz, Walter, J. (Hrsg.): Medienrecht, Neuwied: Luchterhand ³1994, S. 228 – 233.

Wilke, Jürgen: Der Evangelische Pressedienst (epd), in: Wilke, Jürgen (Hrsg.): Agenturen im Nachrichtenmarkt. Reuters, AFP, VWD/dpa, dpa-fwt, KNA, epd, Reuters Television, Worldwide Television News, Dritte-Welt-Agenturen, Köln, Weimar, Wien: Böhlau 1993, S. 213 – 241.

Wilke, Jürgen: Der Pressevertrieb in den neuen Bundesländern, in: Mahle, Walter A. (Hrsg.): Pressemarkt Ost. Nationale und internationale Perspektiven, München: Ölschläger 1992, S. 51 – 59.

Wilke, Jürgen: Grundzüge der Medien- und Kommunikationsgeschichte. Von den Anfängen bis ins 20. Jahrhundert, Köln, Weimar, Wien: Böhlau 2000.

Wilke, Jürgen: Journalistenausbildung im Dritten Reich: Die Reichspresseschule, in: Schneider, Beate/Reumann, Kurt/Schiwy, Peter (Hrsg.): Publizistik. Beiträge zur Medienentwicklung. Festschrift für Walter J. Schütz, Konstanz: UVK 1995, S. 387 – 408.

Wilke, Jürgen: Leitideen in der Begründung der Pressefreiheit, in: Borowsky, Manfred/Duchkowitsch, Wolfgang/Haas, Hannes (Hrsg.): Medien und Kommunikationsgeschichte. Ein Textbuch zur Einführung, Wien: Wilhelm Braumüller 1987.

Wilke, Jürgen: Medien DDR, in: Fischer Lexikon Publizistik – Massenkommunikation, hrsg. von Noelle-Neumann, Elisabeth/Schulz, Winfried/Wilke, Jürgen, Frankfurt a. M.: Fischer 1989, S. 156 – 168.

Wilke, Jürgen: Nachrichtenagenturen, in: Bentele, Günter et al. (Hrsg.): Lexikon Kommunikations- und Medienwissenschaft, Wiesbaden: VS Verlag für Sozialwissenschaften 2006, S. 195 f.

Wilke, Jürgen: Nachrichtenagenturen, in: Wilke, Jürgen (Hrsg.): Mediengeschichte der Bundesrepublik Deutschland, Köln, Weimar, Wien: Böhlau 1999, S. 469 – 488.

Wilke, Jürgen: Nachrichtenauswahl und Medienrealität in vier Jahrhunderten, Berlin: de Gruyter 1984.

Wilke, Jürgen: Presse, in: Fischer Lexikon Publizistik – Massenkommunikation, hrsg. von Noelle-Neumann, Elisabeth/Schulz, Winfried/Wilke, Jürgen, Frankfurt a. M.: Fischer ³2002, S. 422 – 459.

Wilke, Jürgen: Pressegeschichte, in: Fischer Lexikon Publizistik – Massenkommunikation, hrsg. von Noelle-Neumann, Elisabeth/Schulz, Winfried/Wilke, Jürgen, Frankfurt a. M.: Fischer ³2002, S. 460 – 492.

Wilke, Jürgen: Zeitung und Zeitungsforschung – Entwicklung und Perspektiven, in: Zeitung – Medium mit Vergangenheit und Zukunft. Eine Bestandsaufnahme. Festschrift aus Anlaß des 60. Geburtstags von Hans Bohrmann, München: K. G. Saur 2000, S. 231 – 244.

Wilke, Jürgen: Zeitung, in: Faulstich, Werner (Hrsg.): Kritische Stichwörter zu Medienwissenschaft, München: Fink 1979, S. 373 – 416.

Wilke, Jürgen: Zukunft Multimedia, in: Wilke, Jürgen (Hrsg.): Mediengeschichte der Bundesrepublik Deutschland, Köln, Weimar, Wien: Böhlau 1999, S. 751 – 774.

Wilke, Jürgen (Hrsg.): Agenturen im Nachrichtenmarkt. Reuters, AFP, VWD/dpa, dpa-fwt, KNA, epd, Reuters Television, Worldwide Television News, Dritte-Welt-Agenturen, Köln, Weimar, Wien: Böhlau 1993.

Wilke, Jürgen (Hrsg.): Mediengeschichte der Bundesrepublik Deutschland, Köln, Weimar, Wien: Böhlau 1999.

Wilke, Jürgen (Hrsg.): Nachrichtenagenturen im Wettbewerb. Ursachen – Faktoren – Perspektiven, Konstanz: UVK-Medien 1997.

Wilke, Jürgen (Hrsg.): Nachrichtenproduktion im Mediensystem. Von den Sport- und Bilderdiensten bis zum Internet, Köln, Weimar, Wien: Böhlau 1998.

Wilke, Jürgen (Hrsg.): Pressefreiheit, Darmstadt: Wissenschaftliche Buchgesellschaft 1984.

Wilke, Jürgen (Hrsg.): Telegraphenbüros und Nachrichtenagenturen in Deutschland, München: K. G. Saur 1991.

Wilke, Jürgen (Hrsg.): Von der Agentur zur Redaktion. Wie Nachrichten gemacht, bewertet und verwendet werden, Köln, Weimar, Wien: Böhlau 2000.

Wilke, Jürgen/Schmidt, Dagmar: Das Nachrichtenangebot der Agenturen im inhaltlichen Vergleich, in: Wilke, Jürgen (Hrsg.): Nachrichtenagenturen im Wettbewerb. Ursachen – Faktoren – Perspektiven, Konstanz: UVK Medien 1997, S. 67 – 104.

Wilkinson, Earl J.: Die zehn wichtigsten Trends in der Zeitungsbranche, in: Zeitungen 2004, hrsg. vom BDZV, Berlin: ZV 2004, S. 230 – 237.

Willms, Johannes: Schafe im Schafspelz. Die »Junge Freiheit«, das neue Zentralorgan der alten Rechten, in: Süddeutsche Zeitung, 22./23.01.1994, S. 17.

Wirtz, Bernd W.: Medien- und Internetmanagement, Wiesbaden: Gabler ⁴2005.

Wodraschke, Georg (Hrsg.): Jugendschutz und Massenmedien, München: Ölschläger 1983.

Wolf, Hans Jürgen: Geschichte der Druckpressen, Frankfurt a. M.: Interprint 1974.

Wolf, Silke: Alternative Postdienstleistung – Ein neuer Markt für Zeitungsverlage, in: Zeitungen 2001, hrsg. vom BDZV, Berlin: ZV 2001, S. 325 – 335.

Wolter, Hans-Wolfgang: Geschichte des General-Anzeigers, in: Leonhard, Joachim-Felix/Ludwig, Hans-Werner/Schwarze, Dietrich/Straßner, Erich (Hrsg.): Medienwissenschaft. Ein Handbuch zur Entwicklung der Medien und Kommunikationsformen, 1. Teilband, Berlin, New York: de Gruyter 1999, S. 931 – 939.

Wortmann, Norbert Clemens: Kein Geld vom Staat [Leserbrief], in: medium magazin 10/2003, S. 14.

Wortmann-im Brahm, Norbert: Die Position von AFP im Nachrichtenmarkt, in: Wilke, Jürgen (Hrsg.): Nachrichtenagenturen im Wettbewerb. Ursachen – Faktoren – Perspektiven, Konstanz: UVK-Medien 1997, S. 11 – 15.

Wöste, Marlene: Anzeigenblätter. Überlegungen zu ihrer Expansion und Rolle im Bereich lokaler Kommunikation, in: Media Perspektiven 6/1982, S. 377.

Wulf, Lucius D. von: Verlagswirtschaft. Ökonomische, rechtliche und organisatorische Grundlagen, Konstanz: UVK 2005.

Wunderlich, Christine: Telegraphische Nachrichtenbüros in Deutschland bis zum Ersten Weltkrieg, in: Wilke, Jürgen (Hrsg.): Telegraphenbüros und Nachrichtenagenturen in Deutschland, München: K. G. Saur 1991, S. 23 – 86.

Wüstenhagen, Claus: Verlage arbeiten bei Internationalisierung enger zusammen, in: VDZ-Jahrbuch 2006, hrsg. vom Verband Deutscher Zeitschriftenverleger, Berlin: VDZ 2006, S. 34 – 35.

Zahlen – Daten – Fakten, in: Zeitungen 2005, hrsg. vom BDZV, Berlin: ZV 2005, S. 388.

Zeitungen für den Markt von morgen, hrsg. von der Stiftung Pressehaus NRZ, Düsseldorf, Wien: Econ 1987.

Zeitungsverkauf in den 80er Jahren. Das Buch zur Frankfurter Vertriebstagung des BDZV (mit einem Vorwort von Dietrich Oppenberg), Düsseldorf, Wien: Econ 1982.

Zerfaß, Axel: Meinungsmacher im Internet. Weblogs und Peer-to-Peer-Dienste als Herausforderungen für die PR, in: PR-Guide, 6/2004, S. 1 – 5.

Zeyttungen! Zeyttungen! Zeyttungen! Sehr grewliche/erschröckliche/unerhörte/wahrhaftige newe Zeyttungen aus den Kindertagen der Zeitung, Berlin: Axel Springer o. J.

Ziegler, Marc/Becker, Andreas: Neue Geschäftsmodelle für Zeitungen im Internet, in: Zeitungen 2000, hrsg. vom BDZV, Berlin: ZV 2000, S. 162 – 172.

Zimmer, Jochen: Werbeträger Internet: Ende des Booms oder Wachstum aus der Nische? in: Media Perspektiven 6/2001, S. 298 – 305.

Zimmermann, Jan: »Alles – und das pfiffig und kurz«. Motive für die Nutzung von WELT KOMPAKT, in: Huber, Nathalie/Meyen, Michael (Hrsg.): Medien im Alltag, Qualitative Studien zu Nutzungsmotiven und zur Bedeutung von Medienangeboten, Berlin: Lit 2006, S. 133 – 150.

Zimpel, Dieter (Hrsg.): Die deutschen Vollredaktionen, Teil 1: Zeitungen, München: Verlag Dieter Zimpel (Loseblattsammlung) o. J.

Zimpel, Dieter (Hrsg.): Die deutschen Vollredaktionen, Teil 2: Zeitschriften, München: Verlag Dieter Zimpel (Loseblattsammlung) o. J.

Zitzmann, Peter M.: Mit Teamwork näher am Leser, in: Sage & Schreibe, Hf. 3/1998, S. 27 f.

Zohlnhöfer, Werner: Zur Ökonomie des Pressewesens in der Bundesrepublik Deutschland, in: Schenk, Michael/Donnerstag Joachim (Hrsg.): Medienökonomie. Einführung in die Ökonomie der Mediensysteme, München: R. Fischer 1989, S. 35 – 75.

Zschunke, Peter: Agenturjournalismus. Nachrichtenschreiben im Sekundentakt, Konstanz: UVK Medien [2]2000.

Register

H

W